Diccionario english-spanish español-inglés

70.000 acepciones con ejemplos de uso
Pronunciación figurada
Voces actuales
Verbos regulares e irregulares

CASA EDITORIAL SOPENA
Nulla dies sine linea
1894
SOPENA

Diccionario New Mini Inglés Sopena
Inglés - Español / Español – Inglés

EDITORIAL RAMÓN SOPENA
MMXXIII

e-mail: editorialsopena@gmail.com
Impreso en España

ISBN: 978-84-947288-2-2
Depósito Legal: BI-02370-MMXIX

Presentación

El inglés es el idioma oficial o uno de los idiomas oficiales en casi 60 Estados soberanos. Como segundo idioma, es el más aprendido en la mayor parte de los países del mundo. Es el idioma principal del discurso internacional, así como el más usado en el mundo científico y de los negocios internacionales.

El presente diccionario bilingüe ***NEW MINI INGLÉS SOPENA*** va destinado a un amplio sector de personas interesadas en aprender o mejorar su expresión oral y escrita de la lengua inglesa.

Tras un detenido estudio de las capacidades de un auténtico diccionario de bolsillo, hemos registrado la mayor cantidad de voces de uso habitual y modernas.

La consulta frecuente de los diccionarios conduce a conocer con propiedad la equivalencia exacta entre palabras del propio idioma y las del que se estudia; enriquece el léxico, es decir, el vocabulario de que se dispone, y por último a resolver las dudas ortográficas.

Como diccionario de bolsillo, hemos elegido un formato práctico, pues puede decirse que cabe en cualquier parte. De esta manera su consulta puede hacerse de una manera rápida y ágil.

En resumen, ofrecemos "un pequeño gran diccionario", completo y actual, a cuantos están interesados en el conocimiento y perfeccionamiento de la lengua inglesa.

Editorial Ramón Sopena

Abreviaturas

abr. abreviatura, *abbreviation*
Acad. académico, *academic*
adj. adjetivo, *adjective*
adv. adverbio, *adverb*
Aer. aeronáutica, *aeronautics*
Agric. agricultura, *agriculture*
Amer. America(nismo)
Anat. anatomía, *anatomy*
Arch. architecture
Arit. aritmética
Arq. arquitectura
art. artículo, *article, artistic*
Astr. astronomía, astronomy
aux. auxiliar
Aut. automovilismo
Avi. aviación, *aviation*
Biol. biología, *biology*
Bot. botánica, botany
Carp. carpintería, *carpentry*
Caz. caza
Chem. chemistry
Coc. cocina
coll. colloquial
Com. comercio, *commerce*
Comp. computing
conj. conjunción, *conjunction*
def. defectivo, *defective*
Dep. deporte
Der. derecho *(ley)*
Dib. dibujo
Dip. diplomacia
Eccl. ecclesiastical
Econ. economía, *economics*
Elect. electricidad, *electricity*
Ent. entomología, *entomology*
Equit. equitación, *riding*
Esc. escultura
Esg. esgrima
E.U. Estados Unidos
f. femenino, *feminine* (*noun*)
fam. forma familiar
Fenc. fencing
fig. figurado, *figurative*(*ly*)
Fis. física
Fisio. fisiología
Foto. fotografía
For. Foro
GB Gran Bretaña
Geog. geografía, *geography*
Geol. geología, *geology*
Geom. geometría, *geometry*
Gram. gramática, *grammar*
Her. heráldica, *heraldry*
Hidr. hidráulica
Hist. historia, *history*
Ict. ictiología
Ichth. ichthyology
Igl. iglesia
Imp. impersonal, *impersonal*; imprenta
Ind. industria
Inform. informática
Ing. ingeniería
interj. interjección, *interjection*
intr. intransitivo, *intransitive*
Leg. Legislativo
Lit. Literatura, *Literature*
m. masculino, *masculine* (*noun*)
Mat. matemáticas
Mec. mecánica
Mech. mechanics
Med. medicina, *medicine*
Metal. metalurgia, *metallurgy*
Mil. militar, *military*
Min. minería, *mining*
Motor. motoring
Mús. música
Mus. music
n. *noun*
Naut. náutica, *nautical*
Opt. óptica, *optics*
Orn. ornitología, *ornithology*
Pat. patología
Path. pathology
pers. persona(l), *persona*(*l*)
Pint. pintura
Phot. photography
Phys. physics
Physiol. physiology

pl. plural, *plural*
Poet. poético, *poetical*
Pol. política, *politics*
pos. posesivo, *possessive*
prep. preposición, *preposition*
Print. printing
pron. pronombre, *pronoun*
Psic. psicología, *psychology*
Quim. química
r. reflexivo, *reflexive*
ret. retórica
Rhet. rhetoric
s. sustantivo (masculino y femenino), *substantive noun* (*masculine and femenine*)
Sci. science
Sculp. sculpture
sing. singular, *singular*
Teat. teatro
Tec. tecnología
Teleg. telegraphy
Theat. theatre
Tint. tintorería
Tip. tipografía
Typ. typography
tr. verbo transitivo, *transitive verb*
UK Reino Unido, *United Kingdom*
US Estados Unidos de Norteamerica, *United States*
v. verbo transitivo e intransitivo, *transitive and intransitive verb*
Vet. veterinaria, *veterinary*
vulg. vulgar, *vulgar*
Zool. zoología, *zoology*

A a

a *(a, ei)* art. indet. un(a).
aback *(abak)* adv. atrás, detrás; **to take** ~, tomar por sorpresa.
abaft *(abáft)* adv. *Naut.* a popa, hacia popa.
abandon *(abándön)* tr. abandonar; s. abandono.
abate *(abéit)* tr. e intr apaciguar; amainar, menguar, disminuir.
abattoir *(ábatua)* n. matadero.
abbess *(ábes)* s. abadesa.
abbey *(ábi)* s. abadía.
abbot *(ábot)* s. abad.
abbreviate *(abriviéit)* tr. abreviar.
abbreviation *(abriviéischön)* s. abreviatura.
abdicate *(abdikéit)* tr. abdicar, dimitir, renunciar.
abdication *(adbikéischön)* s. abdicación, dimisión.
abdomen *(abdómen)* s. abdomen, vientre.
abduct *(abdákt)* tr. raptar, secuestrar.
abduction *(abdákschön)* n. rapto, secuestro.
aberration *(aberéischön)* s. aberración, error.
abhor *(abjór)* tr. aborrecer, detestar.
abhorrence *(abjórens)* n. aborrecimiento, asco.
abhorrent *(abjórent)* adj. aborrecible, odioso, abominable.
abide [abode; abode] *(abáid)* intr. ~ **by** atenerse a, cumplir con.
ability *(abíliti)* s. habilidad, talento.
abject *(abdyékt)* adj. vil, abyecto.
abjection *(abdyecschön)* s. vileza, abyección.
abjure *(abdyúr)* tr. abjurar, renunciar, renegar.
ablaze *(abléis)* adj. ardiendo, en llamas; (fig.) radiante.
able *(éibl)* adj. capaz, apto; tr. **to be** ~, poder.
abnegate *(ábnigueit)* tr. eludir, rehuir; abjurar.
abnegation *(abneguéischön)* s. abnegación, sacrificio.
abnormal *(abnó:mal)* adj. anormal.
abnormality *(abnormáliti)* n. anomalía, anormalidad.
aboard *(abórd)* adv. *Mar.* a bordo.
abode *(abóud)* s. domicilio, morada.
abolish *(abólisch)* tr. abolir, anular.
abolition *(abolíschön)* s. derogación, anulación, abolición.
abominable *(abóminabl)* adj. abominable.
abominate *(abómineit)* tr. abominar, aborrecer, odiar.
aborigine *(aborídyein)* adj. aborigen.
abort *(abórt)* intr. abortar.
abortion *(abórschön)* s. aborto.
abortive *(abórtif)* adj. fracasado, malogrado; s. frustrado.
abound *(abóund)* intr. abundar.
about *(abáut)* prep. alrededor, cerca, acerca (de); **all** ~, por todas partes; **to be** ~, estar a punto de; **to turn** ~, *Naut.* virar en redondo; **what's all ~?** ¿de qué se trata? ~ **turn**, media vuelta.
above *(abö'v)* prep. encima, sobre; adv. arriba; ~ **all**, sobre todo; **from** ~, de arriba.
abrasion *(abréischön)* s. raspadura, rasguño; erosión.
abrasive *(abrésiv)* adj. abrasivo; irritante; ~ **substances**, substancias abrasivas; s. abrasivo.
abreast *(abrést)* adv. al lado, en fondo; **to keep** ~, estar al día.
abridge *(abrích)* tr. abreviar, resumir, compendiar.
abroad *(abród)* adv. fuera, en [al] extranjero, **to be** ~, estar en el extranjero; **to go** ~; ir(se) al extranjero.
abrupt *(abrápt)* adj. abrupto, repentino, [pers.] rudo, brusco; adv. **~ly**, bruscamente.
abscond *(abskónd)* intr. huir, fugarse; **~er**, s. prófugo.
absence *(ábsens)* s. ausencia.
absent *(ábsent)* adj. ausente; ~ **minded**, distraído; ~ *(absént)* v.r. ausentarse.
absolute *(ábsolut)* adj. absoluto, completo; categórico, definitivo.
absolutely *(absolútli)* adv. absolutamente, totalmente; desde luego.

A

absolutism *(ábsolutism)* s. absolutismo.
absolve *(absólv)* tr. absolver, dispensar.
absorb *(absórb)* tr. absorber, empapar; **~ed**, adj. (fig.) absorto, enfrascado.
absorbent *(absórbent)* s. y adj. absorbente.
absorbing *(absórbing)* adj. absorbente, fascinante, apasionante.
abstain *(abstéin)* intr. abstenerse, privarse de.
abstemious *(abstímiös)* adj. abstemio.
abstention *(absténschön)* s. abstención, abstinencia.
abstinence *(ábstinens)* s. abstinencia, ayuno.
abstract *(abstráct)* tr. abstraer; *Lit.* extractar; adj. abstracto; s. extracto, resumen.
abstraction *(abstrácschön)* s. abstracción; idea, concepto.
absurd *(absö'rd)* adj. absurdo, ridículo, disparatado.
absurdity *(absö'rditi)* s. absurdo, disparate.
abundance *(abóndans)* s. abundancia.
abundant *(abóndant)* adj. abundante.
abuse *(abiús)* tr. abusar; insultar; maltratar; s. abuso; insulto, maltrato; s. **~r**, abusador.
abusive *(abiúsiv)* adj. abusivo, insultante, ofensivo.
abysmal *(abísmöl)* adj. abismal; desastroso.
abyss *(ábis)* s. abismo, sima.
acacia *(akéisha)* s. *Bot.* acacia.
academic *(akadémik)* adj. académico.
academy *(akádomi)* s. academia.
accede *(aksíd)* intr. acceder; consentir; subir, acceder.
accelerate *(aksélereit)* tr. acelerar; intr. apresurarse.
acceleration *(akseleréischön)* s. aceleración.
accent *(acsént)* tr. acentuar; s. acento; énfasis.
accentuate *(akséntyueit)* tr. acentuar.
accentuation *(aksentyuéischön)* s. acentuación.
accept *(acsépt)* tr. aceptar, admitir.
acceptable *(acséptabl)* adj. aceptable, admisible.
acceptance *(acséptans)* s. aceptación, buena acogida, aprobación.
acceptation *(akseptéischön)* s. aceptación; (lit.) acepción, sentido.
access *(ácses o accés)* s. acceso, entrada; tr. obtener acceso a.
accesible *(aksésibl)* adj. accesible, asequible.
accessory *(acésory)* adj. accesorio, secundario; (leg.) cómplice.
accident *(ácsident)* s. accidente; **by ~**, por casualidad.
accidental *(acsidéntal)* adj. accidental, fortuito, casual; adv. **~ly**, accidentalmente.
acclaim *(akléim)* s. aclamación, elogio; tr. aclamar, elogiar.
acclimate (US), **acclimatize** (UK) *(akláimat)* tr. y r. aclimatar(se).
acclamation *(aklaméischön)* s. aclamación; ovación.
acclimatization *(aklimatéischön)* s. aclimatación.
accommodate *(acómodeit)* tr. acomodar, ajustar.
accommodation *(akomodéischön)* s. acomodo; adaptación, adecuación; alojamiento.
accompaniment *(akómpaniment)* *Mús.* s. acompañamiento.
accompany *(akómpani)* tr. acompañar.
accomplice *(akómplis)* s. cómplice.
accomplish *(acómplish)* tr. realizar; llevar a cabo; lograr.
accomplished *(akómplisht)* adj. logrado, consumado.
accomplishment *(acómplishment)* s. realización, logro; pl. méritos, talento, dotes.
accord *(acórd)* tr. otorgar, conceder; intr. concordar; s. acuerdo; voluntad; **of one's own ~**, por iniciativa propia.
accordance *(acórdans)* s. conformidad; acuerdo, convenio.

accordant *(acórdant)* adj. conforme, acorde.
according to *(acórding tu)* prep. según, de acuerdo con; adv. **~ly**, en consecuencia, por consiguiente.
accordingly *(akórdingli)* adv. en consecuencia; por consiguiente.
accordion *(acórdion)* s. acordeón.
account *(acáunt)* s. cuenta (cont.); informe, relación; tr. considerar, contar; intr. responder; s. **current ~**, cuenta corriente; **on ~ of**, a causa de; **of little ~**, de poca importancia; **of its own ~**, de por sí; **on no ~**, de ninguna manera.
accountable *(acáuntabl)* adj. responsable.
accountancy *(acáuntansi)* s. contabilidad.
accountant *(acáuntant)* s. contable, contador.
accredit *(acrédit)* tr. *Com.* acreditar; dar crédito a.
accrue *(akrú)* tr. aumentar, acumular; **~d interest**, intereses acumulados.
accumulate *(akiúmiuleit)* tr. e intr. acumular(se); adj. acumulado, amontonado.
accumulation *(akiumiuléitschön)* s. acumulación, amontonamiento.
accumulator *(akiúmiuleitör)* s. acumulador.
accuracy *(ákiurösi)* s. exactitud, presición.
accurate *(ákiuret)* adj. exacto, preciso; perfecto; **~ly**; adv. con presición.
accusation *(akiuséischon)* s. acusación, denuncia.
accuse *(ákiúz)* tr. acusar; denunciar (leg.); culpar; **~d**, adj. acusado; **~r**, s. acusador, delator.
accustom *(akástöm)* tr. acostumbrar, habituar; **~ed**, adj. acostumbrado, habituado; **to be ~**, estar habituado, **to get ~**, acostumbrarse, habituarse.
ace *(éis)* s. as; **within an ~ of**, a dos dedos de, a punto de.
ache *(éik)* s. dolor; intr. doler; **head~**, dolor de cabeza; **ear~**, dolor de oídos; **tooth~**, dolor de muelas; **stomach-~**, dolor de estómago.
achieve *(achiv)* tr. conseguir, lograr.
achievement *(achívment)* s. logro; éxito; realización.
aching *(éiking)* adj. doloroso, que duele; s. dolor.
acid *(ásid)* adj. y s. ácido.
acidity *(asíditi)* s. acidez.
acknowledge *(aknóuledch)* tr. reconocer, agradecer; **~ receipt**, acusar recibo.
acknowledgement *(aknóledchment)* s. reconocimiento; agradecimiento; *Com.* acuse de recibo.
acme *(ákmi)* s. colmo; cima; apogeo, cumbre.
acorn *(éikorn)* s. *Bot.* bellota.
acoustics *(acústics)* s. acústica.
acquaint *(acuéint)* tr. informar; familiarizar (con); **to ~ed oneself with**, ponerse al corriente de.
acquaintance *(acuéintans)* s. conocimiento; (pers.) amistad, conocido.
acquiesce *(acuiés)* intr. asentir; acceder, conformarse.
acquiescense *(acuiésens)* s. asentimiento, conformidad.
acquire *(acuáir)* tr. adquirir; obtener, conseguir.
acquisition *(akuisíschön)* s. adquisición.
acquit *(akuít)* tr. *Leg.* absolver, exculpar; **to ~ oneself**, defenderse.
acquittal *(akuítal)* s. absolución.
acquittance *(acuitans)* s. descargo; pago.
acre *(éiker)* s. (medida) acre.
acreage *(éikredch)* área (medida en acres), extensión.
acrid *(ácrid)* adj. acre; agrio; (lang.) mordaz; (olor.) irritante, punzante.
acrimony *(akrómoni)* s. virulencia, acritud; aspereza.
acrobat *(ácrobat)* s. acróbata.
across *(acrós)* adv. prep. a través (de), de un lado a otro; **to come ~ somebody**, encontrar a alguien.

A

act *(ákt)* intr. comportarse, actuar; (teat.) representar; fingir; **to ~ the fool**, hacer el tonto; s. acto, acta; (test.) acto; acción; **to catch in the ~**, coger con las manos en la masa.
acting *(áktin)* adj. interino, suplente; s. *Teat.* representación, actuación.
action *(ákschön)* s. acción, hecho; (mil.) combate; (teat.) argumento; (mec.) movimiento; (leg.) demanda judicial.
activate *(áctiveit)* tr. activar.
active *(áctiv)* adj. activo; **~ly**, *(áktivli)* adv. activamente.
activity *(aktíviti)* s. actividad.
actor *(áktör)* s. actor.
actress *(áctres)* s. actriz.
actual *(ákchual)* adj. real.
actuality *(ákchualiti)* s. actualidad.
actually *(ákchuali)* adv. de hecho, realmente, verdaderamente.
acute *(akiút)* adj. agudo; **~ly**, *(...tli)* adv. con agudeza, agudamente.
acuteness *(akiútnes)* s. agudeza, perspicacia.
adapt *(adápt)* tr. adaptar, acomodar; *Teat.* arreglar; intr. amoldarse, habituarse, adaptarse.
adaptation *(adaptéischön)* s. adaptación.
adapter *(adápter)* s. adaptador, enchufe múltiple.
add *(ad)* tr. agregar, añadir; *Mat.* **~up**, sumar.
adder *(ádör)* s. *Zool.* víbora, culebra.
addict *(adíkt)* tr. dedicarse a, darse a; s. adicto.
addicted *(adíktid)* adj. adicto, aficionado a; dado a; partidario de.
addiction *(adíkschön)* s. adicción, dependencia.
addition *(adíschön)* s. *Arit.* adición, suma; **in ~ to**, adv. además de.
additional *(adíshönal)* adj. adicional, complementario.
addle *(ádl)* adj. podrido; estéril; tr. confundir, enturbiar.
address *(adrés)* tr. dirigir; (orat.) hablar a; s. dirección, señas; discurso.
addresee *(adresí)* s. destinatario.
adduce *(adiús)* tr. aducir, alegar.
adept *(adépt)* s. y adj. hábil, perito, experto.
adequate *(ádicueit)* adj. adecuado, suficiente, aceptable; **~ly**, adv. adecuadamente, suficientemente.
adhere *(adjíer)* intr. adherirse a, pegarse a; allegarse a.
adherence *(adjíerens)* s. adhesión, adherencia.
adherent *(adjíerent)* adj. adherente, pegajoso; s. partidario, discípulo.
adhesion *(adjíschön)* s. adhesión, adherencia.
adhesive *(adjisiv)* adj. adhesivo, pegajoso; **~ tape**, cinta adhesiva.
adjacent *(adyéisent)* adj. adyacente, contiguo.
adjetive *(adyéktiv)* s. adjetivo.
adjoining *(adyóinin)* adj. contiguo; **to be ~**, estar lindante con.
adjourn *(adyö'rn)* tr. diferir, aplazar.
adjournment *(adyóurnment)* s. aplazamiento, suspensión.
adjudicate *(adchúdikeit)* tr. adjudicar.
adjunct *(ádyant)* s. y adj. adjunto, auxiliar.
adjust *(adyást)* tr. ajustar, componer, arreglar.
adjustable *(adyástabl)* adj. regulable, ajustable.
adjustment *(adyástment)* s. ajuste; cambio; arreglo.
adjutant (UK) *(ádyutant)* s. ayudante.
administer *(ádmínistör)* tr. administrar.
administration *(administréischön)* s. administración; gobierno; *Com.* dirección, gerencia.
administrative *(adminístretiv)* adj. administrativo.
administrator *(administréitör)* s. administrador.
admirable *(ádmirabl)* adj. admirable, loable.
admiral *(ádmiral)* s. almirante; s. **~ty**, almirantazgo.
admiration *(admiréischön)* s. admiración, sorpresa, pasmo.
admire *(admáir)* tr. admirar; intr, maravillarse.

admirer *(admáirör)* s. admirador; pretendiente.
admissible *(admísibl)* adj. admisible, aceptable; permitido.
admission *(admíschön)* s. admisión, ingreso; entrada, concesión; ~ **ticket**, billete de entrada; **no** ~, se prohibe la entrada.
admit *(admít)* tr. admitir, conceder; reconocer; dejar entrada.
admittance *(admítans)* s. admisión, entrada; **no** ~, se prohibe la entrada.
admonish *(admónish)* tr. amonestar, reprender.
admonition *(admoníschön)* s. consejo, recomendación; amonestación, advertencia.
ado *(adú)* s. bullicio, ruido; **much ~ about nothing**, mucho ruido y pocas nueces.
adolescence *(adolésens)* s. adolescencia.
adolescent *(adolésent)* adj. y s. adolescente.
adopt *(adópt)* tr. *Leg.* adoptar; elegir; asumir.
adopted *(adópted)* adj. adoptado; adoptivo.
adopter *(adóptör)* s. adoptador; adoptante.
adoption *(adópschön)* s. adopción.
adoptive *(adóptiv)* adj. adoptivo.
adorable *(adórabl)* adj. adorable.
adoration *(adoréischön)* s. adoración.
adore *(adór)* tr. adorar.
adorn *(adórn)* tr. adornar, embellecer, engalanar.
adrenaline *(adrénalin)* s. adrenalina.
adrift *(adríft)* adv. *Naut.* a la deriva; **to break** ~, irse a la deriva.
adroit *(adróit)* adj. diestro, hábil; ~**ly**, adv. hábilmente; s. ~**ness**, habilidad, destreza.
adulation *(adiuléischön)* s. adulación, lisonja.
adulator *(adiuléitör)* s. adulador, lisonjero.
adult *(adált)* adj. y s. adulto.
adulterate *(adáltoreit)* tr. adulterar, falsificar; adj. falsificado, adulterado.
adulterer *(adólterör)* adúltero.
adulteress *(adólteres)* s. adúltera.
adulterous *(adólterös)* adj. adúltero.
adultery *(adólteri)* s. adulterio.
advance *(adváns)* tr. avanzar; s. avance; (dinero) adelantar; (empleo) ascender; s. (dinero) anticipo; (empleo) ascenso; **in** ~, *Com.* por adelantado; de antemano.
advanced *(advánsd)* adj. avanzado; precoz; superior.
advancement *(advánsmant)* s. adelanto; progreso.
advantage *(advántech)* s. ventaja; beneficio; **to take** ~, aprovecharse de.
advantageous *(advantéidgches)* adj. ventajoso, beneficioso.
Advent *(ádvent)* s. llegada, venida; *Ecles.* Adviento.
adventure *(advénchör)* s. aventura; intr. aventurarse; osar, atreverse; tr. aventurar.
adventurer *(advénchörör)* s. aventurero.
adventurous *(advénchörös)* adj. aventurado, osado; aventurero, audaz; adv. ~**ly**, arriesgadamente.
adverb *(ádverb)* s. adverbio.
adversary *(ádvörseri)* s. adversario, enemigo; adj. ~, contrario, adverso.
adverse *(advörs)* adj. adverso, contrario, (fig.) funesto.
adversity *(advö'rsiti)* s. adversidad, desgracia, calamidad.
advertise *(ádvörtais)* tr. anunciar, publicar, divulgar; intr. poner un anuncio.
advertisement *(advértisment)* s. anuncio.
advertiser *(advörtáisör)* s. anunciador, anunciante.
advertising *(advörtáising)* adj. publicitario; s. publicidad; ~ **agent**, agente publicitario; ~ **agency**, oficina de publicidad.
advice *(adváis)* s. consejo, aviso.
advisable *(adváisabl)* adj. aconsejable, recomendable.
advise *(adváis)* tr. aconsejar; intr. dar consejo.

A

A

advised *(adváisd)* adj. aconsejado; avisado, advertido.
adviser *(adváisör)* s. consejero; consultor, asesor.
advisory *(adváisori)* adj. consultivo.
advocate *(ádvokeit)* s. defensor, partidario; tr. recomendar.
aerial *(érial)* adj. aéreo; s. (radio) antena.
aerodrome *(éarodrom)* s. aeródromo.
aerodynamic *(earodainámik)* adj. aerodinámico; s. **~s**, pl. aerodinámica.
aeronautic *(earonótik)* adj. aeronáutico; s. pl. **~s**, aeronáutica.
aeroplane *(éiroplein)* s. avión, aeroplano.
afar *(afár)* adv. lejos, a lo lejos; **from ~**, desde lejos.
affability *(afabíliti)* s. afabilidad, amabilidad.
affable *(áfabl)* adj. afable, amable, cortés.
affair *(afér)* s. asunto; **that's not your ~!**, ¡eso no es asunto tuyo!
affect *(aféct)* tr. afectar, conmover.
affected *(afécted)* adj. afectado; conmovido.
affection *(afékschön)* s. inclinación, afecto, simpatía; **to feel ~ for**, sentir afecto por; *Med.* dolencia.
affectionate *(afékshoneit)* adj. cariñoso, amoroso.
affective *(aféktiv)* adj. afectivo.
affiliation *(afiliéischön)* s. filiación, afiliación.
affinity *(afíniti)* s. afinidad.
affirm *(afórm)* tr. afirmar, aseverar; intr. afirmarse.
affirmation *(aförméischön)* s. afirmación, ratificación.
affirmative *(afórmativ)* adj. afirmativo; s. afirmativa.
affix *(afíks)* tr. fijar, clavar; (con goma) pegar, unir.
afflict *(aflíct)* tr. afligir, aquejar.
affliction *(aflíkschön)* s. aflicción, congoja, angustia.
affluence *(áfluens)* s. afluencia, concurrencia; abundancia, opulencia.
affluent *(áfluent)* adj. próspero, adinerado; **the ~ society**, la sociedad opulenta.
afford *(afórd)* tr. proporcionar, suministrar; **can ~**, tener medios, poder permitirse el lujo.
affray *(afréi)* s. refriega, reyerta, riña.
affront *(afrónt)* tr. afrentar, insultar; s. agravio, afrenta.
afloat *(aflóut)* adv. *Naut.* a flote, flotante; (fig.) *Econ.* solvente, sin deudas.
afoot *(afút)* adv. (fig.) en movimiento, en proceso (de ejecución); **mischief is ~**, alguna travesura hay.
afore *(afór)* prep. *Naut.* a proa.
aforegoing *(afórgoing)* adj. precedente.
aforesaid *(afórsed)* adj. ya dicho, susodicho, antedicho.
afraid *(afréid)* adj. miedoso, temeroso; **to be ~**, tener miedo.
afresh *(afrésh)* adv. de nuevo, otra vez, nuevamente.
aft *(aft)* adv. *Naut.* a popa.
after *(áftör)* prep. después de (que); (lugar), detrás de; adv. después, en seguida; **~ all**, después de todo; **soon ~**, poco después; **day ~ day**, día tras día.
afternoon *(áfternun)* s. tarde.
afterwards *(áfterwörds)* adv. después, más tarde.
again *(aguéin)* adv. otra vez, de nuevo; **~ and ~**, una y otra vez; **come ~!**, ¡repítelo!
against *(aguéinst)* prep. contra, en contra de.
age *(éidch)* s. edad, época; **of ~**, **what's his ~?**, ¿Qué edad tiene?; **old ~**, vejez; **under ~**, menor de edad; **to come of ~**, cumplir la mayoría de edad; v. tr. e intr. envejecer.
aged *(éidchd)* viejo, envejecido; **a girl ~ 10**, de 10 años de edad.
agency *(éidyensi)* s. agencia.
agent *(éidyent)* adj. y s. agente, representante.

agglomerate *(aglómöreit)* tr. e intr. aglomerar(se), amontonar(se); s. aglomerado.
agglomeration *(agloömöréischon)* s. aglomeración, montón.
aggravate *(ágraveit)* tr. agravar, empeorar; irritar, exasperar.
aggravating *(agravéitin)* adj. irritante, molesto; agravante.
aggravation *(agravéishn)* s. empeoramiento; exasperación.
aggregate *(agregueit)* tr. agregar; unir; ascender a (cant.); adj. agregado, unido; s. total, suma (cant.).
aggression *(agréshön)* s. agresión.
aggressive *(agrésiv)* adj. agresivo.
aggressor *(agrésor)* s. agresor.
aghast *(ágast)* adj. espantado, horrorizado, aterrorizado.
agile *(ádyail)* adj. ágil.
agility *(adyíliti)* s. soltura, agilidad.
agitate *(ádyiteit)* tr, agitar; *Pol.* perturbar, inquietar.
agitation *(adyitéischön)* s. agitación, perturbación, convulsión.
agitator *(adyitéitör)* s. agitador.
agnostic *(agnóstic)* s. y adj. agnóstico.
agnosticism *(agnóstisism)* s. agnosticismo.
ago *(agóu)* adv. hace (para tiempo pasado); **long** ~, hace mucho tiempo; **some time** ~, hace algún tiempo; **how long** ~?, ¿cuánto tiempo hace?
agog *(agóg)* adj. excitado, nerviosísimo; adv. excitadamente; **to be** ~, estar excitado.
agonize *(ágonais)* tr. e intr. agonizar; (fig.) atormentar, torturar; adj. ~**ing**, martirizante, angustioso.
agony *(ágoni)* s. agonía, zozobra, suplicio.
agrarian *(agrérian)* adj. agrario.
agree *(agrí)* intr. convenir, acordar, ponerse / estar de acuerdo.
agreeable *(agríebl)* adj. agradable, grato, (pers.) simpático; adv. ~**ly**, agradablemente, gratamente.
agreed *(agríd)* adj. acordado, convenido.
agreement *(agríment)* s. acuerdo, convenio; **to reach an** ~, llegar a un acuerdo.
agricultural *(agrikólschöröl)* adj. agrícola.
agriculture *(agrikólchör)* s. agricultura.
aground *(agráund)* adv. *Naut.* encallado, embarrancado; **to run** ~, encallar, embarrancar.
ahead *(ajéd)* adv. adelante, al frente; *Naut.* avante; **to get** ~, adelantar, progresar; *Naut.* **full** ~!, ¡avante todo!
aid *(éid)* tr. ayudar, auxiliar; s. ayuda, asistencia; **first** ~, primeros auxilios, curas; **in** ~ **of**, a beneficio de.
ail *(éil)* tr. afligir, aquejar; s. mal, dolor.
aim *(éim)* tr. apuntar, dirigir; s. puntería.
air *(éar)* tr. airear, ventilar; s. aire; (fig.) aspecto; **in the open** ~, al aire libre; (mil.) ~ **Force**, Fuerza Aerea; (mil.) ~-**raid**, incursión aérea; (rad.) **on the** ~, transmitiendo.
airbase *(éarbeis)* s. base aérea.
aircraft *(éarkraft)* s. avión; ~ **carrier**, portaaviones.
airmail *(éarmail)* s. correo aéreo, por avión.
airman *(éarman)* s. aviador.
airplane *(éarplein)* s. avión.
airport *(érport)* s. aeropuerto.
airy *(éari)* adj. aireado, ventilado.
aisle *(áil)* s. *Arq.* nave lateral; pasillo, pasadizo.
ajar *(adyár)* adj. (puertas) entreabierto, entornado.
akin *(akín)* adj. emparentado; parecido, semejante a.
alarm *(alárm)* s. alarma; tr. alarmar, inquietar; s. ~**clock**, despertador.
alarming *(alárming)* adj. alarmante.
alas! *(alas)* interj. ¡ay!
album *(álbum)* s. álbum.
alcohol *(álcojol)* s. alcohol.
alcoholic *(alcojólik)* adj. alcohólico.
alderman *(óldörman)* s. concejal, regidor.
ale *(éil)* s. cerveza.
alehouse *(éiljaus)* s. cervecería, taberna.
alert *(alört)* adj. alerta; **to be on the** ~, estar ojo avizor, estar atento.

alertness *(alörtnes)* s. vigilancia, listeza, viveza.
alibi *(álibai)* s. (leg.) coartada.
alien *(éilien)* s. extranjero; adj. ajeno, extraño; extraterrestre.
alienate *(éilieneit)* tr. alienar, enajenar; adj. enajenado.
alight *(aláit)* intr. (transp.) apearse, bajarse; posarse; **to set ~**, incendiar.
alike *(aláik)* adv. igualmente; adj. igual.
alimentary *(aliméntari)* adj. alimenticio, nutritivo; - canal, tubo digestivo.
alimentation *(alimentéischön)* s. alimentación.
alive *(aláiv)* adj. vivo; **to be ~ with**, estar plagado de; *Elect.* **to be ~**, dar corriente, correr la corriente.
all *(ol)* adj. todo, todos; adv. del todo; **~ right**, perfectamente; **not at ~!**, ¡de nada; **~ but**, todos menos; **after ~**, después de todo; **~ the better**, tanto mejor; **~ in ~**, en total, en resumidas cuentas.
allay *(álei)* tr. aliviar, mitigar; calmar.
allegation *(aleguéishn)* s. alegación, alegato.
allege *(alídch)* tr. alegar, afirmar; adj. **to be ~d**, decirse.
allegiance *(alídyians)* s. lealtad.
allergic *(aléryik)* adj. alérgico.
alleviate *(alívieit)* tr. aliviar, calmar; (fig.) atenuar.
alleviation *(aliviéschön)* s. alivio, paliativo; (fig.) desahogo.
alley *(áli)* s. callejuela, callejón; **blind ~**, callejón sin salida; **bowling ~**, bolera.
alliance *(aláians)* s. alianza, liga, unión.
allied *(aláid)* adj. aliado.
alligator *(aleigéita)* s. (zool.) caimán.
allocate *(alokéit)* tr. asignar; distribuir.
allocation *(alokéishn)* s. asignación; distribución.
allot *(alót)* tr. adjudicar, distribuir, repartir.
allotment *(alótment)* s. reparto, distribución; cuota.
allow *(aláu)* tr. permitir, dar permiso; consentir, tolerar.
allowance *(aláuans)* s. asignación, subsidio; *Com.* descuento; **to make ~s for**, tomar en consideración.
alloy *(áloi)* s. aleación (met.); v. tr. alear (met.).
allude *(aliúd)* intr. aludir, insinuar; referirse a.
allure *(aliúr)* tr. atraer, seducir; s. atractivo, encanto.
alluring *(aliúring)* adj. seductor, atrayente.
allusion *(aliúschiön)* s. alusión, insinuación.
allusive *(aliúsiv)* adj. alusivo.
ally *(aláy)* s. aliado; intr. aliarse.
almighty *(olmáiti)* adj. omnipotente.
almond *(ámönd)* s. almendra; **sugared ~**, almendra garapiñada; *Bot.* **~ tree**, almendro.
almost *(ólmoust)* adv. casi, cerca de.
alone *(alóun)* adj. solo, a solas; **to leave ~**, no tocar (algo) (alguien); adv. sólo.
along *(alóng)* adv. a lo largo de, adelante con; **all ~**, desde el principio; **to get ~with**, llevarse bien con.
alongside *(alongsáid)* adv. prep, al costado, al lado; *Naut.* **to come ~**, atacar al costado.
aloof *(alúf)* adv. distante; (fig.) (persona) apartado, lejos; **to stand ~**, mantenerse alejado.
aloud *(alaúd)* adv. en voz alta.
alphabet *(álfabet)* s. alfabeto.
alphabetic *(alfabétik)* adj. alfabético.
alphabetical *(alfabétikal)* adj. alfabético; **in ~ order**, en orden alfabético.
alphabetize *(álfabitais)* tr. alfabetizar.
alpinism *(álpinism)* s. alpinismo.
already *(olrédi)* adv. ya.
also *(ólsou)* adv. también; del mismo modo, además.
altar *(óltör)* s. altar; **high ~**, altar mayor; **~ piece**, retablo; **~ boy**, monaguillo.
alter *(óltör)* tr. alterar, cambiar.
alteration *(olteréischön)* s. alteración, reforma, cambio.
alternate *(altörneit)* adj. alternativo; tr. alternar, turnarse.

alternative *(altérnativ)* adj. alternativo; s. alternativa.
althought *(óldou)* conj. aunque,no obstante.
altitude *(áltitiud)* s. altura, altitud.
altogether *(oltuguédör)* adv. en conjunto, en total, totalmente.
altruism *(áltruim)* s. altruismo.
aluminium *(aliumíniöm)* s. aluminio.
always *(ólweis)* adv. siempre.
am *(ám)* **I** ~, *(ai, ám)* yo soy o estoy.
amass *(amás)* tr. amasar, acumular, amontonar.
amateur *(amáter)* s. aficionado.
amaze *(améiz)* tr. asombrar, sorprender, pasmar, dejar perplejo; **to be** ~, estar pasmado.
amazement *(améizment)* s. asombro, sorpresa, espanto.
amazing *(améizing)* adj. asombroso, pasmoso, sorprendente; **~ly**, (...) adv. asombrosamente.
ambassador *(ambásadör)* embajador.
ambassadress *(ambásadres)* s. embajadora.
ambidextrous *(ambidéxtrous)* adj. ambidiestro.
ambiguity *(ambigúiti)* s. ambigüedad.
ambiguous *(ambíguiös)* adj. ambiguo.
ambition *(ambíshön)* s. ambición.
ambitious *(ambíshös)* adj. ambicioso.
amble *(ámbl)* intr. andar muy despacio; s. paso de paseo.
ambulance *(ámbiulans)* s. ambulancia.
ambulant *(ámbiulant)* adj. ambulante.
ambuscade *(ámböskeid)* s. emboscada.
ambush *(ámbusch)* intr. emboscar; s. emboscadas; **in** ~, al acecho; **to lie in** ~, estar al acecho; **to lay in** ~, tender una celada.
ameliorate *(amílioreit)* tr. mejorar; intr. mejorarse.
amelioration *(amilioréischön)* s. mejora, mejoramiento.
amen *(amén)* adv. amén.
amend *(aménd)* tr. enmendar, rectificar; enmendarse, corregirse.
amendment *(amendment)* s. (leg.) enmienda, reforma.
amends *(améndś)* s. indemnización, reparación, restitución; **to make** ~, compensar, desagraviar.
amenity *(améniti)* s. amenidad, atracción; facilidades de recreo.
American *(amérikan)* s. y adj. americano.
amiable *(éimiabl)* adj. afable, afectuoso, amable.
amicable *(amikabl)* adj. amistoso, amigable. / **~bly**, *(amikabli)* adv. amigablemente, amistosamente.
amid(st) *[amíd(st)]* prep. entre, en medio de.
amidship *(amídship)* adv. *Naut.* en, por la mitad del barco, en medio del buque.
amiss *(amís)* adv. mal, fuera de lugar, inoportunamente; adj. malo, inoportuno; **it is not** ~, no está de más; **to come** ~, (en neg.), (no) venir mal.
amity *(ámiti)* s. amistad, concordia.
ammonia *(amónia)* s. *Quím.* amoniaco.
ammunition *(amiuníschön)* s. *Mil.* munición, municiones.
amnesia *(amníshia)* s. *Med.* amnesia.
amnesty *(ámnesti)* s. *Leg.* amnistía, indulto.
amok *(amók)* adv. correr a ciegas, enloquecerse, desbocarse.
among(st) *[amóng(st)]* prep. entre (varios), en medio.
amortization *(amortizéischön)* s. amortización.
amortize *(amórtaiz)* tr. amortizar.
amount *(amaúnt)* s. cantidad, suma; intr. equivaler a, significar; ascender.
amphetamine *(anféytahmain)* f. anfetamina.
amphibious *(amfíbiös)* adj. anfibio.
amphitheater *(amfiziater)* s. anfiteatro.
ample *(ámpl)* adj. amplio, espacioso; (cant.) abundante; **~!**, ¡de sobra!

A

amplifier *(ámplifaiör)* s. (radio) altavoz, amplificador.
amplify *(ámplifai)* tr. ampliar, amplificar, aumentar; adj. **~ing**, amplificador.
amputate *(ámpiuteit)* tr. *Med.* amputar.
amputation *(ampiutéischön)* s. amputación.
amulet *(ámiulet)* s. amuleto, talismán.
amuse *(amiús)* tr. entretener, divertir, distraer.
amusement *(amiúsment)* s. diversión, entretenimiento.
amusing *(amiúsing)* adj. divertido, entretenido, gracioso.
an *(an)* art. un, uno, una.
analogous *(análoyios)* adj. análogo, semejante.
analogy *(análoyi)* s. analogía, semejanza.
analyze *(ánalais)* tr. analizar; **~r**, s. analizador.
analysis *(análisis)* s. análisis.
analytic *(analítik)* adj. analítico.
anarchic *(anárkik)* adj. anárquico.
anarchist *(ánarkist)* s. anarquista.
anarchy *(ánarki)* s. *Pol.* anarquía; (fig.) confusión, desorden.
anatomical *(anatómikal)* adj. anatómico.
anatomy *(anátomi)* s. anatomía, fisiología.
ancestor *(ánsestör)* s. antepasado, predecesores.
ancestral *(anséstral)* adj. ancestral, de los antepasados.
anchor *(ánkör)* s. *Naut.* ancla; **at ~**, anclado; **to cast ~**, fondear; **to weigh ~**, levar anclas; tr. anclar, fondear; (US) presentar (radio, TV).
anchorage *(ankorédy)* s. fondeadero; **~ dues**, derechos de anclaje; **~ point**, punto de retén.
anchovy *(ánchouvi)* s. (Ict.) anchoa.
ancient *(éinshent)* adj. antiguo, viejo.
ancillary *(ánsileri)* adj. auxiliar, subordinado; **~ staff**, personal auxiliar.
and *(and)* conj. y, e; **~ yet**, sin embargo.
Andean *(ándian)* adj. andino.
android *(ándroid)* s. androide.
anecdote *(ánekdout)* s. anécdota.
anemia (US), **anaemia** (UK) *(anímia)* s. *Med.*anemia.
anemic (US), **anaemic** (UK) *(aniímek)* adj. *Med.* anémico.
anesthesia (US), **anaesthesia** (UK) *(anestíshia)* s. *Med.* anestesia.
anesthetize *(anístetais)* tr. anestesiar.
anew *(aniú)* adv. de nuevo, otra vez.
angel *(éindyel)* s. ángel; **guardian ~**; ángel custodio.
anger *(ángör)* s. ira, cólera, furia; tr. enfurecer, indignar, encolerizar.
angle *(ángl)* s. ángulo; tr. pescar con caña; orientar, dirigir.
angler *(ánglör)* s. pescador de caña.
Anglican *(ánglikan)* adj. y s. anglicano.
angling *(ánglin)* s. pesca de caña.
anglophile *(ánglofail)* s. anglófilo.
anglophobe *(ánglofoub)* s. anglófobo.
Anglo-saxon *(ánglosakson)* s. y adj. anglosajón.
angry *(ángri)* adj. colérico, enojado, enfadado; **to get ~**, enfadarse.
anguish *(ángüish)* s. angustia, congoja, aflicción; **~ed**, adj. angustiado, afligido; tr. (fig.) atormentar.
animal *(ánimal)* s. y adj. animal.
animate *(ánimeit)* tr. dar vida, vivificar; alentar, animar; adj. animado.
animated *(animéitid)* adj. animado, lleno de vida; concurrido.
animating *(animéitin)* adj. excitante; alegre, divertido.
animation *(animéischön)* s. animación, viveza, vivacidad; (T.V.) dibujos animados.
animosity *(animósiti)* s. animosidad, hostilidad, rencor; (col.) ojeriza.
ankle *(ánkl)* s. tobillo.
anklet *(ánklet)* s. tobillera; calcetín.
annals *(ánals)* s. pl. anales; crónica.
annex *(anécs)* s. anexo, adición; tr. anexar.

annihilate *(anáikleit)* tr. aniquilar, destruir.
annihilation *(anaieléischön)* s. aniquilación, destrucción.
anniversary *(anivö'rsari)* s. aniversario.
annotate *(ánoteit)* tr. (impr.) anotar, comentar; ~ **edition**, edición comentada.
announce *(enáuns)* tr. anunciar, hacer público.
announcement *(enáunsment)* s. anuncio, proclamación; **public** ~, comunicado oficial.
announcer *(enáunsör)* s. locutor.
annoy *(anói)* tr. molestar, incomodar, fastidiar; (col.) dar la lata.
annoyance *(anóians)* s. molestia, fastidio.
annoying *(anóing)* adj. fastidioso, engorroso.
annual *(ániual)* adj. anual; s. anuario; adv. **~ly**, anualmente, cada año.
annuity *(aniúiti)* s. anualidad.
annul *(anal)* tr, anular, invalidar; (leg.) abolir.
annunciation *(enansiéischön)* s. anunciación.
anoint *(anóint)* tr. untar; ungir.
anomalous *(anómalös)* adj. anómalo, irregular.
anomaly *(anómali)* s. anomalía, irregularidad.
anonymity *(anonímity)* s. anonimato.
anorak *(ánorak)* s. anorak.
anorexic *(anoréksik)* adj. anoréxico.
anonymous *(anónimos)* adj. anónimo.
another *(anódör)* adj. otro; **one** ~, los unos a los otros, uno a otro.
answer *(ánsör)* intr. responder; s. respuesta: **~able**, *(ánsörabl)* adj. responsable; **~less**, *(ánsörles)* adj. sin respuesta.
ant *(ant)* s. hormiga.
antagonism *(antágonism)* s. antagonismo, hostilidad, rivalidad.
antagonist *(antágonist)* s. antagonista, adversario, rival.
Antarctic *(antártik)* adj. Antártico.
antecedent *(antisídent)* s. y adj. antecedente.
antelope *(ántiloup)* s. antílope.
ante meridiem *(ánti meridiem)* adj. por la mañana.
antenna *(anténa)* s. antena.
anterior *(antíriör)* adj. anterior.
anthem *(ánzem)* s. himno; **national** ~, himno nacional.
anthill *(ántjil)* s. hormiguero.
anthology *(anzólodyi)* s. antología; adj. **~ical**, antológico.
anti-bacterial *(antibaktírial)* adj. antibacteriano.
antibiotic *(antibaiótik)* adj. y s. antibiótico.
antic *(ántik)* s. pl. payasada(s), gansada(s); **to play** ~, hacer gansadas.
anticipate *(antísipeit)* tr. anticipar, adelantarse.
anticipation *(antisipéischön)* s. anticipación.
antidote *(ántidout)* s. antídoto.
antifreeze *(antifrís)* s. anticongelante.
anti-inflammatory *(antiinflamatóri)* adj. antiinflamatorio.
antipathy *(antípazi)* s. antipatía.
antiquarian *(antikuérian)* adj. y s. anticuario.
antiquary *(antikuéri)* s. anticuario.
antiquated *(antiquéited)* adj. anticuado, pasado (de moda).
antique *(antík)* adj. antiguo; s. antigüedad, antigualla (objetos).
antiquity *(antíkuiti)* s. (tiempo) antigüedad.
anti-Semitic *(antisimítik)* adj. antisemita.
anti-Semitism *(antisimitísm)* s. antisemitismo.
antler *(ántlör)* s. cuerno, asta (en ciervos, etc.) pl. cornamenta.
anvil *(ánvil)* s. yunque.
anxiety *(ansáeti)* s. ansia, afán; anhelo, ansiedad.
anxious *(ánkschiös)* adj. ansioso, impaciente, inquieto.
any *(éni)* adj. y pren. (en int. y neg.) algún, alguna; (en afir.) cualquier(a); **~more?**, ¿más; **at ~ rate**, de todos modos.
anybody *(énibodi)* pron. (int.) alguien, (neg.) nadie; (afirm.) cualquier(a).
anyhow *(énijau)* adv. sin embargo, de cualquier modo/manera.

A

A

anything *(énizing)* pron. algo; (neg.) nada; (afirm.) cualquier cosa.
anyway *(éniuei)* adv. de cualquier manera, de todos modos; *coll.* en fin.
anywhere *(éniuer)* adv. (interrogación) en alguna parte; (neg.) en ninguna parte; (en afirm.) en cualquier parte.
apart *(apárt)* adv. aparte, separadamente; **to tear** ~, despedazar; **to break** ~, deshacerse, descomponerse.
apartment *(apártment)* s. apartamento, vivienda.
apathetic *(apazétik)* adj. apático, indiferente, dejado.
apathy *(ápazi)* s. apatía, dejadez, indiferencia.
ape *(éip)* s. mono; tr. imitar.
aperitif *(aperitíf)* s. aperitivo.
aperture *(áperschör)* s. abertura, paso.
apex *(eipéks)* s. cima, cúspide; (fig.) punta.
apiery *(éipieri)* s. colmenar.
apiece *(apís)* adv. cada uno.
apocalypse *(apókalips)* s. apocalipsis.
apocalyptic *(apokalíptik)* adj. apocalíptico, disculparse.
apologetic *(apolodyétik)* adj. apologético.
apologist *(apóledyist)* s. apologista, persona que se disculpa.
apologize *(apólodyaiz)* tr. excusar (se), pedir perdón, disculparse.
apology *(apólodyi)* s. excusa, disculpa; **my** ~, (le ofrezco) mis disculpas.
apoplexy *(apopléksi)* s. *Med.* apoplejía.
apostasy *(apóstasi)* s. apostasía.
apostate *(apósteit)* s. apóstata; adj. falso.
apostatize *(apóstatais)* tr. apostatar, renegar.
apostle *(apósl)* s. apóstol.
apostolic *(apostólik)* adj. apostólico.
apothecary *(apózekari)* s. boticario, farmacéutico; ~ **shop**, botica, farmacia.
app *(applikation)* (abr.) *Inform.* aplicación, programa
appall (US), **appal** (UK) *(apúl)* tr. aterrar, espantar, horrorizar; **~ing**, *(apúling)* adj. horroroso, aterrador.
appalling *(appúling)* adj. escandaloso, horroroso.
apparatus *(aparéitus)* s. aparato, equipo.
apparel *(apárel)* s. ropa, vestimenta; *Naut.* equipo, aparejo.
apparent *(apérent)* adj. aparente, evidente; **heir~**, presunto heredero; adv, **~ly**, aparentemente, al parecer.
apparition *(aparíshön)* s. aparición, visión; fantasma.
appeal *(apíl)* tr. e intr. suplicar; atraer; *Leg.* apelar; s. súplica, petición; simpatía, atracción; **sex** ~, Atracción sexual; **Court of** ~, Tribunal de Apelación; adj. **~ing**, atractivo, atrayente.
appear *(apíar)* intr. aparecer; comparecer; parecer.
appearance *(apíarens)* s. apariencia, aspecto; (leg.) comparecencia; **to keep up** ~, salvar las apariencias.
appease *(apís)* tr. apaciguar, calmar.
appeasement *(apísment)* s. calma, paz, alivio.
append *(apénd)* tr. añadir; adjuntar; anexionar.
appendage *(apéndadya)* s apéndice, añadidura.
appendicitis *(apendisáitis)* *Med.* apendicitis.
appendix *(apéndiks)* s. *Anat.* apéndice.
appertain *(ápertein)* intr. pertenecer, ser de; atañer.
appetency *(ápetensi)* s. apetencia, deseo.
appetent *(ápetent)* adj. ávido, codicioso, muy deseoso.
appetite *(ápetait)* s. apetito, deseo.
appetizer *(ápetaisör)* s. aperitivo; **~zing**, *(apetaisin)* adj. apetitoso, apetecible; (fig.) tentador.
applaud *(aplód)* tr. aplaudir; (fig.) alabar.
applause *(aplós)* s. aplauso, alabanza.

apple *(apl)* s. manzana; **~tree**, manzano; **pine ~**, pina tropical; **~ pie**, pastel de manzana.
appliance *(apláins)* s. dispositivo, utensilio, aparato; **household ~s**, electrodomésticos.
application *(aplikéishön)* s. instancia, solicitud; **~ form**, hoja de solicitud.
apply *(apláí)* tr. aplicar; **~ for**, solicitar; aplicar.
appoint *(apóint)* tr. nombrar, designar; señalar.
appointment *(apóintment)* s. nombramiento, designación; cita; **to make an ~**, pedir una cita; **to have an ~**, tener una cita.
appraisal *(apréisal)* s. valoración, estimación, evaluación.
appraise *(apréis)* tr. apreciar, valuar, tasar, evaluar.
appreciate *(apreshiéit)* intr. apreciar, estimar; valorar; agradecer.
appreciation *(apprisiéischön)* s. agradecimiento; aprecio.
apprehend *(aprijénd)* tr. aprehender, arrestar, detener; comprender.
apprehension *(aprijénshön)* s. arresto, detención; temor; compresión.
apprehensive *(aprijéndsif)* adj. receloso, aprensivo.
apprentice *(apréntis)* s. aprendiz; tr. colocar de aprendiz.
approach *(apróuch)* intr. acercarse; tr. acercar; s. paso, entrada; (intel.) enfoque; pl. proximidades.
approaching *(apróuchin)* adj. cercano, próximo, que viene.
approbation *(aprobéischön)* s. aprobación, visto bueno.
appropriate *(aprópprieit)* tr. apropiar; adj. apropiado, adecuado.
approval *(aprúval)* s. aprobación; *Com.* **on ~**, a prueba.
approve *(aprúv)* tr. aprobar, autorizar.
approximate *(aprócsimeit)* tr. aproximar; adj. aproximado.
aproximation *(aproksiméischön)* s. aproximación.
apricot *(éprikot)* s. albaricoque, **~ tree**, albaricoquero, damasco.
april *(eipril)* s. abril. **~ fools' Day** (1° de abril), día de los Santos Inocentes; **~ fool**, el que sufre la inocentada, inocente.
apron *(éiprön)* s. delantal.
apt *(apt)* adj. apto; **to be ~ to**, ser propenso.
aptitude *(áptitiud)* s. aptitud, disposición.
aquarium *(acuériöm)* s. acuario.
aquatic *(acuátik)* adj. acuático.
aqueduct *(ácuedöct)* s. acueducto.
Arabian *(aréibien)* adj. y s. árabe.
Arabic *(árabik)* s. árabe; adj. arábico, arábigo.
arable *(árabl)* adj. arable, de labranza: **~land**, tierra de cultivo.
arbitrary *(árbitreri)* adj. arbitrario, caprichoso.
arbitrate *(árbitreit)* tr. (leg.) *Com.* arbitrar.
arbitration *(arbitréischön)* s. *Com.* y *Leg.* arbitraje; **Court of ~**, Tribunal de Arbitraje.
arbitrator *(árbitreitör)* s. *Com.* y *Leg.* arbitro, mediador.
arc *(arc)* s. *Geom.* arco.
arcade *(arkéid)* s. galerías, soportales.
arch *(arch)* s. (arq.), bóveda, arco; adj. **~ed**, abovedado, arqueado; s. **~bishop**, arzobispo; s. **~er**, arquero; s. **~ ery**, tiro con arco.
archaeologist *(arkiólodyist)* s. arqueólogo.
archaeology *(arkiólodyi)* s. arqueología.
architect *(árkitect)* s. arquitecto.
architecture *(árkitekschör)* s. arquitectura.
archive *(árkaiv)* s. archivo.
archivist *(árkivist)* s. archivero.
arctic *(árktik)* adj. ártico.
ardent *(árdent)* adj. ardiente, apasionado.
ardor (US), **ardour** (UK) *(árdor)* s. ardor, pasión, calor; fogosidad, celo.
arduous *(árdius)* adj. arduo, laborioso, difícil; adv. **~ly**, laboriosamente.
are *(ar)* plural del presente de indicativo del verbo to be.

A

A

area *(érea)* s. área, zona.
arena *(erína)* s. *Dep.* cancha; (toros) ruedo.
argue *(árguiu)* intr. argumentar, disputar; tr. argüir, discutir.
argument *(árguiument)* s. argumento, razonamiento; discusión.
arid *(árid)* adj. árido, seco, estéril.
aridity *(aríditi)* s. aridez, sequedad.
arise *(aráis)* intr. levantarse, elevarse, surgir.
aristocracy *(aristócrasi)* s. aristocracia.
aristocrat *(arístokrat)* s. aristócrata.
aristocratic *(aristokrátik)* adj. aristocrático.
arithmetic *(arízmetik)* s. aritmética; **~al**, aritmético.
ark *(árk)* s. arca; **Noah's ~**, Arca de Noé.
arm *(árm)* s. *Anat.* brazo; *Mil.* arma; tr. armar; **folded ~s**, brazos cruzados; **~ in ~**, del brazo; **at ~s lenght**, a distancia; **one ~ed**, manco de un brazo.
armament *(ármament)* s. armamento.
armchair *(ármchear)* s. butaca, sillón.
armistice *(ármistis)* s. armisticio.
armour *(ármör)* s. armadura; tr. *Mil.* blindar, acorazar; **~ed car**, carro blindado.
armoury *(ármori)* s. armería.
armpit *(ármpit)* s. sobaco, axila.
army *(ármi)* s. ejército; (fig.) multitud; adj. castrense.
around *(eráund)* adv. y prep. alrededor (de); **~ the corner**, a la vuelta de la esquina; **to be ~**, *coll.* andar por ahí.
arouse *(eráus)* tr. (fig.) despertar, excitar.
arrange *(arréinch)* tr. colocar; arreglar; concretar.
arrangement *(arréinchment)* s. arreglo; plan; *Mús.* arreglo.
array *(arréi)* s. formación, orden; tr. poner en orden, formar.
arrears *(arríars)* s. pl. atrasos.
arrest *(arrést)* tr. arrestar, detener; s. arresto.
arrival *(arráival)* s. llegada; (fig.) advenimiento; **a new ~**, un recién llegado.
arrive *(arráiv)* intr. llegar; **to ~ to the conclusion**, llegar a la conclusión; **to ~ at**, llegar a (horas) (lugares).
arrogance *(árrogans)* s. arrogancia, altivez, orgullo.
arrogant *(árrogant)* adj. arrogante, altivo, orgulloso.
arrow *(árrou)* s. flecha; **~ head**, punta de flecha; **follow the ~**, seguir la flecha.
arsenal *(ársenel)* s. arsenal.
arsenic *(ársenik)* s. arsénico.
arson *(ársön)* s. incendio provocado, incendio premeditado.
art *(árt)* s. arte, habilidad; **fine ~s**, Bellas Artes.
arterial *(artírial)* adj. arterial.
artery *(artöri)* s. arteria.
arthiritis *(ardztráitis)* s. *Med.* artritis.
arthrosis *(arzrósis)* f. *Med.* artrosis.
artichoke *(ártichouk)* s. alcachofa.
article *(ártikel)* s. artículo.
articulate *(artíkiuleit)* tr. articular, pronunciar; **~d**, adj. articulado, claro.
articulation *(artikiuléischön)* s. articulación; pronunciación.
artifice *(ártifis)* s. fraude, engaño; treta.
artificer *(artífisör)* s. artífice.
artificial *(artifíshöl)* adj. artificial; (fig.) fingido.
artillery *(artílöri)* s. artillería; **~ man**, artillero.
artisan *(ártisan)* s. artesano.
artist *(ártist)* artista, (col.) pintor.
artistic *(artístik)* adj. artístico.
artless *(ártles)* adj. natural, ingenuo, sencillo, sin arte.
artlessness *(áatlesnes)* s. sencillez, simple.
as *(as)* conj. como sea que, tan, según; **~ well ~**, así como; **much... ~**, tanto... como; **many... ~**, tantos... como; **~for**, por lo que a... se refiere.
asbestos *(asbéstos)* s. asbesto, amianto.
ascend *(asénd)* tr. e intr. ascender, subir.
ascension *(asénshön)* s. ascensión.
ascent *(asént)* s. subida, escalada.

ascertain *(asertéin)* tr. cerciorarse, verificar, averiguar.
ascetic *(asétik)* adj. ascético; s. asceta.
ascribe *(ascráib)* tr. atribuir; asignar; (culpa) achacar, imputar.
aseptic *(aséptik)* adj. aséptico.
ash *(ash)* s. ceniza; *Bot.* fresno; **~es**, pl. cenizas; ~ **Wednesday**, miércoles de ceniza; ~ **coloured**, de color ceniza.
ashamed *(ashéimd)* adj. avergonzado, confuso; **to be ~**, tener vengüenza.
ashore *(ashór)* adv. *Naut.* en tierra, a tierra; **to go ~**, ir a tierra.
ash-tray *(áshtrei)* s. cenicero.
Asiatic *(ashiátik)* adj. y s. asiático.
aside *(asáid)* adv. al lado, a un lado, aparte; **to set ~**, poner a un lado, apartar.
ask *(ask)* tr. preguntar; ~ **for**, tr. pedir.
askance *(askáns)* adv. de soslayo, de reojo; **to look ~**, mirar de reojo.
asleep *(aslíp)* adj. dormido; **to fall ~**, dormirse.
asparagus *(aspáragös)* s. *Bot.* espárrago.
aspect *(áspekt)* s. aspecto, apariencia, traza, semblante; **with ~ of**, con cara de.
asperity *(aspériti)* s. aspereza; rudeza.
asphalt *(ásfalt)* s. asfalto.
aspirant *(áspirant)* s. aspirante, candidato.
aspiration *(aspiréishön)* s. aspiración, ambición; anhelo, deseo.
aspire *(aspáir)* intr. aspirar, anhelar; ambicionar.
aspirin *(áspirin)* s. *Med.* aspirina.
ass *(as)* s. asno, burro; (fig.) (por.) burro, pollino; **to make an ~ of oneself**, quedar en ridículo.
assail *(aséil)* tr. asaltar; atacar; **to ~ with questions**, freir a preguntas.
assailant *(aséilent)* s. atacante, agresor.
assassin *(asásin)* s. asesino.
assassinate *(asásineit)* tr. asesinar.
assault *(asólt)* s. agresión, ataque; tr. agredir, atacar.
assay *(eséi)* tr. engañar, experimentar; s. ensayo.
assemble *(asémbl)* tr. congregar, convocar; intr. reunirse.
assembly *(asémbli)* s. asamblea, reunión; ensamblaje, montaje.
assent *(asént)* tr. asentir; s. consentimiento.
assert *(asö'rt)* tr. afirmar; defender, sostener.
assess *(asés)* tr. calcular.
assessment *(asésment)* s. valoración, cálculo, evaluación.
aset *(áset)* s. *Com.* activo, haber.
assiduity *(asidiúiti)* asiduidad, constancia.
assiduous *(asídiuös)* adj. asiduo, constante.
assign *(asáin)* tr. asignar, señalar; designar.
assignation *(aseignéischön)* s. asignación.
assignment *(asáinment)* s. encargo, asignación; tarea.
assimilate *(asímileit)* tr. asimilarse, asemejar.
assimilation *(asimiléischön)* s. asimilación.
assist *(asíst)* tr. ayudar, auxiliar; intr. presenciar, asistir.
assistant *(asístant)* s. ayudante.
associate *(asóshieit)* tr. asociar; intr. asociarse; s. socio; (leg.) cómplice.
association *(asosiéischön)* s. asociación, sociedad.
assort *(asórt)* tr. clasificar, ordenar; surtir.
assorted *(asórtid)* adj. variado.
assortment *(asórtment)* s. surtido, variedad; clasificación.
assuage *(asuéidch)* tr. apaciguar, calmar; (fig.) aliviar.
assume *(asiúm)* tr. asumir, suponer, intr. apropiarse.
assumed *(asiúmd)* adj. supuesto, ficticio.
assuming *(asiúming)* adj. arrogante; ~ **that**, suponiendo que.
assumption *(asámpschön)* s. suposición.
assurance *(ashúrans)* s. seguridad, certeza; confianza.

A

A

assure *(ashúr)* tr. asegurar, garantizar; *Com.* asegurar; adj. **~d**, asegurado; s. **~r**, asegurador; **~dly**, ciertamente.
astern *(astérn)* adv. *Naut.* a popa, en popa; **full ~!**, ¡atrás toda!
asthma *(ástma)* s. *Med.* asma.
asthmatic *(astmátik)* adj. y s. asmático.
astonish *(astónish)* tr. asombrar, admirar.
astonishing *(astónishin)* adj. sorprendente, asombroso.
astonishment *(astónishment)* s. asombro, estupefacción.
astound *(astáund)* tr. asombrar, pasmar; adj **~ing**, asombroso, pasmoso.
astray *(astréi)* adv. extraviado, descarriado; (fig.) (per.) descaminado.
astride *(astráid)* adv. a horcajadas.
astringent *(astríndyent)* adj. astringente.
astrologer *(astrólodyör)* s. astrólogo.
astrology *(astrólodyi)* s. astrología.
astronaut *(ástronot)* s. astronauta.
astronautics *(astronóutiks)* s. astronáutica.
astronomer *(astrónomör)* s. astrónomo.
astronomy *(astrónomi)* f. astronomía.
astute *(astiút)* adj. astuto, sagaz, perspicaz.
asunder *(asándör)* adv. en dos; **to cut ~**, cortar en dos.
asylum *(asáilöm)* s. asilo; insano; ~, manicomio.
at *(at)* prep. a (estático), en; **~ all**, en absoluto; **~ home**, en casa; **~ first**, al principio; **~ last**, por fin; **~ least**, por lo menos.
at sign *(at sái)* s. arroba.
ate *(éit)* tr. e intr., pretérito del verbo **to eat**.
atlas *(átlas)* s. atlas.
atmosphere *(átmosfiar)* s. atmósfera; ambiente.
atheism *(éizeism)* s. ateísmo.
atheist *(éizeist)* s. ateo.
athlete *(ázlit)* s. *Dep.* atleta.
athletic *(azlétik)* adj. atlético; s. **~s**, *Dep.* atletismo.
atmospheric *(atmosférik)* adj. atmosférico.
atom *(átom)* s. átomo.
atomic *(atómik)* adj. atómico.
atomize *(átomais)* tr. pulverizar; atomizar.
atomizer *(átomaisör)* s. pulverizador.
atone *(atóun)* tr. expiar; purgar; intr. reparar, compensar.
atonement *(atóunment)* s. expiación; compensación.
atrocious *(atróshös)* adj. atroz.
atrocity *(atrósiti)* s. atrocidad.
atrophy *(átrofi)* s. *Med.* atrofia; tr. atrofiar.
attach *(atách)* tr. prender, adherir, unir; **to be ~ed**, estar unido a (cosas); (per.) sentir afecto por; **~e**, *(atashei)* s. (dipl.) agregado; **attache-case,** *(atachkéis)* s. cartera, maletín.
attachment *(atáchment)* s. apego, afecto; conexión, relación, archivo adjunto.
attack *(atác)* tr. atacar, acometer; s. ataque, agresión; **heart ~**, *Med.* infarto; s. **~ er**, atacante, agresor.
attain *(atéin)* tr. lograr, conseguir; intr. merecer, llegar a.
attainable *(atéinebl)* adj. asequible, lograble.
attainment *(atéinment)* s. logro, obtención, adquisición.
attempt *(atémt)* tr. intentar; s. intento.
attend *(aténd)* tr. atender, servir; (enfermos), asistir; estar presentes, asistir.
attendance *(aténdans)* s. asistencia; (teat.) público, concurrencia.
attendant *(aténdant)* s. sirviente; *Com.* dependiente; (teat.) acomodador.
attention *(aténshön)* s. atención; **to pay ~**, poner atención; s. pl. **~s**, atenciones, cumplidos.
attentive *(aténtiv)* adj. atento, solícito.
attenuate *(aténiueit)* tr. atenuar, disminuir, aliviar.
attenuation *(atenuéischön)* s. atenuación.
attest *(atést)* tr. (leg.) atestiguar, dar fe, declarar.

attestation *(atestéischön)* s. testimonio, declaración.
attic *(átik)* s. ático, desván.
attire *(atáir)* s. atavío, vestimenta; tr. adornar.
attitude *(átitiud)* s. actitud, ademán; postura, posición.
attorney *(atö'rni)* s. *Leg.* abogado; *Com.* apoderado; s. ~ **General**, Fiscal General.
attract *(atráct)* tr. atraer, llamar la atención; adj. ~**ing**, atrayente.
attraction *(atrákschön)* s. atracción; atractivo, encanto; pl. atracciones, alicientes.
attractive *(atráctiv)* adj. atractivo.
attributable *(atríbiutabl)* adj. imputable, atributable.
attribute *(atribiút)* s. atributo; tr. *(atribiút)* atribuir, achacar.
attribution *(atribiuschön)* s. atribución, atributo.
ATV s. abr. de **all terrain vehicle** vehículo todo terreno.
auburn *(óburn)* adj. castaño, rojizo.
auction *(ócschön)* s. subasta; tr. subastar; ~**eer** *(ocschönía)*, s. subastador.
audacious *(odéishös)* adj. audaz, osado, atrevido.
audacity *(odásiti)* s. audacia, osadía.
audible *(ódibl)* adj. audible, perceptible.
audience *(ódiens)* s. audiencia, (teat., etc.) público, concurrencia.
audit *(ódit)* s. (cont.) revisión de cuentas; tr. auditar; ~**or**, *(óditör)* auditar; s. (cont.) interventor.
audition *(odíschön)* s. audición.
auditorium *(oditórium)* s. auditorio, sala de espectáculos.
augment *(ógment)* tr. e intr. aumentar, acrecentar(se).
augmentation *(ogmentéischön)* s. aumento, incremento.
augur *(óguer)* tr. augurar, pronosticar; s. augur.
augury *(oguiuri)* s. augurio, presagio.
August *(ógöst)* s. y adj. agosto.
aunt *(ánt)* s. tía.
aurora *(oróra)* s. aurora; ~ **borealis**, aurora boreal.
auspice *(óspis)* s. auspicio; patrocinio, apoyo; **under the ~ of**, bajo los auspicios de.
austere *(ostír)* adj. austero, adusto.
austerity *(ostériti)* s. austeridad.
authoritarian *(odzoritárian)* adj. autoritario.
authentic *(odzéntik)* adj. auténtico.
authenticate *(ozentikéit)* tr. autenticar; legalizar.
authenticity *(odzentísiti)* s. autenticidad.
author *(ózör)* s. autor; escritor.
authority *(ozóriti)* s. autoridad; **on good ~**, de buena fuente.
authorization *(odzoraiséischön)* s. autorización.
authorize *(ózoraiz)* tr. autorizar.
autobiography *(otobaiógrafi)* s. autobiografía.
autograph *(ótograf)* s. autógrafo; adj. ~**ic**, autográfico.
automatic *(otomátik)* adj. automático.
automobile *(otomóbil)* s. automóvil.
automobilist *(otomóbilist)* s. automovilista.
autonomy *(otónomi)* s. autonomía; adj. ~**mous**, autónomo.
autopsy *(ótöpsi)* s. autopsia.
autumn *(ótöm)* s. otoño; ~**al**, adj. otoñal.
auxiliary *(óksiliari)* adj. y s. auxiliar.
avail *(avéil)* tr. e intr. aprovecharse de, disponer de, hacer uso de.
available *(avéilabl)* adj. disponible, aprovechable, útil.
avalanche *(ávalanch)* s. alud; (fig.) una gran cantidad de.
avarice *(ávaris)* s. avaricia, codicia.
avaricious *(avarishös)* adj. avaro, codicioso.
avenge *(avéndch)* tr. vengar; ~**r**, *(avéndchör)* s. vengador.
avenue *(áveniu)* s. avenida, alameda.
average *(ávöredch)* s. promedio; adj. normal, típico, corriente.
aversion *(avórshön)* s. aversión, odio.
avert *(avért)* tr. impedir, desviar, evitar, prevenir.
aviary *(éivieri)* s. pajarera.
aviation *(eivéischön)* s. aviación.
aviator *(éivieitör)* s. aviador.
avid *(ávid)* adj. ávido, codicioso, ansioso.

avidity *(avíditi)* s. avidez, ansia, codicia.
avoid *(avóid)* tr. evitar, eludir, esquivar, abstenerse de.
avoidable *(avóidabl)* adj. evitable, eludible.
avow *(eváu)* tr. declarar, confesar.
avowal *(aváual)* s. declaración, confesión.
await *(auéit)* tr. aguardar, esperar.
awake [awoke; awoken] *(auéik)* tr. despertar; (fig.) espabilar; adj. despierto; (fig.) espabilado, listo; **to be ~n,** (fig.) estar despierto.
award *(auórd)* tr. conceder, adjudicar, otorgar; s. recompensa, premio; decisión, sentencia.
aware *(auér)* adj. enterado, consciente; **to be ~ of**, estar enterado, darse cuenta de.
awash *(auósh)* adv. inundado.
away *(auéi)* adv. lejos, ausente; interj. ¡fuera!
awe *(óo)* s. temor, horror, espanto; tr. abrumar, asombrar.
awestruck *(ouströk)* adj. asombrado.
awful *(óuful)* adj. terrible, horrible, espantoso; adv. **~ly**, (fam.) muy terriblemente.
awhile *(auáil)* adv. un rato, algún tiempo.
awkward *(ókuord)* adj. torpe, tosco; embarazoso, difícil.
awl *(óol)* s. punzón.
awning *(óoning)* s. toldo; *Naut.* toldilla.
awry *(arái)* adj. torcido; de reojo.
awesome *(óusam)* adj. imponente, formidable; asombroso.
awestruck *(ouströk)* adj. asombrado.
axe *(áks)* s. hacha.
axis *(áksis)* s. eje.
axle *(áksl)* s. *Mec.* eje.

B b

babble *(bábl)* intr. charlar; balbucear; parlotear; murmurar; s. balbuceo; parloteo; murmullo; s. charla.
baboon *(babun)* s. babuino.
baby *(béibi)* s. bebé; (neol.) niña, cariño.
bachelor *(báchelor)* s. soltero, célibe; *Acad.* licenciado.
bacillus *(basílös)* s. *Med.* bacilo.
back *(bac)* s. espalda; lomo; respaldo; tr. respaldar; adv. atrás; de vuelta.
backbone *(bákboun)* s. columna vertebral, espina dorsal; (fig.) la médula, base de.
background *(bákgraund)* s. fondo, en segundo término, detrás (al describir cuadros, etcétera).
backroom *(bákrum)* s. cuarto de atrás o interior.
backside *(báksaid)* s. trasero, (fam.) culo.
backward(s) [*bákuörd(s)*] adv. hacia atrás; adj. atrasado.
backwardness *(bákuördnes)* s. atraso, torpeza.
backyard *(bákyard)* s. patio; corral.
bacon *(béikön)* s. tocino.
bad *(bad)* adj. malo, nocivo; enfermo; podrido; **~ness,** *(bádnes)* s. maldad; **~ly**, *(bádli)* adv. mal, malamente.
badge *(bádch)* s. insignia, placa.
badger *(bádyör)* s. *Zool.* tejón.
badminton *(bádminton)* s. juego del volante, badminton.
baffle *(bafl)* tr. frustrar; confundir.
bag *(bag)* s. bolsa, bolso; saco.
bagatelle *(bagatél)* s. bagatela.
baggage *(báguedch)* s. equipaje.
bail *(béil)* s. fianza.
bait *(béit)* s. cebo, carnada; (fig.) anzuelo; tr. e intr. poner cebo, cebar.
bake *(béik)* tr. cocer (al horno).
baker *(béikör)* s. panadero.
bakery *(béiköri)* s. panadería, horno.
balance *(bálans)* s. equilibrio; saldo; tr. equilibrar; saldar.
balcony *(bálkoni)* s. balcón; *Teat.* anfiteatro.
bald *(bold)* adj. calvo; **~ness**, s. calvicie.
bale *(béil)* s. fardo, bala, paca; tr. embalar.
ball *(bol)* s. pelota, bola; baile.

ballad *(bálad)* s. balada.
ballast *(bálast)* *Naut.* lastre, tr. lastrar.
ballet *(bále)* s. ballet.
balloon *(balún)* s. globo.
ballot *(bálot)* s. votación, voto, escrutinio; tr. votar.
ballotbox *(bálotbocs)* s. urna electoral; ~ **paper**, papeleta.
balm *(bám)* s. bálsamo; ~**y**, adj. *(bámi)*, balsámico; templado; (coll.) chalado.
balustrade *(balöstréid)* s. balaustrada.
bamboo *(bambú)* s. bambú, caña.
ban *(bán)* s. prohibición; tr. proscribir.
banal *(benál)* adj. banal, trivial, vulgar; ~**ity**, *(banáliti)* s. trivialidad.
banana *(banána)* s. *Bot.* banana, plátano.
band *(band)* banda, faja, tira; *Mús.* banda, orquesta; tr. agruparse.
bandage *(bándidch)* s. vendaje, venda.
bandit *(bándit)* s. bandido, bandolero.
bandy *(bándi)* adj. arqueado; tr. intercambiar; ~ **legged**, de piernas arqueadas.
bane *(béin)* s. veneno; (fig.) ruina, perdición; ~**ful**, *(béinful)* adj. venenoso; (fig.) pernicioso, funesto.
bang *(báng)* tr. golpear; s. golpe, ruido; **to go with a** ~, tener mucho éxito.
bangle *(bángöl)* s. pulsera, brazalete.
banish *(bánish)* tr. desterrar, deportar; expulsar.
banishment *(bánishment)* s. destierro; desaparición.
banister *(bánistör)* s. pasamanos.
banjo *(bándyo)* s. banjo.
bank *(bánk)* s. orilla, ribera; banco (financiero); **saving** ~, caja de ahorros; ~ **note**, billete (dinero); ~ **transfer**, transferencia bancaria.
banker *(bánkör)* s. banquero.
bankrupt *(bánkrapt)* adj. quebrado; tr. **to go** ~, dar quiebra, irse a la quiebra.
bankruptcy *(bánkrapsi)* s. quiebra.
banner *(bánör)* s. bandera, pancarta.
banquet *(bánkuet)* s. banquete; tr. banquetear.
banter *(bántör)* tr. divertirse, burlarse de.
baptism *(báptism)* s. bautismo.
baptize *(báptais)* tr. bautizar.
bar *(bar)* tr. atrancar; excluir; s. barra; (café) mostrador; obstáculo, impedimento; ~ **code**, código de barras.
barb *(bárb)* s. barba, arista.
barbarian *(barbérian)* s. y adj. bárbaro.
barbarity *(barbáriti)* s. barbaridad.
barbecue *(bárbekiu)* s. barbacoa, parrillada.
barbed *(bárbd)* adj. (fig.) mordaz; con púas; ~ **wire**, alambre de espino.
barber *(bárbör)* s. barbero; ~**'s**, barbería.
bare *(bér)* adj. desnudo; *Geog.* pelado; ~ **essentials**, lo esencial, justo.
barefoot(ed) *[bérfut(it)]* adj. descalzo.
barely *(béreli)* adv. por poco, apenas.
bareness *(bérnes)* s. desnudez.
bargain *(bárguin)* s. ajuste, trato; *Com.* ganga; tr. e intr. pactar, negociar.
barge *(bárdch)* s. barcaza; intr. ~ **into**, irrumpir.
bark *(bárk)* s. *Bot.* corteza; (perro) ladrido; intr. ladrar.
barley *(bárli)* s. cebada.
barmaid *(bármeid)* s. camarera.
barn *(bárn)* s. granero, establo.
barnacle *(bárnakl)* s. *Ict.* lapa; **goose**~, percebe.
barometer *(barómetör)* barómetro.
barracks *(báraks)* s. *Mil.* cuartel.
barrel *(bárrel)* barril; cañón de arma de fuego; ~ **organ**, organillo.
barren *(bárren)* adj. estéril; *Agr.* árido, yermo.
barricade *(bárrikeid)* s. barricada; tr. atrincherarse.
barrier *(bárriör)* s. barrera, obstáculo.
barrister [*bárista, (UK) (báristör)*] s. abogado.
barrow *(bárrou)* s. carretillo; **wheel** ~, carretilla.

B

B

barter *(bártör)* s. trueque, permuta, cambio; tr. e intr. permutar, cambiar.
base *(béis)* s. base; adj. bajo, vil; tr. fundar, basar; **~less**, adj. sin base, sin fundamento; s. **~ness**, bajeza, vileza.
basement *(béisment)* s. sótano.
bash *(básh)* tr. golpear, dar una paliza, pegar.
bashful *(báshful)* adj. tímido, vergonzoso; s. **~ness**, timidez.
basic *(béisik)* adj. básico.
basin *(béisin)* s. bol, cuenco; palangana; *Hidr.* cuenca; *Naut.* dársena; tazón; **sugar~**, azucarero.
basis *(béisis)* s. base.
basket *(básket)* s. cesto, cesta; canasta.
basketball *(básketbol)* s. baloncesto.
bass *(béis)* s. *Mús.* bajo.
bastard *(bástard)* s. bastardo, adj. espurio.
baste *(béist)* tr. *Coc.* pringar; (costura) hilvanar.
batch *(bátch)* s. (pan.) hornada; *Com.* envío, lote.
bath *(báz)* s. baño; tr. bañar, bañarse (en casa); **~ linen**, ropa del baño; **~ mat**, alfombrilla de baño.
bathe *(béiz)* tr. e intr. bañar(se), s. baño (al aire libre); s. **~r**, bañista; adj. **~ing**, baño, de baño; **~suit**, traje de baño.
bathing cap *(bázing kap)* s. gorro de baño.
bathroom *(bázrum)* s. cuarto de baño; **~ tissue**, papel higiénico.
baton *(bátön)* s. bastón de mando; *Mús.* batuta.
battalion *(batáliön)* *Mil.* s. batallón.
batten *(bátn)* s. tabla, tablilla, listón; tr. cebar, engordar; *Agric.* fertilizar.
batter *(bátör)* s. masa para rebozar; tr. aporrear, golpear.
battery *(bátöri)* s. *Elect.* pila; *Aut.* batería; *Mil.* batería.
battle *(bátl)* s. batalla, combate; intr. luchar, pelear.
battlefield, battleground *(bátelfild)* s. campo de batalla
bawdiness *(bódines)* s. obscenidad, suciedad; **~y,** *(bódi)*, adj. obsceno, indecente, impúdico; **~talk**, charla obscena.
bawl *(bóol)* tr. e intr. vocear, chillar, vociferar; **~ out**, vocear, vociferar; **~ing**, adj. vociferante, chillón.
bay *(béy)* s. bahía, rada; *Bot.* laurel; **at ~**, acorralado.
bayonet *(béyonet)* s. bayoneta.
bazaar *(basár)* s. bazar.
be [was; been] *(bi)* intr. ser estar; **~ quiet!** ¡cállate! **~ quick!,** ¡date prisa!; **~ carefull**, ¡ten cuidado!; **to ~ hungry**, tener hambre; **there to ~**, haber (imp.).
beach *(bích)* s. playa.
beacon *(bíkön)* s. faro, baliza, boya iluminada: (fig.) guía.
bead *(bíd)* s. cuenta (de un collar, etc.); abalorio.
beagle *(bigól)* s. sabueso.
beak *(bík)* s. *Orn.* pico.
beaker *(bíkör)* s. taza alta; *Quim.* vaso de laboratorio.
beam *(bím)* s. *Arq.* viga; (luz) haz, rayo; *Naut.* bao, través; tr. (luz) destellar, emitir luz; irradiar.
bean *(bin)* s. haba, judía; *Amer.* frijol; **not to have a ~**, (UK) no tener dinero.
bear [bore; borne o born] *(béar)* tr. llevar, soportar; producir; s. *Zool.* oso; **~able,** *(béarebl)* adj. soportable, tolerable.
beard *(bíörd)* s. barba, arista; **~ed**, *(bíördid)* adj. barbudo, con barba; adj. **~less**, barbilampiño; imberbe.
bearer *(béarör)* s. portador.
bearing *(béring)* s. aspecto, porte; *Naut.* situación, demora; (fig.) relación; *Mec.* cojinete; **it has no ~**, no tiene nada que ver con.
beast *(bíst)* s. bestia; (fig.) bruto; **wild ~**, fiera; **~ of burden**, bestia de carga; **~ly**, adv. bestialmente; adj. bestial; **~liness**, bestialidad.
beastlike *(bístlaik)* adj. bestial.
beat *(bít)* s. *Mús.* ritmo, compás; (corazón) latido; (policía)

ronda; **[beat; beaten o beat]** tr. pegar, golpear; *Dep.* derrotar; *Coc.* batir (huevos, etc.); latir (corazón, pulso); ~ **er**, *(bita)* s. batidora.
beatific *(biatífik)* adj. beatífico.
beatification *(biatifikéischön)* s. beatificación.
beatify *(biátifai)* tr. beatificar.
beating *(bíitin)* s. paliza, zurra; latido.
beatnik *(bítnik)* s. y adj. joven rebelde, gamberro.
beautician *(biutisién)* s. esteticista.
beautiful *(biútiful)* adj. hermoso, bello, precioso; adv. ~ **ly**, estupendamente, maravillosamente.
beautify *(biútifai)* tr. hermosear.
beauty *(biúti)* s. hermosura, belleza; encanto, primor.
beaver *(bívör)* s. *Zool.* castor.
because *(bikós)* adv. y conj. porque; a causa de.
beck *(bék)* s. seña, ademán.
beckon *(békön)* tr. e intr. hacer señas.
become [became; become] *(bikám)* intr. llegar a ser, hacerse, devenir; tr. convenir.
becoming *(bikaming)* adj. que sienta bien, favorecedor, apropiado.
bed *(béd)* s. cama, lecho; *Geol.* yacimiento; *Hidr.* cauce, lecho; *Naut.* fondo (del mar); (jard.) macizo (de flores); *Mec.* base; ~ **linen**, ropa de cama.
bedeck *(bidék)* tr. adornar, engalanar.
bedlam *(bédlam)* s. locura, caos, alboroto.
bedridden *(bédridn)* adj. impedido en cama.
bedroom *(bédrum)* s. dormitorio.
bedspread *(bédspred)* s. colcha, cubrecama.
bedstead *(bedstéd)* s. armazón de cama.
bee *(bíi)* s. abeja; (US) círculo social; s. ~**hive**, colmena; s. ~**keeper**, colmenero.
beech *(bích)* s. haya.
beef *(bit)* s. buey, vaca; carne de vaca; **roast** ~; vaca asada, rosbif.
beefsteak *(bifsteik)* s. bistec, filete.
been *(bin)* participio pasado del verbo to be.
beer *(bíör)* s. cerveza.
beetle *(bítl)* s. escarabajo.
before *(bífor)* prep, y adv. delante (de), antes (de).
beforehand *(bifórjand)* adv. de antemano, por adelantado.
beg *(bég)* tr. rogar; intr. mendigar.
beget *(biguét)* tr. engendrar.
beggar *(bégör)* s. mendigo.
begin [began; begun] *(biguín)* intr. y tr. empezar.
beginner *(biguínör)* s. principiante.
beginning *(biguíning)* s. (el) principio; **at the** ~, al principio.
behalf *(bijáf)* s. favor; **on** ~ **of**, en nombre de.
behave *(bijéiv)* tr. e intr. comportar (se); behave, ¡pórtate bien!
behaviour *(bijéiviör)* s. conducta, comportamiento.
behead *(bijéd)* tr. degollar, decapitar, descabezar.
behind *(bijáind)* adv. y prep. detrás (de), tras; s. trasero, culo.
behold *(bijóld)* tr. mirar, contemplar; ~**er**, *(bijóldör)* s. espectador, observador.
beige *(béidch)* adj. beis (color).
being *(bíing)* s. ser; **human** ~, ser humano; **for the time** ~, de momento.
belated *(biléited)* adj. retrasado, atrasado.
belch *(bélch)* intr. eructar; s. eructo; tr. arrojar, hechar (humo, etc.).
beleaguer *(bilígör)* tr. sitiar, acosar.
belfry *(bélfri)* s. torre, campanario; **to have bats in the** ~, estar chiflado, loco.
Belgian *(béldyian)* adj. y s. belga.
belief *(bilíf)* s. fe, creencia.
believable *(bilívabl)* adj. creíble, posible.
believe *(bilív)* tr. e intr. creer; ~ **r**, *(bilívör)* s. creyente.

B

B

belittle *(bilítl)* tr. menospreciar; (fig.) quitar importancia.
bell *(bél)* s. campana; timbre (eléctrico); **cow** ~, cencerro; *Naut.* ~ **buoy**, boya de campana; ~**clapper**, badajo; ~ **ringer**, campanero.
belle *(bél)* s. beldad, belleza.
bellicose *(bélikous)* adj. belicoso.
bellow *(bélou)* intr. mugir, bramar; ~**ing**, s. mugido, bramido.
bellows *(bélous)* s. fuelle.
belly *(béli)* s. (fam.) panza, barriga.
bellybutton *(bélibaton)* s. ombligo.
belong *(bilóng)* tr. pertenecer.
belongings *(bilónguings)* s. pertenencias, efectos personales.
beloved *(bilóved)* adj. amado, querido.
below *(bilóu)* adv. y prep. abajo, debajo (de); ~**zero**, bajo cero; ~ **freezing (point)**, bajo cero.
belt *(bélt)* s. cinturón; *Geog.* zona, franja; *Mec.* correa de transmisión; ~**way**, circunvalación; **green** ~, zona verde; tr. (fam.) dar una paliza.
bench *(bénch)* s. banco; (ind.) banca; *Pol.*, escaño; *Leg.* tribunal.
bend *(bénd)* s. curva(tura), vuelta; **[bent; bent]** tr. doblar, torcer; curvar; **to drive round the** ~, volver loco; intr. ~ **over**, inclinarse.
beneath *(biníz)* adv. abajo, debajo; prep. bajo.
benediction *(benedíkschön)* s. bendición.
benefactor *(bénefaktör)* s. benefactor.
benefice *(bénefis)* s. beneficio.
beneficence *(benéfisens)* s. beneficencia.
benefit *(bénefit)* s. beneficio.
benevolence *(benévolens)* s. benevolencia.
benevolent *(benévolent)* adj. benévolo.
bent *(bént)* s. pliegue, doblez; curvatura; adj. encorvado; ~ **on**, decidido a.
benumb *(benám)* tr. entumecer, aterir (de frío).
benzin(e) *(bénsin)* s. bencina.
bequeath *(bikúiz)* tr. legar, dejar en herencia.
bereaved *(birívd)* adj. despojado, desposeído (por la muerte); viudo o viuda.
bereavement *(birívment)* s. duelo, luto, pesar; pérdida.
beret *(béreit)* s. boina.
berry *(bérri)* s. *Bot.* baya.
berth *(bórz)* s. *Mar.* lugar de atraque; (transp. mar) cabina, camarote; (tren) litera.
beseech [besought; besought] *(bisích)* r. suplicar, rogar.
beset *(bisét)* tr. acosar, perseguir.
beside *(bisáid)* prep. cerca, al lado de; ~ **oneself**, fuera de sí.
besides *(bisáids)* adv. además.
besiege *(bisídch)* tr. sitiar, asediar; ~**d**, adj. sitiado, asediado; ~**r**, s. asediador.
besmear (UK) *(bismíör)* tr. embarrar, embadurnar.
bespatter *(bispátör)* tr. salpicar; (fig.) difamar.
best *(bést)* adj. el mejor, óptimo; adv. lo mejor, más bien; ~**man**, s. padrino de boda; **at** ~, en el mejor de los casos.
bestial *(béstial)* adj. bestial, brutal.
bestiality *(bestiáliti)* s. bestialidad.
bestow *(bistóu)* tr. conceder, dar, otorgar.
bestride *(bistráid)* tr. cabalgar a horcajadas; dar zancadas.
bet *(bét)* tr. apostar; s. apuesta.
bethink *(bizíink)* tr. recapacitar, reflexionar.
betray *(bitréi)* tr. traicionar, delatar; s. ~**al**, traición.
betroth *(bitróz)* tr. desposar(se); prometerse (en matrimonio).
betrothal *(bitrózal)* s. esponsales, petición de mano.
betrothed *(bitrózd)* s. prometido.
better *(bétör)* adj. mejor; adv. más; tr. mejorar; **to get** ~, mejorar; ~ **half**, (fam.) costilla; **to be** ~ **off**, *Econ.* estar en mejor situación

betterment *(bétarment)* s. mejora.
betting *(bétin)* s. apuesta.
between *(bituín)* prep, entre (dos).
bevel *(bévl)* s. bisel; tr. *Carp., Mec.* biselar.
beverage *(béveridch)* s. bebida, brebaje.
bevy *(bévi)* s. pandilla (de chicas, o mujeres).
bewail *(biuéil)* tr. lamentar, llorar.
beware *(biuéör)* intr. y tr. guardarse (de); **~!**, ¡atención al, ¡cuidado con!
bewilder *(biuíldör)* tr. e intr. desconcertar(se); adj. **~ing**, desconcertante, aturdir(se); **~ed**, adj. desconcertado.
bewilderment *(biuíldörment)* s. perplejidad, desconcierto.
bewitch *(biuích)* tr. hechizar, embrujar.
bewitching *(biuínchin)* adj. encantador, fascinante.
beyond *(biyónd)* prep. y adv. más allá; **~ doubt**, fuera de duda, indiscutible.
bias *(báias)* s. inclinación, perjuicio; tr. inclinar, ladear.
biased *(báiasd)* adj. inclinado hacia (por), parcial.
bib *(bíb)* s. babero.
Bible *(báibl)* s. Biblia.
biblical *(bíblikal)* adj. bíblico.
bibliography *(bibliógrafi)* s. bibliografía.
bicarbonate *(baikárbonet)* s. *Quim.* bicarbonato.
biceps *(baiséps)* s. *Anat.* bíceps.
bicker *(bíkör)* tr. reñir, disputar; adj. **~ing**, rencillas, riñas.
bicycle *(báisiköl)* s. bicicleta; **~ lane**, carril bici.
bid [bid o bade; bidden o bid] *(bíd)* s. puja, oferta; tr. mandar, pujar, pedir, ordenar.
bidder *(bídör)* s. postor.
bidding *(bíding)* s. orden; puja.
big *(bíg)* adj. grande; **too ~**, demasiado grande **~ness,** *(bígnes)* s. grandor, volumen; **~ toe,** dedo gordo del pie.
bigamist *(bígamist)* s. bígamo.
bigamy *(bígami)* s. bigamia.
bight *(báit)* s. *Naut.* ensenada, caleta, bahía.
bigot *(bígot)* s. intolerante.
bigotry *(bígotri)* s. intolerancia.
bike *(báik)* s. (fam.) bici, bicicleta; motocicleta, moto.
biker *(báiker)* s. motero.
bikini *(bikíni)* s. bikini.
bile *(báil)* s. bilis.
bilge *(bíldch)* s. *Naut.* sentina; intr. hacer agua.
bilingual *(bilíngual)* adj. bilingüe.
billous *(bíliös)* adj. bilioso.
bill *(bil)* s. *Com.* cuenta, nota; (publ.) cartel, mural; *Leg.* proyecto de ley; *Orn.* pico; **~ of Lading**, conocimiento de embarque; **~ collector**, s. cobrador.
billet *(bilet)* s. *Mil.* alojamiento; tr. acuartelar.
billfold *(bílfold)* s. billetera, cartera.
billiards *(bíliards)* s. pl. billar; **to play ~**, jugar al billar; **~ cue**, taco de billar.
bill of fare *(bíll of fér)* s. menú, minuta.
billon *(bílion)* s. mil millones.
billow *(bilóu)* s. ola grande; intr. crecer como las olas; **~y**, adj. ondulante.
billy goat *(bíli góut)* s. *Zool.* macho cabrío.
bin *(bín)* s. cubo, contenedor; **bread ~**, panera; **coal ~**, carbonera; **dust~**, cubo de desperdicios, basurero.
bind [bound; bound] *(báind)* tr. atar, vendar; (imp.) encuadernar; adherir, pegar; s. **~er**, encuadernador; carpeta, archivador.
binding *(báinding)* adj. obligatorio.
binge *(bínch)* s. borrachera; juerga, parranda.
binocular(s) *[binókiular(s)]* s. gemelos, binóculos.
biochemistry *(biokémestri)* s. bioquímica.
biodiversity *(biodivérsity)* s. biodiversidad.
biographer *(baiógraför)* s. biógrafo.
biographic *(baiográfik)* adj. biográfico.
biography *(baiógrafi)* s. biografía.

B

biological *(baiolódyikal)* adj. biológico.
biologist *(baiólodyist)* s. biólogo.
biology *(baiólodyi)* s. biología.
biorhythm *(baiorízm)* s. biorritmo.
biplane *(báiplein)* s. biplano.
birch *(bérch)* s. *Bot.* abedul.
bird *(bórd)* s. pájaro; ave; ~ **of prey**, ave de presa; **to kill two ~s with a store**, matar dos pájaros de un tiro; **~'s eye view**, a vista de pájaro; ~**cage**, jaula; ~ **watching**, observatorio de aves.
birth *(bórz)* s. nacimiento, parto: ~ **certificate**, partida de nacimiento.
birth control *(bördz kontról)* s. control de la natalidad.
birthday *(bérzreit)* s. cumpleaños.
birthplace *(bö'rzpleis)* s. lugar de nacimiento.
birthrate *(bérzreit)* s. natalidad.
biscuit *(bískit)* s. bizcocho (US), galleta (UK); **assorted ~s**, galletas variadas.
bisect *(baisect)* tr. dividir en dos partes iguales.
bishop *(bíshop)* s. *Ecles.* obispo; (ajedrez) alfil.
bison *(báison)* s. *Zool.* bisonte.
bit *(bít)* s. poco, poquito, bocado, pedazo; (tiempo) un rato, momento; *Mec.* broca; ~ **by** ~, poco a poco; **not a~**, en absoluto, nada.
bitch *(bích)* s. *Zool.* perra.
bite [bit; bitten o bit] *(báit)* tr. morder; s. mordisco; **~r**, *(báitör)* s. mordedor.
biting *(báiting)* adj. cortante, penetrante; mordaz, sarcástico; ~ **wind**, viento cortante.
bitten *(bíten)* adj. mordido; **once ~, twice shy**, gato escaldado huye del agua.
bitter *(bítör)* s. amargo.
bitterness *(bítörnes)* s. amargura; mordacidad.
bivouac *(bívuac)* s. vivaque; intr. vivaquear, acampar.
black *(blák)* adj. negro; ~ **and blue**, amoratado (de una paliza); ~ **Maria**, furgón; ~ **market**, mercado negro; *Elect.* ~ **out**, apagón; ~ **eye**, ojo amoratado.
blackboard *(blakbórd)* s. pizarra (en escuelas).
blacken *(bláken)* tr. ennegrecer.
blackish *(blákish)* adj. negruzco.
blackmail *(blákmeil)* s. chantaje; tr. chantajear.
blakmailer *(bláckméilör)* s. chantajista.
blackness *(bláknes)* s. negrura.
black-pudding *(blak-púdin)* s. morcilla.
blacksmith *(bláksmiz)* s. herrero.
bladder *(bládör)* s. *Anat.* vejiga.
blade *(bléid)* s. *Bot.* brizna; cuchilla, hoja.
blame *(bléim)* tr. culpar, censurar; s. reproche, culpa, **~ful**, *(bléimful)* adj. culpable, censurable; **~less**, adj. intachable, sin culpa.
blank *(blánk)* adj. (en) blanco, pálido; vacío; s. hueco; ~ **spaces**, espacios en blanco.
blanket *(blánket)* s. manta; adj. global; tr. cubrir.
blare *(bléör)* intr. sonar con fuerza; s. bocinazo.
blaspheme *(blasfím)* tr. blasfemar.
blasphemous *(blasfémös)* adj. blasfemo, impío.
blasphemy *(blásfimi)* s. blasfemia, reniego.
blast *(blást)* s. (viento) ráfaga; *Anat.* barreno, explosión; tr. (hacer) volar; **to ~ rock**, echar barrenos; *Met.* **~furnace**, alto horno; interj. **~!**, ¡maldición!
blaze *(bléis)* s. llama(rada); intr. arder; **~zing**, adj. en llamas; (fig.) resplandeciente.
blazer *(bléisör)* s. chaqueta deportiva, o colegial.
bleach *(blích)* tr. e intr. blanquear; s. blanqueo; **~er**, *(blíchör)* s. blanqueado; **~ing**, s. blanqueo, aclarado, adj. blanqueador.
bleak *(blík)* adj. (de lugares) inhóspito, desolado; sombrío, triste.
blear *(blíar)* adj. empañado, nublado.
bleat *(blít)* intr. balar; s. balido.
bleed [bled; bled] *(blíd)* tr. e intr. sangrar.
bleeding *(blíding)* s. sangrante.

blemish *(blémish)* tr. manchar; s. tacha, falla, imperfección.
blend *(blénd)* s. mezcla; tr. mezclar, combinar, juntar.
blender *(béndör)* s. licuadora.
bless *(blés)* tr. bendecir; ~ **you!** ¡Jesús! (al estornudar); **God ~ you!** ¡Dios te bendiga!
blessed *(blésed)* adj. bendito.
blessing *(blésing)* s. bendición.
blind *(bláind)* tr. cegar; s. persiana; adj. ciego; **~fold**, tr. vendar los ojos; **~folded**, adj. con los ojos vendados; s. ~ **man**, ciego; adv. **~ly**, a ciegas, ciegamente; ~ **date**, cita a ciegas; ~ **spot**, punto ciego.
blindness *(bláindnes)* s. ceguera.
blink *(blínk)* intr. pestañear, parpadear; **~ing**, parpadeando.
bliss *(blís)* s. felicidad, gozo; adj. **~ful**, dichoso; **~fully**, adv. felizmente, (fig.) despreocupadamente.
blister *(blístör)* intr. ampollarse; s. ampolla.
blitz *(blíts)* s. bombardeo; ataque por sorpresa; tr. bombardear.
blizzard *(blísard)* s. ventisca.
blob *(blób)* s. gota, manchón.
block *(blók)* tr. bloquear, obstruir; s. bloque; **to ~ in**; cerrarle el paso a (un vehículo).
blockade *(blokéid)* s. bloqueo.
blockhead *(blókjed)* s. imbécil.
blond(e) *(blond)* adj. rubio; s. f. rubia.
blood *(blád)* s. sangre; **in cold ~**, a sangre fría; **to draw ~**, sacar sangre; ~ **bank**, banco de sangre.
bloodshed *(bládshed)* s. matanza.
bloodstained *(bládsteint)* adj. manchado de sangre.
bloodsuker *(bládsakör)* s. sanguijuela; usurero.
bloodthirsty *(bladzérti)* adj. sanguinario.
bloody *(bládi)* s. sangriento; (fam.) adj. maldito.
bloom *(blúm)* intr. florecer; s. flor; adv. **~ing**, en flor, floreciente.
blossom *(blósöm)* intr. florecer; s. flor; (fig.) capullo, flor.
blot *(blót)* s. borrón, mancha; tr. emborronar.
blouse *(bláus)* s. blusa.
blow *(blóu)* s. golpe, porrazo; (puño) puñetazo; (mazo) mazazo, etc.; **[blew; blow]** tr. soplar; (nariz) soñarse; ~ **away**, llevar (el viento); ~ **down**, derribar (por viento); ~ **out**, apagar (por viento o por soplo); ~ **up**, volar, hacer explotar; ~ **off**, dejar plantado.
blowpipe *(blóupaip)* s. cerbatana, soplete.
blubber *(blábör)* s. grasa de ballena; intr. gimotear; lloriquear.
blue *(blú)* adj. azul; tr. azular; s. pl. melancolía.
blueprint *(blúprint)* s. plano, proyecto; programa.
bluff *(bláf)* s. fanfarronada; intr. alardear, error.
bluish *(blúish)* adj. azulado.
blunder *(blandör)* intr. desatinar; s. disparate.
blunt *(blánt)* adj. sin afilar, sin punta, sin corte; (persona) rudo, grosero; tr. despuntar, suavizar.
bluntly *(blántli)* adv. bruscamente, directamente.
blur *(blór)* tr. manchar, emborronar; s. mancha, borrón; adj. ~ **red**, borroso, difuso.
blurb *(blárb)* s. propaganda.
blush *(blásh)* intr. sonrojarse; s. sonrojo.
bluster *(blástör)* s. estrépito; jactancia; fanfarronada; intr. fanfarronear.
boa *(bóua)* s. boa.
boar *(bóar)* s. jabalí.
board *(bórd)* s. tabla, madero, tablón; *Naut.* bordo; **on ~**, a bordo; **notice ~**, tablón de anuncios; *Com.* junta, dirección; ~ **and lodging**, pensión completa.
boarder *(bórdör)* s. pensionista, huésped.
boarding-house *(bórdinjaus)* s. casa de huéspedes.
boarding school *(bórdinskul)* s. pensionado.
boast *(bóust)* tr. e intr. jactarse (de); s. jactancia, fanfarronada; ~ **of**, presumir de.
boaster *(bóustör)* s. fanfarrón.

B

B

boastful *(bóustful)* adj. jactancioso, presuntuoso; **~ness**, s. alarde, jactancia.
boat *(bóut)* s. bote; barco; embarcación; barca; **cargo ~**, barco mercante; **fishing ~**, barco de pesca; **life~**, bote salvavidas.
boatman *(bóutman)* s. barquero.
boatswain *(bóutsuein)* s. *Naut.* contramaestre.
bob *(bób)* s. inclinación; flotador; intr. balancearse; **~ up and down**, andar subiendo y bajando; **she ~bed her hair**, se cortó el pelo.
bobbin *(bóbin)* s. bobina, carrete.
bodice *(bódis)* s. corpiño.
bodily *(bódili)* adv. en peso, en alto; corporalmente.
body *(bódi)* s. *Anat.* cuerpo; cadáver; *Com.* gremio, corporación; *Aut.* **~work**, carrocería; **~guard**, escolta; guarda espaldas; **~building**, culturismo.
bog *(bóg)* s. pantano; **~gy**, adj. pantanoso.
boil *(bóil)* tr. e intr. cocer, hervir; s. *Med.* furúnculo.
boiler *(bóilör)* s. caldera.
boiling *(bóilin)* adj. hirviendo; s. ebullición.
boisterous *(bóisterös)* adj. ruidoso, tumultuoso.
bold *(bóuld)* adj. atrevido, osado; **~ faced**, descarado; **in ~**, en negrita.
boldness *(bóuldnes)* s. valor, osadía, atrevimiento.
Bolshevik *(bólshevik)* s. bolchevique.
bolt *(bóult)* tr. s. cerrojo; *Mec.* perno; rayo, relámpago; tr. atornillar; *Mec.* asegurar con pernos.
bomb *(bóm)* s. (explosión) bomba; tr. bombardear; s. **~er**, *Avi.* bombardero.
bombardment *(bombárdment)* s. bombardeo.
bond *(bónd)* s. lazo; *Com.* vale; *Com.* promesa, tr. ligar, juntar.
bondage *(bóndech)* s. cautiverio, esclavitud.
bonded *(bóndid)* s. asegurado.
bondsman *(bónsman)* s. fiador.
bone *(bóun)* s. hueso; (pescado) espina; **to have a ~ to pick with**, tener que vérselas con.
bonfire *(bónfaiör)* s. hoguera; fogata.
bonnet *(bónet)* s. gorra, gorro; *Aut.* capó.
bonny *(bónni)* adj. lindo, guapo.
bonus *(bóunös)* s. prima, premio, gratificación.
bony *(bóuni)* adj. huesudo.
boo *(bú)* s. abucheo; tr. abuchear.
book *(búc)* s. libro; tr. inscribir; reservar; **check ~**, talonario; **~shelf**, estante; **~case**, estantería; **cash ~**, libro de caja (efectivo).
bookbinder *(búkbaindör)* s. encuadernador.
booking *(búkin)* s. reserva.
bookish *(búkisch)* adj. estudioso.
bookkeeping *(búkiping)* s. teneduría de libros, contabilidad.
booklet *(búklet)* s. folleto.
bookseller *(búkselör)* s. librero.
bookstore (US), **bookshop** (UK) *(búkestor, búkshop)* s. librería.
boom *(búm)* s. *Com.* prosperidad, auge; estallido estampido.
boomerang *(búmörang)* s. bumerang.
booming *(búmin)* adj. en auge.
boost *(búst)* s. impulso, empujón; estímulo; aumento, incremento; tr. levantar; aumentar; promover.
boot *(bút)* s. bota, botín; patada; tr. patear.
booth *(búzd)* s. cabina; caseta; barraca.
bootleg *(bútleg)* adj. contrabando; pirata.
bootlegger *(bútleger)* s. contrabandista.
booty *(búti)* s. botín.
booze *(búus)* intr. (fam.) empinar el codo, beber alcohol; **on the ~:**, emborrachándose; s. bebida alcohólica, alcohol.
border *(bórdör)* s. frontera; límite, intr. rayar con; limitar.
bore *(bóor)* tr. e intr. *Mec.* taladrar; (fam.) aburrir; s. (persona) pelma; *Mec.* perforación.

bored *(bórd)* adj. (fam.) aburrido, hastiado; *Mec.* perforado, taladrado; s. **~om**, aburrimiento.
boring *(bóorin)* adj. aburrido, pesado.
born *(boon)* adj. nacido; **be ~**, intr. nacer; **newly ~**, recién nacido.
borough *(bórou)* s. municipio.
borrow *(bórou)* tr. pedir prestado.
borrowing *(bórouing)* s. préstamo.
bosom *(búsöm)* s. seno; busto.
boss *(bós)* s. jefe, patrón.
botanic *(botánik)* adj. botánico.
botany *(bótani)* s. botánica.
botch *(bótch)* s. chapuza, chapucería; tr. chapuzar, estropear.
both *(bóuz)* pron. ambos; conj. **~... and...**, tanto... como.
bother *(bódzör)* tr. molestar; s. molestia.
bottle *(bótl)* s. botella; tr. embotellar; **~ bank**, contenedor de vidrio; **~neck**, cuello de botella; **~ opener**, abrebotellas; **~ bank**, contenedor de vidrio.
bottom *(bótöm)* s. fondo; culo, trasero; **at the ~**, en la parte inferior, abajo; **from top to ~**, de arriba abajo; **~less**, adj. sin fondo; **to get to the ~ of**, llegar al fondo de.
bough *(báu)* s. *Bot.* rama.
bought *(bót)* pretérito y participio pasado del verbo to buy.
boulder *(bóuldör)* s. peñasco, peña.
boulevard *(báulvard)* s. bulevar.
bounce *(báuns)* tr. e intr. botar, rebotar; saltar; s. bote, rebote; salto.
bouncing *(báunsin)* adj. robusto, fuerte.
bound *(báund)* tr. delimitar; intr. saltar; s. salto, límite; adj. obligado; encuadernado; **~for,** *Naut.* con rumbo.
boundary *(báunderi)* s. linde, límite, confín.
boundless *(báundles)* adj. ilimitado.
bountiful *(báuntiful)* adj. generoso, pródigo; abundante.
bounty *(báunti)* s. generosidad, recompensa; **~money**, *Mil.* reenganche.
bouquet *(búket)* s. ramo de flores; (vino) aroma.
bout *(báut)* s. encuentro; ataque (enfermedad); período.
bovine *(bováin)* adj. bovino(a).
bow *(báu)* intr. inclinarse; s. reverencia; *Naut.* proa; **~** *(bóu)* s. lazo; **~ tie**, pajarita; arco; **~ and arrow**, arco y flecha.
bowels *(báuels)* s. pl. *Anat.* intestinos; (fig.) entrañas.
bowl *(bóul)* s. tazón; barreño; cazo; **sugar ~**, azucarero; tr. lanzar la pelota en cricket.
bowler *(bóulör)* s. *Dep.* lanzador; **~ hat**, sombrero hongo.
bowling *(bóulin)* s. juego de bolos.
box *(bóks)* s. caja, cofre; (teat.) palco; s. **~ office**, taquilla; **letter ~**, buzón; **P.O. Box**, Apartado de Correos; intr. boxear.
boxer *(bóksör)* s. púgil, boxeador.
boxing *(bóksing)* s. boxeo.
boy *(bói)* s. muchacho, chico; **school ~**, escolar.
boyfriend *(bóifrend)* s. novio.
boycott *(bóikot)* s. boicot; tr. boicotear.
boyhood *(bóijud)* s. infancia, niñez.
bra *(brá)* s. sujetador.
brace *(bréis)* tr. atar; s. abrazadera; pl. tirantes.
bracelet *(bréiselet)* s. brazalete, pulsera.
bracket *(bráket)* s. puntal, soporte; (imp.) pl. paréntesis.
brag *(brág)* intr. jactarse; s. jactancia.
braggart *(brágart)* s. fanfarrón, bravucón.
bragging *(bráguin)* adj. jactancioso; presuncioso.
braid *(bréid)* tr. trenzar; s. trenza (de polo); *Mil.* galón.
brain *(bréin)* s. *Anat.* sesos, cerebro; pl. (fig.) inteligencia, sesos; tr. romper la crisma; **to rack one's ~**, devanarse los sesos; **~less**, adj. atontado, estúpido, tonto.
brake *(bréik)* s. freno, *Bot.* maleza, boscaje; tr. *Mec.* frenar.
bramble *(brámbl)* s. *Bot.* zarza, frambuesa.
bran *(brén)* s. salvado, afrecho.

B

branch *(bránch)* *Bot.* rama; *Com.* sucursal; intr. ramificarse.
brand *(bránd)* s. marca, sello; tr. marcar; **~new**, nuevo, flamante.
brandy *(brándi)* s. coñac.
brass *(brás)* s. latón, (fam.) descaro; **~ band**, *Mús.* banda, charanga.
brassiere *(brásier)* s. sostén (prenda femenina).
brat *(brát)* s. pequeño, mocoso.
brave *(bréiv)* ad. y s. valiente; tr. desafiar.
bravery *(bréiveri)* s. valentía.
bravo *(brávo)* interj. ¡bravo!
brawl *(bról)* intr. pelearse, pegarse; s. reyerta, pelea.
brawn *(brón)* s. músculo; (fig.) fuerza.
bray *(bréi)* s. rebuzno; intr. rebuznar; emitir un sonido bronco.
brazon *(bréisin)* adj. de latón; desvergonzado, descarado.
breach *(brích)* s. brecha, rotura; tr. quebrar; incumplir.
bread *(bréd)* s. pan; **the ~ winner**, el sostén de la familia; a **loaf of ~**, un pan; **a slice of ~**, una rebanada de pan.
break [broke; broken] *(bréik)* tr. romper, (caballo) domar; intr. romperse; s. rotura; pausa, descanso.
breakable *(bréikabl)* adj. frágil.
breakdown *(bréikdaun)* s. avería; interrupción; fracaso; desglose; **nervous ~**, crisis nerviosa.
breakfast *(bréikfast)* s. desayuno; intr. desayunarse.
breakwater *(bréikuotör)* s. rompeolas.
bream *(bríim)* s. *Ict.* besugo; *Naut.* carenar.
breast *(brést)* s. pecho, seno; (ave) pechuga; *Dep.* **~ stroke**, braza.
breath *(bréz)* s. aliento, soplo; **out of ~**, sofocado.
breathe *(bríiz)* tr. respirar.
breathing *(bríizing)* s. aliento, respiración.
breeches *(bríchis)* s. pl. calzones, pantalones, bombachos.
breed *(bríd)* s. raza, casta; **[bred; bred]** tr. criar (animales); **~er**, *(bríidör)* s. ganadero, criador.
breeding *(bríding)* s. educación, buenas formas; (animales) cría.
breeze *(brís)* s. brisa; **breezy** *(bríisi)* adj. frío, aireado.
brethren *(brédren)* s. pl. irreg. de **brother**, hermanos (de una secta, o asociación).
breviary *(bríviari)* s. compendio; breviario.
brevity *(bréviti)* s. brevedad.
brew *(brú)* s. cerveza; brebaje; destilar licores, (fig.) tramar.
brewer *(brúör)* s. cervecero; **brewing** *(brúin)* s. fabricación de cerveza; **something is ~**, algo se está tramando.
briar o **brier** *(bráiör)* s. zarza, zarzal.
bribe *(bráib)* s. soborno; tr. sobornar.
bribery *(bráiböri)* s. soborno, cohecho, coima, mordida.
brick *(brík)* s. ladrillo; tr. enladrillar; **to ~ up**, tabicar, tapiar; **~layer**, *(brikléia)* s. alba-ñil; **~work**, *(brikueérk)* s. enladrillado.
bridal *(bráidel)* adj. nupcial.
bride *(bráid)* s. novia (en el día nupcial).
bridegroom *(bráidgrum)* s. novio.
bridesmaid *(bráidsmeid)* s. dama de honor.
bridge *(brídch)* s. puente; tr. construir un puente; **draw ~**, puente levadizo; **~ suspension**, puente colgante.
bridle *(bráidl)* s. brida, freno; tr. embridar, refrenar.
brief *(bríf)* s. *Mús.* breve, corto; resumen, sumario; **~s**, calzoncillos; adj. sucinto, conciso, breve; **~ly**, adv. en breve, en resumen.
briefcase *(brífkeis)* s. maletín, portafolio.
briefing *(brífing)* s. sesión informativa.
brigade *(briguéid)* s. brigada.
brigand *(brígand)* s. bandido, bandolero.
bright *(bráit)* adj. brillante, resplandeciente luminoso; (fig.) inteligente.

brighten *(bráitn)* tr. iluminar; avivar, animar (reuniones, etc.); alegrar (habitación); dar brillo; intr. (cielo) despejarse.
brightness *(bráitnes)* s. brillantez; brillo; luminosidad; (fig.) alegría, animación.
brilliance *(bríliansi)* s. resplendor, fulgor; brillantez.
brilliant *(bríliant)* adj. brillante; (ideas) luminosa; (fig.) genial; s. (min.) brillante.
brim *(brím)* s. borde; ala (sombrero); **to fill to the ~**, llenar hasta el borde.
brimful *(brímful)* adj. lleno hasta el borde, repleto.
brimless *(brímless)* adj. sin borde.
brine *(bráin)* s. salmuera, escabeche.
bring [brought; brought] *(bríng)* tr. traer, llevar; **~ back**, devolver; **~ down**, derrumbar; **~ in**, traer, aportar; **~ round**, hacer volver en sí; **~ up**, educar, criar.
brink *(brínk)* s. borde; **on the ~ of**, al borde de.
briny *(bráini)* adj. salobre, salado.
brisk *(brísk)* adj. rápido, vigoroso; **~ness**, s. viveza, rapidez.
brisket *(briskit)* s. falda.
bristle *(brísl)* s. cerda; **~ up**, erizarse.
brittle *(brítl)* adj. quebradizo; s. **~ness**, fragilidad.
broach *(bróuch)* tr. mencionar; abordar; sacar.
broad *(bróud)* s. ancho; **~ shoulderer**, ancho de hombros; **~ minded**, tolerante.
broadcast *(bróudkast)* s. emisión; tr. emitir; divulgar; diseminar.
broadcaster *(broudkáster)* s. presentador; locutor.
broadcasting *(bróudkastin)* s. radiodifusión; **~ station**, emisora.
broaden *(bródn)* tr. ensanchar; **~ing**, s. ampliación, ensanche.
broadness *(bródnes)* s. anchura.
broadside *(brodsaid)* s. *Naut.* ataque, andanada.
broadwise *(broduáis)* adv. a lo ancho, por lo ancho.
brochure *(bróushör)* s. folleto, panfleto.
broil *(bróil)* tr. asar; intr. asarse; s. tumulto.
broke *(bróuk)* adj. (fam.) arruinado, pelado.
broken *(bróukn)* adj. roto, quebrado; abatido, destrozado; tr. **to speak a ~ english**, chapurrear el inglés.
broker *(bróukör)* s. corredor, agente.
bronchial *(brónkial)* adj. bronquial.
bronchitis *(bronkáitis)* s. *Med.* bronquitis.
bronco *(bróncou)* s. potro cerril.
bronze *(bróns)* s. bronce.
brooch *(bróuch)* s. broche, prendedor.
brood *(bríd)* intr. (aves) empollar, incubar; s. nidada, camada.
brook *(brúk)* s. arroyo.
broth *(bróz)* s. caldo.
brothel *(brózel)* s. burdel.
brother *(brádör)* s. hermano; adj. **~ly**, adj. como hermanos; adj. **~less, adj.** sin hermanos.
brotherhood *(brádörjud)* s. hermandad, cofradía.
brother-in-law *(brádör-in-lo)* s. cuñado.
brought *(brót)* pretérito y participio pasado del verbo **to bring**.
brow *(bráu)* s. ceja; (fig.) frente, cejo; **to knit one's ~**, fruncir el entrecejo.
brown *(bráun)* adj. marrón, castaño, moreno; tr. *Coc.* tostar; **~ish**, adj. tirando a castaño, algo tostado.
browse *(bráus)* tr. e intr. pacer; echar un vistazo, hojear; *Inform.* navegar; **~r,** s. *Inform.* navegador.
bruise *(brús)* s. *Med.* magulladura, contusión; cardenal; tr. magullar, golpear.
brunet *(brunét)* adj. y s. monera, trigueña.
brush *(brásh)* s. cepillo, pincel, brocha; tr. cepillar; **~ up**, repasar.
brutal *(brútal)* adj. brutal.
brutality *(brutáliti)* s. brutalidad.

B

brute *(brút)* s. bruto, bestia.
bubble *(bábl)* s. burbuja; intr. burbujear; hervir; ~ **bath**, baño de espuma.
bubbling *(báblin)* adj. burbujeante; hirviendo.
bubbly *(bábli)* adj. espumoso.
buck *(bák)* s. gamo, macho, (fam.) dólar.
bucket *(báket)* s. cubo, balde.
buckle *(bákl)* s. hebilla; tr. abrochar la hebilla; doblarse.
bud *(bód)* s. *Bot.* botón, brote, capullo; intr. brotar.
budding *(búdin)* adj. en ciernes.
budge *(búdch)* intr. moverse, desplazarse; ceder.
budgerigar *(bádyerigan)* s. *Orn.* periquito.
budget *(bádyet)* s. presupuesto, intr. presupuestar.
buffalo *(bőfalou)* s. *Zool.* búfalo.
buffer *(báfőr)* s. parachoques; (mec.) amortiguador.
buffet *(báfet)* s. bofetada; bufete, bufé; tr. abofetear; golpear.
buffoon *(bafún)* s. bufón, juglar.
buffoonery *(bafúneri)* s. bufonada; payasada.
bug *(bág)* s. bicho; insecto; **bed**~, chinche; tr. fastidiar, molestar.
bugle *(biúgl)* s. corneta, clarín; ~**r**, s. (persona) corneta.
build [built; built] *(bíld)* tr. edificar, construir; s. (persona) figura, presencia.
builder *(bíldör)* s. constructor, contratista.
building *(bilding)* s. edificio; ~ **site**, zona de obras.
bulb *(bálb)* s. *Bot.* bulbo; *Elect.* bombilla; *Naut.* bulbo; (termómetro) cubeta.
bulge *(báldch)* intr. abultar; sobresalir; s. protuberancia; bulto; ~**ing**, *(báldyin)* adj. abultado; con barriga.
bulging *(báldyin)* adj. abultado.
bulk *(bálk)* s. tamaño, volumen, bulto; **in** ~, a granel; **the** ~ **of**, la mayor parte de; **in** ~, en grandes cantidades.
bulky *(bálki)* adj. voluminoso, abultado.
bull *(búl)* s. *Zool.* toro; *Igl.* bula; adj. macho.
bullet *(búlet)* s. bala.
bulletin *(búletin)* s. boletín; ~ **board**, tablón de anuncios.
bullfight *(búlfait)* s. corrida de toros.
bullfighter *(búlfaitör)* s. torero.
bullion *(búlion)* s. oro y plata en barras.
bullock *(búlok)* s. *Zool.* ternero.
bullring *(búlring)* s. plaza de toros.
bully *(búli)* tr. intimidar, amedrentar; s. abusón, matón, bravucón.
bulwark *(búluek)* s. *Mil.* baluarte; *Naut.* borda.
bump *(bámp)* s. chichón; golpe, bulto; tr. ~ **into**, encontrarse con.
bumper *(bámpör)* s. *Aut.* parachoques; defensa; adj. abundante.
bumpkin *(bámpkin)* s. patán.
bun *(bán)* s. bollo; (pelo) moño.
bunch *(b{anch)* s. manojo (flores, llaves); (uvas) racimo; ristra; (personas) grupo; intr. ~ **together**, agruparse.
bundle *(bándl)* s. paquete, bulto; fardo, montón; tr. liar, atar.
bung *(báng)* s. tapón.
bungalow *(bángalou)* s. tipo de casa de una planta.
bungle *(böngól)* tr. malograr; s. chapuza.
bunk *(bónk)* s. litera, tarima.
bunker *(bónkör)* s. depósito de carbón; (golf) arenal; *Mil.* búnker.
bunny *(báni)* s. (fam.) conejo.
bunting *(bónting)* s. lanilla (para banderas); banderitas.
buoy *(bói)* s. *Naut.* boya; tr. boyar; intr. flotar.
buoyancy *(bóiansi)* s. flotabilidad; *Econ.* solvencia.
buoyant *(bóiyant)* adj. boyante; flotante; solvente.
bur or burr *(bör)* s. *Bot.* cubierta espinosa.
burden *(bö'rdn)* s. peso, carga (fis. y fig.); tr. cargar.
bureau *(biúro)* s. oficina.
bureaucracy *(biurócresi)* s. burocracia.
bureaucrat *(biúrocrat)* s. burócrata.

burglar *(börglar)* s. ladrón.
burial *(bérial)* s. entierro; ~ **ground**, cementerio.
burlesque *(börlésk)* s. parodia; adj. burlesco; tr. parodiar.
burly *(bórli)* adj. fornido, robusto; **~iness**, s. corpulencia.
burn *(bórn)* tr. quemar; intr. quemarse, arder; s. quemadura; **~er**, s. quemador; ~ **energy drink**, bebida energética.
burning *(bórnin)* s. quemadura; (fig.) ardor; adj. abrasador.
burnish *(bö'rnish)* tr. bruñir, pulir; s. lustre.
burrow *(bórou)* s. conejera, madriguera; intr. cavar, excavar.
bursar *(béesa)* s. administrador.
bursary (UK) *(béesari)* s. beca.
burst *(börst)* s. reventón, estallido; **[burst**; **burst]** tr. reventar; **to ~ in**, irrumpir en; ~ **into tear**, echarse a llorar.
bury *(béri)* tr. enterrar, sepultar.
bus *(bós)* s. (fam.) autobús colectivo; **school ~**, autobús escolar.
bush *(búsh)* s. arbusto, maleza; **to beat about the ~**, andarse por las ramas; **~y**, adj. espeso.
business *(bísnes)* s. negocio, ocupación, asunto.
bust *(bást)* s. f. y *Arq.* busto.
bustle *(básl)* s. bullicio, animación; intr. bullir, menearse.
bustling *(bástlin)* adj. bullicioso, animado, ajetreado.
busy *(bísi)* adj. ocupado, atareado; tr. ocupar; intr. atarearse.
busybody *(bísibodi)* s. entrometido; f. chismosa.
but *(bát)* conj. pero, mas, sino, excepto; adv. solamente.
butcher *(bútchör)* s. carnicero; **~'s shop**, s. carnicería; tr. degollar.
butchery *(búcheri)* s. (fig.) matanza, carnicería.
butler *(bátlör)* s. mayordomo.
butt *(bót)* s. extremo, fin; (cigarrillo) colilla; (arma) culata.
butter *(bátör)* s. mantequilla; ~ **up**, (fam.) dar coba, halagar.
butterfly *(báteflai)* s. mariposa.
buttock *(bátok)* s. nalga.
button *(báton)* s. botón; tr. abotonar, abotonarse.
buttonhole *(bátnjoul)* s. ojal.
buxom *(bö'ksöm)* adj. con mucho busto/pecho.
buy [bought, bought] *(bái)* tr. comprar.
buyer *(báiör)* s. comprador.
buzz *(bós)* tr. cuchichear, susurrar; intr. (insectos) zumbar; s. susurro; zumbido.
buzzer *(básör)* s. *Elect.* timbre; (coll.) soplón, chismoso.
by *(bái)* prep. por, a, en, con, bajo, sobre; adv. cerca; ~ **day,** adv. de día; ~ **the way**, ¡a propósito!; ~ **all means**, desde luego, por supuesto.
bye-bye! *(báibai)* adv. (fam.) ¡adiós!
byre *(báia)* s. vaquería, establo.

C c

cab *(káb)* s. coche, taxi.
cabaret *(kábaret)* s. cabaret.
cabbage *(kábedch)* s. repollo, col.
cabin *(kábin)* s. cabana; *Naut.* camarote.
cabinet *(kábinet)* s. gabinete; vitrina; *Pol.* gobierno.
cabinetmaker *(kábinetmeiker)* s. ebanista.
cable *(kéibl)* s. cable; tr. cablegrafiar, telegrafiar; ~ **car**, teleférico; ~ **railway**, funicular; ~ **TV**, televisión por cable.
cablegram *(kéiblgram)* s. cablegrama.
cacao *(kakéo)* s. cacao.
cackle *(kákl)* s. cacareo; (fig.) charla; intr. cacarear; **~r**, *(káklör)* s. cacareador, (fig.) hablador.
cad *(kád)* s. canalla, grosero.
caddy *(kádi)* s. guarda-té.
cadenee *(kédens)* s. *Mús.* cadencia, compás.
cadet *(kadét)* s. cadete.
cafe *(kéfei)* s. café-bar.
caffeine *(káffein)* s. cafeína.
cage *(kéidch)* tr. enjaular; s. jaula.

cajole *(kadyóul)* tr. camelar; engatusar.
cajolery *(kadyóuleri)* s. adulación; engatusamiento.
cake *(kéik)* s. pastel; tarta; pl. pasteles; ~ **shop**, pastelería.

C

calamitous *(kalámitös)* adj. calamitoso; trágico.
calamity *(kalámiti)* s. calamidad.
calculate *(kálkiuleit)* tr. calcular.
calculation *(kalkiuléishon)* s. cálculo, cómputo.
calculator *(kalkuleitör)* s. calculadora.
caldron *(kóldron)* s. caldera.
calendar *(kalendör)* s. calendario.
calf *(káf)* s. ternero, becerro; *Anat.* pantorrilla.
caliber *(kálibör)* s. calibre; (fig.) capacidad.
call *(kól)* tr. llamar, convocar, visitar; s. llamada, vocación, visita; **to ~ at**, ir a; ~ **again**, volver a llamar / visitar; ~ **in**, hacer entrar; ~ **off**, suspender, cancelar; ~ **on**, visitar, ~ **out**, llamar a voces; ~ **up**, *Mil.* llamar a filas; s. llamamiento a filas; **missed ~**, llamada perdida; ~ **down**, reprender; ~ **back**, devolver la llamada.
caller *(kólör)* s. visitante; persona que llama.
calling *(kólin)* s. vocación; profesión, oficio.
calling card *(kólin kárd)* s. tarjeta telefónica.
callous *(kálos)* adj. (fig.) insensible, cruel; encallecido; tr. encallecer; ~**ness**, s. callosidad; (fig.) insensibilidad.
calm *(kálm)* tr. calmar, tranquilizar; s. calma; quietud, tranquilidad; adj. tranquilo, quieto, sosegado; ~ **ness**, s. tranquilidad, quietud; ~**er**, s. tranquilizador, apaciguador; ~**ly**, adv. calmosamente, tranquilamente.
calorie *(kálori)* s. caloría.
calumniate *(kálömniet)* tr. e intr. calumniar.
calumny *(kálömni)* s. calumnia.
camel *(kámel)* s. camello.
camera *(kámera)* s. cámara fotográfica.
camouflage *(kámuflasch)* s. camuflaje, disfraz; tr. disfrazar, camuflar.
camp *(kámp)* s. campamento; intr. *Mil.* acampar.
campaign *(kampéin)* s. campaña; ~**er**, s. partidario; **old ~**, *Mil.* veterano.
camping *(kámping)* s. acampada.
campsite *(kámpsait)* s. campamento.
can *(kán)* s. lata; bote; tr. poner en conserva; intr. y aux. poder; saber.
canal *(kanál)* s. canal (artificial).
canalize *(kánelais)* tr. canalizar.
canary *(kánari)* s. canario.
cancel *(kánsel)* tr. cancelar.
cancelation *(kanseléischön)* s. cancelación, anulación.
cancer *(kánsör)* s. *Med.* cáncer, (astrología) Cáncer.
candid *(kándid)* adj. candido, ingenuo; ~ **camera**, cámara indiscreta.
candidate *(kándideit)* s. candidato.
candidacy *(kándidasi)* s. candidatura.
candle *(kándl)* s. vela, cirio.
candor *(kándor)* s. candor, candidez; sinceridad; franqueza.
cane *(kéin)* s. bastón, caña; tr. tapizar; ~ **sugar**, caña de azúcar.
canine *(kéinain)* adj. canino; s. canino, perro; ~ **tooth**, colmillo.
canister *(kánistör)* s. lata, bote.
cannery *(káneri)* s. fábrica de conserveras.
cannibal *(kaníbal)* s. caníbal.
cannon *(kánon)* s. cañón.
canoe *(kanú)* s. canoa, piragua.
canon *(kánon)* s. canon, regla.
canopy *(kánopi)* s. dosel, toldo; *Eccl.* palio.
cantakerous *(kantákeros)* adj. malhumorado; (fig.) rabioso.
canteen *(kantín)* s. cantina; cantimplora.
canter *(kántör)* s. *Equit.* galope corto; intr. ir al galope corto.
canvas *(kánvas)* s. lona; toldo; *Pint.* lienzo.
canvaas *(kánvas)* tr. *Pol.* pedir votos; ~**er**, agente electoral.

canyon *(kániön)* s. cañón (valle muy profundo).
cap *(káp)* s. gorra, gorro; (botella) tapa, chapa.
capabality *(keipabíliti)* s. capacidad.
capable *(kéipobl)* adj. capaz, hábil.
capacious *(kapéishös)* adj. amplio, espacioso.
capacity *(kapásiti)* s. capacidad, cabida; inteligencia, aptitud.
cape *(kéip)* s. *Geog.* cabo; capa.
caper *(kéipör)* s. travesura; tr. hacer cabriolas.
capital *(kápital)* adj. capital principal; s. capital (ciudad), (dinero) caudal; ~ **investment**, inversión de capital.
capitalism *(kápitalism)* s. capitalismo.
capitalist *(kápitalist)* s. capitalista.
capitalize *(kápitalais)* tr. capitalizar.
capitulation *(kapitiuléishön)* s. capitulación.
capitulate *(kapítiuleit)* tr. *Mil.* capitular, rendirse.
caprice *(kaprís)* s. capricho.
capricious *(kapríshös)* adj. caprichoso, antojadizo.
capsize *(kápsais)* tr. e intr. *Naut.* zozobrar, volcar.
capstan *(kapstan)* s. *Naut.* cabrestante.
capsule *(kápsiul)* s. cápsula.
captain *(kápten)* s. *Mil.* capitán; jefe.
captivate *(káptiveit)* tr. cautivar, fascinar.
captivating *(káptiveitin)* adj. cautivador, fascinante.
captive *(káptiv)* s. cautivo, prisionero.
captivity *(kaptíviti)* s. cautiverio.
capture *(kápchör)* s. captura, presa; tr. capturar.
car *(káa)* s. coche, automóvil, carro; vagón; ~ **wash**, autolavado.
caramel *(káramel)* s. caramelo.
carat *(kárat)* s. quilate.
caravan *(káravan)* s. *Aut.* remolque, caravana.
carbine *(kárbain)* s. (arma) carabina.
carbon *(kárbön)* s. *Quim.* carbono; ~ **dioxide**, dióxido de carbono.
carcass *(kárkas)* s. (cuerpo de) animal muerto; esqueleto; armazón.
carcinogenic *(karsinodyénik)* adj. cancerígeno.
card *(kárd)* s. tarjeta; carta o naipe; **Post** ~, tarjeta postal; **identity** ~, tarjeta de identidad; tr. (textil) cardar.
cardboard *(kárdbood)* s. cartón.
cardiac *(kárdiak)* adj. cardíaco.
cardigan *(kárdigan)* s. (vestimenta) rebeco, chaleco de lana.
cardinal *(kárdinal)* s. cardenal; adj. cardinal.
care *(kér)* s. cuidado, atención; ~ **for**, temer por; **to take** ~, tener cuidado; **to take** ~ of, cuidar(se).
career *(karríer)* s. carrera, profesión; intr. ir a toda velocidad.
carefree *(kérfri)* adj. despreocupado, desentendido.
careful *(kérful)* adj. cuidadoso. ~ **ly**, adv. cuidadosamente.
careless *(kérles)* adj. descuidado; ~ **ly**, adv. con descuido, descuidadamente; ~**ness**, descuido.
caress *(karés)* tr. acariciar; s. caricia.
caretaker *(kérteikör)* s. conserje, guardián, vigilante.
cargo *(kárgou)* s. carga, cargamento; ~ **boat**, s. barco de carga.
caricature *(kárikatiur)* tr. caricaturizar, parodiar; s. caricatura.
caricaturist *(karikatiúrist)* s. caricaturista.
caries *(kéries)* s. *Med.* caries.
carnal *(kárnal)* adj. carnal, sensual.
carnality *(karnáliti)* s. sensualidad, carnalidad.
carnation *(karnéischön)* s. *Bot.* clavel.
carnival *(kárnival)* s. carnaval.
carnivorous *(karnívorös)* adj. carnívoro.
carol *(káröl)* s. villancico.
carouse *(karáus)* intr. ir de juerga; irse de parranda.
carp *(kárp)* s. *Ict.* carpa.
car-park (UK) *(kárpark)* s. aparcamiento, estacionamiento.
carpentry *(kárpentri)* s. carpintería.

C

carpet *(kárpet)* s. alfombra; tr. alfombrar.
carriage *(kárridch)* s. carruaje; (tren) coche, vagón; transporte; ~ **paid**, portes pagados.
carrier *(kárriör)* s. portador, transportista; *Med.* portador.
carrot *(káröt)* s. *Bot.* zanahoria.
carry *(kárri)* tr. llevar, acarrear; ~**on**, tr. e intr. continuar; ~ **out**, tr. ejecutar, llevar a cabo.
cart *(kárt)* s. carro, carreta; tr. acarrear.
carton *(kárton)* s. caja o cubierta de cartón o papel duro.
cartoon *(kartún)* s. caricatura, historieta; pl, dibujos animados.
cartridge *(kártridch)* s. (arma) cartucho.
carve *(kárv)* tr. (arte) tallar, esculpir; *Coc.* trinchar carne.
carver *(kárvör)* s. (arte) escultor, tallador; trinchante.
carving *(kárvin)* s. grabado, tallado, escultura.
cascade *(kaskéid)* s. cascada.
case *(kéis)* s. cajón, caja; maleta; maletín; *Leg.* caso, pleito.
cash *(kásh)* s. efectivo; **ready** ~, dinero en efectivo; *Com.* caja; tr. hacer efectivo; ~ **on delivery**, pago contra reembolso.
cashier *(kashía)* s. cajero.
cask *(kásk)* s. barril, tonel; tr. entonelar.
casket *(káket)* s. féretro, ataúd.
cassock *(kásök)* s. sotana.
cast *(kást)* s. *Met.* fundición; ~**iron**, hierro colado; molde; *Theat.* reparto; **[cast**; **cast]** tr. lanzar; ~ **away**, tirar, deshacerse de: ~ **off**, deshechar.
castaway *(kástauei)* s. náufrago.
castigate *(kástigueit)* tr. castigar; censurar; reprobar.
casting *(kástin)* s. *Theat.* reparto; *Met.* pieza de fundición.
castle *(kásl)* s. castillo.
casual *(káshual)* adj. casual; (estilo) informal.
casualty *(káshualti)* s. accidentado; *Mil.* baja.
cat *(kát)* s. gato; **to rain ~s and dogs**, llover a cántaros; **wild** ~, gato montes.
catalogue *(kátalog)* tr. catalogar; s. catálogo.
catamaran *(kátamaran)* s. catamarán.
cataract *(kátaract)* s. catarata, cascada; *Med.* pl. cataratas.
catarrh *(katár)* catarro, resfriado.
catarrhal *(katáral)* adj. catarral.
catastrophe *(katástrofi)* s. catástrofe, calamidad.
catcall *(kátcol)* s. silbido, chifla, abucheo.
catch [caught; **caught]** *(kátch)* tr. coger, agarrar, capturar; **to ~ a cold**, resfriarse, constiparse.
catching *(kátching)* adj. (fig.) contagioso; *Med.* infeccioso; *Mús.* pegadizo.
catchword *(kátchuörd)* s. lema, slogan.
categorical *(kategórikal)* adj. categórico.
category *(kátegori)* s. categoría.
cater *(kéitör)* intr. proveer, abastecer; ~**ing industry**, industria de hostelería.
caterer *(kéitörör)* s. proveedor de comida.
caterpillar *(káterpilar)* s. oruga, (fam.) cien pies.
cathedral *(kazídral)* s. catedral.
Catholic *(kázolik)* adj. católico.
Catholicism *(kazólisism)* s. catolicismo.
cattle *(kátl)* s. ganado.
catwalk *(kátwok)* s. pasarela (de moda).
cauldron *(kóldrom)* s. (fig.) caldera; pote.
cauliflower *(kóliflauör)* s. coliflor.
caulk *(kók)* tr. enmasillar; *Naut.* calafatear; s. masilla.
caulking *(kólkin)* s. *Naut.* calafateo.
cause *(kós)* tr. causar; s. causa, origen.
causeway *(kósuei)* s. camino elevado; *Geog.* arrecife.
caustic *(kóstik)* adj. y s. cáustico.
caution *(kóshön)* tr. prevenir, advertir, s. prudencia; aviso.
cautious *(kóshös)* adj. cauto.
cavalcade *(kabalkéid)* s. cabalgata.

cavalry *(kávalri)* s. caballería.
cave *(kéiv)* s. cueva, tr. ~ **in**, hundirse.
cavern *(kávörn)* s. caverna; adj. **~nous**, cavernoso; tenebroso.
cavity *(káviti)* s. cavidad; hoyo, oquedad.
caw *(kóo)* intr. graznar; s. **~ing**, graznido.
cease *(sís)* intr. cesar, desistir; tr. parar.
ceaseless *(sísles)* adj. incesante.
cedar *(sídar)* s. *Bot.* cedro.
cede *(síd)* tr. e intr. ceder.
ceil *(síl)* tr. techar.
ceiling *(síling)* s. techo; límite, tope.
celebrate *(sélebreit)* tr. celebrar, aplaudir; **~d**, adj. célebre, famoso.
celebrity *(selébriti)* s. celebridad; famoso.
celery *(séleri)* s. *Bot.* apio.
celibacy *(sélibasi)* s. celibato.
cell *(sél)* s. *Biol.* y *Elect.* célula; celda.
cellar *(sélör)* s. sótano, bodega.
celluloid *(séliuloid)* s. celuloide.
cellulose *(séliulous)* s. celulosa.
cement *(simént)* s. cemento; tr. cementar.
cemetery *(sémitri)* s. cementerio.
cense *(séns)* tr. incesar; **~r**, s. incensario.
censor *(sénsör)* s. censor; tr. censurar.
censorship *(sénsorship)* s. censura.
censure *(sénschur)* tr. censurar, criticar; s. censura.
census *(sénsös)* s. censo.
cent *(sént)* s. céntimo, centavo; **per** ~, por ciento.
centigrade *(sentigréid)* adj. centígrado.
central *(séntral)* adj. central, céntrico.
centralist *(séntralist)* s. centralista.
centralize *(séntralais)* tr. centralizar.
centre *(séntör)* s. centro; tr. centrar, concentrar.
centrical *(séntrikal)* adj. céntrico, central.
century *(sénchuri)* s. siglo; centuria.
ceramics *(serámiks)* s. cerámica.
cerebral *(séribral)* adj. cerebral.
ceremonial *(serimónial)* adj. ceremonial.
ceremonious *(serimóuniös)* adj. ceremonioso.
ceremony *(sérimoni)* s. ceremonia; (fig.) formalidad; **with out** ~, informalmente.
certain *(sértön)* adj. cierto, seguro; adv. **~ly**, ciertamente, por cierto.
certainty *(sértönti)* s. certeza, certidumbre, **with** ~, con certeza, seguro.
certificate *(sertífikeit)* s. certificado, título; **birth** ~, partida de nacimiento; **death** ~, partida de defunción.
certifier *(sértifaiör)* s. certificador.
certify *(sértifai)* tr. certificar.
certitude *(séetitud)* s. certidumbre, certeza.
cessation *(seséischön)* s. suspensión, cese.
cession *(séschön)* s. cesión, traspaso.
chafe *(chéif)* tr. enojarse, irritarse; rozar.
chaffinch *(cháfinch)* s. *Orn.* pinzón.
chagrin *(chágrin)* s. desilusión, disgusto; tr. desilusionar.
chain *(chéin)* s. cadena; (fig.) serie; tr. encadenar, unir.
chair *(chéir)* s. silla, asiento, *Acad.* cátedra, **~man**, presidente; **~chair**, sillón, butaca; **deck~**, tumbona; **rocking** ~, mecedora.
chalice *(chális)* s. cáliz.
chalk *(chók)* s. tiza, creta; tr. marcar o escribir con tiza.
challenge *(chálendch)* s. desafío; tr. desafiar; **~r**, s. retador.
chamber *(chéimbör)* s. cámara, cuarto; ~ **of Commence**, Cámara de Comercio; ~ **Music**, música de cámara; ~ **pot**, orinal.
chamber-maid *(chéimbörmeid)* s. doncella, camarera.
chamfer *(chámfer)* tr. achaflanar, biselar; s. chaflán, bisel.
chamois *(chámoi)* s. gamuza.
champagne *(champéin)* s. champaña.
champion *(chámpion)* s. campeón; tr. defender, luchar por.
championship *(chámpionship)* s. campeonato.

C

chance *(cháns)* s. azar, suerte, accidente; **by ~**, de / por casualidad; **to take a ~**, arriesgarse; **to give a ~**, dar una oportunidad.
chancery *(chánseri)* s. cancillería.
chancellor *(cháncelör)* s. canciller.
change *(chéinch)* s. cambio; (dinero) suelto, cambio; **no ~**, no hay cambio; **for a ~**, para cambiar, tr. cambiar.
changeable *(chéindchabl)* adj. mudable, cambiante.
changer *(chéndyör)* s. cambista.
channel *(chánel)* s. canal, estrecho; cauce; tr. encauzar, canalizar.
chaos *(kéos)* s. caos.
chaotic *(keótik)* adj. caótico.
chap *(cháp)* s. (fam.) chico, tipo, "tío", individuo.
chapel *(chapl)* s. capilla.
chaperon *(cháperon)* s. acompañante; (fam.) guía.
chaplain *(cháplein)* s. capellán.
chaplet *(cháplet)* s. guirnalda, corona de flores.
chapter *(cháptör)* s. capítulo; sección, división.
char *(chár)* s. carbonizar; chamuscar; **~woman**, asistente, limpiadora.
character *(káretör)* s. carácter. *Teat.* personaje.
characteristic *(karaktöristik)* adj. característico, típico; s. característica.
characterize *(kárakterais)* tr. caracterizar.
charcoal *(chárkoul)* s. carbón vegetal.
charge *(chárdch)* s. costo; acusación; carga; **in~**, encargado; tr. cargar; mandar; acusar; cobrar por.
charger *(chárdyer)* s. cargador.
charisma *(karísma)* s. carisma.
charismatic *(karismátik)* adj. carismático.
charitable *(cháritabl)* adj. caritativo.
charity *(cháriti)* s. caridad, limosna.
charlatan *(chárlatan)* s. impostor, farsante.
charm *(chárm)* s. encanto, atractivo, gracia; talismán; tr. encantar.
charmer *(chámör)* s. encantador; **snake ~**, encantador de serpientes.
charming *(charming)* adj. encantador, precioso, atractivo.
chart *(chárt)* s. *Naut.* carta de navegar; **wall ~**, *Esc.* mural; *Mús.* lista de éxitos; tr. poner en el mapa.
charter *(chártör)* s. estatutos, constitución; alquiler; tr. fletar; establecer los estatutos.
chase *(chéis)* s. persecución, caza; tr. perseguir.
chaser *(cháisör)* s. perseguidor.
chasing *(chéisin)* adj. perseguidor, seguidor.
chasm *(kásm)* s. precipicio, quebrada, abismo.
chassis *(chási)* s. s. chasis.
chaste *(chéist)* adj. casto, honesto.
chasten *(chéisn)* tr. castigar.
chastise *(chastáis)* tr. castigar.
chastisement *(chástisment)* s. castigo, corrección.
chastity *(chástiti)* s. castidad.
chat *(chát)* s. charla; intr. charlar.
chattels *(chátels)* s. bienes, muebles, enseres, efectos.
chatter *(chátör)* s. charla; intr. charlar; (dientes) rechinar; **~ box**, hablador(a).
chauffeur *(chóuför)* s. chofer.
cheap *(chíp)* adj. barato; tacaño.
cheapen *(chípin)* tr. abaratar.
cheapness *(chípnes)* s. baratura.
cheat *(chít)* s. fraude, engaño; s. (persona) tramposo, fullero; tr. engañar, hacer trampas; timar; s. **~er**, fullero, tramposo; timador; **~ing**, s. timo, engaño.
check *(chék)* s. freno; parada; verificación; [ajedrez] jaque; tr. reprimir; verificar; marcar.
checker *(chékör)* s. verificador; cajero; pieza (juego de damas); a cuadros; de cuadros.
cheek *(chík)* s. mejilla; (fam.) caradura.
cheeky *(chíki)* adj. descarado.
cheer *(chíer)* s. alegría, regocijo; aclamación; tr. alegrar, vitorear; intr. alegrarse; **~ up!**, ¡alégrate!; **~s!**, ¡salud!

cheerful *(chíörful)* adj. alegre, jovial, animado.
cheerfulness *(chíörfulnes)* s. alegría, buen humor.
cheerless *(chíörles)* adv. sin ánimo, triste.
cheese *(chíis)* s. queso.
chemical *(kémikal)* s. producto químico; adj. químico; pl. s. productos químicos.
chemist *(kémist)* s. farmacéutico, químico.
chemistry *(kémistri)* s. química.
cheque *(chék)* s. *Com.* cheque, talón.
cherish *(chérish)* tr. apreciar, valorar; abrigar, albergar.
cherry *(chéri)* s. cereza; ~ **tree**, s. *Bot.* cerezo.
chess *(chés)* s. ajedrez; ~ **board**, s. tablero de ajedrez.
chest *(chést)* s. baúl *Anat.* pecho, tórax; ~ **of drawers,** s. cómoda.
chestnut *(chésnat)* s. castaña; adj. castaño; s. ~**tree**, *Bot.* castaño.
chew *(chú)* tr. mascar; rumiar.
chewing-gum *(chúingam)* s. goma de mascar, chicle.
chick *(chík)* s. *Orn.* pollito.
chicken *(chíken)* s. polluelo, pollo; (fig.) cobarde.
chicken pox *(chíkenpoks)* s. varicela.
chickpea *(chíkpi)* s. *Bot.* garbanzo.
chide [chid; chidden o chid)] *(cháid)* tr. reñir, regañar.
chiding *(cháidin)* s. regañina, reprimenda.
chief *(chíf)* adj. principal; s. jefe; adv. ~**ly**, principalmente, ante todo.
chieftain *(chíften)* s. caudillo.
chilblain *(chílblein)* s. *Med.* sabañón.
child *(cháild)* s. niño, niña; hijo.
childbirth *(cháilbörz)* s. parto.
childhood *(cháildjud)* s. infancia.
childish *(cháildish)* adj. pueril, infantil, aniñado.
children *(chíldren)* s. pl. niños, hijos.
chill *(chíl)* s. frío; *Med.* catarro; tr. enfriar; **to get / catch a** ~, acatarrarse.
chilli *(chíli)* s. guindilla.
chilly *(chíli)* adj. frío, (coll.) fresco; helado.
chime *(cháim)* s. repique, sonar de campanas; carrillón.
chimera *(káimira)* s. quimera.
chimerical *(kimérikal)* adj. quimérico.
chimney *(chímni)* s. chimenea.
chimney-sweep(er) *[chímnisuip(ör)]* s. desollinador.
chin *(chín)* s. mentón, barbilla.
China *(cháina)* China; s. porcelana.
chinese *(chainís)* s. y adj. chino.
chink *(chínk)* s. grieta, resquicio.
chip *(chíp)* s. patata frita; pedacito; *Carp.* astilla, viruta; tr. astillar; descascararse.
chiropodist *(kirópodist)* s. pedicuro, callista.
chirp *(chérp)* s. *Orn.* gorjeo, trino; intr. gorjear, trinar.
chisel *(chísl)* s. cincel, formón; tr. cincelar.
chit *(chít)* s. nota, vale, recibo, resguardo; (coll.) chiquilla.
chitchat *(chítchat)* s. palique, cotorreo, cháchara.
chloroform *(klóröform)* s. cloroformo.
chock-ful *(chókful)* adv. repleto, hasta los topes.
chocolate *(chókolet)* s. chocolate.
choice *(chóis)* s. elección; alternativa; adj. escogido, selecto.
choir *(kuáiör)* s. coro; ~ **boy**, s. monaguillo; ~ **singer**, s. corista.
choke *(chóuk)* tr. ahogar, sofocar; intr. atragantarse; (tubería) atascarse; s. estrangulación.
cholera *(kólera)* s. *Med.* cólera.
choleric *(kólerik)* adj. colérico.
choose [chose; chosen] *(chús)* tr. e intr. escoger, elegir.
chop *(chóp)* s. hachazo; (carne) chuleta, tajada; tr. cortar; picar; ~ **up**, hacer picadillo.

chopper *(chópör)* s. (carne) machete; coll. helicoptero.
choppy *(chópi)* adj. *Naut.* picado.
choral *(kóral)* adj. coral.
chord *(kórd)* s. *Mús.* acode, cuerda.
chore *(chóor)* s. tarea, faena; **house ~s**, faenas domésticas.
chorus *(kórös)* s. coro, estribillo; tr. corear.
chosen *(chóusn)* adj. elegido, electo.
Christ *(kráist)* s. Cristo.
christen *(krísn)* tr. bautizar.
Christendom *(krísndöm)* s. Cristiandad.
christening *(krístnin)* s. bautismo, bautizo.
Christian *(krístian)* s. y adj. cristiano; ~ **name,** nombre de pila.
Christianism *(krístianism)* s. Cristianismo.
Christmas *(krístmas)* s. Navidad; ~ **Eve** s. Nochebuena; ~ **carols,** villancicos; ~ **tree**, árbol de Navidad; ~ **cards**, postales de Navidad.
chronic *(krónik)* adj. crónico.
chronicle *(krónikl)* s. crónica; tr. registrar; s. **~r**, cronista, historiador.
chronology *(kronólodyi)* s. cronología.
chubby *(chóbi)* adj. regordete, gordinflón.
chuck *(chák)* tr. (fam.) echar, tirar; despedir; s. caricia, palmada.
chuckle *(chákl)* s. reírse entre dientes; s. risita, mofa.
chum *(chám)* s. camarada.
chunk *(chánk)* s. trozo, pedazo.
church *(chörch)* s. iglesia; ~ **yard,** s. cementerio.
churl, *(chörl)* s. patán, palurdo, paleto.
churlish *(chérlish)* adj. rudo, rústico, grosero.
churn *(chérn)* s. *Ind.* mantequera; tr. batir (manteca).
cider *(sáidör)* s. sidra.
cigar *(sigár)* s. (cigarro) puro.
cigarette *(sigörét)* s. cigarrillo, pitillo; ~ **case**, pitillera; ~ **holder**, boquillera.
cinder *(síndör)* s. ceniza; brasa.
cinderella *(sinderéla)* s. cenicienta.
cinema *(sínema)* s. cine, cinema.
cinnamon *(sínemon)* s. canela.
cipher *(sáiför)* s. cifra, clave; tr. cifrar.
circle *(sérkl)* s. círculo, corro; tr. e intr. hacer círculos, dar vueltas a.
circuit *(sérkit)* s. circuito; recorrido; **short** ~, *Elect.* cortocircuito; ~ **breaker**, s. *Elect.* interruptor de circuito.
circular *(sérkiular)* s. y adj. circular.
circulate *(sérkiuleit)* intr. circular.
circulation *(serkiuléischön)* s. circulación.
circumcise *(sérkomsais)* tr. circuncidar.
circumference *(sérkönferens)* s. circunferencia.
circumlocution *(sérkonlokiushön)* s. circunlocución.
circunscribe *(serkömskráib)* tr. circunscribir.
circumspect *(sérkömspekt)* s. circunspecto.
circumstance *(sérkömstans)* s. circunstancia.
circumstancial *(serkömstánschal)* adj. accidental, detallado.
circus *(sérkös)* s. circo.
cistern *(sístern)* s. cisterna, aljibe.
citation *(saitéishön)* s. citación, mención.
cite *(sáit)* tr. citar, alegar.
citizen *(sítisn)* s. ciudadano, vecino.
citizenship *(sítisnschip)* s. ciudadanía.
city *(síti)* s. ciudad; ~ **hall**, Ayuntamiento; ~ **dweller,** s. ciudadano.
civic *(sívik)* adj. cívico.
civil *(sívil)* adj. civil; educado, cortés; ~ **servant**, s. funcionario; ~ **service**, Administración Pública.
civilian *(sivílian)* s. paisano.
civility *(sivíliti)* s. cortesía, urbanidad.
civilization *(sivilaiséischön)* s. civilización.
civilize *(sívilais)* tr. civilizar.
clad *(klád)* adj. vestido; cubierto; **iron~**, acorazado, blindado; riguroso.
claim *(kléim)* s. reclamación; demanda; tr. reclamar; alegar.
claimant *(kléimant)* s. demandante, pretendiente.

clam *(klám)* s. *Ict.* almeja.
clamber *(klámbör)* intr. trepar, encaramarse.
clammy *(klámi)* adj. pegajoso; húmedo.
clamorous *(klámorös)* adj. clamoroso, estrepitoso, ruidoso.
clamor (US), **clamour** (UK) *(klámör)* s. clamor.
clamp *(klámp)* s. *Mec.* empalmadura, abrazadera; tr. sujetar, tenazar.
clan *(klán)* s. tribu, clan.
clandestine *(klándestin)* adj. clandestino, secreto.
clang *(kláng)* s. sonido metálico; estruendo; **~er**, s. metedura de pata; **to drop a ~er**, meter la pata.
clank *(klánk)* s. sonido metálico; intr. producir un sonido metálico.
clap *(kláp)* s. aplauso; tr. aplaudir; **~per**, *(klápör)* s. badajo; aldaba; palmoteador; s. **~ping**, palmoteo, aplausos.
claret *(kláröt)* s. clarete.
clarification *(klarifikéischön)* s. clarificación.
clarify *(klárifai)* tr. clarificar, aclarar, poner en claro.
clarinet *(klárinet)* s. *Mús.* clarinete.
clarity *(kláriti)* s. claridad.
clash *(klásh)* s. choque; (fig.) conflicto, encuentro; intr. **~ ing**, choque; adj. contradictorio.
clasp *(klásp)* s. broche; corchete; abrazo; tr. abrochar.
class *(klás)* s. clase, orden; tr. clasificar; classroom s. aula.
classroom *(klásrum)* s. aula; clase.
classic *(klásik)* s. y adj. clásico.
classical *(klásikal)* adj. clásico.
classification *(klasifikéischön)* s. clasificación.
classify *(klásifai)* tr. clasificar.
clatter *(klátör)* s. ruido, estrépito; intr. hacer estrépito; s. **~ing**, estruendo.
clause *(klós)* s. cláusula.
claw *(kló) Zool.* garra; uña; (crustáceo) pinza; tr. desgarrar.
clay *(kléi)* s. arcilla, greda.
clean *(klín)* adj. limpio; tr. limpiar; **~er**, *(klínör)* s. limpiador; **dry ~**, tintorería.
cleaning *(klínin)* s. limpieza, aseo.
cleanliness *(klénlines)* s. limpieza, aseo; (fig.) decencia.
cleanse *(kléns)* tr. limpiar, lavar.
cleansing *(klénsin)* adj. limpiador, purificador.
clear *(klíör)* adj. claro, limpio; despejado; tr. aclarar; esclarecer, saldar; largarse; **~ up**, despejar, poner en claro; **~away**, recoger; **~ly**, adv. claramente.
clearance *(klíarens)* s. despeje; margen; despacho de aduanas.
clearing *(klíarin)* s. aclaración; (bosque) claro; **~ house**, *Com.* cámara de compensación.
clearness *(klíarnes)* s. claridad.
cleavage *(klívedch)* s. hendidura; escote.
cleave [cleft o cloven; cleft o cloven] *(klív)* tr. hender, partir; unirse.
clef *(kléf)* s. *Mús.* clave.
clemency *(klémensi)* s. clemencia.
clench *(klénch)* tr, agarrar con fuerza; apretar (los puños, dientes).
clergy *(klérdyi)* s. clero.
clergyman *(klétdyiman)* s. eclesiástico, clérigo.
clerical *(klérikl)* adj. clerical; **~ work**, trabajo de oficina; **~ staff**, oficinistas.
clerk *(klérk)* s. oficinista, dependiente, funcionario; intr. trabajar de oficinista.
clever *(klévör)* adj. listo, inteligente, diestro, hábil.
cleverness *(klévörnes)* s. habilidad, talento, ingenio.
click *(klík)* s. chasquido; tr. chasquear.
client *(kláient)* s. cliente.
clientele *(klíentel)* s. clientela.
cliff *(klíf)* s. acantilado.
climate *(kláimit)* s. clima.
climatic *(kláimátik)* adj. climático.
climax *(kláimaks)* s. climax, culminación.

C

C

climb *(kláim)* tr. subir, escalar; intr. ascender; **~s**. subida, ascensión.
climber *(kláimör)* s. escalador; *Bot.* enredadera.
climbing *(klímbing)* s. montañismo, alpinismo.
clinch *(klínch)* tr. remachar; agarrar; afianzar; s. abrazo.
cling [clung; clung] *(klín)* intr. adherirse, agarrarse.
clinic *(klínik)* s. clínica; adj. clínico.
clinical *(klínikl)* adj. clínico.
clip *(klíp)* s. (pelo) horquilla; (oficina) clip; tr. (pelo) recortar; (seto) recortar; (seto) podar; (ovejas) trasquilar, esquilar.
clipper *(klípör)* s. esquilador, recortador. *Naut.* clíper.
clipping *(klíplin)* s. (periódico) recorte; (paño) retal; poda.
cloak *(klóuk)* s. capa; manto; (fig.) excusa, pretexto; tr. envolver; encubrir.
cloakroom *(klóukrum)* s. guardarropa; (UK) servicios, tocador.
clock *(klók)* s. reloj (de pared, etc.); ~ **face**, s. esfera (del reloj); ~ **work**, adj. de cuerda, de relojería; **alarm** ~, despertador; tr. e intr. *Dep.* registrar un tiempo; *Ind.* ~ **in**, registrar la entrada; ~ **out**, registrar la salida.
clod *(klód)* s. terrón (de tierra); (fig. y coll.) idiota, zoquete.
clog *(klóg)* s. zueco.
cloister *(klóistör)* s. claustro, monasterio.
close *(klóus)* adj. cerrado; próximo; íntimo; tr. cerrar; terminar; ~ **to**, próximo a; ~ **by**, cercano; ~ **friend**, amigo, íntimo; s. conclusión, fin.
closely *(klóusli)* adv. de cerca; cuidadosamente.
closeness *(klóusnes)* s. proximidad; intimidad.
closet *(klózit)* s. gabinete; retrete; armario, cuarto pequeño.
closing *(klóusin)* adj. de cierre; final; ~ **date**, fecha límite; (UK) ~ **time**, hora de cierre.
closure *(klóuchör)* s. clausura, cierre.
clot *(klót)* s. grumo, coágulo; (fam.) estúpido, zopenco; tr. coagular.
cloth *(klóz)* s. lienzo, paño, tela; **table** ~, mantel.
clothe [clothed o clad; clothed o clad] *(klóuz)* tr. vestir; cubrir.
clothes *(klóuzs)* s. pl. vestidos, trajes, ropa; ~ **hanger**, percha; ~ **line**, tendedero.
clothing *(klóudzing)* s. ropa, vestuario.
cloud *(kláud)* s. nube, nublado: tr. obscurecer; intr. nublarse, **~less**, adj. despejado, sin nubes, ~ **y**, adj. nublado; *Inform.* ~ **computing**, computación en la nube.
closure *(klóusör)* s. clausura.
clover *(klóuvör)* s. trébol.
clown *(kláun)* s. payaso.
club *(kláb)* s. sociedad, agrupación; palo de golf; (cartas) basto; tr. asociarse.
clue *(klú)* s. pista; indicio; **I haven't a** ~, no tengo ni idea; **~less**, sin pistas.
clumsily *(klámsli)* adv. torpemente, descuidadamente.
clumsy *(klámsi)* adj. torpe, desgarbado.
cluster *(klástör)* s. racimo; intr. arracimarse; agruparse.
clutch *(klátch)* s. garra, presa; (aut.) embrague; bolso de mano, bolso de fiesta, cartera.
clutter *(klátör)* s. desorden, confusión; tr. atestar, amontonar.
coach *(kóuch)* s. autocar; vagón, coche; *Dep.* entrenador; tr. entrenar, enseñar.
coaching *(kóuchin)* s. entrenamiento, preparación.
coactive *(koáktiv)* adj. coactivo.
coagulate *(koáguiuleit)* tr. e intr. coagular, cuajar.
coal *(kóul)* s. carbón; ~ **field**, s. yacimiento de carbón; ~ **mine**, mina de carbón; **~man**, carbonero.
coalition *(koalíchön)* s. coalición, alianza, liga.
coarse *(kórs)* adj. grosero; áspero, basto.

coarseness *(kórsnes)* s. tosquedad; crudeza.
coast *(kóust)* s. costa, ribera; **~ guard**, guardacostas; **~er**, *Naut.* costero, intr. costear.
coat *(kóut)* s. chaqueta, americana; abrigo; capa de pintura; tr. cubrir, revestir; **~ of arms**, escudo de armas.
coating *(kóutin)* s. capa; revestimiento.
coax *(kóuxs)* tr. halagar; engatusar, persuadir; **~ing**, s. halagos, coba.
cob *(kób)* s. mazorca (maíz); **~ web**, telaraña.
cobbler *(kóblör)* s. zapatero.
cocaine *(koukéin)* s. cocaína.
cock *(kók)* s. gallo; (font.) llave, grifo; tr. ladear; amartillar (arma de fuego).
cockle *(kókl)* s. *Zool.* barbarecho.
cockpit *(kókpit)* s. *Avi.* cabina, carlinga.
cockroach *(kókrouch)* s. *Ent.* cucaracha.
cocktail *(kókteil)* s. combinado, cóctel.
coconut *(kókonut)* s. coco.
cocoa *(kóukoa)* s. cacao (molido).
cocoon *(kokún)* s. capullo (de seda); tr. cubrir, proteger.
cod *(kód)* s. bacalao, abadejo; **~ fisherman**, bacaladero (pers.); **~ fishing trawler**, *Naut.* bacaladero.
code *(kóud)* s. código, clave; **bar ~**, código de barras; tr. poner en clave, cifrar.
codify *(kódifai)* tr. codificar.
coeducation *(kouedyukéischön)* s. coeducación, enseñanza mixta.
coerce *(koérs)* tr. coercer, obligar, forzar.
coercion *(koérschön)* s. coerción, presión.
coexist *(koueksíst)* intr. coexistir.
coexistence *(koueksístens)* s. coexistencia.
coffee *(kófi)* s. café; **~ bean**, grano de café; **~ color**, color café; **~ cup**, taza (para café); **~ house**, café (local); **~ pot**, cafetera; **~** break, pausa para el café.
coffer *(kóför)* s. cofre, arca; pl. tesoro, hacienda.
coffin *(kófin)* s. ataúd, féretro.
cog *(kóg)* s. diente de rueda; **~ ged**, adj. dentado.
cogitate *(kódyiteit)* intr. pensar, reflexionar, meditar.
cogitation *(kódyiteischön)* s. meditación.
cognate *(kógneit)* adj. análogo, semejante.
cognation *(kognéischön)* s. semejanza, analogía.
cogwheel *(koguíl)* s. rueda dentada.
cohabit *(koujábit)* intr. cohabitar.
cohere *(koujír)* intr. adherirse.
coherence *(koujíerens)* s. coherencia, adhesión.
coherent *(koujíerent)* adj. coherente.
cohesion *(koeischön)* s. cohesión.
cohesive *(koujísiv)* adj. cohesivo.
coil *(kóil)* s. rollo, bobina; tr. e intr. enrollar(se).
coin *(kóin)* s. moneda; tr. acuñar.
coinage *(kóinedch)* s. acuñación; sistema monetario.
coincide *(kouinsáid)* intr. coincidir.
coincidence *(kouínsidens)* s. coincidencia.
coiner *(kóinör)* s. acuñador, falsificador.
coition *(koíschön)* s. coito, cópula.
cold *(kóuld)* adj. frío; indiferente; s. resfriado; **to be ~**, tener (hacer) frío; **to catch a ~**, coger un resfriado; **to have a ~**, tener un resfriado; **~dish**, fresquito; **~-blooded**, adj. sangre fría.
coldness *(koúldnes)* s. frío, frialdad.
colic *(kólik)* s. cólico.
collaborate *(kolåboreit)* tr. colaborar.
collaboration *(kolaboréichön)* s. colaboración.
collapse *(koláps)* s. colapso; (fig.) fracaso; intr. desplomarse, caerse.

C

C

collar *(kólar)* s. cuello (de vestir); collar (perro); (caballo) collera; (mec.) cuello; tr. coger por el cuello; **~bone**, s. *Anat.* clavícula.
colleague *(kólig)* s. colega, compañero.
collect *(kolékt)* tr. recoger; congregar; (dinero) cobrar, recaudar; recolectar, recoger; intr. reunirse; congregarse.
collection *(kolékschön)* s. colección; colecta; *Com.* recaudación.
collective *(koléctiv)* adj. colectivo.
collector *(koléctör)* s. colector, recaudador.
college *(kóledch)* s. universidad.
collegiate *(kóledchyet)* adj. universitario; tr. colegiar.
collide *(koláid)* tr. e intr. chocar, colisionar, estrellarse.
collision *(kolíschön)* s. choque, colisión, encontronazo.
collocation *(kolokéishn)* s. colocación.
colloquial *(kolöukial)* adj. familiar, coloquial; **~ly**, adv. familiarmente, coloquialmente.
colloquialism *(kolöukialism)* s. expresión familiar, coloquialismo.
colloquy *(kólöcui)* s. coloquio.
cologne *(kolóun)* s. colonia.
colon *(kóulön)* s. *Gram.* dos puntos. *Anat.* colon.
colonel *(kéenel)* s. *Mil.* coronel.
colonial *(kölóunial)* adj. colonial.
colonialism *(kolóunialism)* s. colonialismo.
colonist *(kólonist)* colono, colonizador.
colonization *(koloaniséischön)* s. colonización.
colonize *(kólönais)* tr. colonizar.
colony *(kolöni)* s. colonia.
colossal *(kolósöl)* adj. colosal.
colossus *(kolósös)* s. coloso.
color (US), **colour** (UK) *(kólor)* s. color; pl. bandera, estandarte; **light** ~, color claro; **dark** ~, color oscuro; **~less**, adj. incoloro; **~blind**, daltónico; **~ful**, colorido; tr. colorear.
colored (US), **coloured** (UK) *(kólord)* adj. de color; pintado; coloreado; ~ **person**, persona de color (generalmente negra).
coloring (US), **colouring** (UK) *((kólorin)* s. colorante; coloración
colt *(kóult)* s. potro.
column *(kólöm)* s. columna.
comb *(kóum)* s. peine; **honey~**, panal; tr. peinar; **~ed**, adj. peinado.
combat *(kómbat)* s. combate; tr. e intr. combatir.
combatant *(kómbetent)* s. y adj. combatiente.
combination *(kombinéischön)* s. combinación.
combine *(kombáin)* tr. combinar; intr. combinarse, unirse.
combustible *(kömbástibl)* adj. combustible.
combustion *(kömbástyon)* s. combustión.
come [came; come] *(kám)* intr. venir, llegar; ~ **about**, ocurrir; ~ **across**, encontrar, encontrarse con; ~ **along!**, ¡ven!, ¡vamos!; ~ **back**, volver, regresar; ~ **down**, bajar; ~ **in**, entrar; ~ **in!**, ¡entre!, ¡adelante! **of age**, llegar a ser mayor de edad; ~ **off**, soltarse; ~ **off**, ¡fuera de ahí!, ~ **out**, salir; ~ **true**, hacerse real.
comedian *(komídian)* s. comediante, cómico.
comedy *(kómedi)* s. comedia.
comely *(kámli)* adj. atractivo, bien parecido.
comer *(kámör)* s. **new** ~, recién llegado.
comet *(kómit)* s. cometa.
comfort *(kámfört)* s. confort, comodidad; consuelo; tr. consolar, confortar.
comfortable *(kámförtebl)* adj. cómodo, confortable.
comfortably *(kómförtöbli)* adv. cómodamente, confortablemente; ~ **off**, adj. acomodado.
comic *(kómik)* adj. cómico; s. tebeo; ~ **strip**, s. historieta cómica seriada (period.).

coming *(kámin)* s. venida; adj. venidero, próximo; que viene.
comma *(kóma)* s. *Gram.* coma.
command *(kománd)* s. orden, mandato; (mil.) mando; tr. ordenar, mandar.
commandant *(komöndánt)* s. comandante.
commander *(komándör)* s. comandante.
commandment *(komándment)* s. mandato; *Eccl.* mandamiento.
commemorate *(komémöreit)* tr. conmemorar.
commemoration *(komemöréischön)* s. conmemoración.
commence *(köméens)* tr. e intr. empezar, comenzar.
commencement *(köménsment)* s. comienzo, inauguración.
commend *(kómend)* tr. recomendar, encomiar; confiar; **~able**, adj. recomendable, encomiable; **~ation**, s. recomendación; encomio, elogio.
comment *(kóment)* s. comentario; glosa; tr. comentar, glosar.
commentary *(kómentari)* s. comentario, crónica.
commentator *(kómentatör)* s. comentarista.
commerce *(kómers)* s. comercio, negocios; **School of ~**, Escuela de Comercio.
commercial *(komérshal)* adj. comercial, mercantil.
commissariat *(komisáriat)* s. comisariato; intendencia, administración militar.
commissary *(kómiseri)* s. comisario, delegado.
commission *(kömischön)* s. comisión, encargo; *Mil.* misión; *Com.* **~ merchant**, comerciante comisionista; tr. comisionar, encargar; autorizar; **~ed**, adj. comisionado; **~ officer**, s. oficial.
commissioner *(komíshonör)* s. comisionado, comisario.
commit *(komít)* tr. cometer, perpetrar; **~ oneself**, comprometerse; **~ suicide**; suicidarse; **~ to memory**, memoriza.
commitment *(kömítment)* s. compromiso.
committee *(kömíti)* s. comité; junta.
commodity *(kömóditi)* s. interés, utilidad, s. artículo, mercancía.
common *(kómön)* adj. común, corriente; (pers.) ordinario, (fam.) bajo; **in ~**, en común; **~ sense**, sentido común; **~ man**, el hombre medio.
commoner *(kómönör)* s. plebeyo.
commonness *(kómönes)* s. generalidad; vulgaridad.
commonplace *(kómönpleis)* adj. común, trivial; s. lugar común.
commons *(kómöns)* s. pl. (agric.) tierra baldía, monte común; **House of ~**, Cámara de los Comunes.
commonwealth *(kómönuelz)* s. mancomunidad, comunidad de naciones.
commotion *(komóushiön)* s. conmoción, tumulto; escándalo.
communicate *(komiúnikeit)* tr. comunicar, expresar; transmitir, contagiar.
communication *(komiunikéischön)* s. comunicación; acceso; información.
communion *(kömiúniön)* s. comunión.
communism *(kómiunism)* s. comunismo.
communist *(kómiunist)* adj. s. comunista.
community *(komiúniti)* s. comunidad, sociedad.
commutable *(kömiútabl)* adj. conmutable.
commutation *(komiutéischön)* s. *Leg.* commutación; trueque.
commute *(komiút)* tr. *Leg.* commutar; triar; (transporte) desplazarse.
compact *(kompákt)* tr. adj. compacto; denso; sólido; breve, tr. comprimir.
companion *(kompániön)* s. compañero.
company *(kómpani)* s. compañía; *Com.* empresa, sociedad mercantil.

C

comparable *(kompárabl)* adj. comparable.

comparative *(kompárativ)* adj. comparativo.

compare *(kompér)* tr. comparar; s **beyond ~**, sin igual.

comparison *(kompáreischon)* s. comparasión; analogía; símil.

compartment *(kompártment)* s. compartimiento, departamento.

compass *(kómpas)* s. (dibujo) compás; *Naut.* brújula; ámbito; tr. rodear.

compassion *(kompáschön)* s. compasión; lástima.

compatibility *(kompátibiliti)* s. compatibilidad.

compatible *(kompatebl)* adj. compatible.

compatriot *(kompátriöt)* s. compatriota, coterráneo.

compel *(kompél)* tr. obligar; forzar; compeler.

compendium *(kompéndiöm)* s. compendio; sinopsis.

compensate *(kómpenseit)* tr. compensar; indemnizar.

compensation *(kompenséischön)* s. compensación; indemnización.

compete *(kompít)* intr. competir, rivalizar.

competence *(kómpitens)* s. competencia; aptitud, capacidad; rivalidad; suficiencia.

competent *(kómpitent)* adj. competente, apto, calificado.

competition *(kompetíschön)* s. *Dep.* competición; *Com.* competencia, concurrencia.

competitive *(kompétitiv)* adj. en competencia, competitivo; **~ examination**, s. oposición, concurso.

competitor *(kompétitör)* s. competidor, rival, contrincante.

compilation *(kompiléischön)* s. compilación; recopilación.

compile *(kompáil)* tr. compilar, recopilar.

complacence *(kompléisens)* s. tranquilidad, placidez.

complacent *(kompléisent)* adj. complaciente.

complain *(kompléin)* intr. quejarse; *Leg.* acusar; **~ing**, s. lamento, quejido; adj. quejoso.

complaint *(kompléint)* s. queja; acusación; *Med.* dolencia.

complaisance *(kompléisens)* adj. complacencia, s. cortesía, deseo de agradar.

complaisant *(kompléisent)* adj. complaciente, cortés.

complement *(kómpliment)* s. complemento, accesorio; *Mil.* contingente; *Naut.* tripulación completa.

complete *(komplít)* tr. completar; adj. completo.

completion *(kömplíschön)* s. terminación, acabado.

complex *(kómpleks)* adj. complejo, complicado; s. complejo.

complexion *(kompléschön)* s. tez; cutis; naturaleza, carácter.

complexity *(kömpléksiti)* s. complejidad.

compliance *(kompláiens)* s. conformidad, complacencia, condescendencia.

complicate *(kómplikeit)* adj. complicado; tr. complicar, embrollar.

complication *(komplikéischön)* s. complicación.

compliment *(kómpliment)* s. cumplido, galantería, lisonja; s. pl. saludos.

comply *(kompláí)* intr. acceder, cumplir, consentir, someterse.

component *(kompóunent)* adj. y s. componente.

compose *(kompóus)* tr. componer, tr. *Mús.* componer; (escribir) redactar; (persona) calmarse; *Impr.* ordenar; **~d**, adj. tranquilo; compuesto; **to be ~ of**, constar de.

composer *(kompóusör)* s. *Mús.* compositor.

composition *(komposíshon)* s. composición, arreglo.

compositor *(kompókasitör)* s. *Impr.* cajista.

composure *(kompóuschör)* s. compostura; serenidad.

compound *(kómpaund)* s. compuesto, mezcla; adj. mezclado; tr. componer.

comprehend *(komprijénd)* tr. comprender; incluir.
comprehension *(komprijenschön)* s. comprensión.
comprehensive *(komprijénsiv)* adj. completo, extenso, amplio; ~ **school**, s. escuela polivalente.
compress *(komprés)* tr. comprimir, apretar; condensar; reducir; s. *Med.* compresa; **~ed air**, aire comprimido.
compressor *(komprésar)* s. compresor; **air** ~, compresor hidráulico.
compression *(kompréschiön)* s. compresión.
comprise *(kompráis)* tr. comprender, incluir; constar de.
compromise *(kómprömais)* s. compromiso, arreglo, avenencia, tr. comprometer, avenirse.
compulsion *(kompálschiön)* s. compulsión, coacción.
compulsory *(kömpálsöri)* adj. obligatorio.
computation *(kompiutéischön)* s. cuenta, cálculo, cómputo.
compute *(kömpiút)* tr. computar, calcular.
computer *(kompiútör)* s. ordenador, computadora.
comrade *(kómreid)* s. camarada.
concave *(kónkeif)* adj. cóncavo.
concavity *(konkáviti)* s. concavidad.
conceal *(konsíl)* tr. ocultar, esconder, disimular.
concealment *(konsílment)* s. encubrimiento; escondrijo.
concede *(könsíd)* tr. conceder, asentir.
conceit *(könsít)* s. vanidad, engreimiento.
conceited *(könsétid)* adj. engreído; fatuo, presumido.
conceive *(konsív)* tr. concebir, imaginar; *Bio.* engendrar.
concentrate *(kónsentreit)* tr. e intr. concentrar(se); adj. concentrado.
concentration *(konsentréischön)* s. concentración.
concentric *(konséntrik)* adj. concéntrico.
concept *(kónsept)* s. concepto. idea, noción.
conception *(konsépschiön)* s. concepción, idea, noción.
concern *(konsérn)* s. asunto, preocupación; negocio; **a going** ~, un negocio en marcha; tr. concernir, incumbir; tratarse de.
concerned *(konsérnd)* adj. interesado; preocupado.
concerning *(konsérnin)* prep. respecto a, tocante a, acerca de.
concert *(kónsert)* s. concierto; acuerdo; tr. concertar, acordar, ajustar.
concession *(könséschiön)* s. concesión.
concessionary *(könséschionari)* s. concesionario.
conciliate *(könsílieit)* tr. conciliar.
conciliation *(konsiliéischiön)* s. conciliación.
concise *(könsáis)* adj. conciso, breve, sucinto; **~ness**, s. brevedad, concisión; **~ly**, adv. brevemente, en pocas palabras.
conclude *(könklúd)* tr. concluir, acabar, terminar; intr. terminarse.
conclusion *(konklúschiön)* s. conclusión, **in** ~, en conclusión, en fin; **to draw a** ~, sacar una conclusión.
conclusive *(könklúsiv)* adj. concluyente, conclusive, final; **~ly**, adv. de un modo terminante; **~ness**, s. determinación.
concoction *(konkóschiçön)* s. poción, brebaje, mejunje.
concoct *(könkót)* tr. (fig.) urdir; tramar; preparar.
concord *(kónkord)* s. concordia.
concordance *(kónkordans)* s. concordancia, armonía.
concordant *(konkórdant)* s. concordante, armonioso.
concordat *(konkórdat)* s. concordato.
concourse *(kónkors)* s. concurso; multitud, muchedumbre; cooperación.
concrete *(kónkrit)* adj. concreto; (construcción) de hormigón; s. hormigón; **reinforced** ~, hormigón armado; tr. abrir con hormigón; concretar, espesar.

C

C

concubinage *(konkiúbaineidy)* s. concubinato, amancebamiento.
concubine *(kónkiubain)* s. concubina.
concupiscence *(konkiúpisens)* s. concupiscencia.
concur *(konkör)* intr. concurrir, coincidir.
concurrence *(konkörens)* s. acuerdo; concurrencia.
concurrent *(konkörent)* adj. concurrente; coincidente; junto con.
concussion *(konkáschiön)* s. conmoción cerebral.
condemn *(köndém)* tr. condenar, sentenciar; censurar; declarar inhabitable; **~ed**, adj. condenado, sentenciado; **~ house**, casa en estado inhabitable.
condemnation *(kondemnéischön)* s. condenación.
condensation *(kondenséischön)* s. condensación.
condense *(kondéns)* tr. condensar(se), comprimir, resumir.
condenser *(kondénsör)* s. condensador.
condescend *(kondisénd)* intr. condescender, dignarse.
condescending *(kondisénding)* adj. condescendiente.
condiment *(kóndiment)* s. condimento, aliño.
condition *(kondíschön)* s. condición; estado, estipulación; tr. condicionar, estipular.
conditional *(kondíschönel)* adj. condicional.
condole *(kondóul)* intr. condolerse, lamentar; dar el pésame.
condolence *(kondóulens)* s. pésame; **to offer one's ~**, dar el pésame.
condom *(kóndom)* s. condón.
condone *(kondóun)* tr. condonar; permitir, consentir.
conduce *(kondiús)* intr. llevar a, conducir a.
conducive *(kondiúsiv)* adj. conducente a, nos lleva a.
conduct *(köndáct)* tr. conducir, *Mús.* dirigir; s. conducta, proceder.
conductor *(kondáktör)* s. conductor, guía; *Mús.* director; (transporte) revisor, cobrador; f. **conductress**, cobradora.
conduit *(kóndit)* s. conducto, vía.
cone *(kóun)* s. *Geom.* cono; (helado) cucurucho; *Bot.* piña.
confectioner *(konfékschionör)* s. confitero, pastelero.
confectionery *(konfékschoneri)* s. dulces, pasteles; pastelería, confitería.
confederacy *(könfédere si)* s. confederación.
confederate *(könféderit)* adj. confederado; s. socio; tr. intr. confederar(se).
confederation *(konfedöréischön)* s. confederación.
confer *(konför)* intr. consultar; tr. otorgar, conferir.
conference *(kónferens)* s. conferencia.
confess *(könfés)* tr. *Leg.* declarar, confesar; *Rel.* confesarse.
confession *(könféschön)* s. (*Leg.* y *Rel.*) confesión.
confessional *(konféshional)* s. confesionario.
confessor *(konfésör)* s. confesor.
confidant *(kónfidant)* s. confidente.
confide *(könfáid)* tr. confiar; intr. confiarse, fiarse.
confidence *(kónfidens)* s. confidencia, secreto; confianza, seguridad.
confident *(kónfident)* s. confidente; **~ial**, adj. confidencial; **~ly**, adv. confidencialmente, en secreto.
confine *(könfáin)* tr. limitar, encerrar; recluir, restringir.
confinement *(konfáinment)* s. encierro, prisión, confinamiento.
confirm *(konférm)* tr. confirmar, corroborar; revalidar.
confirmed *(konférmd)* adj. confirmado, corroborado.

confiscate *(kónfiskeit)* tr. confiscar; **~ed**, adj. confiscado.
confiscation *(konfiskéischön)* s. confiscación.
conflict *(kónflikt)* intr. luchar; s. conflicto, lucha.
conflicting *(konflíktin)* adj. contradictorio, opuesto, contrario.
conform *(konfórm)* tr. e intr. conformar(se); concordar; **to ~ with the times**, de conformidad con los tiempos.
conformity *(konfórmiti)* s. conformidad.
confound *(könfáund)* tr. confundir; desconcertar, sacar de quicio.
confounded *(könfáunded)* adj. confuso; (fam.) maldito.
confront *(konfrónt)* tr. confrontar; cortejar, comparar.
confrontation *(konfrontéischon)* s. confrontación; *Leg.* careo.
confuse *(konfiús)* tr. confundir, desconcertar.
confused *(konfiúsd)* adj. confuso; desconcertado, confundido.
confusion *(konfiúschon)* s. confusión, tumulto, desorden, caos.
congeal *(kondyíl)* intr. coagular, cuajar; helarse, congelarse.
congenial *(kondyínial)* adj. simpático, agradable.
conger *(kóngör)* s. *Ict.* congrio.
congest *(kondyést)* tr. e intr. congestionarse; amontonar; **~ed**, adj. congestionado, atascado; atestado.
congestion *(kondyéstion)* s. *Med.* congestión; atasco, atascamiento.
conglomerate *(konglómereit)* tr. conglomerar; adj. y s. conglomerado.
conglomeration *(konglomeréischön)* s. conglomeración, muchedumbre, reunión.
congratulate *(kongrátiuleit)* tr. felicitar; intr. alegrarse.
congratulation *(kongratiuléischön)* s. felicitación, enhorabuena; **~s!**, ¡felicidades!
congregate *(kóngrigueit)* tr. congregar, intr. congregarse, reunirse.
congregation *(kongriguéischön)* s. congregación, asamblea; *Ecl.* feligresía, reunión de fieles.
congress *(kóngres)* s. congreso, asamblea.
congressman *(kóngresman)* s. congresista, diputado.
congruent *(kóngruent)* adj. congruente.
conic *(kónik)* adj. cónico.
conjecture *(kondyékchör)* s. conjetura, suposición, tr. conjeturar.
conjoin *(kondyóin)* tr. juntar, unir, intr. unirse.
conjoint *(kondyóint)* adj. conjunto, aliado.
conjugal *(kóndyugal)* adj. conyugal, matrimonial.
conjugate *(kóndyugueit)* tr. *Gram.* conjugar; enlazar, unir.
conjugation *(kondyuguéischön)* s. conjugación; unión; fusión.
conjunct *(kondyánt)* adj. conjunto, unido; **~ly**, adv. conjuntamente, juntamente.
conjunction *(kondyánkschön)* s. conjunción; *Gram.* unión, liga.
conjuncture *(kondyánkchör)* s. coyuntura.
conjure *(kóndyör)* tr. conjurar; hacer juegos malabares; **~r**, s. mago, prestidigitador; **~ trick**, juego de magia, de prestidigitación.
connect *(konékt)* tr. juntar; (pers.) relacionar; comunicar; enchufar, conectar; **~ed**, adj. relacionado; conectado.
connection *(konékschiön)* s. conexión, enlace.
connivance *(konáivens)* s. consentimiento, complicidad.
connive *(konáiv)* intr. confabularse, conspirar.
connoisseur *(konösér)* s. experto, entendido; conocedor.
connote *(konóut)* tr. connotar.
conquer *(kónkör)* tr. conquistar; superar.
conquering *(kónkering)* adj. conquistador.

C

C

conqueror *(kónkeror)* s. conquistador.
conquest *(kónkuest)* s. conquista.
conscience *(kónschiens)* s. conciencia; **~less**, adj. sin conciencia, desalmado.
conscientious *(konschiénschös)* adj. concienzudo, escrupuloso; **~ness**, s. escrupulosidad.
conscious *(kónschös)* adj. consciente; **~ly**, adv. conscientemente.
consciousness *(kónschönes)* s. conocimiento, sentido; **to lose ~**, perder el conocimiento; **to regain ~**, recobrar el conocimiento.
conscript *(kónskript)* s. recluta; tr. reclutar, alistar, enrolar.
conscription *(konskrípschiön)* s. alistamiento, reclutamiento.
consecrate *(kónsikreit)* tr. consagrar; adj. consagrado.
consecration *(konsikréischön)* s. consagración; dedicación.
consecutive *(könséquiutiv)* adj. consecutivo; **~ly**, adv. consecutivamente.
consent *(konsént)* intr. consentir, permitir; s. consentimiento, acuerdo.
consequence *(kónsikuens)* s. consecuencia; **it is of no ~**, no tiene importancia.
consequent *(kónsiquent)* adj. consecuente, consiguiente; **~ly**, adv. en consecuencia, por consiguiente.
conservation *(konserrvéischön)* s. conservación, protección.
conservative *(konsérvativ)* adj. conservativo, conservador; moderado; s. conservador.
conserve *(konsérv)* tr. conservar, guardar; s. confitura.
consider *(konsídör)* tr. considerar, pensar; tener por.
considerable *(könsídarabl)* adj. considerable; **~bly**, adv. consideradamente.
considerate *(konsídereit)* adj. considerado, respetuoso.
consideration *(konsideréischön)* s. consideración; respecto; examen; **to take into ~**, tener en cuenta.
considering *(konsíderin)* prep. en vista de; en atención a, teniendo en cuenta.
consign *(könsáin)* tr. consignar, depositar; **~ee**, s. destinatario; **~er**, s. remitente.
consignment *(könsáinment)* s. consignación, partida, envío.
consist *(konsíst)* intr. consistir; constar de; componerse de.
consistency *(konsístensi)* consistencia, solidez; coherencia; regularidad.
consistent *(konsístent)* adj. consistente; sólido, denso, regular, asiduo; **~ly**, adv. en conformidad con.
consolation *(konsoléischön)* s. consolación, consuelo.
console *(kónsoul)* s. tabla, consola; tr. consolar.
consolidate *(könsólideit)* tr. e intr. consolidar(se).
consolidation *(konsolidéischön)* s. consolidación, concentración.
consonance *(kónsönans)* s. consonancia, acuerdo.
consonant *(kónsonant)* adj. y s. consonante.
consort *(kónsort)* s. consorte, cónyuge; intr. casar, unir; acompañar.
conspicuous *(konspíkiuos)* adj. conspicuo, claro; llamativo, distinguido. **~ly**, adv. claramente, visiblemente.
conspiracy *(kónspirasi)* s. conspiración.
conspirator *(kosnpíratör)* s. conspirador.
conspire *(konspáir)* intr. conspirar, tramar.
constable *(kónstebl)* s. agente de policía.
constancy *(kónstensi)* s. constancia; firmeza, fidelidad.
constant *(kónstent)* adj. constante, perseverante; firme, invariable; **~ly**, adv. constantemente, continuamente.
constellation *(konsteláischön)* s. constelación.

constipate *(kónstipeit)* tr. e intr. *Med.* estreñir; obstruir.
constipation *(konstipéischön)* s. estreñimiento.
constituency *(köntítiuensi)* s. distrito electoral.
constituent *(köntítiuent)* s. elector; *Quím.* componente, constituyente, constitutivo.
constitute *(kónstitiut)* tr. constituir, formar, establecer.
constitution *(konstitúschiön)* s. constitución; *Med.* fortaleza.
constitutional *(konstitiúschional)* adj. constitucional.
constrain *(könstréin)* tr. constreñir; obligar, forzar; r. contenerse; **~t**, *(konstréint)* s. restricción, limitación.
constrained *(könstréind)* adj. forzado, obligado.
constrict *(konstríkt)* tr. apretar, apretujar, constreñir.
construct *(könstráct)* tr. construir.
constructor *(konstráctör)* s. constructor.
construction *(konstrákschiön)* s. construcción, edificación; edificio, estructura.
constructive *(konstráktiv)* adj. constructivo.
construe *(könstrú)* tr. interpretar, explicar.
consuetudinary *(konsuitiúdinári)* adj. consuetudinario, habitual.
consul *(kónsol)* s. cónsul; **~ar**, *(kónsiular)* adj. consular; **~ate**, *(kónsiuleit)* s. consulado.
consult *(konsólt)* tr. consultar; intr. asesorarse; s. consulta. **~ant**, s. asesor; consultor.
consultation *(kosöltéischön)* s. consulta.
consume *(konsiúm)* tr. consumir, gastar; intr. consumirse.
consumer *(konsiúmör)* s. consumidor; **~goods**, *Econ.* bienes de consumo.
consummate *(konsömet)* tr. consumar adj. consumado, perfecto.
consummation *(konsiuméischön)* s. consumación.
consumption *(konsámschiön)* s. consumo, uso; *Med.* tisis.
contact *(kóntact)* s. contacto; tr. ponerse en contacto con.
contagion *(kontéidyiön)* s. contagio.
contagious *(kontédyös)* adj. contagioso, infeccioso.
contagiousness *(kontéidyösnes)* s. contagiosidad.
contain *(kontéin)* tr. contener, incluir; refrenar, reprimir; r. aguantarse, reprimirse.
container *(kontéinör)* s. envase, recipiente; contenedor.
contaminate *(kontámineit)* tr. contaminar.
contamination *(kontaminéischön)* s. contaminación.
contemplate *(kóntempleit)* tr. contemplar, proyectar; intr. meditar.
contemplation *(kontempléischön)* s. contemplación, meditación; proyecto, perspectiva.
contemplative *(kontémpletiv)* adj. contemplativo.
contemporary *(kontémporari)* adj. y s. contemporáneo.
contempt *(kontémpt)* s. desprecio, desdén; *Leg.* rebeldía.
contemptible *(köntémptibl)* adj. despreciable, vil.
contemptuous *(kontémptiuös)* adj. desdeñoso; **~ly**, adv. despectivamente, con desprecio.
contend *(konténd)* tr. disputar, luchar; intr. combatir, competir; **~er**, (s) competidor; contendiente; **~ing**, adj. competidor, rival.
content *(kontént)* tr. contentar; s. satisfacción, contento, contenido; **~ed**, adj. conforme, satisfecho; adv. **~edly**, con satisfacción; s. **~edness**, satisfacción.
contentment *(konténtment)* s. satisfacción, contento.
contention *(kontéischön)* s. disputa, discusión; contienda; argumento, opinión.

C

C

contentious *(konténschiön)* adj. conflictivo.
contents *(kóntens)* s. contenido; cabida, capacidad.
contest *(kóntest)* tr. disputar; intr. competir; s. contienda, disputa, concurso.
contestant *(kontéstant)* s. contendiente; litigante; concursante.
context *(kóntekst)* s. contexto, contenido.
contiguity *(kóntiguiuti)* s. contigüidad, proximidad.
continence *(kóntinens)* s. continencia, moderación.
continent *(kóntinent)* adj. y s. continente.
continental *(kontinéntal)* adj. continental.
contingency *(kontíndyensi)* s. contingencia; eventualidad.
contingent *(kontíndyent)* s. eventual; adj. accidental; s. contingente.
continual *(kontíniual)* adj. continuo; adv. **~ally**, continuamente.
continuation *(kontiniuéischön)* s. continuación.
continue *(kontíniu)* tr. continuar; adj. **~d**, continuo.
continuity *(kontiniúti)* s. continuidad.
continuous *(kontíniuös)* adj. continuo, ininterrumpido.
contraband *(kontrabánd)* s. contrabando.
contraception *(kontrasépschiön)* s. anticoncepción.
contraceptive *(kontraséptiv)* s. anticonceptivo.
contract *(kontráct)* tr. contraer, contratar; intr. encogerse; *(kóntract)* s. contrato.
contracting *(kontráktin)* adj. contratante.
contraction *(kontrákschiön)* s. contracción.
contradict *(kontradíkt)* tr. contradecir.
contradiction *(kontradíkschiön)* s. contradicción.
contradictory *(kontradíktori)* adj. contradictorio, opuesto, contrario.
contrary *(kóntrari)* s. y adj. contrario; **on the ~**, al contrario.
contrast *(kóntrast)* tr. contrastar; *(kontrást)* s. contraste.
contravene *(kontravín)* tr. infringir; contravenir.
contribute *(kontríbiut)* tr. contribuir; intr. ayudar; cooperar.
contribution *(kontribiúschön)* s. contribución, aportación.
contributor *(kontríbiutör)* s. contribuidor, colaborador.
contrite *(kontráit)* adj. arrepentido; contrito.
contrivance *(kontráivans)* s. invención, treta, ingenio; aparato, mecanismo.
contrive *(kontráiv)* tr. idear; inventar; maquinar, tramar.
control *(kontróul)* tr. controlar, reprimir; s. dirección; control; **~ller**, interventor, controlador; **~ panel**, panel de control.
controversial *(kontrovérschal)* adj. polémico; discutible.
controversy *(kóntroversi)* s. controversia, polémica.
controvert *(kóntrovert)* tr. disputar, controvertir.
contuse *(kontiús)* tr. contusionar, magullar.
contusion *(kontiúschiön)* s. contusión, moretón, magullamiento.
conundrum *(konóndrum)* s. acertijo, adivinanza.
convalesce *(konvalés)* intr. convalecer, reponerse.
convalescence *(konvalésens)* s. convalecencia.
convalescent *(konvalésent)* adj. convaleciente.
convene *(konvín)* tr. conocer, citar; intr. reunirse.
convenience *(konvíniens)* s. conveniencia, comodidad.
convenient *(konvínient)* adj. conveniente, oportuno.
convent *(kónvent)* s. convento.
convention *(konvénschiön)* s. convención, asamblea, congreso.
conventional *(konvénschönal)* adj. convencional.

converge *(konvérdch)* intr. converger; desembocar en.
conversant *(konvérsant)* adj. versado, experto.
conversation *(konverséischön)* s. conversación; adj. **~al**, familiar, corriente; s. **~alist**, conversador.
converse *(kónvers)* intr. conversar; adj. contrario, opuesto.
conversion *(konvérschön)* s. conversión.
convert *(konvért)* tr. convertir, transformar; s. converso; s. **~ibility**, convertibilidad; adj. **~ible**, convertible.
convex *(kónvex)* s. convexo; s. **~ity**, convexidad.
convey *(konvéi)* tr. transmitir, transportar, llevar; **~ance**, s. traspaso; s. **~or**, conductor, tranportador.
conveyance *(konvéians)* s. transmisión; transporte, vehículo.
convict *(konvíkt)* tr. sentenciar, condenar; *(kónvikt)* s. convicto.
conviction *(konvikschön)* s. convicción, sentencia.
convince *(konvíns)* tr. convencer, persuadir.
convincing *(konvínsin)* adj. convincente, persuasivo.
convocation *(konvokéischön)* s. convocación, reunión.
convoke *(konvóuk)* tr. convocar, citar, llamar.
convoy *(konvói)* tr. convoyar, custodiar; *(kónvoi)* s. convoy, escolta.
convulse *(konvóuls)* tr. convulsionar.
convulsion *(konvóulschión)* s. convulsión, espasmo; (fig.) conmoción.
coo *(kú)* s. arrullo; intr. arrullar.
cook *(kúk)* tr. guisar, cocer; intr. cocinar; s. cocinero; cocinera.
cookery *(kúkeri)* s. arte cocina.
cookie *(kúqui)* s. bizcocho, pastelillo; (US) galleta.
cooking *(kúquing)* s. cocina; cocción.
cool *(kúl)* tr. enfriar, refrescar; intr. refrescarse; s. y adj. fresco.
cooler *(kúlar)* s. nevera portátil.
coolhunter *(kúljöntar)* cazatendencias, buscatendencias.
cooling *(kúling)* adj. refrescante.
coolnes *(kúlnes)* s. frescor, frescura, serenidad, calma.
coop *(kúp)* s. gallinero.
cooperate *(koóupereit)* intr. cooperar; colaborar.
cooperative *(koóperativ)* adj. cooperador, colaborador.
coordinate *(koórdineit)* adj. coordinado; tr. coordinar; s. coordenada.
coordination *(koordineíschon)* s. coordinación.
cop *(kóp)* s. (fam.) policía.
co-partner *(ko-pártnör)* s. consocio, copartícipe; s. **~ship**, asociación, coparticipación.
cope *(kóup)* intr. poder con, hacer frente a; arreglárselas.
copier *(kópiör)* s. fotocopiadora, copiadora.
copious *(kópiös)* adj. copioso, abundante; s. **~ness**, profusión, abundancia.
copper *(kópör)* s. cobre; adj. de cobre, cobrizo.
coppice *(kópis)* s. soto, maleza, matorral, bosquecillo.
copulate *(kópiuleit)* tr. unir; intr. copular.
copulation *(kopiuléischion)* s. cópula.
copy *(kópi)* tr. copiar; s. copia, ejemplar; **fair ~**, copia en limpio; **rough ~**, borrador; s. **~book**, cuaderno.
copyright *(kópirait)* s. propiedad literaria; derechos de autor.
coral *(koral)* s. coral; adj. de coral.
cord *(kord)* s. cordel, cuerda; *Elect.* cable; **spinal ~**, espina dorsal; **electric ~**, cable eléctrico; **~less**, inalámbrico.

C

C

cordial *(kórdial)* s. y adj. cordial; s. cordial.
cordiality *(kordiáliti)* s. cordialidad.
corduroy *(kórdiuroi)* s. pana.
core *(kór)* s. corazón, centro; núcleo; tr. quitar el corazón; **~r**, s. despepitador.
cork *(kórk)* s. corcho, tapón; tr. tapar con corchos; *Bot.* alcornoque.
corkscrew *(kórkskru)* s. sacacorchos.
corn *(kórn)* s. *Bot.* grano; *Med.* callo; **~cob**, mazorca de maíz.
corned beef *(kórn bíf)* s. carne de vacuno salada.
corner *(kórnör)* s. ángulo, esquina, rincón; tr. arrinconar; curva, recodo.
cornet *(kórnet)* s. *Mús.* cornetín.
cornfield *(kórnfild)* s. maizal.
cornflakes *(kórnfleiks)* s. copos de maíz.
coronation *(koronéischon)* s. coronación.
coroner *(kórenör)* s. médico forense.
corporal *(kórporal)* s. *Mil.* cabo; adj. corpóreo.
corporate *(kórporeit)* adj. corporativo, empresarial.
corporation *(korporéischön)* s. corporación, empresa.
corps *(kórps)* s. cuerpo; **medical ~**, cuerpo médico; **diplomatic ~**, cuerpo diplomático.
corpse *(kórps)* s. cadáver.
corpulence *(kórpiulens)* s. corpulencia.
corpulent *(kórpiulent)* adj. corpulento.
corpuscle *(korpúsl)* s. corpúsculo; *Biol.* glóbulo.
correct *(korrékt)* tr. corregir; adj. correcto, rectificar, subsanar; adj. exacto, justo.
correction *(korrékschiön)* s. corrección.
correctional *(korrékchiönal)* adj. correccional.
correspond *(korrespónd)* intr. corresponder, concordar.
correspondence *(korrespóndens)* s. correspondencia, reciprocidad.
correspondent *(korespóndent)* adj. correspondiente; s. corresponsal.
corresponding *(korrespónding)* adj. correspondiente.
corridor *(kórridor)* s. corredor, pasillo, pasadizo.
corroborate *(korróboreit)* tr. corroborar, confirmar; apoyar.
corroboration *(korroboréichön)* s. corroboración, confirmación.
corrode *(korróud)* tr. corroer.
corrosive *(korrosív)* adj. y s. corrosivo, destructivo; intr. corroerse.
corrosion *(korróschion)* s. corrosión
corrugate *(kórrugeit)* tr. ondular, corrugar, acanalar; adj. arrugado, acanalado.
corrugation *(korrugéischion)* s. ondulación.
corrupt *(korrápt)* tr. corromper, pervertir; adj. corrupto, adj. corrupto, corrompido; (fig.) viciado, depravado.
corruption *(korrápschion)* s. corrupción, soborno, cohecho.
corruptless *(korráptles)* adj. incorruptible.
corset *(kórset)* s. corsé, faja.
cosmetic *(kosmétik)* s. y adj. cosmetico.
cosmic *(kósmik)* adj. cósmico.
cosmopolitan *(kosmopólitan)* adj. y s. cosmopolita.
cost *(kóst)* intr. costar, valer; s. coste, costo, precio; (fig.) **at all ~s**, cueste lo que cueste; **~ of living**, coste de la vida.
costly *(kóstli)* adj. costoso, caro.
costume *(kostiúm)* s. traje, vestido.
cosy *(kóusi)* adj. confortable, agradable, cómodo, agradable.
cot *(kót)* s. cuna; catre.
cottage *(kótedch)* s. casa de campo.
cotton *(kótön)* s. algodón; adj. de algodón; s. **~plant**, *Bot.* algodonero; **~wool**, (US) s. algodón en rama.

couch *(káuch)* s. diván; sofá; tr. expresar, formular.
cough *(kóf)* s. tos; intr. toser; **~ drop**, pastilla de la tos; **whooping ~**, tosferina.
council *(káunsil)* s. consejo; *Rel.* concilio; s. ayuntamiento; **city ~**, concejo municipal.
cauncilor (US), **councillor** (UK) *(káunsilör)* s. concejal.
counsel *(káunsel)* s. consejo; abogado; tr. aconsejar, asesorar.
counselor (US), **counsellor** (UK) *(kánselör)* s. consejero; asesor; abogado.
count *(káunt)* s. cuenta, cálculo; cómputo; tr. contar.
countenance *(káuntinans)* s. cara, semblante, rostro.
counter *(káuntör)* s. mostrador; contador; (juegos) ficha; adv. **~**, contra, al contrario.
counterbalance *(kauntörbálans)* tr. contrapesar; s. contrapeso.
counterfeit *(káuntörfit)* s. falsificación; adj. falsificado; tr. falsificar; **~er**, s. falsificador.
counterpart *(káuntörpart)* s. homónimo, contraparte, homólogo.
counterrevolution *(káuntörrevoluschion)* s. contrarrevolución.
countersign *(káuntorsain)* s. contraseña, consigna; tr. refrendar.
countess *(káuntes)* s. condesa.
countless *(káuntles)* adj. innumerable, incontable.
country *(kántri)* s. campo, campiña; región, país, nación.
countryman *(kántriman)* s. compatriota; campesino.
county *(káunti)* s. condado.
coupe *(kúpei)* s. cupé.
couple *(kápl)* s. par; pareja; tr. conectar, acoplar, enganchar.
coupling *(kápling)* s. *Mec.* acoplamiento; enganche; cópula.
coupon *(kúpon)* s. cupón, talón.
courage *(káredch)* s. coraje, valor.
courageous *(karéidchös)* adj. valiente, valeroso.
courier *(kúriör)* s. mensajero; **~ service**, servicio de mensajería.
course *(kórs)* s. *Acad.* curso; *Naut.* rumbo; *Dep.* pista; (comida) plato; **of ~**, por supuesto, desde luego.
court *(kórt)* s. (palacio) corte; (tenis) pista; *Leg.* tribunal; tr. cortejar.
courteous *(kórtiös)* adj. cortés, amable, educado.
courtesy *(kórtesi)* s. cortesía.
courthouse *(kórtjaus)* s. juzgado.
courtier *(kórtiör)* s. y adj. cortesano.
court-martial *(kórt-márschal)* s. consejo de guerra.
courtship *(kórtchip)* s. noviazgo.
courtyard *(kórtyard)* s. patio.
cousin *(kásn)* s. primo(a).
covenant *(kóvenant)* s. pacto; intr. convenir.
cover *(kóvör)* s. tapa; cubierta, portada; funda; refugio; tr. cubrir, tapar, abarcar; cubrir; asegurar.
coverage *(kóveradz)* s. cobertura.
covered *(kóvered)* adj. cubierto.
covering *(kóverin)* s. envoltura.
coverlet *(kóverlet)* s. colcha.
cover-up *(kóver ap)* s. encubrimiento.
covet *(kóvet)* tr. codiciar.
covetable *(kóvetabl)* adj. codiciable.
covetous *(kóvetös)* adj. codicioso, ambicioso; **~ness**, s. codicia, avaricia.
cow *(káu)* s. vaca; tr. acobardar, amedrentar.
coward *(káuerd)* s. y adj. cobarde.
cowardly *(káuerdli)* adj. medroso, miedoso, tímido; adv. cobardemente.
cowardice *(káuördis)* s. cobardía-
cowboy *(káuboi)* s. vaquero.
cower *(káwör)* intr. acurrucarse, agacharse, acobardarse.
coxcomb *(kocscom)* s. cresta (de gallo), mequetrefe, farolero.
coxswain *(kóksuein)* s. *Naut.* timonel.
coy *(kói)* adj. coqueto; tímido.
coyness *(koinés)* s. recato, s. timidez, coquetería.

C

C

cozy *(kóusi)* adj. acogedor, cómodo.
crab *(kráb)* s. cangrejo, jaiba; *Astr.* cáncer.
crabbed *(krábd)* s. indescifrable; avinagrado; malhumorado.
crabby *(krábi)* adj. gruñon, malhumorado.
crack *(krák)* s. estallido; chasquido; chiste, ocurrencia; grieta, fisura, raja; tr. rajar; intr. resquebrajarse, agrietarse.
cracking *(krákin)* s. craqueo; grietas; agrietamiento.
cracker *(krákör)* s. galleta salada.
crackle *(krákel)* s. crujido, crepitación; intr. crujir, crepitar.
cradle *(kréidl)* s. cuna; tr. mecer; acunar.
craft *(kráft)* s. oficio, técnica; astucia; embarcación; **~ily**, (adv.) astutamente; s. **~iness**, astucia, maña.
craftsman *(kráftsman)* s. artífice, artesano.
crafty *(kráfti)* adj. astuto.
crag *(krág)* s. peñasco, despeñadero, risco.
craggy *(krágui)* adj. rocoso, escarpado.
cram *(krám)* tr. embutir, meter; atiborrar, abarrotar; *Acad.* empollar.
cramp *(krámp)* s. calambre; espasmo; tr. dar calambre.
cranberry *(kráberri)* s. arándano.
crane *(kréin)* s. grúa, cabría *Orn.* grulla; tr. estirar; **~ one's neck**, estirar el cuello.
cranium *(kréiniöm)* s. cráneo.
crank *(kránk)* s. *Mec.* manivela; biela; (fam.) maniático; tr. arrancar (con manivela); **~iness**, irritabilidad.
cranky *(kránki)* adj. malhumorado, irritado.
cranny *(kráni)* s. hendedura, grieta, rincón.
crash *(krásch)* s. estrépito; *Com.* quiebra; tr. estrellar; intr. estrellarse, chocar; retumbar.
crate *(kréit)* s. cajón.
crater *(kréitör)* s. cráter.
craving *(kráving)* s. ansia.
crawl *(król)* intr. arrastrarse, gatear.
crayfish *(kréifish)* s. cangrejo de río.
crayon *(kréiön)* s. crayón.
craze *(kréis)* s. moda pasajera, manía; tr. entusiasmar, volver loco.
craziness *(kréisines)* s. locura, chifladura; demencia.
crazy *(kréisi)* adj. chiflado, loco.
creak *(krik)* intr. crujir, chirriar.
creaking *(kríking)* s. crujido.
cream *(krím)* s. nata, crema; tr. batir, mezclar.
creamy *(krími)* s. cremoso.
creamery *(krímeri)* s. lechería, fábrica de productos lácteos.
crease *(krís)* s. doblez, pliegue; tr. arrugar, doblar, plegar.
create *(kriéit)* tr. crear, causar, constituir.
creation *(kriéischön)* s. creación.
creative *(kriéitiv)* adj. creativo.
creator *(kriéitör)* s. creador.
creature *(kriéischör)* s. ser, criatura, animal; **fellow ~**, semejante.
credence *(krídens)* s. creencia, crédito.
credential *(kridénschal)* adj. credencial, referencia.
credibility *(kredibíliti)* s. credibilidad.
credible *(krédibl)* adj. creíble.
credit *(krédit)* s. crédito, saldo positivo; tr. acreditar, dar crédito a; abonar, atribuir; **~ card**, tarjeta de crédito.
credited *(kréditet)* adj. acreditado; *Com.* abonado en cuenta.
creditor *(kréditör)* s. acreedor.
credulity *(kridiúliti)* s. credulidad.
credulous *(krédiulös)* adj. crédulo.
creed *(kríd)* s. credo.
creek *(krík)* s. riachuelo, arroyo.
creel *(kríl)* s. cesta de pescador, nasa.
creep *(kríp)* intr. arrastrarse, reptar; gatear; trepar; s. pervertido.
creeper *(krípör)* s. *Bot.* enredadera.
creepy *(krípi)* adj. espeluznante; asqueroso.
cremate *(kriméit)* tr. incinerar, cremar.
cremation *(kriméischön)* s. incineración, cremación.
crematory *(krímatori)* s. crematorio.

crescent *(krésent)* adj. creciente; s. media luna.
crest *(krést)* s. cresta; cima; emblema.
crestfallen *(kréstfolen)* s. cabizbajo, afligido, alicaído.
cretin *(krétin)* cretino, imbécil.
crevasse *(krivás)* s. grieta, hendidura, fisura.
crevice *(krévis)* s. grieta, hendidura.
crew *(krú)* s. tripulación; equipo.
crib *(kríb)* s. camita de niño; pesebre; cuna.
cricket *(kríket)* s. grillo; juego de cricket.
criketer *(kríketör)* s. jugador de cricket.
crime *(kráim)* s. crimen, delito.
criminal *(kríminal)* adj. criminal.
criminality *(kriminálití)* s. criminalidad.
criminology *(kriminólodyi)* s. criminología.
crimson *(krímson)* adj. y s. carmesí.
crinkle *(krínkel)* s. arruga; tr. arrugar; intr. arrugarse.
cripple *(krípl)* s. lisiado, inválido; tr. lisiar, mutilar, incapacitar.
crisis *(kráisis)* s. crisis.
crisp *(krísp)* adj. crujiente; fresco; tr. tostar.
crispy *(kríspi)* adj. crujiente.
crisscross *(krískros)* adj. cruzado, entrelazado; tr. entrecruzar.
criterion *(kraitírion)* s. criterio.
critic *(krítik)* s. crítico, censor, crítica.
critical *(krítiköl)* adj. crítico.
critically *(kritíkali)* adj. críticamente, gravemente.
criticism *(krítisism)* s. crítica, censura.
criticize *(krítisais)* tr. criticar, censurar.
croak *(króuk)* s. graznido; intr. graznar, croar.
Croatian *(kroéischön)* adj. y s. croata.
crochet *(króschet)* s. labor de ganchillo; ~ **needle**, ganchillo.
crock *(krók)* s. cazuela o vasija de barro.
crockery *(krókeri)* s. loza, vajilla de barro.
crocodile *(krókodail)* s. cocodrilo.
crook *(krúk)* s. ladrón, ratero; cayado; tr. doblar.
crooked *(krúked)* adj. deshonesto.
crookedly *(krúkedli)* adv. torcidamente; deshonradamente.
crookedness *(krúkaydnes)* s. lo torcido; falta de honradez.
croon *(krún)* tr. e intr. canturrear.
crop *(króp)* s. *Zool.* buche; *Agr.* cultivo, cosecha; tr. cultivar, cosechar, segar; ~ **up**, surgir, aparecer.
cross *(krós)* s. cruz; *Bio.* cruce, cruza; adj. contrario; enojado; tr. cruzar, atravesar; ~ **country**, a campo traviesa; **to ~ out**, tachar, adj. cross-armed, con los brazos cruzados; s. **~bar**, tranca, travesaño; s. **to ~ one's fingers**, cruzar los dedos; s. **~-examination**, interrogatorio; tr. **~-examine**, volver a preguntar; adj. **~-eyed**, bizco; s. **~road**, encrucijada, cruce; adv. **~wise**, transversalmente; adj. transversal.
crosscurrent *(krós-kárent)* s. contracorriente.
crosswalk *(krósuok)* s. paso de peatones.
crossword puzzle *(krósuörd posl)* s. crucigrama.
crossing *(krósing)* s. cruce; *Naut.* travesía.
crouch *(kráuch)* intr. agacharse.
croup *(krúp)* s. rabadilla; *Med.* crup, falsa difteria.
crow [crowed o crew; crowed] *(króu)* intr. cantar el gallo, (fig.) alardear, presumir.
crowbar *(króubar)* s. barra, palanca.
crowd *(kráud)* s. gentío, muchedumbre, multitud; intr. aglomerarse, amontonarse; atestar, atiborrar, llenar; **to be ~ed**, abarrotado.
crown *(kráun)* s. corona, guirnaldas; tr. coronar.
crucifix *(krúsifiks)* s. crucifijo.
crucial *(króushal)* adj. crucial, decisivo.
crucifixion *(krúsifischön)* s. crucifixión.
crucify *(krúsifai)* tr. crucificar, (fig.) mortificar.

C

crude *(krúd)* adj. crudo, grosero, rudo.
crudenes *(krúdnes)* s. crudeza.
crudity *(krúditi)* s. crueldad.
cruel *(kruel)* adj. cruel.
cruelty *(krúelti)* s. crueldad.
cruet *(krúet)* s. vinagrera.
cruise *(krús)* s. *Naut.* crucero; intr. hacer un crucero; **~ing speed**, velocidad de crucero.
cruiser *(krúsör)* s. *Naut.* crucero.
cruising *(krúsin)* adj. de crucero.
crumb *(króm)* s. miga, migaja.
crumble *(krómbl)* tr. desmenuzar, desmigajar; intr. desmoronarse, desmenuzarse, desmigajarse.
crumple *(krómpl)* intr. arrugarse, desplomarse.
crunch *(krúnch)* tr. crujir; s. crujido.
crunchy *(kránchi)* adj. crujiente.
crusade *(kruséid)* s. cruzada.
crusader *(kruséidör)* s. cruzado.
crush *(krásch)* s. gentío; enamoramiento; tr. aplastar, triturar.
crusher *(kráchör)* s. triturador.
crushing *(kráshin)* adj. aplastante, abrumador.
crust *(krást)* s. costra, corteza; capa; tr. e intr. encostrar(se).
crustacean *(krastéischön)* adj. crustáceo.
crutch *(krách)* s. muleta.
cry *(krái)* s. grito; llanto, chillido; intr. gritar, llorar.
crypt *(krípt)* s. cripta.
crystal *(krístel)* s. cristal.
crystallize *(krístálais)* tr. e intr. cristalizar(se); materializar(se).
cub *(káb)* s. cachorro.
cube *(kiúb)* s. *Arit.* cubo; raíz cúbica; tr. cubicar.
cubic *(kiúbik)* adj. cúbico.
cuckold *(kákold)* s. cornudo; tr. poner cuernos.
cuckoo *(kúku)* s. *Orn.* cuclillo, cuco.
cucumber *(kiúkömbör)* s. pepino.
cud *(kád)* s. rumia; **to chew the ~**, rumiar; (fig.) meditar.
cuddle *(kódl)* tr. abrazar, acariciar.
cudgel *(ködchel)* s. porra, garrote; tr. aporrear, apalear.
cue *(kiú)* s. *Teat.* pie; *Mús.* entrada; señal; taco de billar.
cuff *(káf)* s. bofetón; puño de camisa.
culinary *(kiúlineri)* adj. culinario.
culminate *(kálmineit)* intr. culminar; alcanzar.
culmination *(kalminéischön)* s. culminación; (fig.) apogeo.
culpability *(kölpabíliti)* s. culpabilidad.
culprit *(kálprit)* s. reo, criminal, culpable, acusado.
cult *(kólt)* s. culto.
cultivate *(káltiveit)* tr. cultivar, labrar, fomentar.
cultivation *(kaltivéischön)* s. cultivo.
culture *(kálchör)* s. cultura, cultivo.
culvert *(kálvert)* s. alcantarilla, cloaca.
cumbersome *(kámbersam)* adj. engorroso, incómodo, pesado.
cunning *(káning)* adj. astuto, s. astucia, maña; (fam.) divertido, gracioso.
cup *(káp)* s. taza, ventosa; *Dep.* copa, trofeo.
cupboard *(kábord)* s. armario.
cupola *(kiúpela)* s. *Arq.* cúpula.
cur *(kór)* s. perro callejero.
curable *(kiúrabl)* adj. curable.
curate *(kiúröt)* s. vicario, sacerdote, cura, párroco.
curative *(kiúrativ)* adj. curativo.
curator *(kiuréitör)* s. curador; conservador, guardián de museo.
curb *(kérb)* s. (fig.) freno, restricción; bordillo (de una acera); tr. frenar.
curd *(kérd)* s. requesón, cuajada.
curdle *(kérdl)* intr. cuajarse, **to ~, (one's blood)**; (fig.) helarse la sangre a uno; tr. cuajar.
cure *(kiúr)* s. cura, remedio; tr. e intr. curar(se); salar (alimentos).
cureless *(kíurles)* adj. incurable.
curfew *(kérfiu)* s. toque de queda.
curiosity *(kiuriósiti)* s. curiosidad.
curious *(kiúriös)* adj. curioso, raro.
curl *(kárl)* s. rizo; bucle, ondulación; tr. intr. rizar(se), ondular(se).
curly *(kárli)* s. ensortijado, rizado.
currant *(kárrönt)* s. pasa de Corinto, grosella.

currency *(kórensi)* s. circulación, moneda de curso legal; (fig.) aceptación; **foreing ~**, s. divisas.
current *(kárrent)* adj. corriente, común, actual; s. corriente; **to swim against the ~**, nadar contra corriente.
currently *(kárrentli)* adv. actualmente, en la actualidad.
curry *(kárri)* tr. curtir; condimentar con "curry"; s. "curry" (salsa).
curse *(kérs)* s. maldición, tr. maldecir; intr. blasfemar.
cursed *(kérsed)* adj. maldito.
curtail *(kertéil)* tr. acortar; abreviar; restringir.
cursing *(kérsin)* s. maldición.
cursorily *(kérsorili)* adv. de manera somera.
cursory *(kérsöri)* adj. rápido, somero.
curt *(kért)* adj. brusco, seco.
curtain *(kértein)* s. cortina; telón; tr. **to draw the ~**, correr la cortina.
curtness *(kértnes)* s. brusquedad, sequedad.
curtsy *(kértsi)* s. reverencia, intr. hacer una reverencia.
curvature *(kérvachör)* s. curvatura.
curve *(kérv)* s. curva; tr. encorvar; intr. torcerse.
cushion *(kúschiön)* s. cojín, almohadón; tr. amortiguar.
custard *(kástard)* s. flan, crema, natillas.
custody *(kástodi)* s. custodia.
custom *(kástom)* s. costumbre, hábito; **~s**, aduana; **~s duty**, derecho de aduana; **custome-made**, hecho a medida.
customary *(kástomari)* adj. usual, acostumbrado, habitual.
customer *(kástomör)* s. cliente.
cut *(kát)* s. corte, herida; reducción; **[cut; cut]** tr. intr. y r. cortar(se); adj. cortado.
cute *(kiút)* adj. agudo; *Amer.* mono, lindo.
cutlass *(kátles)* s. alfanje.
cutlery *(kátleri)* s. cubiertos.
cutlet *(kátlet)* s. chuleta.
cutter *(kátör)* s. cortador; *Naut.* cúter.
cutting *(káting)* s. cortadura; adj. incisivo, cortante.
cutthroat *(kátzrout)* s. asesino; adj. feroz, despiadado.
cuttlefish *(kátelfisch)* s. sepia.
cybernaut *(síbernaut)* s. cibernauta.
cycle *(sáikl)* s. ciclo, período, bicicleta; intr. ir en bicicleta.
cycling *(sáikling)* s. ciclismo.
cyclic(al) *(síklik(öl))* adj. cíclico.
cyclist *(sáiklist)* s. ciclista.
cyclone *(sáikloun)* s. ciclón.
cygnet *(sígnit)* s. pollo del cisne.
cylinder *(sílindör)* s. cilindro.
cymbal *(símbal)* s. címbalo, platillos.
cynic *(sínik)* adj. s. cínico.
cynicism *(sínisism)* s. cinismo.
cypress *(sáipres)* s. *Bot.* ciprés.
cyst *(síst)* s. *Anat.* quiste.

C

D d

dab *(dáb)* s. salpicadura, toque; tr. salpicar, manchar.
dabble *(dábl)* tr. mojar, salpicar; intr. chapotear.
dabbler *(dáblör)* s. aficionado.
dad *(dád)* s. (fam.) papá.
daddy *(dádi)* s. papá.
daffodil *(dáfodil)* s. *Bot.* narciso.
daft *(dáft)* s. tonto, necio.
dagger *(dágör)* s. puñal, daga.
dahlia *(délia)* s. *Bot.* dalia.
daily *(déili)* adj. diario, cotidiano; s. periódico; adv. diariamente.
daintiness *(déintines)* s. elegancia; pulcritud; golosina.
dainty *(déinti)* adj. delicado, exquisito; s. golosina, manjar.
dairy *(déari)* s. lechería, quesería; adj. láctico; ~ **products**, productos lácteos.
dairymaid *(déirimeid)* s. lechera.
dais *(déis)* s. tarima.
daisy *(déisi)* s. *Bot.* margarita.
dale *(déil)* s. valle.

D

dally *(dáli)* intr. juguetear, retardarse, perder tiempo.
dam *(dam)* s. dique, presa; tr. represar, embalsar; contener.
damage *(dámidch)* s. daño, perjuicio, avería; tr. e intr. dañar(se), estropear(se).
damaging *(dámedyin)* adj. perjudicial, dañino.
dame *(déim)* s. dama.
damn *(dam)* tr. maldecir, condenar; interj. (vulg.) ¡maldito sea!, adj. maldito.
damnation *(damnéischön)* s. condenación, maldición.
damned *(dámd)* adj. condenado, maldito.
damp *(damp)* s. humedad; desaliento; adj. húmedo; abatido; tr. mojar; desanimar.
damper *(dámpör)* s. regulador de tiro; *Mús.* sordina.
dampness *(dámpnes)* s. humedad.
dampy *(dampi)* adj. húmedo.
damson *(damzón)* s. *Bot.* ciruela.
dance *(dáns)* s. baile; intr. bailar; (fam.) brincar, saltar; ~ **with joy**, saltar de alegría.
dancer *(dánsör)* s. bailarín.
dancing *(dánsing)* s. danza; dancing room, salón de baile; s. baile.
dandruff *(dándröf)* s. caspa.
dandy *(dandi)* s. dandi, petimetre; adj. excelente.
danger *(déindyör)* s. peligro, riesgo.
dangerous *(déndyerös)* adj. peligroso, arriesgado.
dangle *(dang'gel)* intr. colgar, estar colgado, bambolearse.
dangling *(dáng'glin)* adj. pendiente, colgante.
Danish *(déinisch)* adj. danés.
dapper *(dápör)* adj. apuesto, gallardo, aseado.
dappled *(dápld)* adj. rodado, moteado, manchado.
dare [dared o durst; dared] *(déör)* intr. osar; tr. desafiar.
daring *(déaring)* s. audacia; adj. audaz, osado, atrevido.
dark *(dárk)* s. obscuridad; adj. oscuro; moreno, secreto.
darken *(dárkn)* tr. e intr. oscurecer(se).
darkly *(dárkli)* adv. oscuramente; tristemente.
darkness *(daaknes)* s. oscuridad; sombras; (fig.) ignorancia.
darling *(dealing)* s. favorito; adj. querido; interj. **My ~!**, ¡amor mío!
darn *(daan)* s. zurcido, remiendo; tr. zurcir.
dart *(daat)* s. dardo, saeta; tr. e intr. lanzar(se); precipitarse.
dash *(dásch)* s. choque, ataque; tr. lanzar, ir a velocidad; (fig.) arrojo, ardor; *Imp.* guión; tr. arrojar; intr. arrojar(se).
dashing *(dásching)* adj. brillante, brioso, elegante.
data *(déita)* s. pl. datos.
date *(déit)* s. fecha; (fam.) cita; *Bot.* dátil; **up to ~**, moderno, al día; **out of ~**, anticuado; tr. fechar; citar (de novios).
datum *(dátöm)* (pl. data) s. dato.
daub *(doub)* tr. untar, embadurnar, manchar, ensuciar.
dauber *(dóubör)* s. pintamonas.
daughter *(dótör)* s. hija; **~-in-law**, nuera, hija política.
daunt *(dónt)* tr. intimidar, domar, espantar.
dauntless *(döntlés)* adj. intrépido.
davit *(devit)* s. *Mar.* pescante de ancla, pequeña grúa.
dawdle *(dúdl)* intr. perder tiempo.
dawdler *(dúdlör)* s. bodoque, haragán.
dawn *(dón)* s. alba, aurora; intr. amanecer.
day *(déi)* s. día, luz del día, **every ~**, todos los días; ~ **boy**, s. alumno externo; ~ **after tomorrow**, adv. pasado mañana; ~ **before yesterday**, adv. anteayer; s. ~ **labourer**, jornalero.
daybreak *(deibréik)* s. a manecer.
daydream *(deidrim)* s. ensueño, quimera.
daze *(déiz)* tr. deslumhrar; s. deslumbramiento.
dazzle *(dázl)* tr. e intr. deslumbrarse.
dazzling *(dázling)* adj. deslumbrante.
dead *(déd)* adj. muerto; adv. enteramente.
deaden *(dédn)* tr. amortiguar.

deadline *(dédlain)* s. fecha tope o límite.
deadlock *(dedlok)* s. sin salida, sin solución.
deadness *(dedness)* s. insensibilidad, inercia, apatía.
deadly *(dédli) mortal.*
deaf *(déf)* adj.sordo; **as ~ as a post**, sordo como una tapia.
deafen *(défn)* tr. ensordecer.
deafness *(défnes)* s. sordera.
deal *(díl)* s. *Com.* pacto, trato; (naipes) mano; madera (de pino); **a great ~**, muchísimo; **a good ~**, bastante; **that's a ~!**, ¡trato hecho!; **[dealt; dealt]** tr. tratar, traficar en.
dealer *(dilör)* s. tratante.
dealing *(dílings)* s. negocios, tratos; s. proceder.
dean *(dila)* s. deán, decano.
dear *(día)* adj. querido, amado; caro, costoso; **oh ~!**, **~ me!**, ¡Dios mío!
dearness *(díarnes)* s. cariño, escasez.
death *(déz)* s. muerte; fallecimiento, mortandad, mortalidad.
death-blow *(dez-bloo)* s. golpe mortal.
death-certificate s. certificado de mortalidad.
death-rate s. índice de mortalidad.
debar *(dibaa)* tr. excluir, prohibir.
debasement *(debeysment)* s. bajeza, degradación.
debase *(debéis)* tr. abatir, envilecer, degradar; adulterar.
debatable *(debétabl)* adj. discutible.
debate *(débeit)* s. debate; tr. debatir; intr. deliberar.
debauch *(dibóch)* tr. corromper, viciar, pervertir; s. exceso, libertinaje, orgía.
debauchery *(dibócheri)* s. libertinaje.
debilitate *(debilteyt)* tr. debilitar.
debility *(dibiliti)* s. debilidad.
debit *(debit)* s. débito, cargo; tr. adeudar.
debris *(débri)* s. escombros, ruinas.
debt *(dét)* s. deuda.
debtor *(détör)* s. deudor.
debut *(déibyu)* s. estreno.
decade *(dekeyd)* s. década.
decadence *(dékadens)* s. decadencia, deterioro.
decadent *(dikéident)* adj. decaído.
decanter *(dekántör)* s. garrafa, licorera.
decay *(dikéi)* intr. deteriorarse; pudrirse, cariarse, marchitarse; s. pobredumbre, descomposición.
decayed *(dikéid)* adj. degenerado, deteriorado, podrido.
decease *(disís)* s. muerte, fallecimiento; intr. morir, fallecer.
deceased *(didíst)* s. y adj. muerto, difunto.
deceit *(dísít)* s. engaño, fraude.
deceitful *(disítful)* adj. engañoso, falso.
deceitfulness *(disitfulns)* s. falsedad, falacia, engaño.
deceivable *(desívabl)* adj. crédulo, candido.
deceive *(desív)* tr. engañar, embaucar; s. **~r**, engañador, embaucador.
December *(diaémbör)* s. diciembre.
decency *(dísensi)* s. decencia, compostura.
decent *(dísent)* adj. decente, correcto; adecuado.
decentralize *(disentralais)* tr. descentralizar.
deception *(desépschön)* s. decepción, engaño, fraude.
deceptive *(diséptive)* adj. engañoso, falaz.
decide *(disáid)* tr. intr. decidir(se); adj. **~d**, decidido, resuelto.
deciduous *(desídiös)* adj. perecedero, caduco.
decimate *(desimeit)* tr. deizmar.
decimal *(désimal)* adj. y s. decimal.
decipher *(disáiför)* tr. descifrar.
decision *(desíschön)* s. decisión.
decisive *(disáisiv)* adj. decisivo.
deck *(dék)* s. *Náut.* cubierta, puente; tr. cubrir, ataviar, revestir; **~er**, **doble-~er**, s. (autobús) de dos pisos.
declaim *(dikléim)* intr. *Teat.* declamar; s. **~er**, declamador.
declaration *(deklaéischön)* s. declaración; manifestación.
declare *(diklér)* tr. declarar; *Leg.* confesar; afirmar; adj. **~d**, declarador.
declension *(diklénchön)* s. declinación.

D

decline *(dikláin)* s. decadencia; intr. declinar; tr. rechazar.
declining *(dekláinin)* adj. decadente.
declivity *(dikliviti)* s. pendiente, declive.
decompose *(dikompóus)* tr. descomponer; pudrir; separar; intr. corromperse.
descomposition *(dikompösíschön)* s. descomposición, putrefacción.
decode *(dikóud)* tr. descodificar.
decoder *(dikóuder)* s. descodificador.
decorate *(dékoreit)* tr. decorar, adornar; *Mil.* condecorar.
decorator *(dekoréitör)* s. decorador; (fam.) empapelador, pintor.
decoration *(decoréischön)* s. decoración.
decorous *(dikóurös)* adj. decoroso.
decorum *(dikórum)* s. decoro.
decoy *(dikói)* s. cebo; lazo; (caza) señuelo; tr. atraer, (caza) reclamar.
decrease *(dikrís)* s. disminución; merma; tr. disminuir; intr. menguar.
decree *(dikrí)* s. decreto, mandato; tr. e intr. decretar, mandar.
decrepit *(dikrépit)* adj. decrépito.
decrepitness *(dikrépitnes)* s. decrepitud.
decry *(dekrái)* tr. vituperar, desacreditar; afear.
dedicate *(dédikeit)* tr. dedicar; adj. dedicado.
dedication *(dedikéischön)* s. dedicación; consagración.
deduce *(dediús)* tr. deducir; inferir.
deduct *(didákt)* tr. deducir; descontar.
deduction *(didákschön)* s. deducción; descuento.
decuctive *(didáktiv)* adj. deductivo.
deed *(díd)* s. acto, hecho; *Leg.* documentos, escrituras.
deem *(dím)* tr. juzgar, suponer.
deep *(díp)* adj. profundo; s. abismo.
deeply *(dípli)* adv. profundamente.
deepen *(dípn)* tr. profundizar.
deepness *(dípnes)* s. profundidad.
deer *(díör)* ciervo; s. ~ **skin**, gamuza.
deface *(diféis)* tr. desfigurar, estropear, afear.
defacement *(deféisment)* s. desfiguración.
defamation *(difaméschön)* s. difamación.
defamatory *(difamatori)* adj. difamatorio, calumnioso.
defame *(diféim)* tr. difamar, calumniar.
default *(difólt)* s. impago; omisión; tr. e intr. no pagar.
defeat *(difit)* s. derrota; rechazo; tr. derrotar, vencer.
defecate *(défikeid)* tr. defecar.
defecation *(defikéischön)* s. defecación.
defect *(difékt)* s. defecto.
defection *(difékschön)* s. deserción, abandono.
defective *(diféktiv)* adj. defectuoso.
defence *(diféns)* s. defensa; ~**less**, adj. indefenso, desamparado; ~**lessness**, s. desamparo; ~**lessly**, adv. sin defensa, indefensamente.
defend *(diffénd)* tr. defender; ~**ant**, s. defensor; *Leg.* demandado, acusado; s. ~**er**, defensor.
defensive *(difénsiv)* adj. defensivo.
defer *(deför)* intr. diferir, aplazar, posponer.
deference *(déferens)* s. deferencia.
deferent *(deférent)* adj. deferente.
deferment *(diférment)* s. aplazamiento.
defiance *(difáians)* s. desafío, reto.
defiant *(defáiant)* s. provocador, desafiador, insolente.
deficiency *(difishenci)* s. deficiencia, carencia.
deficient *(difíschent)* adj. deficiente, defectuoso.
deficit *(défisit)* s. déficit.
defile *(difáil)* tr. manchar, corromper, profanar, deshonrar.
defiler *(difáilör)* s. corruptor.
define *(difáin)* tr. definir; intr. decidir.
definite *(définit)* adj. definido; cierto, seguro; adv. ~**ly**, definitivamente, ciertamente.

definitive *(difinitiv)* adj. definitivo.
deflate *(difleit)* tr. deshinchar, desinflar(se).
deflect *(diflékt)* tr. desviar; intr. desviarse, apartarse.
deflexion *(diflékshön)* s. desviación, desvío; *Nav.* declinación.
deflour *(difláur)* tr. desflorar, ajar.
defoliate *(defoléit)* tr. deshojar.
defoliation *(defolieischön)* s. deshoje, desfoliación.
deform *(difórm)* tr. deformar.
deformed *(difórmd)* adj. deformado.
deformation *(deforméischön)* s. deformación.
deformity *(defoomiti)* s. deformidad.
defraud *(defród)* tr. estafar, defraudar; s. **~er**, estafador.
defray *(difréi)* tr. costear, pagar.
deft *(déft)* adj. hábil, diestro; **~ly**, adv. diestramente; **~ness**, s. habilidad, maña.
defunct *(difankt)* adj. y s. difunto, muerto.
defy *(difái)* tr. desafiar.
degenerate *(didyenereit)* intr. degenerar; adj. degenerado.
degeneration *(didyenereischön)* s. degeneración.
degrade *(digréid)* tr. degradar; envilecer; rebajar.
degree *(digri)* s. grado; (universidad) licenciatura.
dehydrated *(dijaidréited)* adj. deshidratado.
deject *(dídyéct)* tr. abatir, adj. abatido.
dejection *(didyécschön)* s. abatimiento, desánimo.
delay *(diléi)* tr. diferir, demorar; retardar; s. demora, retraso, tardanza.
delegate *(deleguéit)* tr. delegar; s. delegado.
delegation *(deleguéischön)* s. delegación.
delete *(dilit)* tr. tachar, borrar.
deletion *(dilischön)* s. tachadura.
deliberate *(dilibereít)* tr. deliberar; adj. circunspecto, cauto.
deliberately *(deliveratili)* adv. deliberadamente, adrede.
deliberative *(dilivereit)* adj. deliberativo.
delicacy *(délikesi)* s. delicadeza; manjar, golosina.
delicate *(délikit)* adj. delicado.
delicatessen *(delikatésen)* s. delicatessen; charcutería, fiambrería.
delicious *(delíschös)* adj. delicioso, exquisito, sabroso.
delight *(diláit)* tr. deleitar; intr. recrearse; s. delicia, deleite, gozo.
delightful *(diláitful)* adj. delicioso.
delinquency *(dilíncuensi)* s. delincuencia.
delinquent *(delincuent)* s. delincuente.
delirious *(delirios)* adj. *Med.* delirante; (fam.) divertidísimo.
delirium *(delíriöm)* s. delirio, demencia.
deliver *(dilívör)* tr. entregar; librar, salvar; *Med.* partear; (oratoria) pronunciar.
deliverer *(delíverör)* s. libertador.
delivery *(delíveri)* s. entrega; (correo) reparto; *Med.* alumbramiento, parto; liberación.
dell *(del)* s. valle, hondonada.
delude *(déliúd)* tr. engañar; ilusionar; engañarse.
deluge *(deliúdye)* s. inundación; tr. inundar.
delusion *(déliúschön)* s. engaño.
demagogue *(démagog)* s. demagogo.
demand *(demánd)* tr. pedir, exigir; s. demanda, exigencia; *Leg.* petición; s. **~ant**, demandante.
demarcation *(demaakéishön)* s. demarcación.
demean *(dmin)* tr. e intr. degradar(se), rebajar(se); s. **~or**, comportamiento, conducta.
dement *(dimént)* tr. enloquecer.
demented *(diménted)* adj. loco, insensato.
demi *(démi)* adj. mitad.
demise *(demáis)* s. fallecimiento, deceso; desaparición.
demobilize *(demóubilaiz)* tr. *Mil.* desmovilizar.
democracy *(dimócrasi)* s. democracia.

D

democrat *(démocrat)* s. demócrata.
democratic *(democrátik)* adj. democrático.
demolish *(demólisch)* tr. derribar, demoler.
demolition *(demólischön)* s. demolición, derribo.
demon *(dímön)* s. demonio.
demoniac(al) *[dimóniak(al)]* adj. demoníaco.
demonstrate *(demónstreit)* tr. demostrar, probar.
demonstration *(demonstréishön)* s. demostración, manifestación.
demonstrative *(demónstrativ)* s. demostrativo.
demonstrator *(demonstréita)* s. *Pol.* manifestante.
demoralization *(demoraliséishön)* desmoralización.
demoralize *(demóralais)* tr. desmoralizar, desalentar.
demur *(dimö'r)* s. duda, vacilación; tr. objetar, vacilar.
demure *(demiúr)* adj. sobrio, serio, formal, recatado. modesto.
demurrage *(demáridye)* s. *Náut.* demora; estadía.
den *(den)* s. madriguera; (fig.) antro; guarida.
denial *(dináial)* s. negativa, denegación; negación.
denigrate *(dénigreit)* tr. denigrar, difamar.
denominate *(denómineit)* tr. denominar, nombrar.
denomination *(denominéischön)* s. denominación.
denote *(dinóut)* denotar, indicar, señalar.
denounce *(dináuns)* tr. denunciar, delatar; publicar.
dense *(déns)* adj. denso, compacto.
density *(dénsiti)* s. densidad.
dent *(dent)* tr. abollar; mellar; s. abolladura.
dented *(dénted)* adj. abollado.
dentifrice *(déntifris)* s. dentrífico.
dentist *(déntist)* s. dentista.
dentition *(dentischon)* s. dentición.
dentistry *(déntistri)* s. odontología.
denude *(deniúd)* tr. desnudar, despojar.
denunciation *(dinönschiéischön)* s. denuncia.
deny *(dinái)* tr. negar, desmentir.
deodorant *(diódorant)* s. desodorante.
deodorize *(diodoráis)* tr. quitar el olor, desodorizar.
depart *(dipárt)* intr. partir, marchar, irse; apartarse.
department *(dipárment)* s. departamento; ~ **store**, grandes almacenes.
departure *(dipárcha)* s. partida, salida.
depend *(dipénd)* intr. depender.
dependance *(dipéndans)* s. dependencia.
dependent *(dipéndent)* s. dependiente.
depict *(depíct)* tr. (fig.) describir; representar.
depilate *(depileit)* tr. depilar, quitar el vello.
depilation *(depiléishön)* s. depilación.
deplete *(deplít)* tr. vaciar, agotar.
depletion *(deplíchön)* s. vaciamiento; merma.
deplorable *(diplórabl)* adj. deplorable, lamentable.
deplore *(diplór)* tr. deplorar.
deploy *(deplóy)* tr. *Mil.* desplegar.
deployment *(deplóyment)* s. *Mil.* despliegue.
deponent *(dépöunent)* s. testigo, declarante.
depopulate *(dipópiuleit)* tr. despoblar, deshabitar.
deport *(dipórt)* tr. deportar; intr. comportarse.
deportation *(dipootéischön)* s. deportación.
deportment *(dipootment)* s. porte, conducta.
depose *(dipóus)* tr. deponer.
deposit *(dipósit)* tr. depositar; s. depósito.
depot *(dépou)* s. cochera, estación (de autobuses), depósito.
depravation *(dipravéishön)* s. depravación.
deprave *(dipréiv)* tr. depravar.
depraved *(dipréivd)* adj. depravado.
deprecate *(déprikeit)* tr. desaprobar, lamentar; menospreciar.

depreciate *(dipríschieit)* tr. rebajar, despreciar.
depreciation *(diprishiéishön)* s. depreciación.
depress *(diprés)* tr. deprimir; adj. **~ed**, desalentado, deprimido; adj. **~ing**, desalentador, deprimente.
depression *(dipréschön)* s. depresión.
depressive *(diprésiv)* adj. depresivo.
deprivation *(deprivéischön)* s. privación; carencia.
deprive *(dipráiv)* tr. privar, quitar, despojar.
depth *(dépz)* s. hondura, fondo, profundidad, **in the ~s of winter**, en lo más crudo del invierno.
depurate *(dépiureit)* tr. depurar.
depuration *(depiuréishön)* s. depuración.
deputation *(depiutéishön)* s. delegación, diputación.
depute *(dipiút)* tr. comisionar, delegar.
deputy *(dépiuti)* s. diputado, delegado, suplente.
derail *(diréil)* tr. intr. descarrilar.
derailment *(diréilment)* s. descarrilamiento.
derange *(diréindch)* tr. desordenar, trastornar; **~d**, trastornado, enloquecido; **~ment**, trastorno, enajenamiento (mental).
derelict *(dérilikt)* adj. abandonado.
deride *(diráid)* tr. burlar, ridiculizar, mofar.
derision *(derisón)* s. burla, mofa.
derisory *(diraísori)* adj. irrisorio.
derivation *(derivéishön)* s. derivación.
derive *(deráiv)* tr. derivar; intr. derivarse, originarse.
dermic *(dö'rmik)* adj. dérmico.
derogate *(dérogueit)* tr. e intr. derogar, anular.
derogation *(deroguéischön)* s. derogación.
derrick *(dérrik)* s. grúa; torre de perforación.
descend *(disénd)* intr. descender.
descendant *(diséndent)* s. descendiente.
descent *(disént)* s. descenso; declive, ascendencia.
describe *(discráib)* tr. describir, explicar.
description *(dscripshön)* s. descripción.
descriptive *(descriptiv)* adj. descriptivo.
descry *(descrái)* tr. divisar.
desecrate *(désecreit)* tr. profanar.
desecration *(desecreíshön)* s. profanación.
desert *(désert)* s. desierto; adj. desierto; tr. desamparar; intr. desertar.
deserter *(desértör)* s. *Mil.* desertor, prófugo.
desertion *(desérshiön)* s. deserción, abandono.
deserve *(disérv)* tr. merecer, tr. e intr. ser digno de; **~dly**, adv. merecidamente.
deserving *(disérving)* s. mérito; adj. meritorio.
design *(disáin)* tr. proyectar, diseñar, concebir, idear; s. proyecto, dibujo, diseño.
designate *(désigneit)* tr. designar.
designation *(designéishön)* s. designación.
designer *(disaígnör)* s. dibujante, diseñador, proyectista.
desirable *(disaíraböl)* adj. deseable.
desire *(disáir)* tr. desear, ansiar; s. deseo, ansia.
desist *(disíst)* intr. desistir; cesar.
desk *(désk)* s. pupitre; escritorio.
desolate *(désoleit)* tr. desolar, adj. solitario, desolado.
desolation *(desoléishön)* s. desolación.
despair *(dispér)* tr. e intr. desesperar(se); s. desesperación.
despairing *(dispéaring)* adj. desesperante.
despatch *(dispách)* tr. despachar; *Com.* remitir, enviar, expedir; matar, s. despacho, mensaje; (correo) envío, remesa.
desperado *(desperoádo)* s. malhechor, bandido.
desperate *(désperit)* adj. desesperado; adv. **~ly**, desesperadamente.
desperation *(desperéishön)* s. desesperación.

D

D

despicable *(dispíkabl)* adj. despreciable, infame, vil.
despise *(despáis)* tr. despreciar, menospreciar.
despite *(despáit)* s. despecho; prep, a pesar de, aún con.
despoil *(despoil)* tr. despojar; saquear.
despondency *(dispóndensi)* s. desaliento, desánimo.
despondent *(despóndent)* adj. desalentado, desanimado.
despot *(déspot)* s. déspota.
despotism *(déspotism)* s. despotismo.
dessert *(disért)* s. postre.
destination *(destinéischön)* s. destino, meta.
destine *(déstin)* tr. destinar.
destitute *(déstitiut)* adj. destituído; desamparado; indigente.
destitution *(destitúschön)* s. miseria, desamparo, indigencia.
destroy *(distrói)* tr. destruir, exterminar, destrozar.
destroyer *(distróiör)* s. destructor. *Mar.* destructor.
destruction *(distrákschön)* s. destrucción, ruina.
destructive *(distráktiv)* adj. destructivo, destructor.
detach *(ditách)* tr. desprender, separar; destacar.
detachment *(ditáchment)* s. *Mil.* destacamento; separación.
detail *(ditéil)* s. detalle, pormenor; tr. detallar.
detailed *(ditéild)* adj. detallado, minucioso.
detain *(ditéin)* tr. detener; retardar.
detect *(ditékt)* tr. descubrir, percibir, detectar.
detector *(ditéktar)* s. *Elect.* detector, indicador.
detective *(ditéktiv)* s. detective; adj. detectivesco, policíaco.
detention *(diténschön)* s. detención; arresto.
deter *(ditör)* tr. disuadir; impedir.
detergent *(ditérdyent)* s. y adj. detergente.
deteriorate *(ditírioreit)* tr. deteriorar; intr. deteriorarse.
deterioration *(détirioréischön)* s. empeoramiento, deterioración, deterioro.
determinate *(ditérmineit)* adj. determinado, decidido, resuelto.
determination *(diteerminéischön)* s. determinación, decisión, resolución.
determine *(detérmind)* tr. determinar, decidir, fijar, definir; adj. **~d**, determinado, decidido.
deterrent *(diterént)* s. disuasión; adj. disuasorio.
detest *(ditést)* tr. detestar, aborrecer, odiar.
dethrone *(dezróun)* tr. destronar.
detonate *(détoneit)* intr. detonar; estallar; tr. hacer estallar.
detonation *(detonéischön)* s. detonación.
detract *(ditráct)* tr. detraer, quitar; s. **~or**, detractor.
detriment *(détriment)* s. detrimento, daño; adj. **~al**, perjudicial.
deuce *(diús)* s. diantre, diablo; (naipes) dos; *Dep.* cuarenta iguales.
devaluation *(divaluéischön)* s. *Econ.* devaluación.
devalue *(devaliú)* tr. e intr. devaluar(se), depreciar(se).
devastate *(dévasteit)* tr. devastar, asolar.
devastation *(devastéischön)* s. ruina, desolación.
develop *(devélop)* tr. *Econ.* desarrollar; *Foto.* revelar.
developer *(divélopör)* s. *Foto.* revelador; inmobiliaria.
development *(divélopment)* s. desarrollo, explotación.
deviate *(dívieit)* intr. desviarse, apartarse.
deviation *(diviéihön)* s. desvío.
device *(diváis)* s. dispositivo, aparato, mecanismo; emblema.
devil *(dévl)* s. diablo, demonio.
devilish *(dévilisch)* adj. diabólico.
devious *(dívies)* adj. taimado; tortuoso.
devise *(deváis)* tr. idear, inventar.
devoid *(devóid)* adj. carente de, desprovisto de.

devote *(devóut)* tr. dedicar, consagrar.
devoted *(devóuted)* adj. dedicado; adicto, consagrado; leal, fiel.
devotion *(devóuschön)* s. devoción, afecto, fervor, dedicación.
devour *(deváuör)* tr. devorar, engullir, tragar.
devout *(deváut)* adj. devoto, piadoso, ferviente.
dew *(diú)* s. rocío.
dexterity *(decstériti)* s. destreza, habilidad.
dexterous *(décsterös)* adj. diestro, hábil.
diabetes *(diabítis)* s. *Med.* diabetes.
diabetic *(diabétik)* s. diabético.
diadem *(dáidem)* s. diadema, corona.
diagnose *(dáiagnous)* tr. diagnosticar.
diagnostic *(daiagnóstik)* s. diagnóstico.
diagonal *(daiágonal)* adj. y s. diagonal.
diagram *(dáiagram)* s. diagrama.
dial *(dáial)* s. *Tec.* cuadrante; esfera (del reloj); (teléfono) disco; tr. (teléfono) marcar el número.
dialect *(dáialect)* s. dialecto.
dialectic *(daióléctik)* adj. dialéctico.
dialogue *(dáialog)* s. diálogo, conversación; tr. dialogar.
diameter *(daiámetör)* s. diámetro.
diamond *(dáiamönd)* s. diamante; brillante; (naipes) diamante; *Geom.* rombo.
diaper *(dáipör)* s. pañal.
diaphragm *(dáiafram)* s. diafragma.
diarist *(dáiarist)* s. diarista.
diarrhea *(daiarría)* s. diarrea.
diary *(dáieri)* s. diario.
dice *(dáis)* s. pl. dados; **~box**, s. cubilete.
dicker *(díkör)* tr. (US) regatear.
dictaphone *(díktafoun)* s. dictáfono.
dictate *(díkteit)* tr. e intr. dictar.
dictation *(diktéischön)* s. dictado; precepto(s).
dictator *(diktéitör)* s. dictador.
dictatorship *(diktéitörship)* s. dictadura.
diction *(díkschön)* s. dicción.
dictionary *(dikschönéri)* s. diccionario.
didactic *(didáktik)* adj. didáctico; (pl.) s. didáctica.
diddle *(didl)* tr. engañar, estafar.
die *(dái)* intr. morir; (fuego) extinguirse; *Bot.* marchitarse; s. dado; *Mec.* troquel, matriz; **the ~ is cast**, la suerte está hechada.
diet *(dáiet)* s. régimen, dieta.
differ *(díför)* intr. diferenciarse.
difference *(diferens)* s. diferencia.
different *(díferent)* adj. diferente, distinto.
difficult *(dífikölt)* adj. difícil, arduo, penoso.
difficulty *(difikólti)* s. dificultad; obstáculo; inconveniente.
diffidence *(dífidens)* s. retraimiento, timidez.
diffident *(difident)* adj. desconfiado.
diffuse *(difiús)* adj. difuso; tr. difundir.
diffusion *(difiúschön)* s. difusión.
dig [dug; dug] *(dig)* tr. e intr. cavar; ahondar; excavar.
digest *(daidyést)* tr. digerir; asimilar; s. recopilación, compendio.
digestible *(didyéstibl)* adj. digerible, digestible.
digestion *(daidyéstion)* adj. digestión.
digestive *(daidyéstiv)* s. y adj. digestivo; **~ biscuit**, galleta integral.
digger *(dígör)* s. (UK) excavadora.
digit *(dídyt)* s. *Mat.* dígito; *Anat.* dedo; adj. **~al**, digital.
dignified *(dígnifaid)* adj. serio.
dignify *(dígnifai)* tr. dignificar.
dignity *(dígniti)* s. dignidad.
digress *(digrés)* intr. divagar.
digression *(digréshion)* s. digresión, divagación.
dike o **dyke** *(dáik)* s. dique; barrera; espigón.
dilapidate *(dilápideit)* tr. e intr. malgastar; intr. (fig.) arruinarse, echarse a perder.
dilapidated *(dilápideited)* adj. destartalado.
dilate *(dailéit)* tr. dilatar; intr. extenderse.

D

dilated *(dailéitid)* adj. dilatado.
dilemma *(diléma)* s. dilema.
diligence *(dílidyens)* s. diligencia, aplicación.
diligent *(dílidyent)* adj. diligente, laborioso, activo; **~ly**, adv. afanosamente.
dillydally *(dílidály)* intr. demorarse; (fam.) malgastar el tiempo.
dilute *(diliút)* tr. diluir, disolver; **~d**, *(diluid)* adj. diluido, disuelto, aguado.
diluted *(diliútd)* tr. diluir, aguar.
dim *(dim)* adj. (luz) tenue; débil; indistinto, difuso; (fig.) tonto.
dime *(dáim)* s. moneda de 10 centavos; **it's not worth a ~**, no vale nada.
dimension *(diménshiön)* s. dimension; tamaño, extensión.
diminish *(dimínisch)* tr. disminuir, mermar.
diminishing *(dimínishin)* adj. decreciente, menguante.
dimness *(dímnes)* s. (luz) oscuridad; imprecisión de la memoria.
din *(din)* s. estruendo; (fig.) barullo, clamor.
dine *(dáin)* intr. cenar.
diner *(dáinör)* s. comensal, invitado; cafetería, restaurante barato.
dingy *(dínyi)* adj. oscuro, triste, sucio, descuidado.
dining-room *(dáining-rum)* s. comedor.
dinner *(dínör)* s. comida, cena; **~ service**, vajilla completa; **~ time**, hora de cena.
dinosaur *(dainosör)* s. dinosaurio.
diocese *(dáiösis)* s. diócesis.
dip *(dip)* tr. mojar; sumergir; remojar; s. descenso; declive.
diphtheria *(difzíria)* s. *Med.* difteria.
diploma *(diplóuma)* s. diploma.
diplomacy *(diplómasi)* s. diplomacia.
diplomatic *(diplomátik)* diplomático.
dipping *(díping)* s. inmersión.
direct *(dairékt)* adj. directo, recto; tr. dirigir; adv. **~ly**, directamente; inmediatamente.
direction *[d(a)irécschön]* s. dirección; instrucciones.
director *(dairéktor)* s. director.
directory *(diréktori)* s. guía (telefónica).
dirt *(dért)* s. suciedad, basura.
dirty *(deeti)* adj. sucio; tr. ensuciar.
disability *(disabílity)* s. minusvalía, invalidez, discapacidad.
disable *(diséibl)* tr. incapacitar.
disabled *(diséibl)* adj. incapacitado, inválido.
disadvantage *(disadvántech)* s. desventaja, inconveniente.
desagree *(disagrí)* intr. estar en desacuerdo, diferir en opinión; discrepar.
disagreeable *(disagriábl)* adj. desagradable.
disagreement *(disagríment)* s. desacuerdo, desavenencia.
disallow *(disaláu)* tr. rechazar, desestimar.
disappear *(disapíer)* intr. desaparecer.
disappearance *(disapíerns)* s. desaparición.
disappoint *(disapóint)* tr. defraudar, decepcionar, fallar.
disappointing *(disapointing)* adj. decepcionante.
disappointment *(disapóintment)* s. decepción, desilusión.
disapproval *(disaprúval)* s. desaprobación.
disapprove *(disaprúv)* tr. desaprobar; rechazar; censurar.
disarm *(disárm)* tr. desarmar.
disarmament *(disármament)* s. desarme.
disarrange *(disarréinch)* tr. desordenar, desarreglar.
disarrangement *(disarréinchment)* s. desorden.
disaster *(disástör)* s. desastre.
disastrous *(disáströs)* adj. desastroso.
disavow *(disovául)* tr. (UK) denegar; repudiar.
disband *(disbánd)* tr. disolver, intr. disolverse, dispersarse.
disbelief *(disbelíf)* s. incredulidad.
disbelieve *(disbelív)* tr. desconfiar.
disburse *(disbéers)* tr. desembolsar; gastar.

discard *(diskárd)* tr. desechar, deshacer (de), tirar.
discern *(disérn)* tr. discernir; intr. distinguir.
discerning *(disérning)* adj. sagaz.
discernment *(dissárnment)* s. discernimiento, criterio.
discharge *(dischárdch)* s. *Ind.* desagüe; *Med.* derrame; *Mil.* licencia; *Leg.* absolución; tr. desaguar, derramar; licenciar; *Leg.* absolver.
disciple *(disáipl)* s. discípulo.
disciplinary *(disiplineri)* adj. disciplinario.
discipline *(dísiplin)* s. *Mil.* disciplina; *Leg.* castigo, corrección; tr. disciplinar; castigar.
disclaim *(diskléim)* tr. rechazar, repudiar; *Leg.* denegar.
disclose *(disklóus)* tr. descubrir, revelar, poner en evidencia.
disclosure *(disklóuchör)* s. revelación.
disco *(dísko)* s. discoteca.
discolor *(diskálör)* tr. decolorar, desteñir.
discomfort *(diskómfort)* s. desconsuelo; molestia.
discomposure *(discompóshya)* s. desconcierto, confusión.
disconcert *(diskonsért)* tr. turbar; desconcertar; adj. ~**ed**, desconcertado, turbado.
disconnect *(diskónekt)* tr. desconectar.
disconsolate *(diskónsolet)* adj. desconsolado; s. ~**ness**, desconsuelo.
discontent *(diskontént)* adj. y s. descontento; tr. disgustar, descontentar.
discontented *(deskonténted)* adj. descontento, disgustado; ~**ly**, adv. de mala gana, a disgusto.
discontinue *(discontíniu)ir.* e intr. descontinuar, interrumpir.
discontinuos *(discontíniuös)* adj. descontinuo.
discord *(dískord)* s. discordia, desavenencia; ~**ant**, *(diskórdant)* adj. discordante, incongruo; *Mús.* disonante.
discordance *(diskórdans)* s. discordancia, discordante.
discount *(diskáunt)* s. descuento; tr. descontar.
discounter *(diskáuntör)* s. prestamista, banquero.
discourage *(diskáreidch)* tr. desalentar, desanimar, disuadir.
discouragement *(diskáreidchment)* s. desaliento, disuasión.
discourse *(diskórs)* s. discurso.
discourteous *(diskórteös)* adj. descortés.
discourtesy *(diskórtesi)* s. descortesía, grosería.
discover *(diskávör)* tr. descubrir.
discoverer *(diskáverör)* s. descubridor.
discovery *(diskáveri)* s. descubrimiento, hallazgo.
discredit *(diskrédit)* descrédito; tr. desacreditar.
discreet *(discrít)* adj. discreto.
discrepancy *(discrépansi)* s. discrepancia.
discretion *(diskréschön)* s. discreción.
discriminate *(diskrímineit)* tr. discriminar.
discrimination *(diskriminéischön)* s. discriminación.
discus *(diskós)* s. *Dep.* disco; **to throw the ~**, lanzar el disco; ~ **thrower**, lanzador de disco; disco.
discuss *(diskás)* tr. discutir, debatir.
discussion *(diskáschön)* s. discusión, debate.
disdain *(disdéin)* s. desprecio, desdén, tr. e intr. desdeñar(se).
disdainful *(disdéinful)* adj. desdeñoso, despectivo.
disease *(disís)* s. enfermedad.
disembark *(disembárk)* tr. e intr. desembarcar(se).
disembarkation *(disembarkéischön)* s. desembarque.
disembodied *(disembódid)* adj. incorpóreo.
disembowel *(disembáuel)* tr. desentrañar, destripar.
disenchant *(disenchánt)* adj. desilusionar, desencantar, desengañar.
disenchantment *(disenchántment)* s. desencanto, desilusión.

D

D

disengage *(disenguéidch)* tr. desconectar; *Mec.* desacoplar; desasir; *Aut.* **to ~ the clutch**, desembragar; intr. desentenderse de, desligarse.
disengaged *(disenguédehd)* adj. desocupado; vacante.
disentangle *(disentángl)* tr. desenredar, desenmarañar.
desfigure *(disfígör)* tr. desfigurar.
disgrace *(disgréis)* s. (fam.) vergüenza; desgracia, deshonra; tr. deshonrar; (fam.) estropear.
disgraceful *(disgréisful)* adj. vergonzoso, terrible.
disguise *(disgáis)* s. disfraz; tr. disfrazar.
disgust *(disgást)* s. (fam.) asco, repugnancia; tr. repugnar; asquear.
disgusting *(disgásting)* adj. repugnante, desagradable.
dish *(dish)* s. *Coc.* plato; (vajilla) fuente; (fam.) **she's a ~**, ¡es un bombón!; plato, tr. servir.
dishearten *(disjárten)* tr. desanimar; desalentar; **~ing**, adj. y s. desalentador.
dishonest *(disónest)* adj. deshonesto, deshonrado, falso.
dishonor (US), **dishonour** (UK) *(disónör)* s. deshonor, deshonra; tr. deshonrar; afrentar.
dishwasher (machine) *(dishguáschör)* s. lavaplatos, lavavajillas.
disillusion *(disilúschön)* s. desilusión, desengaño.
disinfect *(disinféct)* tr. desinfectar.
disinfectant *(disinféctant)* s. desinfectante.
disinfection *(disinfékschön)* s. desinfección.
disinherit *(disinjárit)* tr. desheredar.
disintegrate *(disíntegreit)* tr. int. desintegrar(se).
disintegration *(disintegreischön)* s. desintegración.
disinter *(disintár)* tr. exhumar, desenterrar.
disjoin *(disdyóin)* tr. desunir; desasir; *Med.* dislocar.
disk (US), **disc** (UK) *(dísk)* disco.
dislike *(disláik)* s. aversión, antipatía; tr. no gustar, desagradar.
dislocate *(díslokeit)* tr. dislocar.
dislocation *(dislokéischön)* s. dislocación.
dislodge *(dislódch)* tr. desalojar, expulsar.
disloyal *(dislóial)* s. desleal, traidor.
disloyalty *(dislóialti)* s. deslealtad.
dismal *(dísmal)* adj. triste, lúgubre.
dismantle *(dismántl)* tr. desmantelar; desmontar.
dismay *(disméi)* s. consternación; tr. consternar.
dismember *(dismémbör)* tr. desmembrar.
dismiss *(dismís)* tr. despedir; destituir, desechar; *Mil.* rompe filas.
dismissal *(dismísal)* s. despido; destitución.
dismount *(dismáunt)* tr. *Mec.* desarmar; intr. (caballo) desmontar.
disobedience *(disobídiens)* s. desobediencia.
disobedient *(disobídient)* adj. desobediente.
disobey *(disobéi)* tr. desobedecer.
disorder *(disórdör)* s. desorden; *Med.* indisposición; tr. desordenar, desarreglar.
disorderly *(disórdöli)* adj. turbulento; desordenado.
disorganization *(disorganiséischön)* s. desorganización.
disorganize *(disórganis)* tr. desorganizar.
disown *(disáun)* tr. renegar de, repudiar.
disparage *(dispáridch)* tr. rebajar, menospreciar, denigrar.
disparagement *(dispáredyement)* s. menosprecio.
disparity *(dispáriti)* s. disparidad, desigualdad.
dispassionate *(dispáschönet)* adj. desapasionado.
dispatch *(dispátch)* tr. *Com.* remitir, enviar, expedir; matar, s. despacho, mensaje; envío, remesa.
dispel *(dispél)* tr. disipar.
dispensary *(dispénsari)* s. dispensario, clínica.
dispensation *(dispenséischön)* s. dispensa.
dispense *(dispéns)* tr. dispensar; repartir, distribuir; administrar.
disperse *(dispérs)* tr. dispersar.
dispersion *(dispérschön)* s. dispersión.

dispirit *(dispírit)* tr. desalentar, desanimar.
displace *(displéis)* tr. desplazar, desalojar, remover; *Pol.* despatriar; adj. **~d**, sin patria, despatriado.
displacement *(displéisment)* s. sustitución, reemplazo; desplazamiento.
display *(displéi)* s. *Com.* exposición, muestra; tr. *Com.* exhibir, mostrar.
displease *(displíss)* tr. disgustar, desagradar, contrariar.
displeasure *(displéschör)* s. desagrado.
disposable *(dispósöbl)* adj. desechable.
disposal *(dispóusal)* s. disposición; colocación; eliminación.
dispose *(dispóus)* tr. disponer de; acomodar, colocar; intr. deshacerse de; hacer uso de.
disposition *(disposíschön)* s. disposición, inclinación; temperamento.
dispossess *(disposés)* tr. desposeer; desalojar.
disproportion *(dispropórschön)* s. desproporción; desigualdad.
disproportionate *(dispropórschönet)* adj. desproporcionado.
disprove *(disprúv)* tr. rebatir; refutar.
dispute *(dispiút)* s. disputa; intr. disputar
disqualification *(diskualifikéischön)* s. descalificación.
disqualify *(diskuólifai)* tr. descalificar.
disquiet *(diskuáiet)* s. inquietud; adj. inquieto.
disregard *(disregaád)* tr. no hacer caso de, ignorar.
disreputable *(disrrépiutabl)* adj. desacreditado, de mala fama.
disrepute *(disrripiút)* tr. desacreditar; s. descrédito.
disrespect *(disrispéct)* s. desacato; tr. desacatar.
disrespectful *(disrrespéktful)* adj. irrespetuoso, descortés.
disrupt *(disrrápt)* tr. trastornar, perturbar; interrumpir.
dissatisfaction *(disatisfákschiön)* s. descontento, insatisfacción.
dissatisfied *(disátisfaid)* adj. descontento, insatisfecho.
dissatisfy *(disátisfai)* tr. decepcionar, no satisfacer.
dissect *(diséct)* tr. *Med.* anatomizar; diseccionar; (fig.) analizar.
dissection *(disékschiön)* s. disección.
disseminate *(diséminelt)* tr. diseminar, propagar.
dissemination *(diseminéischön)* s. diseminación.
dissension *(disénschiön)* s. disensión, desacuerdo.
dissent *(disént)* s. disensión, disentimiento; tr. disentir, discrepar.
dissidence *(dísidens)* s. disidencia, cisma, desacuerdo.
dissident *(dísident)* s. y adj. disidente.
dissimilar *(disímilör)* adj. diferente, desigual.
dissimilarity *(disimiláriti)* s. disimilitud, desigualdad.
dissimulate *(disímiuleit)* tr. e intr. disimular, fingir.
dissimulation *(disimiuléischön)* s. disimulación, hipocresía.
dissipate *(disipéit)* tr. e intr. disipar(se).
dissipation *(disipéischön)* s. disipación, libertinaje.
dissociate *(disóschieit)* tr. desasociar, disociar.
dissolubility *(disoliúbiliti)* s. disolubilidad.
dissoluble *(disóliubl)* adj. disoluble.
dissolute *(dísoliut)* adj. libertino.
dissolution *(disoliúschön)* s. disolución.
dissolve *(disólv)* tr. disolver; intr. disolverse.
dissonance *(dísonans)* s. disonancia.
dissonant *(dísonant)* adj. disonante, discordante.
dissuade *(disuéid)* tr. disuadir.
dissuasion *(disuéischön)* s. disuasión.
dissuasive *(disuésiv)* adj. disuasivo; s. disuasivo.
distance *(dístans)* s. distancia.
distant *(distant)* adj. distante, alejado.
distemper *(distémpör)* s. moquillo.
distend *(distént)* tr. dilatar; extender.
distension *(disténschön)* s. dilatación, distensión.
distill (US) or **distil** (UK) *(distíl)* tr. destilar.

D

distillation *(distiléischön)* s. destilación.
distillery *(distíleri)* s. destilería.
distinct *(distínkt)* adj. claro, distinto, inequívoco.
distinction *(distínkschön)* s. distinción; excelencia.
distinctive *(distínctiv)* adj. distintivo, característico.
distinguish *(distíngüish)* tr. distinguir, discernir.
distinguished *(distíngüisht)* adj. distinguido; eminente.
distort *(distórt)* tr. deformar, distorsionar, tergiversar.
distorted *(distórted)* adj. distorsionado; tergiversado.
distortion *(distórschön)* s. distorsión, deformación, falseamiento.
distract *(distrákt)* tr. distraer; interrumpir.
distraction *(distrákschön)* s. distracción; confusión; agitación.
distress *(distrés)* s. calamidad, pena; tr. afligir.
distribute *(distríbiut)* tr. distribuir; clasificar.
distributor *(distríbiuter)* s. distribuidor.
distribution *(distribiúschön)* s. distribución, reparto.
district *(dístrik)* s. distrito; región.
distrust *(distrást)* s. desconfianza; tr. desconfiar de.
distrustful *(distrástful)* adj. desconfiado, receloso.
disturb *(distérb)* tr. molestar; perturbar; interrumpir.
disturbance *(distérbans)* s. disturbio, interrupción, alboroto.
disturbing *(distérbing)* adj. alarmante, perturbador.
disunite *(disiunáit)* tr. desunir, separar; adj. **~d**, desunido, separado.
disuse *(disiús)* s. desuso; tr. intr. **fall into ~**, caer en desuso.
ditch *(dítch)* s. zanja; *Agr.* acequia; tr. abrir zanjas; (fam.) dejar en la cuneta.
divan *(diván)* s. diván.
dive *(dáiv)* intr. sumergirse; bucear, zambullirse; lanzarse, arrojarse.
diver *(dáivör)* s. buzo; clavadista.
diverge *(divérdch)* intr. separarse, divergir.
divergence *(divérdyens)* s. divergencia.
divergent *(divérdyent)* adj. divergente.
diverse *(daivérs)* adj. diverso, variado.
diversify *(divérsifai)* tr. diversificar.
diversion *(daivérschiön)* s. desvío; diversión.
diversity *(daivérsiti)* s. diversidad, variedad.
divert *(daivért)* tr. desviar; distraer; divertir.
diverting *(daivérting)* adj. (tráfico) de desvío; divertido.
divest *(dáivést)* tr. despojar.
dividable *(diváidabl)* adj. *Mat.* divisible.
divide *(diváid)* tr. dividir; intr. dividirse.
dividend *(dívidend)* s. *Econ.* dividendo, cupón.
divination *(divinéischön)* s. adivinación.
divine *(diváin)* tr. adivinar; s. *Eccl.* teólogo; adj. divino.
diviner *(diváinör)* s. adivino.
diving *(dáivin)* adj. buceo, submarinismo; **~ suit**, traje de buzo; **skin ~**, buceo a pulmón.
divinity *(divíniti)* s. divinidad; teología.
divisibility *(divisibíliti)* s. divisibilidad
divisible *(divísibl)* adj. divisible.
division *(divíschön)* s. división; sección.
divorce *(divóurs)* s. divorcio; (fig.) separación; tr. divorciar; intr. divorciarse; (fig.) separarse.
divulge *(daivóldch)* tr. divulgar, revelar.
dizziness *(dísines)* s. vértigo, vahido, mareo.
dizzy *(dísi)* tr. mareado, vertiginoso; **to feel ~**, estar mareado.
do [did; done] *(dú)* tr. hacer; ejecutar; **~ away wih**, suprimir; **~ a person**, engañar, (fam.) matar; **~ weel**, tener éxito; **well to ~**, acomodado; **so ~ I**, yo también; **to ~ by**, tratar; **to ~ in**, liquidar; agotar; **to ~ up**, atar, abrochar; **I could ~ with a cup of coffee**, no me vendría mal un café.

docile *(dósil)* adj. docil.
docility *(dosíliti)* s. docilidad.
dock *(dók)* s. muelle; **dry ~**, dique seco.
docker (UK) *(dóker)* s. estibador, descargador.
dockyard *(dókyard)* s. astillero.
doctor *(dóktör)* s. doctor.
doctorate *(dóctoreit)* s. *Acad.* doctorado.
doctrine *(dóktrin)* s. doctrina, dogma.
document *(dókiument)* s. documento.
documentary *(dokiuméntari)* adj. y s. documental.
dodge *(dódch)* tr. e intr. esquivar, eludir; s. evasión; truco.
dodger *(dódyör)* s. tunante, tramposo.
doe *(dóu)* s. gama, cierva.
doer *(dúör)* s. emprendedor, hacedor.
dog *(dóg)* s. perro; tr. perseguir, acosar.
dogged *(dóguit)* adj. terco.
doggish *(dóguisch)* adj. perruno, regañón.
dogma *(dógma)* s. dogma, doctrina.
dogmatic *(dogmátik)* adj. dogmático.
dogmatism *(dogmatísm)* s. dogmatismo.
dogmatize *(dógmatais)* intr. dogmatizar.
dominance *(dóminans)* s. dominación.
doing *(dúing)* s. hecho, actividad.
doldrums *(doldráms)* s. tristeza, melancolía; **in the ~**, abatido, estancado.
dole *(dóul)* s. limosna; compensación por desempleo; tr. **to be on the ~**, estar en el paro.
doleful *(dóulful)* adj. lúgubre, triste, melancólico.
doll *(dól)* s. (juguete) muñeca.
dollar *(dólar)* s. dólar.
dolorous *(dólorös)* adj. doloroso; lastimoso.
dolphin *(dólfin)* s. delfín.
dolt *(dólt)* s. bobo, tonto, necio.
domain *(dóméin)* s. dominio.
dome *(dóum)* s. cúpula.
domestic *(doméstik)* adj. doméstico; interno; s. empleado(a) doméstico(a).
domesticate *(doméstikeit)* tr. domesticar.
domicile *(dómisail)* s. domicilio.
dominant *(dóminant)* adj. dominante.
dominate *(dómineit)* tr. dominar.
domination *(dominéischön)* s. dominación, dominio, control.
domineer *(dominör)* intr. dominar; avasallar, tiranizar.
Dominican *(domínikan)* adj. dominicano.
dominion *(domíniön)* s. dominio.
domino *(dóminou)* s. y pl. (juego) dominó.
donate *(donéit)* tr. donar; **to ~ blood**, donar sangre.
donation *(donéischön)* s. donación; dádiva.
donative *(dónativ)* s. donativo.
done *(don)* p.p. de **to do**, hecho, acabado; **~ for**, agotado.
donkey *(dónki)* s. asno, burro.
donor *(dóuna)* s. donante.
don't *(dóunt)* abreviatura de **do not**; **"do's and dont's"**, reglas.
doddle *(dúdl)* intr. garabatear.
doom *(dúm)* s. sentencia; f. perdición; tr. sentenciar; **to be ~ed**, estar condenado.
doomsday *(dúmsdei)* s. Día del Juicio Final.
door *(dor)* s puerta; portal; **~-keeper**, portero; **next ~**, de al lado; **~-handle**, s. manija (de la puerta).
doorbell *(dórbel)* s. timbre.
doorman *(dóurman)* s. portero.
doormat *(dóurmat)* s. felpudo.
dope *(dóup)* s. (fam.) droga, narcótico; información; (pers.) estúpido; tr. narcotizar, drogar.
dormant *(dórmant)* adj. adormecido, latente.
dormitory *(dórmitori)* s. dormitorio.
dosage *(dóusech)* s. clasificación.
dose *(dóus)* s. dosis.
dot *(dot)* s. tilde; punto.
dotage *(dóutidch)* s. chochera, chochez.
dote *(dóut)* intr. chochear; **~ on**, estar loco por.
doting *(dóuting)* adj. apasionado.

D

double *(döbl)* s. adj. doble; adv. doble; tr. doblar, duplicar.
doubt *(dáut)* s. duda; tr. e intr. dudar.
doubtful *(dáutful)* adj. dudoso.
doubtless *(dáutles)* adj. seguro; adv. sin duda.
dough *(dóu)* s. masa, pasta; (fam.) dinero.
dour *(dáur)* adj. austero.
douse *(dáus)* tr. empapar, mojar; apagar, extinguir.
dove *(dóv)* s. paloma.
dovetail *(dóvteil)* s. ensembladura; tr. ensamblar.
dowdy *(dáudi)* adj. zafio; sucio; poco elegante.
down *(dáun)* adv. abajo; hacia abajo; s. plumón, interj. ¡abajo! adj. descendente.
downcast *(dáunkast)* adj. abatido.
downfall *(dáunfol)* s. caída; ruina.
download *(dáuloud)* tr. Inform. bajar, descargar.
downpour *(dáunpör)* s. chaparrón, aguacero.
downright *(dáunrait)* adv. enteramente; adj. evidente.
downstairs *(dáunstérs)* ad. abajo; (en) el piso de abajo.
downtown *(dáutaun)* adv. en el centro; s. centro.
downwards *(dáunuords)* adj. hacia abajo; en decaimiento.
dowry *(dáuri)* s. dote.
doze *(dóus)* s. sopor; intr. dormitar, cabecear.
dozen *(dósn)* s. docena; **bakers** ~, trece.
doziness *(dóusnis)* s. modorra.
dozy *(dósi)* adj. soñoliento; amodorrado.
drab *(drab)* adj. triste, oscuro.
draft *(draft)* s. *Com.* giro, letra de cambio; bosquejo, borrador; *Mil.* piquete, refuerzo; tr. reclutar; hacer un borrador.
draftsman *(dráftsman)* s. delineante, proyectista, dibujante.
drag *(drag)* s. (fam.) pesadez; (fam.) chupada (al fumar); rastra; tr. arrastrar, dragar; intr. arrastrarse.
drain *(dréin)* s. desagüe; s. sumidero.
drainage *(dréinidch)* s. drenaje.
draining *(dréinin)* adj. de drenaje; ~ **board**, escurre-platos.
drake *(dréik)* s. pato.
drama *(drama)* s. drama, teatro.
dramatic *(dramátik)* adj. dramático.
dramatist *(drámatist)* s. dramaturgo.
dramatize *(drámatais)* tr. dramatizar.
drape *(dréip)* tr. cubrir; s. caída.
draper *(dréipör)* s. pañero.
drapery *(dréipöri)* s. pañería, tela; **draperies**, cortinas.
draught (UK) *(draft)* tr. dibujar; redactar; s. trago; poción; corriente de aire; tiro (de chimenea); pl. juego de damas; s. ~ **board**, tablero de damas.
draughtsman *(dráftman)* s. delineante, dibujante.
draw *(dró)* s. tiro; atracción; sorteo. *Dep.* empate; **[drew**; **drawn]** tr. arrastrar; dibujar.
drawback *(dróbak)* s. inconveniente, desventaja.
drawbridge *(dróbridch)* s. puente levadizo.
drawer *(dróuör)* s. dibujante; cajón; pl. **~s**, calzones; **chest of** ~, cómoda.
drawing *(dróing)* s. dibujo; ~ **room**, salón; ~ **board**, mesa de dibujo; ~ **pin**, (UK) chincheta.
drawl *(dróal)* intr. hablar arrastrando las palabras.
drawn *(drón)* (p.p. **draw)** adj. demacrado, ojeroso; ~ **out**, interminable, largo.
dray *(dréi)* s. carromato.
dread *(dréd)* s. miedo, espanto; tr. e intr. temer.
dreadful *(drédful)* adj. terrible, espantoso, horrible.
dream *(drím)* s. sueño, ensueño, encanto; **[dreamt**; **dreamt]** tr. soñar.
dreamer *(drímör)* s. soñador.
dreariness *(drírines)* s. tedio, aburrimiento; tristeza.
dreary *(dríri)* adj. tedio, aburrido, monótono.
dredge *(drédch)* s. aparato para dragar; tr. e intr. limpiar, dragar.

dregs *(drégs)* s. pl. posos; escoria, heces.
drench *(drénch)* tr. empapar.
dress *(drés)* s. vestido; *Teat.* ~ **circle**, anfiteatro; **fancy ~ ball**, baile de disfraces; tr. vestir; adornar.
dressing *(drésing)* s. (cocina) aderezo; *Med.* aposito, vendaje; ~ **table**, tocador.
dressing-gown *(drésing góun)* s. bata, salto de cama; **dressing room**, camerino. *Dep.* vestuarios.
dressmaker *(drésmeikör)* s. costurera, modista.
dribble *(dríbl)* intr. babear, gotear; *Dep.* regatear; s. goteo, baba; **~r**, s. baboso; *Dep.* regateador.
drier *(dráiör)* s. secador.
drift *(drift)* s. torbellino. *Mar.* deriva; tr. impeler, intr. ir a la deriva, amontonarse (nieve).
drill *(dril)* s. taladro; instrucción, ejercicio; tr. taladrar; *Mil.* instruir.
drink *(drínk)* s. bebida; trago; **[drank**; **drunk]** tr. e intr. beber.
drinker *(drínkör)* s. bebedor, borracho; **drinking water**, agua potable.
drip *(dríp)* s. gota; goteo; intr. gotear; intr. chorrear.
dripping *(dríping)* s. pringue.
drive *(dráiv)* s. paseo en coche; avenida; empuje; *Mec.* transmisión; **[drove**; **driven]** tr. e intr. conducir, manejar, obligar, impulsar.
drivel *(drívl)* s. baba; tontería, estupidez; intr. babear.
driveller *(drívlör)* s. (fig.) baboso.
driver *(dráivör)* s. conductor.
driving *(dráiving)* s. conducción.
drizzle *(drísl)* s. llovizna; intr. lloviznar.
droll *(dról)* adj. cómico, gracioso, chistoso.
dromedary *(drómedari)* s. dromedario.
drone *(dróun)* s. zángano; (fig.) gorrón; murmullo.
droop *(drúp)* intr. inclinarse, encorvarse; decaer, flaquear.
drop *(dróp)* s. gota; caída; tr. soltar, dejar caer; ~ **off**, dejar.
dropsy *(drópsi)* s. hidropesía.
dross *(drós)* s. escoria.
drought *(dráut)* s. sequía.
drove *(dróuv)* s. manada.
drown *(dráun)* tr. ahogar; anegar; intr. ahogarse.
drowse *(dráus)* tr. adormecer; intr. dormitar; s. sueño ligero, cabezada.
drowsiness *(dráusines)* s. modorra, somnolencia.
drowsy *(dráusi)* adj. soñoliento, amodorrado.
drub *(dróob)* tr. pegar, apalear; *Mús.* redoblar.
drubbing *(dróbing)* s. paliza; *Mús.* redoble.
drudge *(dródch)* s. esclavo; intr. trabajar duro.
drudgery *(drö'dchöri)* s. faena, trabajo penoso.
drug *(dróg)* s. droga; medicamento; tr. drogar, narcotiza; **~store**, *Amér.* droguería; farmacia.
drum *(drám)* s. tambor.
drummer *(drámör)* s. tamborilero; *Mús.* el batería.
drunk *(dránk)* adj. borracho.
drunkard *(dránkard)* s. borracho.
drunken *(dránken)* adj. bebido, embriagado.
drunkenness *(dránkenes)* s. borrachera, embriaguez.
dry *(drái)* adj. seco; tr. e intr. secar(se); ~ **dock**, dique seco; ~ **goods**, lencería; ~ **cleaning**, limpieza en seco.
dryer *(dráiör)* s. secadora.
drying *(dráing)* adj. secante, secador.
dryness *(dráines)* s. sequedad.
duality *(diuáliti)* s. dualidad.
dub *(dáb)* tr. mezclar; doblar (películas).
dubious *(diúbiös)* adj. dudoso; incierto; sospechoso.
dubiousness *(diúbiösnes)* s. duda.
duchess *(döches)* s. duquesa.
duchy *(dö'chi)* s. ducado.

duck *(dak)* s. pato; tr. e intr. (fam.) zambullir(se); agachar(se).
ducking *(dóking)* s. zambullida.
ducky *(dóki)* s. (fam.) paloma mía, amor mío.
duct *(dóct)* s. tubo, canal, conducto.
dud *(dö'd)* adj. (fam.) falso.
due *(diú)* adj. debido; vencido; s. cuota.
duel *(diúel)* s. duelo; intr. batirse en duelo.
duet *(diúet)* s. dúo.
dug *(dóg)* s. pr. p.p. **dig.** cavado.
duke *(diúk)* s. duque.
dull *(dól)* adj. torpe; aburrido; (clima) nublado, encapotado; opaco.
dullness *(dólnes)* s. torpeza, aburrimiento; sin brillo, deslustrado.
dumb *(dam)* adj. mudo, tonto, bobo, estúpido.
dumbness *(dómnes)* s. mudez, silencio; estupidez.
dummy *(dómi)* s. imitación; muñeco; maniquí; tonto.
dump *(dómp)* s. escombrero; vertedero; tr. verter, descargar.
dumper *(dómpör)* ~ **lorry**, s. camión volquete.
dumping-ground *(dámping-gráund)* (UK) s. vertedero de escombros, escombrera.
dumpy *(dámpi)* adj. regordete; rechoncho.
dun *(dón)* adj. pardo.
dunce *(dóns)* s. estúpido; burro.
dune *(diún)* s. duna.
dung *(dóng)* s. estiércol; excremento.
dunghill *(dóngjil)* s. estercolero.
dungeon *(dónchön)* s. calabozo, mazmorra.
dunk *(dóngk)* tr. mojar (pan en la leche).
duo *(dúo)* s. dúo.
dupe *(diúp)* s. crédulo; incauto; tr. embaucar, timar.
duplicate *(diúplikeit)* s. duplicado, copia; tr. duplicar, repetir.
duplicity *(diuplísiti)* s. duplicidad.
durable *(diurábl)* adj. duradero; ~ **goods**, bienes duraderos.
duration *(diuréischön)* s. duración.
during *(diúring)* prep. durante; mientras.
dusk *(dásk)* s. anochecer; crepúsculo.
dustbin *(á)* s. cubo de la basura.
duster *(dástör)* s. paño de polvo; guardapolvo; borrador de pizarra.
dustman *(dástman)* s. basurero.
dustpan (UK) *(dástpan)* s. recogedor.
dusty *(dósti)* adj. polvoriento.
Dutch *(dótch)* s. y adj. holandés.
Dutch treat *(dótch tríit)* s. pago a escote.
dutiable *(diútiöbl)* adj. tributable, tasable.
dutiful *(diútiful)* adj. obediente.
duty *(diúti)* s. deber; *Mil.* servicio; *Econ.* impuesto; ~ **free**, libre de impuestos, franco; **on** ~, de guardia, de servicio; **off** ~, libre (de guardia); **to do one's** ~, cumplir con su deber.
dwarf *(duórf)* s. enano; adj. diminuto; tr. empequeñecer.
dwarfish *(duórfisch)* adj. enano; diminuto.
dwell [dwelt; dwelt] *(duél)* intr. habitar; morar; vivir; **to** ~ **on**, insistir en.
dwelling *(duéling)* s. domicilio, morada.
dwindle *(duíndl)* intr. disminuir, mermar.
dye *(dái)* s. tinte; tr. intr. teñir(se).
dyeing (UK) *(dáing)* s. tinte.
dyer *(dáiör)* s. tintorero.
dying *(dáing)* adj. moribundo; **to be** ~ **for**, estar deseando morirse.
dynamic *(dainámik)* adj. dinámico.
dynamite *(dáinamait)* s. dinamita.
dynamo *(dáinamo)* s. dínamo.
dynasty *(dáinasti)* s. dinastía.
dyslexia *(disléksia)* s. dislexia.
dysentery *(dísientri)* s. *Med.* disentería.
dyspepsia *(dispépsia)* s. *Med.* dispepsia.

E e

each *(ích)* pron. cada uno; adj. cada, todo; adv. ~ **other**, el uno al otro.
eager *(igör)* adj. ansioso.

eagerness *(ígörnes)* s. ansia, avidez, entusiasmo, deseo.
eagle *(ígi)* s. águila.
eaglet *(íglet)* s. aguilucho.
ear *(ir)* s. oreja, oído; *Bot.* espiga; **to turn an ~**, hacer el sordo.
earl *(eerl)* s. conde.
early *(eerli)* adv. temprano, pronto, al principio; adj. primeros, primitivo, antiguo; prematuro.
earn *(eern)* tr. ganar; **to ~ one's living**, ganarse la vida.
earnest *(eernest)* s. en serio, de verdad; adj. serio, sincero.
earnings *(eernings)* s. ingresos, ganancias.
earphones *(íarfouns)* s. pl. auriculares.
earring *(írring)* s. pendiente.
earth *(eerz)* s. tierra; suelo; **the Earth**, la Tierra (planeta).
earthen *(eerzn)* adj. de tierra, de barro.
earthenware *(eerzenuér)* s. loza.
earthworm *(eerzuórm)* s. lombriz de tierra.
earthquake *(eerzkueik)* s. terremoto, sismo.
ease *(is)* s. alivio; comodidad; tranquilidad; tr. aliviar; **at ~!**, ¡descanso!
easel *(isl)* s. caballete.
easily *(isili)* adv. fácilmente.
easiness *(isines)* s. facilidad.
east *(ist)* s. Este; Oriente; adj. oriental.
Easter *(ístör)* s. Pascua de Resurrección, Semana Santa.
eastern *(ístarn)* adj. oriental.
easy *(ísi)* adj. fácil; **~ going**, despreocupado, tranquilo; **to take it ~**, tomarla con calma.
eat [ate o eat; eaten] *(it)* tr. intr. comer, consumir, tragar; corroer.
eatable *(itabl)* adj. y s. comestible.
eating *(íting)* s. comida; adj. de comer, comestible.
eaves *(ívs)* s. pl. alero.
eavesdrop *(ívsdrop)* tr. fisgonear; s. **~per**, fisgón(a).
ebb *(éb)* s. *Mar.* reflujo; **~ tide**, marea baja.
eccentric *(ecséntrik)* adj. extravagante; s. excéntrico.
eccentricity *(ecsentrísity)* s. excentricidad; rareza.
echo *(éco)* s. eco; intr. resonar; tr. repercutir.
eclectic *(ekléctik)* adj. ecléctico.
eclipse *(iklíps)* s. eclipse; tr. eclipsar.
ecology *(ikólodye)* s. ecología.
economic(al) *(ikonómik)* adj. económico.
economics *(ikonómiks)* s. economía.
economize *(ekónomais)* intr. economizar, ahorrar.
economy *(ikónomi)* s. economía.
ecstasy *(écstasi)* s. éxtasis.
ecstatic *(ecstátik)* adj. extático; embelesado.
eddy *(édi)* s. remolino.
Eden *(ídn)* s. edén.
edge *(édye)* s. filo; borde; tr. afilar, **to be on ~**, estar nervioso, estar en vilo.
edgeless *(éddyeles)* adj. sin filo.
edging *(édying)* s. orla.
edible *(edíbl)* adj. comestible.
edict *(ídikt)* s. edicto, decreto.
edification *(edifikéischön)* s. edificación.
edify *(édifai)* tr. edificar.
edit *(édit)* tr. editar, publicar.
edition *(edíschön)* s. edición, publicación.
editor *(éditor)* s. editor.
editorial *(editóriöl)* adj. editorial, instruir.
educate *(édiukeit)* tr. educar; instruir.
education *(ediukéischön)* s. *Acad.* educación, instrucción.
educator *(ediukéitor)* s. educador.
eel *(il)* s. anguila; **as slippery as an ~**, escurridizo como una anguila.
eerie *(íri)* adj. espeluznante, fantasmagórico.
efface *(eféis)* tr. borrar.
effect *(efékt)* s. efecto; tr. efectuar.
effective *(eféktiv)* adj. efectivo, eficaz; vigente.
effects *(efíkts)* s. bienes personales.
effeminate *(iféminit)* adj. afeminado; tr. intr. afeminar(se).
efficacious *(efikéischös)* adj. eficaz, efectivo.
efficiency *(ifíschönsi)* adj. eficiencia.
efficient *(efíschent)* adj. eficiente, capaz, competente.

effigy *(éfidgi)* s. efigie.
effort *(éfort)* s. esfuerzo.
effuse *(efiús)* tr. derramar; verter.
effusive *(efiúsiv)* adj. efusivo.
effusion *(efiúchön)* s. efusión, derramamiento, expansión.

E

egg *(eg)* s. huevo; **boiled ~**, huevo pasado por agua; **hard-boiled ~**, huevo duro; **soft-boiled ~**, huevo pasado por agua; **scrambled ~s**, huevos revueltos; **poached ~s**, huevos escalfados; intr. **~ on**, incitar.
egg box *(eg boxs)* s. huevera, caja de huevos.
eggnog *(eg-nog)* s. ponche de huevo.
egoism *(ígoism)* s. egoísmo.
egoist *(ígoist)* s. egoísta.
Egyptian *(ikhípschön)* s. y adj. egipcio.
eiderdown *(aidórdaun)* s. edredón, plumón.
eight *(éit)* adj. y s. ocho.
either *(ídör, áidör)* (pron.) adj. cualquiera (de dos); conj. (afirmativo); **~... or... o... o...**; **not ~**, tampoco.
ejaculate *(idchákiulet)* tr. eyacular; exclamar.
eject *(idchéet)* tr. arrojar, lanzar, expulsar, expeler.
eke *(ik)* tr. **to ~ out**, ganar a duras penas.
elaborate *(iláböreit)* adj. elaborado; esmerado; tr. elaborar.
elaboration *(ilaboréischön)* s. elaboración.
elapse *(iláps)* intr. pasar, transcurrir.
elastic *(ilastie)* adj. elástico; s. goma elástica.
elasticity *(ilastísiti)* s. elasticidad, flexibilidad.
elate *(eléit)* tr. exaltar, (fig.) elevar; adj. **~d**, exaltado, elevado.
elbow *(élbou)* s. codo; **~ room**, espacio; tr. dar codazos; **to ~ one's way**, hacerse paso a codazos.
elder *(éldör)* adj. mayor; s. anciano.
elderly *(éldaali)* adj. mayor, anciano.
eldest *(eldest)* adj. el, (la) mayor.
elect *(iléct)* s. y adj. electo, elegido; tr. elegir, votar.
election *(ilékschön)* s. *Pol.* elección.
elective *(iléctiv)* adj. electivo.
elector *(iléctaa)* s. elector.
electric *(iléctrik)* adj. eléctrico.
electrical *(elektrikal)* adj. eléctrico.
electrician *(ilectrischan)* s. electricista.
electricity *(ilectrísiti)* s. electricidad.
electrify *(iléctrifai)* tr. electrizar; (fig.) entusiasmar.
electrocute *(iléctrokiut)* tr. electrocutar.
electron *(iléctron)* s. electrón.
elegance *(éligans)* s. elegancia.
elegant *(éligant)* adj. elegante.
element *(éliment)* s. elemento.
elemental *(eliméntal)* adj. elemental.
elephant *(élifant)* s. elefante.
elevate *(eleveit)* adj. elevado; tr. elevar, levantar.
elevation *(elivéischön)* s. elevación.
elevator (UK) *(éliveitör)* s. ascensor, elevador; **service ~**, montacargas.
eleven *(ilévn)* adj. y s. once.
elf *(élf)* s. duende.
elicit *(elísit)* tr. provocar.
eligibility *(elidehibíliti)* s. elegibilidad.
elegible *(élidchibl)* adj. elegible.
eliminate *(elimineit)* tr. eliminar.
elimination *(eliminéischön)* s. eliminación; **~ rand**, eliminatoria.
elite *(elite)* s. élite.
elixir *(elíesir)* s. elixir.
ellipse *(elíps)* s. elipse.
elliptic *(elíptik)* adj. elíptico.
elm *(élm)* s. *Bot.* olmo.
elocution *(elokiuschön)* s. elocución, declamación.
elongation *(elonguéischön)* s. extensión, prolongación.
elope *(elóup)* intr. escaparse.
elopement *(elóupment)* s. fuga; intr. fugarse de novios.
eloquence *(élocuens)* s. elocuencia.
eloquent *(élocuent)* adj. elocuente.
else *(éls)* adj. otro; **anything ~**, algo más; **nothing ~**, nada más; **anybody ~**, ¿alguien más?; **nobody ~**, nadie más; **any where ~**, cualquier lugar; **nowhere~**, ningún otro sitio; **What ~?**, ¿Qué más?; **Or ~**, o de lo contrario.
elsewere *(élsjuer)* adv. en otra parte.

elude *(eliúd)* tr. eludir, evadir.
elusion *(eliúschön)* s. evasión.
emaciate *(eméschit)* tr. enflaquecer; adj. ~ **d**, enflaquecido, consumido.
email, e-mail *(iméil)* s. correo electrónico; tr. to email mandar un correo electrónico.
emanate *(émaneit)* tr. emanar.
emanation *(emanéischön)* s. emanación.
emancipate *(imánsipeit)* tr. emancipar; (fig.) liberar.
emancipation *(emansipéischön)* s. emancipación.
emasculate *(emáskiuleit)* tr. castrar; debilitar; adj. castrado.
embalm *(imbám)* tr. embalsamar.
embank *(embank)* tr. terraplenar.
embankment *(embankment)* s. terraplén, muro de contención; dique.
embargo *(embárgou)* s. embargo; tr. embargar.
embark *(embárk)* tr. embarcar; intr. embarcarse, aventurarse.
embarkation *(embarkeischön)* s. embarco, embarque.
embarrass *(embáras)* tr. desconcertar, turbar, avergonzar.
embarrassing *(embárasing)* adj. vergonzoso, embarazoso.
embarrassment *(embárasment)* vergüenza, pena.
embassy *(émbasi)* s. embajada.
embellish *(embelisch)* tr. embellecer; adornar.
embers *(émbörs)* s. ascua, rescoldo.
embezzle *(embésl)* tr. desfalcar, malversar.
embitter *(émbitör)* tr. amargar, agriar.
emblem *(émblöm)* s. emblema, signo.
embody *(embódi)* tr. incorporar; englobar; encarnar, personificar.
emboss *(embós)* tr. relevar, realzar, repujar (cuero).
embrace *(embréis)* s. abrazo; v. abrazar(se), adoptar (fig.), enredo, embrollo.
embroider *(imbróidör)* tr. bordar; adornar.
embroidery *(embróidöri)* s. bordado.
embroilment *(embroilment)* s. enredo, embrollo.
embryo *(émbrio)* s. embrión; adj. embrionario.
emerald *(émörald)* s. esmeralda.
emerge *(imeerdy)* intr. surgir, salir; brotar.
emergency *(imeedyensi)* s. emergencia.
emergent *(imeeyent)* adj. emergente.
emigrant *(emigrant)* s. y adj. emigrante.
emigrate *(imígreit)* intr. emigrar.
emigration *(emigréischön)* s. emigración.
eminence *(eminens)* s. eminencia.
eminent *(eminent)* adj. eminente; ilustre.
emisary *(émisari)* s. emisario.
emission *(imíschön)* s. emisión.
emit *(imít)* tr. emitir.
emoticon *(emóutikon)* s. emoticono o emoticón.
emotion *(imóuschön)* s. emoción.
emotional *(emóschönel)* adj. emotivo, emocional.
empathy *(émpazi)* s. empatía.
emperor *(émperar)* s. emperador.
emphasis *(émfasís)* s. énfasis; hincapié.
emphasize *(émfasais)* tr. acentuar, recalar; poner énfasis.
emphatic *(emfátik)* adj. enfático.
empire *(empáir)* s. imperio.
empirical *(empirikal)* adj. empírico.
employ *(emplói)* tr. emplear; utilizar.
employee *(emploi)* s. empleado.
employer *(emplóiör)* s. empleador, patrón.
employment *(emplóiment)* s. empleo, ocupación.
emporium *(empóuriöm)* s. emporio; bazar; almacenes.
empower *(impáuör)* tr. autorizar.
empress *(émpres)* s. emperatriz.
emptiness *(émptines)* s. vacuidad; vacío.
empty *(émpti)* adj. vacío; vano; tr. intr. vaciar(se).
emulate *(émiuleit)* tr. emular; imitar.
enable *(enéibl)* tr. habilitar, capacitar, autorizar, permitir.

enact *(enáct)* tr. establecer; poner en vigor.
enamel *(enámel)* s. esmalte; tr. esmaltar.
encampment *(enkampment)* s. campamento.
encase *(enkéis)* tr. encajonar; encajar; encerrar, revestir.
enchain *(inchéin)* tr. encadenar.
enchant *(enchant)* tr. encantar, hechizar; cautivar, fascinar.
enchantment *(enchantment)* s. encanto, hechizo.
enchanting *(enchanting)* adj. encantador, atractivo.
enclose *(enklóus)* tr. incluir (correspondencia); rodear, cercar.
enclosure *(enklóuchör)* s. cerca, cercado, anexo, recinto.
encore *(enkór)* tr. repetir; interj. ¡otra vez! ¡bis! s. repetición.
encounter *(enkáuntör)* s. encuentro; tr. encontrar, tropezar con.
encourage *(enkö'ridch)* tr. animar, incitar.
encouragement *(enkö'ridchment)* s. ánimo, incitación.
encroach *(éncröuch)* tr. usurpar, robar; invadir, abusar.
encumbrance *(enkómbrans)* s. molestia, estorbo, carga.
encyclopedia *(ensaiklopídia)* s. enciclopedia.
end *(end)* s. fin; extremo; tr., intr. acabar, concluir; **at the ~**, al final, al fin; **this ~**, este extremo; **hair stands on ~**, ponerse los pelos de punta.
endanger *(endángyör)* tr. poner en peligro, arriesgar.
endear *(endiar)* tr. e intr. hacerse querer, encariñarse.
endearing *(endíring)* adj. entrañable; s. **endearment**, cariño.
endeavor (US) o **endeavour** (UK) *(endévar)* s. intento, esfuerzo; tr. intentar; intr. esforzarse.
ending *(ending)* s. término, desenlace, fin; adj. concluyente.
endless *(éndles)* adj. interminable, inacabable; sinfín, infinidad.
endorse *(indórs)* tr. respaldar, garantizar, endosar.
endorsement *(indórsment)* endoso; aprobación.
endow *(endáu)* tr. dotar; fundar.
endowment *(endáument)* s. dotación; donación.
endurable *(endiúrabl)* adj. soportable, aguantable, tolerable.
endurance *(endiúrans)* s. aguante.
endure *(indiúör)* tr. soportar, aguantar, tolerar; intr. durar, perdurar.
enema *(eníma)* s. enema.
enemy *(énemi)* s. enemigo.
energetic *(enórdchetik)* adj. vigoroso, enérgico.
energy *(enórdchi)* s. energía, fuerza.
enfeeble (UK) *(infíbl)* tr. debilitar.
enforce *(enfórs)* tr. imponer, ejecutar; *Leg.* poner en vigor; obligar.
enfranchise *(infránchis)* tr. emancipar, conceder el voto a.
engage *(enguéidch)* tr. captar, *Mec.* engranar; comprometer; contratar; intr. participar.
engaged *(engéidchd)* adj. (lugar) ocupado; (novios) prometido; *Com.* contratado; *Mec.* engranado; embragado.
engagement *(enguédchment)* s. compromiso; cita.
engender *(éndchendör)* tr. intr. engendrar(se).
engine *(éndchin)* s. motor, máquina; locomotora.
engineer *(endchinír)* s. ingeniero; perito; mecánico.
engineering *(éndchiníring)* s. ingeniería, tecnología.
England *(íngland)* s. Inglaterra.
English *(ínglish)* adj. y s. inglés; **the ~**, los ingleses.
engrave *(engréiv)* tr. grabar, cincelar.
engraver *(engréivör)* s. grabador.
engraving *(engráving)* s. grabado.
engrossed *(engróst)* adj. absorto, ensimismado.
enhance *(enjáns)* tr. mejorar.
enigma *(enigma)* s. enigma.
enigmatic *(enigmátik)* adj. enigmático.
enjoy *(endyói)* tr. gozar de, disfrutar de; **to ~ oneself**, divertirse.
enjoyment *(endyoiment)* s. goce, disfrute, placer, deleite.

enlarge *(enlárdch)* tr. ampliar, extender, agrandar. intr. ampliarse.
enlargement *(enlárdchment)* s. ampliación, aumento.
enlighten *(enláitn)* tr. iluminar, aclarar.
enlightenment *(enláitnment)* s. ilustración, aclaración.
enlist *(enlíst)* tr. *Mil.* alistar; intr. alistarse, enrolarse.
enlistment *(enlistment)* s. alistamiento, reclutamiento.
enliven *(enlaivan)* tr. alegrar; animar.
enmesh *(enmésch)* tr. enredar, capturar con una red.
enmity *(énmiti)* s. enemistad.
ennoble *(enóubl)* tr. ennoblecer.
enormity *(enórmiti)* s. enormidad, exceso, inmensidad.
enormous *(enórmös)* adj. enorme, descomunal, excesivo.
enough *(inö'f)* adj. y adv. bastante, suficiente; interj. ¡basta!
enquire *(enkwai)* tr. indagar, preguntar.
enquiry *(endkwairi)* s. encuesta, pregunta; indagación; **enquiries** pl. *Pol.* investigaciones, consultas.
enrage *(enréidge)* tr. enfurecer; irritar.
enrich *(enrich)* tr. enriquecer.
enroll (US), **enrol** (UK) *(enróul)* tr. matricular, inscribir; intr. matricularse, inscribirse.
enrollment (US), **enrolment** (UK) *(enrolment)* s. matrícula, inscripción; *Mil.* alistamiento.
ensemble *(ensamble)* s. conjunto.
ensign *(énsain)* s. bandera; insignia; divisa.
enslave *(ensléiv)* tr. esclavizar.
ensuing *(ensóing)* adj. siguiente, resultante.
ensure *(enshör)* tr. asegurar, garantizar.
entail *(entéil)* s. vínculo; tr. suponer, implicar, conllevar.
entangle *(entángl)* tr. enredar; embrollar.
entanglement *(entánglment)* s. enredo, embrollo.
enter *(éntör)* intr. entrar en; inscribir; introducir; (examen) presentarse.
enterprise *(énterprais)* s. empresa, firma; iniciativa, empuje.
enterprising *(énterpraising)* adj. emprendedor.
entertain *(entertéin)* tr. entretener; agasajar.
entertainer *(entertéinör)* s. animado, anfitrión.
entertaining *(entertéining)* adj. entretenido.
entertainment *(entertéinment)* s. diversión, entretenimiento.
enthrall *(endzröl)* tr. cautivar, embelesar.
enthusiasm *(enziúsiasm)* s. entusiasmo, fervor.
enthusiast *(enziúsiast)* s. entusiasta, aficionado.
enthusiastic *(enziúsiastik)* adj. entusiasmado.
entice *(entais)* tr. atraer, tentar, seducir.
enticement *(intáisment)* s. tentación, seducción.
entire *(entáir)* adj. entero, íntegro, completo.
entity *(entiti)* s. entidad; ser; individualidad.
entrails *(éntreils)* s. pl. entrañas; tripas.
entrance *(éntrans)* s. entrada; *Teat.* principio; portal.
entreat *(entrit)* tr. rogar.
entrench *(entrench)* tr. *Mil.* atrincherar.
entry *(éntri)* s. entrada, inscripción; anotación; **no ~**, (tráfico) prohibido el paso.
entwine *(entwain)* tr. entrelazar; (textil) entretejer.
enumerate *(iniúmöreit)* tr. enumerar.
enumeration *(íniumöréischön)* s. enumeración.
enunciate *(inö'nschieit)* tr. enunciar.
enunciation *(inönsiéischön)* s. enunciación; pronunciación.
envelop *(envelop)* tr. envolver; cubrir.
envelope *(énveloup)* s. sobre, envoltura.
envious *(énviös)* adj. envidioso.
environment *(enváirönment)* s. medio ambiente, entorno.

E

E

environs *(enváirons)* s. pl. alrededores.
envisage *(envizidye)* intr. (fig.) contemplar, imaginar.
envoy *(envoi)* s. enviado.
envy *(envi)* s. envidia; tr. envidiar.
ephemeral *(ifémeral)* adj. efímero.
epic *(épik)* adj. épico.
epicure *(épikiur)* s. epicúreo; sibarita.
epidemic *(epidemik)* adj. epidémico.
epilepsy *(épilepsi)* s. epilepsia.
epileptic *(epileptik)* s. y adj. epiléptico.
epilogue *(epilog)* s. epílogo.
episode *(épísoud)* s. episodio.
epistle *(epísl)* s. epístola; carta.
epitaph *(épitaf)* s. epitafio.
epoch *(époc)* s. época, era.
equable *(ikuabl)* adj. igual, regular, estable; ecuánime.
equal *(ikual)* s. igual; adj. igual.
equality *(ikuóliti)* s. igualdad.
equalize *(íkualais)* tr. igualar, empatar; equiparar.
equanimity *(ikuanímiti)* s. ecuanimidad, equilibrio.
equanimous *(ikuánimös)* adj. ecuánime.
equation *(ikuéischön)* s. ecuación.
equator *(ikuétör)* s. ecuador.
equatorial *(ikuatóurial)* adj. ecuatorial.
equestrian *(ikuéstrian)* adj. ecuestre.
equilibrate *(ikuiláibrait)* tr. equilibrar.
equilibrist *(ikuilibrist)* s. equilibrista.
equilibrium *(ikuilíbriöm)* s. equilibrio, balance.
equine *(ikuain)* adj. equino.
equinox *(écuinocs)* s. equinoccio.
equip *(ecuip)* tr. equipar, preparar; *Mil.* pertrechar.
equipment *(ecuíment)* s. instrumentos, equipo; pertrechos; *Mil.* armamento.
equity *(écuiti)* s. equidad; justicia.
equivalence *(ecuívalens)* s. equivalencia
equivalent *(ecuívalent)* s. y adj. equivalente.
equivocal *(ikuívokal)* adj. equívoco; ambiguo.
equivocate *(ikuívokeit)* int. hablar con evasivas.
equivocation *(ikuivokéischön)* s. equivocación; error.
era *(ira)* s. era; edad.
eradiate *(eradieit)* tr. irradiar.
eradicate *(irádikeit)* tr. erradicar.
eradication *(iradikéischön)* s. extirpación, destrucción.
erase *(iréis)* tr. borrar, tachar.
erect *(iréct)* adj. erecto, rígido, tr. erigir, levantar.
erection *(irécschön)* s. erección.
ermine *(ö'rmin)* s. armiño.
erosion *(iróuschön)* s. erosión; corrosión, desgaste.
erotic *(irótik)* adj. erótico.
err *(ér)* intr. errar, equivocarse.
errand *(érand)* s. recado; ~ **boy**, mandado.
errant *(érant)* adj. errante; vagabundo.
erratic *(iratik)* adj. errático, irregular.
erratum *(eréitöm)* s. errata.
erroneous *(eróneös)* adj. erróneo, equivocación.
error *(erór)* s. error, falta.
eruct(ate) *[irö'ct(eit)]* tr. eructar.
eructation *(iröctéischön)* s. eructo.
erudite *(ériudait)* adj. erudito.
eruption *(irö'pschön)* s. erupción, estallido.
eruptive *(irö'ptiv)* adj. eruptivo.
erysipelas *(erisipelas)* s. erisipela.
escalate *(eskaleit)* tr. intensificar, escalar, aumentar.
escalation *(eskaleischön)* s. escalada, intensificación.
escalator *(eskaléitar)* s. escalera mecánica.
escapade *(éskepeid)* s. escapada, travesura, aventura.
escape *(eskéip)* s. fuga; tr. evitar; intr. fugarse.
eschew *(eschiú)* tr. esquivar, rehuir.
escort *(escort)* s. escolta; tr. escoltar, acompañar.
escutcheon *(eskö'chön)* s. escudo de armas.
Eskimo *(eskímo)* s. esquimal.
especial *(espéschal)* adj. especial; notable.
especially *(espéscháli)* adv. especialmente.

espionage *(éspionadsh)* s. espionaje.
essay *(ései)* s. *Lit.* ensayo; *Acad.* composición; tr. tratar.
essayist *(eséist)* s. ensayista.
essence *(eséns)* s. esencia; perfume; (fig.) (pers.) ente, esencia.
essential *(esénschal)* adj. esencial.
establish *(estáblisch)* tr. establecer; fundar.
establishment *(estáblishment)* s. establecimiento; institución.
estate *(estéit)* s. finca, hacienda; propiedad, patrimonio.
esteem *(estím)* s. estima(ción); tr. estimar, apreciar.
estimate *(éstimeit)* s. estimación; *Econ.* presupuesto; tr. estimar. *Mat.* calcular.
estimation *(estiméischön)* s. estimación, juicio, respeto.
estrange *(istreindch)* tr. enajenar, separar, apartar, alejar.
estuary *(éstiueri)* s. estuario.
eternal *(itö'rnal)* adj. eterno, perpetuo.
eternalize *(itö'rnalais)* eternizar.
eternity *(itérniti)* s. eternidad.
ether *(ízör)* s. éter; (fig.) espacio; espíritu.
ethic(al) *[ézik(al)]* adj. ético.
ethics *(éziks)* s. ética.
ethnic *(éznik)* adj. étnico.
ethnology *(eznólodchi)* s. etnología.
ethnological *(eznolódchikal)* adj. etnológico.
etiquette *(étiket)* s. etiqueta, protocolo.
etymological *(etimolódchikal)* adj. etimológico.
etymology *(etimolódchi)* s. etimología.
eucalyptus *(iukelíptös)* s. eucalipto.
Eucharist *(iúkarist)* s. Eucaristía.
Eucharistic *(iúkaristik)* adj. eucarístico.
euphoria *(iufória)* s. euforia.
euphoric *(iufórik)* adj. eufórico.
eulogist *(iúlodchist)* s. elogiador; panegirista.
eulogize *(iúlodchais)* tr. elogiar.
eulogy *(iúlodchi)* s. elogio.
eunuch *(iúnöc)* s. eunuco.
Europe *(iúröp)* s. Europa.
European *(iuropían)* adu. europeo.
euthanasia *(iuzanéisia)* s. eutanasia.
evacuate *(ivákiueit)* tr. evacuar, desalojar; vaciar; intr. vaciarse.
evacuation *(ivakíueschön)* s. evacuación.
evade *(ivéid)* tr. evadir; eludir; intr. evadirse.
evaluate *(iváliueit)* tr. evaluar, valorar.
evaluation *(ivalíuéischön)* s. evaluación, valoración.
evangelical *(evandehélieal)* adj. evangélico.
evangelist *(ivánchelist)* s. evangelista.
evangelize *(ivánchelais)* tr. evangelizar.
evaporate *(eváporeit)* tr. evaporar; intr. evaporarse.
evaporation *(evaporéischön)* s. evaporación.
evasion *(ivéischön)* s. evasión; escapatoria; excusa.
evasive *(ivéisiv)* adj. evasivo.
eve *(ív)* s. víspera; **Christmas ~**, Noche Buena.
even *(íven)* adj. llano; igual; **~ numbers**, números pares; **~ if**, (conj.) aunque; tr. nivelar.
evening *(ívning)* s. tarde, anochecer, noche; **~ dress**, traje de noche.
event *(ivént)* s. acontecimiento, suceso, evento.
eventful *(ivéntful)* adj. lleno de incidentes; memorable.
eventual *(ivénchual)* adj. eventual, resultante.
ever *(évör)* adv. siempre; alguna vez; **not~**, nunca.
everlasting *(evörlásting)* adj. eterno, interminable, incesante.
every *(evóri, évri)* adj. cada; cada uno; todo, **~ other day**, un día sí y otro no; **~ now and then**, de vez en cuando.
everybody *(évöribodi)* pron. todo el mundo, todos.
everything *(evórizing)* adv. todo.
everywhere *(everiuéa)* adv. en todas partes.
evict *(ivíct)* tr. desahuciar, desalojar.
eviction *(evikschön)* s. desahucio.

E

E

evidence *(évidens)* s. indicio; evidencia; *Leg.* testimonio.
evident *(evident)* adj. evidente, claro.
evil *(ívl)* adj. malvado, malo; s. mal; adv. mal, maldad; desgracia.
evocation *(ivokéischön)* s. evocación.
evoke *(ivóuk)* tr. evocar.
evolution *(ivoliúschön)* s. evolución.
evolutionary *(evoliúschönöri)* adj. evolutivo.
evolutionist *(evoliúschönist)* adj. y s. evolucionista.
evolve *(ívölv)* tr. e intr. desarrollarse.
ewe *(iú)* s. oveja, (hembra).
ewer *(iúör)* s. jarro (de lavabo).
exact *(egsáct)* adj. exacto; tr. exigir; imponer.
exacting *(egsácting)* adj. exigente.
exaggerate *(egsádchereit)* tr. exagerar.
exaggeration *(egsádcheréischön)* s. exageración.
exalt *(egsólt)* tr. exaltar; enaltecer.
exaltation *(egsaltéischön)* s. exaltación, júbilo.
examination *(egsámineischön)* s. examen, inspección; estudio.
examine *(egsámin)* tr. examinar; inspeccionar, revisar.
example *(egsámpl)* s. ejemplo; muestra; prototipo.
exasperate *(egsáspereit)* tr. exasperar; adj. irritar.
exasperation *(egsasperéischön)* s. exasperación.
excavate *(ékskaveit)* tr. excavar; cavar.
excavation *(ekskavéischön)* s. *Arq.* excavación.
excavator *(ecskavéitör)* s. excavador, (máquina) exavadora.
exceed *(ecsíd)* tr. exceder; sobrepasar.
exceedingly *(ecsídingli)* adv. extremadamente, sumamente.
excel *(ecsél)* tr. e intr. sobresalir, descollar; tr. superar.
excellence *(ecsélens)* s. excelencia.
excellent *(ecsélent)* adj. excelente, magnífico.
except *(ecsépt)* prep. excepto; conj. pero; sino; tr. exceptuar.
excepting *(ecsépting)* prep, a excepción de, excepto, menos.
exception *(ecsépschön)* s. excepción.
exceptional *(exsepshounal)* adj. excepcional, extraordinario.
excerpt *(ecsö'rpt)* s. extracto, selección; tr. escoger, seleccionar.
excess *(ecsés)* s. exceso.
excessive *(ecsésiv)* adj. excesivo, demasiado.
exchange *(exchéindch)* s. cambio; tr. cambiar; **stock** ~, bolsa de valores.
exchangeable *(excheinyeibl)* adj. canjeable.
excise *(ecsáis)* s. impuesto, tasa.
excitable *(ecsáitabl)* adj. excitable.
excitation *(ecsitáischön)* s. excitación.
excite *(ecsáit)* tr. excitar; emocionar.
excitement *(exsaitment)* s. adj. emoción, estímulo.
exciting *(ecsáiting)* adj. emocionante, excitante.
exclaim *(ekskléim)* intr. exclamar.
exclamation *(eksklaméischön)* s. exclamación; grito.
exclude *(iksklúd)* tr. excluir.
exclusion *(eksklúschön)* s. exclusión, excepción.
exclusive *(eksklúsiv)* adj. exclusivo, reservado.
excommunicate *(ekskomiúnikeit)* tr. excomulgar.
excommunication *(ecscomiunikéischön)* s. excomunión.
excrement *(écscrement)* s. excremento; estiércol.
excursion *(ecskö'rschön)* s. excursión.
excursionist *(ecskö'rschönist)* s. excursionista.
excuse *(ecskiús)* s. excusa; pretexto; tr. excusar, dispensar; disculpa.
execute *(écsikiut)* tr. ejecutar; efectuar; llevar a cabo.
execution *(ecsekiúschön)* s. ejecución, realización.
executioner *(ecsekiúschönör)* s. verdugo.
executive *(ecsékiutiv)* adj. ejecutivo, s. poder ejecutivo
executor *(igsékiutör)* s. albacea; ejecutor, testamentario.

exemplar *(egsémplar)* s. ejemplar, modelo.
exemplary *(egsémplari)* adj. ejemplar, modélico.
exemplify *(egsémplifai)* tr. ejemplificar, demostrar.
exempt *(egsémt)* adj. exento; libre; tr. eximir.
exemption *(egsémpschön)* s. exención, franquicia.
exercise *(écsersais)* s. ejercicio, práctica; *Mil.* maniobra; tr. intr. ejercitar(se), hacer ejercicios, practicar, ejercer.
exert *(igsört)* tr. ejercer, emplear; **to ~ oneself**, esforzarse, empeñarse.
exertion *(igsáschön)* s. extenuación, esfuerzo.
exhalation *(egsjaléischön)* s. exhalación, espiración.
exhale *(eskjéil)* tr. exhalar, emitir, espirar, soplar.
exhaust *(egsóst)* s. **~ pipe**, tubo de escape; tr. agotar, cansar.
exhausted *(egsóstid)* adj. exhausto, agotado, cansado.
exhausting *(egsósting)* adj. agotador, extenuante.
exhaustion *(igsóschön)* s. agotamiento, fatiga.
exhaustive *(egsóstiv)* adj. exhaustivo, detallado.
exhibit *(egsibit)* s. objeto expuesto; tr. exhibir, exponer.
exhibition *(egsibischön)* s. exposición, exhibición.
exhilarate *(egsilóreit)* tr. animar, entusiasmar, estimular.
exhilarating *(egsilorating)* adj. estimulante, vigorizador.
exhort *(egsórt)* tr. exhortar.
exhortation *(egsortéischön)* s. exhortación.
exhumation *(ecsjiumeischön)* s. exhumación
exhume *(ecsjiúm)* tr. exhumar, desenterrar.
exigent *(éksichent)* adj. exigente.
exiguous *(egsíguiuös)* adj. exiguo.
exile *(ecsáil)* s. exilio, destierro; tr. *Pol.* desterrar, exiliar.
exist *(egsíst)* intr. existir.
existence *(egsístens)* s. existencia.
existing *(egsísing)* adj. existente.
exit *(écsit)* s. salida, puerta de salida.
exodus *(éksödös)* s. éxodo.
exorbitance *(egsórbitans)* s. exceso.
exorbitant *(egsórbitant)* adj. exorbitante, excesivo.
exorcism *(écsorsism)* s. exorcismo.
exotic *(ecsótik)* adj. exótico.
expand *(ecspánd)* tr. ensanchar; intr. extenderse.
expense *(ecspáns)* s. extensión.
expansion *(ecspánchön)* s. expansión, ampliación, extensión.
expansive *(ecspánsiv)* adj. expansivo, extensivo.
expatriate *(ikspéitrieit)* tr. expatriar; desterrar.
expatriation *(ekspetriéischön)* s. expatriación, destierro.
expect *(ecspéct)* tr. esperar.
expectance *(ekspéctans)* s. expectación.
expectant *(ikspéctant)* adj. expectante.
expectation *(ecspectéischön)* s. expectación, expectativa.
expectorate *(ecspectireit)* tr. expectorar; *Med.* escupir.
expedient *(ikspídiönt)* adj. conveniente, oportuno, ventajoso, prudente; s. expediente, medio.
expedite *(écspidait)* tr. expedir, facilitar, apresurar; adj. expedito.
expedition *(ecspidíschön)* s. expedición.
expeditionary *(ecspidíschönöri)* adj. expedicionario.
expel *(ecspél)* tr. expulsar.
expend *(ecspénd)* tr. gastar.
expenditure *(ecspéndichiur)* s. gasto, desembolso.
expense *(ecspéns)* s. gasto; **at my ~**, a mis expensas.
expensive *(ecspénsiv)* adj. caro.
experience *(ecspíriens)* s. experiencia; tr. experimentar.
experienced *(ecspíriensd)* adj. experimentado.
experiment *(ecspériment)* s. experimento; intr. y tr. experimentar.
experimental *(eksperiméntl)* adj. experimental.
expert *(ecspat)* adj. experto, perito.
expertness *(expatnes)* s. destreza.
expiate *(écspiet)* tr. expiar.

E

expiation *(ekspiéischön)* s. expiación.
expiatory (UK) *(ekspiatóri)* expiatorio.
expiration *(ekspiréischön)* s. expiración.
expire *(ekspáir)* intr. expirar, terminar, caducar, vencer.
explain *(eksplé in)* tr. explicar, aclarar.
explainable *(ekspléinabl)* adj. explicable.
explanation *(eksplanéischön)* s. explicación, aclaración.
explanatory *(iksplénötri)* adj. explicativo.
explicit *(eksplísit)* adj. explicito, claro, categórico, rotundo.
explode *(eksplóud)* tr. explotar, hacer saltar; intr. estallar, volar.
exploit *(ekspló it)* s. hazaña, proeza; tr. explotar, buscar; (fig.) aprovecharse de, abusar.
exploitation *(eksploitéischön)* s. explotación, aprovechamiento.
exploration *(eksploréischön)* s. exploración, sondeo.
explore *(ekspló r)* tr. explorar.
explorer *(ekspló rör)* s. explorador.
explosion *(eksplóuschön)* s. explosión.
explosive *(iksplóusiv)* adj. explosivo.
export *(éksport)* s. exportación; *(ekspórt)* tr. exportar.
exportation *(eksportéischön)* s. exportación.
expoter *(ekspórtör)* s. exportador.
expose *(ekspóus)* tr. exponer, revelar, descubrir.
exposition *(eksposíschön)* s. exposición, presentación.
exposure *(ikspóucha)* s. exposición, revelación.
expound *(ekspáund)* tr. exponer, explicar.
express *(eksprés)* adj. expreso, específico; s. (tren) expreso; tr. expresar.
expression *(ekspréschön)* s. expresión, manifestación.
expressway *(eksprésuei)* s. autopista.
expressive *(eksprésiv)* adj. expresivo, elocuente.
expulsion *(ekspö'lschön)* s. expulsión.
exquisite *(ékscuisit)* adj. exquisito.
exquisiteness *(ékscuisitines)* s. exquisitez, primor.
extant *(ekstént)* adj. existente.
extempore *(eckstémpore)* adv. de improviso.
extend *(eksténd)* tr. extender, ampliar; intr. extenderse.
extended *(iksténdid)* adj. extenso, prolongado, extendido.
extension *(eksténschön)* s. extensión, ampliación.
extensive *(ikstensiv)* adj. extenso, ancho, dilatado, extensivo; adv. **~ly**, extensamente, por extenso, extensivamente; **~ly used**, de uso general.
extent *(ekstént)* s. extensión, alcance; **to a great ~**, en gran medida; **to what extend**, ¿hasta qué punto?
extenuate *(eksténiueit)* tr. atenuar, mitigar, aminorar.
exterior *(ekstíriör)* adj. externo; s. exterior.
exterminate *(ekstö'rmineit)* tr. exterminar, aniquilar.
extermination *(ekstermineischön)* s. exterminación.
external *(ekstö'rnal)* adj. exterior, externo.
extinct *(ekstínct)* adj. extinguido.
extinction *(ekstinkschön)* s. extinción.
extinguish *(ekstíngüisch)* tr. extinguir; intr. desaparecer, apagarse.
extirpate *(ékstörpeit)* tr. extirpar, extraer.
extirpation *(ekstörpéischön)* s. extirpación, extracción.
extol *(ikstól)* tr. enaltecer, ensalzar.
extort *(ikstórt)* tr. obtener por fuerza o amenaza, exigir (dinero, promesa, etc.); extorsionar.
extra *(ékstra)* adj. adicional; s. extra; adv. extremadamente.
extract *(ékstract)* s. extracto, resumen; *(ekstréct)* tr. extractar *Lit.*; *Med.* extraer.
extraction *(ekstraktschiön)* s. extracción.
extradition *(ekstradischön)* s. extradición.
extractor *(ekstrácta)* s. extractor.
extraordinary *(ekstrórdineri)* adj. extraordinario, excepcional.
extravagance *(ekstrávagans)* s. extravagancia; derroche.
extravagant *(ekstrávagant)* adj. extravagante, derrochador.
extreme *(ekstrím)* adj. y s. extremo.

extremity *(ekstrémiti)* s. extremidad.
exuberance *(eksiúberans)* s. exuberancia.
exuberant *(eksiuberant)* adj. exuberante; eufórico.
exult *(egsólt)* tr. exultar.
eye *(ái)* s. ojo; tr. ojear, mirar; ~ **shadow**, sombra de ojos.
eyeball *(áibol)* s. globo del ojo.
eyebrow *(áibrau)* s. ceja.
eyelash *(áilasch)* s. pestaña.
eyelid *(álid)* s. párpado.
eyesight *(aísait)* s. vista, visión.

F f

fable *(féibl)* s. fábula
fabric *(fábrik)* s. tejido, tela.
fabricate *(fábrikeit)* tr. (fig.) inventar, fabricar.
fabrication *(fabrikéischön)* s. (fig.) mentira, invención, fabricación.
fabulous *(fábiulos)* adj. fabuloso; increíble; (fig.) apariencia.
facade *(fasád)* s. fachada.
face *(féis)* s. cara; faz; tr. recubrir, afrontar; ~ **value**, valor nominal; ~ **to** ~, cara a cara; **to make a** ~, poner mala cara.
facetious *(fasíschos)* adj. chistoso.
facial *(féschial)* adj. facial.
facile *(fasail)* superficial, simplista.
facilitate *(fasíliteit)* tr. facilitar.
facility *(facíliti)* s. facilidad, instalaciones.
fact *(fact)* s. hecho; **in** ~, de hecho; **as a matter of** ~, en realidad.
faction *(fékschön)* s. facción, bando, partido.
factor *(facta)* s. factor; elemento.
factory *(fáctori)* s. factoría; fábrica.
faculty *(fácolti)* s. facultad, aptitud.
fad *(fed)* s. capricho, manía, moda pasajera.
fade *(féid)* intr. marchitarse; (fig.) desaparecer; ~ **away**, desvanecerse.
fag *(fag)* tr. cansar, fatigar.
fagged-out *(fegd-aut)* adj. agotado, rendido de cansancio.
fail *(féil)* tr. fracasar; fallar; ~ **examinations**, suspender; s. suspenso (examen); fracaso.
failure *(féiliar)* s. fracaso, fiasco; quiebra.
faint *(féint)* adj. débil; s. desmayo; intr. desmayarse.
fair *(fér)* adj. rubio; justo; regular; s. feria; ~ **play**, juego limpio.
fairground *(férgraund)* s. parque de atracciones.
fairly *(férli)* adv. bastante, imparcialmente.
fairness *(femes)* s. justicia, honradez; equidad.
fairy *(féri)* s. hada.
fairytale *(féiryteil)* s. cuento de hadas, (fig.) cuento chino.
faith *(féiz)* s. fe; crédito; confianza.
faithful *(féizful)* adj. fiel; leal.
faithfulness *(féizfulnes)* s. fidelidad, lealtad.
faithless *(feizles)* adj. infiel; sin fe; desleal.
fake *(féik)* s. y adj. falso.
falcon *(fólkon)* s. halcón.
fall [fell; fallen] *(fól)* intr. caer; caerse; s. caída; catarata; (fig.) otoño; (US) **to** ~ **in love with**, enamorarse de; ~ **out**, romper filas.
fallacious *(faléchos)* adj. falaz.
fallacy *(fálasi)* s. falsedad, falacia.
fallow *(falou)* adj. baldío; s. barbecho; tr. *Agric.* barbechar
false *(fóls)* adj. falso.
falsehood *(fólsjud)* s. falsedad.
falsification *(folsifikéischön)* s. falsificación.
falsify *(fólsifai)* tr. falsificar.
falter *(fóltör)* intr. titubear, vacilar; s. vacilación, tambalearse.
fame *(féim)* s. fama.
familiar *(familiar)* adj. familiar, conocido; ~ **with**, conocedor de.
familiarity *(familiáriti)* s. familiaridad, conocimiento.
family *(fámili)* s. familia; ~ **name**, apellido.
famine *(fámin)* s. hambre; inanición, hambruna.
famished *(fémisecht)* adj. hambriento, muerto de hambre; **to be** ~, (fig.) morirse de hambre, estar hambriento.

F

famous *(féimös)* adj. famoso.
fan *(fán)* s. abanico; ventilador; hincha;tr. abanicar.
fanatic *(fanatik)* s. fanático.
fanaticism *(fanátisism)* s. fanatismo.
fanciful *(fánsiful)* adj. antojadizo, caprichoso, extravagante; imaginativo.
fancy *(fánsi)* tr., intr.encaprichar (se); imaginar; s. fantasía; capricho, antojo.
fang *(feng)* s. colmillo (de caninos)
fantastic *(fantastik)* adj. fantástico.
fantasy *(fántasi)* s. fantasía; imaginación.
far *(far)* adv. lejos; muy adj. lejano; **as ~ as**, hasta;**so ~**, hasta ahora; **~ and wide**, por todas partes; **~ away**, muy lejos.
farce *(fárs)* s. farsa.
fare *(fér)* s. tarifa; importe del billete.
farewell *(feruél)* interj. adiós; s. despedida.
far-fetched *(fárfecht)* adj. increíble, improbable.
farm *(farm)* s. granja; tr. cultivar; **~house**, alquería, caserío; **~yard**, corral.
farmer *(fármör)* s. granjero
farming *(farming)* s. cultivo; crianza (animales).
farther *(fárdör)* adj. ulterior; adv. más lejos.
farthest *(fádist)* adv. lo más lejos; adj. más distante.
fascicle *(fásikl)* s. fascículo.
fascinate *(fásineit)* tr. fascinar.
fascinating *(fasinéting)* adj. fascinante, fascinador.
fascination *(fasinéischön)* s. fascinación, entusiasmo.
Fascism *(fásism)* s. fascismo.
Fascist *(fásist)* s. fascista.
fashion *(fáschön)* s. moda; uso. tr. amoldar; **in ~**, de moda; **out of ~**, fuera de moda.
fashionable *(fáschönobl)* adj. elegante; de moda.
fast *(fast)* s. adj. rápido, fijo, sólido; adv. velozmente; firmemente; s. ayuno; intr. ayunar.
fasten *(fásn)* tr. afirmar, abrochar, atar, sujetar.
fastener *(fásnör)* s. broche; cierre, sujetador; **zip ~**, cremallera.
fastidious *(fastídiös)* adj. fastidioso; quisquilloso.
fastness *(fástnes)* s. firmeza, rapidez.
fat *(fát)* adj. gordo; s. grasa; sebo; tr. **to get ~**, engordar; **~ free**, sin grasas.
fatal *(féitol)* adj. fatal.
fatalism *(féitalism)* s. fatalismo.
fatality *(fatáliti)* s. fatalidad.
fate *(féit)* s. destino, providencia, suerte.
father *(fádör)* s. padre; tr. engendrar; **~-in-law**, suegro.
fatherhood *(fadójud)* s. paternidad.
fatherland *(fádaland)* s. patria.
fatherless *(fádales)* adj. huérfano de padre.
fatherly *(fádáli)* adj. paternal.
fathom *(fádam)* s. *Náut.* braza, alcance; tr. sondar, sondear, tantear.
fathomless *(fádomles)* adj. insondable.
fatigue *(fatig)* s. fatiga, cansancio.
fatness *(fátnes)* s. gordura, grosor; obesidad.
fatten *(fátn)* tr. engordar; *Zool.* cebar; intr. engordar.
fatty *(fáti)* adj. gordinflón, grasoso, graso; seboso.
fatuity *(fatiúiti)* s. fatuidad.
fatuous *(fáchious)* adj. fatuo.
faucet *(fósit)* s. (US) grifo, llave, espita, canilla. *Amér.* bitoque.
fault *(fólt)* s. falta, culpa.
faultfinder *(foltfaíndör)* s. criticón, criticador.
faultless *(fóltles)* adj. impecable, perfecto.
faulty *(fólti)* adj. defectuoso.
favor (US), **favour** (UK) *(féivor)* s. favor; ayuda; tr. favorecer; **to do a ~**, hacer un favor.
favorable (US), **favourable** (UK) *(féivorabl)* adj. favorable, propicio.
favorite (US), **favourite** (UK) *(féivorit)* adj. y s. favorito, preferido.
fawn *(fon)* s. cervato, color beige; tr. adular; halagar.

fear *(fía)* s. temor, miedo; tr. intr. temer.
fearful *(fíaful)* adj. miedoso, temeroso, medroso.
fearless *(fíales)* adj. intrépido; arrojado, audaz.
feasible *(físabl)* adj. factible, viable, realizable.
feast *(fist)* s. fiesta, festín; tr. festejar, banquetear.
feat *(fit)* s. proeza, hazaña.
feather *(fédör)* s. pluma; **as light as a ~**, ligera como una pluma; **~weight** (boxeo) peso pluma; **~ brained**, tonto, imbécil.
feathery *(fédari)* adj. plumoso; ligero, como una pluma.
feature *(ficha)* s. rasgo, característica; pl. facciones; tr. representar; actuar.
febrile *(fibril)* adj. febril.
February *(fébruori)* s. febrero.
fecula *(fékiula)* s. fécula.
fecund *(fékond)* adj. fecundo, productivo.
fecundate *(fékondeit)* tr. fecundar.
fecundity *(fiko'nditi)* s. fecundidad.
federal *(fédoral)* adj. federal.
federalism *(federalism)* s. federalismo.
federate *(fédöreit)* adj. confederado, federal; tr. (con)federar.
federation *(fedoréischön)* s. (con) federación.
fed up *(féd ap)* adj. harto.
fee *(fi)* s. honorarios, cuota, derechos.
feeble *(fibl)* adj. débil.
feed [fed; fed] *(fid)* tr. alimentar; intr. nutrirse; alimento; **breast-~**, amamantar.
feedback *(fídbak)* s. reacción.
feeder *(fídör)* s. biberón; babero (UK); (*Mec.* y *Elect.*) alimentador.
feeding *(tiding)* adj. alimentación; **~-bottle**, biberón.
feel [felt; felt] *(til)* tr. sentir, palpar; intr. sentirse; **~ cold**, tengo frío.
feeler *(fílör)* s. tentáculo, antena, (fig.) sondeo; **to put out ~s**, hacer un sondeo.
feeling *(fíling)* s. sensación, sentimiento.
feet *(fít)* pl. de **foot**, pies; **flat ~**, pies planos.
feign *(féin)* tr. e intr. fingir; disimular.
feint *(féint)* s. ficción.
felicitate *(felísiteit)* tr. felicitar.
felicitation *(filistéischön)* s. felicitación.
feline *(filain)* adj. felino.
fell *(fél)* tr. talar, derribar; adj. feroz; s. piel; v. tr. pret. **fall**.
fellow *(félou)* s. individuo, compañero, miembro, asociado.
fellowship *(félouschip)* compañerismo; fraternidad; *Acad.* s. beca.
felony *(féloni)* s. crimen, felonía.
felt *(felt)* s. fieltro.
felt-tip (pen) *(felt-tip pen)* s. rotulador.
female *(fimeil)* s. hembra, mujer; adj. femenino.
feminine *(féminin)* adj. femenino.
feminism *(feminism)* s. feminismo.
feminist *(feminist)* s. feminista.
fen *(fen)* s. pantano.
fence *(fens)* s. cerca, valla; tr. cercar; **to ~**, hacer esgrima.
fencing *(fensing)* s. defensa; esgrima.
fender *(féndör)* s. *Aut.* guardabarros; *Amér.* trompa (de locomotora); *Náut.* defensa.
ferment *(fermént)* s. fermento; tr. fermentar.
fern *(fern)* s. helecho.
ferocious *(feróschös)* adj. feroz.
ferocity *(ferósiti)* s. ferocidad.
ferret *(féret)* s. *Zool.* hurón; intr. hurgar, averiguar.
ferry *(féri)* s. transbordador; tr. llevar, transportar.
fertile *(fertail)* adj. fértil, fecundo.
fertility *(fertíliti)* s. fertilidad.
fertilize *(fertalais)* tr. fertilizar.
fertilizer *(fertaláisör)* s. fertilizante, abono.
fervent *(férvent)* adj. ferviente, fervoroso, (fig.) ardiente.
fervor (US), **fervour** (UK) *(férvör)* s. fervor; ardor.
fester *(féstör)* tr. supurar, ulcerar; s. llaga, úlcera.
festival *(festival)* s. fiesta; festividad.
festive *(féstiv)* adj. festivo.

F

F

festivity *(festíviti)* s. festividad.
fetch *(féch)* tr. traer; ir a buscar; ir por.
fete *(feit)* s. fiesta; tr. festejar; agasajar.
fetid *(fítid)* ad. fétido, hediondo.
fetish *(fítish)* s. fetiche.
fetter *(fétör)* grilletes; tr. encadenar; trabar.
feud *(fiúd)* s. contienda, pelea; feudo.
feudal *fiúdal)* adj. feudal.
fever *(fívör)* s. fiebre; **scarlet ~,** escarlatina.
feverish *(fíverisch)* adj. febril.
few *(fiú)* adj. pocos.
fiancé *(fiansé)* s. prometido.
fiancée *(fiansée)* s. prometida.
fiasco *(fiáscou)* s. fracaso, fiasco.
fib *(fib)* s. mentira; embuste; tr. mentir.
fibber *(fíbör)* s. mentirosillo; cuentista.
fiber *(fáibör)* s. fibra, hilo.
fickle *(fíckl)* adj. voluble, inconstante.
fiction *(fíkshon)* s. ficción.
fictitious *(fiktíschos)* adj. ficticio; fingido.
fiddle *(fídl)* s. (fam.) violin; engaño, estafa.
fidelity *(fidéliti)* f. fidelidad.
fidget *(fídchet)* s. persona inquieta; inquietud; intr. moverse; juguetear.
field *(fíld)* s. cancha, campo; esfera.
field work *(fíld uörk)* s. trabajo de campo.
fiend *(find)* s. demonio, diablo, malvado; fanático.
fiendish *(fíndisch)* adj. diabólico.
fierce *(fiós)* adj. feroz, fiero.
fiery *(fáiöri)* adj. fogoso; ardiente; vehemente.
fig *(fig)* s. higo; ~ **tree**, higuera.
fight *(fáit)* s. lucha, pelea; **[fought; fought]** intr. luchar; tr. combatir.
fighter *(fáitör)* s. combatiente; avión de caza, luchador.
figment *(fígmant)* s. (fig.) producto de inventiva.
figurative *(figuiuretiv)* adj. figurado, metafórico.
figure *(fíguiör)* figura; *Mat.* cifra, número; tr. calcular; intr. destacar; figurarse.
filament *(filament)* s. filamento.
filch *(filch)* tr. sisar, hurtar, birlar.
file *(fáil)* s. *Mec.* lima; hilera; fila; archivo; tr. limar, registrar, archivar *Com.* carpeta.
filial *(filial)* adj. filial.
filiation *(filiéischön)* s. filiación, historial.
fill *(fil)* s. hartura; lleno; tr. llenar; **to ~ in**, rellenar, cubrir.
fillet *(filet)* s. filete; tr. cortar en filetes.
filling *(filing)* s. relleno; empaste (dental).
filing cabinet *(fíling cábinet)* s. archivador.
filly *(fili)* s. potranca.
film *(film)* s. película, membrana; tr. filmar.
filter *(fíltör)* s. filtro; tr. filtrar.
filth *(fílz)* s. inmundicia, porquería.
filthiness *(filzines)* s. suciedad.
filthy *(fílzi)* adj. sucio, asqueroso.
fin *(fin)* s. aleta; alerón.
final *(fáinal)* último, definitivo; final.
finance *(fáinans)* s. hacienda pública, finanzas; tr. financiar.
financial *(finánschal)* adj. financiero.
financier *(finánsiör)* s. financiero.
find [found; found] *(fáind)* tr. encontrar, hallar; **to ~ out**, averiguar.
finder *(fáindör)* s. descubridor, hallador; **~s keepers**, el que la encuentra, para él.
finding *(fáinding)* s. descubrimiento; hallazgo; decisión; pl. resultados, datos (de una investigación).
fine *(fáin)* tr. afinar, multar; adj multa.
finery *(fáinori)* s. galas; atavíos, adornos.
finger *(fíngör)* s. dedo (de la mano); tr. tocar, manosear.
fingernail *(fíngerneil)* s. uña.
finicky *(fíniki)* adj. melindroso, caprichoso, quisquilloso.
finish *(fínish)* s. fin, término; tr. acabar, terminar; intr. acabar; morir.
finite *(faineit)* adj. finito.
fir *(for)* s. abeto.
fire *(fáir)* s. fuego; incendio; tr. disparar; (fam.) despedir; ~ **arm** s. arma de fuego ~ **engine**, coche de bomberos.

firefigther *(fairfáithör)* s. bombero.
firefly *(fáirflai)* s. luciérnaga.
fireplace *(fáirpleis)* s. chimenea, hogar.
fireside *(fáirsaid)* s. hogar.
firewood *(fáirvud)* s. leña.
fireworks *(fáiruoks)* s. fuegos artificiales.
firm *(fö'rm)* s. empresa, firma; adj. firme, sólido.
first *(fo'rst)* adj. primero; adv. en primer lugar; ~ **class**, primera clase; ~ **aid**, primeros auxilios.
fiscal *(fiskal)* s. adj. fiscal.
fish *(físch)* s. pez; pescado; tr. intr. pescar; **to ~ in troubled water's**, pescar en aguas revueltas.
fisherman *(físcharman)* s. pescador.
fishhook *(físchjuk)* s. anzuelo.
fishing *(físching)* s. pesca; adj. pesquero.
fishmonger *(físchmongör)* s. pescadero; (fig.) entremetido.
fishy *(físchi)* adj. (fam.) sospechoso, raro; a pescado.
fissure *(físchiur)* s. grieta; hendedura.
fist *(fist)* s. puño; **tight ~ed**, agarrado, tacaño.
fit *(fit)* s. ataque, arranque; adj. apto, adecuado; tr. ajustar, sentar bien; ~ **into**, encajar; ~ **out**, equipar.
fitter *(fitör)* s. ajustador; montador; probador.
fitting *(fíting)* s. *Mec.* accesorios, herrajes; prueba de vestuario; adj. propio, adecuado.
five *(fáiv)* adj. cinco.
fix *(fícs)* tr. fijar; asegurar; s. apuro, posición; tr. **to ~ up**, arreglar.
fixture *(fíeschar)* s. cosa fija; pl. instalaciones.
flabby *(flábi)* adj. flojo, lacio.
flag *(flag)* s. bandera, losa, tr. izar bandera; enlosar; intr. flaquear.
flagpole *(flágpoul)* s. asta de bandera, mástil.
flagrant *(fléigront)* adv. flagrante, notorio, escandaloso.
flagstaff *(flágstaf)* s. asta de bandera.
flair *(fler)* s. talento, un don.
flake *(fléik)* s. copo, escama.
flame *(fléim)* s. llama; intr. arder.
flank *(flánk)* s. costado, flanco; adj. lateral; por el flanco; tr. flanquear.
flannel *(flánel)* s. franela.
flap *(flap)* s. faldón; aleteo, aletazo; tr. batir, agitar.
flare *(flér)* s. llamarada, destello; intr. resplandecer; intr. ~ **up**, estallar (de cólera); (fig.) encolerizarse.
flash *(flash)* s. fogonazo, destello. *Náut.* ~ **of lightening**, relámpago.
flashlight *(flashlait)* s. linterna eléctrica.
flashy *(flashi)* adj. llamativo, ostentoso; chillón.
flask *(flasc)* s. frasco.
flat *(flát)* s. llanura, planicie; apartamento; adj. plano, liso.
flatness *(flátnes)* s. llanura.
flatten *(flátn)* tr. aplanar, allanar.
flatter *(flátör)* tr. adular.
flatterer *(flaterör)* adulador.
flattery *(flátori)* s. adulación.
flaunt *(flont)* s. ostentación; tr. alardear de.
flavor (US), **flavour** (UK) *(fléivör)* s. sabor; tr. sazonar.
flavoring (US), **flavouring** (UK) *(fléivöring)* s. condimento, sazón.
flavorless *(fléivörless)* adj. insípido, sin sabor, soso.
flaw *(fló)* s. tara, falla, imperfección.
flawless *(flóles)* adj. impecable; intachable, irreprochable; perfecto.
flax *(flaks)* s. *Bot.* lino.
flay *(flei)* tr. desollar, descortezar, despellejar; vilipendiar.
flea *(fli)* s. *Ent.* pulga.
flee [fled; fled] *(fli)* tr. e intr. huir de; escapar de.
fleece *(flís)* s. vellón; lana; tr. trasquilar; tr. (fam.) **to ~**, robar.
fleet *(flit)* s. flota, escuadra; adj. veloz.

F

F

fleeting *(flíting)* adj. fugaz, transitorio, pasajero, efímero.
fleming *(fléming)* s. flamenco.
flemish *(flémisch)* adj. y s. flamenco.
flesh *(flésch)* s. carne; adj. ~ **and blood**, carne y hueso.
fleshy *(fléschi)* adj. carnoso; gordo.
flex *(flees)* tr. doblar, flexionar.
flexible *(flécsibl)* adj. flexible.
flexion *(flécschön)* s. flexión.
flicker *(flíkör)* intr. aletear; revolotear; s. parpadeo, rastro.
flight *(fláit)* s. huida; vuelo; bandada de pájaros; *Avi.* escuadrilla.
flimsiness *(flímsines)* s. ligereza; endeblez, fragilidad.
flimsy *(flimsi)* adj. endeble, ligero.
flinch *(flinch)* intr. estremecerse; recular.
fling *(fling)* s. lanzamiento; juerga; aventura (amorosa); **[flung; flung]** tr. arrojar, lanzar.
flint *(flint)* s. pedernal.
flip *(flip)* tr. tirar, voltear, arrojar; sacudir; dar un pedazo; adj. insolente; s. voltereta.
flippancy *(flípansi)* s. volubilidad; ligereza.
flippant *(flípant)* adj. ligero, frívolo.
flipper *(flípör)* s. aleta.
flirt *(flo'rt)* s. coqueta; tr. coquetear, flirtear.
flit *(flit)* intr. volar, revolotear.
float *(flout)* s. flotador; intr. flotar.
flock *(flók)* s. rebaño, bandada; intr. reunirse.
flog *(flog)* tr. azotar; **to ~ oneself to death**, esforzarse mucho.
flogging *(flóguing)* s. tunda.
flood *(flo'd)* s. inundación; crecida; **the great ~**, el diluvio universal; tr. inundar, anegar.
floor *(flor)* s. piso; suelo.
flop *(flop)* (fam.) fracaso.
floppy *(flópy)* adj. blando; ~ **disk**, disquete.
flora *(flora)* s. flora.
florist *(florist)* s. florista.
floss *(flos)* s. hilo de seda; **dental ~**, hilo dental.
flounder *(fláundör)* intr. forcejar; s. platija.
flour *(fláuo)* s. harina.
flourish *(flo'rish)* intr. florecer; s. esplendor, rúbrica, floreo.
flourishing *(florisching)* adj. floreciente, próspero.
flout *(fláut)* s. mofa; burla; tr. intr. mofarse, desacatar.
flow *(flóu)* s. flujo; circulación; intr. fluir, correr, circular.
flower *(fláuör)* s. flor; intr. florecer; s. ~ **bed**, macizo de flores; s. ~ **pot**, tiesto, macetero.
flowing *(flóuing)* adj. fluido, corriente; suelto.
flu *(flú)* s. gripe.
fluctuate *(flo'cchueit)* intr. fluctuar.
flue *(flú)* s. tiro de chimenea.
fluency *(flúensi)* s. fluidez.
fluent *(fluent)* adj. fluido; desenvuelto.
fluff *(fluf)* s. pelusa; plumón; tr. mullir.
fluid *(fluid)* adj. fluido; s. fluido.
fluidity *(fluiditi)* s. fluidez.
flurry *(flo'ri)* s. ráfaga; barullo; tr. turbar.
flush *(flo'sch)* adj. rico; nivelado; enrojecimiento; adv. a ras de; s. abundancia; tr. sonrojar, ruborizar.
flute *(flút)* s. flauta.
flutter *(flátör)* s. aleteo; intr. aletear.
fluvial *(fluvial)* adj. fluvial.
flux *(flóks)* s. flujo.
fly *(flái)* s. mosca; **[flew; flown]** v. intr. volar.
flying *(fláiying)* adj. volador, volante; ~ **saucer**, platillo volador.
flyleaf *(fláilif)* s. guarda (hoja en blanco, al principio y al fin de un libro).
foal *(foul)* s. potro.
foam *(fóum)* s. espuma; intr. espumar.
foamy *(foumi)* adj. espumoso.
focal *(fokal)* adj. focal.
focus *(fókos)* s. *Opt.* foco.
fodder *(fódör)* s. forraje.
foe *(fóu)* s. enemigo.
foetus *(fítos)* s. feto.
fog *(fóg)* s. niebla; *Foto.* velar; intr. oscurecerse; ~ **horn**, s. sirena (de barco).

foggy *(fógui)* adj. brumoso, nebuloso.
foil *(foil)* s. lámina (de metal, papel de aluminio); tr. frustrar.
fold *(fóuld)* s. pliegue, doblez; rebaño; tr. doblar, plegar, **to ~ the arms**, cruzar los brazos.
folder *(fóuldör)* s. carpeta, folleto.
folding *(fóulding)* adj. plegable.
foliage *(fóliedch)* s. follaje.
folio *(folio)* s. folio.
folk *(fóuk)* s. gente, pueblo; **~ song**, canción típica.
folklore *(fóuklor)* s. folclore.
folkloric *(fólklorik)* adj. folclórico.
follow *(fólou)* tr., intr. seguir.
follower *(fólouör)* s. seguidor, partidario.
following *(fólouing)* adj. siguiente.
folly *(fóli)* s. locura.
foment *(foment)* tr. fomentar.
fomentation *(fomentéischön)* s. fomento.
fond *(fond)* adj. cariñoso, aficionado a; ferviente.
fondle *(fóndl)* tr. acariciar.
fondness *(fóndnes)* s. cariño.
font *(font)* s. pila bautismal; fuente.
food *(fúd)* s. alimento; comida.
fool *(ful)* s. tonto, tr. burlarse de, engañar; intr. **to ~ about**, hacer el tonto.
foolish *(fúlish)* adj. tonto, bobo.
foolishness *(fulishness)* s. tontería, bobada, estupidez.
foot *(fut)* s. pie; base.
football *(fútbol)* s. fútbol.
footbridge *(fútbridye)* s. puente para peatones.
foothold *(fútjold)* posición, asidero.
footing *(fúting)* s. equilibrio; punto de apoyo; *Dep.* **on an equal ~**, estar iguales.
footman *(fútmen)* s. lacayo.
footnote *(fútnout)* s. nota a pie de página.
footpath *(fútpaz)* s. senda, sendero.
footprint *(fútprínt)* s. huella, pisada.
footstool *(fútstuul)* s. banquillo, taburete.
for *(fór)* prep, para, por, conj. porque; pues.
forage *(fóredch)* s. forraje; tr. intr. forrajear.
foray *(fórei)* s. incursión; tr. saquear, pillar.
forbear *(forbér)* tr. intr. abstenerse, reprimirse.
forbearance *(forbérans)* s. aguante.
forbears *(forbérs)* s. antepasados, antecesores.
forbid *(forbid)* tr. prohibir.
forbidding *(forbíding)* adj. imponente; desagradable, ingrato.
force *(fórs)* s. fuerza; tr. forzar, obligar.
forceful *(fórsful)* adj. vigoroso; enérgico.
forceps *(fórseps)* s. *Med.* fórceps.
ford *(ford)* s. vado; tr. vadear, pasar a vado.
fore *(for)* (part.) anterior; delante; **~ and aft**, popa a proa.
forearm *(fórarm)* s. antebrazo.
forebode *(forbóud)* tr. presagiar; presentir.
forboding *(fondóoding)* s. presentimiento, presagio.
forecast *(farkást)* s. predicción, pronóstico; tr. predecir, pronosticar.
forefathers *(fórfaders)* s. antepasados.
forefinger *(forfíngör)* s. dedo índice.
forefoot *(fórfut)* s. pata delantera, mano (de cuadrúpedo).
forego *(fórgou)* tr. preceder.
foregoing *(forgoing)* adj. precedente.
foreground *(fórgraund)* s. primer término.
forehead *(fórjed)* s. frente.
foreign *(fórin)* adj. extranjero; foráneo; extraño.
foreigner *(fórinör)* s. extranjero.
foreman *(fórman)* s. capataz.
foremost *(fórmoust)* adj. principal.
forerunner *(forónör)* s. precursor.
foresee *(forsí)* tr. prever.
foresight *(forsáit)* s. previsión.
forest *(fórist)* s. bosque, selva.
forestall *(forstól)* tr. anticipar; prevenir.
forestry *(fóristri)* s. silvicultura, ingeniería forestal.

F

foretell *(fortél)* tr. predecir.
forethought *(fórzot)* s. premeditación, reflexión.
foreword *(foruórd)* s. prefacio.
forever *(fovévör)* adv. por (o para) siempre.
forfeit *(forfit)* s. prenda; multa; tr. perder el derecho, cederlo.
forge *(fórdch)* s. *Mec.* fragua, forja; tr. fraguar, forjar; (fig.) fortificar.
forger *(förcháör)* s. falsificador.
forgery *(fórdchari)* s. falsificación, falso, adulteración.
forged *(fórgd)* adj. falsificado.
forget [forgot; forgotten] *(forguét)* tr. olvidar; intr. olvidarse.
forgetful *(forguétful)* adj. olvidadizo, desmemoriado.
forgive *(forguiv)* tr. perdonar; indultar.
fork *(fórc)* s. tenedor, horca; bifurcación; tr. levantar; intr. ramificarse; bifurcarse.
forklift *(fórclift)* s. carretilla elevadora.
forlorn *(forlorn)* adj. abandonado; perdido.
form *(form)* s. forma; formulario, impreso, curso (de una escuela), tr. formar.
formal *(formal)* adj. ceremonioso, formal, oficial.
formality *(formáliti)* s. formalidad, trámites.
formative *(fórmativ)* adj. formativo.
former *(fórmör)* adj. anterior; (pron.) primero (de dos).
formerly *(fómerli)* adv. antiguamente; con anterioridad, antes.
formidable *(fórmidabl)* adj. formidable.
formula *(fórmiula)* s. fórmula.
formulate *(fórmiuleit)* tr. formular.
fornicate *(fórnikeit)* intr. fornicar.
fornication *(fornikéischön)* s. fornicación, coito.
forsake [forsook; forsaken] *(forséik)* tr. dejar; abandonar.
fort *(fort)* s. fuerte; *Mil.* fortaleza.
forth *(fórz)* adv. adelante; hasta lo último; **and so ~**, y así sucesivamente.
forthcoming *(fózkaming)* adj. venidero, próximo.
forthwith *(forzuiz)* adv. en el acto.
fortification *(fortifikéischön)* s. fortificación.
fortify *(fórtifai)* tr. fortalecer.
fortitude *(fórtitiud)* s. fortaleza, entereza.
fortnight *(fótnait)* s. quincena.
fortress *(fórtres)* s. fortaleza; *Mil.* plaza fortificada.
fortuitous *(fortiúitös)* adj. fortuito.
fortunate *(fórchiuneit)* adj. afortunado.
fortunately *(fórtuineiteli)* adv. afortunadamente, por suerte.
fortune *(fórchiun)* s. fortuna.
forty *(fórti)* adj. cuarenta; **in the forties**, en los años cuarenta (años).
forum *(fórom)* s. foro.
forward *(fóruad)* adv. adelante; adj. delantero; adj. atrevido; tr. avanzar, *Com.* enviar.
forwards *(fóruards)* adv. adelante.
fossil *(fósil)* s. y adj. fósil.
fossilize *(fósilais)* tr. intr. fosilizar(se).
foster *(fóstör)* tr. promover, fomentar, alentar; adj. adoptivo.
foster brother *(fóstör brádör)* s. hermano de leche.
foster father *(fóstör fádör)* s. padre adoptivo.
foul *(fául)* s. *Dep.* falta; adj. sucio; **~ mouthed**, obsceno.
found *(fáund)* tr. fundar; *Metal.* fundir.
foundation *(faundéischön)* s. fundación; *Arq.* cimiento.
foundling *(fáundling)* s. expósito.
foundry *(fáundri)* s. *Metal.* fundición.
fountain *(fáuntin)* s. fuente, surtidor; **~ pen**, pluma estilográfica.
four *(foor)* adj. cuatro.
fourscore *(fórscor)* adj. y s. ochenta.
fourteen *(fórtin)* adj. catorce.
fourth *(fónz)* adj. cuarto; s. cuarto, cuarta parte; **the ~ of July**, el cuatro de julio.
fowl *(fául)* s. ave de corral.
fox *(fócs)* s. zorro; tr. engañar; confundir; **~-hunter** s. cazador de zorros; **~ hunting**, caza de zorros.

foxiness *(fóksines)* s. astucia, zorrería.
foxy *(fóksy)* adj. astuto.
foyer *(fóier)* vestíbulo.
fraction *(frákchön)* s. fracción; quebrado.
fractional *(frácschonal)* adj. quebrado; fraccionario.
fracture *(frákchiur)* s. fractura; tr. intr. fracturar(se).
fragile *(frédchail)* adj. frágil.
fragility *(fradchíliti)* s. fragilidad.
fragment *(frágment)* s. fragmento, trozo.
fragrance *(fréigranssi)* s. fragancia, perfume, aroma.
fragrant *(fréigrant)* adj. fragante, oloroso.
frail *(fréil)* adj. débil, frágil.
frame *(fréim)* s. marco; tr. enmarcar, componer. *Arq.* armazón. *Anat.* esqueleto.
framework s. *Arq.* armazón.
franc *(franc)* s. franco (moneda).
franchise *(fréntchais)* s. franquicia; derecho o privilegio político; sufragio, voto.
frank *(frank)* adj. franco, sincero.
frankfurter *(fréngkfotör)* s. salchicha de Frankfurt.
frankness *(fránknes)* s. franqueza.
frantic *(frantik)* adj. frenético, furioso, desesperado.
fraternal *(frato'rnal)* adj. fraternal.
fraternity *(frato'rniti)* s. fraternidad.
fratricide *(frátisaid)* s. fratricidio; fraticida.
fraud *(fród)* s. fraude.
fraudulent *(fródiulent)* adj. fraudulento.
fray *(fréi)* s. refriega, pelea.
freak *(fríc)* s. monstruo, fenómeno; ~ **of fortune**, capricho de la fortuna; ~ **of nature**, capricho de la naturaleza.
freckle *(frékl)* s. peca.
free *(frí)* adj. libre; gratuito; **duty ~**, exento de impuestos; ~ **of charge**, gratis, de valde; tr. libertar.
freedom *(frídom)* s. libertad.
freelance *(frílans)* intr. trabajar por cuenta propia.
freemason *(friméison)* s. (franc) masón.
freemasonry *(frimeisonri)* s. (franc)masonería.
freeze [froze; frozen] *(frís)* intr. congelarse; helarse; helar; tr. congelar.
freezer *(frízör)* s. congelador.
freezing *(frísing)* helando; **it's ~**, está helando; ~ **point**, punto de congelación, cero grados.
freight *(fréit)* s. carga; flete; tr. cargar, fletar.
freighter *(fréitör)* s. *Náut.* carguero.
French *(french)* adj. y s. francés.
frenetic *(frinétik)* adj. frenético; furioso.
frenzy *(frénsi)* s. frenesí, locura.
frequency *(frícuensi)* s. frecuencia, repetición.
frequent *(frikuént)* tr. frecuentar; adj. frecuente.
fresh *(fresch)* adj. fresco; nuevo; ~ **water**, agua dulce, agua potable.
freschman *(fréschmen)* s. novato, novicio, estudiante del primer año.
freshness *(fréschness)* s. frescor, frescura.
fret *(fret)* s. roce; tr. frotar; intr. preocuparse, inquietarse.
fretful *(fretful)* adj. enojadizo, preocupado.
friar *(fráior)* s. fraile.
friction *(frícschon)* s. fricción; frotación; friega.
Friday *(fráidei)* s. viernes; **Good ~**, Viernes Santo.
fridge *(frídch)* nevera.
fried *(fraid)* adj. frito p. p. de **to fry**.
friend *(frénd)* s. amigo(a); **boy~**, s. amigo, novio; **girl~**, s. amiga, novia.
friendless *(fréndles)* adj. sin amigos.
friendliness *(fréndlinis)* s. afabilidad, simpatía.
friendly *(fréndli)* adj. amistoso; adv. amistosamente; afable.
friendship *(fréndschip)* s. amistad.
frigate *(frígit)* s. fragata, cañoñero.
fright *(fráit)* s. susto, temor.
frighten *(fráiten)* tr. asustar, atemorizar.
frigid *(frídchid)* adj. *Med.* frígido, glacial.

F

F

frigidity *(fridchíditi)* s. frigidez.
fringe *(fríndch)* s. fleco, orla; tr. ribetear, orlar, bordear.
frippery (UK) *(fríperi)* s. perifollos; cursilería.
frisk *(frisc)* s. retozo; adj. juguetón; intr. retozar, juguetear.
frisky *(fríski)* adj. juguetón.
fritter *(frítör)* s. buñuelo; tr. ~ **away**, disipar.
frivolity *(frivóliti)* s. frivolidad.
frivolous *(frivolös)* adj. frívolo.
frizz *(frís)* s. rizo, bucle; tr. rizar, encrespar.
fro *(frou)* adv. de aquí para allá; **to and** ~, de una parte a otra.
frock *(frók)* s. vestido.
frog *(fróg)* s. rana; ~ **man**, hombre-rana.
frolic *(frolik)* s. juerga, jarana; intr. jaranear.
from *(from)* prep, de (procedencia); desde.
front *(frö'nt)* s. frente; fachada *Arq.*; **in** ~ **of**, delante de; ~**row** primera fila.
frontier *(fróntiör)* s. frontera; adj. fronterizo.
frost *(frost)* s. escarcha; ~- **(bitten)** (pers.) congelado, helado.
froth *(froz)* s. espuma; intr. espumar; echar espuma.
frown *(fráun)* s. ceño; entrecejo; tr. mirar con ceño; intr. fruncir el entrecejo.
frozen *(frósn)* adj. helado; congelado; **to be** ~, estar helado.
fructiferous *(froctíferös)* adj. fructífero, beneficioso.
fructify *(fro'ctifai)* intr. fructificar.
frugal *(frugal)* adj. frugal, sobrio.
frugality *(frugáliti)* s. frugalidad.
fruit *(frút)* s. fruto; fruta; tr. producir fruta.
fruitful *(frútful)* adj. fructífero.
fruitfulness *(frútfulnes)* s. fecundidad.
fruitless *(frútles)* adj. infructuoso.
frustrate *(fro'streit)* adj. adj. frustrado; tr. frustrar.
frustration *(frostréischön)* s. frustración.
fry *(frái)* tr. intr. freír(se); s. **small** ~, poca cosa, morralla.
frying *(fráing)* adj. de freír; ~ **pan**, sartén.
fudge *(fodech)* s. dulce (usualmente de chocolate y nueces).
fuel *(fiúel)* s. combustible.
fugitive *(fúdehitiv)* s. adj. fugitivo; fugaz.
fulfil(l) *(fulfil)* tr. cumplir, ejecutar, llevar a cabo.
fulfil(l)ment *(fulfilment)* s. realización; satisfacción.
full *(ful)* adj. lleno; entero; s. totalidad; ~ **equip**, completamente equipado; ~ **frame**, fotograma completo; ~ **time**, a tiempo completo.
fullness *(fúlnes)* s. plenitud, abundancia; amplitud.
fulminant *(fo'lminant)* adj. fulminante.
fulminate *(fo'lmineit)* tr. intr. estallar, volar, fulminar.
fumble *(fómbl)* tr. e intr. tantear, hurgar; dejar caer.
fume *(fiúm)* s. gas, humo, vapor; tr. echar humo, humear.
fumigate *(fiúmigueit)* intr. fumigar.
fun *(fo'n)* s. diversión.
function *(fo'nkschön)* s. función.
functional *(fo'nkschonal)* adj. funcional.
fund *(fo'nd)* s. fondo; *Econ.* capital; tr. financiar.
fundament *(fo'ndament)* s. fundamento, base.
fundamental *(fo'ndamental)* adj. fundamental, básico.
funeral *(fiúneral)* adj. funeral; s. funeral(es).
fungus *(fo'ngos)* s. hongo, moho.
funicular *(fiuníkiula)* adj. funicular; s. ~ **railway**, (tren) funicular.
funnel *(fo'nel)* s. embudo; chimenea de barco.
funnies *(fónis)* s. tiras cómicas.
funny *(fo'ni)* adj. gracioso; cómico.
fur *(fo'r)* s. *Zool.* piel.
fur-coat s. abrigo de pieles.
furious *(fiúoriös)* adj. furioso.
furl *(fori)* v. arrollar, enrollar; plegar.
furlough *(fö'rlo)* s. *Mil.* permiso, licencia; tr. dar permiso.

furnace *(fö'rnes)* s. horno; **blast ~**, alto horno.
furnish *(fo'rnisch)* tr. surtir; proveer, amueblar.
furniture *(fo'rnichar)* s. muebles, mobiliario.
furrow *(fo'rou)* s. surco, arruga; tr. surcar.
further *(fo'dör)* adj. ulterior; adicional; adv. más allá; tr. promover; intr. proseguir.
furthermore *(fo'domör)* adv. además.
furthest *(fo'dist)* adj. (el) más lejano, (el) más remoto; adv. más lejos.
furtive *(fo'rtiv)* adj. furtivo; oculto.
fury *(fiúri)* s. furor, rabia.
fuse *(fiús)* s. espoleta, mecha, fulminante; *Elect.* fusible; tr. fundir; intr. fundirse.
fuselage *(fiúsilach)* s. fuselaje.
fusilier *(fusilíör)* s. fusilero.
fusion *(fiúschön)* s. fusión.
fuss *(fos)* s. alboroto; jaleo; intr. alborotar; **to make a ~**, hacer remilgos.
fussy *(fósi)* quisquilloso, remilgado.
fusty *(fo'rti)* adj. mohoso.
futile *(fiútail)* adj. fútil, vano.
future *(fiúcho)* adj. futuro; s. futuro, porvenir.
fuzz *(fo's)* s. pelusa.

G g

gabardine *(gébödin)* s. gabardina.
gabble *(gábl)* intr. charlar; s. parloteo, charla.
gable *(geibal)* s. gablete (de un tejado); **~roof**, tejado de caballete o de dos aguas.
gad *(gád)* s. aguijón, punzón; intr. deambular.
gadget *(gádehit)* s. aparato, artefacto, chisme.
Gaelic *(guélik)* s. y adv. gaélico.
gaff *(gáf)* s. garfio.
gaffer *(gaför)* s. vejete; (fam.) jefe.
gag *(gág)* s. mordaza, chiste; tr. amordazar.
gage *(guéidch)* s. prenda, calibre; tr. empeñar.
gaiety *(guéieti)* s. jovialidad, alegría, animación.
gain *(guéin)* s. ganancia; tr. e intr. ganar.
gainsay *(guénsei)* tr. cotradecir; contrariar.
gait *(guéit)* s. porte, modo de andar, paso.
gala *(guéla)* s. gala; fiesta; festividad.
galaxy *(galacsi)* s. galaxia.
gale *(guéil)* s. vendaval, galerna.
Gallic *(gélik)* adj. gálico, francés.
galicism *(gélisisem)* s. galicismo.
gall *(gol)* s. hiél, bilis; tr. irritar; s. **~ bladder**, vesícula.
gallant *(gálant)* adj. galante, cortés, valiente; s. galán.
gallantry *(gálantri)* s. valor, galanteo, gallardía.
galleon *(guéilon)* s. galeón.
gallery *(gálöri)* s. galería, (mirador); *Teat.* general.
galley *(geli)* s. galera; cocina (de un buque); **~ proof**, galerada.
gallon *(gálon)* s. galón, (UK 4,5 litros; US 3,8 litros).
gallop *(galop)* s. galope; tr. galopar.
gallows *(gálous)* s. horca.
galore *(golór)* adv. a granel, en grandes cantidades.
galoshes *(golósches)* s. chanclos.
gamble *(gámbl)* intr. jugar; (dinero); s. jugada; (fig.) **to ~**, arriesgarse.
gambler *(gámblör)* s. jugador.
gambling *(gámbling)* s. juego.
gambol *(gámbol)* s. brinco, travesura; intr. brincar.
game *(guéim)* s. juego; partido, partida, caza; intr. jugar.
gang *(gang)* s. pandilla, banda; **to ~ up**, intr. agruparse, unirse.
gangplank *(géngplanyk)* s. plancha, pasamano (de un buque), pasarela.
gangrene *(génggrin)* s. gangrena; intr. gangrenar(se).

G

gangrenous *(gángrinös)* adj. gangrenoso.
gangster *(gángstör)* s. gánster, bandido, criminal.
gangway *(gánguei)* s. *Náut.* pasarela; ¡abran paso!
gaol *(dyéil)* s. cárcel.
gap *(gap)* s. boquete; brecha; hueco, claro.
gape *(guéip)* s. bostezo; abertura; intr. bostezar.
garage *(garádch)* s. garaje.
garb *(gárb)* s. vestimenta, atuendo; tr. vestir, ataviar.
garbage *(gárbidch)* s. desperdicios; basura; ~ **dump**, vertedero.
garden *(gárdn)* s. jardín; **kitchen** ~, huerto; intr. cultivar un jardín.
gardener *(gárdnör)* s. jardinero (a).
gardening *(gárdning)* s. jardinería.
gargle *(gárgl)* s. gárgara; tr. e intr. hacer gárgaras.
garish *(garish)* adj. deslumbrante, llamativo, chillón.
garland *(gálönd)* s. guirnalda.
garlic *(garlik)* s. ajo.
garment *(garment)* s. prenda de vestir, vestido.
garnish *(gárnisch)* s. adorno, atavío; tr. adornar; *Coc.* aderezar.
garret *(gáret)* s. buhardilla, desvan.
garrison *(gárison)* s. *Mil.* guarnición; tr. acuartelar, guarnecer.
garrulous *(gárriulos)* adj. charlatán, parlanchín.
garter *(gártör)* s. liga.
gas *(gas)* s. gas; ~ **station**, gasolinera; **tear** ~, gas lagrimógeno; **a** ~ **cooker**, una cocina de gas; ~ **pump**, surtidor de gasolina.
gaseous *(gáseos)* adj. gaseoso.
gash *(gásch)* s. cuchillada, herida.
gasoline *(gésolin)* s. gasolina, nafta.
gastric *(gastrik)* adj. gástrico.
gastritis *(gastritis, ditis)* s. gastritis.
gastronomist *(gastronomist)* s. gastrónomo
gastronomy *(gastrónomi)* s. gastronomía.
gate *(guéit)* s. puerta, portón.
gather *(gádör)* tr. reunir, recoger; inferir; intr. reunirse.
gathering *(gádöring)* s. reunión, recogida.
gaudy *(gódi)* adj. llamativo, chillón.
gauge *(guéidch)* s. *Fís.* calibrador, calibre, medida, contador; tr. calibrar, medir.
gaunt *(gont)* adj. macilento, demacrado, flaco.
gauntlet *(góntlit)* s. guantelete, manopla; **to throw down the** ~, retar, desafiar.
gauze *(gós)* s. gasa; **wire** ~, tela metálica.
gawky *(góki)* adj. torpe, desgarbado; bobo.
gay *(guéi)* adj. homosexual.
gaze *(guéis)* s. mirada fija; tr. e intr. mirar fijamente.
gazette *(gasét)* s. gaceta.
gear *(guior)* s. equipo, herramientas; *Mec.* engranaje; *Aut.* marcha en primera; ~ **box**, caja de cambios.
gelatine *(gyélatin)* s. gelatina.
geld *(guéld)* tr. castrar.
gelid *(dyélid)* adj. helado, gélido.
gelignite *(dyélignait)* s. gelignita.
gem *(dyém)* s. joya; gema.
gender *(dyéndör)* s. género gramatical.
general *(dyéneröl)* adj. general; s. *Mil.* general.
generality *(dyeneráliti)* s. generalidad, vaguedad.
generalize *(dyenéralais)* intr. generalizar.
generation *(dyenerhéischön)* s. generación.
generator *(dyéneratör)* s. *Elect.* generador.
generosity *(dyenerósiti)* s. generosidad.
generous *(dyénerös)* adj. generoso, abundante.
genesis *(dyénesis)* s. génesis.
genetic *(dyinétik)* adj. genético.
genetics *(dyinétiks)* s. genética.
genial *(dyínial)* adj. afable, cordial.
geniality *(dyiniéliti)* s. afabilidad, cordialidad.
genital *(dyénital)* s. y pl. genitales.
genius *(dyinios)* s. genio, portento.
genteel *(dyentil)* adj. gentil, cortés.

gentile *(dydéntail)* s. gentil.
gentility *(dyentiliti)* s. nobleza.
gentle *(dyéntől)* adj. noble, suave.
gentleman *(dyéntIman)* s. caballero, señor.
gentlemanly *(dyéntlmanli)* adj. caballeroso.
gentleness *(dyéntlnes)* s. nobleza, delicadeza, suavidad.
gently *(dyentli)* adv. suavemente, dulcemente, con delicadeza.
gentry *(dyéntri)* s. alta burguesía.
genuine *(dyéniuin)* adj. genuino, original, auténtico.
genuineness *(dyénuines)* s. autenticidad, veracidad.
genus *(dyínos)* s. género (ciencias).
geographer *(dyiógrafőr)* s. geógrafo.
geographical *(dyiográfikal)* adj. geográfico.
geography *(dyiógrafi)* s. geografía.
geological *(dyiolódchikal)* adj. geológico.
geology *(dyiólodchi)* s. geología.
geometric(al) *(dyiométrik(al))* adj. geométrico.
geometry *(dyiómetry)* s. geometría.
geranium *(dyeréiniom)* s. *Bot.* geranio.
germ *(dyérm)* s. *Path.* germen, microbio; *Biol.* germen.
German *(dyérman)* s. y adj. alemán.
Germanic *(dyermánik)* adj. germánico.
Germany *(dyérmani)* s. Alemania.
germinate *(dyérmineit)* intr. germinar.
gesticulate *(dyestikiuleit)* intr. gesticular.
gesticulation *(dyestikiuléischön)* s. gesticulación.
gesture *(dchéschur)* s. gesto.
get [got; got o gotten] *(guét)* tr. obtener, alcanzar, adquirir, tener, recibir, lograr, llegar; intr. ponerse, volverse; ~ **away**, escaparse; ~ **back**, volver; ~ **down**, bajar; ~ **lost**, perderse; ~ **on**, progresar, seguir; ~ **ready**, prepararse; ~ **rid of**, librarse; ~ **up**, levantarse.
geyser *(gáisőr)* s. *Geol.* geiser; calentador de agua.
ghastliness *(gástlines)* s. palidez, lividez.
ghastly *(gástli)* adj. lívido, cadavérico, horripilante, horroroso.
gherkin *(görkin)* s. pepinillo.
ghetto *(guéto)* s. gueto.
ghost *(góust)* s. espíritu; (fam.) fantasma.
giant *(dyáiant)* s. gigante; adj. gigantesco.
gibbet *(dyíbet)* s. horca.
gibe *(dyáib)* s. burla, mofa; tr. ridiculizar; intr. burlarse, mofarse.
giblets *(dyíblets)* s. pl. menudencias de ave.
giddy *(guidi)* adj. atolondrado, mareado.
gift *(guift)* s. regalo; talento.
gifted *(guíftid)* adj. dotado, talentoso.
gigabyte *(dyígabait)* s. Inform. gigabyte.
gigantic *(dyaigántik)* adj. gigantesco.
giggle *(guigl)* tr. risa falsa, risita; inr. reírse.
gild [gilt; gilt] *(guídl)* tr. dorar.
gill *(gull)* s, agalla de pez, branquia.
gilt *(guilt)* s. dorado, oropel.
gimlet *(guímlit)* s. barrena pequeña.
gin *(dyín)* s. ginebra (licor).
ginger *(dyíndyőr)* s. jenjibre; adj. rojizo.
gipsy *(dyípsi)* s. gitano.
giraffe *(dyiráf)* s. jirafa.
gird [girt; girt] *(górd)* tr. ceñir, rodear, atar.
girder *(gö'rdőr)* s. viga.
girdle *(gö'rdl)* s. faja; tr. ceñir.
girl *(gö'rl)* s. muchacha, chica, moza, niña.
girlhood *(guö'ljud)* s. niñez; mocedad, juventud.
girth *(göz)* s. circunferencia, *Equit.* cincha, faja; tr. chinchar, ceñir.
gist *(dyíst)* s. (fig.) esencia, sustancia.
give [gave; given] *(guív)* tr. dar.
give *(guív)* tr. dar; ~ **away**, dar gratuitamente; ~ **back**, devolver; ~ **in**, ceder; ~ **up**, abandonar.
giver *(guívőr)* s. donante, donador.

G

G

glad *(glad)* adj. contento; **to be ~**, alegrarse.
glacial *(gléschial)* adj. glacial.
glacier *(gláschiör)* s. glaciar, ventisquero.
glad *(glád)* adj. contento.
gladden *(gládn)* tr. alegrar.
glamour *(gléma)* s. encanto, hechizo; fascinación, embrujo; **~ girl**, niña hechicera.
glance *(gláns)* s. mirada, ojeada, vistazo; intr. mirar ojear.
gland *(gland)* s. glándula.
glare *(glér)* s. resplandor, mirada furiosa; intr. resplandecer.
glass *(glás)* s. vidrio; **looking ~**, espejo, vaso, copa; adj. de vidrio.
glasses *(glásis)* s. gafas, lentes; **sun ~**, gafas de sol.
glassware *(glásueor)* s. vajilla de cristal, cristalería.
glaze *(gleis)* tr. vidriar, barnizar, satinar, pulir; *Coc.* glasear.
glazier *(gléisör)* s. vidriero.
gleam *(glím)* intr relucir, radiar; s. fulgor, brillo.
glean *(glín)* tr. recoger, espigar.
glee *(glí)* s. alegría, júbilo.
gleeful *(gliful)* adj. alegre.
glen *(glén)* s. cañada.
glib *(glib)* adj. locuaz, de mucha labia; **~ excuse**, excusa fácil.
glide *(gláid)* s. deslizamiento, planeo; tr. deslizarse.
glider *(gláidör)* s. planeador.
glimmer *(glímör)* s. luz trémula; vislumbre; intr. rielar; (fam.) pizca.
glimpse *(glímps)* s. vistazo; tr. dar un vistazo.
glint *(glint)* s. destello; reflejo; intr. reflejar, brillar, destellar.
glisten *(glísen)* intr. relucir, brillar.
glitter *(glítör)* s. brillo; intr. brillar; **all that ~ is not gold**, no es oro todo lo que reluce.
gloat *(glóut)* intr. gozarse (en), deleitarse (en); relamerse (de gusto), regodearse.
globe *(glóub)* s. esfera, globo, mundo, pecera globular, lámpara.
gloom *(glúm)* s. oscuridad; intr. oscurecerse, entristecerse.
gloomy *(glúmi)* adj. oscuro, sombrío.
glorification *(glorifikéischön)* s. glorificación.
glorify *(glórifai)* tr. glorificar.
glorious *(glóriös)* adj. glorioso.
glory *(glóri)* s. gloria; intr. gloriarse; (fam.) estupendo.
gloss *(glós)* s. lustre, brillo; barniz, glosa; tr. lustrar; *Lit.* glosar.
glossary *(glósari)* s. glosario, vocabulario.
glossy *(glósi)* adj. lustroso, satinado de lujo (revista).
glove *(glö'v)* s. guante; tr. enguantar; **hand in ~**, ser el uno para el otro; muy amigos.
glow *(glóu)* s. fulgor; intr. relucir; s. **~ worm**, luciérnaga.
glucose *(glökoss)* s. glucosa.
glue *(glú)* s. cola, engrudo; tr. encolar, pegar.
glum *(glö'm)* adj. sombrío, triste, melancólico.
glut *(glö't)* s. hartura; intr. ahitarse; tr. saciar, hartar.
glutton *(glö'tn)* s. glotón.
gluttonous *(glö'tnos)* adj. goloso.
glutony *(glö'tni)* s. glotonería, gula.
glycerine *(glíserin)* s. glicerina.
gnarled *(nárld)* adj. nudoso, retorcido.
gnash *(násch)* intr. rechinar los dientes.
gnat *(nát)* s. mosquito.
gnaw *(nó)* tr. roer.
gnome *(nóm)* s. gnomo.
go [went; gone] *(góu)* intr. ir, irse, andar, partir; s. empuje; **astray**, descarriarse; **~ away**, marcharse; **~ back**, regresar; **~ down**, bajar; **~ off**, explorar; **~ on**, continuar; **out** salir; **~ up**, subir; **let ~**, soltar.
goad *(góud)* s. aguijón, pincho; tr. aguijonear.
goal *(góul)* s. meta; *Dep.* ¡gol!, tanto; **~ keeper**, portero, arquero.
goat *(gout)* s. cabra; **acting the ~**, hacer el tonto; **~ cheese**, queso de cabra.
goatee *(gouti)* s. perilla.
gobble *(gobl)*i tr. engullir, tragar.
gobbler *(góblör)* s. tragón; (fam.) pavo.
go-between *(góu-bituín)* s. mediador, intermediario.
goblet *(góblit)* s. copa, cáliz.
goblin *(goblin)* s. duende.
God *(gód)* s. Dios.

goddaughter *(góddotör)* s. ahijada.
goddess *(gódes)* s. diosa.
godfather *(gödfádör)* s. padrino.
godless *(gódles)* adj. impío, ateo.
godlike *(gódlaik)* adj. divino.
godly *(gódli)* adj. piadoso.
godmother *(gödmódör)* s. madrina.
godson *(gódson)* s. ahijado.
goggles *(golgs)* s. pl. gafas (deportivas).
goiter *(góitör)* s bocio.
gold *(góuld)* s. oro; adj. de oro.
golden *(góldn)* adj. de oro; áureo.
goldfinch *(goldfinch)* s. jilguero.
goldfish *(góldfisch)* s. carpa dorada.
goldsmith *(gáuldsmiz)* s. orfebre.
golf *(golf)* s. golf (juego); ~ **links**, campo de golf.
gone *(gon)* p. p. de **go**; adj. ido, desaparecido.
gong *(gong)* s. gong, batintín.
good *(gúd)* adj. bueno; s. bien; s. pl. bienes, mercancías; adv. bien; interj. ¡bueno!, ¡bien!; adj. ~ **looking**, bien parecido, guapo.
good-bye *(gudbái)* s. interj. adiós.
goodness *(gúdnes)* s. bondad, virtud; adj. nutritivo, rico; ~ **me!**, interj. ¡Dios mío!
goodwill *(guduíl)* s. buena voluntad; clientela, renombre comercial.
goose *(gús)* s. ganso; oca.
gooseberry *(gúsberi)* s. grosella.
gorge *(górdch)* s. garganta; tr. engullir, tragar.
gorgeous *(górdyos)* adj. espléndido, magnífico.
gorila *(görílö)* s. gorila.
gory *(góri)* adj. sangriento.
gosh *(gósch)* interj. ¡caray!, ¡caramba!
gospel *(gósped)* s. evangelio.
gossip *(gósip)* s. chisme; intr. chismear, murmurar.
gothic *(gózik)* s. gótico.
gouge *(gáudye)* s. gubia, acanalador, acanaladura, estría.
gourd *(gourd)* s. *Bot.* calabaza.
gout *(gáut)* s. *Med.* gota.
govern *(gö'vörn)* tr. gobernar.
government *(gö'varnment)* s. gobierno.
governmental *(gö'vernmental)* adj. gubernamental.
governor *(gö'varnör)* s. gobernador; (fam.) jefe, patrón.
gown *(gáun)* s. toga; **evening** ~, traje de noche; **dressing** ~, bata; **night** ~, camisón.
grab *(gráb)* tr. agarrar, coger; (fam.) acaparar; ~**ber**, (fam.) acaparador, agarrado.
grace *(gréis)* s. gracia, garbo; *Com.* gracia.
graceful *(gréisful)* adj. gracioso, elegante.
gracious *(gréschös)* adj. graciable, gracioso, grato; **Good ~!**, ¡Dios mío!
graciousness *(gréischüsnes)* s. afabilidad.
gradation *(gradéischön)* s. gradación, escalonamiento.
grade *(greid)* s. grado, rango; **to make the** ~, aprobar.
gradient *(gradient)* s. pendiente, desnivel.
gradual *(grádiual)* adj. gradual.
graduate *(grádiueit)* s. graduado; tr. graduar; intr. graduarse *Acad.*
graduation *(gradiuschön)* graduación.
graft *(graft)* s. injerto; (fam.) estafa; tr. injertar, empalmar.
grain *(gréin)* s. grano, semilla; veta; tr. desgranar.
gram *(grem)* s. gramo.
grammar *(grámar)* s. gramática.
grammatical *(gramátikal)* adj. gramatical.
gramme *(grám)* s. gramo.
gramophone *(grámafoun)* s. gramófono.
granary *(grénöri)* s. granero.
grand *(grand)* adj. estupendo, magnífico.
grandchild *(grándchaild)* s. nieto, nieta.
granddaughter *(gránddotör)* s. nieta.
grandfather *(grándfadör)* abuelo.
grandiose *(gréndious)* adj. gradioso, magnífico.
grandmother *(grándmodör)* s. abuela.
grandson *(grándson)* s. nieto.
grandstand *(grándstand)* s. tribuna, gradería, cubierta.

G

grange *(gréindch)* s. granja, quinta, alquería.
granite *(grant)* s. *Min.* granito.
grant *(grant)* s. subvención; *Acad.* beca; tr. **to take for ~ed**, dar por sentado.
granulate *(gréniuleit)* intr. granular(se).
granule *(gräniul)* s. granulo.
grape *(gréip)* s. *Bot.* uva; **~fruit**, pomelo, toronja; **~ shot**, metralla.
grape-vine *(greíp-uain)* s. vid, parra.
graph *(graf)* s. gráfica, grafico.
graphic *(gráfik)* adj. gráfico.
graphite *(grafait)* s. grafito.
grapple *(grápl)* tr. agarrar; confrontar; intr. forcejar, luchar.
grasp *(grásp)* tr. empuñar, agarrar; (fig.) comprender; s. puño, asimiento, alcance.
grasping *(graasping)* adj. codicioso, avariento.
grass *(grás)* s. hierba, césped, pasto.
grasshopper *(grásjopör)* s. saltamontes.
grassy *(grási) cubierto de hierba.*
grate *(gréit)* s. reja, verja; *Coc.* parrilla; tr. rallar.
grateful *(greitful) adj.* agradecido.
gratefulness *(gréitfulnes)* s. gratitud.
grater *(gréitör)* s. rallador.
gratify *(grátifai)* tr. gratificar, satisfacer.
gratifying *(gratifaying)* adj. satisfactorio.
grating *(gréiting)* s. reja.
gratitude *(grátitiud)* s. gratitud.
gratuitous *(gratiúitös)* adj. gratuito.
gratuity *(gratiúiti)* s. propina.
grave *(gréiv)* s. sepultura, tumba; adj. serio, grave.
gravel *(gravel)* s. grava, gravilla.
graveyard *(gréivyard)* s. cementerio.
gravitate *(gráviteit)* tr. gravitar.
gravitation *(gravitéischön)* s. gravitación.
gravity *(gráviti)* s. gravedad.
gravy *(gréivi)* s. *Coc.* salsa de carne.
gray *(grei)* adj. gris, cano, entrecano; **~ horse**, rucio, tordo; **~ matter**, seso; **~-haired**, canoso; s. gris; intr. encanecer, poner(se) gris.
graze *(gréis)* tr. pastorear, pacer; intr. pastar; (piel) rozar.
grease *(gris)* s. grasa; *Mec.* tr. engrasar, lubricar; (fig.)sobornar.
greasy *(grísi)* adj. grasiento.
great *(gréit)* adj. gran, grande; **a ~ many**, muchísimos; s. **~-grandchild**, biznieto; s. **~-grandfather**, bisabuelo; **~-grand-mother**, s. bisabuela.
greatness *(grétnes)* s. grandeza.
great uncle *(gréit ánkl)* s. tío abuelo.
Grecian *(grïschön)* adj. y s. griego.
greed *(grid)* s. codicia, gula.
greediness *(grídines)* s. codicia, voracidad.
greedy *(grídi)* goloso; codicioso, avaricioso.
Greek *(gríc)* s. y adj. griego.
green *(grin)* adj. verde, fresco; s. (golf) césped; **bowling ~**, campo de bolos; pl. verduras.
greengrocer *(gringrousör)* s. (UK) verdulero, verdulera.
greenhouse *(grínjaus)* s. invernadero.
greenish *(grínisch)* adj. verdoso.
greenness *(grínnes)* s. verdor.
greet *(grit)* tr. saludar; intr. saludarse.
greeting *(gríting)* s. saludo.
gregarious *(griguériös)* adj. gregario, sociable.
grenade *(grenéid)* s. *Mil.* granada, bomba.
grey *(gréi)* adj. gris; **~-hair**, cana.
grey hound *(gréijaund)* s. galgo.
grid *(grid)* s. parrilla, rejilla; *Elect.* red.
grief *(gríf)* s. pena, duelo.
grievance *(grívans)* s. agravio.
grieve *(grív)* tr. agraviar, lastimar; intr. afligirse.
grievous *(grivas)* adj. grave.
grill *(gril)* s parrilla; tr. asar en la parrilla.
grille *(gríel)* s. reja, rejilla.
grim *(grim)* adj. cruel; adusto; sombrío; macabro; inflexible.

grimace *(griméis)* s. mueca, mohín.
grime *(gráim)* s. mugre, suciedad; tr. ensuciar.
grin *(grin)* s. sonrisa; intr. sonreír abiertamente.
grind [ground; ground] *(gráind)* tr. triturar, moler; ~ **ones teeth**, rechinar los dientes; s. trabajo duro.
grinder *(gráindör)* s. molinillo.
grip *(grip)* s. apretón, agarre; tr. intr. apretar.
gripe *(gráip)* s. queja; tr. irritar, fastidiar; intr. quejarse.
grippe *(grip)* s. gripe, influenza.
gristle *(grisöl)* s. cartílago.
grit *(grit)* s. arena, arenilla; tr. hacer rechinar (los dientes).
gritty *(griti)* adj. arenoso, valeroso.
grizzly *(grisli)* adj. grisáceo, pardusco; ~ **bear**, oso pardo.
groan *(gróun)* s. gruñido, gemido; intr. gruñir, gemir.
grocer *(gróusör)* s. tendero; **~y store**, tienda de comestibles, ultramarinos.
groceries *(gróuseris)* pl. víveres, comestibles.
groggy *(grógui)* adj. atontado, grogui, tambaleante.
groin *(groin)* s. *Anat.* ingle.
groove *(gráv)* s. ranura, estría; tr. estriar.
grope *(group)* intr. andar a tientas; palpar.
gross *(grós)* adj. grueso, obeso, bruto, vulgar; s. gruesa; ~ **income**, ingresos.
grossness *(grósnes)* s. rudeza, grosería.
grotesque *(grotésk)* s. y adj. grotesco.
grotto *(gróto)* s. gruta.
grouch *(gráutsch)* s. mal humor, gruñón; intr. gruñir, refunfuñar.
ground *(gráund)* s. suelo, terreno, fundamento; tr. fundar; ~ **zero**, zona cero.
group *(grúp)* s. grupo; tr. intr. agrupar(se).
grove *(gróuv)* s. arboleda, soto.
grow [grew; grown] *(gróu)* intr. crecer; tr. cultivar.
growing *(gróing)* s. crecimiento; adj. creciente.
growl *(grául)* s. gruñido; intr. gruñir.
growth *(gróuz)* s. crecimiento; *Med.* tumor; *Econ.* desarrollo.
grub *(gröb)* s. larva, gusano; intr. y tr. escarbar, hurgar, buscar.
grudge *(grö'dch)* s. resentimiento; tr. envidiar, guardar rencor a.
gruesome *(grúsöm)* adj. horrible, horripilante.
gruff *(grö'f)* ad. ceñudo, brusco, rudo.
grumble *(grö'mbl)* intr. quejarse.
grumpy *(grömpi)* adj. gruñón.
grunt *(grant)* s. gruñido; intr. gruñir.
guarantee *(garantí)* s. garantía, aval; tr. garanti(za)r, avalar.
guarantor *(gárantor)* s. garante.
guaranty *(garantí)* s. garantía.
guard *(gárd)* s. guarda; *Mil.* guardia; tr. guardar; **on** ~, en guardia.
guardian *(gardián)* s. guardián; adj. protector.
guerrilla *(guerila)* s. guerrilero, guerrilla.
guess *(gués)* s. adivinanza, conjetura, intr. adivinar; intr. hacer conjeturas.
guest *(guest)* s. huésped; ~ **house**, pensión.
guffaw *(gafó)* s. risotada, carcajada; tr. reírse a carcajadas; intr. carcajearse.
guidance *(gáidans)* s. dirección, guía, orientación.
guide *(gáid)* s. guía; **guide** ~, perro guía; tr. guiar.
guidebook *(gáidbuc))* s. guía; **railway** ~, guía de ferrocarriles.
guideline *(gáidlain)* s. directriz.
guild *(guild)* s. gremio, corporación, asociación.
guile *(gáil)* s. engaño, astucia.
guilt *(guilt)* s. culpa.
guiltless *(guíltles)* adj. inocente.
guilty *(guílti)* adj. culpable; **to plead** ~, confesarse culpable.
guinea-pig s. conejillo de indias.
guise *(gais)* s. aspecto, apariencia, modo; **under the ~ of so**, capa de, disfrazado de.

G

G

guitar *(guitar)* s. guitarra.
gulf *(gulf)* s. *Geog.* golfo.
gull *(gö'l)* s. engaño, fraude; *Orn.* gaviota; tr. engañar, defraudar.
gullet *(gálet)* s. gaznate.
gully *(gö'li)* s. barranco, hondonada.
gulp *(gö'lp)* s. trago; tr. engullir, tragar.
gum *(gö'm)* s. (líquida) goma; **chewing ~**, chicle; encía; tr. engomar, tragar.
gun *(gö'n)* r. fusil, carabina, cañón; **machine ~**, ametralladora.
gunboat *(gö'nbout)* s. cañonero, lancha cañonera.
gunfire *(gönfair)* s. disparos.
gunman *(gö'nman)* s. pistolero.
gunner *(gö'nör)* s. artillero.
gunpowder *(goö'npaudör)* s. pólvora.
gurgle *(gö'rgl)* s. borboteo, gorgoteo; intr. borbotar, gorgotear.
gush *(gö'sch)* s. chorro; intr. borbotar, brotar.
gust *(gö'st)* s. ráfaga.
gut *(gö't)* s. tripa; tr. destripar; desentrañar; **~s**, valor, coraje.
gutter *(gö'tör)* s. alcantarilla, canelón; cuneta; (fig.) arroyo.
guttural *(gö'toral)* adj. gutural.
guy *(gái)* s. (vulg.) tipo, *tío*.
gymnasium *(dyimnásium)* s. gimnasio.
gymnastic *(dyimnástik)* adj. gimnástico.
gynecologist *(dyeinikólodchist)* s. ginecólogo.
gynecology *(dyeinikólodchi)* s. ginecología.
gypsy *(dchípsi)* s. y adj. gitano.

H h

haberdasher *(jábördachör)* s. mercero; (US) camisero.
haberdashery *(jabördácheri)* s. mercería; (US) camiseria.
habit *(jábit)* s. hábito, costumbre, vestimenta, hábito.
habitual *(höbítiuöl)* adj. habitual, acostumbrado.
hack *(jác)* s, rocín, corte; tr. *Metal.* cortar; **~saw**, sierra.
hacker *(jákör)* s. *Inform.* pirata informático.
hackneyed *(haknid)* adj. trillado, manoseado.
haft *(jáft)* s. mango.
hag *(jag)* s. hechicera, bruja; vieja, fea.
haggard *(jágard)* adj. demacrado; macilento, ojeroso.
haggle *(jágl)* tr. discutir; intr. regatear.
hail *(jéil)* s. granizo; tr. intr. granizar; **~storm**, granizada; **~stone**, pedrisco.
hair *(jéa)* s. pelo, cabello.
hairbrush *(jéabrasch)* s. cepillo para el cabello.
haircut *(jéakat)* s. corte de pelo; **to have a ~**, hacerse cortar el pelo.
hairdo *(jérdu)* s. peinado.
hairdresser *(jérdresör)* s. peluquero, peluquería.
hairless *(jérles)* adj. pelado.
hairy *(jérli)* adj. peludo, velloso.
hake *(jéik)* s. merluza.
hale *(jeil)* adj. sano, fuerte, robusto; tr. llevar (por la fuerza), arrastrar.
half *(jáf)* s. mitad; adj. medio; semi, casi; adv. a medias; **~-dozen**, media docena.
halfred *(jáfbred)* s. mestizo.
halfbrother *(jáfbradör)* s. hermanastro.
half-witted *(jáf-uitid)* adj. imbécil, zonzo.
hall *(jól)* s. vestíbulo, recibidor, salón.
hallo *(jalóu)* interj. (UK) ¡hola!
hallow *(jálou)* tr. santificar.
halloween *(jalouín)* s. (US) víspera de Todos los Santos.
hallucination *(jaliusinéischön)* s. alucinación.
halo *(jéilo)* s. halo; (fig.) aureola.
halt *(jolt)* s. parada; alto; tr. (mandar) parar; intr. detenerse.
halter *(jóltör)* s. ronzal, cabestro.
halve *(haav)* r. partir, dividir en dos.
ham *(jám)* s. jamón.
hamlet *(jémlit)* s. aldea, poblado.

hammer *(jámör)* s. martillo; tr. martillar.
hammock *(jámok)* s. hamaca.
hamper *(jámpör)* s. cesto; (fam.) estorbo; tr. encestar, estorbar.
hamster *(jámstör)* s. hamster.
hand *(jánd)* s. mano. *Anat.* manecilla (de reloj); obrero; *Náut.* **deak ~**, marinero (de cubierta); **~writing**, escritura a mano; tr. **to ~**, pasar (por mano); **in ~ craft**, a mano; **on the one ~**, por un lado; **by ~**, a mano.
handbag *(jándbag)* s. bolso (de mano).
handball *(jándbol)* s. balonmano.
handbill *(jándbil)* s. folleto.
handbook *(jándbuc)* s. manual.
handcuff *(jándköf)* s. esposas; tr. maniatar.
handful *(jándful)* s. puñado.
handicap *(jándikap)* s. desventaja.
handicraft *(jándikraft)* s. artesanía, trabajos manuales.
handiwork *(jándiuörk)* s. labor, trabajo hecho a mano.
handkerchief *(jánkerchif)* s. pañuelo.
handle *(jándl)* s. mango, asa, puño; tr. manejar.
handling *(jánding)* s. manejo.
hand-made *(jándméid)* adj. hecho a mano, útil, práctico.
hand-saw *(jánd-só)* s. serrucho.
handwriting *(jandráitin)* s. escritura a mano.
handy *(jándi)* adj. mañoso, conveniente, a mano, útil, práctico.
handsome *(jándsöm)* adj. guapo, generoso.
hang [hung; hung] *(jáng)* tr. colgar, ahorcar; **to ~ about**, merodear; **~ on a minute**, esperar un momento.
hangman *(jángman)* s. verdugo.
hangar *(jángör)* s. *Avi.* hangar.
hanger *(jángör)* s. percha, colgador, gancho.
hanker *(jánkör)* intr. ansiar.
hapless *(jáples)* adj. desventurado, desgraciado.
happen *(jápen)* intr. suceder.
happiness *(jápines)* s. felicidad.
happy *(jápi)* adj. feliz.
harangue *(jaráng)* s. arenga; tr. arengar.
harass *(jaras)* s. tr. acosar, hostigar, molestar.
harbour *(jaba)* s. puerto, refugio; tr. alojar.
hard *(járd)* adj. duro; **~ boiled egg**, s. huevo duro.
harden *(járdn)* tr. endurecer.
hardiness *(jardines)* s. resistencia, robustez.
hardly *(járdli)* adv. difícilmente, apenas.
hardness *(járdnes)* s. dureza.
hardship *(Járddschip)* s. *Econ.* penalidades, dificultades.
hardware *(járdwer)* s. ferretería, artículos de ferretería; *Inform.* soporte físico, hardware.
hardy *(járdi)* adj. fuerte, robusto; *Bot.* resistente.
hare *(jéa)* s. liebre; **mad as a march ~**, (fam.) ¡como una cabra!
hare-brained *(jéa-breind)* adj. atolondrado, despistado.
harem *(jéirem)* s. harén.
haricot *(járikot)* s. habichuela, judía blanca, frijol.
harm *(járm)* s. mal, daño; tr. dañar, lastimar.
harmful *(jármful)* adj. dañino.
harmless *(jármles)* adj. inofensivo.
harmonic *(jarmónik)* adj. armónico.
harmonica *(jarmónika)* s. armónica.
harmonious *(jarmonios)* adj. armonioso, armónico.
harmonize *(jarmonais)* tr. armonizar.
harmony *(jármoni)* s. armonía.
harness *(járnes)* s. *Equi.* arnés.
harp *(járp)* s. *Mús.* arpa.
harpist *(járpist)* s. arpista.
harpoon *(jarpún)* s. arpón; tr. arponear.
harrow *(járou)* s. *Agric.* rastro, grada; tr. labrar; atormentar.
harpy *(járpi)* s. arpía.
harry *(jári)* s. acosar, asolar.
harsh *(jársch)* adj. rudo, agrio, áspero.
harshness *(járschnes)* s. aspereza, rudeza; (fig.) dureza.

H

harvest *(járvest)* s. cosecha, siega; tr. cosechar.
harvester *(járvestör)* s. cosechador(a).
hash *(jasch)* s. picadillo.
hassle *(jásl)* tr. fastidiar, molestar; s. discusión, disputa; riña.
haste *(jéist)* s. prisa; tr. **to make ~**, apresurar; intr. apresurar(se).
hat *(ját)* s. sombrero.
hatch *(jách)* s. cría, nidada, compuerta; tr. incubar, tramar.
hatchet *(játchit)* s. hacha.
hate *(jéit)* s. odio; tr. odiar.
hateful *(jéitful)* adj. odioso.
hatred *(jéitred)* s. odio.
haughtily *(jótili)* adj. arrogantemente.
haughtiness *(jótines)* s. altanería, arrogancia.
haughty *(jóti)* adj. orgulloso, altivo.
haul *(jól)* s. tirón, arrastre; tr. arrastrar.
haulage *(jólidch)* s. (transporte) por carretera.
haunch *(jónch)* s. anca.
haunt *(jont)* s. guarida, lugar o sitio predilecto/favorito; tr. frecuentar.
have [had; had] *(jáv)* tr. tener, poseer, haber, tomar.
haven *(jévn)* s. puerto, refugio.
havoc *(jávoc)* s. devastación; tr. **to cause ~**, asolar.
hawk s. halcón.
hawker *(jókör)* s. buhonero, vendedor ambulante.
hawthorn *(józorn)* s. *Bot.* espino blanco.
hay *(jéi)* s. heno.
hay fever *(jei-fievör)* s. fiebre del heno.
hayloft *(jéi-loft)* s. henil, pajar.
hazard *(jásard)* s. riesgo, azar; tr. intr. arriesgarse.
hazardous *(jásardös)* adj. arriesgado, peligroso.
haze *(jéis)* s. bruma.
hazel *(jéisl)* s. *Bot.* avellano; s. adj. de color avellana; **~ nut**, avellana.
haziness *(jéisiness)* s. bruma.
hazy *(jéisi)* adj. brumoso; (fig.) difuso.
he *(jí)* pron. él; **~ goat**, macho cabrio.
head *(jéd)* s. cabeza; adj. jefe, principal; tr. encabezar, mandar; **~ dress**, s. tocado; **~ office**, oficina principal.
headache *(jédeik)* s. dolor de cabeza.
heading *(jéding)* s. encabezamiento.
headgear *(jedguia)* sombrero, gorro; tocado; gorra; casco.
headlight *(jédlait)* s. faro delantero, (automóvil), farol.
headline *(jédlain)* s. *Imp.* titular.
headland *(jédland)* s. cabo, promontorio.
headquarters *(jédcuörtörs)* s. cuartel general.
headstrong *(jédstrong)* adj. terco.
headlong *(jédlong)* adv. de cabeza, precipitadamente.
headway *(jéduli)* s. progreso, avance; **to make ~**, avanzar, adelantar, progresar.
heal *(jil)* tr. curar, sanar; intr. curarse, cicatrizar.
healing *(jiling)* adj. curativo; s. curación.
health *(jélz)* s. salud; **public ~**, salud pública.
healthy *(jélzi)* adj. sano, saludable.
heap *(jip)* s. montón, pila; tr. amontonar, apilar.
hear [heard; heard] *(jía)* tr. oír, escuchar; intr. oír; **to ~ about**, oír hablar de; **to ~ from**, tener noticias de.
hearer *(jírör)* s. oyente.
hearing *(jíring)* s. oído, audiencia.
hearsay *(jírsei)* s. rumor.
hearse *(jórs)* s. coche fúnebre.
heart *(járt)* s. corazón; (fig.) esencia; **by ~**, de memoria; **~ attack**, ataque al corazón.
heartache *(járteik)* s. angustia, pesar, congoja.
heartbreak *(jártbraik)* s. congoja, angustia, sufrimiento.
heartbroken adj. apenado, disgustado.
hearten *(jártn)* tr. animar.
hearty *(járti)* adj. cordial.
hearth *(járz)* s. hogar, chimenea; (fig.) casa.
heartily *(jártili)* adv. de corazón, de buena gana; **to eat ~**, comer con apetito, comer.

heartless *(jártles)* adj. desalmado, cruel, despiadado.
heat *(jít)* s. calor; celo; tr. calentar.
heater *(jítőr)* s. calentador, estufa.
heath *(jíz)* s. brezo, brezal, páramo.
heathen *(jídan)* s. y adj. pagano; bárbaro, salvaje.
heathenism *(jizenism)* s. paganismo.
heather *(jídör)* s. brezo.
heating *(jíting)* s. calefacción.
heave [heaved o hove; heaved o hoven] *(jív)* tr. alzar, elevar, empujar; intr. palpitar.
heaven *(jévn)* s. cielo.
heavenly *(jévenli)* adj. celestial.
heavily *(jévili)* adv. pesadamente.
heaviness *(jévines)* s. pesadez.
heavy *(jévi)* adj. pesado; ~ **weight**, peso pesado; ~ **box**, caja pesada.
Hebrew *(jíbru)* adj. y s. Hebreo.
hectare *(jectári)* s. hectárea.
hectic *(jéctik)* adj. agitado, ajetreado.
hedge *(jédch)* s. seto; dar evasivas; cercar.
hedgehog *(jédchjog)* s. erizo.
heed *(jíd)* s. cuidado; tr. hacer caso, poner atención.
heedless *(jidles)* adj. descuidado, desatento.
heel *(jíl)* tacón, talón; tr. **to** ~, poner tacones; **to ~ round**, dar media vuelta; **down at** ~, depauperado; ~ **over** ~, locamente enamorada.
hefty *(jéfti)* adj. pesado; fam. fuerte, fornido.
heifer *(jéför)* s. vaquilla, ternera.
height *(jáit)* s. altura, estatura.
heighten *(jáiten)* tr. realzar, levantar, intensificar, aumentar.
heinous *(jinős)* adj. atroz, odioso, detestable.
heir *(éa)* tr. heredero; tr. heredar.
heiress *(éares)* s. heredera.
heirless *(éales)* adj. sin heredero.
helicopter *(jéiikoptör)* s. helicóptero.
hell *(jél)* s. infierno; **go to** ~, ¡vete al infierno!
helio *(jélou)* interj. ¡hola!
helm *(jelm)* s. timón; **to take the** ~, llevar el timón.
helmet *(jélment)* s. casco.
help *(jélp)* tr. ayudar, socorrer; interj. ~!, ¡socorro! **to ~ oneself**, servirse.
helper *(jélpör)* s. ayudante.
helpful *(jélpful)* adj. útil.
helping *(jélping)* s. ración, porción.
helpless *(jélples)* adj. incapaz, indefenso.
hem *(jem)* s. dobladillo, bastilla; tr. dobladillar, bastillar, hacer dobladillos en (la ropa); **to ~ in**, rodear, cercar; **to ~ and haw**, toser y retoser (fingidamente).
hemisphere *(jémisfir)* s. hemisferio.
hemlock *(jémloc)* s. cicuta (hierba venenosa); abeto americano.
hemorrhage *(jémoredch)* s. *Med.* hemorragia
hemorrhoids *(jémoroids)* s. pl. *Med.* hemorroides.
hemp *(jémp)* s. cáñamo.
hen *(jen)* s. gallina; ~ **house**, gallinero, corral de gallinas.
hence *(jéns)* adv. de aquí; por tanto.
henceforth *(jénsforz)* adv. de aquí en adelante.
henchman *(jénchman)* s. secuaz.
her *(jör)* adj. su (de ella); pron. le, la, a ella, para ella.
herald *(jérald)* s. heraldo; tr. anunciar.
heraldic *(jiráldik)* adj. heráldico.
herb *(jö'rb)* s. hierba; **sweet ~s**, s. hierbas aromáticas.
herbalist *(jö'rbalist)* s. herbolario.
herd *(jö'rd)* s. hato; rebaño; intr. ir en manada; ~ **together**, agruparse.
herdsman *(jö'dsmän)* s. vaquero; pastor.
here *(jiör)* adv. aquí; acá; ~ **you are**, tenga; **from** ~, desde aquí;- **up to** ~, hasta aquí; ~ **and there**, disperso.
hereafter *(jiráftör)* adv. en adelante.
hereat *(jirát)* adv. a esto.
hereby *(jirbái)* adv. por la presente.
hereditary *(jiréditori)* adj. hereditario.

H

heredity *(jirédití)* s. herencia.
herein *(jirín)* adv. aquí dentro.
herewith *(jiauíd)* adv. (junto) con esto.
heresy *(jérisi)* s. herejía.
heretic *(jéretik)* adj. hereje.
heretical *(jerétikal)* adj. herético.
heretofore *(jiótufór)* adv. hasta ahora, hasta el presente.
hermetic *(jermétik)* adj. hermético, impenetrable.
heritage *(jéritidch)* s. herencia, patrimonio.
hermit *(jérmit)* s. ermitaño; eremita.
hermitage *(jermitidch)* s. ermita.
hernia *(jérnia)* s. hernia.
hero *(jírou)* s. héroe.
heroic *(jíroik)* s. heroico.
heroin *(jéroin)* s. heroína.
heroism *(jérouisin)* s. heroísmo, heroicidad.
herring *(jéring)* s. *Zool.* arenque; **red ~**, pista falsa.
hers *(jérs)* pron. pos. suyo; de ella.
herself *(jersélf)* pron. ella misma, se, sí misma.
hesitate *(jésiteit)* tr. dudar; titubear.
hesitation *(jesitéischön)* s. duda.
heterodox *(jéterodoks)* adj. heterodoxo.
heterodoxy *(jeterodoksi)* s. heterodoxia.
heterogeneous *(jeterodyíniös)* adj. heterogéneo.
hew [hewed; hewed o hewn] *(jiu)* tr. talar, cortar, picar (piedra); labrar (madera, piedra).
hey *(jéi)* interj. ¡eh!; ¡oiga!; ¡oye!
hibernate *(jáibörneit)* intr. hibernar, invernar.
hibernation *(jaiverneischön)* s. hibernación.
hiccup *(jíkap)* s. hipo.
hidden *(jind)* s. oculto.
hide *(jáid)* s. pellejo, cuero. **[hid; hidden** o **hid]** tr. esconder; s. **~ out**, escondite.
hideous *(jídiös)* adj. horrendo, horripilante; odioso.
hiding *(jaiding)* s. paliza, adj. ocultación.
hideousness *(jídiösnes)* s. horror; espanto.
hierarchy *(jáirarki)* s. jerarquía.
hieroglyph *(jáiroglif)* s. jeroglífico.
high *(jái)* adj. y adv. alto, importante, elevado; s. récord, punto máximo.
highbrow *(jáibrau)* adj. y s. intelectual.
highflying *(jaifláing)* adj. de altos vuelos; ambicioso.
highlands *(jáilands)* s. tierras altas, meseta.
highlander *(jáilandör)* s. montañés, serrano.
highly *(jáili)* adv. altamente; sumamente, muy; **~ paid**, muy bien pagado.
highness *(jáines)* s. *Geog.* altura; (nobleza) alteza.
highway *(jáuei)* s. carretera.
highwayman *(jáiueiman)* s. salteador de caminos, bandido.
hijack *(jáijack)* tr. secuestrar; s. secuestro.
hike *(jáik)* s. excursión; intr. hacer una excursión; **hitch ~**, hacer auto stop.
hiker *(jáikör)* s. excursionista.
hill *(jil)* s. colina; **up ~**, cuesta arriba; **down ~**, cuesta abajo.
hillock *(jíloc)* s. loma, montículo.
hillside *(jílsaid)* s. ladera.
hilltop *(jíltop)* s. cumbre, cima (de una colina).
hilly *(jilli)* adj. montañoso.
hilt *(jilt)* s. empuñadura; **to the ~**, hasta la empuñadura; (fig.) hasta la coronilla.
him *(jím)* prom, le; a él.
himself *(jimsélf)* pron. él mismo; se.
hind *(jáind)* s. *Zool.* cierva; adj. posterior; trasero.
hinder *(jíndör)* tr. impedir; estorbar.
hindrance *(jíndörans)* s. impedimento, estorbo.
Hindu, **-oo** *(jindú)* s. Hindú; adj. hindú.
hinge *(jíndch)* s. *Mec.* gozne, bisagra.
hint *(jínt)* s. insinuación; sugerencia, indirecta; tr. echar indirectas; insinuar.
hip *(jíp)* s. cadera; **~ pocket**, bolsillo trasero.
hippopotamus *(jipapótamös)* s. hipopótamo.

hire *(jáir)* s. alquiler; tr. alquilar, arrendar; contratar, emplear; s. ~ **purchase**, venta a plazos.
his *(jís)* (pos. pron.) suyo, de él; (pos. adj.) su, sus (de él).
hiss *(jis)* s. silbido, chiflido; siseo; intr. sisear, silvar, chiflar.
Hispanic *(jispánik)* adj. hispánico.
Hispano-American *(jispanoamérikan)* adj. hispanoamericano.
Hispanophile *(jispanofil)* adj. s. hispanófilo, hispanista.
historian *(jistérian)* s. historiador.
historic *(jistórik)* adj. histórico.
history *(jistóri)* s. historia.
hit *(jit)* s. golpe; impacto; (fig.) éxito; **[hit; hit]** tr. golpear, acertar.
hitch *(jítch)* s. tropiezo; (fam.) pega; tr. atar, enganchar; **to ~ hike**, viajar en auto-stop.
hither *(jídör)* adv. acá; aquí, hacia, acá.
hitherto *(jidartu)* adv. hasta ahora.
hive *(jáiv)* s. colmena.
hoarfrost *(hoarfrost)* s. escarcha.
hoard *(jóad)* s. tesoro; montón; tr., intr. atesorar.
hoarding *(jóading)* s. valla; valla publicitaria.
hoarse *(jóas)* adj. ronco, afónico.
hoary *(jóeri)* adj. blanco, cano; escarchado.
hoax *(jócs)* s. mentira, engaño; tr. engañar, embaucar.
hobble *(jóbl)* s. cojera; traba.
hobby *(jóbi)* s. afición pasatiempo favorito.
hobo *(jóubou)* a. (US) vagabundo.
hodgepodge *(jódchpódch)* s. mezcolanza, baturrillo.
hoe *(jou)* s. azada; tr. azadonar, cavar.
hog *(jóg)* s. (US) puerco; **to go the whole ~**, jugarlo todo.
hoist *(jóist)* s. monta cargas, cabria, grúa, tr. alzar, elevar; *Náut.* izar.
hold [held; held] *(jóuld)* tr. sostener; asir, contener; celebrar; intr. aguantar; **~ it**, ¡no la sueltes! s. asidero.
holder *(jóuldör)* s. pers. poseedor; (cigarrillo) boquilla; mango; estuche; asa.
holding *(jóulding)* s. tenencia; valores en cartera.
hold-up *(jóuld-óp)* s. asalto, atraco.
hole *(jóul)* s. agujero; hoyo; tr. **to make ~**, agujerear.
holiday *(jólidei)* s. día festivo; fiesta; pl. vacaciones.
holiness *(jóulines)* s. santidad.
hollow *(jólou)* s. hueco, cavidad; adj. hueco; tr. ahueca.
holly *(jóli)* s. *Bot.* acebo.
holster *(jólstör)* s. pistolera, funda de pistola.
holy *(jóuli)* adj. santo; sagrado; bendito; s. **~ Ghost**, Espíritu Santo.
homage *(jómidch)* s. homenaje.
home *(joum)* s. casa; hogar; patria; adj. doméstico; adv. **at ~**, en casa; **to go ~**, ir a casa; **~ town**, ciuda natal.
homebred *(jóumbred)* adj. casero.
homeland *(jóumland)* s. tierra natal, suelo patrio.
homeless *(jóumles)* adj. sin hogar, desamparado.
homelike *(jóumlaik)* adj. hogareño; cómodo.
homely *(jóumli)* adj. casero, acogedor.
home-made *(jóum-méid)* adj. hecho en casa, doméstico, nacional, del país.
homesick *(jóumsik)* adj. nostálgico, melancólico.
homesickness *(jóumsiknes)* s. nostalgia, morriña.
homestead *(jóumsted)* s. heredad; casa y terrenos adyacentes.
homicide *(jómisaid)* s. homicidio; homicida.
homosexual *(jömosékschual)* adj. homosexual.
homosexuality *(jómouseksivaliti)* s. homosexualidad.
hone *(joun)* tr. amolar, afilar, pulir; s. piedra de afilar.
honest *(ónest)* adj. honrado; honesto, franco.
honesty *(ónesti)* s. honestidad, honradez.
honey *(jö'ni)* (fam.) (US) cariño; miel.
honeymoon *(jö'nimum)* s. luna de miel.

H

H

honeysuckle *(jö'nisókl)* s. madreselva.
honeycomb *(jö'nikoum)* p. panal.
honorary *(ónörari)* adj. honorario; honorífico.
honor (US), **honour** (Uk) *(ónör)* s. honor; tr. honrar.
honorable (US), **honurable** (UK) *(ónörabl)* adj. honorable.
hood *(júd)* s. capucha; (aut.) capota; tr. encapuchar.
hoodwink *(júduink)* tr. engañar.
hoof *(júf)* pezuña.
hook *(hue)* s. garfio; anzuelo, (fig.) atractivo; tr. enganchar.
hooligan *(júligan)* s. gamberro.
hoop *(júp)* s. aro; arco.
hoot *(jut)* s. ulular (búho); ruido, bocinazo, intr. tocar la bocina.
hop *(jóp)* s. salto, brinco; *Bot.*; lúpulo; intr. saltar.
hope *(jóup)* s. esperanza; tr. esperar, tener esperanza.
hopeful *(jóupful)* adj. esperanzado, optimista.
hopeless *(jóuples)* adj. desesperado; (fam.) inútil.
horde *(jórd)* s. horda.
horizon *(joráisön)* s. horizonte.
horizontal *(jorisóntal)* adj. horizontal.
horn *(jórn)* s. cuerno; asta; bocina; **shoe ~**, calzador.
hornet *(jórnit)* a avispón; s. **~'s nest**, avispero.
horoscope *(jóroscoup)* s. horóscopo.
horrible *(jóribl)* adj. horrible.
horrid *(jórid)* adj. horrible, horroroso.
horrify *(jórifai)* tr. horrorizar.
horror *(jórör)* s. horror.
horse *(jórs)* s. caballo, caballería; **on ~back**, a caballo; s. (fam.) **~ sense**, sentido común.
horseback *(jórsbac)* s. lomo de caballo; **to ride ~**, ir a caballo.
horsefly *(jórsflai)* s. tábano, mosca de caballo.
horse-laugh *(jórs-laf)* s. carcajada, risotada.
horseman *(jórsman)* s. jinete.
horsemanship *(jórsmanchip)* s. equitación.
horsepower *(jórspawör)* s. caballo de fuerza.
horseradish *(jórsradisch)* s. rábano picante.
horseshoe *(jórschu)* s. herradura; **shoe a horse**, herrar o calzar un caballo.
horsewhip *(jórsjuip)* s. fusta, látigo.
horsewoman *(jóoswoman)* s. amazona.
hose *(jóus)* s. manguera, medias, calcetines; tr. y intr. regar con manguera.
hosier *(jóusiör)* s. fabricante de medias.
hosiery *(jóuchöri)* s. dpto. de medias (mercería).
hospitable *(jóspitabl)* adj. hospitalario.
hospital *(jóspital)* s. hospital.
hospitality *(jöspitáliti)* s. hospitalidad.
host *(jóust)* anfitrión, huésped; hostia *Eccl.*
hostage *(jóstideh)* s. rehén.
hostel *(jóstel)* s. posada; hostería, hostal.
hostess *(jóstes)* s. azafata; anfitriona.
hostile *(jóstli)* adj. hostil.
hostility *(jóstiliti)* s. hostilidad.
hot *(jot)* adj. caliente; cálido; ardiente: picante.
hotel *(joutél)* s. hotel.
hotelkeeper *(joutélkipör)* s. hotelero.
hotly *(jótli)* adv. calurosamente.
hound *(jóund)* s. perro de caza.
hour *(áuör)* s. hora; **small ~**, s en la madrugada.
hourly *(áuörli)* adv. por horas; a cada hora; a menudo; adj. frecuente; por horas.
house *(jáus)* s. casa; auditorio; tr. albergar, alojar, hospedar.
household *(jáusjould)* s. casa, hogar; familia.
housewife *(jáusuaif)* s. ama de casa.
housing *(jáusing)* s. alojamiento, vivienda; **~ Estate**, polígono; **ministry of ~**, ministerio de la Vivienda.
hovel *(jóvöl)* s. chabola, choza, cabaña; tugurio.

hover *(jóvör)* intr. cernerse; revolotear; ~ **craft**, aéreo deslizador.
how *(jóu)* adv. cómo; cuan; cuánto; de qué modo; ~ **long?** ¿cuánto tiempo?; ~ **do you do?** ¿Qué tal? tanto gusto; ~**much**, cuánto; ~ **many**, cuántos.
however *(jauévör)* adv. de cualquier modo; conj. sin embargo, no obstante.
howitzer *(jauitsör)* s. obús.
howl *(jául)* s. aullido, alarido; intr. aullar.
hub *(jöb)* s. cubo (de una rueda); eje, centro de actividad.
hubbuh *(jöböb)* s. ajetreo; barullo.
huckster *(jö'kstör)* s. vendedor ambulante.
huddle *(jödl)* s. grupo; tr. amontonar, apiñar.
hue *(jiú)* s. color; tono.
huff *(jö'f)* s. enfado, enojo; tr. bufar; intr. resoplar.
hug *(jag)* s. abrazo; tr. abrazar, estrechar.
huge *(jiúdch)* adj. Inmenso; enorme; gigantesco.
hull *(jö'l)* s. *Náut.* casco.
hum *(jö'm)* s. zumbido; *Mús.* tarareo; tr. tararear, zumbar.
human *(jiúman)* adj. humano, ser humano; ~ **rights**, derechos humanos.
humane *(jiuméin)* adj. comprensivo, humanitario, compasivo.
humanism *(jiúmanism)* s. humanismo.
humanist *(jiúmanist)* s. humanista; adj. humanístico.
humanitarian *(jiumanitéiriön)* adj. humanitario.
humble *(jö'mbl)* adj. humilde; tr. humillar; humillarse, rebajarse.
humbleness *(jö'mblnes)* s. modestia, humildad.
humbug *(jö'mbóg)* s. patraña; fraude; farsante.
humid *(jiúmid)* adj. húmedo.
humidity *(jiumiditi)* s. humedad.
humillate *(jiumiliet)* tr. humillar.
humiliation *(jumiliéischön)* s. humillación.
humility *(jiumiliti)* s. humildad.
hummingbird *(jámingbörd)* s. colibrí, picaflor.
humorist *(jiúmörist)* s. humorista.
humorous *(jiúmörös)* adj. humorístico.
humor (US), **humour** (UK) *(jiúmör)* s. humor, comicidad.
hump *(jámp)* s. joroba; badén.
hunch *(jánch)* s. joroba; (fam.) corazonada, presentimiento.
hundred *(jándred)* adj. cien; s. ciento.
hundredth *(jándridz)* adj. centésimo.
hunger *(jángör)* s. hambre.
hungry *(jángri)* adj. hambriento.
hunk *(jángk)* s. pedazo grande; mendrugo (de pan).
hunt *(jánt)* s. caza, búsqueda; tr. cazar, buscar; intr. ir de caza.
hunter *(jántör)* s. cazador; montero.
hunting *(janting)* s. caza; cacería; **fox** ~, caza de zorros.
hurdle *(jö'rdl)* s. *Dep.* valla.
hurl *(jö'rl)* s. tiro; lanzamiento, tr. tirar, lanzar.
hurrah *(jurrá)* interj. ¡viva! ¡hurra!
hurricane *(jö'rikein)* s. huracán.
hurry *(jari)* s. apresuración, prisa; intr. apresurarse.
hurt [hurt; hurt] *(jö'rt)* tr. lastimar, herir; (fig.) dañar.
husband *(jasband)* s. marido; esposo; tr. economizar.
husbandry *(jasbandri)* s. agricultura; economía, buena administración.
hush *(jash)* s. silencio; tr. acallar, apaciguar.
husk *(jask)* s. cascara; tr. descascarar.
hustle *(jasl)* v. apresurar(se); apurarse; s. prisa; actividad; ~ **and bustle**, bullicio, ajetreo.
hut *(jat)* s. choza, caseta.
hyacinth *(jáiasinz)* s. *Bot.* jacinto.
hybrid *(jáibrid)* adj. híbrido.
hydrant *(jaidrent)* s. boca de agua, de riego.
hydraulic *(jaidzólik)* adj. hidráulico.
hydrocarbon *(jaidrokárbon)* s. hidrocarburo.

hydrogen *(jáidridchŏn)* s. hidrógeno; ~ **bomb**, bomba de hidrógeno.
hydrophobia *(jaidrofobia)* s. hidrofobia.
hydroplane *(jáidrŏplein)* s. hidroavión, hidroplano.
hyena *(jaiína)* s. *Zool.* hiena.
hygiene *(jáidyein)* s. higiene.
hygienic *(jaidyeénik)* adj. higiénico.
hymn *(jím)* s. himno.
hyphen *(jáifen)* s. guión (pequeño).
hypnotic *(jipnótik)* adj. hipnótico.
hypnotism *(jipnotism)* s. hipnotismo.
hypnotize *(jípnotais)* tr. hipnotizar.
hypochondria *(jipokö'ndria)* s. hipocondría.
hypochondriac *(jaipokö'ndriac)* s. hipocondríaco.
hypocrisy *(jipócrŏsi)* s. hipocresía.
hypocrite *(jipocrit)* s. hipócrita.
hypodermic *(jaipodörmik)* adj. hipodérmico.
hypothesis *(jaipózisis)* s. hipótesis.
hypothetic *(jaipozétik)* adj. hipotético.
hysterics *(jistériks)* s. histerismo.

I i

I *(ái)* pron. yo.
Iberian *(aibírian)* adj. ibérico.
ice *(ais)* s. hielo; helado; tr. helar; s. ~ **cream**, helado; ~ **hockey**, hockey sobre hielo.
iceberg *(áisberg)* s. montaña de hielo, témpano, iceberg.
ichthyology *(ikzíolodye)* s. ictiología.
icicle *(áisikl)* s. carámbano.
icon *(áikŏn)* s. icono.
icy *(áisi)* adj. helado, glacial; (fig.) congelado.
idea *(aidia)* s. idea.
ideal *(aidial)* adj. y s. ideal.
idealism *(aidíalism)* s. idealismo
identical *(aidéntikal)* adj. idéntico; ~ **twins**, gemelos idénticos.
identification *(aidéntifikeischŏn)* s. identificación.
identify *(aidéntifai)* tr.identificar.
identity *(aidéntiti)* s. identidad.
ideology *(aidiólodye)* s. ideología.
idiocy *(idiosi)* s. idiotez.
idiom *(idiom)* s. giro, locución; modismo.
idiot *(idiot)* s. idiota, necio.
idle *(áidl)* adj. holgazán; intr. holgazanear.
idleness *(áidlenss)* s. ociosidad, pereza.
idler *(áidla)* s. haragán, zángano, vago, holgazán.
idol *(áidŏl)* s. ídolo.
idolater *(aidólata)* s. idólatra.
idolatrize *(aidólatrais)* tr. idolatrar.
idolatry *(aidólatri)* s. idolatría.
idyl *(áidil)* s. idilio.
if *(if)* conj. sí; **ever** ~, aunque.
ignite *(ignait)* v. encender(se), inflamarse; prender, pegar fuego a.
ignition *(ignischŏn)* s. ignición, encendido (de un motor); ~ **switch**, interruptor de encendido.
ignoble *(ignóbl)* adj. innoble.
ignominious *(ignomíniŏs)* adj. ignominioso.
ignominy *(ignomini)* s. ignominia.
ignorance *(ignorans)* s. ignorancia, mala educación.
ignorant *(ignorant)* adj. s ignorante; mal educado.
ignore *(ignór)* tr. ignorar.
ill *(il)* adj. malo, enfermo; adv. malamente; mal; **~-timed**, adj. inoportuno; **~-spoken**, mal hablado.
illegal *(ilígal)* adj. ilegal.
illegality *(ilegáliti)* s. ilegalidad.
illegible *(ilédyebl)* s. ilegible.
illegitimacy *(iledyetimasi)* s. ilegitimidad.
illegitimate *(iledchitimeit)* adj. ilegítimo, ilegal; bastardo.
illicit *(ilísit)* adj. ilícito.
illimited *(ilimited)* adj. ilimitado
illiteracy *(iliterasi)* s. analfabetismo.
illiterate *(ilítereit)* adj. analfabeto.
illness *(ílnes)* s. mal, enfermedad.

illogical *(ilódyekal)* adj. ilógico.
illuminate *(iliúmineit)* tr. iluminar; alumbrar; esclarecer.
illusion *(ilúchön)* s. ilusión; quimera, ensueño.
illusive *(iliúsiv)* adj. ilusorio, falaz.
illusory *(iliúsori)* adj. ilusorio.
illustrate *(ilö'streit)* tr. ilustrar, aclarar, esclarecer.
illustrator *(ilöstreitar)* s. ilustrador.
illustrious *(ilö'striös)* adj. ilustre; eminente.
image *(imidch)* s. imagen; tr. figura; **the vivid** ~, el vivo retrato.
imagery *(imicheri)* s. conjunto de imágenes, figuras; fantasía, imaginería.
imaginary *(imádyeinöri)* s. imaginario.
imagination *(imádyenéischön)* s. imaginación.
imagine *(imádyein)* tr. imaginar.
imbecile *(ímbesil)* adj. imbécil.
imbecility *(imbesility)*. imbecilidad.
imbibe *(imbáib)* tr. absorber; (fam) beber; empapar; (fig.) asimilar.
imbue *(imbiú)* tr. imbuir, infundir; impregnar, empapar.
imitate *(ímiteit)* tr. imitar.
imitation *(imitéischön)* s. imitación.
immaculate *(imákiuleit)* adj. inmaculado.
immaterial *(ima'tiöriöl)* adj. inmaterial, espiritual; **it is ~ to me**, me es indiferente.
immature *(imatiúr)* adj. inmaduro; verde; (fig.) infantil.
immediate *(imídiet)* adj. inmediato.
immense *(iméns)* adj. inmenso.
immensity *(iméns)* adj. inmensidad.
immerse *(imers)* tr. sumergir, sumir.
immigrant *(imigrant)* s. inmigrante.
immigrate *(imigreit)* tr. inmigrar.
immigration *(imigréischön)* s. inmigración.
imminence *(ímínens)* s. inminencia.
immodest *(imódist)* adj. deshonesto, inmodesto, atrevido.
immoral *(imóral)* adj. inmoral.
immorality *(imoráliti)* s. inmoralidad.
immortal *(imórtal)* adj. y s. inmortal.
immortality *(imortáliti)* s. inmortalidad.
immortalize *(imórtaliais)* tr. inmortalizar.
immovable *(inmúvábl)* adj. inmovible; inamovible; inmóvil; inmutable.
immune *(imiúne)* adj. inmune.
immunity *(imiúniti)* s. inmunidad, exención.
immnunize *(ímiunais)* tr. inmunizar.
immutability *(imiutabilitis)* s. inmutabilidad.
immutable *(imiútabl)* adj. inmutable, inalterable.
imp *(imp)* s. diablillo.
impact *(impact)* s. impacto.
impair *(impér)* tr. perjudicar, dañar, afectar; (fig.) reducir.
impairment *(impéament)* s. perjuicio, daño.
impart *(impart)* tr. impartir, conferir.
impartial *(impárschal)* adj. imparcial, equitativo, justo.
impartiality *(imparschiáliti)* s. imparcialidad.
impassable *(impásabl)* adj. que no se puede atravesar o pasar, infranqueable.
impassioned *(impáschönd)* adj. apasionado, vehemente, ardiente.
impassive *(impásiv)* adj. impasible; indiferente.
impatience *(impéischens)* s. impaciencia.
impatient *(impéischent)* adj. impaciente.
impeach *(impich)* tr. demandar o acusar formalmente (a un alto funcionario de gobierno); **to ~ a person's honor**, poner en tela de juicio el honor de uno.
impeccable *(impékabl)* adj. impecable, sin tacha.
impede *(impid)* tr. impedir.
impediment *(impediment)* s. impedimento.
impel *(impel)* tr. impeler, empujar.
impending *(impending)* adj. inminente, amenazador.

impenetrable *(impénetrabl)* adj. impenetrable.
impenitent *(impenitent)* adj. impenitente.
imperative *(impérativ)* adj. imperativo; imprescindible.
imperceptible *(imperséptibl)* adj. imperceptible.
imperfect *(impérfect)* adj. imperfecto, defectuoso.
imperfection *(imparféeschön)* s. imperfección, deficiencia; falta.
imperial *(impírial)* adj. imperial.
imperil *(imperil)* tr. poner en peligro, arriesgar.
imperious *(impiriös)* adj. imperioso.
impermeable *(impö'rmeabl)* adj. impermeable.
impersonal *(impö'rsonal)* adj. impersonal.
impersonate *(impö'rsoneit)* tr. hacerse pasar por; imitar.
impertinence *(impö'rtinens)* s. impertinencia.
impertinent *(impö'rtinent)* adj. impertinente, insolente.
imperturbable *(impértö'rbabl)* adj. imperturbable; impasible.
impervious *(impé'rviös)* adj. insensible; impermeable.
impetuous *(impétiuös)* adj. impetuoso.
impetuousness *(impétluösnes)* s. impetuosidad.
impetus *(impetös)* s. ímpetu.
impiety *(impáieti)* s. impiedad.
impious *(impíos)* adj. impío.
implacable *(implákabl)* adj. implacable, inexorable.
implant *(implánt)* tr. implantar, inculcar.
implement *(ímplement)* s. instrumento; utensilio; tr. llevar a cabo.
implicate *(implikeit)* tr. implicar.
implication *(implikéischön)* s. implicación; insinuación.
implicit *(implisit)* adj. implícito, tácito.
implore *(implör)* tr. implorar, suplicar.
imply *(impláí)* tr. implicar; envolver; suponer.
impolite *(impolait)* adj. descortés.
impoliteness *(impoláitnes)* s. descortesía.
import *(impoort)* s. importación; intr. importar.
importance *(impoortans)* s. importancia, significación.
important *(impoortant)* adj. importante, valioso, significativo.
importation *(impoortéischön)* s. importación, internación.
importer *(impoortör)* s. importador.
importunate *(impoortiuneit)* adj. importuno.
importune *(impoortiún)* tr. importunar.
importunity *(impoortiúniti)* s. importunidad.
impose *(impóus)* tr. imponer; intr. ~ **on**, imponerse sobre.
imposing *(impóusing)* adj. impresionante, imponente.
imposition *(imposischön)* s. imposición.
impossibility *(imposóbiliti)* s. imposibilidad.
impossible *(impósibl)* adj. imposible.
imposter *(imposta)* s. impostor, embustero, falso.
imposture *(impóstcha)* s. impostura, fraude, engaño.
impotence *(impotens)* s. impotencia.
impotent *(impotent)* adj. impotente; incapaz.
impoverish *(impóvarisch)* tr. empobrecer.
impregnate *(imprégneit)* tr. impregnar.
impress *(imprés)* tr. impresionar.
impression *(impréschön)* s. impresión.
impressive *(imprésiv)* adj. impresionante.
imprint *(imprint)* s. marca, huella; tr. imprimir, estampar.
imprison *(imprisn)* tr. encarcelar; encerrar.
imprisonment *(imprisenment)* s. encarcelamiento.
improbable *(impróbabl)* adj. improbable.
impromptu *(impromptu)* s. improvisación.
improper *(imprópar)* adj. impropio.
improve *(imprúv)* tr. mejorar; intr. progresar, mejorarse.
improvement *(imprúvment)* s. mejorar.
improvident *(improvident)* s. y adj. imprevisor.

improvise *(imprócvais)* tr. improvisar.
imprudence *(imprúdens)* s. imprudencia, indiscreción.
imprudent *(imprudent)* adj. imprudente, indiscreto.
impudence *(impiudens)* s. impudencia, descaro, desvergüenza.
impudent *(impiudent)* adj. impudente, descarado, insolente.
impung *(impiún)* tr. impugnar, poner en tela de juicio.
impulse *(impals)* s. impulso.
impulsive *(impalsiv)* adj. impulsivo.
impunity *(impiúniti)* s. impunidad.
impure *(impiúa)* adj. impuro, adulterado.
impurity *(impiúöriti)* s. impureza.
imputable *(impiútabl)* adj. imputable.
impute *(impiút)* tr. imputar.
in *(in)* prep. en: dentro de, por, a; adv. (a)dentro.
inability *(inabiliti)* s. incapacidad.
inaccessible *(inacsésibl)* adj. inaccesible.
inaccuracy *(inákiurasi)* s. inexactitud; error.
inaccurate *(inákiureit)* adj. inexacto, erróneos, incorrecto.
inactive *(ináctiv)* adj. inactivo; inerte.
inactivity *(ináctiviti)* s. inactividad, ociosidad.
inadequate *(inádikuit)* adj. inadecuado; defectuoso, insuficiente.
inadmisible *(inadmisibl)* adj. inadmisible, increíble.
inadvertence *(inadvartens)* s. inadvertencia.
inanimate *(inánimit)* adj. inánime; inanimado.
inappreciable *(inaprischiabl)* adj. imperceptible, inapreciable.
inapt *(inapt)* inepto, inhábil.
inaptitude *(ináptitiud)* s. ineptitud.
inasmuch *(inasmátsch)* adv. puesto que; en cuanto.
inattention *(inaténschön)* s. desatención; distracción.
inattentive *(inaténtiv)* adj. desatento, distraído, descuidado.
inaugurate *(inóguiureit)* tr. inaugurar; iniciar.
inauguration *(inoguiuréischön)* s. inauguración, apertura.
inborn *(inborn)* adj. innato, natural.
incalculable *(inkálkiulabl)* adj. incalculable.
incandescent *(inkandésent)* adj. incandescente.
incapability *(inkeipabilitit)* s. incapacidad, inhabilidad.
incapable *(inkéipabl)* adj. incapaz, incapacitado.
incapacity *(inkapásiti)* s. incapacidad.
incarnate *(inkárneit)* tr. encarnar.
incarnation *(inkarnéischön)* s. encarnación.
incautious *(inkausous)* adj. imprudente, no precavido.
incendiary *(insendyari)* adj. s. incendiario.
incense *(insens)* s. incienso; tr. indignar, enfadar, enfurecer.
incentive *(inséntiv)* s. incentivo; estímulo.
incertitude *(insértitiud)* s. incertidumbre.
incessant *(insésant)* adj. incesante, continuo.
incest *(insest)* s. incesto.
incestuous *(inséschiuös)* adj. incestuoso.
inch *(inch)* s. pulgada.
incidence *(insidens)* s. incidencia.
incident *(insident)* s. incidente.
incidental *(insidéntal)* adj. incidental, secundario.
incinerate *(insínereit)* tr. incinerar.
incineration *(insinóréischön)* s. incineración.
incise *(insáis)* tr. cortar, tallar.
incision *(insizion)* s. incisión, corte.
incite *(insáit)* tr. incitar, instigar.
incivility *(insivility)*. s. grosería; descortesía.
inclination *(inklinéischön)* s. inclinación.
incline *(inkláin)* tr. inclinar; s. inclinación, pendiente.
include *(inklúd)* tr. incluir; comprender.
inclusive *(inklúsiv)* adj. inclusive.
incoherent *(incoujerent)* adj. incoherente, inconexo.
income *(inköm)* s. ingreso; renta; ~ **tax**, s. impuesto sobre la renta.
incomparable *(incömparábl)* adj. incomparable.

incompatibility *(inkompatibiliti)* s. incompatibilidad.
incompatible *(inkompátibl)* adj. incompatible, inconciliable.
incompetency *(inkómpetensi)* s. incompetencia; ineptitud.
incompetent *(inkompetent)* adj. incompetente, incapaz.
incomplete *(inkomplit)* adj. incompleto, inacabado.
incomprehensible *(inkomprijénsibl)* adj. incomprensible.
inconceivable *(inkonsivabl)* adj. inconcebible, inimaginable.
inconditional *(inkondischönal)* adj. incondicional.
incongruence *(inkóngruens)* s. incongruencia, divergencia.
incongruent *(inkóngruent)* adj. incongruente, absurdo.
inconsiderate *(inconsídöreit)* adj. desconsiderado.
inconsistency *(incosístensi)* s. inconsistencia, incongruencia.
inconsistent *(inconsistent)* adj. inconsistente, incoherente.
inconstancy *(inkónstansi)* s. inconstancia, inestabilidad.
inconstant *(inkonstant)* adj. inconstante, variable.
incontinence *(inkóntinens)* s. incontinencia, desenfreno.
inconvenience *(inkonviniens)* s. inconveniencia, tr. incomodar.
inconvenient *(inkonvinient)* adj. inconveniente.
incorporate *(inkórporeit)* tr. incorporar; intr. incorporarse.
incorporation *(incorporéischön)* s. incorporación.
incorrect *(incoréct)* adj. incorrecto, erróneo.
incorrigible *(inkóridyibl)* adj. incorregible.
incorrupt *(incorrö'pt)* adj. incorrupto; puro; probo.
increase *(incris)* s. aumento; tr. aumentar.
increasingly *(incrisingli)* adv. más y más; cada vez más.
incredible *(incrédibl)* adj. increíble, inverosímil.
incredulity *(incrediúliti)* s. incredulidad.
incredulous *(incrédiulös)* adj. incrédulo.
increment *(increment)* s. incremento; aumento.
incubate *(inkiubeit)* tr. incubar, empollar.
incubation *(inkiubeischön)* s. incubación.
inculcate *(inkö'lkeit)* tr. inculcar.
inculpate *(inkö'lpeit)* tr. inculpar; imputar.
incumbency *(inkö'mbensi)* s. incumbencia.
incur *(inkö'r)* tr. incurrir, provocar.
incurable *(inkiúrabl)* adj. incurable.
incurious *(inkiúriös)* adj. indiferente, anodino.
incursion *(inkö'schön)* s. incursión; *Mil.* correría.
indebted *(indétid)* adj. adeudado, endeudado; (fig.) agradecido.
indecency *(indisensi)* s. indecencia, obsceno.
indecent *(indisent)* adj. indecente, obscenidad.
indecision *(indesischön)* s. indesisión.
indecisive *(indesáisiv)* adj. indeciso.
indecoruos *(indikóurös)* adj. indecoroso.
indeed *(indid)* adv. verdaderamente, de veras; por supuesto.
indefinite *(indéfinit)* adj. indefinido.
indelible *(indélibl)* adj. indeleble.
indelicacy *(indélikasi)* s. indelicadeza, inmodestia.
indelicate *(indélikeit)* adj. grosero; indiscreto.
indemnification *(indemnifikéischön)* s. indemnización.
indemnify *(indémnifai)* tr. indemnizar; resarcir.
indemnity *(indémniti)* s. indemnización.
indent *(indent)* s. muesca, muela; tr. dentar.
independence *(indipéndens)* s. independencia.
independent *(indipéndent)* adj. independiente, libre.
indescribable *(indiscráibabl)* adj. indescriptible.
indestructible *(indstructible)* adj. indestructible.
indetermined *(indetermind)* adj. indeterminado.

index *(índecs)* s. *Imp.* índice; ~ **card**, ficha.
India *(india)* s. India; ~ **rubber**, s. caucho.
Indian *(indian)* adj. Indio: ~ **summer** s. veranillo de S. Martín.
indicate *(indikeit)* tr. indicar, señalar.
indication *(indikéischön)* s. indicación.
indicative *(indíkativ)* adj. indicativo.
indict *(indáit)* tr. acusar.
indictment *(indáitment)* s. acusación, denuncia, proceso judicial.
indifference *(indiferens)* s. indiferencia.
indifferent *(indiferent)* adj. indiferente.
indigence *(indiyens)* s. indigencia, pobreza, penuria.
indigent *(indidyent)* adj. indigente, pobre, necesitado.
indigenous *(indídyinös)* adj. indígena, nativo.
indigestible *(indidyéstibl)* adj. indigesto, difícil de digerir.
indigestion *(indidyéschön)* s. indigestión, empacho.
indignant *(indignant)* adj. indignado, indignante.
indignation *(indignéischön)* s. indignación, enojo.
indignity *(indigniti)* s. indignidad, afrenta.
indigo *(indigou)* s. índigo, añil: ~ **blue**, azul de añil.
indirect *(indirect)* adj. indirecto.
indiscreet *(indiscrit)* adj. indiscreto.
indiscretion *(indiscréschön)* s. indiscreción.
indiscriminate *(indiscrímineit)* adj. indiscriminado.
indispensable *(indispénsabl)* adj. indispensable, esencial.
indispose *(indispóus)* tr. indisponer.
indisposed *(indispóusd)* adj. indispuesto.
indisposition *(indisposíschön)* s. indisposición.
indissoluble *(indísoliubl)* adj. indisoluble.
indistinct *(indistinct)* adj. indistinto; confuso.
individual *(individual)* adj. individual; s. individuo; sujeto.
individuality *(individuáliti)* s. individualidad.
individualize *(individiualais)* tr. individualizar.
indoctrinate *(indóctrineit)* tr. adoctrinar.
indolence *(indolens)* s. indolencia, pereza.
indolent *(indolent)* adj. indolente, perezoso; indoloro.
indomitable *(indómitabl)* adj. indomable, indómito.
indoor *(indoa)* adj. interior, dentro (en casa); cubierto; ~ **athletics**, atletismo en pista cubierta.
indoors *(indóos)* adv., a cubierto, bajo techo.
indorse *(indórs)* tr. endosar; respaldar.
indorsement *(indorsement)* s. *Com.* endoso, garantía.
indubitable *(indúbitabl)* adj. indubitable, indudable.
induce *(indiús)* tr. inducir; instigar; inferir.
inducement *(indiúsment)* s. aliciente, incentivo.
induct *(indact)* tr. introducir, iniciar.
induction *(indaschön)* s. inducción.
inductive *(indactive)* adj. inductivo.
indulge *(indaldy)* tr. permitir; consentir; intr. entregarse a.
indulgence *(indaldyens)* s. indulgencia.
indulgent *(indalent)* adj. indulgente.
industrial *(indastrial)* adj. industrial.
industrialize *(indastrialais)* tr. industrializar.
industrious *(indástriös)* adj. industrioso, activo, trabajador.
industry *(indastri)* s. industria.
inebriate *(inibrieit)* tr. embriagar; adj. ebrio.
inedible *(inédibl)* adj. incomible.
inedited *(inéditid)* adj. inédito.
ineffable *(inéfabl)* adj. inefable.
ineffective *(ineféctiv)* adj. ineficaz.
ineffectual *(inefécchiual)* adj. ineficaz, infructuoso.
inefficient *(inefichent)* adj. ineficaz, incapaz.
inept *(inept)* adj. inepto.
ineptitude *(inéptitiud)* s. ineptitud.
inequality *(inikúoliti)* s. desigualdad.
inert *(ineert)* adj. inerte.
inertia *(ineerschia)* s. inercia; inacción; indolencia.

inestimable *(inéstimbl)* adj. inestimable, apreciable.
inevitable *(inévitabl)* adj. inevitable.
inexhaustible *(inegsostibl)* adj. inagotable.
inexorable *(ineksorabl)* adj. inexorable, inflexible.
inexpensive *(inikspénsiv)* adj. económico, barato.
inexperience *(inekspiriens)* s. inexperiencia, impericia.
inexperienced *(inekspirienst)* adj. inexperto.
inexplicable *(inéksplikabl)* adj. inexplicable.
inexpressive *(inekspresiv)* adj. inexpresivo.
inextinguishable *(inekstinguischabl)* adj. inextinguible.
infallibility *(infalibiliti)* s. infalibilidad.
infalible *(infálibl)* adj. infalible.
infamous *(infamös)* adj. infame, odioso.
infamy *(infami)* s. infamia.
infancy *(infansi)* s. infancia.
infant *(infant)* niño, bebé, criatura; ~ **school**, escuela de párvulos.
infanticide *(infántisaid)* s. infanticidio; infanticida.
infantile *(infantail)* adj. infantil.
infantry *(infantri)* s. infantería.
infect *(infect)* tr. infectar.
infection *(infécschön)* s. infección, contagio.
infectious *(infécschös)* adj. infeccioso, contagioso.
infer *(infar)* tr. inferir; deducir.
inference *(infarens)* s. inferencia.
inferior *(infiriar)* s.inferior, adj. subordinado.
inferiority *(inferióriti)* s. inferioridad; ~ **complex**, complejo de inferioridad.
infernal *(infö'rnal)* adj. infernal.
infest *(infest)* tr. infestar, plagar.
infidel *(infidel)* s. y adj. infiel, impío.
infidelity *(infideliti)* s. infidelidad.
infiltrate *(infiltreit)* tr. infiltrar, penetrar; (fig.) adentrar.
infiltration *(infiltréischön)* s. infiltración.
infinite *(infinit)* adj. infinito.
infinitive *(infinitiv)* s. infinitivo.
infirm *(infeerm)* adj. enfermizo.
infirmary *(infeermari)* s. enfermería, hospital.
infirmity *(infeermiti)* s. enfermedad, achaque; debilidad.
inflame *(infléim)* tr. inflamar; intr. *Med.* inflamarse, hincharse.
inflammable *(inflámabl)* adj. inflamable.
inflate *(nfléit)* tr. inflar; (pers.) envanecerse, engreírse.
inflation *(infléischön)* s. *Econ.* inflación.
inflexibility *(inflecsibiliti)* s. inflexibilidad, rigidez; (pers.) obstinación.
inflexible *(inflécsibl)* adj. inflexible, rígido, obstinado.
inflict *(inflikt)* infligir, ocasionar.
influence *(influens)* s. influencia; tr. influir.
influential *(influénschal)* influyente.
influenza *(influénsa)* s. gripe.
influx *(inflöcs)* s. influjo, afluencia.
inform *(infórm)* tr. informar, notificar; ~ **against**, denunciar.
informal *(infórmal)* adj. informal, sin ceremonia; ~ **dress**, vestido de calle.
information *(informéischön)* s. información, informes; aviso.
infraction *(infrácschön)* s. *Leg.* infracción.
infringe *(infríndch)* tr. infringir, violar.
infuriate *(infiúreit)* tr. enojar, enfurecer.
infuriated *(infiuriétit)* adj. furioso, enojado, furioso.
infuse *(infiús)* tr. infundir; hacer infusiones.
infusion *(infiúschön)* s. infusión.
ingenious *(indyeiniös)* adj. ingenioso, hábil.
ingenuity *(indyeeniúiti)* s. ingeniosidad, ingenio.
ingenuous *(indyeéniuös)* adj. ingenuo, sincero, modesto.
ingenuousness *(indchéniuösnes)* s. ingenuidad, candidez.
ingratiate *(ingréischeit)* tr. congraciarse.
ingratitude *(ingrátitiud)* s. ingratitud.
ingredient *(ingrídient)* s. ingrediente.
ingress *(ingres)* s. ingreso.
inhabit *(injábit)* tr. habitar; intr. vivir.

inhabitable *(injábitabl)* adj. habitable.
inhabitant *(injábitant)* s. habitante.
inhale *(injéil)* tr. inhalar, aspirar.
inhere *(injía)* intr. ser inherente.
inherent *(injírent)* adj. inherente, intrínseco.
inherit *(injérit)* tr. heredar.
inheritance *(injéritans)* s. herencia; patrimonio.
inhibit *(injíbit)* tr. inhibir.
inhibition *(injibíschön)* s. inhibición.
inhospitable *(injóspitabl)* adj. inhospitalario, *Geog.* inhóspito.
inhuman *(injiúman)* adj. inhumano; desalmado.
inhumation *(injiumésischön)* s. inhumación, entierro.
inimical *(inimikal)* adj. hostil; adverso, desfavorable.
inimitable *(inímitabl)* adj. inimitable.
iniquitous *(iníkuitas)* adj. inicuo, malvado.
iniquity *(inícuiti)* s. iniquidad, maldad.
initial *(inischal)* adj. inicial; pl. s. iniciales.
initiate *(inischieit)* tr. iniciar, comenzar; intr. iniciarse.
initiation *(inischiéischön)* s. iniciación.
initiative *(inísshativ)* s. iniciativa.
inject *(inddyéct)* tr. inyectar.
injunction *(indyonschön)* s. mandato, orden; *Leg.* entredicho.
injection *(indyécschön)* s. inyección.
injure *(inya)* tr. herir, lastimar; ofender.
injurious *(indyaúrios)* adj. injurioso.
injury *(indya)* s. herida, lesión; injuria.
injustice *(indyustis)* s. injusticia.
ink *(ink)* s. tinta; **indian ~**, tinta china; **~pot**, tintero.
inkling *(inkling)* s. indicación, indicio, idea, sospecha, noción, vaga.
inkstand *(incstand)* s. tintero.
inlaid *(inléid)* adj. incrustado.
inland *(inland)* s. *Geog.* interior; adj. interior, nacional, tierra adentro.
in-laws *(inlos)* s. parientes políticos.
inlay *(inléi)* tr. incrustar, taracear.
inlet *(inlet)* s. *Mec.* entrada; pasaje; *Geog.* ensenada.
inmate *(inmeit)* s. interno; pupilo; huésped.
inmost *(inmoust)* adj. íntimo; profundo.
inn *(in)* s. posada; fonda.
innkeeper *(inkipór)* s. posadero.
innate *(innéit)* adj. innato, natural.
inner *(inar)* adj. interior.
innermost *(inarmoust)* adj. íntimo, profundo.
inning *(íning)* s. *Dep.* entrada.
innocence *(ínosens)* s. inocencia; pureza.
innocent *(ínosent)* adj. s. inocente, simple.
inocuous *(inókiuös)* adj. inocuo, inofensivo.
innovate *(ínoveit)* tr. innovar.
innuendo *(iniuéndou)* s. insinuación, indirecta.
innumerable *(iniúmöröbl)* adj. innumerable.
inoculate *(inókiuleit)* tr. *Med.* inocular, vacunar; *Bot.* injertar.
inodorous *(inodorös)* adj. inodoro.
inoffensive *(inofénsiv)* adj. inofensivo.
inoperative *(inópörativ)* adj. inoperante, ineficaz, inoperativo.
inopportune *(inóportiun)* adj. inoportuno.
inquest *(íncuest)* s. *Leg.* sumario; indagación.
inquire *(incuáia)* tr. preguntar; intr. investigar, indagar; **~ after**, preguntar por.
inquiry *(incuáiri)* s. encuesta, interrogación.
inquisitive *(incúisitiv)* curioso, preguntón.
inroad *(inroud)* s. incursión.
insalubrious *(insaliúbriös)* adj. insalubre; malsano.
insalubrity *(insaliúbriti)* s. insalubridad.
insane *(inséin)* adj. loco; demente.
insanitary *(insanitari)* adj. antihigiénico.
insanity *(insániti)* s. demencia, locura.
insatiable *(inséischiöbl)* adj. insaciable.
inscribe *(inscráib)* tr. inscribir; dedicar, grabar (joyas).

inscription *(inscrípschön)* s. inscripción; título, grabación.
inscrutable *(inscrútabl)* adj. inescrutable, impenetrable.
insect *(insect)* s. insecto.
insecticide *(insectisid)* s. insecticida.
insecure *(insekiur)* adj. (fig.) inseguro; incierto.
inseminate *(inséminelt)* tr. inseminar, fecundar.
insemination *(insemineischön)* inseminación,fecundación; **artificial ~**, fecundación artificial.
insensate *(insénseit)* adj. insensato.
insensible *(insénsibl)* adj. insensible; impasible.
insensitive *(insénsitiv)* adj. insensible.
inseparable *(inséparabl)* adj. inseparable.
insert *(insert)* tr. insertar; meter; introducir.
inside *(insáid)* adj. interior, interno; adv. adentro; prep, dentro de; s. interior, parte interna; **~-out**, al revés, lo de dentro para afuera.
insidious *(insídiös)* adj. insidioso; pérfido.
insight *(ínsait)* s. discernimiento; perspicacia; (fig.) visión clara; conocimientos.
insignia *(insigniö)* s. pl. insignias.
insignificant *(insignifikant)* adj. insignificante; (fig.) despreciable.
insincere *(insinsir)* adj. falso; hipócrita.
insinuate *(insíniueit)* tr. insinuar(se).
insinuation *(insiniuéischön)* s. insinuación; indirecta.
insipid *(insípid)* adj. insípido, soso.
insist *(insist)* intr. insistir; exigir.
insistence *(insistö'ns)* s. insistencia, empeño, porfía.
insolation *(insoléischön)* s. insolación.
insolence *(insolens)* s. insolencia.
insolent *(insolent)* adj. insolente, atrevido, osado.
insoluble *(insóliubl)* adj. insoluble. *Qím.* sin solución.
insolvent *(insolvent)* adj. y s. *Com.* insolvente.
insomnia *(insómnia)* s. insomnio, desvelo.
insomuch *(insoumö'ch)* conj. de manera que, puesto que, ya que.
inspect *(inspect)* tr. inspeccionar, examinar.
inspection *(inspéeschön)* s. inspección, examen; investigación.
inspector *(inspector)* s. inspector.
inspiration *(inspiréischön)* s. inspiración; *Poet.* musas.
inspire *(inspáiör)* intr. inspirar; tr. animar, estimular.
instability *(instabiliti)* s. inestabilidad.
install *(instál)* tr. instalar, colocar, montar; *Mec.* montaje.
installation *(instaléischön)* s. instalación.
instalment *(instólment)* s. plazo, entrega.
instance *(instans)* s. ejemplo, caso *Leg.* instancia; ruego; **for ~**, por ejemplo; tr. ejemplificar.
instant *(instant)* adj. s. instante; momento; adj. inmediato, instantáneo.
instantaneous *(instöntéinyes)* adj. instantáneo, repentino.
instead *(instéd)* adv. y prep, en cambio; **~ of**, adv. y prep, en vez de, en lugar de.
instep *(instep)* s. empeine (del pie, del zapato).
instigate *(instigeit)* tr. instigar; incitar, provocar, inducir.
instigation *(instigeischön)* s. incitación.
instill (US), **instil** (UK) *(instil)* tr. inculcar, infundir.
instinct *(instinkt)* s. instinto; **~ of preservation**, instinto de conservación.
instinctive *(instinktiv)* adj. instintivo.
institute *(institiut)* adj. instituto; tr. instituir, establecer.
institution *(institiúschön)* s. institución.
instruct *(instract)* tr. instruir; informar, ordenar.
instruction *(instracschön)* s. instrucción.
instructor *(instractar)* s. instructor.
instrument *(instrument)* s. instrumento; utensilio.
insubordination *(insabordinéischön)* s. insubordinación.
insufferable *(insö'förabl)* adj. insufrible, insoportable.
insufficient *(insófischent)* adj. insuficiente.

insular *(insiular)* s. y adj. insular; isleño.
insulate *(insiuleit)* tr. *Elect.* aislar.
insulation *(insiuléischön)* s. *Elect.* aislamiento.
insulator *(insiuleitar)* s. *Elect.* aislador.
insulin *(ínsölain)* s. insulina.
insult *(insalt)* insulto; *(insö'lt)* tr. insultar; **to add ~ to injury**, empeorar las cosas.
insuperable *(insiúpörabl)* adj. insuperable, inmejorable.
insupportable *(insöpórtabl)* adj. insoportable, insufrible.
insurance *(insiúrans)* s. *Com.* seguro; seguridad.
insure *(insiúa)* tr. asegurar.
insurgent *(insö'rdyeent)* s. insurgente; rebelde.
insurmountable *(insömáuntábl)* adj. insuperable.
insurrection *(insörécschön)* s. insurrección.
intact *(intact)* adj. intacto; íntegro; ileso.
intake *(ínteik)* s. (orificio de) entrada; toma; inhalación.
integral *(intigral)* adj. íntegro; *Math.* integral.
integrate *(integreit)* intr. integrar(se).
integration *(integréischön)* s. integración.
integrity *(intégriti)* s.integridad, honradez.
intellect *(intelect)* s. intelecto.
intellectual *(inteléchiual)* adj. intelectual.
intelligence *(intélidyens)* s. inteligencia; armonía.
intelligent *(intelidyent)* adj. inteligente.
intelligible *(intélidyibl)* adj. inteligible.
intemperance *(intémparans)* s. intemperancia; exceso.
intemperate *(intémpareit)* adj. excesivo, inmoderado, desmedido.
intend *(intend)* tr. proponerse; pensar, tener intención.
intended *(inténdid)* adj. proyectado; intencional, deliberado.
intense *(inténs)* adj. intenso; violento, vehemente, ferviente.
intensify *(intensifai)* tr. e intr. intensificar.
intensive *(inténsiv)* adj. intensivo.
intent *(intent)* s. intención, propósito; adj. concentrado; decidido; *Leg.* **with ~ to**; con ánimo de.
intention *(inténschön)* s. intención, propósito.
intentional *(inténschönl)* adj. intencional; adv. **~ly**, intencionalmente, adrede, a propósito.
inter *(intö'r)* tr. enterrar.
intercede *(intersid)* intr. interceder; interponerse.
intercept *(intörsépt)* tr. interceptar; interrumpir.
intercession *(intarséschön)* s. intercesión.
interchange *(intarchéindy)* tr. intercambiar.
intercourse *(intarkos)* s. coito, relaciones sexuales; trato.
interdict *(intördikt)* tr. vedar; s. veto.
interest *(interest)* s. interés; tr. interesar.
interested adj. *(interestid)* interesado.
interesting *(intaresting)* adj. interesante.
interfere *(intarfia)* intr. interferir, entremeterse.
interference *(intarfirens)* s. interferencia, *Elect.* intromisión.
interim *(intárim)* adj. y s. interino.
interior *(intiriar)* adj. interior; s. el interior.
interjection *(intardyécschön)* s. interjección.
interlace *(intarléis)* tr. entrelazar; entremezclar.
interlock *(intölóc)* tr. trabar, unir; intr. trabarse, entrelazarse.
interlocutor *(intarlókiutor)* s. interlocutor.
interlude *(intarliud)* s. intermedio; entreacto.
intermarry *(intermeri)* s. casarse, (parientes, razas).
intermediate *(intermídieit)* adj. intermedio; s. intermediario.
interment *(interment)* s. entierro, funeral.
interminable *(interminabl)* adj. interminable.
intermingle *(intermingl)* tr. e intr. entremezclar(se), mezclar(se).
intermission *(intermischön)* s. intermisión; pausa.

intermittent *(intermítent)* adj. intermintente.
intern(al) *(intö'rn(al))* adj. interno.
international *(internáschönal)* adj. internacional.
internment *(intérnamönt)* s. internamiento.
interpose *(interpóus)* tr. intr. interponer(se).
interpret *(intérpret)* tr. interpretar.
interpretation *(interpretaschön)* s. interpretación.
interpreter *(intérpreter)* s. intérprete.
interrogate *(intérogueit)* tr. e intr. interrogar.
interrogative *(interógativ)* adj. interrogativo.
interrogatory *(interógatori)* s. interrogatorio.
interrupt *(interö'pt)* tr. interrumpir.
interruption *(interupschön)* s. interrupción.
intersect *(inteséct)* tr. e intr. cortar(se); cruzar(se).
intersection *(inteséeschön)* s. intersección; **street** ~, bocacalle, cruce.
intertwine *(inte'túain)* tr. entrelazar, entretejer, trenzar.
interval *(interval)* s. intervalo; (espectáculo) descanso, intermedio; *Dep.* descanso.
intervene *(intervín)* intr. intervenir; interponerse.
intervention *(intervénschön)* s. intervención.
interview *(interviú)* s. entrevista; tr. entrevistarse con; **~er**, s. entrevistador.
intestinal *(intéstinal)* adj. intestinal.
intestine *(intéstin)* s. intestino; **small/ large ~**, intestino delgado/ grueso.
intimacy *(intimasi)* s. intimidad, familiaridad.
intimate *(íntimeit)* s. amigo íntimo; adj. íntimo; tr. insinuar, dar a entender.
intimation *(intiméischön)* s. insinuación; indirecta; requerimiento.
intimidate *(intímideit)* tr. intimidar, amenazar.
intimidation *(intimidéischön)* s. intimidación.
into *(íntu)* prep, en; adentro; hacia adentro; ~ **the bargain**, por añadidura.
intolerable *(intólarabl)* adj. intolerable; inaguantable.
intolerance *(intólarans)* s. intolerancia.
intolerant *(intolarant)* adj. y s. intolerante.
intonation *(intonéischön)* s. entonación.
intone *(intóun)* intr. entonar.
intoxicate *(intocsikeit)* tr. intoxicar; embriagar.
intoxication *(intocsikéischön)* s. intoxicación.
intractable *(intráctabl)* adj. intratable, obstinado.
intravenous *(intravínös)* adj. *Med.* intravenoso.
intrench *(intrénch)* tr. atrincherar; *Mil.* **to ~ oneself**, atrincherarse.
intrepid *(intrépid)* adj. intrépido.
intrepidity *(intripíditi)* s. intrepidez, osadía.
intricate *(intrikayt)* adj. intricado, embrollado, complicado.
intrigue *(intríg)* s. intriga; tr. intrigar, confabulación.
introduce *(introdiús)* tr. presentar; introducir.
introduction *(introdukcschön)* s. introducción; prólogo.
introspection *(introspécschön)* s. introspección.
introvert *(intravert)* s. introvertido; **~ed**, adj. introvertido.
intrude *(intrúd)* intr. entremeterse.
intruder *(intrúdar)* s. intruso.
intuition *(intiuischón)* s. intuición.
intuitive *(intiútiv)* adj. intuitivo.
inundate *(inö'ndeit)* tr. inundar, (fig.) abrumar.
invade *(invéid)* tr. invadir.
invader *(invéidar).* s. invasor.
invalid *(invalid)* adj. inválido, nulo; s. inválido; *Med.* tr. invalidar.
invalidate *(inválideit)* tr. invalidar; anular.
invaluable *(inváliuabl)* adj. inestimable, inapreciable.

invariable *(invériabl)* adj. invariable, constante.
invasion *(invéischön)* s. invasión.
invent *(invént)* tr. inventar.
invention *(invénschön)* s. invención.
inventive *(invéntiv)* adj. inventivo.
inventor *(invénta)* s. inventor.
inventory *(ínventori)* s. inventario; tr. inventariar.
inverse *(invö's)* adj. inverso.
inversion *(invö'rschön)* s. inversión.
invert *(invö'rt)* tr. invertir.
invest *(invést)* tr. conferir; autorizar; *Econ.* invertir.
investigate *(invéstigueit)* tr. investigar; averiguar.
investigation *(investiguéischön)* s. investigación.
investment *(invéstment)* s. *Econ.* inversión (de capital).
investor *(invéstar)* s. inversionista, inversor.
invidiuos *(invídiös)* adj. envidioso, odioso.
invigorate *(invígöreit)* tr. vigorizar, fortalecer, animar.
invigorating *(invígorating)* adj. estimulante, vigorizador.
invincible *(invisibl)* adj. invencible.
inviolate *(inviolat)* adj. inviolada, intacto, puro.
invisible *(invísibl)* adj. invisible.
invitation *(invitéischön)* s. invitación.
invite *(inváit)* tr. invitar; convidar.
inviting *(inváiting)* adj. atractivo; seductivo, tentador.
invoice *(invois)* s. *Com.* factura; tr. facturar.
invoke *(invóuc)* tr. invocar, rogar, suplicar, implorar.
involuntary *(invólönteri)* adj. involuntario.
involve *(invólv)* tr. envolver, enredar, implicar, comprometer.
involvement *(involument)* participación, implicación.
invulnerable *(invö'lnarabl)* adj. invulnerable.
inward *(inuöd)* s. adj. interior; adv. hacia dentro.
inwards *(ínuöds)* s. adv. hacia dentro; internamente.
iodin(e) *(áiodin)* s. *Quím.* yodo.
I.O.U. *Com.* pagaré.

irascible *(airásibl)* adj. irascible.
irate *(airéit)* adj. airado, enfadado.
ire *(áia)* s. ira, enojo.
iridescent *(iridésnt)* adj. iridiscente, tornasolado, irisado.
iris *(áiris)* s. (óptica) iris; *Bot.* lirio.
irish *(áirisch)* adj. y s. irlandés.
irk *(ö'rk)* tr. fastidiar; (fig.) cansar.
irksome *(ö'rksöm)* adj. tedioso, fastidioso; (fam.) cargante.
iron *(áirön)* s. hierro, plancha adj. de hierro, férreo; tr. planchar.
ironclad *(aironklad)* adj. blindado.
ironic(al) *(airónikl)* adj. irónico.
ironing *(áironing)* s. ropa para planchar, planchada; ~ **board**, mesa de planchar.
irony *(áiröni)* s. ironía.
irradiate *(iréidieit)* tr. irradiar, esparcir.
irradiation *(ireidiaschön)* s. irradiación.
irrational *(iráschönal)* adj. irracional.
irreconcilable *(ireconsilabl)* adj. irreconciliable.
irreducible *(irediúsibl)* adj. irreducible, irreductible.
irrefutable *(iréfiutabl)* adj. irrefutable, irrebatible.
irregular *(irégiular)* adj. irregular.
irregularity *(ireguiuiláriti)* s. irregularidad.
irrelevance *(irelavans)* s. irrelevancia.
irrelevant *(irélevant)* adj. irrelevante.
irreligious *(irilídyas)* adj. irreligioso, impío.
irremediable *(iremídiabl)* adj. irremediable.
irreparable *(ireparable)* adj. irreparable.
irreprehensible *(ireprejénsibl)* adj. irreprensible.
irreproachable *(iripróchabl)* adj. irreprochable.
irresistible *(irisistibl)* adj. irresistible.
irresolute *(irésoliut)* adj. irresoluto.
irresponsible *(irispónsibl)* adj. irresponsable.

I

irreverent *(irévarent)* adj. irreverente, irrespetuoso.
irrevocable *(irévokabl)* adj. irrevocable.
irrigate *(írigueit)* tr. *Agr.* irrigar, regar, mojar, humedecer.
irrigation *(iriguéischön)* s. riego.
irritable *(íritabl)* adj. irritable, irascible.
irritant *(íritant)* adj. irritante.
irritate *(írriteit)* tr. irritar.
irritating *(irritéiting)* adj. irritante.
irritation *(iritéischön)* s. irritación.
island *(áiland)* s. isla; ínsula.
islander *(áilöndar)* s. isleño.
isle *(áil)* s. isla; **islet**, islote.
isolate *(aísoleit)* tr. aislar, separar.
isolation *(aisoléischön)* s. aislamiento, abandono; separación.
issue *(íschu)* s. salida; edición, impresión; asunto; intr. salir, tr. emitir, publicar.
isthmus *(ísmes)* s. *Geog.* istmo.
it *(it)* pron. (neutro); ello, lo.
italian *(itálian)* adj. italiano.
italicize *(itálisals)* tr. poner en letra bastardilla o cursiva.
itch *(ích)* s. sarna; comezón; deseo; intr. picar; ~ **for something**, desear, anhelar.
itchy *(ítchi)* adj. que pica; *Med.* sarnoso.
item *(aítem)* s. artículo (en lista); (pers.) noticia; asunto.
itemize *(áitömais)* tr. detallar; hace una lista de.
itinerary *(aitínareri)* s. itinerario; ruta.
its *(íts)* adj. su, (de ello); pron. suyo (de ello).
itself *(itsélf)* pron. ello mismo; por sí mismo.
ivory *(áivöri)* s. marfil.
ivy *(áivi)* s. *Bot.* hiedra.

J j

jab *(dyáb)* s. pinchazo; tr. pinchar, clavar.
jabber *(dyábör)* intr. parlotear; parloteo, charla.
jack *(dyác)* s. *Mec.* gato; *Elect.* clavija; (naipes) jota, sota; marinero; tr. ~ **up**, levantar con gato; ~ **of all traders**, aprendiz de todo.
jackal *(dyákal)* s. chacal.
jackanapes *(dyákaneips)* s. mequetrefe.
jackass *(dyákas)* s. asno, burro; (fam.) tonto, burro, asno.
jackdaw *(dyáckdaw)* s. *Ornit.* grajo.
jacket *(dyáket)* s. chaqueta, americana; **potatoes in their~**, patatas con piel.
jackknife *(dyáknaif)* s. navaja.
jackpot *(dyákpot)* s. (US) premio gordo.
jade *(dyéid)* s. *Min.* jade.
jaded *(dyádid)* adj. agotado; harto, hastiado.
jag *(dyág)* s. punta, púa; (fam.) **to go on a** ~, ir de juerga.
jagged *(dyággid)* adj. dentado.
jaguar *(dyáguar)* s. jaguar.
jail *(dyéil)* s. cárcel.
jailer *(dyéilör)* s. carcelero.
jam *(dyám)* s. confitura de fruta, mermelada; apretura; (tráfico) atasco, embotellamiento; tr. **to** ~, atascar (tráfico); *Mec.* agarrotarse; tr. apiñar, apretar.
jamboree *(dyamborí)* s. (fam.) (boy-scouts); congreso de scouts; juerga.
janitor *(dyánitar)* s. portero; conserje.
January *(dyániuari)* s. enero.
Japan *(dyapán)* n.p. Japón; s. laca japonesa.
Japanese *(dyapönís)* adj. y s. japonés.
jar *(dyár)* s. tarro, bote; (acústica) chirrido; *Mec.* choque; tr. chirriar; chocar; (fig.) disgustar, enojar.
jargon *(dyárgon)* s. jerga.
jasmin(e) *(dyásmin)* s. *Bot.* jazmín.
jaundice *(dyóndis)* s. *Med.* ictericia.
jaunt *(dyont)* s. paseo; intr. corretear.
javelin *(dyávlin)* s. jabalina.
jaw *(dyó)* s. (fam.) mandíbula; charla.
jazz *(dyáz)* s. *Mús.* jazz; intr. tocar el jazz; bailar el jazz; **to** ~ **up**, sincopar; animar, alegrar.

jealous *(dyélös)* adj. celoso; envidioso.
jealousy *(dyélosi)* s. celos; envidia.
jeans *(dyins)* s. (textil) dril, pl. pantalones vaqueros.
jeer *(dyír)* s. befa; burla; tr. y intr. ~ **at**, mofar(se) de.
jelly *(dyéli)* s. jalea; gelatina; ~**fish** s. medusa.
jeopardize *(dyépadaiz)* tr. arriesgar, exponer; poner en peligro.
jeopardy *(dyépardi)* s. riesgo, dificultad.
jerk *(dyérk)* s. sacudida, tirón; estúpido, idiota; tr. sacudir.
jersey *(dyer'zi)* s. tejido de punto; *Amér.* jersey; chaqueta.
jest *(dyést)* s. chanza; intr. bufonearse.
jester *(dyéstar)* s. bufón; (fam.) bromista.
jet *(dyét)* s. *Min.* azabache; *Hidr.* chorro; *Aví.* Avión de reacción.
jet lag *(dyet lag)* s. desfase horario (por viaje largo).
jettison *(dyetison)* tr. *Náut.* lanzar, arrojar por la borda.
jetty *(dyéti)* s. *Náut.* malecón; dique de abrigo.
jew *(dyú)* s. judío.
jewel *(dyéel)* s. joya.
jewel(le)ry *(dyúelri)* s. joyería.
Jewish *(dyúisch)* adj. judaico, judío.
jingle *(dyngöl)* s. sonido metálico; rima o verso pueril; infantil; tintineo; canción, música publicitaria; tr. tintinear.
jingo *(dyingo)* s. patriotero.
job *(dyób)* s. empleo, trabajo, ~**ber**, (UK), corredor de bolsa.
jocose *(dyokóus)* adj. jocoso; festivo.
jockey *(dyoki)* s. jinete.
jog *(dyóg)* s. empellón; (fig.) estimular, recordar; *Equit.* trote corto; ~ **along**, andar con paso firme; tr. sacudir, empujar.
join *(dyóin)* tr. unir; intr. unirse, juntarse.
joiner *(dyóinar)* s. carpintero, ebanista.
joint *(dyóint)* s. *Mec. e Ind.* juntura, unión; *Anat.* articulación.
joke *(dyóuc)* s. broma; chiste; intr. bromear.
joker *(dyóukör)* s. bromista.
jolt *(yólt)* s. vaivén, sacudida, tr. e intr. traquear.
jolly *(dyóli)* adj. alegre, festivo; (UK) (fam.) muy, bastante.
jot *(dyót)* tr. anotar, hacer apuntes, **not a** ~, ni jota.
jotter *(dyota)* s. bloc de notas.
journal *(dyö'nal)* s. *(Imp.)* revista; periódico, diario.
journalism *(dyö'nalism)* s. periodismo.
journalist *(dyö'nalist)* s. periodista.
journey *(dyö'ni)* s. viaje.
joy *(dyói)* s. alegría; júbilo.
joyful *(dyóiful)* adj. alegre.
jubilant *(dyiúbilant)* adj. alborozado, jubiloso.
jubilation *(dyiubiléischön)* s. júbilo.
jubilee *(dyubilí)* s. jubileo, aniversario.
judaic *(dyúdéiik)* adj. judaico.
judge *(dyach)* s. juez; (fig.) experto; tr. juzgar.
judgment *(dyachment)* s. (fig. juicio.
judicial *(dyudischal)* adj. judicial.
judicious *(dyiudischös)* adj. juicioso.
judo *(dyudo)* s. judo.
jug *(dyag)* s. jarro, jarra; **to** ~, estofar; **in the** ~, (vulg.) chirona (cárcel).
juggle *(dyagl)* s. juego de manos; hacer malabares.
juggler *(dyaglar)* s. malabarista, juglar.
juice *(dyús)* s. zumo, (fig.) jugo.
juicy *(dyúsi)* adj. jugoso.
jukebox *(dyukboks)* s. tocadiscos.
July *(dyiulái)* s. julio.
jumble *(dyambl)* s. mezcla; enredo; tr. mezclar, revolver; ~ **sale**, venta de artículos usados.
jump *(dyamp)* s. salto, intr. saltar, brincar.
jumper *(dyamper)* s. saltador; (ropa) (UK) jersey, suéter.
jumpy *(dyampi)* adj. asustadizo, nervioso.
junction *(dyankschön)* s. junta; unión; (carretera) cruce; (tren) empalme.

J

juncture *(dyö'nkchur)* s. juntura; coyuntura.
June *(dyún)* junio.
jungle *(dyö'ngl)* s. jungla, selva.
junior *(dyúniar)* adj. menor, más joven, hijo; juvenil; subordinado, subalterno.
junk *(dyank)* s. *Mar.* junco (fam.) trastos; (fig.) bagatelas.
junk food *(dyúnk fud)* s. comida basura.
jurisdiction *(dyurisdikschön)* s. jurisdicción.
jurisprudence *(dyurisprudens)* s. jurisprudencia, derecho
jurist *(dyúrist)* s. jurista; legalista.
juror *(dyurar)* s. jurado (miembro del).
jury *(dyúri)* s. jurado; tribunal.
just *(dyast)* adj. justo; adv. justamente, precisamente; ~ **now**, ahora mismo.
justice *(dyastis)* s. justicia.
justify *(dyastifai)* tr. justificar; defender.
justly *(dyastli)* adv. justamente; con razón.
jut *(dyat)* s. salidizo, resalto; intr. ~ **out**, sobresalir.
juvenile *(dyúvenail)* adj. juvenil.

K k

kaleidoscope *(kaláidouskoup)* s. calidoscopio.
kangaroo *(kangarú)* s. *Zool.* canguro.
keel *(kil)* s. *Náut.* quilla; tr. poner la quilla.
keen *(kin)* adj. agudo; (pers.) entusiasmado, interesado; **to be ~ on**, ser un entusiasta en.
keenness *(kinnes)* s. agudeza; pespicacia; entusiasmo.
keep [kept; kept] *(kip)* tr. guardar, ~ **on**, seguir; cuidar; ~ **from**, abstenerse de; ~ **in mind**, tener presente; ~ **off**, mantenerse alejado.
keeper *(kipar)* s. guardián, custodio, **jail ~**, carcelero; **goal~**, portero, arquero.
keeping *(kípin)* s. cuidado; conformidad, acuerdo; **book ~**, *Com.* contabilidad.
keepsake *(kipseik)* s. recuerdo, regalo.
keg *(keg)* s. barril (pequeño).
ken *(ken)* s. (fig.) alcance conocimiento.
kennel *(kenal)* s. perrera.
kerb *(kerb)* s. cuneta.
kerchief *(kerchif)* s. pañuelo de cabeza, de cuello.
kernel *(kernal)* s. almendra; pepita; meollo; grano.
kerosene *(kérösin)* s. queroseno.
kettle *(ketl)* s. hervidor de agua, tetera; ~**drum**, *Mús.* timbal.
key *(kíí)* s. llave; clave; tecla; ~ **ring**, llavero
keyboard *(kíibord)* s. teclado.
keyhole *(kíijoul)* s. ojo de cerradura.
keynote *(kíinout)* s. nota tónica: (fig.) idea o principio fundamental.
keystone *(kíistoun)* s. *Arq.* clave (de un arco); base, fundamento principal.
khaki *(káki)* s. caqui.
kick *(kík)* s. puntapié; coz; tr. dar coces o puntapiés, patear; ~ **off**, *Dep.* comienzo de partido, tr. ~ **out**, echar fuera.
kid *(kid)* s. cabrito; cabritilla; (fam.) niño(a).
kidnap *(kidnap)* tr. secuestrar.
kidnapper *(kidnapar)* s. secuestrador.
kidnapping *(kidnaping)* s. secuestro.
kidney *(kídni)* s. riñon.
kill *(kil)* tr. matar; ~ **two birds with one stone**, matar dos pájaros de un tiro.
killer *(kilar)* s. asesino.
killing *(kiling)* s. matanza.
kiln *(kiln)* s. horno (alfarería).
kilogram *(kílogram)* s. kilogramo.
kilometer *(kílomitar)* s. kilómetro.
kilt *(kílt)* s. falda escocesa.
kimono *(kimoúnou)* s. quimono.
kin *(kin)* s. parentesco; linaje; adj. familiar, afín.
kind *(kaind)* adj. amable; s. clase, género, tipo.

kindergarten *(kíndergarten)* s. jardín de infancia.
kindle *(kíndl)* tr. encender, (fig.) suscitar, despertar; intr. prender encenderse.
kindly *(kaíndli)* adj. bondadoso, adv. amablemente.
kindness *(káindnes)* s. amabilidad.
kindred *(kíndred)* s. afinidad; adj. emparentado, similar, afín.
king *(kíng)* s. rey.
kingdom *(kingdm)* s. reino.
kingfisher *(kingfishar)* s. *Orn.* martín pescador.
kinsman *(kinsman)* s. pariente, familiar.
kiosk *(kiask)* s. quiosco.
kipper *(kípar)* s. arenque ahumado.
kiss *(kis)* s. beso; tr. besar.
kit *(kit)* s. equipo, caja de instrumentos, herramientas, etcétera; **first aid** ~, botiquín; **tool** ~, caja de herramientas.
kitchen *(kítchen)* s. cocina; ~ **garden** s. huerto.
kite *(káit)* s. *Orn.* milano; volantín, cometa, (México) papalote.
kitten *(kítn)* s. gatito, gatita.
knack *(nác)* s. destreza; maña, tino.
knapsack *(nápsac)* s. mochila; morral, alforja.
knave *(néiv)* s. bribón, travieso.
knavish *(néivisch)* adj. picaresco.
knead *(níd)* amasar.
knee *(ni)* s. *Anat.* rodilla; **on ones's ~s**, de rodillas; tr. dar un rodillazo.
kneel [kneeled o knelt; kneeled o knelt] *(níl)* (down) intr. arrodillarse.
knell *(nel)* s. doble (toque de campanas por los difuntos); intr. doblar.
knickerbockers *(nikerbokerz)* s. pantalones cortos.
knick-knack *(ník-nak)* s. chuchería, baratija.
knife *(náif)* s. cuchillo; tr. **to** ~, (fam.) acuchillar, apuñalar.
knight *(náit)* s. *Hist.* caballero; caballo de ajedrez.
knit [knit; knit] *(nít)* tr. tejer; intr. soldarse (huesos).
knitting *(níting)* s. tejido; ~ **wool**, lana para tejer.
knitter *(niter)* s. tejedor.
knob *(nób)* s. pomo, (tirador de la puerta); (radio y T.V.) botón.
knock *(nók)* s. golpe; tr. e intr. golpear, pegar, llamar a; ~ **down**, derribar; (boxeo) ~ **out**, fuera de combate, tr. noquear.
knocker *(nóker)* s. aldaba.
knoll *(nóul)* s. loma, montículo.
knot *(nót)* s. nudo; lazo; tr. anudar, atar.
knotty *(noti)* adj. nudoso.
know [know; known] *(nóu)* tr. conocer; saber; ~ **how**, conocimientos técnicos.
knowledge *(nólich).* s. conocimientos, nociones; saber.
knuckle *(nakl)* s. *Anat.* nudillo, tr. ~ **under**, someterse.

K

L l

lab *(lab)* s. abr. **laboratory** laboratorio.
label *(léiber)* s. etiqueta, tr. etiquetar.
labor (US), **labour** (UK) *(léiba)* s. trabajo, labor; ~ **party**, s. partido laborista; tr. trabajar; esforzarse.
laboratory *(labóretri)* s. laboratorio.
laborious *(labóries)* adj. laborioso.
laborer (US), **labourer** (UK) *(léiborer)* s. peón, trabajador.
labyrinth *(láberinz)* s. laberinto; dédalo.
lace *(léis)* s. encaje; **shoe** ~, cordón del zapato.
lack *(lak)* s. falta; carencia; tr. carecer de.
laconic *(lakonik)* adj. lacónico.
lacquer *(laker)* s. laca (pelo); tr. dar laca, barnizar.
lad *(lád)* s. muchacho.
ladder *(lader)* s. escala, escalera; carrera (en medias).
ladle *(léidl)* s. cucharón.
lady *(leidel)* s. señora; dama; **ladykiller**, donjuán, tenorio.
lag *(lag)* adj. rezagado; s. retraso; intr. **to** ~ **behind**, retrasarse.
lager *(láger)* s. cerveza rubia.
laggard *(lagard)* s. rezagado, holgazán.
lagoon *(lagún)* s. laguna.

L

laic *(léik)* s. y adj. laico.
laid-back *(léid-bak)* adj. tranquilo, relajado.
lair *(lér)* s. madriguera.
laity *(leieti)* s. estado de seglar.
lake *(léik)* s. lago.
lamb *(lám)* s. cordero; carne de cordero; **as meek as a ~**, tan inocente como un corderito.
lame *(léim)* adj. cojo.
lameness *(léimnes)* s. cojera.
lament *(lemént)* s. lamento; queja; tr. e intr. lamentar(se).
lamentable *(lamentabl)* adj. lamentable; doloroso.
laminate *(lamineit)* tr. *Ind.* laminar; adj. laminado.
lamp *(lamp)* s. lámpara; **~ shade**, pantalla; **~ post**, poste de la luz.
lampoon *(lampún)* s. libelo; tr. satirizar.
lance *(lans)* s. lanza; tr. lencear; **free ~**, s. trabajo independiente.
lancet *(lanset)* s. lanceta.
land *(land)* s. tierra; país; tr. aterrizar, desembarcar.
landholder *(landjouder)* s. terrateniente.
landing *(landing)* s. desembarco.
lanky *(lánki)* adj. larguirucho, desgarbado.
landlady *(landleidi)* s. ama; patrona, casera.
landlord *(landlord)* s. patrón, casero.
landmark *(landmark)* s. señal, punto de referencia; hito.
landowner *(landouner)* s. terrateniente, propietario, hacendado.
landscape *(landskeip)* s. paisaje.
landslide *(landslaid)* s. derrumbamiento, desplome, desprendimiento.
lane *(léin)* s. callejuela.
language *(lángüich)* s. lengua, idiomas.
languid *(lánguid)* adj. lánguido.
languish *(langüisch)* intr. languidecer.
languor *(langer)* s. languidez.
lank *(lank)* adj. alto y delgado, larguirucho; lacio.
lantern *(lantern)* s. farol; linterna; fanal.
lap *(lap)* s. regazo; falda; tr. plegar, doblar; **to ~**, lamer; **~ dog**, perro faldero; *Dep.* vuelta.
lapel *(lepél)* s. solapa.
laptop *(láptop)* s. (ordenador/computadora) portátil.
lapse *(laps)* s. desliz; lapso; intr. transcurrir.
larceny *(lárseni)* s. hurto.
lard *(lard)* s. manteca de cerdo; tr. mechar.
larder *(larder)* s. despensa, alacena.
large *(lárdch)* adj. grande; amplio; **by and ~**, por lo general; **~-scale**, a gran escala.
largely *(lárdyeli)* adv. en gran parte, mayormente.
largeness *(ládyenes)* s. amplitude, grandeza.
lariat *(lariet)* s. lazo.
lark *(lárk)* s. *Orn.* alondra, (fam.) jolgorio.
larva *(lárve)* s. larva.
laryngitis *(larindyaitis)* s. laringitis.
larynx *(larinks)* s. *Anat.* laringe.
lascivious *(lasivirs)* adj. lascivo.
lash *(lásh)* s. tr. azotar; s. látigo; atada; **eye ~**, pestaña; **whip ~**, latigazo.
lass *(las)* s. muchacha, chica.
lassitude *(lásitiud)* s. laxitud; cansancio.
lasso *(lasou)* s. lazo, reata, mangana; tr. lazar.
last *(lást)* adj. último; pasado; intr. durar; s. (zapato) horma.
lasting *(lásting)* adj. duradero.
lastly *(lástli)* adv. por último.
latch *(lach)* s. aldaba; cerrojo, pestillo.
late *(léit)* adj. retrasado, último, difunto; adv. tarde.
lately *(léitli)* adv. recientemente, últmamente.
latent *(léitent)* adj. latente.
later *(leiter)* adv. más tarde.
lateral *(láterel)* adj. lateral.
latest *(leitest)* adj. último; adv. el más tarde.
lath *(laz)* s. listón.
lathe *(léid)* s. *Mec.* torno.
lather *(láder)* jabonadura, espuma de jabón; tr. enjabonar; espumar.
Latin *(latin)* adj. latino; latín.

latitude *(látitiud)* s. latitud; extensión; amplitud.
latter *(later)* adj. último; segundo.
lattice *(lates)* s. celosía; enrejado, rejilla.
laud *(lód)* tr. alabar.
laudable *(lodabel)* adj. loable.
laugh *(laf)* s. risa; intr. reírse; tr. ~ **at**, reírse de.
laughable *(láfabl)* adj. risible.
laughing *(láfing)* s. risa, adj. risueño; ~ **stock**, hazmerreír.
laughter *(lafter)* s. risa; risotada.
launch *(lónch)* s. lancha; tr. *Náut.* botar; lanzar; intr. lanzarse.
launching *(lonching)* s. *Náut.* botadura; lanzamiento.
launder *(londer)* tr. lavar y planchar (la ropa).
launderette *(londarét)* s. lavandería automática.
laundress *(lóndres)* s. lavandera.
laundry *(lóndri)* s. ropa (para lavar); lavandería.
laureate *(loriet)* adj. laureado; tr. laurear.
laurel *(lórel)* s. *Bot.* laurel.
lava *(lave)* s. lava.
lavatory *(lávatori)* s. cuarto de baño, baño.
lavender *(lavender)* s. *Bot.* espliego; lavanda.
lavish *(lávish)* adj. espléndido, extravagante.
law *(ló)* s. ley.
law-breaker *(lóbreikar)* s. infractor, transgresor.
law-court *(lókort)* s. tribunal, audiencia.
lawful *(lóful)* adj. legal.
lawless *(lólis)* adj. sin ley; ilegal; desenfrenado; revoltoso; licencioso.
lawmaker *(lómarker)* s. legislador.
lawn *(lon)* s. césped.
lawsuit *(lósiut)* s. pleito.
lawyer *(lóyer)* s. abogado.
lax *(láks)* adj. laxo; flojo (fig.), descuidado; laxo.
laxative *(laksativ)* adj. y s. laxativo; laxante.
laxity *(laksiti)* laxitud.
lay [laid; laid] *(léi)* tr. poner; colocar; ~ **aside**, poner a un lado.
layout *(léiaut)* tr. trazar; s. disposición, distribución.
layer *(leier)* s. capa.
layman *(léiman)* s. lego, seglar, laico.
laze *(léis)* intr. holgazanear.
laziness *(léisines)* s. pereza, vagancia.
lazy *(léisi)* adj. perezoso, vago.
lead *(léd)* s. plomo; plomada.
lead [led; led] *(líd)* r. conducir; guiar; intr. **to** ~, ir delante; s. delantera, ejemplo.
leaden *(ledn)* adj. de plomo.
leader *(líder)* s. jefe; líder.
leadership *(líderschip)* s. mando.
leading *(líding)* adj. principal, primero.
leaf *(líf)* s. *Bot.* hoja.
leafless *(líflis)* adj. *Bot.* sin hojas, deshojado.
leaflet *(líflit)* s. folleto.
leafy *(lífi)* adv. frondoso.
league *(líg)* s. liga; alianza; tr., intr. aliar(se).
leak *(lík)* s. gotera; vía de agua; intr. gotear; ~ **out**, (fig.) filtrarse.
lean *(lín)* s. magro; enjuto; **[leaned** o **leant; leaned** o **leant]** tr. apoyarse, reclinarse; **to** ~ **out**, asomarse.
leap *(líp)* s. salto; brinco; intr. saltar, brincar.
learn *(lern)* intr. aprender; enterarse.
learned *(lernd)* adj. sabio; docto.
learner *(lerner)* s. aprendiz.
learning *(laaning)* s. saber.
lease *(lis)* s. arriendo; tr. arrendar.
leash *(lisch)* s. correa, atar con correa.
least *(list)* adj. mínimo, el menor; adv. lo menos; **at** ~, por lo menos; **in the** ~, en absoluto.
leather *(léder)* s. cuero; piel.
leave *(lív)* s. licencia; permiso; despedida; **[left; left]** tr. dejar; tr. partir.
leaven *(lévn)* s. levadura; tr. fermentar.
lecture *(lékcher)* s. conferencia; tr. conferenciar; (fam.) dar una reprimenda, regañar.

L

L

lecturer *(lekchurer)* s. conferenciante, profesor.
ledge *(ledy)* s. borde; salidizo; **window ~**, alféizar.
ledger *(ledyer)* s. libro mayor (en contabilidad).
lee *(li)* s. socaire; *Mar.* sotavento.
leech *(lich)* s. sanguijuela.
leek *(lik)* s. *Bot.* puerro.
lees *(lis)* s. pl. posos; heces.
leeward *(liwerd)* adj. a sotavento.
left *(léft)* adj. izquierdo(a); s. la izquierda; **~-handed**, zurdo; **on the ~**, hacia la izquierda.
leftist *(léftist)* s. izquierdista.
leftover *(leftouver)* adj. sobrante; **~s**, s. pl. sobras.
leg *(lég)* s. pierna; pata; **to pull one's ~**, tomar el pelo.
legacy *(légasi)* s. legado.
legal *(lígal)* adj. legal.
legality *(ligaliti)* s. legalidad.
legalize *(ligalais)* legalizar.
legate *(leget)* s. legado.
legation *(ligeischön)* s. legación; embajada.
legend *(ledyend)* s. leyenda.
legendary *(lédyendari)* adj. legendario, fabuloso, de leyenda.
leggings *(légings)* s. pl. polainas, mallas.
legible *(ledyibl)* adj. legible.
legion *(ledyn)* s. legión.
legionary *(lédyenari)* adj. y s. legionario.
legislate *(lédyisleit)* tr. intr. legislar.
legislation *(ledyisléischn)* s. legislación.
legislative *(lédyisleitiv)* adj. legislativo.
legislator *(ledyisleiter)* s. legislador.
legitimacy *(ledyitimasi)* s. legitimidad.
legitimate *(ledyitimeit)* adj. legítimo, válido; legal.
legume *(legium)* s. *Bot.* legumbre.
leisure *(lédya)* s. ocio, asueto.
leisurely *(ledyareli)* adj. lento, deliberado, pausado; adv. sin prisa, despacio.
lemon *(lémön)* s. limón.
lemonade *(lémoneid)* s. limonada, gaseosa.
lend [lent; lent] *(lénd)* tr. prestar; **to ~ a hand**, dar una mano.
lender *(lender)* s. prestador, prestamista.
lenght *(lengz)* s. longitud; extensión; adv. **at ~**, con amplitud.
lengthen *(lengzen)* tr. alargar; prolongar.
lengthwise *(léngzuais)* adv. a lo largo; longitudinalmente.
leniency *(liniensi)* s. indulgencia; tolerancia.
lenient *(linient)* adj. benigno, indulgente.
lens *(léns)* s. lente, lupa, cristalino.
Lent *(lént)* s. Cuaresma.
lentil *(léntil)* s. lenteja.
leopard *(lépar)* s. leopardo.
leper *(lépor)* s. leproso.
leprosy *(leprosi)* s. lepra.
less *(lés)* adj. menor, menos; adv. menos; s. lo menos.
lessen *(lésn)* tr. disminuir.
lesson *(lésn)* s. lección; **to teach someone a ~**, (fig.) darle una lección.
lest *(lést)* conj. para que no; no sea que.
let [let; let] *(lét)* tr. dejar; conceder; arrendar; **~ in**, dejar entrar; **~ out**, dejar salir; **~ go**, soltar.
lethal *(lézl)* adj. letal, mortal.
lethargic *(lizardyik)* adj. letárgico, somnoliento.
lethargy *(lézardyi)* s. letargo.
letter *(leter)* s. letra; carta; **registered ~**; carta certificada; **~-openers**, abrecartas.
lettuce *(letes)* s. lechuga.
leucocyte *(lukesait)* s. *Med.* leucocito.
level *(lével)* s. nivel; plano; adj. llano; nivelado; tr. nivelar.
lever *(lever)* s. palanca; **to ~**, levantar con palanca, pinzar.
levity *(léviti)* s. ligereza.
levy *(lévi)* s. impuesto, gravamen; tr. reclutar, recaudar.
lewd *(lud)* adj. depravado; lascivo.
lewdness *(lúdnis)* s. lascivia, depravación.

lexicographer *(leksikografer)* s. lexicógrafo.
lexicography *(leksikografi)* s. lexicografía.
lexicon *(leksikon)* s. léxico.
liability *(laiabíliti)* s. responsabilidad; propensión, tendencia.
liable *(láiabl)* adj. expuesto a; responsable.
liaison *(liéson)* s. enlace, unión, idilio.
liar *(laier)* s. mentiroso, embustero.
libel *(láibel)* s. libelo; tr. calumniar, difamar.
liberal *(liberl)* adj. liberal; generoso; s. liberal.
lieralism *(liberalism)* s. liberalismo.
liberate *(líbereit)* tr. liberar.
liberation *(liberéischn)* s. liberación.
libertine *(líbertin)* adj. y s. libertino.
libertinism *(libertinism)* s. libertinaje.
liberty *(liberti)* s. libertad, exención, privilegio.
librarian *(laibrérian)* s. bibliotecario.
library *(láibrari)* s. biblioteca.
license *(láisens)* s. licencia; permiso; **driving ~**, permiso de conducir; tr. licenciar.
licensed *(láisenst)* adj. autorizado.
licentiate *(laisénschiet)* s. licenciado.
licentious *(laisénschs)* adj. licencioso.
licit *(lísit)* adj. lícito.
lick *(lik)* s. lamedura; tr. lamer; (fam.) dar una paliza a alguien.
licorice *(líkoris)* s. regaliz.
lid *(lid)* s. tapa(dera).
lie *(lái)* s. mentira, embuste; intr. mentir.
lie [lay; lain] *(lái)* intr. yacer, estar situado; **~ down**, acostarse, echarse.
lieutenant *(liutenant)* s. teniente, lugarteniente.
life *(láif)* s. vida.
life-belt *(láif-belt)* s. salvavidas.
life-boat *(laif-bout)* s. bote salvavidas.
life-guard *(laif-gárd)* s. socorrista.
life-insurance *(laif-inschurans)* s. seguro de vida.
lifeless *(laifles)* adj. sin vida; muerto; exánime; inanimado; desanimado.
lifelong *(láiflöng)* adj. perpetuo, de toda la vida.
lifetime *(láiftaim)* s. siempre, toda la vida.
lift *(líft)* s. ascensor; tr. alzar, subir.
light *(láit)* s. luz; adj. claro; ágil; ligero; **[lighted** o **lit; lighted** o **lit]** tr. encender, aligerar.
lighten *(láiten)* tr. iluminar, aligerar.
lighter *(láiter)* s. encendedor.
lighthouse *(láitjaus)* s. faro.
lighting *(láiting)* s. alumbrado.
lightness *(láitnes)* s. ligereza.
lightning *(láitning)* s. relámpago; rayo; **~-rod**, pararrayos.
likable *(láikebl)* adj. agradable, simpático, placentero.
like *(láik)* tr. gustarle a uno, querer; adj. semejante; s. gusto; conj. como.
likelihood *(láiklijud)* s. probabilidad.
likely *(láikli)* adv. probablemente.
liken *(láikn)* tr. e intr. asemejar, comparar.
likeness *(láiknes)* s. semejanza, parecido.
likewise *(láikwais)* adv. asimismo.
liking *(láiking)* s. gusto.
lily *(lili)* s. *Bot.* lirio.
limb *(lím)* s. miembro (del cuerpo) rama.
limber *(limber)* adj. flexible; ágil; tr. hacer flexible; *Dep.* precalentarse.
lime *(láim)* s. cal; *Bot.* tilo, lima.
limelight *(láimlait)* s. **to be in the ~**, ser el centro de atención.
limestone *(láimstoun)* s. piedra caliza.
limit *(limit)* s. límite; tr. limitar; **that's the ~!**, ¡eso es el colmo!
limitation *(limitéischn)* s. limitación.
limitless *(limitlis)* adj. ilimitado.
limp *(limp)* s. cojera; adj. flojo, flácido; tr. cojear.
limpid *(límpid)* adj. límpido; claro.

L

line *(lain)* s. línea; hilera, vía; tr. rayar; forrar.
lineage *(liniedch)* s. linaje.
lineal *(línial)* adj. lineal.
linear *(línear)* adj. linear.
lined *(láind)* adj. rayado; forrado.
linen *(linen)* s. lino; lienzo; ropa interior.
liner *(láiner)* trasatlántico; **Air~**, avión de pasajeros.
linger *(línger)* intr. tardar(se), demorarse, dilatarse; vagar; perdurar, prolongarse.
lingerie *(lénchöri)* s. ropa interior de mujer.
linguist *(língüist)* s. lingüista.
linguistic *(lingüístik)* adj. lingüístico.
lining *(láining)* s. forro.
link *(link)* s. eslabón (fig.) enlace; relación; tr. enlazar.
links *(links)* s. pl. campo de golf.
linnet *(línit)* s. jilguero.
linoleum *(linóuliön)* s. linóleo.
linseed *(línsid)* s. linaza; ~ **oil**, aceite de linaza.
lint *(lint)* s. hilas; hilachas; gasa.
lintel *(líntel)* s. dintel.
lion *(láiön)* s. león.
lionness *(láiönes)* s. leona;
lip *(líp)* s. labio; borde.
lipreading *(liprídin)* tr. lectura de los labios.
lipstick *(lípstik)* s. barra, lápiz de labios.
liquid *(lícuid)* adj. líquido ~ **assets**, valores líquidos (o realizables); s. líquido.
liquor *(liker)* s. licor.
liquidate *(lícuideit)* tr. liquidar.
liquidation *(licuidéischön)* s. liquidación; **to go into ~**, entrar en liquidación.
lisp *(lísp)* s. intr. cecear.
list *(líst)* s. lista; catálogo; *Náut.* inclinación; enrolar; *Náut.* escorar; tr. registrar.
listen *(lísen)* tr. intr. escuchar; atender, oír.
listener *(lísener)* s. oyente.
listless *(lístles)* adj. indiferente; apático, desganado.
lit *(lit)* pre. y p.p. de **to light**; adj. alumbrado.
literal *(líteral)* adj. literal, exacto.
literary *(liíerari)* adj. literario.
literature *(lítarecha)* s. literatura.
litigant *(lítigant)* adj. y s. litigante.
litigation *(lítiguéschön)* s. litigio.
litre *(litar)* s. litro.
litter *(litar)* s. *Zool.* cría; suciedad, basura; tr. ensuciar.
little *(lítl)* s. un poco; adj. pequeño; poco; escaso; adv. poco; ~ **touches**, pequeños detalles.
littleness *(lítines)* s. pequenez.
liturgy *(litördy)* s. liturgia.
live *(liv)* intr. vivir; adj. vivo, de actualidad, en directo.
live *(láiv)* adj. vivo; activo; (radio y T.V.) en directo.
livelihood *(láivlijud)* s. medio, sustento.
lively *(láivli)* adj. vivo; brioso, animado.
liver *(lívar)* s. hígado.
livery *(lívari)* s. librea.
livestock *(laivstok)* s. ganado; cabaña.
livid *(lívid)* adj. lívido, pálido; furioso.
living *(líving)* s. vida; adj. vivo, viviente; **cost of ~**, costo de la vida.
living-room *(líving-rúm)* s. sala de estar.
lizard *(lísard)* s. lagarto.
load *(lóud)* s. carga; tr. cargar, peso.
loaf *(lóuf)* s. pan de molde; tr. e intr. gandulear, holgazanear.
loafer *(lóufar)* s. gandul, holgazán.
loan *(lóun)* s. préstamo; empréstito; tr. prestar.
loath *(lóud)* adj. contrario, reacio.
loathe *(löud)* tr. aborrecer.
loathsome *(lóudsön)* adj. asqueroso, odioso, repugnante.
lobby *(lóbi)* s. vestíbulo; tr. presionar.
lobe *(lóub)* s. lóbulo.
lobster *(lóbstar)* s. *Zool.* langosta.
local *(lóukal)* adj. local; (fam.) bar.
locality *(loukáliti)* s. localidad.
locate *(loukéit)* tr. colocar; localizar, situar.
location *(loukéischön)* s. colocación, situación, lugar.

lock *(loc)* s. cerradura; mechón, bucle; tr. cerrar (con llave).
lock-out *(loc-áut)* s. cierre de la fábrica por el patrón.
locker *(lókar)* s. armario, taquilla.
locksmith *(lócsmiz)* s. cerrajero.
locomotion *(loukomóuschön)* s. locomoción.
locomotive *(loukomóutiv)* s. locomotora.
locust *(lóukast)* s. *Zool.* langosta, saltamontes; cigarra; ~ **tree**, algarrobo; acacia falsa.
locution *(lokiúschön)* s. locución.
lode *(lóud)* s. *Min.* vena; veta.
lodestar *(lóudstar)* s. estrella polar, norte, guía.
lodge *(lódge)* s. pabellón; conserjería; portería; tr. alojar.
lodgement *(lódgement)* s. acumulación.
lodger *(lódgar)* s. huésped, pupilo.
lodging *(lódying)* s. alojamiento, posada; ~ **house**, casa de huéspedes.
lodgings *(lódyings)* s. hospedaje.
loft *(lóft)* s. buhardilla, desván.
loftiness *(lóftines)* s. altura, altanería, altivez.
lofty *(lófti)* adj. elevado, altivo.
log *(log)* s. leño; tronco; **to sleep like a** ~, dormir como un leño.
logic *(lódyik)* s. lógica; adj. lógico.
logical *(lódyikal)* adj. lógico.
loin *(loin)* s. lomo, solomillo; ~ **cloth**, taparrabo.
loiter *(lóitar)* intr. andar despacio, ~ **about**, merodear; vagar.
loll *(lol)* intr. arrellanarse o repantigarse, recostarse con toda comodidad.
lollipop *(lólipop)* s. dulce en palito.
lone *(lóun)* adj. solitario; solo.
loneliness *(lóunlines)* s. soledad.
lonely *(lóunli)* adj. solo, solitario; adv. solitariamente.
lonesome *(lóunsöm)* adj. solitario.
long *(lóng)* adj. largo; adv. mucho tiempo; s. longitud; largo; **to** ~ **for**, anhelar.
longevity *(londgeviti)* s. longevidad.
longing *(lónging)* s. anhelo, antojo.
longitude *(lóndchitiud)* s. longitud.
longshoreman *(longschoöman)* s. estibador (de barco o muelle), cargador.
look *(lúk)* s. mirada; aspecto, imagen, estilo; tr. ~**at**, mirar; ~**well**, tener buena cara; ~**after**, cuidar; ~ **down on**, menospreciar.
looking *(lúking)* s. aspecto.
looking glass *(lúking glas)* s. espejo.
lookout *(lúkaut)* s. vigía; atalaya; mirador; vista, perspectiva; **to be on the** ~, estar alerta; (interj.) ~ **out**, ¡Cuidado!
loom *(lum)* s. telar; impers. aparecer, amenazar.
loop *(lúp)* s. ojal; lazo; **to** ~ **the** ~, rizar el rizo.
loophole *(lúpjoul)* s. agujero, abertura; (fig.) salida; escapatoria.
loose *(lús)* tr. desatar; soltar; adj. suelto, flojo, silencioso.
loosen *(lúsn)* intr. desasirse; tr. aflojar(se).
looseness *(lúsnes)* s. relajamiento, holgura.
loot *(lut)* s. botín; tr. saquear.
lop *(lóp)* s. cercenar.
loquacious *(lokuéischös)* adj. hablador; locuaz.
lord *(lórd)* s. señor; amo, dueño; (UK) lord; intr. dominar; *Rel.* Dios; ~ **prayer**, el Padre Nuestro.
lordship *(lórdchip)* s. señoría (título), excelencia.
lore *(lór)* s. saber popular, tradición.
lorry *(lori)* s. camión.
lose [lost; lost] *(lús)* tr. perder; ~ **one's way**, perder(se); ~ **heart**; desanimarse.
loss *(lós)* s. pérdida.
lost *(lóst)* adj. perdido.
lot *(lót)* s. ~ **of**, mucho y muchos; ~**s and** ~**s**, muchísimo(s).
lotion *(lóschön)* s. loción.
lottery *(lóteri)* s. lotería; rifa.
loud *(láud)* adj. (fam.) chillón, chabacano; alto (de voz).
loudly *(láudli)* adv. en voz alta.
loudspeaker *(láudspíker)* s. altavoz, altoparlante.

lounge *(láundch)* intr. holgazanear, gandulear; s. sala de estar.
louse *(láus)* s. piojo.
lousy *(láusi)* adj. piojoso; (fam.) asqueroso.
lovable *(lö'vabl)* adj. simpático, encantador.
love *(lö'v)* s. amor; cariño; tr. amar; **fall in** ~, enamorarse.
loveliness *(lö'vlines)* s. belleza, encanto.
lovely *(lö'vli)* adj. encantador.
lover *(löuer)* s. amante.
loving *(lö'ving)* adj. amoroso, cariñoso.
low *(lóu)* adj. bajo; ruin; adv. bajo; s. mugido; intr. mugir; ~ **calorie**, bajo en calorías.
lower *(lóuör)* adj. más bajo, inferior; tr. bajar, humillar, abatir.
lowland *(lóuland)* s. tierra baja.
lowly *(lóuli)* adj. bajo, humilde; inferior; adv. humildemente.
loyal *(lóial)* ajd. leal; fiel.
loyalty *(lóialti)* s. lealtad, fidelidad.
lubricate *(lúbrikeit)* tr. engrasar, lubricar.
lucid *(lúsid)* adj. lúcido.
luck *(lüc)* s. suerte.
lucky *(lö'ki)* adj. afortunado.
luckily *(likili)* s. afortunadamente.
lucrative *(lúcrativ)* adj. lucrativo.
lucre *(liukar)* s. lucro.
ludicrous *(lúdikros)* adj. ridículo, absurdo.
lug *(lög)* tr. llevar, atraer; *Amér.* cargar; arrastrar.
luggage *(lö'guidch)* s. bagaje; equipaje; ~ **rack**, baca.
lugubrious *(lugiúbriös)* adj. lúgubre.
lukewarm *(lúcuöm)* adj. tibio; templado.
lull *(lö'l)* s. arrullo; tr. arrullar, mecer.
lullaby *(lö'labai)* s. canción de cuna, nana.
lumber *(lómbar)* s. madera; tr. aserrar (madera).
luminous *(lúminös)* adj. luminoso.
lump *(lö'mp)* s. bulto, pedazo; ~ **of sugar**, terrón de azúcar.
lumpy *(lö'mpi)* adj. grumoso.
lunacy *(lúnasi)* s. locura; manía.
lunar *(lúnar)* adj. lunar.
lunatic *(lúnatik)* s. y adj. lunático; ~ **asylum**, manicomio.
lunch(eon) *(lö'nch(ön)* s. almuerzo, comida.
lung *(löng)* s. pulmón.
lunge *(löndch)* intr. abalanzarse, lanzarse.
lurch *(lörch)* s. sacudida; tambaleo repentino; **to leave in the** ~, dejar plantado.
lure *(lúör)* s. señuelo; tr. atraer.
lurid *(liúrid)* adj. espeluznante, escabroso.
lurk *(lö'rk)* intr. acechar.
luscious *(lö'schös)* adj. exquisito, delicioso, sabroso.
lust *(lö'st)* s. codicia; lujuria.
lustful *(lö'stful)* adj. lascivo, lujurioso
lustre *(lö'star)* s. lustre.
lusty *(lö'sti)* adj. vigoroso, fornido.
lute *(lut)* s. laúd.
Lutheran *(lúzöram)* s. y adj. luterano.
luxuriance *(lögschúriens)* s. exuberancia.
luxuriant *(lögschúriant)* adj. exuberante.
luxurious *(löcschúriös)* adj. lujoso, suntuoso.
luxury *(lócschöri)* s. lujo.
lye *(lái)* s. lejía.
lying *(láing)* p.a. falso, mentiroso.
lynch *(línch)* tr. linchar, ahorcar.
lynx *(lingks)* s. lince.
lyric *(lírik)* adj. lírico; **the** ~, (canción) la letra.
lyricism *(lírisisöms)* s. lirismo.

M m

macaroni *(makaróuni)* s. macarrones.
mace *(meis)* s. maza.
macerate *(másöréit)* tr. macerar.
machine *(maschín)* s. máquina, aparato; **~-gun**, ametralladora; **sewing** ~, máquina de coser.

machinist *(meschínist)* *Mec.* fresador; s. mecánico; maquinista.
mackerel *(mákörel)* s. *Ict.* caballa.
mackintosh *(máckintosch)* s. impermeable.
mad *(mád)* adj. loco, demente, furioso; intr. **to go ~**, enloquecerse); tr. **to drive ~**, volver loco (a uno); **~ as a hatter** (loco) como una cabra.
madam *(mádöm)* s. señora.
madcap *(médkep)* s. calavera; adj. temerario, atolondrado.
madden *(máddan)* tr. intr. enloquecer, enfurecer.
made *(méid)* pret. y p.p. de **to make**; **to be ~ of**, estar hecho de: ser de; **to have something ~**, mandar hacer algo; **~ up**, fingido, falso, artificial, pintado.
madhouse *(mádjaus)* s. manicomio.
madman *(mádman)* s. loco.
madness *(mádnes)* s. locura.
magazine *(magasín)* s. revista, recámara de un fusil.
magi *(méidygi)* s. pl. los Reyes Magos.
magic *(mádyik)* adj. mágico; s. magia, encanto.
magical *(mádyikal)* adj. mágico.
magician *(madyíschan)* s. mago, mágico; prestidigitador.
magistrate *(mádyistrat)* s. magistrado, juez.
magnanimity *(magnanímiti)* s. magnanimidad.
magnanimous *(magnánimos)* adj. magnánimo.
magnate *(mágneit)* s. magnate.
magnet *(mágnet)* s. imán.
magnetic *(magnétik)* adj. magnético; **~ pole**, polo magnético.
magnificent *(magnífisent)* adj. magnífico.
magnify *(mágnifai)* tr. aumentar; **~ing glass**, lente de aumento, lupa.
magnitude *(mágnitiud)* s. magnitud, alcance.
magnolia *(magnolia)* s. *Bot.* magnolia.
magpie *(mégpai)* s. urraca, cotorra; (fig.) hablador.
mahogany *(majógani)* s. caoba.
maid *(méid)* s. doncella, virgen, moza; **old ~**, solterona.
maiden *(méidn)* s. doncella; adj. soltera; **~ voyage**, viaje inaugural.
maidenhood *(méidenjud)* s. doncellez.
mail *(méil)* s. correo(s); tr. **to ~**, mandar por correo; **~ order**, *Com.* pedido por correos; **e-mail**, correo electrónico.
mailbox *(méilboks)* s. buzón.
mailman *(meilman)* s. (US) cartero.
maim *(méim)* s. mutilación, daño; tr. mutilar.
main *(méin)* adj. principal, mayor, importante.
mainland *(méinland)* s. continente, tierra firme.
mainstream *(méinstrim)* adj. dominante; convencional; s. corriente.
maintain *(meintéin)* tr. mantener.
maintenance *(méintenans)* s. mantenimiento.
maize *(méis)* s. maíz, choclo.
majestic *(mádyéstik)* adj. majestuoso.
majesty *(mádyesti)* s. majestad.
major *(médya)* adj. mayor, más grande; s. *Mil.* comandante.
majority *(madóriti)* s. mayoría.
make [made; maden] *(méik)* tr. hacer, producir, fabricar; s. marca; **~ believe**, adj. imaginario; s. fantasía, invención; **~ fun of**, burlarse de; **~-up**, maquillaje.
maker *(méikar)* s. hacedor, fabricante, artífice.
maladjustment *(maladustment)* s. desajuste; *Psic.* inadaptación.
maladroit *(maladroit)* adj. torpe.
malady *(máladi)* s. mal, enfermedad.
malaria *(malariö)* s. malaria, fiebre palúdica, paludismo.
male *(méil)* s. y adj. macho, varón.
malediction *(malidícschön)* s. maldición.
malefice *(málifis)* s. maleficio.
malfunction *(malfancschön)* intr. funcionar mal; s. mal funcionamiento, fallo.
malice *(mális)* s. malicia.

M

malicious *(malíschös)* adj. malicioso, malintencionado, malévolo.
malign *(maláin)* adj. maligno; tr. difamar.
malignant *(malignant)* s. malignidad; *Med.* nocivo.
malinger *(malingör)* intr. fingirse enfermo.
mall *(mol)* s. centro comercial; alameda, paseo.
mallet *(mélit)* s. mazo.
malnutrition *(malniutríschön)* s. desnutrición.
malpractice *(malpráctis)* s. mala práctica, negligencia.
malt *(mólt)* s. malta.
maltreat *(maltrít)* tr. maltratar.
mammal *(mámal)* s. mamífero.
mammoth *(mémöz)* s. mamut; adj. enorme, gigantesco.
mammy *(mámi)* s. mamá.
man *(mán)* s. hombre; tripular, encargarse.
manacle *(mánakl)* tr. maniatar.
manage *(mánige)* tr. e intr. dirigir; intr. arreglarse.
manageable *(mynidchybl)* adj. manejable, domable, dócil.
management *(mánidyment)* s. gerencia, administración.
manager *(mánidyar)* s. gerente, administrador.
mandatory *(mandatóry)* s. obligatorio.
mandate *(mándeit)* s. mandato, orden.
mane *(méin)* s. crin (caballo) melena (de león, etc.).
manful *(mánful)* adj. bravo, valiente.
manganese *(manganís)* s. manganeso.
mange *(meindge)* s. sarna, roña.
manger *(méindya)* s. pesebre; **dog in the ~**, perro del hortelano.
mangle *(mángl)* s. calandria; tr. despedazar, destrozar.
mangy *(méindchi)* adj. sarnoso.
manhood *(mánjud)* s. virilidad, valentía.
mania *(méinia)* s. manía.
maniac *(méiniac)* adj. y s. loco, maniático.
manicure *(mánikiuar)* s. hacer la manicura.
manifest *(mánifest)* adj. manifiesto; tr. manifestar.
manifestation *(manifestéischön)* s. manifestación.
manifesto *(manifésto)* s. manifiesto.
manifold *(mánifould)* adj. múltiple, variado; s. colector.
manikin *(manikin)* s. maniquí.
manipulate *(manipiuleit)* tr. manipular, manejar.
manipulation *(manípiolassion)* s. manipulación, manejo.
mankind *(mankáind)* s. humanidad.
manlike *(mánlaik)* adj. viril, varonil.
manly *(manli)* adj. varonil, viril.
manner *(mánar)* s. manera, modo; pl. modales.
maneuver *(manúvör)* s. maniobra; tr. intr. maniobrar.
manor *(mánör)* s. casa solariega, señorial, quinta.
mansion *(mánschön)* s. mansión.
manslaughter *(mánslotar)* s. homicidio.
mantel *(mántl)* s. repisa de chimenea.
mantle *(mántl)* s. manto.
manual *(mániual)* adj. y s. manual.
manufacture *(maniufakchar)* s. manufactura; tr. manufacturar.
manufacturer *(maniufáktscharar)* s. fabricante.
manure *(maníua)* s. estiércol, abono; tr. abonar.
manuscript *(mániuscript)* s. manuscrito.
many *(méni)* adj. muchos; **as ~ as**, tantos, **how ~**, cuántos; **too ~**, demasiados.
map *(máp)* s. mapa; **to ~**, poner en el mapa; **to ~ out**, trazar, planear.
maple *(meipl)* s. arce.
mar *(mar)* tr. desfigurar, estropear.
marathon *(márazon)* maratón.
marble *(marbl)* s. mármol; canica.
March *(márch)* s. Marzo (mes); marcha; intr. marchar.
mare *(méa)* s. yegua.
margarine *(márgarin)* s. margarina.
margin *(mádyin)* s. margen, borde; tr. marginar.
marginal *(mádyinal)* adj. marginal; **~ note**, nota marginal, acotación.
marigold *(márigould)* s. caléndula, maravilla.
marina *(marína)* s. puerto deportivo.

marine *(marín)* adj. marino, marítimo; s. marina, marino.
mariner *(márinar)* s. marino.
maritime *(máritaim)* adj. marítimo.
mark *(márk)* s. marca, señal, blanco; tr. marcar; **trade** ~, marca registrada; **school** ~, notas escolares.
marker *(márkör)* s. marcador.
market *(márket)* s. mercado; tr. promocionar el mercado.
marketable *(márketabl)* adj. comerciable, vendible.
marmalade *(mármaleid)* s. mermelada.
maroon *(mörún)* s. y adj. rojo oscuro; granate; tr. abandonar, aislar.
marooned *(mörúnd)* adj. abandonado (en lugar desierto), aislado.
marquis *(márcuis)* s. marqués.
marriage *(máridch)* s. matrimonio.
married *(márid)* adj. casado; **to be** ~, estar casado; **to get** ~, casarse.
marrow *(máröu)* s. *Biol.* tuétano, médula; **to the** ~, hasta los tuétanos; calabacín (UK).
marry *(mári)* tr., íntr. casar(se).
marsh *(mársh)* s. pantano, ciénaga, laguna; ~ **land**, terreno pantanoso.
marshal *(márschal)* s. mariscal; tr. (US) alguacil, oficial de justicia.
marshy *(márschi)* adj. pantanoso, cenagoso.
marsupial *(marsiúpial)* s. marsupial.
mart *(márt)* s. mercado, mercadillo.
martial *(márschal)* adj. marcial, militar; **court** ~ s. Consejo de Guerra; ~ **law**, ley marcial.
martin *(mártin)* s. *Orn.* golondrina, vencejo.
martyr *(máta)* s. mártir; tr. martirizar.
martyrdom *(mátadöm)* s. martirio.
marvel *(márvel)* s. maravilla; intr. maravillarse.
marvellous *(márvelas)* adj. maravilloso.
Marxism *(marxísm)* s. Marxismo.
mascot *(máskot)* s. mascota.
masculine *(máskiulin)* adj. masculino, varonil.
masculinity *(maskulíniti)* s. masculinidad.
mash *(másch)* s. masa, mezcla; tr. triturar, aplastar; **~ed potatoes**, puré de patatas.
mask *(másk)* s. máscara; tr. enmascarar, disfrazar.
mason *(méisn)* s. albañil; francmasón.
masonry *(méisenri)* s. albañilería.
masquerade *(masköréid)* s. mascarada, disfraz, farsa; v.r. enmascararse, disfrazarse, andar disfrazado.
mass *(más)* s. masa, montón; *Ecles.* misa; tr. concentrar.
massacre *(másakar)* s. masacre, carnicería; tr. masacrar.
massage *(másaye)* s. masaje.
masseur *(masur)* s. masajista.
massive *(másiv)* adj. voluminoso, imponente, masivo.
mast *(mast)* s. *Náut.* mástil, palo.
master *(másta)* s. amo, maestro, patrón; adj. **head** ~, *Acad.*, director; ~ **builder**, maestro de obras; tr. dominar.
masterly *(mástörli)* adj. magistral.
masterpiece *(mastarpis)* s. obra maestra.
mastery *(mástari)* s. maestría, arte, destreza.
masticate *(mástikeit)* tr. masticar.
mastiff *(mástif)* s. mastín (perro).
mat *(mát)* s. estera, tapete.
match *(mách)* s. cerilla; *Dep.* partido, combate, pareja, igual; tr. (fig.) casar.
matchless *(máchles)* adj. incomparable, sin par.
mate *(méit)* s. compañero, pareja; mate (en ajedrez); *Náut.* oficial, piloto; tr. *Zool.* aparear.
material *(matírial)* adj. material; s. material; equipamiento.
materialism *(matírialism)* s. materialismo.
materialist *(matírialist)* s. materialista.
maternal *(matö'rnal)* adj. maternal.
maternity *(matö'niti)* s. maternidad; ~ **ward**, sala de maternidad.
mathematic(al) *[mazimátic(al)]* adj. matemático.

M

M

mathematician *(mazimatíschön)* s. matemático.
mathematics *(mazimátiks)* s. pl. matemáticas.
matinee *(mátinei)* s. matiné, función de la tarde.
matriculate *(matríkiuleit)* tr. matricular.
matriculation *(matrikiuléischön)* s. matriculación.
matrimonial *(matrimónial)* adj. matrimonial, marital.
matrimony *(mátrimöni)* s. matrimonio.
matrix *(métrik)* s. *Anat.* matriz.
matron *(méitrön)* s. matrona.
matter *(mátör)* s. materia, asunto; *Med.* pus; tr. importarle a uno; **what is the ~?**, ¿qué pasa?
mattress *(mátres)* s. colchón; **spring ~**, somier.
mature *(matiúa)* adj. maduro; tr. madurar.
maturity *(matiúriti)* s. madurez; *Econ.* vencimiento.
maul *(mól)* s. mazo; tr. golpear, mutilar.
mauve *(móuv)* adj. malva.
maxim *(mácsim)* s. máxima.
maximum *(mácsimöm)* s. máximo.
may *(méi)* intr. poder.
May *(méi)* s. mayo (mes).
maybe *(méibi)* adv. quizá(s), acaso.
mayonnaise *(meiónеis)* s. mayonesa.
mayor *(méar)* s. alcalde.
mayoress *(meoress)* s. f. alcaldesa.
maze *(méis)* s. laberinto, confusion, embrollo.
me *(mí) me,* a mí.
meadow *(médou)* s. prado, pradera.
meagre *(mígar)* adj. escaso, mezquino, flaco.
meagreness *(miganes)* s. escasez, pobreza.
meal *(míil)* s. comida, **a hearty ~**, una comida sustanciosa, harina (de maiz).
mean *(míin)* tr. significar, querer decir; importar; adj. tacaño; malo; humilde; s. término medio, media; pl. **by all ~s**, por supuesto; **by no ~s**, de ninguna manera.
meaning *(míning)* s. significado.
meaningless *(míninglis)* adj. sin sentido, vacío de sentido.
meanness *(mínnes)* s. mezquindad, tacañería.
meander *(miándar)* s. meandro; intr. serpentear; vagar.
means *(míns)* s. medio; método.
meantime *(míntaim)* adv. mientras tanto, entretanto; **in the ~**, mientras.
measles *(mísles)* s. sarampión.
measure *(méshar)* s. medida; tr. medir.
measurement *(mésharment)* s. medida.
meat *(míit)* s. carne; **mince ~**, carne picada; **~ pie**, empanada de carne; pastel de carne.
meaty *(míiti)* adj. carnoso; sustancioso; (fig.) sabroso.
mechanic *(mekánik)* adj. y s. mecánico; pl. mecánica (la).
mechanical *(mekánikal)* adj. mecánico.
mechanism *(mekanísm)* s. mecanismo.
mechanize *(mékanais)* tr. mecanizar.
medal *(médal)* s. medalla.
medallion *(medál-lion)* s. medallón.
meddle *(médl)* intr. entrometerse.
meddler *(médlar)* s. entremetido.
meddlesome *(médalsöm)* adj. entremetido.
medieval *(mediíval)* adj. medieval.
mediate *(mídieit)* tr. mediar, procurar; intr. interponerse; adj. mediato, medio.
mediation *(midiéischön)* s. mediación.
mediator *(mídieitar)* s. mediador, arbitro.
medical *(médikal)* adj. médico.
medicinal *(medísinal)* adj. medicinal.
medicine *(médisin)* s. medicina.
mediocre *(midiókar)* adj. mediocre.
mediecrity *(midiócriti)* s. mediocridad.
meditate *(méditet)* tr. e intr. meditar.
meditation *(meditéischön)* s. meditación, contemplación.
medium *(mídiöm)* s. medio; adj. mediano.
medley *(médli)* s. mezcla; adj. mezclado.
meek *(míik)* adj. manso, humilde; sufrido; **as ~ as a lamb**, manso como un cordero.
meekness *(míiknes)* s. mansedumbre.

meet [met; met] *(míit)* tr. encontrar, hacer frente a; intr. encontrarse, reunirse.
meeting *(míting)* s. asamblea, reunión.
megaphone *(mégafoun)* s. megáfono.
melancholy *(mélankoli)* s. melancolía; melancólico, triste.
mellow *(mélou)* adj. maduro; tr. madurar.
melodious *(milóundias)* adj. melodioso, armonioso.
melody *(mélodi)* s. melodía.
melon *(mélan)* s. melón; s. **water ~**, sandía.
melt *(mélt)* tr., intr. fundir(se), derretir(se).
melting *(melting)* s. fusión.
member *(mémbar)* s. miembro, socio (de club).
membership *(mémbarschip)* s. número de socios, asociación.
membrane *(mémbrein)* s. membrana.
memento *(miménto)* s. recuerdo, memoria.
memoirs *(mémuars)* s. memorias, autobiografía.
memorable *(mémbőrőbl)* adj. memorable.
memorandum *(memorándam)* s. memoria.
memorial *(memórial)* s. monumento, memorial.
memorize *(memoráis)* intr. aprender de memoria, memorizar.
memory *(mémőri)* s. memoria, recuerdo.
men *(mén)* s. pl. hombres, gentes.
menace *(ménes)* s. amenaza; tr. amenazar; (fam.) peligro público.
menagerie *(mőnadyeri)* s. colección de animales salvajes.
mend *(ménd)* tr. remendar, arrendar; intr. enmendarse.
mendacious *(mendéschős)* adj. mentiroso.
mendacity *(mendásiti)* s. mentira, mendacidad.
mender *(méndőr)* s. reparador, arreglador; **shoe ~**, zapatero.
menial *(minial)* adj. doméstico, bajo, servil; ~ **tasks**, trabajos serviles.
menopause *(ménoupaus)* s. menopausia.
menstrual *(ménstrual)* adj. menstrual.
menstruate *(ménstrueit)* intr. menstruar.
menstruation *(menstruéischőn)* s. menstruación, regla, período.
mental *(méntal)* adj. mental; s. (fam.) maniático.
mentality *(mentáliti)* s. mentalidad.
mention *(ménschőn)* s. mención; tr. mencionar.
menu *(meniu)* s. menú, lista de platos.
mercantile *(merkantail)* adj. mercantil.
mercenary *(me'rseneri)* adj. y s. mercenario.
merchandise *(me'rchandais)* s. mercancía.
merchant *(me'rchant)* s. comerciante; adj. mercantil.
merciful *(me'rsiful)* adj. misericordioso, compasivo.
merciless *(me'rsiles)* adj. despiadado.
mercury *(mő'rkiuri)* s. mercurio, azogue.
mercy *(me'rsi)* s. misericordia, piedad; **to plead for~**, pedir piedad.
mere *(mía)* adj. mero, simple.
merely *(miali)* adv. meramente.
merge *(me'rdge)* tr. mezclarse; *Com.* fusionarse, fundir.
merger *(mega)* s. fusión.
meridian *(merídian)* s. meridiano; adj. meridiano; **ante ~**, (a.m.) por la mañana; **post ~**, (p.m.) por la tarde.
meridional *(merídional)* adj. meridional.
merit *(mérit)* s. mérito; tr. merecer.
meritorious *(meritórias)* adj. meritorio.
mermaid *(mérmeid)* s. sirena.
merriment *(mériment)* s. júbilo.
merry *(méri)* adj. alegre; s. **~-go -round**, tiovivo, caballitos, carrusel.
merrymaker *(mérimeikar)* s. juerguista, fiestero.
mesh *(mesch)* s. malla, red; *Mec.* engranaje; **~es**, red, redes; tr. enredar; engranar.
mess *(més)* (fam.) porquería, lío, apuro; *Mil.* comedor de oficiales; tr. **to ~ up**, desordenar; echar a perder.

M

message *(mésadge)* s. mensaje.
messenger *(mésendga)* s. mensajero.
Messiah *(mesiáia)* s. Mesías.
messy *(méssi)* adj. desordenado; sucio.
metal *(metál)* s. metal.
metallic *(metálik)* adj. metálico.
metallurgy *(métalardgi)* s. metalurgia.
metamorphose *(metamórföus)* s. metamorfosis.
metaphor *(métaför)* s. metáfora.
metaphysic *(metafísik)* adj. metafísica.
meteor *(mítiör)* s. meteoro.
meteorological *(mitiorolódyikal)* adj. meteorológico.
meteorology *(mitiorolódyik)* s. meteorología.
meter *(mítar)* s. contador, medidor.
method *(mézöd)* s. método.
methodic(al) *[mezódik(al)]* adj. metódico.
meticulous *(metikulös)* adj. meticuloso.
metre *(míter)* s. metro.
metrical *(métrikal)* adj. métrico.
metropolitan *(metropólitan)* s. y adj. metropolitano.
mettle *(métl)* s. temple.
mew *(miú)* s. maullido (del gato); intr. maullar.
mews *(miús)* s. pl. caballerizas.
Mexican *(méksikan)* adj. y s. mexicano.
mezzanine *(mésönin)* s. entresuelo, entrepiso.
microbe *(máikroub)* s. microbio.
microphone *(máikrafoun)* s. micrófono.
microscope *(máikroskoup)* s. microscopio.
microwave *(máikrogüeif)* s. microonda; ~ **oven**, microondas.
mid *(míd)* adj. medio; ~**night**, media noche.
midday *(míddei)* s. mediodía.
middle *(mídl)* adj. medio; central; s. medio; ~ **man**, intermediario.
middle-aged *(midle-éidcht)* adj. de mediana edad, edad madura.
Middle Ages *(midle éidcht)* s. pl. Edad Media.
middle class *(midle klás)* s. clase media.
middling *(mídling)* adj. mediocre, regular.
midget *(midyet)* s. enano; cosa diminuta.
midnight *(midnáit)* s. media noche.
midst *(mídst)* s. medio; adv. en medio; prep. entre.
midshipman *(midshipman)* s. cadete.
midway *(miduay)* adv. a medio camino.
midwife *(míduaif)* s. comadre, matrona.
mien *(míin)* s. semblante, aspecto.
might *(máit)* s. poder; fuerza.
mighty *(máiti)* adj. poderoso.
migraine *(migréin)* s. migraña.
migrate *(maigréit)* intr. emigrar.
migration *(maigréischön)* s. emigración.
migratory *(maigretori)* adj. migratorio, nómada, errante.
mild *(máild)* adj. suave.
mildew *(míldiu)* s. moho; intr. enmohecerse.
mildness *(máildnes)* s. suavidad, templanza.
mile *(máil)* s. milla.
mileage *(máilidch)* s. kilometraje.
military *(mílitari)* adj. militar.
militate *(míliteit)* intr. militar.
milk *(mílk)* s. leche; tr. ordeñar.
milkman *(mílkman)* s. lechero.
milky *(mílki)* adj. lácteo; ~ **way**, s. vía láctea.
mill *(míl)* s. molino, fábrica; tr. moler; desmenuzar.
miller *(milar)* s. molinero.
millenary *(mílenary)* s. adj. milenario, milenio.
milliner *(mílinar)* s. sombrerera, modista.
million *(míliön)* s. millón.
millonaire *(milonéa)* s. millonario.
millionth *(miliönz)* adj. y s. millonésimo.
millpond *(milpond)* s. alberca, estanque.
millstone *(mílstoun)* s. muela o rueda de molino, carga pesada.

mime *(máim)* s. mimo, pantomima; intr. imitar, hacer mímica.
mimic *(mímik)* s. mimo; adj. mímico; tr. imitar.
minee *(míns)* tr. desmenuzar, hacer picadillo.
mincemeat *(múnsmit)* s. picadillo (especialmente el de carne, pasas, manzanas y especias), macedonia.
mind *(máind)* s. mente; **in ~**, en mente, intención; tr. tener cuidado, cuidar, cuidar de; **never ~!**, ¡no importa!
mindful *(maíndful)* adj. atento (a); cuidadoso (de).
mindless *(maindles)* adj. atolondrado, insensato, estúpido.
mine *(main)* pron. mío; s. mina; intr. minar, extraer.
minesweeper *(mainswepa)* s. *Náut.* dragaminas.
miner *(máinar)* s. minero.
mineral *(mínaröl)* s. y adj. mineral; **~ water**, gaseosa, agua mineral.
mingle *(míngl)* tr. e intr. mezclarse).
miniature *(míniatiua)* s. miniatura.
minimal *(mínimal)* adj. mínimo.
minimize *(mínimais)* tr. quitar importancia.
minimum *(mínimön)* s. mínimo.
mining *(máining)* s. minería, explotación.
minister *(mínista)* s. ministro; tr. e intr. auxiliar, servir; intr. oficiar.
ministerial *(ministírial)* adj. ministerial.
ministery *(mínistöri)* s. ministerio.
mink *(mink)* s. visón.
minor *(máinör)* s. menor (de edad), sin importancia; adj. menor.
minnow *(mínou)* s. pececillo de río.
minority *(mainóriti)* s. minoría; adj. minoritario.
minster *(mínstar)* s. monasterio, catedral.
minstrel *(mínstrel)* s. trovador, juglar, ministril.
mint *(mínt)* s. *Bot.* menta, casa de la moneda; tr. acuñar moneda.
minus *(máinas)* adj. menos; en déficit negativo.
minute *(mínit)* s. minuto, momento, minuta; adj. diminuto; minucioso.
minx *(minks)* s. bribona, pilla.
miracle *(mírakl)* s. milagro; **to wock ~s**, hacer milagros.
miraculous *(mirákiulös)* adj. milagroso.
mirage *(mirágya)* s. espejismo.
mire *(máia)* s. lodo, fango, cieno; tr. enlodar.
mirror *(mira)* s. espejo.
mirth *(mórz)* s. alegría, gozo.
mirthful *(mö'rzful)* adj. alegre, jovial, gozoso.
miry *(máiöri)* adj. cenagoso, fangoso, lodoso.
misadventure *(misadvéncha)* s. desventura.
misapply *(misapláì)* tr. hacer mal uso de.
misapprenhend *(misaprijénd)* tr. entender mal.
misapprehension *(misaprijénchön)* s. equivocación.
misbehave *(mísbijéiv)* intr. portarse mal.
misbehaviour *(misbijéivia)* s. mal comportamiento, mala educación.
miscalculation *(miskalculashon)* s. error de cálculo, mal cálculo.
miscarriage *(miskáridch)* s. aborto; **~ of justice**, error judicial.
miscellaneous *(miseléiniös)* adj. diverso.
miscellany *(míseleni)* s. miscelánea.
mischief *(míschif)* s. mal, daño, travesura.
mischievous *(míschivös)* adj. dañino, travieso.
misconceive *(mikonsiv)* tr. juzgar mal, entender mal.
misconception *(miskonsepschön)* s. concepto equivocado, mal enjuiciamiento.
misconduct *(miscóndöct)* s. mala conducta; falta de ética.
miscount *(miskáunt)* tr. contar mal.
misdeed *(misdíd)* s. fechoría.
misdemeanor *(misdeminör)* s. *Leg.* delito menor.
miser *(máisar)* s. avaro, tacaño.
miserable *(mísörabl)* adj. miserable; (fig.) deprimido, tacaño.
miserly *(máisörli)* adj. avariento, avaro, tacaño, mezquino.

M

M

misery *(mísöri)* s. miseria, desgracia.
misfire *(misfair)* intr. fallar.
misfit *(mísfit)* s. inadaptado.
misfortune *(misfótiun)* s. infortunio, desgracia.
misgive *(misguív)* tr. llenar de dudas.
misgiving *(misguíving)* s. recelo, duda.
misguided *(misgáided)* s. equivocado, desacertado, errado.
mishap *(misjáp)* s. desgracia, contratiempo.
misinform *(misinform)* tr. informar mal, equivocar, engañar.
misinformation *(misinformashon)* s. engaño, equivocación.
misinterpret *(misinterpret)* tr. interpretar mal, equivocación.
misenterpretation *(misintepretashon)* mala interpretación, equívoco.
misjudge *(misdyudge)* tr. juzga mal, juiciar mal.
misjudgement *(misdyudment)* s. (der.) injusticia; (fig.) mal cálculo, error.
mislay *(misléi)* tr. extraviar, perder.
mislead *(mislíd)* tr. engañar, despistar; corromper.
mismanage *(mismánidch)* tr. administrar mal.
misplace *(mispléis)* tr. colocar mal, extraviar.
misprint *(misprínt)* s. errata (de imprenta).
mispronounce *(místprönáuns)* intr. pronunciar mal.
misrepresent *(misrepresént)* tr. tergivesar.
miss *(mis)* tr. perder (el tren, etc.), errar, echar de menos; intr. frustrarse; s. señorita, pérdida, falta.
missing *(mísing)* adj. ausente.
missile *(mísl)* s. proyectil; *Mil.* misil.
mission *(míschön)* s. misión.
missionary *(míschöneri)* adj. misionero misional; s. misionero.
misspell *(misspél)* tr. deletrear mal.
mist *(mist)* s. bruma.
mistake *(mistéik)* s. equivocación, error, yerro; tr. e intr. equivocar(se); **to make** ~, cometer error o hacer faltas.
mister *(místar)* s. señor.
mistletoe *(míseltou)* s. *Bot.* muérdago.
mistress *(místres)* maestra, ama (de casa); amante.
mistrust *(miströ'st)* s. desconfianza, recelo; tr. desconfiar de, dudar de.
misty *(místi)* adj. brumoso, empañado.
misunderstand *(misöndarstánd)* tr. comprender mal.
misunderstanding *(misöndarstánding)* s. incomprensión, equivocación.
misuse *(misiús)* mal uso; tr. usar mal, emplear mal.
mite *(mail)* s. óbolo, pequeñez; *Zool.* ácaro.
mitigate *(mítigueit)* tr. mitigar, aplacar, calmar.
mitre *(máitar)* s. mitra.
mitten *(mitn)* s. mitón, manopla.
mix *(mícs)* tr. mezclar; intr. mezclarse.
mixed *(mícst)* adj. mezclado.
mixing *(miksing)* s. mezcla; adj. de, para mezclar.
mixture *(míkschar)* s. mezcla.
mizzle *(mísl)* s. llovizna; intr. lloviznar.
moan *(móun)* s. gemido; intr. gemir; (fig.) queja,
moaner *(mónör)* s. protestón, llorón.
moat *(móut)* s. foso.
mob *(mób)* s. tumulto, multitud, turba, muchedumbre; pandilla; tr. acosar, atacar.
mobile *[móub(a)i]* adj. móvil.
mobilization *(mobilaiséischon)* s. *Mil.* movilización.
mobilize *(móbilais)* tr. *Mil.* movilizar.
mock *(móc)* s. burla; adj. falso; tr. burlarse de; intr. burlarse; ~ **exam**, examen de prueba.
mockery *(mókari)* s. mofa.
mode *(móud)* s. modo, moda.
model *(módel)* s. modelo; tr. modelar.
moderate *(módareit)* adj. moderado; tr. moderar.
moderation *(modaréischön)* s. moderación.
modern *(módar)* adj. y s. moderno.

modernize *(módarnais)* tr. modernizar.
modest *(médest)* adj. modesto.
modesty *(módesti)* s. modestia.
modification *(modifikéischön)* s. modificación, alteración.
modify *(módifai)* tr. modificar.
modulate *(módiuleit)* tr. modular.
modulation *(modiuléischön)* s. modulación.
module *(moduel)* s. módulo.
Mohammedan *(mojámedan)* s. y adj. mahometano.
moist *(móoist)* adj. húmedo.
moisten *(móisn)* tr. humedecer.
moisture *(moystya)* s. humedad.
molar *(moular)* adj. molar; s. muela.
molasses *(mölásis)* s. melaza, miel de caña.
mold *(mould)* s. molde, matriz; *Bot.* moho; tr. moldear, formar, enmohecer(se), cubrir(se) de moho.
moldy *(moldy)* adj. mohoso.
mole *(móul)* s. *Náut.* muelle; *Zool.* topo; *Anat.* lunar, mancha.
molecular *(molékiular)* adj. molecular.
molecule *(mólekiul)* s. molécula.
molest *(moléstl)* tr. molestar, estorbar, acosar, fastidiar.
molten *(móultön)* adj. derretido, fundido, en fusión.
moment *(móument)* s. momento, instante; **wait a ~!**, ¡espera un momento!; **just a ~**, solo un momento.
momentous *(moméntös)* adj. importante, trascendental.
momentum *(mouméntüm)* s. momento, impulso, ímpetu, fuerza, importancia.
monarch *(mónac)* s. monarca.
monarchic(al) *[monákik(al)]* adj. monárquico.
monarchy *(mónaki)* s. monarquia.
monastery *(mónastöri)* s. monasterio.
monastic *(monástik)* adj. monástico.
Monday *(mö'ndei)* s. lunes.
monetary *(mö'netari)* adj. monetario.
money *(mö'ni)* s. dinero, moneda; ~ **order**, giro (postal).
mongrel *(mö'ngrel)* s. mestizo; adj. mezclado.
monitor *(mónitor)* s. monitor.
monk *(mö'nk)* s. monje, fraile.
monkey *(món'ki)* s. mono (a), simio; to ~ **around**, hacer payasadas.
monocle *(monocul)* s. monóculo.
monogamy *(monogami)* s. monogamia.
monogram *(mónogram)* s. monograma.
monologue *(mónolog)* s. monólogo.
monomania *(monoménia)* s. monomonía.
monomaniac *(monoméiniac)* s. maníaco.
monopolize *(monópolais)* tr. monopolizar.
monopoly *(monópoli)* s. monopolio.
monosyllable *(mönósilöbl)* s. monosílabo.
monotony *(mönótöni)* s. monotonía.
monsoon *(mansún)* s. monzón.
monster *(mónstar)* s. monstruo; (fig.) enorme.
monstrosity *(monstrósiti)* s. monstruosidad.
month *(mö'nz)* s. mes.
monthly *(mö'nzli)* adj. mensual; adv. mensualmente.
monument *(móniument)* s. monumento.
moo *(mu)* s. mugido; intr. mugir.
mood *(múd)* s. humor, talante, genio, capricho; *Gram.* modo; **good** ~, buen humor; **bad** ~, mal humor.
moody *(múdi)* adj. caprichoso.
moon *(mún)* s. luna; **honey** ~, luna de miel.
moor *(múör)* s. páramo; tr. *Náut.* amarrar.
mooring *(mooring)* s. *Náut.* amarra, atracadero.
Moor *(múö)* s. moro.
mop *(mop)* s. estropajo, trapeador; tr. fregar.
mope *(móup)* intr. andar quejumbroso o abatido.

M

moral *(móral)* adj. moral; s. moralidad, moraleja; pl. costumbres.
morale *(morál)* s. moral, estado de ánimo.
morality *(moráliti)* s. moralidad.
moralize *(móralais)* tr. moralizar.
morbid *(mórbid)* adj. mórbido.
morbose *(morbóus)* adj. morboso.
more *(móa)* adj. más, mayor; adv. más; **much ~**, mucho más; **~ and more**, cada vez más.
moreover *(moaróuva)* adv. además, por añadidura.
morning *(mórning)* s. mañana; adj. matutino.
Moroccan *(morókan)* adj. y s. Marroquí.
Morocco *(moróko)* s. Marruecos.
morose *(moróus)* adj. hosco, sombrío, mal humorado.
morphine *(mórfin)* s. morfina.
morse *(mors)* s. *Zool.* morsa; (telégrafo) morse; **~ code**, clave telegráfica de morse.
morsel *(mórsel)* s. bocado, pedazo.
mortal *(mórtal)* adj. y s. mortal.
mortality *(mortáliti)* s. mortalidad; **~ rate**, tasa de mortalidad.
mortar *(mórtar)* s. mortero; almirez, argamasa.
mortgage *(móguedch)* s. hipoteca; tr. hipotecar, préstamo.
mortiferous *(mortífirös)* adj. mortífero.
mortify *(mórtifai)* tr. mortificar.
mortuary *(mórtiueri)* s. depósito de cadáveres; adj. mortuorio.
mosaic *(moséik)* adj. y s. mosaico.
mosque *(mosk)* s. mezquita.
mosquito *(moskítou)* s. mosquito.
Moslem *(móslem)* adj. Musulmán.
moss *(mós)* s. *Bot.* musgo.
most *(móust)* adj. lo más; los más; adv. sumamente; s. mayoría.
mostly *(móustli)* adv. mayormente.
moth *(móz)* s. polilla, alevilla, mariposa.
mother *(moda)* s. madre; adj. maternal; **~-in-law**, s. suegra, madre política.
motherhood *(mödarjud)* s. maternidad.
motherly *(modali)* adj. maternal.
motif *(moutif)* s. motivo, tema.
motion *(móuschön)* s. *Mec.* movimiento, ademán; *Pol.* moción; **~ picture**; s. cine o cinematógrafo, película; adj. cinematográfico.
motionless *(móuschönles)* adj. inmóvil, inerte.
motivate *(móutiveit)* tr. motivar.
motive *(móutiv)* s. motivo; móvil; adj. motriz.
motley *(mótli)* adj. abigarrado, multicolor; variado; s. mezcla.
motor *(móutör)* s. motor; **~ car**, s. automóvil; **~ cycle**, s. motocicleta; **~ home**, autocaravana; **~ racing**, carrera de coches.
motorboat *(móutörbout)* s. lancha motora, bote a motor.
motorist *(móutörist)* s. automovilista, motorista.
mottle *(motl)* tr. motear, manchar.
motto *(mótou)* s. lema.
mould *(móuld)* s. molde; *Bot.* moho; tr. moldear; intr. enmohecerse.
mound *(máund)* s. terraplén.
mount *(máunt)* s. monte, montura; tr. montar.
mountain *(máuten)* s. montaña; **~ range**, s. cordillera; **~ bike**, bicicleta de montaña.
mountaineer *(mauntenia)* s. montañés, montañero.
mountainous *(máuntenös)* adj. montañoso.
mourn *(mourn)* tr. llorar; intr. lamentarse; llevar luto.
mournful *(móurnful)* adj. lúgubre, luctuoso.
mourning *(móurning)* s. luto, aflicción.
mouse *(máus)* s. *Zool.*, *Inform.* ratón.

mouth *(máuz)* s. boca; desembocadura.
mouthful *(máuzful)* s. bocado.
mouthpiece *(máuzpis)* s. boquilla (de un instrumento de viento); portavoz.
movable *(múvabl)* adj. movible, móvil; **~s**, muebles, bienes.
move *(múv)* tr. mover; conmover; intr. moverse.
movement *(múvment)* s. movimiento; tendencia.
movies *(múvies)* s. (US) filme, película.
moving *(múving)* adj. motriz; conmovedor.
mow [mowed; mowed o mown] *(móu)* tr. segar; cortar.
mowing *(móuing)* s. siega.
Mr. *(místar)* Sr., señor.
Mrs. *(mísis)* Sra., señora.
much *(möch)* adj. mucho; adv. mucho, **too ~**, demasiado; **as ~ as**, adv. tanto como.
muck *(mö'k)* s. estiércol; abono; tr. estercolar; (fam.) porquería.
mucous *(miúkös)* adj. moco; **~ membrane**, membrana mucosa.
mud *(moad)* s. barro, lodo; **~ guard** s. guardabarros; **~ up**, tr. enlodar, embarrar.
muddle *(mö'dl)* s. desorden; tr. entubiar.
muff *(möf)* s. manguito (para las manos); falla, error (en ciertos juegos); intr. no coger, dejar escapar (la pelota).
muffin *(mö'fin)* s. bollo, panecillo.
muffle *(mö'fl)* s. (acústica) amortiguar; tr. embozar.
muffler *(mö'flar)* s. embozo; bufanda, silenciador; *Mús.* sordina.
mug *(mög)* s. tazón, vaso con asa; (fig) tonto; tr. asaltar, atracar.
mulatto *(miuláto)* s. mulato.
mulberry *(mö'lberi)* s. *Bot.* mora, morera.
mule *(miúl)* s. mula; obstinado.
mull *(mól)* intr. meditar, ponderar; tr. calentar con especias.
multimillonaire *(mültimliönea)* s. multimillonario.
multiple *(mö'ltipl)* adj. multiple; s. múltiplo.
multiplication *(moltiplikéischön)* s. multiplicación.
multiplicity *(möltiplisiti)* s. multiplicidad.
multiply *(mö'ltiplai)* tr. multiplicar.
multitude *(mö'ltitiud)* s. multitud; muchedumbre.
mum *(möm)* adj. callado, silencioso; (UK) (fam.) mamá.
mumble *(mö'mbl)* intr. refunfuñar.
mummify *(mö'mifai)* tr. momificar.
mummy *(mö'mi)* s. mami; *Arq.* momia.
mumps *(mö'mps)* s. *Med.* paperas.
munch *(mö'nch)* tr. mascar, masticar.
mundane *(mö'ndein)* adj. mundano, terrenal.
municipal *(miunísipal)* adj. municipal.
munitions *(miuníschöns)* s. *Mil.* municiones.
mural *(miural)* adj. y s. mural.
murder *(mö'rdar)* s. asesinato; tr. asesinar, matar.
murderer *(mö'rdarar)* s. asesino, homicida.
murderess *(mö'rdarös)* f. asesina.
murderous *(merderous)* adj. asesino, criminal, homicida.
murky *(merki)* adj. oscuro, tenebroso, sombrío, lóbrego.
murmur *(mö'rmar)* s. murmullo, rumor; intr. susurrar, murmurar.
muscat *(mö'skat)* s. moscatel.
muscatel *(mö'skatel)* s. moscatel.
muscle *(mö'sl)* s. músculo.
muscled *(museld)* adj. musculoso.
muscular *(mö'skiular)* adj. muscular; musculoso, fornido.
muse *(miús)* intr. meditar; musa.
museum *(miusíöm)* s. museo.
mush *(mösch)* s. potaje espeso de maíz; sentimentalismo; (fig.) paja.

M

mushroom *(móschrum)* s. *Bot.* seta; hongo.
music *(miúsik)* s. música; ~ **hall**, s. teatro de variedades; **face the** ~, pagar el pato.
musical *(miúsikal)* adj. y s. musical.
musician *(miusíschan)* s. músico.
musk *(mösk)* s. almizcle; ~**rat**, s. rata almizclera.
musket *(möskit)* s. mosquete, fusil.
musky *(möski)* adj. almizclero.
Muslim *(möslim)* adj. y s. musulmán.
muss *(mös)* tr. desarreglar, desordenar; arrugar; s. desorden, lío (US).
mussel *(mösl)* s. *Zool.* mejillón.
must *(möst)* defect, e intr. tener que; deber; s. obligación.
mustache *(möstách)* s. bigote, mostacho.
mustard *(möstard)* s. mostaza.
muster *(möstar)* s. *Mil.* revista; tr. pasar revista.
mustiness *(möstines)* s. moho, humedad.
musty *(mösti)* adj. mustio; mohoso; añejo.
mutability *(miutabíliti)* s. mutabilidad.
mutable *(miútabl)* adj. mudable.
mute *(miút)* s. mudo; **deaf** ~, sordomudo.
mutilate *(miútileit)* tr. mutilar.
mutilation *(miutiléischön)* s. mutilación.
mutineer *(miutinia)* s. rebelde, faccioso, amotinador.
mutinous *(miútinös)* adj. amotinado (fig.), rebelde.
mutiny *(miútini)* s. motín, rebelión, sedición; intr. amotinarse.
mutter *(mötar)* tr. intr. gruñir; refunfuñar.
mutton *(mötn)* s. carne de cordero.
mutual *(miútiual)* adj. mutuo.
mutuality *(miutiuáliti)* s. mutualidad.
muzzle *(mö'lz)* s. *Zool.* hocico; bozal; (fig.) mordaza; tr. embozar.
my *(mái)* adj. mi, mis.
myope *(máioup)* s. miope.
myopy *(máiopi)* s. miopía.
myriad *(míriöd)* s. miríada; adj. innumerable, sinnúmero.
myrtle *(mótl)* s. *Bot.* mirto.
myself *(maisélf)* pron. yo o mí mismo; **by** ~, por mí mismo.
mysterious *(mistíriös)* adj. misterioso, enigmático.
mystery *(místöri)* s. misterio.
mystic *(místik)* adj. y s. místico.
mysticism *(místisism)* s. misticismo.
myth *(miz)* s. mito.
mythic *(mízik)* adj. mítico.
mythological *(mizolódchikal)* adj. mitológico.
mythology *(mizólodchi)* s. mitología.

N n

nab *(nab)* tr. agarrar; coger; arrestar, pillar, detener.
nag *(nág)* s. gruñón; tr. regañar; molestar, fastidiar.
nagging *(naging)* adj. gruñón; persistente; intranquilo.
nail *(néil)* s. clavo; **to ~ a person**, agarrar; ~ **brush**, cepillo de uñas. tr. clavar.
naive *(naív)* adj. ingenuo.
naked *(néikit)* adj. desnudo.
nakedness *(néikidnes)* s. desnudez.
name *(néim)* s. nombre; apellido; tr. nombrar; **christian** ~, nombre de pila; intr. nombar.
nameless *(néimles)* adj. desconocido, anónimo.
namely *(néimli)* adv. a saber.
nanny *(námi)* s. niñera.
nap *(náp)* s. sueño ligero; siesta; (textil) pelo o lanilla de paño; intr. dormir la siesta.
nape *(néip)* s. *Anat.* nuca.
naphtha *(náfzö)* s. nafta.
napkin *(napkin)* s. servilleta; **baby** ~, s. pañal (UK).
narcissus *(nasísös)* s. *Bot.* narciso.
narcotic *(narkótik)* adj. y s. narcótico; estupefaciente.
narrate *(naréit)* tr. narrar.
narration *(naréischön)* s. narración.
narrative *(nárativ)* adj. narrativo; s. narrativa; relato; cuento.

narrow *(nárou)* adj. estrecho, angosto,tr., intr. estrechar(se); **~-minded**, obtuso, corto de miras.
narrowly *(naroli)* adv. estrechamente; **~ness**, s. estrechez.
nasal *(néisal)* adj. nasal.
nastiness *(nástines)* s. suciedad, asco.
nasturtium *(nöstö'schöm)* s. *Bot.* mastuerzo.
nasty *(násti)* adj. sucio, obceno, asqueroso, desagradable.
natal *(néital)* adj. natal.
nation *(néischön)* s. nación.
national *(náschönal)* adj. nacional; **~ anthem**, himno nacional.
nationalism *(naschönalism)* s. nacionalismo.
nationality *(náschönálity)* s. nacionalidad.
native *(néitiv)* adj. nativo; originario; natural; s. indígena.
nativity *(natíviti)* s. natividad.
natural *(náchöral)* adj. natural; **~ gas**, gas natural.
naturalist *(náchrölist)* s. naturalista.
naturalize *(náchöralais)* tr. naturalizar, nacionalizar.
nature *(néichör)* s. naturaleza; carácter, índole.
naught *(nót)* s. cero, nada.
naughtiness *(nótines)* s. travesura.
naughty *(nóti)* adj. malo; travieso; díscolo.
nausea *(nóschia)* s. náusea.
nauseate *(nóschieit)* tr. causar náuseas; intr. dar asco.
nauseating *(nóschieiting)* adj. nauseabundo, asqueroso.
nauseous *(nóschia)* adj. nauseabundo.
naval *(náival)* adj. naval.
nave *(néiv)* s. nave (de una iglesia).
navel *(néivl)* s. ombligo.
navigable *(návigabl)* adj. navegable.
navigate *(návigueit)* tr. navegar.
navigation *(naviguéischön)* s. navegación.
navigator *(navigátör)* s. navegante; *Avi.* piloto.
navy *(néivi)* s. marina (naval) **merchant ~**, marina mercante.

near *(níar)* prep, cerca de; adv. cerca adj. cercano; tr. intr. acercar(se); **~ by**, *(nía bai)* adj. próximo, vecino.
nearly *(níali)* adv. casi.
nearness *(nianes)* s. cercanía, proximidad.
neat *(níit)* adj. ordenado, pulcro, limpio.
neatness *(nítnes)* s. limpieza; pulcritud, orden.
nebula *(nébiula)* s. nebulosa.
nebulous *(nebiulos)* adj. nebuloso; (fig.) difuso.
necessary *(néseseri)* adj. nacesario; s. lo impresindible.
necessity *(nesésiti)* s. necesidad.
neck *(nék)* s. *Anat.* cuello.
necklace *(nékleis)* s. collar.
necktie *(néktai)* s. corbata.
necrosis *(nikróusis)* s. necrosis; gangrena.
nectar *(néctar)* s. néctar.
need *(níd)* s. necesidad; tr. necesitar; intr. ser necesario.
needful *(nídful)* adj. necesario.
needle *(nidl)* s. aguja; tr. fastidiar, enojar.
needless *(nídles)* adj. inútil, innecesario.
needlework *(níduluörk)* s. costura, labor de aguja, bordar.
needy *(nidi)* adj. indigente, s. necesitado.
nefarious *(nefériös)* adj. malvado, nefando, infame.
negative *(négativ)* s. negativa, adj. negativo.
neglect *(nigléct)* s. negligencia, descuido, incumplimiento, abandono; tr. abandonar, descuidar.
neglectful *(negléctful)* adj. abandonado, descuidado.
negligent *(néglidchönt)* adj. negligente, descuidado, desatento.
negotiate *(nigóuschieit)* tr. intr. negociar; tr. gestionar.
negotiation *(nigouschiéischön)* s. negociación.
negotiator *(nigoushiata)* s. gestor.
neigh *(néi)* s. relincho; intr. relinchar.
neighbor *(néibör)* s. vecino, prójimo.

N

neighborhood *(néibörjud)* s. vecindario; vecindad.
neighboring *(neiboring)* adj. vecino, próximo, cercano.
neither *(nídör)* pron. ni uno ni otro; adj. ningún (de dos); conj. ni, adv. tampoco.
neologism *(niólodchim)* s. neologismo.
neon *(nion)* s. *Qím.* neón; ~ **lights**, rótulos de neón.
nephew *(néviu)* s. sobrino.
nepotism *(népotism)* s. nepotismo.
nerve *(nö'rv)* s. nervio; vigor; (fam.) descaro.
nervous *(nö'rvas)* adj. nervioso.
nerveless *(nörvles)* adj. sin nervios, inmutable.
nervousness *(nérvosnes)* s. nerviosismo.
nest *(nést)* s. nido; tr. anidar; (fam.) ~**egg**, ahorros.
nestle *(nésl)* intr. acurrucarse; tr. acariciar.
net *(net)* s. red; malla; tr. enredar; adj. neto, ~ **weight**, peso neto.
nettle *(netl)* s. *Bot.* ortiga; tr. e intr. picar, irritar, enfadar.
network *(nétuörk)* s. (fig.) red.
neuralgia *(niuráldchia)* s. *Med.* neuralgia.
neurotic *(niurótik)* adj. neurótico.
neuter *(niútar)* adj. y s. neutro.
neutral *(niútral)* adj. s. neutral.
neutrality *(niutráliti)* s. neutralidad.
never *(névör)* adv. nunca, jamás.
nevertheless *(névördeles)* adv. sin embargo, no obstante.
new *(niú)* adj. nuevo.
new-born *(niú-bórn)* adj. recién nacido.
new-comer *(niu-kámör)* s. recién llegado.
newly *(niúli)* adj. recién.
news *(niús)* s. noticia(s).
newsmongar *(niúsmongör)* s. chismoso, chismero, gacetilla.
newspaper *(niúspeiper)* s. periódico.
newsreel *(niúsril)* s. noticiario, cinematográfico.
newt *(niút)* s. tritón.
next *(nexst)* adj. próximo; contiguo, siguiente; sucesivo; adv. luego.
nibble *(nibl)* s. mordisco; tr. mordiscar.
nice *(náis)* adj. bonito, agradable, delicado, fino, amable, simpático.
nicely *(náisli)* adv. delicadamente.
niceness *(náisnes)* s. finura; delicadeza, agradabilidad.
niche *(nísch)* s. nicho; (fig.) rincón.
nick *(níc)* s. muesca; tr. intr. hacer muescas; corte; **in the ~ of time**, justo a tiempo.
nickel *(nikl)* s. níquel; (US) moneda de cinco centavos.
nick-nack *(nik-nak)* s. baratija, chuchería.
nickname *(níkneim)* s. apodo; mote.
nicotine *(níkotin)* s. nicotina.
niece *(nís)* s. sobrina.
niggardly *(nígardli)* adj. y s. avaro, tacaño, mezquino.
night *(náit)* s. noche; **at~**, por la noche; **last~**, anoche.
nightfall *(náitfol)* s. anochecer.
nightgown *(náitgaun)* s. camisón.
nighttingale *(náitingueil)* s. ruiseñor.
night-light *(nait-lait)* s. lamparilla de noche.
nightly *(náitli)* adv. cada noche, todas las noches; adj. nocturno.
nightmare *(náitmea)* s. pesadilla.
night-watchman *(nait-waychman)* s. vigilante nocturno, sereno.
nihilism *(náijilism)* s. nihilismo.
nimble *(nímbl)* adj. ligero; ágil.
nimbleness *(nímblenes)* s. ligereza; agilidad.
nimbus *(nimbös)* s. nimbo; aureola.
nine *(náin)* s. y adj. nueve.
ninepins *(náinpins)* s. juego de bolos.
nineteen *(náintin)* adj. diecinueve.
ninety *(náinti)* adj. noventa.
nip *(nip)* s. pellizco, mordisco; tr. pellizcar, mordisquear; **to ~ in then bud**, cortar de raíz.

nipper *(nípör)* (fam.) retoño.
nipple *(nípl)* s. *Anat.* pezón.
nitrate *(náitreit)* s. nitrato.
nitrogen *(naítridchön)* s. nitrógeno; ~ **bomb**, bomba de nitrógeno.
no *(nóu)* adv. no; adj. ninguno; s. no.
nobiliary *(nobíliary)* s. nobiliario.
nobility *(nobílíti)* s. nobleza.
noble *(nóubl)* adj. noble; s. aristócrata, noble.
nobly *(nóubli)* adv. noblemente.
nobody *(nóubodi)* s. nadie; ninguno.
noctambulist *(noctámbiulist)* s. noctámbulo.
nocturnal *(noctö'rnal)* adj. nocturno.
nocturne *(nóctörn)* s. nocturno.
nod *(nód)* intr. cabecear; tr. asentir; asentimiento con la cabeza.
noise *(nóis)* s. ruido; **to make** ~, hacer ruido; **big** ~, persona importante.
noiseless *(nóisles)* adj. silencioso.
noisy *(nóisi)* adj. ruidoso.
nomad *(nóumad)* adj. nómada; errante.
nomadic *(noumádik)* adj. nómada.
nominal *(nóminal)* adj. nominal.
nominate *(nómineit)* tr. nombrar.
nomination *(nominéischön)* s. nombramiento.
none *(nö'n)* pron. ninguno.
non-appearence *(nón-apírans)* s. ausencia.
non-attendance *(nón-attendans)* s. falta de asistencia.
non-commissioned officer *(nónkomíschnd ófisör)* s. *Mil.* suboficial.
non-conformist *(nón-konformist)* s. no conformista.
non-descript *(non-descript)* adj. anodino, soso.
nonentity *(nonéntiti)* s. nulidad.
nonplus *(nónplös)* s. perplejidad, estupefacción; tr. dejar perplejo.
nonsense *(nónsens)* s. disparate, tontería; **don't talk** ~, no digas tonterías.
noodle *(núdl)* s. tallarín s. (fam.) simplón.
nook *(núc)* s. rincón.
noon *(nún)* s. mediodía.
noose *(nús)* nudo corredizo; tr. lazar, entrampar.
nor *(nór)* conj. ni.
norm *(nórm)* s. norma.
normal *(nórmal)* adj. normal.
north *(nórz)* s. norte; adj. del norte.
north-east *(nórz-íst)* adj. y s. nordeste, noreste.
northerly *(nozörli)* adj. del norte; adv. hacia el norte.
northern *(nórdörn)* adj. norteño.
northerner *(nórdörnör)* s. norteño.
north-west *(nórz-uést)* adj. y s. noroeste.
Norwegian *(noruídyön)* adj. y s. Noruego.
nose *(nóus)* s. nariz; (fig.) olfato; sagacidad; tr. oler.
nostalgia *(nostáldchia)* s. nostalgia.
nostril *(nóstril)* s. ventana de la nariz, fosa nasal.
not *(nót)* adv. no.
notable *(nóutabl)* adj. notable.
notary *(nóutari)* s. notario.
notation *(noutéischön)* s. anotación; apunte; notación.
notch *(nóch)* s. mueca, mella; tr. mellar, hacer muecas.
note *(nóut)* s. nota; señal; tr. anotar, apuntar.
notebook *(nóutbuc)* s. libreta, cuaderno, bloc; computadora.
noted *(nóuttit)* adj. notable, famoso, renombrado.
noteworthy *(nóutuördi)* adj. notable, digno de atención.
nothing *(nö'zing)* s. nada; ~ **else**, nada más; **good for** ~, inútil.
notice *(nóutis)* s. aviso; anuncio; tr. notar, percibir, darse cuenta; (UK) ~ **board**, tablón de anuncios.
noticeable *(nóutisöbl)* adj. conspicuo; perceptible.
notify *(nótifai)* tr. notificar; advertir.
notion *(nóuschön)* s. noción; idea.
notoriety *(notoráieti)* s. notoriedad, mala reputación.
notorious *(notóriös)* adj. conocido, famoso; de mala fama.

N

notwithstanding *(notuizstánding)* adv. no obstante; prep. a pesar de.
nougt *(nóot)* s. cero, nada.
noun *(noun)* s. nombre, sustantivo.
nourish *(nö'rich)* tr. alimentar, nutrir.
nourishing *(nö'rísching)* adj. nutritivo, alimenticio.
novel *(nével)* adj. novel; *Lit.* s. novela.
novelist *(nóvelist)* s. novalista.
novelty *(nóvelti)* s. novedad
November *(novémbör)* s. noviembre.
novice *(nóvis)* s. novicio(a), novato(a), principiante.
now *(náu)* adv. ahora, ya; ~ **and then**, de vez en cuando, de vez en vez; **till** ~, hasta ahora; ~ **then!**, ¡vamos a ver! ¡vamos!.
nowadays *(náuedeis)* adv. hoy (en) día.
nowhere *(nóueu)* adv. (en) ninguna parte, ningún sitio.
noxious *(nócshös)* adj. nocivo; pernicioso.
nozzle *(nosel)* s. boca, boquilla; inyector.
nuclear *(niúklier)* adj. nuclear, atómico.
nucleus *(niúkleös)* s. núcleo.
nude *(niud)* adj. desnudo.
nudity *(niúditi)* s. desnudez.
nudge *(nödch)* s. codazo; tr. dar con el codo.
nuisance *(niúsans)* s. estorbo, fastidio, molestia.
null *(nö'l)* adj. nulo; inválido; tr. anular.
nullity *(nö'liti)* s. nulidad.
numb *(nö'm)* adj. entumecido; dormido; tr. entumecer.
number *(nö'mbar)* s. número; tr. enumerar, contar; **even** ~, número par; **odd** ~, número impar.
numberless *(nö'mbörles)* adj. innumerable, incontable.
numeral *(niúmöral)* adj. numeral, numérico.
numerary *(niúmörari)* adj. numerario.
numerical *(niumérikal)* adj. numérico.
numerous *(niúmörös)* adj. numeroso.
nun *(nö'n)* s. monja; religiosa.
nunnery *(nö'nori)* s. convento de monjas.
nuptial *(nö'pschöl)* adj. nuptial; s. pl. ~**s**, nupcias, bodas.
nurse *(nö'rs)* s. enfermera; niñera, **wet-**~, nodriza; tr. criar, cuidar, (enfermos).
nursery *(nö'sori)* s. cuarto de los niños; plantel, guardería infantil. *Bot.* invernadero, criadero; ~ **rhymes**, rimas infantiles.
nurture *(no'rcha)* s. crianza; (fig) educar; tr. criar.
nut *(nö't)* s. *Bot.* nuez. *Mec.* tuerca; (fam.) chifaldo.
nutcracker *(nö'crakör)* s. cascanueces.
nutmeg *(nótmeg)* s. nuez moscada.
nutrition *(niutríschön)* s. nutrición.
nutritious *(niutríschös)* adj. nutritivo.
nutshell *(nórtchel)* s. cascara de nuez; **in a** ~, en suma, en breve, en pocas palabras.
nymph *(nimf)* s. ninfa.

O o

o *(o)* s. interj. ¡oh!.
oak *(óuc)* s. roble.
oar *(óa)* s. remo; tr., intr. remar.
oarsmar *(oasman)* s. remero.
oasis *(oéisis)* s. oasis.
oat *(óut)* s. *Bot.* avena; ~ **flakes**, copos de avena.
oath *(óuz)* s. juramento; palabrota.
obduracy *(óbdiurasi)* s. obstinación, terquedad.
obdurate *(óbdiureit)* adj. obstinado, terco.
obedience *(obídiens)* s. obediencia.
obedient *(obídient)* adj. obediente.
obese *(obis)* adj. obeso, gordo.
obey *(obéi)* tr. obedecer.
obfuscate *(obfo'skeit)* tr. ofuscar.
obfuscation *(obföskéischon)* s. ofuscación.
obituary *(obíchuari)* s. obituario.
object *(óbdschect)* s. objeto.
object *(obdchét)* tr. objetar; intr. oponerse.

objetion *(obschécschön)* s. objeción.
objetive *(obdchéctiv)* adj. s. objetivo.
obligate *(óbligueit)* tr. obligar; comprometer.
obligation *(obligéischön)* s. obligación, compromiso.
obligatory *(óbliguetori)* adj. obligatorio.
oblige *(obláidch)* tr. complacer, hacer favor.
obliging *(obláidching)* adj. servicial, amable, atento.
oblique *(oblíc)* adj. oblicuo; sesgado; inclinado.
obliterate *(öblitóreit)* tr. borrar; arrasar, destruir, aniquilar.
oblivion *(oblíviön)* s. olvido; **to fall into ~**, caer en el olvido.
oblivious *(oblívióus)* adj. inconsciente.
oblong *(oblong)* adj. *(Geom.)* rectangular; s. rectángulo.
obnoxius *(obnócshös)* adj. ofensivo, odioso.
obscene *(obsín)* adj. obsceno.
obscenity *(obséniti)* s. obscenidad, indecencia.
obscure *(obskiúa)* adj. oscuro; (fig) difuso; tr. oscurecer.
obsequies *(óbsikuiu)* s. pl. exequias, funerales.
obsequious *(obsícuiös)* adj. obsequioso, complaciente.
observance *(obsö'rvans)* s. observancia, cumplimiento.
observant *(obsö'rvant)* adj. observante, atento.
observation *(obsörvéischön)* s. observación, comentario.
observatory *(obsö'rvatori)* s. observatorio.
observe *(obsö'rv)* intr. observar, examinar, mirar.
observer *(öbsö'var)* s. observador.
observing *(obsö'rving)* adj. atento, observador.
obsess *(obsés)* tr. e intr. obsesionar.
obsession *(obséschön)* s. obsesión, idea fija.
obsolete *(óbsolit)* adj. anticuado; desusado, obsoleto.
obstacle *(óbstakl)* s. obstáculo; impedimento, traba.
obstetrics *(obstétriks)* s. obstrecia.
obstinacy *(óbstinasi)* s. obstinación.
obstinate *(óbstineit)* adj. obstinado.
obstreperous *(obstreperos)* adj. rebelde, ruidoso.
obstruct *(obströ'ct)* tr. obstruir.
obstruction *(obströ'cschön)* s. obstrucción.
obtain *(obtéin)* tr. obtener, conseguir, lograr.
obtainable *(obtéinöbl)* adj. obtenible, asequible.
obtrude *(obtrúd)* tr. imponer, entremeterse.
obtuse *(obtiús)* adj. obtuso; torpe.
obviate *(óbvieit)* tr. obviar, evitar.
obvious *(óbvias)* adj. obvio, evidente, claro.
occasion *(okéischön)* s. ocasión, tr. ocasionar, causar.
occasional *(okéischönal)* adj. ocasional, fortuito.
occult *(okö'lt)* adj. oculto; tr. intr. ocultar.
occupancy *(ókiupansi)* s. ocupación; trabajo, tenencia.
occupant *(ókiupant)* s. ocupante.
occupate *(ókiupeit)* tr. ocupar; tomar posesión.
occupation *(okiupéischön)* s. ocupación, empleo, trabajo.
occupy *(ókiupai)* tr. ocupar, emplear; habitar.
occur *(okö'r)* tr. ocurrir, suceder.
occurrence *(okö'rens)* s. ocurrencia; incidente, suceso.
ocean *(óuschön)* s. océano; (fig.) inmensidad.
octave *(ócteiv)* s. *Mús.* octava
October *(óctobar)* s. octubre.
octopus *(óctopös)* s. *Ict.* pulpo.
ocular *(ókiular)* adj. ocular.
oculist *(ókiulist)* s. oculista.
odd *(ódd)* adj. *Aritm.* impar; extraño, raro; ~ **odd**, cuarenta y pico.
oddity *(óditi)* s. rareza.
odds *(óds)* s. probabilidades; puntos de ventaja; ~ **and ends**, retazos, trozos.
ode *(óud)* s. *(Lit.)* oda.
odious *(ódiös)* adj. odioso; detestable.
odour *(óuda)* s. olor; fragancia; perfume.
of *(óv)* prep. de; (a, en, con, por, para); ~ **course**, por supuesto.

O

off *(óf)* adj. apagado; adv. part. (con verbos) **be ~!**, ¡marcharse!; estar podrido; **be well ~**, acomodado; **on and ~**, con (las) interrupciones; prep.(con verbos indica separación); **blow ~**, derribar (de un soplo); (vulg.) pedearse; **knock ~**, derribar (de un golpe), etcétera.
offence *(ofćns)* s. *(Leg.)* ofensa, delito, infracción.
offend *(oféńd)* tr. ofender; intr. pecar, delinquir.
offender *(ófendar)* s. ofensor, delincuente, infractor.
offensive *(ofénsiv)* ofensive, adj. ofensivo, insultante.
offer *(ófar)* s. oferta; tr. ofrecer; intr. ofrecerse.
offering *(ófaring)* s. ofrenda, ofrecimiento.
offhand *(ófjand)* adj. y adv. improvisado, sin pensarlo.
office *(ófis)* s. oficina.
officer *(ófisar)* s. *(Mil.)* oficial, policía; **commissioned ~**, oficial superior, (alférez); agente, empleado.
official *(ofischal)* adj. oficial; s. funcionario.
officiate *(ofíschieit)* tr. oficiar.
officious *(ofíschös)* adj. oficioso.
offset *(ófset)* s. *Com.* compensación; tr. compensar.
offshore *(ófshore)* adj. a poca distancia de la costa.
offshot *(ofshout)* s. *Bot.* rama, retoño, vástago.
offside *(ofsaid)* s. *(Dep.)* lado derecho, (por la derecha) (G.B.), lado izquierdo (por la izquierda) (E.U.); (dep) fuera de juego.
offspring *(ófspring)* s. vástago, linaje, descendencia.
oft *(oft)* **often** *(ófn)* adv. frecuentemente, a menudo.
ogre *(óugar)* s. ogro, mostruo.
oil *(óil)* s. aceite, petróleo; **~ painting**, óleo. *(Min.)* petróleo; tr. lubricar, engrasar, aceitar.
oilcloth *(oilklouz)* s. hule.
oilskin *(óilskín)* s. hule; impermeable; *(Náut.)* ropa de aguas.
oily *(óili)* adj. aceitoso.
oint *(óint)* tr. untar.
ointment *(óintment)* s. *(Med.)* ungüento, pomada.
O.K. *(oukéi)* adj. bueno; conveniдо; adv. bien; **it's ~**, está bien; tr. aprobado, dar el visto bueno.
old *(óuld)* adj. viejo, anciano, antiguo; **~ age**, vejez, **~ maid**, solterona.
olden *(óuldön)* adj. viejo, antiguo.
old-fashioned *(óuld-faschond)* adj. anticuado.
old-timer *(óuld-taimar)* s. veterano.
olive *(óliv)* s. *Bot.* aceituna, oliva; **~tree**, s. olivo.
olympiad *(olimpiad)* s. olimpiada.
Olympic *(olímpik)* adj. olímpico.
omelet *(ómelet)* s. tortilla.
omen *(óumen)* s. agüero, presagio.
omened *(óument)* adj. fatídico.
ominous *(óminös)* adj. siniestro; ominoso.
omission *(omíschön)* s. omisión.
omit *(omít)* tr. omitir; excluir.
omnibus *(ómnibös)* s. ómnibus.
omnipotence *(omnípotens)* s. omnipotencia.
omnipotent *(omnípotent)* adj. omnipotente.
on *(ón)* prep, sobre, en encima de; adv. encima; interj. **~ foot**, a pie; **come ~!**, ¡venga! ¡vamos! *(Mec. y Elect.)* encendido.
once *(úöns)* adv. una vez, en otro tiempo; **at ~**, en seguida.
one *(uón)* adj. un; uno cierto; s. uno, pron. uno, **only ~**, el único; **any~**, alguien; **none~**, nadie, ninguno.
one-armed *(uónarmd)* adj. manco.
oneself *(uönsélf)* pron. se, a sí mismo.
onion *(ónion)* s. cebolla.
on-line *(on-láin)* adj. en línea; **to be ~**, estar en línea.
onlooker *(ónlukar)* s. espectador, mirón.
only *(óunli)* adj. único; solo; adv. solamente; conj. sólo que, pero.
onset *(ónset)* s. ataque.
onto *(óntu)* prep. a; sobre.
onward *(ónuard)* adv. adelante; adj. avanzado, progresivo; **~(s)**, hacia adelante.
ooze *(ús)* s. fango; limo; intr. exudar, rezumar.
opal *(óupal)* s. ópalo.

opaque *(oupéik)* adj. opaco.
open *(oupen)* adj. abierto; libre, franco; s. ~ **air**, aire libre; **in the** ~, a cielo raso; tr. abrir.
opening *(óupening)* s. abetura.
openness *(óupennes)* s. franqueza.
opera *(ópŏra)* s. ópera; **soap** ~, telenovela.
operate *(ópöreit)* int. obrar; operar.
operation *(opöréischön)* s. *(Med.)* operación.
operetta *(opŏrétŏ)* s. opereta, zarzuela.
opinion *(opíniön)* s. opinión.
opium *(óupiöm)* s. opio.
opponent *(oppunent)* s. adversario; antagonista.
opportune *(oportiún)* adj. oportuno, conveniente.
opportunity *(oportiúniti)* s. oportunidad, ocasión.
oppose *(opóus)* tr. oponer; int. oponerse, resistirse.
opposed *(opóusd)* adj. opuesto.
opposer *(opóusŏr)* s. opositor; antagonista.
opposite *(óposit)* adj. enfrente.
opposition *(opŏsíschön)* s. oposición, resistencia.
oppress *(oprés)* tr. oprimir, agobiar.
oppression *(opréschön)* s. opresión.
oppessive *(ŏprésiv)* s. opresivo.
oppressor *(ŏprésar)* s. opresor, tirano.
opt *(opt)* intr. optar.
optic(al) *[(óptik(al)]* adj. óptico.
optician *(optischan)* s. óptico.
optimism *(óptimism)* s. optimismo.
optimist *(óptimist)* s. optimista.
option *(ópschön)* s. opción.
optional *(ópchönal)* adj. facultativo, optativo; opcional.
opulence *(ópiulens)* s. opulencia.
opulent *(ópiulŏnt)* adj. opulento.
or *(or)* con. o, u.
oracle *(órakl)* s. oráculo.
oral *(óural)* adj. oral.
orange *(órindch)* s. naranja; ~-**grove**, naranjal.
orangeade *(ŏrindchéid)* s. naranjada.
oration *(ŏreischön)* s. oración; discurso.
orator *(órator)* s. orador.
oratory *(óratori)* s. oratorio.
orb *(órb)* s. orbe; esfera.
orbit *(orbit)* s. *órbita*.
orchard *(orchad)* s. huerto.
orchestra *(órkestra)* s. orquesta.
orchid *(orkid)* s. *Bot.* orquídea
ordain *(ordéin)* tr. *Ecles.* ordenar, disponer; mandar.
ordeal *(ordíal, órdil)* s. ordalía; prueba dura.
order *(órdar)* s. orden; *Com.* pedido; tr. ordenar, encargar, **in ~ to**, para, con objeto de; **out of** ~, estropeado, averiado.
orderly *(órdörli)* adj. ordenado.
ordinance *(órdinans)* s. ordenanza, ley, reglamento.
ordinary *(órdineri)* adj. ordinario.
ordnance *(órdnans)* s. artillería, cañones, material de guerra; ~ **factory**, fábrica de artillería.
ore *(óŏr)* s. mineral; **iron**~, mineral de hierro.
organ *(órgan)* s. órgano.
organic *(orgánik)* adj. orgánico.
organism *(órganism)* s. organismo.
organist *(órganist)* s. organista.
organization *(organiséischön)* s. organización.
organize *(órganais)* tr. organizar.
orgy *(órdyi)* s. orgía.
Orient *(órient)* s. oriente; adj. oriental; tr. e intr. orientar(se).
Oriental *(ouriéntai)* s. y adj. oriental.
orientate *(órienteit)* tr. orientar.
orifice *(órifis)* s. orificio.
origin *(óridyein)* s. origen.
original *(orídyeinal)* adj. s. original.
originality *(oridyenáliti)* s. originalidad.
oriole *(órioul)* s. *(Orn.)* oropéndola.
ornament *(órnament)* s. orna(men)-to, adorno atavío; tr. adornar.
ornate *(órneit)* adj. ornado, adornado; recargado.
orphan *(órfan)* s. y adj. huérfano.
orphanage *(órfanidye)* s. orfanato
orthodox *(órzodocs)* adj. ortodoxo.
orthodoxy *(órzodocsi)* s. ortodoxia.
oscillate *(ósileit)* intr. oscilar; vibrar, variar, fluctuar.
oscillation *(osiléischön)* s. oscilación, fluctuación, variación.

O

ostentation *(ostentéischön)* s. ostentación; fasto.
ostentatious *(ostentéischös)* adj. ostentoso, presuntuosos.
ostracism *(óstrasism)* s. ostracismo.
ostrich *(óstrich)* s. *(Orn.)* avestruz.
other *(ö'dar)* pron. otro; adj. otro.
otherwise *(ö'daruais)* adv. de otro modo, de lo contrario.
otter *(ötör)* s. nutria.
ought *(ót)* int. deber, debiera.
ounce *(áuns)* s. onza.
our *(áur)* adj. (a, os, as), nuestro.
ours *(áurs)* pron. el nuestro, (a, os, as).
ourselves *(aursélvs)* pron. nos., nosotros mismos.
oust *(óust)* tr. desalojar.
out *(áut)* adv. fuera, afuera; interj. ¡fuera!
outbid *(autbíd)* tr. sobrepujar.
outbreak *(áutbreik)* s. erupción; *(Med.)* brote, foco; ataque, arranque (de ira); **at the ~ of he war**, al estallar la guerra.
outburst *(áutböst)* s. (fig.) explosión; estallido; arranque (de pasión).
outcast *(áutkast)* adj. paria; s. proscrito, marginado.
outcome *(áutkam)* s. resultado.
outcry *(áutkrai)* s. clamor.
outdated *(autdéited)* adj. anticuado.
outdo *(autdú)* tr. sobrepasar, sobrepujar, superar.
outdoor *(áutdoa)* adj. externo.
outdoors *(autdóas)* adv. al aire libre, fuera.
outer *(áutar)* adj. externo, exterior.
outfit *(áufit)* s. equipo, traje.
outing *(áuting)* s. excursión, gira, caminata.
outlast *(autlást)* tr. durar más que.
outlaw *(aútlo)* s. proscrito; tr. proscribir, forajido, fuera de la ley.
outlay *(áutlei)* s. gasto, desembolso.
outlet *(aúlet)* s. *(Mec.)* salida, escape; mercado.
outline *(áutlain)* s. contorno, silueta; tr. perfilar.
outlive *(autlív)* tr. sobrevivir.
outlook *(aútluc)* s. aspecto, perspectiva.
outlying *(áutli'ng)* adj. distante, lejano.
outmost *(áutmoust)* adj. extremo.
outnumber *(autnä'mbar)* tr. exceder en número.
out-of-date *(áutóvdéit)* adj. pasado de moda, anticuado.
outpost *(áutpoust)* s. avanzada, puesto de avanzada.
output *(áutput)* s. rendimiento; producción total.
outrage *(áutredye)* s. atrocidad, ultraje; tr. ultrajar.
outrageous *(autréidyas)* adj. escandaloso, atroz.
outright *(áutrait)* adj. completo; adv. en seguida, completamente.
outroot *(autrút)* tr. desarraigar.
outrun *(autrö'n)* tr. correr más que otro, dejar atrás, sobrepasar.
outset *(áutset)* s. principio; partida; tr. partir, salir.
outside *(aútsaid)* s. exterior; adv. (a)fuera; adj. exterior.
outshine *(autscháin)* tr. eclipsar.
outsider *(autsóidör)* s. extraño, foráneo; persona de fuera.
outskirts *(áutskörts)* s. afueras.
outspoken *(autspóuken)* adj. franco, abierto.
outspread *(outspréd) adj. extendido, desplegado.*
outstanding *(autstánding)* adj. sobresaliente; (com) pendiente.
outstretch *(autstréch)* tr. extender.
outward(s) *(áutuard)* adj. exterior; adv. fuera; hacia afuera.
outweigh *(autuéi)* tr. pesar más que, tener mayor peso que.
outwit *(autuít)* tr. ser más listo.
outworn *(autuórn)* adj. gastado.
oval *(óuval)* s. óvalo; adj. oval; ovalado.
ovation *(ouvéischön)* s. ovación.
oven *(ö'vn)* s. horno.
over *(óuva)* prep. sobre, encima de; adv. al otro lado; **turn~**, ver al dorso; demasiado; **~ and ~ again**; **to be ~**, terminar.
overact *(ovöráct)* tr. exagerar.
overall *(óuvöral)* adj. total, global; adv. en conjunto.
overalls *(ovórols)* s. overol.
overbalance *(ovórbalans)* tr. perder el equilibrio.

overbearing *(ovöbéaring)* adj. dominante, autoritario, prepotente.
overboard *(ovórbord)* adv. *(Mar.)* al mar, por la borda, interj. **man ~!**, ¡hombre al agua!.
overburden *(ovarbörden)* tr. sobrecargar; s. sobrecarga.
overcast *(ovarkást)* intr. obscurecerse, nublarse; adj. nublado, encapotado.
overcharge *(ovarchardch)* tr. sobrecargar; cobrar demasiado; cobrar de más.
overcoat *(ovarkout)* s. abrigo.
overcome *(ovarkö'm)* tr. superar, vencer; intr. sobreponerse.
overdo *(ovardu)* intr. exceder; tr. exagerar; **to ~ it**, (fam.) trabajar excesivamente.
overdone *(ovandon)* p.p. *Coc.* pasado, demasiado hecho.
overdose *(ovados)* s. sobredosis.
overdraft *(ovadraft)* s. *Com.* crédito, a descubierto.
overdue *(overdiú)* adj. *(Com.)* retrasado; vencido y no pagado.
overeat *(ovarít)* intr. hartarse, comer demasiado.
overexcite *(ovariksáit)* tr. sobreexcitar.
overflow *(ouvaflóu)* tr. inundar; intr. desbordarse; s. inundación.
overgrown *(ovörgróun)* adj. cubierto; demasiado grande.
overgrowth *(ovargróuz)* s. vegetación exuberante.
overhang *(ovariáng)* v. sobresalir por encima de; amenazar.
overhaul *(ovarjól)* tr. *(Mec.)* revisar; s. revisión.
overhead *(ovarjéd)* adv. por encima, arriba, por lo alto.
overhear *(ovarijía)* tr. oír por casualidad.
overheat *(ovarjít)* tr. e intr. recalentar(se).
overland *(óvarland)* adj. y adv. por tierra.
overlap *(ovalap)* tr. solapar, montar.
overload *(óvarloud)* s. sobrecarga; tr. sobrecargar, recargar.
overlook *(ovarlúk)* tr. pasar por alto, disculpar; dominar.
overnight *(ovarnáit)* adv. de la noche a la mañana; por la noche.
overpower *(ovarpáuar)* tr. predominar, dominar, vencer.
override *(avadiyd)* tr. pasar por encima.
overrate *(overéit)* tr. sobreestimar.
overripe *(óvaraip)* demasiado maduro, pasado.
overrun *(ovarö'n)* tr. invadir; plagar.
overseas *(óvarsis)* adv. en, a ultramar, en el extranjero.
oversee *(ovrsí)* tr. vigilar; inspeccionar, supervisar.
overseer *(ova'rsia)* s. supervisar, capataz.
overshoe *(óvarschu)* s. chanclo; zapato de goma; caucho o hule.
oversight *(óvarsait)* s. inadvertencia, omisión.
overstate *(ovarstéit)* tr. exagerar.
overstock *(ovarrstóc)* tr. abarrotar; s. surtido.
overtake *(ovartéik)* tr. (tráfico) alcanzar, adelantar a.
overtax *(ovartács)* tr. sobrecargar de impuestos.
overthrow *(ovarzóu)* tr. derribar; derrocar; s. vuelco.
overtime *(ovatime)* s. horas extras; *(Dep.)* prórroga.
overture *(ovatua)* s. *Mús.* abertura; propuesta.
overturn *(ovartörn)* s. vuelco, volcar.
overweight *(ovarueit)* s. sobrepeso.
overwhelm *(ovauelm)* tr. agobiar, abrumar.
overwork *(ovauak)* intr. hacer trabajar demasiado.
owe *(óu)* tr. deber, adeudar.
owing *(oúing)* adj. debido; **~ to**, debido a.
owl *(ául)* s. *(Orn.)* buho.
own *(óun)* adj. propio; tr. poseer.
owner *(óunar)* s. dueño, propietario.
ownership *(onarschip)* s. propiedad.
ox *(ócs)* s. *(Zool.)* buey, **oxen** s. pl. bueyes.
oxide *(ócside)* s. óxido.
oxygen *(ócsidchen)* s. oxígeno.
oyster *(óistar)* s. ostra.

O

P p

P

pace *(péis)* s. paso; tr. medir a pasos; (fig.) velocidad.
pacemaker *(péismeikör)* s. marcapasos.
pacific *(pasífik)* adj. pacífico.
pacification *(pasifikéischön)* s. pacificación, sosegamiento.
pacifist *(pásifist)* adj. pacifista.
pacify *(pásifai)* s. pacificar, calmar.
pack *(pák)* paquete, bulto; s. baraja de naipes; manada; tr. embalar; intr. hacer el equipaje.
package *(pákidch)* s. fardo; embalaje, paquete, bulto.
packed *(pákt)* adj. repleto, abarrotado, lleno, repleto, atestado.
packet *(páket)* s. paquete; **to make a ~**, hacer un montón; **cigarette ~**, cajetilla de cigarrillos.
packing *(páking)* s. embalaje.
pact *(pákt)* s. pacto.
pad *(pád)* s. almohadilla; bloc, de papel; **launching~**, plataforma de lanzamiento; tr. rellenar; acolchar.
padding *(páding)* s. relleno; (fig.) paja.
paddle *(pádl)* s. canalete; paleta; tr. chapotear; **padding pool**, *(páddling púl)* s. piscina infantil.
padlock *(pádlok)* s. candado; tr. cerrar con candado.
pagan *(péigan)* s. adj. pagano.
paganism *(péiganism)* s. paganismo.
page *(péidch)* s. página; plana; **~ layout**, diseño de página.
pageant *(pádchent)* s. espectáculo; desfile.
pageantry *(pádchöntri)* s. fausto, pompa.
paid *(péid)* adj. pagado.
pail *(péil)* s.cubo.
pain *(péin)* s. dolor; pena; **to feel ~**, sentir dolor; **to have a ~**, tener dolor; **to take ~s**, esmerarse, afanarse.
painful *(péinful)* adj. doloroso.
painkiller *(péinkilőr)* s. analgésico.
painless *(péinles)* adj. sin dolor; libre de dolor, insensible.
painstaking *(péinsteiking)* adj. meticuloso, cuidadoso.
paint *(péint)* s. pintura; color, colorete; tr. pintar; intr. pintarse.
paintbrush *(péintbrösch)* s. pincel; brocha.
painter *(péintör)* s. pintor.
painting *(péinting)* s. pintura, (cuadro).
pair *(pér)* s. par; pareja, tr., intr. aparear(se).
pajamas *(padyámas)* (US) s. pl. pijama.
pal *(pál)* s. (fam.) camarada; amigo, compinche.
palace *(pálas)* s. palacio.
palatable *(pálatabl)* adj. sabroso, apetitoso.
palate *(pálet)* *Anat.* s. paladar.
pale *(péil)* s. adj. pálido; **to turn ~**, ponerse pálido; tr. palidecer.
paleness *(péilnes)* s. palidez.
palette *(pálet)* s. *Pint.* paleta.
palisade *(paliséid)* s. empalizada, estacada.
pall *(pól)* tr. paño mortuorio; intr. perder su sabor, dejar de gustar.
palliate *(pélieit)* tr. paliar; excusar; mitigar; atenuar.
pallid *(pálid)* adj. pálido, descolorido.
pallor *(palör)* s. palidez.
palm *(pám)* s. *Bot.* palma, palmera; tr. escamotear; encajar; **to read your ~**, leer tu mano.
palpable *(pálpabl)* adj. palpable.
palpitate *(pálpiteit)* intr. palpitar.
palpitation *(palpitéischön)* s. palpitación.
palsy *(pólsi)* s. parálisis; tr. paralizar.
paltry *(póltri)* adj. mezquino, miserable; despreciable.
pamper *(pámpör)* tr. acariciar, mimar.
pamphlet *(pámflet)* s. panfleto, folleto.
pan *(pán)* s. cacerola, cazo, cazuela; **frying ~**, s. sartén.
Pan-American *(panömérikön)* adj. panamericano.
pancake *(pánkeik)* s. panqueque.
panda *(pánda)* s. panda.
pander *(pándör)* s. satisfacer, complacer.
pane *(péin)* s. cristal, vidrio.
panegyric *(panidchírik)* s. y adj. panegírico.

panel *(pánel)* s. cuadro, tablero; grupo; tr. adornar con paneles.
pang *(páng)* s. punzada; tr. atormentar.
panic *(pánik)* adj. y s. pánico.
panorama *(panoráma)* s. panorama.
pant *(pánt)* s. jadeo, resoplo; intr. jadear.
pantheism *(pánzeism)* s. panteísmo.
pantheist *(pánzeist)* s. panteísta.
panther *(pánzör)* s. *Zool.* pantera.
panties *(pántis)* s. pl. bragas.
panting *(pánting)* s. jadeo, palpitación; adj. jadeante.
pantomime *(pántomeim)* s. pantomima; mímica.
pantry *(pántri)* s. despensa.
pants *(pánts)* s. pantalones.
papa *(pöpá)* s. papá.
papacy *(péipasi)* s. papado.
papal *(péipal)* adj. papal.
paper *(péipör)* s. papel; periódico.
paperback *(péipörbak)* s. libro en rústica o tapa blanda.
paper clip *(péipör klíp)* s. sujetapapeles, clip.
paper mill *(peipör míl)* s. fábrica de papel, papelera.
paper napkin *(péipör nápkin)* s. servilleta de papel.
paperweight *(peipöruéit)* s. pisapapeles.
paperwork *(péipör uórk)* s. papeleo.
papier mache *(papié masché)* s. papel maché.
paprika *(páprika)* s. pimentón.
par *(pár)* s. *Econ.* paridad, par.
parable *(párabl)* s. parábola.
parabola *(parábola)* s. *Geom.* parábola.
parachute *(páraschut)* s. paracaídas; tr., intr. lanzar(se) en paracaídas.
parachutist *(párasckutist)* s. paracaidista.
parade *(paréid)* s. parada, desfile, cabalgata; intr. desfilar.
paradise *(páradais)* s. paraíso.
paradox *(páradoks)* s. paradoja.
paraffin *(páröfin)* s. parafina, queroseno.
paragliding *(páragláiding)* s. parapente.
paragon *(páragon)* s. dechado, modelo.
paragraph *(páragraf)* s. párrafo.
Paraguayan *(parögwáyön)* adj. y s. paraguayo.
parallel *(páralel)* s. paralelo; análogo; adj. paralelo; conforme; tr. cotejar, corresponder a.
paralyse *(páralais)* tr. *Med.* paralizar.
paralysis *(parálisis)* s. *Med.* parálisis.
paralyze (US), **paralyse** (UK) *(páralais)* tr. paralizar.
paramount *(páramaunt)* adj. supremo; superior.
parapet *(párapet)* s. *Mil.* pretil, parapeto; intr. parapetarse.
paraphrase *(párafreis)* s. paráfrasis; tr. parafrasear.
parasite *(páraseit)* s. parásito; (fig.) gorrón.
parasitic *(parasítik)* adj. parasitario.
parasol *(párasol)* s. parasol, sombrilla.
paratroops *(páratrups)* s. pl. tropas paracaidistas.
parcel *(pársel)* s. paquete, bulto, fardo; tr. ~ **out**, repartir; ~ **up**, empaquetar.
parch *(párch)* tr. secar, resecar; intr. secarse.
parchment *(párchmönt)* s. pergamino.
parcially *(párschiali)* adv. parcialmente; en parte.
pardon *(párdn)* s. perdón; indulto; tr. perdonar; **~?**, indultar.
pare *(péar)* tr. pelar; recortar; mondar.
parent *(pérent)* s. padre, madre; **~s**, s. pl. padres.
parenthesis *(parénzisis)* (pl. **parentheses**) s. paréntesis.
parish *(párisch)* s. parroquia; adj. parroquial; ~ **prist**, párroco.
parishioner *(parischönör)* s. feligrés, parroquiano.
park *(párk)* s. parque; coto; tr. cercar; aparcar; **~ing lot**, ~ **place**, zona de aparcamiento.
parley *(párli)* s. conferencia; parlamento; tr. parlamentar.
parliament *(párlement)* s. parlamento, congreso.
parliamentary *(parleméntari)* adj. parlamentario.
parlor (US), **parlour** (UK) *(párlör)* s. salón, sala.

P

parochial *(parókial)* adj. parroquial; fig. provinciano.
parody *(párodi)* s. parodia; tr. parodiar.
parole *(paról)* s. *Leg.* Libertad condicional.
paroxysm *(pároksism)* s. paroxismo, frenesí.
parricide *(párisaid)* s. parricida; parricidio.
parrot *(páröt)* s. loro, papagayo.
parry *(péri)* tr. parar (un golpe); esquivar; s. parada.
parsimonius *(parsimóniös)* adj. frugal; parco; tacaño.
parsimony *(pársimoni)* s. frugalidad extrema; parquedad, tacañería.
parsley *(pársli)* s. perejil.
parsnip *(pársnip)* s. chirivía (legumbre).
parson *(pársn)* s. párroco, cura, clérigo, pastor.
part *(párt)* s. parte; porción; papel (teatral), paraje; tr. partir, separar; intr. separarse; **spare** ~, repuestos.
partake *(partéik)* tr. tomar parte, participar.
partial *(párschal)* adj. parcial; ~ **to**, partidario de; ~**ly**, parcialmente.
partiality *(parschiáliti)* s. parcialidad.
participate *(partísipeit)* intr. participar, tomar parte.
participation *(partisipéischön)* s. participación.
participle *(partísipl)* s. participio.
particle *(pártikl)* s. partícula.
particular *(patíkiular)* adj. particular; especial; s. detalle.
parting *(párting)* s. separación, despedida; raya (del cabello).
partisan *(pártisan)* s. partidario.
partition *(partíschön)* s. partición; tabique.
partly *(pártli)* adv. en parte.
partner *(pártnör)* s. socio, pareja, compañero.
partnership *(pátnörschip)* s. sociedad, compañía.
partridge *(pártridye)* s. perdiz.
part-time job *(párt-táim)* adj. empleo a tiempo parcial.
party *(párti)* s. *Pol.* partido; fiesta, celebración.
partying *(pártiin)* f. juerga; **we went out** ~, nos fuimos de juerga.
pass *(pás)* tr. pasar; aprobar un examen; intr. pasar; s. pase, permiso; puerto, paso (de montaña); ~ **away**, morir; ~ **on**, seguir su camino.
passable *(pásabl)* adj. pasable, transitable.
passage *(pásidch)* s. *Lit.* pasaje; pasadizo, pasillo, travesía.
passenger *(pásindchör)* s. pasajero.
passerby *(pasörbai)* s. transeúnte.
passing *(pásin)* adj. pasajero, transitorio; fallecimiento.
passion *(páschön)* s. pasión, ardor.
passionate *(páschonet)* adj. apasionado.
passive *(pásiv)* adj. pasivo, tranquilo, calmoso.
passivity *(pasíviti)* s. pasividad.
passport *(pásport)* s. pasaporte.
password *(pásuörd)* s. consigna, contraseña.
past *(pást)* adj. pasado; último; s. (el) pasado; *Gram,* pretérito; prep. más allá de.
paste *(péist)* s. engrudo; **tooth** ~, pasta de los dientes; pasta; tr. empastar, pegar.
pasteboard *(péisboad)* s. cartón, cartulina.
pasteurize *(pastörais)* tr. pasterizar (o pasteurizar).
pastime *(pástaim)* s. pasatiempo.
pastor *(pástör)* s. pastor, clérigo, cura, párroco.
pastoral *(pástöral)* adj. pastoril; pastoral.
pastry *(péistri)* s. masa; **puff** ~, hojaldre.
pasture *(pástchör)* s. pasto; ~ **land**, pastizal, dehesa; intr. pastar.
pat *(pát)* s. golpecito; pastilla; adj. conveniente, cómodo; adv. a propósito; tr. acariciar, dar golpecitos.
patch *(pách)* s. remiendo, parche; parcela; terreno; tr. remendar.
patchy *(páchi)* adj. desigual, irregular; parcial, incompleto.
pate *(peit)* o coloq. cabeza, coronilla, mollera; **a bald** ~, s. calva.

patent *(péitent)* adj. patente; s. patente; tr. patentar; ~ **leather**, s. charol.
paternal *(patérnal)* adj. paternal.
paternity *(patérniti)* s. paternidad.
path *(páz)* s. senda, sendero.
pathetic *(pazétik)* adj. patético.
pathological *(pazolódchikal)* adj. patológico.
pathology *(pazólodchi)* s. patología.
pathos *(péizös)* s. patetismo.
pathway *(pázuei)* s. senda, vereda, vía, sendero, camino.
patience *(péischens)* s. paciencia; resignación.
patient *(péischent)* adj. paciente; s. paciente, enfermo.
patriarch *(péitriak)* s. patriarca.
patrimony *(pétrimoni)* s. patrimonio.
patriot *(péitriot)* s. patriota.
patriotic *(peitriótik)* adj. patriótico.
patriotism *(péitriötism)* s. patriotismo.
patrol *(patróul)* patrulla; intr. patrullar.
patronage *(péitroneidch)* s. patrocinio, auspicio.
patronize *(péitronais)* tr. patrocinar, proteger.
patter *(pátör)* tr. golpetear ligeramente; tamborilea, charlar; s. golpeteo; charla.
pattern *(pátörn)* s. patrón; modelo; tr. modelar, diseño, dibujo.
paunch *(póntch)* s. panza, barriga.
pauper *(pápör)* s. pobre, indigente.
pause *(pós)* s. pausa; intervalo, descanso; intr. parar.
pave *(péiv)* tr. pavimentar; **to ~ the way to**, abrir camino.
pavement *(péivment)* s. pavimento.
paving *(péiving)* s. pavimento.
pavilion *(pavílion)* s. pabellón.
paw *(póo)* s. zarpa, pata; tr. dar zarpazos; manosear.
pawn *(pón)* s. (ajedrez) peón; empeño; tr. empeñar.
pawnbroker *(pónbroukör)* s. prestamista.
pay *(péi)* s.paga; sueldo; **[paid; paid]** tr. pagar; ~ **back**, reembolsar devolver; ~ **cash**, pagar al contado; ~ **a visit**, hacer una visita; ~ **attention**, prestar atención; ~ **in**, ingresar.
payable *(péiabl)* adj. pagadero.
payee *(peí)* s. beneficiario.
payment *(péiment)* s. pago.
payroll *(péi Rol)* s. nómina.
pea *(pí)* s. guisante; **chick~**, garbanzo.
peace *(píis)* s. paz; inter, ¡silencio!
peaceable *(písöbl)* adj. pacífico, tranquilo.
peaceful *(píisful)* adj. tranquilo, pacífico.
peacemaker *(písmeikör)* s. pacificador.
peach *(pích)* s. *Bot.* melocotón, durazno; tr. delatar; (fam.) bombón.
peacock *(píkok)* s. pavo real.
peak *(pík)* s. *Geol.* pico.
peal *(píl)* s. repique (de campanas); tr. repicar (las campanas).
peanut *(pínöt)* s. cacahuate, maní.
pear *(pár)* s. pera; **~-tree** s. peral.
pearl *(pörl)* s. perla.
pearly *(pörli)* adj. perlino; nacarado; aperlado.
peasant *(pésant)* s. campesino, paleto.
peasantry *(pésantri)* s. aldeano, gente del campo.
pebble *(pébl)* s. guijarro, piedrecita.
peat *(pít)* s. turba; **~bog**, turbera.
peck *(pék)* s. picotazo; tr. picotear; picar; **hen~**, dominar.
peculiar *(pikiúliar)* adj. peculiar; (fam.) raro.
peculiarity *(pikiuliáriti)* s. peculiaridad, rareza.
pecuniary *(pekiúniari)* adj. pecunario; monetario.
pedagogue *(pédagog)* s. pedagogo.
pedagogy *(pédagodyi)* s. pedagogía.
pedal *(pídal)* s. pedal; tr. e intr. pedalear.
pedant *(pédant)* s. pedante.
pedantic *(pedántik)* adj. pedante.
pedantry *(pédantri)* s. pedantería.
peddle *(pédl)* tr. vender por las calles.
peddler *(pédlör)* s. buhonero, vendedor ambulante.
pedestal *(pédistal)* s. pedestal; peana.

P

pedestrian *(pedéstrian)* s. peatón; adj. pedestre; ~ **crossing**, paso de peatones.
pedigree *(pédigri)* s. pedigrí, genealogía, linaje, de raza.
pedler *(pédlör)* s. vendedor ambulante.
peek *(pík)* s. vistazo, ojeada; tr. espiar.
peel *(píil)* s. corteza; piel; cáscara; tr. pelar, quitar; intr. pelarse.
peeling *(píiling)* s. mondadura; descamación.
peep *(píp)* s. ojeada, atisbo; tr. atisbar, asomar.
peer *(píör)* s. par; igual, noble. ~ **at**; intr. mirar con atención.
peerage *(píridch)* s. la grandeza, nobleza.
peerless *(píörles)* adj. incomparable.
peevish *(pívisch)* adj. quisquilloso, regañón, malhumorado.
peg *(pég)* s. pinza; *Mús.* clavija; colgador; ~ **leg**, pata de palo.
pellet *(pélit)* s. pelotilla; píldora; bola, perdigón.
pell-mell *(pél-mél)* adv. desordenadamente, atropelladamente, en tropel.
pelt *(pélt)* s. pellejo; piel; tr. golpear, lanzar, tirar.
pen *(pén)* s. pluma (de escribir); corral; **hen** ~, gallinero; tr. escribir; encerrar.
penal *(pínal)* adj. penal.
penalty *(pénalti)* s. pena; castigo.
penance *(pénans)* s. penitencia.
pence *(péns)* s. penique.
pencil *(pénsil)* s. lápiz; ~ **case**, estuche, plumier; **color** ~**s**, lápices de colores.
pendulum *(péndiulöm)* s. péndulo.
pending *(pending)* adj. pendiente.
penetrable *(pénetrabl)* adj. penetrable.
penetrate *(pénetreit)* tr. e intr. penetrar, traspasar, entrar.
penetration *(penetréischön)* s. penetración, agudeza.
penguin *(pénguin)* s. pingüino.
peninsula *(penínsiula)* s. península.
peninsular *(penínsiulör)* adj. peninsular.
penis *(pínis)* s. *Anat.* pene.
penitence *(pénitens)* s. penitencia.
penitent *(pénitent)* s. penitente.
penitentiary *(peniténschari)* s. penitenciaría; adj. penitenciario.
penknife *(pénknaif)* s. navaja.
penmanship *(pénmanschip)* s. escritura, caligrafía.
pennant *(pénöut)* s. banderín; *Náut.* gallardete.
penniless *(péniles)* adj. sin dinero.
penny *(péni)* s. penique.
pension *(pénschön)* s. pensión, retiro, subvención; tr. pensionar.
pensionary *(pénschöneri)* adj. pensionado; s. pensionista.
pensioner *(pénschonör)* s. pensionista, pensionado, retirado.
pensive *(pénsiv)* adj. pensativo, meditabundo.
pent *(pént)* adj. encerrado; acorralado; ~ **up emotions**, sentimientos reprimidos; ~**house**, ático.
pentagon *(péntagon)* s. *Geom.* pentágono.
people *(pípl)* s. gente, pueblo; tr. poblar; ~ **say**, se dice.
pep *(pép)* s. vigor, energía, brío; tr. ~ **up**, animar.
pepper *(pépör)* s. pimienta.
peppermint *(pépörmint)* s. menta; pastilla o caramelo de menta.
per *(pör)* prep. por, ~ **cent**, por ciento.
perambulate *(pörambiuleit)* tr. deambular, vagar.
perambulator (UK) *(párambulatör)* s. cochecito de bebe.
perceivable *(pörsívabl)* adj. perceptible, inteligible.
perceive *(pörsív)* tr. percibir.
percentage *(pörséntidch)* s. porcentaje; ~ **point**, porcentual.
perceptible *(pörséptibl)* adj. perceptible.
perception *(pörsépschön)* s. percepción, imagen, impresión.
perceptive *(pörséptiv)* adj. perceptivo, agudo, perspicaz.
perch *(pö'rch)* s. *Ictiol,* perca; intr. posarse, sentarse; tr. posar, colocar.
perchance *(pöcháus)* adv. por ventura, acaso, quizás, tal vez.
percolate *(pérkoleit)* tr. colar, filtrar; intr. filtrarse.
percolator *(pérkoleitör)* s. colador; filtro.

percussion *(perkáshon)* s. percusión (music.).
perdition *(perdischön)* s. perdición.
peremptory *(perémtori)* adj. perentorio, imperioso.
perennial *(pörénial)* adj. *Bot.* tr. perenne, eterno.
perfect *(pérfekt)* adj. perfecto; tr. perfeccionar.
perfection *(pörfécschön)* s. perfección, excelencia.
perfidious *(pörfídiös)* adj. pérfido.
perfidy *(pérfidi)* s. perfidia.
perforate *(pérforeit)* tr. perforar; horadar, agujerear.
perforation *(pörforéischön)* s. perforación.
perform *(pörfórm)* tr. actuar; *Teat.* representar.
performance *(pörfórmans)* s. actuación; rendimiento.
performer *(peefóoma)* s. *Teat.* artista; actor, intérprete.
perfume *(pö'rfium)* s. perfume; tr. perfumar.
perfumery *(pöfiúmöri)* s. perfumería.
perfunctory *(pörfö'nctori)* adj. superficial, somero.
perhaps *(pörjaps)* adv. quizá(s), tal vez.
peril *(péril)* peligro.
perilous *(périlös)* adj. peligroso, arriesgado.
perimeter *(pörímitör)* s. perímetro.
period *(píriöd)* s. período; punto final.
periodic *(piriódik)* adj. periódico.
periodical *(pirióodikal)* adj. y s. periódico; regular; pl. (Imp.) revistas.
periphrase *(périfreis)* s. perífrasis; tr. perifrasear.
periscope *(périskoup)* s. periscopio.
perish *(périsch)* intr. perecer; fenecer.
perishable *(périschöbl)* adj. perecedero, breve, efímero.
perjure *(pérdyör)* tr. perjurar.
perjury *(pördyöri)* s. perjurio.
permanence *(pérmanens)* s. permanencia.
permanent *(pérmanent)* adj. permanente, estable.
permeable *(pérmiabl)* adj. impregnar.
permeate *(pérmiet)* tr. penetrar, calar, infiltrar.
permissible *(permísibl)* adj. permisible.
permission *(permíschön)* s. permiso, licencia, autorización.
permissive *(permísiv)* adj. permisivo.
permit *(pérmit)* s. permiso, licencia, pase; tr. permitir.
pernicious *(perníschös)* adj. pernicioso, funesto, dañino.
perpendicular *(perpendíkiular)* adj. y s. perpendicular.
perpetrate *(pérpetreit)* tr. perpetrar, cometer.
perpetration *(perpetréischön)* s. perpetración.
perpetual *(perpétiual)* adj. perpetuo.
perpetuate *(perpétueit)* tr. perpetuar.
perplex *(perpléks)* tr. dejar perplejo, confundir.
perplexed *(pepléksť)* adj. perplejo, confuso.
perquisite *(pérkuisit)* s. percance; pl. gaje; propina.
perplexity *(perpléksiti)* s. perplejidad.
persecute *(pérsikiut)* tr. perseguir.
persecution *(persikiúschön)* s. persecución, acosamiento.
persecutor *(pesikiútör)* s. perseguidor.
perseverance *(persevírans)* s. perseverancia.
persevere *(persevíar)* intr. perseverar, persistir.
persist *(persíst)* intr. persistir; insistir; ~ **in**, empeñarse en.
persistence *(pesístens)* adj. persistecia; perseverancia.
persistent *(pesístent)* adj. persistente; porfiado.
person *(pérsön)* s. individuo, persona; **in** ~, en persona.
personage *(pérsöneidch)* s. personaje.
personal *(pérsonal)* adj. personal.
personality *(persönáliti)* s. personalidad, carácter.
personalize *(pérsönalais)* tr. personalizar, personificar.
personify *(persónifai)* tr. personificar.
personnel *(pérsonel)* s. personal.

P

P

perspective *(perspéktiv)* s. perspectiva.
perspicacious *(perspikéischös)* adj. perspicaz.
perspiration *(perspiréischön)* s. transpiración; sudor.
perspire *(perspáiör)* intr. transpirar; sudar.
persuade *(persuéid)* tr. persuadir, convencer.
persuasion *(persuéischön)* s. persuasión.
persuasive *(persuéisiv)* adj. persuasivo, convincente.
pert *(pé'rt)* adj. listo, vivo, fresco.
pertain *(pertéin)* intr. pertenecer; incumbir.
pertaining *(pertéinin)* adj. perteneciente a.
pertinacious *(partinéischös)* adj. pertinaz.
pertinent *(pértinent)* adj. pertinente; a propósito.
pertness *(pértnes)* s. vivacidad; (fam.) frescura.
perturb *(pertörb)* tr. perturbar.
perturbation *(pertörbéischön)* s. perturbación, alteración.
peruse *(perús)* intr. leer con atención.
Peruvian *(perúvyön)* adj. y s. peruano.
pervade *(pervéid)* tr. penetrar, impregnar.
perverse *(pervérs)* adj. perverso.
perversion *(perverschön)* s. perversión, tergiversación.
perversity *(pervérsiti)* s. perversidad.
pervert *(pervért)* s. pervertido; tr. pervertir, depravar.
pessimsm *(pésimism)* s. pesimismo.
pessimist *(pésimist)* s. pesimista.
pest *(pést)* s. peste, plaga; (fam.) pesado.
pester *(péstör)* tr. molestar, importunar, fastidiar.
pesticide *(péstisai)* s. pesticida.
pestilence *(péstilens)* s. pestilencia; peste.
pestilent *(péstilent)* adj. pestilente.
pet *(pét)* s. mascota, animal doméstico; tr. acariciar.
petal *(pétl)* s. pétalo.
petition *(petíschön)* s. petición; tr. suplicar.
petrol *(pétrol)* (UK) s. gasolina; ~ **station**, gasolinera, bencinera.
petroleum *(petrólium)* s. petróleo.
petticoat *(pétikout)* s. enaguas.
pettiness *(pétines)* s. pequeñez; mezquindad.
petty *(péti)* adj. menor; insignificante; mezquino.
pew *(píu)* s. banco de iglesia.
phantom *(fántöm)* s. fantasma.
pharmacist *(fármasist)* s. farmacéutico, boticario.
pharmacy *(fármasi)* s. farmacia; botica.
phase *(féis)* s. fase.
pheasant *(fésant)* s. faisán.
phenomenal *(fenómenal)* adj. fenomenal, extraordinario.
phenomenon *(fenómenon)* s. fenómeno, prodigio.
philanthropist *(filánzropist)* s. filántropo.
philanthropy *(filánzropi)* s. filantropía.
philharmonic *(filarmónik)* adj. filarmónico.
philological *(filölódchiköl)* adj. filológico.
philologist *(filólödchist)* s. filólogo.
philology *(filólodchi)* s. filología.
philosopher *(filósofōr)* s. filósofo.
philosophical *(filösófikal)* adj. filosófico.
philosophize *(filósofais)* tr. filosofar.
philosophy *(filósofi)* s. filosofía.
phlegm *(flém)* s. flema.
phlegmatic *(flemátik)* adj. flemático.
phone *(fóun)* s. teléfono; tr. telefonear; ~ **book**, guía telefónica; ~ **call**, llamada telefónica.
phonetic *(fonétik)* adj. fonético.
phonetics *(fonétiks)* s. fonética.
phonograph *(fónograf)* s. fonógrafo.
phosphate *(fósfeit)* s. fosfato.
phosphorus *(fósforös)* s. fósforo.
photo booth *(fóuto búz)* s. cabina de fotos, fotomatón.
photograph *(fóutograf)* s. fotografía, retrato.
photographer *(fotógrafōr)* s. fotógrafo.
photography *(fotógrafi)* s. fotografía.
phrase *(fréis)* s. frase, locución; **to** ~, tr. frasear.

physic *(físik)* s. purga, purgante; tr. purgar, medicinar.
physical *(físikal)* adj. físico; chequeo.
physician *(fisíschön)* s. médico.
physicist *(físisit)* s. físico.
physics *(físiks)* s. física.
physiology *(fisiólodchi)* s. *Med.* fisiología.
physique *(físik)* s. *Anat.* físico.
pianist *(piánist)* s. pianista.
piano *(piánou)* s. piano; **grand** ~, s. piano de cola.
picaresque *(pikarésk)* adj. picaresco.
pick *(pík)* s. pico; lo escogido; tr. picar, escoger; intr. picar; ~ **out**, seleccionar; ~ **up**, recoger.
picker *(píkör)* s. recolector.
picket *(píkit)* s. piquete (huelga); estaca; tr. estar de guardia; formar piquetes.
picking *(píking)* s. cosecha, recogida, recolección.
pickle *(píkl)* s. escabeche; pepinillo; **in a** ~, en apuros; tr. escabechar.
pickpocket *(píkpoket)* s. ratero, carterista.
picnic *(píknik)* s. pícnic; tr. ir de pícnic.
pictorial *(piktóurial)* adj. pictórico; gráfico.
picture *(píkschör)* s. pintura, grabado, ilustración, retrato; película; tr. pintar, imaginar; ~ **card**, cromo; ~ **gallery**, galería de arte.
picturesque *(pikchöresk)* adj. pintoresco.
pie *(pái)* s. empanada; tarta.
piece *(pís)* s. trozo, pedazo; ~ **of advice**, s. consejo; ~ **of furniture**, s. mueble; ~ **of news**, s. noticia.
piecemeal *(písmil)* adv. en pedacitos; poco a poco; por partes.
pier *(píör)* s. muelle, malecón, espigón, pilar, columna.
pierce *(píers)* tr. penetrar , traspasar; agujerear.
piercing *(pírsin)* adj. penetrante.
piety *(páieti)* s. piedad.
pig *(píg)* s. cerdo; **guinea** ~, cobaya.
pigeon *(pídchön)* s. *Orn.* pichón; palomo(a); (fam.) incauto; ~**-hole**, casilla.
pigment *(pígment)* s. pigmento.
pigmy *(pígmi)* s. pigmeo.
pike *(páik)* s. pica, lanza.
pile *(páil)* s. montón, pila; estaca; tr. apilar, amontonar.
piles *(páils)* s. *Med.* almorranas, hemorroides.
pilfer *(pílför)* tr. e intr. ratear; hurtar, sisar, robar.
pilferer *(pílfarör)* s. ratero, sisón.
pilgrim *(pílgrim)* s. peregrino; intr. peregrinar.
pilgrimage *(pílgrimedch)* s. peregrinación.
pill *(píl)* s. píldora.
pillage *(píledch)* s. pillaje; tr. pillar, saquear.
pillar *(pílör)* s. pilar, columna.
pillory *(pílari)* s. picota.
pillow *(pílou)* s. almohada; cojín.
pillowcase *(píloukeis)* s. funda de almohada.
pilot *(páilöt)* s. (Náut. y Aviac.) piloto; práctico; tr. pilotar, guiar, dirigir, llevar.
pimple *(pímpl)* s. grano.
pin *(pín)* s. alfiler; *Mec.* pasador, clavija; **safety** ~, s. alfiler imperdible; ~ **up**, tr. sujetar.
pincers *(pínsör)* s. pinzas; alicates.
pinch *(pínch)* s. pellizco, robar (fam.); tr. pellizcar.
pine *(páin)* s. pino; **to** ~ **for**, anhelar, desear.
pineapple *(páinapl)* s. piña tropical, ananá.
pink *(pínk)* s. *Bot.* clavel; adj. rosa; **in the** ~, rebosar salud.
pinnacle *(pínakl)* s. pináculo, cima, cumbre, cúspide.
pint *(páint)* s. pinta (medida para líquidos equivalente a medio litro).
pioneer *(paioníör)* s. pionero; explorado; tr. explorar.
pious *(páiös)* adj. pío, piadoso.
pip *(píp)* s. *Bot.* pepita; (radio) señal.
pipe *(páip)* s. tubo cañería, conducto; pipa tr. *Mús.* gaita; instalar tubería, canalizar.
piper *(páipör)* s. flautista; gaitero.
pipe-line *(páiplain)* s. oleoducto.

P

piping *(páiping)* s. cañería, tubería; cordoncillo; ~ **hot**, hirviendo, del horno, muy caliente.
piquancy *(píkansi)* s. picante.
piquant *(píkant)* adj. picante.
pique *(pík)* s. pique, resentimiento; tr. picar.
piracy *(páirasi)* s. piratería.
pirate *(páirat)* s. y adj. pirata; tr. piratear.
pistol *(pístöl)* s. pistola.
piston *(pístön)* s. pistón, émbolo.
pit *(pít)* s. foso; hoyo; mina; patio del teatro; **arm**~, sobaco.
pitch *(pích)* s. pez, brea; (acústica) tono, caída; tr. embrear.
pitcher *(píchaör)* s. cántaro.
pitchfork *(pítchfork)* s. *Agric.* horca, horquilla, (para levantar pala, etc.).
piteous *(pítiös)* adj. lastimoso; compasivo.
pitfall *(pítfol)* s. (fig.) dificultad, peligro.
pith *(piz)* s. *Bot.* meollo, medula; esencia.
pitiful *(pitiful)* adj. compasivo, lastimoso; despreciable.
pitiless *(pítilis)* adj. despiadado, implacable.
pity *(píti)* s. lástima, compasión; tr. compadecer; **what a ~!**, ¡qué lástima!
pivot *(pívot)* s. pivote, eje; intr. girar sobre un eje, pivotar.
placard *(plákard)* s. cartel; letrero, póster, afiche, rótulo.
place *(pléis)* s. lugar, sitio; tr. colocar, poner.
placid *(plásid)* adj. plácido; sosegado, tranquilo.
placidity *(plasíditi)* s. placidez.
plagiarism *(pléiddyarism)* s. plagio.
plagiarize *(pléidyarais)* tr. plagiar.
plague *(pléig)* s. plaga; peste; tr. infestar.
plaice *(pléis)* s. *Ictiol.* platija.
plaid *(pléd)* s. tartán, tela a cuadros; manta escocesa a cuadros; adj. a cuadros.
plain *(pléin)* s. llano, adj. llano; sencillo; adv. claramente; tr. allanar; ~ **clothes**, s. ropa de paisano.
plainness *(pléinnes)* s. sencillez, claridad; (fam.) fealdad.
plaintiff *(pléintif)* s. demandante.
plaintive *(pléintiv)* adj. lastimero; triste.
plait *(pléit)* s. trenza; pliegue; tr. trenzar.
plan *(plán)* s. plan; proyecto; plano; tr. planear, planificar.
plane *(pléin)* s. plano; planicie, (fam.) avión; **to** ~, cepillo de carpintero.
planet *(plánet)* s. planeta.
planetarium *(planitéiriöm)* s. planetario.
plank *(plánk)* s. tablón; tr. entarimar, entablar.
plant *(plánt)* s. *Bot.* planta; fábrica; tr. plantar.
plantation *(plantéischon)* s. plantación; plantío.
planter *(plántör)* s. plantador, cultivador.
plaque *(plák)* s. placa.
plasma *(plásm)* s. plasma.
plaster *(plastör)* s. yeso; *Med.* escayola, emplasto, tr. enyesar, escayolar.
plastic *(plástik)* adj. y s. plástico.
plate *(pléit)* s. plato, lámina; tr. platear, dorar.
plateau *(platóu)* s. altiplanicie, meseta.
plateful *(pléitful)* s. plato, plato lleno.
platform *(plátform)* s. plataforma, andén.
platinum *(plátinöm)* s. platino.
platitude *(plátitud)* s. perogrullada, trivialidad.
platoon *(platún)* *Mil.* pelotón, sección.
platter *(plátör)* s. bandeja, fuente; **on a silver**~, en una bandeja de plata.
plaudit *(plódit)* s. aplauso; aclamación.
play *(pléi)* s. *Teat.* obra; tr. jugar; *Mús.* tocar; *Dep.* **fair** ~, juego limpio; ~ **truart**, hacer novillos.
player *(pléyör)* s. jugador; actor; actriz; músico.
playful *(pléiful)* adj. juguetón.
playground *(pléigraund)* s. campo o partió de recreo; parque infantil.
playmate *(pléimeit)* s. compañero de juego.

plaything *(pléizing)* s. juguete.
playwright *(pléirait)* s. dramático, dramaturgo.
plea *(plíi)* s. alegato, ruego, súplica; intr. rogar.
plead *(plíd)* intr. argüir; suplicar; tr. defender en juicio; alegar; **to ~ guilty**, declararse culpable.
pleasant *(plésant)* adj. agradable, simpático.
pleasantry *(plésantri)* s. broma, chiste; cumplido.
please *(plíis)* tr. agradar, complacer.
pleasing *(plísing)* adj. grato, agradable, satisfactorio.
pleasure *(pléshör)* s. placer, gusto.
pleat *(plíit)* s. pliegue, doblez.
plebeian *(plebían)* s. y adj. plebeyo.
pledge *(plédch)* s. promesa, compromiso; tr. prometer, comprometerse.
plenary *(plénari)* adj. plenario.
plenipotentiary *(plenipoténschieri)* s. plenipotenciario.
plenitude *(plénitiud)* s. plenitud.
plentiful *(pléntiful)* adj. abundante, copioso.
pliable *(pláiabl)* adj. flexible.
pliant *(pláiant)* adj. flexible; dócil; blando.
pliers *(pláiars)* s. pl. alicates; pinzas.
plight *(pláit)* s. promesa, empeño, apuro.
plimsoll *(plímsol)* s. bamba, zapato de suela de goma.
plod *(plód)* intr. bregar, trafagar.
plot *(plót)* s. solar, parcela, *Teat.* trama, *Polit.* conspiración, tr. tramar, conspirar.
plotter *(plótör)* s. conspirador; intrigante; máquina que imprime gráficos.
plough *(pláu)* (G.B.) s. arado; tr. arar.
plow (US), **plough** (UK) *(plóu)* m. arado; tr. arar; (fig.)**to ~ money into a project**, invertir mucho dinero en un proyecto.
ploughing (UK), **plowing** (US) *(pláuin)* s. labranza, arada.
pluck *(plók)* s. ánimo; tirón; tr. arrancar.
plug *(plög)* s. tapón; enchufe; tr. tapar, enchufar; s. bujía.
plum *(plóm)* s. ciruela.
plumage *(plúmidch)* s. plumaje.
plumb *(plómb)* s. plomada, plomo; adj. de plomo; adv. a plomo; tr. sondear.
plumber *(plómbar)* s. fontanero.
plumbing *(pláming)* s. fontanería.
plump *(plámp)* s. caída brusca; adj. rollizo.
plunder *(plándör)* s. pillaje; botín; tr. saquear.
plunge *(plándch)* s. sumersión; zambullida; tr. intr. zambullirse, avalanzarse; lanzarse.
plural *(plúral)* s. y adj. plural.
plus *(plás)* adv. más.
plush *(plásh)* s. felpa.
ply *(plái)* s. pliegue, doblez; tr. ejercer; **to ~ with questions**, importunar con preguntas. *Náut.* **~ the seas**, surcar los mares.
pneumatic *(niumátik)* adj. neumático; **~ dril**, perforadora neumática.
pneumonia *(niumóunia)* s. *Med.* pulmonía.
poach *(póuch)* tr. escalfar (huevos), cazar o pescar en vedado, pillar.
pock *(pók)* s. hoyuelo; **~ marked**, picado de viruelas.
pocket *(póket)* s. bolsillo; bolsa; tr. embolsar; **~ money**, dinero de bolsillo.
pod *(pód)* s. *Bot.* vaina.
poem *(póuem)* s. poema.
poet *(póuet)* s. poeta.
poetess *(póuetes)* s. poetisa.
poetic(al) *(pouétik(al)* adj. poético.
poetry *(póuetri)* s. poesía.
poignant *(póiynant)* s. agudo; picante; conmovedor, sensible.
point *(póint)* s. punto, punta; tr. **to ~ at**, señalar, indicar; **~ out**, hacer hincapié, aclarar; **~ blank**, a quema ropa.
pointed *(póintit)* adj. puntiagudo.
pointless *(póintles)* adj. (fam.) vano, inútil
pointer *(póintör)* s. puntero; indicador, señalador; perro perdiguero, indicación, consejo.

P

P

poise *(póis)* s. equilibrio, compostura; tr. equilibrar, equilibrar, balancear.
poison *(póisŏn)* s. veneno; tr. envenenar, pervertir.
poisonous *(póisŏnŏs)* adj. venenoso, tóxico, ponzoñoso.
poke *(póuk)* s. hurganazo; tr. hurgar, atizar (fuegos); **to ~ one's nose**, (fam.) meter las narices.
poker *(póukŏr)* s. hurgón, atizador, «poker» juego de naipes.
polar *(póular)* adj. polar.
pole *(póul)* s. poste, polo; pértiga.
Pole *(póul)* s. polaco.
polemic *(polémik)* adj. polémico.
polemics *(polémiks)* s. polémica.
police *(polís)* s. policía; **~ station**, s. comisaría de policía.
policeman *(polísman)* s. agente de policía; guardia.
policy *(pólisi)* s. política, póliza de seguros.
poliomyelitis *[pŏliou(maieláitis)]* s. polio(meilitis).
Polish *(póulish)* adj. polaco; s. polaco, idioma polaco.
polish *(pólisch)* s. lustre, brillo; tr. pulir, sacar brillo; **shoe ~**, betún de zapato.
polite *(poláit)* adj. cortés, atento; bien educado, correcto.
politeness *(poláitnes)* s. cortesía, amabilidad, educación.
politic *(polítik)* adj. político.
political *(polítikal)* adj. político.
politician *(politíschan)* s. político.
politics *(polítiks)* s. pl. política.
poll *(pól)* s. lista, censo electoral, elecciones; ; tr. obtener (votos); encuestar; **~ing place/station**, centro/colegio electoral.
pollen *(pólen)* s. *Bot.* polen.
pollute *(polút)* tr. contaminar, corromper; (fig.) envenenar.
pollution *(polúschŏn)* s. polución, contaminación.
polychrome *(pólikroum)* adj. policromo.
polygamist *(polígamist)* s. polígamo.
polygamy *(polígami)* s. poligamia.
polyglot *(póliglot)* s. políglota.
polygon *(póligon)* s. *Geom.* polígono.
pomegranate *(pómigranit)* s. *Bot.* granada.
pommel *(pómel)* s. pomo; **~ horse**, perilla (de una silla de montar).
pomp *(pómp)* s. pompa; fausto.
pomposity *(pompósity)* s. pompa.
pompous *(pómpŏs)* adj. pomposo.
pond *(pónd)* s. estanque.
ponder *(póndŏr)* tr. e intr. ponderar.
ponderous *(póndŏrŏs)* adj. ponderoso; pesado.
poniard *(pónyard)* s. puñal, daga.
pontificate *(pontífikeit)* s. pontificado; tr. pontificar.
pontoon *(pontún)* s. pontón, barcaza.
pony *(póuni)* s. poni; **~tail**, coleta.
poodle *(púdl)* s. perro caniche.
pool *(púl)* s. charco; **swimming ~**, piscina; **typing ~**, oficina de mecanografía; **football ~**, quinielas; tr. **to ~**, aunar esfuerzos.
poor *(púr)* adj. y s. pobre; escaso; malo; **~ health**, falto de salud.
poorness *(púrnes)* s. pobreza; miseria.
pop *(póp)* s. pequeño estallido; taponazo; (pop) música moderna; gaseosa; (fam.) papá. tr. e intr. reventarse, estallar.
popcorn *(pópkorn)* s. palomitas de maíz.
Pope *(póup)* s. Papa; el Sumo Pontífice.
Popedom *(póupdŏm)* s. papado.
poplar *(póplar)* s. álamo; **black ~**, chopo; **~ grove**, alameda.
poplin *(póplin)* s. popelín, popelina.
poppy *(pópi)* s. amapola.
populace *(pópiulis)* s. populacho.
popular *(pópiular)* adj. popular.
popularity *(popiuláriti)* s. popularidad, celebridad.
popularize *(pópiularais)* tr. popularizar.
populate *(pópiuleit)* tr. poblar.
population *(pŏpiuléischŏn)* s. población.
populous *(pópiulŏs)* adj. populoso.

porcelain *(pórslein)* s. porcelana; loza fina.
porch *(pórtch)* s. pórtigo, porche; (casa) portal, entrada.
porcupine *(pórkiupain)* s. puerco espín.
pore *(póar)* s. *Anat.* poro; ~ **over**, intr. leer detenidamente.
pork *(pórk)* s. carne de cerdo; ~ **chop**, chuleta de cerdo.
porn *(pórn)* s. porno.
pornographic *(pornográfik)* adj. pornográfico.
pornography *(pornógrafi)* s. pornografía.
porous *(póros)* adj. poroso.
porridge *(pórridch)* s. copos o gachas de avena.
port *(pórt)* s. *Náut.* puerto; *Inform.* puerto; *Náut.* babor; **to** ~, a babor.
portable *(pórtabl)* adj. portátil.
portal *(pórtal)* s. portal.
porter *(pórtör)* s. mozo, portero, porteador.
portent *(pórtent)* s. portento.
portfolio *(pörtfóuliou)* s. cartera.
portion *(pórschön)* s. porción; *Coc.* ración.
portly *(pórtli)* adj. corpulento; grueso.
portrait *(pórtret)* s. retrato.
portray *(portréi)* tr. retratar.
Portuguese *(portiuguís)* adj. y s. portugués.
pose *(póus)* s. posición actitud; tr. colocar; intr. posar, alardear.
position *(posíschön)* s. posición, ubicación, puesto; postura, ubicar, colocar, situar.
positive *(pósitiv)* adj. positivo; seguro; **to test** ~, dar positivo.
possess *(posés)* tr. poseer.
possessed *(posést)* adj. poseído.
possession *(poseschön)* s. posesión, tenencia.
possessive *(posésiv)* adj. posesivo.
possessor *(pösésör)* s. poseedor, posesor, dueño.
possibility *(posibíliti)* s. posibilidad.
possible *(pósibl)* adj. posible, **as soon as** ~, cuanto antes.
post *(póust)* s. correo, colocación, empleo; *Mil.* puesto; (luz) poste; ~ **office**, oficina de correos; ~ **restante**, lista de correos; anunciar; tr. echar al correo.
postage *(póustidch)* s. franqueo; ~ **stamp**, sello de correo.
postcard *(póustkard)* s. tarjeta postal.
poster *(póustör)* s. cartel, póster, afiche.
posterior *(postíriör)* adj. posterior.
posterity *(postériti)* s. posteridad.
posthumous *(póstiumös)* adj. postumo.
postman *(poústmön)* s. cartero.
postmark *(poustmark)* s. matasellos; tr. matasellar.
postmaster *(póustmastör)* s. jefe; ~ **general**, director de comunicaciones de correos.
postpone *(poustpóun)* tr. posponer; aplazar, diferir; postergar.
postscript *(póustskript)* s. posdata.
postulate *(póstiuleit)* s. postulado; tr. postular.
posture *(póstschör)* s. postura; actitud, tr. poner(se).
posy *(póusi)* s. manojo.
pot *(pót)* s. *Coc.* olla, marmita; **flower** ~, maceta; ~ **and pans**, batería de cocina; tr. plantar (en una maceta).
potassium *(pötásiöm)* s. potasio.
potato *(potéitou)* s. patata, papa; ~**chips**, patatas fritas (en bolsa); ~ **peeler**, pelapatatas.
potency *(póutensi)* s. potencia.
potent *(póutent)* adj. potente.
potentate *(póutentei)* s. potentado.
potential *(poténschal)* adj. potencial, posible.
pot-hole *(pótjoul)* s. bache.
potion *(póuschön)* s. poción, brebaje, pócima.
pottage *(pótidya)* s. potaje.
potter *(pótör)* s. alfarero.
pottery *(pótori)* s. cerámica.
pouch *(páuch)* s. bolsa; **tabacco** ~, petaca para cigarros.
poultice *(póultis)* s. cataplasma; emplasto.
poultry *(póultri)* s. aves de corral, volatería.

P

P

pounce *(páuns)* tr. saltar sobre (para agarrar); abalanzarse; **to ~ upon**, abalanzarse sobre, agarrar.
pound *(páund)* s. libra (peso; 450 gramos), libra esterlina (moneda); corral; tr. golpear, aporrear.
pour *(póor)* tr. verter, echar; intr. caer chuzos, llover mucho.
pout *(póut)* s. puchero; tr. hacer pucheros.
poverty *(póvörti)* s. pobreza, indigencia.
powder *(póudör)* s. polvos, polvos de tocador; pólvora, tr. pulverizar, empolvar.
powdery *(páudari)* adj. polvoroso, en forma de polvo.
power *(páuör)* s. poder; fuerza; potencia; electricidad; tr. impulsar; **~ plant**, central eléctrica.
powerboat *(páuörbout)* s. lancha fuera borda.
powerful *(páuörful)* adj. poderoso, potente.
powerless *(páuörles)* adj. impotente.
pox *(póks)* s. pústulas, sífilis; **chicken ~**, s. varicela.
practical *(práktikal)* adj. práctico.
practice *(práktis)* s. práctica; costumbre; intr. practicar.
practise *(práktis)* tr. e intr. practicar.
practitioner *(praktischönar)* s. médico; profesional.
prairie *(préiri)* s. pradera.
praise *(préis)* s. alabanza; tr. alabar.
praiseworthy *(préisuördi)* adj. loable, encomiable.
pram (UK) *(prám)* s. abrev. de perambulator cochecito de niño.
prance *(práns)* intr. cabriolar, hacer cabriolas; pavonearse; s. cabriola.
prank *(pránk)* s. travesura, broma.
prate *(préit)* tr. parlotear, charlar; s. parloteo, charla.
prawn *(prón)* s. gamba, camarón.
pray *(préi)* tr. rogar; pedir; intr. orar.
prayer *(préiör)* s. oración; súplica; **lords ~**, el Padrenuestro.
preach *(prích)* tr. e intr. predicar; exhortar.
preacher *(prítchör)* s. predicador.
preamble *(priámbl)* s. preámbulo.
precarious *(prikéiriös)* adj. precario; incierto.
prearranged *(priaréndch)* adj. arreglado de antemano.
precaution *(prikóschön)* s. precaución, cautela.
precede *(prisíd)* tr. preceder.
precedent *(président)* adj. precedente.
precept *(prícept)* s. precepto.
preceptor *(preséptör)* s. preceptor.
precinct *(prísinkt)* s. recinto; distrito; límites.
precious *(préschös)* adj. precioso; querido; afectado.
precipice *(présipis)* s. precipicio, barranco.
precipitate *(presípiteit)* adj. y s. precipitado; tr. e intr. precipitar(se).
precipitation *(presípitéischön)* s. precipitación.
precipitous *(presípitös)* adj. escarpado, apresurado.
precise *(presáis)* adj. preciso, exacto.
precision *(presíschön)* s. precisión.
preclude *(priklúd)* tr. excluir; impedir, evitar.
precocious *(prikóschös)* adj. precoz.
precocity *(prikósiti)* s. precocidad.
precursor *(prikursör)* s. precursor.
predatory *(prédetori)* adj. rapaz; depredador.
predator *(prédatör)* s. depredador.
predecesor *(prídisesör)* s. predecesor; antepasado.
predestine *(pridéstini)* tr. predestinar.
predicament *(predíkament)* s. predicamento, clase, apuro, trance.
predicate *(prédikit)* adj. y s. predicado.
predict *(pridíkt)* tr. predecir.
predictable *(pridíktabl)* adj. previsible.
prediction *(predíkschön)* s. predicción, pronóstico.
predilection *(pridilékschön)* s. predilección, preferencia.
predispose *(pridispóus)* tr. predisponer.
predisposition *(pridispösíschön)* s. predisposición.
predominance *(predóminans)* s. predominio.

predominate *(predómineit)* intr. predominar, prevalecer.
pre-established *(pri-estáblishd)* tr. preestablecido.
prefabricate *(prefábrikeit)* tr. prefabricar.
preface *(préfes)* s. prefacio, prólogo.
prefer *(priför)* tr. preferir.
preferable *(préförabl)* adj. preferible.
preference *(préfarens)* s. preferencia.
preferment *(priférment)* s. promoción, ascenso.
prefix *(prífiks)* s. prefijo; *(prifíks)* tr. prefijar, anteponer.
pregnancy *(prégnansi)* s. preñez, embarazo; ~ **test**, prueba de embarazo.
pregnant *(prégnant)* adj. preñada, embarazada.
prehistoric *(prijistórik)* adj. prehistórico.
prejudge *(pridyádch)* tr. prejuzgar.
prejudice *(prédyiudis)* s. prejuicio; tr. predisponer, perjudicar.
prejudiced *(prédyiudist)* adj. parcial.
prejudicial *(predyiudíshal)* adj. perjudicial.
prelate *(préilat)* s. prelado.
preliminary *(prelíminari)* adj. y s. preliminar.
prelude *(préliud)* s. preludio; tr. preludiar.
premarital *(primárital)* adj. prematrimonial.
premature *(prematiúur)* adj. prematuro, precoz.
premeditate *(priméditeit)* tr. premeditar.
premeditation *(primeditéischön)* s. premeditación.
premier *(prémiör)* s. primer ministro; adj. primero, principal.
premise *(prémis)* s. premisa; pl. local, recinto.
premium *(prímiön)* s.*Com.* prima; interés; premio.
premonition *(primonischön)* s. presentimiento, premonición.
preoccupation *(priokiupéischön)* s. preocupación.
preoccupy *(priókiupai)* tr. preocupar, inquietar.
prepaid *(prípéid)* adj. pagado de antemano; **to send** ~, enviar porte pagado, con franqueo pagado; ~ **card**, tarjeta de prepago.
preparative *(pripárativ)* adj. preparatorio s. preparativo.
prepare *(prepéar)* tr. preparar(se).
preparedness *(prepáredneś)* s. preparación.
prepay *(pripéi)* tr. pagar por adelantado.
prepayment *(pripéiment)* s. pago por adelantado.
preponderate *(pripóndöreit)* tr. preponderar.
preposition *(prepösíschön)* s. preposición.
prepossess *(pripóses)* tr. predisponer.
prepossessing *(pripósesing)* adj. simpático, atractivo, agradable.
prepossession *(priposéschön)* s. simpatía, preferencia.
preposterous *(pripóstörös)* adj. absurdo, insensato.
prerequisite *(prírekuisit)* s. requisito previo.
prerogative *(prerógativ)* s. prerrogativa, privilegio.
presage *(priséidch)* s. presagio, augurio; tr. presagiar.
presbyterial *(presbitírial)* adj. presbiterial.
presbyterian *(presbitírian)* s. y adj. presbiteriano.
preschool *(prieskól)* adj. preescolar.
prescribe *(preskráib)* tr. e intr. prescribir; *Med.* recetar.
prescription *(priskrípschön)* s. prescripción *Med.* receta.
presence *(présens)* s. presencia; aspecto; asistencia; ~ **of mind**, presencia de ánimo.
present *(présent)* s. presente; adj. presente, regalo; **at** ~, actualmente; tr. presentar; regalar, obsequiar.
presentation *(presentéischön)* s. presentación.
presentiment *(priséntimönt)* s. presentimiento; corazonada.
presently *(présentli)* adv. en breve, al poco tiempo; en el presente.
preservation *(preservéischön)* s. preservación, conservación.

P

preserve *(prisérv)* tr. conservar; s. conserva, mermelada, confitura.
preside *(prisáid)* intr. presidir.
presidency *(présidensi)* s. presidencia.
president *(président)* s. presidente.
press *(prés)* s. prensa; imprenta; tr. apretar, prensar; (fig.) afligir, obligar.
pressing *(présing)* adj. urgente; insistente; s. planchado.
pressure *(préshor)* s. presión.
prestige *(préstidch)* s. prestigio.
presume *(presiúm)* tr. e intr. presumir, asumir, suponer.
presumption *(presámpschön)* s. presunción; atrevimiento.
presumtuous *(presiúmpschös)* adj. presuntuoso, presumido.
presuppose *(prisöpoús)* tr. presuponer.
pretend *(priténd)* tr. pretender.
pretense *(priténs)* s. pretexto; pretensión; **false ~**, pretexto falso.
pretension *(preténschön)* s. pretensión, aspiración.
pretext *(pritékst)* s. pretexto, excusa.
pretentious *(priténschös)* adj. pretencioso.
prettily *(prítili)* adv. lindamente.
pretty *(príti)* adj. bonito, lindo; adv. bastante.
prevail *(privéil)* intr. prevalecer, predominar; ~ **upon**, persuadir, convencer.
prevailing *(privéiling)* adj. (pre)dominante, imperante.
prevalent *(prévalent)* adj. frecuente, usual, extendido.
prevent *(privént)* tr. impedir, evitar; prevenir.
prevention *(privénschön)* s. prevención.
preventive *(prevéntiv)* adj. preventivo, impeditivo.
preview *(príviu)* s. inspección previa; (cine) avance, preestreno.
previous *(príviös)* adj. previo; anterior; **~ly**, adv. previamente, con anterioridad.
prey *(préi)* s. presa; **bird of ~**, ave de rapiña; **to ~ on**, cazar, alimentarse.
price *(práis)* s. precio; tr. poner un precio.
priceless *(práisles)* adj. inapreciable, inestimable.
prick *(prík)* s. pinchazo, picada, punzada; tr. picar.
prickly *(prikli)* adj. espinoso; lleno de púas; ~ **pear**, tuna (de nopal); (fig.) enojadizo.
pride *(práid)* s. orgullo; intr. enorgullecerse; **to ~ onself on**, enorgullecerse de.
priest *(príst)* s. sacerdote; cura; párroco.
priestess *(prístes)* s. sacerdotisa.
priesthood *(prístjud)* s. sacerdocio.
priestly *(prístli)* adj. sacerdotal.
prim *(prím)* adj. remilgado, cursi; estirado; mojigato.
primacy *(práimasi)* s. primacía.
primary *(práimari)* adj. primario; principal.
prime *(práim)* s. plenitud; la flor y nata; adj. principal; primero; tr. preparar.
primer *(prímör)* s. cartilla, manual; pintura base.
primeval *(praimíval)* adj. primitivo.
primitive *(prímitiv)* adj. y s. primitivo, rudimentario.
primness *(prímnis)* s. remilgo, cursilería, mojigatería.
primrose *(prímrous)* s. *Bot.* prímula o primavera (flor); color amarillo pálido.
prince *(príns)* s. príncipe.
princedom *(prínsdöm)* s. principado.
princelike *(prínslaik)* adj. principesco.
princely *(prínsli)* adj. principesco.
princess *(prínces)* s. princesa.
principal *(prínsipal)* adj. principal; *Acad.* s. director; protagonista.
principle *(prínsipl)* s. principio, fundamento; **in ~**, en principio.
print *(prínt)* s. impresión; marca; grabado; estampado; tr. imprimir; **in ~**, en imprenta; **out of ~**, agotado.
printer *(príntör)* s. impresor.
printing *(prínting)* s. imprenta; impresión; ~ **press**, rotativa.
prior *(práiör)* adj. previo, anterior; s. prior.
prioress *(práiöres)* s. priora.

priority *(praióriti)* s. prioridad.
prism *(prísm)* s. *Geom.* prisma.
prison *(príson)* s. prisión; cárcel; ~ **guard**, carcelero; ~ **governor**, alcaide; **to put in** ~, encarcelar.
prisoner *(prísonör)* s. preso; *Mil.* **war** ~, prisionero de guerra.
privacy *(práivasi)* s. privacidad; intimidad; **in** ~, en privado.
private *(práivet)* adj. privado, particular; s. soldado raso.
privation *(praivéischön)* s. privación.
privilege *(príviledch)* s. privilegio; tr. privilegiar.
privileged *(príviledcht)* adj. privilegiado.
privy *(prívi)* adj. privado; particular; s. retrete; ~ **council**, consejo privado.
prize *(práis)* s. premio, recompensa; tr. apreciar, valorar.
pro *(pró)* s. pro; ~**s and cons**, ventajas y desventajas; a favor y en contra; *Dep.* profesional.
probability *(probabíliti)* s. probabilidad.
probation *(proubéischön)* s. **on** ~ (leg.) libertad vigilada; ~ **officer**, oficial judicial.
probe *(próub)* s. sonda, sondeo, investigación; tr. sondear.
probity *(próubiti)* s. probidad.
problem *(próblem)* s. problema.
procedure *(prosídyör)* s. proceder, procedimiento.
proceed *(prosíd)* intr. proceder, seguir, avanzar.
proceeding *(prosíding)* s. procedimiento; auto; pl. actas.
proceeds *(prosíds)* s. *Com.* ganancias.
process *(próuses)* s. proceso; tr. elaborar; *Leg.* procesar; s. proceso.
procession *(proséschön)* s. procesión, desfile.
proclaim *(prokléim)* tr. proclamar.
proclamation *(proklaméischön)* s. proclamación; edicto.
procrastinate *(prokrástinait)* s. dejar para mañana.
procreate *(próukrieit)* tr. procrear.
procreation *(proukrieischön)* s. procreación.
procure *(prokiúör)* tr. procurar; lograr, obtener, conseguir.
procurer *(prokiúrör)* s. proxeneta.
procuress *(prokiúres)* s. alcahueta.
prod *(pród)* s. pincho; estímulo; tr. pinchar; incitar, estimular.
prodigal *(pródigal)* adj. pródigo; derrochador.
prodigality *(prodigáliti)* s. prodigalidad.
prodigious *(prodídyös)* adj. prodigioso; enorme, ingente.
prodigy *(pródidyi)* s. prodigio.
produce *(pródius)* s. producto; *(prodiús)* tr. producir; mostrar.
product *(pródakt)* s. producto.
production *(prodákschön)* s. producción; fabricación.
productive *(prodáktiv)* adj. productivo, fructífero, útil.
profanation *(profanéischön)* s. profanación.
profane *(proféin)* adj. profano; tr. profanar.
profanity *(profánity)* s. irreverencia; blasfemia, obscenidad.
profess *(profés)* tr. profesar, declarar.
professed *(profést)* adj. declarado; ~**ly**, declaradamente; supuestamente.
profession *(proféschön)* s. profesión; oficio; ~**al**, profesional.
professor *(profésör)* s. catedrático, profesor.
proffer *(próför)* s. oferta, propuesta; tr. ofrecer; dar.
proficiency *(profíschensi)* s. pericia, aptitud, competencia.
proficient *(profíschent)* s. competente, experto.
profile *(próufail)* s. perfil; tr. perfilar.
profit *(prófit)* s. *Com.* beneficio, beneficiarse; ~ **from**, beneficiarse de; ~ **and loss**, pérdidas y ganancias; ~ **margin**, margen de beneficio.
profitable *(prófitabl)* adj. lucrativo, productivo; provechoso.
profiteer *(profitör)* s. especulador; intr. especular.
profligate *(prófligueit)* adj. y s. libertino; despilfarrador.
profound *(profáund)* adj. profundo; hondo.

P

profundity *(profáunditi)* s. profundidad.
profuse *(profiús)* adj. pródigo, profuso, abundante.
progenitor *(prodyénitör)* s. progenitor.
progeny *(pródyeni)* s. prole, progenie, descendencia.
prognostic *(prognóstik)* s. pronóstico.
prognosticate *(prognóstikkeit)* tr. pronosticar.
program (US), **programme** (UK) *(próugram)* s. programa; curso; tr. programar.
progress *(prógres)* s. progreso; *(progrés)* intr. progresar.
progressive *(progrésiv)* adv. progresivo; progresista.
prohibit *(projíbit)* tr. prohibir.
prohibition *(projibíschön)* s. prohibición.
prohibitive *(projíbitiv)* adj. prohibitivo.
project *(pródyekt)* s. proyecto; *(prodyékt)* tr. proyectar.
projectile *(prodyéktil)* s. proyectil.
projection *(prodyékshön)* s. proyección, estimación.
projector *(prodyéktör)* s. proyectista; (cine) proyector.
proletarian *(prolitérian)* adj. y s. proletario.
proletariat *(prouletáriat)* s. proletariado.
prolific *(prolífik)* adj. prolifico; fértil; fecundo.
prolix *(prolíks)* adj. prolijo.
prologue *(próulog)* s. prólogo.
prolong *(proulóng)* tr. prolongar; alargar.
promenade *(prómeneid)* s. paseo; intr. pasearse.
prominence *(próminens)* s. prominencia; importancia; eminencia.
prominent *(próminent)* adj. prominente, saliente; ~ **eyes**, ojos saltones.
promiscuous *(promískiuas)* adj. promiscuo.
promise *(prómis)* s. promesa; tr., intr. prometer, comprometerse.
promising *(prómising)* adj. prometedor.
promissory *(prómisari)* adj. promisorio; ~ **note**, pagaré.
promontory *(prómöntöri)* s. promontorio.
promote *(promóut)* tr. promocionar, ascender.
promoter *(promóutör)* s. promotor.
promotion *(promóuschön)* s. promoción; ascenso.
prompt *(prómpt)* adj. pronto; presto; puntual; tr. sugerir, apuntar (teatro); **~ly**, inmediatamente.
prompter *(prómpta)* s. apuntador (teatral).
promptitude *(prómptitiud)* s. prontitud, presteza.
promulgate *(prómulgueit)* tr. promulgar.
promulgation *(promulguéischön)* s. promulgación.
prone *(próun)* adj. proclive; propenso; boca abajo.
proneness *(próunes)* s. propensión, predisposición.
prong *(próng)* s. diente, punta; *Agric.* horquilla; tenedor, etcétera.
pronoun *(pronóum)* tr. pronombre.
pronounce *(prönáuns)* tr. pronunciar
pronunciation *(prönönsiéschön)* s. pronunciación.
proof *(prúf)* s. prueba; ensayo; adj. a prueba de; **bullet~**, a prueba de balas; **sound~**, insonorizado; **water~**, impermeable; **~reader**, *Impr.* corrector de pruebas.
prop *(próp)* s. apoyo; *Arq.* puntal; *Agr.* tentemozo; *Min.* entibo.
propaganda *(propagánda)* s. propaganda.
propagandist *(propagándist)* s. propagandista.
propagate *(própagueit)* tr., intr. propagar(se).
propagation *(propaguéischön)* s. propagación.
propel *(pröpél)* tr. propulsar, impeler, impulsar.
propellant *(propelánt)* s. propulsor, impelente.
propeller *(propélör)* s. hélice.
propensity *(propénsity)* s. propensión, tendencia.
proper *(própör)* adj. propio, apropiado, adecuado; cortés.
properly *(propörli)* adv. como es debido, correctamente.

property *(própörti)* s. propiedad.
prophecy *(prófesi)* s. profecía.
prophesy *(prófesai)* tr. e intr. profetizar, vaticinar.
prophet *(prófit)* s. profeta.
prophetic *(profétik)* adj. profético.
prophylactic *(profiláktik)* adj. profiláctico.
proprietor *(propráitör)* s. propietario, dueño.
propitious *(propíschös)* adj. propicio; favorable.
proportion *(pröpórschön)* s. proporción; tr. proporcionar.
proportional *(pröpóschönal)* adj. proporcional.
proposal *(pröpóusal)* s. propuesta; proposición.
propose *(pröpóus)* tr. e intr. proponer(se); intr. declararse.
proposition *(propösíschön)* s. proposición, oferta.
proprietary *(propráitri)* s. propietario, dueño.
propriety *(propráieti)* s. propiedad.
prorogue *(proróug)* tr. prorrogar.
prosaic *(prouséik)* adj. prosaico.
proscribe *(proscráib)* tr. proscribir.
proscription *(proskrípschön)* s. proscripción.
prose *(próus)* s. prosa.
prosecute *(prósekiut)* tr. procesar; llevar a cabo.
prosecution *(prosekiuschön)* s. procesamiento.
prosecutor *(prósekiutör)* s. demandante, fiscal, acusador.
prospect *(próspekt)* s. perspectiva; tr. explorar.
prospective *(pröspéktiv)* adj. probable, posible, esperado; presunto.
prospector *(prospéktör)* s. buscador, explorador (de minas, petróleo, etc.).
prosper *(próspör)* intr. prosperar.
prosperity *(prospériti)* s. prosperidad, éxito.
prosperous *(prósperös)* adj. próspero.
prostitute *(próstitiut)* s. prostituta; ramera; **-d**, adj. prostituido, tr. prostituir.
prostitution *(prostitiúschön)* s. prostitución.
prostrate *(próstreit)* adj. postrado; humillado, tr. postrar.
prostration *(prostréischön)* s. postración, abatimiento.
protect *(protékt)* tr. proteger; defender.
protection *(protékschön)* s. protección; amparo.
protective *(protéktiv)* adj. y s. protector.
protector *(protéktör)* s. protector.
protégé *(próutechei)* s. protegido.
protein *(próutin)* s. proteína.
protest *(próutest)* s. protesta; manifestación; *(protést)* tr., intr. protestar; **~ march**, marcha de protesta.
Protestant *(prótestant)* s. protestante.
Protestantism *(prótestantism)* s. protestantismo.
protester *(protéstör)* s. manifestante.
protocol *(próutokol)* s. protocolo.
protoplasm *(proútoplasöm)* s. protoplasma.
prototype *(prótotaip)* s. prototipo.
protract *(prötráct)* tr. alargar, extender, prolongar.
protrude *(protúd)* tr. asomarse, intr. sobresalir.
protruding *(protrúdin)* adj. saliente, sobresaliente.
protuberance *(protiúberans)* s. protuberancia.
proud *(práud)* adj. orgulloso; altivo; soberbio.
prove *(prúv)* tr. probar; intr. resultar; mostrar.
proverb *(próverb)* s. proverbio; refrán.
provide *(prováid)* tr. proveer; suministrar; **-d that**, supuesto que; **~ against**, precaver.
providence *(próvidens)* s. providencia.
provider *(pröváidör)* s. proveedor.
province *(próvins)* s. provincia.
provincial *(prövínschal)* adj. provincial.
provision *(províschön)* s. provisión; disposición; pl. comestibles, provisiones.
provisional *(províschönal)* adj. provisional.
proviso *(pröváiso)* s. condición, estipulación.

P

provocation *(provokéischön)* s. provocación.
provocative *(provókativ)* adj. provocativo, sugestivo.
provoke *(provóuk)* tr. provocar, indignar, incitar.
provoker *(provóukör)* adj. provocador, incitador.
provoking *(provóuking)* adj. irritante.
prow *(práu)* s. proa.
prowess *(práues)* s. valor; habilidad, destreza.
prowl *(prául)* intr. rondar; vagar; merodear.
prowler *(proulör)* s. merodeador.
proximate *(próksimit)* adj. inminente, inmediato.
proximity *(próksimiti)* s. proximidad; inmediación, cercanía.
proxy *(próksi)* s. poder; apoderado; gestor.
prude *(prúd)* s. remilgado.
prudence *(prúdens)* s. prudencia, cautela.
prudent *(prúdent)* adj. prudente, cauto.
prudery *(prúdari)* s. mojigatería, gazmoñería, remilgo.
prune *(prún)* s. ciruela, pasa; tr. podar.
pruning *(prúning)* s. poda.
pry *(prái)* tr. curiosear, fisgar.
psalm *(sám)* s. salmo.
pseudonym *(siúdonim)* s. seudónimo.
psychiatric *(saikiátrik)* adj. psiquiátrico.
psychiatrist *(saikáietrist)* s. psiquiatra.
psychiatry *(saikáietri)* s. psiquitría.
psychic *(sáikik)* adj. psíquico.
psychologist *(saikólodyist)* s. psicólogo.
psychology *(saikólodyi)* s. psicología.
psychopath *(sáikopaz)* s. psicópata.
psychosis *(saikóusis)* s. psicosis.
puberty *(píuberti)* s. pubertad.
public *(páblik)* adj. público; s. público; ~ **school**, escuela pública.
publication *(pablikéischön)* s. publicación.
publicize *(públisais)* anunciar, dar a conocer, publicar, divulgar.
publicity *(pö'blísiti)* s. publicidad.
publish *(páblish)* tr. publicar, editar.
publisher *(páblishör)* s. editor.
pucker *(pákör)* tr. fruncir; s. arruga, pliegue.
pudding *(púding)* s. pudín.
puddle *(pádl)* s. charco.
puerile *(piúarail)* adj. pueril, infantil.
puerility *(piuaríliti)* s. puerilidad, niñería.
puff *(páf)* s. soplo, bufido, bocanada de humo, un soplo de viento; tr. soplar, hinchar; intr. hincharse, resoplar, jadear.
pug *(póg)* s. perro dogo; ~ **nose**, nariz chata, o respingada.
pugilism *(piúdyilism)* s. pugilato; pugilismo.
pugilist *(piúdyilist)* s. púgil, boxeador, pugilista.
pugnacious *(pugnéschiös)* adj. pugnaz, belicoso, agresivo.
puke *(píuk)* tr. vomitar.
pull *(pól)* s. tirón, sacudida; tr. tirar, arrastrar; ~ **down**, demoler; ~ **up**, *Aut.* parar; ~ **on**, *Náut.* alar; ~ **ahead**, tomar la delantera; ~ **ones leg**, tomar el pelo; tr. ~ **out**, arrancar.
pullet *(púlit)* s. polla, gallina joven.
pulley *(púli)* s. polea.
pulp *(pálp)* s. pulpa.
pulpit *(púlpit)* s. púlpito.
pulsate *(palséit)* intr. pulsar; latir.
pulse *(páls)* s. pulso; pulsación.
pulverization *(palveriséischön)* s. pulverización, trituración.
pulverize *(pálverais)* tr. pulverizar, triturar.
pumice *(pámis)* s. piedra pómez.
pump *(pámp)* s. *Mec.* bomba; tr. bombear, sonsacar; **to ~ gas**, echar o meter gasolina; **to ~ up a tire**, inflar una llanta.
pumpkin *(pámpkin)* s. calabaza.
pun *(pán)* s. equívoco; juego de palabras.
punch *(pánch)* s. *Mec.* punzón, perforadora; (bebida) ponche; (fam.) puñetazo; tr. punzar; perforar, pegar.

puncher *(pántchör)* s. punzón.
punctilio *(panktílio)* s. puntillo.
punctilious *(pánktiliös)* adj. puntilloso, quisquilloso, escrupuloso.
punctual *(pánktiual)* adj. puntual.
punctuality *(pánktiuáliti)* s. puntualidad.
punctuate *(pánktiueit)* intr. *Gram.* puntuar.
punctuation *(pantiuéischön)* s. puntuación; ~ **mark**, signo de puntuación.
puncture *(pönschor)* s. *Aut.* pinchazo; tr. pinchar.
punish *(pö'nisch)* tr. castigar.
punishment *(pö'nischment)* s. castigo.
punt *(pánt)* s. barca plana; tr. y intr. impulsar la embarcación con el palo en el fondo; despejar.
puny *(piúni)* adj. endeble, débil; enfermizo.
pup *(páp)* s. cachorro, cría.
pupil *(piúpil)* s. alumno, discípulo; pupila (del ojo).
puppet *(pö'pet)* s. títere, marionete.
puppy *(pápi)* s. cachorro.
purchase *(párchis)* s. compra, adquisición; tr. comprar, adquirir; ~ **order**, orden de compra.
pure *(piúr)* adj. puro.
purgative *(pö'rgativ)* adj. purgante.
purgatory *(pörgatóri)* s. purgatorio.
purge *(pördch)* tr depurar, purgar(se); limpiar; purificar(se); s. purga, depuración.
purification *(piurifikéischön)* s. purificación.
purify *(piúrifai)* tr. e intr. purificarse, depurarse.
purity *(piúriti)* s. pureza.
purple *(pö'rpl)* adj. purpúreo; purpurino; s. púrpura; tr. purpurar; **to go** ~, ponerse morado.
purport *(párport)* s. sentido; tr. significar; pretender.
purpose *(pö'rpös)* s. propósito, mira; tr. e intr. proponer(se); **on** ~, a propósito, con intención, **to no** ~, en vano, en balde.
purposely *(pörpösli)* adv. adrede.
purr *(péör)* s. ronroneo (del gato); zumbido (del motor); intr. ronronear (el gato).
purse *(pörse)* s. monedero, bolso, cartera; tr. fruncir.
purser *(pörser)* s. sobrecargo.
pursuance *(persúans)* s. en cumplimiento.
pursue *(persiú)* tr. e intr. perseguir; **~r** *(persiúer)*, s. perseguidor.
pursuit *(pörsiút)* s. persecución; **in** ~ **of**, tras, en pos de.
purvey *(pörvéi)* tr. e intr. proveer.
purveyor *(pörvéiör)* s. abastecedor, proveedor.
pus *(pös)* s. *Med.* pus.
push *(púsh)* tr. empujar; intr. dar empellones, apresurarse; s. empuje, empellón; ~ **away**, rechazar; ~ **in**, meter; (fam.) ~ **off**, marcharse.
pushcart *(púskart)* s. carretilla de mano.
pushchair *(púshcher)* s. andador.
pushing *(púsching)* adj. emprendedor, activo, agresivo.
pussy *(púsi)* s. minino, gatito.
put [put; put] *(pút)* tr. poner; colocar; exponer; proponer; ~ **away**, guardar; ~ **out**, apagar; ~ **back**, retrasar, retardar; ~ **by**, ahorrar; ~ **down**, dejar en su sitio, anotar; ~ **on**, ponerse (ropas); ~ **off**, aplazar; ~ **night**, corregir, ~ **up**, soportar.
putrefaction *(piutrifákschön)* s. putrefacción.
putrefy *(piútrifai)* tr. e intr. pudrir(se).
putrid *(piútrid)* adj. podrido, putrefacto.
putty *(páti)* s. masilla; tr. masillar.
puzzle *(pósel)* s. puzle, rompecabezas.
puzzling *(pósling)* s. enigmático, intrigante.
pygmy *(pígmi)* s. y adj. pigmeo.
pyjamas (UK) *(pidyámas)* s. pijama.
pyramid *(pirámid)* s. pirámide.
pyre *(páiör)* s. pira, hoguera.
pyromaniac *(paroméniak)* s. pirómano.

Q q

Q

quack *(kuák)* s. y adj. graznar (del pato), charlatán; curandero.
quadruple *(kuádrupöl)* adj. cuádruple; s. cuadruplo.
quadruplet *(kuádruplit)* s. serie de cuatro; pl. cuatro hijos de un mismo parto.
quaff *(kuáf)* tr. beber a grandes tragos.
quagmire *(kuégmaia)* s. cenagal, lodazal, barrizal; atolladero.
quail *(kueil)* s. *(Orn.)* codorniz; intr. acobardarse.
quaint *(kuéint)* adj. raro; pintoresco.
quake *(kuéik)* s. temblor; intr. temblar; **earth** ~, terremoto; **sea** ~, maremoto.
qualification *(kualifikéischön)* s. calificación; derechos.
qualified *(kualifait)* adj. calificado, idóneo.
qualify *(kualifai)* tr. habilitar; calificar; intr. capacitarse.
qualitative *(kualitativ)* adj. cualitativo.
quality *(kualiti)* s. calidad; cualidad; ~ **control**, control de calidad.
qualm *(kuám)* s. escrúpulo, recelo, reparo, duda.
quantity *(kuóntiti)* s. cantidad; número, suma.
quarantine *(kuórentin)* s. cuarentena; lazareto; tr. someter a cuarentena.
quarrel *(kuórel)* s. riña, pelea, intr. reñir, pelear(se).
quarrelsome *(kuórelsöm)* adj. pendenciero.
quarry *(kuóri)* s. cantera.
quart *(kuórt)* s. cuarto (de galón).
quarter *(kuóta)* s. cuarto (de hora, de animal, de peso); **three ~s**, tres cuartos; trimestre; pl. alojamiento, cuartel; tr. cuartear; alojar; **Head** ~, cuartel general.
quarterly *(kuótöli)* adv. trimestralmente, por trimestres; adj. trimestral; s. publicación trimestral.
quartet(te) *(kuotét)* s. cuarteto.
quartz *(kuóts)* s. cuarzo.
quash *(kuósh)* tr. anular; sofocar.
quaver *(kueiva)* intr. temblar; s. temblor; trémolo (de la voz); *Mús.* corchea.
quay *(kí)* s. muelle.
queasy *(kuísi)* adj. mareado.
queen *(kuín)* s. reina.
queer *(kuia)* adj. raro, extraño.
queerness *(kuíanes)* s. rareza.
quell *(kuél)* tr. subyugar.
quench *(kuénch)* tr. apagar; extinguir, sofocar.
querulous *(kuérulös)* adj. quejoso, quejumbroso.
query *(kuiri)* s. pregunta; tr. e intr. inquirir, examinar, dudar, indagación; tr. indagar; **in ~ of**, en busca de.
quest *(kuést)* s. pesquisa; indagación, búsqueda; tr. indagar.
question *(kuéstschön)* s. asunto; pregunta; tr. preguntar, poner en duda.
questionable *(kuéstschönabl)* adj. dudoso; discutible.
questioner *(kuéstschöna)* s. interrogador, preguntador.
queue *(kiú)* s. cola (fila); ~ **up**, formar cola.
quibble *(kuíbl)* s. argucias; intr. usar argucias.
quick *(kuík)* adj. rápido; ágil; ~ **tempered**, de genio vivo; ~ **witted**, listo, agudo, vivo.
quicken *(kuikön)* tr. e intr. acelerar-se); avivar(se); aguzar (la mente, el entendimiento).
quickness *(kuíknes)* s. presteza, rapidez, viveza.
quicksand *(kuíksand)* s. arenas movedizas.
quickset *(kuíkset)* s. seto vivo.
quicksilver *(kuíksilva)* s. mercurio, azogue.
quiet *(kuáiat)* adj. tranquilo; quieto; s. quietud; tr. ~ **down**, acallar, calmar, **be ~!**, ¡Callarse!, **on the** ~, a la chita callando.
quietness *(kuáiatnes)* s. quietud; sosiego, calma.
quill *(kuíl)* s. pluma; cañón (de pluma de ave); púa (de puerco espín).
quilt *(kuílt)* s. edredón; tr. acolchar.

quince *(kuíns)* s. membrillo; **~-tree**, s. membrillo (árbol).
quinine *(kuinín)* s. quinina.
quinquennial *(kuinkuénnial)* adj. quinquenal.
quintessence *(kuinténsens)* s. quitaesencia.
quintuplet *(quiúntiplit)* s. serie de cinco; pl. cinco hijos de un mismo parto.
quip *(kuíp)* s. pulla, ocurrencia, salida; intr. bromear.
quirk *(kuö'rk)* s. chifladura, extravagancia, capricho; peculiaridad, rareza.
quit [quitted o quit; quitted o quit] *(kuít)* tr. dejar, abandonar; adj. libre; **to be ~**, estar en paz.
quite *(kuáit)* adv. completamente.
quits *(kuits)* interj. en paz, a mano; **now we're ~**, ahora estamos en paz.
quiver *(kuíva)* s. temblor; aljaba; intr. temblar.
quixotic *(kuiksótik)* adj. quijotesco.
quiz *(kuíz)* tr. interrogar; s. acertijo, examen.
quota *(kuota)* s. cuota.
quotation *(kuotéischön)* s. (Lit.) citar; *Econ.* cotización.
quote *(kuout)* tr. (Lit.) citar; *Econ.* cotizar.
quotient *(kuoúschönt)* s. cociente.

R r

rabbit *(rábit)* s. conejo.
rabble *(rábl)* s. populacho, chusma.
rabid *(rabí)* s. rabioso; furioso; feroz.
rabies *(réibiis)* s. rabia.
rabbi *(rábai)* s. rabí, rabino.
raccoon *(rakún)* s. mapache.
race *(réis)* s. raza; *Dep.* carrera; **arms ~**, carrera de armamentos; carrera, intr. correr, competir; **horse ~**, carrera de caballos.
racer *(réisör)* s. corredor; caballo de carreras; auto de carreras.
racial *(réishal)* adj. racial.
racism *(réisism)* s. racismo.
rack *(rák)* s. (tren) portaequipajes; estante; colgador, potro de tortura; **magazine ~**, revistero; tr. atormentar, torturar; **~ one's brains**, devanarse los sesos.
racket *(ráket)* s. raqueta; estruendo, bulla, jaleo; timo, estafa.
racketeer *(ráketir)* s. estafador.
radar *(réidar)* s. radar.
radiance *(réidiens)* s. brillo, esplendor, resplandor.
radiant *(réidiant)* adj. radiante, esplendoroso, brillante.
radiate *(réidieit)* intr. radiar, irradiar; tr. iluminar.
radiation *(reidiéischön)* s. radiación.
radiator *(réidieitör)* s. radiador.
radical *(rádikal)* adj. radical.
radio *(réidio)* s. radio.
radish *(rádisch)* s. rábano.
radium *(réidiom)* s. radio (elemento químico).
radius *(réidiös)* s. *Geom.* radio (de un círculo).
raffia *(réfia)* s. rafia.
raffle *(ráfl)* s. rifa; tr. rifar.
raft *(ráft)* s. balsa.
rag *(rág)* s. trapo, harapo; **to chew the ~**, charlar; discutir.
rafter *(ráftör)* s. viga.
ragamuffin *(rágamöfin)* s. pelagatos, golfo; granuja, pilluelo.
rage *(réidch)* s. rabia, furia; **all the ~**, muy de moda, el último grito; intr. rabiar.
ragged *(rágid)* adj. andrajoso; irregular, desigual.
raging *(réidying)* s. furioso; adj. furioso.
raid *(réid)* s. incursión, ataque.
rail *(réil)* s. barrera; baranda; (tren) riel; pasamanos; tr. insultar.
railing *(réiling)* s. barandilla; verja.
railroad *(réilroud)* s. (US) ferrocarril.
railway *(réiluei)* s. (UK) ferrocarril; **~ Station**, estación de ferrocarril.
raiment *(réimönt)* s. vestidura.
rain *(réin)* s. lluvia; intr. llover; **~ cats and dogs**, llover chuzos.

R

rainbow *(réinbou)* s. arco iris.
raincoat *(réinkout)* s. impermeable.
raindrop *(réindrop)* s. gota de lluvia.
rainfall *(réinfol)* s. lluvia; aguacero.
rainy *(réini)* adj. lluvioso.
raise *(réis)* tr. levantar; criar.
raisin *(réisin)* s. pasa.
rake *(réik)* s. rastro; rastrillo; calavera; tr. rastrillar.
rally *(ráli)* s. reunión, concentración (de tropa); tr., intr. reunir(se); *Aut.* competición de regularidad.
ram *(rám)* s. carnero; *Mec.* émbolo, ariete; tr. apisonar, atacar.
ramble *(rámbl)* s. paseo en el campo; intr. vagar, pasear.
rambler *(rámblör)* s. excursionista; *Bot.* trepadora.
ramp *(rámp)* s. rampa.
rampart *(rámpart)* s. terraplén; muralla.
ramrod *(rámrod)* s. baqueta de fusil, atascador, cargador.
ramshackle *(rámschaköl)* adj. desvencijado.
ranch *(roánch)* s. rancho, hacienda, estancia.
rancher *(roánchör)* s. ranchero.
rancid *(ránsid)* adj. rancio.
rancor (US), **rancour** (UK) s. rencor; encono.
rancorous *(ránkarös)* adj. rencoroso, vengativo.
random *(rándom)* adj. fortuito, aleatorio; **at ~**, al azar.
range *(réindch)* s. fila, hilera; pradera; ámbito; **mountain ~**, cordillera; **shooting ~**, campo de tiro; tr. alinear; extenderse; variar.
ranger *(réindyör)* s. guardabosques.
rank *(ránk)* s. rango; fila, grado, categoría; adj. lozano; tr. alinear.
ransack *(ránsak)* tr. saquear; revolver, robar.
ransom *(ránsom)* s. rescate; tr. rescatar, recobrar, librar.
rant *(ránt)* intr. desvariar; disparatar, despotricar.
rap *(ráp)* tr. golpear; criticar, censurar; s. golpe.
rapacious *(rapéischös)* adj. rapaz.
rapaciousness *(rapéischösnes)* s. rapacidad.
rape *(réip)* s. violación; tr. violar.
rapid *(rápid)* adj. rápido, s. *Hidr.* rápidos.
rapidity *(rapíditi)* s. rapidez.
rapt *(rápt)* adj. encantado; absorto, embelesado.
rapture *(rápchör)* s. éxtasis.
rapturous *(rápturös)* adj. extasiado, embelesado.
rare *(réa)* adj. raro, escaso; (carne) poco hecho.
rareness *(réanes)* s. rareza.
rarity *(ráriti)* s. rareza.
rascal *(ráskal)* s. picaro, bribón, pillo, granuja.
rash *(rásh)* adj. imprudente; temerario; atolondrado; s. erupción; sarpullido.
rasher *(ráschar)* s. loncha.
rashness *(ráschnes)* s. temeridad; impetuosidad, precipitación.
rasp *(rásp)* s. raspa(dor); tr. raspar; escofinar.
raspberry *(rásberri)* s. *Bot.* frambuesa.
raspy *(ráspi)* adj. ronco; áspero.
rat *(rát)* s. rata.
rate *(réit)* s. promedio; *Com.* **interest ~**, tasa de interés; **at a ~ of**, a razón de; **at any ~**, de todos modos; **~s**, pl. contribución; tr. valuar, tasar.
rather *(rádör)* adv. más bien; un poco, mejor.
ratify *(rátifai)* tr. ratificar.
rating *(réiting)* s. clasificación; rango, grado.
ratio *(réischio)* s. relación, proporción.
ration *(ráschön)* s. ración; porción; tr. racionar.
rational *(ráschönal)* adj. racional, razonable, lógico.
rationalize *(ráschönalais)* tr. racionalizar.
rationing *(rátionin)* s. racionamiento.
rattle *(rátl)* s. ruido, traqueteo; sonajero; tr. traquetear; hacer sonar.

rattlesnake *(rátlsneik)* s. serpiente de cascabel; cascabel.
raucous *(rókős)* adj. ronco; escandaloso.
ravage *(rábidch)* s. destrucción; tr. arrasar, devastar.
rave *(réiv)* intr. delirar, desvariar; **to ~ abaout**, entusiasmarse por.
ravel *(révöl)* tr. deshilar; desenmarañar; desenredar.
raven *(réivn)* s. *Orn.* cuervo; tr., intr. apresar, devorar.
ravenous *(rávinas)* adj. voraz, hambriento.
ravine *(ravín)* s. barranco, quebrada, garganta.
raving *(raiving)* adj. total; **~ mad**, loco de remate.
ravish *(rávish)* tr. seducir; violar.
ravisher *(rávischar)* s. seductor, violador, estuprador.
ravishment *(rávischment)* s. violación, seducción, éxtasis; estupro.
raw *(ró)* adj. crudo; puro; abierto; bruto, carne viva; **~ material**, materia prima.
rawhide *(rójaid)* s. cuero crudo.
ray *(réi)* s. rayo. *Ict.* raya.
raze *(réis)* tr. arrasar, demoler.
razor *(réisör)* s. navaja, maquinilla de afeitar; **~ blade**, hoja de afeitar.
reach *(rích)* s. alcance, extensión; tr. alcanzar; extender; **~ down**, extenderse hasta.
react *(riákt)* tr. reaccionar.
reaction *(riákshön)* s. reacción.
reactionary *(riakschionári)* adj. reaccionario.
read [read; read] *(ríid)* tr. leer; marcar; poner.
readable *(rídabl)* s. legible.
readily *(rédili)* adv. de buena gana; fácilmente.
readiness *(rédines)* s. buena disposición; **to be in ~**, estar preparado.
reading *(ríding)* s. lectura.
readjust *(riadyást)* tr. reajustar; arreglar de nuevo; readaptar.
ready *(rédi)* adj. listo, preparado, a punto **~ made**, adj. hecho, de confección; **~!**, **steady!**, **go!**, ¡listos! ¡preparados! ¡ya!; tr. preparar.
reaffirm *(riafórm)* tr. e intr. reafirmar, reiterar.
real *(rial)* adj. real, verdadero; inmobiliario; **~ estate**, s. bienes inmuebles.
realism *(rialisam)* s. realismo.
realist *(rialist)* s. realista.
realistic *(rialistik)* adj. realista.
reality *(riáliti)* s. realidad.
realize *(rialais)* tr. darse cuenta, realizar.
really *(rielli)* s. realmente, de veras, verdaderamente.
realm *(rélm)* s. (fig.) reino, campo.
realty *(rialti)* s. bienes raíces.
ream *(rím)* tr. resma (de papel).
reap *(rip)* tr. cosechar, segar.
reaper *(ripör)* s. segador; cosechadora.
reappear *(riapír)* tr. reaparecer.
rear *(ríar)* s. adj. posterior, trasero; s. fondo, trasero, zaga, tr. levantar, criar.
rear guard *(ríar gard)* s. retaguardia.
rearview mirror *(ríerviu mírrör)* s. retrovisor.
reason *(rísön)* s. motivo; razón; tr. argüir; tr. razonar.
reasonable *(rísönabl)* adj. razonable.
reasoning *(rísoning)* s. razonamiento, raciocinio, lógica, argumentos.
reassemble *(riasémbl)* tr. volver a montar, reunir.
reassure *(riashúör)* tr. tranquilizar; reasegurar.
rebate *(ribéit)* s. rebaja; reembolso; tr. rebajar, descontar; **tax ~**, devolución de impuesto.
rebel *(rébel)* s. rebelde; adj. rebelde; intr. rebelarse.
rebellion *(ribéliön)* s. rebelión.
rebellious *(ribélias)* adj. rebelde.
rebirth *(ribérz)* s. renacimiento.
rebound *(ribáund)* s. rebote; intr. rebotar.
rebuff *(ribáf)* s. repulsa, desaire; tr. rechazar.
rebuild *(ribíld)* tr. reconstruir, reedificar.

R

rebuke *(rebíuk)* s. reprimenda, reproche; tr. reprender, regañar.
recall *(rikól)* s. evocación, memoria; tr. evocar, recordar.
recapitulate *(rikapítiuleit)* tr. recapitular, sintetizar, resumir.
recapture *(rikápchör)* s. reconquista; tr. recapturar, reconquistar; revivir.
recast *(rikást)* tr. refundir, reformar.
recede *(risíd)* intr. retirarse, retroceder, alejarse.
receding *(risíding)* adj. retrocediendo; ~ **hairline**, entradas.
receipt *(resít)* s. recibo; **in** ~ **of**, recibido.
receive *(resív)* tr. recibir; admitir; acoger.
receiver *(resívor)* s. destinatario, receptor (radio).
recent *(rísent)* adj. reciente.
receptacle *(riséptakl)* s. receptáculo, recipiente, vasija.
reception *(risépschön)* s. recepción, acogida.
recess *(risés)* s. hueco, recreo, nicho; tr. suspender.
recipe *(résipi)* s. receta.
recipient *(resípiant)* adj. y s. recipiente, receptor, consignatario.
reciprocal *(risíprokal)* adj. recíproco, mutuo.
reciprocate *(risíprokeit)* intr. corresponder.
reciprocity *(resiprósiti)* s. reciprocidad.
recital *(risáitl)* s. recitación; relación, relato; recital (músico).
recitation *(resitéischön)* s. recitación.
recite *(risáit)* tr. recitar; relatar, narrar, enumerar.
reckless *(rékles)* adj. atolondrado, temerario, imprudente.
reckon *(rékon)* tr. contar; estimar; considerar, calcular; suponer.
reckoning *(rékönin)* s. cuenta, cálculo; ajuste.
reclaim *(rikléim)* tr. reclamar.
recline *(rikláin)* tr., intr. reclinar(se), apoyarse, recostarse.
recluse *(riklús)* adj. y s. recluso.
reclusion *(riklúsiön)* s. reclusión, encarcelamiento.
recognition *(rekognischön)* s. reconocimiento; identificación.
recognizance *(rikógnasens)* s. reconocimiento; fianza.
recognize *(ríkognais)* tr. reconocer, admitir.
recoil *(rikóil)* s. retroceso; intr. recular, retroceder.
recollect *(rekolékt)* tr. recordar.
recollection *(rikolékschiön)* s. recuerdo, reminiscencia.
recommend *(rekoménd)* tr. recomendar, aconsejar.
recommendation *(rekomendéischön)* s. recomendación.
recompense *(rékompens)* s. recompensa; tr. recompensar.
reconcile *(rékonsail)* tr. reconciliar, avenirse a, conciliar.
reconciliation *(rekonsilieishön)* s. reconciliación, conciliación.
recondite *(rékondait)* adj. recóndito; secreto, escondido.
reconnaissance *(rikónesens)* s. *Mil.* reconocimiento, exploración.
reconnoiter (US), **reconnoitre** (UK) *(rekonóiter)* tr. *Mil.* reconocer, explorar.
reconsider *(rikonsídör)* tr. reconsiderar.
reconstruct *(rikonstrákt)* tr. reconstruir, reedificar.
record *(rékord)* s. registro; acta, historial; tr. registrar, apuntar, grabar; ~ **player**, s. tocadiscos.
recount *(rikáunt)* s. recuento; tr. contar, relatar; volver a contar.
recourse *(rikórs)* s. recurso.
recover *(rikóvor)* tr. recuperar, recobrar; intr. restablecerse.
recovery *(rikóvöri)* s. recuperación, restablecimiento.
recreate *(ríkrieit)* tr. recrear.
recreation *(rekriéischön)* s. recreación, esparcimiento.
recruit *(rikrút)* tr. reclutar; s. *Mil.* recluta; contratar.
recruiting *(rikrúting)* s. *Mil.* reclutamiento.
rectangle *(réktangl)* s. rectángulo.
rectify *(réktifai)* tr. rectificar; corregir, enderezar.
rectitude *(réktitiud)* s. rectitud.
rector *(réktör)* s. rector; cura, párroco.
rectum *(réktöm)* s. *Anat.* recto.

recumbent *(rikómbent)* adj. recostado, reclinado.
recuperate *(rikiúpereit)* tr. recuperar, recobrar.
recuperation *(rikiupereischön)* s. recuperación, restablecimiento.
recur *(rikár)* intr. repetirse.
recurrence *(rikárens)* s. reaparición, repetición.
recurrent *(rikárent)* adj. constante; recurrente, repetido.
recycling *(resáikling)* s. reciclaje; ~ **bin**, contenedor/cubo de reciclaje.
red *(réd)* adj. rojo; colorado; s. color rojo; ~ **pepper**, s. pimentón; ~ **tape**, papeleo, trámites.
redden *(rédn)* tr. enrojecer; intr. ruborizarse.
reddish *(rédisch)* adj. rojizo.
redeem *(redím)* tr. redimir; rescatar; amortizar.
redeemer *(ridímar)* s. salvador, redentor; **the** ~, el Redentor.
redemption *(redémpschön)* s. redención; amortización.
redness *(rédnis)* s. rojez.
redouble *(ridö'bl)* tr. redoblar; intensificar.
redound *(ridáund)* intr. redundar en.
redress *(ridrés)* s. reparación; tr. reparar, remediar.
reduce *(rediús)* tr. reducir, rebajar, disminuir.
reduction *(ridákschón)* s. reducción; rebaja.
redundancy *(ridóndans)* s. redundancia.
redundant *(ridóndant)* adj. redundante, profuso, superfluo.
redwood *(rédgud)* s. secoya o secuoya (árbol gigantesco de California); madera roja de la secoya.
reed *(ríid)* s. caña; junco.
reef *(ríif)* s. arrecife.
reek *(rík)* intr. apestar; vahear; s. hedor, mal olor.
reel *(ríil)* s. rollo; tambaleo; carrete; tr. enrollar, tambalearse.
reelect *(rielékt)* tr. reelegir.
reembarck *(riembárk)* tr. reembarcar.
reenter *(riéntar)* tr. volver a entrar.
reentry *(riéntri)* s. reingreso.
reestablish *(riestáblish)* tr. restablecer.
refer *(rifér)* tr. e intr. referir; remitir, enviar; referirse a.
referee *(referí)* s. arbitro.
reference *(réförens)* s. referencia.
referendum *(referéndöm)* s. referendum.

R

refill *(rifél)* tr. rellenar; s. recambio.
refine *(rifáin)* tr., intr. refinar(se).
refined *(rifáind)* adj. refinado; fino.
refinement *(rifáinment)* s. refinamiento, finura.
refinery *(rifáinari)* s. refinería.
refit *(rifít)* tr. reparar, componer.
reflect *(riflékt)* tr., intr. reflejar; reflexionar.
reflection *(riflékschön)* s. reflexión, meditación; reflejo.
reflective *(rifléktiv)* adj. reflexivo.
reflex *(ríflks)* adj. y s. reflejo.
reform *(refórm)* s. reforma; tr. y r. reformar(se).
refraction *(rifrákschön)* s. refracción.
refractory *(rifráktori)* adj. refractario, terco, obstinado.
refrain *(rifréin)* tr., intr. contener(se); s. *Mús.* estribillo.
refresh *(rifrésch)* tr. refrescar.
refreshment *(rifréschment)* s. refresco.
refreshing *(rifréshing)* adj. refrescante.
refrigerate *(rifrídyereit)* tr. refrigerar.
refrigeration *(rifridyeréischön)* s. refrigeración.
refrigerator *(rifrídyereitör)* s. nevera, refrigerador.
refuge *(réfiudch)* refugio; albergue; amparo.
refugee *(refiudyí)* s. refugiado.
refund *(rifónd)* s. reembolso; tr. reembolsar; devolver.
refusal *(rifiúsal)* s. negativa.
refuse *(rifiús)* s. basura, desecho; tr. rehusar, (de)negar.
refute *(refiút)* tr. refutar.
regain *(riguiéin)* tr. recobrar; alcanzar.
regal *(rígal)* adj. regio, real.
regale *(rigéil)* tr. deleitar; agasajar.

R

regard *(rigárd)* s. respeto; consideración; tr. mirar, considerar.
regarding *(rigárding)* prep. con relación a.
regardless *(rigárdlis)* adj. ~ **of**, sin considerar, prescindiendo de; adv. a pesar de todo.
regards *(rigárds)* s. recuerdos, saludos.
regatta *(rigáta)* s. regata.
regency *(rídyensi)* s. regencia.
regenerate *(ridyénereit)* tr. regenerar; adj. regenerado.
regent *(rídyent)* s. y adj. regente.
regimen *(rédyimen)* s. régimen; *Med.* dieta.
regiment *(rédyiment)* s. *Mil.* regimiento; batallón; tr. reglamentar.
region *(rídyan)* s. región, territorio, zona; **in the ~ of**, alrededor de.
register *(rédyistör)* s. registro, matrícula; tr. registrar, matricular.
registrar *(rédyiströr)* s. registrador.
registration *(redyistréischön)* s. registro; ~ **number**, número de matrícula.
regression *(rigréischön)* s. regresión, retroceso.
regret *(rigrét)* s. arrepentimiento; pesar; tr. lamentar, arrepentirse.
regretful *(rigrétful)* adj. pesaroso, arrepentido.
regular *(réguiular)* adj. regular.
regularity *(reguiuláriti)* s. regularidad.
regulate *(réguiuleit)* tr. regular, controlar, reglamentar.
regulation *(reguiuléischön)* s. regulación, control, reglamento.
regulator *(regiuléitör)* s. regulador.
rehabilitate *(rijabíliteit)* tr. rehabilitar.
rehearsal *(rijérsal)* s. ensayo; **dress** ~, ensayo general.
rehearse *(rejérs)* tr. ensayar.
reign *(réin)* s. rein(ad)o, intr. reinar.
reimburse *(riembérs)* tr. reembolsar, devolver.
reimbursement *(riembérsment)* s. reembolso.
rein *(réin)* s. *Equi.* rienda.
reindeer *(réinder)* s. reno.
reinforce *(riinfórs)* tr. reforzar, fortalecer.
reinforced *(reinfórsed)* adj. reforzado, fortalecido; ~ **concrete**, hormigón armado.
reinforcement *(riinfórsment)* s. refuerzo.
reinstate *(riinstéit)* tr. restablecer, reintegrar.
reject *(riyékt)* tr. rechazar; desechar, denegar.
rejection *(reyékschön)* s. rechazo, desestimación.
rejoice *(ridyóis)* tr., intr. alegrar(se), regocijar(se).
rejoicing *(riyósing)* s. regocijo, júbilo.
rejoin *(ridyóin)* tr. reunirse con; intr. replicar.
rejuvenate *(ridyúvineit)* tr. rejuvenecer.
relapse *(riláps)* s. *Med.* recaída; intr. recaer.
relate *(riléit)* tr. relatar, relacionar; intr. referirse.
related *(riléited)* adj. emparentado.
relating *(riléiting)* adj. referente a, concerniente; ~ **to**, acerca de.
relation *(riléischön)* s. relación; pariente.
relations *(riléischöns)* s. familia(res).
relationship *(riléisyonship)* s. parentesco; relación.
relative *(rélativ)* adj. relativo; s. pariente(a).
relatively *(rélativili)* adv. relativamente.
relativity *(relatíviti)* s. relatividad.
relax *(riláks)* tr. relajar; aflojar.
relaxation *(rilakséischön)* s. relajación; descanso; distracción.
relay *(riléi)* s. relevo; turno; ~ **race**, carrera de relevo; tr. transmitir.
release *(rilís)* s. liberación, puesta en libertad; estreno; publicación; cesión; tr. soltar, liberar, ceder; publicar; estrenar.
relegate *(rélegueit)* tr. relegar.
relent *(relént)* intr. aplacarse, ablandarse, ceder.
relentless *(reléntles)* adj. implacable, inexorable, sin tregua.
relevance *(rélevans)* s. pertinencia, relación.
relevant *(rélevant)* adj. pertinente.
reliability *(rilaiabíliti)* s. fiabilidad, seguridad, seriedad.

reliable *(reláiabl)* adj. seguro, fiable.
reliance *(reláians)* s. confianza; dependencia.
relic *(rélik)* s. reliquia.
relief *(rilíf)* s. ayuda; relieve; alivio. *Mil.* relevo.
relieve *(rilív)* tr. relevar; eximir; aliviar, mitigar.
religion *(rilídyön)* s. religión.
religious *(relídyus)* adj. religioso; devoto.
relinquish *(relínkuish)* tr. abandonar; ceder, soltar.
relish *(rélisch)* s. gusto, deleite; tr. saborear, disfrutar con.
reluctance *(relúktans)* s. desgana.
reluctant *(relúktant)* adj. reacio, reticente.
reluctantly *(relúktantli)* adv. de mala gana, a regañadientes.
rely *(riláI)* tr. confiar en, contar con.
remain *(riméin)* intr. permanecer; quedar(se).
remainder *(riméindör)* s. resto; restante; remanente.
remains *(riméins)* s. pl. restos.
remake *(riméik)* tr. rehacer, hacer de nuevo.
remark *(rimárk)* s. observación, nota; tr. observar, notar, advertir.
remarkable *(rimárkabl)* adj. notable; insigne; extraordinario.
remedy *(rémedi)* s. remedio; tr. remediar.
remember *(rimémbör)* tr. recordar; intr. acordarse, tener presente.
remembrance *(rimémbrans)* s. memoria, conmemoración.
remind *(rimáind)* tr. recordar.
reminder *(rimáindör)* s. recordatorio; aviso.
reminiscence *(remanésens)* s. reminiscencia, memoria, recuerdo.
remiss *(rimís)* adj. negligente; descuidado.
remission *(rimíschön)* s. remisión, perdón.
remit *(rimít)* tr. remitir, perdonar, enviar, girar (dinero).
remittance *(rimitáns)* s. *Com.* giro, envío, remesa.
remnant *(rémnant)* s. (text.) relates; restos; vestigio.
remodel *(rimódl)* tr. remodelar; reformar.
remonstrance *(rimónstrans)* s. protesta, queja.
remorse *(rimórs)* s. remordimiento.
remote *(rimóut)* adj. remoto, lejano.
removal *(rimúval)* s. eliminación; *Med.* extirpación; traslado, mudanza.
remove *(rimúv)* tr. quitar, eliminar; *Med.* extraer; sacar.
removed *(rimúvd)* adj. eliminado, sacado; extraído.
remunerate *(rimiúnöreit)* tr. remunerar, pagar.
remuneration *(rimiúnöréischön)* s. remuneración, paga.
Renaissance *(renesáns)* s. *Art.* Renacimiento.
rend [rent; rent] *(rénd)* tr. desgarrar, rasgar; rajar.
render *(réndör)* tr. prestar; traducir; hacer; derretir.
renegade *(rénigueid)* s. renegado; desertor.
renew *(riniú)* tr. renovar; reanudar.
renewable *(riníuabl)* adj. renovable.
renewal *(riniúal)* s. renovación; reanudación.
renounce *(rinánus)* tr. e intr. renunciar.
renovate *(rénouveit)* tr. renovar.
renown *(rináun)* s. fama; renombre.
renowned *(rináunt)* adj. afamado; célebre, renombrado.
rent *(rént)* s. renta; alquiler, grieta, rasgadura; tr. alquilar.
rental *(réntal)* s. alquiler.
reopen *(rióupen)* tr. reabrir(se), volver a abrir(se).
repair *(ripér)* s. reparación; tr. reparar, arreglar.
reparation *(repöréischön)* s. reparación; indemnización.
repay *(ripéi)* tr. reembolsar; restituir; reintegrar.
repayment *(ripéiment)* s. reintegro, pago, devolución, reembolso.
repeal *(ripíl)* tr. derogar, abrogar, revocar, abolir (una ley); s. abrogación, derogación, revocación.
repeat *(ripít)* s. repetición; tr. repetir.
repeatedly *(ripítedli)* adv. repetidamente, continuamente.
repel *(ripél)* tr. repeler, rechazar.

R

repellent *(ripélent)* adj. y s. repelente, repulsivo.
repent *(ripént)* tr. en intr. arrepentirse (de).
repentance *(ripéntans)* s. arrepentimiento.
repentant *(ripéntant)* adj. arrepentido.
repercussion *(riperkáschön)* s. repercusión.
repertory *(réportöri)* s. repertorio.
repetition *(repetischön)* s. repetición, reiteración.
repetitious *(repitíshos)* adj. repetitivo, reiterativo, redundante.
replace *(ripléis)* reponer, restituir; reemplazar.
replaceable *(ripléisöbl)* adj. reemplazable; substituible.
replacement *(ripléisment)* s. sustitución, reposición; sustituto.
replenish *(riplénish)* tr. llenar, rellenar.
replete *(riplít)* adj. repleto; lleno.
replica *(réplika)* s. reproducción, réplica.
replicate *(réplikeit)* tr. duplicar, repetir.
reply *(replái)* s. respuesta; tr. contestar, responder.
report *(ripórt)* s. informe; (periódico) crónica; *Mil.* parte; tr. e intr. informar; presentarse.
reporter *(ripórtör)* s. reportero, periodista.
repose *(ripóus)* s. reposo, tr. descansar; intr. reposar, descansar.
reprehend *(repriјénd)* tr. reprender, reñir, increpar.
reprehensible *(reprehénsibl)* adj. reprensible, reprobable.
reprehension *(reprehénschön)* s. reprensión.
represent *(reprisént)* tr. representar.
representation *(representéischön)* s. representación. *Teat.* función.
representative *(represéntativ)* adj. representativo; s. representante.
repress *(riprés)* tr. reprimir.
repression *(ripréschön)* s. represión.
repressive *(riprésiv)* adj. represivo.
reprieve *(riprív)* s. indulto; aplazamiento; tr. aplazar, aliviar, indultar.
reprimand *(réprimand)* s. reprimenda; tr. reprender, regañar.
reprint *(ríprint)* s. reimpresión; tr. reimprimir.
reprisal *(ripráisal)* s. represalia.
reproach *(ripróuch)* s. reproche; tr. reprochar.
reproduce *(riprodiús)* tr. reproducir.
reproduction *(riprodákschön)* s. reproducción.
reproof *(riprúf)* s. reproche, reprimenda.
reprove *(riprúv)* tr. reprochar, reprender, censurar.
reptile *(réptail)* adj. y s. reptil.
republic *(ripáblik)* s. república.
republican *(ripáblikan)* adj. y s. republicano.
repudiate *(ripiúdieit)* tr. repudiar.
repudiation *(ripiudiéischön)* s. repudiación, repudio, rechazo.
repugnance *(ripágnans)* s. repugnancia, aversión.
repugnant *(repágnant)* adj. repugnante, asqueroso.
repulse *(ripóls)* tr. repulsar, repeler; rechazar; s. repulsa; desaire.
repulsive *(ripálsiv)* adj. repulsivo, repugnante.
reputable *(répiutabl)* adj. respetable, honorable.
reputation *(repiutéischön)* s. reputación, fama, prestigio.
repute *(repiút)* s. fama; reputación; tr. reputar, juzgar; **of ill** ~, de mala fama.
request *(rikuést)* s. petición, solicitud; tr. rogar, pedir, solicitar.
require *(rikuáiör)* tr. requerir, necesitar, exigir.
requirement *(rikuáirment)* s. requisito, exigencia, necesidad.
requisite *(rékuisit)* adj. esencial, necesario, necesidad; s. requisito; **toilet ~s**, artículos de aseo.
requisition *(rekuisíschön)* s. requisición, demanda, orden; tr. demandar, pedir, requisar.
rerun *(rirán)* tr. (tv. etc.) reestrenar, reponer; s. reposición; repetición.
rescind *(risínd)* tr. rescindir, anular.
rescue *(réskiu)* s. rescate, salvamento; tr. rescatar, salvar.

rescuer *(réskiue)* s. libertador, salvador.
research *(risérch)* s. investigación; tr. investigar.
researcher *(risérchör)* s. investigador.
resemblance *(risémblans)* s. semejanza, parecido; **a close** ~, muy parecido.
resemble *(risémbl)* tr. parecerse a.
resent *(risént)* tr. resentirse de.
resentful *(riséntful)* adj. resentido.
resentment *(riséntment)* s. resentimiento.
reservation *(reservéischön)* s. reserva, reservación.
reserve *(risö'rv)* s. reserva; tr. reservar.
reserved *(risérvd)* adj. reservado.
reservoir *(réservuar)* s. depósito; embalse.
reside *(risáid)* intr. residir.
residence *(résidens)* s. residencia; domicilio.
resident *(résident)* adj. residente; s. residente.
residual *(resídiual)* adj. residual.
residue *(résidiu)* s. residuo, resto.
resign *(risáin)* tr. dimitir, renunciar.
resignation *(resignéischön)* s. dimisión; resignación.
resilient *(resílient)* adj. resistente.
resin *(résin)* s. resina.
resinous *(résinös)* adj. resinoso.
resist *(risíst)* tr. e intr. resistir.
resistance *(resístans)* s. resistencia, aguante.
resistant *(risistönt)* adj. resistente.
resolute *(résoliut)* adj. resuelto.
resoluteness *(résoliutnes)* s. determinación, firmeza.
resolution *(resoliúschön)* s. resolución, propósito.
resolve *(risólv)* tr. decidir; tomar una decisión; tr., intr. resolver(se).
resonance *(résonans)* s. resonancia.
resonant *(résonant)* adj. resonante.
resort *(risórt)* s. recurso; lugar de vacaciones; **Summer** ~, lugar de veraneo; **health** ~, balneario; **last** ~, último recurso; intr. acudir, recurrir.
resound *(risáund)* tr. resonar; retumbar.
resource *(risórs)* s. recurso.
resourceful *(risórsful)* adj. ingenioso.
respect *(rispékt)* s. respeto; estima; tr. respetar.
respectable *(rispéktabl)* adj. respetable.
respectful *(rispéktful)* adj. respetuoso.
respecting *(rispékting)* prep, con respecto a, tocante a.
respective *(rispéktiv)* adj. respectivo.
respects *(rispékts)* s. recuerdos, saludos, respetos.
respiration *(respiréischön)* s. respiración; respiro.
respirator *(réspireitor)* s. respirador.
respire *(rispáiör)* tr. e intr. respirar.
respite *(réspait)* s. respiro, tregua.
resplendent *(rispléndant)* adj. resplandeciente.
respond *(rispónd)* tr. e intr. responder, contestar; reaccionar.
response *(rispóns)* s. respuesta; pl. *Rel.* responsorio.
responsibility *(responsibíliti)* s. responsabilidad.
responsible *(rispónsibl)* adj. responsable.
rest *(rést)* s. reposo; descanso; tr., intr. descansar, apoyar(se).
restaurant *(réstörant)* s. restaurante.
restful *(réstful)* adj. reposado, sosegado; relajante.
restive *(réstiv)* adj. inquieto.
restitution *(restitiúschön)* s. restitución; devolución.
restless *(réstles)* adj. inquieto, agitado; **to have a ~ night**, no pegar ojo.
restoration *(restoréischön)* s. restauración.
restore *(ristór)* tr. restituir; restablecer.
restrain *(ristréin)* tr. refrenar, contener.
restraint *(ristréint)* s. moderación.
restrict *(restríkt)* tr. restringir.
restricted *(restríkted)* adj. restringido, limitado; ~ **to**, limitado a.
restriction *(ristríkschön)* s. restricción.

R

restrictive *(ristríktiv)* adj. restricto.
result *(risólt)* s. resultado; intr. resultar.
resume *(risiúm)* tr. reanudar.
resumé *(résiumei)* s. resumen; currículum.
resumption *(risómpschön)* s. reanudación.
resurrect *(resarékt)* tr. resucitar.
resurrection *(resarékschön)* s. resurrección.
retail *(ritéil)* s. venta al por menor; tr. vender al por menor; ~ **price**, precio de venta al público.
retailer *(retéilar)* s. detallista.
retain *(ritéin)* tr. retener.
retainer *(ritéiner)* s. criado; anticipo.
retaliate *(ritálieit)* tr. e intr. responder; vengarse.
retaliation *(ritaliéschön)* s. represalia; desquite.
retard *(ritárd)* s. demora, retraso; tr. demorar; retardar.
retention *(riténschön)* s. retención.
reticence *(rétisens)* s. reticencia, reserva.
retina *(rétina)* s. *Anat.* retina.
retinue *(rétiniu)* s. comitiva, cortejo.
retire *(ritáiör)* tr. retirar; intr. retirarse; jubilarse.
retired *(ritáired)* adj. retirado; jubilado.
retirement *(ritáirment)* s. retiro, jubilación.
retort *(ritórt)* s. replica; tr. replicar.
retouch *(ritóch)* tr. retocar; s. retoque.
retrace *(ritréis)* tr. desandar; volver atrás.
retract *(ritrákt)* tr., intr. retractar(le), desmentir(se).
retraction *(ritrákschön)* s. retractación, retracción.
retreat *(ritrít)* s. retiro, refugio; *(Mil.)* retirada, retreta; intr. retirarse.
retrench *(ritrénch)* tr. reducir, disminuir, economizar; *Mil.* atrincherar.
retribute *(retríbiut)* tr. retribuir.
retribution *(retribiúschön)* s. retribución.
retrieve *(ritrív)* tr. restablecer; reparar; recobrar, recuperar.
retriever *(ritrívör)* s. perro perdiguero.
retroactive *(ritroáktiv)* adj. retroactivo.
retrograde *(rétrogreid)* adj. retrógrado.
retrospective *(ritrospéktiv)* adj. retrospectivo; retroactivo.
return *(ritörn)* s. retorno; rédito, ganancia; tr. (de)volver, retornar, recompensar; intr. volver, regresar; **~-ticket**, s. billete de ida y vuelta; ~ **key**, tecla de retorno.
reunion *(riyúniön)* s. reunión.
reunite *(riyunáit)* tr., intr. reunir(se).
reuse *(riiús)* tr. reutilizar.
reveal *(riviíl)* tr. revelar; manifestar.
revel *(rével)* s. juerga; intr. ir de juerga.
revelation *(reveléischön)* s. revelación.
reveler (US), **reveller** (UK) *(révelar)* s. juerguista.
revelry *(révelri)* s. jarana, jolgorio, juerga.
revenge *(rivéndch)* s. venganza; tr., intr. vengar(se).
revengeful (US), **revengeful** (UK) *(rivéndyaful)* adj. vengativo.
revenue *(réveniu)* s. rentas, ingresos, beneficios.
revere *(rivíör)* tr. reverenciar; venerar.
reverence *(réverens)* s. reverencia, veneración.
reverend *(réverend)* adj. reverendo.
reverent *(réverent)* adj. reverente.
reverie *(réveri)* s. ensueño.
reversal *(rivérsal)* s. reversión.
reverse *(rivérs)* adj. inverso; contrario; s. la inversa, revés; dorso; tr. invertir, lo contrario.
reversion *(rivérshön)* s. reversión, regresión, vuelta.
revert *(rivért)* tr. revertir, volver atrás, retroceder.
review *(riviú)* s. *Mil.* revista, repaso; *Lit.* reseña; tr. repasar; analizar.
reviewer *(riviúör)* s. crítico.
revile *(riváil)* tr. injuriar, insultar.
revise *(riváis)* tr. revisar; corregir.

revision *(rivíshön)* s. reparo, revision, corrección.
revival *(riváival)* s. resurgimiento, reavivamiento.
revive *(riváiv)* tr. revivir, reanimar, reactivar, volver en sí.
revocable *(révokabl)* adj. revocable.
revocation *(revokéischön)* s. revocación.
revoke *(rivóuk)* tr. revocar.
revolt *(rivóult)* s. revuelta; levantamiento; tr. sublevar; intr. rebelarse.
revolting *(rivóulting)* adj. asqueroso, repugnante; **to be ~**, dar asco.
revolution *(revoliúschön)* s. (*Pol.* y *Mec.*) revolución.
revolutionary *(revoliúschöneri)* s. revolucionario.
revolutionize *(revoliúschönais)* tr. revolucionar.
revolve *(revólv)* tr. girar, hacer girar; (fig.) meditar.
revolver *(rivólvör)* s. revólver.
reward *(riuárd)* s. recompensa, premio; tr. premiar, recompensar.
rewarding *(riuárdin)* adj. gratificante.
rewrite *(riráit)* tr. volver a escribir; refundir (un escrito).
rhetoric *(rétorik)* s. retórica.
rhetorical *(retórikal)* adj. retórico.
rheumatic *(riumátik)* adj. reumático.
rheumatism *(riúmatism)* s. reumatismo.
rhinoceros *(rainósaros)* s. *Zool.* rinoceronte.
rhombus *(rómbus)* s. rombo.
rhubarb *(rúbab)* s. *Bot.* ruibarbo.
rhyme *(ráim)* s. rima; tr. rimar.
rhythm *(rízm)* s. ritmo; cadencia.
rhythmical *(rízmikal)* adj. rítmico.
rib *(ríb)* s. costilla.
ribald *(ríbold)* adj. impúdico; lascivo; obsceno; procaz.
ribbon *(ríbön)* s. cinta.
rice *(ráis)* s. arroz; **~ field**, arrozal; **~ pudding**, arroz con leche.
rich *(rích)* adj. y s. rico, suntuoso; pesado; abundante; intenso; fértil.
riches *(riches)* s. pl. riqueza, caudales.
richness *(richnes)* s. riqueza; abundancia; fertilidad; intensidad.
rickety *(ríkiti)* adj. desvencijado, destartalado; *Med.* raquítico.
rid [rid; rid] *(ríd)* tr. librar; **to get ~ of**, librarse de.
riddle *(rídl)* s. enigma; adivinanza; acertijo; tr. **~ with bullets**, acribillado a balazos.
ride [rode; ridden o rode] *(ráid)* intr. cabalgar, montar; ir, viajar; **the car ~s well**, el coche anda bien; s. paseo (en coche, etcétera.
rider *(ráidör)* s. jinete, ciclista, motorista, etc.
ridge *(rídch)* s. lomo; cumbre; sierra (montañas); (mar) cresta.
ridicule *(rídikiul)* s. ridículo; ridiculez, tr. ridiculizar.
ridiculous *(ridíkiulös)* adj. ridículo, grotesco, absurdo.
riding *(ráiding)* s. equitación; adj. de montar; intr. **to go ~**, pasear a caballo.
rife *(ráif)* adj. abundante, común, numeroso; **to be ~**, abundar, ser muy común.
rifle *(ráifl)* s. carabina, fusil, rifle; tr. robar, desvalijar, saquear.
rift *(ríft)* s. grieta, fisura; tr. hender.
rig *(ríg)* tr. aparejar, equipar; enjarciar (un barco de vela); **to ~ oneself up**, emperifollarse, ataviarse; **~ging** *(riguin)* s. aparejo, equipo, aparato, atavío; traje.
right *(ráit)* adj. derecho, recto, justo; s. derecho, razón, (mano) derecha; adv. justamente; interj. ¡muy bien!; **on the ~**, (con mov.) a la derecha; tr. hacer justicia, enmendar; **~ hand**, s. brazo derecho (también en sentido figurado).
righteous *(ráichas)* adj. justo; recto, honrado.
righteousness *(ráichösnis)* s. rectitud, honradez.
righter *(ráitör)* s. justiciero.

R

rightful *(ráitful)* adj. legítimo.
rightly *(ráitli)* adv. con razón; justamente, rectamente; propiamente, aptamente, debidamente.
rigid *(rídyid)* adj. rígido, tieso.
rigor (US), **rigour** (UK) *(rígör)* s. rigor.
rigorous *(rigörös)* adj. riguroso; severo.
rim *(rím)* s. reborde; **full to the ~**, lleno hasta el borde; borde.
rime *(ráim)* s. rima; escarcha.
rind *(ráind)* s. corteza, cáscara.
ring *(ríng)* s. anillo(a), aro, timbre; llamada (por teléfono); ruedo; **[rang; rung]** tr. circundar; **~ the bell**, tocar el timbre; **~ up**, telefonear.
ringlet *(rínglit)* s. rizo, bucle, pequeña sortija.
rink *(rínk)* s. pista; **skating ~**, pista de patinaje; s. **ice ~**, pista de hielo.
rinse *(ríns)* tr. enjuagar; s. enjuague.
riot *(ráiöt)* s. tumulto, motín; intr. amotinarse, alborotar.
rioter *(ráiötör)* s. alborotador.
riotous *(ráiötös)* adj. alborotado; desenfrenado.
rip *(ríp)* s. rasgadura; desgarrón; tr. rasgar, desgarrar.
ripe *(ráip)* adj. maduro; sazónado.
ripen *(ráipn)* tr. e intr. madurar.
ripeness *(ráipnes)* s. madurez.
ripple *(rípl)* s. onda, rizo; murmullo; tr. rizar; intr. rizarse.
rise [rose; risen] *(ráis)* s. subir; aumento (de salario), subida (de precio); ascenso; salida (del sol); tr. aumentar, subir, ascender, salir; **to give ~ to**, ocasionar; levantar.
risk *(rísk)* s. riesgo; tr. arriesgar.
risky *(ríski)* adj. arriesgado, peligroso, aventurado.
rising *(ráising)* s. *Pol.* levantamiento; adj. ascendente.
rite *(ráit)* s. rito.
ritual *(rítiual)* adj. y s. ritual.
rival *(ráival)* adj. contrario; s. rival; tr. revalizar.
rivalry *(ráivalri)* s. rivalidad.
river *(rívör)* s. río; **~ bed**, lecho del río; **up/down ~**, río arriba/abajo; -side, ribera.
rivet *(rívet)* s. remache; tr. remachar; fijar.
rivulet *(ríviulit)* s. riachuelo, arroyuelo.
road *(róud)* s. camino, carretera, calle; **~side**, borde de la carretera; **~way**, calzada; **~ safety**, seguridad vial; **rail~** (US), ferrocarril.
roam *(róum)* intr. vagar, rondar, deambular; tr. recorrer.
roamer *(róumör)* s. hombre errante, andariego.
roar *(róör)* s. rugido, bramido; intr. rugir, bramar.
roast *(róust)* adj. asado, tostado; s. carne asada; tr. asar, tostar, calcinar; **~er**, *(róustör)* s. asador, tostador, pollo para ser asado.
rob *(rób)* tr. robar.
robber *(róbör)* s. ladrón.
robbery *(róböri)* s, robo; (fig.) **daylight ~**, estafa.
robe *(róub)* s. túnica; **ward~**, guardarropa, armario.
robin *(róbin)* s. petirrojo.
robot *(róuböt)* s. robot, autómata.
robotics *(roubótiks)* s. pl. robótica.
rock *(rók)* s. roca, peña(asco); intr. y tr. oscilar; bambolear; **~ing chair**, mecedora.
rocker *(rókar)* s. mecedora, balancín.
rocky *(róki)* adj. rocoso, pedregoso.
rocket *(róket)* s. cohete.
rod *(ród)* s. var(ill)a, barrote; **fishing ~**, caña de pescar.
rodent *(róudent)* s. roedor.
roe *(róu)* s. *Ict.* corzo; hueva.
rogue *(róug)* s. pícaro, pillo, granuja.
roguery *(róugari)* s. bribonada.
role *(róul)* s. papel, parte; **to play a role**, desempeñar un papel.
roll *(róul)* s. rollo; rodillo; panecillo; lista, registro; tr. rodar, allanar con rodillo; intr. rodar, girar.

roller *(róulör)* s. rodillo; rulo; **steam~**, apisonadora; aplanadora; **~skate**, patín de ruedas; **~blade**, patín en línea.

rolling *(róuling)* adj. rodadero; **~ mill**, taller de laminación; **~pin**, rodillo de cocina.

Roman *(róuman)* adj. y s. romano; **~ Catholic**, adj. y s. católico (romano).

romance *(roumáns)* s. romance; amorío; novela de amor; intr. fantasear.

Romanesque *(roumanésk)* adj. románico.

romantic *(roumántik)* adj. romántico.

romp *(róump)* s. retozo; intr. retozar, juguetear.

roof *(rúf)* s. techo; tejado; azotea; tr. techar.

rook *(rúk)* s. *Orn.* corneja, grajo; torre (de ajedrez).

room *(rúm)* s. habitación, cuarto; espacio; **bath ~**, cuarto de baño; **bed ~**, dormitorio; **dining ~**, comedor; **sitting ~**, sala de estar; **to make ~**, hacer sitio.

roomer *(rúmer)* s. inquilino.

roominess *(rúminis)* s. holgura.

roomy *(rúmi)* adj. espacioso, holgado.

roost *(rúst)* s. percha sobre la cual se posan los pájaros para descansar.

rooster (US) *(rústör)* s. gallo.

root *(rút)* s. raíz; origen; tr. e intr. arraigar(se); **~less**, desarraigado.

rope *(róup)* s. soga; cuerda; cabo; tr. atar.

rosary *(róusari)* s. rosario.

rose *(róus)* s. *Bot.* rosa; **~bush**, rosal; adj. rosa; **~water**, s. agua de rosas.

rosebud *(róusbőd)* s. capullo o botón de rosa, yema.

rosemary *(róusmeri)* s. *Bot.* romero.

rosette *(rousét)* s. roseta, rosetón.

rostrum *(róström)* s. tribuna.

rosy *(róusi)* adj. (son)rosado.

rot *(rót)* s. podredumbre; (fam.) tontada, intr. pudrirse.

rotary *(róutari)* adj. rotatorio, giratorio, rotativo; s. rotonda.

rotate *(rotéit)* intr. girar, alternar.

rotation *(rotéischön)* s. rotación.

rote *(róut)* s. rutina, repetición maquinal; **by ~**, de memoria.

rotten *(rótn)* adj. podrido, corrompido, deteriorado.

rotund *(rotónd)* adj. redondeado; regordete; rotundo.

rouge *(rúdch)* s. colorete; lápiz de labios; tr. y r. dar(se) colorete.

rough *(róf)* adj. áspero; (terreno) accidentado; (mar) agitado, violento; difícil; tosco; aproximado; (golf) el rough; tr. esbozar; poner áspero.

roughen *(rófn)* tr. e intr. poner(se) áspero.

roughly *(rúfli)* adv. aproximadamente, a bulto, más o menos.

roughness *(rúfnes)* s. aspereza, brusquedad, rudeza.

round *(ráund)* adj. redondo, s. círculo, ronda; **~ of drinks**, ronda de bebidas; adv. y prep, alrededor (de); tr. redondear; **~ up**, reunir; hacer un resumen de; **to go ~ and ~**, dar más y más vueltas; **to go ~ the bend**, volverse loco.

roundabout *(ráundabout)* adj. indirecto; s. (UK) tiovivo; glorieta de circulación.

roundness *(ráundnes)* s. redondez.

rouse *(ráus)* tr. e intr. despertar(se), excitar(se).

rout *(ráut)* s. derrota aplastante, desbandada; tr. derrotar.

route *(rút)* s. ruta, rumbo, camino; dirigir, encaminar.

routine *(rutín)* s. rutina; adj. rutinario.

rove *(róuv)* intr. recorrer, vagabundear, vagar.

rover *(róuvör)* s. vagabundo.

row *(róu)* s. fila, hilera; pelea; serie; estruendo; **~boat**, bote de remos; tr. remar; llevar a remo.

rowdy *(ráudi)* s. y adj. ruidoso, gamberro.

R

rower *(róuör)* s. remero.
royal *(róial)* ad. real, regio.
royalty *(róyalti)* s. realeza; derechos de autor.
rub *(rób)* tr. frotar; s. frotamiento; tr. ~ **out**, borrar.
rubber *(róbör)* s. caucho, goma, hule; (UK), goma de borrar; (US) condón; ~ **band**, goma elástica.
rubbing *(rábing)* s. frote, fricción.
rubbish *(rábisch)* s. escombros; basura; desperdicios; ~!, intr. ¡Tonterías!; ~ **dump**, escombrera, estercolero; ~ **bin**, cubo de basura.
rubble *(rábl)* s. escombros, ripio.
ruby *(rúbi)* s. rubí.
rucksack (UK) *(róksak)* s. mochila.
rudder *(rádör)* s. *Mar.* timón.
ruddy *(rádi)* adj. rojizo, rubicundo.
rude *(rúd)* adj. rudo, grosero, rústico, tosco.
rudeness *(rúdnes)* s. grosería; tosquedad; brusquedad.
rudiment *(rúdiment)* s. rudimento, noción básica.
rudimentary *(rudiméntari)* adj. rudimentario.
rue *(rú)* s. *Bot.* ruda; tr. lamentar, arrepentirse.
rueful *(rúful)* adj. triste; arrepentido.
ruffian *(ráfian)* s. rufián; matón.
ruffle *(ráfel)* tr. rizar, fruncir (tela); arrugar, desarreglar, rizar (la superficie del agua), perturbar, molestar; s. volante (de un traje), frunce, pliegue, ondulación (en el agua).
rug *(rág)* s. felpudo; alfombrilla, tapete; (UK) **travelling** ~, manta de viaje.
rugged *(ráguid)* adj. áspero; *Geog.* escabroso, abrupto; duro, severo; robusto.
ruin *(rúin)* s. ruina; tr. arruinar, destruir; ~**s**, ruinas.
ruinous *(rúinös)* adj. ruinoso, decrépito, funesto.
rule *(rúl)* s. regla, norma; tr. gobernar, intr. mandar, reinar, regir; **as a** ~, regla general; **to** ~ **out**, descartar.
ruler *(rúlör)* s. gobernante; regla (de dibujo).
ruling *(rúling)* s. *Leg.* fallo, decisión, resolución; adj. predominante; dirigente.
rum *(róm)* s. ron.
rumble *(rámbl)* s. estruendo, retumbo; tr. e intr. retumbar; (fam.) **to** ~, (estómago), hacer ruido la tripa.
ruminant *(rúminant)* adj. y s. rumiante.
ruminate *(rúmineit)* tr. e intr. rumiar; reflexionar.
rummage *(rámidch)* intr. escudriñar, hurgar; s. ropa usada; ~ **sale**, venta de prendas usadas.
rumor (US), **rumour** (UK) *(rúmör)* s. rumor; **it is** ~ **that**, se dice que; tr. rumorear.
rump *(rámp)* s. grupa.
rumple *(rámpl)* tr. despeinar, arrugar; s. arruga (en un traje).
rumpus *(rampös)* s. barullo, escándalo, lío, jaleo.
run *(rán)* s. carrera, ruta; **[ran; run]** intr. correr, pasar, funcionar; tr. circular, durar; extenderse; hacer funcionar, deslizar, dirigir; **in the long** ~, a la larga; ~ **after**, correr tras; ~ **away**, escaparse.
runaway *(ranauéi)* adj. y s. fugitivo.
rung *(rang)* s. escalón, peldaño.
runner *(ránör)* s. corredor; mensajero, riel (cajón, etc.), cuchilla (patín).
running *(ráning)* s. corrida, carrera; funcionamiento; adj. corriente; continuo; seguido.
runway *(ránuei)* s. pista (de aterrizaje y despegue).
runt *(ránt)* s. animal pequeño.
rupture *(rapcha)* s. ruptura; *Med.* hernia; tr. e intr. romper; herniarse.
rural *(rúral)* adj. rural, rústico.
ruse *(rús)* s. treta, ardid.
rush *(rásch)* s. ímpetu, prisa, avalancha, tropel; *Bot.* junco; intr. abalanzarse; tr. apresurar, apurar; ~ **hour**, hora punta; ~ **at**, precipitarse hacia.
rusk (UK) *(rásk)* s. galleta, rosca.
Russian *(ráschán)* adj. y s. ruso.
rust *(rást)* s. óxido, orín; tr. e intr. oxidar; oxidarse.
rustic *(rástik)* adj. rústico; s. rústico, campesino.

rustiness *(rástines)* s. moho, óxido.
rustle *(ruásl)* s. susurro; crujido; intr. susurrar, crujir; (fam.) (US) robar ganado.
rustproof *(ruástpruf)* adj. inoxidable.
rusty *(rásti)* adj. mohoso; oxidado.
rut *(ruát)* s. surco, rodada; (fig.) rutina; rodada; *Zool.* celo; **to be in a ~**, ser rutinario, estar metido en la rutina.
ruthless *(rúzles)* adj. cruel, despiadado, implacable.
ruthlessness *(rúzlesnes)* s. crueldad, falta de piedad.
rye *(rái)* s. centeno.

S s

Sabbath *(sábaz)* s. sábado (judío); domingo (cristiano).
sabbatical *(sabátikal)* adj. sabático; **~ year**, año sabático.
sable *(sáibl)* s. (zool.) cebellina (y su piel), marta.
sabotage *(sábotadch)* s. sabotaje; tr. sabotear.
saber (US), **sabre** (UK) *(séibar)* s. sable.
saccharin *(sákarin)* s. sacarina.
sack *(sák)* s. saco, talega; (fam.) despido; tr. ensacar; (fam.) despedir, echar.
sacrament *(sákrament)* s. sacramento.
sacramental *(sakraméntal)* adj. sacramental.
sacred *(séikrit)* adj. sagrado.
sacredness *(séikrednes)* s. santidad, carácter sagrado.
sacrifice *(sákrifais)* tr. e intr. sacrificar, renunciar; s. sacrificio.
sacrilege *(sákriledch)* s. sacrilegio.
sacrilegious *(sakrilídchös)* adj. sacrílego.
sad *(sád)* adj. triste, melancólico.
sadden *(sádn)* tr. entristecer; intr. entristecerse.
saddle *(sádl)* s. silla de montar, sillín (de bicicleta).
saddler *(sádlör)* s. guarnicionero.
sadism *(séidisam)* s. sadismo.
sadist *(séidist)* s. sádico.
sadistic *(sadístik)* adj. sádico, cruel.
sadness *(sádnes)* s. tristeza, melancolía.
safari *(safári)* s. safari.
safe *(séif)* adj. seguro, salvo, ileso, a prueba de; s. arca, caja fuerte; **~ and sound**, sano y salvo.
safeguard *(séifgard)* s. salvaguardar, resguardo, defensa; tr. resguardar, proteger.
safely *(séifli)* adv. sin peligro, ileso, sin novedad.
safeness *(séifnes)* s. seguridad.
safekeeping *(seifkípin)* s. custodia, protección.
safety *(séifti)* s. seguridad; **~ belt**, cinturón de seguridad; **~ pin**, alfiler imperdible.
saffron *(sáfrön)* s. *Bot.* azafrán.
sag *(ság)* s. comba; intr. combarse, hundirse, aflojar.
saga *(sága)* s. saga.
sagacious *(saguéischös)* adj. sagaz, astuto.
sagacity *(sagásiti)* s. sagacidad.
sage *(sáidch)* s. sabio; *Bot.* salvia; adj. prudente, juicioso.
sail *(séil)* s. vela; tr. navegar; **~boat**, velero, barco de vela.
sailing *(séiling)* s. navegación (a vela); **~ boat**, bote o barco de vela, velero.
sailor *(séilör)* s. marinero.
saint *(séint)* s. santo(a); adj. santo; **all ~'s, day**, día de todos los santos.
sake *(séik)* s. bien, causa, fin, razón; **for God's ~!**, ¡por el amor de Dios!
salad *(sálad)* s. ensalada, **~ bowl**, ensaladera.
salaried *(sálarit)* adj. asalariado.
salary *(sálari)* s. salario, sueldo.
sale *(séil)* s. venta; **on ~**, en venta, saldo; de rebaja.
salesman *(séilsmen)* s. vendedor, dependiente; viajante, representante.
salient *(séilient)* adj. saliente, sobresaliente, prometiente.
saliva *(saláiva)* s. saliva.
sallow *(sálou)* adj. amarillento, lívido, pálido, cetrino.

S

sally *(sáli)* s. ocurrencia, salida; *Mil.* misión; intr. *Mil.* salir, avanzar.
salmon *(sámöm)* s salmón; adj. salmonado.
saloon *(sölún)* s. salón, taberna. *Amer.* taberna.
salt *(sólt)* s. sal; **~shaker** (US), **~ cellar** (UK), salero; adj. salado; tr. salar.
saltpeter (US), **saltpetre** (UK) *(sóltpitar)* s. salitre, nitro; **~ mine**, salitral, salitrera.
salting *(sólting)* s. saladura, salazón.
salty *(sólti)* adj. salado.
salubrious *(saliúbriös)* adj. salubre, saludable.
salubrity *(saliúbriti)* s. salubridad.
salutation *(saliutéischön)* s. salutación, saludo.
salute *(saliút)* s. salutación, saludo (militar); salva; tr. saludar, cuadrarse.
salvage *(sálvidch)* s. *Mar.* salvamento; tr. salvar, rescatar; **~ ship**, buque de rescate.
salvation *(salvéischön)* s. salvación.
salve *(sálv)* s. emplasto, ungüento, pomada; tr. salvar.
salvo *(sálvou)* s. salvedad, excepción. *Mil.* salva.
same *(séim)* adj. mismo, igual; **the ~**, lo mismo; **the ~ to you**, igualmente.
sameness *(séimnes)* s. igualdad, identidad, monotonía.
sample *(sámpl)* s. muestra, prueba; tr. probar, catar.
sanatorium *(sanatória)* s. sanatorio.
sanctify *(sánktifai)* tr. santificar.
sanctimonious *(sanktimóniös)* adj. beato, santurrón.
sanction *(sánkschön)* s. sanción; tr. sancionar.
sanctuary *(sánktuari)* s. santuario, asilo, refugio.
sand *(sánd)* s. arena; **~ bank**, arenal; **~storm**, tormenta de arena.
sandal *(sándal)* s. sandalia.
sandalwood (sándaluud) s. *Bot.* sándalo.
sandbank *(sándbank)* s. banco de arena.
sandcastle *(sándkasl)* s. castillo de arena.
sandpaper *(sándpeipar)* s. papel de lija; tr. lijar, pulir.
sandstone *(sándstoun)* s. piedra arenisca.
sandwich *(sánduich)* s. emparedado, bocadillo.
sane *(séin)* adj. sano, cuerdo.
sanguinary *(sángüineri)* adj. sanguinario.
sanguine *(sángüin)* adj. sanguíneo.
sanitary *(sánitari)* adj. sanitario, higiénico; **~ towel**, paño higiénico.
sanitation *(sanitéischön)* s. saneamiento, salubridad.
sanity *(sániti)* s. cordura, juicio, razón, sensatez.
sap *(sáp)* s. *Bot.* savia; bobo; *Mil.* zapa; tr. zarpar, socavar; debilitar.
sapling *(sápling)* s. vástago, arbolillo.
sapphire *(sáfar)* s. zafiro.
sarcasm *(sárkasm)* s. sarcasmo.
sarcastic *(sárkastik)* adj. sarcástico, mordaz.
sardine *(sárdin)* s. sardina.
sari *(sári)* s. sari, vestido de las mujeres indias.
sash *(zásch)* s. faja, fajín; marco (de ventana).
satanic *(satánik)* adj. satánico, diabólico.
satchel *(sáchel)* s. bolsa, cartera (escolar), mochila.
sate *(séit)* tr. saciar, hartar.
sateen *(satín)* s. satén.
satellite *(sátelait)* s. satélite.
satiate *(séichieit)* tr. saciar, hartar.
satiated *(séichieitet)* adj. harto, saciado, lleno.
satiety *(satáiati)* s. saciedad.
satin *(sátin)* s. raso.
satire *(sátar)* s. sátira.
satiric *(satírik)* adj. satírico.
satirist *(sátirist)* s. (escritor) satírico.
satirize *(sátirais)* tr. satirizar.
satisfaction *(satisfákschön)* s. satisfacción.
satisfactory *(satisfáktori)* adj. satisfactorio.
satisfy *(sátisfai)* tr. e intr. satisfacer, resacir, convencer; saldar.
saturate *(sáchureit)* tr. saturar.

saturation *(sachiuréischön)* s. saturación.
Saturday *(sáturdei)* s. sábado.
sauce *(sóus)* s. salsa; **~boat**, salsera.
saucepan *(sóspan)* s. cacerola, cazo, cazuela.
saucer *(sósör)* s. platillo; **flying ~**, platillo volante.
sauciness *(sósines)* s. descaro.
saucy *(sósi)* adj. descarado, fresco.
sauna *(sóna)* s. sauna.
saunter *(sóntar)* intr. pasear, vagar.
sausage *(sósidch)* s. salchicha, embutido; fiambre.
savage *(sávidch)* adj. y s. salvaje.
savagery *(sáviddyeri)* s. salvajismo, ferocidad.
savanna (US), **savannah** (UK) *(savána)* s. sabana, pradera, pampa, llanos.
save *(séiv)* tr. salvar; ahorrar; prep. salvo, excepto; conj. sino; a menos que, pl. **savings**, ahorros; **~ bank**, Caja de Ahorros.
savior (US), **saviour** (UK) *(séiveiör)* s. salvador.
savor (US), **savour** (UK) *(séivör)* s. gusto, sabor; tr. saborear.
savory (US), **savoury** (UK) *(séivöri)* adj. sabroso.
savvy *(sávi)* s. (fam.) inteligencia; **~?**, ¿entiende Ud.?
saw *(só)* s. sierra; **[sawed; sawed** o **sawn]** tr. e intr. serrar, cortar.
sawdust *(sódast)* s. serrín.
sawmill *(sómil)* s. aserradero.
Saxon *(sákson)* adj. y sajón.
saxophone *(sákofoun)* s. saxofón.
say [said; said] *(séi)* tr. e intr. decir; s. opinión, voz; **~!**, ¡oiga!: **they ~**, se dice, dicen.
saying *(séing)* s. dicho, refrán, proverbio.
scab *(skáb)* s. costra, postilla; esquirol, rompehuelgas.
scabbard *(skábard)* s. vaina de espada, funda.
scabby *(skábi)* adj. costroso, roñoso, sarnoso, tiñoso.
scabies *(skéibis)* s. *Med.* sarna.
scabrous *(skéibrös)* adj. escabroso.
scaffold *(skáföld)* s. andamio; cadalso, patíbulo.
scaffolding *(skáfolding)* s. andamiaje, andamio.
scald *(skóld)* tr. escaldar; caldear; s. escaldadura, quemadura.
scalding *(skáldin)* s. escaldadura; adj. hirviendo.
scale *(skéil)* s. *Com.* balanza, báscula; *Mús.* y *Cart.* escala, gama; *Zool.* y *Bot.* escama, costra; tr. (des)escamar, raspar, escalar.
scales *(skéils)* s. balanza(s).
scallop *(skalop)* s. vieira; ostión; **~s**, festón; tr. festonear.
scalp *(skálp)* s. cuero cabelludo; tr. arrancar la cabellera a.
scalpel *(skálpel)* s. *Med.* escalpelo, bisturí.
scaly *(skáli)* adj. escamoso.
scamp *(skámp)* s. pícaro, travieso; bribón, bellaco, granuja.
scamper *(skámpör)* s. fuga; intr. escabullirse; corretear.
scan *(skán)* tr. escudriñar, otear; escanear; s. ecografía.
scandal *(skándal)* s. escándalo.
scandalize *(skándalais)* tr. escandalizar.
scandalous *(skándalös)* adj. escandaloso, vergonzoso.
scant *(skánt)* s. escaso, corto.
scantiness *(skántines)* s. escasez.
scanty *(skánti)* adj. escaso, exiguo, insuficiente.
scapegoat *(skeipgout)* s. cabeza de turco, chivo expiatorio.
scar *(skár)* s. cicatriz; tr. intr. cicatrizar(se).
scarce *(skérs)* adj. escaso, raro.
scarcity *(skársiti)* s. escasez.
scarcely *(skérsli)* adv. apenas; **~ ever**, casi nunca.
scare *(skár)* tr. espantar, asustar; s. susto, sobresalto; **to ~ away**, ahuyentar.
scarecrow *(skárkrou)* s. espantajo, espantapájaros.
scarf *(skárf)* s. bufanda.
scarlet *(skárlet)* s. y adj. escarlata; *Med.* **~fever**, escarlatina.
scary *(skári)* adj. espantadizo, alarmante.
scatter *(skátör)* tr., intr. esparcir(se), desparramar(se), dispersar, diseminar; *Agric.* sembrar.
scattered *(skáterd)* adj. desparramado, diseminado.

S

scavenge *(skátedch)* tr. e intr. recoger la basura; hurgar en la basura, pepenar.
scavenger *(skávindyer)* s. carroñero, predador.
scene *(síin)* s. escena, paisaje, panorama.
scenery *(sínari)* s. paisaje; *Teat.* decorado.
scent *(sént)* s. olfato, olor, perfume, rastro; tr. olfatear, oler.
sceptic *(sképtik)* s. escéptico.
sceptical *(sképtikal)* adj. escéptico.
scepter (US), **sceptre** (UK) *(sétör)* s. cetro.
schedule *(skedual)* s. programa, plan; horario; tr. planear, programar.
scheme *(skím)* s. proyecto, esquema, plan; intriga; tr., intr. proyectar, intrigar.
schism *(skísm)* s. *Ecles.* cisma.
schismatic *(sismátik)* s. y adj. cismático.
scholar *(skólar)* s. escolar; especialista; sabio.
scholarly *(skólari)* adj. erudito., sabio, docto; adv. eruditamente.
scholarship *(skólarship)* s. beca, erudición.
school *(skúl)* s. escuela, colegio; tr, instruir, enseñar **boarding ~**, internado; **grammer ~**, instituto; **secondary-modern ~**, universidad laboral.
schoolboy *(skúlboi)* s. colegial.
schoolgirl *(skúlgerl)* s. colegiala, alumna.
schooling *(skúling)* s. instrucción, enseñanza.
schoolmaster *(skúlmaster)* s. maestro (de escuela).
schoolmate *(skúlmeit)* s. condiscípulo, compañero de escuela.
schoolmistress *(skúlmistres)* s. maestra, profesora.
schoolroom *(skúlrum)* s. clase, aula.
schooner *(skúna)* s. *Náut.* goleta: vaso grande para cerveza.
science *(sáiens)* s. ciencia.
scientific *(saientífik)* adj. científico.
scintillate *(síntilait)* intr. centellear.
scion *(sáion)* s. *Bot.* vástago.
scissors *(sísörs)* s. pl. tijeras.
scoff *(skóf)* s. mofa, burla; intr. mofarse, burlarse.
scold *(skóuld)* tr. e intr. regañar, reprender, reñir.
scoop *(skúp)* s. pala de mano, cucharón; (periódico) primicia; *Náut.* achicador, tr. sacar con pala.
scoot *(skút)* intr. escabullirse, correr, irse a toda prisa.
scooter *(sküta)* s. motocicleta; patinete de niño.
scope *(skóup)* s. alcance, propósito, objeto, libertad.
scorch *(skórch)* tr. chamuscar, quemar.
score *(skór)* s. marca; veintena; *Dep.* tanteo; *Mús.* partitura; tr. marcar un tanto.
scorn *(skórn)* s. desdén, desprecio; tr. despreciar.
scornful *(skörnful)* adj. desdeñoso, despectivo, despreciativo.
scorpion *(skórpion)* s. escorpión, alacrán.
Scot *(skót)* s. escocés.
scotch *(skótch)* tr. frustrar; s. calza, cuña; **Scotch**, adj. s. escocés.
scoundrel *(skáundrel)* s. y adj. canalla, bribón, sinvergüenza.
scour *(skáuör)* tr. fregar; revisar.
scourge *(skórdch)* s. azote; tr. azotar, castigar.
scout *(skáut)* s. explorador, cazatalentos; tr., intr. explorar.
scowl *(skául)* s. ceño; intr. fruncir el ceño.
scramble *(skrámbl)* s. rebatiña, pelea; tr. arrebatar; intr. trepar; mezclar; **~ eggs**, huevos revueltos; **to go scrambling**, hacer motocross.
scrap *(skráp)* s. trozo; pelea; **~ metal**, chatarra; **~s**, restos, sobras; **a ~ of paper**, un trozo de papel; tr. desechar; pelearse.
scrape *(skréip)* s. raspadura; tr. intr. rascar, raspar.
scratch *(skrach)* s. rasguño, arañazo, rayadura; tr. arañar, rascar, rayar.

scrawl *(skról)* s. garabato; tr. garabatear.
scrawny *(skróni)* adj. huesudo, flaco, escuálido.
scream *(skrím)* s. grito, chillido; gritar, chillar.
screech *(skrích)* s. chillido; intr. chillar, gritar.
screen *(skrín)* s. (cine) pantalla; biombo; tr. cubrir, ocultar; **~shot**, *Inform.* pantallazo.
screenshot *(skrínschot)* s. *Inform.* pantallazo.
screw *(skrú)* s. tornillo; tr. atornillar; **~driver**, destornillador.
scribble *(skríbl)* s. garabato; tr. garabatear.
script *(skrípt)* s. escritura, letra; guión (película); **~writer**, guionista.
Scripture *(skrípcha)* s. Las Sagradas Escrituras.
scrofulous *(skrófiulös)* adj. escrofuloso.
scroll *(skról)* s. rollo de papel o pergamino; *Arq.* voluta.
scrounge *(skráunch)* tr. gorronear.
scrounger *(skráuncher)* s. gorrón.
scrub *(skrób)* tr. fregar, restregar; s. *Bot.* maleza; fregado.
scruff *(skróf)* s. por el cogote.
scruffy *(skráfi)* adj. desaliñado, desordenado, dejado.
scrunch *(skrúnch)* tr. crujir; s. crujido.
scruple *(skrúpl)* s. escrúpulo.
scrupulous *(skrúpiulös)* adj. escrupuloso.
scrutinize *(skrútinais)* tr. escudriñar, escrutar.
scrutiny *(skrútini)* s. escrutinio.
scuba diving *(skúba daivin)* s. submarinismo.
scuffle *(skáfl)* s. contienda, riña; intr. reñir, pelearse.
sculptor *(skálptör)* s. escultor.
sculpture *(skálptchör)* s. escultura; tr., intr. esculpir.
scum *(skám)* s. (pers.) espuma, escoria; verdín.
scurf *(skérf)* s. costra, caspa.
scurrility *(skaériliti)* s. grosería.
scurrilous *(skárles)* adj. difamatorio, calumnioso, injurioso.
scurry *(skárri)* tr. apurarse, ir corriendo, apresurarse.
scurvy *(skárvi)* s. *Med.* escorbuto.
scuttle *(skátl)* intr. echar a correr, barrenar (un buque), echar a pique; s. escotilla, balde (para carbón).
scythe *(sáifz)* s. guadaña.
sea *(sí)* s. mar; (fig.) multitud; **at ~**, en el mar; **by the ~**, junto al mar; **~food**, marisco; **~ lion**, león marino; **~shell**, concha.
seaboard *(síbord)* s. litoral.
seagull *(sígal)* s. gaviota.
seal *(síl)* s. sello; precinto; *Zool.* foca; tr. sellar; cerrar; **~-wax**, lacre.
seam *(sím)* s. costura; *Min.* veta, filón; tr. juntar.
seaman *(síman)* s. marino, marinero (plural **seamen**).
seamstress *(símstres)* s. costurera.
seamy *(sími)* adj. sórdido.
seaplane *(síplein)* s. hidroavión.
seaport *(síport)* s. puerto de mar, puerto marítimo.
search *(sérch)* s. búsqueda, registro; tr. **to ~ for**, buscar; **~ out**, encontrar, averiguar.
searchlight *(sértchlait)* s. reflector.
seashore *(síschör)* s. orilla del mar.
seasick *(sísik)* adj. mareado.
seasickness *(sísiknes)* s. mareo.
season *(sísön)* s. estación (del año); temporada; tr. sazonar; **out of ~**, en veda; **~ ticket**, abono.
seasonable *(sísönabl)* adj. oportuno; estacional.
seasonal *(sísönal)* adj. estacional.
seasoned *(sísönd)* adj. condimentado, sazonado.
seasoning *(sísoning)* s. condimento, sazón.
seat *(sít)* s. asiento; fondillos; sede; **~ belt**, cinturón de seguridad; tr. (a)sentar.
seaweed *(síuid)* s. alga marina.
seaworthy *(síuordi)* adj. en condiciones de navegar.
secede *(sisíd)* intr. separarse, escindirse.
secession *(siséschön)* s. secesión.
secessionist *(siséschönist)* s. secesionista.

S

S

secluded *(seklúdid)* adj. retirado, apartado.
seclusion *(siklúchön)* s. aislamiento.
second *(sékönd)* adj. segundo; s. segundo; ~ **hand**, de segunda mano, de ocasión.
secondary *(séköndari)* adj. secundario.
secrecy *(síkresi)* s. secreto, sigilo, misterio.
secret *(síkret)* adj. y s. secreto.
secretary *(sékreteri)* s. secretario.
secretion *(sikríschön)* s. secreción, exudación.
sect *(sékt)* s. secta.
sectarian *(sektárian)* adj. y s. sectario.
section *(sékschön)* s. sección, porción, departamento, sector.
sector *(séktar)* s. sector.
secular *(sékyular)* adj. secular, seglar.
secularize *(sékiularais)* tr. secularizar.
secure *(sikiúr)* adj. seguro, firme; tr. atar, asegurar.
security *(sikyúriti)* s. seguridad, garantía.
sedate *(sidéit)* adj. sosegado, sereno, serio; tr. sedar.
sedative *(sédativ)* s. calmante, sedante.
sedentary *(sédenteri)* adj. sedentario, inactivo.
sediment *(sédiment)* s. sedimento, poso.
sedition *(sidíschön)* s. sedición, rebeldía.
seditious *(sedíshos)* adj. sedicioso.
seduce *(sediús)* tr. seducir, tentar, atraer.
seducer *(sediúsar)* s. seductor.
seduction *(sedákshön)* s. seducción.
seductive *(sedáktiv)* adj. seductor, atractivo.
see [saw; seen] *(sí)* tr. e intr. ver; ~ **about**, cuidar de; ~**off**, tr. despedir; ~ **that**, ver de; ~ **through**, calar, detectar.
see *(sí)* s. sede; **The Holy** ~, La Santa Sede.
seed *(síd)* s. semilla, simiente; tr. sembrar.
seedy *(sídi)* adj. lleno de semillas; sórdido; (pers.) andrajoso.
seek [sought; sought] *(sík)* tr. e intr. buscar; solicitar; **to ~ an answer**, buscar una solución.
seem *(sím)* intr. parecer.
seeming *(síming)* s. apariencia; adj. aparente.
seemly *(símli)* adj. decoroso, decente; apropiado.
seep *(síp)* intr. colarse, filtrarse.
seer *(síar)* s. vidente, adivino.
seesaw *(síso)* s. vaivén, subibaja, balancín.
seethe [seethed; sesthed] *(síd)* intr. hervir, bullir.
seething *(sídzin)* adj. en ebullición; (fig.) exaltado.
segment *(ségment)* s. segmento.
segregate *(ségregueit)* adj. segregado; tr. segregar.
segregation *(segreguéischön)* s. segregación.
seize *(síis)* tr. e intr. coger, asir; (pers.) prender, (prop.) embargar.
seizure *(síshör)* s. asimiento, embargo, en captura.
seldom *(séldöm)* adv. raramente, pocas veces.
select *(selét)* adj. selecto, escogido; tr. seleccionar.
selection *(selékschön)* s. selección, surtido.
self *(sélf)* pron. y adj. mismo, propio; s. el yo, uno mismo; **one~**, se; **by one~**, solo.
self-confidence *(self-kónfidens)* s. seguridad en sí (mismo).
self-conscious *(self-kónshous)* adj. tímido, cohibido.
self-contained *(self-kontéind)* adj. independiente; reservado.
self-control *(self-kontról)* s. autocontrol.
self-defence *(self-diféns)* adj. en defensa propia.
selfish *(sélfish)* adj. egoísta.
selfishness *(sélfischnes)* s. egoísmo.
selfsame *(sélfseim)* adj. mismo, idéntico.
self-service *(self-sérvis)* s. autoservicio.
self-taught *(self-tóut)* adj. autodidacta.

sell [sold; sold] *(sél)* tr. vender; intr. venderse; ~ **out**, vender, traicionar; **to ~off**, liquidar.
seller *(sélar)* s. vendedor; **best ~**, el más vendido, el mayor éxito.
semaphore *(sémafor)* s. semáforo.
semblance *(sémblans)* s. apariencia.
semicolon *(semikólön)* s. punto y coma.
seminar *(seminár)* s. seminario (de estudiantes universitarios).
seminarist *(séminarist)* s. seminarista.
seminary *(séminari)* s. seminario (religioso).
senate *(sénet)* s. senado.
send [sent; sent] *(sénd)* tr. e intr. enviar; expedir; **to ~ out**, (person.) echar fuera, despedir; *Com.* despachar; ~ **back**, devolver; ~ **word**, avisar.
sender *(séndar)* s. remitente.
send off *(sénd of)* tr. mandar, enviar; despachar.
senile *(sínail)* adj. senil; chocho.
senior *(síniör)* adj. mayor; más antiguo; s. superior.
seniority *(sinióriti)* s. antigüedad.
sensation *(senséischön)* s. sensación.
sense *(séns)* s. sentido; juicio; **common ~**, sentido común; tr. sentir.
senseless *(sénsles)* adj. insensible; inconsciente.
sensibility *(sensibíliti)* s. sensibilidad.
sensible *(sénsibl)* adj. sensato; sensible.
sensitive *(sénsitiv)* adj. sensitivo, sensible.
sensorial *(sensórial)* adj. sensorial.
sensual *(sénshual)* adj. sensual.
sentence *(séntens)* s. *Gram.* oración. *Leg.* s. sentencia; tr. sentenciar.
sentiment *(séntiment)* s. sentimiento.
sentry *(séntri)* s. centinela; ~ **box**, garita de centinela.
separate *(séparet)* adj. separado; tr. separar; intr. apartarse.
separation *(separéischön)* s. separación.
September *(septémber)* s. septiembre.
sepulcher (US), **sepulchre** (UK) *(sépulkör)* s. sepulcro; sepultura.
sequel *(síkuel)* s. secuela; consecuencia.
sequence *(síkuens)* s. serie, secuencia.
serenade *(sérineid)* s. serenata; tr. dar una serenata.
serene *(serín)* adj. sereno, sosegado, apacible.
serenity *(seréniti)* s. serenidad, calma.
sergeant *(sárgdyent)* s. sargento.
serial *(sírial)* adj. consecutivo; s. serial.
series *(síriis)* s. serie.
serious *(síriös)* adj. serio; grave.
seriousness *(síriösnes)* s. seriedad; gravedad.
sermon *(sármon)* s. sermón.
serpent *(sérpent)* s. serpiente; sierpe.
serrated *(seréited)* adj. dentado; serrado.
serried *(sérid)* adj. apretado, apiñado.
serum *(síröm)* s. suero.
servant *(sérvant)* s. sirviente; doncella, mucama.
serve *(sérv)* tr. e intr. servir.
service *(sérvis)* s. servicio; tr. revisar; arreglar; **at your ~**, a sus órdenes; **social ~**, servicios sociales; **out of ~**, fuera de servicio.
serviceable *(sérvisabl)* adj. útil, duradero, utilizable.
servile *(sérvail)* adj. servil.
servitude *(sérvitiud)* s. servidumbre.
session *(séshön)* s. sesión.
set *(sét)* s. conjunto, grupo; juego; adj. reglamentario, obstinado; **[set; set]** tr. poner; *Coc.* cuajar; ~ **aside**, poner un lado; ~ **down**, establecer; ~ **fire**, incendiar; ~ **off**, partir, salir; ~ **sail**, (náut.) zarpar; ~ **up**, establecerse.
set-back *(sétbak)* s. contratiempo.
settee *(setí)* s. sofá.
setter *(sétör)* s. *Mec.* montador; (perro) pediguero.
setting *(séting)* s. colocación; puesta (del sol); (joya) engaste; *Teat.* decorado; (foto) fondo.

S

settle *(sétl)* tr. colocar; fijar; decidir, saldar, apaciguar; intr. establecerse; ~ **down**, cálmate, tranquilízate.
settled *(sételd)* adj. colocado; sosegado, acordado.
settlement *(sétlment)* s. pago; asentamiento; acuerdo.
settler *(sétlör)* s. colono.
seven *(sévn)* adj. y s. siete; **at sixes and ~s**, embarullado, desordenado.
seventy *(séventi)* adj. setenta.
sever *(sévör)* tr. e intr. camarero; fuente; *Inform.* servidor.
several *(sévaral)* adj. y pron. varios, algunos, diversos.
severe *(sevía)* adj. severo; austero.
severity *(sevériti)* s. severidad.
sew *(sóu)* tr. e intr. coser; **~ing machine**, máquina de coser.
sewer *(sóua)* s. costurera; cloaca, alcantarilla.
sewing *(sóuing)* s. costura.
sex *(seks)* s. sexo; **the opposite ~**, el sexo opuesto.
sexton *(sékston)* s. sacristán.
sexual *(séxiual)* ad. sexual.
shabbiness *(schábines)* s. desaseo, desgaste, pobreza, mezquindad, injusticia.
shabby *(shábi)* adj. (pers.) andrajoso, raído, desharrapado; viejo, ruinoso.
shack *(schák)* s. cabaña, choza; *Amér.* bohío.
shackle *(schákl)* tr. encadenar; trabar; estorbar; **~s**, s. pl. cadenas, trabas, grillete; estorbo.
shade *(shéid)* s. sombra; matiz; (lámp.) pantalla; tr. sombrear.
shading *(schāding)* s. sombreado.
shadow *(schádou)* s. sombra, oscuridad; atisbo; tr. ensombrecer.
shadowy *(schádoui)* adj. umbrío.
shady *(schéidi)* adj. sombrío, sombreado; (fam.) sospechoso.
shaft *(sháft)* s. *Mec.* eje; *Arq.* fuste; mango; *Min.* pozo.
shaggy *(shágui)* adj. peludo; lanudo; desmelenado.
shake [shook; shaken] *(schéik)* tr. agitar, sacudir; debilitar; (manos) (estrechar la mano); intr. estremecerse; s. sacudida; apretón de manos.
shaking *(shéiking)* s. estremecimiento; temblor.
shaky *(shéiki)* adj. dudoso, tembloroso; inestable; precario.
shall *(schál)* verbo aux. def. para el futuro.
shallow *(schálou)* adj. poco profundo, superficial; trivial.
shallowness *(schálounes)* s. poca profundidad; (fig.) superficialidad.
sham *(schám)* s. farsa, simulación; falso, fingido; intr. fingir.
shamble *(schámbl)* intr. andar arrastrando los pies.
shambles *(shámbls)* s. caos, desorden, confusión; (fam.) **it's a ~!**, ¡es un desastre!
shame *(schéim)* s. vergüenza; tr. avergonzar.
shamefaced *(schéimfeisd)* adj. avergonzado; vergonzoso.
shameful *(schéimful)* adj. vergonzoso.
shameless *(schéimles)* adj. desvergonzoso, descarado.
shampoo *(schampú)* s. champú; tr. lavar.
shamrock *(schámrok)* s. *Bot.* trébol.
shank *(schánk)* s. canilla (parte inferior de la pierna); zanca.
shanty *(schánti)* s. choza, cabaña; casucha; **~town**, chabolas.
shape *(schéip)* s. formar; figura; tr. dar forma, modelar.
shapeless *(schéiples)* adj. disforme, sin forma; informe.
shapely *(schéipli)* adj. proporcionado; (fam.) de buena figura.
share *(schear)* s. parte; porción. *Com.* acción; tr. compartir; ~ **out**, repartir.
shareholder *(shérjoldör)* s. accionista.
sharing *(shéaring)* s. reparto.
shark *(shárk)* s. *Ict.* tiburón, escualo; *Com.* estafador.
sharp *(schárp)* adj. agudo; afilado, listo; s. sostenido; adv. en punto; **be ~!**, ¡date prisa!

sharpen *(schárpen)* tr. e intr. afilar, aguzar; s. afilador.
sharpener *(shárpenör)* s. afilador, amolador; **pencil ~**, sacapuntas.
sharper *(schárpör)* s. estafador; **card ~**, tahúr, fullero.
sharpness *(schárpnes)* s. agudeza; lo afilado; nitidez.
shatter *(schátör)* tr. hacer pedazos; (fig.) romper; intr. hacerse añicos.
shave [shaved; shaved o **shaven]** *(schéiv)* tr. rasurar; afeitar; s. afeitado; **a close ~**, por los pelos.
shaver *(sheivőr)* afeitadora, rasuradora.
shaving account *(schéivings akáunt)* s. ahorro; rescate.
savings bank *(schévings bánk)* s. caja de ahorros.
shavings *(schéivings)* s. cuenta de ahorros.
shawl *(schól)* s. chal.
she *(schí)* pron. ella, la que; s. hembra.
sheaf *(schíf)* s. gavilla; fajo; haz; tr. agavillar.
shear [sheared; sheared o **shorn]** *(schíőr)* tr. esquilar; cortar.
shears *(shíőrs)* s. pl. tijeras grandes, podadera.
sheath *(schíz)* s. vaina, funda, estuche.
sheathe *(schíd)* tr. envainar, enfundar.
shed *(schéd)* s. cobertizo; **[shed, shed]** tr. verter; *Zool.* mudar.
shedding *(schéding)* s. derramamiento; *Zool.* muda.
sheen *(schín)* s. lustre, brillo.
sheep *(schíip)* s. carnero, oveja(s), ganado lanar; **~ dog**, perro pastor.
sheepish *(schípisch)* adj. avergonzado.
sheer *(shíar)* adj. puro; vaporoso; escarpado; adv. completamente.
sheet *(schíit)* s. sábana; (papel) hoja; *Com.* lámina, plancha.
shelf *(schélf)* s. estante.
shell *(shél)* s. concha, cáscara, cascarón; *Mil.* cartucho, proyectil; tr. descascarar, bombardear; **~fish**, marisco.
shellac *(schelák)* s. laca; tr. laquear.
shelter *(schéltör)* s. refugio, albergue, asilo; tr. e intr. guarecer(se), proteger(se).
shelve *(schélv)* intr. archivar; dar carpetazo a; postergar.
shepherd *(schépard)* s. pastor.
sheriff *(shérif)* s. alguacil, sheriff.
sherry *(schéri)* s. (vino de) Jerez.
shield *(schíld)* s. escudo; tr. escudar, proteger.
shift *(schíft)* s. cambio, turno, recurso, ardid; tr. e intr. cambiar(se), mover(se).
shiftless *(schíftlis)* adj. perezoso, vago, holgazán.
shimmer *(shímör)* s. brillo; intr. tremolar.
shin *(schín)* s. espinilla; tr. trepar.
shinbone *(schínbon)* s. tibia.
shine *(scháin)* s. brillo, esplendor; **[shone; shone]** intr. brillar, lucir; tr. pulir; **sun~**, luz del sol.
shingle *(schíngl)* s. ripia, tablilla; guijarros; tr. techar.
shiny *(scháini)* adj. lustroso, brillante.
ship *(schíp)* s. barco, buque, nave; tr. embarcar, transportar.
shipment *(schípment)* s. embarque, remesa, cargamento.
shipping *(schíping)* s. buques, espedición, navegación, embarque; (adj.) marítimo, navegación, naviera.
shipwreck *(schíprec)* s. naufragio; *Náut.* casco; tr. hacer naufragar; **to be ~**, naufragar.
shipyard *(schípyard)* s. astillero.
shire (UK) *(scháir)* s. condado.
shirk *(schírk)* tr. eludir, esquivar; intr. esconderse.
shirt *(schírt)* s. camisa; **to be in ~sleeves**, estar en mangas de camisa.
shit *(schít)* s. mierda; gilipolleces.
shitstorm *(schitestórm)* adj. *Inform.* linchamiento digital con intención de humillar.
shiver *(schívőr)* s. temblor, escalofrío; intr. tiritar.
shivering *(schíverin)* s. escalofrío.
shoal *(schóul)* s. bajío, bajo; banco de peces; adj. poco profundo.

S

shock *(schók)* s. *Med.* trauma, sobresalto, conmoción; tr. disgustar, asombrar.
shocking *(schóking)* adj. chocante; horroroso, terrible, ofensivo.
shoe *(shú)* s. zapato, herradura; **[shod; shod]** tr. calzar, herrar, **~lace**, lazo, cordón del zapato.
shoehorn *(schújorn)* s. calzador.
shoemaker *(schúmeikör)* s. zapatero.
shoot *(schút)* s. *Bot.* brote; **[shot; shot]** tr. disparar; *Dep.* chutar; **~ down**, derribar.
shooter *(shútör)* s. tirador.
shooting *(schúting)* s. tiro, tiroteo, caza menor; sesión fotográfica; **~ range**, campo de tiro.
shop *(schóp)* s. tienda, taller; tr. e intr. ir de tiendas, comprar; **~ assistant**, dependiente.
shoopkeeper *(shópkipör)* s. tendero (a).
shopping *(schóping)* s. compra(s); **to go ~**, ir de compras.
shore *(shór)* s. costa, ribera, playa, orilla.
short *(shórt)* adj. corto, bajo; adv. brevemente; **~-sighted**, miope; (fig.) corto de miras; **in ~**, en resumen.
shortage *(schórtidch)* s. escasez.
shortcoming *(schórtkaming)* s. deficiencia.
shorten *(shórtn)* tr. acortar, abreviar, reducir.
shortening *(schórtnin)* s. manteca, grasa (para hacer pasteles), acortamiento, reducción.
shorthand *(schórtjand)* s. taquigrafía; **~ typist**, taquimecanógrafa.
shortly *(shórtli)* adv. brevemente, al instante, bruscamente.
shortness *(schórtnes)* s. brevedad.
shorts *(schórts)* s. pantalones cortos.
shot *(schót)* s. tiro, disparo; intento, tentativa.
shotgun *(schótgön)* s. escopeta.
should *(schúd)* verbo auxiliar para el potencial, debiera, debería.
shoulder *(shóuldör)* s. hombro; tr. echar al; **~ blade**, omoplato, hombros; **~ pad**, hombrera; **~ strap**, tirante.
shout *(sháut)* s. grito; tr. gritar, vociferar.
shouting *(sháuting)* s. gritería.
shove *(shóuv)* s. empellón, empujón; tr. empujar.
shovel *(shóubel)* tr. mover con pala; **mechanical ~**, pala mecánica; s. pala.
show *(shóu)* s. espectáculo, exposición, ostentación; **[showed; shown]** tr. mostrar; intr. aparecer.
showcase *(shóukeis)* s. vitrina.
shower *(sháuör)* s. aguacero; tr. mojar, colmar; intr. ducharse.
showy *(shöuí)* adj. llamativo, ostentoso.
shrapnel *(shrápnel)* s. metralla.
shred *(schréd)* s. triza, jirón, tira; pizca; **in ~s**, jirones; **[shred; shred]** tr. desmenuzar, rallar.
shrew *(shrú)* s. *Zool.* musaraña; arpía, mujer gruñona.
shrewd *(shrúd)* adj. astuto, sagaz.
shrewdness *(shrúdnes)* s. sagacidad, astucia.
shriek *(shrík)* s. chillido; intr. chillar.
shrill *(shríl)* adj. agudo, estridente.
shrimp *(shrímp)* s. gamba, camarón.
shrine *(shráin)* s. santuario; sepulcro.
shrink [shrunk; shrunk] *(shrínk)* intr. encogerse.
shrinkage *(shrínkidch)* s. encogimiento, contracción, reducción.
shrinking *(shrínkin)* adj. que encoge; que escasea.
shrivel *(shrívl)* tr. e intr. arrugar(se). reducir(se), marchitar(se).
shroud *(shráud)* s. mortaja, sudario; (fig.)velo; tr. amortajar, envolver.
shrub *(shráb)* s. *Bot.* arbusto, mata.
shrug *(shrág)* tr. encogerse de hombros.
shudder *(shádör)* s. estremecimiento; intr. estremecerse, vibrar.

shuffle *(sháfl)* s. revoltijo; intr. barajar; mezclar, revolver.
shun *(shán)* tr. e intr. (pers.) esquivar, rehuir, evitar.
shunt *(shónt)* s. desvío, cambiar de vía (de un tren).
shut [shut; shut] *(shát)* tr. cerrar; tr. e intr. ~ **down**, cesar en el negocio; ~ **up**, cerrar la boca; ~ up!, ¡cállate (la boca)!
shutter *(shátör)* s. postigo (de ventana o puerta), contraventana; obturador (cámara).
shuttle *(shótl)* s. lanzadera.
shy *(shái)* adj. tímido, vergonzoso; intr. asustarse.
shyness *(scháines)* s. timidez, vergüenza.
shyster *(sháistör)* s. tramposo, estafador; picapleitos sin escrúpulos.
sick *(sík)* adj. mareado, con náuseas, enfermo; ~ **of**, harto de.
sicken *(síkn)* tr. dar asco; enfermar; intr. enfermarse.
sickle *(síkl)* s. hoz.
sickly *(síkl)* adj. enfermizo, enclenque; (fam.) dulzón.
sickness *(síknes)* s. enfermedad, náuseas; ~ **benefit**, subsidio de enfermedad.
side *(sáid)* s. lado, costado, flanco, bando; parte; ~ **to** ~, de un lado a otro; ~ **effects**, efectos colaterales.
sideboard *(sáidbord)* s. aparador.
sidelong *(sáidlong)* adj. lateral; de reojo, de soslayo.
sidewalk *(sáiduok)* s. acera.
sideways *(sáidueis)* adv. de lado.
siege *(sídch)* s. *Mil.* sitio; tr. sitiar.
sieve *(sív)* s. cedazo, tamiz, criba; tr. tamizar, colar.
sift *(síft)* tr. cribar, examinar.
sigh *(sái)* s. suspiro; intr. suspirar.
sight *(sáit)* s. vista, visión, espectáculo; tr. ver, divisar.
sightseeing *(sáitsiing)* s. turismo; ~ **tour**, recorrido turístico.
sign *(sáin)* s. seña(l), signo; tr. señalar, firmar; ~ **up**, apuntarse; tr. contratar.
signal *(sígnal)* s. señal; adj. señalado; tr. hacer señales.
signature *(sígnachör)* s. firma.
signer *(sáinör)* s. firmante.
significance *(signífikans)* s. significación.
significant *(signífikant)* adj. significante.
signify *(sígnifai)* tr. significar.
silence *(sáilens)* s. silencio; inter. ¡silencio!; tr. silenciar, acallar.
silencer *(sáilensör)* s. silenciador.
silent *(sáilent)* adj. silencioso.
silhouette *(siluét)* s. silueta; tr. perfilar; **to be ~d against**, perfilarse contra.
silicon *(sílikon)* s. silicio.
silk *(sílk)* s. seda.
silken *(sílken)* adj. de seda.
silky *(sílki)* adj. sedoso.
sill *(síl)* s. alféizar; umbral.
silliness *(sílines)* s. tontería, estupidez, bobada.
silly *(síli)* adj. estúpido, tonto, bobo.
silver *(sílvör)* s. plata; adj. plateado, de plata; tr. platear.
silverware *(sílveruer)* s. cubertería de plata; platería.
silvery *(sílvari)* adj. plateado.
similar *(símilar)* adj. similar, semejante, parecido.
simile *(símili)* s. símil.
similitude *(simílitiud)* s. similitud.
simmer *(símör)* intr. hervir a fuego lento.
simple *(símpl)* s. simplón, tonto; adj. simple, sencillo; ingenuo.
simpleton *(símplton)* s. simplón, tonto, bobalicón.
simpleness *(símplanes)* s. simpleza, sencillez.
simplicity *(simplísiti)* s. sencillez.
simplify *(símplifai)* tr. simplificar.
simulate *(símiuleit)* tr. simular, fingir.
simulation *(simiuléischön)* s. simulación, simulado, imitación.
simultaneous *(simölténios)* adj. simultáneo.
sin *(sín)* s. pecado; tr. e intr. pecar.
since *(síns)* adv. desde (que); prep, desde, después de; conj. ya que.
sincere *(sinsíar)* adj. sincero, franco, veraz.
sincerity *(sinsériti)* s. sinceridad.

S

sinecure *(sínekiur)* s. sinecura; (fam.) enchufe.
sinew *(síniu)* s. tendón.
sinewy *(sínui)* adj. nervudo, vigoroso, fibroso.
sinful *(sínful)* adj. pecador; pecaminoso.
sing [sung o **sang; sung]** *(síng)* tr. e intr. cantar.
singe *(síndch)* tr. chamuscar; s. chamusquina.
singer *(síngör)* s. cantor(a), cantante.
singing *(sínging)* adj. cantante; s. canto.
single *(síngl)* adj. único, soltero, sencillo, solo, individual; s. billete de ida; tr. singularizar; ~ **out**, tr. separar.
singlet *(sínglit)* s. camiseta.
singsong *(síngsong)* s. sonsonete (UK), cantarín.
singular *(sínguiular)* adj. singular, único, peculiar.
sinister *(sínistör)* adj. siniestro.
sink [sunk o **sank, sunk]** *(sínk)* intr. hundirse, naufragar; tr. hundir; s. fregadero, lavaplatos.
sinking *(sínking)* s. hundimiento; ~ **a well**, cavar un pozo.
sinner *(sínör)* s. pecador.
sinuous *(síniuös)* adj. sinuoso, tortuoso.
sinus *(sáinös)* s. seno, cavidad (en un hueso); **frontal** ~, seno frontal.
sip *(síp)* s. sorbo, trago pequeño; tr. sorber, saborear.
siphon *(sáifon)* s. sifón, tr. sacar (agua) con sifón.
sir *(sér)* s. señor, caballero.
sire *(sáiör)* s. padre; tr. engendrar.
siren *(sáiren)* s. sirena.
sirloin *(sírloin)* s. solomillo.
sissy *(sísi)* adj. y s. afeminado.
sister *(sístör)* s. hermana, monja; **~-in-law** s. cuñada.
sisterly *(sístörli)* adj. de hermana.
sit [sat; sat] *(sít)* intr. sentarse; tr. asentar; ~ **down**, sentarse.
site *(sáit)* s. sitio, solar.
sitting *(síting)* s. sesión (de un cuerpo legislativo), sentada; **~room**, sala de estar.
situation *(sitiuéischön)* s. situación, colocación.
six *(síks)* s. seis; **~es and sevens**, en desacuerdo.
sixteen *(síkstin)* adj. dieciséis.
sixty *(síksti)* adj. sesenta.
sizable *(sáisabl)* adj. abarcable, bastante grande, considerable.
size *(sáis)* s. tamaño, medida, número, talla; magnitud; tr. calibrar, evaluar.
sizzle *(sísl)* intr. chisporrotear.
skate *(skéit)* s. patín; (ict.) raya; intr. patinar.
skein *(skéin)* s. madeja.
skleton *(skéletön)* s. esqueleto, armazón; ~ **key**, ganzúa.
skeptic *(sképtik)* s. escéptico.
skepticism (US), **scepticism** (UK) *(sképtisism)* s. escepticismo.
sketch *(skétch)* s. boceto, esbozo, apunte; tr. bosquejar, esbozar.
skew *(skiú)* adj. oblicuo, sesgado.
ski *(skí)* s. esquí; tr. esquiar.
skid *(skíd)* s. patinazo; intr. resbalar, patinar, derrapar.
skilful *(skílful)* adj. diestro, hábil.
skill *(skíl)* s. destreza, maña.
skilled *(skílt)* adj. hábil, experto.
skillet *(skílet)* s. sartén, cacerola.
skim *(skím)* adj. descremado; tr. pasar rozando; espumar, descremar; **to ~ through**, hojear.
skimpy *(skímpi)* adj. escaso, exiguo, raquítico.
skin *(skín)* s. piel, cutis; tr. pelar, mondar, despellejar.
skinny *(skíni)* adj. flaco, mísero, tacaño.
skip *(skíp)* intr. brincar; tr. saltarse, eludir, omitir; ~ **rope**, saltar a la comba.
skipper *(skípör)* s. capitán.
skipping *(skíping)* s. comba; ~ **rope**, saltar a la cuerda.
skirmish *(skírmish)* s. escaramuza, refriega.
skirt *(skírt)* s. falda, faldón, borde; tr. bordear; esquivar.
skit *(skít)* s. burla, caricatura.
skull *(skál)* s. cráneo.
skunk *(skánk)* s. *Zool.* mofeta; (fam.) ser asqueroso.

sky *(skái)* s. cielo, firmamento; **~-blue**, azul celeste.
skylark *(skáilark)* s. alondra.
skylight *(skáilait)* s. claraboya.
skyline *(skáilain)* s. horizonte.
skyrocket *(skáiroket)* s. cohete; int. dispararse.
skyscraper *(skáiskreipa)* s. rascacielos.
skyward (UK) *(skáiward)* adv. hacia el cielo o firmamento, hacia arriba; adj. que va hacia arriba, ascendiente.
slab *(sláb)* s. losa, plancha.
slack *(slák)* adj. flojo, lacio; s. flojedad.
slacken *(slákn)* tr. aflojar; intr. aflojarse, amainar, disminuir.
slacker *(sláker)* s. vago, holgazán.
slackness *(sláknes)* s. flojedad; (fig.) pereza; descuido.
slacks *(sláks)* s. pantalones largos.
slag *(slág)* s. escoria; **~ heap**, escorial, montón de escoria.
slake *(sléik)* tr. apagar, calmar la sed; saciar, satisfacer.
slam *(slám)* s. portazo; tr. cerrar de golpe.
slander *(slándör)* s. calumnia, difamación; tr. calumniar.
slanderous *(slándörös)* adj. calumnioso, difamatorio.
slang *(sláng)* s. argot, jerga.
slant *(slánt)* adj. sesgado; s. sesgo, inclinación; tr., intr. sesgar(se).
slap *(sláp)* s. bofetada, cachetada, sopapo; tr. abofetear.
slash *(slásch)* s. cuchillada, tajo; tr. acuchillar.
slate *(sléit)* s. (min.) pizarra.
slaughter *(slótör)* s. matanza; tr. matar; **~house**, matadero.
slave *(sléiv)* s. esclavo.
slaver *(sláver)* s. baba.
slavery *(sléivori)* s. esclavitud.
slavish *(sléivisch)* adj. servil.
slay [slew; slain] *(sléi)* tr. matar.
slayer *(sléiör)* s. matador.
sled *(sléd)* s. trineo; int. ir en trineo.
sleek *(slík)* adj. pulido, liso; tr. alisar.
sleep *(slíp)* s. sueño; **[slapt; slept]** intr. dormir.
sleeper *(slípör)* s. durmiente, coche-cama; adj. durmiente.
sleepiness *(slípnes)* s. somnolencia.
sleeping *(slíping)* s. sueño; **~ bag**, saco de dormir; **~ pill**, somnífero.
sleepless *(slíples)* adj. desvelado.
sleeplessness *(slíplesnes)* s. insomnio.
sleepy *(slípi)* adj. soñoliento; **to be ~**, tener sueño.
sleet *(slít)* s. aguanieve.
sleeve *(slív)* s. manga; **~less**, sin mangas.
sleigh *(sléi)* s. trineo.
sleight *(sláit)* s. habilidad, pericia, maña; **~ of hand**, prestidigitación.
slender *(slándör)* adj. delgado, esbelto; escaso, exiguo.
sleuth (~hound) *(slúz-jáund)* s. perro policía; (fam.) detective, sabueso.
slice *(sláis)* s. rodaja, rebanada, loncha; tr. rebanar.
slick *(slík)* tr. alisar, pulir; **to ~ up**, pulirse, componerse; adj. liso, meloso, astuto, mañoso.
slicker *(slíkar)* (US) s. impermeable, chubasquero, embaucador.
slide *(sláid)* s. tobogán; resbalón; deslizamiento; diapositiva; **land ~**, alud; **[slid; slidden** o **slid]** tr. e intr. resbalar; deslizar(se).
sliding *(sláiding)* s. deslizamiento; adj. corredizo.
slight *(sláit)* s. desdén, desprecio, desaire; adj. esbelto; leve; tr. despreciar; **not in the ~**, en lo más mínimo; adv. **~ly**, ligeramente.
slim *(slím)* adj. delgado, esbelto; intr. adelgazar; adelgazamiento.
slime *(sláim)* s. limo, cieno, fango, baba, secreción viscosa.
slimming *(slimnig)* adj. de, para adelgazar.
sling *(slíng)* s. honda; *Med.* cabestrillo; **[slung; slung]** tr. arrojar (con honda), poner en cabestrillo.
slink [slunk; slunk] *(slínk)* intr andar furtivamente; **to ~ away**, escurrirse.

S

slip *(slíp)* s. resbalón, desliz, error, tira de papel, combinación (de mujer); intr. resbalar(se).
slipper *(slípar)* s. zapatilla.
slippery *(slípari)* adj. resbaladizo; (fig.) escurridizo.
slit *(slít)* s. corte, raja, abertura; **[slit; slit]** tr. e intr. rajar(se), cortar.
slobber *(slóber)* s. baba; (fig.) mimo; tr. babosear, babear.
slog *(slóg)* s. esfuerzo; intr. avanzar con gran esfuerzo.
slogan *(slóugan)* s. lema, eslogan.
sloop *(slúp)* s. balandra.
slop *(slóp)* tr. derramar(se); s. fango, suciedad; **~s**, agua sucia, desperdicios.
slope *(slóup)* s. pendiente, declive, inclinación; tr. sesgar, inclinar, oblicuar; intr. inclinarse.
sloppy *(slópi)* adj. puerco, sucio, desaseado.
slot *(slót)* s. ranura.
sloth *(slóz)* s. pereza, flojera; *Zool.* perezoso.
slouch *(sláuch)* intr. andar con la cabeza baja y los hombros caídos; estar gacho.
slough *(sláu)* s. lodazal, ciénaga.
sloven *(slávn)* s. persona desaseada o sucia.
slovenly *(slávenli)* adj. desaliñado.
slow *(slóu)* adj. lento, despacio; (pers.) torpe; atrasado; tr. retrasar.
sludge *(slödye)* s. lodo, cieno, aguas residuales.
slug *(slag)* s. bala, porrazo, babosa (molusco); tr. aporrear, abofetear.
sluggish *(sláguisch)* adj. perezoso, lento.
sluggishness *(slaguischnes)* s. pereza, pesadez.
sluice *(slús)* s. esclusa.
slum *(slám)* s. barrio bajo, suburbio pobre, barriada.
slumber *(slámbör)* s. sueño ligero; tr. dormitar.
slump *(slamp)* intr. hundirse, desplomarse; s. desplome, bajón; *Econ.* depresión.
slur *(slar)* s. mancha; mala pronunciación; *Mús.* ligado; tr. manchar; tr. farfullar; *Mús.* ligar.
slush *(slásh)* s. nieve a medio derretir, lodazal, sentimentalismo.
sly *(slái)* adj. astuto, taimado; **on the ~**, en secreto.
slyness *(sláines)* s. astucia.
smack *(smák)* s. sopapo, beso ruidoso; intr. relamerse.
smacking *(smáking)* s. azotina, paliza; vigorizador.
small *(smól)* adj. pequeño, bajo; **~ hours**, de madrugada.
smallness *(smólnes)* s. pequeñez.
smallpox *(smólpoks)* s. viruela.
smart *(smárt)* adj. listo, activo, elegante; s. escozor; intr. escocer, arder, picar; resentirse.
smartness *(smártnes)* s. elegancia, astucia.
smash *(smásch)* s. rotura, destrozo; tr. romper, hacer pedazos; intr. fracasar *Dep.* mate.
smashing *(smásching)* adj. estupendo, extraordinario.
smattering *(smátering)* s. conocimiento superficial, nociones; (fig.) pinceladas, unos cuantos.
smear *(sméar)* s. mancha, vituperio; tr. vituperar, embadurnar, untar.
smell *(smél)* s. olor, olfato; tr. intr. oler, percibir, olfatear.
smelt *(smélt)* tr. fundir.
smelter *(sméltör)* s. horno de fundición.
smile *(smáil)* s. sonrisa; intr. sonreírse, sonreír.
smiling *(smáiling)* adj. risueño.
smirk *(smörk)* s. sonrisa boba o afectada; intr. sonreírse bobamente o con afectación.
smite [smote; smitten o **smit]** *(smáit)* tr. afligir; golpear.
smith *(smíz)* s. herrero, **silver ~**, platero; **~y**, herrería.
smitten *(smíten)* adj. afligido, castigado, enamorado.
smock *(smók)* s. bata, blusón.
smog *(smóg)* s. niebla, mezcla de niebla y humo.
smoke *(smóuk)* s. humo; intr. fumar, humear.
smoker *(smóukör)* s. fumador; **smoking-carriage**, vagón de fumadores.

smooth *(smúz)* adj. liso, suave; tr. alisar; **-ly**, suavemente.
smoothnes *(smúznes)* s. suavidad, tersura.
smother *(smodör)* s. humareda; tr. sofocar, asfixiar, ahogar.
smolder (US), **smoulder** (UK) *(smoúldör)* intr. arder sin llama; arder.
smudge *(smádch)* tr. manchar, itr. correrse; s. mancha, borrón.
smug *(smóg)* adj. presumido, engreído, creído.
smuggle *(smágl)* tr. contrabandear.
smuggler *(smáglör)* s. contrabandista.
smuggling *(smágling)* s. contrabando.
smut *(smót)* s. tizne, hollín; obscenidades; tr. tiznar.
snack *(snák)* s. merienda, tentempié, piscolabis, refrigerio; **to go ~s**, ir a medias.
snag *(snág)* s. obstáculo, dificultad, «pega»; problema.
snail *(snéil)* s. caracol; **~s pace**, paso de tortuga.
snake *(snéik)* s. serpiente, culebra.
snap *(snáp)* s. chasquido, mordedura, cierre de resorte; *Foto.* tr. chasquear, cerrar; intr. chasquear; **~ shot**, s. *Foto.* instantánea.
snare *(snér)* s. trampa, lazo; tr. atrapar.
snarl *(snárl)* s. gruñido; (fig.) regaño, refunfuño; intr. gruñir, enredar.
snatch *(snách)* s. arrebatamiento; fragmento; tr. arrebatar.
sneak *(snik)* s. soplón, chivato; intr. **~ away**, escabullirse; **~ in**, colarse; **to ~ about**, ir a hurtadillas.
sneaking *(sníking)* adj. rastrero.
sneer *(sníer)* s. sonrisa despectiva, mofa, desdén.
sneeze *(snís)* s. estornudo; intr. estornudar.
sniff *(sníf)* s. olfateo, husmeo; tr. olfatear, husmear.
snip *(sníp)* s. tijeretada, recorte; tr. recortar.
snipe *(snáip)* *Zool.* agachadiza; tr. tirar, disparar desde un escondite.
sniper *(snáipör)* s. francotirador.
snivel *(snívl)* intr. lloriquear.
snob *(snób)* s. esnob.
snobbish *(snóbisch)* adj. esnob.
snobbishness *(snóbischnes)* s. esnobismo.
snoop *(snúp)* intr. fisgar, curiosear, husmea; s. curioso, fisgón.
snooze *(snús)* s. siestecita; intr. dormitar, sestear.
snore *(snór)* s. ronquido; intr. roncar.
snoring *(snóring)* s. ronquido.
snort *(snórt)* s. resoplido, bufido; intr. resoplar, bufar.
snout *(snáut)* s. hocico, morro.
snow *(snóu)* s. nieve; intr. nevar; **~ball**, bola de nieve; **~storm**, tormenta de nieve, ventisca; **~plow** (US), **~plough** (UK), máquina quitanieves.
snowfall *(snóufol)* s. nevada.
snub *(snáb)* s. desaire, desdén; tr. desdeñar; **~ nose**, nariz respingada.
snuff *(snáf)* tr. olfatear, ventear; s. rapé, pabilo; **~ box**, caja de rapé.
snuffle *(snöföl)* intr. respirar con la nariz congestionada.
snug *(snág)* adj. abrigado, cómodo, acogedor; ajustado, ceñido.
snuggery *(snágari)* s. lugar confortable.
snuggle *(snágel)* intr. acurrucarse.
so *(sóu)* adv. así como, por tanto, de este modo, tan, tanto; conj. con tal de que; **~ far**, adv. hasta ahora; **~ long**, ¡hasta luego!; **~ called**, adj. así llamado; **Mr. ~ and ~**, fulano de tal.
soak *(sóuk)* s. remojo; **~ ed to the skin**, empapado, calado; tr. empapar.
soap *(sóup)* s. jabón; tr. enjabonar; (fig.) adular; **~ dish**, jabonera.
soapy *(sóupi)* adj. jabonoso.
soar *(sór)* intr. remontarse.
sob *(sób)* s. sollozo; inr. sollozar.
sober *(sóubar)* adj. sobrio, moderado, serio, solemne; **~ly**, sobriamente; seriamente.
sobriety *(sobráeti)* s. sobriedad, moderación.
soccer *(sókar)* s. fútbol.

S

sociable *(sóushiabl)* adj. sociable.
social *(sóushal)* adj. social.
socialism *(sóuschalism)* s. socialismo.
socialist *(sóushalist)* adj. y s. socialista.
socialize *(sóuschalais)* tr. socializar.
society *(sosáieti)* s. sociedad; *Com.* compañía.
sociology *(sousíölödye)* s. sociología.
sock *(sók)* s. calcetín; tr. (fam.) pegar, golpear.
socket *(sóket)* s. *Elect.* enchufe, toma de corriente; *Anat.* cuenca (del ojo); fosa (de un hueso).
sod *(sód)* s. césped, terrón (de tierra); tr. cubrir de césped.
soda *(sóuda)* s. soda.
sodden *(sódn)* adj. empapado.
sodium *(sóudiöm)* s. sodio.
sodomite *(sódomait)* s. sodomita, invertido.
sodomy *(sódomi)* s. sodomía.
sofa *(sóufa)* s. sofá.
soft *(sóft)* adj. suave, blando; **a ~ target**, un blanco fácil; **to go ~**, ser indulgente; **~ drinks**, s. pl. refrescos.
soften *(sófen)* tr. e intr. ablandar(se).
softness *(sóftines)* s. blandura, suavidad, dulzura.
soggy *(sagui)* adj. empapado, mojado.
soil *(sóil)* s. *Agric.* suelo, tierra; tr. ensuciar.
sojourn *(sóudyoorn)* s. estancia, estadía, permanencia; intr. pasar una temporada.
solace *(sólis)* s. consuelo solaz, desahogo; tr. consolar.
solar *(sóular)* adj. solar ; **~ system**, sistema solar; **~ panels**, paneles solares.
solder *(sóldar)* tr. soldar; s. soldadura.
soldier *(sóuldör)* s. soldado, militar.
sole *(sóul)* s. planta del pie, suela; (pez) lenguado; adj. solo, único.
solely *(sóuli)* adv. únicamente.
solemne *(sólem)* adj. solemne, serio, pomposo.
solemnity *(solémniti)* s. solemnidad, formalidad.
solicit *(solísit)* tr. solicitar, pedir.
solicitor (UK) *(solísitör)* s. abogado, procurador; notario.
solicitous *(solísitös)* adj. solícito, ansioso, deseoso.
solid *(sólid)* adj. y s. sólido.
solidarity *(solidáriti)* s. solidaridad.
solidify *(solídifai)* tr. solidificar(se).
soliloquy *(solílokui)* s. soliloquio, monólogo.
solitary *(sólitri)* adj. solitario, solo; retirado; **~ confinement**, *Leg.* incomunicado.
solitude *(sólitiud)* s. soledad.
solo *(sóulou)* s. *Mús.* solo.
soloist *(sóulouist)* s. solista.
soluble *(sólubl)* adj. soluble; **~ in water**, soluble en agua.
solution *(solúschön)* s. solución.
solvable *(sólvabl)* adj. (di)soluble.
solve *(sólv)* tr. resolver, solucionar.
solvency *(sólvensi)* s. solvencia.
solvent *(sólvent)* adj. (fin.) solvente. *Quím.* disolvente.
somber (US), **sombre** (UK) *(sómbör)* adj. sombrío.
some *(sám)* adj. algo de, un poco, algún, alguno, unos; pron. algunos, los unos.
somebody *(sámbodi)* s. alguien.
somehow *(sámjau)* adv. de algún modo.
someone *(sámuan)* pron. alguien.
someplace *(sámpleis)* adv. en algún lugar.
somersault *(sámarsolt)* s. voltereta; intr. dar una voltereta.
something *(sámzing)* adj. y pron. algo, alguna cosa.
sometime *(sómtaim)* adv. en algún tiempo, algún día, algunas veces; **~ ago**, hace algún tiempo.
sometimes *(sómtaims)* adv. a veces, algunas veces.
somewhat *(sámuat)* s. adv. algo, un poco.
somewhere *(sámuer)* adv. en alguna parte.
somnambulism *(somnámbiulism)* s. so(m)nambulismo.
somnambulist *(somnámbulist)* adj. y s. so(m)námbulo.
somniferous *(somníferös)* adj. somnífero.
son *(sán)* s. hijo; **~-in-law**, yerno; **step~**, hijastro.

song *(sóng)* s. canción.
sonnet *(sónet)* s. soneto.
sonorous *(sónorös)* adj. sonoro.
soon *(sún)* adv. **as ~ as posible**, tan pronto como sea posible; **not so ~**, no tan pronto.
soot *(sút)* s. hollín.
soothe *(súdz)* tr. calmar, aliviar.
soothing *(súdzing)* s. calmante, lisonja; adj. calmante.
soothsayer *(súzgeia)* s. adivino.
sooty *(súti)* adj. tiznado, cubierto de hollín.
sop *(sóp)* tr. empapar; s. concesión; soborno.
sophism *(sófism)* s. sofisma.
sophist *(sófist)* s. sofista.
sophisticated *(sofistikéited)* adj. complejo; sofisticado; culto.
sophistry *(sófistri)* s. sofistería.
sophomore *(sófomör)* (US) s. estudiante de segundo año.
soporific *(soporífik)* adj. soporífero, adormecedor.
soppy *(sópi)* adj. sensiblero, sentimentaloide; fig. tonto.
soprano *(sopráno)* s. soprano, tiple.
sorcerer *(sórsarar)* s. hechicero, brujo, mago.
sorcery *(sárseri)* s. hechicería, brujería.
sordid *(sórdid)* adj. sórdido, bajo, sucio, mezquino.
sordidness *(sórdidnes)* s. sordidez, bajeza, vileza.
sore *(sóua)* s. mal, dolor, llaga; adj. doloroso; **~ threat**, mal de garganta; **~ feet**, pies doloridos; s. **~ eyes**, dolor de ojos.
sorely *(sórli)* adv. muy, muchísimo.
soreness *(sóuörnes)* s. mal, dolor, llaga, amargura.
sorrel *(sóröl)* adj. alazán; s. caballo alazán (rojo canela).
sorrow *(sórou)* s. pena, pesar, dolor; intr. afligirse; **to my ~**, con pena por mi parte; **to express one's ~s**; dar el pésame.
sorrowful *(sórouful)* adj. afligido, triste.
sorry *(sóri)* adj. apenado; **to be ~**, sentirlo; interj. **~!**, ¡perdón!
sort *(sórt)* s. clase; especie de suerte; tr. clasificar; **to ~ out**, poner en orden; resolver.
sortie *(sórti)* s. *Mil.* salida, incursión.
soul *(sóul)* s. alma, espíritu; (fig.) esencia; **all ~s, day**, día de difuntos.
sound *(sáund)* s. sonido; son; *Náut.* sonda; adj. sano, bueno, seguro; tr. sonar. *Náut.* **if ~'s**, parece; **safe and ~**, sano y salvo, sond(e)ar.
soundless *(sáundles)* adj. silencioso, sin sonido; **~ly**, silenciosamente.
soundness *(sáundnes)* s. solidez; solvencia; firmeza.
soup *(súp)* s. sopa; **~ bowl**, plato sopero; **~ tureen**, sopera; (fam.) **in the ~**, en apuros.
sour *(sáuör)* adj. agrio, acre, ácido, áspero; tr. intr. agriar(se).
source *(sórs)* s. origen, fuente.
sourness *(sáurnes)* s. acidez.
south *(sáuz)* s. sur; adj. meridional; del sur.
southeast *(sáuzist)* s. y adj. sudeste; adv. hacia el sudeste.
southern *(sáuzörn)* adj. meridional; **~er**, sureño.
southwest *(sáuzuest)* s. y adj. sudoeste.
souvenir *(suvenír)* s. recuerdo.
sovereing *(sóvarein)* s. y adj. soberano.
sovereignty *(sóvöreinti)* s. soberanía.
sow *(sáu)* s. *Zool.* puerca, marrana *(sóu)* **[sowed; sowed** o **sown]** tr. sembrar.
sower *(souva)* s. sembrador; **sowing time**, siembra (tiempo de).
soya *(sóia)* s. soja.
spa *(spá)* s. balneario.
space *(spéis)* s. espacio; período; sitio; **~ suit**, traje espacial; **~ station**, estación espacial; **~ship**, nave espacial; **~ probe**, sonda espacial.
spacious *(spéischös)* adj. espacioso, extenso, amplio.
spade *(spéid)* s. pala; **call a ~ a ~**, llamar al pan, pan y al vino, vino.
spam *(spám)* s. *Inform.* correo electrónico basura.
span *(spán)* s. palmo, tramo, ojo de puente; tr. medir a palmos, extenderse sobre.

S

spangle *(spángl)* s. lentejuela.
Spaniard *(spániard)* s. español.
Spanish *(Spánish)* adj. y s. español; s. español (idioma).
spank *(spánk)* tr. dar una azotaina, zurrar.
spanner *(spánör)* s. llave de tuerca, llave inglesa.
spanking *(spánking)* s. azotaina, paliza, zurra; tr. ~ **along**, ir de prisa.
spar *(spár)* s. *Min.* espato; *Mar.* mástil, verga, riña, pugilato, pelea de gallos; **spars**, arboladura; intr. bucear en plan de entrenamiento, despuntar.
spare *(spér)* adj. disponible, sobrante; tr. ahorrar; ~**money**, dinero de sobra; ~ **time**, tiempo libre; ~ **tire**, rueda de repuesto.
spar part *(spár párt)* s. pieza de recambio.
spark *(spárk)* s. chispa, destello, pizca; tr., intr. centellear, chispear; ~ **plug**, bujía.
sparkle *(spárkl)* s. destello; intr. destellar, centellear, brillar.
sparkler *(spárkler)* s. (fam.) diamante; bengala.
sparkling *(spárkling)* adj. chispeante; (fig.) brillante, espumoso (vinos).
sparrow *(spárou)* s. *Orn.* gorrión.
sparse *(spárs)* adj. escaso, esparcido; ~**ly**, adv. diseminadamente; ~**ness**, s. escasez.
spasm *(spásm)* s. espasmo.
spasmodic *(spasmódik)* adj. espasmódico.
spastic *(spástik)* s. espástico.
spat *(spát)* tr. reñir, disputar; s. disputa, riña; ~ **s**, polainas cortas.
spatter *(spátar)* s. salpicadura; tr. salpicar.
speak [spoke; spoken] *(spík)* tr. e intr. hablar, decir; ~ **up**, hablar en voz alta; ~ **out**, hablar claro.
speaker *(spíkör)* s. orador; **laud** ~, altavoz.
spear *(spíör)* s. lanza; tr. lancear, arponear.
spearhead *(spírhed)* fig. punta de lanza; tr. encabezar.
spearmint *(spírmint)* s. hierbabuena, menta verde.
special *(spéshal)* adj. especial.
specialist *(spéshalist)* adj. y s. especialista.
speciality *(spésháliti)* s. especialidad.
specialize *(spéshalais)* tr., intr. especializar(se).
species *(spíschis)* s. (sg. y pl.), especie, clase, género.
specific *(spesífik)* s. y adj. específico.
specifical *(spesífikal)* adj. específico.
specify *(spésifai)* tr. especificar.
specimen *(spésimen)* s. muestra, ejemplar.
speck *(spék)* s. mota, marchita; **not a** ~, ni pizca.
speckled *(spékld)* adj. moteado; ~ **with freckles**, pecoso.
spectacle *(spéktakl)* s. espectáculo.
spectacles *(spéktakls)* s. pl. anteojos, gafas.
spectator *(spektéitör)* s. espectador; ~**s**, espectadores.
spectrum *(spéktröm)* s. espectro.
speculate *(spékiuleit)* intr. especular.
speculation *(spékiuleischön)* s. especulación.
speculative *(spékiuletiv)* adj. especulativo.
speculator *(spékiuleitör)* s. especulador.
speddboat *(spídbout)* s. lancha motora.
speech *(spích)* s. habla, discurso; **to make a** ~, dar un discurso; ~, ~!, ¡que hable! ¡que hable!
speechless *(spíchles)* adj. enmudecido; estupefacto; **I am** ~, me he quedado sin palabras; ~ **therapist**, logopeda.
speed *(spíd)* s. velocidad, **[sped; sped]** tr., intr. ir a velocidad; **at full** ~, **top** ~, a toda velocidad; ~ **up**, acelerar; ~**y**, rápido, veloz; ~**boat**, lancha motora.
speedometer *(spidometa)* s. velocímetro.
spell *(spél)* s. hechizo, rato, período; tr. e intr. deletrear, hechizar.
spellchecker *(spélcheker)* s. corrector ortográfico.

spelling *(spéling)* s. deletreo, ortografía; **good ~**, buena ortografía.
spend [spent; spent] *(spénd)* tr. gastar, pasar (tiempo).
spending money *(spénding mánei)* s. dinero para gastos personales.
spendthrift *(spéndzrift)* s. despilfarrador, derrochador.
spent *(spént)* adj. gastado, usado; fatigado.
sperm *(spérm)* s. esperma.
sphere *(sfíör)* s. esfera, globo.
spheric *(sférik)* adj. esférico.
sphinx *(sfínks)* s. esfinge.
spice *(spáis)* s. especia; tr. especiar, sazonar, condimentar.
spider *(spáidar)* s. araña; **~s web**, telaraña.
spike *(spáik)* s. púa, clavo; *Bot.* espiga; tr. clavar; atravesar; **~d shoes**, zapatillas de clavos.
spill [spilt; spilt] *(spíl)* s. derrame, vertido; caída; tr. derramar, verter.
spin *(spín)* s. giro, vuelta; **[spun; spun]** tr. girar, voltear, hilar; intr. girar; **~ dryer**, secadora, centrifugadora.
spinach *(spínedch)* s. *Bot.* espinaca.
spinal *(spáinl)* adj. espinal; **~ column**, columna vertebral.
spindle *(spíndl)* s. (textil) huso; *Mec.* eje.
spine *(spáin)* s. espinazo, espina (dorsal); púa.
spinner *(spínör)* s. hilador, hilandera.
spinning *(spíning)* s. hilado, hiladura; **~ top**, peonza, trompa; adj. giratorio; *Dep.* gimnasia sobre una bicicleta estática.
spinster *(spínstör)* s. soltera.
spiny *(spáini)* adj. espinoso.
spiral *(spáiral)* adj. espiral.
spire *(spáia)* s. espira, cumbre, obelisco; *Arq.* aguja.
spirit *(spírit)* s. espíritu, valor.
spirits *(spírits)* s. pl. alcohol, bebidas alcohólicas; **high ~**, buen humor; **low ~**, mal humor.
spirited *(spíritit)* adj. animado; adj. **high ~**, bien humorado; **low~**, malhumorado.
spiritless *(spíritles)* adj. abatido.
spiritual *(spíritual)* adj. y s. espiritual.
spirituality *(spirituáliti)* s. espiritualidad.
spiritualize *(spíritiualais)* tr. espiritualizar.
spirituous *(spíritiuos)* adj. espirituoso.
spit *(spít)* s. asador, saliva, salivazo; **[spit** o **spat; spit]** tr. escupir.
spite *(spáit)* s. despecho, rencor; tr. fastidiar, molestar; **in ~ of**, a pesar de, pese a.
spiteful *(spáitful)* adj. rencoroso.
splash *(splásch)* s. salpicadura; tr. salpicar.
spleen *(splín)* s. *Anat.* bazo, bilis; hipocondría, resentimiento.
splendid *(spléndid)* adj. espléndido, brillante.
splendor (US), **splendour** (UK) *(spléndör)* s. esplendor.
splice *(spláis)* tr. empalmar, unir; s. empalme, junta.
splint *(splínt)* s. astilla. *(Med.)* tablilla, férula.
splinter *(splpínta)* s. tablilla; tr. entablillar.
split [split; split] *(splít)* s. hendidura, tajo, corte; adj. partido, hendido; tr. e intr. hender, partir, dividir; **~s**, *Dep.* tijeras.
splutter *(splátör)* s. farfulla; intr. balbucear, farfullar.
spoil *(spóil)* s. despojo, botín; tr. estropear, desbaratar, mimar; tr. echarse a perder; **~ sport**, aguafiestas.
spoiled *(spóild)* adj. estropeado, perdido, desbaratado, mimado.
spoils *(spoils)* s. gajes.
spoke *(spóuk)* s. radio (de rueda).
spokeman *(spóukman)* s. portavoz, vocero.
sponge *(spándch)* s. esponja; (fam.) gorrón; tr. limpiar; (fig.) gorronear; **~cake**, bizcocho esponjoso.
sponger *(spóndyör)* s. sablista, gorrón.
spongy *(spóndyi)* adj. esponjoso.
sponsor *(spónsar)* s. patrocinador, padrino; tr. patrocinar.
spontaneous *(spontéiniös)* adj. espontáneo.

spook *(spúk)* s. espectro, fantasma, espíritu.
spool *(spúl)* s. (maq. coser) canilla; *Foto.* carrete; bobina.
spoon *(spún)* s. cuchara; **tea~**, cucharilla.
spoonful *(spúnful)* s. cucharada.
sport *(spórt)* s. deporte, juego, broma; adj. deportivo; tr. ostentar, lucir; intr. divertirse.
sportwear *(spórtuer)* s. ropa de deporte.
sporty *(spórti)* adj. deportivo.
sporting *(spórtin)* adj. deportivo.
sportive *(spórtiv)* adj. juguetón, bromista.
sportman *(spórtman)* s. deportista.
spot *(spót)* s. lugar, punto, mancha; *Med.* espinilla, granito; tr. manchar, localizar, descubrir.
spotless *(spótles)* adj. impecable, inmaculado.
spotlight *(spótlait)* s. reflector; destacar; iluminar.
spotted *(spótid)* adj. manchado, moteado.
spouse *(spóus)* s. esposo(a), cónyuge.
spout *(spáut)* s. espita, caño, conducto; tr. arrojar.
sprain *(spréin)* s. *Med.* torcedura; tr. torcer; intr. dislocarse.
sprawl *(spról)* tr. e intr. respantingarse; ~ **out**, extenderse; s. extensión.
spray *(spréi)* s. rociada, pulverizador; tr. rociar, pulverizar.
spread *(spréd)* s. extensión, propagación, tapete, **[spread; spread]** tr. e intr. esparcir(se); ~ **out**, extender, desplegar; ~ **over**, **with**, untar, ~ **news**, difusión, diseminación.
sprig *(spríg)* s. ramita.
sprightly *(spráitli)* adj. vivo, animado, brioso, alegre.
spring *(spríng)* s. primavera; *Mec.* resorte, muelle; **[sprung** o **sprang; sprung]** intr. saltar, brincar.
springboard *(springbóard)* s. trampolín.
sprinkle *(sprínkl)* tr. rociar, salpicar, chispear; ~**r**, aspersor, rociador.
sprint *(sprínt)* s. esprint; intr. esprintar.
sprout *(spráut)* s. vastago, retoño; intr. brotar; **Brussels ~s**, coles de Bruselas.
spruce *(sprús)* s. pícea; adj. pulcro, aseado, arreglado; **to ~ up**, arreglarse.
spry *(sprái)* adj. vivo, activo, ágil.
spur *(spö'r)* s. espuela, espolón; tr. espolear; **the ~ of the moment**, de repente.
spurious *(spiúriös)* adj. bastardo, espurio, falso.
spurn *(spórn)* tr. rechazar, desdeñar.
spurt *(spö'rt)* chorro, esfuerzo supremo; intr. salir a chorros, brotar.
sputter *(spótör)* s. rociada de saliva, chisporroteo, farfulla.
sputum *(spiútöm)* s. esputo, flema, escupitajo.
spy *(spái)* s. espía; tr. espiar, atisbar.
spyglass *(spáiglas)* s. catalejo.
squabble *(skúobl)* s. riña, reyerta; tr. reñir, disputar.
squad *(skuád)* s. pelotón, brigada.
squadron *(skuádrön)* s. *Mil.* escuadrón; *Avi.* escuadrilla.
squalid *(skuálid)* adj. miserable, vil; asqueroso.
squall *(skúol)* s. chubasco, chillido; intr. chillar, berrear.
squalor *(skuólör)* s. miseria, vileza.
squander *(skuóndör)* tr. e intr. malgastar, despilfarrar.
square *(skuéör)* s. cuadrado, plaza; adj. cuadrado, justo; tr. cuadrar; ajustar; ~ **deal**, trato justo; ~ **meal**, m. comida completa.
squarely *(skuárli)* adv. honradamente, justamente; exactamente, justo.
squash *(skuásch)* s. *Bot.* calabaza, pulpa; tr. aplastar, magullar; ~ **rackets**, tenis de salón.
squat *(skuót)* adj. rechoncho; tr. e intr. agacharse, sentarse en cuclillas.
squatter *(skuótör)* s. advenedizo, ocupante ilegal.
squeak *(skuík)* s. chillido, chirrido; intr. rechinar, chillar; **a narrow ~**, (escaparse) por los pelos.

squeal *(skuíl)* s. alarido, chillido; intr. chillar; (fam.) cantar, quejarse, protestar.
squeamish *(skuímisch)* adj. escrupuloso, remilgado; impresionable, sensible.
squeeze *(skuís)* s. estrujón, apretón; tr. estrujar, apretar, estrechar, comprimir; oprimir; ~ **out**, exprimir.
squeezer *(skuísör)* s. exprimidor.
squelch *(skuélch)* intr. chapotear, aplastar, acallar; **to ~ a revolt**, sofocar una revuelta.
squib *(skuíb)* s. petardo; (fig.) pulla, sátira.
squid *(skúid)* s. calamar.
squint *(skuínt)* adj. bizco; s. *Med.* estrabismo; tr. e intr. mirar bizco.
squire *(skúair)* s. hacendado, terrateniente.
squirm *(skuórm)* intr. retorcerse.
squirrel *(skuírel)* s. ardilla.
squirt *(skúört)* tr. jeringar, hacer salir a chorros; s. jeringazo, chorro; (fam.) (US) majadero.
stab *(stáb)* s. puñalada; cuchillada; tr. apuñalar, acuchillar; clavar, golpear.
stability *(stabíliti)* s. estabilidad.
stabilize *(stábilais)* tr. estabilizar.
stable *(stéibl)* adj. estable; s. establo, caballeriza.
stack *(stác)* s. *Agric.* pila, montón; *Mil.* pabellón; tr. amontonar.
stadium *(stéidiöm)* s. estadio.
staff *(stáf)* s. bastón, báculo, apoyo, vera, plantilla; *Mil.* estado mayor.
stag *(stág)* s. ciervo, venado; ~ **party**, despedida de soltero.
stage *(stéidch)* s. *Teat.* escenario, tablado, plataforma, estrado; *Acad.* nivel; (espacio) fase; *Dep.* etapa; **in ~s**, por etapas; tr. escenificar; **~coach**, diligencia (coche).
stagger *(stágör)* s. tambaleo, bamboleo; intr. tambalear, vacilar, titubear; tr. alternar, escalonar, tambalearse; **~ing**, adj. asombroso.
stagnant *(stágnant)* adj. estancado.
stagnate *(stágneit)* intr. estancarse, anquilosarse.
stagnation *(stagnéischön)* s. estancamiento, estancación.
staid *(stéid)* adj. sobrio, serio.
stain *(stéin)* s. mancha; tr. manchar, ensuciar.
stainless *(stéinles)* adj. limpio; ~ **steel**, s. acero inoxidable.
stair *(stéar)* s. escalón, grada; **~s**, escaleras.
staircase *(stéarkeis)* s. escalera.
stake *(stéik)* s. estaca, apuesta; tr. apostar; estacar; **to be at ~**, estar en juego.
stabbing *(stábing)* s. apuñalamiento; adj. punzante.
stale *(stéil)* adj. rancio, duro, viejo (pan), añejo, pasado.
stalk *(stók)* s. *Bot.* tr. tallo; **deer ~ing**, caza de ciervos.
stall *(stól)* s. (mercado) puesto; (*Teat.* y cine) butaca, establo; tr. meter en el establo; *Aut.* calarse.
stallion *(stályön)* s. caballo semental; *(Am.)* padrillo, garañón.
stalwart *(stóluöt)* adj. robusto.
stamen *(stéimen)* s. estambre.
stamina *(stámina)* s. resistencia, aguante; vigor.
stammer *(stámör)* s. balbuceo, tartamudeo; intr. tartamudear, balbucir.
stammerer *(stámörör)* s. tartamudo.
stamp *(stámp)* s. sello, marca, estampa; tr. sellar; intr. patear.
stampede *(stampíd)* s. estampida, huida; tr. e intr. ahuyentar, desbarandarse.
stanch *(stóntch)* intr. restañar, estancar; adj. fuerte, firme, leal, constante fiel.
stand *(stánd)* s. parada, puesto, plataforma, tribuna; **[stood; stood]** tr. sostener, sufrir; intr. estar de pie; ~ **up**, ponerse en pie; ~ **for**, representar.
standstill *(stándstil)* s. punto muerto; **come to a ~**, parar.
standard *(stándard)* s. norma, modelo, tipo, estandarte; adj. típico; normal.
standardize *(stándardais)* tr. estandarizar, hacer uniforme.

S

S

standing *(stánding)* s. reputación; posición, estatus; adj. estable, de pie; **out** ~, sobresaliente.
standpoint *(stándpoint)* s. punto de vista.
standstill *(stándstil)* s. detención, paro; punto muerto.
stanza *(stánza)* s. estrofa.
staple *(stéipl)* s. grapa; adj. principal, básico; tr. grapar.
stapler *(stéipler)* s. grapadora.
star *(stár)* s. estrella, asterisco; tr. marcar con asterisco; intr. representar el primer papel.
starboard *(stárbord)* s. *Mar.* estribor.
starch *(stárch)* s. almidón; tr. almidonar.
starched *(stárcht)* adj. almidonado.
stare *(stéea)* s. mirada fija, mirar con descaro; tr. mirar fijamente.
starfish *(stárfisch)* s. estrella de mar.
stark *(stárk)* adj. absoluto; desolado; desnudo; severo; adv, del todo; **~nacked**, en cueros; ~ **nonsense**, pura tontería.
starlight *(stárlait)* s. luz estelar, luz de las estrellas.
starry *(stárri)* adj. estrellado.
start *(stárt)* s. comienzo, marcha, sobresalto, ímpetu; tr. poner en marcha, comenzar; intr. arrancar, sobresaltarse; **a good** ~, buen comienzo.
startle *(stártl)* s. espanto; tr. asustar, sobresaltar.
starvation *(starvéischön)* s. inanición, hambre.
starve *(stárv)* intr. morir de hambre; tr. matar de hambre.
state *(stéit)* s. estado; tr. e intr. declarar, manifestar.
stately *(stéitli)* adv. majestuoso.
statement *(stéitment)* s. declaración, *Com.* estado de cuentas, memoria; *Gram.* oración afirmativa.
stateroom *(stéitrum)* s. *Náut.* camarote de lujo; (US) departamento de coche cama.
statesman *(stéitmen)* s. estadista.
static *(státik)* adj. estático.
station *(stéischön)* s. estación; puesto; tr. colocar; **fire** ~, Estación de Bomberos; **police** ~, Comisaría de Policía; **gas** ~, gasolinera.
stationary *(stéischönari)* adj. estacionario, inmóvil.
stationer *(stéischönör)* s. vendedor de objetos de escritorio.
stationery *(stéischöneri)* s. papelería, objetos de escritorio.
statistics *(statístiks)* s. estadística.
statuary *(státiueri)* s. estaturia, estatuario.
statue *(státiu)* s. estatua.
stature *(státcha)* s. estatura; talla.
statute *(státiut)* s. estatuto.
status *(stéitös)* s. estado, condición, posición social o profesional, categoría.
staunch *(stónch)* intr. restañar, estancar; adj. firme, leal.
stave *(stéiv)* s. duela de barril; tr. poner duelas; **to** ~ **off**, mantener a distancia, evitar, rechazar.
stay *(stéi)* s. estancia; intr. quedarse, permanecer; **to** ~ **at**, hospedarse.
stead *(stéd)* s. lugar; **in his** ~, en su lugar.
steadfast *(stédfast)* adj. fijo; resuelto, firme.
steady *(stédi)* adj. estable, fijo, firme; tr. fijar; intr. asegurar.
steak *(stéik)* s. bistec, filete, bife.
steal *(stíl)* s. hurto, robo; **[stole; stolen]** tr. hurtar, robar, ocultar; intr. colarse.
stealth *(stélz)* s. cautela, sigilo.
stealthy *(stélzi)* adj. furtivo, sigiloso; **~ily**, furtivamente.
steam *(stíim)* s. vapor, vaho; intr. emitir vapor; tr. cocer al baño; ~ **up**, empañarse.
steamer *(stímör)* s. barco de vapor.
steed *(stid)* s. corcel.
steel *(stíil)* s. acero; adj. de acero; tr. acerar; ~ **works**, s. fundición de acero, acería; **nerves of** ~, nervios de acero.
steep *(stíip)* adj. escarpado, en declive, empinado; (fam.) caro; tr. remojar, poner en remojo.

steeple *(stípl)* s. aguja de campanario.
steeplechase *(stíplcheis)* s. carrera de obstáculos.
steepness *(stípnes)* s. inclinación abrupta, lo empinado.
steer *(stía)* s. becerro, novillo; tr. guiar; *Náut.* gobernar; **~ing wheel**, *Autom.* volante de la dirección.
steerage *(stíridch)* s. *Náut.* gobierno, pasajero de tercera clase.
stem *(stém)* s. tallo, tronco, pie de copa; tr. frenar, detener.
stench *(sténch)* s. hedor, mal olor; intr. oler mal.
stencil *(sténsil)* tr. estarcir, marcar usando una plantilla; s. cliché.
stenographer *(stinógraför)* s. taquígrafo.
step *(stép)* s. paso, escalón, estribo; intr. dar pasos; **~ladder**, escalera de mano; **~mother**, s. madrastra; **~father**, s. padrastro.
steppe *(stép)* s. estepa.
sterile *(stérail)* adj. estéril, improductivo.
sterility *(stériliti)* s. esterilidad.
sterilize *(stérilais)* tr. estirilizar.
sterling *(stérlin)* adj. genuino, puro, **~ pound**, s. libra esterlina.
stern *(stö'rn)* adj. duro, severo, inflexible; s. severidad; *Náut.* popa.
sterness *(stérnes)* s. severidad, rigidez, dureza.
stethoscope *(stézöskoup)* s. estetoscopio.
stevedore *(stívidor)* s. estibador, cargador.
stew *(stiú)* s. estofado, guisado; tr. estofar; s. **~ pan**, cazuela, olla.
steward *(stíuard)* s. mayordomo, administrador, auxiliar.
stewardess *(stiúardes)* s. camarera, azafata.
stick *(stík)* s. palo, bastón, **[stuck; stuck]** tr. pegar, adherir, juntar; intr. pegarse.
sticker *(stíkör)* s. pegatina, etiqueta adhesiva.
sticky *(stíki)* adj. pegajoso.
stiff *(stíf)* adj. tieso, rígido; **~ neck**, s. tortícolis.
stiffen *(stífn)* tr. envarar, atiesar, endurecer, fortalecer, reforzar.
stifle *(stáifl)* tr. sofocar.
stigma *(stígma)* s. estigma.
stigmatize *(stígmatais)* tr. estigmatizar.
stile *(stáil)* s. escalones para cruzar un cerco.
still *(stíl)* s. silencio, calma; adj. silencioso, quieto, inmóvil; adv. todavía, aún, sin embargo; tr. calmar; **~ life**, bodegón, naturaleza muerta.
stillness *(stílnes)* s. silencio, sosiego, quietud.
stilt *(stilt)* s. zanco.
stilted *(stíltit)* adj. pomposo.
stimulant *(stímiulant)* s. y adj. estimulante.
stimulate *(stímiuleit)* tr. estimular.
stimulation *(simiuléischön)* s. estímulo, excitación.
stimulus *(stímiulös)* s. estímulo.
sting *(stíng)* s. aguijón, picada; **[stung; stung]** tr. picar.
stinginess *(stíndyines)* s. tacañería.
stingy *(stíndchi)* adj. tacaño.
stink *(stínk)* s. hedor; intr. heder, apestar.
stint *(stínt)* intr. escatimar, ser económico; s. tarea, faena.
stipend *(stáipend)* s. estipendio, sueldo, salario.
stipulate *(stípuleit)* intr. estipular.
stipulation *(stipiuléischön)* s. estipulación.
stir *(stér)* s. movimiento, conmoción, agitación; tr. e intr. agitar(se).
stirring *(stéring)* adj. conmovedor, emocionante.
stirrup *(stíröp)* s. estribo.
stitch *(stích)* s. (costura) puntada; *Med.* punto; tr. coser.
stock *(stók)* s. tronco, estirpe, linaje; *Com.* capital inicial, valores, acciones, fondo, existencias; tr. proveer, tener en existencia; **~ Exchange**, s. la Bolsa (de valores).

S

stockade *(stokéid)* s. estacada, vallado; tr. empalizar.
stockbroker *(stókbroukör)* s. agente de bolsa.
stockholder *(stókjoldör)* s. accionista.
stocking *(stóking)* s. media; ~ **stitch**, punto de calceta.
stocky *(stóki)* adj. robusto, fornido.
stoical *(stóikal)* adj. estoico.
stoke *(stóuk)* tr. alimentar el fuego; avivar, atizar.
stoker *(stókör)* s. fogonero.
stole *(stóul)* s. estola.
stolid *(stólid)* adj. impasible, imperturbable.
stomach *(stómak)* s. estómago; tr. aguantar, soportar.
stone *(stóun)* s. piedra (UK), hueso de una fruta; tr. apedrear; ~ **deaf**, sordo como una tapia; ~ **Age**, Edad de piedra.
stony *(stóuni)* adj. pedregoso, (fig.) glacial, frío.
stool *(stúl)* s. taburete, banquillo.
stoop *(stúp)* s. inclinación, abatimiento; intr. inclinarse; **to ~ to**, rebajarse a.
stop *(stóp)* s. parada, pausa, alto; tr. pararse; **full** ~, punto; ~ **it!**, basta.
stoppage *(stópidye)* s. detención, interrupción.
stopper *(stópör)* s. tapón.
storage *(stóuridch)* s. almacenaje, depósito.
store *(stóör)* s. tienda, almacén; tr. almacenar; **department ~s**, grandes almacenes.
storey *(stóari)* s. piso, planta.
stork *(stórk)* s. cigüeña.
storm *(stórm)* s. tempestad, tormenta; tr. asaltar.
stormy *(stórmi)* adj. tempestuoso, tormentoso.
story *(stóri)* s. historia, cuento, historieta, relato.
stout *(stáut)* adj. grueso; s. cerveza fuerte.
stoutness *(stáutnes)* s. gordura, robustez, corpulencia.
stove *(stóuv)* f. cocina; estufa.
stowaway *(stóueuei)* s. polizón.
straddle *(strádl)* intr. ponerse a horcajadas, montar a horcajadas.
straggle *(strágl)* intr. rezagarse, quedarse atrás.
straight *(stréit)* adj. derecho, recto, directo; adv. directamente; ~ **on**, todo derecho; **home** ~, recta final.
straighten *(stréiten)* tr. enderezar; ordenar, arreglar.
straighaway *(stréitauei)* adj. luego, inmediatamente.
strain *(stréin)* s. tensión, esfuerzo; tr. forzar, estirar, colar.
strainer *(stréinör)* s. colador.
strait *(stréit)* s. *Geog.* estrecho, peligro; adj. estrecho, angosto; ~ **jacket**, camisa de fuerza.
strand *(stránd)* s. filamento, cabo; (poético) playa, ribera; tr. varar, encallar, embarrancar.
strange *(stréindch)* adj. extraño.
stranger *(stréindyör)* s. forastero, extraño.
strangle *(strángl)* tr. estrangular.
strap *(stráp)* s. correa; tirante; tr. zurrar, atar con correas.
stratagem *(strátadyem)* s. estratagema.
strategic *(stratédchik)* adj. estratégico, táctico.
strategy *(strátedyi)* s. estrategia.
stratify *(strátifai)* tr. estratificar.
stratosphere *(strátousfir)* s. estratósfera.
stratum *(strátöm)* s. estrato, capa.
straw *(stró)* s. paja; adj. de paja; **the last** ~, es el colmo; **drinking** ~, pajita; *Amér.* papote.
strawberry *(ströbéri)* s. *Bot.* fresa.
stray *(stréi)* s. descarrío, perdido; intr. descarriarse, alejarse.
streak *(strík)* s. raya, lista; tr. listar.
streaky *(stríki)* adj. listado.
stream *(stríim)* s. corriente, arroyo; intr. correr; **~ing**, emisión en directo.
streamline *(strímlain)* s. línea aerodinámica; tr. dar línea aerodinámica.
streamer *(strímör)* s. banderola, gallardete, listón; **paper** ~, serpentina.
street *(stríit)* s. calle.

streetcar *(strítkar)* s. tranvía.
strength *(stréngz)* s. fuerza, vigor.
strengthen *(stréngzen)* tr. fortalecer, reforzar.
strenuous *(stréniues)* adj. enérgico, fuerte, tenaz.
stress *(strés)* s. tensión, estrés; acento tónico; tr. enfatizar, recalcar.
stretch *(stréch)* s. extensión, trecho, estirón; elasticidad; tr., intr. estirarse, extenderse, alargarse.
strew [strewed; strewn] *(strú)* tr. esparcir, desparramar.
strict *(stríkt)* adj. estricto, severo, rígido, riguroso.
strictness *(stríktnes)* s. exactitud, severidad.
stride *(stráid)* s. paso largo, zancada; **[strode** o **strid; stridden]** intr. andar a trancos, dar zancadas.
strident *(stráident)* adj. estridente; (fig.) chillón.
strife *(stráif)* s. contienda, disputa.
strike *(stráik)* s. golpe, huelga; (fam.) chiripa; **[struck; struck]** tr. golpear, herir, chocar con, encender un fósforo; intr. golpear.
striker *(stráikör)* s. huelguista.
striking *(stráiking)* adj. sorprendente, llamativo.
string *(stríng)* s. cuerda, cordel; ~ **of onions**, ristra; ~ **of lies**, sarta de mentiras; **[strung; strung]** tr. atar (con cuerda).
stringent *(stríndyant)* adj. estricto, riguroso, severo.
strip *(stríp)* s. tira, banda; tr. y r. desnudar(se); **comic** ~, historieta.
stripe *(stráip)* s. raya, lista; *Mil.* galón; tr. rayar.
striped *(stráipt)* adj. rayado, a rayas, listado.
strive [strove; striven] *(stráiv)* intr. esforzarse, empeñarse.
stroke *(stróuk)* s. golpe, campanada; trazo, pincelada, rasgo.
stroll *(stról)* s. paseo; intr. vagar, pasear.
strong *(stróng)* adj. fuerte; ~ **as a horse**, fuerte como un toro.
stronghold *(stróngjould)* s. baluarte, bastión.
strop *(strop)* tr. asentar (navajas de afeitar); s. asentador.
structure *(strókschör)* s. estructura, construcción.
struggle *(strö'gl)* s. esfuerzo, lucha; intr. bregar, luchar, contender, esforzarse.
strut *(ströt)* intr. pavonearse, contonearse; s. pavoneo; *Archit.* puntal.
stub *(stö'b)* s. cabo (lápiz, vela); colilla (de cigarrillo); talón (de cheque).
stubble *(stöbl)* s. rastrojo, cañones (de la barba).
stubborn *(stö'born)* adj. terco, tozudo, testarudo.
stubbornness *(stö'bornes)* s. tozudez, terquedad.
stud *(stö'd)* s. tachón, tachuela; ~ **horse**, semental.
student *(stiúdent)* s. estudiante.
studio *(stiúdio)* s. estudio, taller de un artista; estudio cinematográfico.
studious *(stiúdiös)* adj. estudioso.
study *(stö'di)* s. estudio; tr. estudiar, investigar.
stuff *(stö'f)* s. cosas, material, materia prima, chismes; tr. rellenar, henchir, disecar; intr. atracarse.
stuffing *(stö'fing)* s. relleno.
stuffy *(stö'fi)* adj. mal ventilado, cargado.
stumble *(stö'mbl)* s. tropiezo; intr. tropezar, dar un traspié.
stump *(stömp)* s. cepa; muñón.
stun *(stö'n)* tr. atolondrar, aturdir, pasmar.
stunt *(stö'nt)* tr. atrofiar; s. proeza.
stupefy *(stiúpifai)* tr. causar estupor, dejar atónito.
stupendous *(stiupéndös)* adj. estupendo, maravilloso.
stupid *(stiúpid)* adj. y s. estúpido.
stupidity *(stiupíditi)* s. estupidez.
stupor *(stiúpör)* s. estupor.
sturdy *(stördi)* adj. robusto, fornido, vigoroso.
stutter *(stö'ta)* s. tartamudeo; intr. tartamudear; tr. balbucear.
sty *(stái)* s. pocilga.
style *(stáil)* s. estilo, título, género, moda, tono.
suavity *(suáviti)* s. suavidad.

S

S

subdivision *(sóbdivishön)* s. subdivisión.
subdue *(sabdiú)* tr. subyugar, someter, dominar.
subject *(sábdyekt)* adj. sujeto; s. asunto, materia, tema, asignatura, subdito; *Gram.* sujeto; tr. someter.
subjection *(sabdyékshön)* s. sometimiento, sumisión.
subjective *(sabdyéktiv)* adj. subjetivo.
subjugate *(sábdyiugueit)* tr. subyugar, someter, sojuzgar.
sublet *(sablét)* tr. subarrendar.
sublime *(sabláim)* adj. sublime, excelso.
submarine *(sábmarin)* s. submarino.
submerge *(sabmérdch)* tr., intr. sumergir(se).
submission *(sabmíschön)* s. sumisión.
submissive *(sabmísiv)* adj. sumiso.
submit *(sabmít)* tr. someter, presentar; intr. someterse.
subnormal *(sóbnormal)* adj. subnormal, deficiente.
subordinate *(sabórdineit)* adj. y s. subordinado; tr. subordinar.
suscribe *(sabskráib)* tr. suscribir, aprobar; intr. suscribirse, abonarse.
subscriber *(sabskráibör)* s. subscriptor.
subsequent *(sábsikuent)* adj. subsiguiente, posterior; **~ly**, adv. posteriormente.
subscription *(subskrípschön)* s. subscripción, abono.
subside *(subsáid)* intr. calmarse, bajar, hundirse.
subsidence *(súbsidense)* s. hundimiento, bajada.
subsidiary *(subsídieri)* adj. subsidiario, secundario, filial, sucursal.
subsidy *(sábsidi)* s. subvención, subsidio.
subsist *(sabsíst)* intr. subsistir, sustentarse.
substance *(sábstans)* s. sustancia, esencia.
substantial *(sabstánschal)* adj. substancial, considerable.
substantive *(sábstantiv)* adj. y s. substantivo.
substitute *(sábstitiut)* s. substituto, sucedáneo; tr. substituir.
subterfuge *(sábtarfiudch)* s. subterfugio.
subterranean *(sabtaréinyan)* adj. subterráneo.
subtlety *(sábtiliti)* s. sutileza.
subtitle *(sábtaitl)* s. subtítulo.
subtle *(sábtl)* adj. sutil, delicado.
subtleness *(sábtlnes)* s. sutileza, astucia.
subtract *(sabtrákt)* tr. substraer, restar.
subtraction *(sabstrákschön)* s. substracción; *Arit.* resta.
suburb *(sáberb)* s. suburbio, arrabal.
subvention *(sabvénschön)* s. subvención.
subversion *(sabvérschön)* s. subversión, trastorno.
subversive *(sabvérsiv)* adj. subversivo.
subway *(sábuei)* s. paso subterráneo, túnel; (US) metro.
succeed *(saksíd)* tr. suceder; intr. vencer, triunfar, conseguir, seguir a.
success *(saksés)* s. éxito, triunfo.
successful *(saksésful)* adj. próspero, afortunado, exitoso.
succession *(sakséshön)* s. sucesión, serie.
successive *(söksésiv)* adj. sucesivo.
successor *(saksésör)* s. sucesor.
succinct *(saksínkt)* adj. sucinto, conciso.
succor (US), **sccour** (UK) *(sákar)* s. socorro, asistencia; *Mil.* refuerzo; tr. socorrer.
succulent *(sákiulent)* adj. suculento, jugoso.
succumb *(sőkóm)* intr. sucumbir, ceder, rendirse.
such *(sách)* adj. tal(es), semejante; pron. un tal, aquellos que; adv. tan; ~ **as**, tal que, etc.
suck *(sák)* tr. chupar, mamar; s. chupada.
sucker *(sákör)* s. chupón; (US) (fig.) bobo.
suckle *(sákl)* tr. amamantar.
sudden *(sádn)* adj. repentino; súbito, imprevisto; **all of a** ~, de repente.
suddenly *(sádenli)* adv. de repente, súbitamente.
suddenness *(sádönnes)* s. precipitación, repentino, improvisto.
suds *(sáds)* s. agua jabonosa.

sue *(sú)* tr. demandar.
suede *(suéid)* s. ante, gamuza.
suet *(súit)* s. saín, sebo.
suffer *(sáför)* tr. e intr. sufrir, aguantar, tolerar; **to ~ of**, padecer de, adolecer de.
sufferer *(sáferör)* s. víctima, paciente; **fellow ~**, compañero de infortunio.
suffering *(sáferin)* s. sufrimiento.
suffice *(safáis)* intr. bastar, ser suficiente.
sufficiency *(safíschensi)* s. suficiencia.
sufficient *(safíschent)* adj. suficiente, bastante.
suffix *(sáfiks)* s. sufijo.
soffocate *(sáfokeit)* tr. sofocar; intr. asfixiarse.
soffocation *(safokéischön)* s. sofocación, ahogo, asfixia.
suffrage *(sáfridch)* s. sufragio, voto, derecho a votar.
sugar *(schúgar)* s. azúcar; tr. azucarero; **~ lump**, terrón de azúcar.
suggest *(sadyést)* tr. sugerir, insinuar.
suggestion *(sadyeeschön)* s. sugerencia, sugestión, insinuación.
suggestive *(sadyéstiv)* adj. sugestivo, impúdico.
suicidal *(siuisáidal)* adj. suicida, temerario.
suicide *(siúisaid)* s. suicidio, suicida; **to commit ~**, suicidarse.
suit *(súit)* s. traje galanteo, colección, serie; *Leg.* petición, pleito, litigio, palo de naipes; tr., intr. cuadrar, convenir, ir bien.
suitable *(siútabl)* adj. adecuado, apropiado.
suitcase *(siútkeis, sut)* s. maleta.
suite *(suít)* s. serie, séquito, tresillo; **three piece ~**, tresillo; **bledloom ~**, juego de dormitorio.
suitor *(sútör)* s. pretendiente; *Leg.* demandante.
sulk *(sálk)* s. mal humor; intr. enfurruñarse.
sulky *(sálki)* adj. huraño, malhumorado, taimado.
sullen *(sálen)* adj. hosco.
sully *(sáli)* s. mancha; tr. manchar, empañar.
sulphur *(sálför)* s. azufre.
sultan *(sáltan)* s. sultán.
sultana *(saltána)* s. sultana, pasa.
sultry *(sáltri)* adj. bochornoso, sofocante.
sum *(sám)* s. suma, total, cuenta; **~ up**, resumir, recapitular.
summary *(sámari)* adj. s. sumario, resumen.
summer *(sámör)* s. verano; adj. estival, veraniego; intr. veranear.
summersault *(sámarsolt)* s. voltereta; intr. dar volteretas.
summit *(sámit)* s. cumbre, cima, altura.
summon *(sámön)* tr. citar, convocar, requerir, llamar, emplazar.
summons *(sámöns)* s. *Leg.* citación.
sumptuous *(sámpschös)* adj. suntuoso.
sun *(sán)* s. sol; tr. asolear.
sunbathe *(sánbaiz)* tomar el sol.
sunbeam *(sánbim)* s. rayo de sol; **~ dial**, s. reloj de sol.
sunburn *(sánbörn)* adj. quemado por el sol, bronceado.
Sunday *(sándei)* s. domingo; **easter ~**, domingo de resurrección; **Palm ~**, domingo de ramos.
sundries *(sándris)* artículos varios.
sundry *(sándri)* adj. diversos.
sunflower *(sanfláuör)* s. girasol; **~ seed** (fam.) semilla de girasol.
sunk *(sánk)* (p.p. of sink), hundido.
sunken *(sánken)* adj. hundido.
sunlight *(sánlait)* s. luz diurna.
sunny *(sáni)* adj. soleado.
sunrise *(sónrais)* s. salida del sol, amanecer.
sunshine *(sánschain)* s. luz del sol, sol, luz del día.
sunset *(sánset)* s. puesta del sol, ocaso.
sunstroke *(sánstrouk)* s. insolación.
superannuate *(suparánniueit)* fr. jubilar, inhabilitar.
superannuation *(siuparaniuéischön)* s. jubilación, pensión.
superb *(supérb)* adj. soberbio, magnífico.
supercilious *(suparsílias)* adj. altivo, arrogante.
superficial *(supersfíshal)* adj. superficial.

S

superficiality *(superfishiáliti)* s. superficialidad.
superfluous *(supérfluös)* adj. superfluo.
superhuman *(superjiúman)* adj. sobrehumano.
superimpose *(superimpóus)* tr. sobreponer, superponer.
superintend *(superinténd)* tr. supervisar, inspeccionar, vigilar.
superintendent *(superinténdent)* s. superintendente.
superior *(supíriör)* adj. y s. superior.
superiority *(supieirióriti)* s. superioridad.
superman *(súperman)* s. superman.
supermarket *(supermárket)* s. supermercado.
supernatural *(supernáschural)* sobrenatural.
supersede *(supersíd)* tr. substituir, suplantar.
superstition *(supertíschön)* s. superstición.
superstitious *(superstíschös)* adj. supersticioso.
supervise *(superváis)* tr. vigilar, supervisar, revisar.
supervisor *(superváisör)* s. inspector, interventor.
supper *(sápör)* s. cena.
supplant *(söplánt)* tr. suplantar, reemplazar.
supple *(sápl)* adj. flexible, dócil. *Dep.* ágil.
supplement *(súplimönt)* s. suplemento.
supplication *(söplikéischön)* s. súplica.
supplier *(söplaiör)* s. suministrador, proveedor.
supply *(söplái)* s. abastecimiento, suministro; pl. s. víveres, pertrechos; tr. abastecer.
support *(söpórt)* s. soporte, apoyo; tr. sostener.
supporter *(söpórtör)* s. apoyo, sostén; *Dep.* hincha.
suppose *(söpóus)* tr. presumir, creer; tr. (pre)suponer.
supposition *(söposíschön)* s. suposición; hipótesis.
suppository *(söpósitori)* s. supositorio.
suppress *(söprés)* tr. suprimir; sofocar, reprimir(se).
suppression *(söpréschön)* s. supresión; represión.
supremacy *(söprémasi)* s. supremacía.
supreme *(suprím)* adj. supremo; ~ **court**, el tribunal supremo.
sure *(shúr)* adj. seguro, cierto; adv. indudablemente; interj. ¡claro! **make ~ of** asegurarse de; **to be ~**, estar seguro.
sureness *(shúrnes)* s. seguridad.
surety *(shúriti)* s. fianza, fiador.
surf *(sérf)* s. olas rompientes; espuma; oleaje; tr. surfear, navegar; **to ~ the Net**, navegar por internet.
surface *(sérfeis)* s. superficie; tr. allanar; *Náut.* salir a la superficie; **on the ~**, en apariencia.
surfeit *(sérfit)* s. exceso; tr. intr. hartar(se).
surge *(sérdch)* s. oleaje, oleada; intr. agitarse.
surgeon *(sérdyon)* s. cirujano.
surgery *(sérdyeri)* s. cirugía.
surmise *(surmáis)* s. conjetura, suposición; tr. suponer.
surmount *(surmáunt)* tr. vencer, superar; escalar.
surname *(súrneim)* s. apellido.
surpass *(surpás)* tr. exceder, aventajar, sobrepasar.
surplice *(sörplis)* s. sobrepelliz.
surplus *(surplös)* adj. y s. sobrante, excedente.
surprise *(surpráis)* s. sorpresa; tr. sorprender.
surrender *(suréndör)* s. rendición, entrega; tr., intr. rendir(se).
surround *(suráund)* tr. circundar, rodear.
surroundings *(suráundings)* s. pl. alrededores.
surtax *(súrtaks)* s. recargo, sobretasa, sobreimpuesto.
survey *(survéi)* s. examen, inspección; encuesta; tr. inspeccionar; sondear.
surveyor *(survéiör)* s. topógrafo, perito, agrimensor, inspector.
survival *(sörváival)* s. supervivencia.
survive *(surváiv)* tr. sobrevivir.
susceptible *(suséptibl)* adj. susceptible, sensible, propenso.

suspect *(súspekt)* adj. sospechoso; tr. sospechar.
suspend *(suspénd)* tr. suspender, colgar; expulsar.
suspenders *(suspéndas)* s. pl. (US) tirantes, (UK) ligas.
suspense *(suspéns)* s. incertidumbre, suspenso, intriga.
suspension *(suspénshön)* s. suspensión; ~ **bridge**, puente.
suspicion *(suspíschön)* s. sospecha; **beyond** ~, libre de sospecha; **under** ~, bajo sospecha.
suspicious *(suspíschös)* adj. sospechoso, suspicaz, desconfiado.
sustain *(sustéin)* tr. sostener, sustentar, apoyar.
swab *(suób)* s. *Med.* torunda, escobilla; tr. fregar.
swag *(suág)* s. botín.
swagger *(suágör)* intr. fanfarronear, pavonearse; s. pavoneo.
swaggerer *(suágörör)* s. fanfarrón.
swain *(suéin)* s. mozalbete, rapaz; *Náut.* **boat** ~, contramaestre.
swallow *(suólou)* s. *Orn.* golondrina; tr. tragar.
swamp *(suómp)* s. pantano, ciénaga; tr. (fig.) inundarse.
swan *(suón)* s. cisne; ~ **song**, canto de cisne.
swap *(suóp)* s. trueque, canje; tr. cambiar.
sward *(suörd)* s. césped.
swarm *(suórm)* s. enjambre, hormiguero, gentío; tr. enjambrar, pulular.
swarthy *(suorzi)* adj. moreno, tostado, curtido (por el sol).
swathe *(sueiz)* tr. vendar, envolver.
sway *(suéi)* s. vaivén, dominio; tr. inclinar, influir; intr. bambolearse, mecerse.
swear [swore; sworn] *(súea)* tr., intr. jurar, blasfemar.
sweat *(súet)* s. sudor; **[sweated** o **swet; sweaed** o **swed]** tr. hacer sudar; intr. sudar.
sweater *(suétör)* s. suéter.
sweating *(suéting)* s. sudor.
sweep *(suíp)* s. barrer; barrido; alcance; arrastrar; **to** ~ **up**, recoger; **[swept; swept]** tr. barrer, deshollinar; **to** ~ **post**, pasar rápidamente.
sweeper *(suípör)* s. barrendero.
sweet *(suít)* adj. dulce; s. caramelo.
sweeten *(suítn)* tr. endulzar.
sweetener *(suítnör)* s. endulzante.
sweetheart *(suítjart)* s. novio, novia, amante.
sweetmeat *(suítmit)* s. dulce, confites.
sweetnees *(suítnes)* s. dulzura.
swell *(suél)* s. hinchazón; *Náut.* marejada, mar de fondo; adj. (US) (fam.) estupendo; **[swelled; swelled** o **swellen]** tr. hincharse; tr. hinchar.
swelling *(suéling)* s. hinchazón, turgencia.
swelter *(suéltör)* intr. sofocarse, abrasarse.
swerve *(suörv)* s. desviación, viraje.
swift *(suíft)* adj. veloz, rápido, repentino, súbito.
swiftly *(suiftli)* adv. velozmente, rápidamente.
swiftness *(suíftnes)* s. velocidad, ligereza, rapidez.
swill *(suíl)* tr. enjuagar, lavar; (fam.) emborrachar; s. bazofia.
swim [swum o **swam; swum]** *(suím)* intr. nadar, flotar.
swimmer *(suímör)* s. nadador.
swimming *(suíming)* s. natación; s. ~ **pool**, piscina.
swindle *(suíndl)* s. estafa, timo; tr. timar, estafar.
swindler *(suíndlör)* s. estafador, timador.
swine *(suáin)* s. cerdo, (lit. y fig.) ~ **herd**, s. piera.
swing *(suíng)* s. oscilación, columpio; **[swung; swung]** tr. columpiarse, agitar, balancear.
swipe *(suáip)* s. golpe fuerte; tr. golpear, robar.
swirl *(suírl)* s. remolino.
switch *(suích)* s. interruptor; tr. conmutador; tr. cambiar; ~ **on**, encender; ~ **off**, apagar.
swollen *(suóulön)* adj. hinchado, inflamado.
swoon *(suön)* desmayo; intr. desmayarse, desvanecerse.
swoop *(súöp)* tr. abatirse, caer en picado, abalanzarse; s. descenso en picado.

S

S

swop *(suóp)* s. cambio, trueque; tr. cambiar.
sword *(sórd)* s. espada.
sword-fish *(sórd-fish)* s. *Ict.* pez espada.
sybarite *(síbarait)* s. sibarita.
syllable *(sílabl)* s. sílaba.
symbol *(símböl)* s. símbolo.
symbolic(al) *(simbólik(öl))* adj. simbólico.
symbolize *(símbolais)* tr. intr. simbolizar.
symmetry *(símötri)* s. simetría.
sympathetic *(simpazétik)* adj. agradable, comprensivo.
sympathize *(símpazais)* intr. simpatizar, compadecerse.
sympathy *(símpazi)* s. simpatía, comprensión.
symphony *(símfoni)* s. sinfonía.
symptom *(símtöm)* s. *Med.* síntoma, señal.
synagogue *(sínagog)* s. sinagoga.
synchronise *(sínkronais)* tr. sincronizar.
syncopate *(sínkopeit)* tr. sincopar.
syndical *(síndikal)* adj. sindical.
syndicate *(síndikit)* s. sindicato; *(síndikeit)* sindicar(se).
synonym *(sínonim)* s. sinónimo.
synonymous *(sinónimös)* adj. sinónimo.
synopsis *(sinópsis)* s. sinopsis.
synthesis *(sínzesis)* s. síntesis.
synthetic *(sinzétik)* adj. sintético.
syphon *(sáifon)* s. sifón.
syringe *(siríndch)* s. jeringa, jeringuilla.
syrup *(siröp)* s. sirope, jarabe, almíbar; **peach in ~**, melocotón en almíbar.
system *(sístem)* s. sistema.
systematic *(sistemátik)* s. y adj. sistemático.

T t

tab *(táb)* s. lengüeta, oreja de zapato, tira, herrete de cordón; **~ key**, tabulador.
tabernacle *(tábörnakl)* s. tabernáculo.
table *(téibl)* s. mesa; **~cloth**, mantel; lista; *Mat.* tabla; **multiplication ~**, tabla de multiplicar; **~spoon**, cucharón; **~ tennis**, ping-pong.
tableau *(táblo)* s. cuadro viviente.
tablet *(táblet)* s. tableta; **soap ~**, pastilla de jabón.
tabulate *(tábuleit)* tr. *Comp.* tabular.
tacit *(tásit)* adj. tácito.
taciturn *(tásitön)* adj. taciturno.
tack *(ták)* s. tachuela, chincheta; tr. clavar, puntear.
tackle *(tákl)* s. aparejo, avíos, equipo; tr. agarrar, forcejar.
tacky *(táki)* adj. pegajoso.
tact *(tákt)* s. tacto, tiento.
tactful *(tákful)* adj. discreto.
tactic *(táktik)* adj. táctico.
tactician *(táktisian)* s. táctico, táctica.
tactics *(táctiks)* s. pl. táctica.
tactile *(táktil)* adj. táctil.
tactless *(táktles)* adj. poco delicado, indiscreto.
tadpole *(tádpoul)* s. renacuajo.
taffeta *(táfeta)* s. tafetán.
tag *(tág)* s. etiqueta; tr. etiquetar.
tail *(téil)* s. cola, rabo; **~ end**, extremo, parte de atrás; **heads or ~s?**, ¿cara o cruz?
tailor *(téilör)* s. sastre; tr. confeccionar; adaptar; **~'s**, sastrería.
tailoring *(téilaring)* s. sastrería.
taint *(téin)* s. mácula, mancha; tr. manchar.
take [took; taken] *(téik)* tr. tomar, coger, llevar (fotos), sacar; (ajed.) comer; intr. pegar, prender; **to ~ after**, parecerse; **~ care of**, tr. cuidar de; **~ for granted**, dar por sentado;**~ off**, despegue; **~ over**, tomar posesión, hacerse cargo; **~ back**, retirar.
taking *(téiking)* s. toma, embargo; adj. agradable.
talcum *(tálköm)* s. polvos de talco (de tocador).
tale *(téil)* s. cuento, historia, chisme; **tell ~**, decir mentiras.
talent *(tálent)* s. talento.
talented *(tálentit)* adj. talentoso.
talk *(tók)* s. conversación; habla; intr. conversar, hablar; **small ~**, conversación intranscendente.

talkative *(tókativ)* adj. locuaz, hablador, charlatán.
tall *(tól)* adj. alto, grande.
tallness *(tólnes)* s. altura, estatura, talla.
tally *(táli)* s. cuenta; tr. contar, llevar la cuenta; intr. cuadrar; **to keep a ~**, llevar la cuenta.
talon *(tálon)* s. (aves) garra.
tambourine *(támburin)* s. pandereta.
tame *(téim)* adj. domado, manso, dócil; tr. domesticar, amansar.
tamer *(táimör)* adj. domador.
tan *(tán)* s. casca, bronceado, tostado; color canela; tr. curtir, broncear.
tang *(táng)* s. sabor fuerte y picante.
tangent *(tándyönt)* s. y adj. tangente.
tangerine *(tandyerín)* s. mandarina.
tangle *(tángl)* s. enredo, embrollo; intr. embrollarse.
tank *(tánk)* s. tanque, depósito, cisterna.
tankard *(tánkard)* s. jarra con tapa (para cerveza), cangilón.
tanker *(tanka)* s. *Náut.* petrolero, camión o buque cisterna.
tanner *(tánör)* s. curtidor.
tannery *(táneri)* s. tenería, fábrica de curtidos.
tantalize *(tántalais)* atormentar.
tantrum *(tántröm)* s. berrinche.
tap *(táp)* s. grifo; palmada, golpecito; tr. *Mec.* terrajar, golpear ligeramente.
tape *(téip)* s. cinta; **~ measure**, cinta métrica; **red ~**, papeleo; **~ recorder**, s. grabadora.
taper *(téipor)* tr. estrechar; intr. estrecharse.
tapeworm *(téipuom)* s. tenia, solitaria.
tapestry *(tápestri)* s. tapicería, colgadura, tapiz.
tar *(tár)* s. alquitrán, brea; tr. alquitranar, embrear; **tack ~**, (fam.) marinero.
tardy *(tárdi)* adj. tardío, lento.
tare *(téa)* s. *Com.* tara.
target *(tárguet)* s. blanco, objetivo, meta; dirigir, destinar.
tariff *(tárif)* s. tarifa, arancel.
tarnish *(tárnisch)* s, empañadura, delustre; tr. e intr. empañar(se), mancillar.
tarpaulin *(tárpolin)* s. lona.
tarry *(tári)* intr. tardar; adj. alquitranado.
tart *(tárt)* adj. acre, ácido; s. tarta, tartaleta.
task *(task)* s. tarea; **brig to ~**, reprender; **~ force**, *Mil.* fuerza de misión especial.
tassel *(tásel)* s. borla, cordón.
taste *(téist)* s. gusto, sabor, muestra, prueba; tr. e intr. gustar, probar.
tasteful *(téistful)* adj. elegante, de buen gusto.
tasteless *(téistles)* adj. insípido, soso.
tasty *(téisti)* adj. sabroso.
tatter *(tátör)* s. harapo, andrajo.
tattle *(tátl)* s. charla, chachara; tr. charlar, parlotear.
tattoo *(tatú)* s. *Mil.* retreta; tatuaje; tr. tatuar.
taunt *(tónt)* s. mofa, vituperio, burla.
taut *(tót)* adj. tenso, tirante.
tavern *(távern)* s. taberna.
tawdry *(tódri)* adj. chabacano, vulgar.
tax *(táks)* s. impuesto, contribución, tributo; tr. tasar, imponer tributos; **~ free**, adj. franco, libre de impuestos; **income ~**, contribución por rendimiento de trabajo.
taxation *(takséischön)* s. tasa, contribución, impuestos.
taxi *(táksi)* s. taxi; **~ driver**, s. taxista.
taxicab *(táksikab)* s. coche taxi.
tea *(tíi)* s. té.
teapot *(típot)* s. tetera; **~spoon**, cucharilla.
teach [taught; taught] *(tích)* tr. enseñar, instruir; **to ~ a lesson**, dar una lección.
teacher *(tíchör)* s. profesor(a), maestro, maestra; **~ training college**, escuela de formación profesional.
teaching *(tíching)* s. enseñanza.
team *(tím)* s. equipo, tiro, yunta.
teamwork *(tímuörk)* trabajo en equipo, trabajo en conjunto.

T

tear *(ter)* s. raja, desgarradura; **[tore; torn]** tr. desgarrar, rasgar.
tear *(tíör)* lágrima; ~ **gas**, gas lacrimógeno.
tearful *(tíörful)* adj. lloroso.
tease *(tís)* tr. importunar, atormentar; **strip**~, desnudarse.
teat *(tíit)* s. ubre, teta, tetilla.
technical *(téknikal)* adj. técnico.
technician *(teknísian)* s. técnico.
technique *(tekník)* técnica.
tedious *(tídiös)* adj. pesado, monótono, aburrido.
tedium *(tídiöm)* s. tedio, aburrimiento.
teem *(tím)* abundar; estar repleto de.
teenager *(tinéidyör)* s. adolescente.
teething *(tízing)* s. primera dentición, dentición.
teetotaler *(titóutalör)* s. abstemio.
telecast *(télikast)* s. emisión de televisión, televisar.
telegram *(télegram)* s. telegrama.
telegraph *(télegraf)* s. telégrafo; tr. telegrafiar.
telephone *(télefoun)* s. teléfono; tr. telefonear; ~ **book**, guía telefónica; ~ **exchange**, centralita.
telescope *(téleskop)* s. telescopio.
television *(televíschön)* s. televisor; ~ **set**, *(telivisyon)* s. televisión.
tell [told; told] *(tél)* tr. decir, contar, narrar, ordenar; ~ **off**, reñir; ~ **the difference**, diferenciar; ~ **tales**, decir mentiras, contar chismes.
teller *(télör)* s. relator, narrador; *Com.* cajero.
telltale *(télteil)* s. chismoso, chivato, revelador.
temerity *(teméritì)* s. temeridad.
temper *(témpör)* s. *Metal.* temple, temperamento; tr. templar, mal genio; **bad** ~, mal humor.
temperament *(témpörament)* s. temperamento.
temperance *(témpörans)* s. templanza.
temperate *(témpörit)* adj. templado.
temperature *(témpechör)* s. temperatura.
tempered *(témpard)* adj. *Metal.* templado.
tempest *(témpist)* s. tempestad.
tempestuous *(tempéstiuös)* adj. tempestuoso.
temple *(témpl)* s. templo; *Anat.* sien; patilla.
temporal *(témpöral)* adj. temporal.
temporary *(témporari)* adj. temporal, transitorio, provisional.
temporize *(témporais)* intr. (con) temporizar.
tempt *(témt)* tr. tentar.
temptation *(temtéischön)* s. tentación; **to give way to** ~, ceder a la tentación.
tempter *(témptőr)* s. tentador.
tempting *(témpting)* s. tentación; adj. tentador.
ten *(tén)* adj. y s. diez.
tenable *(ténabl)* adj. defendible.
tenacious *(tenéischös)* adj. tenaz.
tenacity *(tenáciti)* s. tenacidad, tesón, porfía.
tenancy *(ténansi)* s. inquilinato, arrendamiento.
tenant *(ténant)* s. inquilino, arrendador.
tend *(ténd)* tr. guardar, cuidar; intr. tender a.
tendency *(téndensi)* s. tendencia.
tender *(téndőr)* adj. tierno; s. propuesta, oferta; *Mar.* falúa, lancha de auxilio; tr. ofrecer, proponer; **legal** ~, moneda de curso legal.
tenderness *(téndarnes)* s. ternura.
tendon *(téndön)* s. tendón.
tendril *(téndril)* s. zarcillo, tijereta.
tenement *(téniment)* s. vivienda, alojamiento; ~ **house**, casa de vecindad.
tenet *(ténit)* s. dogma.
tennis *(ténis)* s. juego de tenis; ~ **court**, s. pista, cancha de tenis.
tenor *(ténör)* s. tenor.
tense *(téns)* adj. tenso; s. *Gram.* tiempo; tr. tensar.
tension *(ténschön)* s. tensión.
tent *(tent)* s. tienda de campaña, carpa.
tentacle *(téntakl)* s. tentáculo, tiento.
tentative *(téntativ)* s. tentativa, intento.
tenuous *(ténuös)* adj. tenue.

tenure *(téndyör)* s. tenencia, posesión, titularidad.
tepid *(tépid)* adj. tibio, templado.
term *(térm)* s. término, condición, plazo, trimestre académico; tr. nombrar, llamar; **come to ~s**, llegar a un acuerdo.
terminal *(términal)* adj. terminal; s. término.
terminus *(términos)* s. término, fin.
termite *(térmait)* s. termita.
terrace *(téreis)* s. terrado, terraza; tr. terraplenar.
terrible *(téribl)* adj. terrible, atroz, horrible.
terrier *(tériör)* s. terrier.
terrific *(terífik)* adj. espantoso; (fam.) estupendo.
terrify *(térifai)* tr. horrorizar, aterrar.
territorial *(teritórial)* adj. territorial.
territory *(téritöri)* s. territorio.
terror *(terör)* s. temor, pavor.
terrorism *(térrörism)* s. terrorismo.
terrorist *(térrörist)* s. terrorista.
terrorize *(térrörais)* tr. aterrorizar.
terse *(térs)* adj. conciso, breve.
test *(tést)* s. prueba, ensayo, examen, [piedra de] toque; tr. probar, experimentar; **to put to the ~**, poner a prueba; **to pass he ~**, pasarlo a prueba.
testament *(téstament)* s. testamento.
testicle *(téstikl)* s. testículo.
testify *(téstifai)* tr. testificar.
testimonial *(testimóunial)* s. certificación, testimonio; adj. testificativo.
testimony *(téstimoni)* s. testimonio, declaración.
testy *(tésti)* adj. irritable.
tetanus *(tétanös)* s. tétano.
tether *(téza)* s. correa, atadura, cadena; tr. atar; **to be at the end of one's ~**, consumirle la paciencia (a uno).
text *(tékst)* s. texto, pasaje.
textbook *(tékstbuk)* s. libro de texto.
textile *(tékstal)* adj. textil; s. tejido; **~ industry**, industria textil.
texture *(tékstschör)* s. textura, tejido.
than *(dán)* conj. que (partícula comparativa).
thank *(zánk)* tr. agradecer, dar gracias; **~ you!**, ¡gracias!
thankful *(zánkful)* adj. agradecido.
thankfulness *(zánkfulnes)* s. gratitud, agradecimiento.
thankless *(zánkles)* adj. desagradecido, ingrato.
thanklessness *(zánklesnes)* s. ingratitud, desagradecimiento.
thanks *(zánks)* s. pl. gracias.
that *(dát)* adj. ese, aquel; pron. ése, aquél, aquello, que, el cual; conj. que, para que, av. (fam.) así de, tan; **so ~**, para; **~ way**, por allí.
thatch *(zách)* s. techo de paja o cañas; tr. cubrir con paja o cañas.
thaw *(zó)* s. deshielo; tr. intr. descongelar(se), derretir(se).
the *(dé)* art. el, la, lo, los, las.
theater (US), **theatre** (UK) *(dzíatör)* s. teatro.
theatrical *(ziátrikal)* adj. teatral.
theft *(zéft)* s. hurto, robo.
their *(déör)* adj. su, de ellos, de ellas.
theirs *(déörs)* pron. el suyo, la suya, los suyos, las suyas, de ellas, de ellos.
theism *(zíism)* s. teísmo.
theist *(zíist)* s. teísta.
them *(dém)* pron. los, les, ellas, a / para ellos, ellas.
themselves *(demsélvs)* pron. ellos mismos, ellas mismas, sí mismos, asimismo.
theme *(zím)* s. tema, motivo.
then *(dén)* adv. entonces, después, luego; conj. por tanto, pues; **now ~**, ahora bien; **now and ~**, de vez en cuando.
thence *(déns)* adv. de allí, de ahí, desde entonces.
theological *(ziolódyikal)* adj. teologal, teológico.
theologist *(ziólodyist)* s. teólogo.
theology *(ziólodyi)* s. teología.
theoric *(ziórik)* adj. teórico.
theory *(zíori)* adj. teoría.
therapy *(zérapi)* s. terapia, terapéutica.

T

T

there *(dér)* adv. allí, allá, ahí, ~ **is, are** hay; ~ **was**, ~ **were**, había, hubo; ~ **will be**, habrá; **here and** ~, aquí y allá; **over**~, allá.
thereabouts *(dérabauts)* adv. por ahí, aproximadamente.
thereafter *(déraftör)* adv. según, después de eso.
thereby *(derbái)* adv. con eso, por medio de, por allí cerca.
therefore *(dérför)* adv. por lo tanto.
therein *(derín)* adv. en esto, allí dentro.
thereupon *(deröpón)* adv, después de lo cual, por tanto.
therewith *(deruíz)* adv. con eso.
thermic *(dzérmik)* adj. térmico, termal.
thermometer *(dzörmómitör)* s. termómetro.
these *(díis)* adj. y pron. estos, estas.
thesis *(dzísis)* s. tesis.
they *(déi)* pron. ellos, ellas.
thick *(zík)* adj. grueso; espeso; estúpido; tupido; ~-**skinned**, (fig.) insensible; ~ **set**, rechoncho; **through** ~ **and thin**, por encima de todo.
thicken *(zíkn)* tr. espesar, engrosar; intr. espesarse.
thicket *(zíket)* s. matorral, espesura, maleza.
thickness *(zíknes)* s. espesor, densidad, espesura, grosor.
thief *(zíf)* s. ladrón; **stop** ~!, ¡al ladrón!
thieving *(ziving)* s. hurto; ~ **digits**, (fam.) chorizo, ladrón.
thigh *(zái)* s. muslo.
thimble *(zímbl)* s. dedal.
thin *(zín)* adj. delgado, fino; (pelo) ralo; (líquido) raro, claro; **as** ~ **as a rake**, (fam.) (ser) un palillo; **to grow** ~, adelgazar.
thing *(zíng)* s. cosa, objeto; **for one** ~, en primer lugar.
think [thought; thought] *(zínk)* tr. e intr. pensar; considerar; juzgar, reflexionar, meditar, creer, opinar; **I** ~ **so**, creo que sí; **I don't** ~ **so**, creo que no.
thinker *(zínkör)* s. pensador.
thinking *(zínking)* s. pensamiento; **to my way of** ~, a mi modo de ver; **without** ~, sin pensar.
thinness *(zínnes)* s. delgadez.
third *(zörd)* adj. tercero; s. tercio; ~ **rate**, de tercer orden.
thirst *(zörst)* s. sed, ansia; intr. ~ **for**, ansiar, anhelar.
thirsty *(zördti)* adj. sediento; **to be** ~, tener sed.
thirteen *(zörtín)* adj. trece; **thirteenth**, adj. decimotercero.
thirty *(zörti)* adj. treinta.
this *(dís)* adj. este, esta, pron. éste, ésta, esto.
thistle *(zísl)* s. *Bot.* cardo.
thong *(zóng)* s. correa.
thorn *(zórn)* s. *Bot.* espino, pincho, espina.
thorny *(zórni)* adj. espinoso; (fig.) difícil, escabroso.
thorough *(zóro)* adj. entero; meticuloso, minucioso; riguroso.
thoroughfare *(zórofear)* s. carretera, vía pública; **no** ~, calle sin salida.
thoroughly *(zóröli)* adv. enteramente, a fondo, minuciosamente.
those *(zóus)* adj. y pron. esos, esas, aquellos, aquellas.
though *(zó)* conj. aunque, sin embargo; **as though**, como si.
thought *(zót)* s. pensamiento, idea; **on second** ~**s**, pensándolo bien.
thoughtful *(zótful)* adj. pensativo; s. ~**ness**, reflexión, pensativo; cortesía, atención.
thoughtless *(zótles)* adj. atolondrado, descuidado; ~**ness**, s. descuido; atolondramiento.
thousand *(záusand)* s. y adj. mil.
thrash *(zrásch)* tr. trillar, desgranar, (fam.) zurrar, golpear.
thread *(zréd)* s. hilo; hebra; tr. enhebrar.
threadbare *(zrédbear)* adj. raído.
threat *(zrét)* s. amenaza.
threaten *(zréten)* tr. amenazar; adj. ~**ing**, amenazador, amenazante.

three *(zrí)* adj. y s. tres.
threefold *(zrífold)* adj. triple.
threshold *(zréshould)* s. umbral, puertas.
thrift *(zríft)* s. economía, frugalidad.
thrifty *(zrífti)* adj. frugal, económico.
thrill *(zríl)* s. excitación, emoción, temblor; tr. excitar, emocionar; intr. temblar.
thriller *(zríler)* s. novela de intriga.
thrilling *(zríling)* adj. emocionante.
thrive [thrived o **throve; thrived** o **thriven]** *(zráiv)* intr. prosperar, florecer, medrar.
throat *(zróut)* s. garganta; **sore ~**, dolor de la garganta; **cut ~**, cortar el cuello.
throb *(zrób)* s. latido, palpitación; intr. latir.
throne *(zróun)* s. trono.
throng *(zróng)* s. multitud, tropel, turba; tr. atestar; intr. apiñarse.
throttle *(zrótl)* s. válvula reguladora; tr. estrangular.
through *(zrú)* prep., por, a través de, por medio de; adv. a través, enteramente; **~ train**, tren directo.
throughout *(zruáut)* prep. por todo; adv. en todas partes.
throw *(zróu)* s. tiro, lanzamiento; **[threw; thrown]** tr. tirar, lanzar.
thrush *(zrösch)* s. tordo; *Med.* afta.
thrust *(zröst)* s. empuje, impulso; **[thrust; thrust]** tr. e intr. impeler, empujar.
thud *(zöd)* s. porrazo, batacazo, golpe sordo.
thumb *(zö'm)* s. pulgar; tr. **to ~ a lift**, hacer auto-stop.
thump *(zömp)* s. puñetazo, porrazo; tr. aporrear.
thunder *(zóndör)* s. trueno, estruendo; intr. tronar.
thunderbolt *(zöndörboult)* s. rayo.
thunderclap *(zóndörklap)* s. trueno, tronido.
thunderstorm *(zóndörstorm)* s. tronada, tormenta.
Thursday *(zörsdei)* s. jueves.
thus *(zóos)* adv. así, de este modo.
thwart *(zuórt)* tr. impedir, desbaratar, frustrar.
thyroid *(záiroid)* s. tiroides.
tic *(tík)* s. *Med.* tic.
tick *(tík)* s. tictac; marca, visto; tr. marcar con un visto.
ticket *(tíket)* s. billete, entrada, boleto; tr. rotular; **~ collector**, cobrador; **~ counter**, mostrador de venta de entradas o billetes.
tickle *(tíkl)* tr. hacer cosquillas; s. cosquilleo, cosquillas.
ticklish *(tíklisch)* adj. cosquilloso; (fig.) peliagudo, delicado.
tidal *(táidal)* adj. de la marea, periódico. / **~ stream**, corriente de marea. / **~ wave**, maremoto.
tide *(táid)* s. marea, flujo, reflujo; **ebb ~**, bajamar; **flood ~**, pleamar.
tidiness *(táidines)* s. aseo, pulcritud, limpieza.
tidings *(táidings)* s. pl. noticias, nuevas.
tidy *(táidi)* adj. aseado, pulcro, ordenado; tr. arreglar.
tie *(tái)* s. corbata, lazo, nudo; tr. atar, liar, unir.
tier *(tíör)* s. fila, hilera; (pastel), piso; grada.
tiff *(tíf)* s. riña, pelea; tr. reñir.
tiger *(táigar)* s. tigre.
tight *(táit)* adj. apretado; (ropa) ceñido; **air ~**, hermético; **water ~**, estanco (fam.); **~ fisted**, tacaño; (fam.) **to be ~**, estar como una cuba.
tighten *(táiten)* tr. e intr. apretar, reforzar.
tile *(táil)* s. teja, baldosa; tr. tejar, losar; **to have a ~**, (fam.) faltarle un tornillo; **to be on the ~s**, trasnochar.
tiling *(táiling)* s. azulejos, tejas.
till *(tíl)* s. caja registradora; abr. de **untill**; prep. hasta; conj. entretanto; tr. cultivar.
tillage *(tílidch)* s. cultivo, labranza.
tiller *(tílör)* s. *Náut.* caña de timón; *Agric.* labrador.
tilt *(tílt)* s. torneo, justa, inclinación, declive; tr. e intr. inclinar(se), ladear.

T

timber *(tímbör)* s. madera, viga(s); ~ **yard**, almacén de maderas.
time *(táim)* s. tiempo, vez, hora, plazo, período; *Mús.* compás; **in** ~, a tiempo; **at any** ~, en cualquier momento; **at ~s**, a veces; **from ~ to ~**, de vez en cuando; **behind ~**, atrasado, retrasado; **to have a good ~**, pásenlo bien, divertirse; **~table**, s. horario; ~ **zone**, huso horario.
timely *(táimli)* adv. oportuno.
timer *(táimör)* s. temporizador.
timid *(tímid)* adj. tímido.
timidity *(timíditi)* s. timidez.
tin *(tín)* s. estaño, hojalata, lata; tr. estañar, envasar en lata; ~ **opener**, s. abrelatas.
tinge *(tíndch)* s. tinte, matiz; tr. tinturar, teñir.
tingle *(tíngl)* s. hormigueo, cosquilleo; intr. sentir hormigueo.
tinker *(tínkör)* s. latonero, calderero; (fam.) gitano; tr. reparar cazos.
tinkle *(tíngkal)* m. campanilleo; intr. tintinear; tr. hacer sonar.
tinned *(tínd)* adj. en conserva, en lata.
tinsel *(tínsel)* s. oropel, papel de plata.
tint *(tínt)* s. tinte, tintura, matiz, tono; tr. teñir, matizar.
tiny *(táini)* adj. menudo, pequeño, diminuto.
tip *(típ)* s. punta (dedo), yema, sugerencia, propina; tr. ladear, inclinar, dar informes confidenciales, dar propina; **~-off**, s. aviso, sugerencia.
tipple *(típl)* s. bebida; tr. beber con exceso.
tipsy *(típsi)* s. borracho, ebrio, achispado.
tiptoe *(típtou)* s. **on** ~, de puntillas, intr. **to waek on** ~, andar de puntillas.
tirade *(táired)* s. invectiva, diatriba.
tire *(táiör)* s. (US) llanta, neumático; tr., intr. cansar(se), aburrir(se).
tiredness *(táirdnes)* s. cansancio.
tiresome *(táiasön)* adj. pesado, tedioso, fastidioso.
tissue *(tíschu)* s. *Anat.* tejido; pañuelo de papel.
tit *(tít)* s. *Orn.* herrerillo; ~ **for tat**, tal para cual.
titbit *(tíbit)* s. bocado, golosina; noticia, cotilleo.
tithe *(táid)* s. diezmo, minucia; tr. diezmar.
titillate *(títileit)* tr. titilar; (fam.) excitar, estimular.
title *(táitl)* s. título, epígrafe, inscripción, derecho; tr. titular.
to *(tú)* prep. s. hacia, para, por, partícula que indica el infinitivo de los verbos.
toad *(tóud)* s. sapo; (fam.) asqueroso.
toadstool *(tóudstul)* s. *Bot.* hongo o seta venenosa.
toast *(tóust)* s. tostada; brindis; tr. tostar, brindar.
toaster *(tóustör)* s. tostador, brindador.
tobacco *(töbákou)* s. tabaco.
tobacconist (UK) *(töbákönist)* s. estanquero; **~'s**, estanco.
toboggan *(tobógan)* s. asiento de tobogán; ~ **slide**, s. tobogán.
today *(tudéi)* adv. hoy; s. el día de hoy.
toddle *(tódl)* intr. (bebé) empezar andar, hacer pinitos; s. titubeo, pinitos.
toddler *(tódlör)* s. niño pequeño, que empieza andar.
toe *(tóu)* s. dedo del pie; *Zool.* pezuña; **to ~ the line**, conformarse.
together *(tuguédzör)* adv. juntamente; junto con; **to get** ~, reunir, reunirse.
toil *(tóil)* s. faena, trabajo, afán, labor; intr. trabajar, afanarse.
toilet *(tóilet)* s. tocador, tocado, retrete, lavabo; ~ **set**, s. artículos de tocador; ~ **paper**, s. papel higiénico.
token *(tóukön)* s. señal, muestra, prueba, prenda; símbolo.
tolerable *(tólarabl)* adj. tolerable, llevadero, soportable.
tolerance *(tólarans)* s. tolerancia.
tolerate *(tólereit)* tr. tolerar.

toll *(tóul)* s. peaje, portazgo, tanido, doble; tr. intr. cobrar o pagar peaje, tañer.
tomahawk *(támajok)* s. hacha de guerra de los indios norteamericanos.
tomato *(tömátou)* s. *Bot.* tomate.
tomb *(túm)* s. tumba.
tombstone *(túmstoun)* s. lápida sepulcral, losa.
tomboy *(tómboi)* s. marimacho.
tomcat *(tómkat)* s. gato (macho).
tome *(tóum)* s. tomo, volumen.
tomorrow *(tömórou)* adv. mañana; s. el día de mañana; ~ **morning**, mañana por la mañana; ~ **afternoon**, mañana por la tarde; ~ **night**, mañana por la noche.
ton *(tön)* s. tonelada.
tone *(tóun)* s. tono; tr. entonar.
tongs *(tö'ngs)* s. pl. tenaza, pinzas.
tongue *(tö'ng)* s. *Anat.* lengua, lenguaje, lengüeta; **hold your** ~, callar; **tip of your** ~, la punta de la lengua; ~ **twister**, trabalenguas.
tonic *(tónik)* s. tónica (bebida), ~ **water**, agua tónica; adj. tónica, tendencia.
tonight *(túnáit)* adv. y s. esta noche.
tonnage *(tónidch)* s. tonelaje.
tonsil *(tónsil)* s. amígdala.
tonsillitis *(tonsiláitis)* s. amigdalitis.
too *(tú)* adv. también, además; (delante de adj. y adv.) demasiado.
tool *(túl)* s. herramienta, instrumento, utensilio.
toot *(tút)* s. bocinazo, silbido; tr. tocar la bocina, el silbato; intr. pitar.
tooth *(túz)* s. diente, muela, pú; **sweet** ~, golosa, dulcero.
toothache *(túzeik)* s. dolor de muelas.
toothbrush *(túzbrasch)* s. cepillo de dientes.
toothpaste *(túzpaist)* pasta de dientes, crema dental.
toothpick *(túzpik)* s. palillo, mondadientes.
top *(tóp)* s. cima, alto, cumbre, peonza; **bottle** ~, coronilla; tr. alcanzar la cima, aventajar; adj. superior, principal.
topic *(tópik)* s. asunto, tema.
topical *(tópikal)* adj. tópico.
topographer *(topógraför)* s. topógrafo.
topographic *(topográfik)* adj. topográfico.
topography *(topógrafi)* s. topografía.
topple *(tópl)* tr. derrumbar, hacer caer; intr. ~ **over**, volcarse.
topsy-turvy *(tópsi-tórvi)* adj. revuelto, desordenado; adv. en desorden.
torment *(tormént)* s. tormento; tr. atormentar.
tornado *(tórneidou)* s. tornado, huracán.
torpedo *(torpídou)* s. torpedo; tr. torpedear.
torpid *(tórpid)* s. aletargado, apático.
torrent *(tórent)* s. torrente, raudal.
torrid *(tórid)* s. tórrido.
tortoise *(tórtois)* s. tortuga; ~ **shell**, concha de tortuga.
tortuous *(tórtiuös)* adj. tortuoso, sinuoso.
torture *(tórtschör)* s. tortura; tr. torturar, atormentar; ~**r**, torturador.
toss *(tós)* s. sacudida, meneo; tr. tirar, sacudir; intr. ajetrearse; ~**-up** s. lanzar una moneda al aire , posibilidad igual; **it's a** ~**-up**, quizá sí, quizá no.
tot *(tót)* s. nene, niñito, cantidad pequeña.
total *(tóutal)* s. total; adj. entero, total, completo.
totality *(totáliti)* s. totalidad.
totter *(tótör)* intr. tambalearse, bambolear, titubear.
tottering *(tótaring)* adj. vacilante; s. tambaleo.
touch *(tách)* s. tacto, toque; (arte) pincelada; *Aer.*; ~ **down**, aterrizar; **final** ~, toque final; **to be in** ~ **with**, estar en contacto con; ~ **wood**, tocar madera; tr., intr. tocar conmover.
touching *(táching)* adj. conmovedor; prep. tocante a; s. toque.
touchstone *(tátchstoun)* s. piedra de toque, criterio.

T

touchy *(táchi)* adj. quisquilloso.
tough *(táf)* adj. duro, rudo, fuertes; (fam.) rufián.
toughen *(táfen)* tr., intr. endurecer-se), fortalecer(se).
toupee *(túpei)* s. peluquín.
tour *(túr)* s. viaje, vuelta, excursión, periplo; tr., intr. viajar; **on ~**, de gira.
tourism *(túrism)* s. turismo.
tourist *(túrist)* s. turista.
tournament *(tórnament)* s. torneo, campeonato.
tourniquet *(túrniquei)* s. torniquete.
tout *(táut)* s. (fam.) gancho; tr. promocionar.
tow *(tóu)* s. *Náut.* remolque; tr. remolcar; **~ truck**, grúa.
toward *(tuuórd)* prep, hacia, para; respecto a.
towel *(táuel)* s. toalla; **to trow in the ~**, (fig.) arrojar la toalla; darse por vencido.
tower *(táuör)* s. torre; intr. elevarse.
towering *(táuaring)* adj. altísimo, imponente.
towing *(tóuing)* s. remolque.
town *(táun)* s. ciudad, villa, población; **~ council**, s. ayuntamiento, consejo municipal; **~ hall**, s. ayuntamiento; **home ~**, ciudad natal.
toxic *(tóksik)* adj. tóxico.
toy *(tói)* s. juguete; chuchería; intr. juguetear; **to ~ with**, jugar con; adj. de juguete.
trace *(tréis)* s. rastro, indicio, pizca, huella; tr. trazar.
track *(trák)* s. pista, huella, rastro; vía férrea; *Dep.* carril; tr. rastrear; **to be on the right ~**, ir bien encaminado; **to cover one's ~s**, borrar las huellas.
tract *(trákt)* s. trecho, región, curso, folleto; *Anat.* vías.
traction *(trákschön)* s. tracción, arrastre.
trade *(tréid)* s. comercio, negocio, oficio, industria, gremio; tr., intr. comerciar, negociar; **~mark**, s. marca registrada; **~ union**, s. sindicato; **~ winds**, vientos alisios.
trader *(tréidör)* s. comerciante, tratante.
trading *(tréiding)* adj. mercantil; s. comercio.
tradition *(tradíschön)* s. tradición.
traditional *(tradíshönal)* adj. tradicional, clásico.
traduce *(tradiús)* tr. difamar, calumniar, denigrar.
traffic *(tráfik)* s. tráfico, circulación, comercio; **~ light**, semáforo; tr. negociar; **~ jam**, atasco; **drug ~er**, traficante de drogas.
tragedy *(trádyedi)* s. tragedia.
tragic *(trádyik)* adj. trágico.
trail *(tréil)* s. rastro, pista, huella; tr. rastrear; intr. arrastrar(se).
trailer *(tréilör)* s. remolque, casa remolque; avance publicitario de una película.
train *(tréin)* s. tren; serie (de eventos); **through ~**, tren directo; **goods ~**, tren de mercancías; cola de un vestido; séquito; tr. intr. adiestrar, entrenar, preparar.
trainer *(tréinör)* s. instructor, entrenador, preparador.
training *(tréining)* s. entrenamiento, preparación, práctica; **~ course**, curso de formación.
trait *(tréit)* s. rasgo, característica.
traitor *(tréitör)* s. traidor.
traitorous *(tréitörös)* adj. traidor, traicionero.
tram *(trám)* s. tranvía.
trammel *(trámal)* s. impedimento, traba; tr. impedir, poner trabas.
tramp *(trámp)* s. vagabundo, marcha; **~steancer**, *Náut.* carguero, ruido de pisada; tr. deambular, vagabundear.
trample *(trámpl)* tr. pisotear.
tramway *(trámuei)* s. tranvía.
trance *(tráns)* s. trance, enajenamiento.
tranquil *(tránkuil)* adj. tranquilo.
tranquility (US), **tranquillity** (UK) *(trankuíliti)* s. tranquilidad, calma.
transact *(transáckt)* tr. tramitar.
transaction *(transákschön)* s. transacción, negociación.
transatlantic *(transatlántik)* adj. transatlántico.

transcend *(transénd)* tr. trascender, sobrepasar.
transcendence *(transéndens)* s. trascendencia; **of no ~**, sin importancia.
trascendent *(transéndent)* adj. trascendente.
transcribe *(transkráib)* tr. transcribir, copiar.
transcription *(transkrípschön)* s. transcripción, copia.
transfer *(tránsför)* tr. transferir, trasladar; s. calcomanía, transferencias, traslado.
transferable *(transférabl)* adj. transferible.
transform *(transfórm)* tr. transformar, convertir.
transformation *(transforméischön)* s. transformación.
transfusion *(transfiúchon)* s. transfusión.
transgress *(transgrés)* tr. intr. infringir, violar.
transgression *(transgréschön)* s. transgresión, infracción.
transient *(tránshyant)* adj. pasajero, transitorio.
transit *(tránsit)* s. tránsito, paso.
transition *(transíschön)* s. transición, paso.
transitory *(tránsitori)* adj. transitorio, pasajero.
translate *(transléit)* intr. traducir.
translation *(transléischön)* s. traducción.
translator *(transléitör)* s. traductor.
transmission *(transmíschön)* s. transmisión.
transmit *(transmít)* tr. transmitir.
transmitter *(transmítör)* s. *Elec.* transmisor.
transmute *(transmiút)* tr. transmutar.
transom *(tránsöm)* s. *Arq.* montante, travesaño.
transparency *(transpérensi)* s. transparencia.
transparent *(transpérent)* adj. transparente, claro.
transpire *(transpáiör)* intr. transpirar, sudar; ocurrir, suceder.
transplant *(transplant)* s. transplante; tr. transplantar.
transport *(tránsport)* tr. transporte; tr. transportar; **to be ~ed**, extasiarse.
transversal *(transvérsal)* adj. transversal.
transverse *(transvérs)* adj. transversal, transverso.
trap *(tráp)* s. trampa; tr. atrapar; **mouse~**, ratonera.
trapeze *(trépis)* s. trapecio de gimnasio.
trash *(trásch)* s. porquería; **the movie is ~**, la película es una basura.
trauma *(tróma)* s. trauma, traumatismo.
traumatic *(trómátik)* adj. traumático.
travel *(trávöl)* tr. viajar.
traveller *(trávölör)* s. viajero; **~s check**, cheques de viaje.
traverse *(trávörs)* adj. transversal; s. travesaño; tr. atravesar(se).
travesty *(travestí)* s. parodia, farsa.
trawl *(tról)* intr. pescar a la rastra; s. *Náut.* red de arrastre.
trawler *(trólör)* s. barco pesquero de arrastre.
tray *(tréi)* s. bandeja; **ash ~**, s. cenicero; **foil ~**, bandeja de aluminio.
treacherous *(trícharös)* adj. pérfido, traidor, traicionero.
treachery *(tríchari)* s. traición.
treacle *(tríköl)* s. melaza.
tread *(tréd)* s. pisotón, pisada; **[trod; trodden** o **trod]** tr. pisar, hollar.
treadle *(trédel)* s. *Mec.* pedal.
treason *(trísn)* s. traición.
treasure *(tréshör)* s. tesoro; tr. atesorar.
treasurer *(tréshörör)* s. tesorero.
treasury *(tréshari)* s. tesorería, erario, tesoro.
treat *(tríit)* s. trato, convite, obsequio; tr. tratar, convidar, obsequiar; intr. tratar.
treatise *(trítis)* s. tratado, libro.
treatment *(trítment)* s. trato, tratamiento.
treaty *(tríti)* s. *Pol.* tratado; convenio.
treble *(trébl)* adj. y s. triple; v. triplicar(se); **~ chance**, (quinielas) triple oportunidad.

T

tree *(trí)* s. árbol; **fruit** ~, árbol frutal; ~ **top**, copa del árbol.
trek *(trék)* s. viaje, expedición.
trellis *(trélis)* s. enrejado.
tremble *(trémbl)* intr. temblar.
trembling *(trémbling)* adj. tembloroso; estremecimiento.
tremendous *(triméndös)* adj. tremendo.
tremor *(trémör)* s. temblor; **earth** ~, temblor de tierra.
tremolous *(trémiulös)* adj. trémulo.
trench *(trénch)* s. foso, zanja; *Mil.* trinchera; tr. cavar, atrincherar.
trenchant (trénchent) adj. mordaz, incisivo; **~ly**, adv. mordazmente.
trend *(trénd)* s. tendencia, inclinación; **~y**, de moda.
trespass *(tréspas)* s. infracción, transgresión; tr. traspasar, violar, infringir.
trespasser *(tréspasa)* s. transgresor, infractor; **~s will be prosecuted**, los transgresores serán demandados.
tress *(trés)* s. mechón.
trestle *(trésöl)* s. caballete.
trial *(tráial)* s. ensayo, prueba, juicio, proceso.
triangle *(tráiangl)* s. triángulo.
triangular *(traiánguiulör)* adj. triangular.
tribal *(tráiböl)* adj. de tribu.
tribe *(tráib)* s. tribu.
tribulation *(tribiuléischön)* s. tribulación, congoja.
tribunal *(traibiúnal)* s. tribunal, juzgado, mesa de tribunal.
tributary *(tríbiuteri)* adj. y s. tributario.
tribute *(tríbiut)* s. tributo.
trice *(tráis)* s. instante, momento; **in a** ~, en un abrir y cerrar de ojos.
trick *(trík)* s. treta, trampa, timo, chasco; tr. engañar, timar; **the ~ of the trade**, los trucos del oficio; **dirty** ~, (fam.) mala faena.
trickery *(trikari)* s. fraude, engaño.
trickle *(tríkl)* s. goteo; tr. gotear.
tricky *(tríki)* adj. engañoso, difícil, peliagudo.
trifle *(tráifl)* s. bagatela, miseria, casi nada, *Coc.* dulce de jalea, fruta, bizcocho y nata; intr. tontear; ~ **with**, jugar con.
trifling *(tráifling)* adj. baladí, insignificante, trivial.
trigger *(trígör)* s. disparador, gatillo.
trill *(tríl)* s. trino; intr. trinar.
trim *(trím)* s. adj. adornado, aseado, pulcro; tr. aparejar, ajustar, podar; recortar; adornar.
trimming *(tríming)* s. guarnición, arreglo, adorno.
trinity *(tríniti)* s. trinidad.
trinket *(trínket)* s. joya, dije.
trio *(tríou)* s. trío; *Mús.* trío, terceto.
trip *(tríp)* s. viaje, excursión, zancadilla; tr. echar la zancadilla; intr. tropezar.
tripe *(tráip)* s. tripa; porquería.
triple *(trípl)* adj. triple; tr. triplicar.
triplets *(tríplets)* s. trillizos; terceto.
triplicate *(tríplikeit)* adj. triplicado.
tripod *(tráipod)* s. trípode.
tripper *(trípör)* s. excursionista, turista.
tripping *(tríping)* adj. de paso ligero, airoso.
trite *(tráit)* adj. usado, gastado, trillado, manido.
triumph *(tráiömf)* s. triunfo, éxito; intr. triunfar.
triumphal *(traiö'mfal)* adj. triunfal.
triumphant *(traiö'mfant)* adj. triunfante, triunfal.
trivial *(trívial)* adj. trivial, frivolo.
trolley *(tróli)* s. trole; tranvía; carrito; carretilla.
troop *(trúp)* s. *Mil.* tropa, escuadrón; intr. atroparse.
trophy *(tróufi)* s. trofeo.
tropic *(trópik)* s. trópico.
tropical *(trópikal)* adj. tropical.
trot *(trót)* s. trote; intr. trotar.
trouble *(trö'bl)* s. molestia, dificultad; apuro, problema; tr. molestar, trastornar; intr. molestarse.
trough *(trö'f)* s. artesa, cubeta, tina; **drinking** ~, s. abrevadero.
troupe *(trúp)* s. compañía de teatro ambulante.

trousers *(tráusörs)* s. pl. pantalones, pantalón; **to wear the** ~, (fam.) llevar los pantalones.
trousseau *(trúsou)* s. ajuar.
trout *(tráut)* s. trucha.
trowel *(trául)* s. trulla, paleta de albañil.
truant *(trúant)* s. que falta a clase sin permiso.
truce *(trús)* s. tregua.
truck *(trö'c)* s. carro, camión, tr. acarrear.
truculent *(trúkiulent)* adj. truculento, agresivo.
trudge *(trödch)* intr. andar con dificultad, caminata difícil.
true *(trú)* adj. verdadero; cierto genuino.
truism *(trúism)* s. perogrullada.
truffle *(trö'fl)* s. trufa.
truly *(trúli)* adv. verdaderamente; ~!, ¡de veras!
trump *(trámp)* s. (naipes) triunfo; tr. superar; ~**card**, (lit. y fig.) un triunfo.
trumpet *(trö'mpet)* s. trompeta; ~**er**, trompetista.
trunk *(trö'nk)* s. *Bot.* tronco; baúl; trompa del elefante.
truss *(trös)* s. *Med.* braguero, racimo, haz; tr. atar.
trust *(trö'st)* s. seguridad, confianza, crédito; *For.* fideicomiso; tr. intr. confiar(se).
trustse *(tröstí)* s. apoderado, fideicomisario.
trustful *(trástful)* adj. confiado, leal, verídico, exacto.
trustworthy *(trástuorzi)* adj. digno de confianza, de fiar, confiable.
truth *(trúz)* s. verdad, **to tell the** ~, decir la verdad.
truthful *(trúzful)* adj. veraz, verdadero, verídico.
truthfulness *(trúzfulnes)* s. veracidad, verdad.
try *(trái)* s. prueba, tentativa, intento; intr. intentar, ensayar, probar, juzgar; ~ **on**, probarse.
trying *(tráing)* adj. fatigoso, difícil.
T-shirt *(tíschirt)* ss. camiseta; Amér. playera, polera
tub *(tö'b)* s. cuba, bañera, tina.
tube *(tiúb)* s. tubo, caño; (fam.) el metro (UK).
tuber *(tiúbör)* s. *Bot.* tubérculo.
tuberculosis *(tiúbörkiulöusis)* s. tuberculosis.
tuberculous *(tiubö'rkiulous)* adj. tuberculoso.
tuck *(tök)* s. pliegue, tr. plegar; meter; guardar, esconder; arropar.
Tuesday *(tiúsdei)* s. martes; **shrove** ~, martes de carnaval.
tuft *(tö'ft)* s. penacho.
tug *(tö'g)* s. tirón; *Náut.* remolcador; ~ **of war**, tira y afloja; tr. *Náut.* remolcar.
tuition *(tiuíschön)* s. instrucción, enseñanza, **private** ~, clases particulares.
tulip *(tiúlip)* s. tulipán.
tumble *(tö'mbl)* s. caída, vuelco, tumbo; intr. desplomarse, caer, dar vueltas; tr. volcar.
tumbledown *(tombleidaun)* adj. decrépito, ruinoso.
tumbler *(tómblör)* s. cubilete, vaso.
tumor (US), **tumour** (UK) *(tiúmör)* s. tumor.
tumult *(tiúmölt)* s. tumulto.
tumultuous *(tiumö'ltiuös)* adj. tumultuoso.
tuna *(tuna)* s. atún.
tune *(tiún)* s. melodía, canción, tonada; tr. *Mús.* afinar, entonar; ~ **in**, (radio) sintonizar.
tuner *(tiúnör)* s. afinador.
tunic *(tiúnik)* s. túnica.
tuneful *(tiúnful)* adj. melódico, melodioso.
tuneless *(tiúnles)* adj. sin tono, desafinado.
tunnel *(tö'nel)* s. túnel, tr. hacer túnel.
tunny *(tö'ni)* s. *Ict.* atún.
turbine *(tö'rbin, tö'rbain)* s. *Elect.* turbina.
turbot *(törbot)* s. *Ict.* rodaballo.
turbulence *(törrbälens)* s. turbulencia.
turbulent *(törbälent)* adj. turbulento.
tureen *(tiurín)* s. sopera.
turf *(tö'rf)* s. césped; tepe; **the** ~, hipódromo.
turkey *(tö'rki)* s. pavo.
turmoil *(tö'rmoil)* s. agitación, confusión, tumulto; intr. inquietarse.

T

turn *(tö'rn)* s. vuelta, giro, turno; tr. volver, hacer girar, tornear; intr. volver, girar; ~ **down**, rehusar; ~ **into**, convertir; ~ **off**, apagar; ~ **on**, encender, abrir; ~ **up**, aparecer.
turner *(tórnër)* s. tornero.
turning *(törning)* s. vuelta, curva; adj. giratorio.
turnip *(törnip)* s. *Bot.* nabo.
turnout *(törnaut)* s. concurrencia.
turnover *(törnouvör)* s. empanada; *Com.* ventas totales, movimiento, volumen (de ventas).
turnstile *(tórnstail)* s. torniquete.
turpitude *(tárpitiud)* s. torpeza.
turret *(tárret)* s. torreta.
turtle *(tártl)* s. tortuga; **~soup**, sopa de tortuga.
turtleneck *(tórtlenek)* s. cuello alto.
Turkey *(törki)* s. Turquía.
tusk *(tásk)* s. colmillo (de elefante).
tussle *(tósöl)* intr. luchar forcejear.
tutelage *(tiútelidch)* s. tutela, tutoría.
tutelar *(tiútelör)* adj. tutelar.
tutor *(tiútör)* s. tutor, preceptor; tr. enseñar.
tuxedo *(taksído)* s. (US) smoking.
twang *(tuáng)* tr. dejo, tono nasal; ~ **the guitar**, tañido.
tweezers *(tuísars)* s. pl. pinzas, tenacillas.
twelve *(tuélv)* adj. doce.
twenty *(tuénti)* adj. veinte.
twice *(tuáis)* adv. dos veces.
twig *(tuíg)* s. ramita; (fam.) palillo.
twilight *(tuáilait)* s. crepúsculo; adj. (lit. y fig.) ocaso.
twin *(tuín)* s. mellizo.
twinge *(tuínch)* s. punzada; tr. punzar (fig.) remordimiento.
twinkle *(tuínkel)* s. centelleo, brillo, titilación; intr. centellear.
twirl *(tuérl)* s. giro, rotación; tr. intr. (hacer) girar.
twist *(tuíst)* s. vuelta; giro; espiral; tr. (re)torcer; intr. retorcerse, enroscarse, serpentear.
twitch *(tuích)* s. tirón, contracción nerviosa; espasmo; tr., intr. crisparse.
twitter *(tuítör)* s. gorjeo; intr. gorjear.
two *(tú)* adj. dos.
twofold *(túfould)* adj. doble.
two-way *(tú-uei)* adj. de dos direcciones.
tycoon *(taikún)* s. potentado, magnate.
type *(táip)* s. tipo, signo, carácter, tr. mecanografiar.
typerwriter *(táipraitör)* s. máquina de escribir.
typhoid *(táifoid)* adj. tifoideo; s. tifus.
typhoon *(taifún)* s. tifón.
typical *(típikal)* adj. típico.
typist *(táipist)* s. mecanógrafo, mecanógrafa; **shorthand** ~, taquimecanógrafa.
typographer *(taipógrafór)* s. tipógrafo.
typography *(taipógrafi)* s. tipografía.
tyrannical *(tairánikal)* adj. tiránico.
tyrannize *(tíranais)* tr. tiranizar.
tyranny *(tírani)* s. tiranía.
tyrant *(táirant)* s. tirano.
tyre *(táiör)* s. llanta, neumático.

U u

U-boat *(iubóut)* s. submarino.
ubiquitous *(iubícuitös)* adj. omnipresente.
ubiquiaty *(iubícuiti)* s. ubicuidad.
udder *(ada)* s. ubre.
ugliness *(a'glines)* s. fealdad; torpeza.
ugly *(a'gli)* adj. feo, asqueroso.
ulcer *(olsa)* s. úlcera.
ulterior *(altiriar)* adj. ulterior.
ultimate *(a'ltimeit)* adj. último, final.
ultimatum *(altiméitön)* s. ultimátum.
ultraviolet *(altraváiolet)* adj. ultraviolet.
umbrella *(ambréla)* s. paraguas, sombrilla.
umpire *(ampaia)* s. *(Dep.)* arbitro.
unabashed *(anabáscht)* adj. descarado, imperturbable.
unable *(anéibl)* adj. inhábil, incapaz.
unacceptable *(anakséptabl)* adj. inaceptable.
unaccountable *(anakáuntabl)* adj. inexplicable.

unaccustomed *(anakastomd)* adj. desacostumbrado; desusado.
unaided *(anéidid)* adj. sin ayuda, por sí solo.
unalterable *(análtörabl)* adj. inalterable, inmutable.
unanimity *(iunanímiti)* s. unanimidad.
unanimous *(iunánimös)* adj. unánime.
unapproachable *(anapróchabl)* adj. inaccesible; intratable.
unapt *(anápt)* adj. inepto, inapto.
unarmed *(anármd)* adj. desarmado.
unashamed *(anáschéimt)* adj. imprudente, desvergozado.
unasked *(anaskt)* adj. no invitado, no requerido.
unassuming *(anasiúming)* adj. modesto, sin pretensiones.
unattached *(önatácht)* adj. soltero; *(Mil.)* de reemplazo; disponible.
unattainable *(anatéinabl)* adj. inasequible, inalcanzable.
unauthorized *(önözóraisd)* adj. desautorizado.
unavoidable *(anavóidabl)* adj. inevitable, ineludible.
unaware *(anauéa)* adj. ignorante; adv. inopinadamente.
unbearable *(anbérabl)* adj. insoportable, intolerable.
unbecoming *(anbikö'ming)* adj. impropio, desfavorecedor.
unbelief *(anbílif)* s. incredulidad.
unbeliever *(anbilíva)* adj. incrédulo.
unbending *(anbénding)* adj. inflexible, rígido.
unbiassed *(anbáiast)* adj. imparcial.
unbosom *(a'nbusöm)* tr. revelar, divulgar; desahogarse.
unbound *(anbáund)* adj. suelto, desatado, sin encuadernar.
unbounded *(anbáunded)* adj. infinito, ilimitado.
unburden *(anbeerdn)* tr. descargar, aliviar.
unburied *(anbérid)* adj. insepulto.
uncalled *(ankóld)* adj. impertinente, no llamado.
uncanny *(ankáni)* adj. misterioso, extraño; extraordinario.
unceasing *(ansísing)* adj. incesante.
uncertain *(anseerton)* adj. incierto.
uncertainty *(anseertentit)* s. incertidumbre.
uncivil *(ansívil)* adj. grosero, descortés, incivil.
uncivilized *(ansivilaisd)* adj. bárbaro, incivilizado.
uncle *(ankel)* s. tío; **great ~**, tío abuelo.
unclean *(anklin)* adj. sucio; impuro.
unclouded *(ankláuded)* adj. claro, despejado.
uncoil *(a'nkoil)* tr. desenrollar; adj. **~ed**, desenrollado.
uncombed *(ankóumd)* adj. despeinado, sin peinar.
uncomfortable *(ankömfortabl)* adj. incómodo, molesto.
uncommon *(ankómön)* adj. raro, poco común.
uncomplete *(ankomplít)* adj. incompleto.
unconcern *(ankonsérn)* s. indiferencia, despreocupación.
unconcerned *(ankonsérnd)* adj. indiferente, despreocupado.
unconditional *(ankondishönal)* adj. incondicional
unconquerable *(ankónkörabl)* adj. invencible, inconquistable.
unconsciuos *(ankónshös)* adj. inconsciente.
unconsciousness *(ankónshösnes)* s. inconsciencia.
unconstitutional *(ankönstitiúshönal)* adj. inconstitucional.
uncontrollable *(önkontrolabl)* adj. incontenible, irrefrenable, incontrolable.
uncork *(ankók)* tr. descorchar.
uncouple *(ancö'pl)* tr. desacoplar, desconectar.
uncouth *(ankáz)* adj. grosero, tosco.
uncover *(anka'var)* tr. descubrir, destapar.
unction *(ankshön)* s. unción.
undamaged *(andámedyed)* adj. ileso, indemne.
undeceive *(andisiv)* tr. desengañar.
undelivered *(andilívad)* adj. no entregado.
undeniable *(andináiabl)* adj. innegable.
under *(anda)* prep. debajo, bajo de, menos que; adv. abajo; adj. inferir; **to be ~ age**, ser menor de edad.

U

U

undercarriage *(öndörkaridye)* s. (Avi.) tren de aterrizaje.
underclothes *(andaklouds)* s. pl. ropa interior, paños menores.
underclothing *(andarklóuding)* s. ropa interior.
undercover *(öndöcövör)* adj. secreto, clandestino.
undercurrent *(andkorent)* s. resaca, corriente submarina; (fig.) tendencia oculta; trasfondo.
undercut *(andar'cöt)* tr. socavar, rebajar precios; s. socavación, solomillo.
underdeveloped *(andadivelopd)* adj. subdesarrollado; (Foto) poco revelado.
underestimate *(andöréstimeit)* tr. subestimar, menospreciar.
underfed *(andarfíd)* adj. desnutrido.
undergo *(andargóu)* tr. sufrir, experimentar.
undergraduate *(andargrádiueit)* s. estudiante universitario.
underground *(andargraund)* adj. subterráneo, clandestino; s. metro (UK).
undergrowth *(andargrouz)* s. maleza.
underhand *(andarjánd)* adv. solapadamente, clandestinamente; adj. secreto.
underlay *(andarleí)* tr. reforzar; s. refuerzo.
underlie *(andarlái)* tr. poner o estar debajo; (fig.) formar la base de.
underline *(andarláin)* tr. subrayar.
undermine *(andarmáin)* tr. minar, socavar.
undermost *(andarmóust)* adj. ínfimo, más abajo.
underneath *(andarniz)* adv. debajo; prep. bajo.
underpay *(andarpei)* tr. pagar poco; s. retribución insuficiente.
underrate *(andaréit)* tr. menospreciar, subestimar.
undersell *(öndörsel)* tr. vender a bajo precio.
undershirt *(andasheert)* s. (US) camiseta.
undersign *(andarsáin)* tr. suscribir, firmar.
understand *(andarstánd)* tr. e intr. entender, comprender.
understandable *(andastándabl)* adj. comprensible
understanding *(andarstanding)* s. compresión, entendimiento, conocimiento; adj. inteligente.
understudy *(öndörstödi)* s. actor que suple a otro; tr. aprender el papel de otro actor para poderle suplir.
undertake *(andarteik)* tr. e intr. emprender.
undertaker *(andarteika)* s. emprendedor, empresario director de pompas fúnebres.
undertaking *(andartéiking)* s. empresa, tarea.
undervalue *(andarváliu)* tr. menospreciar, subvalorar.
underwear *(andaruéar)* s. ropa interior.
underworld *(andarueeld)* s. hampa, bajos fondos.
underwrite *(andaráit)* tr. suscribir; *Com.* asegurar, financiar; **~er**, el que suscribe.
undeserved *(andeservd)* adj. inmerecido.
undetermined *(anditérmind)* adj. incierto, indeterminado.
undistinguishable *(andistíngüishabl)* adj. indistinguible.
undisputed *(andispiútid)* adj. incontestable, evidente.
undisturbed *(andisteebd)* adj. inalterado, tranquilo.
undo *(andú)* tr. deshacer, desatar.
undoubted *(andáutit)* adj. indubitable, indudable.
undress *(andrés)* tr. desnudar; intr. desnudarse.
undue *(öndiú)* adj. indebido.
undulate *(andiulak)* intr. ondular.
unearth *(aneerz)* tr. desenterrar.
uneasiness *(anísines)* s. desasosiego, inquietud.
uneasy *(anísi)* adj. inquieto, intranquilo, inseguro; incómodo.
uneducated *(anédiukeitit)* adj. inculto, ignorante.
unemployed *(anemplód)* adj. desocupado, desempleado, en paro.
unemployment *(anemplóment)*s. desocupación, paro (forzoso); ~ **benefit**, subsidio deparo.
unending *(anénding)* adj. inacabable.
unequal *(aníkual)* adj. desigual.

unerring *(önérring)* adj. infalible, seguro.
uneven *(anívn)* adj. desigual.
unexpected *(anecspécted)* adj. inesperado; **~ly**, inesperadamente.
unexplored *(anecsplóred)* adj. inexplorado.
unfading *(anféiding)* adj. imperecedro, inmarcesible.
unfair *(anféa)* adj. injusto.
unfaithful *(anféizful)* adj. infiel.
unfamiliar *(anfamilia)* adj. desconocido, extraño; **~ with**, no ducho en.
unfasten *(anfásn)* tr. desatar.
unfathomable *(anfadömabl)* adj. insondable.
unfavorable (US) or **unfavourable** (UK) *(anféivörabl)* adj. desfavorable, adverso.
unfeigned *(anféind)* adj. sincero, genuino, verdadero.
unfinished *(anfinischt)* adj. incompleto, inacabado.
unfit *(anfit)* adj. impropio, inepto, incapaz; tr. inhabilitar.
unfitness *(anfítnes)* s. ineptitud.
unfledged *(anflédched)* adj. sin plumas, inexperto.
unfold *(anfóuld)* tr. desplegar, desdoblar, desenvolver.
unforeseen *(anförsín)* adj. imprevisto.
unforgettable *(anforgetabl)* adj. inolvidable.
unforgivable *(anforguibabl)* adj. imperdonable.
unforgiving *(ónforguiving)* adj. implacable, intransigente.
unfortunate *(anfórchönet)* adj. desafortunado, desdichado.
unfounded *(anfáund)* adj. infundado, sin fundamento.
unfriendly *(anfréndli)* adj. hostil; adv. enemistosamente.
unfurl *(anfeerl)* tr. desplegar.
unfurnished *(anfeernisht)* adj. desamueblado.
ungainly *(angainli)* s. desgarbado.
ungodly *(angodli)* adj. impío.
ungrateful *(angreiful)* adj. desagradecido.
ungratefullness *(angreitfulnes)* s. desagradecimiento.
ungrounded *(angráunded)* adj. infundado.
unguarded *(angárdit)* adj. desguarnecido.
unhappiness *(anjapines)* s. infelicidad, infortunio.
unhappy *(anjápi)* adj. infeliz, desgraciado, desafortunado.
unhardmed *(anjaamd)* adj. ileso.
unhealthy *(anjélzí)* adj. malsano, insalubre.
unheard *(anjeerd)* adj. desconocido.
unheard of *(anjeerd of)* adj. inaudito.
unheeded *(anjided)* adj. inavertido, desatendido, ignorado.
unhelpful *(anjelpful)* adj. poco servicial.
unhinge *(anjindye)* tr. desquiciar; (fig.) trastornar.
unhook *(anjúc)* tr. desenganchar, descolgar, desabrochar.
unhoused *(anjausd)* adj. desalojado.
unhurt *(anjö'rt)* adj. ileso.
unify *(iúnifai)* tr. unificar.
uniform *(iúniform)* s. y adj. uniforme.
unimaginable *(animádchinabl)* adj. inimaginable.
unimpaired *(animpéd)* adj. intacto, ileso.
unimpeachable *(animpichabi)* adj. indudable, irreprochable.
unimportant *(animpórtant)* adj. insignificante.
uninhabited *(aninjábited)* adj. inhabitado.
uninjured *(onindyad)* adj. ileso.
unintelligible *(onintelidyabl)* adj. ininteligible.
uninterested *(aninterested)* adj. desinteresado.
uninteresting *(anintéresting)* adj. sin interés, poco interesante.
uninterrupted *(aninterapted)* adj. ininterrumpido.
union *(iúniön)* s. unión; **Trade ~**, sindicato.
unique *(iuníc)* adj. solo, único.
unison *(iúnisön)* adj. unísono.
unit *(iúnit)* s. unidad.
unite *(iúnait)* tr. unir(se), juntar(se).
unity *(iúniti)* s. unidad.
universal *(iuniveersal)* adj. universal.
universe *(iúniveers)* s. universo.
university *(iuniveersiti)* s. universidad.
unjust *(andyast)* adj. injusto.
unkind *(ankáind)* adj. grosero, rudo, desconsiderado, descortés.

U

U

unkindness *(ankaindnes)* s. descortesía, rudeza.
unknown *(annóun)* adj. desconocido; s. incógnita.
unlace *(anléis)* tr. desenlazar, desatar.
unlawful *(anlóful)* adj. ilegal.
unlearned *(anleernd)* adj. indocto, ignorante.
unless *(anlés)* conj. a menos que, salvo que.
unlike *(anláik)* adj. desemejante, diferente; adv. al contrario, a diferencia de.
unlikelihood *(anlaiklijud)* s. improbabilidad.
unlikely *(anlaikli)* adj. inversímil, improbable; adv. improbablemente.
unlimited *(anlímitid)* adj. ilimitado.
unload *(anlóud)* tr. descargar.
unlock *(anlóc)* tr. abrir (una cerradura).
unluckily *(anlakili)* adv. desafortunadamente.
unlucky *(anlaki)* adj. desgraciado, desafortunado.
unman *(anmán)* tr. amedrentar, acobardar; desguarnecer.
unmanageable *(anmánedyebl)* adj. inmanejable.
unmannerly *(anmanali)* adj. grosero, maleducado.
unmarried *(anmárid)* adj. soltero(a).
unmask *(anmásc)* tr. desenmarcarar; intr. descubrirse.
unmatched *(anmátchd)* adj. sin rival, inigualado, sin par.
unmerciful *(anmersiful)* adj. cruel, inclemente, sin piedad.
unmerited *(anméritit)* adj. inmerecido.
unmindful *(anmáindful)* adj. olvidadizo.
unmistakable *(anmistéikbl)* adj. inconfundible.
unmixed *(anmikst)* adj. puro, sin mezcla.
unmoved *(anmouvd)* adj. impasible, inconmovible.
unnatural *(annachural)* adj. antinatural, forzado.
unnecessary *(anécesari)* adj. innecesario.
unnerve *(annérv)* tr. amilanar(se), acobardar(se); ~**d**, adj. amilanado, acobardado.
unnoticed *(annóutisd)* adj. inadvertido.
unobservant *(anobseervant)* adj. inobservante, despistado.
unobserved *(onobseervd)* adj. desapercibido, inadvertido.
unoccupied *(anokiupaid)* adj. desocupado, deshabitado, libre.
unofficial *(anofíschal)* adj. no oficial.
unopened *(anóupend)* adj. cerrado.
unopposed *(anopousd)* adj. sin oposición.
unpack *(anpác)* tr. desempaquetar, deshacer las maletas.
unpaid *(anpéid)* adj. impagado.
unparalleled *(anpárelelt)* adj. incomparable.
unpardonable *(anpárdönabl)* adj. imperdonable.
unpaved *(anpéivd)* adj. desempedrado, sin pavimentar.
unperceived *(anpersivd)* adj. inadvertido.
unperturbed *(unpeeteebd)* adj. imperturbable.
unpleasant *(anplésant)* adj. desagradable; ~**ness**, desagrado.
unpolished *(anpólischd)* adj. tosco, basto.
unpopular *(anpópiular)* adj. impopular.
unpractical *(anpráktikal)* adj. impráctico.
unprecedented *(anprésedented)* adj. sin precedente.
unprejudiced *(onpredyudist)* adj. imparcial.
unprepared *(anpripead)* adj. desprevenido, sin preparar.
unprincipled *(anprínsipld)* adj. sin principios; desalmado.
unproductive *(anprodö'ctiv)* adj. improductivo.
unprofitable *(anpróftabl)* adj. improductivo, no productivo.
unpromising *(anprómising)* adj. que no promete, no prometedor.
unprotected *(anprotéctit)* adj. desvalido, indefenso.
unpublished *(anpablisht)* adj. inédito, sin publicar.
unpunished *(anpanisht)* adj. impune.

unqualified *(ancuólifaid)* adj. no cualificado, incapaz.
unquenchable *(ancuénchabl)* adj. insaciable, inextinguible.
unquestionable *(ancuéschönabl)* adj. indisputable, indudable.
unquite *(ancuáiet)* adj. inquieto, desasosegado.
unravel *(anrávl)* tr. desenredar, desenrrollar.
unreal *(anríal)* adj. irreal, ilusorio.
unreasonable *(anrísnabl)* adj. exorbitante, irrazonable.
unreclaimed *(anrikléimd)* adj. no reclamado, incorregible.
unrelenting *(anrilénting)* adj. implacable, inexorable.
unreliable *(anriláiabl)* adj. informal, poco de fiar.
unrepentant *(anripéntant)* adj. impenitente.
unreserved *(anrisérvd)* adj. franco, libre.
unrest *(anrést)* s. inquietud, desasosiego, malestar.
unrestful *(anréstful)* adj. inquieto.
unrestrained *(anristreind)* adj. desenfrenado.
unrig *(anríg)* tr. (Náut.) desaparejar.
unrighteous *(anraitios)* adj. inicuo, injusto.
unripe *(anráip)* adj. verde; inmaduro.
unrivalled *(anraivald)* adj. único, sin rival.
unroll *(anróul)* tr. desenrollar, desplegarse, abrirse.
unroot *(anrút)* tr. desarraigar, extirpar.
unruffled *(anra'fold)* adj. calmado, tranquilo, sereno.
unruled *(anrúld)* adj. sin rayar, sin gobierno, independiente.
unruly *(anrúli)* adj. indómito, desobediente, rebelde, revoltoso.
unsafe *(anséif)* adj. inseguro, peligroso, arriesgado.
unsaid *(anséd)* adj. no mencionado.
unsatisfactory *(ansatisfactori)* adj. insatisfactorio.
unsatisfied *(ansatisfied)* adj. insatisfecho, descontento.
unsavory (US), **unsavoury** (UK) *(anséivöri)* adj. indeseable; soso, desagradable.
unsay *(anséi)* intr. desdecirse, retractarse.
unscrew *(anscrú)* tr. desatornillar, desenroscar.
unseal *(ansil)* tr. desellar, abrir.
unseasonable *(ansisnabl)* adj. extemporáneo, atípico.
unseasoned *(ansisnd)* adj. no razonable.
unseemly *(ansimli)* adj. indecoroso, impropio.
unseen *(ansín)* adj. inadvertido, invisible; *Acad.* sin preparar.
unselfish *(ansélfisch)* adj. desinteresado, altruista.
unserviceable *(ansérvisabl)* adj. inservible, inútil.
unsettle *(ansétl)* tr. trastornar, alterar, perturbar; **~d**, (tiempo) inestable.
unshaken *(anschéikn)* s. firme, inconmovible, impertérrito.
unshapely *(ansheipli)* adj. desproporcionado, desformado.
unsheathe *(anschíz)* tr. desenvainar.
unshod *(anschód)* s. descalzo, desherrado.
unskilled *(anskild)* adj. inexperto; **~ labor**, peonaje.
unsociable *(ansóuschíebl)* adj. insociable.
unsold *(ansóuld)* adj. no vendido, por vender.
unsolved *(ansólvd)* adj. sin resolver, no solucionado.
unsought *(ansót)* adj. no buscado.
unsound *(ansáund)* adj. defectuoso, enfermizo; **of ~ mind**, desequilibrado.
unsparing *(anspéring)* adj. pródigo, generoso.
unspeakable *(anspíkabl)* adj. inefable, indecible.
unespecified *(anspésifaid)* adj. no especificado.
unspoiled *(anspóild)* adj. intacto, no mimado, no estropeado.
unspotted *(anspótit)* adj. inmaculado, sin descubrir.
unstable *(ansteibl)* adj. inestable.
unsteady *(anstédi)* adj. inestable, vacilante, tambaleante, voluble; inconstante.
unsuccessful *(ansöcsésful)* adj. infructuoso; desafortunado, fracasado.

U

U

unsuitable *(ansiútabl)* adj. inapropiado, inadecuado.
unsure *(anschúa)* adj. inseguro, incierto.
untainted *(antéintid)* adj. inmaculado, impoluto.
untamed *(antéimt)* adj. indómito, salvaje.
untenable *(anténabl)* adj. insostenible.
unthinkable *(anzínkabl)* adj. inimaginable, impensable, absurdo.
untidy *(antáidi)* adj. desaliñado, desordenado, descuidado.
untie *(antái)* tr. desatar.
until *(antil)* prep, hasta; conj. hasta que; ~ **then**, hasta entonces.
untilled *(antild)* adj. (Agric.) sin cultivar; inculto.
untimely *(antáimli)* adj. intempestivo, inoportuno.
untiring *(antáiring)* adj. incansable, infatigable.
unto *(antu)* prep. a, para, en, dentro.
untold *(antould)* adj. no dicho, no relatado; incalculable.
untouched *(antacht)* adj. intacto; insensible.
untoward *(antáuard)* adj. indecoroso; adverso, desafortunado.
untrained *(antréind)* adj. inexperto, no preparado.
untranslatable *(antransleitabl)* adj. intraducible.
untroubled *(antrobld)* adj. tranquilo, imperturbado, sin preocupaciones.
untrustworthty *(antrostueerszi)* adj. indigno de confianza.
untrue *(antrú)* adj. falso.
unused *(aniúsd)* adj. sin usar, nuevo, sin estrenar.
unusual *(aniushual)* adj. inusitado, inusual, raro, poco común.
unvarnished *(anvárnischt)* adj. (fig.) sencillo; sin barnizar.
unveil *(anveil)* intr. descubrir.
unwanted *(anuanted)* adj. no querido, despreciado, indeseable.
unwarness *(anuerines)* s. imprevisión.
unwarned *(anuornd)* s. desprevenido, no avisado.
unwarranted *(önuórranted)* adj. injustificado; *Com.* sin garantía.
unwary *(anuéri)* adj. imprudente, incauto.
unwelcome *(anuélköm)* adj. inoportuno, mal recibido.
unwell *(anuel)* adj. indispuesto.
unwholesome *(önjóulsöm)* adj. insalubre.
unwieldy *(anuildi)* adj. pesado, difícil de manejar.
unwilling *(anuíling)* adj. reacio, de mala gana, poco dispuesto.
unwillingly *(anuilingli)* adj. de mala gana, a regañadiente.
unwise *(anuáis)* adj. imprudente.
unworthiness *(anuórdines)* s. indignidad, desmerecimiento.
unworthy *(anuördi)* adj. indigno, desmerecedor.
unwounded *(anuúnded)* adj. ileso.
unwrap *(anráp)* tr. desenvolver.
unwritten *(anritn)* adj. no escrito.
unyielding *(anyiilding)* adj. inflexible; (fig.) improductivo.
up *(ap)* adj. levantado, derecho; adv. (hacia) arriba, en lo alto, en pie; ~ **to**, hasta, completamente; prep. hacia arriba, a lo largo de, en lo alto de; s. tierra elevada; prosperidad; interj. ¡arriba! ¡sus! s. **~s and downs**, altibajos; ~ **to date** adj. moderno; ~ **stairs**, adv. arriba, en el piso de arriba; **what's~?**, ¿qué pasa?
upbraid *(apbréid)* tr. reprochar, reprender, censurar.
upheaval *(apjival)* s. trastorno, cataclismo.
uphill *(apjil)* adj. (fig.) penoso; adv. cuesta arriba.
uphold *(apjóuid)* tr. sostener, mantener, apoyar.
upholster *(apjolsta)* tr. tapizar (en).
upholsterer *(apjolstora)* s. tapicero.
upholstery *(apjolsteri)* s. tapiz, tapicería, tapizado.
upkeep *(ópkip)* s. conservación, manutención.
upland *(apland)* s. meseta, altiplanicie, adj. elevado, alto.
uplift *(uplift)* tr. levantar; s. levantamiento.

upmost *(apmóust)* adj. culminante, lo más alto.
upon *(apon)* pre. sobre, encima, en, cerca de, a.
upper *(apar)* adj. superior, más alto.
upperhand *(aparjand)* s. superioridad, dominio.
uppermost *(apamoust)* adj. culminante; adv. encima.
upraise *(apráis)* tr. levantar.
upright *(aprait)* adj. derecho, de pie, erecto.
uprising *(apráising)* s. *Pol.* levantamiento, insurrección.
uproar *(apróa)* s. tumulto, confusión, alboroto.
uproot *(aprút)* tr. desarraigar, arrancar.
upset *(apsét)* tr. disgustar, volcar, intr. derramarse; s. disgusto, adj. disgustado.
upside *(apsáid)* s. lo de arriba, parte superior; adv. ~ **down**, adj. boca abajo, al revés.
upstairs *(apstérs)* adv. arriba, en el piso de arriba.
upstart *(apstart)* adj. y s. repentino, advenedizo.
upstream *(öpstrim)* adv. aguas arriba, río arriba.
upward *(apuörd)* adj. ascendente.
upward(s) *(apuörds)* adv. hacia arriba.
uranium *(iuréiniöm)* s. uranio.
urchin *(eerchín)* s. pillo. (Zool.) erizo.
urge *(eerdye)* s. impulso, apremiante, necesidad, anhelo, tr. incitar.
urgency *(eerdyensi)* s. urgencia.
urgent *(eerdyent)* adj. urgente.
urinal *(iúrinal)* s. orinal.
urinate *(iúrineit)* intr. orinar.
urine *(iúrin)* s. orina.
urn *(eern)* s. urna.
us *(as)* pron. nos; **for** ~, para nosotros.
usage *(iúsidye)* s. uso, costumbre.
use *(iús)* s. uso, empleo, tr. e intr. utilizar, emplear, usar.
useful *(iúsful)* adj. útil.
useless *(iúsles)* adj. inútil.
usher *(asha)* s. ujier, portero; (Teat.) acomodador; tr. introducir, acomodar.
usherette *(asharet)* s. acomodadora.
usual *(iushual)* adj. usual, habitual.
usurer *(iushara)* s. usurero.
usury *(iushari)* s. usura.
usurp *(iusheerp)* tr. usurpar.
utensil *(iuténsil)* s. utensilio.
uterus *(iúterus)* s. útero, matriz.
utilitarian *(iutilitérian)* s. y adj. utilitario.
utility *(iutíliti)* s. utilidad.
utilize *(iútilais)* tr. utilizar.
utmost *(ö'tmoust)* adj. extremo, máximo, supremo.
utopia *(iutóupia)* s. utopía.
Utopian *(iutóupian)* adj. utópico, quimérico.
utter *(ata)* adj. completo, total tr. exteriorizar, manifestar.
utterance *(atarans)* s. expresión, declaración.
utterly *(atarli)* adv. enteramente, del todo.
uvula *(iúviula)* s. úvula, campanilla.

V v

vacancy *(véikansi)* s. vacante, vacío; libre.
vacant *(véikant)* adj. vacante, libre, ocioso.
vacate *(vakéit)* tr. desocupar, evacuar, desalojar.
vacation *(vakéishön)* s. (US) vacación.
vaccinate *(vácsineit)* tr. vacunar.
vaccine *(vaccsin)* adj. vacuna.
vaccination *(vacsinéishön)* s. vacuna.
vacillate *(vásileit)* intr. vacilar, dudar.
vacillation *(vásiléishön)* s. vacilación, duda.
vacuous *(vákiuös)* adj. vacío.
vacuum *(vákiuöm)* s. vacío; ~ **cleaner**, s. aspiradora eléctrica; ~ **flask**, s. termo.
vagabond *(vágabond)* adj. y s. vagabundo.
vagary *(végueri)* s. capricho, antojo; manía.
vagrancy *(veigransi)* s. holgazanería, vagancia.
vagrant *(véigrant)* s. vagabundo.

V

vague *(véig)* adj. vago, indefinido, impreciso.
vagueness *(véignes)* s. vaguedad.
vain *(véin)* adj. vano, presuntuoso; **in** ~, en vano.
vainglorious *(veinglorios)* adj. ufano, vanaglorioso.
vainglory *(veinglóri)* s. vanagloria.
vale *(véil)* s. valle.
valet *(válet)* s. lacayo, paje, criado.
valiant *(váliant)* adj. valiente, valeroso, bravo.
valid *(válid)* adj. válido.
validity *(validiti)* s. validez.
valise *(valis)* (US) valija, maleta.
valley *(váli)* s. valle.
valor (US) or **valour** (UK) *(velö)* s. valor, valentía, ánimo, corage.
valuable *(valiuabl)* adj. valioso, apreciable.
valuables *(váliuabls)* s. objetos de valor.
valuation *(valiueishön)* s. evaluación, valoración.
value *(váliu)* s. valor, precio; tr. (e) valuar, estimar.
valve *(válv)* s. válvula, (radio) lámpara.
vamp *(vamp)* (calzado) empeine; vampiresa; tr. flirtear.
vampire *(vámpair)* s. vampiro.
van *(van)* s. furgoneta, camioneta; (tren) furgón; **gage** ~, vagón de equipaje.
vane *(véin)* s. veleta.
vanguard *(vángard)* s. vanguardia.
vanilla *(vanila)* s. vainilla.
vanish *(vánish)* intr. desvanecerse, desaparecer.
vanished *(vánisht)* adj. desaparecido.
vanishing *(vanishing)* adj. que desaparece; s. desaparición.
vanity *(vániti)* s. vanidad; ~ **box / case**, neceser.
vanquish *(váncuish)* tr. vencer, sojuzgar, conquistar.
vantage *(vantedye)* s. (tenis) ventaja; ~ **point**, posisión favorable.
vapid *(vápid)* adj. soso, (fig.) insípido, aburrido.
vaporize *(véipörais)* tr. vaporizar; intr. evaporarse.
vaporous *(véiparös)* adj. vaporoso.
vapor (US) or **vapour** (UK) *(véipör)* s. vapor, humos.
variable *(vériabl)* adj. variable.
variance *(vérians)* s. discrepancia; varianza; **to be at** ~ **with**, estar en desacuerdo.
variant *(vériant)* adj. variante, variable, diverso.
variation *(veriéischön)* s. variación, variedad.
variety *(varáieti)* s. variedad.
various *(vériös)* adj. vario, diverso.
varix *(véiriks)* s. *Med.* várice, variz.
varnish *(várnish)* s. barniz; tr. barnizar.
vary *(véri)* v. variar.
vase (UK) *(vaas)* (US) *(véis)* s. florero, jarrón.
vast *(vást)* adj. vasto.
vat *(vat)* s. cuba, tina.
vault *(vólt)* s. bóveda; cripta; tr. abovedar; saltar; *(Dep.)* **pole** ~, saltar con pértiga, **bank** ~, cámara acorazada.
vaulted *(vóltit)* adj. abovedado.
vaunt *(vónt)* s. jactancia; intr. jactarse (de), ostentar.
veal *(víil)* s. carne de ternera.
veer *(vía)* intr. virar.
vegetable *(védyetabl)* s. legumbre, verdura; adj. vegetal.
vegetarian *(vedyitéirian)* s. vegetariano.
vegetate *(vedytar)* intr. vegetar.
vegetation *(vedyitéischön)* s. vegetación.
vehemence *(viamens)* s. vehemencia, rotundidad.
vehement *(viament)* adj. vehemente, intenso.
vehicle *(viikl)* s. vehículo, medio.
veil *(véil)* s. velo; tr. velar, cubrir; **to take the** ~, tomar los hábitos.
vein *(véin)* s. *(Anat.)* vena, *(Min.)* veta.
velocity *(velósiti)* s. velocidad.
velvet *(vélvet)* s. terciopelo; adj. aterciopelado; **as smooth as** ~, suave como terciopelo.
velveteen *(vélvetin)* s. pana.

veneer *(venía)* s. (carp.) chapa; tr. chapear (fig.) s. solo apariencia.
venerable *(vénarabl)* adj. venerable.
venerate *(vénareit)* tr. venerar.
veneration *(venaréishön)* s. veneración.
venereal *(venirial)* adj. venéreo.
vengeance *(véndyens)* s. venganza; **with a ~**, con furia.
vengeful *(véndyful)* adj. vengativo.
venial *(vinial)* adj. venial, ligero.
venison *(venisön)* s. carne de venado.
venom *(venöm)* s. veneno, ponzoña.
venomous *(vénömös)* adj. venenoso; maligno.
vent *(vént)* s. respiradero, desahogo; tr. arrojar, desahogar.
ventilate *(véntileit)* tr. ventilar, airear.
ventilation *(ventiléishön)* s. ventilación.
ventosity *(ventósiti)* s. ventosidad.
ventriloquist *(ventrílocuist)* s. ventrílocuo.
venture *(vencha)* s. riesgo; v. tr. arriesgar; v. intr. arriesgarse, atreverse.
veracity *(vérasiti)* s. veracidad.
veranda(h) *(veránda)* s. galería, terraza.
verb *(veerb)* s. *(Gram.)* verbo.
verbal *(veerbal)* adj. verbal, oral.
verbose *(veerbóus)* adj. locuaz, verboso.
verdict *(veerdikt)* s. veredicto, fallo.
verdure *(veerdya)* s. verdor, verde.
verge *(veerdya)* s. borde; **on the ~ of**, al borde.
verification *(verifikéishön)* s. verificación.
verify *(vérifai)* tr. verificar.
veritable *(veeritabl)* adj. verdadero, auténtico.
verity *(vériti)* s. verdad, realidad.
vermicelli *(veermichéli)* s. fideos.
vermillion *(veermíliön)* s. bermellón, cinabrio; tr. teñir de rojo.
vermin *(veermin)* s. bicho, sabandija, alimañas; (fig.) chusma.
vernacular *(veernákiular)* adj. vernáculo, nativo.
vernal *(veernal)* adj. primaveral.
versatile *(veersatail)* adj. versátil, polifacético.
versatility *(veersatiliti)* s. versatilidad.
verse *(veers)* s. verso.
versed *(veerst)* adj. versado.
versification *(veersifikéishön)* s. versificación.
versify *(veersifai)* intr. versificar.
version *(veerschön)* s. versión.
versus *(veersös)* prep. contra.
vertebra *(veertibra)* s. vértebra.
vertebral *(veértebral)* adj. vertebral.
vertex *(veertecs)* s. *(Geom.)* vértice; (fig.) cima.
vertical *(veertikal)* adj. vertical.
vertiginous *(veertidyinös)* adj. vertiginoso.
vertigo *(veertigo)* s. vértigo.
very *(véri)* adj. verdadero; idéntico, mismísimo; adv. muy; **~ much**, muchísimo; **~ many**, muchísimos.
vesper *(véspa)* s. tarde, víspera; pl. vísperas.
vespertine *(véspertin)* adj. vespertino.
vessel *(vésel)* s. *(Quim.)* vasija; *(Anat.)* vaso; *(Náut.)* buque, nave.
vest *(vést)* s. camiseta, chaleco; tr. vestir, investir; vestimenta, vestidura.
vestment *(véstment)* s. vestido, vestimenta, vestidura.
vestibule *(vestíbual)* s. *(Lit. y Anat.)* vestíbulo.
vestige *(véstidya)* s. vestigio.
vestry *(véstri)* s. sacristía.
veteran *(vétöran)* adj. y s. veterano.
veterinary *(véterineri)* s. y adj. veterinario **~ science**, veterinaria.
veto *(vítou)* s. veto; tr. vetar.
vex *(vécs)* tr. vejar; enojar, enfadar, intr. enfadarse.
vexing *(vécsing)* adj. fastidioso, enojoso.
via *(váia)* s. vía, conducto; adv. por.
viaduct *(váiadöct)* s. viaducto.
viand *(váiand)* s. vianda.

V

vibrate *(váibreit)* v. vibrar.
vibration *(vaibréishön)* s. vibración.
vicar *(vika)* s. vicario, párroco.
vicarage *(vikaridya)* s. vicaría, vicariato.
vice *(váis)* s. vicio. *(Mec.)* prensa, tornillo de banco.
vicinity *(visiniti)* s. vecindad.
vicious *(vischös)* adj. vicioso, viciado; maligno, feroz; depravado; ~ **circle**, círculo vicioso.
victim *(víctim)* s. víctima.
victimize *(viktimáis)* tr. victimizar; perseguir; castigar.
victor *(vikta)* s. vencedor.
victorious *(viktoriös)* adj. victorioso, vencedor.
victory *(víctori)* s. victoria.
victual *(vítual)* tr. abastecer, avituallar.
victuals *(vítuals)* s. provisiones, víveres.
vie *(vai)* intr. competir, rivalizar.
view *(viú)* s. vista, panorama, opinión; tr. mirar, ver.
vigil *(vidyil)* s. vigilia, vela.
vigilance *(vidyilans)* s. vigilancia.
vigilant *(vidyilant)* adj. vigilante.
vigorous *(vigorös)* adj. vigoroso.
vigour (UK) or **vigor** (US) *(vigör)* s. vigor, fuerza
viking *(váiking)* s. vikingo.
vile *(váil)* adj. vil, atroz, horrible.
vileness *(váilnes)* s. vileza, atrocidad, infamia.
vilify *(vilifai)* tr. envilecer.
villa *(vila)* s. quinta; casa de campo.
village *(vileych)* s. pueblo, rústico.
villager *(víledya)* s. aldeano.
villain *(vílein)* s. villano, malvado.
villainous *(vilanös)* adj. villano, ruin, vil, infame.
villainy *(vílani)* s. villanía.
vim *(vim)* s. energía, brío.
vindicate *(víndikeit)* tr. vindicar, justificar.
vindication *(vindikéishön)* s. vindicación.
vindictive *(vindíctive)* adj. vindicativo, vengativo.
vine *(váin)* s. vid, parra, viña.
vinegar *(vínegar)* s. vinagre; ~ **cruet**, s. vinagrera.
vineyard *(vínyard)* s. viñedo.
vintage *(vintedch)* s. vendimia, cosecha, vinatera; ~ **wine**, vino de solera.
vintner *(víntner)* s. vinatero, vinicultor.
violate *(váioleit)* tr. violar.
violation *(vaioléitishön)* s. violación.
violence *(váiolens)* s. violencia.
violet *(váiolet)* s. *Bot.* y (color) violeta; adj. violado.
violin *(vaiolín)* s. violin.
violinist *(váiolinist)* s. violinista.
violoncello *(violonchélo)* s. violoncelo.
virago *(viragou)* s. fiera, arpía.
virgin *(veerdyin)* s. virgen; adj. virgen, virginal, puro, limpio.
virginity *(veerdyiniti)* s. virginidad, doncellez.
virile *(víril)* adj. viril, varonil.
virility *(víriliti)* s. virilidad.
virtual *(verchual)* adj. virtual.
virtue *(veerchu)* s. virtud.
virtous *(veertiues)* adj. virtuoso.
virulence *(víriulens)* s. virulencia.
virulent *(víriulent)* adj. virulento, maligno.
virus *(váirös)* s. virus.
visa *(vísa)* s. visado, visa.
visage *(vísedya)* s. rostro.
viscount *(vískaunt)* s. vizconde.
viscous *(vískös)* adj. viscoso.
visibility *(vísibiliti)* s. visibilidad.
visible *(vísibl)* adj. visible, claro, perceptible.
vision *(vishön)* s. visión.
visionary *(vishoneri)* adj. visionario.
visit *(vísit)* s. visita; tr. intr. visitar (se), hacer una visita.
visitor *(vísita)* s. visitante, visita.
visor *(vaisa)* s. visera.
visual *(vishual)* adj. visual, óptico.
vital *(váital)* adj. vital.
vitality *(vaitáliti)* s. vitalidad.
vitalize *(váitalais)* tr. vitalizar.
vitamin *[v(á)itamin]* s. vitamina.

vitiate *(víshieit)* tr. viciar.
vituperate *(vitiúpareit)* tr. vituperar.
vivacious *(vivéshiös)* adj. vivaz, vivo, animado.
vivid *(vivid)* adj. vivo, vivido.
vivify *(vívifai)* tr. vivificar.
vixen *(víksen)* s. *(Zool.)* zorra; (fig.) arpía.
vocabulary *(vokábiuleri)* s. vocabulario, léxico.
vocal *(vókal)* adj. vocal, oral.
vocalize *(vókalais)* tr. vocalizar.
vocation *(voukéishön)* s. vocación, carrera.
vogue *(vog)* s. moda; **in** ~, de moda.
voice *(vóis)* s. voz; tr. expresar; **loud** ~, voz alta; **high** ~, chillona.
voiceless *(vóisles)* adj. mudo, sin voz.
void *(vóid)* adj. vacío, nulo, inválido; s. vacío; tr. vaciar, desocupar.
volcanic *(volkánik)* adj. volcánico.
volcano *(volkéinou)* s. volcán.
volition *(volishon)* s. voluntad.
volley *(vóli)* s. descarga, andanada; *Dep.* volea.
volt *(vóult)* voltio.
voltage *(vóultedch)* s. voltaje.
voluble *(vóliubl)* adj. *Bot.* voluble; (pers.) hablador, locuaz.
volume *(vólium)* s. volumen, tomo.
voluminous *(voliúminös)* adj. voluminoso.
voluntary *(vólönteri)* adj. voluntario.
volunteer *(volóntir)* s. voluntario; tr., intr. ofrecer(se), servir como voluntario.
voluptuous *(volö'ptiuös)* adj. voluptuoso, sensual.
vomit *(vómit)* s. vómito, v. vomitar.
voracious *(voréischös)* adj. voraz.
vortex *(vórtecs)* s. remolino, torbellino, vórtice.
vote *(vóut)* s. voto; tr. intr. votar.
voter *(vóuta)* s. votante, elector.
vouch *(váuch)* comprobar, atestiguar; ~ **for**, responder por.
voucher *(vaucha)* s. comprobante, talón, vale.
vow *(váu)* s. voto, juramento; tr. intr. hacer voto, jurar.
vowel *(váuel)* s. vocal.
voyage *(vóiedya)* s. travesía, viaje; intr. navegar.
vulcanize *(vö'lkanais)* tr. vulcanizar.
vulgar *(vö'lgar)* adj. vulgar, ordinario, grosero.
vulgarity *(vőlgariti)* s. vulgaridad, ordinariez.
vulgarize *(vö'lgarais)* tr. vulgarizar.
vulnerable *(valnarable)* adj. vulnerable.
vulture *(völchar)* s. *(Orn.)* buitre.

V

W w

wabble *(uóbl)* s. bamboleo, indecisión; tr. tambalearse.
wad *(uód)* s. borra, guata; taco, fajo, manojo; tr. acolchar, rellenar.
waddle *(uódl)* intr. balancearse; s. andar de pato.
wade *(uéid)* intr. vadear.
wader *(uéidar)* s. *(Orn.)* ave zancuda.
waders *(uéidas)* s. pl. botas de agua.
wafer *(uifas)* s. oblea, barquillo.
waft *(uaft)* tr. mecer; hacer flotar, llevar por el aire.
wag *(uág)* s. colead(ur)a, sacudida; tr. menear, mover; intr. oscilar.
wage *(uéidye)* s. paga, salario, jornada; tr. emprender.
wages *(uéidches)* s. pl. paga, sueldo.
wager *(uéidches)* s. apuesta; tr. apostar.
waggon *(uágón)* s. carro, carreta, vagón.
waif *(uéif)* s. niño o animal abandonado; adj. desamparado.
wail *(uéil)* s. lamento; tr. intr. lamentar.
wailing *(uéiling)* s. lamento; adj. quejumbroso.
wainscot *(uéniskot)* s. friso, entablamento; artesonado; tr. entablar, artesonar.
waiscoat *(uéiskot)* s. chaleco.
waist *(uéist)* s. cintura, talle.
wait *(uéit)* s. espera, intr. esperar, aguardar; ~ **for**, esperar por; ~ **on**, servir.

waiting *(uetinig)* s. espera; adj. que espera; ~ **room**, sala de espera; ~ **list**, lista de espera.
waiter *(uéita)* s. camarero, mozo.
waive *(ueiv)* tr. renunciar, abandonar, exonerar.
waitress *(uéitres)* s. camarera.
wake *(uéik)* s. velatorio, vigilia; *(Mar.)* estela; **[waked o woke; waked]** tr. despertar, velar; intr. despertarse.
wakeful *(uéikful)* adj. desvelado.
waken *(uéikn)* v. despertar(se).
walk *(uók)* s. paseo, paso, andar, alameda; intr. andar, pasear; tr. hacer andar, pasear; **go for a** ~, dar un paseo.
walker *(uóka)* s. paseante, caminante; andador.
walking *(uoking)* adj. de paseo; ~ **stick**, bastón.
wall *(uól)* s. pared, muro, muralla; **to ~ up**, tr. tapiar; **to ~ off**, separar con una pared o muro; **to ~ in**, cercar con un muro.
wallet *(uólet)* s. cartera (de bolsillo), billetera.
wallow *(uólou)* s. revuelco, revolcón; intr. revolcarse; ~ **in riches**, nadar en la opulencia.
walnut *(uélnöt)* s. *Bot.* nuez; ~ **tree**, s. nogal.
walrus *(uólrös)* s. morsa.
waltz *(uólts)* s. vals; intr. bailar el vals.
wan *(uön)* adj. pálido, descolorido.
wanness *(uónnes)* s. palidez.
wand *(uand)* s. varita; **magic** ~, varita mágica.
wander *(uónda)* intr. errar, vagar, delirar; tr. recorrer.
wanderer *(uóndara)* s. vagabundo, viajero.
wandering *(uóndöring)* adj. errante, delirante; s. viajes; delirio, divagación.
wane *(uéin)* s. mengua, intr. menguar; **on the** ~, (fig.) en declinación.
wanning *(ueining)* s. mengua; adj. menguante.
want *(uónt)* s. necesidad, miseria; tr. desear, querer, necesitar; intr. carecer; **to be in** ~, estar necesitado; ~**ed**, se busca.
wanting *(uónting)* adj. falto de, escaso.
wanton *(uóntön)* adj. libertino; desenfrenado, lascivo; ~ **damage**, daño por maldad.
war *(uór)* s. guerra; intr. combatir, batallar; hacer la guerra.
warble *(uórböl)* tr. e intr. cantar con trinos y gorjeos, gorjear, trinar.
ward *(uórd)* s. guarda, tutela, pupilo; *(Pol.)* distrito electoral, sala de hospital; intr. guardar.
warden *(uórdn)* s. custodio, guardián; **game** ~, guardia jurado.
warder *(uórdör)* s. guardián; **prison** ~, carcelero.
wardrobe *(uórdrob)* s. guardarropa; vestuario.
ware *(uéa)* s. mercancía; **earthen** ~, loza de barro; **table** ~, vajilla y cubertería.
warehouse *(uéajaus)* s. almacén, depósito, tr. almacenar.
warfare *(uóofea)* s. guerra.
warily *(uearili)* adv. prudentemente, con cautela.
warlike *(uóoiaik)* adj. guerrero bélico.
warm *(uórm)* adj. templado, cálido, caliente, tr., intr. calentar(se).
warmth *(uórmz)* s. calor, ardor; (fig.) cordialidad.
warn *(uórn)* tr. advertir, avisar, prevenir.
warning *(uórning)* s. aviso, advertencia.
warp *(uórp)* s. urdimbre; intr. torcer(se), alardear, deformar.
warrant *(uórent)* s. (Leg.) orden judicial, auto; garantía, tr. autorizar, garantizar.
warren *(uóren)* s. conejera, madriguera.
wart *(uórt)* s. verruga.
wary *(uéri)* adj. cauto, prudente.
wash *(uásch)* s. lavado, colada, tr. e intr. lavar(se); ~ **basin**, s. lavamanos, lavatorio, palangana; **to ~ up**, fregar; **to have a** ~, lavarse.

washing *(uásching)* s. lavado, ropa sucia, ropa lavada; ~ **machine**, lavadora.
wasp *(uósp)* s. avispa.
wastage *(uestidye)* s. desperdicio, desgaste, merma.
waste *(uéist)* s. despilfarro, derroche; ~ **land**, terreno yermo; ~ **paper**, papel viejo; tr. (mal)gastar; ~**-paper basket**, s. papelera.
wasteful *(uéistful)* adj. malgastador, despilfarrador.
watch *(uótch)* s. reloj; **wrist** ~, reloj de pulsera; (*Náut.* y *Mil.*) guardia; ~ **tower**, atalaya; tr. observar, mirar, vigilar.
watcher *(uócha)* s. vigilante.
watchful *(uóchful)* adj. vigilante; atento, alerta.
watchmaker *(uöchméika)* s. relojero.
watchman *(uóchman)* s. guarda, vigilante.
watchword *(uóchhuörd)* s. *(Mil.)* santo y seña; consigna.
water *(uóta)* s. agua; tr. regar, mojar; ~ **closet**, s. retrete, lavabo; ~ **colour**, s. acuarela; **fresch** ~, agua dulce; **hot** ~ **bottle**, bolsa de agua caliente; **to make one's mouth** ~, hacérsele la boca agua.
waterfall *(uótarfol)* s. cascada, catarata.
watering *(uótaring)* s. riego.
watery *(uótari)* adj. aguado.
wave *(uéiv)* s. ola, onda; tr., intr. saludar, despedir con la mano, ondear, ondular.
waver *(uéiva)* intr. fluctuar, vacilar; s. oscilación.
wavy *(ueivi)* adj. (pelo) ondulado, rizado.
wax *(uács)* s. cera; tr. encerar; intr. aumentar; **sealing** ~, lacre.
waxen *(uácsn)* adj. de cera.
way *(uéi)* s. vía, ruta, camino, dirección, manera, modo, costumbre; **by the** ~, a propósito; **to be in the** ~, estorbar; ~ **in**, entrada; ~ **out**, salida; **this** ~, por aquí; **that** ~, por allá.
waylay *(ueiléi)* tr. abordar, detener.
wayward *(uéiuörd)* adj. rebelde, díscolo.
we *(ui)* pron. nosotros.
weak *(uik)* adj. débil, flojo.
weaken *(uíkn)* tr. debilitar.
weakling *(uíkling)* adj. enclenque, debilucho; pelele.
weakness *(uiknes)* s. debilidad, flaqueza, fragilidad.
wealth *(uélz)* s. riqueza.
wealthy *(uéldi)* adj. rico, adinerado.
weapon *(uépön)* s. arma; **nuclear** ~, arma nuclear.
wear *(uéa)* s. uso, gasto **[wore; worn]** tr. usar, llevar, desgastar; ~ **and tear**, uso, desgaste; **foot** ~, calzado; **ready to** ~, hecho, de fábrica.
wearer *(uéra)* s. usuario.
wearied *(uierid)* adj. fatigado, cansado de (fig.)
weariness *(uirines)* s. cansancio.
weary *(uíri)* adj. cansado, hastiado; tr. cansar, abrumar; intr. fastidiarse.
weasel *(uísel)* s. *(Zool.)* comadreja.
weather *(uéda)* s. tiempo (atmosférico); tr. (Náut.) aguantar, capear; ~ **forecast**, previsión del tiempo, ~ **beaten**, curtido, azorado por los vientos.
weave [wove; woven] *(uív)* tr. tejer, trenzar.
weaver *(uíva)* s. tejedor.
weaving *(uíving)* s. tejido, textura.
web *(uéb)* s. membrana; ~**-footed**, adj. palmípeda; **cob** ~, tela de araña; ~ **browser**, navegador de internet; ~ **page**, página web; ~**site**, sitio web.
wed *(uéd)* tr. casar; intr. casarse.
wedding *(uéding)* s. boda, casamiento; ~ **ring**, alianza.
wedge *(uédya)* s. cuña; porción; tr. calzar.
Wednesday *(uénsdei)* s. miércoles; **ash** ~, miércoles de ceniza.
wedlock *(uédlok)* s. matrimonio; **out of** ~, ilegítimo.
wee *(uí)* adj. pequeño, menudo, diminuto.
weed *(uíd)* s. hierbajo, tr. desyerbar; **sea** ~, alga; ~ **killer**, herbicida.

W

week *(uík)* s. semana; **day**, s. día laborable; ~ **end**, s. fin de semana; ~ **today**, desde hoy en ocho días.
weekly *(uíkli)* adj. semanal; adv. semanalmente, semanario.
weep [wept; wept] *(uíp)* tr. e intr. llorar.
weeping *(uíping)* s. llanto; adj. plañidero; ~ **willow**, sauce llorón.
weft *(uéft)* s. (textil) trama.
weigh *(uéi)* tr., intr. pesar; ~ **anchor**, (Náut.) levar anclas.
weight *(uéit)* s. peso, importancia; **light** ~, peso ligero; **heavy** ~, peso pesado.
weighty *(uéiti)* adj. pesado.
weir *(uia)* s. (re)presa.
weird *(uad)* adj. misterioso; extraño, raro.
welcome *(uélköm)* adj. bienvenido, s. bienvenida; tr. dar la bienvenida; **you are** ~, (US) de nada.
weld *(uéld)* tr. soldar, unir.
welder *(uélda)* s. soldador.
welding *(uelding)* s. soldadura; ~ **torch**, soplete soldador.
welfare *(uélfer)* s. bienestar, prosperidad; asistencia social; ~**work**, servicio social.
well *(uél)* s. adv. bien; s. pozo, manantial, interj. ¡bien! ¡vaya, ya! ¿qué? ¡bueno!; ~ **to do**, adj. acomodado; **as** ~ **as**, así como; ~ **built**, corpulento, fornido.
wellington (UK) *(uélingtöns)* s. bota.
Welsh *(uélsch)* adj. gales; s. gales (idioma).
wench *(uénch)* s. moza, mujer joven.
west *(uést)* s. oeste, occidente, adv. a o hacia poniente; adj. occidental.
western *(uéstorn)* adj. occidental; s. película del oeste.
wet *(uét)* adj. húmedo, mojado; s. humedad, tr. mojar; ~ **nurse**, s. ama de cría; ~ **through**, empapado.
wetness *(uétnes)* s. humedad.
whack *(uák)* s. golpe, porrazo; tr. golpear, aporrear.
whale *(uéil)* s. *(Ict.)* ballena, cachalote; ~ **watching**, avistaje de ballenas.
whaler *(uéila)* s. ballenero.
wharf *(uórf)* s. muelle, desembarcadero.
what *(uót)* pron. lo que; ¿qué?, ¿cual? ¡qué!; adv. cómo, qué; ~ **a day!**, ¡que día!.
whatever *(uotéva)* pron. cualquier cosa que, todo lo que.
wheat *(uít)* s. trigo.
wheedle *(uídl)* tr. e intr. halagar, sonsacar, engatusar.
wheel *(úil)* s. rueda, tr. (hacer) rodar intr. rodar, girar; **steering** ~, volante.
wheelbarrow *(úilbarou)* s. carretilla; ~ **chair**, silla de ruedas.
wheeze *(uís)* intr. jadear.
when *(uén)* adv. cuando, luego que, entonces; **say** ~, (fam.) basta, bastante.
whence *(uéns)* adv. de(sde) donde.
whenever *(uenéva)* adv. siempre que, cuando.
where *(uere)* adv. (a)donde, en donde, de; en que.
whereabouts *(uérabout)* adv. ¿donde? s. paradero.
whereas *(uerás)* adv. por cuanto, mientras que.
whereby *(uerbái)* adv. por lo cual.
wherein *(uerin)* adv. en donde.
wherever *(ueréva)* adv. (a o por) dondequiera que.
whet *(uét)* tr. afilar, amolar; **to** ~ **one's appetite**, abrir el apetito.
whether *(uédör)* conj. si (dubitativo).
whey *(uéi)* suero lácteo.
which *(uich)* pron. que, el cual, la cual, los cuales, las cuales, quien, cuyo.
whichever *(uitchévör)* pron. cualquiera que, quien (es) quiera.
whiff *(uít)* s. bocanada, soplo; olorcito; tufillo.

while *(uáil)* s. rato; conj. mientras, entretanto; tr. ~ **away the time**, pasar el tiempo.
whilst *(ulst)* conj. mientras.
whim *(uim)* s. antojo, capricho.
whimper *(uímpa)* s. lloriqueo; intr. sollozar.
whimsical *(uimsikal)* adj. caprichoso.
whine *(uin)* quejido; intr. quejarse, gemir, gimotear.
whip *(uíp)* s. látigo, fusta; tr. azotar, fustigar; *Coc.* batir.
whipping *(uiping)* s. zurra.
whirl *(ueerl)* s. giro, vuelta, torbellino; tr., intr. girar, remolin(e)ar.
whirlpool *(ueerlpul)* s. remolino.
whirlwind *(ueerluind)* s. torbellino.
whirr or whir *(uör)* intr. zumbar; s. zumbido.
whisk *(uísk)* s. escobilla, cepillo, batidor; tr. cepillar, batir.
whisker *(uíska)* s. patilla; barba, bigotes del gato.
whisper *(uíspa)* s. susurro, cuchicheo; tr. susurrar, sugerir.
whispering *(uispering)* s. cuchicheo, susurro.
whistle *(uístl)* s. silbido, silbato; intr. silbar.
whit *(uít)* s. pizca.
white *(uáit)* adj. blanco, puro, s. blanco, blancura; ~ **coffee**, s. café con leche; ~ **hot**, adj. al rojo vivo.
whiten *(uáitn)* tr. blanquear; intr. palidecer, ponerse pálido.
whiteness *(uáitnes)* s. blancura.
whitewash *(uáituosch)* s. cal, calear, tr. blanquear.
whither *(uida)* adv. adonde, hacia donde.
whitish *(uáitisch)* adj. blanquecino, blancuzco.
Whitsuntide *(uitsóntaidi)* s. Pascua de Pentecostés.
whiz(z) *(uís)* s. silbido, zumbido; intr. zumbar.
who *(jú)* pron. quién(es), que.
whoever *(juéva)* pron. quienquiera que.
whole *(jóul)* adj. todo, completo, intacto, s. total; **on** ~, en general, **as a** ~, en conjunto; **to go the** ~ **hog**, arriesgarlo todo.
wholeness *(jóulnes)* s. totalidad, integridad.
wholesale *(jóulseil)* adj. y adv. al por mayor, s. venta al por mayor; ~**r**, *(jéulseila)* mayorista.
wholesome *(jóulsöm)* adj. saludable, rebosante de salud.
whom *(júm)* pron. a quien(es), al que.
whoop *(júp)* s. alarido; intr. huchear; ~**ing cough**, s. tosferina.
whose *(jús)* pron. de quien, cuyo.
why *(uái)* conj. por qué; ¿por qué? interj. ¡como!; s. el porqué.
wick *(uík)* s. mecha.
wicked *(uíked)* adj. malvado, perverso.
wickedness *(uíkednes)* s. maldad, perversidad.
wicker *(uikór)* s. mimbre.
wicket *(uikit)* s. ventanilla; ~ **gate**, postigo; ~ **keeper**, guardameta.
wide *(uáid)* adj. ancho, amplio, adv. lejos; ~ **open**, de par en par; **far and** ~, con amplitud.
widen *(uáiden)* tr. ensanchar, ampliar.
wide-spread *(uide-spred)* adj. extendido, esparcido.
widow *(uídou)* s. viuda.
widower *(uídoua)* s. viudo.
widowhood *(uídoujud)* s. viudez.
width *(uídz)* s. anchura, amplitud.
wield *(uíld)* tr. manejar, usar; ejercer, gobernar.
wife *(uáif)* s. esposa, mujer.
wig *(uíg)* s. peluca.
wild *(uáild)* adj. *Zool.* salvaje, *Bot.* silvestre, *Geog.* agreste; ~ **boar**, s. jabalí.
wilderness *(uíldarnes)* s. yermo, desierto.
wildness *(uáilnes)* s. salvaje, agreste; locura.
wile *(uáil)* s. fraude; ardid, tr. embaucar.
wilful *(uílful)* adj. porfiado, terco.

W

W

wifulness *(uilfulnes)* s. terquedad, obstinación, testarudez.
will *(uíl)* s. voluntad, testamento; tr. querer, desear; (aux. futuro).
willing *(uíling)* adj. deseoso, gustoso, voluntarioso.
willingly *(uílingli)* adv. de buena gana, con agrado.
willingness *(uílingnes)* s. buena voluntad.
willow *(uílou)* s. *Bot.* sauce.
willy-nilly *(uili-nili)* adv. de cualquier manera, quieran o no.
wilt *(uílt)* tr., intr. marchitar(se), secar(se).
wily *(uili)* adj. astuto.
wimple *(uímpl)* s. toca, velo.
win [won; won] *(uín)* tr. o intr. ganar, vencer, conquistar.
wince *(uins)* intr. hacer una mueca de dolor; s. mueca.
winch *(uínch)* s. torno.
wind *(uínd)* s. viento; ~ **screen**, s. parabrisas; **[wound; wound]** tr., *(uáind)* tr. enrollar, dar cuerda a; intr. enrollarse; ~ **farms**, parque eólico.
windfall *(uíndfol)* s. fruta caída del árbol; ganga, ganancia caída del cielo.
windiness *(uíndines)* s. flatulencia.
winding *(uáinding)* s. sinuosidad; (re)vuelta, recodo; adj. tortuoso, que serpentea.
windmill *(uindmill)* s. molino de viento.
window *(uíndou)* s. ventana; s. **shop** ~, escaparate; ~ **blinds**, persianas; ~**sill**, alféizar; ~ **frame**, marco de ventana.
windpipe *(uíndpaip)* s. tráquea.
windward *(uinward)* adv. (Náut.) a borlovento; s. barlovento.
windy *(uíndi)* adj. ventoso; **it's** ~, hace viento.
wine *(uáin)* s. vino.
wine-merchant *(uine merchant)* s. vinatero.
wine-cellar *(uine sélör)* s. bodega de vinos.
wing *(uíng)* s. ala, vuelo; flanco, aspa; (Teat.) bastidor; (Arq.) ala.
wink *(uínk)* s. guiño, pestañeo; intr. guiñar; **to take forty**~, siestecilla.
winner *(uina)* s. ganador, vencedor.
winning *(uining)* adj. triunfador, ganador.
winter *(uínta)* s. invierno; adj. invernal; intr. invernar.
wipe *(uáip)* s. limpiadura; (fam.) frotar, limpiar; ~ **out**, eliminar, exterminar.
wire *(uáia)* s. alambre; v. tr. telegrafiar; ~ **netting**, s. tela metálica; **barbed** ~, alambre de espino.
wireless *(uáirles)* adj. inalámbrico, sin cables; s. radio; ~ **technology**, tecnología inalámbrica.
wiry *(uáiri)* adj. de alambre; (fam.) nervudo.
wisdom *(uísdöm)* s. sabiduría, juicio, sensatez.
wise *(uáis)* adj. sabio, prudente; s. **three** ~**men**, Los Reyes Magos.
wish *(uísch)* s. deseo; tr. desear, anhelar; **I wish...!** ¡Ojalá!
wisp *(uisp)* s. manojito, puñado.
wistful *(uistful)* adj. anhelante, ávido, pensativo.
wit *(uít)* s. ingenio, agudeza, inteligencia.
wits *(uíts)* s. pl. sentido, razón.
witch *(uích)* s. bruja; ~ **hunt**, caza de brujas.
witchcraft *(uíchcraft)* s. brujería.
with *(uíd)* prep. con; de, contra, en(tre) a.
withdraw *(uiddró)* tr. retirar; intr. retirarse.
withdrawal *(uiddróal)* s. retirada, (banco) reintegro.
wither *(uída)* intr. marchitar(se), ajar(se); (fig.) consumirse.
withered *(uídared)* adj. marchito, seco.
withhold *(uidjóuld)* tr. detener, contener.
within *(uidin)* prep. (a)dentro, dentro de, en; adv. dentro; s. el interior.
without *(uidáut)* prep. sin; (a)fuera; adv. afuera.
withstand *(uidstánd)* tr. resistir; aguantar, soportar.

witness *(uítnes)* s. testimonio, testigo; tr. atestiguar, testimoniar; **eye ~**, testigo ocular.
witticism *(uítisism)* s. agudeza, ocurrencia.
wittiness *(uítines)* s. ingenio.
wittingly *(uítingli)* adv. a sabiendas.
witty *(uíti)* adj. ingenioso, chistoso, ocurrente.
wizard *(uísard)* s. brujo.
wobble *(uáböl)* intr. balancearse, tambalear, temblar.
woe *(uóu)* s. pesar, dolor; inter. ¡ay!
woebegone *(uóubigon)* adj. abatido, desconsolado.
wolf *(uúlf)* s. lobo; ~ **cub**, lobato; ~ **hound** mastín, perro lobo.
woman *(uúman)* s. mujer; ~ **hater**, misógino.
womanish *(uúmanisch)* adj. femenino; afeminado.
womanly *(uúmanli)* adj. femenil, femenina, femenino.
womb *(uúm)* s. útero, matriz, entrañas, seno.
wonder *(uö'nda)* s. maravilla; intr. asombrarse, preguntarse; **to work ~s**, hacer milagros.
wonderful *(uö'ndörful)* adj. maravilloso, admirable.
wondrous *(uö'ndrös)* adj. maravilloso.
wont *(uö'nt)* s. uso, hábito; adj. acostumbrado; **[wont; wont]** tr. habituar.
wonted *(uö'nted)* adj. acostumbrado, usual.
woo *(uú)* tr. cortejar.
wood *(uúd)* s. bosque, selva, madera; **fire ~**, leña.
woodbine *(uúdbain)* s. *Bot.* madreselva.
wooded *(uúded)* adj. arbolado.
wooden *(uudn)* adj. de madera; (fam.) torpe.
woodland *(uúdland)* s. arbolado, bosque.
woodman *(uúdman)* s. leñador, guardabosque.
woodworm *(uúdörm)* s. carcoma.
woodwork *(uúduörk)* s. maderamen, carpintería.
woody *(uúdi)* adj. leñoso, selvoso.
woof *(uuf)* s. textura, trama.
wool *(uúl)* s. lana.
woolen *(uúlön)* adj. de lana; s. paño, tela.
woollies *(uulis)* s. prendas de lana.
woolly *(uéili)* adj. lanudo, lanoso.
word *(ueerd)* s. palabra, voz; tr. expresar, redactar; ~ **processor**, procesador de textos; ~ **for ~**, palabra por palabra.
wording *(ueerding)* s. expresión, redacción, texto.
wordy *(ueerdi)* adj. veboso, prolijo.
work *(ueeerk)* s. trabajo (Lit. Art.) obra, tarea, empleo; (costura) labor, pl. fábrica, taller; **[worked o wrougt; worked o wrought]** tr. trabajar, lab(o)rar (costura) **needle ~**, bordar, manejar, producir, intr. trabajar, funcionar; ~ **out**, calcular.
workable *(ueerkabl)* adj. factible.
worker *(ueerka)* s. obrero, trabajador.
workload *(ueérklóud)* s. carga de trabajo.
workmanship *(ueerkmanship)* s. pericia, artesanía.
workshop *(ueerkschop)* s. taller, seminario; reunión de trabajo.
world *(ueeld)* s. mundo; ~ **wide** adj. mundial; **all over the ~**, por todo el mundo.
worldy *(ueeldli)* adj. mundano.
worm *(ueem)* s. gusano, lombriz; persona vil; v. intr. arrastarse.
worry *(ueeri)* s. zozobra, preocupación; intr. preocuparse, apurarse; tr. preocupar, inquietar; **don't ~**, no te / se preocupes.
worse *(uees)* adj. peor, inferior, adv. peor; **from bad to ~**, de mal en peor; ~ **and ~**, cada vez peor.
worship *(ueeschip)* s. adoración, culto; tr. adorar.
worst *(ueest)* adj. el peor, pésimo, malísimo; adv. pésimamente; s. lo peor.
worsted *(ueested)* s. estambre.
worth *(ueez)* s. valor, mérito, **be ~**, valer; **it is ~ (your) while**, valer la pena; **~less**, sin valor.
worthiness *(ueedines)* s. mérito.
worthless *(ueezles)* adj. vil, despreciable, sin valor.

W

W

worthy *(ueedi)* adj. digno, apreciable; **to be ~ of**, ser merecedor de.
wound *(ueend)* s. herida, llaga; tr. herir.
wrangle *(rángl)* s. pendencia, riña; intr. reñir.
wrap *(ráp)* tr. envolver; s. pl. abrigo, manta; **~ up!**, (fam.) ¡cierre el pico!
wrapper *(rapa)* s. envoltura, envoltorio, cubierta, sobrecubierta.
wrath *(rádz)* s. ira, furia.
wreath *(ríz)* s. corona, guirnalda.
wreathe *(rid)* tr. entrelazar, enguirnaldar.
wreck *(rék)* s. naufragio, ruina, destrozo, destruir, destrozar; (Náut.) naufragar, irse a pique.
wreckage *(rekedye)* s. restos, ruinas, (Náut.) casco.
wren *(ren)* s. (Zool.) reyezuelo.
wrench *(rénch)* s. arranque, torcedura, llave inglesa; tr. arrancar, dislocar.
wrest *(rést)* s. tr. torcer, arrancar, desvirtuar.
wrestle *(résal)* intr. combatir, luchar; s. lucha.
wrestler *(résla)* s. luchador.
wrestling *(resling)* s. lucha (libre).
wretch *(réch)* s. desgraciado, infeliz, miserable.
wriggle *(rigl)* v. tr. menear, retorcerse; **to ~ out**, escurrirse.
wright *(ráit)* s. artífice, constructor, forjador.
wring [wrung; wrung] *(ríng)* tr. torcer, retorcer, escurrir.
wrinkle *(rinkl)* s. arruga; tr., intr. arrugar(se).
wrist *(ríst)* s. muñeca (de la mano); **~watch**, s. reloj de pulsera.
writ *(rit)* s. escrito, escritura; (Leg.) orden, auto.
write [wrote; written] *(ráit)* tr. e intr. escribir; **~ down**, tr. anotar; **~ out**, tr. redactar.
writer *(ráita)* s. escritor; **play ~**, dramaturgo.
writing *(ráiting)* s. escritura, escrito; **hand~**, letra, escritura; **I want it in ~**, lo quiero por escrito.
wrong *(róng)* adj. falso, equivocado, erróneo, injusto, s. error, falsedad, injusticia, agravio, tr. perjudicar, ofender, adv. mal.
wroth *(roz)* adj. enojado.
wrought *(rot)* adj. labrado, forjado; **~ iron**, hierro forjado; **over ~**, sobre excitado.
wry *(rái)* adj. torcido; irónico.

X x

xenophobia *(senofóubia)* s. xenofobia.
Xmas, Christmas *(krístmas)* s. Navidad.
x-ray *(éks rei)* tr. hacer una radiografía.
x-rays *(éks reís)* s. rayos X.
xylography *(sailógrafi)* s. xilografía.
xylophone *(sáiloufoun)* s. xilófono, marimba.

Y y

yacht *(yot)* s. yate.
yachting *(yóting)* s. navegación en yate.
yank *(yank)* s. (fam.) (es)tirón; (US) yanqui.
Yankee *(yángki)* s. yanqui.
yap *(yáp)* intr. ladrar; s. ladrido.
yard *(yárd)* s. corral; patio; yarda.
yarn *(yárn)* s. hilaza, hilo; (fam.) cuento; intr. contar un cuento.
yawn *(yón)* s. bostezo; intr. bostezar.
yawning *(yóning)* adj. soñoliento, bostezante; s. bostezo.
yea *(yéi)* adv. (US) sí; ciertamente.
year *(yía)* s. año; **leap ~**, año bisiesto; **~ book**, anuario.
yearling *(yírling)* s. primal, añal, potranca, potro.
yearly *(yírli)* adj. anual; adv. anualmente.
yearn *(yern)* intr. anhelar, suspirar por.

yearning *(yerning)* s. anhelo.
yeast *(yíst)* s. levadura.
yell *(yél)* s. grito, chillido; intr. gritar, chillar.
yellow *(yélou)* adj. amarillo; (fig.) cobarde; ~ **fever**, malaria, fiebre amarilla; s. amarillo.
yellowish *(yélouisch)* adj. amarillento.
yelp *(yelp)* s. grito, chillido; gañido; intr. gañir; gritar, chillar.
yeoman *(yóuman)* s. hacendado; ~ **of the Guard**, alabardero de la Casa Real.
yep *(yáp)* adv. sí; ciertamente.
yes *(yés)* adv. sí.
yesterday *(yésterdei)* adv. ayer; s. el día de ayer; **the day before** ~, anteayer.
yet *(yét)* conj. con todo; sin embargo; adv. todavía, además; **not** ~, todavía no; **as** ~, hasta ahora.
yew *(yu)* s. *Bot.* tejo.
yield *(yíld)* s. rendición *Econ.* rendimiento, producción; tr. producir, rendir; intr. ceder.
yielding *(yílding)* s. producción, cosecha, rendición; adj. dócil, dúctil.
yoghourt, **yoghurt**, **or yogurt** *(yogör)* s. yogur.
yoke *(yóuk)* s. yugo, yunta; tr. uncir; (fig.) unir, acoplar.
yolk *(yóuk)* s. yema (del huevo).
yonder *(yö'ndar)* adv. allá; adj. aquel.
yore *(yor)* adv., s. otro tiempo, antaño.
you *(yú)* pron. tú, te, ti; usted, Ud., Uds.; os, vosotros, vosotras.
young *(yö'ng)* adj. joven, mozo; tierno; s. cría.
youngster *(yö'nstar)* s. jovencito, mozalbete.
your *(yór)* adj. pos tu, su, (de usted), vuestro.
yours *(yórs)* pron. pos. (el) tuyo, (el) suyo, (el) vuestro.
yourself *(yursélf)* pron. tú mismo; Ud., Ud. mismo.
yourselves *(yursélvs)* pron. vosotros mismos, os, Uds. mismos.
youth *(yúz)* s. juventud, joven.
youthful *(yúzful)* adj. juvenil.
yowl *(yául)* s. aullido, alarido; tr. aullar, ladrar.
yule *(yúl)* s. Navidad; ~ **tide**, Navidades.

Y

Z z

zeal *(sil)* s. celo, fervor, entusiasmo.
zealot *(sélöt)* s. entusiasta, fanático.
zealous *(sélös)* adj. celoso, entusiasta.
zebra *(zibra)* s. *(Zool.)* cebra; ~ **crossing**, (UK) paso de peatones.
zenith *(sínidz)* s. cénit.
zephyr *(séför)* s. céfiro.
zero *(sírou)* s. cero, nulo; nada.
zest *(sést)* s. deleite, gusto, sabor; (fig.) aliciente, entusiasmo, interés.
zinc *(sinc)* s. cinc.
zigzag *(sígsag)* s. zigzag.
zip *(sip)* s. cremallera; ~ **up**, cerrar con cremallera.
zip code (US) (*sip koud*) s. código postal.
zipper *(síppör)* s. cremallera; cierre.
zither *(sidzär)* s. cítara.
zodiac *(sóudiac)* s. zodiaco.
zone *(sóun)* s. zona, área, religión; delimitar.
zoo *(su)* s. paruqe, jardín zoológico, zoo.
zoologist *(suólodyist)* s. zoólogo.
zoology *(suólodyi)* s. zoología.
zoom *(sum)* s. zumbido; ascenso rápido; intr. zumbar; **to ~ in**, *(Phot.)* enfocar con el zoom.

A a

a *(ah)* prep. to, in, at, on, by; ~ **pie** on foot.
abad *(ahbáhd)* m. abbot.
abadesa *(ahbahdáyssah)* f. abbess.
abadía *(ahbahdéeah)* f. abbey.
abajo *(ahbáhHoh)* adv. below, under (neath), down(stair); interj. down with!
abalanzar *(ahbahlahnthá***R***)* tr. to balance; to impel.
abanderado *(ahbahndayráhdoh)* m. ensign, standard-bearer.
abanderar *(ahbahndayrá***R***)* tr. *Naut.* to register; *Mil.* to conscript.
abandonado *(ahbahndohnáhdoh)* adj. helpless, uncared for, forlorn, careless; (buildings, places) abandonned.
abandonar *(ahbahndohná***R***)* tr. to abandon, to forlorn, to desert, to leave behind.
abandono *(ahbahndóhnoh)* m. abandonment, desertion, forlornness.
abanico *(ahbahnéekoh)* m fan; *Arch.* fanlight; **en forma de** ~, fan-like; (coll.) sword.
abaratar *(ahbahrahtá***R***)* t. to cheapen, v.r. to come down in price.
abarcar *(ahba***R***ká***R***)* t. to claps; to embrace; to cover; **quien mucho ~ poco aprieta**, grasp all, lose all.
abarrotar *(ahbah***R***ohtá***R***)* tr. to bar; to overstock, to cram.
abastecedor *(ahbahstaythaydó***R***)* m. supplier, purveyor.
abastecer *(ahbahstaytháy***R***)* tr. to supply.
abastecimiento *(ahbahstaytheemyéntoh)* m. supply, supplies, provisions.
abasto *(ahbáhstoh)* m. supply; **no dar** ~, Not to be able to see the end of it.
abatido *(ahbahtéedoh)* adj. depressed, crestfallen, dejected.
abatimiento *(ahbahtheemyéntoh)* m. depression, low spirits; *Aer.* drift; *Naut.* leeway.
abatir *(ahbahtée***R***)* tr. to throw, pull, put, push, knock, bring, or take down; to depress, to disheaten; v.r. to swoop.
abdicación *(ahbdeekahthyón)* f. abdication.
abdicar *(ahbdeeká***R***)* tr. to abdicate.
abdomen *(ahbdóhmen)* m. abdomen, (fam.) belly.
abecé *(ahbaytháy)* m. the alphabet, A.B.C.
abecedario *(ahbaythaydáhryoh)* m. alphabet.
abedul *(ahbaydóol)* m. *Bot.* birch-tree.
abeja *(ahbáHah)* f. bee; ~ **reina**, queen bee; ~ **obrera**, worker bee.
abejón *(ahbayHón)* m. drone, hornet.
aberración *(ahbay***R***ahthyón)* f. aberration.
abertura *(ahbay***R***tóorah)* f. opening, gap, fissure, crecive.
abeto *(ahbáytoh)* m. *Bot.* spruce, fir tree.
abierto *(ahbyái***R***toh)* adj. open; frank, outspoken; *Bot.* fullblown.
abigarrar *(ahbeegah***R***á***R***)* tr. to variegate, to spot.
abismal *(ahbeesmáhl)* adj. abysmal.
abismar *(ahbeesmá***R***)* tr. to depress, to destroy.
abismo *(ahbéessmoh)* m. abyss; (fig.) hell.
abjuración *(ahbHoorahthyón)* f. abjuration, recantation.
abjurar *(ahbHoorá***R***)* tr. to abjure, to forswear.
ablandar *(ahblahndá***R***)* tr. to soften, to mitigate; to mollify.
abnegación *(ahbnaygahthyón)* f. abnegation, self-denial.
abnegar *(ahbnaygá***R***)* intr., to renounce, to deny oneself.
abobado *(ahbohbáhdoh)* adj. silly, daft, stupefied.

A

abochornar *(ahbohchoRnáR)* tr. to overheat; fig.to shame, to embarrass; v. r. (fig.) to blush; ~ **por algo**, to be ashamed about something.

abofetear *(ahbohfaytayáR)* tr. to slap to box.

abogacía *(ahbohgahthéeah)* f. law (as career).

abogado *(ahbohgáhdoh)* m.lawyer; advocate; barrister; ~ **del Diablo**, Devils advocate.

abolengo *(ahbohléngoh)* m. ancestry; *Law.* inheritance.

abolición *(ahbohleethyón)* f. abolition.

abolir *(ahbohléeR)* tr. to abolish, to repeal, to annul.

abolladura *(anbohlyahdóorah)* f. dent. bump.

abollar *(ahbohlyáR)* tr. to dent.

abominable *(ahbohmeenáhblay)* adj. abominable, heinous.

abominación *(ahbohmeenahthyón)* s. abomination, abhorrence, hateful thing.

abominar *(ahbohmeenáR)* tr. to detest, to abhor, to abominate.

abonado *(ahbohnáhdoh)* s. subscriber, season-ticket holder.

abonar *(ahbohnáR)* t. to ball; to guarantee; to pay cut; *Agric.* to manure.

abono *(ahbóhnoh)* m. voucher, season-ticket; fertilizer, manure.

abordar *(ahboRdáR)* t. to board a ship; (fig.) to approach a person; *Com.* to undertake a business.

aborígenes *(ahbohréeHhayness)* m. pl. aborigenes, natives.

aborrecer *(ahbohRaytháyR)* tr. to abhor, to hate; v.r. to hate each other.

abortar *(ahboRtáR)* intr. *Med.* to miscarry; *Agric.* to abort, to fall.

aborto *(ahbóRtoh)* m. miscarriage; abortion; (fig.) monster.

abotonar *(ahbohtohnáR)* tr. to button; *Bot.* to germinate, to bud; v.r. to button up.

abovedado *(ahbohbaydahdoh)* adj. arched, vaulted.

aboyar *(ahboyaR)* tr. *Naut.* to lay down buoys; v.i. to float.

abra *(ahbrah)* f. bay, core, creek.

abrasar *(ahbrasáR)* tr. to burn; (fig.) to be very hot; (fig.) to be very hot with passion; *Agric.* to wither.

abrazar *(ahbrahtáR)* tr. to embrace, to hug; *Mech.* to clam; (fig.) to adopt.

abrazo *(ahbráhthoh)* m. embrace, hug; (letter-witting). **¡~s!**, warm greetings!

abreviación *(ahbraybyahthyón)* f. abbreviation, shortening.

abreviadamente *(ahbraybyahdahmayntay)* adv. in short, briefly.

abreviar *(ahbraybyár)* tr. to abridge, to abbreviate, to cut, to shorten.

abreviatura *(ahbraybyahtóorah)* f. abbreviation.

abridor *(ahbreedor)* m. opener; ~ **de latas**, tin-opener.

abrigar *(ahbreegáR)* tr. to shelter, to cover; ~ **la esperanza**, to cherish the hope.

abrigo *(ahbréegoh)* m. coat, overcoat; shelter.

abril *(ahbréel)* m. April; ~, **aguas mil**, April showers; (fig.) years.

abrillantar *(ahbreelyahntáR)* tr. to brighten, to polish.

abrir *(ahbréeR)* tr. intr. to open; to unlock (with key); to unfasten; **abrir el ojo**, to have an eye open; *Naut.* **~se una vía de agua**, to spring a leak; ~ **camino**, to make one's way.

abrochar *(anbrohcháR)* tr. to button on, to fasten.

abrumador *(ahbroomahdoR)* adj. overwhelming, oppressive.

abrumar *(ahbroomáR)* tr. to overwhelm, to crush, to oppress.

ábside *(áhbsseeday)* m. f. apse, apsis.

absolución *(ahbssohloothyón)* f. absolution; acquittal.
absolutismo *(ahbssohlootéess-moh)* ml absolutism.
absoluto *(ahbssohlóotoh)* adj. absolute.
absolver *(ahbssolbáy***R***)* tr. to absolve; to acquit.
absorber *(ahbsso***R***báy***R***)* tr. to absorb, to take up.
absorción *(ahbsso***R***thyón)* f. absorption, to take over.
absorto *(ahbssó***R***toh)* adj. amazed, engrossed.
abstemio *(ahbstáymyoh)* adj. abstemious; teetotaler.
abstención *(ahbstenthyón)* f. abstention.
abstenerse *(ahbstaynáy***R***ssay)* r. to abstain, to refrain from.
abstinencia *(ahbsteenénthya)* f. abstinence, fast, forbearance.
abstracción *(ahbstrahkthyón)* f. abstraction.
abstracto *(ahbstráhktoh)* adj. abstract.
abstraer *(ahbstrahóy***R***)* tr. to abstract; v. i. to refrain from, to leave aside; v. r. to be absorbed.
absuelto *(ahbsswéltoh)* adj. acquitted, absolved.
absurdo *(ahbssóo***R***doh)* adj. absurd, nonsensical; m. absurdity, nonsense.
abuela *(ahbwáylah)* f. grandmother, (fam.) granny, grandma.
abuelo *(ahbwáyloh)* m. grandfather, (fam.) grand-dad.
abultado *(ahbooltáhdoh)* adj. bulky.
abultar *(ahbooltá***R***)* tr. to enlarge; to make bulky.
abundancia *(ahboondáhnthyah)* f. plenty, abundance.
abundante *(ahboondáhntay)* adj. abundant, plentiful.
abundar *(ahboondá***R***)* intr. to abound, to be plenty.
aburrido *(ahboo***R***éedoh)* adj. bored, weary, tedious.
aburrimiento *(ahboo***R***eemyéntoh)* m. tediousness, boredom, weariness.
aburrir *(ahboo***R***ée***R***)* tr. to bore, to weary; v. r. to get bored, to be bored.
abusar *(ahboossá***R***)* tr. to abuse; to bully; to overdo.
abuso *(ahbóossoh)* m. abuse.
abyecto *(ahbyéktoh)* adj. abject.
acá *(ankáh)* adv. here; hither; **¿de cuanto~?** since when?; **~ y allá**, here and there; **¡ven ~!**, come here!; **para ~**, hither.
acabado *(ahkahbáhdoh)* adj. perfect; done; (fig.) old, worn out; (work) finish.
acabamiento *(ahkahbahmyénroh)* m. end, finish, completion.
acabar *(ahkahbá***R***)* tr. and intr. toend, to finish, to conclude, to be over; **~ de**, to have just...; **~ con**, to finish off... **¡acabáramos!** at long last!
academia *(ahkahdáymyah)* f. academy.
académico *(ahkahdaymeekoh)* adj. academic(al), m. academician.
acaecer *(ahkahaythá***R***)* intr. to happen, to occur.
acalorado *(ahkahlohráhdoh)* adj. excited, angry, heated.
acaloramiento *(ahkahlohrahmyén-toh)* m. ardour, heat.
acalorar *(ahkahlohrá***R***)* tr. to warm, to heat; to urge on.
acallar *(ahkahlyá***R***)* tr. to quiet, to hush, to silence.
acampar *(ahkahmpá***R***)* tr. to camp.
acanalado *(ahkahnahiáhdoh)* adj. channeled, grooved.
acanalar *(ahkahnahlá***R***)* tr. to channel; *Mech.* to groove, to flute.
acantilado *(ahkahnteelánhdoh)* adj. steep; m. cliff.
acaparador *(ahkahpahrahdó***R***)* m. hoarder, monopolizer, forestaller.
acaparamiento *(ahkahpahrahmyén-thoh)* m. monopoly, hoarding.
acaparar *(ahkahpahrá***R***)* t. to monopolyze; to corner.
acariciar *(ahkahreethyá***R***)* tr. to fondle, to caress; (fig.) to cherish.

A

A

acarrear *(ahkahRayáR)* tr. to carry; to cart.
acaso *(ahkáhssoh)* m. chance; casuality; adv. perhaps, maybe; **por si** ~, just in case.
acatar *(ahkahtáR)* tr. to respect.
acatarrarse *(ahkahtahRaRssay)* r. to catch a cold, to gol a chill.
acaudalado *(ahkahoodahláhdoh)* adj. wealthy, opulent.
acaudillar *(ahkahoodeelyáR)* tr. to command (troops), to lead.
acceder *(ahkthaydáiR)* intr. to agree; to consent; to accede.
accesible *(ahkthaysseeloday)* adj. accesible.
acceso *(ahktháyssoh)* m. *Med.* access; access, approaches.
accesorio *(ahkthayssóhroyh)* adj. accessory, incidental; m. fitting.
accidentado *(ahktheedentáhdoh)* adj. (geog.) uneven, rough; *Med.* casualty, injured.
accidental *(ahktheedentálh)* adj. accidental, casual, fortuitous.
accidente *(ahktheedéntay)* m. accident; **por** ~, by chance.
acción *(ahkthyón)* f. action; feat; *Com.* share.
accionar *(ahkthyonar)* tr. *Mech.* to operate, to move.
accionista *(ahkthyohnéestah)* s. *Com.* shareholder, stockholder.
acebo *(ahtháyboh)* m. *Bot.* holy-tree.
acechar *(ahthaychaR)* tr. to way-lay; to spy, to watch.
acecho *(ahtháychoh)* m. way-laying; spying, watching; al ~, in ambush, ambushed.
aceitar *(ahthaytáR)* tr. to oil.
aceite *(ahtháytay)* m. oil; ~ **de cocina**, cooking oil; *Mech.* lub-ricated-oil.
aceitera *(ahthayeetayrah)* f. oil-jar, oil-cruet; *Mech.* oil-can.
aceituna *(ahthaytóonah)* f. olive.
aceleración *(ahthaylayrahthyón)* f. acceleration.
acelerador *(ahthaylayrahdóR)* m. accelerator.
acelerar *(ahthaylayráR)* tr. to accelerate, to speed up, to hurry.
acento *(ahthéntoh)* m. accent; inflection, stress.
acentuación *(ahthentwahthyón)* f. accentuation.
acentuar *(ahthentwáR)* tr. to accen(uate), to stress.
acepción *(ahthepthyón)* f. meaning.
aceptable *(ahtheptáhblay)* adj. acceptable, passable; (coll.) all right.
aceptación *(ahtheptathyón)* f. acceptation; **tener** ~, to go dawn well, to be well received.
aceptador *(ahtheptadóR)* m. acceptor.
aceptar *(ahtheptaR)* tr. to accept, to agree.
acequia *(ahtháykyah)* f. irrigation ditch.
acera *(ahtháyrah)* f. (US) sidewalk (GB) pavement.
acerca *(ahtháiRkah)* prep. about; ~ **de**, concerning, with regard to.
acercar *(ahthaiRkáR)* tr. to approach, to place near, to bring near.
acercarse *(ahthaiRkáRssy)* r. to come near to, to get close.
acero *(ahthároh)* h. steel, (fig.) sword; ~ **fundido**, cast steel.
acertado *(ahthaiRtádoh)* adv. proper, fit, just right, correct.
acertar *(ahthayRtáR)* tr. to hit (the mark), to guess right, (fig.) to be successful.
acertijo *(ahthayRtéeHoh)* s. riddle.
achacar *(ahchahkáR)* tr. to impute, to blame.
achacoso *(ahchahkóhsoh)* adj. unhealthy, weakly, sickly, ailing.
achaque *(ahcháhkay)* m. sickliness, ailment; (coll.) excuse.
achicar *(ahcheekaR)* tr. to diminish, to reduce; (coll.) to humble; to belittle; *Naut.* to bale; v.r. to eat humblepie.
achicoria *(ahcheekoryah)* f. *Bot.* chicory.
achicharrar *(ahchechahRáR)* tr. to over; (fig.) to over-roast; (fig.) v. r. to be too hot, to be sweltering hot.

aciago *(ahthyáhgoh)* adj. unfortunate.
acicalar *(ahtheekahláR)* tr. to polish; (dress.) to embellish, to smart up.
acidez *(ahtheedéth)* f. acidity.
ácido *(áhtheedoh)* adj. acid, sour; m. acid.
acierto *(ahthyáiRtoh)* m. good hit, good guess; (fig.) success.
aclamación *(ahklahmahthyon)* f. acclamation, aplause; **por** ~, unanimously.
aclamar *(ahklahmáR)* tr. to applaud, to cheer.
aclaración *(ahklahrahthyón)* f. explanation.
aclarar *(ahklaráR)* tr. to make clear; to explain.
aclimatación *(ahkteemahtahthyón)* f. acclimatization.
aclimatar *(ahkleemahtáR)* tr. to acclimatize.
acobardar *(ahkohbaRdáR)* tr. to intimidate; to daunt; to frighten, to cow.
acogedor *(ahkohHydóR)* adj. cosy; hospitable.
acoger *(ahkohHdáyR)* tr. to receive, to accept, to welcome, to protect.
acogerse *(ahkohHáyRssay)* r. to take refuge; (fig.) to take advantage of.
acogida *(ahkohHéedah)* f. reception, welcome.
acometer *(ahkohmaytáyR)* tr. to attack; (fig.) to undertake, to go for.
acomodación *(ahkohmohdahthyón)* f. accommodation.
acomodado *(ahkohmohdáhdoh)* adj. fit well-off, well-to-do; (conj.) snug.
acomodador *(ahkohmohdahdóR)* m. usher.
acomodar *(ahkohmohdáR)* tr. to make confortable, to accommodate.
acomodarse *(ahkohmohdáRssay)* r. to condescend, to comply with, to conform to.
acomodaticio *(ahkohmodahtéethyoh)* adj. accommodating, compliant.
acompañamiento *(ahkompahnyahmyentoh)* m. attendance; retinue; *Mus.* accompaniment.
acompañar *(ahkompahnyáR)* tr. to accompany, to go with, to keep company.
acondicionado *(ahkondeethyohnáhdoh)* adj. conditioned; **bien** ~, well conditioned; well arranged; **mal** ~, ill-arranged.
acondicionar *(ahkondeethyonáR)* tr. to arrange, to fix, to prepare; to dispose, to put up.
acongojar *(ahkongohHáR)* tr. to oppress, to sadden, to afflict.
aconsejable *(ahkonssayHáhblay)* adj. advisable.
aconsejar *(ahkonssayHáR)* tr. to counsel; to advise.
acontecer *(ahkontaytháyR)* intr. to happen; to occur.
acontecimiento *(ahkontaytheemyéntoh)* m. event.
acoplado *(ahkohpláhdoh)* adj. fitted; adjusted, coupled.
aceptar *(ahkohplaR)* tr. to couple, to join, to adjust.
acorazado *(ahkohrahtháhdoh)* adj. ironclad, armored; m. battleship.
acordar *(ahkoRdáR)* tr. to resolve, to agree, to concert.
acordarse de *(ahkoRdáRsse de)* to remember, to recollect.
acorde *(ahkóRday)* m. accord; *Mus.* chord; adj. according; **en** ~, according to, in tune, in agreement.
acordeón *(ahkoRdayón)* m. accordion.
acordonar *(ahkoRdohnáR)* tr. to surround.
acorralar *(ahkohRahláR)* tr. to shut up cattle, to corral, to pen; (fig.) to corner, to surround.
acortar *(ahkoRtáR)* tr. to shorten, to reduce, to cut short, to lessen, to cut down; v.r. to shrivel, to shrink.
acosamiento *(ahkohsahmyéntoh)* m. persecution, pursuit, chasing, harassing, hounding; (fig.) molestation.

A

acosar *(ahkohsá***R***)* tr. to pursue closely; (fig.) to importune, to molest.
acostado *(ahkostáhdoh)* adj. laid down, stretched, in bed.
acostar *(ahkosta***R***)* tr. to put to bed, to lay down; v.i. *Naut.* to lay along; to have a list.
acostumbrar *(ahkostoombrá***R***)* tr. to accustom; to be in the habit.
acotar *(ahkohtá***R***)* tr.to mark off, to fence off, to set the boundary.
acre *(áhkray)* adj. sour, acrid, pungent; m. acre.
acrecentar *(ahkraythenta***R***)* tr. to increase; to promote.
acreditado *(ahkraydeetáhdoh)* adj. accredited, famous.
acreditar *(ahkraydeetá***R***)* tr. to assure; *Com.* to credit; to prove; v.r. to gain a reputation.
acreedor *(ahkrayaydó***R***)* m. creditor; adj. meritories, deserving.
acribillar *(ahkreebeedyá***R***)* tr. to riddle (with bullet wounds); **~ a preguntas**, to riddle with questions, to pierce.
acritud *(ahkreetóod)* f. sourness, bitterness, acrimony.
acróbata *(ahkróhbahtah)* s. acrobat.
acrobacia *(ahkrohbáhthyah)* f. acrobacy, trick, summer-savet.
acta *(áhktah)* f. act; record.
actitud *(ahkteetóod)* f. attitude.
activar *(ahkteebá***R***)* tr. to activate; to rush, to speed up, to hasten.
actividad *(ahkteebeedahd)* f. activity; liveliness.
activo *(ahktéeboh)* adj. active, quick, dilligent; m. *Com.* assets, credit-balance.
acto *(áhktoh)* m. act, action, ceremony, pl. doings; **en el ~**, at once; **~ continuo**, immediately afterwards.
actor *(ahktó***R***)* m. *Theat.* actor, player.
actriz *(ahktréeth)* f. actrees.
actuación *(ahktwahthyón)* f. *Theat.* performance; *Law.* proceedings.
actual *(ahktwáhl)* adj. actual, present, current.
actualidad *(ahktwahleedáhd)* f. actuality, actualness; **en la ~**, at present, nowadays; pl. news.
actuar *(ahktwá***R***)* intr. to act; *Mech.* to set in motion.
acuarela *(ahkwahráylah)* f. water colour.
acuario *(ahkwáhryoh)* m. aquarium, aquarian.
acuático *(ahkwáhteekoh)* adj. aquatic, water.
acuciar *(ahkoothya***R***)* tr.to stimulate; to long for, to covet.
acuchillado *(ahkoocheeiyadoh)* adj. knifed, stabbed, slashed.
acuchillar *(ahkoocheelya***R***)* tr. to stab, to knife.
acudir *(ahkoodée***R***)* tr. to go; to turn to; to attend.
acueducto *(ahkwaydóoktoh)* m. aqueduct.
acuerdo *(ahkwáy***R***doh)* m. accord; resolution; agreement; **ponerse de ~**, to agree; **estar de ~**, to agree; **¿de ~?** Right?
acullá *(ahkoolyáh)* adv. yonder; farther.
acumulación *(ahkoomoolahthyón)* f. accumulation.
acumulador *(ahkoomoolahdó***R***)* m. accumulator.
acumular *(ahkoomoolá***R***)* tr. to accumulate, to hoard, to heap up.
acuñar *(ahkoonyá***R***)* tr. to coin, to mint; to wedge; to lock.
acuoso *(ahkoo:óhsoh)* adj. aqueous, watery.
acurrucado *(ahkoo***R***ookahdoh)* adj. curled up, huddled up.
acurrucarse *(ahkoo***R***ookarssay)* v.r. to huddle up, to curl up, to roll up.
acusación *(ahkoosahthyón)* f. accusation; charge.
acusador *(ahkoosahdó***R***)* m. accuser; prosecutor.
acusar *(ahkoosá***R***)* tr. accuse, to blame; *Com.* to acknowledge (receipt).
acústica *(ahkóosstekah)* f. acoustics.
acústico adj. acoustic.

adagio *(ahdáhHheoh)* m. proverb; saying, *Mus.* adagio.
adaptación *(ahdahptahtheón)* f. adaptation.
adaptador (eléctrico) *(ahdahptahdo***R***)* m. adapter.
adaptar *(ahdahptá***R***)* tr. to adapt, to make fit; v.r. to get used to, to adapt oneself.
adecuación *(ahdaykooyahthyón)* f. adequacy, applicability, utility.
adecuado *(ahdaykooyáhdoh)* adj. adequate, right, proper, fit, appropiate.
adecuar *(ahdaykooyá***R***)* tr. to fit, to adjust, to accomodate, to render suitable.
adelantado *(ahdaylahntádoh)* adj. anticipated, advanced; *Com.* **por** ~, in advance, «down».
adelantamiento *(ahdaylahntahmyéntoh)* m. advancement, progress; (vehicle) overtaking.
adelantar *(ahdaylahntá***R***)* tr. to advance, to go ahead, to go forward; (vehicle) to overtake.
adelantarse *(ahdaylahntá***R***say)* r. to take the lead.
adelante *(ahdayláhnatay)* adv. ahead, forward; ¡~!, go on! go ahead! come in!; **de hoy en** ~, from to day, from now on.
adelanto *(ahdayláhntoh)* m. advance, progress.
adelgazar *(ahdaylgahthár)* tr.to slim, to go thin, to get thin.
ademán *(ahdaymáhn)* m. gesture, look; pl. manners.
además *(ahdaymáhs)* adv. besides; moreover; further; ~ **de**, as well as.
adentro *(ahdayntroh)* adv. within, inside; **para mis ~s**, to myself; ¡~!, come in!
adepto *(ahdayptoh)* m. adept.
aderezar *(ahdayraythá***R***)* tr. to dress (cooking); to season.
aderezo *(ahdayráytoh)* m. seasining; (cooking) dressing.
adeudar *(ahdayoodár)* tr. owe, to be in debt.
adherencia *(ahdayraynthyah)* f. adherence.
adherir *(ahdayréer)* intr. to adhere, to stick.
adherirse *(ahdayréer)* r. to adhere, to stick (fast).
adhesión *(ahdaysyón)* f. adhesion; support.
adición *(ahdeethyón)* m. addition, sum.
adicionar *(ahdeethyona***R***)* tr. to add, to sum.
adicto *(ahdéektoh)* adj. adicted; attached, m. supporter.
adiestramiento *(ahdyesstrahmyéntoh)* m. teaching; *Sport.* training, coaching.
adiestrar *(ahdyesstrá***R***)* tr. to train, to coach; to teach.
adinerado *(ahdynayráhdoh)* adj. rich, wealthy.
adiós *(ahdyós)* interj. m. goodbye, (by), farewell.
aditivos *(ahdeetéeboh s)* m. additives.
adivinanza *(ahdeebeenáhnthah)* f. riddle, quiz, guess.
adivinar *(ahdeebeená***R***)* tr. to guess; to foretell.
adivino *(ahdeebéenoh)* m. fortune-teller; soothsayer, wizard, guesser.
adjetivo *(ahd***H***aytéeboh)* m. *Gram,* adjective.
adjudicación *(ahd***H***oodeekahthyón)* f. adjudication.
adjudicar *(ad***H***oodeeká***R***)* tr. to award, to adjudicate.
adjunto *(ahd***H***óontoh)* adj. annexed; attached (document); enclosed (in letters), m. adjunct.
administración *(ahdmeeneesstrahthyón)* f. administration, management.
administrador *(ahdmeeneesstrahdór)* m. administrator, manager.
administrar *(ahdmeeneesstrá***R***)* tr. o (ad)minister; to manage.
administrativo *(ahdmeeneesstrahteeboh)* adj. administrative; m. clerk.

A

A

admirable *(ahdmeeráblay)* adj. admirable; wonderful, marvellous.
admiración *(ahdmeerahthyón)* f. admiration; wonder.
admirar *(ahdmeeráR)* tr. to admire, to fascinate, to marvel.
admisible *(ahdmesséeblay)* adj. admissible, passable, tolerable, (coll.) not bad, rather good.
admisión *(ahdmeesyón)* f. admission, admittance; entry.
admitir *(ahdmetéeR)* tr. to admit; to let in; to allow in, to accept.
adobar *(ahdohbáR)* tr. to pickle, to dress (food).
adobe *(ahdóhbay)* m. adobe, dried brick.
adocenado *(ahdohthaynáhdoh)* adj. common, ordinary, vulgar.
adoctrinar *(ahdoktreenáR)* tr. to indoctrinate; to instruct.
adolecer *(ahdohlaytháiR)* intr. to suffer, to ail, to be subject to; ~ **de**, to suffer from.
adolescencia *(ahdohlayssthaynthyah)* f. adolescence, youth.
adolescente *(ahdohlayssthántay)* adj. adolescent.
adonde *(ahdónday)* adv. whither; where; ~**quiera**, wherever, anywhere.
adopción *(ahopthyón)* f. adoption.
adoptar *(ahdoptáR)* tr. to adopt.
adoptivo *(ahdoptéeboh)* adj. adoptive, adopted.
adoquín *(ahdohkéen)* m. cobblestone.
adorable *(ahdohráhblay)* adj. adorable; worshipful.
adoración *(ahdohrahthyón)* f. adoration, worship.
adorador *(ahdohrahdóR)* m. adorer, worshipper.
adorar *(ahdohráR)* tr. to adore; to worship.
adormecer *(ahdoRmaytháyR)* tr. to drowse, to fall one asleep.
adormecerse *(ahdoRmaytháyRssay)* r. to drowse, to grow benumbed.
adormidera *(ahdoRmeedayrah)* f. poppy *Bot.*
adormilarse *(ahdoRmeelaRssay)* v. r. to doze, to drowse.
adornar *(ahdoRnáR)* tr. to adorn, to beautify, to decorate, to embellish, to ornament.
adorno *(ahdóRno)* m. ornament, decoration; finery.
adquirir *(ahdkeeréeR)* tr. to adquire; to get; to obtain.
adquisición *(ahdkeeseethyon)* f. acquisition, getting, attainment.
aduana *(ahdooyáhnah)* m. customhouse, (coll.) custome.
aduanero *(ahdoo:ahnáyroh)* m. customs officer.
aducir *(ahdoothéer)* tr. to adduce, to cite; to bring to.
adulación *(ahdoolahthyón)* f. flattery, coaxing; (coll.) soft-soap, lip-service.
adular *(ahdoolár)* tr. to flatter to flannel, to sugar, to butter.
adulteración *(ahdooltayrahthyón)* f. adulteration.
adulterar *(ahdooltayrár)* tr. to adulterate.
adulterio *(ahdooltáyryoh)* m. adultery.
adúltero *(ahdóoltayroh)* adj. adulterous; m. adulterer.
adulto *(ahdóoltoh)* adj. m. adult, grown up.
adusto *(ahdóosstoh)* adj. adust, bunrnt, scorched, gloomy.
advenedizo *(ahdbaynaydéethoh)* adj. y m. foreign, stranger, new (comer), squatter, parvenu.
advenimiento *(ahdbayneemyéntoh)* m. advent.
adverbio *(ahdbáyRbyoh)* m. *Gram.* adverb.
adversario *(ahdbayRsáhryoh)* m. adversary, opponent, enemy.
adversidad *(ahdbayRseedad)* f. adversity, misfortune.
adverso *(ahdbáyRsoh)* adj. adverse.
advertencia *(ahdbayRtaynthyah)* f. advice, warning.
advertir *(ahdbayRtéeR)* tr. to observe; to warn.
adviento *(ahdbyéntoh)* m. advent.
adyacente *(ahdyahthayntay)* adj. adjacent, contiguous.
aéreo *(ah/áyrayoh)* adj. aerial, air; **correo** ~, air mail.

aerodinámico *(ah/ayrohdeenáhmeekoh)* adj. aerodynamic, streamline, f. aerodynamics.
aeródromo *(ah/ayróhdrohmoh)* m. *Civil,* airport; *Mil.* airfield.
aeronáutico *(ah/ayronáh/ooteekoh)* adj. aeronautic.
aeronave *(aheronáhbay)* f. aircraft, airship.
aeroplano *(ah/ayropláhnoh)* m. aeroplane, (coll.) plane, nautics, (US) airplane.
afabilidad *(ahfahbeeleedáhd)* f. affability, courtesy; civility.
afable *(ahfáhblay)* adj. affable, courteous, kind, agreeable.
afamado *(ahfahmádoh)* adj. famous, celebrated, renowned.
afán *(ahfáhn)* m. eagerness, desire, anxiety; determination.
afanar *(ahfahná**R**)* intr. y r. to toll, to try hard, to strive for.
afanarse *(ahfahná**R**say)* r. to toil; ~ **por**, to strive for.
afear *(ahfayá**R**)* tr. to deform; to deface; (fig.) to reproach.
afección *(ahfaykthyón)* f. affection, fondness; *Med.* infection.
afectación *(ahfayktahthyón)* f. affectation, presumption.
afectado *(ahfayktáhdoh)* adj. affected, conceited.
afectar *(ahfayktá**R**)* tr. to affect.
afecto *(ahfáyktoh)* m. affection; love; adj. affectionate; fond; inclined.
afectuoso *(ahfayktoo:óhsoh)* adj. affectionate; warm (hearted), loving.
afeitar *(ahfay/eetá**R**)* tr. to shave.
afeitarse *(ahfay/eetá**R**say)* tr. to shave oneself.
afeite *(ahféy/eetay)* m. paint; rouge, make up.
afeminado *(ahfaymeenáhdoh)* adj. effeminate; womanly.
afeminar *(ahfaymeenár)* tr. effeminate.
aferrar *(ahfay**R**á**R**)* tr. to seize, to grasp, to grapple; *Naut.* to furl; o moor, to anchor.
afición *(ahfeethyón)* f. **tener ~ a**, to be fond of; affection; bent, fancy, liking.
aficionado *(ahfeethyonáhdoh)* m. (sportsman) amateur; fan, lover; devotee.
aficionarse *(ahfeethyoná**R**say)* r. to grow or become fond of.
afilado *(ahfeeláhdoh)* adj. sharp; keen.
afilar *(ahfeelá**R**)* tr. to sharpen, to whet; to poin.
afín *(ahféen)* adj. related; similar, akin; s. cognate.
afinar *(ahfeená**R**)* tr. to complete; *Mus.* to tune; to grind; r. to become polished.
afinidad *(ahfeeneedáhd)* f. affinity; resemblance, analogy.
afirmación *(ahfeermahthyón)* f. affirmation, assertion
afirmar *(ahfee**R**má**R**)* tr. to affirm, to assert; to make fast.
afirmativo *(ahfee**R**matéeboh)* adj. affirmative.
aflicción *(ahflethyón)* f. affliction, grief, sorrow.
afligir *(ahfleehée**R**)* tr. to afflict; to grieve.
aflojar *(ahflohHár)* tr. to loosen; (fig.) to relax, to slacken.
afluencia *(ahflwáynthe:ah)* f. affluence, influx.
afluente *(ahflwáyntay)* adj. affluent, tributary, branch (river).
afluir *(ahfloo:éer)* tr. to flow into; to congregate, to assemble.
afonía *(ahfohnéeiah)* f. *Med.* aphonia.
aforismo *(ahfohréessmoh)* m. aphorism.
aforrar *(ahfo**R**á**R**)* tr. to line (clothes); to back (books); *Naut.* to sheathe.
afortunado *(ahfortoonáhdoh)* adj. lucky, fortunate, happy.
afrecho *(ahfráycho)* m. bran.
afrenta *(ahfrentah)* f. affront; outrage, insult, infamy.
afrentar *(ahfrentá**R**)* tr. to affront, abuse; to offend.
afrontar *(ahfrontá**R**)* tr. to confront; to face.

A

afuera *(ahfwáyrah)* adv. outside, outward, away; interj. clear the way!, out of here!
afueras *(ahfwáyrahs)* pl. suburbs, outskirts, environs.
agachar *(ahgahcháR)* tr. to squat, to crouch, to ben down, to lower.
agacharse *(ahgahcháRsay)* r. to stoop, to crouch, to squat.
agalla *(ahgáhlyah)* f. *Bot.* gall-nut or nutgall; pl. gills.
agallas *(ahgáhlyahs)* f. pl. *Itch.* gills; *Vet.* wind-galls (horse); *coll.* courage, pluck, cheek; **tener** ~, to be daring.
agarradero *(ahgahRahdáyroh)* m. handle; *Naut.* anchorage, hold, haft.
agarrado *(ahgahRáodoh)* adj. coll. miserly, stingy, hardfisted, miserable, mean.
agarrar *(ahgahRáR)* tr. to grasp, to seize, to grip, to get hold of.
agarrotar *(ahgahRohtáR)* tr. to bind tightly; vir. *Mech. & Sport.* stiffen.
agasajar *(ahgahsahHáR)* tr. to entertain, to feast.
agasajo *(ahgahsáhHoh)* s. entertainment, treat.
agencia *(ahHháythyah)* f. agency.
agenciar *(ahHaynthyáR)* tr. to negociate; (coll.) to get, to get hold of.
agenda *(ahHáyndah)* f. note book, memorandum book.
agente *(ahHáyhtay)* m. agent.
ágil *(áhHeel)* adj. agile, nimble.
agilidad *(ahHeeleedáhd)* f. agility, nimbleness, swiftness, quickness; speed.
agitación *(ahHeetahthyón)* f. (emotion) commotion, disturbance; *Phys.* agitation, stirring.
agitador *(ahHeetahdóR)* m. agitator, stirrer; *Pol.* troublemaker, trouble-shooter, agitator, exciter.
agitar *(ahHeetáR)* tr. to agitate; to stir; to shake (up); to wave (hands) r. to upset oneself, flags, etc.
agitanado *(ahHeetahnáhdoh)* adj. gipsyish.
aglomerar *(ahglomayráR)* tr. to agglomerate; to accumulate.
aglutinante *(ahglooteenáhntay)* adj. aglutinating; m. agglutinant; *Med.* sticking-plaster; cementing material.
agnosticismo *(ahgnosteehthéessmoh)* m. agnosticism.
agnóstico *(ahgnósteekoh)* adj. agnostic.
agobiar *(ahgohbyáR)* tr. to oppress, to overwhelm.
agobio *(ahgóhbyoh)* m. opression, bending down.
agolparse *(ahgolpáRsay)* r. to crowd, to wither.
agonía *(ahgohnéeiha)* f. agony, pangs of death.
agonizante *(ahgohneetháhntay)* adj. dying; dying person.
agonizar *(ahgohneetháR)* intr. to be in agony, to agonize.
agosto *(ahgóstoh)* m. August; harvest-time; **hacer el** ~, to make a good profit.
agotado *(ahgohtáhdoh)* adj. exhausted, tired (out), run down; *print.* out of print.
agotamiento *(ahgohtamyéntoh)* m. exhaustion, fatigue, weariness.
agotar *(ahgohtáR)* tr. to exhaust, to tire out; (of supplies)..., to run out of.
agraciado *(ahgrahthyáhdoh)* adj. graceful; well-endowed; (lottery) lucky.
agradable *(ahgrahdáhblay)* adj. pleasant, nice, agreeable.
agradar *(ahgrahdáR)* tr. to please; to like.
agradecer *(ahgrahdaytháyR)* tr. to thank, to be grateful, to be thankful for, to ackonowledge a favour.
agradecido *(ahgrahdaythéedoh)* adj. thankful; grateful.
agradecimiento *(ahgrahdaytheemyéntoh)* m. gratefulness, gratitude, thankfulness.
agrado *(ahgráhdoh)* m. pleasure; liking; affability; **es de mi** ~, I like it, it is to my liking; fancy.

agrandar *(ahgrahndáR)* tr. to increase, to enlarge.
agrario *(ahgrahryoh)* adj. agrarian.
agravar *(ahgráhbáR)* tr. to aggravate, to make worse, to exasperate.
agraviar *(ahgrahbyáR)* tr. to wrong, to offend, to harm.
agravio *(ahgrahbyoh)* s. offence, grievance, insult, harm.
agredir *(ahgraydéer)* tr. to attack, to assault.
agregado *(ahgraygáhdoh)* adj. aggregated; s. aggregate, attache; *Naut.* merchant navy.
agregar *(ahgraygáR)* tr. to aggregate, to add, to join, to attach.
agresión *(ahgraysyón)* f. aggression, assault, attack.
agresividad *(ahgrayseebeedáhd)* f. aggressivity, aggressiveness.
agresivo *(ahgraysseeboh)* adj aggressive,hostile.
agreste *(ahgrésstay)* adj. wild, rustic.
agriar *(ahgryár)* tr. to make sour; v. r. to turn sour.
agrícola *(ahgréekohlah)* adj. agricultural.
agricultor *(ahgreekooltóR)* m. farmer, grower.
agricultura *(ahgreekooltóorah)* f. agriculture, farming.
agrietado *(ahgryaytáhdoh)* adj. cracked, flawy.
agrietarse *(ahgryaytáRsay)* r. to crack, to split.
agrimensor *(ahgreemaynsóR)* m. land-surveyor.
agrio *(áhgryoh)* adj. sour, bitter, tarty, acrid.
agrios *(áhgryos)* m. pl. *Bot.* y *Com.* citrus fruits.
agronomía *(ahgrohnomée:ah)* f. agronomy.
agrupación *(ahgroopahthyón)* f. group, crowd, grouping.
agrupar *(ahgroopáR)* tr. to group, to crowd together, to gather in groups.
agua *(áhgoo:ah)* s. water; ~ **potable**, drinking water; ~ **dulce**, fresh water; ~ **salada,** salt water.
aguacero *(ahgwahtháyroh)* m. heavy shower, downpour.
aguantar *(ahgwahntáR)* tr. to bear, to tolerate, to sustain, to hold.
aguantarse *(ahgwahntáRsay)* r. to forbear, to put up with.
aguante *(ahgwáhtay)* m. firmness, resistance, endurance.
aguar *(ahgwáR)* tr. to dilute, to water; to water down; ~ **la fiesta**, to throw cold water on.
aguardar *(ahgwaRdáR)* tr. to wait for, to expect.
aguardiente *(ahgwaRde:éntay)* m. spirits, inferior brandy.
aguarrás *(ahgwahRáhs)* m. turpentine; (fam.) turps.
aguazal *(ahgwahtháhl)* m. marsh, fen.
agudeza *(ahgoodaythah)* f. acuteness, keenneess, sharpness; (fig.) cleverness.
agudo *(ahgóodoh)* adj. sharp, keen; (fig.) witty, clever, sharp, (a)cute.
agüero *(ahgwáyroh)* m. augury, omen.
aguijadura *(ahgeeHahdoorah)* f. spurring, (ox-)goad, prod.
aguijar *(ahgeeHáR)* tr. to prick, to goad, to stimulate, to incite.
aguijón *(ahgeeHón)* m. sting, prick.
aguijonear *(ahgeeHohnayáR)* tr. to sting.
águila *(áhgeelah)* f. eagle.
aguileño *(ahgeeláynyoh)* adj. aquiline, hooked.
aguilucho *(ahgeelóochoh)* m. eaglet.
aguinaldo *(ahgeenáhldoh)* m. New Year's gift, Christmas box.
aguja *(ahgóoHah)* f. needle, hand (clock, etc.) *Arch.* steeple; ~ **de calcetar**, knitting needle.
agujerear *(ahgooHahyrayáR)* tr. to pierce, to bore, to make holes.
agujero *(ahgooHáyroh)* m. hole.
agujeta *(ahgooHáytah)* f. string latchet.
agujetas *(ahgooHáytahs)* f. **tener** ~, to be aching.
aguzar *(ahgoothàR)* tr. to whet, to, sharpen; ~ **el ingenio**, to sharpen one's wits; ~ **la vista**, to sharpen one's sight.

A

A

ah *(ah)* interj. ah!
ahí *(ah/ée)* adv. there, yonder, **¡~ va!**, there it goes!; **por ~**, about, that way.
ahijada *(ah/eeHáhdah)* f. goddaughter, protegée.
ahijado *(ah/eeHáhdoh)* m. godchild, godson, protégé.
ahijar *(ah/eeHar)* tr. to adopt, to affiliate, to impute.
ahínco *(ah/éenkoh)* m. eagerness, emphasis, zeal.
ahito *(ah/éetoh)* adj. gorged, satiated; m. indigestion, surfeit.
ahogado *(ah/ohgáhdoh)* adj. suffocated, drowned, smothered.
ahogar *(ah/ohgáR)* tr. to drown (in water), to choke (swallowing), to suffocate(air), to smother (with pressure).
ahogo *ah/óhgoh)* m. oppression, anguish.
ahondar *(ah/ondáR)* tr. to deepen.
ahora *(ah/órah)* adv. now, at present; **por ~**, at the moment; **desde ~**, from now on; **~ mismo**, right now.
ahorcar *(aorkaR)* tr. to hang, to kill by hanging.
ahorrar *(ah/ohRáR)* to save, to spare.
ahorro *(ah/óhRoh)* m. savings, economy; **caja de ~**, savings Bank.
ahumado *(ah/oomahdoh)* adj. smoked.
ahumar *(ah/oomáR)* tr. to smoke, to cure; to fill with smoke.
ahuyentar *(ah/ooyentáR)* tr. to drive away, to scare, to frighten away.
airarse *(ah/eeráRsay)* r. to get angry.
airado *(ah/eeráhdoh)* adj. angry.
aire *(áh/eray)* m. air, wind; (fig.) garb, aspect, gait; **~ acondicionado**, air conditioning; - acondicionado, air-conditioning; **al ~ libre**, outdoors.
airear *(ah/eerayaR)* tr. e intr. to air, to ventilate; v. r. to cool oneself.
airoso *(ah/eróhsoh)* adj. graceful, airy.
aislado *(ah/eeslahdoh)* adj. isolated; *(Elect.)* insulated.
aislar *(ah/eesslaR)* tr. to isolate, *(Elect.)* to insulate.
ajado *(ahHádoh)* adj. worn, shabby; wrinkled, crumpled.
ajar *(ahHáR)* tr. to spoil, to tarnish; m. garlic field.
ajedrecista *(ahHaydraytheestah)* m. chess player.
ajedrez *(ahHaydráyth)* m. chess; **tablero de ~**, chess board.
ajeno *(ahHáynoh)* adj. of another; alien, strange, foreign to.
ajetreo *(ahHaytráyoh)* m. fatigue, fuss; **día de ~**, a busy day.
ajiaceite *(ahHyahtháytay)* m. garlic and oil sauce.
ajo *(áhHoh)* m. *Bot.* garlic; **estar en el ~**, to be in the know; **dientes de ~**, cloves of garlic.
ajuar *(ahHooár)* m. apparel, outfit, trousseau.
ajustado *(ahHoostáhdoh)* adj. right, exact; (clothes) tight, close fitted.
ajustador *(ahHoostahdóR)* *(Mech.)* adjuster, adapter, fitter; (coll.) bras, brassiere.
ajustar *(ahHoostár)* tr. to adjust, to fit; v. r. to conform to.
ajuste *(ahHóostay)* m. settlement, adjustment, fit; pl. *(Mech.)* couplings.
ajusticiar *(ahHoosteethyaR)* tr. to execute; to put to death.
ala *(ahla)* f. *Zool., Naut., Arch.* wing, brim (hat); *Mil.* flank.
alabanza *(ahlahbánthah)* f. praise.
alabar *(ahlahbáR)* tr. to praise.
alabastro *(ahlahbáhstroh)* m. alabaster.
alacena *(ahlahtháynah)* f. cupboard, closet.
alacrán *(ahlahkráhn)* m. scorpion.
alambicar *(ahlahmbeekáR)* tr. to distil; (fig.) to investigate, to examine closely.
alambique *(ahlahmbéekay)* m. still, distillatory; **por~**, sparingly.
alambrada *(ahlambrahdah)* f. wire fence; *Mil.* wire entanglemnent.

alambrar *(ahlambráR)* tr. to surround with wirefencing.
alambre *ahlámbray)* m. wire.
alameda *(ahlamáydah)* f. grove (of poplar-trees), avenue, promenade.
álamo *(áhlahmoh)* m. *Bot.* poplar.
alarde *(ahláRday)* m. ostentation, boast(ing); **hacer ~s**, to show off, to brag.
alardear *(ahlaRdayáR)* tr. to boast, to brag.
alargar *(ahlaRgáR)* tr. to lengthen, to put out (oneshand); *Naut.* to pay out (cables).
alarido *(ahlahréedoh)* m. shout, outcry, scream, shriek.
alarma *(ahláRmah)* f. *Mil.* alarm.
alarmar *(ahlaRmáR)* tr. to alarm.
alba *(aáhlbah)* f. dawn, day, break.
albacea *(ahlbáhthayah)* m. f. testamentary executor/executrix.
albahaca *(ahlbaháhkah)* f. basil.
albañal *(ahlbahnyá)* m. sewer-garbage dump.
albañil *(ahlbahnyéel)* m. brieklayer, mason.
albañilería *(ahlbahnyelayrée:ah)* f. mesonry, brick-laying.
albaricoque *(ahlbahreekókay) Bot.* apricot.
albaricoquero *(ahlbahreekokáyroh)* m. apricot tree.
albedrío *(ahlbaydré:roh)* m. freewill.
alberca *(ahlbáyRkah)* f. pool, reservoir.
albergar *(ahlbayRgáR)* tr. to harbour (hopes), to lodge, to put up(guests).
albergue *(ahlbáyRgay)* m. lodging-place, shelter, hostel, refuge.
albino *(ahlbéenoh)* adj. y m. albino.
albo *(áhlboh)* adj. very white.
albóndiga *(ahlbóndeegah)* f. meatboll.
albor *(ahlbór)* m. whiteness; dawn; (fig.) the begining of.
alborada *(ahlbohráhdah)* f. dawn(ing); *Mil.* reveille.
albornoz *(ahlbornóth)* m. bur-noose; (coll.) dressing-gown, gown.
alborotar *(ahlbohrotáR)* tr. to disturb, to make noise; v. r. to get excited; *Naut.* to become rough (sea).
alboroto *(ahlbohrótoh)* m. tumult; row; disturbance, ruckus; riot.
alborozar *(ahlbohrohtháR)* tr. to rejoice.
alborozarse *(ahlbohrohtháRsay)* to be merry, to jubilate.
alborozo *(ahlbohróhthoh)* m. exhilaration, joy.
albricias *(ahlbréethyahs)* f. pl. gift; interj. joy!
álbum *(áhlboom)* m. album.
albúmina *(ahlbóomeenah) Chem.* f. albumen.
alcachofa *(ahlkachóhfah)* f. *Bot.* artichoke.
alcahuetear *(ahlkahuaytayáR)* tr. to bawd, to pimp.
alcaide *(ahlkáhday)* m. warden, prison governor.
alcalde *(ahlkáhlday)* m. mayor.
alcaldesa *(ahlkahldáysah)* f. mayoress.
alcaldía *(ahlkahldée:ah)* f. mayoralty.
alcance *(ahlkáhnthay)* m. reach scope.
alcanfor *(ahlkahnfóR)* m. camphor.
alcantarilla *(ahlkantahréelyah)* f. drain, sewer, sewer system.
alcantarillado *(ahlkahntahreelyáhdoh)* m. sew(er)age, sewer system.
alcanzar *(ahlkahntháR)* tr. to reach, to attain, to catch up with.
alcázar *(ahlkáhthaR)* s. castle, fortress.
alcoba *(ahlkóhbah)* s. bedroom, alcove.
alcohol *(ahkóol)* m. alcohol.
alcohólico *(ahlkoóhleekoh)* adj. alcoholic.
alcornoque *(ahlkoRnóhkeh)* m. *Bot.* corktree; (fam.) blockbead.
alcurria *(ahlkóoRnyah)* f. ancestry, lineage, pedigree, noble birth.
alcuza *(ahlkóothah)* f. olive-oil can.
aldaba *(ahldáhbah)* f. door knocker; (coll.) influence.
aldea *(ahldáyah)* f. village, hamlet.
aldeana *(ahldayáhnah)* f. villager, country woman.

aldeano *(ahldayáhnoh)* m. villager, countryman.
aleccionar *(ahlaykthyohnáR)* tr. to teach, to instil; (coll.) to egg on, to cheer.
alegación *(ahlaygahthyón)* f. allegation.

A

alegar *(ahlaygáR)* tr. to allege.
alegato *(ahlaygáhtoh)* m. allegation, speech.
alegoría *(alaygohrée:ah)* f. allegory.
alegórico *(ahlaygóhreekoh)* adj. allegoric(al).
alegrar *(ahlaygáR)* tr. to make merry, to gladden, to cheer up.
alegrarse *(ahlaygráRsay)* f. to rejoice, to cheer.
alegre *(ahláygray)* adj. glad, merry, joyful.
alegría *(ahlaygrée:ah)* f. happiness; merriment; cheerfulness.
alejamiento *(ahlayHahmyéntoh)* m. separation, absence.
alejar *(ahlayHáR)* tr. to go / take far away; r. to move away.
aleluya *(ahlaytlóoyah)* f. (h.) allelujah, jingle, merriment.
alemán *(ahlaymáhn)* adj. y m. German.
alentar *(ahlayntáR)* intr. to breathe; tr. to encourage, to cheer on.
alero *(ahláyroh)* m. eaves, gable-end; **está en el ~**, to be on the fence.
alerta *(agláyRtah)* f. *Mil.* watchword; adv. carefully, vigilantly; **estar ~**, to be on the netch.
aleta *(ahláytah)* t. winglet, fin (of fish).
aletargado *(ahlaytaRgáhdoh)* adj. lethargic (al); half-asleep.
aletargar *(ahlaytaRgáR)* tr. to lethargize.
aletargarse *(ahlaytaRgáRsay)* r. to fall into lethargy.
aletear *(ahlaytayáR)* intr. to flutter.
aleteo *(ahlaytáyoh)* m. fluttering.
alevosía *(ahlaybohsée:ah)* f. perfidy, treachery.
alevoso *(ahlaybóhsoh)* adj. perfidious, treacherous.
alfabeto *(ahlfahbáytoh)* m. alphabet.
alfalfa *(ahlfáhlfah)* f. *Bot.* lucern.
alfarería *(ahlfahrayréeyah)* f. pottery.
alfarero *(ahlfahráyroh)* m. potter.
alférez *(ahlfáyrayth)* m. second lieutenant, ensign.
alfil *(ahlphéel)* m. bishop (in the game of chess).
alfiler *(ahlfeláyR)* m. pin.
alfombra *(ahlfómbrah)* f. carpet.
alforja *(ahlfóRHah)* f. saddlebag.
alga *(áhlgah)* f. *Bot.* alg(a), seaweed.
algarada *(ahlgahráhdah)* f. loud cry.
algarroba *(ahlgahRóhbah)* f. *Bot.* carob bean.
algarrobo *(ahlgahRóhboh)* m. carob-tree.
algazara *(ahlgahtháhrah)* f. hubbub.
álgebra *(áhlHaybrah)* f. algebra.
algo *(áhlgoh)* pron. something; adv. somewhat; **¿...?**, anything.
algodón *(ahlgohdón)* m. cotton; *Bot.* cotton plant.
alguacil *(ahlgoo:ahthéel)* m. constable.
alguien *(áhlgyen)* pron. somebody, someone, anybody, anyone (in int. sent.).
algún *(ahlgóon)* adj. some, any.
alhaja *(ahláhHah)* f. jewel, gem.
aliado *(ahlyáhdoh)* m. ally; adj. allied.
alianza *(ahlyáhnthah)* f. alliance, league.
aliarse *(ahlyá Rsay)* r. to enter into an alliance, to join.
alias *(áhiyahs)* adv. otherwise called, alias.
alicates *(ahleekáhtayss)* m. pl. pliers.
aliciente *(ahleethyéntáy)* m. incentive, inducement, attraction, appeal.
alienación *(ahlayaynahthyón)* f. *Med., For.* alienation.
alienar *(ahly:aynáR)* tr. to alienate, to transfer.
aliento *(ahlyéntoh)* m. breath, respiration, courage.
aligerar *(ahlHayráR)* tr. to lighten.

alijar *(ahl***HáR***)* tr. *Naut.* to lighten.
alijo *(ahlée***H***oh)* m. *Mar.* lighterage, smuggled goods.
alimaña *(ahleemáhnya)* f. vermin.
alimentación *(ahleemayntahthyón)* f. alimentation, nourishment.
alimentar *(ahleemáyntá***R***)* tr. to feed, to nourish.
alimenticio *(ahleemáynteethyoh)* adj. nutritious, nourishing.
alimento *(ahleemáyntoh)* m. food, nutriment, nourishment.
aliñar *(ahleenyá***R***)* tr. to dress, to season, (food).
alinear *(ahleenayá***R***)* tr. to align.
alisar *(ahleessá***R***)* tr. to smooth, to polish.
alistamiento *(ahleestahmyéntoh)* m. enrolment, levy, conscription.
alistar *(ahleestá***R***)* tr. to enlist, to enrol.
alistarse *(ahleestá***R***ssay)* r. to join up, to enrol.
aliviar *(ahleebyá***R***)* tr. to lighten, to relieve, to soothe.
alivio *(ahléebyoh)* m. relief; **¡Qué ~!**, What a relief!
alma *(áhlmak)* f. soul, spirit, human being.
almacén *(ahlmahtháyn)* m. storehouse, warehouse, magazine.
almacenar *(ahlmahthayná***R***)* tr. to store, to deposit, to keep.
almacenista *(ahlmahthaynéesstah)* m. warehouseman, store-keeper, wholesaler.
almáciga *(ahlmáhtheegah)* f. mastic, paste; (tree) nursery.
almanaque *(ahlmaknánkay)* m. almanac, calendar, annual.
almeja *(ahlmáy***H***ah)* f. clam, quahog.
almendra *(ahlméndrah)* f. almond, kernel; **~s garapiñadas**, sugared almonds.
almendro *(ahlméndroh)* m. *Bot.* almond-tree.
almíbar *(ahlméeba***R***)* m. syrup.
almidón *(ahlmeedón)* m. starch.
almidonar *(ahlmeedohná***R***)* tr. to starch.
almirantazgo *(ahlmeerahntáthgoh)* m. admiralty.
almirante *(ablmeerántay)* m. admiral.
almirez *(ahlmeeráyth)* metal mortar.
almizclar *(aklmeethklá***R***)* tr. to perfume with musk.
almohada *(ahlmoh/áhdah)* f. pillow, cushion, bolster.
almohadillas *(ahlmoh/akdéelyah)* f: sewing cushion, small pillow/ bolster
almorranas *(ahlmoh***R***áhmahs)* f. pl. *Med.* hemorrhoids, piles.
almorzar *(ahlmo***R***thá***R***)* tr. to lunch.
almuerzo *(ahlmwáy***R***thoh)* m. lunch(eon).
alocado *(ahlohkáhdoh)* adj. foolish wild, thoughtless.
alocución *(ahlohkoothyón)* t. allocution.
alojamiento *(ahloh***H***ahmyéntoh)* m. lodging.
alojar *(ahloh***HáR***)* tr. to lodge.
alondra *(ahlóndrah)* s. *Zool.* lark.
alpinismo *(ahlpeenníssmoh)* m. mountaineering, rock/moutain climbing.
alpinista *(ahlpeenísstah)* m. f. alpinist, rock climber.
alpargata *(ahlpargáhtah)* s. hempen sole sandal, clipper.
alpiste *(ahlpísstay)* m. canary-seed.
alquilar *(ahlkeelá***R***)* tr. to let, to hire, to rent, to lease.
alquiler *(ahlkeeláy***R***)* m. hire, to rent(al); **se alquila**, for rent, to let.
alquitrán *(ahlkeetráhn)* m. tar, liquid pitch; **~ mineral**, coaltar.
alquitranar *(ahlkeetrahná***R***)* tr. to tar.
alrededor *(ahl***R***aydaydó***R***)* adv. around; **~ de**, about.
alrededores *(ahl***R***aydaydóhress)* m. pl. environs, outskirts.
alta *(áhltah)* f. certificate of discharge, acceptance as member, **dar de ~**, to discharge as cured.
altanería *(ahltahnayrée:ah)* f. pride, haughtiness.
altanero *(ahltahnáyroh)* adj. proud, haughty, arrogant.

A

A

altavoz *(ahltahbóth)* m. loudspeaker, amplifier.
alteración *(ahltayrahtheeón)* f. alteration, change, disturbance.
alterar *(ahltayráR)* tr. to alter, to change, to transform, to disturb.
altercado *(ahltayRkáhdoh)* m. altercation, quarrel, strife, wrangle.
alternar *(ahltayRnáR)* tr. to alternate; ~ **con gente**, to have friendly relations with people; ~ **entre uno y otro**, be turns.
alternativa *(ahltayRnahtéebah)* f. alternative, option.
alterno *(ahltáRnoh)* adj. alternate.
alteza *(ahitáythah)* m. f. Highness, height.
altísimo *(ahltéeseemoh)* adj. extremely lofty; m. the Most High. **El** ~, God.
altivez *(ahlteebáyth)* n. haughtiness, arrogance, pride.
altivo *(ahltéeboh)* adj. arrogant, haughty, proud, lofty.
alto *(áhltoh)* adj. high, lofty, tall; **superior**, Loud (voice); **pasar por** ~, To overlook; sb. **¡~!**, halt! stop! **¡~ ahí!**, stop there!; **hacer** ~, to halt, to stop.
altura *(ahitóorah)* f. height, loftiness, elevation, altitude.
alubia *(ahlóohyah)* f. bean, haricot.
alucinación *(ahlootheenahthyon)* f. hallucination.
alucinar *(ahlootheenáR)* tr. to deceive, to delude; v. r. to delude oneself.
alud *(ahlóod)* m. avalancha.
aludir *(ahloodéeR)* intr. to allude, to refer to.
alumbrado *(ahloombráhdoh)* m. lighting illumination; adj. lighted, illuminated.
alumbramiento *(ahloombrahmyéntoh)* m. (child)birth deliverance.
alumbrar *(ahloombráR)* tr. to ligh(en), illuminate; v. i to give light, to give birth.
alumna *(ahlóomnah)* f. pupil, student.
alumno *(ahlóomnoh)* m. pupil, student.
alusión *(ahloosyón)* f. allusion, hint.
alusivo *(ahlooséeboh)* adj. allusive, hinting.
aluvión *(ahloobyón)* m. alluvion.
alveolo *(ahlbayóhloh)* m. alveolus.
alza *(áhlthah)* f. lift, advance, rise a price.
alzada *(ahltháhdah)* f. height, stature (of horses); appeal.
alzamiento *(ahlthahmyentoh)* m. lift, raise, insurrection, (up)-rising.
alzar *(ahtháR)* tr. to raise; to (up) lift; **un dedo**, to raise a finger; ~ **la mano**, to threaten; **el grito**, to cry out; ~ **la voz**, to raise the voice.
alzarse *(ahltháRsay)* r. to rise in rebellion, to appeal.
allá *(ahlyáh)* adv. there, in that place, thither, beyond; ~ él, that's his pigeon; **por** ~, thereabouts; **más** ~, farther away.
allanamiento *(ahlyahnahmyéntoh)* m. leveling, smoothing, breakin into a house.
allanar *(ahlyahnáR)* tr. to level, to flatten; ~ **el camino**, to pave the way.
allegado *(ahlyalygáhdoh)* adj. near, related, kin.
allí *(ahlyée)* adv. there, in that place, yonder; **aquí y** ~, here and there; **por** ~, that way.
ama *(áhmah)* f. mistress of the house, landlady, dame hostess, owner nanny; ~ **de llaves**, housekeeper; ~ **de cría**, wet-nurse.
amabilidad *(ahmahbeledáhd)* f. kindness, courtesy.
amable *(ahmahbláy)* adj. kind, nice, affable.
amador *(ahmahdór)* m. lover, sweetheart; adj. loving.
amaestrar *(ahmahlaystrár)* tr. to instruct, to break in, to train.
amagar *(ahmahgáR)* tr. to threaten, to feign, to hint.
amago *(ahmáhgoh)* m. threat, symptom.
amainar *(ahmahneenáR)* tr. intr. to relax, to abate, to subside.
amalgama *(ahmahigáhmah)* f. amalgan.

amalgamar *(ahmahlgahmá**R**)* tr. to amalgamate.
amamantar *(ahmahmahntá**R**)* tr. to nurse, to give suck, to sukle.
amanecer *(ahmahnaythá**R**)* intr. to dawn; m. dawn; **al ~**, at dawn, at daybreak.
amanerado *(ahmahnayrádoh)* adj. full of mannerisms, aftested.
amansar *(ahmahnsá**R**)* tr. to tame, to pacify.
amante *(ahmáhntay)* adj. loving; m. lover, sweetheart.
amanuense *(ahmahnwáynsay)* m. amanuensis, clerk, scribe; (coll.) pen-pusher.
amapola *(ahmahpóhlah)* f. *Bot.* poppy.
amar *(ahmá**R**)* tr. to love.
amargado *(ahma**R**gáhdoh)* adj. embittered.
amargar *(ahma**R**gá**R**)* tr. to embitter, to make bitter, to exasperate; **la verdad es amarga**, truth is bitter.
amargo *(ahmá**R**goh)* adj. bitter, acrid, harsh.
amargura *(ahma**R**góorah)* f. bitterness.
amarillear *(ahmahrylyayá**R**)*intr. to incline to yellow, to go yellow.
amarillento *(ahmahreelyéntoh)* adj. yellowish.
amarillo *(ahmahréelyoh)* adj. yellow.
amarra *(ahmáh**R**ah)* f. cable; pl. moorings.
amarrado *(ahmah**R**áhdoh)* adj. tied, fastened, lashed.
amarrar *(ahmah**R**á**R**)* tr. to tie, to fasten, to lash.
amasar *(ahmahsá**R**)* tr. to knead.
amasijo *(ahmahsée**H**oh)* f. dough, medley.
amateur *(ahmatayóu**R**)* adj. y s. amateur.
ambages *(ahmbáh**H**ess)* m. pl.(fig.) circumlocution; **sin ~**, openly.
ambar *(áhmba**R**)* m. amber.
ambición *(ahmbeethe:ón)* f. ambition, aspiration, desire.
ambicionar *(ahmbeethy:ohná**R**)* tr. to aspire to, to covet.
ambicioso *(ahmbeethy:óhsoh)* adj. ambitious, covetous.
ambiente *(ahmby:éntay)* adj. ambient; m. atmosphere, air, environment.
ambigú *(ahmbeegóo)* m. buffet, foyer.
ambiguo *(ahmbéegwoh)* adj. ambiguous, doubtful, vague, obscure.
ámbito *(áhmbeetoh)* m. ambit, range, perimeter, scope, limit: circle; domain, area, field.
ambos *(áhmbos)* pron. both.
ambulancia *(ahmbooláhnthy:ah)* f. ambulance.
ambulante *(ahmbooláhntay)* adj. ambulatory.
amén *(ahmén)* m. amen.
amenaza *(ahmaynáhthah)* f. threat, menace.
amenazar *(ahmaynahthá**R**)* tr. to threaten, to menace.
amenidad *(ahmayneedáhd)* f. amenity.
amenizar *(ahmayneethá**R**)* tr. to make pleasant; to entertain.
ameno *(ahmáynoh)* adj. pleasant, varied.
ametralladora *(ahmaytrahlyhdórah)* f. machine-gun.
ametrallar *(ahmaytrahlyhá**R**)* to machine-gun, to fire shrapnel.
americana *(ahmayreekáhnah)* f. jacket, coat; adj. American.
americanizar *(ahmayreekahnee-thá**R**)* tr. to americanize.
americano *(ahmayreekáhmoh)* adj. y s. American.
amianto *(ahmy:áhntoh)* m. *Min.* amianthus, asbestos.
amiga *(ahméegah)* f. female friend.
amigable *(ahmeegáhblay)* adj. friendly, suitable.
amigo *(ahméegoh)* m. friend, pal, comrade; (coll.) mate; **buenos ~s**, good friends; **muy ~s**, great friends.
amilanar *(ahmeelahná**R**)* tr. to frighten, to cow; v. r. to become cowed, terrified.
aminorar *(ahmeenoh**R**á**R**)* tr. to reduce, to diminish.
amistad *(ahmeesstáhd)* f. friendship, amity, friendliness; **hacer ~**, to make friends; **romper la ~**, to fall out with.

A

A

amistoso *(ahmeestóhssoh)* adj. friendly, cordial, pally, chummy; **amistosamente**, in a friendly.
amnistía *(ahmneesstée:ah)* f. amnesty.
amo *(áhmoh)* m. master, propietor, owner, employer; (coll.)boss.
amodorrarse *(ahmohdohásay)* r. to drowse.
amohinar *(ahmoh/eenáR)* tr. to irritate.
amoldar *(ahmoldáR)* tr. to mould.
amoldarse *(ahmoldáRsay)* r. to adapt oneself to.
amonestación *(ahmohnaysstah-thy:ón)* f. advice, admonition; pl. marriage bans.
amonestar *(ahmohnaysstáR)* tr. to admonish, to advise, to forewarn, to reprove.
amoníaco *(ahmohnée:akoh)* m. ammonia.
amontonar *(ahmontohnáR)* tr. to heap, to pile, to make piles of, to make heaps of.
amor *(ahmóR)* m. love; **por ~ de Dios**, for Goodness sake; **¡~ mío!**, My love! My darling!
amoratado *(ahmohrahtáhdoh)* adj. livid, purple, violet.
amoroso *(ahmohróhsoh)* adj. amorous, loving, kind, affectionate.
amortajar *(ahmoRtahHáR)* tr. to (en)shroud, to sheet.
amortiguar *(ahmoRteegwáR)* tr. to deaden, to mitigate, to soften; *Mech.* to absorb.
amortización *(ahmoRteethahthyón)* f. amortization.
amortizar *(ahmoRtaytháR)* tr. to amortize, to redeem.
amotinador *(ahmohteenahdóR)* m. mutineer, rioter.
amotinamiento *(ahmohteenah-myéntoh)* mutiny, rebellion.
amotinar *(ahmohteenáR)* tr. to excite rebellion.
amotinarse *(ahmohteenáRsay)* r. to riot, to mutiny.
amparar *(ahmpahrár)* tr. to protect, to shelter, to help; v. r. to defend oneself.
amparo *(ahmpáhroh)* m. protection, refuge, shelters asylum.
ampliación *(ahmplyahthe:ón)* f. enlargement, expansion, extension.
ampliar *(ahmphy:áR)* tr. to amplify, to enlarge.
amplificar *(ahmpleefeekáR)* tr. to enlarge, to amplify, to extend.
amplio *(áhmplyoh)* adj. broad, wide, ample, spacious.
amplitud *(ahmplytóod)* f. amplitude, greatness, extent, largeness.
ampolla *(ahmpóhlyah)* f. decanter, cruet, blister, bubble.
amputación *(ahmpootahthy:ón)* f. amputation.
amputar *(ahmpootáR)* intr. to amputate.
amueblar *(ahmoo:aybláR)* tr. to furnish.
amuleto *(ahmooláytoh)* m. amulet.
amunicionar *(ahmooneethy:ohnáR)* tr. to supply with ammunition.
amurallado *(ahmoorahlyáhdoh)* adj. walled.
amurallar *(ahmoorahlyáR)* tr. to wall.
anacoreta *(ahnahkohráytah)* m. anchorite, hermit.
anacronismo *(ahnahkrohnéessmoh)* m. anachronism.
anagrama *(ahnahgrámah)* m. anagram.
anales *(ahnáhless)* m. pl. annals.
analfabetismo *(ahnahlfahbaytée-ssmoh)* m. illiteracy.
analfabeto *(ahnahlfahbáytoh)* m. illiterate person.
análisis *(ahnáhleeseess)* m. f. analysis; *Gram.* parsing.
analítico *(ahnahléeteekoh)* adj. analytical.
analizar *(ahnahléethaR)* tr. to analize; *Gram,* to parse.
analogía *(ahnahlohHée:ah)* f. analogy, resemblance.
análogo *(ahnálohgoh)* adj. analogous.
anaquel *(ahnahkáyl)* m. shelf.
anarquía *(ahnaRkée:ah)* f. anarchy.
anárquico *(ahnáRkekoh)* adj. anarchic(al).

anatema *(ahnahtáymah)* m. f. anathema, curse.
anatematizar *(ahnahtaymahteeтháR)* tr. to anthematize, to curse.
anatomía *(ahnahtohmée:ah)* f. anatomy.
anatómico *(ahnahtóhmeekoh)* adj. anatomical; m. anatomist.
anca *(áhnkah)* f. haunch, rump; (food) leg.
ancianidad *(ahnthyaneedadth)* f. old age.
anciano, a *(ahnthyáhnoh, nah)* adj. old; m. old man, old-woman.
ancla *(áhnklah)* f. anchor, **echar el ~**; to anchor, **levar ~**; to weigh anchor.
ancladero *(ahnklahdayroh)* m. anchoring-place, anchorage.
ancho *(áhnchoh)* adj. broad; wide.
anchoa *(ahnchóh/ah)* f. anchovy.
anchura *(ahnchóorah)* f. width, breedth.
andamio *(ahndámyoh)* m. scaffold.
andante *(ahndántay)* adj. walking, errant (knight).
andanza *(ahndáhnthah)* f. ocurrence, event; pl. doings.
andar *(ahndá***R***)* intr. to walk, to go, to move; (machine) to run, to function, **~ de boca en boca**, to be the talk of the town; **~ desnudo**, to be starknaked; **~ en coche**, to ride.
andén *(ahndayn)* m. platform (railway).
andrajo *(ahndráhWoh)* m. rag, tatter.
andrajoso *(ahndrah***H***óhsoh)* adj. ragged.
anécdota *(ahnékdohtah)* f. anecdote.
anexión *(ahnayksyón)* f. annexion.
anexo *(ahnayksoh)* adj. annexed; m. annex.
anfibio *(ahnféebyoh)* adj. amphibious; m. amphibian.
anfiteatro *(ahnfeetayáhtroh)* m. amphitheatre.
ángel *(áhn***H***ayl)* m. angel.
angelical *(aln***H***ayleekal)* adj. angelical, angel-like.
angina *(ahn***H***éenah)* f. angina, quinsy, pharyngitis.
anglicano *(ahngleekáhnoh)* adj. Anglican.
anglofilo, la *(ahnglóhfeeloh)* adj. Anglophil(e).
anglófobo *(ahnglóhfohboh)* adj. Anglophole.
angosto *(ahngóstoh)* adj. narrow.
angostura *(ahngostóoralt)* f. narrowness.
anguila *(ahngéelah)* f. *Ichth.* eel.
angular *(ahngoolár)* adj. angular.
ángulo *(áhngooloh)* m. angle, corner.
angustia *(ahngóossty:ah)* f. enguish, affliction, pang.
angustiar *(ahngoosstyár)* tr. to, feel anguish, to worry, to afflict.
anhelar *(ahnaylá***R***)* intr. to longfor, to covet, to desire.
anhelo *(ahnáyloh)* m. anxiousness, eagerness, aspiration, longing.
anidar *(ahneedá***R***)* intr. to nestle ring, hoop.
anilla *(ahnéelya)* f. (curtain) ring, hoop.
anillo *(ahnéelyol* m. (finger)ring; **como ~ al dedo**, just right.
ánima *(áhneemah)* f. soul, ghost.
animación *(ahneemahthy:ón)* s. animation, liveliness, bustle.
animal *(ahneemáhl)* m. animal; **~ de bellota**, hog, pig.
animar *(ahneemah***R***)* tr. to cheer, to enliven; v. r. to cheer up, to grow lively.
ánimo *(áhneemoh)* m. spirit; courage, valour, bravery; **¡~!**, cheer up! come on!
animosidad *(ahneemohseedáhd)* f. animosity, unfriendliness, hostility, dislike.
animoso *(ahnéemóhsoh)* adj. couragenous, brave, bold, eager.
aniquilación *(ahneekeelahthyon)* f. annihilation.
aniquilar *(ahneekeelá***R***)* tr. to annihilate.
anís *(ahneess)* anisette; *Bot.* anise, anisseed.
aniversario *(ahneebay***R***sáhryoh)* m. anniversary.
ano *(áhnoh)* m. anus; (fam.) arse.
anoche *(ahnochay)* adv. last night.

A

A

anochecer *(ahnochaytháyR)* intr. to get dark; m. evening, dusk, night-fall.
anodino *(ahnohdéenoh)* adj. pontles, insipid, graceless.
anomalía *(ahnomahlée:ah)* f. anomaly.
anómalo *(almóhmahloh)* adj. anomalous.
anonadar *(ahnohnahdáR)* tr. to stun, annihilate, destroy, exterminate.
anorak *(ahnorák)* m. anorak.
anotación *(ahnohtahthyón)* f. annotation, note.
anotar *(ahnohtáR)* tr. to write notes, to take down.
ansia *(áhnsyah)* f. anxiety, eagerness, longing, anguish.
ansiar *(ahnsyáR)* tr. to long for.
ansiedad *(ahnsyáydáhd)* f. anxiety.
ansioso *(ahnsyóhsoh)* adj. avid, anxious, eager.
antagónico *(ahntahgóhneekoh)* adj. antagonistic.
antagonista *(ahntahgohnéesetah)* m. f. antagonist, opponent, adversary, enemy.
antaño *(ahntáhnyoh)* adv. last year, in the old days, long ago.
antártico *(ahntáRteekoh)* adj. antarctic.
ante *(áhntay)* prep, before, above; m. elk, suede leather.
anteanoche *(ahntayahnóhchay)* adv. the night before last.
anteayer *(ahntayahyáyR)* adv. the day before yesterday.
antebrazo *(ahntaybráhthoh)* m. forearm.
antecedente *(ahntaythaydánntay)* tr. to precede, to go in front, precedent, antecedent.
antecesor *(ahntaythayssóR)* m. predecesor, foregather, ancestor.
antelación *(ahntaylahthyón)* f. priority; **con** ~, beforehand.
antemano *(ahntaymáhnoh)* adv. beforehand.
antena *(ahnténah)* f. *Rad.* aerial; *Ent.* antenna.
anteojo *(ahntayóHoh)* m. a spyglass; pl. spectacles, glasses.
antepasados *(ahntaypahsádos)* m. pl. forefathers, ancestors, predecessors.
anteponer *(ahntaypohnáiR)* tr. to prefer, to place before.
anterior *(ahntayryóR)* adj. anterior, former, previous.
anterioridad *(ahntayryohredáhd)* f. anteriority, priority; **con** ~, previously, formerly.
antes *(áhntayss)* adv. before, earlier, beforehand, first; **cuanto** ~, as soon as possible; **de** ~, of old.
antiadherente *(ahnteeahdehréhnteh)* adj. nonstick surface.
anticipación *(ahnteetheepahthyón)* f. anticipation; **con** ~, in advance.
anticipar *(ahnteetheepáhR)* tr. to anticipate, to predict, to foresee, foretell.
anticuado *(ahnteekwáhdoh)* adj. antiquated, obsolete, out of date, old fashioned.
anticuario *(ahnteekwáhryoh)* m. antiquarian, antiquery.
antídoto *(ahntésdektoh)* m. antidote.
antifaz *(ahnteefáth)* m. mask.
antigualla *(ahnteegwáhlyah)* f. antique.
antigüedad *(ahnteegwaydáhd)* f. antiquity, ancient times.
antílope *(antéelopay)* m. antelope.
antinatural *(ahnteenaktooráhl)* adj. unnatural.
antipatía *(anhteepahtée:ah)* f. antipathy, aversion, dislike.
antipático *(anhteepáhteekoh)* adj. unpleasant, unfriendly, displeasing.
antípodas *(ahntéepohdahs)* m. pl. antipodes.
antisemita *(ahnteesayméetah)* adj. y s. anti-Semite, Jew-hater.
antítesis *(ahntéetasysiss)* f. *Gram,* antithesis.
antitético *(ahnteetéykteekoh)* adj. antithetical.
antojarse *(ahntohháRsay)* r. to fancy, to be capricious, to be whimsical; **hace lo que se le antoja**, he pleasses himself, fancy, fed, caprice.

antología *(ahntohlohHée:ah)* f. anthology.
antológico *(ahntohlóhHeeko)* adj. anthologic(al).
antorcha *(ahntórchah)* f. torch, taper, banner.
antro *(áhntroh)* m. caver(n), dump, hellhole
antropófago *(ahntrohpóhfahgoh)* adj. y s. cannibal, maneater.
antropología *(ahntrohpohloh-Hée:ah)* f. anthropology.
anual *(ahnwáhl)* adj. annual, yearly.
anualidad *(ahnwahleedáhd)* f. annuity, yearly allowance.
anuario *(ahnuwáhryo)* m. yearbook, (trade) directory.
anudar *(ahnoodáR)* tr. to knot.
anulación *(ahnoolahthyón)* f. annulment, cancellation, abrogation, repeal.
anular *(ahnooláR)* tr. to anul, to cancel, to make void, to abolish; adj. ring-shaped; **dedo ~**, ring finger.
anunciación *(ahnoonthyahthyón)* s. annunciation, announcement.
anunciar *(ahnoonthyáR)* tr. to announce, to notify.
anuncio *(ahnóonthyoh)* m. advertisement (fam.); announcement, notice.
anverso *(ahnbáyRsoh)* m. obverse.
anzuelo *(ahnthwáyloh)* m. fishhook; **picar el ~**, to be tricket; **tragar el ~**, to swallow the bait.
añadidura *(anyahdeedóorah)* f. addition; **por~**, what is more.
añadir *(ahnyahdéeR)* tr. to add.
añejo *(ahnyáyHoh)* adj. old, stale.
año *(áhnyoh)* m. year; **~ bisiesto**, leap-year; **tener ~s**, to be years old; **~ escolar**, school years; **por (al/cada) ~**, yearly.
añoranza *(ahnyohráhnthah)* f. homesickness.
aovar *(ahlohbáR)* tr. to lay eggs.
apacentar *(ahpahthayntáR)* tr. to graze.
apacible *(ahpahthéeblay)* adj. affable, still, quiet.
apaciguar *(ahpahthegwáR)* tr. to appease, to pacify, to calm; v. r. to calm down.
apadrinar *(ahpahdreenáR)* tr. to support, to patronize, to protect, to stand godfather for a child.
apagado *(ahpahgádoh)* adj. humble-minded, dull, faded (coll.); out (fire).
apagar *(ahpahgáR)* tr. to turn off, to shut off, to quench, to extinguish, to put out; **~ la sed**, to quench thirst; **~ el fuego**, to put the fire out.
apagarse *(ahpahgáRsay)* to go out (fire).
apalear *(ahpahlayáR)* tr. to beat, to cane, to whip, to maul, to beat down fruit, o winnow grain.
aparador *(ahpahradóR)* m. sideboard, dresser, cupboard.
aparato *(ahpahráhtoh)* m. apparatus, appliance, device.
aparatoso *(ahpahrahtóhsoh)* adj. showy, pompous, exaggerated, impressive.
aparecer *(ahpahraytháyR)* tr. to appear, to come up, to turn up.
aparecido *(ahpahraythéodoh)* m. ghost, shadow.
aparejador *(ahpahrayWahdóR)* m. masterbuilder.
aparejar *(ahpahrayHáR)* tr. to prepare, to get ready; (horses) to saddle; *Naut.* to rig.
aparejo *(ahpahráyHoh)* m. apparel, tackle, tarness (horses), tackle, rigging; *Naut.* m. pl. tools, tackle.
aparentar *(ahpahrayntáR)* tr. to pretend, to assume, to feign, to make believe, to put an act.
aparente *(ahpahráyntay)* adj. apparent.
aparición *(ahpahreethyón)* f. apparition.
apariencia *(ahpahryénthyah)* f. aspect, appearance; **las ~s engañan**, appearances are deceiving.

A

A

apartado *(ahpaRtáhdoh)* adj. separated, remote; section, paragraph; ~ **postal**, m. post office box.
apartamento *(ahpaRtahmáyntoh)* m. flat, apartment.
apartamiento *(ahpaRtahmyéntoh)* m. separation.
apartar *(ahpaRtáR)* tr. to put aside, to sort out, to part, to separate.
apartarse *(ahpaRtáRsay)* r. tr. withdraw; to move aside, to move away.
aparte *(ahpáRtay)* adv. apart, separately, aside; **bromas** ~, joking aside.
apasionar *(ahpahsyohnáR)* tr. to impassionate, to excite, to love, to make feel passionate about.
apasionarse *(ahpahsyohnáRsay)* r. to become impassioned, to become excited, to become very fond of.
apatía *(ahpahtée:ah)* f. apathy, indifference, phlegn, coldness.
apático *(ahpáhteekoh)* adj. apathetic, indifferent, phlegmatic, cold.
apeadero *(ahpayahdáyroh)* m. halt, stop (rail).
apear *(ahpayáR)* tr. to alight, to get off, to step down, to survey.
apearse *(ahpayáRsay)* r. to alight, to get off, to step down.
apedrear *(ahpaydrayáR)* r. to stone.
apegarse *(ahpaygáRsay)* r. to attach oneself, to adhere to.
apego *(ahpáygoh)* m. attachment.
apelación *(ahpaylahthyón)* f. *Law.* appeal.
apelar *(ahpayláR)* intr. to appeal.
apellidado *(ahpaylyeedáhdoh)* adj. named, called.
apellidar *(ahpaylyeedár)* tr. to. call (one by his name), to proclaim, to name; v. r. to be called.
apellido *(ahpaylyéedoh)* m. surname, family name, last name.
apenar *(ahpaynáR)* tr. to (cause) pain, frief, sorrow; v. r. to grow sad, to grieve.
apenas *(ahpáynahs)* adv. scarcely, hardly, no sooner than: as soon as.
apéndice *(ahpáyndeethay)* m. appendix.
apendicitis *(ahpayndeethéeteess)* f. appendicitis.
apercibimiento *(ahpayRtheebeemyéntoh)* m. advice, warning, arrongement, summons.
apercibir *(ahpayRtheebéeR)* tr. to warn, to advise, to get ready, to summon (law).
aperitivo *(ahpayreetéeboh)* m. appetizer.
aperreado *(ahpayRayáhdoh)* adj. harassed, fatigued; (coll.) annoyed, thrown to the dogs.
apertura *(ahpayRtóorah)* f. opening, beginning.
apesadumbrado *(ahpayssahdoombráhdoh)* adj. sad, mournful, cheerless; (coll.) out of sorts, out of spirits.
apesadumbrar *(ahpaysahdoombráR)* tr. to vex, to sadden, to take, to heart, to grieve; (coll.) to look blue.
apestar *(ahpaysstáR)* tr. to pester; intr. to stink, to be foul-smelling.
apetecer *(ahpaytaytháyR)* tr. to desire, to fancy, to long for, to craye after, to take a fancy to.
apetecible *(ahpaytaythéeblay)* adj. desirable, appetising, desired.
apetencia *(ahpaytáynthyah)* f. appetite, desire, hunger, longing craving.
apetito *(ahpaytéetoh)* m. hunger, appetite, desire.
apetitoso *(ahpayteetóhsoh)* adj. savoury, appetising.
apiadarse *(ahpyahdáRsay)* r. to pity, to take / feel pity for.
ápice *(áhpeethay)* m. apex, top, summit, trifee, bit.
apicultura *(ahpeekooltóorah)* f. apiculture.
apilado *(ahpeeláhdoh)* adj. piled up.
apilar *(ahpeeláR)* tr. to pile up, to make piles, to make heaps.

apiñar *(ahpeenyá***R***)* tr. to cluster, to crowd.
apio *(áhpeyoh)* m. *Bot.* celery.
apisonar *(ahpeesohná***R***)* tr. to ramdown.
aplacar *(ahplahká***R***)* tr. to appease, to pacify, to calm down.
aplanar *(ahplahná***R***)* tr. to level, to flatten, to make even.
aplastar *(ahplahstá***R***)* tr. to crush, to smash, to flatten; v. r. to become flat.
aplaudir *(ahplahfoodéer)* tr. to applaud, to clap.
aplauso *(ahplah/óosoh)* m. applause, to clap.
aplazamiento *(ahplahthahmyéntoh)* m. postponement, to clap.
aplazar *(ahplahthá***R***)* tr. to postpone, to put off, to delay, to defer; (coll.) to steep on it.
aplicación *(ahpleekahthyán)* f. application.
aplicado *(ahpleekáhdoh)* adj. studious, industrious, hardworking.
aplicar *(ahpleeká***R***)* tr. to apply, to use to make use of, to employ.
aplicarse *(ahpleeká***R***say)* r. to study assiduously.
aplomado *(ahplohmáhdoh)* adj. lead-coloured, leaden; (fig.) dull, heavy.
aplomo *(ahplómoh)* m. tact, prudence, serenity, coolness, calmness.
apocado *(ahpokáhdoh)* adj. pusillanimous, cowardly, shy timid; (coll.) chickenhearted.
apócrifo *(ahpókeefoh)* adj. apocryphal.
apodar *(ahpohdá***R***)* tr. to nickname.
apoderado *(ahpohdayráhdoh)* adj. empowered; m. proxy, attorney.
apoderarse *(ahpohdayrá***R***say)* tr, to seize, to take possession of.
apodo *(ahpóhdoh)* m. nickame.
apogeo *(ahpoh***H***áyoh)* m. apogee, acme.
apolillado *(ahpohleelyáhdoh)* adj. moth-eaten.
apolillarse *(ahpohleelyá***R***say)* r. to become moth-eaten.
apologético *(ahpohloh***H***áytekoh)* adj. apologetic.
apología *(ahpohloh***H***ée:ah)* f. apology.
apoplegía *(ahpohplay***H***ée:ah)* f. apoplexy.
aporrear *(ahpoh***R***ayá***R***)* tr. to bear, to cudgel, to knock.
aportar *(ahpo***R***tá***R***)* tr. to adduce, to make a contribution; to contribute, to give, to provide.
aposentar *(ahpohsayntá***R***)* tr. to lodge.
aposento *(ahpohsáyntoh)* m. room, apartment.
apósito *(ahpóhseetoh)* m. *Med.* external application, dressing.
aposta *(ahpóstah)* adv. intentionally, on purpose.
apostar *(ahpostá***R***)* tr. to bet, to hold a wager.
apostasía *(ahpostahsée:ah)* f. apostasy.
apóstata *(ahpóstahtah)* m. f. apostate, abjurer, renegade, turncoat.
apostatar *(ahpostahtá***R***)* intr. to apostatize, to forsake, to abjure.
apostillar *(ahposteelyá***R***)* tr. to make marginal notes.
apóstol *(ahpóstol)* m. apostle; *Naut.* pl. hawsepieces.
apostolado *(ahpostohláhdoh)* m. apostieship.
apostólico *(ahpostóhleekoh)* adj. apostolical.
apoteosis *(ahpotayóhsees)* f. apotheosis, exaltation.
apoyar *(ahpohyá***R***)* tr. to back, to rest on, to lean on.
apoyarse *(ahpohyá***R***say)* r. to lean upon.
apoyo *(ahpóhyoh)* m. prop, stay, support, help, protection.
apreciable *(ahpraythyáblay)* adj. respectable, worthy, valuable, worthy of esteem.
apreciación *(ahpraythyáthyon)* f. appreciation, estimation, valuation, appraisement.
apreciar *(ahpraythyá***R***)* tr. to appreciate, to estimate, to price to,value, to appraise, to esteem.

aprecio *(ahpraythyoh)* m. to esteem, regard.

aprehender *(ahpray/eyndayR)* tr. to apprehend, to seize.

aprehensión *(ahpray/aynsyon)* f. apprehension, fear, seizure, capture.

apremiar *(ahpraymyáR)* tr. to urge, to press.

apremio *(ahpráfmyoh)* m. urgency, pressure.

aprender *(ahprayndayR)* tr. to learn; ~ **de memoria**, to learn by heart.

aprendiz *(ahpraydeeth)* m. apprentice; ~ **de todo**, ... fack of all trades...

aprendizaje *(ahpryndeethahHay)* m. apprenticeship, training.

aprensión *(ahpraynsyón)* f. fear, apprehension, mistrust, suspicion; (fig.) timidity, bash-fulness.

aprensivo *(ahprenséeboh)* adj. apprehensive, bashful, fearful.

apresar *(ahpraysáR)* tr. to seize, to grasp, to imprison.

aprestar *(ahpraysstáR)* tr. to prepare, to make ready, arrange; v. r. to get ready, to prepare oneself.

apresto *(ahpraysstoh)* s. preparation, ready.

apresuramiento *(ahprayssoorahmyéntoh)* m. eagerness; haste.

apresurar *(ahprayssooráR)* tr. to hasten, to hurry, to rush, to speed.

apresurarse *(ahprayssooráRsay)* r. to make haste.

apretar *(ahpraytáR)* tr. to tighten, to press down, to press; ~ **las manos**, to shake hands.

apretón *(ahpraytón)* m. grip, squeeze; ~ **de manos**, handshake.

apretado *(ahpraytahdoh)* adj. tight, difficult; (fig.) mean, close fisted.

apretujar *(ahpraytooHaR)* to squeeze.

apretura *(ahpraytoorah)* s. f. tight squeeze; (fig.) dificulty.

aprieto *(ahpryetoh)* m. jam crush.

aprisa *(ahpréesah)* adv. fast, quickly, swiftly, hurriedly; ¡~!, Hurry! hurry up!

aprisionar *(ahpresyohnáR)* tr. to confine, to imprison; (fig.) to get fastened.

aprobación *(ahprohbahthyón)* f. approval, consent; **con la ~ de**, with the consent of.

aprobado *(ahprohbáhdoh)* m. pass (in an examination); adj. approved, accepted; ~ **por unanimidad**, aproved unanimously.

aprobar *(ahprohbáR)* tr. to approve, to pass; (exams); ~ **una asignatura**, to pass a subject, to get a pass mark in a subject.

apropiación *(ahprohpyahthyón)* f. appropriation.

apropiado *(ahprohpyáhdoh)* adj. appropriate; fit, correct, right; **la persona ~a**, the right person; **la palabra ~a**, the correct/right.

apropiarse *(ahprohpyáRsay)* r. to appropiate.

aprovechable *(ahprohbaycháhblay)* adj. profitable.

aprovechamiento *(ahprohbaychahmyéntoh)* m. profit, utility, exploitation, utilization, progress.

aprovechar *(ahprohbaycháR)* tr. to utilize, to make good use of, to use up, to take advantage of.

aprovecharse *(ahprohbaycháRsay)* r. to take advantage of.

aproximación *(ahprokseemahthyón)* f. approximation, nearness, closeness.

aproximado *(ahprohseemahdoh)* adj. approximate, next, close, near.

aproximar *(ahprokseemáR)* tr. to approach, to approximate, to come near, to come close, to go near/to go close.

aptitud *(ahpteetóod)* f. aptitude, fitness, ability, capacity.

apto *(áhptoh)* adj. apt, able, fit, competent.
apuesta *(ahpwáysstah)* f. bet, wager.
apuesto *(ahpwáysstoh)* adj. elegant, good-looking.
apuntación *(ahpoontahthyón)* f. anotation, note.
apuntador *(ahpoontahdóR)* m. indicador; *Theat.* prompter.
apuntalar *(ahpoontahláR)* tr. *(Arch.)* to prop up, to shore up, to brace, to underpin.
apuntar *(ahpooniáR)* tr. to aim at, to point out, to indicate; *Theat.* to prompt.
apunte *(ahpóontay)* m. annotation, note, sketch, aim; **tomar ~s**, to take notes.
apuñalar *(ahpoonyahláR)* tr. to stab.
apurar *(ahpooráR)* tr. to exhaust, to tease, to hurry.
apurarse *(ahpooráRsay)* r. to worry, to fret. **¡no te apures!** Don't worry!
apuro *(ahpóoroh)* m. trouble, anguish, difficulty, want need; **estar en ~s**, to be in trouble to be in want.
aquejar *(ahkayHáR)* tr. to afflict, to complain.
aquel *(ahkayl)* pron. m. that one; pr. dom. that, the former.
aquella *(ahkáyiyah)* pron. f. that (one).
aquí *(ahkée)* adv. here; **de ~**; from here; **de ~ para allá**; to and fro; **por ~**, this way.
aquiescencia *(ahkyestháynthya)* f. assent.
aquietar *(ahkyetaR)* tr. to appease, to quiet, to pacify, to calm, to keep still; v. r. to quiet down, to calm down.
aquilatar *(ahkeelahtáR)* tr. to assay.
ara *(ahrah)* f. altar.
arabesco *(ahrahbaysskoh)* m. arabesque.
arado *(ahráhdoh)* m. plough, (US) plow.
arancel *(ahrahnthayl)* m. tariff (or scale) of duties, fees.
arandela *(ahrandaylah)* m. *Mech.* washer, collarplate. *Naut.* half-ports.
araña *(ahráhnyah)* f. *Ent.* spider, chandelier.
arañar *(ahrahnyáR)* tr. to scratch; *Mus.* to scrape; (coll.) to scrape up, to scrape together.
arañazo *(ahrahnyáhthoh)* m. scracht.
arar *(ahráR)* tr. to plought; (US) to plow.
arbitraje *(aRbeetráhHay)* m. arbitration, referrering.
arbitrar *(aRbectráR)* tr. to arbitrate, to counsel, to advise, to referee, to judge.
arbitrariedad *(aRbeetrahryedád)* f. arbitrariness.
arbitrario *(aRbeetráryoh)* adj. arbitrary.
arbitrio *(aRbéetryoh)* m. free will; **~s**, local taxes.
arbitro *(áRbeetroh)* m. arbitrador; *Sport,* referee, umpire.
árbol *(áRbol)* m. tree; **~ de Navidad** Chrismas tree; *Mech.* de transmisión, horizontal, shaft; *Herl.* **~ genealógico**, genealogical tree.
arbolado *(aRbohládoh)* adj. wooded; m. tress (collectively).
arbusto *(aRbóostoh)* m. shrub, bush.
arca *(áRkah)* f. chest, coffer, safe; **~ de Noé**, Noah's Ark.
arcada *(aRkáhdah)* f. *Arch.* arcade.
arcaico *(aRkáh/eekoh)* adj. archaic.
arcángel *(aRkáhnHel)* m. archangel.
arcediano *(aRthaydyáhnoh)* m. archdeacon.
arcilla *(aRthéelyah)* f. clay.
arcilloso *(aRtheelyóhsoh)* adj. clavey, clayish.
arcipreste *(aRtheepraysstay)* m. archpriest.
arco *(áRkoh)* m. *Geom.* arc; *Arch.* arch; *Arm.* bow; **~ iris**, rainbow.
archipiélago *(aRcheepyáylahgoh)* m. archipelago.
archivar *(aRcheebáR)* tr. to file, to record, to put away in a file.
archivero *(aRchbáyroh)* m. archivist, recorder, register.

A

archivo *(aRchéeboh)* m. archive(s), register, file, registry; pl. records, rolls; ~ **adjunto**, attchment.
arder *(aRdayR)* intr.to burn, to blaze; ~ **en deseos de...**, to burn with desire of...
ardid *(aRdéed)* m. stratagem, trick, dodge, cheat.
ardiente *(aRyéntay)* adj. ardent, burning, hot; (fig.) passionate.
ardilla *(aRdéelyah)* f. squirrel; **listo como una ~**, sharp as a needle.
ardor *(aRdóR)* m. ardouer, fervour, great heat, enthusiasm, eagerness; **en el ~ de la batalla**, in the heat of the battle.
arduo *(áRdoo:oh)* adj. arduous, difficult, hard, knotty.
área *(áhRayah)* f. area, are (100 square meters).
arena *(ahRáynal)* f. sand, grit; **~s**, movedizas, quicksand.
arenal *(ahRaynáh)* m. sands, sandpit.
arenga *(ahRayngah)* s. harangue.
arengar *(ahRayngáR)* intr. to harangue.
arenisca *(ahRaynéesskah)* f. sandstone.
arenoso *(ahRaynóhsoh)* adj. sandy, gritty.
arengue *(ahRaykay)* m. herring
argamasa *(aRgahmáhsah)* f. mortar.
argentado *(aRRentáhdoh)* adj- silvery, silvered.
argolla *(argóhlyah)* f. large ring, hoop.
argot *(aRgót)* m. cant, slang.
argucia *(aRgósthyah)* f. subtlety, evasion, subterfuga.
argüir *(aRgwéeR)* intr. to argue, to dispute, to imply.
argumentación *(aRgoomayntahthyón)* f. argumentation.
argumentar *(aRgoomayntáR)* intr. to argue, to dispute.
argumento *(aRgooméntoh)* m. argument, plot in stories.
aridez *(ahreedáyth)* t. drought, aridity, dryness, barrenness.
árido *(áhreedoh)* adj. arid, dry, barren.
arisco *(ahréesskooh)* adj. surly, sullen, sulky, gruff, churlish.
arista *(ahreesstah)* f. *Bot.* arista, chaff, edge; *Geom.* intersection, line.
aristocracia *(ahreesstohkráhthyah)* f. aristocracy.
aristócrata *(ahreesstóhkrahtah)* m. f. aristocrat.
aristocrático *(ahreesstohkráhteekoh)* adj. aristocratical.
aritmética *(ahreethmáyteekah)* f. arithmetic.
arma *(áRmah)* f. weapon, arm; ~ **de fuego**, fire-arm; ~ **blanca**, steel-arm.
armada *(aRmáhdah)* f. fleet, navy.
armado *(aRmáhdoh)* adj. weaponed, armed; *Mech.* mounted.
armador *(aRmahdohk)* s. shipowner.
armamento *(aRmahmayntoh)* m. armament.
armar *(ahRmáhR)* tr. to arm; *Mech.* to mounth; *Naut.* to fit out; ~ **una bronca**, to make a row; ~ **ruido**, to cause trouble; **¡buena se va ~!**, a storm is brewing up!
armario *(aRmáryoh)* m. closet, cupboard, wardrobe.
armazón *(aRmahthón)* m. frame, framework, carcass.
armería *(ahRmayréeah)* f. armory, arsenal.
armero *(aRmáyroh)* m. gunsmith.
armiño *(aRméenyoh)* m. *Zool.* ermine, stoat.
armisticio *(aRmeesstéethyoh)* m. armistice.
armonía *(aRmohnée:ah)* f. harmony, concord; (fig.) friendship; *Mus.* harmonization.
armónica *(aRmonekah)* f. harmonica.
armónico *(aRmóhneekoh)* adj. harmonical.
armonizar *(aRmohneetháR)* tr. to harmonize, to match.
arnés *(aRnayss)* m. harness.
aro *(áhroh)* m. hoop, ring.
aroma *(ahróhmah)* f. aroma, scent, perfume, fragrance.
aromático *(ahrohmáhteekoh)* adj. aromatic.
aromatizar *(ahrohmahteetháR)* tr. to aromatize, to perfume.

arpa *(á***R***pah)* f. harp.
arpía *(a***R***pée:ah)* f. harpy, fiend, shrew.
arpillera *(a***R***peelyáyrah)* f. sack-cloth.
arpón *(a***R***pón)* m. harpoon.
arpon(e)ar *(a***R***pohnayá***R***)* tr. to harpoon.
arquear *(a***R***kaya***R***)* tr. to arch; *Naut.* to gauge ships; ~ **las cejas**, to arch the eyebrows.
arqueología *(a***R***kayohloh***H***eéah)* f. archaeology.
arqueólogo *(a***R***kayóhlohgoh)* m. archaeologist.
arquero *(a***R***káyroh)* m. treasurer, archer, bow-maker, goal keeper.
arquitecto *(a***R***keetáyktoh)* m. architect.
arquitectónico *(a***R***keetayktohnee-koh)* adj. architectural.
arquitectura *(a***R***keetayktoorah)* f. architecture.
arrabal *(ah***R***ahbáhl)* m. suburg; pl. outskirts.
arracimarse *(ah***R***ahtheema***R***ssay)* v.r. to cluster.
arraigado *(ah***R***ah/eegahdoh)* r. to settle (down).
arraigar *(ah***R***ah/eega***R***)* intr. to settle (down).
arraigarse *(ah***R***ah/eetga***R***say)* r. to settle (down)
arraigo *(ah***R***ah/eegoh)* m. radi-cation, rootedness, settling in a place; **hombre de** ~, property man.
arrancar *(ah***R***ahnká***R***)* tr. to root out, to pluck (up); intr. to start (up), to uproot, to pull out, to extirpate, to expectorate; ~**de un tirón**, to pull out with one go; ~**de raíz**, to uproot.
arranque *(ah***R***áhnkay)* m. extirpa-tion, fit of passion, sudden start; *Mech.* start, (motor), starter.
arrasar *(ah***R***ahsá***R***)* tr. to level, to destroy, to raze, to fill to the brim.
arrastrar *(ah***R***ahstrá***R***)* tr. to drag along, to haul.
arrastrarse *(ah***R***ahstrá***R***say)* tr. to creep, to crawl.
arrastre *(ah***R***áhstray)* m. dragging, hautage; **está para el** ~, to be a wreck, is for the drag.
arrear *(ah***R***ayá***R***)* tr. (fam., coll.) to strike; to urge on.
arrebatar *(ah***R***ayhatá***R***)* tr. to snatch, to carry off.
arrebato *(ah***R***aybáhtoh)* m. sur-prise, sudden attack, (pass.) fit, fury.
arreciar *(ah***R***aythya***R***)* tr. to in-crease.
arrecife *(ah***R***aythéefay)* m. reef.
arreglado *(ah***R***aygláhdoh)* adj. settled, arranged, in order, mended.
arreglar *(ah***R***ayglá***R***)* tr. to regu-late; to arrange, to settle, to mend, to put right, to tidy.
arreglarse *(ah***R***ayglá***R***say)* r. to manage, to turn out well.
arreglo *(ah***R***áygloh)* m. arrange-ment repair, settlement; **con ~ a**, according to.
arremangar *(ah***R***aymahngá***R***)* tr. to roll up (sleeves, trouser-legs, etc.).
arremeter *(ah***R***aymaytay***R***)* tr. to assail, to attack.
arrendador *(ah***R***ayndahdó***R***)* m. landlord, tenant, hirer.
arrendamiento *(ah***R***ayndahmyén-toh)* m. rent(ing), letting, lease.
arrendar *(ah***R***ayndá***R***)* tr. to rent, to hire, to let; **no le arriendo las ganancias!**, don't envy him.
arrendatario *(ah***R***ayndatahreeoh)* m. lessee; tenant.
arrepentido *(ah***R***aypaynteedoh)* adj. repentant.
arrepentimiento *(ah***R***aypayntee-myentoh)* m. repentance, regret, remorse.
arrepentirse *(ah***R***aypayntee***R***say)* r. to repent, to regret, to be sorry for, to rue.
arrestado *(ah***R***aystahdoh)* adj. under arrest, bold, intrepid, daring.
arrestar *(ah***R***aysstá***R***)* tr. to arrest, to imprison, to be under arrest.
arresto *(ah***R***aysstoh)* m. detention, arrest, custody; *Mil.* prison; pl. spirit, mettle, (fam.) guts.

A

arriar *(ahRyáR)* tr. to lower, to strike (flags, sails); *Naut.* to pay out.
arriba *(ahRéebah)* adv. (up)-above, over, up, upstairs; **de ~**, from above; **de ~ abajo**, from head to foot, from top to bottom.
arribar *(ahReebáR)* intr. to arrive; *Naut.* to put into a harbour.
arribo *(ahRéeboh)* m. arrival.
arriendo *(ahRyéndoh)* m. lease, rental.
arriesgado *(ahRyessgáhdoh)* adj. perilous, dangerous, risky, hazardous.
arriesgar *(ahRyessgáR)* tr. to risk, to hazard.
arriesgarse *(ahRyessgáRsay)* r. to dare, to expose oneself, to danger.
arrimar *(ahRymáR)* tr. to approach, to draw near, to put close(r); *Naut.* to stow the cargo; **~ el hombro**, to lend a hand; v. r. to lean on.
arrinconado *(ahReenkonáhdoh)* adj. out of the way, forgotten, neglected.
arrinconar *(ahReenkohnáR)* tr. to put in a corner, to lay aside, to corner; v. r. to retire from the world.
arroba *(ahRóhbah)* f. *Inform.* at, at sign.
arrobamiento *(ahRohbahmyéntoh)* m. ecstasy, enchantment, rapture, bliss.
arrocero *(ahRohtháyroh)* m. rice grower.
arrodillarse *(ahRohdeelyáRsay)* r. to kneel down.
arrogancia *(ahRohgáhnthyah)* f. arrogance, haughtiness, loftiness, pomposity.
arrogante *(ahRohgáhnthay)* adj. arrogant,pompous,haughty,lofty; puff up.
arrojadizo *(ahRohHahdéethoh)* adj. missile, projectile.
arrojado *(ahRophHáhdoh)* adj. forwar, rash, daring, intrepid, thrown, flung.
arrojar *(ahRohHár)* tr. to dart, to fling, to hurl, to dash, to throw; v. r. to throw oneself.
arrojo *(ahRóhHoh)* m. boldness, intrepidity, daring; **con ~**,boldy.
arrollador *(ahRohlyahdóR)* adj. violent, sweeping.
arrollar *(ahRohlyáR)* tr. to roll (up or round), to carry off, to sweep away.
arropar *(ahRohpáR)* tr. to wrap, up well, to cover well.
arrostrar *(ahRostráR)* tr. to face up, to face, to defy; **~ peligros**, to defy dangers; b. r. **~ con**, to defy dangers; v. r. **~ con**, to fight face to face.
arroyo *(ahRóhyoh)* m. stream, brook, creek; (fig.) gutter.
arroz *(ahRóth)* m. rice.
arrozal *(ahRothál)* m. rice field.
arruga *(ahRóogah)* f. curinkle, crease.
arrugar *(ahRoogár)* tr. to wrinkle, to crease, to fold; **~ el entrecejo**, to frown; v. r. (fig.) to flee, to back out.
arruinar *(ahRooeenáR)* tr. to ruin.
arrullar *(ahRoolyáR)* tr. to lull.
arrullo *(ahRóolyoh)* m. lullaby.
arsenal *(aRsaynáhl)* m. arsenal, shipyard, dockyard.
arte *(áRtay)* m. art, skill, craft; **bellas ~ s**, fine arts; **malas ~s**, trickery, cunning; **por ~ de magia**, out of the cuff; **por ~ de birli-birloque**, for no rime or reason.
artefacto *(aRtayfáhktoh)* m. artefact, contraption, appliance.
arteria *(aRtáyryah)* f. *Anat.* artery; (fig.) main road; (railway) trunk line.
artesano *(aRtaysáhnoh)* m. artisan, craftsman.
artesonado *(aRtaysonáhdoh)* adj. panelled (celling).
ártico *(áRteekoh)* adj. artic.
articulación *(aRteekoolahthyón)* f. articulation, joint.
articulado *(aRteekooláhdo)* adj. articulated.
articular *(aRteekooláR)* tr. to articulate.
artículo *(aRtéekooloh)* m. article; **~s de consumo**, commodities.

A

artifice *(aHtéefeethay)* artificer, artisan; (fig.) author.
artificial *(aRteefeehyál)* adj. artificial.
artificio *(aRteeféethyoh)* m. artifice, craft, device.
artillería *(aRteelyayréeah)* f. artillery.
artillero *(aRteelyáyroh)* m. artillery-man, gunner.
artimaña *(aRteemáhnyah)* f. trap, trick, stratagem, artifice, craft.
artrosis *(aRtróhsees)* f. arthrosis.
artista *(artéesstah)* s.; (painting) artist, *(Theat.*, etc.) artiste.
arzobispado *(aRthohbeesspáhdoh)* r. archbishopric.
arzobispo *(aRthohbéesspoh)* m. archbishop.
as *(áhs)* m. ace; champion; **es un ~**, he's a champion.
asa *(áhsah)* f. hande; haft.
asado *(ahsáhdoh)* adj. roasted, grilled, broiled; m. roast.
asador *(ahsahdóR)* m. roasting jack, spit.
asaltar *(ahshltáR)* tr. to assail, to assault.
asalto *(ahsáhltoh)* m. assault; **por ~**, by storm; **guardia de ~**, riot/ shock police.
asamblea *(ahsahmbláyah)* f. assembly, meeting, congress.
asar *(ahsáR)* tr. to roast; **~ a la parrilla**, to grill; **~se de calor**, to be boiling hot.
asbesto *(asbésto)* m. asbesto.
ascendencia *(ahsthayndáynthyah)* f. ascendency, ancestory; (fig.) origin.
ascedente *(ahsthayndáyntay)* adj. ascendant, ascending, rising, climbing.
ascender *(ahsthayndáyR)* tr. intr. to ascend, to climb; (*Mil.*, etc.) to be promoted, to rise up; *Com.* to amount to.
ascendiente *(ahsthayndyéntay)* m. ancestor, influence, weight.
ascensión *(ahsthoynsyón)* f. ascension.
ascenso *(ahsthénsoh)* m. ascent; *(Mil.*, etc.) promotion; *Sport.* climb.
ascensor *(ahsthaynssóR)* m. lift (UK); elevator (US); **~ montacargas**, hoist.
asceta *(ahstháytah)* s. ascetic, hermit.
ascético *(ahstháyteekoh)* adj. ascetic.
asco *(áhskoh)* m. nausea, loathing, disgust, despicable thing; **tener ~, to** sicken, to make one sick.
aseado *(ahsayáhdoh)* adj. clean, neat, tidy.
asear *(ahsayáR)* tr. to clean, to make clean and tidy, to tidy up.
asechar *(ahsaycháR)* tr. to wayley, to ambush.
asediar *(ahsaydyáR)* tr. to besiege; (fig.) to importune; **~ a preguntas**, to snow under with questions.
asedio *(ahsáydyoh])* m. siege.
asegurador *(ahsaygoorahdóR)* m. insurer, underwriter.
asegurar *(ahsaygooráR)* tr. to fasten, to secure; *Com.* to insure.
asegurarse *(ahsaygooráRsay)* r. to make sure
asemejarse *(ahsaymayHáRsay)* r. to resemble.
asenso *(ahsáynsoh)* m. consent, assent.
asentado *(ahsayntáhdoh)* adj. seated, settled, fixed.
asentar *(ahsayntáR)* tr. to seat, to fix; (accounts) to enter, to deal (blows); to settle.
asentir *(ahsayntéeR)* intr. to assent, to agree, to concede.
aseo *(ahsáyoh)* s. tidiness, cleanliness, neatness.
aséptico *(ahsáypteekoh)* adj. *Med.* aseptical.
asequible *(ahsaykéeblay)* adj. attainable, available, obtainable.
aserradero *(ahsayRahdáyroh)* m. saw-mill.
aserrar *(ahsayRáR)* v.t. to saw.
asesinar *(ahsayseenáR)* tr. *Pol.* to assassinate, to murder.
asesinato *(ahsayseenáhtoh)* m. assassination, murder.
asesino *(ahsayséenoh])* m. assassin, murderer.
asesor *(ahsaysóR)* m. counsellor, adviser, assessor.
asesorar *(ahsaysohráR)* tr. to advise.

asesorarse *(ahsaysohráRsay)* r. to take legal advice, to consult.
asesoría *(ahsaysohrée:ah)* f. consulting office.
asestar *(ahsaystaR)* v. t. to point, to aim, to strike (blows).
aseveración *(ahsaybayrahthyon)* f. asseveration.
aseverar *(ahsaybayráR)* tr. to asseverate, to affirm.
asfalto *(ahsfáhltoh)* m. asphalt.
asfixia *(ahsféeksyah)* f. *Med.* asphyxia.
asfixiar *(ahsfiksyáR)* tr. to asphyxiate, to suffocate.
así *(ahsée)* adv. so, thus, like ~ **que**, and so, therefore; ~ **que llegó**, as soon as he arrived; ~ así, so-so.
asiático *(ahsyáhtekoh)* adj. m. Asiatic, Asian.
asidero *(ahseedayroh)* m. holder, handle; (fig.) pretext, occasion.
asiduidad *(ahseedooeedahd)* s. assiduity.
asiduo *(ahséedoo:oh)* adj. assiduous, steady, regular.
asiento *(ahsyéntoh)* m. seat; (accounts) entry; **tomar** ~, to take a seat (chair) (coll.) bottom.
asignación *(ahseegnahthyón)* f. assignment, allotmen, grant, distribution.
asignar *(ahseegnáR)* tr. assign, to ascribe.
asignatura *(ahseegnahtóorah)* f. subject (of study).
asilo *(ahséeloh)* m. asylum, refuge, sanctuary; ~ **político**, political asylum; ~ **de locos**, lunatic asylum, shelter.
asimilación *(ahseemeelahthe:ón)* f. assimilation.
asimilar *(ahseemeelaR)* tr. *Zool. Bot.* to assimilate; (fig.) to take in.
asimismo *(ahseemeessmoh)* adv. likewise, equally, and also.
asir *(ahséeR)* tr. to grasp, to seize, to hold, to grip; ~ **por los cabellos**, to seize by the hair.
asistencia *(ahseestayntay)* f. actual presence, attendance, assistance, aid, help.
asistente *(ahseestayntay)* m. assistant, helper; *Mil.* orderly; adj. assisting, helping.
asistenta *(ahseestayntah)* f. part-time maid, dailyhelp.
asistir *(ahseesteeR)* intr. to be present, to attend; tr. to help.
asma *(áhsmah)* f. asthma.
asmático *(ahsmáhteekoh)* adj. asthmatic.
asno *(áhsnoh)* m. ass, donkey; (fig.) stupid, clot.
asociación *(ahsohthyahthyón)* f. association, fellowship.
asociado *(ahsohthyáhdoh)* m. associate, partner, member.
asolador *(ahsohlahdoR)* adj. desolating, destroying.
asolar *(ahsohláR)* tr. to destroy, to raze to the ground to pillage, to devastate.
asomar *(ahsohmáR)* intr. to appear, to show; *Naut.* to loom.
asomarse *(ahsohmáRsay)* r. to lean out/over.
asombrar *(ahsombráR)* tr. to astonish, to amaze, to frighten.
asombrarse *(ahsombráRsay)* r. to wonder.
asombro *(ahsómbroh)* s. astonishment, amazement, dread, terror, fright.
asombroso *(ahsombróhsoh)* adj. amazing, astonishing, marvellous, wonderful.
asomo *(ahsóhmoh)* m. hint, trace, sign, indication, mark; **ni por** ~, by no means.
aspa *(áhspah)* f. cross, reel.
aspecto *(ahspaytoh)* m. aspect, appearance, sight, looks.
aspereza *(ahspayráythah)* f. asperity; (character) harshness, acrimony; (surface) roughness, ruggedness.
áspero *(ahspayroh)* adj. rough, harsh.
aspersión *(ahspayRsyon)* m. spraying, sprinkling.
aspiración *(ahspeerahthyón)* f. aspiration, desire, hope, aim.
aspirante *(ahspeerahntay)* m. candidate; adj. aspiring.
aspirar *(ahspeeráR)* tr. to draw

breath, to aspire, to aim at, to hope, to covet.

aspirina *(ahspeereenah)* f. aspirin.

asquear *(ahskayáR)* tr. to loathe, to nauseate.

asquerosidad *(ahskayrohseedáhd)* f. nastiness, filthiness, foulness.

asqueroso *(ahskayróhsoh)* adj. nasty, filthy, foul, loathsome.

asta *(áhstah)* f. (flag)-staff antler horn; *Carp.* shaft; *Naut.* anchor-shant mast; **a media ~**, at half mast.

asterisco *(ahstayreeskoh)* m. asterisk, star.

astilla *(ahstéelyah)* f. aplint(er), chip; **de tal palo tal ~**, like father, like son.

astillero *(ahsteelyáyroh)* m. shipyard, dock-yard.

astringente *(ahstrinHéntay)* adj. astringent.

astro *(áhstroh)* m. heavently body; (cinema) star.

astrología *(ahstrohlohhée:ah)* f. astrology.

astrológico *(ahsrohlóhHekoh)* adj. astrological.

astrólogo *(ahstróhlohgoh)* m. astrologer.

astronomía *(ahstrohnohméeah)* m. astronomy.

astronómico *(ahstrohnóhmeekoh)* adj. astronomical.

astrónomo *(ahstróhnohmoh)* m. astronomer.

astucia *(ahstóotryah)* f. cunning, craft(iness), shrewdness, slyness, smartness.

astuto *(ahstóotoh)* adj. astute, cunning, sly, crafty, smart shrewd; (coll.) slyboots.

asueto *(ahswaytoh)* s. short holiday, time off, breek; **día de ~**, day off.

asumir *(ahsoomeer)* tr. to assume, to suppose, to take it.

asunción *(ahsoonthyón)* f. assumption, supposition.

asunto *(ahsóontoh)* m. matter, subject, affair, bussiness; **no es ~ tuyo**, this is none of your business.

asustadizo *(ahsoosstahdéethoh)* adj. timid, shy, cowardly.

asustar *(ahsoosstáR)* tr. to frighten, to scare, to starle.

asustarse *(ahsoosstáRsay)* r. to be frightened.

atacar *(ahtahkáR)* tr. to attack, to assault, to assail, to charge.

atadura *(ahtahdóorah)* f. fastening.

atajar *(ahtahHaR)* intrto take a short cut; tr. to intercept, to cut short (conversation).

atacador *(ahtahkahdoR)* m. attacker, aggressor; adj. attacking, aggressive.

atajo *(ahtahHoh)* m. short-cut, interruption.

atalaya *(ahtahláyah)* f. watchtower, look out position.

atañer *(ahtahnyáyR)* intr. to belong, to concern, **eso no me atañe**, that doesn't concern me, that isn't my business.

atar *(ahtáR)* tr. to tie, to bind, to fasten; **~ de pies y manos**, to tie hand and foot; **~ por la cintura**, to tie by the waist.

atareado *(ahtahrayáhdoh)* adj. busy.

atarear *(ahtahrayaR)* tr. to give a task to ask; v. r. to be very busy.

atascamiento *(ahtasskamyentoh)* m. obstruction; *Traff.* traffic-jam.

atascar *(ahtahskáR)* tr. to sail; *Naut.* to stop a leak; (piping) to stop up, to make up, to bung up.

atascarse *(ahtahkáRsay)* r. to stick in the mire, to get made up, to get bunged up.

ataúd *(ahtah/óod)* m. coffin, hearse.

ataviado *(ahtahbyáhdoh)* adj. ornamented, dressed.

ataviar *(ahtahbyáR)* tr. to adorn, to assuage, to cool.

ateísmo *(ahtay/eesmoh)* m. atheism.

atemorizar *(ahtaymohreetháR)* tr. to frighten, to scare, to daunt.

atemperar *(ahtempayráR)* tr. to (at) temper, to soften, to assuage, to cool.

atención *(ahtaynhthyón)* f. attention, kindness.
atender *(ahtayndar***R***)* intr. to attend, to mind, to heed.
ateneo *(ahtaynáyoh)* m. athenaeum.

A

atenerse *(ahtayná***R***say)* r. to stick to, to abide.
atentado *(ahtayntáhdoh)* m. attack, attempted crime.
atentar *(ahtaynta***R***)* tr. to make on attempt, to attempt on, to attack.
atento *(ahtayntoh)* adj. attentive, mindful, polite.
atenuante *(ahtaynwantay)* adj. attenuating.
atenuar *(ahtaynoo:á***R***)* tr. to attenuate.
ateo *(ahtáyoh)* m. atheist.
aterrador *(ahtay***R***ahdo***R***)* adj. horrible, dreadful, terrifying.
aterrar *(ahtay***R***á***R***)* tr. to scare, to frighten.
aterrizaje *(ahtay***R***eethah***H***ay)* m. landing; *Aer.* **tren de ~**, landing gear.
aterrizar *(ahtay***R***eetha***R***)* intr. to land.
aterrorizar *(ahtay***R***ohreethá***R***)* tr. to terrify, to scare, to frighten.
atesorar *(ahtaysohrá***R***)* tr. to hoard up.
atestación *(ahtaysstahthyón)* f. attestation.
atestado *(ahtesstáhdoh)* m. **~ policial**, statement.
atestar *(ahtaysstár)* tr. to attest.
atestiguar *(ahtaysteegwa***R***)* tr. to depose, to give evidence, to witness, to testify.
atiborrar *(ahteeboh***R***á***R***)* tr. to cram, to stuff.
ático *(áhteekoh)* m. attic.
atinar *(ahteená***R***)* intr. to guess, righthly; **~ en el blanco**, to hit the mark.
atisbar *(ahteesbá***R***)* tr. to pry.
atizador *(ahteethahdo***R***)* m. firepoker; adj. poking.
atizar *(ahteethá***R***)* tr. to stir (the fire), to poke; (fig.) to hit, to give blows; **¡atiza!**, blimey!, good gracious!
atlántico *(ahtláhnteekoh)* adj. Atlantic.
atlas *(áhtlahs)* m. atlas.
atleta *(ahtláytah)* s. athelete.
atlético *(ahtláyteekoh)* adj. athletic, robust.
atletismo *(ahtlayteessmoh)* m. athletism, athletics.
atmósfera *(ahtmóssfayrah)* f. atmosphere.
atmosférico *(ahtmossfáyreekoh)* adj. atmospherical.
atolladero *(ahtohlyadáyroh)* m. deep miry place, obstacle, mess. *Pol.* deadlock, impasse.
atollarse *(ahtohlya***R***say)* r. to fall into the mire, to stall.
atolondrado *(ahtohlondrahdoh)* adj. harebrained, thoughtless, daft.
atolondrar *(ahtohlondrá***R***)* tr. to stun, to stupefy, to confound.
atómico *(ahtóhmeekoh)* adj. atomic.
átomo *(áhtohmoh)* m. atom.
atónito *(ahtóhneetoh)* adj. astonished, amazed, stunned.
atontado *(ahtontáhdoh)* adj. mopish, foolish, silly, daft; *Sport.* groggy.
atontar *(ahtontá***R***)* tr. to stun, to confound, to make giddy groggy.
atormentar *(ahto***R***mentá***R***)* tr. to torment, to turture.
atornillar *(ahto***R***neelyá***R***)* tr. to screw.
atosigar *(ahtohseega***R***)* v. t. to harass, to bother.
atracadero *(ahtrahkahdáyroh)* m. *Naut.* mooring; slip; pier.
atracado *(ahtrahkahdoh)* adj. docked, berthed.
atracador *(ahtrahkahdó***R***)* m. highway-man, gangster.
atracar *(ahtrahká***R***)* tr. to assault, to hold-up; *Naut.* to berth, to dock, to moor.
atracarse *(ahtrahká***R***say)* r. to overeat, to eat one's fill, to stuff oneself.
atraco *(ahtráhkoh)* m. hold(ing) up.
atracción *(ahtrahkthyón)* f. attraction, appeal.

atractivo *(ahtrahktéeboh)* adj. attractive; m. grace, charm, attraction.
atraer *(ahtraháy***R***)* tr. to attract; to win, to draw in.
atragantarse *(ahtragahntá***R***say)* r. to choke; (converstaion) to stop short.
atrancar *(ahtránká***R***)* r. t. to bolt, to bar the door.
atrapar *(ahtrahpá***R***)* tr. to capture, to catch.
atrás *(ahtráhs)* adv. backwards, behind, back; ¡~!, stand back!
atrasado *(ahtrahsáhdoh)* adj. backward, out of date, indebted; (clock) slow; (time) late.
atrasar *(ahtrahsá***R***)* tr. to delay, to retard; (clock) to lose (time), to be late.
atraso *(ahtráhsoh)* m. backwardness; pl. arrears.
atravesar *(ahtrahbaysó***R***)* tr. to run through, to go across, to cross, to cross over.
atravesarse *(ahtrahbaysá***R***say)* r. to interfere.
atrayente *(ahtrahyéntay)* adj. attractive.
atreverse *(ahtraybáy***R***say)* r. to dare.
atrevido *(ahtraybéedoh)* adj. daring, bold, insolent, forward.
atrevimiento *(ahtraybeemyéntoh)* m. boldness, daring, sudacity.
atribución *(ahtreeboothyón)* f. attribution.
atribuir *(ahtreebwée***R***)* tr. to attribute, to impute.
atribuirse *(ahtreebwée***R***say)* r. to assume.
atribular *(ahtreeboolá***R***)* tr. to vex, to annoy, to torment.
atributo *(ahtreebóotoh)* m. attribute, wickedness, cruelty.
atrincheramiento *(ahtreenchayrahmyéntoh)* m. entrechment.
atrincherar *(ahtreenchayrá***R***)* tr. to entrech.
atrio *(áhtryoh)* m. porch, portico.
atrocidad *(ahtrohtheedáh)* f. atrocity, wickedness, cruelty.
atrofia *(ahtróhfyah)* f. atrophy.
atrofiarse *(ahtrohfyá***R***say)* r. to atrophy, to wilt, to wane.
atropellar *(ahtrohpaylyá***R***)* tr. *Traff.* to run over, to knock down; (people) to trample.
atropellarse *(ahtrohpaylyá***R***say)* r. to hurry, to be too hasty.
atropello *(ahtrohpáylyoh)* m. trampling, abuse, knockdown, run over.
atroz *(ahtróth)* adj. atrocious, inhuman,barbarous;(coll.)enormous, huge.
atún *(ahtóon)* m. tunny-fish, tuna.
aturdido *(ahtoordéedoh)* adj. harebrained, giddy, thoughtless, bewildered.
aturdir *(ahtoordée***R***)* tr. to embarrase, to stupety, to bewilder.
audacia *(ah/oodáhthyah)* f. audacity, boldness.
audaz *(ah/oodáth)* adj. bold, audacious, daving.
audiencia *(ah/oodyénthyah)* f. audience, hearing, court of justice.
auditoría *(ahoodeetohréeah)* f. due diligence
auditorio *(ahoodeetóhryoh)* adj. auditory; m. audience, auditorium.
auge *(áh/oo***H***ay)* m. great prosperity, boom; **estar en** ~, to be in the up and up.
augurar *(ah/oogoorá***R***)* tr. to augur, to predict, to foxbode.
aula *(ah/óolah)* f. classroom.
aullar *(ah/oolyá***R***)* intr. to howl; ~ **de dolor**, to yell with pain.
aullido *(ah/ooyéedoh)* m. howl; (pain) yell.
aumentar *(ah/oomayntá***R***)* tr. to augment, to increase, to enlarge, to grow larger.
aumento *(ah/oomáyntoh)* m. rise, increase, enlargement.
aun *(ah/óon)* adv. yet, as yet, still, even, however; ~ **así**, even so.
aunar *(ah/oonó***R***)* tr. to unite.
aunque *(ah/ookáy)* adv. (although, notwithstanding, however, nevertheless.
aureo *(ah/óorayoh)* adj. golden.

A

aureola *(ah/oorayóhalah)* f. aureola, halo.
auricular *(ah/oorekooláR)* m. pl. headphones; (telephone) receiver.
aurora *(ah/ooróhrah)* f. dawn.
auscultar *(ah/ooskooltáR)* tr. to auscultate.
ausencia *(ah/oosénthe:ah)* f. absence.
ausentarse *(ah/oisayntáRsay)* r. to go away.
ausente *(ah/oosáyntay)* adj. absent; missing.
austeridad *(ah/oostayreedád)* f. austerity.
austero *(ah/oostáyroh)* adj. austere.
autentificar *(ah/ootaynteefeekaR)* tr. to authenticate.
auténtico *(ah/ootaynteekoh)* adj. authentic, genuina, real.
auto *(ah/óotoh)* m. judicial decree, writ, warrant; m. (fam.) car.
autobús *(ah/ootohbóoss)* m. bus; ~ **de dos pisos**, double-debker bus; **compañía de autobuses**, line.
autocar *(ah/ootohkáR)* m. coach.
autógrafo *(ah/ootógrahfoh)* m. autograph.
automático *(ah/ootohmáhteekoh)* adj. automatic.
automóvil *(ah/ootohmóhbeel)* m. automobile; m. (motor)-car.
automovilismo *(ah/ootohmohbeeleessmoh)* m. automobilism.
automovilista *(ah/ootohmohbeeleesstah)* s. automobilist, motocar-driver, motorist.
autonomía *(ah/ootohnohmée:ah)* f. autonomy, home ruie; (fig.) self-determination.
autopsia *(ah/ootóopsyah)* f. *Med.* autopsy, post-morten.
autor *(ah/ootóR)* m. author; *Lit.* writer; *Mus.* composer.
autora *(ah/ootórah)* f. authoress; *Lit.* writer; *Mus.* composer.
autoridad *(ah/ootohreedáhd)* f. authority.
autorizado *(ah/ootohreetháhdoh)* adj. authorized.
autorizar *(ah/ootohreetháR)* tr. to authorize.
auxiliar *(ah/ookseelyáR)* tr. to aid, to help, to assist; adj. y m. auxiliary, assistant.
auxilio *(ah/ookséelyoh)* m. aid, help; **primeros ~s**, first aid.
aval *(ahbáhl)* m. *Com.* endorsement.
avance *(ahbáhnthay)* m. advance, headway; step forward.
avanzada *(ahbahntháhdah)* f. *Mil.* outpost.
avanzar *(ahbahntháR)* intr. to advance; to go forward.
avaricia *(ahbahréethyah)* f. avarice, greed.
avaricioso *(ahbahreethyóhsoh)* adj. avaricious, miserly, covetous.
avaro *(ahbáhroh)* adj. mean, stingy, miser.
avasallar *(ahbahsahlyáR)* tr. to subdue, to enslave.
ave *(áhbay)* f. bird, fowl; ~ **silvestre**, wild bird. ~ **de paso**, migratory bird; ~ **de rapiña**, bird of prey.
avecinarse *(ahbaytheenáRsay)* tr. to approach.
avellana *(ahbaylyáhnah)* f. hazel-nut.
avellano *(ahbaylyáhnoh)* m. hazel-nut tree.
avena *(ahbáynah)* f. oats.
avenida *(ahbaynéeda)* f. avenue; H*idr.* flood.
avenirse *(ahbaynéeRsay)* r. to agree to.
aventajado *(ahbayntahHáhdoh)* adj. advantageous, outstanding, excellent.
aventajar *(ahbayntahHáR)* tr. to surpass, to excel, to improve.
aventura *(ahbayntóorah)* f. adventure.
aventurado *(ahbayntooráhdoh)* adj. risky, hazardous.
aventurar *(ahbayntooráR)* tr. to venture, to risk, to endanger.
aventurero *(ahbayntooráyroh)* m. adventurer.
avergonzado *(ahbayRgontháhdoh)* adj. ashamed, embarrassed.
avergonzar *(ahbayRgontháR)* tr. to shame.
avergonzarse *(ahbayRgontháRsay)* r. to be ashamed.

avería *(ahbáyréeah)* f. damage. *Mech.* breadkdown; *Naut.* average.
averiarse *(ahbayryá***R***say)* r. to suffer damage, to have a breakdown.
averiguación *(ahbayreegwahthyón)* f. investigation, inquiry, discovery.
averiguar *(ahbayreegwá***R***)* tr. to inquire, to find out; to investigate.
aversión *(ahbay***R***syón)* f. aversion.
avestruz *(ahbaystróoth)* m. ostrich.
aviación *(ahbeahthyón)* f. aviation.
aviador *(ahbeahdó***R***)* n. pilot, aviator, airman.
avidez *(ahbeedáyth)* f. avidity, eagerness.
ávido *(áhbeedoh)* adj. eager, anxious, greedy.
avieso *(ahbyáysoh)* adj. crooked, perverse.
avinagrado *(ahbeenahgráhdoh)* adj. sour, vinegarish; (coll.) embittered, crabbed.
avinagrar *(ahbeenahgrár)* tr. to go sour; v. r. to become sour.
avión *(ahbyón)* m. aeroplane; aircraft; (coll.) plane.
avisado *(ahbeesáhdoh)* adj. cautious, sharp, prudent.
avisar *(ahbeesá***R***)* tr. to advise, to inform, to let know, to warn.
aviso *(ahbeéesoh)* m. notice; warning; announcement.
avispa *(ahbéespah)* f. wasp.
avispado *(ahbeespáhdoh)* adj. brisk, lively, sharp, cute, smart.
avispar *(ahbeespá***R***)* (coll.) to rouse; v. r. to become lively.
avispón *(ahbeespón)* m. hornet.
avistar *(ahbeestá***R***)* tr. to descry, to catch sight of.
avituallar *(ahbeetwahlyá***R***)* tr. to victual.
avivar *(abeebá***R***)* tr. to enliven, to quicken, to revive.
axila *(ahkséelah)* f. armpit.
axioma *(ahksyóhmah)* m. axiom.
¡ay! *(áh/ee)* interj. oh! (pain) ouch!
aya *(áhyah)* f. tutoress, governess.
ayer *(ahyáy***R***)* adv. yesterday.
ayo *(áhyoh)* m. tutor, governor.
ayuda *(ahyóodah)* f. help, aid, assistance.
ayudante *(ahyoodáhntay)* s. assistant, aid; *Mil.* adjutant, aide-de-camp.
ayudar *(ahyoodá***R***)* tr. to aid, to help.
ayunar *(ahyooná***R***)* tr. to fast.
ayuno *(ahyóonoh)* s. fast, abstinence.
ayuntamiento *(ahyoontahmyéntóh)* m. municipal government, city hall, town hall.
azada *(ahtháhdah)* s. hoe, spade.
azadón *(ahthahdón)* s. pickaxe, grub.
azafata *(ahthahfáhtah)* f. air-hostess, stewardess.
azafrán *(ahthahfráhn)* s. salfron.
azahar *(ahtha/á***R***)* s. orange or lemon blossom.
azar *(ahthá***R***)* s. hazard, chance.
azorar *(ahthohrá***R***)* tr. to bewilder, to embarrass, to confound.
azotaina *(ahthohtáh/tinah)* f. drubbing, fam, spanking.
azotar *(ahthohtá***R***)* tr. to whip, to flog.
azote *(ahthóhtay)* m. whip, lash, spank; (fig.) scourge.
azotea *(ahthohtáyah)* m. flat roof.
azúcar *(ahthóoka***R***)* m. sugar; ~ **moreno**, brown sugar; ~ **en polvo**, caster sugar; **un terrón de** ~, a lump of sugar.
azucarar *(ahthookará***R***)* tr. to sugar, to sweeten.
azucarero *(ahthookahráyoh)* m. sugar bowl or basin.
azucena *(ahthootháynah)* f. *Bot.* white lily.
azufre *(ahthóofray)* m. sulphur.
azul *(ahthóol)* adj. blue; ~ **celeste**, sky blue; ~ **oscuro**, dark blue; ~ **claro**, light blue.
azulado *(ahthooláhdoh)* adj. bluish.
azular *(ahthoolá***R***)* tr. to blue.
azulejo *(ahthooláy***H***)* m. glazed tile.
azuzar *(ahthoothá***R***)* tr. to set on (dogs).

A

B b

B

baba *(báhbah)* f. drivel, spittle.
babear *(bahbayá**R**)* intr. to drivel.
Babia *(Báhbyah)* f. **estar en ~**, to be daydreaming.
babor *(bahbó**R**)* m. *(Naut.)* larboard; port. **¡todo a ~!**, hard a port.
babosa *(bahbohssah)* f. slug.
baboso *(bahbohssoh)* adj. drivelling, slavering; m. driveller, slaver; (coll.) per, insolent.
babucha *(bahbóochah)* f. baboosh.
bacalao *(bahkahláh/oh)* m. cod (fish).
bacanal *(bahkahnáhl)* f. orgy.
bacilo *(bahthéeloh)* m. bacillus.
bacteria *(bahktáyryah)* f. bacterium; f. pl. bacteries.
báculo *(báhkooloh)* m. walking-stick, staff, bishop's orozier.
bache *(báhche)* m. chuck-hole, pot-hole.
bachiller *(bahchselye**R**)* m. bachelor (firsh degree); (fam.) babbler.
bachillerato *(bahcheeyeráhtoh)* m. baccalaureate, bachelorship.
baden *(bahdayn)* rain-gutter, ditch.
bagaje *(bahgáh**H**ay)* m. baggage, luggage, equipment; machinery, resourses.
bagatela *(bahgahtáylah)* f. trifle, bagatelle.
bahía *(bah/ée:ak)* f. bay.
bailador *(bah/eeladó**R**)* m. dancer.
bailar *(bah/eelá**R**)* tr. to dance.
baile *(bah/eelay)* m. ball, dance.
baja *(báh**H**ah)* f. decrease, fall (of price), vacancy, *(Mil. & Accid.)* casualty; **darse de ~**, to resign; **estar de ~**, to be off-sick.
bajada *(bah**R**áhdah)* f. descent, down-hill, slope.
bajamar *(bah**H**ahma**R**)* m. low tide.
bajar *(bah**H**á**R**)* intr. to come, go, get or step down; tr. to lower.
bajeza *(bah**H**áythah)* f. meanness.
bajo *(bah**H**oh)* adj. low; abject, ordinary, vulgar; m. *Mar.* shoal, sand, ground floor; *Mus.* bass.
bala *(báhlah)* f. bullet, bale.
balada *(bahláhdah)* f. ballad.
baladí *(bahladée)* adj. triffling.
balance *(bahlóhnthay)* m. balance (sheet); *Naut.* rolling; rocking, swinging, swaying.
balancear *(bahlahntharyá**R**)* tr. to balance; *Naut.* to roll; to rock, to sway; to vacillate.
balancearse *(bahlahnthayá**R**say)* r. to swing, to sway, to rock.
balanceo *(bahlahntháyoh)* m. oscillation, rocking, swaying.
balancín *(bahlahnthéen)* m. swing (bar), whippletree; **silla de ~**, rocking chair.
balanza *(bahláhnthah)* f. scale(s), balance; judgment, estimate; **~ de comercio**, balance of trade.
balazo *(bahláhthoh)* m. (gung) shot, bullet-wound.
balbucear *(bahlboothayá**R**)* intr. to splutter, to babble.
balbuciente *(bahlboothyentay)* adj. stammering.
balbucir *(bahlboothée**R**)* intr. to splutter.
balcón *(bahlkón)* m. balcony.
baldar *(bahlda**R**)* v. t. to cripple, to mam; v. r. to become crippled.
balde *(bahldáy)* m. pail, bucket; **de ~**, adv. free of charge or cost; **en ~**, adv. in vain; **estar de ~**, to be idle.
baldío *(bahldée:oh)* adj. waste (land).
baldosa *(bahdóhsah)* f. square tile, flag-(stone).
balear *(bahlayá**R**)* adj. s. Balearic.
balneario *(bahlnayáhryoh)* m. spa, bathing or beach resort.
baliza *(bahleethah) Naut.* buoy.
ballena *(bahlyáynah)* f. *Zool.* whale.
ballenero *(bahlyaynáyroh)* m. whale; whaling ship.

ballesta *(bahlyésstah)* f. crossbow, *Mech.* laminated spring.
ballestero *(bahlyesstáyroh)* m. cross bowman, archer.
balón *(bahlón)* m. ball; **~cesto**, basketball.
balsa *(báhlsah)* f. pool, lake; *Naut.* raft, flat.
balsámico *(bahlsáhmeekoh)* adj. balsamic.
bálsamo *(báhlsahmoh)* m. balsam; balm.
baluarte *(bahloo:á***R***tay)* m. bulwark, bastion.
banca *(báhnkah)* f. *Com.* bank, banking.
bancarrota *(bahnkah***R***óhtah)* s. bankruptcy; **irse a la ~**, to make bankrupt.
banco *(báhnkoh)* m. (sit), form bench; *Com.* bank; (fishing) soal of fish; *Naut.* **~ de arena**, sand bank, shoal. **~ de hielo**, ice-field.
banda *(bahndah)* f. sash; scarf; ribbon; *Mus.* band; *Crim.* gang; *Naut.* side; **~ sonora**, soundtrack.
bandada *(bandahdah)* f. flock (of birds); shoal (fish).
bandeja *(bahndáy***H***ah)* f. tray, platter; **~ de entrada/de salida**, inbox, outbox.
bandera *(bandáyrah)* f. flag; banner; **~ blanca**, white flag, flag of truce; **~ de popa**, ensign; **izar la ~**, to raise the flag; **arriar la ~**, to lower the flag.
banderilla *(bahndáyréeilyah)* f. small-headed dart.
bandido *(bahndéedoh)* s. bandit; rogue.
bando *(báhndoh)* m. proclamation; edict; *Pol.* party, faction.
bandolero *(bahndohláyroh)* s. robber; brigand, highway-man.
banjo *(bahnyoh)* m. banjo.
banquero *(bahnkáyroh)* m. banker, bank-manager.
banquete *(bahnkáytay)* m. banquet, feast.
banquillo *(bahnkéelyoh)* m. f. little stool; small bench, *Law.* dock.
bañador *(bahnyahdó***R***)* m. bathing costume, trunk.
bañar *(bahnyá***R***)* tr. to bathe; (in the open); (domestic) to bath.
bañarse *(bahnya***R***say)* intr. to take a bath, to have a bath.
bañera *(bahnyáyrah)* f. bathtub; **~ de hidromasaje**, softub whirpool.
baño *(báhnyoh)* m. bath, **cuarto de ~**, bath-room; (paint) coat; **~ Turco**, Turidsh bath; (fig.) (coll.) **dar un baño**, to defeat completely, to be a walk-over.
baptisterio *(bahpteesstáyryoh)* s. baptistery.
bar *(bá***R***)* s. bar; pub.
baraja *(bahráh***W***ah)* f. pack of cards.
barajar *(bahrah***H***á***R***)* tr. to shuffle (cards).
baranda *(bahráhndah)* f. railing.
barandilla *(bahrahndéelyah)* f. railings (small).
baratija *(bahrahtés***H***ah)* f. knick-knack, trinkets, trifles.
baratillo *(bahrahtéelyoh)* m. frippery.
barato *(bahráhtoh)* adj. cheap.
baratura *(bahrahtóorah)* f. cheapness.
barba *(bárbah)* f. beard; chin, **por ~**, ahead, apiece.
barbaridad *(barbahreedáhd)* s. barbarity, cruelty, rashness.
barbarie *(barbahrye)* f. barbarousness, incivility.
bárbaro *(bárbahroh)* adj. barbarous, wild; m. barbarian; adv. wildly.
barbería *(barbayréerah)* f. barber's shop.
barbero *(barbayroh)* m. barber; shaver.
barbilla *(ba***R***beelya)* f. chin.
barbudo *(barbóodoh)* adj. (long) bearbed.
barca *(bárkah)* f. boat; barge.
barcaza *(barkáhthah)* f. lighter.
barco *(bárkoh)* m. boat; ship, vessel.
barítono *(bahréetohnoh)* m. barytone.
barlovento *(barlohbayntoh)* m. windward. *Naut.* **costado de ~**, windward side.

barniz *(barnéeth)* m. varnish; ~ **de uñas**, nail lacquer.
barnizar *(barneethá***R***)* tr. to varnish; to gloss, to lacquer.
barómetro *(baróhmaytroh)* m. barometer.
barón *(barón)* m. baron.
baronesa *(baronáysah)* f. baroness.
barquero *(barkáyroh)* m. boatman; ferryman.
barquillo *(barkéelyoh)* m. (thin rolled) wafer, wafle.
barra *(bá***R***ah)* f. *Metal.* bar. ingot; lever; crow; ~ **bar**, rod, strip; *Naut.* bar, sandbar; *Mus.* bar; **~s y estrellas**, bars and estripes (American flag).
barraca *(bah***R***áhkah)* f. barrack; hut, cabin; fair booth.
barranco *(bah***R***ánkoh)* m. ravine, gorge.
barredura *(bah***R***aydóorah)* f. sweeping; pl. sweepings, refuse, dust.
barrena *(bah***R***aynah)* f. (earth-) borer, drill; ~ **grande**, auger; ~ **pequeña**, gimlet.
barrenar *(bah***R***ayná***R***)* tr. to bore, to drill; to blast (rocks); ~ **un barco**, toscuttle.
barrendero *(bah***R***endáyroh)* m. sweeper, dustman.
barreno *(bah***R***áynoh)* m. large, auger, blast(-hole), scuttle.
barreño *(bah***R***áynyoh)* m. basin, trough, bowl.
barrer *(ba***R***ay***R***)* tr. to sweep; (fig.) to sweep away.
barrera *(bah***R***áyrah)* f. barrier, barricade, parapet, fence.
barriada *(bah***R***yádah)* f. suburb, (city) ward; district.
barricada *(bah***R***ykáhdah)* f. barricade.
barriga *(bah***R***éegah)* f. belly.
barrigudo *(bah***R***ygóodoh)* adj. (big-) bellied, pot-bellied.
barril *(bah***R***éel)* m. barrel.
barrio *(báh***R***yoh)* m. city district or ward, quarter; **el otro** ~, (fam.) the other world.
barrizal *(bah***R***eetháhl)* m. muddy place.
barro *(ba***R***oh)* m. clay; mud; earthenware.
barrote *(bah***R***óhtay)* m. iron bar; rung (stairs).
barruntar *(bah***R***ooná***R***)* tr. to surmise; to guess, to foresee, to conjecture.
barullo *(ba***R***óolyoh)* m. confusion, disorder, row.
basa *(báhsah)* f. basis; pedestal.
basamento *(bahsahmayntoh)* m. *Arch,* basement.
basar *(bahsá***R***)* tr. to base, to fix; (fig.) to found, to rest on.
basca *(báhskah)* f. nausea.
báscula *(báhskoolah)* f. scales; balance; (de baño) bathroom scales; (para camión) weight-bridge.
base *(báhsay)* f. base; basis; foundation; ~ **militar/aérea/naval**, military/air/naval base.
basílica *(bahséeleekah)* f. basilica.
basta *(báhstah)* interj. enough; stop, halt; adv. sufficiently, halt, that'll do!
bastante *(bahstáhntay)* adj. sufficient; quite, rather, fairly.
bastar *(bahstá***R***)* intr. to be enough, to suffice.
bastardilla *(bashta***R***deélyah)* f. italic(s) (printing).
bastardo *(bahstá***R***doh)* adj. bastard; spurious; m. bastard.
bastidor *(bahsteedó***R***)* m. (embraldery) frame, stretcher; **entre ~es**, *Theat.* in the wings, (fig.) behind the scenes; sashwindows.
basto *(báhstoh)* adj. rough, coarse; pl. clube (cards).
bastón *(bahstón)* m. (walking) cane, stick, staff.
bastonazo *(bahstohnáhsthoh)* m. stroke with a stick.
basura *(bahsóorah)* f. sweeping, rubbish, dirt; garbage (US).
basurero *(bahsooráyroh)* m. dustman; (US) garbage collector; rubbish dump; gar-(land) bage heap.
bata *(báhtah)* f. dressing gown; house coat; overall.
batalla *(bahtáhlyah)* f. battle, fight.

batallar *(bahtahlyáR)* intr. to battle, to fight; (fig.) to contend.
batallón *(bahtahlyón)* m. battallon.
batería *(bahtayréerah)* f. *Mil. Electr.* battery; ~ **de cocina**, kitchen utensils; *Mus.* percussion; m. drummer.
batida *(bahtéedah)* f. run hunting. *Sport,* battue. *Mil.* reconnaissance; hunting-party.
batido *(bahtéedoh)* adj. beaten, trodden (as roads); m. batter, (milk-) shake.
batidor *(bahteedóR)* m. scout, ranger; beater.
batidora *(bahteedóhrah)* f. whisk; stirrer, *Mech.* electric-beater.
batir *(bahtéeR)* tr. to beat; (eggs, etc.) to whip, (cream, etc.); to flap (wings) v.r. to fight.
batuta *(bahtóotah)* f. conductor's wand, baton, stick.
baúl *(bah/óol)* m. trunk, chest.
bautismo *(bah/ootéessmoh)* m. baptism.
bautizar *(bah/ooteetháR)* tr. baptize; to christen.
bautizo *(bah/ootéethoh)* m. baptism, christing.
bayeta *(bahyáytah)* f. baize, duster.
bayo *(báhyoh)* adj. light brown; bay (horse).
bayoneta *(bahyohnáytah)* f. bayonet. ~ **calada**, fixed bayonet.
bazar *(bahtháR)* m. bazaar.
bazo *(báhthoh)* m. *Anat.* spleen.
beata *(bayáthtah)* f. devout woman, prude.
beatería *(bayahtayréah)* f. bigotry.
beatificar *(bayahteefeekáR)* tr. to beatify.
beatitud *(bayahteetóod)* f. beatitude.
beato *(bayáhtoh)* m. pious person; devout person; adj. devout, blessed.
bebedor *(baybaydóR)* m. drinker, tippler, toper, booser.
beber *(baybáyR)* tr. to drink.
bebida *(baybéedah)* f. drink, beverage; **~s con gas**, fizzy drinks; **~s sin gas**, still drinks; **~s energéticas**, burn energy drinks.
bebido *(baybéedoh)* adj. drunk.
beca *(báykah)* f. scholarship, grant.
becerro *(baytháyRoh)* m. (yearling) calf, heifer.
bedel *(baydáyl)* m. (univ. etc.) porter, warden.
befa *(báyfah)* f. jeep; scoff; mock.
befar *(bayfáR)* tr. to laugh at; to mock, to jeer at.
beldad *(beldáhd)* f. beauty, a belle.
belga *(bélgah)* adj. s. Belgian.
bélico *(báyleekoh)* adj. warlike.
belicoso *(bayleekóhsoh)* adj. bellicose, warlike; (fig.) aggressive quarrelsome.
beligerante *(bayleeHayrántay)* adj. belligerent.
belleza *(baylyáythah)* f. beauty; handsomeness, loveliness.
bello *(báyyoh)* adj. beautiful; handsome; fair; **el ~ sexo**, the fair sex; **las ~as Artes**, the fine Arts.
bellota *(baylyóhtah)* f. acorn.
bendecir *(bayndaythéeR)* tr. to bless.
bendición *(bayndeethyón)* f. blessing, benediction.
bendito *(bayndéetoh)* adj. blessed; (fam.) silly, m. simpleton.
beneficencia *(baynayfeetháynthya)* f. beneficence; charity.
beneficiar *(baynayfeethyáR)* tr. benefit, v.r. to make profit; to benefit oneself.
beneficio *(baynayféethyoh)* m. benefit; profit.
beneficioso *(baynayfeethyóhsoh)* adj. beneficial, profitable, advantageous.
benéfico *(baynáyfeekoh)* adj. beneficent, charitable.
benemérito *(baynaymáyreetoh)* adj. meritorious; worthy.
beneplácito *(baynaypláhtheetoh)* m. approbation; consent.
benevolencia *(baynaybohláynthya)* f. benevolence, good-will.
benévolo *(baynáybohloh)* adj. benevolent, gentle, kind.

benignidad *(bayneekneedahd)* f. benignity, kindness, mercifulness; *Clim.* mildness.
benigno *(bayneeknoh)* adj. bening; *Clim.* mild.
beodo *(bayóhdoh)* adj. drunk-(en); m. drunkard, drunk, tippler.
berenjena *(bayraynHáynah)* f. *Bot.* egg-plant.
bermejo *(bayRmáHoh)* adj. brigh red.
berrear *(bayrayáR)* intr. to bawl, to (bel)low.
berrido *(bayRéedoh)* m. low, (of children) squall, screaming, howling.
berrinche *(bayréenchay)* m. rage, paddy(whack), tantrum.
berza *(báyRthah)* f. *Bot.* cabbage.
besar *(baysáR)* tr. to kiss; to touch closely.
beso *(báysoh)* m. kiss.
bestia *(baysstyah)* f. beast, brute, animal, (fig.) idiot, brute person.
bestial *(baysstyahl)* adj. bestial; brutal.
bestialidad *(baysstyahleedáhd)* f. bestality, brutality.
besugo *(baysoogoh)* *Ichth.* (sea) bream.
besuquear *(baysookáyáR)* tr. to bekiss, to slobber, (with kisses).
besuqueo *(baysookáyoh)* m. repeated kissing, slobbering (with kisses).
betún *(baytoón)* m. bitumen; pitch, (shoe)blacing, polish.
biberón *(beebayrón)* m. sucking or feeding bottle, (baby's) feed.
Biblia *(béeblyah)* f. Bible.
bíblico *(béebleekoh)* adj. biblical.
bibliófilo *(beeblyóhfeeloh)* m. book-lover, bibliophile, bookworm.
bibliográfico *(beeblyohgráfeekoh)* adj. bibliographical.
bibliógrafo *(beeblyóhgrahfoh)* m. bibliographer.
bibliómano *(beeblyóhmahnoh)* m. bibliomaniac.
biblioteca *(beeblyohtáykah)* f. library; (domestic) bookcase.
bibliotecario *(beeblyotaykáhryoh)* m. librarian.
bicarbonato *(beekáRbohnáhtoh)* m. bicarbonate.
bicicleta *(beetheeklaytah)* f. (push) bicycle; (fam.) bike, byke.
bicho *(béechoh)* m. grub, (US) bug; (coll.) ~ **viviente**, living soul; insect; (fig.) vermin.
bidón *(beedón)* m. drum.
biela *(byélah)* f. brace-strut, crank, connecting-rod.
bien *(byén)* m. good; benefit; pl. assets; adv. well; right.
bienal *(byenahl)* adj. biennial.
bienaventurado *(byenahbayntooráhdoh)* adj. blesses; fortunato, successful.
bienaventuranza *(byenahbayntooráhnthat)* f. bliss (fulness); beatitude.
bienestar *(by:enáysstáR)* m. well being; confort, welfare.
bienhechor *(byenaychóR)* m. benefactor, adj. charitable, kind.
bienio *(byáynyoh)* m. space of two years.
bienvenida *(byenbaynéedahd)* f. welcome, **dar la** ~, to welcome.
biftec *(beefték)* m. beefsteak.
bifurcación *(beefooRkahthyón)* f. branch, fork.
bifurcar *(byfooRkáR)* tr. to branch off, to fork.
bifurcarse *(beefooRkaRsay)* r. to branch off.
bigamia *(beegamée:ah)* f. bigamy.
bigarno *(beégahmoh)* m. bigamist.
bigote *(beegóhtay)* m. mustache (US), moustache (UK).
bikini *(bikini)* m. bikini.
bilingüe *(beeléengoo:ay)* adj. bilingual.
biloso *(beelyóhso)* adj. bilious, spleeny.
bilis *(béeleess)* bile, gall.
billar *(belyáR)* m. billiards.
billete *(belyáytay)* m. ticket, note; ~ **de banco**, bank note; ~ **de ida y vuelta**, return ticket.
biografía *(byohgrafée:ah)* f. biography.

biográfico *(byohgráhfeekoh)* adj. biographical.
biógrafo *(byógráhfoh)* m. biographer.
biombo *(byómmboh)* m. folding screen.
bioquímica *(byohkéemeekah)* f. biochemistry.
biosfera *(byóhsphehrak)* f. biosphere.
bisabuela *(beesahbw:áylah)* f. great grandmother.
bisabuelo *(beesahbwáyloh)* m. great grandfather.
bisagra *(beeságrah)* f. hinge.
bisemanal *(beesaymahnál)* adj. twice weekly.
bisiesto *(beesyésstoh)* adj. **año ~**, leap year.
bisonte *(beesóntay)* m. bison.
bisoño *(beesónyoh)* adj. raw m. learner, greenhorn, novice.
bisturí *(beesstoorée)* m. *Surg.* lancet, bistoury, scalpel.
bizarría *(beethah*R*ée:ah)* f. gallantry, valour, dash; splendidness.
bizarro *(beethá*R*oh)* adj. gallant, dashing, brave, generous.
bizco *(béethkoh)* adj. cross eyed, squint-eyed, squinting.
bizcocho *(beethkóhchoh)* m. sponge-cake.
biznieta *(beehnyáytah)* f. granddaugther.
biznieto *(beethnyáytoh)* m. grandson.
blanco *(bláhnkoh)* adj. white; blank, m. target; **tirar al ~**, to shoot at a target; **ropa blanca**, linen; **dar en el ~**, to hit the mark; **estar sin blanca**, to be broke; **dejar en ~**, to leave out.
blancura *(blhnkóorah)* f. whiteness.
blandir *(blahndée*R*)* tr. to brandish.
blando *(bláhndoh)* adj. soft, flabby, pliant; (food) tender; (pers.) gentle; *Mus.* flatted; (fig.) cowardly.
blandura *(blahndóorah)* f. softness, mildness, gentleness.
blanquear *(blahnkayá*R*)* tr. to whiten, to whitewash.
blanqueo *(blahnkáyoh)* m. whitening, whitewash.
blasfemar *(blahsfaymá*R*)* intr. to blaspheme, to curse.
blasfemia *(blahsféymyah)* f. blasphemy, curse.
bledo *(bláydoh)* m. **me importa un ~**, I don't care a toss.
blindado *(beendáhdoh)* adj. armoured.
blindaje *(bleendáh*H*ay)* m. blindage), armour(-plate).
blindar *(bleendá*R*)* tr. to protect with blindage.
bloquear *(blohkeá*R*)* tr. to block, to blockade.
bloqueo *(blohkéoh)* m. blockade.
blusa *(blóosah)* f. blouse.
boato *(boh/áhtoh)* m. pompous show, ostentation.
bobada *(bohbáhhdah)* f. silliness, folly, childishness.
bobalicón *(bohbahleekón)* s. blockhead, dolt, dunce; (coll.) not all there.
bobería *(bohbayrée:ah)* f. silliness, foolery, doltishnes, childishness.
bobina *(bohbéenah)* f. spool, *Elect,* coil.
bobo *(bóhboh)* m. fool; duce; adj. simple; stupid.
boca *(bóhkah)* f. mouth; **~ arriba**, upside down; **~ abajo**, face downwards on one's face; **cerrar la ~**, to shut up; **a ~ de jarro**, point bank.
bocacalle *(bohkáhkahlyay)* f. street opening, crossing.
bocadillo *(bohkahdéelyoh)* m. sandwich, snack.
bocado *(bohkáhdoh)* mouthful, bite, morsel; **~ de rey**, delicacy.
bocanada *(bohkahnáhdah)* f. whiff, puff of smoke.
boceto *(bohtháytoh)* m. draft, sketch.
bochorno *(bohchó*R*noh)* m. embarrassment; sultry (weather).
bocina *(bohthéenah)* f. *Mot.* horn; (factory) hooter; *Naut.* foghorn.
boda *(bóhdah)* f. wedding; marriage, **~s de plata**, silver wedding; **~s de oro**, golden wedding.

B

bodega *(bohdáygah)* f. wine cellar; *Naut.* hold.
bodegón *(bohdáygón)* m. chop-house; tavern; still life (painting).
bofetada *(bohfaytáhdah)* f. slap, box, buffet.

B

bofetón *(bohfaytón)* m. cuff, slap.
bohemio *(boh/áyme:oh)* m. bohemian.
boicot *(boheekót)* m. boycott.
boicotear *(boheekotayáR)* tr. to boycott.
bola *(bóhlah)* f. ball; globe, pellet, bolus (fam.) lie, humbug.
bolchevique *(bolchaybéekay)* adj. s. Bolshevik.
boletín *(bohlaytéen)* m. bulletin.
bollería *(bohlyeréeah)* f. pastry.
bollo *(bóhlyoh)* m. small, loaf, roll, bun, (fam.) imbroglio.
bolo *(bóhloh)* m. skittle-pin, a nine-pin.
bolsa *(bólsah)* f. purse; pocket, bag, pouch; **la ~**, Stock Exchange.
bolsillo *(bolséelyoh)* m. pocket; purse; adj. **de ~**, pocketsize.
bolsista *(bolséesstah)* m. stockbroker.
bolso *(bolsón)* m. purse of money, **~ de mano**, handbag; **~ de compras**, shoppingbag.
bomba *(bómbah)* f. pump, pumping-engine, bomb(shell).
bombardear *(bombaRdayáR)* tr. to bomb, to shell; t blitz.
bombardeo *(bombaRdáyoh)* m. bombardment, helling, bombing; blitz.
bombero *(bombéroh)* m. firefighter.
bombilla *(bombéelyah)* f. bulb (electric light).
bombo *(bombón)* m. bass drum.
bombón *(bombón)* m. bonvon, sweet, (fam.) pretty girl.
bonachón *(bohnaschón)* m. y adj. kindhearted; good-natured.
bonanza *(bohnáhnthah)* f. fair weather; (fig.) prosperity.
bondad *(bondáhd)* f. goodness; kindness.
bondadoso *(bondahdóhsoh)* adj. kind, generous, helpful.
bonete *(bohnáytay)* m. bonnet.
bonito *(bohnéetoh)* adj. pretty nice; m. *ichth.* bonito.
bono *(bóhnoh)* m. *Com.* bond, certificate, due-bill; voucher.
boqueada *(bohkayáhdah)* f. gasp; gape; **dar las últimas ~s**, to be at the last gasp.
boquete *(bohkáytay)* m. gap.
boquiabierto *(bohkyáhbyeRtoh)* adj. gaping, open-mouthed.
boquilla *(bohkéelyah)* f. mouthpiece, cigarette holder.
borbotar *(boRbotáR)* intr. to gush out.
borbotón *(boRbohtóhn)* m. **hablar a ~es**, to speak hastily.
borda *(bóRdah)* f. *Naut.* gunwale; **por la ~**, overboard.
bordado *(boRdáhdoh)* m. embroidery, adj. embroidered.
bordadora *(boRdadóhrah)* f. adj.embroideress, *Mech.* embroidering-machine.
bordar *(boRdáR)* tr. to embroider.
borde *(bóRday)* m. border edge, fring. (clothes) hem (vessel) rim.
bordo *(bóRdoh)* m. *Naut.* board; **a ~**, aboard, on board.
borla *(bóRlah)* f. tuft; tassel; *Acad.* Doctor's bonnet.
borra *(bóhRah)* f. fluff, flock wool, silk waste, (coll.) idle talk, trash.
borrachera *(bohRahcháyrah)* f. drunknness, intoxication, spree, revelry.
borracho *(bohRáhchoh)* adj. drunk; m. drunkard.
borrador *(bohRahdóR)* m. day-book, rouhg draft; eraser, duster, rubber.
borrar *(bohRáR)* tr. to erase, to rub off/out.
borrasca *(bohRáhskah)* f. storm.
borrascoso *(bohRahskóhsoh)* adj. stormy, squally, (fig.) tempestuous.
borrego *(bohRáygoh)* m. lamb, (coll.) simpleton.
borrica *(bohRéekah)* f. she-ass.

borrico *(bohRéekoh)* m. ass; donkey; (coll.) dunce, dulard.
borrón *(bohRón)* m. blot (of ink).
borroso *(bohRóhsoh)* adj. blurred, fuzzy; smudgy.
bosque *(bóskay)* m. woodland, woods, forest.
bosquejar *(boskayHáR)* tr. to sketch, to outline.
bosquejo *(boskáyHoh)* m. (rough) sketch.
bostezar *(bostaythahR)* intr. to yawn; to gape.
bostezo *(bostáythoh)* m. yawn.
bota *(bóhtah)* f. boot; **~s de agua**, rubber boots; wineskin.
botadura *(bohtahdóorah)* f. (ship) launching.
botánica *(bohtáhneekah)* f. botany.
botánico *(bohtáhneekon)* adj. botanical.
botar *(bohtáR)* tr. to cast, to launch (ship).
bote *(bóhtay)* m. *Naut.* boat, (ball) bounce (container) can. (pers.) jump; **de ~ en ~**, chock-full.
botella *(bohtáylyah)* f. bottle; flask.
botica *(bohtéekah)* f. apothecary's shop; (chemist's shop).
boticario *(botheekáryoh)* m. apothecary.
botija *(bohtéeHah)* f. earthen pitcher, jug.
botijo *(bohtéeHhoh)* m. earthen pitcher; **tren ~**, excursion train.
botín *(bohtéen)* m. booty; buskin, half-boot; legging.
botiquín *(bohteekéen)* m. medicin, dressing-case.
botón *(bohtón)* m. button; *Bot.* bud, sprout; *Elect.* switch, knob.
botones *(bohtónayss)* m. (fam.) buttons, bell-boy.
bóveda *(bóhbaydah)* f. *Arch.* vault.
bovino *(bohbeenoh)* adj. bovine, of cattle.
boxeador *(boksayahdóR)* m. boxer, prize fighter.
boxear *(boksayáR)* tr. to box.
boxeo *(boksáyoh)* m. boxing, prize-fight.
boya *(bóhyah)* f. buoy; float.
bracear *(brahthayáR)* intr. to swing the arm.
bracero *(brahtháyroh)* m. (day) laborer, farmhand.
braga *(bráhgah)* f. breeches, child's clout; plu, knickers; (coll.) panties, briefs.
braguero *(brahgáhyroh)* m. *Med.* truss, brace.
bragueta *(brahgéhta)* f. fly.
bramar *(brahmáR)* intr. to roar, to bellow, (fam.) to rage.
bramido *(brahméedoh)* m. (animals & weath) roar; bellow; (fig.) bawling.
brasa *(bráhsah)* f. live coal, red-hot coal/stick; **a la ~**, grilled.
brasero *(brahsáyroh)* m. brazier; fire-pan.
bravata *(brahbáhtat)* f. bravado, brag, boast; **hacer ~**, to brag, to boast, to show off.
bravío *(brahbée:oh)* adj. wild, sauvage, ferocious, (animals); wild (plants); m. fierceness.
bravo *(bráhboh)* adj. brave, valiant, courageous, hardy; **toro ~**, fightihg-bull; **mar ~**, swollen sea; wild, intrj. ¡bravo!
bravura *(brahbóorah)* f. courage, manliness; (of animal) ferocity, fierceness.
braza *(bráthah)* f. *Naut.* fathom; brace.
brazada *(bratháhdah)* f. armful; (swimming) ditch.
brazal *(bratháhl)* m. arm-band, irrigation ditch.
brazalete *(brathaláyta)* m. bracelet, bangle, armband.
brazo *(bráthoh)* m. arm; **con los ~ abiertos**, with open arms; **con los ~s cruzados**, with folded arms; **llevar en ~s**, to carry in arms.
brea *(bráyah)* f. pitch, tar.
brebaje *(braybáhHay)* m. beverage, potion; *Naut.* grog.
brecha *(bráychah)* f. breach; gap; opening; **estar en la ~**, to be on the offensive.
brega *(bráygah)* f. strife, struggle.
bregar *(braygáR)* intr. to struggle, to strife, to wrestle with.

B

breve *(bráybay)* adj. brief, short, concise; **en** ~, shortly; m. apostolic brief, ~**mente**, briefly, shortly, concisely.
brevedad *(brebedáhd)* f. brevity, briefness, shortness.
breviario *(brehbyáhryoh)* m. breviary.
brezal *(brehtháhl)* m. heath.
bribón *(breebón)* m. y adj. knave; scoundrel, rascal, rogue.
bricolaje *(bréekoláhHay)* m. do-it-yourself.
brida *(bréedah)* f. bridle (of a horse), string.
brigada *(breegáhdah)* f. brigade; team, squad.
brillante *(breeiyáhntay)* m. brillant, diamond; adj. bright, shining, brillant.
brillantez *(breeyahntáth)* f. brillance, brightness.
brillantina *(breelyahntéenah)* f. brillantine.
brillar *(breelyá***R***)* intr. to shine, to sparkle, to glisten, to glitter.
brillo *(bréelyoh)* m. brilliancy, brightness, shine, polish.
brincar *(breenká***R***)* intr. to leap, to jump, to skip, to hop.
brinco *(bréenkoh)* m. leap; jump; hop.
brindar *(breendá***R***)* intr. to toast.
brindis *(bréndess)* m. toast, health.
brío *(brée:oh)* m. vigour, dash.
brioso *(bryóhsoh)* adj. vigorous.
brisa *(bréesah)* f. breeze.
británico *(bréesah)* f. breeze, British.
brizna *(breéthnah)* f. blade of grass; particle, small piece.
broca *(bróhkah)* f. borer, drill, bit.
brocha *(bróhchah)* f. painter's brush.
broche *(bróhchay)* m. clasp; *Orn.* brooch, hook and eye (sewing).
brocheta *(brohcháytah)* f. skewer.
broma *(brókmah)* f. joke, prank; ~ **pesada**, practical joke.
bromear *(bromayá***R***)* intr. to droll; to jest, to joke, to make fun.
bromista *(broméestah)* m. merry fellow, joker, jester.
bronca *(brónkah)* f. wrangle, quarrel, row; **hechar una** ~, to tell of.
bronce *(brónthay)* m. bronze; brass.
bronceado *(bronthayáhdoh)* m. brassiness; bronzing; adj. brazen; tanned, sunburnt.
broncear *(bronthayá***R***)* tr. to bronze; to sun-burn, to sun-tan, to sun-bathe.
bronco *(brónkoh)* adj. rough, coarse; (fig.) rude; (voice) harsh, hoarse.
bronquitis *(bronkéetees)* f. bronchitis.
brotar *(brohtá***R***)* intr. *Bot.* to bud, to sprout; to break out.
brote *(bróhtay)* m. bud, shoot.
broza *(bróhthah)* f. thicket, dead leaves and weeds.
bruja *(bróo***H***ah)* f. witch; hag, sorceress.
brujería *(bróo***H***ayrée:ah)* f. witchcraft, sorcery.
brujo *(bróo***H***oh)* m. sorcerer.
brújula *(bróo***H***oolah)* f. *Naut.* (sea) compass.
bruma *(bróomah)* f. mist, haze.
bruñido *(broonyéedoh)* m. polish; adj. burnished.
bruñir *(broonyée***R***)* tr. to burnish, to polish.
bruscamente *(broosskahméntay)* (adv.) abruptly.
brusco *(broósskoh)* adj. rough, brusque.
brutal *(broótahl)* adj. brutal, vicious, savage.
brutalidad *(brootahleedáhd)* f. brutality, viciousness.
bruto *(broótoh)* m. brute, beast, adj. rough, **peso** ~, m. gross weight.
bucear *(boothayá***R***)* tr. to dive.
buceo *(booth† áyoh)* m. diving.
buche *(boóchay)* m. crop, maw; (coll.) stomach.
bucle *(boóklay)* m. curl; lock.
bucólico *(bookóhleekoh)* adj. bucolic.
buen *(bwáyn)* adj. good.
buenamente *(bwaynahmáyntay)* adv. easily; freely.

buenazo *(bwaynáhthoh)* adj. kind-hearted person.
buenaventura *(bwaynahbayntórah)* f. luck, fortune telling.
bueno *(bwáynoh)* adj. good; healthy, fit; **ser ~(a)**, to be good; **estar ~(a)**, to be fit.
buey *(bwáyee)* m. ox; bullock.
bufanda *(boofáhndah)* f. scarf, muffler.
bufete *(boofáytay)* m. desk; lawyer's office.
bufo *(bóofoh)* adj. comic; clownish; m. buffoon on the stage.
bufón *(boofón)* m. jester; buffoon.
bufonada *(boofohnáhdah)* f. buffoonery; jesting.
buhardilla *(bwaRdéelyah)* f. small garret, attic, sky-light.
búho *(bóo:oh)* m. owl.
buhonero *(boo/ohnáyroh)* m. hawker.
buitre *(boo:éetray)* m. *Orn.* vulture.
bujía *(booHée:ah)* f. candle; candle stick; *Mot.* sparkplug.
bulbo *(bóolboh)* m. *Bot., Anat., Ship.* bulb, globe.
bulla *(bóotyah)* f. noise; clatter; **meter ~**, to make a din.
bullicio *(boolyéethyoh)* m. noise; bustle.
bullicioso *(boolyeethyóhsoh)* adj. turbulent; noisy.
bullir *(boolyéeR)* intr. to boil; to bubble (up); to bustle.
bulto *(bóoltoh)* m. package, bundle; *Anat.* lump; (mail) parcel.
buñuelo *(boonywáyioh)* m. fritter; bun, doughnut.
buque *(bóokay)* m. boat, ship, vessel; **~ escuela**, training ship; **~ costero**, coaster; **~ de carga**, cargo-boat; **~ de vapor**, steam ship; **~ de guerra**, warship.
burbuja *(booRbóoHah)* f. bubble.
burbujear *(booRbooHayáR)* intr. to bubble, to make bubbles.
burdel *(booRdáyl)* m. brothel.
burdo *(bóoRdoh)* adj. coarse.
burla *(bóoR/ah)* f. scoff; mockery, sneer, jeer, jibe; chear, deceit; **hacer ~ de**, to mock, to make fun of.
burlador *(booRlahdóR)* m. jester; mocker; libertine.
burlar *(booRláR)* tr. to mock; to deceive; to abuse; to trick.
burlesco *(booRláysskoh)* adj. burlesque; comic.
burlón *(booRlón)* m. scoffer, jester, mocker.
burocracia *(boorohkráhthyah)* f. bureaucracy.
burócrata *(booróhkrahtah)* m. f. bureaucrat.
burra *(bóoRah)* f. she-ass; (coll.) dunce.
burrada *(booRáhdah)* f. stupid action.
burro *(bóoRoh)* m. ass; *Zool.* donkey; adj. stupid; idiot.
busca *(bóosskah)* f. search, pursuit, quest.
buscar *(booskáR)* tr. to seek; to search; to look for.
búsqueda *(bóosskaydah)* f. search.
busto *(bóosstoh)* m. *Anat., Arch.* bust.
butaca *(bootáhkah)* f. armchair; *Theat.* stail.
butano *(bootáhnoh)* m. butane.
butifarra *(booteefáhRah)* f. sausage.
buzo *(bóothoh)* m. diver.
buzón *(boothón)* m. mailbox (US), letterbox (UK); (street) postbox.

C c

cabal *(kahbáhl)* adj. just; right; sane; **estar en sus ~es**, to be in one's senses.
cabalgada *(kahbahlgáhdah)* f. cavalcade, foray, raid.
cabalgadura *(kahbahlgahdóorah)* f. mount, riding beast.
cabalgar *(kahbahlgáR)* intr. to ride.
cabalgata *(kahbahlgáhtah)* f. cavalcade, parade; (US) motocarde.

C

caballeresco *(kahbahyehréhsskoh)* adj. knightly, chivalrous.
caballería *(kahbahyehrée:ah)* f. mount; cavalry, horse-troops, (mann. her.) chivalry.
caballero *(kahbahyehroh)* m. gentleman; *Nob.* knight; horseman, rider; cavalier.
caballerosidad *(kahbahyerohseedáhd)* f. chivalrousness, gentlemanship, generosity.
caballeroso *(kahbahyeróhsoh)* gentlemanly, generous, civil.
caballete *(kahbahyéhteh)* m. painter's easel; trestle.
caballo *(kahbáyoh)* m. horse; **a ~**, on horseback; **~ de carga**, pack horse; **~ de silla**, riding horse; **~ de carreras**, racing horse; **~ de tiro**, draught horse; **~ de fuerza**, horse-power; **~ de mar**, sea-horse.
cabaña *(kahbáynyah)* f. hut, log cabin, croft; linesstock.
cabaret *(kahbahrét)* m. cabaret, night club.
cabecear *(kahbaythayá***R***)* intr. to nod; *Naut.* to pitch.
cabecera *(kahbaytháyrah)* f. head of a table, or bed etc.
cabecilla *(kahbaythéelyah)* s. leader, ringleader.
cabellera *(kahbehyéhrah)* f. long hair.
cabello *(kahbéyo)* m. hair.
cabelludo *(kahbeyóodoh)* adj. hairy; **cuero ~**, scalp.
caber *(kahbáy***R***)* intr. to be able to be contained, to fit, to go in; **no cabe más**, there is no room for move, it is full up; **no cabe duda**, there is no doubt about it.
cabestrillo *(kahbaysstréeyoh)* m. sling.
cabeza *(kahbéthah)* f. head, top; **~ de chorlito**, scatty; **~ de ganado**, head of cattle; **~ de puente**, *Mil.* beach head; **~ de turco**, scape goat.
cabezada *(kahbehtháhdah)* f. headshake, nod; nap(ping).
cabezudo *(kahbaythóodoh)* adj. pigheaded, self-willed.
cabida *(kahbéedah)* f. capacity.
cabina *(kahbéenah)* f. cabin; **~ de avión**, cockpit; **~ de fotos**, photo booth.
cabizbajo *(kahbeethbáh***H***oh)* adj. crestfallen.
cable *(káhblay)* m. cable, wire.
cablegrafiar *(kahblaygrahfe:á***R***)* intr. to cable.
cablegrama *(kahblaygráhmah)* m. cablegram.
cabo *(káhboh)* m. extremity; tip; *Geog.* cape, headland; *Naut.* rope. *Mil.* corporal; **llevar a ~**, to accomplish.
cabotaje *(kahbohfáh***H***ay)* m. coasting trade.
cabra *(káhbrah)* f. goat; **piel de ~**, goatskin; **~ montes**, wild goat; **leche de ~**, goat cheese
cabrero *(kahbráyroh)* m. goat herd.
cabrestante *(kahbraystahntay)* m. capstan.
cabrío *(kahbrée:oh)* adj. goatish; **macho ~**, buck, billygoat.
cabriola *(kahbryóhlah)* f. caper, leap, jump.
cabrito *(kahbreétoh)* m. kid (young goat).
caca *(káhkah)* f. (fam.), excrements, dirt; faeces.
cacahuete *(kahkah/wáytay)* m. peanut.
cacao *(khakáh/oh)* m. cocoa.
cacarear *(kahkahraya***R***)* intr. to cackle, to boast.
cacareo *(kahkahráyoh)* m. cluck, cackling; boasting.
cacería *(kahthayréeah)* f. hunt-(ing).
cacerola *(kahthayróhlah)* f. saucepan; stew-pan.
cachalote *(kahchahlóhtay)* m. cachalot, sperm whale.
cacharrería *(kahchah***R***ayrée:ah)* f. crockery, earthenware shop, pot-shop.
cacharro *(kahcháh***R***oh)* m. jug. coarse earthen pot, pot, pan.
cacique *(kahthéekay)* m. cacique, political boss, local chief.
caco *(káhkoh)* m. burglar, thief, pickpocket.

cacto *(káhktoh)* m. cactus.
cachaza *(kahcháhthah)* f. slowness; brazilean liquor.
cachear *(kahchehá**R**)* tr. to search for hidden weapons, to frisk.
cachete *(kahchéhteh)* m. box, flap, lick.
cachiporra *(kahcheepór**R**ah)* f. truncheon, cudgel, club.
cachivache *(kahcheebákchay)* m. (fam.) pot, utensil, thingumbob.
cacho *(káhchoh)* m. slice, piece.
cachorro *(kahchóh**R**oh)* m. (of dogs) puppy; cub.
cada *(kahdah)* adj. Each; every; ~ **uno**, each one, every one; ~**vez**, each time, every time; ~ **vez más**, more and more; ~ **vez menos**, less and less.
cadalso *(kahdáhlsoh)* m. scaffold (for executions), gallows.
cadáver *(kahdáhbay**R**)* m. corpse, body.
cadavérico *(kahdahbáyreekoh)* adj. cadaverous.
cadena *(kahdáynah)* f. chain, bond; ~ **perpetua**, (penal servitude) for life.
cadencia *(kahdaynthyah)* f. cadence, rtythm.
cadera *(kahdáyrah)* f. *Anat.* hip.
cadete *(kahdáytay)* m. *Mil.* cadet; junior.
caducar *(kahdooka**R**)* intr. to dote; to fall into disuse, to become out of date; *Com.* to lapse, to falldue.
caducidad *(kahdootheedóhd)* f. caducity.
caduco *(kahdóokoh)* adj. worm out; senile.
caer *(kahay**R**)* intr. to fall, to fall off/down; to drop; ~ **bien**, to fit, to suit; ~ **enfermo**, to fall ill; ~ **en la trampa**, to fall into the trap; ~**se los dientes**, to lose one's teeth (one's hair).
café *(kahfáy)* m. coffee; coffee-house, cafe.
cafetera *(kahfaytáyrah)* f. coffee, percolator.
cafre *(kahfray)* m. adj. kaf(f)ir; (fig.) savage, inhuman.
cagar *(kahgá**R**)* tr. to (go to) stool, (vulg.) to shit, to soil; ~**se de miedo**, to tremble with fear.
caída *(kah/éedah)* f. fall; drop.
caimán *(kah/eemáhn)* m. cayman, alligator.
caja *(káhHah)* f. box; case, cash; ~ **de ahorros**, savings bank; ~ **fuerte**, safe; ~ **registradora**, cash register; **libro de** ~, cash book.
cajera *(kahHáyrah)* f. female cashier.
cajero *(kahHáyroh)* m. cashier; ~ **automático**, cash dispenser.
cajista *(kahHéesstah)* s. type compositor.
cajón *(kahHón)* m. drawer; (shop) till; ~ **de sastre**, odds and ends, junk box.
cal *(kahl)* f. lime; ~ **viva**, quick lime; ~ **muerta**, slaked lime.
cala *(káhlah)* f. small bay, creek, cove.
calabaza *(kahlahbahthah)* f. *Bot.* pumpkin, gourd, (fig.) stupid; **dar** ~, (of lovers) to turn down.
calabozo *(kahlahbóhthoh)* m. jail; dungeon.
calado *(kahláhdoh)* adj. soaked, steeped; m. *Naut.* draught.
calamar *(kahlahmá**R**)* m. (sea) squid, sea-sleeve, calamary.
calambre *(kahláhmbray)* m. cramp.
calamidad *(kahlahmeedáhd)* f. misfortune.
calamitoso *(kahlahmeetóhsoh)* adj. calamitous.
calar *(kahlá**R**)* tr. to soak through, (fig.) to see through.
calavera *(kahlahbáyrah)* f. skull, (vul.) m. madcap, rake.
calaverada *(kahlahbayráhdah)* m. wild oats, escapade.
calcar *(kahlká**R**)* tr. to trace, (fig.) to copy.
calcáreo *(kahlkáhyrayoh)* adj. calcareous.
calceta *(kahltháytah)* f. knitting; **hacer** ~, to knit.
calcetín *(kahlthaytin)* m. sock.
calcinar *(kahlteená**R**)* tr. to char, to burn.

calco *(káhlkoh)* m. counter drawing, tracing, copy.
calculador *(kahldoolahdó***R***)* m computer, reckoner, adj. calculating.
calcular *(kahlkooláR)* tr. to com pute, to reckon, to calculate to estimate.

C

cálculo *(káhlkooloh)* m. reckoning, calculation; *Med.* calculus, stone.
calda *(káhldah)* f. heat; warming; pl. hot springs, spa.
caldear *(kahldayá***R***)* tr. to heat.
caldera *(kahldáyrah)* f. ca(u)ldron; (fact, ship) boiler.
calderilla *(kahldayréelya)* f. coppers, bras or copper money.
caldero *(kahldáyroh)* m. cauldron; (coll.) bucket, pail.
caldo *(káhldoh)* m. broth; ~ **de carne**, meat broth.
calefacción *(kahlayfakthyón)* f. heating; ~ **central**, central heating.
calendario *(kahlayndáhryoh)* m. calendar.
calentador *(kahlayntahdó***R***)* m. heater. ~ **eléctrico**, electric heater. ~ **a gas**, gas heater, adj. warming, heating.
calentar *(kahlayntá***R***)* tr. to heat, to warm.
calentura *(kahlayntóorah)* f. *Med.* temperature, fever; warmth.
calenturiento *(kahlayniooryéntoh)* adj. feverish.
caleta *(kahláytah)* f. cove; creek.
calibrar *(kahleebrá***R***)* tr. to calibrate, to gauge, to size.
calibre *(kahléebray)* m. calibre, ga(u)ge.
calidad *(kahleedáhd)* f. quality; kind; ~ **de vida**, quality of life.
cálido *(káhleedoh)* adj. *Clim.* hot; calid.
caliente *(kahlyéntay)* adj. warm; hot.
calificación *(kahieefeekahtyón)* f. qualification; mark (in exams).
calificado *(kahieefeekáhdoh)* adj. qualified; competent; rating.
calificar *(kahleefeeká***R***)* tr. to quality, to mark (examination papers), to empower.
caligrafía *(kahleegrahfée:ah)* f. caligraphy, penmanship.
cáliz *(kahléethah)* m chalice; *Bot.* calyx.
caliza *(kahléethah)* f. lime (stone).
calma *(káhlmah)* f. calm, quiet(ness), calmness, stillness, tranquility; ~ **chicha**, *Naut.* dead calm.
calmante *(kahlmáhntay)* adj. soothing; m. sedative.
calmar *(kahlmá***R***)* tr. to (be)calm, to appease, to quench (thirst, etc.); (pain) to soothe.
calmarse *(kahlmá***R***say)* r. to calm, down, to subside.
calmoso *(kahlmóhsoh)* adj. calm(y), (coll.), slow, tardy.
calor *(kahló***R***)* m. heat (exces.); warmth (pleas.); **hacer** ~, (dim.) to be hot; **tener** ~, to be hot; **asarse de** ~, to be roasting.
caloría *(kahlorée:ah)* f. calory; calorie.
calumnia *(kahióemnyah)* f. calumny; slander.
calumniar *(kahloomnyá***R***)* tr. to calumniate.
caluroso *(kahlooróhsoh)* adj. warm, hot; passionated.
calva *(káhlbah)* f. bald head.
calvario *(kahlbáhryoh)* m. calvary.
calvicie *(kahlbéethyay)* f. baldness.
calvo *(káhlboh)* adj. bald, hairless.
calza *(káhlthah)* f. trousers; breeches; ~**o**, *Mech.* wedge.
calzada *(kahltháhdah)* f. road, way, (coll.) street.
calzado *(kahlth※hdoh)* adj. shod, m. footwear.
calzador *(kahlthahdó***R***)* m. shoehorn.
calzoncillos *(kahlthonthéelyoss)* m. pl. under pants.
callado *(kahlyáhdoh)* silent, quiet.
callar *(kahlyá***R***)* intr. to be silent, to keep/be quiet (coll.) to shut up.
calle *(káhlyay)* s. street, lane; ~ **arriba**, up the street; ~ **abajo**, down the street.
calleja *(kahlyá***H***ah)* f. narrow passage, off-street, side-street.

callejear *(kahlyeHayaR)* intr. to saunter, to loiter about; to gad, to ramble.
callejero *(kahlyeHáyroh)* m. street walker, rambler; adj. street.
callejón *(kahlyayHón)* m. alley, lane; ~ **sin salida**, blind alley.
callejuela *(kahlyeHwaylah)* f. lane, alley-way.
callicida *(kahlyeehéedah)* m. corn-plaster, corn-remover.
callista *(kahlyeesstah)* m. chiropodist.
callo *(káhyoh)* m. *Anat.* corn (food) pl. tripes.
cama *(káhmah)* f. bed; couch; **guardar** ~, to stay in bed; ~ **de matrimonio**, double-bed; ~ **individual**, single bed; **hacer la** ~, to make the bed.
camada *(kahmáhdah)* f. (birds) brood; (anim.) litter.
camaleón *(kahmahlayon)* m. *Zool.* chameleon.
cámara *(káhmahrah)* f. hall; chamber. ~ **de Comercio**, Chamber of Commerce.
camarada *(kahmahráhdah)* s. pal, comrade, chum.
camarera *(kahmahráyrah)* f. waitress.
camarero *(kahmahráyroh)* m. waiter, steward.
camarilla *(kahmahréelyah)* f. coterie, set (US); *Pol.* lobby, machine.
camarín *(kahmahréen)* s. small chamber.
camarote *(kahmahrohtay)* m. *Naut.* berth, cabin.
camastro *(kahmáhstroh)* m. slovenly bed, pallet.
cambiante *(kambyahntay)* adj. changeable.
cambiar *(kahmbyáR)* tr. to (ex) change.
cambio *(káhmbyoh)* m. change, exchange; **letra de** ~, bill of exchange; **libre** ~, free trade; **en** ~, on the other hand.
camelar *(kahmayláR)* tr. to flirt, woo, to court; (coll.) to canoodle.
camelo *(kahmáyloh)* m. deceit; humbug; (coll.) flennel.
camelia *(kahmáylyah)* f. *Bot.* camellia.
camello *(kahmáylyoh)* m. camel.
camilla *(kahméelyah)* s. streetcher, litter, round table.
caminante *(kahmeenáhntay)* m. m. walker.
caminar *(kahmeenáR)* intr. to walk, to march.
caminata *(kameenáhtah)* long-walk, tramp, hike, march.
camino *(kahméenoh)* m. way; path; track; **de** ~, on one's way; ~ **trillado**, beaten track.
camisa *(kahméesah)* f. shirt; ~ **de fuerza**, straight-jacket; *Mech.* casing.
camisería *(kahmeesayrée:ah)* f. shirt shop.
camiseta *(kahmeesáytah)* f. vest; undershirt; singlet.
camisón *(kahmeesón)* m. night gown, night-dress.
camorra *(kahmóhRah)* f. quarrel, souffle, wrangle brawl.
camorrista *(kahmohReesstah)* m. brawler, bully.
campamento *(kahmpamayntoh)* m. camp, camping-site.
campana *(kahmpáhnah)* f. bell.
campanada *(kahmpahnáhdah)* f. bellstroke.
campanario *(kahmpahnáhryah)* m. belfry, steeple, bell-tower.
campanero *(kahmpahnáyroh)* m. bell-ringer.
campanilla *(kahmpahneeiyah)* f. hand-bell; *Anat.* uvula; *Bot.* bellflower.
campaña *(kahmpáhnyah)* f. *Mil.* campaign; *Geog.* level country.
campar *(kampaR)* v.i. to camp.
campechano *(kahmpaycháhnoh)* adj. frank, hearty, cheerful, genial.
campeón *(kahmpayón)* m. champion, title-holder.
campeonato *(kahmpayohnáhtoh)* m. championship, tournament.
campesino *(kahmpayséenoh)* adj. rural; m. peasant, countryman.
campiña *(kahmpéenyah)* f. country, countryside.

C

campo *(káhmpoh)* m. (in gen.) country (side) (in part.) (mil.) camp; ~ **de fútbol**, football ground/field; ~ **de juegos**, playing ground.
campo-santo *(káhmpoh-sáhntoh)* cementery, grave-yard.
can *(khan)* m. dog.
cana *(káhnah)* f. white hair; **peinar ~s**, to be old.
canal *(kahnáhl)* m. channel; waterway; (art.) canal. *Anat.* duct.
canalizar *(kahnahleetháR)* tr. to canalize; (fig.) to channel.
canalla *(kahnáhlyah)* f. mob; rabble; m. a scoundrel.
canana *(kahnáhnah)* f. cartridge belt.
canapé *(kahnahpáy)* m. couch, sofa, settee; canapé.
canario *(kahnáhryoh)* m. canary (bird.) adj. of the Canary Islands; m. Canary Islander.
canasta *(kahnáhstah)* f. hamper; basket.
canastilla *(kahnahstéelyah)* m. baby basket; small wicker-basket.
cancela *(kahntháylah)* f. ironwork gate.
cancelación *(kahnthaylahthyón)* f. cancellation.
cancelar *(kahnthayláR)* tr. to cancel, to annul.
cáncer *(káhnthayR)* m. cancer.
canciller *(kahnthelyayR)* m. chancellor.
canción *(kahnthyón)* f. song; lyric, tune.
cancionero *(kahnthyohnáyroh)* m. song-book.
cancha *(kanchaah)* f. sports-ground court.
candado *(kahndáhdoh)* m. padlock.
candela *(kahndáylah)* f. candle, taper; (coll.) fire; (coll.) **dar ~**, to give a beating.
candelabro *(kahndayláhbroh)* m. candelabrum.
candelaria *(kahndayláhryah)* f. Candlemas; *Bot.* mullein.
candelero *(kahndayláyroh)* m. candlestick. *Naut.* stanchion. candle-holder.
candente *(kahndayntay)* adj. red-hot; **cuestión ~**, burning question.
candidato *(kahndeedáhtoh)* m. candidate, applicant.
candidatura *(kahndeedahtóorah)* f. candidacy.
candidez *(kahndeedayth)* f. simplicity, ingenuousness; innocence.
candido *(káhndeedoh)* adj. candid, naive, simple.
candil *(kahndéel)* m. oil-lamp.
candileja *(kahndeeláyHah)* f. pl. *Theat.* footlights.
candor *(kahndóR)* m. candour, ingenuousness, frankness.
candoroso *(kahndohróhsoh)* adj. candid, frank, ingenious.
canela *(kahnéhlah)* f. *Bot.* cinnamon.
cangrejo *(kahngráyHoh)* m. crab.
canguro *(kahngóoroh)* m. kangaroo.
caníbal *(kahnéebahl)* adj. cannibal, man-eater.
canícula *(kanéekoolah)* f. dog days, midsummer.
canijo *(kahneeHoh)* adj. weak, sickly person.
canino *(kahnéenoh)* adj. canine; **diente ~**, eyetooth; **tener hambre ~a**, to be starving-hungry.
canje *(káhnWay)* m. exchange.
canjear *(kahnHayáR)* tr. to exchange.
cano *(káhnoh)* adj. hoar(y), grey-haired.
canoa *(kahnóh/ah)* f. canoe.
canon *(káhnon)* m. canon; rule.
canónico *(kahnóhneekoh)* adj. canonic(al).
canónigo *(kahnóhneegoh)* m. canon, prebendary.
canonización *(kahnohneethahthyón)* f. canonization.
canonizar *(kahnohneetháR)* tr. to canonize; to (be) saint.
canonjía *(kahnonHée:ah)* f. canonry.
canoso *(kahnóhsoh)* adj. hoary, grey-haired.

cansado *(kahnsádoh)* adj. tired; weary, (fig.) worn out.
cansancio *(kahnsáhnthyoyh)* m. tiredness, weariness, fatigue.
cansar *(kahnsá**R**)* tr. to tire, to weary, v.r. to get tired.
cantante *(kahntáhntay)* s. singer, songeter.
cantar *(kahntá**R**)* tr., intr. to sing, to chant, (verses, pealms) m. song; (birds) to chirp; *Pol.* to speak out; ~, to make a full confession.
cántaro *(káhntahroh)* m. pitcher; jug; **hover a ~s**, to rain cats and dogs.
cantero *(kahntáyroh)* m. quarryman, stone-mason.
cántico *(káhnteekoh)* m. canticle, song.
cantidad *(kahnteedahd)* f. quantity; sum.
cantimplora *(kahnteemplórah)* f. liquor-case, water-bottle, canteen.
cantina *(kahntéenah)* f. canteen, cellar.
canto *(káhntoh)* m. song; edge; **de** ~, side-ways; ~ **rodado**, pebble.
cantón *(kahntón)* m. corner; region.
cantor *(kahntó**R**)* m. singer.
cantora *(kahntóhrah)* f. singer.
caña *(káhnyah)* f. cane; reed; stemp; *Anat.* marrow *Naut.* helm, tiller; ~ **de pescar**, fishing-rod; ~ **de azúcar**, sugar cane. ~ **de cerveza**, a glass of beer.
cáñamo *(káhnyahmoh)* m. hemp; cannabis.
cañaveral *(kahnyahbayrrólh)* m. cane field.
cañería *(kanyayreéh)* f. water-pine, dube, dubing.
caño *(káhnyoh)* m. tube, drainmains, sewer.
cañón *(kahnyón)* m. cannon, barrel, (of guns); *Geog.* deep gorge, canyon.
cañonazo *(kahnyohnáhthoh)* m. cannon-shot.
cañonear *(kaynyohnayá**R**)* tr. to cannonade, to shell.
caoba *(kah/óhbah)* f. *Bot.* mahogany.
caos *(káh/oss)* m. chaos.
capa *(káhpah)* f. (cloth.) cloak; cape; layer, cover, coat (of paint.); **estar de ~ caída**, to be down in the mouth; *Naut.* **a la** ~, lying-to.
capacho *(kahpáhchoh)* m. hamper; frail, large basket.
capacidad *(kahpahtheedáhd)* f. (meas.) capacity; capability.
capar *(kahpá**R**)* tr. to geld; to castrate; to cut off.
caparazón *(kahpahrahthón)* m. carcass of a fow; caparison.
capataz *(kahpahtáth)* m. overseer; foreman; (colt.) gaffer.
capaz *(kahpáth)* adj. capable, able, fit, suitable for.
capcioso *(kahpthyóhsoh)* adj. captious.
capear *(kahpayá**R**)* tr. to fling a cloak at a bull *Naut.* & fig.) to weather.
capellán *(kahpaylyáhn)* m. chaplain.
caperuza *(kahpayróothah)* f. hood.
capilar *(kahpeelá**R**)* adj. capillary.
capilla *(kahpéelyah)* f. chapel; ~ **ardiente**, lying-in-stale chapel; **estar en** ~, to be awaiting execution. *Print.* proof-sheet.
capirote *(kahpeeróhtay)* s. hood, **tonto de** ~, blockhead.
capital *(kahpeetáhl)* adj. capital; chief; m. money, fund, steck; **pena** ~, death penalty.
capitalismo *(kahpeetahleesmoh)* m. capitalism.
capitalista *(kahpeetahieestah)* s. capitalist.
capitalizar *(kahpeetahleetha**R**)* tr. to capitalize.
capitán *(kahpeetáhn)* m. (mil.) captain; (fig.) leader.
capitanear *(kahpeetahnaya**R**)* tr. to lead, (exped. etc.) *Mil.* to command.
capitel *(kahpeetáyl)* m. capital of a column.
capitulación *(kahpeetoolahthyón)* f. capitulation, surrender; (pl.) marriage articles.

C

C

capitular *(kahpeetooláR)* adj. *Eccl.* capitulate; *Mil.* to capitulate.
capítulo *(kahpéeetooloh)* m. chapter, episode.
capón *(kahpón)* m. capon; eunuch.
capota *(kahpóhtah)* f. *Mot.* bonnet.
capote *(kahpóhtay)* m. cover, couloured cloak used by bullfighters. *Mil.* greatcoat.
capricho *(kahpréechoh)* m. fancy; whim; caprice.
caprichoso *(kahpreechóhsoh)* adj. capricious, whimsical.
cápsula *(kápsoolah)* f. capsule.
captar *(kahptáR)* tr. to attract; to grasp; to collect; to win over.
captura *(kahptóorah)* f. capture, seizure.
capturar *(kahptooráR)* tr. to apprehend, to arrest, to seize.
capucha *(kahpóochah)* f. hood.
capullo *(kahpóolyoh)* m. cocoon of a silkworm; *Anat.* prepuce, bud, button.
caqui *(káhkee)* m. khaki, khakee.
cara *(káhrah)* f. face; **~ o cruz**, head or tail; **de cara a ~**, facing...; **~ a ~**, face to face; **dar la ~**, to face; **tener mala ~**, to look off-color.
carabela *(kahrahbáylah)* f. caravel.
carabina *(kahrahbéenah)* f. carabine; rifle.
carabinero *(kahrahbénayroh)* m. carabineer; customns.
caracol *(kahrahkól)* m. snail, **escalera de ~**, spiral stair case.
carácter *(kahráktayR)* m. character.
característico *(kahraktayreestéekoh)* adj. characteristic, typical.
caracterizar *(kahraktayreetháR)* tr. to characterize.
caramba *(kahráhmbah)* interj. ¡good gracious!, By Jove; (coll.) flipping eck.
carambola *(kahrahmbóhlah)* f. cannon at billiards.
caramelo *(kahrahmáyloh)* m. caramel; sweet, toffee.
carantoñas *(kahrahntóhnyahs)* f. pl. caresses.
caravana *(kahrahbáhnah)* f. caravan.
caray *(kahrá/ee)* intr. well! Good frief!
carbón *(kaRbón)* m. coal; **~ vegetal**, charcoal; **al ~**, carbon-pencil.
carbonato *(kaRbohnáhtoh)* m. *Chem.* carbonate.
carboncillo *(kaRbonthéelyoh)* m. carbon-pencil.
carbonería *(kaRbonayrée:oh)* f. coal-yard.
carbonizar *(kaRbohneetháR)* tr. to carbonize.
carbono *(kaRbónoh)* m. *Chem.* carbon.
carburador *(kaRboorahdóR)* m. carburettor.
carcajada *(kaRkahHáhdah)* f. burst of laughter, guffaw.
cárcel *(káRthayl)* f. prison; jail.
carcelero *(kaRthayláyroh)* m. jailer, warder, prison officer.
carcoma *(kaRkóhman)* f. wood-borer, dry rot, woodwarm.
carcomido *(kaRkohméedoh)* adj. worm-saten.
carda *(káRdah)* f. *Bot.* teasel; *Text.* card.
cardar *(kaRdáR)* tr. to card or comb wool.
cardenal *(kaRdaynál)* m. *Eccl.* cardinal; *Anat.* weal, bruise.
cardiaco *(kaRdéekahkoh)* adj. cardiac, heart.
cardinal *(kaRdaynáhl)* adj. cardinal.
cardo *(káRdoh)* m. *Bot.* thistle.
carear *(kahrayáR)* tr. to confront.
carecer *(kahraytháyR)* intr. to lack, to be in need of.
carencia *(karáynthayah)* f. lack, shortage, deficiency.
careo *(kahráyoh)* m. confrontation.
carestía *(kahraysstée:ah)* m. dearness, costliness.
careta *(kahráytah)* f. mask.
carga *(káRgah)* f. load; cargo; burden; freight; **bestia de ~**, Beast of burdon; *Mil.* **¡a la ~!**, charge!; **llevar la ~**, to carry the blunt of; **volver a la ~**, to harp on.
cargadero *(kaRgahdáykoh)* m. (un)loading-place, pier.
cargado *(kaRgáhdoh)* adj. full,

loaded; **té/café ~**, strong tea/ coffee.
cargador *(kaRgahdóR)* m. freighter, clip or magazine (of a pistol); **~ portuario**, docker, stevedore.
cargamento *(kaRgahmáyntoh)* m. cargo, freight, load, shipment.
cargar *(kaRgáR)* tr. *Mil.* to charge; *Transp.* to load; *Com.* to debit; to bill.
cargo *(káRgoh)* m. charge, post, employment, *Law.* accusation.
cariar *(kahreeár)* tr. to produce caries.
caricatura *(kahreekahtóorah)* f. caricature.
caricaturizar *(kahreekahtooreetháR)* tr. to caricature.
caricia *(kahréethyah)* f. caress, pat; **hacer ~s**, to stroke.
caridad *(kahreedáhd)* f. charity; good will; alms.
caries *(káhryess)* f. caries, tooth decay.
cariño *(kahréenyoyh)* m. love; tenderness, affection, fondness; **¡~ mío!**, my darling! sweetheart!
cariñoso *(kaheenyóhsoh)* adj. affectionate, fond, endearing, loving.
caritativo *(kahreetahtéeboh)* adj. charitable, benevolent, hospitable.
cariz *(kahréeth)* m. appearance, look, aspect; prospect.
carmesí *(kaRmaysée)* adj. m. crimson.
carmín *(kaRméen)* m. carmine, (coll.) lip-stick.
carnada *(kaRnáhdah)* f. bait; **picó la ~**, he fell in the trap.
carnal *(kaRnáhl)* adj. carnal; sensual; **primo ~**, first cousin.
carnaval *(kaRnahbál)* m. carnival.
carne *(káRnay)* f. (live) flesh (food) meat; **~ asada**, roast (beef); **en ~**, naked; **~ de gallina**, goose flesh.
carné *(kaRnáy)* m. identification card, ID.
carnero *(kaRnáyro)* m. sheep; (anim.); (fuod) mutton.
carnicería *(kaRneehayrée:ah)* f. butcher's shop, (fig.) slaughter.
carnicero *(kaRnaytháyroh)* m. butcher, adj. carnivorous.
carnívoro *(kaRnéebohroh)* adj. carnivoruos.
carnoso *(kaRnóhsoh)* adj. fieshy; meaty.
caro *(káhroh)* adj. dear, high-priced, costly, expensive.
carpa *(káRpah)* f. *Ichth.* carp, tent.
carpeta *(kaRpáytah)* f. table-cover; portfolio, folder-(file).
carpintería *(kaRpeentayrée:ah)* f. carpentry; carpenter's shop, woodwork.
carpintero *(kaRpeentáyroh)* m. carpenter, joiner; **pájaro ~**, woodpecker.
carrera *(káhRáyráh)* f. *Sport.* race, *Acad.* career; (hos.) ladder.
carreta *(kahRáytah)* f. wag(g)on.
carretada *(kahRaytáhdah)* f. cartful, pl. plenty.
carrete *(kahRáytay)* m. reel, spool, (film.).
carretera *(kahRaytárah)* f. (high-) road, highway.
carretero *(kahRaytáyroh)* m. cartwright, carter, carrier.
carretilla *(kaRaytéelyah)* f. wheelbarrow.
carretón *(kahRaytón)* m. (go); cart, draycart, truck.
carril *(kahRéel)* m. (cart)rut, (railw.) rail.
carrillo *(kahRéelyoh)* m. cheek, jowl.
carro *(káhRoh)* m. cart; chariot; **~ de combate**, *Mil.* tank, *Print,* carriage; **~ fúnebre**, hearse.
carrocería *(kahRohthayréeah)* f. carriage body, coachwork.
carromato *(kahRohmáhtoh)* m. dray(cart), van.
carroña *(kahRóhnyah)* f. carrion.
carroza *(kahRóthah)* f. large coach, carriage, (fun.) hearse.
carruaje *(kahRwáhHay)* m. carriage.
carta *(káRtah)* f. letter; *Geog. & Naut.* map; playing card; *Com.* bill of fare. **~ certificada**, registered letter.

cartearse *(kaRtayaRsay)* r. to correspond by letter.
cartel *(kaRtáyl)* m. poster; sign.
cartera *(kaRtayRah)* f. portfolio; wallet; ~ **escolar**, satchel.
carterista *(kaRtayreestah)* m. pickpocket.
cartero *(kaRtáyRoh)* m. post-man.
cartílago *(kaRtéelahgoh)* m. cartilage, gristle.
cartilla *(kaRtéelyah)* f. primer, spelling-book.
cartón *(kaRtón)* m. cardboard; (paint.) cartoon; ~ **piedra**, papier-mache.
cartuchera *(kaRtoocháyrah)* f. cartridge.
cartucho *(kaRtóochoh)* m. cartridge, cartouche.
cartujo *(kaRtóoHoh)* m. Carthusian.
cartulina *(kaRtooléenah)* f. thin cardboard.
casa *(káhsah)* f. house; home; flat; *Econ.* firm; ~ **adosada**, semi-detached house, duplex; ~ **de campo**, country house.
casamentero *(kahsahmayntáyroh)* m. match-maker.
casamiento *(kahsahmyéntoh)* m. marriage, wedding.
casar *(kahsáR)* tr. to marry; to get married, to match.
cascabel *(kahskahbayl)* m. hawk's bell, jingle, **serpiente de** ~, rattlesnake.
cascada *(kahskáhdah)* f. cascade, waterfall.
cascadura *(kahshahdóorah)* f. breaking asunder.
cascanueces *(kaskahnwaythays)* m. nutcracker(s).
cascar *(kahskáR)* tr. to crack, to crunch; (coll.) to beat.
cáscara *(káhskahrah)* f. peel; shell, rind.
casco *(káhskoh)* m. helmet; skull; hull; cask; **libero de ~ s**, featherbrained.
cascote *(kahskhótay)* m. fragment, rubble, debris.
casera *(kahsáyrah)* f. landlady.
caserío *(kahsayrée:oh)* m. group of houses, homestead.
casero *(kahsáyroh)* adj. homely, home-bred, (fig.) domestic; m. landlord.
caseta *(kahsáytah)* f. hut.
casi *(káhsee)* adv. almost; nearly.
casilla *(kahséelyah)* f. (keeper's), lodge, hut, pigeon-hole, square.
casino *(kahséenoh)* m. casino; chessboard.
caso *(kásoh)* f. case, event; **en todo** ~, at all events; **hacer** ~, to pay attention; **en ~ de**, in case of. (law, gram.) case.
casorio *(kahsóhryoh)* m. (fam.) reckles marriage.
caspa *(káhspah)* f. dandruff, scurf.
casquete *(kaskaytay)* m. helmet; cap, bonnet; *Mech.* cap.
casquivano *(kahskeebáhnoh)* adj. inconsiderate feather-brained.
casta *(kástah)* f. caste, breed; race.
castaña *(kahstáhnyah)* f. chestnut.
castañero *(kahstahnyáyroh)* m. dealer in chestnuts.
castaño *(kahstáhnyoh)* m. *Bot.* chesnut-tree; adj. brown.
castañuela *(kahstahnyoo:áylah)* f. castanet.
castellano *(kahstayiyahnoh)* adj. m. Castillan; m. Castellan.
castidad *(kahsteedáhd)* f. chastity, purity.
castigador *(kahsteegahdóR)* m. punisher; (fam.) adkiller; adj. punishing, chastising.
castigar *(kahsteegáR)* tr. to punish, to chastise, to castigate.
castigo *(kahstéegoh)* m. punishment, chastisement, correction.
castillo *(kahstéelyoh)* m. castle; *Naut.* ~ **de proa**, forecastle deck; ~ **de popa**, poop deck;

hacer ~s en el aire, to build castles in the air.
castizo *(kahstéethoh)* adj. pure, authentic, typical.
casto *(káhstoh)* adj. chaste; pure.
castor *(kahstóR)* m. beaver.
castración *(kahstrahthyón)* f. castration, gelding.
castrar *(kahstráR)* tr. to castrate, to geld.
castrense *(kahstraynsay)* adj. military.
casual *(kahswáhl)* adj. accidental, casual; adv. **~mente**, accidentally, casually.
casualidad *(kahswahleedáhd)* f. chance, coincidence; **por ~**, by chance, by accident.
casucha *(kahsóochah)* f. (fam.) miserable hut, hovel.
cata *(káhtah)* f. sample; strong.
cataclismo *(kahtahcleesmoh)* m. cataclysm; catastrophe upheaval; *Pol.* turmoil.
catador *(kahtardóR)* m. taster, sampler.
catadura *(kahtahdóorah)* f. tosting proof; face; **de mala ~**, untrustworthy, roguish.
catalejo *(kahtahláyHoh)* m. telescope; spyglass.
cataplasma *(kahtahplásmah)* f. poultice; cataplasm; (coll.) mithering person.
catar *(kahtáR)* tr. to taste, to sample, to proof, to inspect, to examine.
catarata *(kahtahráhtah)* f. *Med.* cataract; H*id.* fall, waterfall.
catarro *(kahtáhRoh)* m. catarrh, coll.
catastro *(kahtáhstroh)* m. census of real property.
catástrofe *(kahtáhstrofay)* f. catastrophe.
catecismo *(kahtaythissmoh)* m. catechism.
cátedra *(káhtaydrah)* f. (university) chair, professorship.
catedral *(kahtaydráhl)* f. adj. cathedral.
catedrático *(kahtaydráhteekoh)* m. (university) professor, lecturer.
categoría *(kahtaygohrée:ah)* f. category, class; **persona de ~**, V.I.P. (very important person).
categórico *(kahtaygóhreekoh)* adj. categorical, absolute, definitive.
catequismo *(kahtaykeessmoh)* m. catechism.
caterva *(kahtáyRbah)* f. crowd; throng.
catolicismo *(kahtohleecheessoh)* m. Catholicism.
católico *(kahtóhleekoh)* adj. m. (Roman) Catholic.
catorce *(kahtóRthay)* adj. fourteen.
catre *(káhtray)* m. cot.
cauce *(kahóothay)* m. riverbed.
caución *(kah/oothyón)* f. caution, precaution, care; warning.
caucho *(káh/oochoh)* m. rubber.
caudal *(kah/oodáhl)* m. property, wealth; Hid. flow.
caudaloso *(kah/oodahlóhsoh)* adj. copious; wealthy; Hid. full-flowing.
caudillo *(kah/oodéeiyoh)* m. head, chief(tain), leader.
causa *(káh/oosah)* f. *Leg.* lawsuit; cause, motive; **a ~ de**, because of.
causante *(kah/oosáhntay)* s. occasioner, responsible.
causar *(kah/oosáR)* tr. to cause, to bring about.
cáustico *(kah/oosteekch)* adj. caustic(al).
cautela *(kah/ootáylah)* f. caution, care, prudence.
cauteloso *(kah/ootaylósoh)* adj. cautious, prudent, caveful, wary.
cautivar *(kah/ooteebár)* tr. (fig.) to captivate, to charm; to make prisioners.
cautiverio *(kah/ooteebáyryoh)* m. captivity.
cautivo *(kah/ootéeboh)* adj. y m. captive, prisoner.
cauto *(káh/ootoh)* adj. cautious, prudent, wary, careful.
cava *(káhbah)* f. wine cellar.
cavador *(kahbadhóR)* m. digger.
cavadura *(kahbahdóorah)* f. digging.
cavar *(kahbáR)* tr. to dig; excavate.

C

caverna *(kahbáyRnah)* f. cavern, cave.
cavernoso *(kahbáyRnóhsoh)* adj. cavernous.
cavidad *(kahbeedáhd)* f. cavity.
cavilación *(kahbeelahthyón)* f. moodiness, pondering, caviling, deep thinking.
cavilar *(kahbeeláR)* tr. intr. to muse, to brood over, to ponder, to meditate; think deeply.
cayo *(káhyoh)* m. rock; islet, key.
caza *(káhthah)* f. (fig.) chase, pursuit; ~ **menor**, shooting; game (hunt(ing); ~ **mayor**, big game; **(avión de)** ~, fighter.
cazador *(kahthahdóR)* m. hunter.
cazadora *(kahthahdóhrah)* f. huntress, (shooting)jacket.
cazar *(kahtháR)* tr. (fig.) to pursue, to chase; to hunt, to shoot.
cazo *(káhthoh)* m. ladle.
cazoleta *(kahthohláytah)* f. skillet.
cazuela *(kahthwáylah)* f. (earthen) pan; saucepan, stew-pan.
cazurro *(kahthóoRoh)* adj. (fam.) taciturn, sulky, sullen.
ceba *(tháybah)* f. fattening (of animals).
cebada *(thaybáhdah)* f. barley.
cebar *(thaybáR)* tr. to fatten animals.
cebo *(tháyboh)* m. bait, lure.
cebolla *(thaybóhlyah) Bot.* onion.
cebra *(tháybrah)* f. zebra; **paso de** ~, zebra crossing.
cecear *(thaythayáR)* tr. to lisp.
ceceo *(thaytháyoh)* m. lisp.
cedazo *(thaydáhthoh)* m. sieve.
ceder *(thaydáR)* tr. to yield, to give up, to transfer, to cede, to hand over, to convey.
cedro *(tháydroh)* m. cedar (wood).
cédula *(tháydoolah)* f. warrant, certificate; ~ **de identidad**, identity card.
céfiro *(tháyfero)* m. zephyr.
cegar *(thaygáR)* to blind; (i.) to grow blind; (t.) to make blind; (fig.) to block (a door/passage, etc.).
ceguera *(thaygáyrah)* f. blindness.
ceja *(tháyHah)* f. eyebrow; **fruncir las ~s**, to frown; **estar hasta las** ~, to be up to the eye-brows.
cejar *(thayHár)* intr. to slack(en), to give up/in/way; to move backwards, to draw back.
celada *(thayláhdah)* f. ambush, snare, trap.
celador *(thaylahdóR)* m. guard (de edificio); warden (de cárcel).
celar *(thayláR)* tr., intr. to superintend, to be careful, to watch over, to spy on.
celda *(tháyldah)* f. cell.
celebración *(thaylaybrahthyón)* f. celebration; praise, (meetings, etc.) holding.
celebrar *(thaylaybráR)* tr. to celebrate; to hold (a meeting), to minister; to venerate, to respect, to applaud, to praise.
célebre *(tháylaybray)* adj. famous, celebrated; (fam.) facetious.
celebridad *(thaylaybreedáhd)* f. celebrity, notoriety, eminence, fame.
celeridad *(thaylayreedáhd)* f. celerity, velocity, speed, swiftness.
celeste *(thayláysstay)* adj. celestial, heavenly; sky-blue-colour.
celestial *(thaylayssteeáhl)* adj. celestial; heavenly; (fig.) delighful, divine.
celestina *(thaylaystéenah)* f. (coll.) procuress.
celibato *(thayleebáhtoh)* m. celibacy.
célibe *(tháyleebay)* adj. unmarried, signle; m. bachelor; f. spinster.
celo *(tháyloh)* m. zeal; rut of animals; pl. jealousy.
celoso, sa *(thaylóhsoh)* adj. zealous (interest); jealous (emotion).
celta *(tháyltah)* adj. s. Celt; Celtic.
céltico *(thaylteekóh)* adj. Celtic.
célula *(tháyloolah)* f. *Bot. Zoo.* cell, cellule; ~ **nerviosa**, nerve cell; ~ **fotoeléctrica**, photoelectric cell; ~ **embrionaria**, germ cell.
celular *(thaylooláR)* adj. cellular.
cementar *(thaymayntáR)* tr. *to cement.*

cementerio *(thaymayntáyryoh)* m. cementery, churchyard, graveyard
cemento *(thaymayntoh)* m. cement, mortar.
cena *(tháynach)* f. (7-9) dinner; (10) supper.
cenagoso *(thaynahgohssoh)* adj. muddy, marshy, boggy.
cenar *(thaynáR)* tr. to dine, to have dinner, to have supper.
cencerro *(thaynthyáyRoh)* cowbell.
cenefa *(thaynáyfah)* f. fringe, border; (sew)hem; *Naut.* awning.
cenegal *(thaynahgahl)* m. quagmire, swamp.
cenicero *(thaynaythároh)* m. ashtray.
cenicienta *(thayneethyéntah)* f. Cinderella.
ceniciento *(thayneethyéntoh)* adj. ash-coloured.
ceniza *(thaynéethah)* f. ash, cinders; **Miércoles de ~**, Ash Wednesday.
cenobio *(thaynóhbyoh)* m. cenoby, monastery.
censo *(thaynsoh)* m. census.
censor *(thaynsóR)* m. censor.
censura *(thaynsóorah)* f. (theat, print, etc.) censorship); (crit) censure, blame.
censurable *(thaynsooráblay)* adj. censurable, blameful.
censurar *(thaynsooráR)* t. to censure, to blame, to censor, to review.
centella *(thayntáylyah)* f. flash, spark, lightning; **como una ~**, like lightning.
centelleante *(thayntaylyayahntay)* adj. sparkling, flashing.
centellear *(thayntaylayáR)* tr. sparkle, to flash; (stars) twinkle.
centelleo *(thayntaylyáyoh)* m. flashing, sparkle.
centena *(thayntáynah)* m. hundred.
centenar *(thayntaynáhR)* m. hundred.
centenario *(thayntaynáhryoh)* m. adj. centenary, centenial.
centeno *(thayntáynoh)* m. *Bot.* rye.
centesimo *(thayntáyseemoh)* adj. centesimal, a hundredth.
centígrado *(thayntéegrahdoh)* adj. centigrade.
centímetro *(thaynteemaytroh)* m. centimetre.
céntimo *(thaynteemoh)* m. centime.
centinela *(thaynteenáylah)* f. sentry, lookout.
central *(thayntráhl)* adj. central, cenric; *Com.* head-office.
centralismo *(thayntrahleesmoh)* m. centralism.
centralista *(thayntrahieestah)* s. centralist.
céntrico *(thayntreekoh)* adj. central.
centro *(thayntroh)* m. centre, middle; **~ Recreativo/etc**, Social Club.
ceñido *(thaynyéedoh)* adj. (cloth.) tight-fitting, close to.
ceñir *(thaynéeR)* tr. to (cloth.) to fit closely; **~ por la cintura**, to grasp by the waist.
ceñidor *(thaynyeedohR)* m. (cl.) girdle, suspender-belt.
ceño *(tháynyoh)* m. frown.
ceñudo *(thaynyóodoh)* adj. grim, frowning.
cepa *(thaypah)* f. vine-stock; **de buena ~**, from good source.
cepillar *(thaypeelyáR)* tr. to brush; *Carp,* to plane; (coll.) to defeat thou roughly.
cepillo *(thaypéelyoh)* m. brush, charity box; *Carp,* plane; **~ de dientes**, tooth-brush; **~ de ropa**, clothes-brush; **~ de los zapatos**, shoe-brush.
cepo *(tháypoh)* m. stock, pillory; *Naut.* bilboes; (hunt.) snare, trap; **~ del ancla**, anchor stock.
cera *(tháyrah)* f. wax.
cerámica *(thayráhmeekah)* f. ceramics, pottery.
cerámico *(thayráhmeekoh)* adj. ceramic.
cerbatana *(thayRbahtáhnah)* f. blow-pine, pea-shooter.
cerca *(tháyRkah)* f. fence adv. near, close by; **~ de**, close to, near to; **de ~**, closely.
cercanía *(thayRkahnée:ah)* f. proximity; pl. vicinity, neighbourhood.
cercano *(thayRkáhnob)* adj. near, close by, neighbouring.

cercar *(thay***R***ká***R***)* tr. to enclose, to fence off; *Mil.* to siege.
cercenar *(thay***R***thayná***R***)* tr. to cut off, to amputate.
cereciorarse *(thay***R***thyohrá***R***say)* r. to ascertain, to make sure.
C
cerco *(tháy***R***koh)* m. ring, circle, frame; *Mil.* blockade.
cerda *(tháy***R***dah)* (hair) bristle; *Zool.* sow.
cerdo *(tháy***R***doh)* m. hog, pig, swine; **carne de ~**, pork.
cereal *(tháyrayáhl)* adj. cereal; m. pl. cereals.
cerebral *(hayraybráhl)* adj. cerebral, brain.
cerebro *(thayráybroh)* m. brain; (fig.) talent.
ceremonia *(thayraymóhnyah)* f. ceremony.
ceremonial *(thayraymohnyáhl)* m. ceremonial, formalities.
ceremonioso *(thayraymohnyóhsoh)* adj. ceremonious, formal.
cerería *(thayrayrée:ah)* f. wax-chandler's shop.
cereza *(thayráythah)* f. cherry.
cerezo *(thayráythoh)* m. cherry-tree.
cerilla *(thayréelyah)* f. (wax) match; *Med.* cerumen.
cero *(tháyroh)* m. (US) zero; *G.B.* nought.
cerrado *(thay***R***ráhdoh)* adj. closed, locked.
cerradura *(thay***R***ahdóohrah)* f. lock.
cerrajería *(thay***R***ah***H***ayrée:ah)* f. locksmith's trade or shop.
cerrajero *(thay***R***ah***H***áyroh)* m. locksmith.
cerrar *(thay***R***á***R***)* tr. to shut, to close, to lock; ~ **con llave**, to lock; ~ **la boca**, to shut up; ~ **un sobre**, to seal; ~ **una herida**, to heal.
cerril *(thay***R***éel)* adj. mountainous, wild, rough.
cerro *(tháy***R***oh)* m. hill, high-land.
cerrojo *(thay***R***óh***H***oh)* m. bolt.
certamen *(thay***R***táhmayn)* m. competition.
certero *(thay***R***táyroh)* adj. sure, certain; (shot.) woll-aimed; m. sharp-shooter, a grood shot.
certeza *(thay***R***táythah)* f. certainty, certitude.
certificado *(thay***R***teefeekáhdoh)* m. certificate; adj. registered.
certificar *(thay***R***teefeeká***R***)* tr. to certificate.
cervecería *(thay***R***baythayréeah)* f. brewery, ale house.
cerveza *(thay***R***báythah)* f. beer, ale.
cerviz *(thay***R***béeth)* m. nape of the neck.
cesación *(thaysahthyón)* f. cesation, ceasing.
cesante *(thaysáhntay)* adj. public officer out of office, dissmissed.
cesar *(thaysá***R***)* intr. to cease, to dismiss, to lay off, to give over, to leave off; **sin ~**, incesantly.
cese *(tháysay)* m. dismissal, cessation; *Mil.* truce.
cesión *(thaysyón)* f. cession, transfer.
césped *(tháysspayd)* m. lawn, grass, turf, sod.
cesta *(tháysstah)* f. basket, pannier, hamper.
cestería *(thaysstayrée:ah)* f. basket-shop.
cesto *(tháysstoh)* basket, **balon ~**, basket-ball.
cetáceo *(thaytáhthayoh)* adj. cetaceous.
cetro *(tháytroh)* m. aceptre; *Eccl.* verge.
chabacanada *(chabahkahnáhdah)* f. muddle, scurrility, vulgar, lack of taste.
chabacanería *(chabahkahnayrée:ah)* f. muddle, scurrility, vulgar, lack of taste.
chacal *(chahkáhl)* m. jackal.
chacota *(chahkóhtah)* f. noisy mirth, fun, skylarking, high jinks.
chacotear *(chahkoahtayá***R***)* intr. to scoff; to make merry.
chacha *(cháhchah)* f. (coll.) maid.
cháchara *(cháhchahrah)* f. chit-chat, idle talk.
chaflán *(chahfláhn)* m. bevel; *Arch,* bay, quoin.

chal *(chahl)* m. shawl.
chaleco *(chahiáykoh)* m. (GB) waistcoat; (US) vest.
chalet *(chahláyt)* m. chalet, villa.
chalupa *(chahióopah)* f. *Naut.* sloop, long boat, launch.
chamizo *(chahméethoh)* m. halfburnt stick; thatched hut; **negro como un ~**, as black as coal.
chamorro *(chahmóh**R**oh)* adj. shorn, bald; **trigo ~**, beardless wheat; bald headed.
chamuscado *(chahmoosskáhdoh)* adj. scorched, singed; (coll.) tipsy flustered (with drinking).
chamuscar *(chahmoosská**R**)* tr. to scorch, to singe.
chamusquina *(chahmoosskéenah)* f. scorching, singeing; (coll.) scolding, quarreling.
chancear *(chahnthayá**R**)* intr. to joke, to jest, to make fun of, to fool with.
chanchullo *(chahnchóolyoh)* m. low trick, sharp practice.
chancleta *(chankiáytah)* f. house slipper, slip-on slipper; **en ~**, in slippers.
chantaje *(chahntáh**H**ay)* m. blackmail.
chantajista *(chahntah**H**éestah)* s. blackmailer.
chanza *(cháhnthah)* p. joke; fun.
chapa *(cháhpah)* f. (met.) plate, (wood) veneer.
chapado *(chahpáhdoh)* adj. plated, veneered; **~ a la antigua**, old-fashiones.
chapar *(chahpá**R**)* r. to plate, to coat, to veneer; (fam.) to swot.
chaparrón *(chahpa**R**ón)* m. heavy shower, downpour.
chapotear *(chahpohtayá**R**)* intr. to paddle, to splash.
chapoteo *(chahpohtáyoh)* m. splash, splashing.
chapucear *(chahpoothayá**R**)* intr. tu bungle.
chapucería *(chahpoothayrée:a)* f. bungle, botch, patchwork.
chapucero *(chahpootháyroh)* m. botcher, bungler; adj. botchy, rough, patchy work.
chapurrear *(chahpoo**R**ayá**R**)* tr. to speak gibberish, to speak brokenly (a language).
chapuza *(chahpóothah)* f. botch-work, botchy-job.
chapuzar *(chahpoothá**R**)* intr. to dive, to duch, to plungue.
chapuzón *(chahpoothón)* m. diving, ducking.
chaqueta *(chahkáytah)* f. jacket; (coll.) coat.
charco *(chá**R**koh)* m. poot, puddle; (fam.) the briny.
charla *(chá**R**lah)* f. chat, gossip; talk, lecture.
charlar *(cha**R**lá**R**)* intr. to gabble, to chat, to babble.
charlatán *(cha**R**lahtáhn)* m. talker, babbler, prater; quack.
charol *(chahról)* m. patent leather.
chascarrillo *(chahska**R**éelyoh)* m. spicy anecdote.
chasco *(cháhskoh)* m. practical joke, trick, sham.
chasis *(cháhseess)* m. frame; chasis.
chasquear *(chahskayá**R**)* intr. to crack, to lash; to fool; intr. to crack(le); to disappoint.
chasquido *(chasskéedch)* m. click (of metal); crack (of whip).
chato *(cháhtoh)* adj. flat-nosed, snub nose; (fig.) pug. *Amer.* darling, sweetheart.
chaval *(chahbáhl)* adj. y m. kid, boy.
chávala *(chahbáhlah)* adj. y f. lass.
chelín *(chayléen)* m. shilling.
chichón *(cheechón)* m. swelling, bump (on the head).
chico *(chéekoh)* adj. little; small, wee, tiny; m. youngster, little boy, child, led, boy; f. little girl, child, lassie, girl; **un buen ~**, a decent chap, good boy.
chiflado *(cheefláhdoh)* adj. (coll.) crackpot (US); nuts, nutcase, crazy; **~ por**, mad in love with.
chifladura *(cheeflahdóorah)* f. whins, craziness; (coll.) fad.

C

chillar *(cheelyáR)* intr. to scream, to shriek, to yell, to screech.
chillido *(cheelyéedoh)* m. squeak, scream, yell, shriek.
chillón *(cheelyón)* m. screamer, shrieker; (coll.) loud; adj. screaming, shrieking, yelling, bawler.
chimenea *(cheemaynáyah)* f. chimeney; (dom.) fireplace; *Naut.* funnel.
china *(chéenah)* f. China.
chinche *(chéenchay)* f. bedbud; bug; **caer o morir como ~s**, to die like flies.
chino *(chéenoh)* adj. y m. Chinese.
chiquero *(cheekáyroh)* m. (bull) pen; pig-sty.
chiquillada *(cheekeelyáhdah)* f. childish speech or action.
chiquillo *(cheekéelyoh)* m. small child, lad, brat.
chiquito *(cheekeetoh)* adj. very little, small; (coll.) drink (of wine).
chiripa *(cheeréepah)* f. fluke, sheer luck, windfall.
chirivía *(cheereebé:ah)* f. *Bot.* parship; *Orn.* wagteil.
chirriar *(chee**R**eeá**R**)* intr. to creak, to screech; (cook.) sizzle.
chirrido *(chee**R**éedoh)* m. (birds, etc.) chirp, creak; screech.
chisme *(cheessmay)* m. gopsip; *Mech.* gadget.
chismoso *(cheessmóhsoh)* adj. talebearing; m. gossip-monger.
chispa *(cheesspah)* f. spark(le), bit; wit; (coll.) drunkenness; **echar ~**, to be hopping mad, to get soaked; **echar ~s**, to fume; **tener ~**, to be witty.
chispazo *(cheesspáhthoh)* m. spark, flash.
chispeante *(cheespayantay)* adj. sparkling.
chispear *(cheespayá**R**)* intr. to sparkle, to glitter; to begin to rain slightly.
chistar *(cheesstá**R**)* tr. to mutter; to mumble; **sin ~**, without opening one's mouth.
chiste *(chéesstay)* m. joke, funny story.
chistera *(cheesstáyrah)* f. top hat.
chistoso *(cheesstóhsoh)* adj. funny, witty, humorous, amusing.
chito, chitón *(chétoh, cheetón)* interj. hush!
chivo *(chéeboh)* m. goat.
chocante *(chohkáhntay)* adj. shocking, striking; provoking.
chocar *(chohká**R**)* intr. to shock, to surprise; *Traf.* to collide, to crash, to run into.
chocolate *(chohkohláhtay)* m. chocolate.
chocolatera *(chohkohlahtáyrah)* f. chocolate pot.
chochear *(chochayá**R**)* intr. to dote.
chochera *(chocháyrah)* f. dotage.
chocho *(chóhchoh)* f. doting.
chofer *(chóhfay**R**)* m. chauffeur, driver.
chopo *(chóhpoh)* m. *Bot.* black poplar.
choque *(chóhkay)* m. (emot.) shock; *Traf.* collision, crash; *Pol.* clash.
chorizo *(chohréethoh)* m. pork-sausage.
chorrear *(cho**R**ayá**R**)* intr. to pour to drip, to gush out; to spout.
chorro *(chóh**R**oh)* m. jet, spout, gush; **a ~**, copiously; **un ~ de ~**, a shower of.
choza *(chóhthah)* f. hut, hovel, cabin.
chubasco *(choobáskoh)* m. shower; *Naut.* squall.
chuchería *(choochayrée:ah)* f. trinket, gew-gaw, knickknack.
chufa *(chóofah)* f. tiger-nut.
chulería *(choolayrée:ah)* f. drollery.
chuleta *(choolaytah)* m. chop. cutlet; **~ de cerdo**, pork chop; **~ de cordero**, mutton, lamb chop.
chulo *(chóoloh)* m. knave, pimp, adj. pretty; flashy.
chunga *(chóongah)* f. joke; jest.
chupado *(choopáhdoh)* adj. (fig.) emaciated, lean; sucked; *Print.* tall and thin.

chupar *(choopáR)* tr. to suck; (coll.) to sponge.
chupeta *(choopáytay)* m. dummy, feeding botlle teat; (coll.) **de re~**, delicious.
churrería *(chooRayrée:ah)* f. shop where.
churro *(chóoRoh)* m. sort of fritter.
chusco *(chóosskoh)* adj. droll; funny; m. crust of bread.
chusma *(chóossmah)* f. rabble; mob.
cianuro *(thayahnóoroh)* m. cyanide.
ciática *(thyáhteekah)* f. sciatica.
cicatriz *(theekahtréeth)* f. scar.
cicatrizar *(theekahthreetháR)* tr. to heal.
ciclismo *(theecléesmoh)* adj. cycling.
ciclista *(theecléestah)* s. cyclist.
ciclo *(théecloh)* m. cycle.
ciclostil *(theeclosstéeloh)* m. cyclostyle.
ciclón *(theeklón)* m. hurricane, cyclone.
cidra *(théedrah)* f. *Bot.* citron.
ciego *(thyégoh)* adj. blind; (piping) blocked up, made up; **a ciegas**, blindly.
cielo *(thyéloh)* m. (spir.) heaven; *Astr.* **~ de la boca**, mouth root; **a ~ raso**, under the stars; **¡mi ~!**, my darling!
cien *(thyén)* adj. one hundred.
ciencia *(thyénthyah)* f. science.
cieno *(thyénoh)* m. mud, bog, slime; mire.
científico *(thyenthéefeekoh)* adj. scientific.
ciento *(thyéntoh)* adj. one hundred.
cierre *(thyéRay)* m. lock; **hora de~**, closing time.
cierto *(thyéRtoy)* adj. certain, sure; **por ~**, of course.
cierva *(thyéRbah)* f. hind.
ciervo *(thyéRboh)* m. deer, doe, stag.
cifra *(théefrah)* f. cipher, number, figure.
cigarra *(theegáhRah)* f. cicada, grasskopper.
cigarrillo *(theegahRéelyoh)* m. cigarette; **~ electrónico**, e-cigarette.
cigarro *(thegáhRoh)* c. cigar, cigarete.
cigüeña *(theegwáynyah)* f. *Orn.* stork.
cigüeñal *(theegwaynyál)* m. *Mech.* crankshaft.
cilindrico *(theeléendreekoh)* adj. cylindric.
cilindro *(theeléndroh)* m. cylinder.
cima *(théemah)* f. summit, top, peak.
címbalo *(théembahlo)* m. cymbal.
cimentar *(theemayntáR)* tr. to lay a foundation.
cimiento *(theemyéntoh)* foundation, substructure; root origin, cause; basis, fundamentals.
cinc *(théenk)* m. zinc.
cincel *(theentháyl)* s. chisel.
cincelar *(theenthayláR)* tr. to chisel, to engrave.
cinco *(théenkoh)* m. y adj. five.
cine *(théenay)* m. (fam.) cinema; (coll.) pictures.
cincuenta *(theenkwáyntah)* adj. fifty.
cínico *(tréeneekoh)* adj. cynical, bare-faced; m. cynical.
cinismo *(théeneesmoh)* m. cynicism, bare-facedness.
cinta *(théentah)* f. ribbon, braid, tape, strip, sash; **~ magnetofónica**, record tape; **~ métrica**, tape measure; **en ~**, in the family way.
cintura *(theentóorah)* f. waist; **meter en ~**, to keep under a firm hand.
cinturón *(theentoorón)* m. belt; **~ verde**, green belt.
ciprés *(theepréss)* m. *Bot.* cypress.
circo *(théeRkoh)* m. circus, amphitheatre.
circuito *(theeRkoo:éetoh)* m. circuit, perimeter, circumference, track; *Elect.* **corte ~**, short circuit; **~ de vía**, track circuit.
circulación *(theeRkoolahthyón)* f. circulation; *Mot.* traffic; (mon.) currency.
circular *(theeRkooláR)* adj. circular; intr. to circulate; *Traff.* to pass; **~ por la derecha**, drive on the right; **~ por la izquierda**, drive, on the left; **¡circulen, circulen!**, move along!

C

círculo *(théeRkooloh)* m. circle, ring, social club; ~ **vicioso**, vicious circle.
circuncidar *(theeRkoontheedáR)* tr. to circumsise, to curtail, to clip.
circuncisión *(theeRkoontheesyón)* f. circumcision.
circundar *(theeRkoondáR)* tr. to surround, to encircle.
circunferencia *(theeRkoonfayrén-thyah)* f. circumference.
circunspección *(theeRkoonspayk-thyón)* f. circumspection.
circunspecto *(theeRkoonspáyk-toh)* adj. circumspect, cautious.
circunstancia *(theeRkoonstáhn-thyah)* f. circumstance.
circunvalación *(therRkoonvalah-thyón)* f. beltway.
cirio *(théehyoh)* m. wax-candle.
ciruelo *(therooiáyloh)* m. *Bot.* plum-tree.
ciruela *(therooiáylah)* plum.
cirugía *(theerooHée:ah)* f. surgery.
cirujano *(theerooHáhnoh)* m. surgeon.
cisco *(théesskoh)* m. coal-dust; (fam.) noisy wrangle, hubbub; **hecho** ~, to be a wreck.
cisma *(théessmah)* m. schism, split.
cismático *(theesmáhteekoh)* adj. schismatic.
cisne *(théessnay)* m. swan; **canto del** ~, swan song.
cisterna *(theestáyRnah)* f. cistern, water-tank.
cita *(théetah)* f. (prof.) appointment; *Leg.* summons; *Lit.* quotation; (boy-girl) date.
citar *(theetáR)* tr. to convoke; *Lit.* to quote, to cite, to arrange a meeting, to make a date.
ciudad *(thyoodáhd)* f. city, town.
ciudadanía *(thyoodahdahnée:ah)* f. citizenship; citizenry, pl. citizens.
ciudadano *(thyoodáhdahnoh)* f. citizen, town dweller.
cívico *(théebeekoh)* adj. civic.
civil *(thybéel)* adj. civil, polite.
civilización *(theebeeleethahthyón)* f. civilization.
civilizar *(theebeeleetháR)* tr. to civilize.
civismo *(theebéessmoh)* m. civics, patriotism.
cizaña *(theethányah)* f. *Bot.* darnel, discord.
clamar *(klamáR)* tr. to cry out, to lament, to wail.
clamor *(klamóR)* m. clamour, outcry.
clandestino *(klakndaysstéenoh)* adj. clandestine, secret, steolthy.
claque *(kláhkay)* f. *Theat.* claque.
clara *(kláhrah)* f. white of anegg.
claraboya *(klahrahbóhyah)* f. skylight. *Naut.* bull's eye.
clarear *(klahrayáR)* intr. to dawn, to grow light; (weath.) to brighten up, to make lighter, to be transparent.
clarete *(klahráytay)* adj. y m. claret (wine).
claridad *(klaheedáhd)* f. clarity, clearness, distinctness, brightness; splendor, radiance.
clarificar *(klareefeekaR)* v. t. to clarify, to illuminate.
clarín *(klahréen)* m. bugle, clarion.
clarinete *(klahreenaytay)* m. clarinet, clarinet-player.
claro *(kláhroh)* adj. clear, light (of col.) (day) bright; m. gap, blank, clearing; adv. clearly, manifestly; **¡~está!**, in deed, rather; **¡~!**, of course!; **poner en** ~, to clear up; **por lo** ~, in a clear manner.
clase *(kláhsay)* f. class, rank, kind; **dar ~ de...**, to teach...; **tomar ~s de**, to have lessons of...; **ir a** ~, to go for lessons, to go to school, etc.
ciático *(kláhseekoh)* adj. classical.
clasificación *(klahseefeekahthyón)* f. classification; *Sport.* league-table position.
clasificar *(klahseefeekáR)* tr. to classify, to qualify.
claustral *(klah/oosstráhl)* adj. claustral, monastic, cloistral.
claustro *(klá/oosstroh)* m. cloister, teaching staff institution.
cláusula *(klá/oosoolah)* f. clause, article.
clausura *(klah/oosóorah)* f. inner recess of a convent, closure, religious retreat.
clausurar *(klah/oosooráR)* tr. to

close, to close down.
clavar *(klahbáR)* tr. to nail (down).
clave *(kláhbay)* f. key; *Mus.* clef; (comun.) code; (crosswords) clue.
clavel *(klahbayl)* m. *Bot.* carnation, pink.
clavetear *(klahbaytayáR)* tr. to nail.
clavícula *(klahbéekoolah)* f. *Anat.* collar bone.
clavija *(klahbéeHah)* f. pin; peg of a stringed instrument); (fig.) **apretar las ~s**, to turn on the screws.
clavo *(kláboh)* m. nail; *Bot.* clove.
clemencia *(klaymaynthyah)* f. clemency, mercy.
clemente *(klaymayntay)* adj. clement, merciful.
clerecía *(klayraythée:ah)* f. clergy.
clerical *(klayreekáhl)* adj. elerical.
clérigo *(kláyreegoh)* m. clergyman, priest.
cliente *(cleeayntay)* m. (prof.) client, customer, patron.
clientela *(cleeayntaylah)* f. clients, customers.
clima *(kléemak)* m. climate.
clínica *(kléeneekah)* f. clinic.
clínico *(kléeneekoh)* adj. clinical.
clisé *(kleesáy)* f. cliché.
cloaca *(kloh/áhkah)* f. sewer.
clon (*klóhn*) m. clone.
clonación (*klóknathyón*) f. cloning.
cloro *(klóhroh)* m. chlorine.
clorofila *(klohrohféelah)* f. chlorophyl.
cloroformo *(klohrohfóRmoh)* m. chloroform.
club *(kloob)* m. club, association.
coacción *(ko/ahkthyón)* f. coercion.
coactivo *(koh/ahktéeboh)* adj. coercive, compulsory.
coadyuvar *(koh/ahdyoobáR)* tr. to help, to assist.
coagulación *(koh/ahgoolahthyón)* f. coagulation, blood-clotting.
coagular *(koh/ahgooláR)* tr. to coagulate (blood); curdle (milk) to clot.
coagularse *(koh/ahgooláRsay)* r. to curdle, to coagulate.
coágulo *(koh/áhgooloh)* m. blood-clot, coagulum.
coalición *(koh/ahleethyon)* f. coalition.
coartada *(koh/aRtáhdah)* f. alibi: **probar una ~**, to prove an alibi.
coartar *(koh/artáR)* tr. to restric, to restrain.
cobalto *(kohbáhltoh)* m. cobalt.
cobarde *(kohbáRday)* adj. m. coward; (coll.) chiken, custard, yellow.
cobardía *(kohbRdée:ah)* f. cowardice, fear; (coll)cold feet.
cobertizo *(kohbáyRtéethoh)* m. shed, lean-to.
cobertor *(kohbayRtóR)* m. (babys cot) coverlet, counterpart, quilt, beds pread.
cobertura *(kohbayRtoorah)* f. cover, coverage; wrapper.
cobijar *(kohbeeHáR)* tr. to cover, to shelter.
cobijarse *(kohbeeHáRsay)* r. to take shelter.
cobrador *(kohbradóR)* m. (money) colector; (bus) conductor.
cobranza *(kohbráhnthan)* f. receipt or collection of money.
cobrar *(kohbráR)* tr. to collect, (salary, wages, etc.); to take (in).
cobre *(kóhbray)* m. copper; **batirse el ~**, to fight hard for.
cobro *(kóhbroh)* m. *See* **cobranza**.
cocción *(kohthayáR)* f. coction, boiling, baking, cooking.
cocear *(kohthayáR)* tr. to kick.
cocer *(kohthayR)* tr. to boil, to cook; (oven).
coche *(kóhchay)* m. car coach; **de carreras**, racing car; ~ **deportivo**, sports car; (railw.); ~ **cama**, sleeping car; ~ **restaurante**, dining car.
cochera *(kohcháyrah)* f. garage, bus-depot.
cochero *(kohcháyroh)* m. coachman.
cochina *(kohscéenah)* f. sow; (fig.) filthy, dirty.
cochino *(kohscéenoh)* adj. filthy, dirty; m. pig.
cocido *(kohthéedoh)* m. stew; adj. boiled, cooked, baked.
cocina *(kohthéenah)* f. kitchen; (cart) cookery.

C

C

cocinar *(kohteenáR)* tr. to do the cooking, to cook.
cocinera *(kohtheenáyrah)* f. cook.
cocinero *(kohtheenáyroh)* m. cook.
coco *(kóhkoh)* m. *Bot.* coconut.
cocodrilo *(kohkohdréeloh)* m. crocodile; pl. **~s**, crocodiles.
cocotero *(konkohtáyroh)* m. *Bot.* coconut.
codazo *(kohdahthoh)* m. blow with an elbow, nudge, shove.
codear *(kohdayáR)* tr. to elbow; inr. to nudge; **~se con**, to mix with.
códice *(kóhdeethay)* m. codex.
codicia *(kohdéethyah)* f. covetousness, cupidity, greed; **la ~ rompe el saco**, covet oil, lose oil.
codicioso *(kohdeethyóhsoh)* adj. greedy, avaricious; covetous.
código *(kóhdeegoh)* m. code; **~ de barras**, bar code; **~ civil**, civil code; **~ postal**, postcode (UK), zip code (US).
codo *(kódoh)* m. elbow, cubit; *Mech.* bend; **hablar por los ~s**, chatter; **empinar el ~**, to tipple.
codorniz *(kohdoRnéeth)*f. quail.
coeficiente *(koh/ayfeethyéntay)* adj. coefficient.
coercitivo *(kohaRtheetéeboh)* adj. coercive.
coexistencia *(koh/aykséestayn-thyah)* s. coexistence.
coexistir *(koh/aykseesteeR)* intr. to coexist.
cofia *(kóh/yah)* f. headdress, greed, hair-net.
cofrade *(kohfráhday)* m. fellow-member.
cofradía *(kohfrahdée:ah)* f. brotherhood, guild.
cofre *(kóhfray)* m. trunk, coffer.
coger *(koh/HayR)* tr. to catch (balls, etc.); to take, to get, hold of, to grasp, to be room for; **~ un resfriado**, to catch a cold.
cogida *(koHéedah)*f. yield, (harvest); (fish) catch, going (in bullfight).
cogote *(kohgohtay)* m. *Anat.* occiput, nape, scruff of the neck.
cognoscitivo *(kognostheetéeboh)* adj. cognitive.
cohabitar *(koh/ahbeetáR)* intr. to cohabit, to live together.
cohechar *(koh/aychaR)* v. t. to bribe, suborn; *Agric.* to plow (US) to plough.
cohecho *(koh/aychoh)* m. bribery; *Agric.* plowing (ploughing) season.
coherente *(koh/ayrayntay)* adj. coherent.
cohesión *(koh/aysyón)* f. cohesion.
cohete *(koh/áytay)* m. rocket, firework; **salió como un ~**, he went out like a flash.
cohibir *(koh/eebéeR)* tr. to restrain; to inhibit.
coincidencia *(koh/eentheedayn-thyah)* f. coincidence.
coincidir *(koh/eentheedeeR)* intr. to coincide; **coincidiendo con**, coinciding with.
coito *(kóytoh)* m. coition, sexual intercourse.
cojear *(kohHayáR)* intr. to limp, to wobble; **saber de qué pie cojea**, to know one's weakness.
cojera *(kohWáyrah)* f. limp.
cojín *(kohHéen)* m. cushion.
cojinete *(kohHenáytay)* m. *Mech.* bearing.
cojo *(kóhHoh)* adj. m. lame (person); wobbly (furniture).
cola *(kóhlah)* f. *Zool.* tail; train of a dress, (people) queue; (adhes.) glue.
colaborador *(kohlahbohrahdóR)*m. collaborator, helper, co-worker; contributor.
colaborar *(kohlahbohráR)* tr. to collaborate, to cooperate, to contribute, to work together.
colada *(kohláhdah)* f. bleaching.
coladera *(kohladáyrah)* f. strainer.
colador *(kohlahdóR)* strainer.
coladura *(kohlahdóorah)* straing; (fam.) blunder.
colágeno m. *(kohláhHenoh)* collagen.
colar *(kohláR)* tr. to strain, to pass through; (coll.) to gatecrash, to filter.

colarse *(kohláRsay)* r. to strain, to slip or steal into.
colcha *(kóhlchah)* m. quilt; cover, bedspread.
colchón *(kohlchón)* m. mattress; ~ **de aire**, air mattress; ~ **de plumas**, feather mattress; ~ **de agua**, water filled mattress.
colección *(kohlaykthyón)* f. colection.
coleccionar *(kohlaythyonáR)* tr. to collect.
colectivo *(kohlayktéeboh)* adj. collective.
colega *(kohláygah)* f. colleague.
colegial *(kohlayHyahl)* m. schoolboy, student, pupil.
colegiala *(kohlayHy:áhlah)* m. schoolgirl, student, pupil.
colegio *(kohláyHyoh)* m. college, school.
cólera *kóhlayrah)* f. anger, cholera.
colérico *(kohláyreekoh)* adj. angry, choleric, furious, irate; badtempered.
coleta *(kohláytah)* f. ponytail; pigtail.
colgadura *(kolgahdóorah)* f. tapestry, hanging.
colgante *(kolgántáy)* adj. hanging, cloth pendant; **puente** ~, suspension bridge.
colgar *(kolgaR)* tr. to hang, to suspend, to impute; ~ **los estudios**, to abandon one's studies.
cólico *(kóhleekoh)* m. colic.
coliflor *(kohleeflór)* f. cauliflower.
colilla *(kohléelyah)* f. cigarette end or stub, cigar stub.
colina *(kohléenah)* f. hill.
coliseo *(kohleesáyoh)* m. coliseum.
colisión *(kohlessyón)* s. collision.
collado *(cohiyahdoh)* m. small height, hillock, fell.
collar *(kohlyáR)* m. *Ornam.* necklace, dog-collar.
colmado *(kolmáhdoh)* adj. filled, heaped; m. (prov.) pub; grocer's shop.
colmar *(kolmáR)* tr. to heap up, to fill up; (fig.) to give plenty.
colmena *(kolmáynah)* f. beehive.
colmillo *(kolméelyoh)* m. eye-tooth, tusk (elephant); (snake) fang.
colmo *(kólmoh)* m. plenty, top; **¡esto es el ~!**, this is the limit, this is the last straw.
colocación *(kohlohkahthy:ón)* f. employment, post, job; (orde) position.
colocar *(kohlohkáR)* tr. to arrange, to place, to employ, to give a job; v. r. to get a job. C
colonia *(kohlóhnyah)* f. colony; **agua de** ~, eau de cologne.
colonial *(kohlohnyáhl)* adj. colonial.
colonización *(kohlohneethahthyón)* f. colonization.
colonizar *(kohlohneetháR)* tr. to colonize.
colono *(kohlóhnoh)* m. (mig.) settler; *Agric.* farmer, planter.
coloquio *(kohlonkyoh)* m. talk, conversation, colloquium; conference.
color *(kohlóR)* m. color (US), colour(UK); ~ **vivo**, bright color; ~ **apagado**, paste color; **tonos de** ~, shades of color; **venir los ~es a la cara**, to blush; **tener buen** ~, to be healthy-looking.
colorado *(kohlohráhdoh)* adj. red, ruddy, colored, reddish; **ponerse** ~, to blush.
colorido *(kohiohréedoh)* m. colour(ing) (UK), color(ing) (US).
coloso *(kohlóhsoh)* m. colossus.
columna *(kohlóomnah)* f. column, pillar; (arith-)row; ~ **vertebral**, spinal column.
columnata *(kohloomnáhtah)* f. colonnade.
columpiar *(kohloompyár)* tr. to swing.
columpio *(kohlóompyoh)* m. swing, seesaw.
coma *(kóhmah)* f. comma; *Med.* coma.
comandancia *(kohmahndáhnthyah)* f. command, command hedquaters; ~ **de Marina**, Port Authority Office; ~ **Militar**, military command.
comandante *(kohmahndáhntay)* m. *Mil.* major, commander.

C

comandita *(kohmahndéetah)* f. *Com.* silent partnership.
comando *(kohmáhndoh)* m. *Mil.* command.
comarca *(kohmá**R**kah)* f. region, area.
comba *(kómbah)* f. bend, shipping rope; **saltar a la ~**, to skip.
combate *(kombáhtay)* m. fight, combat; battle.
combatiente *(kombahtyéntay)* s. fighter, combatant.
combatir *(kombahtée**R**)* tr. e intr. to combat, to fight.
combinación *(kombeenahtyón)* f. combination, slip (underwear).
combinado *(kombeenáhdoh)* adj. combined, cocktail.
combinar *(kombeená**R**)* intr. to combine, to coordinate.
combustible *(komboosstéeblay)* adj. combustible; m. fuel.
combustión *(komboosstyón)* s. combustion, burning.
comedia *(kohmáydyah)* f. comedy, farce; play, drama, theatre; **es una ~**, it is farce.
comediante *(kohmaydyáhntay)* s. comedian, actor; (coll.) hypocrite.
comedor *(kohmaydó**R**)* m. dining-room; *Furn.* dining-room furniture.
comensal *(kohmaynsáhl)* s. fellow diner.
comentador *(kohmayntahdó**R**)* m. commentator.
comentar *(kohmayntá**R**)* tr. to comment on; to discuss; (fam.) to gossip.
comentario *(kohmayntáhryoh)* m. comment; commentary; (fam.) gossip; **es el ~ de la ciudad**, he(she) is the talk of the town; **hacer ~s**, to gossip.
comenzar *(kohmaynthá**R**)* tr. to begin, to commence, to start.
comer *(kohmáy**R**)* tr. (gen.) to eat, to dine (at 7-9 p.m.); (chess, draught) to take; (in writing) to leave out; (at midday) to lunch; **tener que ~**, to have something to eat; **~ por siete**, to eat like a horse.
comercial *(kohmay**R**thyál)* adj. commercial; s. sales representative.
comerciante *(kohmay**R**thyántay)* m. storekeeper; dealer; merchant; **~ exterior**, foreign trade; **~ interior**, hometrade.
comerciar *(kohmay**R**thyá**R**)* tr. to trade, to deal.
comercio *(kohmáy**R**thyoh)* m. trade, commerce, business, shop.
comestible *(kohmaysstéeblay)* adj. adible, eatable; m. food; pl. grocery.
cometa *(kohmáytah)* f. *Astr.* comet; kite.
cometer *(kohmaytáy**R**)* tr. to commit, to make(mistakes, etc.); *Crim.* to perpetrate.
cometido *(kohmaytéedoh)* m. task, duty, assignment.
comezón *(kohmaythón)* s. itch.
cómico *(kóhmeekoh)* adj. comic, comical; s. comedian, actor.
comida *(kohméedah)* f. meal, food, lunch; **~ rápida**, fast food; **~ basura**, junk food.
comienzo *(kohmyénthoh)* m. beginning, start; (footb.) **~ de un partido**, the kick-off.
comilón *(kohmeelón)* m. greedy.
comino *(kohméenoh)* cumin; **no vale un ~**, it's not worth a penny.
comisaría *(kohmeesahrée:ah)* f. police-station, precinct (US).
comisario *(kohmeesáhryoh)* m. commissioner.
comisión *(kohmeesyón)* f. comission, task, mandate, committee; delegation.
comité *(kohmeetáy)* m. committee, comission; **~ de trabajadores**, worker's committee.
comitiva *(kohmeetéebah)* f. procession.
como *(kóhmoh)* adv. like, as, how; **¡~!**, what!; **~ quieras**, as you like it; **~ sigue**, as follows.
cómoda *(kóhmohdah)* f. chest of drawers, dresser (US).
comodidad *(kohmohdeedáhd)* f. confort, convenience.
cómodo *(kóhmohdoh)* adj. confort-

able, convenient.
compacto *(kompáhktoh)* adj. compact, solid, dense.
compadecer *(kompahdaytháy**R**)* tr. to feel sorry for ...; to take pity on ...
compañerismo *(kompahnyayreesmoh)* m. companionship, comradeship.
compañero *(kompahnyáyroh)* s. comrade, companion, fellow, mate, pal; ~ **de viaje**, fellow traveller; ~ **de habitación**, room- mate.
compañía *(kompahnyée:ah) Com.* f. company, firm; *Mil. & Theat.* company, companion, friend.
comparación *(kompahrahthyón)* f. comparision.
comparar *(kompahrá**R**)* tr. to compare, to confront.
comparecer *(kompahraytháy**R**)* intr. to appear (before a court).
comparsa *(kompá**R**sah)* f. masquerade; (theat) «extra».
compartimiento *(kompa**R**teemyéntoh)* m. compartment.
compartir *(kompa**R**tée**R**)* intr. to share, to divide.
compás *(kompáss)* m. pair of compasses, rhythm. *Naut.* compass; **a** ~, in time; **al** ~ **de la música**, in time to the music.
compasión *(kompahsyón)* f. compassion; pity.
compasivo *(kompahséeboh)* adj. compassionate.
compatibilidad *(kompahteebeeleedáhd)* f. compatibility.
compatible *(kompahtéebblay)* adj. compatible; ~ **con**, in keeping with.
compatriota *(kompahtry:óhtah)* m. fellow-citizen, compatriot.
compeler *(kompayláy**R**)* tr. to compel, to force, to oblige.
compendiar *(kompayndyá**R**)* tr. to epitomize, to extract, to abridge, to shorten, to condence, to summarize.
compendio *(kompayndy:oh)* m. digest, summary, abstract, manual, hand-book.
compensación *(kompaynsahthyón)* f. compensation; (money) indemnity, offset; m. balancing.
compensar *(kopaynsá**R**)* tr. and intr. to compensate, to make up for, to offset.
competencia *(kompaytáynthyah)* f. competition, rivalry, competence, proficiency.
competente *(kompaytáyntay)* adj. competent, qualified, fit, apt. suitable for.
competición *(kompayteethyon)* m. competition; *Sports.* meeting, rivalry.
competidor *(kompayteedó**R**)* m. competitor, rival, contender, opponent; adj. competing, contesting.
competir *(kompaytée**R**)* intr. to contend, to compete, to race, to rival, to vie.
compilación *(kompeelahthyón)* f. compilation.
compilar *(kompeela**R**)* tr. to compile, to collect.
complacencia *(komplahthaynthyah)* f. pleasure, complacency, satisfaction.
complacer *(komplahtáy**R**)* tr. to please, to content.
complaciente *(komplahthyéntay)* adj. obliging; pleasing.
complejo *(kompláy**H**oh)* m. adj. complex, complicated; ~ **de Edipo**, Oedipus complex; ~ **de inferioridad**, inferiority complex.
complementar *(komplaymayntá**R**)* tr. to complement.
complementario *(komplaymayntahryo)* m. complementary.
complemento *(komplaymayntoh)* m. complement, completion.
complementar *(komplaymayntá**R**)* tr. to complete, to complement, to finish, to finish off, to fill up.
completar *(komplaytá**R**)* tr. to complete, to finish, to finalize.
completo *(kompláytoh)* adj. complete, finished, rounded, full; **por** ~, absolutely, utterly.
complicación *(kompleekahthyón)* f. complication.

C

complicado *(kompleekáhdoh)* adj. dificult, complicate, knotty, thorny, hard, complex.
complicar *(kompleekáR)* tr. to make dificult, to complicate, to make hard.

cómplice *(kómpleethay)* m. accomplice.
complicidad *(kompleetheedáhd)* f. complicity, aiding and abetting.
complot *(komplót)* m. plot, intrigue, conspiracy.
componente *(kompohnaynkay)* adj. component.
componer *(komponáyR)* tr. *Mus. Print.* to compose, to mend, to put right, to repair, to fix.
comportamiento *(kompoRtahmyéntoh)* m. behaviour.
comportarse *(komporRtáRsay)* r. to behave.
composición *(kamposeethyón)* f. composition; (print) typesetting.
compositor *(komposeetóR) Mus.* m. composer; *Print.* compositor.
compostura *(kompostooRah)* f. composure, repair.
compota *(kompóhtah)* f. compote, stewed fruit.
compra *(kómprah)* f. purchase; **ir de ~s**, to go shopping, buy.
comprador *(komprahdóR)* s. buyer, purchase.
comprar *(kompráR)* tr. to buy, to purchase; ~ **al contado**, to buy cash; ~ **al fiado**, to buy on credit; ~ **a plazos**, to buy on, to hirepurchase.
comprender *(kompraynddáyR)* tr. to understand, to include, to contain, to comprehend, to comprise; ~ **que**, understand that.
comprensión *(komprаynsyón)* f. comprehension, understanding.
comprensivo *(kompraynséeboh)* adj. understanding, comprehensive, comprising.
compresa *(kompráysah)* f. *Surg,* compress.
compresión *(kompraysyón)* f. compression, pressing, pressure.
compresor *(komprаysóR)* m. compressor.
comprimir *(kompreeméeR)* tr. to compress, to squeeze, to press.
comprobación *(komprohbahthyón)* f. verification, proof, check.
comprobar *(komprohbáR)* tr. to check, to verify, to proove.
comprometer *(komprohmaytayR)* tr. to. compromise, o engage, to endanger, to jeopardize; v. r. to commit oneself.
compromiso *(komprohméesoh)* m. compromise, engagement, obligation, awkward situation.
compuerta *(kompwayRtah)* f. sluice gate, flood gate, halfdoor.
compuesto *(kompwaystoh)* adj. compound, made up, mended.
compulsión *(kompoolssyon)* m. compulsion.
compulsor *(kompollssoR, ah)* adj. compulsory, compelling.
compungido *(kompoonHéedoh)* adj. grieved, sad, mournful.
computar *(koompootáR)* tr. to compute, to reckon, to calculate.
cómputo *(kómpootoh)* m. computation, reckoning, calculation.
comulgar *(kohmoolgáR)* tr. to take communion; to agree.
común *(kohmóon)* adj. common, frequent, current, usual; **en** ~, in common; **por lo** ~, generally; **el bien** ~, the general well-being.
comunal *(kohmoonáhl)* adj. communal, public.
comunicación *(kohmooneekahthyón)* f. communication.
comunicado *(kohmooneekáhdóh)* m. communiqué, annuncement, pres release; (mil.) dispatch.
comunicar *(kohmooneekáR)* tr. to communicate, to make known, to inform, to announce.
comunicativo *(kohmooneekahtéeboh)* adj. communicative.
comunidad *(kohmooneedáhd)* f. community.
comunión *(kohmoonyón)* f. comunion.

comunismo *(kohmooneesmoh)* m. communism.
comunista *(kohmooneestah)* m. communist.
con *(kon)* prep, with, by, in; (fol, by ger.).
conato *(kohnáhtoh)* m. attempt, sign, endeavor, effort, try.
cóncavo *(kónkahboh)* adj. concave.
concebir *(konthaybéeR)* tr. e intr. to conceive, to imagine, to become pregnant.
conceder *(konthaydáyR)* tr. to grant, to concede.
concejal *(konhayHáhl)* m. town councillor (UK); councilman, councilwomen (US).
concejo *(kontháyHoh)* m. (municipal) council.
concentración *(konthayntrahthyón)* f. concentration.
concentrar *(konthayntráR)* tr. to concentrate, to focus, to center, to control, to restrain.
concepción *(konthaypthyón)* f. conception, idea.
concepto *(konthayptoh)* m. concept, idea, opinion; **formar un ~**, to form an idea of; **por ningún ~**, on no account.
concernir *(konthayRnéeR)* intr. to concern, to apply to, belong to.
concertar *(konthayRtaR)* v. t. to arrange; *Com.* to close (a doal); v. i. to agree.
concesión *(konthaysyón)* f. concession, grant.
conciencia *(konthyethyáh)* adj. conscience, awareness, integrity; **a ~**, conscientiously; **aliviar la ~**, to salve one's conscience.
concienzudo *(konthyenthóodoh)* adj. conscientious.
concierto *(konthyeRtoh)* m. *Mus.* concert; agreement.
conciliar *(kontheelyáR)* tr. to conciliate, to reconcile.
concilio *(konthéely:oh)* m. council.
concisión *(kontheesyón)* m. conciseness.
conciso *(konthéesoh)* adj. concise.
concluir *(koncloo:éeR)* tr. to conclude, to finish, to end, to close.
conclusión *(koncloosyón)* f. conclusion, end; (legal) winding-up; **en ~**, in conclusion, finally.
concluyente *(konklooyentay)* adj. conclusive, decisive.
concordancia *(konkoRdáhnthyah)* f. concordance, agreement.
concordar *(konkoRdáR)* tr. to agree, to accord, to conform.
concordato *(konkoRdáhtoh)* m. concordat.
concordia *(konkóRdyah)* f. concord, harmony, unity.
concretar *(konkraytáR)* tr. to concrete; to sum up, to go to the point.
concreto *(konkráytoh)* adj. concrete, well-defined, exact; **en ~**, in short, specifically.
concubina *(konkoobéenah)* f. concubine; (coll.) mistress.
concupiscencia *(konkoopeesthaynthyah)* f. concupiscence greed, lust.
concurrencia *(konkooRaynthyah)* f. concurrence, attendance (of public); *Com.* competition.
concurrido *(konkooRéedoh)* adj. attended, frequented, crowded, popular.
concurrir *(konkooRéeR)* intr. to concur; to coincide, to be present, to attend; to compete.
concurso *(konkóoRsoh)* m. assembly, contest competition; **sacar una vacante a ~**, to arrange a competitive exam, for a job; **sacar a ~**, to call for tenders.
concha *(kónchah)* f. shell; **~ del apuntado**, prompter's box.
condado *(kondáhdoh)* m. county; earldom.
conde *(kónday)* m. count; earl.
condecoración *(kondaykohrahthyón)* f. decoration.
condecorar *(kondaykohráR)* tr. to decorate, to award a decoration, or medal.

C

condena *(kondáynah)* f. sentence, term of imprisonment, conviction.
condenable *(kondaynáhblay)* adj. blamable.
condenación *(kondaynáhthyón)* f. condemnation, damnation.
condenado *(kondaynáhdoh)* adj. sentenced; condemned, damned; m. reprobate.
condenar *(kondaynáR)* tr. to condemn, to sentence, to disapprove; to damn.
condensación *(kondaynsahthyón)* f. condensation.
condensado *(kondaynsáhdoh)* adj. condensed; compresed; aqueezed; (coll.) in a nutshell.
condensador *(kondaynsahdóR)* m. condenser; air-compressor; ~ **eléctrico**, storage-battery.
condensar *(kondaynsáR)* r. to condense, to thicken; (fig.) to compress, to squeeze.
condescender *(kondaysthayndáyR)* tr. to condescend, to agree.
condescendiente *(kondaysthayndyéntay)* adj. acquiescent, condescendig, compliant, submissive, meek.
condición *(kondeethyón)* f. condition, providing; **de ~ humilde**, of humble birth; **tener ~ para**, to have the make of; **a ~ de que**, on condition that; **estar en ~ de**, to do in a position, to; **¿cuáles son las ~es?**, which are the terms?
condicional *(kondeethyohnáhl)* adj. conditional.
condicionar *(kondeethyohnáR)* tr. to condition; to make conditional on.
condimentar *(kondeemayntáR)* tr. to season, to dress (food).
condimento *(kondeemáyntoh)* m. condiment, seasoning, dressing.
condiscípulo *(kondeessthéepooloh)* m. school-fellow, classmate, fellow-student.
condolerse *(kondohláyRsay)* r. to condole, to sympahise with, to feel sorry for.
condón *(kondóhn)* m. condom.
cóndor *(kóndoR)* m. *Orn.* condor.
conducir *(kondoothéeR)* tr. *Mus. Elect.-Direct.* to conduct, to lead, (vehic.) to drive; r. to behave.
conducta *(kondóoktah)* f. conduct; behaviour, manners.
conducto *(kondóoktoh)* m. pipe, sewer, drain, duct; **por ~ de**, by means of, through.
conductor *(kondooktóR)* driver; *Phys.* conductor; adj. conducting, guiding.
conectar *(kohnayktáR)* v. t. to connect; *Mech.* to couple.
conejo *(kohnáyHoh)* m. rabbit, (coll.) "bunny" -(rabbit), **conejillo de Indias**, Guinea pig.
conexión *(kohnayksyón)* f. connection, union; *Mech.* coupling, pl. acquaintances.
confabulación *(konfaboolahthyón)* f. confabulation, conspiracy, plot.
confabularse *(konfabooláRsay)* r. to agree together, against, to plot, to conspire against.
confección *(konfaykthyón)* f. making, manufacture; ~ **de vestidos**, dressmaking.
confeccionar *(konfaykthyonáR)* tr. to make, to prepare; to make up (cloth... etc.).
confederación *(konfaydayrahthyón)* f. confederation.
confederado *(konfaydayráhdoh)* adj. confederate.
confederar *(konfaydayráR)* tr. to confederate, to ally, to league.
conferencia *(konfayráynthyah)* f. lecture, conference; *Tel.* trunk call; **dar una ~**, to give a lecture; ~ **de prensa**, press conference.
conferenciar *(konfayraynthyáR)* tr. to talk over, to debate.
conferir *(konfayréeR)* tr. to bestow, to grant, to award; to confer.
confesar *(konfaysáR)* tr. to confess, to admit.
confesión *(konfaysyón)* f. confession.
confesionario *(konfaysyohnáhryoh)* m. confessional; confessionary,

confession-box.
confesor *(konfyasóR)* m. confessor.
confiado *(konfyáhdoh)* adj. confident; trusting, self-confident.
confianza *(konfyáhnthah)* f. confidence; trust, reliance; **de** ~, trustworthy; **en** ~, confiatially.
confiar *(konfeeáR)* tr. e intr. to trust; to hope. ~ **en**, to relay on.
confidencia *(konfeedáynthyah)* f. confidence, secret.
confidencial *(konfeedaynthyáhl)* adj. confidential.
confidente *(konfeedáynthay)* adj. confidant; informer.
configuración *(konfeegoorahthyón)* f. configuration, shape.
configurar *(konfeegooráR)* tr. to shape, to configure.
confín *(konféen)* m. boundary, border, limit.
confinar *(konfeenáR)* tr. to confine, intr. to border.
confirmación *(konfeeRmathyón)* f. confirmation.
confirmar *(konfeeRmáR)* tr. to confirm; to corroborate, to ratify; to verify.
confiscado *(konfeeskáhdoh)* adj. confiscated.
confiscar *(konfeesskáR)* tr. to confiscate.
confite *(konféetay)* m. candy, sweet.
confitería *(konfeetayrée:ah)* f. sweet shop (UK); candy shop (US).
confitura *(konfeetóorah)* f. jam.
conflicto *(konfléetoh)* f. conflict, struggle; (tig.) dilema, problem.
confluencia *(konflwáynthyah)* f. confluence.
confluir *(konfloo:éeR)* intr. to flow to-gether, to meet, to join.
conformar *(konfoRmáR)* tr. to conform, to adjust, to flit; v. i. to comply with.
conformarse *(konfoRmáRsay)* r. to resign oneself; to agree, to accept; to be satisfied with.
conforme *(konfóRmay)* adj. alike, in conformity with, ready; coll. "agreed"; adv. according to.
conformidad *(konfoRmeedáhd)* f. conformity; **de** ~ **con**, by common consent with (persons); ~ **con**, in agreement with (things).
confortable *(konfoRtáhblay)* adj. snug, comfortable, cosy.
confortar *(konfoRtáR)* tr. to confort, to console, to cheer.
confraternidad *(konfratayRneedáhd)* f. confraternity, brotherhood.
confrontación *(konfrontahthyón)* f. confrontation, comparison.
confrontar *(konfrontáR)* tr. to confront, to compare, to collate; v. i. to border on.
confundir *(konfoondéeR)* tr. to confuse; to mix up; to get confused.
confusión *(konfoosyón)* f. confusion, disorder.
confuso *(konfóssoh)* adj. confused, vague, obscure; perplaxed; jumbled up.
congelación *(konHaylahthyón)* m. freezing.
congelarse *(konHayláRSay)* r. to freeze.
congeniar *(konHaynyáR)* intr. to get on; to sympathize.
congénito *(konHáyneetoh)* adj. congenital.
congestión *(konHáysstyón)* f. congestion.
congestionado *(konHáysstyonahdo)* adj. congested.
conglomerado *(konglohmayráhdoh)* adj. conglomerate.
congoja *(kongóhHah)* f. anguish, sorrow, anxiety.
congraciarse *(kongrahthyáRsay)* r. to ingratiate oneself; to win over.
congratulación *(kongrahtoolahthyón)* f. congratulation.
congratular *(kongrahtooláR)* tr. to congratulate, to compliment; r. to rejoice, to delight, oneself in.
congregación *(kongraygahthyón)* f. congregation; assembly.

congregar *(kongarygá***R***)* tr. y r. to assemble, to congregate, to gathe, to meet.

congreso *(kongráysoh)* m. congress, convention.

congruente *(kongrwáyntay)* adj. congruent, suitable, fit; ~ **con**, in keeping.

cónico *(kóhneekoh)* adj. conical.

conífera *(kohnéefehrah)* f. conifer.

conjetura *(kon***H***aytóorah)* f. conjecture, guess.

conjeturar *(kon***H***aytoorá***R***)* tr. to conjecture, to guess, to speculate.

conjugación *(kon***H***oogahthyón)* f. conjugation.

conjugar *(kon***H***oogá***R***)* tr. to conjugate; to combine, to bring together.

conjunción *(kon***H***oonthyón)* f. conjunction.

conjunto *(kon***H***óontoh)* m. *Mus.* group, ensemble; **el** ~, the whole, **en** ~, as a whole.

conjuración *(kon***H***oorahtyón)* f. conspiracy, plot, machination.

conjurado *(kon***H***ooráhdoh)* m. conspirator, plotter.

conjurar *(kon***H***oorá***R***)* intr. to conjure; to conspire, to plot.

conjuro *(kon***H***óoroh)* m. exorcism, incantation.

conllevar *(konlyaybár)* tr. to involve; to bear.

conmemoración *(konmaymohrahthyón)* f. commemoration, remembrance.

conmemorar *(konmaymohrá***R***)* tr. to conmemorate, to celebrate.

conmigo *(konméegoh)* pron. with me, with myself.

conmiseración *(konmeesayrahthyón)* s. commiseration, pitty, sympathy.

conmoción *(konmohthyón)* s. conmotion, tumult, shock.

conmovedor *(konmohbaydó***R***)* tr. moving, touching; disturbing.

conmover *(konmohbáy***R***)* tr. to move; to disturb; to affect.

conmutador *(konmootahdó***R***)* m. switch.

conmutar *(konmootá***R***)* tr. to commute; to barter, to exchange, to switch over.

cono *(kóhnoh)* m. cone.

conocedor *(kohnohthaydó***R***)* m. expert.

conocer *(kohnohtháy***R***)* tr. to know, to be acquainte with; ~ **de vista**, to know by sight; v. r. to know each other.

conocido *(kohnohthéedoh)* adj. well known; m. acquaintance.

conocimiento *(konhohtheemyéntoh)* m. knowlege; ~ **de embarque**, bill for lading; **perder el** ~, to lose concious-ness; **con** ~ **de causa**, knowingly.

conquista *(konkéestah)* f. conquest; adquisition.

conquistador *(konkeestahdó***R***)* m. conqueror.

conquistar *(konkeestá***R***)* tr. to conquer, to win over.

consagración *(konsagrahtyón)* f. consecration; (fig.) devoted to.

consagrado *(konsagráhdoh)* adj. consecrated; (fig.) devotion.

consagrar *(konsagrá***R***)* tr. to consecrate; to dedicate; v. r. to devote oneself to.

consanguíneo *(konsahngéenayoh)* adj. consanguineous, related by blood; blood relation.

consciente *(konsthyéntay)* adj. conscious; aware.

consecución *(konsaykoothyón)* r. attainment, acquisition.

consecuencia *(konsaykwáynthyah)* f. consequence; **en/por** ~, therefore; **traer en** ~, to entail.

consecuente *(konsaykwáyntay)* adj. consistent.

consecutivo *(konsaykootéeboh)* adj. consecutive.

conseguir *(konsaygée***R***)* tr. to attain; to get; to achieve.

consejero *(konsay***H***áyroh)* m. adviser; counsellor.

consejo *(konsáy***H***oh)* m. counsel; advice; council; ~ **de familia**, family council; ~ **de guerra**, court-martial; ~ **de ministros**, cabinet meeting; **tomar** ~, to take counsel.

consentido *(konseentéedoh)* adj. spoiled.
consentimiento *(konsaynteemyéntoh)* m. consent.
consentir *(konsayntéeR)* tr. to tolerate; to agree; to allow.
conserje *(konsayRHay)* m. caretaker, (hall) porter; concierge; (US) janitor.
conserjería *(konsayRHayreeah)* f. caretaker's office.
conserva *(konsayRbah)* f. canped food (US), tinned food (UK).
conservar *(konsayRbáR)* tr. to keep, to take care of, to preserve, to maintain.
conservatorio *(konsayRbahtóryoh)* s. conservatoire.
considerable *(konseedayráhblay)* adj. considerable, significant.
consideración *(konseedayrahthyón)* s. consideration, due respect for; **tener en ~**, to have in mind.
considerado *(konseedayráhdoh)* adj. considerate, respected.
considerar *(konseedayráR)* tr. to consider, to think over; to treat with respect.
consigna *(konseegnah)* f. Mil. password; (luggage) left-luggage (office) (UK); checkroom (US).
consignación *(konseegnahthyón)* f. consignation; *Com.* consigment, cargo.
consignar *(konseegnáR)* tr. to consign; to deposit; *Com.* to dispatch; to state in writing.
consignatorio *(konseegnahtóhryoh)* m. consignee; Com. shipping agent.
consigo *(konséegoh)* pron. with oneself, himself, herself, themselves, your self, yourselves.
consiguiente *(konseegyéntay)* m. consequent; **por~**, therefore, as a result.
consistencia *(konseestaynthyah)* f. solidity, firmness, consistency; stability
consistente *(konseestayntay)* adj. consistent, solid, firm, tough.
consistir *(konseestéeR)* intr. to consist(in).
consistorial *(konseestohryáhl)* adj. consistorial; **casa ~**, town hall.
consistorio *(konseestóhryoh)* m. consistory.
consolación *(konsohlahthyón)* s. consolation.
consolador *(konsohlahdóR)* m. vibrator.
consolar *(konsohláR)* tr. to console, to comfort.
consolidación *(konsohleedahthyón)* f. consolidation.
consolidar *(konsohleedáR)* tr. to consolidate, to strengthen, to harden; v. r. to grow hard, firm, or solid.
consonancia *(konsohnánthyah)* f. consonance; harmony; **en ~ con**, in agreement with.
consonante *(konsohnántay)* f. consonant; adj. concordat, consistent; *Mus.* consonous.
consorcio *(konsóRthyoh)* m. consortium.
consorte *(konsóRtay)* s. consort; husband or wife. *Law.* accomplice.
conspiración *(konspeerahthyón)* f. conspirancy; plot.
conspirador *(konspeeahdóR)* m. conspirator; plotter.
conspirar *(konspeeráR)* intr. to conspire, to plot.
constancia *(konstáhnthyah)* f. constancy, perseverance.
constante *(konstáhntay)* s. y adj. constant, persevering, steady, reliable; *Math.* m. constant.
constar *(konstáR)* intr. to consist, to be recorder or registered; to be evident, to be clear; **no consta**, it is not registered; **me consta que**, I am positive about.
constelación *(konstaylahtheon)* f. constelation.
consternación *(konstayRnahtyón)* f. consternation.
consternar *(konstayRnáR)* tr. to dismay.
constipado *(konsteepáhdoh)* m. cold, chill, catarrah.

C

constipar *(konsteepá**R**)* tr. to chill, to give a cold.
constitución *(konsteetoothyón)* f. constitution; **tener buena ~**, to be strong, to be healthy.
constitucional *(konsteetoothyohnáhl)* adj. constitutional, legal.
constituir *(konsteetoo:ée**R**)* tr. to constitute, to establish.
constitutivo *(konsteetootéeboh)* adj. constituent.
construcción *(konstrookthyón)* f. construction, structure, building; *Gram.* sintax: **~ naval**, shipbuilding.
constructor *(konstrooktó**R**)* adj. constructive; m. builder, constructor; **~ de buques**, ship-builder.
construir *(konstroo:ée**R**)* tr. to build, to form, to construct.
consuelo *(konswáyloh)* m. consolation, relief, comfort.
cónsul *(kónsool)* m. consul.
consulta *(konsóoltah)* f. consultation, question; *Med.* **horas de ~**, surgery hours; **libro de ~**, reference book.
consultar *(konsooltá**R**)* tr. to consult, to take advice; **~ con la almohada**, to sleep on it.
consultor *(konsooltóh**R**)* m. consultant, adviser.
consultorio *(konsooltóhryoh)* m. information, bureau; *Med.* surgery, consulting-room.
consumido *(konsooméedoh)* adj. lean, exhausted, spent.
consumidor *(konsoomedó**R**)* m. consumer.
consumir *(konsooméе**R**)* tr. to consume, to eat up; (coll.) to worry; v. r. bo waste away.
consumo *(konsóomoh)* m. consumption.
contabilidad *(kontahbeeleedáhd)* f. accounting, accountancy.
contable *(kontáhblay)* m. accountant; countable.
contacto *(kontáhktoh)* m. contact, touch; **tener buenos ~ s**, to be well acqueinted, to have good friends.
contado *(kontáhdoh)* adj. counted; scarce; rare; **al ~**, cash.
contador *(kontahdó**R**)* m. (gas, electricity) meter; accountant.
contagiar *(kontah**H**yá**R**)* tr. to infect, to spread disease; to transmit; v. r. to become infected.
contagio *(kontáh**H**yoh)* m. contagion, infection; (fig.) corruption, pervertion.
contagioso *(kontah**H**yóhsoh)* adj. infectious, contagious; (fig.) perverting.
contaminación (*kontahmeenathyón*) f. (sea, air) pollution; (water, food) contamination.
contaminante (*kontahmmeenáhnteh*) m. pollutant, contaminant.
contaminar *(kontahmeená**R**)* tr. to contaminate;(fig.)to profane, to pollute.
contar *(kontá**R**)* tr. to count, to reckon; (narrate), to tell; **~ con**, to rely on; **¡no cuentes conmigo!** Count me out!
contemplación *(kontaymplathyón)* s. contemplation, meditation.
contemplar *(kontaymplá**R**)* tr. to consider, to gaze at; to meditate; to look at.
contemporáneo *(kontaympohráhnay:oh)* adj. contemporary, contemporaneous; f. contemporary.
contemporizador *(konteympohreethahdó**R**)* m. complier, temporizer; adj. complying, temporizing.
contemporizar *(kontaympohreethá**R**)* intr. to temporize, to comply.
contención *(kontaynthyón)* f. contention, dispute, strife; to check, to curb.
contender *(kontayndáy**R**)* intr. to contend, to compete; to argue, discuse.
contendiente *(kontayndyéntay)* adj. disputant contestant.
contenedor *(kontaynaydó**R**)* m. container; (basura) dumpster; **~ de vidrio**, bottle bank.
contener *(kontaynáy**R**)* v. intr. to comprise, to contain, to hold.v. tr. to stop, to check, detain.

contenido *(kontaynéedoh)* adj. contained; m. contents.
contentar *(kontayntá**R**)* tr. to content, to please, to satisfy.
contento *(kontayntoh)* adj. glad; happy; pleased; m. contentment.
contestable *(kontaysstahblay)* adj. contestable, disputable.
contestación *(kontaysstahthyón)* f. answer, to reply.
contestar *(kontaysstá**R**)* tr. to answer, reply.
contexto *(kontaykstoh)* m. context.
contextura *(kontaykstóorah)* f. frame(work); texture.
contienda *(kontyéndah)* f. dispute, fight, conflict.
contigo *(kontéegoh)* pron. with you.
contiguo *(kontéegoo:oh)* adj. next, adjoining, contiguous; **en un cuarto ~**, in an adjoining room.
continencia *(konteenaynthyah)* f. continence.
continental *(konteenayntáhl)* adj. continental.
continente *(konteenayntay)* adj. continent, m. continent.
contingencia *(konteen**H**aynthyah)* f. contingency, emergency, eventuality, risk.
continuación *(konteenw:ahthyón)* f. continuation, sequel.
continuar *(konteenw:á**R**)* tr. e intr. to continue, to go on, to carry on, to get on.
continuidad *(konteenweehdáhd)* f. continuity.
continuo *(kontéenw:oh)* adj. continous never-ending, endless, incessantly; **acto ~**, inmediately.
contorno *(kontó**R**noh)* m. outline, profile; **en los ~**, in the neighbourhood, round about.
contorsión *(kontó**R**sy:ón)* f. contortion, twist.
contra *(kóntrah)* prep, against; opposite to; f. opposition.
contrabandista *(kontrahbahndeesstah)* s. smuggler.
contrabando *(kontrahbáhndoh)* m. smuggling, contraband.
contracción *(kontrahkthyón)* f. contraction, shrinkage, constriction; *Gram.* synaeresis.
contradecir *(kontrahdaythée**R**)* tr. to contradict.
contradicción *(kontrahdeekthyón)* f. contradiction.
contradictorio *(kontrahdeektóhryoh)* adj. contradictory.
contraer *(kontrah/ay**R**)* tr. e intr. to contract, to catch; **~ enfermedades**, to catch, to pot a disease; **~ matrimonio**, to get married.
contraerse *(kontrah/ay**R**ssay)* f. to contract.
contrafuerte *(kontrahfway**R**tay)* m. reinforcement; *Arch,* buttress.
contrahacer *(kontrahtháy**R**)* tr. to counterfeit, to falsify, to forge; *Lit.* to pirate.
contrahecho *(kontraháychoh)* adj. deformed, hunch-backed; counterfeited, forged.
contraído *(kontrahéedoh)* adj. contracted, shrunken, wasted.
contramaestre *(kontrahmah/ésstray)* m. *Naut.* boatswain; overseer, foreman.
contraorden *(kontrah/ó**R**dayn)* f. countermand.
contraparte *(kontrahpah**R**tay)* f. counterpart, opposite side; *Mus.* counterpoint.
contrapelo *(kontrahpayloh)* adv. against the grain.
contrapesar *(kontrahpayssa**R**)* v.t. to counter-balance; to offset.
contrapeso *(kontrahpayssoh)* m. counter balance; make-weight; counterweight.
contrapié *(kontrahpyáy)* adv. **a ~**, on the wrong foot.
contraponer *(kontrahpohnay**R**)* tr. to oppose, to compare, to contrast.
contraposición *(kontrahpohseethyón)* f. contrast.
contraproducente *(kontraprohdoothentay)* adj. counterproductive.
contrariar *(kontrahreeá**R**)* tr. to upset, to oppose.
contrariedad *(kontrahryaydáhd)* f. inconvenience; annoyance.

C

contrario *(kontráhryoh)* adj. contrary, adverse; m. opponent, antagonist; **por el** ~, on the other hand; **al** ~, on the contrary; **llevar la** ~, to contradict.

C

contrarrestar *(kontrah*R*aysstá*R*)* tr. to check, to arrest, to counteract, to resist.

contrasentido *(kontrahsayntée-doh)* m. contradiction in terms.

contraseña *(kontrahsáynyah)* f. *Mil.* watchword, countersign, password.

contrastar *(kontrahstá*R*)* tr. to contrast, to check, to test, to verify.

contraste *(kontrástay)* m. contrast.

contrata *(kontráhtah)* f. contract, deed; ~ **de arrendamiento**, lease; ~ **de flete**, charter party.

contratación *(kontrahtahthyon)* f. contracting; trading.

contratante *(kontrahtáhntay)* s. contractor.

contratar *(kontrahtá*R*)* tr. to contract, to make a contract, to hire.

contratista *(kontrahteestah)* s. contractor.

contratiempo *(kontrahty:émpoh)* m. setback, mishap, invonvenience, nuisance; **¡qué ~!**, what a nuisance!

contrato *(kontráhtoh)* m. contract, agreement, covenant; ~ **de fletamento**, charter-party; ~ **de arrendamiento**, lease; ~ **de compra**, deed of purchase; ~ **de venta**, deed of sale.

contraveneno *(kontrahbaynáyno)* m. antidote.

contravenir *(kontrahbaynée*R*)* intr. to contravene; to violate, to transgress; *Law.* to break.

contribución *(kontreeboothyón)* f. contribution; tax; ~ **urbana**, rates; ~ **del agua**, water rates.

contribuir *(kontreeboo:ée*R*)* tr. to contribute, to pay tax; to give.

contribuyente *(kontreebooyentay)* m. taxpayer, rate-payer; contributor.

contricción *(kontreekthyón)* f. contrition, penitence.

contrincante *(kontreenkáhntay)* s. competitor; opponent; rival.

contristar *(kontreessta*R*)* tr. to afflict; to sadden.

contrito *(kontréetoh)* adj. contrite; repentant.

control *(kontról)* m. control; *Mot.* check-point; **perder el** ~, to lose control of; **fuera de** ~, *Sports.* beyond the time limit.

controlar *(kontrohlá*R*)* tr.to control, to direct; to check.

controversia *(kontrohbáy*R*syah)* f. controversy, dispute.

controvertir *(kontrohbay*R*tée*R*)* tr. to controvert; to dispute, to argue against.

contundente *(kontoondáyntay)* adj. forceful, powerful, strong.

conturbar *(kontoo*R*bá*R*)* tr. to perturb; to disquiet, to disturb.

contunsión *(kontoosyón)* f. contusion, bruise.

contuso *(kontóosoh)* adj. bruised.

convalecencia *(konbahlaythayn-thyah)* f. convalescence.

convalecer *(konbahlaytháy*R*)* tr. to convalesce, to recover.

convalidar *(konbahleeda*R*)* tr. to validate; to ratify.

convencer *(kónbayntháy*R*)* tr. to persuade.

convencerse *(konbayntháy*R*say)* r. to make certain, to be assured.

convencimiento *(konbayntheemyén-toh)* m. assurance, conviction.

convención *(konbaynthyón)* f. convention, congress.

convencional *(konbaynthyohnáhl)* adj. conventional.

conveniencia *(konbaynyénthyah)* f. convenience, advantage, profit, benefit; **por propia** ~, on his/her own advantage.

conveniente *(konbaynyéntay)* adj. useful, convenient; advisable; suitable.

convenio *(konbáynyoh)* m. agreement; pact, convention.

convenir *(konbaynée*R*)* intr. to agree; to suit, to be advisable.

convento *(konbayntoh)* m. convent, monastery, nunnery.
conventual *(konbayntoo:áhl)* adj. conventual.
convergencia *(kombay**RH**aynthyah)* f. convergence.
conversación *(konbay**R**sahthyón)* f. conversation; chat, talk.
conversar *(konbay**R**sá**R**)* intr. to converse; to talk, to chat.
conversión *(konbay**R**syón)* f. conversion.
converso *(konbay**R**soh)* m. converted.
convertible *(konbay**R**téeblay)* adj. convertible.
convertir *(konbay**R**tée**R**)* tr. to convert, to transform to change, to turn into.
convexidad *(konbaykseedáhd)* f. convexity.
convexo *(konbayksoh)* adj. convex.
convicción *(konbeekthyón)* f. conviction, certainty.
convicto *(konbéektoh)* adj. *Law.* convicted, guilty.
convidado *(konbeedáhdoh)* adj. invited m. guest.
convidar *(konbeedá**R**)* tr. to invite.
convincente *(konbeenthayntay)* adj. convincing; satisfying, telling.
convite *(konbéetay)* m. invitation; feast, treat, banquet.
convivencia *(konbeebenthya)* f. living together, co-existence.
convivir *(konbeebée**R**)* tr. to live together; to coexist.
convocación *(konbohkahthyón)* f. convocation, calling, summon.
convocar *(konbohká**R**)* tr. to convoke, to summon, to call up.
convocatoria *(konbohkahtóhryah)* summons.
convoy *(konbóy)* m. convoy; escort; (coll.) retinue.
convoyar *(konbohhyá**R**)* tr. to convoy, to escort.
convulsión *(konboolsyón)* *Med.* f. convulsion.
conyugal *(konyoogáhl)* adj. marital.
cónyuge *(kónyoo**H**ay)* s. spouse.
coñac *(konyáhk)* m. cognac, brandy.
cooperación *(koh/ohpayrahthyón)* f. cooperation.
cooperador *(koh/ohpayrahdó**R**)* m. cooperative, collaborator; (coll.) a helping hand.
cooperar *(koh/ohpayrá**R**)* tr. to cooperate, to work toghether, to team up.
coordinación *(koh/o**R**denahthyón)* f. coordination.
coordinar *(koh/o**R**dená**R**)* tr. to coordinate, to connect, to correlate.
copa *(kóhpah)* f. wine-glas, goblet; (sports) cup; ~ **del árbol**, treetop; **sombrero de** ~,crown of the hat; (cards) hearts.
copado *(kohpáhdoh)* adj. cornered.
copar *(kohpa**R**)* tr. *Mil.* to corner; to grab (everything), to be stuck.
copartícipe *(kohpa**R**téetheepay)* s. co-partner, associate.
copia *(kóplah)* f. copy, imitation; replica; ~ **de seguridad**, backup copy.
copiar *(kohpyá**R**)* tr. to copy, to imitate.
copioso *(kohpyóhsoh)* adj. copious, abundant, ample.
copista *(kohpeesstah)* s. copyst, imitator; adj. copying.
copla *(kóhplah)* f. couplet, folksong, ballad.
copo *(kóhpoh)* m. flake; ~ **de nieve**, snowflake; **~s de maíz**, cornflakes.
cópula *(kóhpoolah)* f. copulation; copula.
coque *(kóhkay)* m. coke.
coqueta *(kohkáytah)* f. flirt, coquette, charming.
coquetear *(kohkaytayá**R**)* tr. to flirt, to coquet.
coquetería *(kohkaytayrée:ah)* f. flirtation, coquetry.
coraje *(kohráh**H**ay)* m. courage, bravery; (pass.) temper, fury, anger.
coral *(kohráhl)* m. coral; adj. choral.
coraza *(kohráhthah)* f. cuirass. *Naut.* armour(plating).

C

corazón *(kohrahthón)* m. heart; core; (fig.) courage; (fig.) affection; **de buen ~**, good-hearted; **de ~**, heartily; **blando de ~**, tender hearted; **hacer de tripas ~**, to pluck up courage; **no tener ~**, to be insensible; **¡~!**, sweetheart!, darling!

C

corazonada *(kohraththohnáhdah)* f. feeling, hunch.

corbata *(koRbáhtah)* f. (neck)tie, cravat.

corbeta *(koRbáytah)* f. corvette.

corcova *(koRkóhbah)* f. hump, hunch.

corcovado *(koRkobáhdoh)* adj. hump-backed, hunch-backed.

corchete *(koRcháytay)* m. clasp, hook and eye; *Print.* bracked.

corcho *(kóRchoh)* m. cork.

cordaje *(koRdahHay)* m. cordage; *Naut.* rigging; (guit.) set of string.

cordel *(koRdayl)* m. string, thing rope.

cordelería *(koRdaylayree:ah)* f. rope-shop/factory.

cordero *(koRdáyroh)* m. lamb.

cordial *(koRdy:álh)* adj. m. cordial.

cordialidad *(koRdyahleedáhd)* f. cordiality, friendliness, warmth.

cordillera *(koRdeelyayrah)* f. mountain range.

cordón *(koRdón)* m. cord; string (mil.) cordon; **~ umbilical**, umbilical cord.

cordura *(koRdóorah)* f. sanity, sense, wisdom.

coreografía *(kohnrayohgrahfée:ah)* f. choreography.

coreógrafo *(kohrayohgrahfoh)* m. choreographer.

corista *(kohreesstah)* s. chorister; f. chorus girl.

cornada *(koRnáhdah)* f. horn-thrust, goring.

cornamenta *(koRnahmayntah)* f. horns.

córnea f. *(kóRneyah)* cornea.

corneja *(koRnáyHah)* f. crow.

córneo *(kóRnayoh)* adj. horny; corny.

corneta *(koRnáytah)* f. bugle, horn, cornet; m. cornet-player.

cornisa *(koRnéesah)* f. cornice.

cornucopia *(koRnookóhpyah)* f. cornucopia, horn of plenty.

cornudo *(koRnóodoh)* adj. horned; m. (fig.) cuckold.

coro *(kóhroh)* m. (sing.) choir; (voices) chorus.

corona *(kohróhnah)* f. crown; *Relig.* halo; wreath.

coronación *(kohrohnahthyón)* f. coronation.

coronar *(kohrohnáR)* tr. to crown, to top; (fig.) to reach, to finish.

coronel *(kohrohnayl)* m. colonel.

corpachón *(koRpahchón)* m. very big body.

corpiño *(koRpéenyoh)* m. bodice.

corporación *(koRpohrahthyón)* f. corporation.

corporal *(koRpohráhl)* adj. corporal, bodily; **castigo ~**, corporal punishment.

corpóreo *(koRpórayoh)* adj. corporeal, bodily.

corpulencia *(koRpoolaynthyah)* f. corpulence.

corpulento *(koRpoolayntoh)* adj. corpulent, big, huge.

corral *(kohRáhl)* m. (US) corral, farm yard, sheepfold, pen.

correa *(kohRáyah)* f. leather strap, belt, leash; **~ de transmisión** driving belt.

correaje *(kohRayáhHay)* m. leateher belting. *Mil.* accountrements.

corrección *(kohRaykthyón)* f. correction; amendment; good habits, proofreading.

correccional *(kohRaykthyonáhl)* adj. correctional, corrective; reformatory.

correctivo *(kohRayktéeboh)* adj. y m. *Med.* corrective, antidote.

correcto *(kohRayktoh)* adj. correct, right; (of persons) well-behaved.

corrector *(kohRayktóR)* m. corrector; amender, (printing) revisor, proof reader.

corredizo *(kohRaydéethoh)* adj. running, sliding; **nudo ~**, running knot.
corredor *(kohRaydóR)* m. (sports) runner; (build) corridor, lobby; *Com.* broker.
corregible *(kohRayHéeblay)* adj. corrigible.
corregidor *(kohRayheedóR)* m. corregidor; corrector.
corregir *(kohRayhéeR)* tr. to correct, to amend; (coll.) to make good.
correlación *(kohRaylahthyón)* f. correlation.
correo *(kohRáyoh)* m. post; mail, courier; **oficina de ~s**, post ofice; **~ basura**, junk mail; **~ de voz**, voice mail.
correoso *(kohRayóhsoh)* adj. leathery, hard to chew.
correr *(kohRáyR)* tr. e intr. to run, to race, to flow (water, etc.); **a todo ~**, at full speed; **corre la voz**, people said; **~ con los gastos**, to bear the expenses; **~ peligro**, to run a risk; **~ las cortinas**, to draw the curtains; **el tiempo corre**, time flies; **~ como alma que lleva el diablo**, to run one's life.
correría *(kohRayrée:ah)* f. incursion, raild.
correspondencia *(kohRaysspondáynthyah)* f. correspondence.
corresponder *(kohRaysspondáyR)* tr. to correspond.
correspondiente *(kohRaysspondyéntay)* adj. appropiate, suitable, corresponding.
corresponsal *(kohRayssponsáhl)* s. correspondent.
corretear *(kohRaytayáR)* tr. to wander (about), to ramble.
corrida *(kohRéedah)* f. course; race; **~ de toros**, bullfight.
corrido *(kohRéedah)* adj. abashed; **de ~**, fluently.
corriente *(kohRyéntay)* adj. **estar al ~**, to be in the know, to be aware, common, ordinary; present (week, month); f. stream; *Elect.* current.
corro *(kóhRoh)* m. group, circle; **jugar al ~**, to play ring-a-ring-a-roses.
corroboración *(kohRohbohrahthyón)* f. corroboration.
corroborar *(kohRohbohráR)* tr. to corroborate; to confirm.
corroer *(kohRoáyR)* tr. to corrode; (fig.)to be consumed by.
corromper *(kohRompáyR)* tr. to corrupt; (fig.) to pervert (a person); to bribe, to suborn; (fig.) to vitiate, to deprave.
corromperse *(kohRompáyRsay)* r. to rot, to putrefy.
corrompido *(kohRompéedoh)* adj. corrupt, perverted; depraved.
corrosión *(kohRohsyón)* f. corrosion.
corrosivo *(kohRohséeboh)* adj. corrosive.
corrupción *(kohRoopthyón)* f. corruption perversion, depravity.
corruptela *(koRooptáylah)* f. corruption; *Jur.* bad practice.
corruptor *(kohRooptóR)* m. corrupter.
corsario *(kohRsáryoh)* m. corsair, pirate.
corsé *(koRsáy)* m. corset, stays, girdle.
cortado *(kortáhdoh)* adj. cut, abrupt, fit; speechless.
cortador *(koRtahdóR)* m. cutter; *Text.* cutting-board.
cortadura *(koRtahdóorah)* f. cut, gash, incision; pl. cuttings, shreds, reelings.
cortante *(koRtáhntay)* adj. cutting, sharp.
cortaplumas *(kortahplóomahs)* m. penknife.
cortar *(kortáR)* tr. to cut; (tall.) to cut out; **re~**, to trim; **~ el agua**, to cut off (water, etc.); (surg.) to amputate, v.r. (liquids) to curdle.
corte *(kóRtay)* m. (tall.) cut, (knife, etc.) edge; f. court; f. pl. Parliament.
cortejar *(koRtayHáR)* tr. to woo, to court.

C

C

cortejo *(koRtáyHoh)* m. court ship, (love) suit.
cortés *(kortáyss)* adj. cousteous, polite, kind.
cortesana *(koRtaysáhnah)* f. courtesan.
cortesano *(koRtaysáhnoh)* adj. court-like; courteous; m. courtier.
cortesía *(coRtaysée:ah)* f. courtesy, politeness, kindness, civility.
corteza *(koRtáythah)* f. *Bot.* bark; (fruits, etc.) peel; (brad) crust.
cortijo *(kortéeHoh)* m. country-house.
cortina *(kortéenah)* f. curtain.
cortinaje *(koRteenáhHay)* m. set of curtains.
corto *(kóRtoh)* adj. short; (fig.) timid; brief; abrupt; curt (speech); ~ **de oído**, hard of hearing; ~ **de vista**, shortsighted; **pantalones ~s**, shorts.
cosa *(kóhsah)* f. thing; substance; **¡~ rara!**, strange thing!, **como si tal ~**, as if nothing had happened; ~ **del otro mundo**, nothing to write home about.
cosecha *(kohsáychah)* f. harvest; crop.
cosechar *(kohsaycháR)* tr. to harvest, to reap.
coser *(kohsayR)* tr. to sew, to stitch; **es ~ y cantar**, it is as easy as done.
cosmético *(kosmáyteekoh)* m. cosmetic, make-up.
cosmología *(kosmohlohRée:ah)* s. cosmology.
cosmopolita *(kosmohpohléetah)* s. cosmopolitan.
coso *(kósoh)* m. bull-ring.
cosquillas *(koskéelyáhs)* f. pl. tickling; **hacer ~**, to tickle; **tener ~**, to be ticklish.
costa *(kóstah)* f. cost; *Geog.* coast; **a toda ~**, at all costs; **a ~ de...**, at the expense of...; **a mi ~**, at my expense; *Naut.* **bordear la ~**, to coast.
costado *(kostáhdoh)* m. side; *Mil.* flank; **de ~**, sideways; **por los cuatro ~s**, all over; **tener un dolor en el ~**, to have a stitch on the side.
costanera *(kostahnéyRah)* f. side, flank; slope.
costar *(kostáR)* intr. to cost, to be expensive, to be dear; **~le un ojo de la cara**, to pay though the nose for, to cost an arm and a leg.
coste *(kóstay)* m. cost, expense, price; **a precio de ~**, cost price; ~ **de vida**, cost of living.
costear *(kostayáR)* tr. to pay the cost of, to sail along the coast.
costilla *(kostéelyah)* f. rib, chop, (fam.) wife, better half.
costo *(kóstoh)* m. cost.
costoso *(kostóhsoh)* adj. costly; expensive.
costra *(kóstrah)* f. crust; *Med.* scab.
costumbre *(kostóombray)* f. custom, habit, practice, usage; **como de ~**, as usual.
costura *(kostóorah)* f. seam; sewing; *Naut.* splicing; *Mech.* joint; (surg.) suture; **sin ~s**, seamless.
costurera *(kostooráyrah)* f. seamstress, dressmaker.
cotejar *(kohtayHár)* tr. to compare, to confront, to collate.
cotejo *(kohtáyHoh)* m. comparison, collation.
cotidiano *(kohteedyáhnoh)* adj. daily, everyday.
cotización *(kohteethahthyón)* f. quotation, price.
cotizar *(kohteetháR)* tr. to value; to pay contributions.
coto *(kóhtoh)* m. preserve, enclosure, estate, landmark.
cotorra *(kohtóhRah)* f. parrot; (coll.) chatterbox.
coyuntura *(kohyoontóohrah)* f. hinge-point; (fig.) occasion, situation.
coz *(kóth)* f. kick (of animals).
cráneo *(kráhnayoh)* m. skull.

crápula *(kráhpoolah)* f. debauchery; (coll.) dissolute man.
cráter *(kráhtayR)* m. crater.
creación *(krayahthyón)* f. creation.
creador *(krayahdóR)* m. creator, maker, author; adj. creative.
crear *(krayáR)* tr. to create, to make; to establish.
crecer *(kraytháyR)* intr. to grow, to increase, to swell.
creces *(kráythays)* n. pl., **con ~**, amply.
crecida *(craythéedah)* f. swell, rise, flood.
crecido *(kraythéedoh)* adj. grown, grown up; (rivers) swollen; increase.
creciente *(kraythyéntay)* f. swell; crescent (moon); **~ del mar**, floodtide.
crecimiento *(kraytheemyéntoh)* m. growth, increasing.
credencial *(kraydaynthyáhl)* adj. credential; f. credential.
credibilidad *(kraydeebeeleedáhd)* f. credibility.
crédito *(kráyeleetoh)* m. credit; faith; (fig.) reputation, good name; **dar ~**, to believe; **tener buen ~**, to enjoy good reputation; **vender a ~**, to sell on credit.
credo *(kráydoh)* m. creed, belief.
credulidad *(kraydooleedáhd)* f. credulity.
crédulo *(kráydooloh)* adj. creed.
creencia *(krayáynthyah)* f. belief, creed, credence.
creer *(krayáyR)* tr. to believe, to think, to trust; **~ con los ojos cerrados**, to believe blindly; **ya lo creo**, of course; **ver es ~**, seeing is believing.
creíble *(krayéeblay)* adj. credible, believable.
crema *(kráymah)* f. cream.
cremallera *(kraymahlyáyrah)* f. zip fastener (UK), zipper (US); rack (rail) toothed bar.
crematorio *(kraymahtóhryoh)* adj. crematory; m. crematorium.
cremoso *(kraymósoh)* adj. creamy.
crepitar *(kraypetár)* intr. to crackle.
crepuscular *(kraypoosskooláR)* adj. crepuscular, evening.
crepúsculo *(kraypóosskooloh)* m. twilight; crepuscule, dusk.
crespo *(kráysspoh)* adj. frizzy; (fig.) angry; graceful.
cresta *(kráysstah)* f. (cook's) comb, tuft, crest; top.
creyente *(krayyéntay)* s. believer.
cría *(krée:ah)* f. breeding; brood; (of animals) young; (coll.) baby.
criada *(kre:áhdah)* f. maid(servant).
criadero *(kre:ahdáyroh)* m. nursery; hothouse, hotbed; *itch*, hatchery.
criado *(kre:áhdoh)* m. servant; groom; adj. grown up, brought up.
criador *(kre:ahdóR)* m. breeder, rearer.
crianza *(kre:áhnthah)* f. breeding; rearing; nursing.
criar *(creeáR)* tr. to breed; to nurse, to suckle; to bring up, to raise.
criatura *(kre:ahtóohrah)* f. creature; (coll.) baby.
criba *(kréebah)* f. sieve.
cribar *(kreebáR)* tr. to sift.
crimen *(kréemayn)* m. crime, offense.
criminal *(kreemeenáhl)* adj. criminal.
crin *(kréen)* f. mane.
crío *(krée:oh)* m. nursing baby.
criollo *(kre:óhlyoh)* m. creole.
cripta *(kréeptah)* f. crypt.
crisis *(kréeseess)* f. crisis.
crisol *(kresól)* m. crucible.
cristal *(krisstáhl)* m. crystal; glass.
cristalino *(kreesstahléenoh)* adj. crystalline, transparent, clear; m. *Anat.* crystalline.
cristalizar *(kresstahleetháR)* tr. to crystalize.
cristiandad *(kresstyahndáhd)* f. Christendom.
cristianismo *(kreessty:ahnéessmoh)* m. Christendom, Christianity.
cristianizar *(kreessty:ahneetháR)* tr. to Christianize.
cristiano *(kreessty:áhnoh)* adj. y s. Christian; (coll.) person, soul; **hablar en ~**, to speak in the common language.

Cristo *(krésstoh)* m. Christ.
criterio *(kreetáyry:oh)* m. judgement, common sence, criterion.
crítica *(kreéteekah)* f. criticism; critique; *Lit.* review.
criticar *(kreteekáR)* tr. to criticize; *Lit.* to review.
crítico *(kréeteekoh)* m. critic; adj. critical.
cromo *(króhmoh)* m. picture card; *Met.* chromium, chrome.
crónica *(króhneekah)* f. chronique, chronicle.
crónico *(króhneekoh)* adj. *Med.* chronic.
cronicón *(krohneekón)* m. brief chronicle.
cronista *(krohnéesstah)* s. chronicler.
cronología *(krohnohiohHée:ah)* f. chronology.
cronológico *(krohnohlókRekoh)* adj. chronological.
cronómetro *(krohnóhmaytroh)* m. stop-watch, chronometer.
croqueta *(krohkáytah)* f. croquette, meat-ball, fritter.
cruce *(kroóthay)* m. crossing, crossroad.
crucero *(kroothâyroh)* m. cruiser; *Naut.* cruise; wayside-cross (road).
cruficicar *(krootheefeekáR)* tr. to crucify; (coll.) to vex to torment.
crucifijo *(krootheeféeHoh)* m. crucifix.
crucifixión *(krootheefeeksyón)* f. crucifixion.
crucigrama *(krootheegráhmah)* m. crossword puzzle.
crudeza *(kroodáytah)* f. crudeness; rawness; (coll.) rudeness.
crudo *(kroódoh)* adj. raw; crude; *Med.* inmature; cruel.
cruel *(kroo:áyl)* adj. cruel, ruthless, marciless.
crueldad *(kroo:ayldáhd)* f. cruelty, mercilessness.
cruento *(kroo:áyntoh)* adj. bloody, inhuman.
crujido *(krooHéedoh)* m. creak, creaking, crunching.
crujiente *(kroohyéntay)* adj. rustling, creaking, crunchy, grinding.
crujir *(krooHéeR)* tr. to crackle, to creak; to crunch.
crustáceo *(kroostáhthayoh)* adj. crustaceous, shelly; m. shellfish.
cruz *(króoth)* f. cross; **cara o ~**, heads or tails.
cruzada *(kroothâhdah)* f. crusade.
cruzar *(kroothâR)* tr. to cross, to be across; *Vet.* to crossbreed; **~ los brazos**, to cross - one's arms.
cuaderno *(kooahdáyRnoh)* m. book, exercise book, copybook.
cuadra *(kooiáhdrah)* f. stable, ward; *Amer.* city block.
cuadrado *(koo:ahdráhdoh)* adj. square; quadrate; m. square.
cuadrante *(koo:ahdráhntay)* m. quadrant; dial; clock/watch face.
cuadrar *(koo:ahdráR)* tr. e intr. to square, to fit, to adjust; v.r. *Mil.* to stand at attention.
cuadriculado *(kooahdreekooláhdoh)* adj. squared, cross – sectioned.
cuadricular *(koo:ahdreekooláR)* tr. to square; adj. checkered, ruled in squares.
cuadrilátero *(koo:ahdreelátayroh)* adj. quadrilateral; m. quadrangle; (box.) ring.
cuadrilla *(koo:ahdréelyah)* f. gang; squad.
cuadro *(koo:áhdroh)* m. square; picture; (print) platen; *Mil.* staff; *Elect.* switch-board; *Theat.* scene.
cuádruple *(kooáhdrooplay)* adj. quadruple.
cuajar *(koo:ahHáR)* tr. to thicken; to come off; to curdle.
cuajo *(koo:áhHoh)* m. rennet, curdling, coagulation; **arrancar de ~**, to uproot; **de ~**, completely.
cual *(koo:áhl)* adj. which; **el ~**, which, who; **cada ~**, each one.
cualidad *(koo:ahleedáhd)* f. quality.
cualquiera *(koo:ahlkyáyrah)* pron. anyone, anybody, any; whoever, whichever.
cuan *(koo:áhn)* adv. how; as.

cuando *(koo:áhdoh)* adv. when; if; **de ~ en ~**, now and then, from time to time; **¿desde ~?**, since when?; **~ mucho**, at most; **~ menos**, at least; **¿hasta ~?**, till when? **~ quiera**, when you like.
cuantía *(koo:ahntée:ah)* f. amount, quantity; importance.
cuantificar *(kooahntyfeeka**R**)* tr.to quantify, to quantize.
cuantioso *(koo:ahnty:óhsoh)* adj. copious, numerous, substantial.
cuanto *(koo:áhntoh)* adj. how much? as much as; whatever; **~ antes**, as soon as possible, **~ antes mejor**, the sooner, the better; **en ~ a**, with regard to; **en ~**; as soon as; **por ~**, in as much as; **¿~s?**, How many?; **¿~ tiempo?**, How long?
cuarenta *(koo:ahrayntah)* adj. forty.
cuarentena *(koo:ahrayntáynah)* f. forty items; forty days; quarantine.
cuaresma *(koo:ahrayssmah)* f. lent.
cuarta *(kwah**R**tah)* f. fourth, fourth part, quarter; hand span.
cuartear *(koo:a**R**tayá**R**)* tr. to quarter.
cuartel *(kwal**R**tayl)* m. *Mil.* Barracks, quarters; *Naut.* hatch; **~ general**, headquarters; **sin ~**, with no mercy.
cuartilla *(koo:a**R**téelyah)* f. sheet of paper.
cuartillo *(koo:a**R**téelyo)* m. pint.
cuarto *(koo:a**R**toh)* m. room; appartment; quarter; **~s**, money; fourth, fourth part; **~ de baño**, bathroom; **~ de dormir**, bedroom; **~ de trabajo**, work-room; **~ creciente**, first quarter, **~ menguante**, last quarter.
cuarzo *(koo:a**R**thoh)* m. quartz.
cuatrero *(koo:áhtrayroh)* m. cattle-stealer.
cuatro *(koo:áhtroh)* adj. four.
cuba *(kóobah)* f. cask; tub, barrel, bucket; (fig.) drunkard.
cúbico *(kóobeehkoh)* adj. cubic.
cubierta *(koobyáy**R**tah)* f. cover, covering; book-cover; *Naut.* deck; **en ~**, on deck.
cubierto *(koobyáy**R**toh)* m. (talde) service; set of cutlery; adj. covered; **a ~**, sheltered; **ponerse a ~**, to shelter.
cubilete *(koobeeláytay)* m. tumbler.
cubo *(kóoboh)* m. pail, bucket; (wheeel) hub; (maths.) cube.
cubrir *(koobrée**R**)* tr. to cover; to envelop, to cover up; **~ la mesa**, to lay the table; **~ los gastos**, to meet the expenses; **~ una vacante**, to fill a vacancy.
cucaracha *(kookahráhchah)* f. cockroach.
cuchara *(koocháhrah)* f. spoon; **en forma de ~**, spoon-like; **~ grande**, large spoon, soup spoon.
cucharada *(koochahráhdah)* f. spoonful.
cucharón *(koochahrón)* m. ladle, dipper; (amph) tadpole.
cuchichear *(koocheechyá**R**)* intr. to whisper.
cuchicheo *(koocheecháyoh)* m. whispering.
cuchilla *(koochéelyah)* f. kitchen-knife; blade (small).
cuchillada *(koocheelyáhdah)* f. gash, slash, stab.
cuchillo *(koocheélyoh)* m. knife.
cuchitril *(koocheetreel)* m. a very small room, sty, hut.
cuclillas *(kookléelyahs)* adv. **en ~**, squatting; **sentarse en ~**, to squat.
cuclillo *(kooikleéyoh)* m. cuckoo; (coll.) cuckold.
cuco *(kóokoh)* m. cuckoo; (coll.) astute, sly, crafty.
cucurucho *(kookooroohchoh)* m. cornet.
cuello *(koo:áylyoh)* m. (anim., bottle, etc.) neck (clothes); (coll. mot.) **~ de botella**, bottleneck, collar.

C

C

cuenca *(koo:aynkah)* f. wooden bowl; socket of the eye, river basin.
cuenta *(koo:ayntah)* f. *Maths.* count, *Com.*; account (shops, etc.); bill, care, duty (rosary,etc.) bead; ~ **corriente**, current account; **a** ~, on account; **tener en** ~, to have in mind; **caer en la** ~, to realise.
cuentagotas *(koo:ayntahgóhtahs)* m. dropper.
cuentista *(koo:aynteesstah)* m. tale-bearer, tale-teller; story-teller; informer.
cuento *(koo:ayntoh)* m. tale, story; (fam.) lie; ~ **de viejas**, old wives tale; ~ **largo**, long story; **dejarse de ~s**, to go straight to the point; **venir a** ~, to matter; **¡eso es un ~!**, that's a lie!
cuerda *(kooáyRdah)* f. cord; rope; (voice) chord; *Mus.* string; *Geom.* chord; **dar ~ a un reloj**, to wind a clock/watch; **darle ~ a uno**, to give free play to; **la ~ floja**, the tight rope.
cuerdo *(koo:áyRdoh)* adj. judiciuos, sane, wise.
cuerno *(koo:ayRnoh)* m. horn; (ent.) feeler; ~ **de caza**, hunting-horn; **poner los** ~, to be unfaithful.
cuero *(koo:áyroh)* m. hide; leather; ~ **cabelludo**, scalp; **en ~s**, starknaked.
cuerpo *(koo:áyRpoh)* m. body; *Mil.* corps; figure; *Print.* size of letter; *Geom.* body; ~ **muerto**, *Naut.* mooring-bouy; ~ **a** ~, hand to hand; **pedir le a uno algo el** ~, to fancy something.
cuerva *(koo:ayRbah)* f. *Orn.* crow, raven, jackdaw.
cuervo *(kooiáyRboh)* m. *Orn.* raven, crow, jackdaw.
cuesta *(koo:aysstah)* f. hill; sloping ground; ~ **arriba**, uphill; ~ **abajo**, down hill; **a ~s**, on one´s back; **llevar a ~s**, to support.
cuestión *(koo:ayssty:ón)* question, matter, point; *Maths.* problem; dispute; affair.
cuestionable *(koo:ayssty:ohnáhblay)* adj. questionable, doubtful.
cuestionario *(koo:aysstyohnáhryoh)* m. questionnaire.
cueva *(kooiáybah)* f. cave; (wine) cellar; *Espeol.* grotto; ~ **de ladrones**, den of thieves.
cuidado *(kooeedáhdoh)* m. care; solicitude; attention; **con ~**, careful; **al ~ de...**, to the care of...; **¡~!**, look out!; **¡ser de ~!**, to be dangerous.
cuidadoso *(kooeedahdóhsoh)* adj. careful, mindful; neat.
cuidar *(kooeedáR)* tr. to look after, to take care, to mind.
cuita *(kóoeetah)* f. affliction; grief, sorrow.
culata *(kooláhtah)* f. breech of a gun, butt-end (of fire-arms).
culebra *(kooláybrah)* f. snake, serpent; (coll.) trick.
culinario *(kooleenahryoh)* adj. culinary, cookery.
culminación *(koolmeenathyon)* f. *Astr.* culmination, climax; *Naut.* high-tide.
culminar *(koolmeenáR)* intr. to culminate.
culo *(kóoloh)* m. bottom, but tocks; (fam.) backside; (vulg.) arse.
culpa *(kóolpah)* f. fault; transgression, blame, guilt.
culpabilidad *(koolpahbeeleedáhd)* f. culpability, guilt.
culpable *(koolpáblay)* adj. guilty; m. culprit, guilty person.
culpar *(koolpáR)* tr. to blame, to accuse.
cultivación *(koolteevahthyon)* m. culture, cultivation.
cultivador *(koolteebahdóR)* m. cultivator, grower, farmer.
cultivar *(koolteebáR)* tr. to cultivate; to till, to farm; (fig.) to keep up (friends, etc.); to exercise (mind, arts, etc.).
cultivo *(kooltéeboh)* m. cultivation,

farming; (bacteria) culture.
culto *(kóoltoh)* adj. (manneri) polished; civilized; m. (rel.) cult; worship.
cultura *(kooltóohrah)* f. culture.
cumbre *(kóombray)* m. top; summit.
cumpleaños *(koomplayáhnyos)* m. birthday.
cumplido *(koommpléedoh)* adj. large; polished; m. compliment.
cumplimentar *(koompleemayntá***R***)* tr. to congratulate; m. compliment.
cumplir *(koompléé***R***)* tr. to fulfil; to perform; to finish; to reach (age); **~ con el deber**, to do one's duty.
cumplirse *(koompléersay)* r. to be realized.
cúmulo *(kóomooloh)* m. heap, pile, mass (things); crowd, throng (people), cumulus.
cuna *(kóonah)* f. cradle; (fig.) origin, birth; **de humilde ~**, of humble birth.
cundir *(koondée***R***)* intr. to spread, to propagate.
cuneta *(koonáytah)* f. gutter, ditch, road drain.
cuña *(kóonyah)* f. wedge.
cuñada *(koonyáhdah)* f. sister-in-law.
cuñado *(koonyáhdoh)* m. brother-in-law.
cuño *(kóonyoh)* m. die; (document) seal; (coll.) post-mark.
cuota *(kooóhtah)* quota, share; subscription fee.
cuplé *(koopláy)* m. couplet, ballad.
cupletista *(kooplayteesstah)* s. cooplet-singer, ballad-singer.
cupo *(kóopoh)* m. quota, share.
cupón *(koopón)* m. coupon, detachable ticket, counterfoil; (fin.) dividend.
cúpula *(kóopoolah)* f. cupola; dome.
cura *(kóorah)* m. (rel.) priest, parson; clergyman; f. *Med.* cure; healing; **primeras ~s**, first aid.
curable *(kooráhblay)* adj. curable.
curación *(koorathyón)* f. cure healing.
curado *(kooráhdoh)* adj. cured salted, hardened; *Med.* healed, recovered.
curandero *(koorahndáyroh)* m. quack doctor; witch doctor.
curar *(koorá***R***)* tr. *Med.* to cure, to treat; to bleach.
curia *(kóoryah)* f. curia.
curiosear *(kooryohsayah***R***)* v.i. to be curious, to pry in other's affairs.
curiosidad *(kooryohseedáhd)* f. curiosity, inquisitiveness; cleanliness, neatness.
curioso *(kooryóhsoh)* adj. curious; neat, clean, careful; odd, strange, rare; m. inquisitive person.
cursar *(koo***R***sá***R***)* tr. to send; to transmit, to expedite; to follow studies, to study.
cursi *(kooRsee)* adj. affected.
cursilada *(kooRseeláda)* f. affectation.
cursillo *(koo***R***séelyoh)* m. short course, crash course.
curso *(kóo***R***soh)* m. course; progression, run(ning), way.
curtido *(koo***R***téedoh)* adj. tanned, weather-beaten; expert, experienced, m. leather tanning.
curtidor *(koo***R***téedó***R***)* m. tanner.
curtir *(koo***R***tée***R***)* tr. to tan; (fig.) to toughen, to harden (persons).
curva *(kóo***R***bah)* f. ben; *Anat.* curve; *Geom.* curve-line; *Naut.* knee.
curvatura *(koo***R***bahtóorah)* f. curvature.
curvo *(kóo***R***boh)* adj. curved, bent, crooked.
cúspide *(kóospeeday)* f. summit, top; *Geom.* vertex.
custodia *(koostóhdyah)* f. custody, ward. *Eccl.* monstrance, custodia.
custodiar *(koostohdyá***R***)* tr. to keep, to watch, to take care of.
cutáneo *(kootáhnayoh)* adj. skin, cutaneous.
cutis *(kóoteess)* m. cutis, skin.
cuyo *(kóonyoh)* pron. whose.

C

D d

D

dable *(dáhblay)* adj. possible, feasible.
dactilógrafo *(dahkteelógrahfoh)* f. typist.
dádiva *(dáhdeehbah)* f. gift; present.
dadivoso *(dahdeebóhsoh)* adj. generous.
dado *(dáhdoh)* m. (game); pl. dice; ~ **cargados**, loaded dice; **jugar a los ~s**, to play dice: ~ **que**, since; die; block.
dador *(dahdo**R**)* m. giver; bearer.
daga *(dáhgah)* f. dagger.
daltoniano *(dahltohny:ahnoh)* adj. colourblind.
daltónico *(dahltohneekoh)* adj. colour-blind (UK), color-blind (US).
daltonismo *(dahltohneessmoh)* m. colourblindness, daltonism.
dama *(dáhmah)* f. lady; dame, mistress; pl. draughts; **tablero de ~s**, draughts board (UK), chekers board (US); *Theat.* **primera** ~, lady; leading; (nob.) ~ **de compañía**, lady in waiting.
damisela *(dahmeesáylah)* f. damsel.
damnificado *(damneefeekahdoh)* adj. damaged, hurt, injured, distressed, (people).
damnificar *(dahmneefeeká**R**)* tr. to damage, to injure, to hurt.
danés *(dahnayss)* adj. Danish; m. Dane.
danza *(dáhnthah)* f. dance.
danzante *(dahntháhntay)* s. dancer.
danzar *(dahnthá**R**)* intr. to dance.
danzarina *(dahntharéenah)* f. (good) dancer, ballet dancer.
dañar *(dahnyá**R**)* tr. to hurt, to damage, to spoil, to harm.
dañino *(dahnyéenoh)* adj. noxious; harmful, damaging, destructive.
daño *(dáhnyoh)* m. damage, harm; ~**s** y **perjuicios**, *Com.* damages.
dar *(da**R**)* tr. to give; to hand; apply (a coat,layer, etc.) (harv.) to yield; to grant (awards, scholarships); ~ **las gracias**, to thank; ~ **con**, to meet (persons); to find (things); ~ **a luz**, to give birth.
dardo *(dá**R**doh)* m. dart.
dársena *(dá**R**saynah)* f. inner, dock, harbour, basin.
data *(dáhtah)* f. date; item.
datar *(dahtá**R**)* tr. e intr. to date.
dátil *(dáhtil)* m. date (fruit).
dato *(dáhtoh)* m. datum; fact, pl. data.
de *(day)* prep, of, s. from.
deambular *(dayahmbooláh**R**)* intr. to wonder around.
deán *(dayáhn)* m. dean.
debajo *(daybá**H**oh)* adv. under; below, beneath.
debate *(dáybáhtay)* m. debate; discussion.
debatir *(daybahtée**R**)* tr. to debate, to discuss.
deber *(daybáy**R**)* m. duty; **cumplir con el** ~, to do one's duty. tr. *(Com.)* (fig.) to owe, (obligation) must, ought.
debido *(daybéedoh)* adj. due, just, proper; *Com.* (fig.) owed; **como es** ~, as it should be, properly.
débil *(dáybeel)* adj. feeble; weak.
debilidad *(daybeeleedhád)* f. weakness.
debilitar *(daybeeleetá**R**)* tr. to weaken; v.r. to get weak.
débito *(dáybeetoh)* debt; debit.
decadencia *(daykahdaynthyah)* f. decadence, decay; **estar en** ~, to be declining.

decadente *(daykahdayntay)* adj. decaying, declining, fading.
decaer *(daykaháyR)* intr. to decay, to decline, to fade.
decaimiento *(daykaeemyéntoh)* m. decay, decline, weakness.
decálogo *(daykáhlohgoh)* m. decalogue.
decanato *(daykahnáhtoh)* m. deanship, deanery.
decano *(daykahnoh)* m. senior dean, professor.
decantar *(daykahntáR)* tr. to decant; to cry up.
decapitar *(daykahpeetáR)* tr. to behead, to cut off (head).
decena *(daytháynah)* f. half a score, ten.
decencia *(daythaynthyah)* f. decency, modesty; honesty; tidiness, cleanliness.
decente *(daythéntay)* adj. decent, honest.
decepción *(daythayptyón)* f. deception, disappointment.
decepcionar *(daythaypthyohnáR)* tr. to disappoint, to let down.
decidir *(daytheedéeR)* tr. to decide, to determine, to resolve, to make up one's mind.
décima *(dáytheemah)* f. tenth (part).
decimal *(daytheemáhl)* adj. decimal.
décimo *(dáytheemoh)* adj. tenth.
decir *(daythéeR)* tr. to say; to tell; ~ **para si**, to say to oneself; ~ **por** ~, to speak for speaking sake; ~ **se dice**, it is said; **es** ~, that is to say; **como si dijéramos**, so to speak; **es un** ~, it's a mere saying.
decisión *(daytheesyón)* f. decision; resolution, determination.
decisivo *(daytheeséeboh)* adj. decisive, conclusive, final.
declamación *(dayklamahthyón)* f. declamation; recitation.
declamar *(dayklamáR)* intr. to declaim; to recite.
declaración *(dayklahrahthyón)* f. declaration, statement; (love) proposal.
declarar *(dayklahráR)* tr. to declare, to manifiest, to state; (legal) to find; v.i. to witness, to testify; v.r. (love) to profess, to propose.
declinación *(daykieenahthyón)* f. declination. *Gram.* declension.
declinar *(daykleenáR)* intr. to decline, to diminish; to decay, to fall.
declive *(daykléebay)* m. decline, declivity, slope, slant.
decoración *(daykohrahthyón)* f. decoration; *Theat.* scenery.
decorador *(daykohrahdóR)* m. decorator.
decorar *(daykohráR)* tr. to decorate; to adorn.
decoro *(daykóhroh)* m. honour; circumspection; honesty, decency.
decrecer *(daykraytháyR)* intr. to decrease, to diminish, to grow less, to grow shorter.
decrecimiento *(dayskraytheemyentoh)* m. decrease, diminution.
decrépito *(daykráypeetoh)* adj. decrepit, worn out with age; (building) ruinous.
decrepitud *(daykraypeetóod)* f. decrepitude, old age, dotage.
decretar *(daykraytáR)* tr. to decree.
dedal *(daydáhl)* m. thimble.
dedicación *(daydeekahthyóhn)* f. dedication; consecration.
dedicar *(daydeekáR)* tr. to dedicate; to consecrate, to devote.
dedicatoria *(daydeekahtóhryah)* f. dedication.
dedillo *(daydeelyoh)* adv. **al** ~, perfectly; **saber algo al** ~, to know something perfectly.
dedo *(dáydoh)* m. finger ~ **gordo** (pulgar), thumb; ~ **meñique**, little finger; ~ **anular**, ring finger; ~ **del corazón**, middle finger; ~ **índice**, index finger; ~ **señalar con el** ~, to point at; ~ **de pie**, toe.

D

D

deducción *(daydookthyón)* f. deduction.
deducir *(daydoothéeR)* r. to deduce, to infer; *Com.* to deduct, to rebate, to discount; *Maths.* to deduct, to substract.
defecar *(dayfaykáR)* v.i. to defacate; to move one's bowels; (vulg.) to shit.
defección *(dayfaykthyón)* f. defection, desertion, treachery.
defecto *(dayfáyktoh)* m. defect; fault, blemish.
defectuoso *(dayfaykooióhsoh)* adj. defective, faulty, imperfect.
defender *(dayfayndáyR)* tr. to defend, to protect, to guard; v.r. to defend onself.
defensa *(dayfáynsah)* f. defence, safeguard; *Law.* defending, lawyer; *Sport.* fullback; *Naut.* fender.
defensiva *(dayfaynséebah)* f. defensive; **estar a la** ~, to be on the defensive.
defensor *(dayfaynsóR)* m. defender, supporter; *Law.* counsel for the defense; adj. defending.
deferencia *(dayfayráynthyah)* f. deference, respect, consideration.
deferente *(dayfayráyntay)* adj. deferent(lal).
deferir *(dayfayréeR)* intr. to defer.
deficiencia *(dayfeethyénthyah)* f. deficiency, fault, flaw.
deficiente *(dayfethe:éntay)* adj. defective, faulty, deficient.
definición *(dayfeeneethyón)* f. definition.
definido *(dayfeenéedoh)* adj. definite; defined.
definir *(dayfeenéeR)* tr. to define; to decide, to make clear, to explain.
definitivo *(dayfeeneetéeboh)* adj. definite; conclusive; **en** ~, in conclusion.
deforestación *(dayfoRaystathyón)* f. deforestation.
deformación *(dayfoRmathyón)* f. deformation, deformity.
deformar *(dayfoRmáR)* tr. to deform, to distort, to disfigure.
deforme *(dayfóRmay)* adj. deformed, distorted.
deformidad *(dayfoRmeedáhd)* f. deformity; malformation.
defraudación *(dayfrowdahthyón)* m. fraud, cheating, deceit.
defraudar *(dayfrahoodáR)* tr. to defraud, to cheat; to disappoint (results, etc.).
defunción *(dayfoonthyón)* f. death; decease; demise.
degeneración *(dayHaynayrahthyón)* f. degeneration.
degenerar *(dayHynayrár)* intr. to degenerate, to decay.
degollación *(daygohlyyahthyón)* f. throat-cutting, beheading.
degollar *(daygohlyáR)* tr. to behead, to decapitate; to kill (animals), to butcher; (fig.) to ruin.
degradación *(daygrahdahthyón)* f. degradation; *Mil.* demotion.
degradar *(daygrahdáR)* tr. to degrade, to debase, to demote.
degüello *(daygooiáylyoh)* m. slaughtering, butchery, beheading.
degustación *(daygoosstahthyón)* f. tasting, sampling.
dehesa *(dayáysah)* f. pastureground.
deidad *(day/eedáhd)* f. deity.
deificación *(dayeefeekathyón)* f. deification.
deificar *(dayeefeekáR)* tr. to deify.
deísmo *(dayéesmoh)* m. deism.
deista *(dayéestah)* s. deist.
dejadez *(dayHahdáyth)* f. negligence, lasitude, apathy, neglect.
dejado *(dayHáhdoh)* adj. slovenly, idle, dejected; careless; ~ **de la mano de Dios**, God forsaken.
dejar *(dayHáR)* tr. to leave, to let; to quit, to give up; **¡déjame en paz!**, leave me alone!; **¡deja eso!**, leave alone!; ~ **aparte**, to leave aside; ~ **caer**, to drop; ~ **de...**, to stop (tger.).
dejo *(dáyHoh)* m. tang; tinge.

delación *(daylahthyón)* f. delation, accusation, informing.
delantal *(daylahntáhl)* m. apron.
delante *(dayáhntay)* adv. before, in front of; **ir** ~, to go in front/ahead.
delantera *(daylahntáyrah)* f. fore, front, lead.
delantero *(daylahntáyroh)* adj. fore(most) *Sport,* forward.
delatar *(daylahtá***R***)* tr. to denounce, to impeach, to betray, to accuse.
delator *(daylahtó***R***)* m. accuser, informer, denouncer; adj. accusing, denouncing.
delegación *(daylaygahthyón)* f. delegation.
delegado *(daylaygáhdoh)* m. delegate; deputy.
delegar *(daylaygá***R***)* tr. to delegate, to deputise, to substitute.
deleitación *(daylayeetahthyón)* f. delectation, delight, pleasure.
deleitar *(daylayeetá***R***)* tr. to delight, to please; r. to delight in, to enjoy.
deleitoso *(daylayeetóhsoh)* adj. delightful.
deletrear *(daylaytrayá***R***)* tr. to spell.
deletreo *(daylaytráyoh)* m. spelling.
delfín *(daylféen)* m. dolphin.
delgadez *(daylgahdáyth)* f. thinness, slenderness, slimness.
delgado *(daylgáhdoh)* adj. thin, skinny, lean, slim, slender.
deliberación *(dayleebayrahthyón)* f. deliberation, consideration, reflection.
deliberar *(dayleebayrá***R***)* intr. to deliberate, to consider, to reflect, to think over.
delicadeza *(dayleekahdáythah)* f. delicacy, gentleness, refinement, nicety.
delicado *(dayleekáhdoh)* adj. delicate, gentle, weak; frail, fragile.
delicia *(dayléethyah)* f. delight; comfort; pleasure.
delicioso *(dayleethyónhsoh)* adj. delightful, delicious.
delimitar *(dayleemeetáh***R***)* tr. to mark out.
delincuencia *(dayleenkwáknthyah)* f. delinquency; crime.
delincuente *(dayleennkwáyntay)* adj. delinquent, criminal.
delineación *(dayleenayahthyón)* f. delineation, sketch, drawing, draft.
delinear *(dayleenayá***R***)* tr. to delineate, to sketch, to draw, to draft, to design, to outline.
delinquir *(dayleenkée***R***)* intr. to transgress the law, to break the law, to commit a crime.
delirar *(dayleerá***R***)* intr. to be or become delirious; ~ **por**, to rave fort/to dote on.
delirio *(dayléeryoh)* m. delirium; raving.
delito *(dayléetoh)* m. fault, offense, crime.
demagogia *(daymahgóhgeeah)* f. demagogy.
demagogo *(daymahgóhgoh)* m. demagogue.
demanda *(daymáhndah) Com.* demand; *Legal.* request, law suit.
demandar *(daymahndá***R***)* tr. to demand, to sue, to ask, to request.
demarcación *(dayma***R***kahthyón)* f. demarcation, boundary, limits.
demás *(daymáhs)* adv. besides; pron. the others, the rest; **y** ~, and so on; **por lo** ~, as for the rest.
demasía *(daymahsée:ah)* f. excess; **en** ~, excessively; boldness, insolence.
demasiado *(daymahsyáhdoh)* adj. excessive; adv. too, too much; too many; more than enough.
demencia *(daymáynthyah)* f. madness; insanity.
demente *(daymáyntay)* adj. demented, insane, crazy; (fig.) out of one's mind; m. madman (woman), lunatic.
democracia *(daymohkráthyah)* f. democracy.
demócrata *(daymóhkratah)* s. democrat.
democrático *(daymohkráhteekoh)* adj. democratic(al).

D

demoler *(daymohláy***R***)* tr. to demolish, to knock down, to tear down.
demolición *(daymohleethyón)* f. demolition, destruction.
demonio *(deymohnyoh)* m. devil, demon; **¡qué ~!**, what the hell!
demora *(daymóhrah)* f. delay; demurrage; *(naut.)* bearing; **sin ~**, whithout delay.
demorar *(daymohrá***R***)* tr. to delay, to retard, to postpone, to put off; *Naut.* to bear.
demostración *(daymostrahthyón)* f. demostration, exhibition, show; *Pol.* manifestation.
demostrar *(daymostrá***R***)* tr. to demonstrate, to show; to manifest; to make evident.
denegar *(daynaygá***R***)* tr. to deny, to refuse.
denigración *(dayneegrahthyón)* f. denigration, slander, stigma.
denigrar *(dayneegrá***R***)* tr. to denigrate, to defame, to insult.
denominación *(daynohmeenahthyón)* f. denomination, name, title.
denominar *(daynohmeená***R***)* tr. to denominate; to name; to nominate.
denostar *(daynostá***R***)* tr. to revile, to abuse, to curse.
denotar *(daynohtá***R***)* tr. to denote, to signify, to mean.
densidad *(daynseedáhd)* f. density, denseness; *Phys.* specific gravity.
denso *(daynsóh)* adj. dense; thick.
dentado *(dayntáhdoh)* adj. dentated, toothed, indented; serrated; *Mech.* cogged.
dentadura *(dayntadóorah)* s. theeth.
dental *(dayntáhl)* m. adj. dental.
dentar *(dayntá***R***)* tr. to tooth; intr. to teeth, to cut teeth.
dentición *(daynteeahyón)* f. dentition, teething.
dentrífico *(dayntéefreekoh)* m. y adj. tooth paste; dentifrice.
dentista *(daynteestah)* m. dentist.
dentro *(dayntroh)* adv. within; inside; **de ~**, from inside; **por ~**, on the inside; **~ de poco**, shortly.
denuesto *(daynwaysstoh)* m. insult.
denuncia *(daynóonthyah)* f. denunciation, accusation; charge.
denunciar *(daynoonthyá***R***)* tr. to denounce, to make a charge to accuse.
deparar *(daypará***R***)* tr. to offer, to afford, to present.
departamento *(daypa***R***tahmayntoh)* m. department, apartment, section.
departir *(daypa***R***tée***R***)* intr. to converse, to speak, to talk, to chat.
dependencia *(daypayndaynthyah)* f. dependence, dependency; subordination; *Com.* branch.
depender *(daypayndáy***R***)* intr. to depend, to rely upon, to be dependent on.
dependiente *(daypayndyéntay)* m. assistant; adj. depending on, dependent on.
depilarse *(daypeeláh***R***seh)* r. **~ las cejas**, to pluck one's eyebrows; **~ las piernas (con cera)**, to wax one's legs; **(con maquinilla)**, to shave one's legs.
depilatorio *(daypeelahtóhryoh)* m. depilatory.
deplorable *(dayplohráhblay)* adj. deplorable, regrettable, lamentable.
deplorar *(dayplohrá***R***)* tr. to deplore, to regret, to lament.
deponer *(daypohnáy***R***)* tr. to depose; to declare; to lay down.
deportar *(daypo***R***tá***R***)* tr. to deport; to exile.
deporte *(daypó***R***tay)* m. sport.
deportista *(daypo***R***teesstah)* f. sportsman/woman.
deportivo *(daypo***R***téeboh)* adj. sporting.
deposición *(daypohseethyón)* f. *Law.* statement.
depositar *(daypohseetá***R***)* tr. to deposit. *Chem.* to settle, to deposit.

depositario *(daypohseetáhryoh)* m. depositary, trustee, receiver.
depósito *(daypóhseetoh)* m. deposit; *(Com.)* store, warehouse; *(Mech.)* chamber; *(Med.)* tumour; *(Mil.)* depot; ~ **de agua**, cistern, tank.
depravación *(dayprahbahthyón)* f. depravation, depravity.
depravar *(dayprahbáR)* tr. to deprave; to vitiate, to corrupt.
deprecación *(daypraykahthyón)* m. petition, prayer, supplication.
deprecar *(daypraykaR)* tr. to pray, to implore.
depreciación *(daypraythyathyón)* m. depreciation; devaluation.
depreciar *(daypraythyaR)* tr. to depreciate, to devalue.
depresión *(daypraysyón)* f. depression; recession.
deprimido *(daypreemeedoh)* adj. *(Med.)* depressed; (fig.) low-spirited; out of sorts.
deprisa *(dehpréesa)* adv. fast, quickly.
depuesto *(daypwaysstoh)* adj. deprived, deposed.
depuración *(daypoorahthyón)* f. purification; *Pol.* purge.
depurado *(daypoorahdoh)* adj. depurate, cleansed, purified.
depuradora *(dehpoorahdórah)* f. water-treatment plant.
depurar *(daypooráR)* tr. to depurate, to cleanse, to purify.
derecha *(dayráychah)* f. right; right hand; right side; **a la** ~, on the right, to the right; *Pol.* right; **doblar a la** ~, to turn right.
derecho *(dayráychoh)* adj. right, straight; just; m. right justice; pl. fees, dues; adv. straight on; **el** ~, the right side out; **al** ~, the right way; **no hay** ~, it is not right.
deriva *(dayréebah)* s. drift; **a la** ~, adrift.
derivación *(dayreebahthyón)* f. derivation.
derivar *(dayreebáR)* tr. to derive; to deduce; *(Naut.)* to drift.
derivarse *(dayreebáRsay)* r. to come from, to originate from, to be derived from.
dérmico *(dáyRmeekoh)* adj. dermic.
derogación *(dayrohgahthyón)* f. derogation, repeal, abolition, annulment.
derogar *(dayrohgáR)* tr. to derogate, to repeal, to abrogate.
derramamiento *(dayRahmahmyéntoh)* m. effusion, shedding, spilling, overflowing; ~ **de sangre**, bloodshed.
derramar *(dayRahmár)* tr. to shed to spill.
derramarse *(dayRahmáRsay)* r. to overflow.
derrame *(dayRáhmay)* m. overflow; *(Med.)* haemorrhage, discharge.
derrapar *(dehRapáR)* tr. to skid.
derredor *(dayRaydóR)* m. circuit; **en** ~, around.
derretir *(daRaytéeR)* tr. to melt, to smelt, to fuse.
derribar *(dayReebáR)* tr. to demolish, to pull down, to knock down.
derribo *(dayRéeboh)* m. demolition, knocking down, pulling down.
derrocar *(dayRohkáR)* tr. to overthow, to remove; to knock down.
derrochador *(dayRohchadóR)* m. spendthrift, squanderer, prodigal.
derrochar *(dayRohcháR)* tr. to dissipate, to waste, to squander.
derroche *(dayRóschay)* m. squandering, waste.
derrota *(dayRóhtah)* f. defeat. *(Naut.)* ship's course.
derrotar *(dayRóhtáR)* tr. to defeat, to rout. *(Naut.)* to deviate from course.
derrotero *(dayRotayroh)* m. ship's course; sea-chart.
derruir *(dayRo:eeR)* tr. to demolish, to raze, to destroy, to ruin.
derrumbamiento *(dayRoombahmyéntoh)* m. collapse; *Geol.* landslide; *(Min.)* Subsidence.
derrumbar *(dayRoombáR)* tr. to throw down, to knock down.

D

derrumbarse *(dayRoombáRsay)* r. to fall down, to colapse.
desabotonar *(daysahbohtohnáR)* tr. to unbutton, to unfasten the buttons.
desabrido *(daysahbréedoh)* adj. tasteless; insipid; peevish.
desabrigado *(daysahbreegáhdoh)* adj. uncovered; shelterless; *Geol.* exposed.
desagribar *(daysahbreegáR)* tr. to uncover, to bare.
desabrochar *(daysahbrohcháR)* tr. to unbutton, to undo, to fasten.
desacatar *(daysahkahtáR)* tr. to teat disrespectfully, to disobey.
desacato *(daysahkáhtoh)* s. disrespect; disregard.
desacertado *(daysahthayRtáhdoh)* adj. wrong, mistaken.
desacertar *(daysahthayRtáR)* tr. to make mistakes, to err.
desacierto *(daysahthyáyR toh)* m. mistake, error.
desacorde *(daysahkóRday)* adj. discordant; incongruous.
desacostumbrar *(daysahkostoombráR)* to lose the habit, to disuse.
desacreditar *(daysahkraydeetáR)* tr. to discredit, to bring discredition.
desacuerdo *(daysahkwayRdoh)* m. discordance; disagreement.
desafecto *(daysahfayktoh)* adj. disaffected; adverse; m. disaffection.
desafiar *(daysahfyáR)* tr. to challenge; to defy, to dare.
desafinar *(daysahfeenáR)* intr. *Mus.* to be ouf of tune; to sing out of tune.
desafío *(daysahfée:oh)* m. challenge; duel.
desafortunado *(daysahfortoonáhdoh)* adj. unfortunate; unlucky.
desagradable *(daysahgradáhblay)* adj. unpleasant; disagreeable.
desagradar *(daysahgradáR)* tr. to dislike, to displease.
desagradecido *(daysahgrahdaytheedoh)* adj. ungrateful.
desagrado *(daysahgráhdoh)* m. discontent, displeasure.
desagraviar *(daysahgrahbyáR)* tr. to make amends; (coll.) to make good.
desagravio *(daysahgráhbyoh)* m. redress, apology, vindication.
desaguadero *(daysahgoo:ahdáyroh)* m. drain, outlet; sink.
desaguar *(daysahgoo:áR)* tr. to drain; to draw off water.
desagüe *(daysáhgoo:ay)* m. drain(age), outlet.
desahogado *(daysah/ohgáhdoh)* adj. impudent; *(econ.)* ~; (space) roomy, plenty of room, well-off.
desahogar *(daysah/ohgáR)* tr. to relieve; to console.
desahogarse *(daysah/ohgáRsay)* r. to unbosom oneself, to tell one's troubles to somebody else.
desahogo *(daysah/ógoh)* m. ease; **con ~**, easily; vivir **con ~**, to live confortably.
desahuciado *(daysah/oothyáhdoh)* adj. (of patients) hopeless; evicted (of tenant).
desahuciar *(daysah/oothyáR)* tr. to despair; to evict; to eject, (a tenant).
desahucio *(daysah/oothyoh)* m. eviction (of tenant).
desairado *(daysah/eeráhdoh)* adj. slighted, rebuffed.
desairar *(daysah/eeráR)* tr. to slight, to rebuff, to snub.
desaire *(daysáh/eeray)* m. slight, rebuff, snub, discourtesy, insult.
desajustar *(daysahHoostáR)* tr. disarrange, to put out of balance.
desajuste *(daysahHóostay)* m. disarrangement, imbalance.
desalentar *(daysahlayntáR)* tr. to dicourage, to dishearten.
desalentarse *(daysahlayntáRsay)* r. to lose heart, to become discourage.
desaliento *(daysahlyéntoh)* m. dismay, discouragement.
desaliñar *(daysahlynyáR)* tr. to disarrange; to discompose.
desaliño *(daysahléenyoh)* s. shabbiness, untidiness.
desalmado *(daysahlmáhdoh)* adj. heartless; cruel, soulless.

desalojamiento *(daysahlohHahmyentoh)* m. dislodging.
desalojar *(daysahlohHár)* tr. to disloge; to vacate, to eject.
desalquilado *(daysalkeelahdoh)* adj. vacant, untenanted.
desamarrar *(dayssahmahRar)* tr. to untie, to unfasten; *(naut.)* to cast off.
desamortización *(daysahmoRteethathyón)* f. redemption (of property) from mortmain, disentail.
desamortizar *(daysahmoRteethaR)* tr. to free, to redeem, to disentail.
desamparo *(dayssahmpáhroh)* m. abandonment; defenselessness.
desamparar *(dayssampahrar)* tr. to abandon.
desamueblado *(daysahmoo:aybláhdoh)* adj. unfurnished.
desamueblar *(daysahmooaybláR)* tr. to unfurnish; to dismantle.
desanimar *(daysahneemáR)* tr. to discourage.
desanimarse *(daysahneemáRsay)* r. to lose heart, to faint.
desánimo *(daysáhneemoh)* m. discouragement, dejection.
desanudar *(daysahnoodáR)* tr. to untie, to undo a knot.
desapacible *(daysahpathéeblay)* adj. disagreeable, unpleasant.
desaparecer *(daysahpahrayháyR)* intr. to disappear, to vanish, to fade away.
desaparición *(daysahpahreehyón)* f. disappearance.
desapasionado *(daysahpahsyohnáhroh)* adj. dispassionate; indifferent.
desapego *(daysahpáygoh)* m. coolness, lack of affection, indifference.
desapercibido *(daysahpayRthybéedoh)* adj. unprepared, unnoticed; **coger ~**, to catch napping.
desaplicado *(daysahpleekáhdoh)* adj. neglectful, careless, lazy.
desaprobar *(daysahprobáR)* tr. to disaprove, to censure, to reject.
desaprovechar *(daysahprohbaycháR)* tr. to waste; to misuse.
desarmado *(daysaRmáhdoh)* adj. unarmed.
desarmar *(daysaRmáR)* tr. to disarm; to dismantle.
desarme *(daysáRmay)* m. disarmament, disarming.
desarraigar *(daysahRah/eegáR)* tr. to eradicate, to uproot, to extirpate; to banish, to expel; to become uprooted.
desarraigo *(daysahRáh/eegoh)* m. eradication, uprooting.
desarrapado *(daysahRahpáhdoh)* adj. ragged.
desarreglado *(daysahRaygláhdoh)* adj. untidy, disarranged; disorganized.
desarreglar *(daysahRaygláR)* tr. to disorder, to disarrange, to mess up.
desarrollar *(daysahRohlyáR)* tr. to develop, to expand.
desarrugar *(daysahRoogáR)* tr. to remove creases, to press, to flatten, to smooth out.
desaseado *(daysahsayáhdoh)* adj. dirty; untidy.
desasear *(daysahsayáR)* intr. to make dirty; to discompose.
desaseo *(daysahsáyoh)* m. dirtiness, uncleanliness, scruffiness; disorder.
desasir *(daysahséeR)* tr. to loosent, to let go.
desasosegar *(dayssahsohssaygar)* v.t. to disturb, to make uneasy.
desasosiego *(daysahsohsyáygoh)* m. unease; anxiety.
desastre *(daysáhstray)* m. disaster, misfortune, disgrace, catastrophe; ~ **natural**, natural disaster.
desastroso *(daysahstrohsoh)* adj. disastrous, terrible.
desatado *(dayssahtahdoh)* adj. untied, unfastened, undone.
desatar *(daysahtáR)* tr. to untie, to unfasten, to undo (a knot): out to break out (a storm).

D

D

desatención *(daysahtaynthyón)* f. inattention; discourtesy.
desatender *(daysahtayndáy***R***)* tr. to disregard; to pay no attention.
desatento *(daysahtáyntoh)* adj. inattentive (of attention); careless; impolite.
desatinar *(daysahteená***R***)* tr. e intr. to confuse, to talk nonsense.
desatino *(daysahtéenoh)* m. madness, nonsense, blunder.
desavenencia *(daysahbaynáynthyah)* f. disagreement; friction.
desavenido *(daysahbaynéedoh)* adj. discordant.
desayunar *(daysahyooná***R***)* intr. to have breakfast.
desazón *(daysahthón)* f. disgust, annoyance, unease.
desbandada *(dayssbahndáhdah)* f. *Mil.* disbandment; **a la** ~, in disorder, helter skelter.
desbandarse *(dayssbahndá***R***say)* r. to disband; to scatter.
desbarajuste *(dayssbahrah***H***óostay)* m. disorder, confusion.
desbaratado *(dayssbahrahtáhdoh)* adj. (coll.) debauched; ruined.
desbaratar *(dayssbahrahtá***R***)* tr. to spoil, to ruin, to break up.
desbarrar *(dayssbah***R***á***R***)* intr. to unbar; (fig.) to talk foolishly.
desbastar *(dayssbahstá***R***)* tr. to smooth, to polish; (fig.) to educate.
desbocado *(dayssbohkáhdoh)* adj. runaway (horse); foul-mouthed (of speech).
desbordamiento *(dayssbo***R***dahmyéntoh)* f. flooding, overflowing.
desbordar *(dayssbo***R***dá***R***)* tr. to overflow.
desbordarse *(dayssbo***R***dá***R***say)* r. to flood.
descabellado *(daysskahbaylyáhdoh)* adj. disorderly; absurd; outlandish.
descabellar *(daysskahbaylyá***R***)* tr. to dishevel; (bull-fighting) to kill, to finish off.
descalabrar *(daysskahlahbrá***R***)* tr. to wound, to injure, the head.
descalzar *(daysskahlthá***R***)* tr. to pull/take off shoes.
descalzo *(daysskáhlthoh)* adj. barefoot.
descamisado *(daysskahmeesáhdoh)* adj. shirtless; (coll.) ragamuffing.
descampado *(daysskahmpáhdoh)* adj. open; clear; free.
descansado *(daysskahnsáhdoh)* adj. rested.
descansar *(daysskahnsá***R***)* intr. to rest.
descanso *(daysskáhnsoh)* m. rest; break. *(sport)* halftime. *(Theat.)* interval; (stairs) landing.
descarado *(daysskahráhdoh)* adj. brazen, impudent; cheeky.
descararse *(daysskahrá***R***say)* r. to be brazen or saucy.
descarga *(daysská***R***gah)* f. unloading (goods); discharge (liquids, elect., etc.); *(com.)* clearance of a ship.
descargar *(daysská***R***gá***R***)* tr. to unload (goods); to discharge (liquids, elect., etc.).
descargo *(daysská***R***goh)* unloading; exoneration; **en su** ~, to free him from blame.
descargue *(daysská***R***gay)* m. unloading.
descarnado *(daysská***R***náhdoh)* adj. fleshless, scraggy, bare, brutal.
descarnar *(daysska***R***ná***R***)* tr. to clear from flesh; (fig.) to examine minutely; v.r. to emaciate.
descaro *(daysskároh)* m. impudence, cheek.
descarriar *(daysskah***R***yá***R***)* tr. to lead astray; to misguide.
descarrío *(daysskah***R***ée:oh)* m. desviation, going astray.
descartar *(daysskah***R***tá***R***)* tr. to reject, to discard, to put aside, to lay aside.
descendencia *(dayssthayndáynthyah)* f. descent; offspring.
descender *(dayssthayndáy***R***)* intr. to descend, to go down, to come down, to climb down.
descendiente *(dayssthayndyéntay)*

adj. descending; m. descendant.
descendimiento *(dayssthaydee-myéntoh)* descent, lowering.
descenso *(dayssthaynsoh)* m. descent, slope, drop.
descentralizar *(daysthayntraleet-haR)* tr. to descentralise.
desceñir *(daysstaynyéeR)* tr. to unbelt; to loosen.
descifrar *(daysstheefráR)* tr. to decipher, to figure out.
desclavar *(daysskIahbáR)* tr. to unnail.
descocado *(daysskohkáhdoh)* adj. (coll.) impudent, unabashed, daring, cheeky.
descolgar *(daysskohlgáR)* tr. to unhang; to take down.
descolgarse *(daysskohlgáRsay)* r. (coll.) to let oneself down, to come down, gently.
descolorar *(daysskohlohráR)* tr. to discolour (UK), discolor (US); to fade, to bleach.
descolorido *(daysskohlohréedoh)* adj. discoloured, faded; colourless.
descollar *(daysskohlyáR)* intr. to excel, to stand out, to surpass, to outdo.
descomponer *(daysskompohnáyR)* tr. (fig.) to disarrange; *(chem.)* to decompose, to rot.
descomposición *(daysskompoh-seethyón)* f. *(chem.)* decomposition; disorder, confusion; corruption.
descompostura *(daysskompostóo-rah)* f. disorder; immodesty, impudence; untidiness, rudeness.
descompuesto *(daysskompwayss-toh)* adj. *(mech.)* out of order; (emotion) out of temper; impudent, insolent.
descomunal *(daysskomoonáhl)* adj. uncommon; colossal, huge, enormous.
desconcertado *(daysskonthayR-táhdoh)* adj. confused, baffle.
desconcertar *(daysskonthayRtáR)* tr. to disorder, to confuse, to baffle, to bewilder.
desconcierto *(daysskonthy:áyRtoh)* m. confusion, bewilderment.
desconectar *(daysskohnayktáR)* tr. to disconect.
desconfiado *(daysskohnfyahdoh)* adj. wary, distrustful, suspicious.
desconfianza *(daysskohnfyáhn-thah)* f. distrust, mistrust, suspicion.
desconfiar *(daysskhnfyaR)* intr. to mistrust, to suspect, to doubt.
desconforme *(daysskohnfórmay)* adj. discordant, disagreeging.
disconformidad *(deesskohmfor-meedáhd)* f. disagreement.
desconocer *(daysskohnohtháyR)* tr. to disown; to ignore.
desconocido *(daysskohnohthée-doh)* adj. unknown; nameless; m. stranger.
desconocimiento *(dayskonothee-myentoh)* m. ignorance.
desconsolado *(daysskohnsohláh-doh)* adj. disconsolate, comfortless, sorrowful.
desconsolar *(daysskohnsohláR)* tr. to afflict, to distress.
desconsuelo *(daysskohnswayloh)* m. affliction, grief.
descontar *(daysskontáR)* tr. to deduct, to rebate; (coll.) to knock off, to discount.
descontentar *(daysskontayntáR)* tr. to displease, to dissatisfy.
descontento *(daysskontayntoh)* m. discontent, dissatisfaction; adj. displeased, dissatisfied.
descontinuar *(dayskonteenwahR)* tr. to discontinue, to suspend, to leave off.
descontinuo *(daysskontéenoo:oh)* adj. discontinuous.
descorazonar *(dayskohrahthonáR)* tr. e intr. to discourage, to dishearten.
descorchar *(daysskoRchaR)* tr. to uncork.
descorrer *(daysskohRáyR)* intr. to draw (a curtain), to open.
descortés *(daysskoRtayss)* adj. impolite; uncivil; coarse.

D

D

descortesía *(daysskoRtaysée:ah)* f. discourtesy; impoliteness.
descoser *(daysskohsáyR)* tr. to unpick, to unstitch.
descosido *(daysskohséedoh)* adj. unstitched, unseamed.
descoyuntado *(dayskohyoonthá-doh)* adj. disjointed, dislocated.
descoyuntar *(dayskohyoontáR)* tr. to disjoint (bones.) to dislocate; ~ **de risa**, to split one's sides with laughter.
descrédito *(daysskráydeetoh)* m. discredit, disrepute.
descreer *(dayskray/áyR)* tr. to disbelieve.
describir *(daysskreebéeR)* tr. to describe.
descripción *(daysskreepthyón)* f. description, account; sketch.
descriptivo *(daysskreeptéeboh)* adj. descriptive.
descuartizar *(daysskoo:áRteetháR)* tr. to quarter; to cut up; to carve, to disjoint, to chop off.
descubierto *(daysskoobyéRtoh)* adj. discovered; (dress.) bare-headed.
descubrimiento *(daysskoobree-myéntoh)* m. discovery.
descubrir *(daysskoobréeR)* tr. to discover, to find out.
descuento *(daysskwáyntoh)* f. discount, deduction; (tax.) re-bate.
descuidado *(daysskweedáhdoh)* adj. careless; negligent, neglect-ful, unkempt, thoughtless.
descuidar *(daysskweedáR)* tr., intr. to neglect, to disregard.
descuidarse *(dayssweedáRsay)* r. to forget, to overlook.
descuido *(daysskoo:éedoh)* m. carelessness, omission, over-sight, unkempt, neglected.
desde *(dáyssday)* prep, from, since; ~ **entonces**, since then; ~ **luego**, of course; ~**aquí has-ta...**, from here till.
desdecir *(dayssdaythéeR)* intr. to fall from its kind.
desdecirse *(dayssdaythéeRsay)* tr. to take back.
desdén *(dayssdáyn)* m. disdain, slight, scorn, contemplt; **con** ~, contemptuously.
desdentado *(daysdayntáhdoh)* adj. toothless.
desdeñar *(dayssdaynyáR)* tr. to disdain, to scorn.
desdicha *(dayssdéechah)* f. mis-fortune, ill-luck; misery.
desdichado *(dayssdeecháhdoh)* adj. unfortunate, unlucky; m. wretch.
desdoblar *(dayssdohbláR)* tr. to unfold.
desear *(daysayár)* tr. to desire, to want; to wish, to long for.
desecar *(daysaykáR)* tr. to dry; (land) to drain.
desechar *(daysaycháR)* tr. to throw away; to rule out; to reject.
desecho *(daysáychoh)* m. re-mains, residue; (of animals), pl. left-overs; **papel de** ~, waste paper.
desembalaje *(dayssaymbahláhHay)* s.m. umpacking, bale opening.
desembalar *(dayssaymbahláR)* tr. to umpack; to open up (bales).
desembarazar *(daysaymbahrah-tháR)* tr. to empty; to disengage; v.r. ~ **de**, to get rid of.
desembarazo *(daysaymbahráhthoh)* s. ease, abandon.
desembarcadero *(daysaymbaRkah-dáyroh)* m. landing place, pier.
desembarcar *(daysaymbaRkáR)* tr. e intr. to land, to disembark to go on shore; *Naut.* to sign off; to unload (goods).
desembarco *(daysaymbáRkoh)* m. landing; disembarkation.
desembarque *(daysaymbáRkay)* m. landing; disembarkation.
desembocadura *(daysaymbohkah-dóorah)* f. mouth (of a river), out-let.

desembocar *(daysaymbohkáR)* intr. to flow into (of rivers); to lead to (of streets).
desembolsar *(daysaymbólsáR)* tr. to disburse, to pay out; to take out from a purse or bag.
desembolso *(daysaymbólsoh)* m. disbursement, expenditure, payment.
desembragar *(daysaymbrahgáR)* *Mech.* to release the clutch.
desempeñar *(daysaympaynyáR)* tr. to redeem (something pawned); to perform a duty, to carry out (a task).
desempeño *(daysaympáynyoh)* m. redemption of a pledge; performance, fulfillment (US).
desencadenar *(daysaynkahdaynáR)* tr. to unchain; (fig.) to break any ties; (of storms) to break out.
desencadenarse *(daysaykahdaynáRsay)* r. to break loose.
desencajado *(dayssaynkahHahdoh)* adj. (face) twisted, contorted; (eyes) wild.
desencajar *(dayssaynkahHahR)* tr. to dismantle; *Med.* to dislocate; to distort.
desencallar *(daysaynkahlyáR)* tr. *Naut.* to set afloat.
desencaminar *(daysaynkahmeenáR)* tr. to mislead; to lead astray, to misguide.
desencantar *(daysaynkahntáR)* tr. to disenchant, to disillusion.
desencanto *(daysaykáhnsoh)* m. disappointment, disillusion.
desenfadar *(daysaynfahdáR)* tr. to appease; v.r. to calm down.
desenfado *(daysaynfáhdoh)* m. naturalness, openness; easy-going; casual.
desenfrenado *(daysayfraynáhdoh)* adj. frantic.
desenfrenar *(daysaynfraynáR)* tr. to umbridle; to fly into a rage; to lose self-control.
desenfreno *(daysaynfráynoh)* m. licentiousness, wantonness.
desenfundar *(daysaynfoodáR)* tr. to draw (arms); to take out of (cover etc.).
desenganchar *(daysayngahncháR)* tr. to unhook; to uncouple.
desengañar *(daysayngahnyaR)* tr. to deceive, to be frank withs; to tell the truth.
desengaño *(daysayngáhnyoh)* m. disillusion.
desengrasar *(daysayngrahsáR)* tr. to clean (from grease), to scour.
desenlace *(daysaynláhthay)* m. *(theat.)* catastrophe; unravelling (of a plot); end, conclusion, outcome.
desenredar *(daysenRaydáR)* tr. to disentangle; to put in order.
desenrollar *(daysaynRohlyáR)* tr. to unroll, to unwind.
desenroscar *(daysaynRoskáR)* tr. to unscrew.
desentenderse *(daysayntayndáyRsay)* r. to shirk off; to want nothing to do with; to ignore; to pretend to not know about.
desentonar *(daysayntohnáR)* tr. to humble; intr. *Mus.* to sing out of tune; to be out of place.
desenvoltura *(daysaynboltóorah)* f. assurance, grace, case; (speech) fluency.
desenvolver *(daysaynbolbáyR)* tr. to unfold, to unwrap, to unroll; (fig.) to unravel; v.r. to manage.
desenvuelto *(daysaynbwayltoh)* adj. forward; free and easy.
deseo *(daysáyoh)* m. wish, desire, longing; **hacer ~ de**, to fancy.
deseoso *(daysayóhsoh)* adj. desirous, eager.
desequilibrado *(dayssaykeeleebrahdoh)* adj. umbalanced, unstable.
deserción *(daysayRthyón)* f. desertion, defection.
desertar *(daysayRtár)* tr. to desert.
desertor *(daysayRtór)* m. deserter; forsaker.
desesperación *(daysaysspayrahthyón)* f. despair, desperation.

D

desesperado *(daysaysspayráh-doh)* adj. desesperate, hopeless; m. desperate.
desesperar *(daysaysspayráR)* intr. to despair, to lose hope.
desesperarse *(daysaysspayráR)* r. to despair.
desestimar *(daysaysspayráR)* tr. to disregard; to reject.
desfachatez *(dayssfaschahtayth)* f. impudence, effrontery, cheeck.
desfalcar *(dayssfalkáR)* tr. to embezzle.
desfalco *(dayssfálkoh)* s. embezz-lement.
desfallecer *(dayssfahlyaythá́yR)* tr. to faint, to swoon; v.r. to faint, to pine.
desfallecimiento *(dayssfahlyaythee-myéntoh)* m. swoon, faint.
desfavorable *(dayssfahbohráhblay)* adj. unfavourable.
desfigurar *(dayssfeegooráR)* tr. to desfigure, to alter.
desfiladero *(dayssfeelahdáyroh)* m. defile, narrow pass.
desfilar *(dayssfeeláR)* intr. to march off by files, to parade.
desgajar *(dayssgahHáR)* tr. to tear off, to break off.
desgana *(dayssgáhnah)* f. lack of appetite; apathy, despondency.
desgarbado *(dayssgarbáhdoh)* adj. ungainly, ungraceful.
desgarrar *(dayssgahRáR)* tr. to rend, to tear.
desgarro *(dayssgáhRoh)* m. laceration (in the flesh); rip, (cloth), tear; brag.
desgastar *(dayssgahstáR)* tr. to wear away, to consume.
desgaste *(dayssgáhstay)* m. woste; *(mech.)* wear and tear.
desgracia *(dayssgráhthyáh)* f. misfortune; **por** ~, unfortunately; **caer en** ~, to be out of favour.
desgraciado *(dayssgrahthyáhdoh)* adj. unfortunate, wretched; m. wretch, unfortunate.
desgraciar *(dayssgrahthyáR)* tr. to ruin, to spoil.
desgranar *(daysgrahnaR)* tr. to shell, to threst.
desguace *(daysgwahthay)* m. breaking up (ship); scrap metal yard (US).
desguarnecer *(dayssgoo:aRnay-thayR)* tr. to dismantle, to unharness.
desguazar *(daysgwahthaR)* tr. to break up (a ship); to take to pices; to scrap(UK).
deshabitado *(daysahbeehtáhdoh)* adj. unihabitated.
deshabitar *(daysahbeehtáR)* tr. to empty; to abandon.
deshacer *(daysahtháyR)* tr. to undo, to destroy, to untie, to disolve; **~se de**, to get rid of.
deshecho *(daysáychoh)* adj. undone; detroyed.
deshelar *(daysayláR)* tr. to thaw, to defrost.
desheredar *(daysayraydáR)* tr. to disinherit.
deshilar *(dayseelaR)* tr. to ravel; to reduce; to draw threads.
deshilvanado *(dayseelbahnadoh)* adj. disconnected, wihthout sequence.
deshielo *(daysy:áyloh)* m. thaw.
deshinchar *(dayseenchár)* tr. to deflate.
deshojar *(dayssohHaR)* tr. to strip of leaves.
deshollinador *(dayssohlyeenahdoR)* m. chimneysweep.
deshollinar *(daysohlyeenáR)* tr. to sweep (chimneys).
deshonestidad *(daysohnaysstee-dáhd)* f. dishonesty; lewdness, inmodesty.
deshonesto *(daysohnaysstoh)* adj. dishonest; unchaste, lewd, indecent.
deshonor *(daysohnóR)* m. dishonour (UK); dishonor (US).
deshonra *(daysónRah)* f. dishonour, discredit, disgrace; rape, violation.
deshonrar *(daysonRáR)* tr. to affront, to defame, to dishonour; to deflower.
deshonroso *(daysonRóhsoh)* adj. dishonourable.

deshora *(daysóhrah)* f. inconvenient time; at the wrong time; **a ~**, unseasonably, too late.
desidia *(dayséedyah)* f. laziness, idleness.
desierto *(dayssyé**R**toh)* adj. deserted, solitary; m. desert, waste land.
designación *(dayseegnathyón)* f. designation.
designar *(dayssygnár)* tr. to appoint, to name, to designate, to select.
designio *(dayséegnyoh)* m. intent (ion), purpose.
desigual *(dayseegoo:áhl)* adj. unequal; uneven.
desigualdad *(dayseegoo:ahldáhd)* f. inequality; uneveness, odds, difference.
desilusión *(daysseeloossyón)* f. disappoinment, disilusionment.
desilusionar *(daysseeloossyoná**R**)* tr. to disappoin, to disenchant; v.r. to be disappointed, to disillusion.
desinfección *(daysseenfaykthyón)* f. disinfection.
desinfectante *(daysseenfayktántay)* m. disinfectant; adj. antiseptic.
desinfectar *(daysseenfaykt á**R**)* tr. to sterelize, to disinfect.
desinterés *(dayseentayráyss)* m. desinterest, indiference.
desinteresado *(dayseentayraysáhdoh)* adj. disinterested, unselfish, indiferent, uninterested, impartial.
desistir *(dayseesstée**R**)* intr. to desist; to cease, to give up.
desleal *(daysslayáh)* adj. disloyal.
deslealtad *(daysslayahltáhd)* f. disloyalty.
desleír *(daysslayeé**R**)* tr. to dilute, to thin out, to disolve.
deslenguado *(dayss layngoo:áhdoh)* adj. foulmouthed, impudent.
desliz *(daysséeth)* m. slip, false step.
deslizar *(dayssleethá**R**)* intr. to slip, to slide.
deslizarse *(dayssleethá**R**say)* r. to slip away; to slide.
deslucido *(daysslo othéedoh)* adj. dull, lackluster (US).
deslucir *(daysslloothée**R**)* tr. to tarnish, to make dull, to ruin.
deslumbramiento *(daysloombrahmyéntoh)* m. glare, dazzle.
deslumbrar *(dayssloombrá**R**)* tr. to dazzle; (fig.) to daze, to fascinate.
deslustrar *(daysslo osstrá**R**)* tr. to tarnish.
deslustre *(daysslóosstray)* m. tarnish, stain.
desmán *(dayssmánh)* m. misbehaviour, excess, misdemeanour.
desmandarse *(dayssmanhdá**R**say)* r. to go to excess, to transgress.
desmantelar *(dayssmantaylá**R**)* tr. to dismantle; to abandon. *Naut.* to unmast, to unrig.
desmayado *(dayssmayádoh)* adj. dismayed, fainted, exhausted.
desmayar *(dayssmanyá**R**)* tr. to dishearted; intr. to lose heart; r. to faint.
desmayo *(dayssmáhyoh)* m. faint (ing), swoon.
desmedido *(dayssmaydéedoh)* adj. excessive.
desmejorar *(dayssmay**H**ohrá**R**)* tr. to make worse; v.r. to get worse, to decline, to deteriorate.
desmembrar *(dayssmaymbrá**R**)* tr. to dismember; (surg.) to amputate; v.r. to fall to pieces.
desmemoriado *(dayssmaymohryáhdoh)* adj. forgetful, oblivious.
desmentir *(dayssmayntée**R**)* tr. to deny, to contradict.
desmenuzar *(dayssmaynoothá**R**)* tr. to crumble, to mince; (fig.) to sift, to examine closely; v.r. to crumble, to fall to pieces.
desmerecer *(dayssmayraytháy**R**)* tr. to demerit, to become unworthy of; intr. to lose merit.
desmerecimiento *(dayssmayraytheemy:éntoh)* m. demerit, unworthiness.

D

desmesurado *(dayssmaysooráh-doh)* adj. excessive, enormous (coll.) whacking.
desmontar *(dayssmontá***R***)* tr. *Mech.* to take apart, to take to pieces, to dismantle; to dismount (horses); intr. to dismount.
desmoralizar *(dayssmohrahleethá***R***)* tr. to demoralize.
desmoronar *(dayssmohrohná***R***)* tr. to wear away.
desmoronarse *(dayssmohrohna***R***-say)* r. to moulder, to crumble down, to fall down.
desnatar *(dayssnahtá***R***)* tr. to skim milk.
desnaturalización *(daysnahtoorah-leethahthyón)* f. expatriation; denationalization.
desnaturalizar *(daysnahtoorah-leetha***R***)* tr. to denaturalise, to denationalise; to expatriate, to exile.
desnivel *(dayssneebayl)* m. (in surf.) unevenness; (inclin.) slope, gradient.
desnivelar *(dayssneebaylá***R***)* tr. to make uneven; v.r. to become uneven.
desnudar *(dayssnoodá***R***)* tr. to strip, to undress.
desnudarse *(dayssnodá***R***say)* r. to undress, to strip.
desnudez *(dayssnoodayth)* f. nudity, nakedness, bareness.
desnudo *(dayssnóodoh)* adj. naked; bare; m. nude (art.).
desnutrición *(dayssnootretheeon)* f. malnutrition.
desobedecer *(daysohbaydaythay***R***)* tr. to disobey.
desobediencia *(daysohbaydy:én-thyah)* f. disobedience.
desocupado *(daysohkoopáhdoh)* adj. (places) free, empty, disengaged, vacant.
desocupar *(daysohkoopá***R***)* tr. to empty; to vacate; intr. to quit.
desodorante *(dayssohdohrantay)* m. deodorant.
desoir *(dayssoee***R***)* tr. to disregard, not to hear.
desolación *(daysohlahthyón)* f. desolation, distress; (fig.) affliction.
desolado *(daysohláhdoh)* adj. desolate; devastated, distressed.
desollar *(daysohlyá***R***)* tr. to skin, to fleece.
desorden *(daysó***R***dayn)* m. confusion, disorder, mess; *Pol.* disturbance.
desordenado *(dayso***R***daynáhdoh)* adj. untidy, disordered, wild.
desordenar *(dayssordayna***R***)* tr. to disarange, to put in disorder, to make a mess; *Pol.* to disturb.
desorganización *(dayso***R***gahnee-thahthyón)* f. disorganization.
desorganizar *(dayso***R***gahneethá***R***)* tr. to disorganize; to break up (meetings, etc.); *Chem.* to decompose. *Mil.* to disband.
desorientar *(daysohryentár)* tr. to disorientate, to mislead.
desovar *(daysohbá***R***)* intr. to spawn.
despabilar *(daysspahbeehlá***R***)* tr. to enliven, to sharpen the wits; (coll.) to wake up.
despacio *(dayspahthyoh)* adv. slowly, gently, leisurely; little by little; interj. slowly! carefully!
despachar *(daysspahchá***R***)* tr. to despatch; to send; to ship; (shopping) to attend customers. *Naut.* ~ **un barco**, to clear a vessel; (fig.) to kill.
despacho *(daysspáhchoh)* m. dispatch, shipping; office; official letter; ~ **de entradas**, booking office.
desparpajo *(dayssparpáh***H***oh)* m. self-confidence; cheek.
desparramado *(daysspah***R***ahmáh-doh)* adj. spread, scattered.
desparramar *(daysspah***R***ahmá***R***)* tr. to scatter, to spread, to spill.

despavorido *(daysspahbohréedoh)* adj. terrified, aghast.
despechar *(daysspaycháR)* tr. to anger.
despecho *(daysspáychoh)* m. rancour (UK); rancor (US), spite; **a ~ de**, despite, in spite of.
despectivo *(daysspayktéeboh)* adj. contemptuous, scornful, spiteful.
despedazar *(daysspaydahthaR)* tr. to tear/or cut into pieces; v.r. to break/fall into pieces; **~ de risa**, to burst out laughing.
despedida *(daysspaydéedah)* f. leave taking, farewell, parting; (coll.) seeing-off; dismissal.
despedir *(daysspaydéeR)* tr. (fig.) dismiss (of jobs, etc.) to emit; v.r. to say good-bye, to see someone off.
despegado *(daysspaygáhdoh)* adj. unstuck, loose; (coll.) rough.
despegar *(daysspaygaR)* tr. to detach, to separate, to unstick. *(aer.)* to take off.
despego *(daysspáygoh)* m. indifference, coldness.
despeinar *(daysspay/eenaR)* tr. to ruffle; **me despeiné**, I ruffled my hair.
despejado *(daysspayHáhdoh)* adj. vivacious, quick, smart; (of sky) clear, cloudless.
despejar *(daysspayHár)* tr. to clear away obstructions; (weather) to brighten up, to clear up.
despejo *(daysspayHóh)* m. vivacity; sprightliness; clearance.
despensa *(daysapáynsah)* f. pantry; larder.
despeñadero *(daysspayntahdáyroh)* m. precipice, crag.
despeñar *(daysspaynyáR)* tr. to precipitate; to throw down a precipice.
desperdiciar *(daysspayRdeethyáR)* tr. to squander, to waste, to misspend; **~ una ocasión**, to miss/or let slip a chance.
desperdicio *(daysspayRdéethyoh)* m. waste, remains, refuse.
desperdigado *(daysspayRdegáhdoh)* adj. scattered, separated.
desperdigar *(daysspayRdeegaR)* tr. to scatter, to disperse.
desesperezarse *(daysspayraytháRsay)* r. to stretch oneself.
desperfecto *(daysspayRfayktoh)* m. damage.
despertador *(daysspayRtahdóR)* m. alarm-clock.
despertar *(daysspayRtáR)* tr. to wake up; to awaken.
despertarse *(daysspayRtáRsay)* r. to wake up.
despiadado *(dysspyahdáhdoh)* adj. merciless, pitiless, cruel.
despido *(daysspéedoh)* m. dismissal; (coll.) the sack; **ser despedido**, to get the sack.
despierto *(dayspyetoh)* adj. awake, lively, smart.
despilfarrador *(daysspylfahRahdóR)* m. squanderer, waster.
despilfarrar *(daysspylfahRáR)* tr. to waste, to squander.
despilfarro *(daysspylfáhRoh)* m. waste, squandering.
despistado *(daypeestahdoh)* adj. y m. absent-minded, dreamy, moony; **está ~**, he/she is dreaming.
despistar *(daysspeesstáR)* tr. to side-track, to put off, to mislead.
despiste *(dayspeesstay)* m. blunder, howler.
desplante *(dayssplàhntay)* m. effrontery.
desplazamiento *(dehsplahthahmyéntoh)* m. displacement.
desplazar *(dayssplahthaR)* tr. *Naut.* to displace; (fig.) to drive out (of place or post), to move.
desplegar *(dayssplaygáR)* tr. to unfold; to display, to show. *(mil.)* to deploy.
desplomarse *(dayssplohmáRsay)* r. to collapse.
despoblado *(daysspohbláhdoh)* m. deserted place; adj. depopulated.
despoblar *(daysspohbláR)* tr. to depopulate.
despojar *(daysspohHaR)* tr. to to stip; to deprive; r. to remove.
despojo *(daysspóhHoh)* m. spoils; pl. offal; leftovers.

D

despolvar *(daysspolbá***R***)* tr. to dust, to remove dust.
desposado *(daysspohssáhdoh)* adj. newly wed.
desposar *(dayspohssá***R***)* tr. to marry; v.r. to get married to.

D

desposeer *(dayspohssay/áy***R***)* tr. to dispossess, to oust.
déspota *(dáysspohtah)* s. despot, tyrant.
despótico *(daysspótheekoh)* adj. despotic.
despotismo *(daysspohtéessmoh)* m. despotism.
despotricar *(daysspohtreeká***R***)* intr. to rant and rave about.
despreciable *(dayssprayth y:áhblay)* adj. contemptible, despicable; mean.
despreciar *(daysspraythyá***R***)* tr. to despise, to scorn, to treat contemptuosly.
desprecio *(dayssprấythyoh)* m. disregard, scorn, contempt.
desprender *(dayssprayndáy***R***)* tr. to get release; to give off; v. r. to untie oneself; to come undone.
desprendimiento *(dayssprayndee-my:éntoh)* m. separation; land-slide.
despreocupado *(daysspray ohkoo-páhdoh)* adj. careless; unconcerned, easy-going.
despreocuparse *(dayssprayohkoo-pá***R***say)* r. to put aside worries; ~ **de**, to pay no attention to, to ignore.
desprestigiar *(dayssprayssteeHy:á***R***)* tr. to bring into dispute; v.r. to lose prestige/reputation, to discredit.
desprestigio *(dayssprayss téeHyoh)* m. loss of prestige/ reputation.
desprevenido *(dayssprayb aynée-doh)* adj. unawares, unprepared.
desproporción *(daysspr ohpo***R***-thy:ón)* f. disproportion.
desproporcionado *(daysspr oh-po***R***thyohnáhdoh)* adj. out of proportion, disproportionate.
desprovisto *(daysspr ohbysstoh)* adj. lacking.
después *(daysspwáyss)* adv. after (wards), then, later; ~ **de**, prep, after.
despuntar *(daysspoontá***R***)* tr. intr. to bud, to sprout; to blunt, to take the point to excel, to stand out.
desquiciamiento *(dayss keethyah-myéntoh)* m. unhinging.
desquiciar *(dayss keethyá***R***)* tr. to unhinge; to disorder.
desquitarse *(dayss keetá***R***say)* r. to take revenge, to get even, to retaliate, to have one's own back.
desquite *(daysskéetay)* m. recovery of a loss, revenge.
destacamento *(daysstahkahmáyn-toh)* m. *(mil.)* detachment, military post, takforce.
destacar *(daysstahká***R***)* tr. to stand out; to excel; **lo que** ~, what stands out.
destajo *(daysstáh***H***oh)* m. piece-work; **hablar a** ~, to tall too much.
destapar *(daysstahpá***R***)* tr. to uncover.
destartalado *(daysstа***R***tahláhdoh)* adj. ramshackle, tumble-down.
destello *(daysstáylyoh)* m. flash, sparkle, twinkle; glimmer, hint.
destemplado *(daysstaympláhdoh)* adj. hars; unpleasant, bad-tempered.
destemplanza *(daysstaympláhn-tha)* f. excess; distemper.
destemplar *(daysstaymplá***R***)* tr. to be out of tune; to disturb.
desteñir *(daysstaynyée***R***)* tr. to discolor, to run (colors); to fade.
desterrado *(daysstay***R***áhdoh)* adj. banished, exiled.
desterrar *(daysstay***R***á***R***)* tr. to banish, to exile.
destetar *(daysstaynyée***R***)* tr. to wean.
destete *(daysstáytay)* m. weaning.

destiempo (a) *(daysstyémpoh)* adv. untimely.
destierro *(dayssty:áRoh)* m. banishment, exile.
destilación *(daysssteelahthy:ón)* f. distilation.
destilar *(daysssteeláR)* tr. to distill.
destilería *(daysssteelayrée:ah)* f. distillery.
destinar *(daysssteenáR)* tr. to destine; to appoint, to assign.
destinatario *(daysssteenahtáhryoh)* m. consignee, addressee.
destino *(dayssstéenoh)* m. destiny; destination, post; *(naut.)* **con ~ a**, bound for.
destitución *(daysstytoothyón)* f. destitution, dismissal (from job or position).
destituir *(daysssteetoo:éeR)* tr. to deprive; to dismiss (from a position).
destornillador *(daysstoRneelyahdóR)* m. screwdriver.
destornillar *(daysstoRneelyáR)* tr. to unscrew.
destreza *(daysstráythah)* f. skill, dexterity.
destronar *(daysstrohnáR)* tr. to depose, to overthrow.
destrozar *(daysstrohtháR)* tr. to destroy, to shatter, to break to pieces.
destrozo *(daysstróhthoh)* m. destruction; (of lives) massacre.
destrucción *(daysstrookthy:ón)* f. destruction, ruin, havoc.
destructor *(daysstrooktóR)* m. destructor; *(naut.)* destroyer; adj. destroying, destructing.
destruir *(daysstroo:éeR)* tr. to destroy, to ruin; to exterminate (lives).
desunión *(daysoonyón)* f. disunity; separation.
desunir *(daysoonéeR)* tr. to separate, to part; v.r. to break apart.
desusado *(dayssoossahdoh)* adj. out of use, disused, obsolete, archaic.
desusar *(dayssoossaR)* tr. to disuse, to stop using.
desuso *(dayssoossoh)* m. disuse, absolecense.
desvalido *(dayssbahleedoh)* adj. destitute, helpless.
desvalijamiento *(dayssbahleeHahmyéntoh)* m. robbing.
desvalijar *(dayssbahleeHáR)* tr. to rob; (in gambling) to lose everything.
desván *(dayssbáhn)* m. garret; loft, attick.
desvanecer *(dayssbahnaytháyR)* to make disappear, to vanish; r. to vanish; to faint.
desvariar *(dayssbahre:áR)* intr. to rave; to talk nonsense.
desvarío *(dayssbahrée:oh)* m. raving, delirium; caprice.
desvelar *(dayssbayláR)* tr. to keep awake; r. to be vigilant.
desvelo *(dayssbáyloh)* m. wakefulness, insomnia.
desventaja *(dayssbayntáhHah)* f. disadvantage.
desventajoso *(dayssbayntahHóhsoh)* adj. disadvantageous; *Com.* unprofitable.
desventura *(dayssbayntóorah)* f. misfortune, mischance; **por ~**, unfortunately.
desventurado *(dayssbayntooráhdoh)* adj. unfortunate, wretched, unhappy, unlucky.
desvergonzado *(dayssbayRgontháhdoh)* adj. impudent, shameless.
desvergüenza *(dayssbayRgwaynthah)* f. impudence, insolence, effrontery.
desvestir *(dayssbaysssteeR)* tr. to undress, to strip, to denude.
desviación *(dayssbeeahthyón)* f. deviation deflection; (traff.) diversion; separation; detour.
desviar *(dayssbeeáR)* tr. to divert (traff.) to deflect (the trajectory...); (railw) to switch; v. r. to swerve.
desvío *(dayssbeé:oh)* m. deviation, diversion, deflection.
desvirtuar *(dayssbeeRtwahR)* tr. to undermine.
desvivirse *(dayssbeebeéRsay)* r. to show a great interest, to long for, to be dying to, to be crazy about sb.

D

D

detallar *(daytahlyáR)* tr. to detail, to relate minutely. *(com.)* to retail.
detalle *(daytáhlyay)* m. detail; *Com.* **al ~**, retail.
detallista *(daytahiyéesstah)* s. punctilious; *Com.* retailer.
detective *(daytayktéebay)* m. detective; (coll.) private-eye (US).
detector *(daytayktoR)* m. detector.
detener *(daytaynáyR)* tr. to stop, to detain. *Law.* to arrest. *(naut.)* to embargo.
detenerse *(daytaynáyRssay)* r. to halt, to hold on.
detenido *(daytaynéedoh)* adj. (criminal) arrested; (motion) stopped; (care) careful, thorough.
detergente *(daytayRHáyntay)* m. detergent.
deteriorar *(daytayryohráR)* tr. to spoil, to deteriorate, to damage.
deterioro *(daytayryóhroh)* m. deterioration, damage, worsening.
determinación *(daytayRmeenahthyón)* f. determination; resolution, decision.
determinado *(daytayRmeenáhdoh)* adj. determinate, decided; specific, definite.
determinar *(daytayRmeenáR)* tr. to determine; to specify; to decide; r. to resolve.
detestable *(daytaysstáhblay)* adj. detestable, hateful, loathsome.
detestar *(daytaysstáR)* tr. to detest, to hate, to loathe.
detonar *(daytohnáR)* tr. to detonate, to explode.
detractar *(daytraktáR)* tr. to detract, to slander, to defame.
detrás *(daytráhs)* adv. behind, after; **~ de**, at the back of, behind.
detrimento *(daytreemáyntoh)* m. detriment, loss, damage, injury.
deuda *(dáyoodah)* f. debt; (fig.) **tiene una ~ conmigo**, he owes me a favour; **libre de ~ s**, clear of debts.
deudor *(dayoodóR)* m. debtor.
devanar *(daybahnáR)* tr. to spool, to wind(thread); v.r. **~ los sesos**, to rack one's brains.
devaneo *(daybahnáyoh)* m. idle pursuit; flirtation; frenzy.
devastación *(daybastahthyón)* f. devastation, destruction, ruin, desolation.
devastar *(daybahstáR)* tr. to desolate, to ruin, to devastate.
devoción *(daybohthyón)* f. devotion, passion.
devocionario *(daybohthyohnáhryoh)* m. prayer book.
devolución *(daybohloothyón)* f. restitution, return.
devolver *(daybolbáyR)* tr. tr. to return, to give back, to restore; to refund, to pay back
devorar *(daybohráR)* tr. to devour; to swallow up.
devoto *(daybóhtoh)* adj. devout.
día *(dée:ah)* m. day, daylight; **~ festivo**, holiday; **~ laborable**, working day; **de ~**, in the daytime; **el otro ~**, the other day; **al otro ~**, the other day; **al otro ~**, the next day; **de ~ en ~**, from day to day, **todos los ~s**, every day; **un ~ sí y otro no**, every other day.
diabetes,tis *(dyahbáytayss,-teess)* f. diabetes.
diablo *(dyáhbloh)* m. devil, demon; interj. **¡qué ~ s!**, what the devil!, what on Earth!
diablura *(dyahblóorah)* f. prank, mischief.
diabólico *(dyahbóhleekoh)* adj. diabolical; devilish.
diácono *(dyáhkohnoh)* m. deacon.
diáfano *(dyáhfahnoh)* adj. transparent, clear.
diafragma *(dyafráhgmah)* m. diaphragm.
diagnosticar *(dyahgnosteekáR)* tr. to diagnose.
diagnóstico *(dyahgnósteekoh)* adj. diagnostic; m. diagnosis.
diagonal *(dyahgohnáhl)* adj. s. diagonal.

dialéctica *(dyahlaykteekah)* f. dialectics.
dialecto *(dyahlayktoh)* m. dialect.
diálogo *(dyáhlohgoh)* m. dialogue.
diamante *(dyahmántay)* m. diamond.
diámetro *(dyáhmaytroh)* m. diameter.
diana *(dyáhnah)* f. *(mil.)* reveille; (shooting) bull's eye, centre of target.
diario *(dyáhryoh)* adj. daily; m. (daily) newspaper, journal; *(com.)* **libro ~**, day book; *Naut.* **~ de navegación**, log book.
diarrea *(dyah***R***áyah)* f. diarrhoea (UK); diarrhea (US), looseness of bowels.
dibujante *(deeboo***H***áhntay)* s. draughtsman (UK), draftsman, draftswoman (US); sketcher; cartoonist.
dibujar *(deeboo***H***ár)* tr. to draw; to sketch.
dibujo *(deebóo***H***oh)* m. drawing; sketch, draft, design; **~s animados**, cartoons.
dicción *(deekthyón)* f. diction, speech, style.
diccionario *(deekthyohnáhryoh)* m. dictionary, lexicon.
diciembre *(deethyémbray)* m. December.
dictado *(deetahdoh)* m. dictation; pl. dictates
dictador *(deektahdó***R***)* m. dictator.
dictadura *(deektahdóohrah)* f. dictatorship.
dictamen *(deetahmeena***R***)* m. opinion, judgement, report.
dictaminar *(deetahmeena***R***)* tr. to express an opinion, to give a decision.
dictar *(deektá***R***)* tr. to dictate; *(theat.)* to prompt.
dicha *(déechah)* f. happiness; **nunca es tarde si la ~ es buena**; all's well that ends well.
dicho *(déechoh)* adj. above said; m. saying; **~ y hecho**, no sooner said than done.
dichoso *(deechóhsoh)* adj. happy, lucky.
didáctica *(deedáhkteekah)* f. didactis; educational.
didáctico *(deedáhkteekoh)* adj. didactic(al).
diente *(dyéntay)* m. tooht; (anim. or hum.) fang; (wheel) cog; (fork) prong; (garlic) clove; **tener dolor de muelas (dientes)**; to have tooth-ache; **sacar un ~**, to hare a tooth out; **empastar un ~, (o muela)**, to have a tooth filled; **~s postizos**, artificial teeth.
diéresis *(dyáyrayssees)* f. diaeresis (UK); dieresis (US).
diestra *(dyésstrah)* f. right hand.
diestro *(dyésstroh)* adj. right, skiful, dexterous; **a ~ y siniestro**, at random, from right to left; m. bullfighter.
dieta *(dyéth)* f. diet; **estar a ~**, to be on a diet.
diez *(dyéth)* adj. ten; **a las ~**, at ten o'clock; **son las ~**, it is ten o'clock.
diezmar *(dyethmá***R***)* tr. to decimate; (payment) to tithe.
diezmo *(dyéthmoh)* m. tithe.
difamación *(deefahmahthyón)* f. defamation, libel, calumny.
difamar *(deefahmá***R***)* tr. to defame, to libel, to slander.
diferencia *(deefayraynthyah)* f. diference.
diferenciar *(deefayraynthya***R***)* tr. to differentiate; intr. to differ from; v.r. to be different.
diferente *(deefayrayntay)* adj. different, unlike.
diferir *(deefayrée***R***)* tr. to defer, to postpone, to dealy, to put off; intr. to differ.
difícil *(deeféetheel)* adj. difficult, hard, unlikely, doubtful.
dificultad *(deefeekooltáhd)* f. difficulty.
dificultar *(deefeekooltá***R***)* tr. to obstruct, to make difficult.
dificultoso *(deefeekooltóhsoh)* adj. dificult hard, laborius.
difteria *(diftáyreah)* f. diphtheria.
difundir *(deefondée***R***)* tr. to spread, to publish.
difunto *(deefóontoh)* adj. dead; deceased, late; m. corpse.
difusión *(deefoosyón)* f. difussion; (radio) broadcasting.

D

difuso *(deefóossoh)* adj. diffuse; (lit.) wordy; widespread.
digerible *(deeHayréeblay)* adj. digestible.
digerir *(deeHehréeR)* tr. to digest.
digestión *(deeHaysstyón)* f. digestion.
digestivo *(deeHaysstéeboh)* m. y adj. digestive.
dignarse *(deegnáRsay)* r. to condescend; to deign.
dignidad *(deegneedáhd)* f. dignity; high office.
dignificar *(deegneefeekáR)* tr. to dignify.
digno *(déegnoh)* adj. worthy, deserving; suitable, fitting.
digresión *(deegraysyón)* f. digresion; divergence.
dilación *(deelahthyón)* f. delay, procrastination.
dilapidar *(deelahpeedáR)* tr. to waste, to squander, to dilapidate.
dilatación *(deelahtahthyón)* f. expansion, extension.
dilatado *(deelahtáhdoh)* adj. vast, large, great; drawn out.
dilatar *(deelahtáR)* tr. dilate, to enlarge, to widen, to lengthen; r. to expand.
dilema *(deeláymah)* m. dilemma.
diligencia *(deeleeHáynthyah)* f. diligence; (transporting) promptitude; stagecoach; (coll.) business; (law) formalities.
dilucidar *(deelootheedáR)* tr. to elucidate, to explain.
diluir *(deeloo:éeR)* tr. to dilute, to thin out.
diluvio *(deelóobyoh)* m. deluge; flood.
dimanar *(deemanáR)* intr. to spring from, to emanate, to flow.
dimensión *(deemaynsyón)* f. dimension, extent, capacity, bulk, size.
diminuto *(deemeenóotoh)* adj. minute tiny, very small.
dimisión *(deemeesyón)* f. renunciation; resignation.
dimitir *(deemytéeR)* to resing; to relinquish; to step down.
dinámica *(deenáhmykah)* f. dynamics.
dinámico *(deenáhmykoh)* adj. dynamic.
dinamita *(deenahméetah)* f. dynamite.
dinamo *(deenáhmoh)* f. dynamo.
dinastía *(deenahstée:ah)* f. dynasty.
dineral *(deenayráhl)* m. large sum of money, fortune.
dinero *(deenáyroh)* money, currency, funds; (coll.) cash.
diócesis *(dyóhthaysees)* f. diocese.
dioptría *(dyoptrée:ah)* f. dioptry.
Dios *(dyóss)* God; **¡~ mío!**, my God!; **¡por ~!**, for goodness sake!; **¡sabe ~!**, God knows!; **¡gracias a ~!**, thank goodness.
diosa *(dyóhsah)* f. goddess.
diploma *(deeplóhmah)* m. diploma, title.
diplomacia *(deeplohmáhthyah)* f. diplomacy, tact; (coll.) astuteness.
diplomático *(deeplohmáhteekoh)* adj. diplomatic(al); tactful; (coll.) astute; m. diplomat(ist).
diptongo *(dyptóngoh)* m. diphthong.
diputación *(deepootahthyón)* f. deputation; Provincial Government.
diputado *(deepootáhdoh)* m. deputy; congressman.
dique *(déekay)* m. dike, dam; *(naut.)* jetty; **~ seco**, (dry) dock.
dirección *(deeraykthyón)* f. direction, course, way; (adm.) Board of directors, management; (letter, etc.) address.
directivo *(deerayktéeboh)* adj. directive, m. member of ruling body.
directo *(deerayktoh)* adj. direct; straight.
director *(deerayktóR)* m. director, manager. *(mus.)* conductor; headmaster (of school/ college).
directora *(deerayktórah)* f. *(com.)* manageress; head-mistress, governess.
dirigir *(deereeHéeR)* tr. to direct; *(mus.)* to conduct; *(adm.)* to manage; (letter) to address;

r. to make one's way, to go towards.
discernimiento *(deesthayRneemyéntoh)* m. discermment, discrimination.
discernir *(deessthayRnéeR)* tr. to discern, to distinguish.
disciplina *(deesstheepleénah)* f. discipline, education; (spec.) subject of study.
disciplinar *(deesstheepleenáR)* tr. to discipline, o instruct. *(mil.)* to drill.
discípulo *(deessthéepooloh)* m. disciple; pupil.
disco *(déeskoh)* m. disc; *Mus.* record; *Sport.* discus.
díscolo *(désskohloh)* adj. wayward.
disconformidad *(deeskohnfórmeedáhd)* f. disagreement.
discordancia *(deeskoRdáhnthyah)* f. discordance, disagreement.
discordar *(deskoRdáR)* intr. to disagree; *(mus.)* to be out of tune.
discordia *(deesskórRdyah)* f. discord, contention; **la manzana de la ~**, the apple of discord.
discreción *(deesskraythyón)* f. discretion, prudence; **a ~**, optional, at will.
discrecional *(deesskraythyohnáhl)* adj. discretional, optional; **parada ~**, request stop.
discrepancia *(deesskraypáhnthyah)* f. discrepancy, difference.
discrepar *(deesskraypáR)* intr. to difer, to disagree.
discreto *(deesskráytoh)* adj. discreet, prudent; reasonable.
disculpa *(deesskóolpah)* f. excuse; apology.
disculpar *(deesskoolpáR)* tr. y r. to excuse, to pardon; to apologize.
discurrir *(deesskooRéeR)* intr. to roam; to reflec. *(hid.)* to flow; tr. to plan, to contrive.
discurso *(deesskóoRsoh)* m. speech, dissertation; presentation.
discusión *(deesskoosyón)* f. discussion (exchange of ideas) argument (exaltation).
discutir *(deesskootéeR)* tr. to discuss, to debate; to argue.
diseminar *(deesaymeenáR)* tr. to scatter, to sow, to spread.
disentir *(deesayntéeR)* intr. to dissent, to disagree.
diseñador *(deessaynyahdóR)* m. designer.
diseñar *(deesaynyáR)* tr. to design, to sketch, to draw.
diseño *(deesáynyoh)* m. design, project, sketch, draft.
disertar *(deesayRtáR)* tr. to discourse, to lecture.
disforme *(deessfóRmay)* adj. deformed, ugly, monstruous.
disfraz *(deessfráth)* m. mask; disguise.
disfrazar *(deesfrahtháR)* tr. to disguise.
disfrutar *(deesfrootáR)* tr. to enjoy (something); to have the benefit of (something).
disfrute *(deesfróotay)* m. enjoyment; use, benefit.
disgregar *(deessgraygáR)* tr. to disjoin, to separate, to disperse.
disgustar *(deessgoosstáR)* tr. to upset, to annoy; to dislike, disastisfy; v.r. to fail out with, to quarrel with.
disgusto *(deesgóostoh)* m. **dar un ~**, to upset, to cause grief; **a ~**, against one's will.
disidente *(deesseedyántay)* adj. dissident; s. dissenter.
disimulación *(deeseemoolahthyón)* f. dissimulation, faint, make-believe.
disimular *(deesseemooláR)* tr. to make-believe, to pretend, to hide.
disimulo *(deesseemóoloh)* s. disimulation, false-pretence; **con ~**, stealthily.
disipación *(desepahthe:ón)* f. dissipation; licentiuousness.
disipar *(deeseepáR)* tr. to dissipate, to dispel, to clear away (clouds); to misspend, to squander; to scatter.
dislocación *(deesslohkahthyón)* f. dislocation, disjointing, spraining.
dislocar *(deesslokáR)* tr. to dislocate, to sprain, to disjoint.

D

disminución *(deessmeenoothyon)* f. diminution, decrease, shortening, lessning.
disminuir *(deessmeenoo:éeR)* tr. to reduce, to decrease, to lower, to diminish, to leseen, to dwindle.
disolución *(deesohloothyón)* f. dissolution; breaking-up; *(chem.)* solution.
disoluto *(deesohlóotoh)* adj. dissolute; debauchee.
disolvente *(deesolbayntay)* adj. solvent; m. dissolver.
disolver *(deesolbayR)* tr. to dissolve; to melt; to break up.
disonancia *(deesohnáhnthyah)* f. dissonance. *(mus.)* discord; disagreement.
disonante *(deessohnantay)* adj. dissonant, discordant.
dispar *(deesspáR)* adj. unequal, unlike, odd.
disparado *(deespahrahdoh)* shot, fired; **salir** ~, to shoot out like lightning.
disparador *(deesspahrahdóR)* m. shooter; trigger.
disparar *(deesspahráR)* tr. to shoot; to fire; to let off.
disparatado *(deesspahrahtáhdoh)* adj. absurd, foolish, crazy.
disparatar *(deesspahrahtáhtaR)* intr. to act absurdly, to talk nonsense.
disparate *(deesspahráhtay)* m. nonsense, blunder, howler, crazy thing.
disparo *(deesspahroh)* m. shot.
dispendio *(deesspyndyoh)* m. squandering, splurge.
dispensa *(deesspaynsah)* f. dispensation, exemption.
dispensable *(deespaynssahblay)* adj. excusable; dispensable.
dispensar *(deesspaynsáR)* tr. to dispense, to exempt, to excuse.
dispersar *(deesspayRsáR)* tr. to disperse. *(mil.)* to rout; to scatter.
dispersión *(deesspayRsyón)* f. dispersion, scattering.
disponer *(deesspohnáyR)* tr. to arrange; to dispose of; v.r. ~ a, to get ready to, to prepare to.
disponible *(deesspohnéeblay)* adj. available, spare.
disposición *(deesspohseethyón)* f. disposition, arrangement; **a ~ de**, to (someone) disposal; **tener** ~, to have an aptitude for.
dispuesto *(deesspooaysstoh)* adj. ready, willing.
disputa *(deesspóotah)* f. dispute; quarrel, wrangle, row.
disputar *(deesspootáR)* tr. e intr. to dispute, to contest; to quarrel, to have a row.
distancia *(deesstáhnthyah)* f. distance, remote.
distanciar *(deesstahnthyáR)* tr. to put at a distance.
distante *(deesstáhntay)* adj. distant, far off, remote.
distinción *(deessteenthyón)* f. distinction; clarity.
distinguido *(deessteengéedoh)* adj. distinguished.
distinguir *(deessteengéeR)* tr. to distinguish; to differentiate; to make out (by looking); r. to excel, to be visible.
distintivo *(deessteentéeboh)* adj. distinctive; m. distinctive mark.
distinto *(deesstéentoh)* adj. distinct, different, unlike.
distracción *(deesstrakthyón)* f. distraction, absent-mindedness; pastime, amusement.
distraer *(deesstrah/áyR)* tr. to distract; to amuse.
distraído *(deesstrah/éedoh)* adj. absent-minded, inattentive; **estar en las nubes**, to be miles away.
distribuir *(deesstreeboo:éeR)* tr. to distribute, to deal out, to share.
distrito *(desstréetoh)* m. district, region; ward.
disturbio *(deesstoóRbyoh)* m. disturbance, riot.
disuadir *(deesoo:ahdéeR)* tr. to dissuade, to deter.

disuasión *(deesoo:ahsyón)* f. dissuasion, deterrence.
diurno *(dyóRnoh)* adj. diurnal.
divagar *(deebahgáR)* intr. to wander; to digress.
divergencia *(deebayRHaynthyah)* f. divergence, diversity (of opinion).
divergir *(deebayRHéeR)* tr. to diverge; *(phys.)* (fig.) to dissent.
diversidad *(deebayRseedáhd)* f. diversity; variety, abundance.
diversificar *(deebayRseefeekáR)* tr. to diversify, to vary.
diversión *(deebayRsyón)* f. diversion; amusement, fun, entertainment, enjoyment.
diverso *(deebayRsoh)* adj. diverse, different, distinct; pl. various, several, many; pl. sundry.
divertido *(deebayRtéedoh)* adj. amusing, funny, entertaining.
divertimiento *(deebayRteemyéntoh)* m. amusement, fun, pastime, diversion.
divertir *(deebayRtéeR)* to divert, to amuse, to entertain; v. r. to have fun, to enjoy o neself, to have a good time.
dividendo *(deebeedayndoh)* m. dividend.
dividir *(deebeedéeR)* tr. to divide, to split, share; *(maths.)* to divide; r. to split, to divide.
divinizar *(deebeeneetháR)* tr. to deify, to sanctify.
divino *(deebéenoh)* adj. divine; (fig.) most beautiful, wonderful.
divisa *(deebéesah)* f. device; design, motto, pl. foreing currency.
divisar *(deebeesáR)* tr. to perceive, to make out (at a distance).
división *(deebeesyón)* division.
divorciar *(deeboRthyáR)* tr. to divorce; r. to get a divorce, to be divorced.
divorcio *(deebóRthyoh)* m. divorce; separation.
divulgar *(deeboolgáR)* tr. to publish, to divulgue, to reveal.
dobladillo *(dohblahdelyoh)* m. hem; (in trosers) turn-up.
doblado *(dohblahdoh)* adj. bent, folded; doubled.
dobladura *(dohblahdoorah)* f. fold, crease; bent.
doblar *(dohbláR)* tr. e intr. to double; to fold, to bend; intr. (bells) to toll.
doblarse *(dohbláRsay)* r. to stoop, to bend; (fig.) to submit, to give way/in.
doble *(dóhblay)* adj. double, twofold.
doblegar *(doblaygáR)* tr. to bend, to force; r. to bend, to yield.
doblez *(doblayth)* f. crease, fold, ply; doubledealing, duplicity.
doce *(dóhthay)* adj. twelve.
docena *(dohtháynah)* f. dozen.
dócil *(dóhtheel)* adj. docile; obedient; ductible.
docilidad *(dohtheeleedáhd)* f. docility, gentleness, meekness.
docto *(dóktoh)* adj. learned.
doctor *(doktóR)* m. doctor; physician.
doctora *(doktórah)* f. (lady) doctor.
doctorado *(doktoráhdoh)* m. doctorate.
doctorar *(doktoráR)* tr. to doctorate, to gain a doctor's degree on.
doctrina *(doktréenah)* f. doctrine.
documento *(dohkohmayntoh)* m. document; (legal) deed.
dogma *(dógmah)* m. dogma.
dogmatizar *(dogmahteetháR)* tr. to dogmatize.
dólar *(dohlaR)* m. dollar.
dolencia *(dohlaynthyah)* f. aching, pain, disease.
doler *(dohláyR)* intr. to feel pain, to ache, to hurt; r. to feel sorry for, to regret.
doliente *(dohlyéntay)* adj. suffering, aching; m. mourner.
dolor *(dohlóR)* m. (physical) pain, ache; (feeling) sorrow, grief; ~ **de barriga**, stomach ache; ~ **de muelas**, toothache; ~ **de cabeza**, headache; ~ **sordo**, dull pain.

D

doloroso *(dohlohróhsoh)* adj. (physical) painful; (feeling) sorrowful, pitiful.
domador *(dohmahdó***R***)* m. tamer.
domar *(dohmá***R***)* tr. to tame; (horses) to break in.
domesticar *(dohmayssteeká***R***)* tr. to tame (wild animals); to make (a person) gentle.
doméstico *(dohmayssteekoh)* adj. domestic.
domicilio *(dohmeethéelyoh)* m. domicile, address, home.
dominación *(dohmeenahthyón)* f. domination, command, sway.
dominar *(dohmeená***R***)* tr. to rule, to dominate, to command; to master (a subject); to repress (one's passion); to overlook (views, etc.).
domingo *(dohméengoh)* m. Sunday; ~ **de Ramos**, Palm Sunday; ~ **de Resurrección**, Easter Sunday.
dominio *(dohméenyoh)* m. dominion, dominance, domain; territory, authority; ~ **público**, public knowledge.
dominó *(dohmeenóh)* m. game of dominoes.
don *(don)* m. title of don; gift; ability, knack.
donación *(dohnahthyón)* f. gift, donation.
donaire *(dohnáeeray)* m. grace (fulness), elegance; **con** ~, gracefully, smartly.
donante *(dohnáhntay)* s. donor; giver; ~ **de sangre**, blood donor; adj. giving.
donar *(dohná***R***)* tr. to give, to bestow, gift.
donativo *(dohnahtéeboh)* m. donation, gift.
doncel *(donthayl)* m. king's page.
doncella *(dontháylyah)* f. maid virgin; girl; f. waiting-maid.
donde *(dónday)* adv. where; **¿a ~?**, where to? **¿por ~?**, which way? ~ **quiera**, anywhere.
doña *(dónyah)* f. lady; mistress (title of address).
dorado *(dohráhdoh)* adj. gilt, gilded.
dorar *(dohrá***R***)* tr. to gild.
dormilón *(do***R***meelón)* adj. and m. sleepyhead.
dormir *(do***R***mée***R***)* intr. to sleep; ~ **como un tronco**, to sleep like a log; ~ **a pierna suelta**, to be fast asleep; ~ **al sereno**, to sleep in the open. r. to fall asleep.
dormitar *(do***R***meetá***R***)* intr. to doze, to nap.
dormitorio *(do***R***meetóhryoh)* m. bed-room, dormitory.
dorsal *(do***R***sáhl)* adj. back, dorsal.
dorso *(dó***R***soh)* m. back; reverse side; **al** ~, overleaf.
dos *(dos)* adj. two; **de ~ en ~**, every two; **las** ~, two o'clock; **el día** ~, the second of...; **en un ~ por tres**, quickly.
dosificar *(dohseefeeká***R***)* tr. to dose.
dosis *(dóhseess)* f. dose.
dotar *(dohtá***R***)* tr. to endow.
dote *(dóhtay)* f. dower, dowry; m. pl. gifts, talents.
draga *(dráhgah)* f. dredge; *(naut.)* dredger.
dragar *(drahga***R***)* v.t. to dredge.
dragón *(drahgón)* m. dragon; *(mil.)* dragoon.
drama *(dráhmah)* m. drama; play.
dramático *(drahmáhteekoh)* adj. dramatic.
dramaturgo *(drahmahtóo***R***goh)* m. dramatist, playwright.
droga *(dróhgah)* f. drug; (coll.) pot, grass, dope.
droguería *(drohgayrée:ah)* f. drugsotre, chemist's.
druida *(dróoeedah)* m. druid.
dual *(doo:áhl)* adj. dual.
ducha *(dóochah)* f. shower.
ducho *(dóochoh)* adj. skilled, experienced, knowing.
dúctil *(dóokteel)* adj. ducttle, yielding.
duda *(dóodah)* f. doubt, hesitation; **sin** ~, no doubt, without a doubt.
dudar *(doodá***R***)* tr. e intr. to doubt, to hesitate; **sin ~lo**, without hesitation.

dudoso *(doodóhsoh)* adj. doubtful, dubious, uncertain.
duelo *(dwayloh)* m. duel; grief, afliction, mourning.
duende *(dwaynday)* m. elf; goblin; ghost.
dueña *(dwáynyah)* f. landlady, owner.
dueño *(dwaynyoh)* m. owner, proprietor, landlord, master.
dulce *(dóolthay)* adj. sweet, sugared; (of charac.) soft, gentle; m. sweet(meat), confection(ery).
dulcero *(doolthayroh)* m. confectioner; adj. fond of cakes or sweets.
dulcificar *(dooltheefeekáR)* tr. to sweeten.
dulzura *(doolthóorah)* f. sweetness; gentleness, kindliness.
duna *(dóonah)* f. dune; pl. dunes.
dúo *(dóo:oh)* m. *(mus.)* duo, duet.
duplicar *(doopleekáR)* tr. to double, to duplicate; to repeat.
duplicidad *(doopleetheedahd)* f. duplicity, falseness, deceit.
duplo *(dóoploh)* adj. double; twofold.
duque *(dóokay)* m. duque.
duquesa *(dookáysah)* f. duchess.
duración *(doorahthy:ón)* f. duration, length.
duradero *(doorahdáyroh)* adj. lasting, durable.
duramente *(doorahmayntay)* adv. hasrshly, rigorously, strictly.
durante *(dooráhntay)* prep. during for, over.
durar *(dooráR)* intr. to last, to wear well (of clothes).
dureza *(dooráythah)* f. hardness, toughness, solidity; harshness. *(med.)* callosity.
durmiente *(dooRmy:éntay)* adj. sleeping.
duro *(dóoroh)* adj. hard; solid; (of persons) tough; **a duras penas**, hardly, scarcely.

E e

e *(ay)* conj. adv. and.
ebanista *(aybahnéesstah)* m. cabinet-maker.
ebanistería *(aybahneesstayrée:ah)* f. cabinet-work; cabinet maker's.
ébano *(áybahnoh)* m. *Bot.* ebony.
ebrio *(áybryoh)* adj. drunken, inebriated, tippled, boosed-up.
ebullición *(ayboolyeethyón)* f. boilling, ebullition.
echar *(aycháR)* tr. to cast; to throw; ~ **a perder**, to ruin; ~ **de menos**, to miss; ~ **fuera**, to eject, to thow out; ~ **abajo**, to throw down, to demolish. *(Naut.)* ~ **a pique**, to sink a ship; ~ **bravatas**, to brag; ~ **agua**, to pour water; ~ **chispas**, to be fuming; ~ **cálculos**, to reckon; *(Naut.)* ~ **en tierra**, to sign off; ~ **el ancla**, to cast anchor; ~ **a andar**, to set off walking; ~ **a correr**, to start runnign; v.r. to lie; ~ **al suelo**, to throw oneself to the floor; ~ **a perder**, to be spoiling.
ecléctico *(aykláykteekoh)* adj. eclectic.
eclesiástico *(ayklaysyáhsteeko)* adj. ecclesiastical; m. clergyman, priest.
eclipsar *(aykléepsáR)* tr. to eclipse; (fig.) to outshine.
eclipse *(aykléepsay)* m. *(Astr.)* eclipse.
ecología *(aykologhia)* f. ecology.
economato *(aykohnohmáhtoh)* m. cooperative store.
economía *(aykohnohmée:ah)* f. economy; saving, thrift; ~ **política**, economics.
económico *(aykohnóhmeekoh)* adj. economical; cheap.
economista *(aykohnohméesstah)* m. economist.

E

economizar *(aykohnohmeethá**R**)* tr. to economize; to save.
ecoturismo *(ehkotooréessmoh)* m. eco-tourism.
ecuación *(aykoo:ahthyón)* f. equation.
ecuador *(aykoo:ahdó**R**)* m. Equator.
ecuatorial *(aykoo:ahtohre:áhl)* adj. equatorial.
ecuanimidad *(aykoo:ahneemeedáhd)* f. equanimity, impartiality.
ecuestre *(aykwáystray)* adj. equestrian, horse.
ecuménico *(aykoomáyneekoh)* adj. ecumenical, universal.
edad *(aydáhd)* f. age, epoch; **mayor de ~**, of age; **menor de ~**, under age, minor; **tener X años de ~**, to be X years old.
edema *(aydáymah)* m. edema.
edición *(aydeethy:ón)* f. edition, issue, publication.
edificación *(aydeefeekahthyón)* f. building, construction.
edificante *(aydeefeekáhntay)* adj. edifying; **poco ~**, unedifying.
edificar *(aydeefeeká**R**)* tr. to build, to construct; instruct, to edify.
edificio *(aydeeféethyoh)* m. building, structure.
editar *(aydeetá**R**)* tr. to publish.
editor *(aydeetó**R**)* m. editor, publisher.
editorial *(aydeetohryáhl)* f. publishing house; m. editorial.
edredón *(ehdredóhn)* comforter (US), eiderdown, quilt.
educación *(aydookahthyón)* f. education, tuition, learning; manners, up-bringing.
educador *(aydookahdó**R**)* m. teacher, tutor.
educar *(aydooká**R**)* tr. to educate, to train, to bring up.
edulcorante *(ehdoolkohránteh)* m. sweetener.
efectivo *(ayfayktéeboh)* s. cash; adj. effective, real; **en ~**, (in) cash.
efecto *(ayfáyktoh)* m. effect, result, consequence; **en ~**, that's true, indeed; **~ invernadero**, greenhouse effect; **~ óptico**, optical illusion.
efectuar *(ayfayktoo:á**R**)* tr. to effect, to carry out.
efervescencia *(ayfay**R**bayssthaynthyah)* s. effervescence; ardour.
efervescente *(ayfay**R**bayssthaýntay)* adj. effervescent.
eficacia *(ayfeekáhthyah)* f. efficiency, effectiveness.
eficaz *(ayfeekáth)* adj. efficacious, efficient, effective.
eficiencia *(ayfeethy:énthyah)* f. efficiency.
eficiente *(ayfeethyéntay)* adj. efficient.
efímero *(ayféemayroh)* adj.ephemeral, short lived.
egoísmo *(aygoéessmoh)* m. egoism, egotism, selfishness.
egoísta *(aygoéesstah)* s. egoist; adj. egoistic, selfish.
egregio *(eygráy**H**yoh)* m. eminent, distinguished.
eje *(áy**H**ay)* m. axle; axis.
ejecución *(ay**H**aykoothyón)* s. (crime) capital punishment, execution (of tasks) fulfilment, performance; *(Mus.)* technique.
ejecutar *(ay**H**aykootá**R**)* tr. to put to death, to execute (a crime); to fulfil, to perform, to execute (tasks).
ejecutivo *(ay**H**aykootéeboh)* adj. executive.
ejecutor *(ay**H**ykootó**R**)* m. executor, executant.
ejemplar *(ay**H**aymplá**R**)* m. issue, copy (of books); adj. exemplary.
ejemplo *(ay**H**áymploh)* m. example, instance; **por ~**, for example, for instance; **dar un ~**, to give an example; **dar ~**, to set an example.
ejercer *(ay**H**ay**R**tháy**R**)* tr. to exercise, to exert (an influence, etc.); to practise (a career, etc.).
ejercicio *(ay**H**ay**R**théethyoh)* m. exercise, drill practice; *Rel.* **~s espirituales**, retreat; **~ físico**, physical training; *(Mil.)* **~ de tiro**, target practice; **~s militares**, army monoeuvers.
ejército *(ay**H**áy**R**theetoh)* m. army: **~ regular**, regular army; **~ de tierra**, army; **~ del aire**, air force; **~ del mar**, navy.
el *(ayl)* art. m. the.
él *(ayl)* pron. he.

elaboración *(aylahbohrahthyón)* s. elaboration, working out.
elaborado *(aylahbohráhdoh)* m. worked out; (factory.) manufactured.
elaborar *(aylahbohráR)* tr. to elaborate, to manufacture, to make, to work out (plans, etc.).
elasticidad *(aylahsteetheedáhd)* elasticity.
elección *(aylaykthyón)* f. choice, selection. *(Pol.)* election.
electivo *(aylayktéeboh)* adj. elective.
electo *(ayláyktoh)* adj. elect, chosen.
elector *(aylayktóR)* m. elector, voter.
electorado *(aylayktohráhdoh)* m. electorate.
electoral *(aylayktoráhl)* adj. electoral.
electricidad *(aylayktreetheedáhd)* f. electricity.
eléctrico *(ayláyktreekoh)* adj. electrific(al).
electrificar *(aylayktreefeekáR)* tr. to electrify.
electrizar *(aylayktreetháR)* tr. to electrity; (fig.) to thrill, to enthuse.
electrocutar *(aylayktrohkootáR)* tr. to electrocute.
electrón *(aylayktrón)* m. electron.
electrotécnica *(aylayktrohtáykneekah)* f. electro, electrical engineer.
elefante *(aylayfáhntay)* m. elephant.
elegancia *(aylaygáhnthyah)* f. elegance, gracefulness.
elegante *(aylalgáhntay)* adj. elegant, fine, smart.
elegible *(aylayHéeblay)* adj. eligible.
elegir *(aylayHéeR)* tr. to choose, to elect, to pick; *(Pol.)* to nominate.
elemental *(aylaymayntáhl)* adj. elemental, elementary, fundamental.
elemento *(aylaymáyntoh)* m. element.
elevación *(aylaybahthyón)* f. elevation, height, loftiness.
elevado *(aylaybáhdoh)* adj. elevated, tall, high, exalted.
elevador *(aylaybahdóR)* (US) elevator; *(G.B.)* lift, hoist (for goods).
elevar *(aylaybáR)* tr. to raise, to lift, to put higher; (fig.) to exalt; v.r. to rise.
eliminar *(ayleemeenáR)* tr. to eliminate, to remove; (fig.) to anihilate, to kill.
ella *(áylyah)* pr. p. f. she; her (pr. p. comp.); pl.
ello *(áylyoh)* pr. neut. it; pl. they, them (pr. p. compl.).
elocución *(aylokwayty:ón)* f. elocution.
elocuencia *(aylokwáynthyah)* f. eloquence.
elocuente *(aylokwáyntay)* adj. eloquent.
elogiar *(aylohHyáR)* tr. to praise, to eulogise; v.r. to praise oneself.
elogio *(aylóhHyoh)* m. eulogy, praise.
elogioso *(aylohHyóhsoh)* laudatory, praise worthy.
eludible *(ayloodéeblay)* adj. avoidable.
eludir *(ayloodéeR)* tr. to avoid, to elude.
emanación *(aymahnahthyón)* f. emanation, scent, smell, trail, fumes.
emanar *(aymahnáR)* intr. to emanate, to give out a smell/a scent.
emancipación *(ehmahntheepahthyón)* s. emancipation, independence; *(Pol.)* self-goverment.
emancipar *(aymahntheepáR)* tr. to emancipate, to give, or concede the independence; v. r. to get independent.
embadurnar *(aymbahdoornáR)* tr. to daub, to smear.
embajada *(aymbahHáhdah)* f. embassy.
embajador *(aymbahHahdóR)* m. embassador.
embalar *(aymbahláR)* tr. to pack, to bale.
embalaje *(aymbahláhHay)* m. packing.
embalsamar *(aymbahhlsahmáR)* tr. to embalm.

E

E

embalsar *(aymbalssá***R***)* tr. to dam up, to build into a reservoir; *(Naut.)* to sling, to hoist.
embalse *(aymbálssay)* m. reservoir, dam. *(Naut.)* slinging.
embarazada *(aymbahrahtháhdah)* f. adj. pregnat.
embarazado *(aymbahrahtháhdoh)* adj. embarrassed.
embarazador *(aymbahrahthahdó***R***)* adj. embarrassing.
embarazar *(aymbahrahthá***R***)* tr. to embarras; (coll.) to make pregnant.
embarazo *(aymbahráhthoh)* m. embarrassment, pregnancy.
embarazoso *(ehmbahrahthóhso)* adj. akward.
embarcación *(aymba***R***kahthyón)* f. boat, craft, ship, vessel; **pequeña ~**, small craft.
embarcadero *(aymba***R***kahdáyroh)* m. pier, landing stage, wharf.
embarcar *(aymbá***R***ká***R***)* tr. to ship, to load (goods); r. to go on board, to embark.
embarco *(aymbá***R***koh)* s. embarkation.
embargar *(aymba***R***gá***R***)* tr. to embargo; *(Law.)* **~ legal**, to seize, to arrest; v. r. to impede, to overwhelm.
embargo *(aymbá***R***goh)* m. embargo, seizure, arrest; **sin ~**, nevertheless.
embarnizar *(aymba***R***neethá***R***)* tr. to varnish.
embarque *(aymbá***R***kay)* s. shipment (of goods): embarkation, boarding (people); **tarjeta de ~**, boarding card.
embarrancar *(almbah***R***anká***R***)* v. t. *(Naut.)* to run aground.
embarrar *(aymba***R***ár)* v. t. to daub/ or to smear with mud; v. r. to be bogged, to be dirty with mud, to cover with mud.
embarullador *(aymbah***R***oolyahdó***R***)* m. muddler.
embarullar *(aymbahroolyá***R***)* tr. to muddle, to mess up.
embastar *(aymbahstá***R***)* tr. (sew), to tack, to baste.
embate *(aymbáhtay)* m. sea surge, sudden attack; **un ~ de la fortuna**, a bout of fortune.
embaucador *(aymbah/ookadó***R***)* m. cheat, swindler, humbug.
embaucar *(aymbah/ooká***R***)* tr. to deceive, to take in, to bamboozle.
embelesar *(aymbaylaysá***R***)* tr. to amaze, to charm, enchant; v. r. to be charmed by, to be delighted.
embeleso *(aymbayláysoh)* m. charm, ravishment, fascination.
embellecer *(aymbaylyaytháy***R***)* v. t. to beautify, to embellish.
embestida *(aymbaysstéedah)* f. assault, attack, onrush, charge.
embestir *(aymbaysstéer)* tr. to assail, to attack, to charge.
emblanquecer *(aymblahnkaytháy***R***)* tr. to whiten, to bleach.
emblema *(aymbláymah)* m. emblem, symbol.
embobado *(aymbohbáhdoh)* adj. dumb-founded, dumb-struck; (coll.) enchanted.
embobar */aymbohbá***R***)* tr. to enchant, to fascinate; v. r. to stand gaping.
embolia *(aymbóhly:ah)* f. *(Med.)* embolism, embolus.
émbolo *(áymbohloh)* m. piston, plunger, embolus.
embolsar *(aymbolsá***R***)* tr. to purse, to pocket, to reimburse.
emborrachar *(aymbo***R***ahchá***R***)* tr. to inebriate, to intoxicate; v. r. to get drunk, to make drunk.
emboscada *(aymbosskádah)* f. ambuscade; *(Mil.)* ambush.
emboscar *(aymboská***R***)* tr. *(Mil.)* to (place in) ambush; v. r. to lie in ambusch.
embotamiento *(aymbohtahmyéntoh)* s. blunting stupefaction.
embotar *(aymbohtá***R***)* tr. to blunt, to dull (an edge), to stupefy, not to be able to think.

embotellar *(aymbohtaylyáR)* tr. to bottle.
embozado *(aymbohtháhdoh)* adj. masked, muffled, involved.
embozar *(aymbohtháR)* tr. to muffle, to cover one's face.
embozo *(aymbóhthoh)* m. muffler, mask, folding in bedding.
embragar *(aymbrahgáR)* to connect, to couple; *(Mech.)* to engage the clutch.
embrague *(aymbráhgay)* m. tr. *Mech.* clutch.
embravecer *(aymbrahbaytháyR)* v. r. to get furious or enraged, to infuriate; *(Naut.)* to swell.
embrear *(aymbrayáR)* tr. to pitch.
embriagado *(aymbreeahgáhdoh)* adj. intoxicated, drunk.
embriagar *(aymbryahgáR)* tr. to inebriate, to intoxicate; (fig.) to be carried away.
embriaguez *(aymbryahgayéth)* f. intoxication, drunkeness; (fig.) rapture.
embrión *(aymbryón)* m. embryo.
embrionario *(aymbryohnáryoh)* adj. embryonic.
embrollar *(aymbrohlyáR)* tr. to (en) tangle, to embroil, to mess up.
embrollo *(aymbróhlyoh)* m. tangle, mess, jumble, muddle, confusion; lie.
embromar *(aymbrohmáR)* tr. to make fun of; to tease, to annoy.
embrujar *(aymbrooHáR)* tr. to bewitch.
embrutecer *(aymbrootaytháyR)* tr. to make brutish, to become coarse or brutish, to grow stupid, to stupefy.
embudo *(aymbóodoh)* m. funnel; **ley del ~**, one law for one and another for another.
embuste *(aymbóosstay)* m. lie, fib, trick.
embustero *(aymboosstáyroh)* m. liar, cheater, hypocrite.
embutido *(aymbootéedoh)* m. inlay, any kind of sausage.
embutir *(aymbootéeR)* tr. to inlay, to stuff; (coll.) to eat greedily, to make sausages; *(Naut.)* to worm(cables).
emergencia *(aymayRHáynthyah)* f. emergency.
emerger *(aymayRHáyR)* tr. to emerge; to surface.
emigración *(aymaygrahthyón)* f. emigration, migration.
emigrado *(aymeegráhdoh)* adj. y s. emigrated, immigrated.
emigrante *(aymeegrántay)* s. y m. emigrant, (persons); migrate (birds).
emigrar *(aymeegráR)* intr. to emigrate (persons); migrate (birds).
eminencia *(aymeenáynthyah)* f. eminence, height, prominence, learned person.
eminente *(aymeenáyntay)* adj. eminent, prominent, conspicuous; *Acad.* illustrious.
emisario *(aymeesáhryoh)* m. emissary, envoy, spy.
emisión *(aymeesyón)* m. emission; *(Com.)* issue; (radio) broadcast.
emisor *(aymeesóR)* adj. emitting; m. emitter; (radio) transmitter.
emisora *(aymeesóhrah)* f. radio station, broadcasting station.
emitir *(aymeetéeR)* tr. to emit, to give off; *(Com.)* to issue; (radio) to broadcast; **~ el voto**, to vote.
emoción *(aymohthyón)* f. emotion, thrill, excitement.
emocional *(aymohthyohnáhl)* adj. emotional, sentimental, slopy, emotive.
emocionante *(aymohthyohnáhntay)* adj. moving, thrilling, exciting.
emocionar *(aymohthyohnáR)* tr. to move, to touch, to excite, to thrill.
emotivo *(aymohtéeboh)* adj. emotional, emotive, touching, moving.
empacar *(aympahkáR)* tr. to pack up, to bale.

E

empachar *(aympahcháR)* tr. to cram, to surfeit (with food). *(Naut.)* to overload; *(Med.)* to give indigestion; (of character) to embarrass, to perplex; v. r. to overeat.
empacho *(aympáhchoh)* m. surfeit, indigestion, bashfulness, embarrassment; **sin** ~, without ceremony.
empadronamiento *(aympahdronahmyéntoh)* n. m. census, electoral register.
empalagamiento *(aympahlahgahmyéntoh)* m. surfeit, cloying.
empalagar *(aympahlahgáR)* tr. to cloy, to surfeit; (fig.) to vex, to weary.
empalago *(aympahláhgoh)* m. cloying, surfeit, disgust.
empalagoso *(aympahlahgóhsoh)* adj. cloying, sickly-sweet; (fig.) wearisome.
empalizada *(aympahleehtháhdah)* f. palisade, stokade, palefence.
empalmadura *(aympahlmahdóorah)* f. dovetailing, joint; (of ropes) splicing.
empalmar *(aympahlmáR)* tr. to dovetail, to join; *(Mech.)* to couple, to splice (ropes); (rewy) to join.
empalme *(aympálmay)* m. dovetailing, joint; *(Carp.)* splice (ropas), railway junction.
empanada *(aympahnáhdah)* m. meat or fish pie.
empanadilla *(aympahnahdéelyah)* f. small pie.
empantanar *(aympahntahnáR)* tr. to swamp, to flood.
empañar *(aympahnyáR)* tr. to tarnish, to blur, to steam up (windows, glass, etc.).
empapelador *(aympahpayladóR)* m. decorator.
empapelar *(aympahpayláR)* tr. to wrap in paper, to paper walls.
empaque *(aympáhkay)* m. (action) packing; (aspect) look, appearance; cheek.
empaquetador *(aympahkaytahdóR)* m. packer, parcel maker, wrapper up.
empaquetar *(aympahkaytáR)* tr. to pack, to parcel, to wrap up.
emparedado *(aympahraydáhdoh)* m. sandwich.
emparejar *(aympahrayHáR)* tr. e intr. to level, to match.
emparentado *(aympahreyntáhdoh)* adj. related.
emparentar *(aympahrayntáR)* intr. to relate, to be a relation.
emparillar *(aympahReelyáR)* tr. to grill.
empastar *(aympahstáR)* tr. to paste, to fill (a tooth), to bind (books, etc.).
empaste *(aympáhstay)* m. (tooth) filling.
empatar *(aympahtáR)* tr. to equal, to tie; (sports) to draw.
empate *(aympáhtay)* m. *(Pol.)* tie; (sports) draw, equaliser (in fooball).
empedernido *(aympaydayRnéedoh)* adj. callous, hart-hearted, hardened.
empedrado *(aympaydráhdoh)* adj. paved (with stones); m. (flag) stoned pavement.
empedrar *(aympaydráR)* tr. to pave, to cobble.
empeñar *(aympaynyáR)* tr. to pawn, to pledge; r. to engage, to bind oneself.
empeine *(ehmpéhneh)* m. instep.
empeño *(aympáynyoh)* m. pledge, pawn; determination, insistence, engagement.
empeoramiento *(aympayohrahmyéntoh)* m. deterioration, worsening.
empeorar *(aympayohráR)* intr. to worsen, to make worse; v. r. to grow worse, to deteriorate.
empequeñecer *(aympaykaynyaytháyR)* tr. to make smaller, to belittle; v. r. to grow smaller.
emperador *(aympayrahdóR)* m. emperor.

emperatriz *(aympayrahtréeth)* f. empress.
emperifollar *(aympayreefohlyá***R***)* tr. to doll up; to adorn.
empero *(aympáyroh)* conx. yet, but, howerer, neverbeless.
empezar *(aympaythá***R***)* tr. to begin, to start, to commence.
empinado *(aympeenáhdoh)* adj. steep; (fig.) conceited.
empinar *(aympeená***R***)* tr. to raise; (coll.) ~ **(el codo)**, to tip one's elow, to drink too much; v. r. (horses) to stand on its hind legs, to stand on tip-toe (persons).
empírico *(aympéereekoh)* adj. empiric(al).
empirismo *(aympeeréesmoh)* m. empericism.
emplastar *(aymplahstá***R***)* tr. to plaster; (coll.) to stop, to check.
emplasto *(aympláhstoh)* m. plaster, poultice.
emplazamiento *(aymplahthamyéntoh)* m. location, site; (legal) summons.
emplazar *(aymplahthá***R***)* tr. *Legal.* to summon, to place, to locate, to site.
empleado *(aymplayáhdoh)* m. employee.
emplear *(aymplayá***R***)* tr. to employ, to use.
empleo *(aympláyoh)* m. (things) employment, job, (of persons) use.
empobrecer *(aympohbraytháy***R***)* tr. to impoverish, to grow or become poor.
empobrecimiento *(aympohbraytheemyéntoh)* m. impoverishment.
empollar *(aympohlyá***R***)* tr. (of birds) to hatch, to brood; (students) to swot, to cram.
empollón *(aympohlyón)* m. swot, swotter, crammer.
empolvar *(aympolbá***R***)* tr. to powder.
emponzoñar *(aymponthonyá***R***)* tr. to poison, to corrup.
emporio *(aympóhryoh)* m. emporium; department store.
empotrado *(ehmpohtráhdoh)* adj. fitted, built-in.
empotrar *(aympohtrá***R***)* tr. to embed; to build in.
emprendedor *(aympraynday dó***R***)* adj. enterprising; m. enterpriser.
emprender *(aymprendáy***R***)* tr. to undertake, to start, to begin; ~ **el viaje**, to set out on the journey.
empresa *(aympráysah)* f. enterprise, firm, company.
empresario *(aympraysáhryoh)* m. enterpriser, contractor; *(Theat.)* impresario.
empréstito *(aympráyssteetoh)* m. loan.
empujar *(aympoo***H***á***R***)* tr. to push; (coll.) to shove.
empuje *(aympóo***H***ay)* m. impulse; (eng.) thrust, force.
empujón *(aympoo***H***ón)* m. push, shove, boost.
empuñadura *(aympoonyahdóorah)* f. handle, grip; (words) hilt.
empuñar *(aympoonyá***R***)* tr. to grasp, to get hold of, to clutch.
emulación *(aymoolahthyón)* f. emulation, imitation, copy.
emular *(aymoolá***R***)* tr. to emulate, to imitate, to copy, to rival, to surpass.
en *(áyn)* prep. in. at, into, on.
enajenación *(aynah***H***aynahthyón)* f. alienation, (law) estrangement, (of. property); ~ **mental**, mental derangement.
enajenar *(aynah***H***ayná***R***)* tr. to alienate, to enrapture.
enamoradizo *(aynahmohrahdéethoh)* adj. inclined to fall in love.
enamorado *(aynahmohráhdoh)* adj. in love, love-sick, fond; m. lover, sweetheart.
enamoramiento *(aynahmohrahmyéntoh)* m. infatuation, crush.
enamorar *(aynahmohrá***R***)* tr. to excite love, to court, to woo; v. r. to fall in love (with).
enano *(aynáhnoh)* adj. dwarfish, small; m. dwarf.

E

enardecer *(aynaRdaythá***R***)* tr. to kindle, to arouse, to inflame; v. r. to be aroused, to be inflamed.
encabestrar *(aynkahbaysstrá***R***)* tr. to halter.
encabezamiento *(aynkahbaytha-me:éntoh)* m. heading, (in letters, etc.); tax-roll.
encabezar *(aynkahbaythá***R***)* tr. to put a heading, to head, to lead.
encabritarse *(aynkahbreetá***R***say)* r. to rise on the hind legs (of horses), to bolt, to rear up.
encadenar *(aynkahdayná***R***)* tr. to chain, to shackle, to fetter (prisoners), to link, to connect (ideas), to put in chains.
encajar *(aynkah***H***á***R***)* tr. *(Carp.)* to join, to fit in, to match; *(Mech.)* to gear; *(Box.)* receive a punch.
encaje *(aynkáh***H***ay)* m. (textil) lace, inlaid work, fittings, socket, groove, cavity.
encajonar *(aynkah***H***oná***R***)* tr. to box, to crate, to pack; (fig.) to lead into a narrow pass.
encalar *(aynkahlá***R***)* tr. to white-wash.
encallar *(aynkahlyá***R***)* intr. *(Naut.)* to run aground, to strand.
encallecer *(aynkahlyaytháy***R***)* intr. to harden; v. r. (fig.) to become inured.
encallecido *(aynkahyaythéedoh)* adj. hardened; (fig.) hardhearted, callous.
encaminar *(aynkahmeená***R***)* tr. to guide, to put on the right road; v. r. to make for, to make one's way to.
encandilar *(aynkahndeelá***R***)* tr. to dazzle, to bewilder; v. r. to be dazzled.
encanecer *(aynkahnaytháy***R***)* intr. to grow gray haired.
encanijamiento *(aynkahnee***H***ah-myéntoh),* m. weakness, meagre-ness, emaciation.
encanijar *(aynkahnee***H***á***R***)* tr. to weaken (babies); r. to pine.
encantación *(aykahntahthyón)* f. incantation, charm, enchantment.
encantado *(aykahntáhdoh)* adj. haunted, charmed, delighted; **~ de conocerle**, pleased to meet you.
encantador *(aynkahntahdó***R***)* adj. captivating, charming, delightful (of persons or things); m. charmer, enchanter; (witchcraft) sorcerer; f. sorceress.
encantar *(aykahntá***R***)* tr. to charm, to enchant, to bewitch, to cast spells (witchcraft), to please, (of appeal).
encanto *(aynkáhntoh)* m. enchantment, charm, spell, glamour, appeal, delight.
encañonar *(aynkahnyohná***R***)* r. e intr. to put into tubes, to fold, to aim at (a person) with a gun.
encapotar *(aynkahpohtá***R***)* tr. to cloak; v. r. to become cloudy, to cloud over.
encapricharse *(aynkahprechá***R***-say)* r. to indulge in whims, to become obstinate, to take a fancy to.
encapuchado *(aykahpoocháhdoh)* adj. hooded.
encapuchar *(aynkahpoochá***R***)* tr. to hood.
encarado *(aynkahráhdoh)* adj. faced; **bien ~**, nice-looking; **mal ~**, evil-looking.
encaramarse *(aynkahrahmá***R***say)* r. to climb.
encaramiento *(aynkahrahmyén-toh)* m. the act of facing, aiming (a gun).
encarar *(aynkahrá***R***)* tr. to point, (fire-arms); to face, to confront; v. r. to face with.
encarcelado *(aynkarthayláhdoh)* adj. imprisioned, jailed.
encarcelar *(aynkarthaytá***R***)* tr. to imprison, to jail, to put in jail.
encarecer *(aynkaraytháy***R***)* tr. to raise the price of; (fig.) to extol, to recomend; v. r. to go up in price.

encarecimiento *(aynkarahthee-myéntoh)* m. price-rising, dearness, expensiveness; **~ de la vida**, rise of the cost of living.
encargado *(aynka**R**gáhdoh)* m. agent, person in charge; adj. commissioned.
encargar *(aynka**R**gá**R**)* tr. to recommend; (goods) to order, to commission (a person), to entrust (with responsabilices); v. r. to take charge of, to see to.
encargo *(aynká**R**goh)* m. commission; *(Com.)* order, errand.
encariñarse *(aynkahreenyá**R**say)* r. to become fond of, to get attached to.
encarnación *(aynka**R**nathyón)* f. incarnation.
encarnado *(aynka**R**náhdoh)* adj. incarnate; (coll.) red.
encarnar *(aynka**R**ná**R**)* intr. to incarnate; tr. to embody; r. to incorporate.
encarnizado *(aynka**R**neetháhdoh)* adj. bloody; bloodshot.
encarnizamiento *(ayka**R**neethah-myéntoh)* s. cruelty; **con ~**, furiously.
encarnizarse *(aynka**R**neethá**R**say)* r. to get cruel, to become ruthless.
encarrilar *(aynkah**R**eelyá**R**)* tr. to direct, to put on the right track, to set on the right path.
encasillado *(aynkahseelyáhdoh)* m. set of pigeonholes.
encasillar *(aynkahseelyá**R**)* to pigeonhole, to classify.
encasquetar *(aynkahskaytá**R**)* tr. to force an opinion; r. to be headstrong.
encasquillarse *(aynkaskeelyá**R**-ssay)* v. r. (fire-arms) to jam.
encauchar *(aynkaoochá**R**)* tr. to rubberise, to cover with rubber.
encausar *(aynkaoossá**R**)* tr. to prosecute, to sue.
encauzar *(aynkaoothá**R**)* tr. to channel, to lead, to force water through a channel; (fig.) to guide, to direct.
encéfalo *(ayntháyfahloh)* m. brain; *Med.* encephalon.
encenagamiento *(aynthaynahgah-myéntoh)* m. wallowing in dirt, mire or vice.
encenagar *(aynthaynahgá**R**)* tr. to fill with mud, to cover with mud/mire.
encenagarse *(aynthaynahgá**R**say)* r. to wallow in dirt; (fig.) to be involved in vice.
encendedor *(aynthayndaydó**R**)* m. lighter.
encender *(aynthayndáy**R**)* tr. to kindle, to light, to put on (lights), to switch on; (fig.) to infame, to incite; v. r. to be put on (lights), to be lit.
encendido, a *(aynthayndéedoh, dah)* adj. lit. illuminated (lights), (of face) blushed, blushing; m. (motor) ignition.
encerado *(aynthayráhdoh)* m. oilcloth, oilskin (for wear); tarpaulin (for covering goods), blackboard; adj. waxed, polished.
encerar *(aynthayrá**R**)* tr. to wax.
encerrar *(aynthay**R**á**R**)* tr. to lock up, to confine, to shut up; v. r. to lock oneself up.
encerrona *(aynthay**R**óhnah)* s. voluntary retreat.
encestar *(aynthaysstá**R**)* tr. to put in a basket, to hamper, (basketball) to score.
encharcada *(ayncha**R**káhdah)* f. pool, puddle; adj. soaking, wet through, inundated.
encharcar *(ayncha**R**ká**R**)* tr. to soak through, to wet through; v. r. to cover with water to form puddles.
enchufar *(aynchoofá**R**)* tr. to plug in, to turn on.
enchufe *(aynchóofeh)* m. sooket, plug; (coll.) job position (obtained through friendship), connections.
encía *(aynthée:ah)* f. gum.
encíclica *(ayntheecleekah)* f. encyclic(al).

E

E

enciclopedia *(ayntheeklohpáydyah)* f. encyclopedia.

enciclopédico *(ayntheckIohpáydeekoh)* adj. encyclopedic.

encierro *(aynthyáyRoh)* m. confinement, lock up, prison, reclusion, (bull-fightrug) corraling of bulls.

encima *(ayntheemah)* adv. above, over, on top, besides, on, overhead; **por ~**, superficially; **por ~ de**, in spite of, over.

encina *(ehnthéentah)* f. evergreen oak.

encinta *(ehnthéentah)* adj. pregnant.

enclaustrado *(aynklaoosstráhdoh)* adj. cloistered.

enclavar *(aynklahbáR)* tr. to embed, to nail, to situate, to place, to site; (coll.) to deceive.

enclenque *(aynkláynkay)* s, y adj, weak, sickly, feeble.

encoger *(aynkohHáyR)* tr. to contract, to shrink, to shorten; v. r. (fig.) to dismay, to shrink; **~ de hombros**, to shrug one's shoulders.

encogido *(aynkohHéedoh)* adj. bashful, timid (fig.); shrunk (cloth); (of animals) with-drawn.

encolar *(aynkohláR)* tr. to glue, to gum.

encolerizar *(aynkohlayreetháR)* tr. to anger, to make angry.

encomendar *(aynkohmayndáR)* tr. to (re)commend, to entrust.

encomiar *(aynkohmyáR)* tr. to praise, to extol.

encomiasta *(aynkohmyáhstah)* s. encomiast.

encomiástico *(aynkohmyáhsteekoh)* adj. encomiastic(al), eulogistic.

encomienda *(aynkohmyéndah)* f. commission, compliment; pl. respects.

encomio *(aynkóhmyoh)* m. praise, encomium.

enconado, a *(ahnkohnáhdoh, dah)* adj. bitter, ruthless.

enconamiento *(aynkohnamyéntoh)* m. inflammation, anger.

enconar *(aynkohnáR)* tr. to inflame, to provoke; v. r. to irritate.

encono *(aynkóhnoh)* m. malevolence; rancour.

encontrado *(aynkontráhdoh)* adj. opposite, in front, contrary.

encontrar *(aynkontráR)* tr. e intr. to (persons) meet, to encounter; (things) to find; v. r. to feel, to be.

encontronazo *(aynkontrohnáhthoh)* m. collision, crash.

encopetado *(aynkopaytáhdoh)* adj. haughty, proud.

encorchadora *(aynkoRchahdóRah)* f. corking machine.

encorchar *(aynkoRcháR)* tr. to cork bottles, to cover with cork panels.

encorvado, a *(aynkoRbáhdoh, dah)* adj. bent, humped.

encorvadura *(aynkoRbahdóorah)* f. **curvatura**, bending, crookedness.

encorvar *(aynkoRbáR)* tr. to bend, curve; v. r. to bend, to stoop.

encrespadura *(aynkraysspahdóorah)* f. crispation, curliness.

encrespamiento *(aynkraysspahmyéntoh)* m. curling, standing on end (hair); (sea) roughness.

encrespar *(aynkresspáR)* tr. to curl, to frizzle, to make hair stand on end, to ruffle (feathers); v. r. (sea) to get rough.

encrucijada *(aynkrootheeHáhdah)* f. crossroads.

encuademación *(aynkoo:ahdayRnahthyón)* f. book-binding.

encuadernador *(aynkoo:ahdayRnahdóR)* m. (book)binder.

encuadernar *(aynkoo;ahdayRnáR)* tr. to bind (books); **sin ~**, unbound.

encubierta *(aynkoobyáyRtah)* s. fraud, deceit.
encubierto *(aynkoobyáyRtoh)* adj. hidden, concealed.
encubridor *(aynkoobreedóR)* m. concealer, accesory (after the fact).
encubrimiento *(aynkoobreemyéntoh)* m. concealment, hidding; *(Leg.)* sheltering.
encubrir *(aynkoobréeR)* tr. to conceal, to hide.
encuentro *(aynkwáyntroh)* m. meeting, encounter, find(ing), collision, shock, clash; *Sport.* meeting, match.
encuesta *(aynkwáysstah)* f. inquiry, inquest, survey, opinion poll.
encumbrado *(aynkoombráhdoh)* adj. lofty, high, elevated.
encumbramiento *(ayncoombrahmyéntoh)* m. raising, elevating.
encumbrar *(aynkoombráR)* tr. to raise, to elevate; v. r. to rise, to get proud, to self-esteem highly.
endeble *(ayndáyblay)* adj. feeble, weak, frail.
endémico *(ayndáymeekoh)* adj. endemic.
endemoniado *(ayndaymohnyáhdoh)* adj. devilish, fiendish, possessed (by the Devil).
enderezar *(ayndayraytháR)* tr. to straighten, to put right; v. r. to go straight, to straighten up, to stand upright.
endeudarse *(ayndayoodáRsay)* r. to contract debts, to get into debts.
endiablado *(ayndyahbláhdoh)* adj. devilish, diabolical, wicked, perverse.
endiosamiento *(ayndyohsahme:éntoh)* m. loftiness, haughtiness, deification.
endiosar *(ayndeeohsáR)* tr. to deify; v. r. to swell with pride.
endosar *(endohsáR)* tr. to endorse (a draft).
endoso *(ayndóhsoh)* m. endorsement.
endulzar *(ayndookháR)* tr. to sweeten, to sugar; (fig.) to soften.
endurecer *(ayndooraytháyR)* tr. to harden, to toughen; v. r. to get hard/tough; (fig.) to become cruel.
endurecido *(ayndooraythéedoh)* adj. hardened.
endurecimiento *(ayndooraytheemyéntoh)* m. hardening.
enemiga *(aynayméegah)* f. enmity, hatred.
enemigo *(aynayméegoh)* adj. unfriendly, hostile; m. enemy, foe.
enemistad *(aynaymeesstáhd)* f. enmity, hatred.
enemistar *(aynaymeesstáR)* tr. to make an enemy; v. r. to fall out with.
energía *(aynayRHée:ah)* f. energy; power; ~ **eléctrica**, (electricy) electric power; ~ **renovable**, renewable energy; ~ **eólica**, wind power.
enérgico *(aynáyRHeekoh)* adj. energetic, active lively.
enero *(aynáyroh)* m. January.
enervar *(aynayrbáR)* tr. to enervate, to weaken; v. r. to become weak.
enfadar *(aynfahdáR)* tr. to annoy; v. r. to get angry with, to get cross with.
enfado *(aynfáhdoh)* m. annoyance, anger, vexation.
enfangar *(aynfahngáR)* tr. to cover/soil with mud; v. r. to bemire, to cover oneself with mud; *(Naut.)* to run aground in mud; (coll.) to be mixed in shady business.
enfardar *(aynfaRdáR)* tr. to pack, to bale.
énfasis *(áynfasiss)* m. emphasis.
enfático *(aynfáhteekho)* adj. emphatic.
enfermar *(aynfayRmáR)* tr. to fall ill or sick, to be taken ill.
enfermedad *(aynfayRmaydáhd)* f. sickness, illness, disease.
enfermera *(aynfayRmáyrah)* f. nurse.
enfermería *(aynfayRmayrée:ah)* f. infirmary; (school) sick bay.

E

E

enfermero *(aynfayRmáyroh)* m. male-nurse.
enfermizo *(aynfayRméethoh)* adj. sickly unhealthy.
enfermo *(aynfáyRmoh)* m. patient, sick, ill.
enfervorizar *(aynfayRbohreetháR)* tr. to inflame, to incite; v. r. to get excited.
enfilar *(aynfeeláR)* tr. to put in arow; *(Naut.)* to direct the course for, to bear to.
enflaquecer *(aynflahkaytháyR)* tr. to make thin, to go thin; v. r. to get/grow thin.
enflaquecimiento *(anynflahkaytheemy:éntoh)* m. emaciation, loss of flesh, debilitation.
enfocar *(aynfohkáR)* tr. to focus; *(Phot.)* (fig.) to centre.
enfrascar *(aynfrakskáR)* tr. to bottle (liquids); r. to be engrossed (in).
enfrentar *(aynfrayntáR)* tr. to face, to confront, to put face to face; v. r. ~ **con**, to face the, to oppose to.
enfrente *(aynfráyntay)* adv. opposite, in front, facing.
enfriamiento *(aynfre:ahmyéntoh)* m. cooling; *(Med.)* cold, chill.
enfriar *(aynfreiáR)* tr. to cool, to refrigerate, to get a chill, to get a cold.
enfundar *(aynfoodáR)* tr. to (put into a) case, to sheathe.
enfurecer *(aynfooraytháyR)* tr. to enrage, to infuriate; v. r. to get furious, to rage.
enfurecimiento *(aynfooraytheemyéntoh)* m. fury.
enfurruñarse *(aynfooRoonyáRsay)* r. fam, to grow angry, to pout, to sulk.
engalanar *(ayngahlahnáR)* tr. to adorn, to decorate, to deck; *(Naut.)* to dress a ship.
enganchamiento *(ayngahnchamyéntoh)* m. hooking, link(ing); (army) enlisting.
enganchar *(ayngahncháR)* tr. to hook, to clasp; *(Mech.)* to couple; (horses) to harness; (army) to decoy; v. r. to get hocked.
enganche *(ayngánchay)* m. hook; *(Mech.)* coupling; (army) enlistment; (horses) harnessing.
engañabobos *(ayngahnyahbóhboss)* m. (coll.) trickster, fooltrap.
engañado, a *(ayngahnyáhdoh,ah)* adj. deceived, cheated, mistaken.
engañador, a *(ayngahnyahdóR, ah)* m. deceiver, cheater; adj. deceiving, cheating.
engañar *(ayngahnyár)* tr. to deceive, to cheat, to fool; v. r. to be wrong/mistaken.
engañifa *(ayngahnyéefah)* f. (fam.) deceit, trick.
engaño *(eyngáhnyoh)* m. deceit, cheat(ing), lure, fraud.
engañoso *(ayngahnyóhsoh)* adj. deceiful, false, fraudulent.
engarce *(ayngáRthay)* s. union; (of jewels) mounting setting.
engarzar *(ayngRtháR)* tr. to link; to thread; (gems) to mount, to set (in).
engastar *(ayngahstáR)* tr. to encase; (gems) to mount, to set (in).
engaste *(ayngáhstay)* m. setting, mounting (jewels).
engatusador *(ayngahtoossahdóR)* adj. (coll.) coaxing, wheedling.
engatusar *(ayngahtoosáR)* tr. (fam.) to inveigle, to deceive, to wheedle.
engendramiento *(aynhayndramyéntoh)* s. begetting, engendering, conception.
engendrar *(aynHayndráR)* tr. to engender, to beget, to breed, to conceive; (fig.) to create.
engendro *(aynHáyndroh)* m. *(Biol.)* foetus; (fig.) monster, abortion, shapeles embryo.
englobar *(aynglohbáR)* tr. to include, to comprise.
engolfar *(ayngolfáR)* tr. *(Naut.)* to enter a gulf; v. r. (coll.) to become a rescal/rogue.

engomar *(ayngohmáR)* tr. to gum, to glue.
engordar *(ayngoRdáR)* tr. to fatten; v. r. to get fat, to grow fat.
engorroso *(ayngohRósoh)* adj. cumbersome, annoying, embarrassing.
engranaje *(ayngrahnáhHeh)* m. *(Mech.)* gear; cog.
engrandecer *(ayngrahndaytháyR)* tr. augment, to enlarge; (fig.) to exalt, to magnify.
engrandecimiento *(ayngrahndaytheemyéntoh)* m. enlargement; exaltation; exaggeration.
engrasador *(ayngrahssahdóR)* m. greaser, olier.
engrasar *(ayngrahsáR)* tr. to grease, to oil, to lubricate.
engreído *(ayngrayéedoh)* adj. m. conceited, proud, haughty, petulant.
engreimiento *(ayngrayeemyéntoh)* m. conceit, vanity, presumption.
engreír *(ayngrayéeR)* tr. to spoil, to pamper, to make (someone) vain.
engreírse *(ayngrayéeRsay)* r. to become vain, to puff (up).
engrosar *(ayngrohsáR)* tr. to swell, to increase, to expand; v. r. to get strong, to increase.
engrudar *(ayngroodáR)* tr. to paste.
engrudo *(ayngróodoh)* m. paste.
enguantado *(ayngroo:ahntáhdoh)* adj. gloved.
enguantar *(ayngoo:ahntáR)* tr. to put on gloves.
engullir *(ayngoolyéeR)* tr. to ulp down, to guzzle, to gobble.
enhebrar *(aynaybráR)* tr. to thread.
enhestar *(aynaysstáR)* tr. to erect, to set upright.
enhiesto *(aynyésstoh)* adj. erect, upright.
enhorabuena *(aynohrabwáynah)* f. congratulation(s); **dar la ~** to congratulate; adv. luckily.
enigma *(aynéegmah)* m. enigma, riddle, puzzle.
enigmático *(ayneegmáhteekoh)* adj. enigmatic.
enjabonar *(aynHahbohnáR)* tr. to soap, to lather; (fig.) to butter, to sugar (a person).
enjambre *(aynHámbray)* m. swarm; (fig.) crowd.
enjaular *(aynHah/ooláR)* tr. to cage; (fig.) to put in jail.
enjertación *(aynHayRtahthyón)* f. grafting, insertion.
enjertar *(aynHayRtáR)* tr. to graft, to insert.
enjoyar *(aynHohyáR)* tr. to adorn with jewels.
enjuagadientes *(aynHwahgahdyéntayss)* m. mouth-wash.
enjuagar *(aynHoo:ahgáR)* tr. to rinse, to swill.
enjuague *(aynHooiáhgay)* m. rinsing.
enjugar *(aynHoogáR)* tr. to dry, to wipe; (fig.) to absorb.
enjuiciar *(aynHooeethyáR)* tr. to judge, to indict, to prosecute.
enjundia *(aynHóondyah)* f. animal fat; (fig.) substance.
enjutez *(aynHoo:táyth)* f. leanness, dryness.
enjuto *(aynHóotoh)* adj. lean, thin.
enlace *(aynláhthay)* m. link, union, connection, bond; liaison.
enladrillado *(aynlahdrylyáhdoh)* adj. brickwork.
enladrillar *(aynlahdrylyáR)* tr. to brick (up. in).
enladrillador *(aynlahdreelyahdóR)* m. brick-layer.
enlatar *(aynlahtáR)* tr. to can (food, etc.).
enlazamiento *(aynlahthahmyéntoh)* m. connection, linking, wedding.
enlazar *(aynlahtháR)* tr. to bind, to link; (catt.) to lassoo; v. r. to marry.
enlodar *(aynlohdáR)* tr. to be mire, to cover with mud.
enloquecer *(aynlohkaytháyR)* tr. to madden, to drive mad; intr. y r. to go mad.
enlosado *(aynlohsáhdoh)* adj. flagstoned; m. flagstone pavement.

E

E

enlosar *(aynlohsá***R***)* tr. to lay a floor with flags, to pave with stone flags, flagstones.
enlucir *(aynloothée***R***)* tr. to white-wash; (metal) to polish plate.
enlutar *(aynlootá***R***)* tr. to put in mourning, to veil, to darken.
enmarañar *(aynmahranyá***R***)* tr. to (en)tangle, to enmesh.
enmascarar *(aynmahskará***R***)* tr. to mask, to disguise; v. r. to masquerade.
enmendar *(aynmayndá***R***)* tr. to correct, to make right, to put right; v. r. to make amends, to turn a new leaf.
enmienda *(aynmyéndah)* f. correction, repair; (law) amendment; compensation.
enmohecerse *(aynmoh/aytháy***R***-say)* r. to grow mouldy; (metal) to rust.
enmudecer *(aynmoodaytháy***R***)* tr. to hush, to impose silence; intr. to be silent, to become dumb.
ennegrecer *(aynnaygraytháy***R***)* tr. to make black, to darken, to blacken.
ennoblecer *(aynnoblaytháy***R***)* tr. to ennoble, to embellish.
enojadizo *(aynoh***H***ahdéethoh)* adj. irritable, irasceible, cranky.
enojado *(aynoh***H***áhdoh)* adj. angry, mad; annoyed; peevish, cross.
enojar *(aynoh***H***á***R***)* tr. to vex, to anger, to annoy, to upset; v. r. to get angry, to get cross.
enojo *(aynóh***H***oh)* m. anger, annoyance, bad-temper.
enojoso *(aynoh***H***óhsoh)* adj. vexatious, annoying, irritating.
enorgullecer *(ayno***R***goolyahtháy***R***)* tr. to make proud; v. r. to be proud.
enorme *(aynó***R***may)* adj. enormous, huge.
enormidad *(ayno***R***mydáhd)* f. enormity, atrocity, nonsense.
enramar *(ayn***R***ahmá***R***)* tr. to cover with branches.
enrarecer *(ayn***R***ahraytháy***R***)* r. to rarefy, to thin; v. r. to become rare, to got scarce.
enredadera *(ayn***R***aydahdáyrah)* f. *Bot.* climbing plant, creeper.
enredado *(ayn***R***aydáhdoh)* adj. entangled, involved; tangled up.
enredador *(ayn***R***aydahdó***R***)* m. entangler, tell-tale, busy-body, meddler.
enredar *(ayn***R***aydá***R***)* tr. to entangle, to involve, to catch in reds; v. r. to get involved, to be entangled; to tangle up.
enredo *(ayn***R***áydoh)* m. entaglement, puzzle, plot of a play; pl. tools of a trade, tackle.
enrejado *(ayn***R***ay***H***áhdoh)* m. grating, railing, trellis.
enrejar *(ayp***R***ay***H***á***R***)* tr. to put a grating (on window); to surround with grating/railing; *(Agric.)* to fix the ploghshare.
enrevesado *(ayn***R***aybaysáhdoh)* adj. dificult, frisky (of persons).
enriquecer *(ayn***R***eekaytháy***R***)* tr. to enrich, to get rich.
enrojecer *(ayn***R***oh***H***aytháy***R***)* tr. to make blush, to redden; v. r. to blush, to turn red.
enrollar *(ayn***R***ohlyá***R***)* tr. to roll up, to coil, to wrap, to wind.
enronquecer *(ayn***R***onkaytháy***R***)* tr. to make hoarse; v. r. to go hoarse.
enroscar *(ayn***R***oská***R***)* tr. *(Mech.)* to screw on/in, to twine; v. r. to coil itself round.
enrudecer *(ayn***R***oodaytháy***R***)* tr. to make rude; v. r. to become rude, coarse.
ensacar *(aynsahká***R***)* tr. to bag, to put in bags/sacks, to sack up.
ensalada *(aynsahláhdah)* s. salad; ~ **de frutas**, fruit salad.
ensaladera *(aynsahlahdáyrah)* s. salad-dish, salad bowl.

ensaladilla *(aynssahlahdéelyah)* f. Russian salad.
ensalzar *(aynsahlthá***R***)* tr. to extol, to praise, to exalt.
ensamblador *(aynssamblahdó***R***)* m. joiner, carpenter.
ensambladura *(aynsahmblahdóorah)* f. assembly; joint.
ensamblar *(aynsahmblá***R***)* tr. to join, to assemble.
ensanchamiento *(aynsahnchamyéntoh)* s. widening, extention, expansion.
ensanchar *(aynsahnchá***R***)* tr. to widen, to extend, to expand; v. r. to become wider, to expand.
ensanche *(aynsáhnchay)* m. enlargement, widening; suburban development.
ensangrentado *(aynssangrayntáhdoh)* adj. bloodstained, covered in blood.
ensangrentar *(aynsahngrayntá***R***)* tr. to stain with blood.
ensañarse *(aynsahnyá***R***say)* r. to be mercilless, to be brutal.
ensartar *(aynsa***R***tá***R***)* tr. to string, to thread, to run through (with a sword, etc.), to stab; (fig.) to reel off.
ensayar *(aynsahyá***R***)* tr. to try out, to test; *(Theat.)* to rehearse.
ensayo *(aynsáhyoh)* m. essay, trial; *Theat.* rehearsal, examination, test; *Lit.* essay.
ensenada *(aynsaynáhdah)* f. cove, inlet, creek.
enseña *(aynsáynyah)* f. standard, ensign, colours.
enseñanza *(aynsaynyáhnthah)* f. teaching, tuition, education, instruction; ~ **primaria**, primary education; ~ **secundaria**, secondary education.
enseñar *(aynsaynyá***R***)* tr. to teach, to instrut, to show; ~ **el camino**, to show the way, to point out the way.
enseñorear *(aynsaynohrayá***R***)* tr. to lord, to domineer; v. r. to take possession of.
enseres *(aynsáyress)* m. pl. chattels, implements, household goods.
ensillar *(aynsseelyá***R***)* v. t. to saddle (horses).
ensimismado *(aynssseemeesmáhdo)* adj. engrossed, absorbed, lost in thought.
ensimismarse *(aynseemeessmá***R***say)* r. to be absorbed in thought, to be engrossed, to brood over.
ensoberbecer *(aynsohbay***R***baytháy***R***)* tr. to make, proud; v. r. to become proud, to swell.
ensombrecer *(aynssombraytháy***R***)* to darken, to make dark; (fig.) v. r. to sadden, to be blue.
ensordecedor *(aynsso***R***daythaydó***R***)* adj. deafening, stunning.
ensordecer *(aynso***R***daytháy***R***)* tr. to deafen; v. r. to become deaf, to turn deaf.
ensordecimiento *(aynso***R***daytheemyéntoh)* s. deafness.
ensortijado *(aynsso***R***tee***H***ádoh)* adj. curly (hair); covered with rings.
ensortijar *(aynsso***R***tee***H***á***R***)* tr. to curl (hair); to cover with rings; v. r. to curl itself.
ensuciar *(aynsoothyá***R***)* tr. to dirt, to soil, to pollute; v. r. to dirty oneself, to soil oneself.
ensueño *(aynswáynyoh)* m. revery, daydream, fantasy, illusion.
entablado *(ayntahbláhdoh)* m. boarded floor, parquet, started.
entablar *(ayntahblá***R***)* tr. to floor, to board (up); to start (talks, etc.); (law) to bring (a suit).
entablillar *(ayntahbleelyá***R***)* tr. *(Med.)* to splint(er).
entallar *(ayntahlyá***R***)* tr. to notch, to carve (wood, stone, etc.); intr. to fit to the waist.

E

entapizar *(ayntahpeetháR)* tr. to adorn with tapestry.
entarimado *(ayntahreemáhdoh)* m. boarded floor, parquet flooring.
entarimar *(ayntahreemáR)* tr,. to board, to floor.
E
ente *(áyntay)* m. entity, being.
entender *(ayntayndáyR)* tr. e intr. to understand, comprehend, to make out; v. r. to understand each other, to agree; **dar a** ~, to imply; **se entiende que**, it is understood, that; **según mi** ~, in my opinion.
entendido *(ayntayndéedoh)* adj. wise, learned, knowing; m. expert, judge; **darse por** ~, to take the hint; **no darse por** ~, to ignore.
entendimiento *(ayntayndeemyéntoh)* m. understanding, comprehension, mind, intellect.
enterado *(ayntayráhdoh)* adj. aware, informed, **estar** ~, to be aware/informed.
enteramente *(ayntayrahmáyntay)* adv. entirely completely, quite, fully.
enterar *(ayntayráR)* tr. to inform, to let know, to acquaint; v. r. to learn.
entereza *(ayntayráythah)* f. integrity, fortitude, firmness.
enternecer *(ayntayRnaytháyR)* r. to soften, to move; v. r. to be moved, to touch.
enternecimiento *(ayntayRnaytheemy:éntoh)* m. compassion, pity.
entero *(ayntáyroh)* adj. entire, whole, complete; m. *(Mat.)* integer; **por** ~, entirely, completely.
enterrador *(ayntayRahdóR)* m. grave-digger, burier.
enterramiento *(ayntayRahmyéntoh)* m. burial.
enterrar *(ayntayRáR)* tr. to bury, to inter.
entibiar *(aynteebyáR)* tr. to make lukewarm, to take the chill off, to relax, to cool off.
entidad *(aynteedáhd)* f. entity, organization; *(Com.)* firm.
entierro *(ayntyáyRoh)* m. burial, funeral.
entoldado *(ayntoldáhdoh)* adj. covered with tents or awnings; (sky) overcast; m. large tent, awning.
entoldar *(ayntoldáR)* tr. to cover with an awning; v. r. (sky) to cloud over.
entonación *(ayntohnahthyón)* f. intonation; (voice) modulation.
entonado *(ayntohnáhdoh)* adj. haughty, proud, puffed up.
entonador *(ayntohnahdóR)* m. *(Phot.)* toner, organ-blower.
entonar *(ayntohnáR)* tr. to tune, to modulate; *(Phot.)* to tone, to blow organ bellows; v. r. to assume airs, to feel big.
entonces *(ayntónthayss)* adv. then, just then; **en aquel** ~, at that time; **por aquel** ~, at the time.
entornar *(ayntoRnáR)* tr. to half close, to leave (a door) ajar; (eyes) to half close, to tilt.
entorpecer *(ayntoRpaytháyR)* tr. to (be)numb, to make stupid, to make clumsy, to obstruct.
entorpecimiento *(ayntoRpaytheemyéntoh)* m. obstacle, numbness, obstruction, dullness.
entrada *(ayntráhdah)* f. entrance, door(way), way in; (admission) ticket; *(Com.)* entry.
entrampar *(ayntrahmpáR)* tr. to entrap, to ensnare, to deceive, to muddle (business, etc.).
entrante *(ayntráhntay)* adj. entering, (in)coming, next.
entraña *(ayntráhnyah)* f. entrail, bowels; (fig.) the heart of (something), affections.
entrañable *(ayntrahnyáhblay)* adj. intimate, dear, close, fond; **un amigo** ~, a very close friend.

entrañar *(ayntrahnyáR)* tr. to involve, to entail, to include.
entrar *(ayntráR)* tr. e intr. to enter, to go in or into, to come in, to get into; ~ **en**, to begin; ~ **en edad**, to be getting on in years.
entre *(áyntray)* prep. between, among(st), amid(st); entre tanto, meanwhile; ~ **dos luces**, at dusk; ~ **manos**, in hand.
entreabrir *(ayntrayahbréeR)* tr. to half open.
entrecejo *(ayntraytháyHoh)* m. between the eyes; **fruncir el** ~, to frown.
entrecortado *(ayntreykoRtáhdoh)* adj. intermittent, difficult, (voice) faltering.
entrecortar *(ayntraykoRtáR)* v. r. to cut indiscriminately; (fig.) to interrupt.
entrecruzarse *(ayntraykroothá R-ssay)* v. r. to intercross, to interweave.
entrecubiertas *(ayntraykoobyéR-tahs)* f. *(Naut.)* between decks.
entredicho *(ayntraydéechoh)* m. interdict(ion), ban.
entrega *(ayntráygah)* f. delivery, installment; submission , surrender.
entregar *(ayntraygáR)* tr. to deliver, to hand (over), to give (in, or up); v. r. to surrender, to give oneself up; ~ a, to devote oneself to.
entrelazar *(ayntraylahtháR)* tr. to interlace, to interweave, to entwine, to braid.
entremés *(ayntraymáyss)* m. interlude; pl. hors d'oeuvre(s).
entremeter *(ayntraymaytáyR)* tr. to insert; v. r. to intrude, to meddle, to interfere.
entremetido *(ayntraymaytéedoh)* adj. meddlesome; m. meddler, busybody.
entremezclar *(ayntraymaythkláR)* tr. to intermingle, to intermix.
entrenador *(ayntraynahdóR)* m. trainer, coach.
entrenamiento *(ayntraynahmyén-toh)* m. training, drill.
entrenar *(ayntraynáR)* tr. to train, to coach, to drill, to practise.
entreoír *(ayntrayoh/éeR)* tr. to hear indistinctly, to half-hear.
entrepierna *(ayntraypyéRnah)* f. crotch, inner thigh.
entresacar *(ayntraysahkáR)* tr. to select, to pick, to choose; (agric.) to winnow.
entresuelo *(ayntrayswáyloh)* m. entresol, mezzanine.
entretanto *(ayntraytáhntoh)* adv. meanwhile.
entretela *(ayntraytáylah)* f. (sewing) interlining.
entretener *(ayntraytaynáyR)* tr. to entertain, to amuse, to keep busy, to while away; *(Mot.)* to maintain.
entretenido *(ayntraytaynéedoh)* adj. entertaining, amusing.
entretenimiento *(ayntraytaynee-myéntoh)* m. entertainment, pastime, hobby; *(Mot.)* maintenance.
entretiempo *(ayntraytyémpoh)* m. Spring or Autumn (UK), Fall (US).
entrever *(ayntraybáyR)* tr. to half-see, to glimpse.
entrevista *(ayntraybéesstah)* f. interview.
entristecer *(ayntreesstaytháyR)* tr. to sadden, to make sad; v. r. to grieve, to become sad.
entristecimiento *(ayntreesstaythee-myéntoh)* m. sadness.
entrometerse *(ayntromaytáyRsay)* v. r. to interfere.
entumecer *(ayntoomaytháyR)* tr. to (be)numb; v. r. to go numb, to go stiff (with cold, etc.)
entumecimiento *(ayntoomaythee-myéntoh)* m. numbness, deadness, swelling, torpor.
enturbiar *(ayntooRbyáR)* tr. to make turbid/muddy; (fig.) to make obscure.
entusiasmado *(ayntoosyahsmáh-doh)* adj. enthusiastic(al).
entusiasmar *(ayntoosy:ahsmáR)* tr. to excite, to captivate; v. r. to get excited about, to be carried away by.

E

entusiasmo *(ayntoosyáhsmoh)* m. enthusiasm, zest, eagerness, keenness.
entusiasta *(ayntoossyástah)* m. fan, enthusiast.
enumeración *(aynoomeerahthyón)* f. enumeration.
enumerar *(aynoomayrá***R***)* tr. to enumerate, to number.
enunciación *(aynoonthyahthyón)* f. enunciation, statement, declaration.
enunciar *(aynoonthyá***R***)* tr. to sate, to enunciate.
envainar *(aynbaeená***R***)* tr. to sheathe (sword, etc.)
envalentonar *(aynbahlayntohná***R***)* tr. to encourage, to embolden; v. r. to get bold/daring.
envanecer *(aynbahnaytháy***R***)* tr. to make vain; v. r. to puff up, to become vain.
envaramiento *(aynbahrahmy:éntoh)* m. numbness, stiffness (with cold).
envarar *(aynbahrá***R***)* tr. to stiffen, to benumb.
envasar *(aynbahsá***R***)* tr. to pack; to can, to tin; to bottle.
envasador *(aynbahsahdó***R***)* tr. packer, canner, bottler.
envase *(aynbáhsay)* m. packing, container, cask, case, box, etc.
envejecer *(aynbay***H***aytháy***R***)* tr. to make old; intr. to grow old.
envejecido *(aynbay***H***aythéedoh)* adj. old-looking, aged.
envenenamiento *(aynbaynaynahmy:éntoh)* m. poissoning.
envenenar *(aynbaynayná***R***)* tr. to poison.
envergadura *(aynbay***R***gahdóorah)* Birds. Aeron. wing-span, wing, spread.
envestidura *(aynbayssteedóorah)* f. (birds) wingspan; *(Aer.)* wingspread.
enviado *(aynbyáhdoh)* m. envoy, messenger.
enviar *(aynbyá***R***)* tr. to send; *(Com.)* to ship, to dispatch, to forward; (coll.) ~ **a paseo**, to send packing.
enviciar *(aynbeethyá***R***)* tr. to vitiate, to corrupt; v. r. to get into bad habits.
envidia *(aynbéedyah)* f. envy, jealosy; **tener** ~, to be jealous.
envidiable *(aynbeedyáhblay)* adj. enviable.
envidiar *(aynbeedy:á***R***)* intr. to envy, to feel envy, to begrudge, to covet.
envidioso *(aynbeedyóhsoh)* adj. envious, jealous.
envilecer *(aynbeelaytháy***R***)* tr. vilify, to debase, to degrade oneself.
envilecimiento *(aymbeelaytheemyéntoh)* m. dabasement.
envío *(aynbée:oh)* m. remittance, consignement, shipment.
envite *(aynbéetay)* m. invitation, push; (cards) stake; **al primer** ~, from the very start, right away.
envoltorio *(aynboltóhryoh)* m. bundle.
envoltura *(aynboltóorah)* f. cover, wrapper, envelope.
envolver *(aynbolbáy***R***)* tr. to wrap round, to wrap up, to make a packet/parcel; v. r. to get involved.
envuelto *(aynbwáytoh)* adj. wrapped; involved.
enyesar *(aynaysá***R***)* tr. to plaster.
enzarzar *(ayntha***R***thá***R***)* tr. to sow discord; v. r. to squabble, to wrangle, to be involved in difficulties.
épica *(áypedkah)* f. epic poetry.
épico *(áypeekoh)* adj. epic(al), heroic.
epicúreo *(aypeekóorayoh)* adj. epicurean.
epidemia *(aypeedáymyah)* f. epidemic.
epidémico *(aypeedáymeekoh)* adj. epidemical.
epidermis *(aypeedáy***R***mees)* f. epidermis.
epifanía *(aypeefahnée:ah)* f. Epiphany. The Twelfth Night.
epígrafe *(aypéegrahfay)* m. heading epigraph, headline.
epilepsia *(aypeeláypssyah)* f. epilepsy.
epiléptico *(aypeeláypteekoh)* adj. epileptic.
epílogo *(aypeélohgoh)* m. epilogue.

episcopado *(aypeesskohpáhdoh)* m. episcopacy, episcopate, bishopric.
episcopal *(aypeesskohpáhl)* adj. episcopal.
episodio *(aypeesóhdyoh)* m. episode.
epístola *(aypéesstohlah)* f. epistle, letter.
epistolar *(aypeesstohláR)* adj. epistolary, refered to letter-writing.
epitafie *(aypeetáhfyoh)* m. epitaph.
epíteto *(aypéetaytoh)* m. *(Gram.)* epithet; (fig.) insult.
época *(áypohkah)* f. epoch, era; **en aquella** ~, at that time.
epopeya *(aypohpáyah)* f. epic, poem; (fig.) feat, event.
equidad *(akedáhd)* f. equity, justice, fairness.
equidistar *(aykeedeesstáR)* intr. to be equidistant.
equilibrar *(akeeleebráR)* tr. to poise, to equilibrate, to balance.
equilibrio *(aykeeléebRyoh)* m. equilibrium, balance, poise.
equilibrista *(ayqueeleebréestah)* m. tightrope walker, wire walker.
equinoccio *(aykeenókthyoh)* m. equinox.
equipaje *(aykeepáhHay)* m. baggage, luggage.
equipar *(aykeepáR)* tr. to fit out, to supply, to equip.
equiparable *(aykeepahráhblay)* adj. comparable.
equiparar *(aykeepahráR)* tr. to equate, to compare.
equitación *(aykeetahthy:ón)* f. horsemanship, riding; (sport) **campeonatos de** ~, show-jumping championship.
equitativo *(aykeetahtéeboh)* adj. equitable, fair, just.
equivalencia *(aykeebahláynthyah)* f. equivalence.
equivalente *(aykeebahláyntay)* adj. equivalent.
equivaler *(aykeebahláyR)* intr. to be equivalent.
equivocación *(aykeebohkahthyón)* f. mistake, slip, blunder.
equivocado *(aykeebohkáhdoh)* adj. mistaken; **estar** ~, to be wrong.
equivocar *(aykeebohkáR)* r. to make a mistake, to err.
equívoco *(aykéebahkoh)* adj. equivocal, ambiguous; m. mistake, error, equivocation.
era *(áyrah)* f. era, age, threshing floor, patch of cultivated land.
erario *(ayráhreyoh)* m. exchequer, public treasury.
erección *(ayraykthyón)* f. erection, rasing, foundation.
erector *(ayrayktóR)* m. erector, founder.
eremita *(ayrayméetah)* m. hermit.
eremítico *(ayrayméeteekoh)* adj. hermitic(al), solitary.
erguir *(ayRgéeR)* v. t. to raise up straight, to lift; v. r. to stand erect, (with pride).
erial *(ayryál)* adj. uncultivated; m. moorland.
erigir *(ayreeHéeR)* tr. to erect, to build, to set up, to found; v. r. to appoint oneself.
erizado *(ayreetháhdoh)* adj. spiky (hair); bristly; ~ **de**, covered with.
erizar *(ayreetháR)* tr. to bristle; v. r. to stand on end (hair).
erizo *(ayréethoh)* m. *(Zool.)* hedgehog; *Bot. burr*; *(Mech.)*; ~ **de mar**, sea urchin.
ermita *(ayRméetah)* f. hermitage, chapel.
ermitaño *(ayRmeetáhnyoh)* m. hermit, anchorite.
erosión *(ayrohsyón)* f. erosion.
erosivo *(ayrohséeboh)* adj. erosive.
erótico *(ayróhteekoh)* adj. erotical, erotic.
erotismo *(ayrohtéessmoh)* m. erotism.
erradicar *(ayRahdeekáR)* tr. to eradicate.
erradizo *(ayRahdéethoh)* adj. wandering.
errado *(ayRáhdoh)* adj. mistaken, amiss, erroneous; **ha** ~, he/she missed, he/she erred.
errante *(ayRáhntay)* adj. errant, roving, wandering.
errar *(ayRáR)* tr. to miss, (targets), to err; int. to roam, to wander about.

errata *(ayRáhntah)* f. misprint, erratum; **fe de ~s**, errata.
erróneo *(ayRóhnayoh)* adj. wrong, erroneous, mistaken, false.
error *(ayRóR)* m. error, mistake, fault, defect.

E

eructar *(ayrooktáR)* intr. to belch, to eructate, to burp.
eructo *(ayróoktoh)* m. belching, burp.
erudición *(ayroodeethyón)* f. erudition, learning, knowledge.
erudito *(ayroodéetoh)* adj. erudite, learned, scholar.
erupción *(ayroopthyón)* f. eruption, outbreak; *(Med.)* rash.
eruptivo *(ayrooptéeboh)* adj. eruptive.
esa *(áysah)* adj. pron. f. that (one); **no me vengas con ~s**, don't tell me that.
esbeltez *(ayssbayltáyth)* f. slenderness, slimness.
esbelto *(ayssbáyltoh)* adj. slender, slim.
esbirro *(ayssbéeRoh)* m. bailiff, henchman.
esbozo *(ayssbóhthoh)* m. sketch, outline, rough dfraft.
escabechar *(aysskahbaycháR)* tr. to souse, to pickle; (coll.) to kill.
escabeche *(aysskahbáychay)* m. souse, pickle.
escabrosidad *(aysskahbrohseedáh)* f. scabrousness, unevenness, roughnes, cragginess.
escabroso *(aysskahbróhsoh)* adj. uneven, rugged; (fig.) thorny, difficult.
escabullimiento *(aysskahboolyeemyéntoh)* m. evasion, slipping, off.
escabullirse *(aysskahboolyéeRsay)* r. to escape, to slip away, to evade.
escala *(aysskáhlah)* f. ladder, scale; *(Naut.)* port of call; **hacer ~**, to call.
escafandra *(ayskahfándrah)* f. *(Naut.)* diving-suit; *(Spac.)* helmet.
escalada *(aysskahláhdah)* f. ascent, climb.
escalador *(aysskahladóR)* m. climber, rock-climber.
escalafón *(ayskahlahfón)* m. list, roll, grade-list (of teaching staff).
escalar *(aysskahláR)* tr. to scale, to climb.
escaldadura *(ayskaldahdóorah)* f. scald.
escaldar *(aysskahldáR)* tr. to scald, to burn; v. t. to get scalded; (fig.) to be wary, to be suspicious.
escalera *(aysskahláyrah)* f. staircase, stairs, ladder; **~ de caracol**, spiral stairs; **~ de mano**, step-ladder.
escalfar *(ayskahlfáR)* tr. to poach (eggs).
escalinata *(aysskahleenáhtah)* f. flight of stairs; steps.
escalofrío *(ayskahlohfrée:oh)* m. shiver(ing); (fig.) **me da ~**, it gives me shiver.
escalón *(aysskahlón)* m. step of a stair; *(Mil.)* grade; (fig.) grade.
escalonar *(aysskahlonáR)* tr. to stagger (holidays); *(Mil.)* to echelon.
escama *(aysskáhmah)* f. (fish) scale; (coll.) suspicion, distrust.
escamarse *(ayskahmáRssay)* v. r. to feel/be suspicious.
escamoteador *(aysskahmohtayahdóR)* s. y m. *(Art.)* juggler, conjuror; (fig.) swindler, cheat.
escamotear *(aysskahmohtayáR)* tr. to palm; to lift, to hide; (fig.) to swindle, to cheat.
escampada *(aysskahmpáhdah)* f. clearing of the sky.
escampado *(aysskampáhdoh)* adj. open; **a ~**, in the open.
escampar *(aysskahmpáR)* intr. to cease raining; tr. to clear out a place.
escanciar *(aysskahnthyáR)* tr.to pour (wine).
escandalizar *(aysskahndahleetháR)* tr. to scandalize; r. to be scandalized, to make a fuss.
escándalo *(aysskáhndahloh)* m. scandal, row.

escandaloso *(aysskahndahlósoh)* adj. scandalous; shocking; (ruidoso) rowdy.
escapada *(aysskahpáhdah)* f. escape, flight.
escaparse *(aysskahpáRsay)* r. to escape, to fly, to run away.
escaparate *(aysskahpahráhtay)* m. shop-window.
escapatoria *(aysskahpahtóhryah)* f. escape, excuse.
escape *(aysskáhpay)* m. escape, flight; *(Mech.)* exhaust; **un ~ de gas**, a gas leak; **no hay ~**, there's no way out.
escarabajo *(aysskahrahbáhHoh)* m. scarab, bug, beetle.
escaramuza *(aysskahrahmóothah)* f. skirmish.
escarapela *(aysskahrahpáilah)* f. cockade, badge; (fig.) quarrel ending with blows.
escarbar *(aysskaRbáR)* tr. to scrape, to dig, to poke the fire.
escarceo *(aysskaRtháyoh)* m. *(Naut.)* ruffle, ripple.
escarcha *(aysskáRchah)* f. white frost.
escarchado *(aysskaRcháhdoh)* adj. frosted, frosty; icy on cakes.
escarchar *(ayskaRcháR)* intr. to frost, to freeze; to ice, cakes.
escarlata *(aysskaRláhtah)* f. scarlet, crimson or deep red.
escarlatina *(aysskaRlahtéenah)* f. scarlet fever.
escarmentar *(aysskaRmayntáR)* intr. to learn by experience; tr. to teach a lesson.
escarmiento *(aysskaRmyéntoh)* m. warning, chastisement.
escarnecer *(aysskaRnaytháyR)* tr. to mock, to scorn, to laugh at.
escarnio *(aysskáRnee:oh)* m. scoff, gibe, mock, jeer, derision.
escarola *(aysskahróhlah)* f. *Bot.* endive.
escarpa *(aysskáRpah)* f. declivity, slope, cliff.
escarpado *(aysskaRpáhdoh)* adj. sloped, steep, rugged.
escasear *(aysskahsayáR)* intr. to be scarce, to run short of.
escasez *(aysskahsáyth)* f. scarcity, shortage.
escaso *(aysskáhsoh)* adj. scarce, scant, short of; **~ de dinero**, short of money.
escatimar *(aysskahteemáR)* tr. to curtail, to skimp, to be sparing.
escayola *(aysskahyóhlah)* s. plaster, stucco.
escena *(ayssthaynah)* f. stage, scene (of action), view sight.
escenario *(aysstháynáhryoh)* m. *(Theat.)* stage, (of actions) site.
escénico *(aysstháyneehkoh)* adj. scenic.
escenografía *(ayssthaynohgrahfée:ah)* f. scenography.
escepticismo *(aysstháypteethéessmoh)* m. scepticism, doubt.
escéptico *(aysstháypteekoh)* adj. sceptic, sceptical, doubtful.
escindir *(ayssteendéeR)* tr. to split, to divide.
escisión *(ayssteesyón)* f. schism, split, division.
esclarecer *(aysskIahraytháyR)* tr. to make clear, to explain, to enlighten.
esclarecido *(aysskIahraythéedoh)* adj. illustrious, eminent.
esclarecimiento *(aysskIahraytheemyéntoh)* m. enlightment, explanation.
esclavitud *(aysskIahbeetóod)* f. slavery, servitude.
esclavizar *(aysskIahbeetháR)* tr. to enslave.
esclavo *(aysskláhboh)* m. slave, drudge.
esclerosis *(aysskIayróhsees)* f. sclerosis.
esclusa *(ayssklóosah)* f. lock, sluice.
escoba *(aysskóhbah)* f. broom; **~ nueva barre bien**, new broom sweeps clean; *Bot.* broom.
escobar *(aysskohbáR)* tr. to sweep with broom.
escobazo *(aysskohbáhthoh)* m. blow with a broom; **dar un ~**, to hit with a broom.

E

escobilla *(aysskohbéelyah)* f. brush.
escocer *(aysskohtháy**R**)* intr. to smart.
escocés *(aysskohtháyss)* adj. y m. Scotch, Scot(tisch).
escoger *(aysskoh**H**áy**R**)* tr. to choose, to pick out, to select.

E

escogido *(ayskoh**H**éedoh)* adj. chosen, selected, picked out.
escolar *(aysskohlá**R**)* m. scholar, student, learner.
escolástico *(aysskohlásteekoh)* adj. scholastic(al).
escolta *(aysskóltah)* f. escort, guard; *(Naut.)* convoy, safeguard, watchdog.
escoltar *(aysskoltá**R**)* tr. to escort, to safeguard; *(Naut.)* to convoy.
escollera *(aysskohlyáyrah)* f. *(Naut.)* breakwater, cliff.
escollo *(aysskóhlyoh)* m. reef; obstacle, difficulty.
escombro *(aysskómbroh)* m. rubbish, debris, riprap; pl. litter.
esconder *(aysskondáy**R**)* tr. to hide, to conceal; v. r. to hide, to be concealed.
escondido *(aysskondéedoh)* adj. hidden, concealed.
escondite *(aysskondéetay)* m. lurking or hiding place, hide out; **jugar al** ~, to play hide-and-seek.
escondrijo *(aysskondrée**H**oh)* m. hiding place, den, hide out.
escopeta *(aysskohpáytah)* f. shotgun.
escorar *(aysskoh**R**á**R**)* intr. *(Naut.)* to reel, to heel, to list; tr. to prop up, to shore up.
escorbuto *(aysskoh**R**bóotoh)* m. scurvy.
escoria *(aysskóhryah)* f. slags dross, dregs; **la** ~ **de la sociedad**, the scum of society.
escorial *(aysskóhryáhl)* m. dump, slag heap.
escorpión *(aysskoh**R**pyón)* m. scorpion.
escotar *(aysskohtá**R**)* intr. to club together, to pay one's share, to cut a low neck (dress.).
escote *(aysskóhtay)* m. low neck, décollage; share; **pagar a** ~, to share the expenses.
escotilla *(aysskotéelyah)* f. *(Naut.)* hatchway; ~ **de proa**, fore hatchway; ~ **de popa**, aft hatchway.
escozor *(aysskohthó**R**)* m. smarting, stinging.
escriba *(aysskréebah)* s. scribe.
escribano *(aysskreebáhnoh)* m. actuary, registrer, public clerk; *(Naut.)* purser.
escribiente *(aysskreebyéntay)* m. clerk.
escribir *(aysskreebée**R**)* tr. to write; ~ **a máquina**, to type; **máquina de** ~, typewriter; v. r. to correspond.
escrito *(aysskréetoh)* m. writing, manuscript; (law) brief; adj. written; **por** ~, in writing; **decirlo por** ~, to say it in writing.
escritor *(aysskreetó**R**)* m. writer; *Lit.* author.
escritorio *(aysskreetóryoh)* m. study (room), writing-desk.
escritura *(aysskreetóorah)* f. (hand) writing; (law) deeds, contract; **Las Sagradas ~s**, The Scriptures.
escrófula *(ayskróhfoolah)* f. scrofula, king's evil.
escrofulismo *(aysskrohfooléessmoh)* m. scrofulism.
escrúpulo *(aysskróopohloh)* m. scruple.
escrupuloso *(aysskroopoohlóhsoh)* adj. (of conscience) scrupulous, conscientious, tidy, neat, careful, (of order).
escrutador *(aysskrootahdó**R**)* m. scrutiner, inquirer, searcher; *(Pol.)* teller.
escrutar *(aysskrootá**R**)* tr. to scrutinize; *(Pol.)* to count (votes).
escrutinio *(aysskrootéeyoh)* m. scrutiny; *(Pol.)* counting of ballot papers.
escuadra *(aysskoo:áhdrah)* f. carperter's square; *(Mil.)* squad; *(Naut.)* fleet.

escuadrilla *(aysskoo:ahdréelyah)* f. *(Aer.)* flight; *(Naut.)* small fleet.
escuadrón *(aysskoo:ahdrón)* m. *(Mil.)* squadron.
escucha *(aysskóochah)* f. *(Mil.)* scout; **radio** ~, radio-listener; ~ **telefónica**, wire tap.
escuchar *(aysskoocháR)* to listen; (fig.) to heed, to take notice.
escudar *(aysskoodáR)* tr. to shield, to protect, to defend; v. r. to take shelter.
escudería *(aysskoodayréeah)* f. motoring club.
escudo *(aysskóodoh)* m. (for defence) shield; (heraldic) squire, coat-of-arms.
escudriñar *(aysskoodreenyáR)* tr. to search, to scan, to scrutinize, to pry into.
escuela *(aysskwáylah)* f. school; (fig.) doctrine; *(Art.)* school; ~ **primaria**, primary-school; ~ **normal**, teachers training college; ~ **superior**, high school.
escueto *(aysskwáytoh)* adj. clear plain; concise, succinct.
esculpir *(aysskoopéeR)* tr. to carve (wood); to engrave, to sculpture.
escultor *(aysskooltóR)* m. sculptor, carver.
escultora *(aysskootórah)* f. sculptress.
escultórico *(aysskooltóreekoh)* adj. sculptural.
escultura *(aysskooltóorah)* f. sculpture, carving.
escultural *(aysskooltooráhl)* adj. sculptural.
escupidera *(aysskoopeedáyhra)* f. spittoon, cuspidor.
esculpir *(aysskoopéeR)* tr. to spit, to spit out; ~ **a la cara**, to spit on one's face; (fig.) to ridicule; ~ **al cielo**, to act foolishly.
escurreplatos *(aysskooRaypláhtos)* m. dishrack.
escurridero *(aysskooRedáyroh)* m. drainboard.
escurridizo *(aysskooReedéethoh)* adj. slippery.
escurrir *(aysskooRéeR)* tr. to drain, to drip of (clothe); v. r. to slip out, to sneak away; intr. to leak.
ese *(áysay)* adj. y pron. that (one); **hacer ~s**, to walk from side, to side of the road (when drunk); **¡~ es!**, that's the one!
esencia *(aysáynhtyah)* f. essence; **quinta** ~, quintessence.
esencial *(aysaynthyáhl)* adj. essential, necessary.
esfera *(ayssfáyrah)* f. *(Geom.)* sphere (clock, etc.), dial, reach, range.
esférico *(ayssfáyreekoh)* adj. spherical; (sport) football.
esforzado *(ayssfoRthádoh)* adj. strenuous, vigorous, valiant.
esforzarse *(ayssfoRtháRsay)* r. to strive, to try hard.
esfuerzo *(ayssfwáyRthoh)* m. effort, exertion; *(Mech.)* stress.
esfumar *(ayssfoomáR)* tr. *(Art.)* to stump, to tone down; v. r. to disappear, to fade away.
esgrima *(ayssgréemah)* f. fencing.
esgrimir *(ayssgreeméeR)* tr. (sport) to fence; (arms, etc.); to wield.
esguince *(ayssgínthay)* m. sprain.
eslabón *(aysslahbón)* m. link.
eslinga *(ayssleéngah)* f. *(Naut.)* sling, snoter.
eslora *(ayssIóhrah)* f. *(Naut.)* length of a ship.
esmaltar *(ayssmahltáR)* tr. to enamel.
esmalte *(ayssmáhltay)* m. enamel.
esmerado *(ayssmayráhdoh)* adj. careful, neat.
esmeralda *(ayssmayráldah)* f. emerald.
esmerar *(ayssmayráR)* tr. to polish; v. r. to do one's best, to take great care.
esmero *(ayssmáyroh)* m. care, attention, correctnes, accuracy.

eso *(áysoh)* pron. neu. that; ~ **es**, that is it.
esófago *(aysóhfahgoh)* m. esophagus.
esotérico *(aysohtérikoh)* adj. esoteric.
espabilar *(aysspahbeeláR)* tr. to snuff (a candle); (coll.) to wake up; v. r. to wake up, to awake.
espaciar *(aysspahthyáR)* tr. to space out, to (inter) space.
espacio *(aysspáhthyoh)* m. space, room, place; *(Print.)* lead, interval.
espacioso *(aysspahthyóhsoh)* adj. roomy, spacious, ample.
espada *(aysspáhdah)* f. sword; (cards) spade; *Ichth.* **pez** ~, sword-fish; **entre la ~ y la pared**, between the devil and the deep blue sea.
espagueti *(aysspahguéhtee)* m. pl. spaghetti.
espalda *(aysspáhldah)* f. back, schoulder, rear; pl. back (part); **a ~s de**, behind the back of; **a ~s**, on the back, **dar la ~**, to turn the back to; **tener buenas ~s**, to support anything (fig.).
espaldarazo *(aysspahldahráhthoh)* m. accolade.
espaldilla *(aysspahldéelyah)* f. schoulderblade, scapula.
espantadizo *(aysspahntahdéethoh)* adj. easily scared, timid, shy.
espantajo *(aysspahntáhHo)* m. scarecrow.
espantapájaros *(aysspantahpáhHaross)* m. scarecrow.
espantar *(aysspahntáR)* tr. to scare (away), to frighten; v. r. to get frightened, to get scared.
espanto *(aysspáhntoh)* m. fright, scare, dread, fear.
espantoso *(aysspantóhsoh)* adj. frightful, dreadful, awful, terrible.
español *(aysspahnyól)* adj. Spanish; m. Spaniard, Spanish (language).
españolizar *(aysspahnyoleetháR)* tr. to render Spanish, to Hispanicize; v. r. to become Spanish.
esparadrapo *(aysspahrahdráhpoh)* m. sticking plaster, Band-Aid.
esparcido *(ayssparthéedoh)* adj. scattered, widespread.
esparcimiento *(aysspaRtheemyéntoh)* m. scattering, amusement.
esparcir *(aysspaRthéeR)* tr. to scatter, to spread; v. r. to amuse oneself.
espárrago *(aysspáRahgoh)* m. sparagus; **vete a freír ~s**, be off with you!
esparto *(aysspáRtoh)* m. esparto grass.
espasmo *(aysspáhsmoh)* m. spasm.
espasmódico *(aysspahsmóhdeekoh)* adj. spasmodic, convulsive.
especia *(aysspáythyah)* f. spice.
especial *(aysspaythyáhl)* adj. special; **en ~**, specially, particularly.
especialidad *(aysspaythyahleedáhd)* f. speciality.
especializarse *(aysspaythyahleesárseh)* tr. specialize.
especie *(aysspáythye)* f. species, kind, sort, class.
especificación *(aysspaytheefeekahthyón)* f. specification.
especificar *(ayypaytheefeekáR)* tr. to specify.
específico *(aysspaythéefeekoh)* adj. especific(al).
espectáculo *(aysspaytáhkooloh)* m. spectacle, show, sight.
espectador *(aysspayktahdóR)* m. spectador, onlooker, bystander, witness.
espectro *(aysspáyktroh)* m. spectre, ghost; (light) spectrum.
especulación *(aysspaykoolahthyón)* f. speculation.
especulador *(aysspaykoolahdóR)* m. speculator.
especular *(aysspaykooláR)* tr. to speculate on, to meditate about; *(Com.)* to speculate.
especulativo *(aysspaykoolahtéeboh)* adj. speculative.
espejismo *(aysspayHéessmoh)* m. mirage, illusion.

espejo *(aysspáyHoh)* m. mirror; ~ **retrovisor**, rearview mirror; **mirarse al** ~, to look at oneself in the mirror.
espeluznante *(aysspayloothnáhntay)* adj. hair-raising, horrifying.
espera *(aysspáyrah)* f. wait, waiting; expectancy, expectation; **en~**, stand-by.
esperanza *(aysspáyráhnthah)* f. hope; expectancy; **tener** ~, to be hopeful; **no hay** ~, there is no hope/no chance.
esperanzar *(aysspayrahntháR)* tr. to give hope.
esperar *(aysspayráR)* tr. to hope; to expect; to wait for.
esperezarse *(aysspayRaytháRsay)* r. to stretch oneself.
esperma *(aysspáyRmah)* f. sperm.
espermatorrea *(aysspayRmahtohRáyah)* f. spermatorrhea.
espesar *(aysspaysáR)* tr. to thicken, to condense.
espeso *(aysspáysoh)* adj. thick, dense, massed.
espesor *(aysspaysóR)* m. thickness; density, mass.
espesura *(aysspaysóorah)* f. thickness; density; (of trees, etc.) thicket.
espetar *(aysspaytáR)* tr. to spit; (cooking) to skewer; to pierce.
espetón *(aysspaytón)* m. spit.
espía *(aysspée:ah)* s. spy.
espiar *(aysspee:áR)* tr. to spy; to lurk.
espiga *(aysspéegah)* f. spike or ear of corn.
espigado *(aysspeegáhdoh)* adj. tall, grown; *(Agric.)* eared.
espigador, a *(aysspeegahdóhr, ah)* adj. s. gleaner.
espigar *(aysspeegáR)* tr. e intr. to glean; intr. to ear; v.r. to grow tall.
espigón *(aysspeegón)* m. breakwater; sting (of bees); point (of tool).
espín *(aysspéen)* m. **puerco~**, porcupine.
espina *(aysspéenah)* f. thorn; fish bone; ~ **dorsal**, backbone, spine; **dar mala** ~, to feel suspicious; **sacarse la** ~, to take it back.
espinaca *(aysspeenáhkah)* f. spinach.
espinal *(aysspeenáhl)* adj. spinal, dorsal.
espinar *(asyspeenáR)* tr. to prick (with thorns); to surround with bramble or thorn-bushes; m. bramble/thorn brake.
espinazo *(aysspeenáhthoh)* m. spine, backbone; (coll.) **doblar el** ~, to bend one's back.
espinilla *(aysspeenéelyah)* f. shin (bone); (face) spot, blackhead.
espino *(aysspéenoh)* m. *Bot.* hawthorn, buthorn; **alambre de** ~, barbed wire.
espinoso *(aysspeenóhsoh)* adj. spiny, thorny, prickly; arduous, difficult.
espionaje *(ayssspe:ohnáHah)* m. espionage, spying.
espiral *(aysspéeral)* f. spiral, helical, winding; s.f. spiral line (in geom.).
espirar *(aysspeeráR)* intr. to expire; to breathe out, to exhale.
espiritismo *(ayspeereetéesmoh)* m. spirit(ual)ism.
espiritista *(ayspeereetéestah)* adj. y s. spirit(ual)ist.
espíritu *(aysspéreetoh)* m. spirit, soul; ~ **Santo**, Holy Ghost; *(Chem.)* pl. spirits.
espiritual *(ayspeereetwáhl)* adj. spiritual.
espiritualidad *(ayspeereetwahleedáhd)* f. spirituality.
espiritualizar *(ayspeereetwahleetháR)* tr. to spiritualize.
espita *(aysspéetah)* f. spout tap, faucet, stop-cock.
esplanada *(aysksplahnáhdah)* f. esplanade.
esplendidez *(aysplayndeedáyth)* f. magnificence, splendor; generosity.
espléndido *(aysplayndeedoh)* adj. splendid, magnificent, fabulous.
esplendor *(ayplayndóR)* m. splendour (UK), splendor (US),; magnificence; glitter.
espliego *(aysplyégoh)* m. *Bot.* lavender.

E

espolear *(aysspohlayá***R***)* tr. to spur, to incite, to spur on, to instigate, to encourage.
espoleta *(aysspohláytah)* f. fuse, fuse (of a bomb).
espoliar *(ayspohlyá***R***)* tr. to despoil, spoliate.

E

espolón *(ayspohlón)* m. cock's spur; ridge (of moutain); *(Arch.)* buttress; *(Naut.)* ram; fenderbeam.
espolvorear *(aysspolbohrayá***R***)* tr. to sprinkle, to dust.
esponja *(ayssp*ó*n***H***ah)* f. sponge; (fig.) sponger.
esponjado *(ayysspon***H***áhdoh)* adj. spongy; (coll.) stuckup.
esponjar *(aysspon***H***á***R***)* tr. to sponge, to soak; v.r. to swell, to puff (with pride.), to become fluffy.
esponjoso *(aysspon***H***ósoh)* adj. spongy, porous.
esponsales *(aysponsáhlayss)* m. pl. espousal, betrothal, nuptials.
espontaneidad *(aysspontahnay-eedáhd)* f. spontaneity, spontaneous.
espontáneo *(aysspontáhnayoh)* adj. spontaneous; natural.
esporádico *(aysspor*á*deekoh)* adj. sporadic.
esposa *(ayssp*ó*hsah)* f. wife, spouse; pl. manacles; handcuffs.
esposado *(aysspohsáhdoh)* adj. betrothed, married; *Crim.* handcuffed.
esposo *(aysspóhsoh)* m. husband, consort.
espuela *(aysspwáylah)* f. spur, rowel; stimulus.
espuma *(aysspóomah)* f. foam; froth; lather.
espumadera *(ayysspoomahdáyrah)* f. skimmer.
espumar *(aysspoomá***R***)* tr. to skim; intr. to foam, to froth.
espumoso *(aysspoomósoh)* adj. frothy, foaming.
espurio *(aysspóoreeoh)* adj. spurious, false; bastard, illegitimate.
esputo *(aysspóotoh)* m. spit, spitle; sputum.
esquela *(ayssk*á*ylah)* f. note; memorial notice (in the paper).
esqueleto *(aysskayláytoh)* m. skeleton; framework; (fig.) as thin as a rake.
esquí *(aysskée)* m. ski.
esquiador *(aysske:ahdó***R***)* m. skier; adj. skiing.
esquiar *(ayske:á***R***)* intr. to ski; **pista de ~**, ski-run.
esquife *(aysskéefay)* m. skiff.
esquilador *(ayskeelahdo***R***)* m. sheep-shearer.
esquilar *(aysskeeláh***R***)* tr. to shear; to crop; **sin ~**, unshorn.
esquilmar *(aysskeelmá***R***)* tr. to harvest; to make the land infertile.
esquimal *(aysskeemáhl)* m. Eskimo.
esquina *(aysskéenah)* f. corner; angle, edge; **en la ~ de la calle**, at edge street corner.
esquinazo *(ayskeenáhthoh)* m. **dar el ~**, to shake somebody off, to give the slip.
esquirol *(aysskeeról)* m. (coll.) blackleg.
esquivar *(aysskeebá***R***)* tr. to evade, to avoid, to elude; (coll.) to dodge.
esquivez *(aysskeebáyth)* f. disdain, scorn; coyness, shyness, coldness.
esquivo *(aysskeéboh)* adj. evasive, elusive, shy, coy.
estabilidad *(aysstahbeeleedád)* f. stability.
estabilizar *(aysstahbeeleethá***R***)* tr. to stabilize.
estable *(aysstáhblay)* adj. stable, firm, steady, consistent.
establecer *(aysstahblaytháy***R***)* tr. to establish, to found, to set up; v.r. to settle.
establecimiento *(aysstáhblaythee-myéntoh)* m. establishment, foundation, setting-up; *(Com.)* shop, store, etc.; settlement.

establo *(aysstáhbloh)* m. stable.
estaca *(aysstáhkah)* f. a stake; pole, big stick; cudgel; *(Agric).* cutting; *(Carp.)* clampnail.
estacada *(aysstahkáhdah)* f. fence, stockade, palisade; **dejar en la ~**, to leave in the lurch; **quedarse en la ~**, to fail to do something.
estacar *(aysstahkáR)* tr. to tie to a stake, to delimit with stakes, to enclose.
estación *(aysstahthyón)* f. (of the year) season; (rewy) station; *(Motor.)* **~ de servicio**, garage, petrol station; *(Eccl.)* station.
estacionamiento *(aystahthyonahmyéntoh)* m. parking, parking lot, car park; *Mil.* stationing.
estacionario *(austahthyohnáhryoh)* adj. stationary, stopped, fixed.
estacha *(aystáchah)* f. *(Naut.)* hawser; tow line.
estadio *(aysstáhdyoh)* m. stadium, sports ground.
estadista *(aysstahdéesstah)* m. statesman.
estadística *(aysstahdéesteekah)* f. statistics.
estadístico *(aysstahdéessteekoh)* adj. statistical, statistic.
estado *(aysstáhdoh)* m. *(Pol.)* state; situation, stake; **~ civil**, single, married or widow(er) (in official forms); *(Mil.)* **~ mayor**, staff; **hombre de ~**, statesman; **materias de ~**, state affairs; **estar en ~**, to be pregnant/in the family way; *(Mil.)* **~ de Guerra**, Martial law.
estafa *(aysstáhfah)* f. swindle, theft, fraud.
estafador *(aysstahfahdóR)* m. swindler.
estafar *(aysstahfáR)* tr. to swindle, to deceive.
estafeta *(aysstahfáytah)* f. Post office.
estallar *(aysstahlyáR)* intr. to explode, to burst, to blow up; **~ la guerra**, to break out a war.
estallido *(aysstahlyéedoh)* m. bang, burst, crack, outbreak.
estambre *(aysstáhmbray)* m. worsted; *Bot.* stamen.
estampa *(aysstáhmpah)* f. print, stamp; **de buena ~**, (horses), of good appearance thorough bred.
estampado *(aysstahmpáhdoh)* m. print, cotton, print.
estampar *(aysstahmpáR)* tr. to print, to stamp, to engrave.
estampida *(aysstahmpéedah)* f. stampede.
estampido *(aysstahmpéedoh)* m. bang report.
estampilla *(aysstahmpéelyah)* f. rubber stamp; *(Amer.)* postage stamp.
estancar *(aysstahnkáR)* tr. to dam up, to stop; v.r. to get stopped, to get stuck, to be stagnant.
estancia *(aysstáhnthyah)* f. stay; dwelling; ranch.
estanco *(aysstáhnkoh)* adj. watertight, m. Post office branch, tobacconist's.
estandarizar *(aysstahndareetháR)* tr. to standardize.
estandarte *(aysstahndártay)* m. standard, banner.
estanque *(aysstáhnkay)* m. pool, pond; tank; small artificial lake.
estante *(aysstáhntay)* m. shelf; book-shelf.
estantería *(aysstáhntayrée:ah)* f. shelving, shelves.
estañar *(aysstahnyáR)* tr. to tin, to solder.
estaño *(aysstáhnyoh)* m. tin.
estar *(aysstáR)* intr. to be (in a place, state or condition); **~ bien**, (pers.) to be fine; **~ bien**, (thing) to be right; **~ mal**, (pers.) to be not too well; (or things) to be wrong; **~le bien**, (clothes), to suit; **~ de pie**, to be standing; **~ sentado**, to be sitting; **¿a cuántos estamos?** what's today's date?; **¿estamos?** Do you understand v.r. **~se quieto**, to be still.
estatal *(aysstahtál)* adj. state; national.

E

estática *(aysstáhteekah)* f. statics.
estático *(aysstáhteekoh)* adj. estatic(al).
estatua *(aysstáhtoo:ah)* f. statue.
estatuir *(aysstáhtoo:éeR)* tr. to establish.
estatura *(aysstahtóorah)* f. height (of person); stature.
estatuto *(aysstahtóotoh)* m. statute; law; pl. by-laws; article.
este *(áysstay)* adj. this; **de ~ modo**, like this; pron. this, this one; the latter; m. east; **del ~**, from the east; **hacia el ~**, eastwards.
estela *(aystáylah)* f. *(Naut.)* wake of a ship; *(Aer.)* jet-line.
estenografía *(aystaynohgrahféeah)* f. shorthand, stenography.
estenógrafo *(aystaynóhgrahfoh,ah)* m., f. stenographer.
estepa *(aysstáypah)* f. steppe.
estercolero *(aysstayRkoláyroh)* m. dunghill, manure dump; (fig.) rubbish-dump.
estereofónico *(aysstayrayohfóhneekoh)* adj. stereophonic.
esterotipar *(aysstayrayohteepáR)* tr. to stereotype.
estereotipia *(aystayrayohtéepyah)* f. stereotype, printing-works.
estéril *(aystáyreel)* adj. sterile, barren.
esterilidad *(aystayreeleedáhd)* f. sterlity.
esterilizar *(aysstayreeleetháR)* tr. to sterilize.
esterlina *(aysstayRléenah)* adj. sterling, **libra ~**, pound sterling.
esternón *(aysstayRnón)* m. *(Anat.)* sternum breast-bone.
estertor *(aysstayRtóR)* m. rattle, shallow breathing.
estético *(aysstáyteeko)* adj. esthetic (US), aesthetic (UK).
estibador *(aysteebahdóR)* m. docker, stevedore.
estiércol *(aysstyéRkol)* m. manure, dung; (fig.) dirt.
estigma *(aystéegmah)* m. brand, stigma; birthmark, stigmata.
estilar *(aayssteeláR)* tr. e intr. to use; v.r. to be in fashion.
estilo *(aysstéeloh)* m. style; **por ese ~**, something like that.
estilográfica *(ayssteelohgráhfeekah)* f. fountain pen.
estima *(aysstéemah)* f. esteem; *(Naut.)* reckoning, dead reckoning.
estimación *(ayssteemahthyón)* f. estimation, esteem; (calc.) estimate, quote.
estimar *(ayssteemáR)* tr. to estimate, to value; to esteem, to have in high esteem; to consider.
estimulante *(aysteemoolántay)* adj. stimulating; m. stimulant.
estimular *(ayssteemooláR)* tr. to stimulate, to incite.
estímulo *(aysstéemooloh)* m. stimulus, incitement, stimulation.
estío *(aysstée:oh)* m. summer.
estipendio *(aysteepáyndyoh)* m. stipend, fee, pay.
estipular *(ayssteepooláR)* tr. to stipulate, to settle terms, to lay down (conditions).
estirado *(ayssteeráhdoh)* adj. stretched, spread, extended; (fig.) stiff; stuck-up.
estirar *(ayssteeráR)* tr. to stretch. *(Metal.)* to draw out; **~ el pescuezo**, to crane one's neck; v.r. to stretch oneself.
estirón *(ayssteerón)* m. strong pull; **dar ~**, to shoot up (of persons).
estirpe *(aysstéerpay)* f. race, origin, breed, stock, lineage.
estival *(ayssteebáhl)* adj. estival, summer.
esto *(áysstoh)* pron. neut. this.
estocada *(aysstohkáhdah)* f. stab, thrust (with a sword).
estofado *(aystohfáhdoh)* adj. (cookery) stewed, (sewing) quilted; m. stew.
estofar *(aystohfáR)* tr. to quilt; (cookery) to stew.
estoicismo *(aysstoythéesmoh)* m. stoicism.
estoico *(aysstóyekoh)* adj. stoic.
estola *(aysstóhla)* f. stole.

estolidez *(aysstohleedáyth)* f. dity, stupidity.
estólido *(aysstóhleedoh)* adj. stolid, stupid.
estomacal *(aysstohmahkáhl)* adj. stomachal.
estómago *(aysstóhmahgoh)* m. stomach; **dolor de ~**, stomachache; (coll.) bellyache; **tener ~ para**, to have the courage for.
estoque *(aysstóhkay)* m. sword, rapier.
estorbar *(aysstoRbáR)* tr. to hinder, to hamper; to get in the way; v.r. to get in each other's way.
estorbo *(aysstóRboh)* m. hindrace, nuisance, obstruction.
estornudar *(aysstoRnoodáR)* intr. to sneeze.
estornudo *(aysstoRnóodoh)* m. sneeze.
estrabismo *(aysstrabéessmoh)* m. *(Med.)* strabismus, squint.
estrado *(aysstráhdoh)* m. platform.
estrafalario *(aysstrahfahláhryoh)* (coll.) slovenly, extravagant, odd.
estragamiento *(aysstrahgahmyéntoh)* m. ravage; (fig.) corruption.
estragar *(aysstrahgáR)* tr. to spoil, to ruin, to devastate.
estrago *(aysstráhgoh)* m. ravage, waste, havoc, ruin; depravity.
estrambótico *(aysstrahmbóhteekoh)* adj. strange, odd, outlandish, quizzical.
estrangulación *(aysstrahngoolahthyón)* f. strangling, strangulation.
estrangular *(aysstrahngooláR)* tr. to strangle, to choke (engin) choke; *(Med.)* to strangulate.
estraperlista *(aysstrahpayRléessta)* adj. y s. black-marketeer.
estraperlo *(aysstrahpáyRloh)* m. black market; **es de ~**, bought on the black-market.
estratagema *(aysstrahtahHáymah)* f. stratagem, trick, deceit, ploy, craftiness.
estrategia *(aysstrahtáyHeyah)* f. *(Mil.)* strategy.
estratégico *(aystrahtáyHeekoh)* adj. strategic.
estratificar *(aystrahteefeekáR)* tr. to stratify.
estrato *(aysstráhtoh)* m. stratum, layer; (cloud) stratus.
estrechamiento *(aysstraychamyéntoh)* m. narrowing.
estrechar *(aysstraycháR)* tr. to narrow, to reduce, to tighten; **~ la mano**, to shake hands; v.r. to become narrow; to embrace.
estrechez *(aysstraycháyth)* f. narrowness; tightness; **~ mental**, narrow-mindedness.
estrecho *(aysstráychoh)* adj. narrow; m. strait, channel.
estrella *(aysstráylyah)* f. star; (film) actress; (fig.) fate.
estrellado *(aysstrayiyáhdoh)* adj. starry, starlike; fried (eggs); snashed, shattered.
estrellar *(aysstraylyáR)* t. shatter, to smash; (ccokery) to fry eggs; v.r. to crash (in accidents).
estremecer *(aystraymaytháR)* tr. to shake; v.r. to shudder, to run hot and cold.
estremecimiento *(aystraymatheemyéntoh)* m. shiver(ing), shudder, trembling, quake; shock.
estrenar *(aysstraynáR)* tr. to use or wear (for the first time) to begin; *(Theat.)* to make one's debut, to perform for the first time.
estreno *(aysstráynoh)* m. commencement, first use; *(Theat.)* debut, premiere.
estreñimiento *(aystraynyeemyéntoh)* m. constipation.
estreñir *(aystraynyéeR)* tr. to restrain; to constipate.
estrépito *(aysstráypeetoh)* m. noise, din, clanger, racket.
estrepitoso *(aystraypeetóhsoh)* adj. noisy, rowdy, boisterous.
estrés *(aystráys)* m. stress.

E

E

estría *(aytréeah)* f. groove, flute.
estribaciones *(aysstreebahthyóhnays)* f. pl. foothills.
estribar *(aysstreebá**R**)* intr. to rest (upon), to be based on; consist in.
estribillo *(aysstreebéelyoh)* m. *(Mus.)* refrain.
estribo *(aysstréeboh)* s. stirrup; step (of a coash); **perder los ~s**, to lose one's head.
estribor *(aysstreebó**R**)* s. starboard.
estricto *(aysstréektoh)* adj. strict; exact, severe.
estridencia *(aystreedáynthyah)* f. shrillness, sharpness.
estridente *(aystreedáyntay)* adj. shrill, harsh, jarring, strident.
estrofa *(aysstróhfah)* s. strophe, stanza, verse.
estropear *(aysstrohpayá**R**)* tr. to spoil, damage; to ruin (clothes, etc.); to spoil (plans, etc.); v.r. to break down.
estropicio *(aysstrohpéethyoh)* m. (coll.) breakage, great damage.
estructura *(aystrooktóorah)* f. structure.
estruendo *(aysstrwáyndoh)* m. din, clatter; uproar, racket.
estruendoso *(aysstrwayndóhsoh)* adj. clandorous, deafening, thundering, uproarious.
estrujar *(aysstroo**H**á**R**)* tr. to squeeze, squash, crush, press.
estuario *(aysstooyáhryoh)* m. estuary.
estuche *(aysstóochay)* m. case; sheath; casket, box.
estudiante *(aysstoodyáhntay)* m. student; ~ **universitario**, undergraduate university student.
estudiantil *(aysstoodyahntéel)* adj. (fam.) student.
estudiantina *(aysstoodyahntéenah)* f. student band.
estudiar *(aysstoodyá**R**)* tr. to study.
estudio *(aysstóodyoh)* m. study, learning; reading-room, studio
estudioso *(aysstoodyóhsoh)* adj. studious.
estufa *(aysstóofah)* f. heater stove.
estulticia *(aysstooltéethyah)* f. silliness, folly, foolishness.
estupefacción *(aysstoopayfahkthyón)* f. stupefaction; numbness.
estupefacto *(aysstoopayfáhktoh)* adj. (fam.) stupefied, astonished, amazed.
estupendo *(aysstoopáyndoh)* adj. stupendous, wonderful, terrific.
estupidez *(aystoopeedáyth)* f. stupidity, foolishness, imbecility.
estúpido *(aysstóopaydoh)* adj. stupid; dull brained, fat-head.
estupor *(aysstoopó**R**)* m. stupor, amazement, astonishment.
estuprar *(aysstooprá**R**)* tr. to ravish, to violate, to rape.
estupro *(aysstóoproh)* m. rape, violation.
esturión *(aysstooryón)* m. *(Icht.)* sturgeon.
etapa *(aytáhpah)* f. stage; phase; stop; relay.
etcétera *(ayttháytayrah)* adv. etc., etcetera, and so on.
eter *(áytay**R**)* m. ether; (poet.) the sky.
eternal *(aytay**R**náhl)* adj. eternal, for ever.
eternidad *(aytay**R**needáhd)* f. eternity; (coll.) a long time.
eternizar *(aytay**R**neethá**R**)* tr. to perpetuate, eternize.
eterno *(aytáy**R**noh)* adj. eternal, endless, everlasting.
ética *(áyteekah)* f. ethics; morals.
ético *(áyteekoh)* adj. ethic(al), moral.
etimología *(ayteemoohloh**H**éeyah)* f. etymology.
etiqueta *(ayteekáytah)* f. etiquette, ceremony; *(Com.)* ticket, label.
étnico *(áytneekoh)* adj. ethnic.
eucaristía *(ayookahreesstéeah)* f. eucharist.
eucaristico *(ayookahréesteekoh)* adj. eucharistic(al).

eufemismo *(ayoofayméesmoh)* euphemism.
euforia *(ayoofóhryah)* f. euphoria.
eunuco *(ayoonóoko)* m. eunuch.
europeo *(ayoorohyáyoh)* m. European.
evacuación *(aybahkooyahthyón)* f. evacuation.
evacuar *(aybahkoo:á***R***)* tr. to evacuate, to quit, to empty, to vacate.
evadir *(aybahdée***R***)* tr. to evade, to dodge, v.r. to escape, to get away.
evaluación *(aybahlwahthyón)* f. evaluation, appraisement.
evaluador *(aybahlwahdó***R***)* m. valuer, appraiser; assesor.
evaluar *(aybahlwá***R***)* tr. to evaluate, to appraise.
evangélico *(aybahn***H***áyleekoh)*adj. evangelic(al).
evangelio *(aybahn***H***áylyoh)* m. gospel.
evangelista *(aybahn***H***ayléestah)* s. evangelist.
evangelizar *(ayban***H***ayleethá***R***)* tr. to evangelize.
evaporación *(aybahpohrahthyón)* f. evaporation.
evaporar *(aybahpohrá***R***)* intr. to evaporate; v.r. (coll.) to disappear, to vanish.
evasión *(aybahsyón)* f. evasion, escape; ~ **de cerebros**, brain drain.
evasivo *(aybahséeboh)* adj. evasive, elusive.
evento *(aybáyntoh)* m. event, happening.
eventual *(aybayntooyáhl)* adj. casual, possible; temporary.
evidencia *(aybeedáynthyah)* f. evidence, proof.
evidenciar *(aybeedaynthyá***R***)* tr. to prove, to make evident, to show.
evidente *(aybeedáyntay)* adj. evident, clear, obvious, plain.
evitar *(aybeetá***R***)* tr. to avoid, to elude; to shirk, to shun.
evocar *(aybohká***R***)* tr. to invoke; to evoke.
evolución *(aybohloohthyón)*f. evolution, development.
evolucionismo *(aybohloothyonéesmoh)* m. evolutionism.
exactitud *(ayksahteetóod)* f. exactness, accuracy.
exacto *(ayksáhktoh)* adj. exact, accurate, precise.
exageración *(ayksah***H***áyrahthyón)* f. exageration.
exagerar *(ayksah***H***ayrá***R***)* tr. to exagerate, to magnify.
exaltado *(ayksaltáhdoh)* adj. hotheaded; extremist.
exaltar *(ayksahltá***R***)* tr. to exalt; to extol, to praise; v.r. to get carried away.
examen *(ayksáhmayn)* m. exam (ination), test; survey, search; *(Med.)* chek-up.
examinar *(ayksahmeená***R***)* tr. to examine; to survey, to search; *(Med.)* to check up; v.r. to take an exam.
exánime *(ayksáhneemay)* adj. lifeless; (fam.) exhausted; weak.
exasperación *(ayksahspayrahthyón)* f. exasperation.
exasperado *(ayksahspayráhdoh)* adj. exasperate.
exasperar *(ayksahspayrá***R***)* tr. to exasperate; to vex, to offend.
excavar *(aykskahbá***R***)* tr. to excavate, to dig out.
exceder *(ayksthaydáy***R***)* tr. to exceed; to surpass, to go too far, to exceed.
excelencia *(ayksthayláynthyah)* f. excellence; Excellency (title).
excelente *(ayksthayláyntay)* adj. fine, excellent.
excelso *(ayksthdáylsoh)* adj. elevated, sublime.
excentricidad *(ayksthayntreetheedáhd)* f. eccentricity, oddity.
excéntrico *(ayksthdáyntreekoh)* adj. eccentric(al), odd, extravagant.
excepción *(ayksthaypthyón)*f. exception, **a ~ de**, except for.
excepto *(ayksthdáyptoh)* adv. except, excepting, but, save for, excluding.

exceptuar *(aykѕthayptoo:áR)* tr. to except, to exclude, to leave out.
excesivo *(aykѕthayséeboh)* adj. excesive, too much.
exceso *(aykstháysoh)* m. excess; *(Com.)* surplus; **en ~**, excessively; **~ de equipaje**, excess luggage.

E

excitable *(aykstheetáhblay)* adj. excitable.
excitación *(aykstheetahthy:ón)* f. excitation; excitement.
excitar *(aykstheetáR)* tr. to excite, to stimulate, to rouse, to thrill. *(Elect.)* to energize; v. r. to get excited.
exclamación *(aysklahmahthyón)* f. exclamation.
exclamar *(aykskIahmáR)* tr. to exclaim.
excluir *(aykskloo:éeR)* tr. to exclude, to leave out.
exclusión *(ayskioosyón)* f. exclusion, shutting out.
exclusiva *(aykskIooséebah)* f. exclusive.
exclusivo *(ayksklooséeboh)* adj. exclusive.
excomulgar *(aykskohmoolgáR)* tr. to excommunicate.
excomunión *(aykskohmoonyón)* f. excommunication.
excremento *(aykskraymáyntoh)* m. excrement, dirt; hez.
excursión *(aykskooRsyón)* f. trip, excursion; outing, tour.
excursionista *(aykskooRsyohnéesstah)* s. excursionist, tripper.
excusa *(aykskóosah)* f. excuse; apology; *(Law.)* plea.
excusado *(aykskoosáhdoh)* adj. exempt; m. privy, water-closet; **es ~ decir que**, needless to say that.
excusar *(aykskoosáR)* tr. to excuse; v. r. to apologize, to excuse oneself; to apologize.
execrable *(ayksaykráhblay)* adj. hateful, detestable.
exención *(ayksaynthyón)* f. exemption, immunity; *(Com.)* franchise.
exentar *(ayksayntáR)* tr. to exempt; to free from; *(Law.)* to absolve, to acquit.
exento *(ayksáyntoh)* adj. exempt; free(d).
exequias *(ayksáykyahs)* f. pl. exequies, funeral rites.
exhalación *(aykahlahthyón)* f. exhalation, fume vapour; (fig.) great speed; **como una ~**, like a shot.
exhalar *(ayksahláR)* tr. to exhale, to breathe out, to emit; (fig.) to die.
exhaustivo *(aykahoostéeboh)* adj. exhaustive; **de forma ~**, thoroughly.
exhausto *(ayksáh/oostoh)* adj. exhausted, tired out, worm out.
exhibición *(aykseebeethyón)* f. show, display, exposition.
exhibir *(aykseebéeR)* tr. to display, to show, to exhibit.
exhortación *(ayksoRtahthyón)* f. exhortation.
exhortar *(ayksoRtáR)* tr. to exhort.
exhumación *(ayksoomathyón)* f. exhumation, disinterment.
exhumar *(ayksoomáR)* tr. to disinter, to exhume.
exigencia *(aykseeHáynthyah)* f. exigency, demand; pl. **las ~s de la vida**, life's needs.
exigente *(aykseeHáyntay)* adj. demanding, exacting.
exigir *(aykseeHéeR)* tr. to exact; to demand; to require.
exiguo *(aykséegooioh)* adj. exiguous, small, meager.
exiliado *(aykseeleeáhdoh)* adj. exiled; m. exile.
eximio *(aykséemyoh)* adj. distinguished, famous, eminent.
eximir *(aykseeméeR)* tr. to exempt, to free from; to exempt.
existencia *(aykseestáynthyah)* f. existence, life; *Com.* pl. stocks; **en ~**, in stock.
existente *(aykseestáyntay)* adj. existing; actual, real.
existir *(aykseestéeR)* intr. to exist; to be.
éxito *(áykseetoy)* m. success, hit; **tener ~**, to succeed, to be successful.
éxodo *(áyksohdoh)* m. exodus.

exonerar *(ayksohnayrár)* tr. to exonerate, to acquit.
exorbitante *(aysoRbeetáhntay)* adj. exorbitant, excesive.
exorcismo *(aysoRthéessmoh)* m. exorcism.
exorcisar *(ayksoRtheesáR)* tr. to exorcise.
exótico *(ayksóhteekoh)* adj. exotic(al), odd, bizarre.
expansión *(ayksyahnsyón)* f. expansion; spread.
expansivo *(aykspahnseéboh)* adj. expansive; (fig.) sociable, affable.
expatriación *(aykspahtryahthyón)* f. expatriation, exile.
expatriar *(aykspahtryáR)* tr. to expatriate, to exile; v.r. to emigrate.
expectación *(aykspayktahthyón)* f. expectation.
expectativa *(aykspayktahtéebah)* f. expectation, hope, expectancy; **estar a la ~**, to be on the look out for, to be ready to.
expectorar *(aykspayktohráR)* tr. to expectorate.
expedición *(aykspaydeethyón)* f. expedition: journey, trip; *(Com.)* shipment, despatch.
expedicionario *(aykspaydeethyonáhryoh)* adj. y s. expeditionary; sender.
expediente *(aykspaydyéntay)* m. *(Law.)* proceedings; dossier; file; record.
expedir *(aykspaydéeR)* tr. to dispatch, to forward.
expeditivo *(aykspaydeetéeboh)* adv. expeditive; quick.
expedito *(aykspaydéetoh)* adj. speedy, prompt, quick.
expeler *(aykspayláyR)* tr. to expel, to throw out.
expendedor *(aykspayndaydóR)* adj. spending; m. dealer, seller.
expender *(aykspayndáyR)* tr. to expend; *(Com.)* to sell on commission.
expensas *(ayksp áynsahs)* f. pl. expenses, costs; **a ~ de**, at the expense of.
experiencia *(aykspayyénthyah)* f. experience; experiment, trial.
experimentar *(aykspayreemayntáR)* tr. to experience, to experiment, to test, to try.
experimento *(aykspayreemáyntoh)* m. experiment, trial, test.
experto *(aykspáyRtoh)* adj. expert; (coll.) judge.
expiación *(aykspyahthyón)* f. expiation, atonement.
expiar *(aykspyáR)* tr. to expiate, to atone.
expirar *(aykspeeráR)* tr. to expire, to die, to pass away.
explanar *(ayksplahnáR)* tr. to level, to grade, to make flat (land).
explicación *(ayksp leekahthyón)* f. explanation.
explicar *(eykspleekáR)* tr. to explain, to clear up, to make clear; v.r. to explain oneself.
explícito *(ayks pléetheetoh)* adj. explicit.
exploración *(ayksplohrahthyón)* f. exploration.
explorador *(ayksplonrahdóR)* adj. exploring; m. explorer; scout.
explorar *(ayksplohráR)* tr. to explore, to scout.
explosión *(ayksplohsyón)* f. explosion, blast; (fig.) outburst.
explosivo *(ayksplohséeboh)* adj. y m. explosive.
explotación *(aykspiohtahthyón)* f. explotation; development.
explotar *(ayksplohtáR)* tr. to exploit; to develop, to use fully; to explode, to burst out, to blast out.
expoliación *(aykspohlyahthyón)* f. spoliation, plundering.
expoliar *(aykspohlyáR)* tr. to plunder, to pillage.
exponer *(aykspohnáyR)* tr. to expose; to exhibit, to show, to display; to risk; v.r. to run a risk, to take a chance.
exportación *(aykspoRtahthyón)* f. export(ation).
exportar *(aykspoRtáR)* tr. to export.

E

E

exposición *(aykspohseethyón)* f. exposition; *(Art.)* exhibition; *(Phot.)* exposure; risk, danger.
expósito *(ayksphóhseetoh)* adj. foundling.
expresar *(aykspraysáR)* tr. to express, to state, to tell.
expresión *(aykspraysyón)* f. expression; *(Gram.)* phrase, idiom.
expresivo *(ayksprayséeboh)* adj. expressive.
expreso *(aykspráysoh)* adj. expressed; m. express.
exprimidor *(aykspreemeedóhR)* m. squeezer.
exprimir *(aykspreeméeR)* tr. to squeeze; to exploit.
expropiar *(aykspropeeáR)* tr. to expropriate.
expuesto *(aykspwáysstoh)* adj. risky, dangerous; ~ **a**, liable to; *(Art.)* exhibited, displayed.
expulsar *(aykspoolsáR)* tr. to expel, to eject, to throw out.
expulsión *(aykspoolsyón)* f. expulsion.
expulsor *(aykspoolsóR)* adj. expelling, ejecting; m. ejector.
expurgar *(aykspooRgáR)* tr. to expurgate; to purify; *(Print.)* to correct.
exquisito *(aykskeesétoh)* adj.exquisite, delicious, nice; delicate.
éxtasis *(áykstahseess)* m. ecstasy, bliss.
extender *(aykstayndáyR)* tr. to extend, to expand, to spread, to stretch; v. r. to extend, to stretch out.
extensión *(aykstaynsyón)* f. extension; extent; *(Geog.)* area; (fig.) scope, range.
extenso *(aykstáynsoh)* adj. extensive, long (speech, writing, etc.); **por** ~, with full particulars.
exterior *(aykstayryóR)* adj. exterior, out, outside; **asuntos ~es**, foreign affairs.
exteriorizar *(aykstayryohreetháR)* tr. to speak out, to speak one's mind.
exterminar *(aykstayRmeenáR)* tr. to exterminate, to destroy, to kill.
exterminio *(aykstayRméenyoh)* m. extermination, destruction, anihilation.
externo *(aykstáyRnoh)* adj. outside, external; m. day pupil.
extinción *(ayksteenthyón)* f. extinction, obliteration; (fires) extinguishing putting out.
extinguir *(ayksteengéeR)* tr. to extinguish, to wipe out; (fires) to put out, to smother; v. r. to disappear, to fade away.
extinto *(aykstéentoh)* adj. extinct.
extirpación *(aysteeRpahthyón)* f. extirpation, removal, eradication.
extirpar *(aysteeRpáR)* tr. to extirpate, to eradicate; *(Med.)* to remove, to extract.
extorsión *(aykstoRsyón)* f. extortion, blackmail.
extracción *(aykstrahkthyón)* f. extraction; *(Min.)* mining; *(Med.)* removal.
extractar *(aykstrahktáR)* tr. to abstract, to summarize.
extracto *(aykstráhktoh)* m. summary; *(Chem.)* extract; excerpt; ~ **bancario**, bank statement.
extractor *(aykstrahktóR)* m. extractor; ~ **de humos**, extractor fan.
extraer *(aykstraháyR)* tr. to extract; *(Min.)* to mine.
extranjero *(aykstrahnHáyroh)* adj. foreign; m. foreigner, alien; **en el o al** ~, abroad.
extrañeza *(aykstrahnyáythah)* f. oddness, surprise, strangeness.
extraño *(aykstráhnyoh)* adj. odd, strange; s. stranger, foreing.
extraordinario *(aykstraoRdeenáhryoh)* adj. extraordinary; uncommon, unusual.
extravagancia *(aykstrahbahgáhnthyah)* f. extravagance, eccentricity, oddity.
extravagante *(aykstrahbahgáhntay)* adj. extravagant, eccentric.
extraviar *(aykstrahbyáR)* tr. to mislead, to misplace, to lose, to mislay; v.r. to astray; to lose one's way.
extravío *(aystrahbéeoh)* m. loss, deviation, misleading.

extremado *(aykstraymáyhdoh)* adj. extreme.
extremar *(aykstraymá***R***)* tr. to carry to an extreme, to an overemphasize.
extremaunción *(aykstraymaoothyón)* f. extreme unction.
extremidad *(aykstraymeedáhd)* f. extremity; pl. limbs.
extremo *(ayksträymoh)* adj. extreme, last, utmost; m. end, edge, extreme; (sport.) ~ **derecho**, right winger; ~ **izquierdo**, left winger.
exuberancia *(ayksoobayráhnthyah)* f. exuberance.
exuberante *(ayksoobayráhntay)* adj. exuberant, luxuriant.
eyacular *(eyahkoolá***R***)* to ejaculate.

F f

fábrica *(fáhbreekah)* f. factory, mill; **marca de** ~, trade-mark.
fabricación *(fahbreekahthyón)* f. manufacture, make; (fig.) invention, fabrication.
fabricante *(fahbreekáhntay)* s. manufacturer, maker.
fabricar *(fahbreeká***R***)* tr. to build, to manufacture, to make.
fabril *(fahbréel)* adj. manufacturing.
fábula *(fáboolah)* f. fable, legend; myth, tale, rumour (UK), rumor (US).
fabuloso *(faboolóhsoh)* adj. fabulous; (coll.) fantastic.
faca *(fáhkah)* f. jack-knife.
facción *(fahkthy:ón)* f. faction, side; pl. face, features.
faccioso *(fahkthy:óhsoh)* adj. factious, rebellious; m. agitator, rebel.
faceta *(fahtháytah)* f. facet, side; **tiene muchas ~s**, it has many sides; **polifacético**, manysided, polifacetic.
facha *(fáhchah)* f. (fam.) aspect, looks, appearance.
fachada *(fahcháhdah)* f. facade, face, front; (fig.) figure, build (of persons).
fácil *(fáhthil)* adj. easy, simple; **~mente**, easily.
facilidad *(fahtheeleedáhd)* f. facility, ease, simplicity.
facilitar *(fahtheeleetá***R***)* tr. to facilitate, to make easy, to supply, to give.
facineroso *(fahtheenayróhsoh)* adj. wicked; m. rascal, rogue, out-law.
factible *(fahktéeblay)* adj. feasible.
factor *(fahktó***R***)* m. *(Maths.)* factor; *(Com.)* agent; (railway) freight clerk.
factoría *(fahktohrée:ah)* f. factory, plant.
factura *(fahktóorah)* f. invoice, bill.
facturar *(fahktoorá***R***)* tr. to bill, to invoice; (railway) to register luggage.
facultad *(fahkooltáhd)* f. faculty, power, authority; ~ **de Ciencias**, Science faculty; ~ **de Derecho**, Law faculty.
facultar *(fahkooltá***R***)* tr. to empower, to authorize.
facultativo *(fahkooltahtéeboh)* adj. facultative, optional; m. doctor, physician.
faena *(faháynah)* f. work, labour; pl. household duties, chores; (coll.) dirty trick.
faisán *(fah/esáhn)* m. pheasant.
faja *(fáh***H***ah)* f. girdle, suspender belt; *(Mil.)* sash, band; *(Geog.)* zone, belt.
fajo *(fáh***H***oh)* m. bundle; ~ **de billetes**, a handful of bank-notes.
falacia *(fahláhthyah)* f. fallacy, deceit.
falaz *(fahláth)* adj. deceitful, fallacious.
falda *(fáhldah)* f. skirt. *(Geog.)* foothill; lap, hillside.
falibilidad *(fahleebeeleedáhd)* f. fallibility.
falible *(fahléeblay)* adj. fallible.
fálico *(fáhleekoh)* adj. phallic.
falla *(fáhlyah)* f. defect, flaw; fire works display; artistic figure to burn up.

F

fallar *(fahlyá***R***)* intr. to fail. (Mech.) not to work properly; (shooting) to miss; tr. to rule (en un juicio); **no me falles**, don't let me down.
fallecer *(fahlyaytháy***R***)* intr. to die, to pass away.
fallecimiento *(fahlyaytheemyénthoh)* m. obituary, death, decease.
fallido *(fahlyéedoh)* adj. frustrated, failed.
fallo *(fáhlyoh)* m. *(Leg.)* judgement, sentence, mistake, error; (shool.) miss. *(Mech.)* failure, breakdown.
falo *(fáhloh)* m. phallus, penis.
falsario *(fahlsáryoh)* adj. y s. forger, falsifier.
falsear *(fahlsayá***R***)* tr. to falsify, to counterfeit, to forge.
falsedad *(fahlsaydáhd)* f. falsehood, lie, untruth.
falsificación *(fahlseefeekathyón)* f. forgery, falsification counterfeit.
falsificador *(fahlseefeekahdó***R***)* m. falsifier, forger.
falsificar *(fahlseefeeká***R***)* tr. to falsify, to forge.
falso *(fáhlsoh)* adj. false; **billete** ~, forged note; (fig.) (of persons) deceitful, disloyal.
falta *(fáhltah)* fault, error, mistake; (manuf.) defect, flaw; **hacer** ~, to need; **sin** ~, without delay.
faltar *(fahltá***R***)* intr. to be deficient, to miss, to be absent or missing, to lack.
falto (de) *(fáhltoh)* adj. wanting, short of, lacking.
fama *(fáhmah)* f. fame, name, reputation; **de buena** ~, renown; **de mala** ~, bad reputation.
famélico *(fahmáyleekoh)* adj. hungry, starving.
familia *(fahméelyah)* f. family; household.
familiar *(fahmeelyá***R***)* adj. familiar; m. relative.
familiaridad *(fameelyahreedád)* f. familiarity, acquaintance, intimacy.
famoso *(fahmóhsoh)* adj. famous, well-known.
fanal *(fahnáhl)* m. lighthouse, lantern.
fanático *(fahnáhteekoh)* adj. y m. fanatic(al), bigot(ed).
fanatismo *(fahnahtéessmoh)* m. fanaticism, bigotry.
fanfarrón *(fahnfah***R***ón)* adj. (fam.) showy; m. boaster, braggart; m. show off.
fanfarronada *(fahnfah***R***ohnáhdah)* f. boast, brag.
fanfarronear *(fahnfah***R***ohnayá***R***)* tr. to brag, to boast, to show off, to bully.
fango *(fáhngoh)* m. mud, bog, mire, slush.
fangoso *(fahngóhsoh)* adj. muddy, swampy, bogged, slushy.
fantasear *(fahntahsayá***R***)* inr. to fancy, to fantasize.
fantasía *(fahntahsée:ah)* f. fancy. *(Mus.)* fantasy.
fantasma *(fahntáhsmah)* m. ghost, phantom; (fig.) scarecrow.
fantástico *(fahntáhsteekoh)* adj. fantastic, fabulous.
farándula *(fahráhndoolah)* f. farcicalness, strolling troup.
fardo *(fá***R***doh)* m. budle, package, bale, pack, burden.
farfulla *(fa***R***fóolyah)* f. (coll.) gabble, jabber.
farfullar *(fa***R***foolyá***R***)* tr. to gabble, to jabber, to act hastily.
faringe *(fahréen***H***ay)* s. f. *(Anat.)* pharynx; pl. pharynges.
faringitis *(fahreen***H***éeteess)* f. pharyngitis.
fariseo *(fahreesáyoh)* m. Pharisee, hypocrite.
farmacéutico *(fah***R***mahtháyooteekoh)* adj. pharmaceutic(al); m. chemist.
farmacia *(fah***R***máhthyah)* f. pharmacy, chemist's (UK), drugstore (US).
faro *(fáhroh)* m. light-house, beacon. *(Mot.)* head-lamp.

farol *(fahról)* m. lantern, street lamp; **tirarse un** ~, to show off.
farola *(fahrólah)* f. big lantern. *(Naut.)* beacon.
farolero *(fahrohlayroh)* adj. show-off, lantern-maker, lantern carrier, lamp-lighter.
farsa *(fáRsah)* f. farce, sham; *(Theat.)* farce, light comedy.
farsante *(faRsahntay)* s. deceiver, hypocrite. *(Theat.)* farce player.
fascículo *(fassthéekooloh)* m. fascicle, episode.
fascinación *(fahstheenahthyón)* f. fascination.
fascinar *(fahstheenaR)* tr. to fascinate, to captivate.
fase *(fáhsay)* f. phase, stage.
fastidiar *(fahsteedyáR)* tr. to disgust, to annoy, to upset; r. to bother.
fastidio *(fahstéedyah)* m. disgust, weariness, nuisance; **¡qué** ~!, what a nuisance!
fastidioso *(fahteedyóhsoh)* adj. annoying, sickening, tedious, boring.
fastuoso *(fahstooióhsoh)* adj. pompous, ostentatious, lavish.
fatal *(fahtáhl)* adj. deadly, lethal, fatal, disastrous.
fatalidad *(fahtahleedáhd)* f. fatality, ill luck, fate, misfortune.
fatalismo *(fahtahleessmoh)* m. fatalism.
fatalista *(fahtahleesstah)* s. fatalist.
fatídico *(fahtéedeekoh)* adj. fatidical, ominous.
fatiga *(fahtéegah)* f. fatigue, tiredness, exhaustion.
fatigar *(fahteegáR)* tr. to fatigue, to tire; r. to get tired, to tire out.
fatigoso *(fahteegóhsoh)* adj. tiresome, wearisome, tiring.
fatuidad *(fahtweedahd)* s. f. fatuity, stupidity, foolishness.
fatuo *(fáhtoo:oh)* adj. fatuous, stupid, conceited.
fausto *(faoostoh)* m. pomp, ostentation; adj. happy, successful.
favor *(fahbóR)* m. favour; **por** ~, please; **a** ~ **de**, on behalf of; **hacer un** ~, to do a favour.
favorable *(fahbohráhblay)* adj. favourable, propitious, advantageous.
favorecer *(fahbohraythayR)* tr. to favour, to be partial; (of clothes, colours, etc.) to suit.
favorito *(fahbohréetoh)* adj. favouried, beloved; m. pet. favourite, the blue-eyed boy, the apple of one's eye.
faz *(fáth)* f. face, countenance.
fe *(fay)* t. faith, belief; **de buena** ~, in good faith; **de mala** ~, deceitfully; **dar** ~, to attest.
fealdad *(fayahldáhd)* f. ugliness.
febrero *(faybráyroh)* m. February.
febril *(faybréel)* adj. feverish.
fecha *(fáychah)* f. date; **¿qué** ~ **es hoy?**, what's today's date?
fechar *(faycháR)* tr. to date.
fechoría *(faychohrée:ah)* f. misdeed, wrong. *(Leg.)* petty crime; **hacer** ~**s**, to do something wrong (children).
fécula *(fáykoolah)* f. starch.
fecundación *(faykoondahthyón)* f. fertilization.
fecundar *(faykoondáR)* tr. to fertilize.
fecundidad *(faykoondeedáhd)* f. fertility, fruitfulness.
fecundo *(faykóondoh)* adj. fertile, fruitful; *(Agric.)* rich; (of anim.) prolific.
federación *(faydayrahthyon)* f. federation. *(Sport)* association.
federal *(faydayráhl)* adj. federal, federate; m. federalist.
fehaciente *(fayahthyentay)* adj. *Leg.* authentic, reliable.
felicidad *(fayleetheedáhd)* f. bliss, happiness, felicity, joyfulness; **¡~es!**, congratulations!

F

felicitación *(fayleetheetahthyón)* f. congratulation.
felicitar *(fayleetheetá***R***)* tr. to congratulate.
feligrés *(fayleegráys)* m. parishioner, church member.
feliz *(fayléeth)* adj. happy, lucky; adv. **~mente**, happily, fortunately.
felino *(fayléenoh)* adj. feline, cat-like.
felón, a *(faylón, ah)* adj. criminal, treacherous.
felonía *(faylohnéeah)* s. f. felony, trachery.
felpa *(fáylpah)* f. plush, (coll.) beating.
felpudo *(faylpóodoh)* adj. plushy, downy; m. doormat, rug.
femenino *(faymaynéenoh)* adj. femenine, female.
feminismo *(faymeenéesmoh)* m. feminism.
feminista *(faymeenéestah)* s. feminist.
fenecer *(faynaytháy***R***)* intr. to die, to pass away.
fenómeno *(faynóhmaynoh)* m. phenomenon, freak.
feo, fea *(fáyoh, fáyah)* adj. ugly; nasty, unpleasant; plain; ghastly.
feraz *(fayráhth)* adj. fertile, productive, rich.
féretro *(fáyraytroh)* m. coffin.
feria *(fáyryah)* f. fair, market.
ferial *(fayryáhl)* adj. ferial; m. fair, market.
feriante *(fayryántay)* m. trader, dealer (in a fair).
fermentación *(fay***R***mayntahthyón)* s. f. fermentation.
fermentar *(fay***R***mayntá***R***)* intr. to ferment.
fermento *(fay***R***máyntoh)* m. ferment, leaven, yeast.
ferocidad *(fayrohtheedáhd)* f. ferocity, savageness, wildness, fierceness.
feroz *(fayróth)* adj. ferocious, savage, wild, fierce; **tener un hambre ~**, to be ravenous.
férreo *(fáy***R***ayoh)* adj. ferreous, iron; **voluntad ~a**, iron-willed.
ferretería *(fay***R***aytayréeah)* f. hardware store, iron-monger's.
ferrocarril *(fay***R***ohkah***R***éel)* m. railway; (US) railroad.
ferroviario *(fay***R***ohbyáhryoh)* adj. railway; m. railwayman.
fértil *(fáy***R***teel)* adj. fertile, rich, productive.
fertilizante *(fay***R***teeleethántay)* adj. fertilizing; m. fertilizer.
fertilizar *(fay***R***teeleethá***R***)* tr. to fertilize.
férula *(fáyroolah)* f. ferule, (surgery) splint. *Bot.* ferula.
ferviente *(fay***R***byéntay)* adj. fervent, arden, devot.
fervor *(fay***R***bó***R***)* m. fervour, eagerness, enthusiasm, zeal.
fervoroso *(fay***R***bohróhssoh)* adj. fervent, zealous, devout, eager.
festejar *(faysstay***H***á***R***)* tr. to celebrate, to feast.
festejo *(faystáy***H***oh)* m. celebration, holiday, festivity.
festín *(faysstéen)* m. feast, treat.
festividad *(faysteebeedáhd)* f. festivity, holyday.
festivo *(faysstéeboh)* adj. festive, joyful, merry; **día ~**, holiday.
fetiche *(faytéechay)* m. fetish.
fétido *(fáyteedoh)* adj. fetid, stinking, stenching, smelly.
feto *(fáytoh)* m. foetus.
feudal *(fayoodáhl)* adj. feudal.
feudalismo *(fayoodahléesmoh)* m. feudalism.
feudo *(fáyoodoh)* m. fief.
fiado *(fyáhdoh)* adj. confident, trustworthy; **comprar algo ~**, to buy on credit.
fiador *(feeahdó***R***)* m. guarantor, sponsor. *(Mech.)* catch, grip, safety catch.
fiambre *(fyáhmbray)* m. cold meat.
fianza *(fyáhnthah)* f. *(Com.)* guarantee, security. *(law)* bail.

fiar *(fyáR)* tr. to guarantee, to bail. *(Com.)* to give credit; **es de ~**, he is reliable; v. r. **~se de**, to trust on, to rely on.
fibra *(féebrah)* f. fibre, filament; (fig.) **tiene ~**, he's got the makes of; vigour, energy.
fibroso *(feebróhsoh)* adj. fibrous.
ficción *(feekthyón)* f. fiction.
ficha *(féechah)* f. (gamb.) chip; (games) counter; (police) record.
fichar *(feecháR)* tr. (police) to file records. (sport) to sign on (for a club).
fichero *(feecháyroh)* m. card index, file; (furn.) filing-cabinet.
ficticio *(feektéethyoh)* adj. fictitious, unreal, imaginary.
fidedigno *(feedaydéegnoh)* adj. trustworthy, reliable; **de fuente ~a**, of good source.
fideicomiso *(feedaykohméesoh)* m. trust.
fidelidad *(feedayleedáhd)* f. fidelity, loyalty, faithfulness.
fideos *(feedáyos)* m. pl. noodles; (fig.) beanpole.
fiebre *(fyáybray)* f. temperature, fever.
fiel *(fyél)* adj. faithful, loyal, true; (scales) pointer; **los ~es**, the faithful; adv. **~mente**, faitfully.
fieltro *(fyéltroh)* m. felt.
fiera *(fyáyrah)* f. wild animal, beast; (fig.) **está hecho una ~**, he's absolutely furious; **es como una ~**, he's like a savage.
fiereza *(fyayráythah)* f. fierceness.
fiero *(fyáyroh)* wild, ferocious. *(Art.)* statuette.
fiesta *(fyesstah)* f. festivity, holiday; feast, party, celebration.
figura *(fygóorah)* f. figure, form, shape, statue, image; **tener buena ~**, to be shapely.
figurar *(feegooráR)* tr. to figure, to shape; **~ entre**, to be considered among; r. to imagine.
figurativo *(feegoorahtéeboh)* adj. figurative.
fijador *(feeHahdóR)* adj. fixing; m. fixer. (photography) fixing solution; (hair) lacquer.
fijar *(feeHáR)* tr. to fix; to fasten; r. to pay attention, to observe.
fijeza *(feeHáythah)* f. firmness; **mirar con ~**, to stare.
fijo *(féeHoh)* adj. fixed, firm, steady.
fila *(féelah)* f. row, line. *(Mil.)* rank. *(Theat.)* **las primeras ~s**, the front rows; **las últimas ~s**, the backrows.
filantropía *(feelahntrohpée:ah)* f. philanthropy.
filántropo *(feeláhntrohpoh)* m. philanthropist.
filarmónico *(feelaRmóhneekoh)* adj. philarmonic.
filatelia *(feelahtáylyah)* f. philately, stamp-collecting.
filatelista *(feelahtayléestah)* s. m. stamp-collector, philatelist.
filete *(feeláytay)* m. (meat) steak; (fish) fillet.
filetear *(feelaytayáR)* tr. to fillet. *(Mech.)* to tool.
filiación *(feelyahthyón)* f. filiation, personal description.
filial *(feelyáhl)* adj. filial.
filo *(féeloh)* m. cutting edge.
filología *(feelohlohHée:ah)* f. philology.
filológico *(feelohlóhHeekoh)* adj. philological.
filón *(feelón)* m. seam, vein (of mine).
filosofar *(feelohsohfáR)* tr. to philosophize.
filosofía *(feelohsohfée:ah)* f. philosophy.
filósofo *(feelóhsohfoh)* m. philosopher.
filtrar *(feeltráR)* tr. to filter, to strain; r. to leak out.
filtro *(féeltroh)* m. filter; (witch craft) love potion, philtre.
fin *(féen)* m. end(ing); aim, purpose, goal; **¡por ~!**, at last!; **al fin y al cabo**, in the end; **sin ~**, endless.

F

F

finado *(feenáhdoh)* adj. deceased, the late.
financiar *(feenanthyáR)* tr. to finance, to fund.
financiero *(feenahnthyáyroh)* adj. financial; m. financier.
finca *(féenkah)* f. country property (house, farm, etc.).
fineza *(feenáythah)* f. fineness, kindness, gift; compliment.
fingido *(feenHéedoh)* adj. feinged, fake, false.
fingir *(feenHéeR)* tr. to feign, to pretend, to simulate.
final *(feenáhl)* adj. final, last; m. **el** ~, the end.
fino, a *(féenoh, ah)* adj. fine, thin; (mann.) nice, elegant; (of edges) sharp, pointed; (gold) refined.
finura *(feenóorah)* f. fineness, nicety; (education) refinement.
firma *(féeRmah)* f. signature; *(Com.)* firm.
firmamento *(feeRmahmayntoh)* m. firmament, sky.
firmar *(feeRmáR)* r. to sign.
firme *(feéRmay)* adj. firm, solid, steady, secure, hard; m. foundation, bed; adv. **~mente**, seadily, firmly.
firmeza *(feeRmáythah)* f. firmness, steadiness, hardness, solidity; (fig.) **con** ~, resolutely.
fiscal *(feesskáhl)* m. district-attorney, attorney-general; adj. fiscal.
fiscalizar *(feesskahlethéR)* tr. to audit, to inspect; to control.
fisco *(féesskoh)* m. exchequer.
fisgar *(feessgáR)* tr. to pry, to eavesdrop.
fisgonear *(feessgohnayáR)* tr. to pry, to eavesdrop.
física *(feéseekah)* f. physic.
físico *(feéseekoh)* adj. physical; m. physicist; (coll.) physique.
fisiología *(feesy:ohlohHée:ah)* f. physiology.
fisioterapia *(feessyohtayráhpyah)* f. physiotherapy.
flaco *(fláhkoh)* adj. thin, skinny, lean.
flagelación *(flahHaylahthyón)* f. flagellation, scourging.
flagelar *(flahHayláR)* tr. to scourge, to whip.
flagrante *(flahgrántay)* adj. flagrant; **en** ~, redhanded, in the act.
flama *(fláhmah)* f. flame.
flamante *(flahmáhntay)* adj. brand-new; brilliant.
flamear *(flahmayáR)* intr. to flame, to blaze. *(Naut.)* to flutter. (*Med.)* to burn with alcohol.
flamenco *(flahmáynkoh)* adj. Flemish; m. Andalusian singing. (*Orn.)* flaminga.
flan *(fláhn)* m. custard (pie).
flanco *(fláhnkoh)* m. *(Mil.)* flank.
flanquear *(flahnkayáR)* to flank.
flaquear *(flahkayáR)* intr. to flank; to outflank.
flaqueza *(flahkáythah)* m. weakness, feebleness, frailty.
flato *(fláhtoh)* m. flatulence.
flauta *(flah/óotah)* f. flute.
flautista *(flah/ootéesstah)* s. flautist (UK); flutist (US).
flecha *(fláychah)* f. arrow, dart *(Arch.)* spire; **irse como una** ~, to go away like an arrow.
flechar *(flaycháR)* tr. to inspire sudden love.
fleco *(fláykoh)* s. m. fringe.
flema *(fláymah)* f. phlegm.
flemático *(flaymáhteekoh)* adj. phlegmatic.
flemón *(flaymón)* m. phlegmon, gumboil.
fletador *(flaytahdóR)* m. freight agent, charterer.
fletar *(flaytáR)* tr. *(Naut.)* to charter, to freight.
flete *(fláytay)* m. freight.
flexibilidad *(flayxeebeeleedáhd)* f. flexibility, pliability, ductility.
flexible *(flaykséeblay)* adj. flexible, pliable, manageable.
flexión *(flayxyón)* f. flexion; inflection; **hacer flexiones (de brazos)**, to do push-ups.
flojear *(flohHayáR)* intr. to slacken, to grow weak, to weaken.
flojo *(flóhHoh)* adj. *(Phys.)* weak, feeble. *(Mech.)* slack, loose.
flor *(flóR)* f. flower, bloom; (fig.) the cream.

flora *(flóhrah)* f. *Bot.* flora.

florecer *(flohraytáyR)* intr. to flourish, to blossom, to bloom, to flower; (fig.) to thrive, to prosper.

floreciente *(flohraythyéntay)* adj. flourishing, thriving.

florero *(flohráyroh)* m. flower-pot, flower-vase, flowerpot.

florido *(flohréedoh)* adj. florid, flowery, full of flowers.

florista *(flohreesstah)* s. florist, flower seller; f. flower-girl.

flota *(flóhtah)* f. *(Naut.)* fleet.

flotación *(flohtahthyon)* s. f. floating, flotation; **línea de ~**, water-line.

flotador *(flohtahdoR)* s. m. float, life-belt.

flotante *(flohtáhntay)* adj. floating.

flotar *(flohtáR)* intr. to float.

flote *(flóhtay)* m. floating; **a ~**, afloat; **salir a ~**, to come up to the surface.

flotilla *(flohtéelyah)* f. flotilla.

fluctuar *(flooktooáR)* intr. to fluctuate, to oscillate.

fluidez *(flooeedayth)* f. fluency (in speech, etc.); fluidity, fluidness.

fluido *(flóo:eedoh)* adj. fluid, flowing, fluent (in speech, etc.); m. fluid.

fluir *(floo:éeR)* intr. to flow.

flujo *(flóohoh)* m. (in)flux, (in) flow. *(Naut.)* rising-tide; **re~**, ebb-tide.

fluvial *(floobyáhl)* adj. fluvial, river.

foca *(fóhkah)* f. seal.

foco *(fóhkoh)* m. focus, core, source. *(Theat.)* spotlight.

fogata *(fohgáhtah)* f. bonfire, blaze.

fogón *(fohgón)* m. range, stove.

fogonero *(fohgohnayroh)* s. m. stoker, boiler-man.

fogonazo *(fohgohnahthoh)* s. m. flash.

fogosidad *(fohgohseedáhd)* f. passion, ardour (UK), ardor (US).

fogoso *(fohgóhsoh)* adj. ardent (in love); passionate, impetuous.

folklore *(folklóhray)* m. folklore.

folkórico *(folklóhreekoh)* adj. folkloric.

follaje *(fohlyahHay)* s. m. foliage.

folleto *(fohlyáytoh)* m. pamphlet, leaflet, brochure, booklet.

follón *(fohlyon)* m. row, brawl, lazy, mess

fomentar *(fohmayntáR)* tr. to foment, to encourage, to promote.

fomento *(fohmayntoh)* m. fomentation, encouragement, promotion.

fonda *(fóndah)* f. inn, tavern.

fondeadero *(fondayahdayroh)* m. *(Naut.)* anchor(ing) ground, anchorage.

fondear *(fondayáR)* tr. (*Naut.)* to cast anchor.

fondista *(fondeesstah)* s. (sport) long-distance runner; innkeeper.

fondo *(fóndoh)* m. bottom; (pic. and sound) background; (money) fund.

fonética *(fonáyteekah)* f. phonetics.

fontanería *(fontahnayrée:ah)* f. plumbing.

fontanero *(fontahnáyroh)* m. plumber.

forajido *(fohrahHéedoh)* m. outlaw.

forastero *(forahstáyroh)* m. foreigner, outsider, stranger, alien; adj. strange.

forcejear *(foRthayHayaR)* intr. to struggle, to wrestle.

forcejeo *(foRthayHayoh)* m. struggle, struggling, strife.

forense (foraynsay) m. forensic-doctor.

forja *(fóRHah)* f. forge, smithy.

forjar *(foRHáR)* tr. to forge; to invent, to concot; to shape, to create, to build.

forma *(fóRmah)* f. shape, form; **estar en ~**, to be fit; **de ~ que**, so, so that.

formación *(foRmahthyón)* f. formation, shape, education. *(Mil.)* **en ~**, in array.

formal *(foRmáhl)* adj. formal, proper, solemn, serious.

F

F

formalidad *(foRmahleedáhd)* f. formality, solemnity, seriousness.
formalizar *(foRmahleetháR)* tr. to formalize; (docum.) to legalize; r. to become formal or serious.
formar *(foRmáR)* tr. to form, to shape, to constitute (organizations); intr. to educate, to train; r. to get educated, to take shape.
formativo *(foRmahtéeboh)* adj. formative.
formidable *(formeedáhblay)* adj. formidable, terrific.
fórmula *(fóRmoolah)* f. formula.
formulario *(foRmooláhryoh)* m. formulary, book of formulae, form.
fornicación *(foRneekahthyón)* f. fornication, sexual intercourse.
fornicar *(foRneekáR)* tr. to fornicate.
fornido *(foRnéedoh)* adj. robust, stout, hefty; well-built.
forrar *(fohRáR)* tr. to line (clothes, pipes, etc.); (books) to cover.
forro *(fóhRoh)* m. lining; cover; upholstery; *(Naut.)* sheathing; **ni por el** ~, not in the least.
fortalecer *(forthalaytáyR)* tr. to fortify, to strengthen; (fig.) to encourage.
fortaleza *(forthaláythah)* f. vigour, strength; (of spirit) fortitude, *(Mil.)* fortress, stronghold.
fortificar *(foRteefeekáR)* tr. to strengthen, to fortify.
fortuito *(foRtóoeetoh)* adj. chance, fortuitous, accidental.
fortuna *(foRtóonah)* f. fortune, chance, (good) luck, success, wealth, capital; **por~**, luckily, by chance.
forzar *(foRtháR)* tr. to force, to break in (door, etc.), to enforce, to compel, to overpower, to ravish, to rape.
forzoso *(foRthóhsoh)* adj. forced, indispensable, compulsory.
forzudo *(foRthóodoh)* adj. strong, vigorous.
fosa *(fóhsah)* f. pit; (fig.) grave. *Anat.* ~ **nasal**, nostril.
fósforo *(fohssfohroh)* m. phosphorus, match.
foso *(fóhsoh)* m. pit, moat, ditch.
fotograbado *(fohtohgrahbáhdoh)* m. photogravure.
fotografía *(fohtohgrahfée:ah)* f. photo, snap, photograph. *(Art.)* photography.
fotografiar *(photohgrahfyáR)* tr. to photograph, to take photos.
frac *(frahk)* m. tailcoat, tails.
fracasado *(frahkahssahdoh)* adj. (coll.) failed; unsuccessful.
fracasar *(frahkahsáR)* intr. to fail, to fall through, to come to nothing (of plans, etc.).
fracaso *(frahkáhsoh)* m. failure, ruin; (plans, plays, etc.) washout.
fracción *(frahkthyón)* f. fraction, small portion.
fractura *(frahktóorah)* f. fracture, breakage. *(Med.)* fractura.
fracturar *(frahktooráR)* tr. to fracture, to break.
fragancia *(frahgáhnthyah)* f. scent, fragance, perfume.
fragante *(frahgáhntay)* adj. fragant, aromatic, fragant; **en** ~, in the act, red-handed.
fragata *(frahgáhtah)* f. frigate.
frágil *(fráhHeel)* adj. fragile, breakable, frail.
fragilidad *(frahHeeleedad)* f. fragility, brittleness, frailty (of persons).
fragmento *(frahgmayntoh)* m. fragment, excerpt.
fragor *(frahgor)* s. m. clamor, noise.
fragua *(frahgwah)* s. f. forge.
fraguar *(frahgwaR)* tr. *(Met.)* to forge; (plans, etc.) to contrive, to brew.
fraile *(frá/eelay)* m. friar, monk.

frambuesa *(frahmbwaysah)* f. raspberry.

francés *(frahnthayss)* adj. French; m. Frenchman.

franco *(fráhnkoh)* adj. frank, open, sincere; (money) franc; **puerto ~**, free port; **~ de impuesto**, duty-free.

franela *(frahnáylah)* s. flannel.

franja *(fráhn**H**ah)* f. fringe, band, stripe; **~ horaria**, time zone.

franquear *(frankayá**R**)* tr. (letters) to put stamps, on; (doors) to open completely; to clear.

franqueo *(frahnkáyoh)* m. postage.

franqueza *(frahnkáythah)* f. frankness, sincerity; **con ~**, frankly.

franquicia *(frahnkéethyah)* f. exemption, franchise.

frasco *(fráhskoh)* m. flask, bottle, jar.

frase *(fráhsay)* f. phrase, sentence.

fraternal *(frahtay**R**náhl)* adj. fraternal, brotherly.

fraternidad *(frahtay**R**needáhd)* f. brotherhood, fraternity.

fraterno *(frahtáy**R**noh)* adj. fraternal, brotherly.

fratricida *(frahtreetheedah)* s. fratricide.

fratricidio *(frahtreethéedyoh)* m. fratricide, murder of a brother or sister.

fraude *(frá/ooday)* m. fraud, deceit.

fray *(fráee)* m. friar, brother.

frecuencia *(fraykwáynthyah)* f. frequency.

frecuentar *(fraykwayntá**R**)* tr. to frequent, to haunt; to visit.

frecuente *(fraykwayntay)* adj. frequent, common, usual.

fregadero *(fraygahdáyroh)* m. sink, scullery.

fregar *(fraygá**R**)* tr. to wash up, to scour, to scrub.

freír *(frayée**R**)* tr. to fry.

frenar *(fraynà**R**)* tr. to brake, to stop, to hold up; (fig.) to check, to curb.

frenesí *(fraynaysée)* m. frenzy, fury, rush.

frenético *(fraynáyteekoh)* adj. frantic, wild, furious, mad.

freno *(fráynoh)* m. *(Mech.)* brake, check; (fig.) curb, control; (horse) bridle.

frente *(frayntay)* f. *(Anat.)* forehead; m. *(Mil., Pol.)* front; (building) front, facade; **de ~**, facing; **de ~ a ~**, face to face; adv. in front.

fresa *(fráysah)* f. strawberry.

fresadora *(frayssahdóhra)* s. f. *(Mech.) milling machine.*

fresco *(fraysskoh)* adj. fresh cool; m. cool air; **tomar el ~**, to go for a stroll.

frescor *(frayssкó**R**)* m. freshness.

frescura *(fraysskóorah)* f. freshness, cheek, nerve.

fresno *(frayssnoh)* m. *Bot.* ash (tree).

frialdad *(fryaldáhd)* f. coldness, coolness; (fig.) indiference.

fricción *(freekthyón)* f. friction, rubbing; massage.

friccionar *(freethyoná**R**)* tr. to rub, to massage.

frigidez *(free**H**eedayth)* s. f. frigidity.

frígido *(free**H**eedoh)* adj. frigid, frozen, cold.

frigorífico *(freegohréefeekoh)* adj. figorific, refrigerating; m. refrigerator.

frío *(frée:oh)* adj. cold, chilly; m. cold; **hace ~**, it is cold.

friolero *(freeohlayroh)* adj. sensitive to cold.

frisar *(freessá**R**)* tr. to frizzle; (cloth). *(Naut.)* to line, to pack; (fig.) to be about/be near.

fritada *(freetáhdah)* f. fry.

frito *(fréetoh)* adj. fried.

frivolidad *(freebohleedáhd)* f. frivolity, triviality, puerility.

frívolo *(fréebohloh)* adj. frivolous trivial, puerile, vane.

frondosidad *(frondohseedáhd)* f. (follaje) foliage; (planta) leafiness; (bosque) luxuriance.

frondoso *(frondóhsoh)* adj. leafy, luxuriant.

F

F

frontal *(frontáhl)* adj. front(al).
frontera *(frontáyrah)* f. frontier, border.
fronterizo *(frontayréethoh)* adj. bordering.
frontón *(frontón)* m. pelota court; *(Arch.)* pediment.
frotación *(frohtahthyón)* f. friction, rubbing.
frotar *(frohtá***R***)* tr. to rub.
fructífero *(frooktéefayroh)* adj. fruitful, productive. *(Com.)* profitable.
fructificar *(frookteefeeká***R***)* tr. to fructify, to yield fruits; (fig.) to be successful. *(Com.)* to be profitable.
frugal *(froogáhl)* adj. frugal, thrifty.
frugalidad *(froogahleedáhd)* f. frugality, economy, thrift.
fruición *(frooeethyón)* f. pleasure, enjoyment, relish.
fruncir *(froonthee***R***)* tr. (sew) to gather; (eyes) to pucker; (brows) to frown.
frustrar *(froostrá***R***)* tr. to frustrate, to thwart; r. to fall through.
fruta *(fróotah)* f. fruit.
frutal *(frootáhl)* adj. fruit; m. fruit tree.
frutería *(frootayrée.ah)* f. fruitstore.
frutero *(frootáyroh)* m. fruit-basket, fruit-bowl, fruiterer.
fruto *(fróotoh)* m. fruit; product, result; **dar** ~, to bear fruit.
fuego *(fwaygoh)* m. fire; (fig.) heat, fire, vigour. *(Mil.)* (exclamación) Fire! m. pl. ~ **artificiales**, fireworks; **prender** ~, to set on fire.
fuente *(fwayntay)* f. fountain, spring, source, dish.
fuera *(fwayrah)* adv. away, out, off, outside; ~ **de**, out of; ~ **de sí**, beside oneself; **estar** ~, to be away; (exclamación) **¡~!**, out! away with him!
fuero *(fwyroh)* m. statute, law code; privilege.
fuerte *(fwáy***R***tay)* adj. strong, hard; m. fortress.
fuerza *(fwáy***R***thah)* f. force; strength, power; pl. soldiers.
fuga *(fóogah)* f. flight, escape. *(Tech.)* leak. (*Mus.*) fugue.
fugacidad *(foogahtheedáhd)* f. fugacity.
fugarse *(foogá***R***say)* r. to escape, to run away.
fugaz *(foogáth)* adj. fleeting, brief; **estrella** ~, shooting star.
fugitivo *(foo***H***eetéeboh)* adj. fugitive, runaway.
fulana *(fooláhnah)* f. such a one; slut, whore.
fulano *(fooláhnoh)* m. such a one. Mr. So and So.
fulgor *(foolgó***R***)* m. brillance, glow.
fulminante *(foolmeenáhntay)* adj. thundering; m. percussion cap.
fulminar *(foolmeená***R***)* tr. to fulminate, to strike down.
fumador *(foomadó***R***)* m. smoker; ~ **empedernido**, heavy smoker.
fumar *(fooma***R***)* tr. to smoke.
fumigar *(foomeegá***R***)* tr. to fumigate, to desinfect by spraying, to spray.
función *(foonthyón)* f. function. *(Theat.)* performance, show; ~ **de noche**, late night show.
funcionar *(foonthyohná***R***)* intr. *(Mech.)* to work, to function.
funcionario *(foonthy:ohnáhryoh)* m. civil servant.
funda *(fóondah)* f. case, sheath.
fundación *(foondahthyón)* f. foundation, establishment, institution.
fundamental *(foondahmayntahl)* adj. essential, basic.
fundamento *(foondahmayntoh)* m. foundation, grounds, basis.
fundar *(foondá***R***)* tr. to found, to establish.
fundición *(foondeethyón)* f. (metal) smelting, fusion; (metal) foundy, smelter, foundry.
fundir *(foondée***R***)* tr. to smelt (metals); r. *(Elect.)* to fuse; (fig.) to spend up.
fúnebre *(fóonaybray)* adj. gloomy, morbid, lugubrious.
funeral *(foonayráhl)* adj. y m. funeral.
funeraria *(foonayráhryah)* f. undertaker's, funeral directors.
funesto *(foonaystoh)* adj. disastrous unfortunate, ill-fated.

funicular *(fooneekooláR)* adj. funicular; m. cable car.
furia *(fóoryah)* f. fury, rage.
furioso *(fooryóhsoh)* adj. furious, mad, raging.
furor *(fooróR)* m. fury, rage.
furtivo *(foortéeboh)* adj. furtive, clandestine; **cazador~**, poacher.
furúnculo *(fooróonkooloh)* m. boil, furuncle.
fusible *(foosseeblay)* adj. fusible; m. *Elect.* fuse.
fusil *(fooséel)* m. rifle, gun,musket.
fusilar *(fooseeláR)* tr. to execute by shooting.
fusilero *(fooseeleRo)* m. fusilier.
fusión *(foosyón)* f. fusion, melting; (met.); (fig.) fusion; *(Com.)* merger.
fusionar *(foossyohnaR)* tr. to unite; *(Com.)* to merge.
fustigar *(foosteegaR)* tr. to whip, to lash.
fútbol *(football)* m. football.
futbolista *(footballeestah)* m. football player.
fútil *(fóotyl)* adj. futile, trivial.
futuro *(footóoroh)* adj. and m. future.

G g

gabán *(gahbáhn)* m. overcoat.
gabardina *(gahbaRdéenah)* f. gabardine, rain-coat.
gabarra *(gahbáRah)* f. *(Naut.)* lighter, barge.
gabinete *(gahbeenáytay)* m. office, cabinet, study, parlour; (pols.) government, the ministers.
gacela *(gahthaylah)* s. f. gazelle.
gaceta *(gahtháytah)* f. gazette, newspaper.
gafa *(gáhfah)* f. hook; pl. spectacles, glasses, eyeglasses (US); *(Naut.)* diving mask.
gafar *(gahfaR)* fr. to hook, to jinks.
gaita *(gáheetah)* f. bagpipe.
gaitero *(gaeetáyroh)* m. piper.
gaje *(gáHay)* m. wages, pay; pl. fees, perquisites.
gala *(gáhlah)* f. gala, full dress.
galán *(gahláhn)* m. handsome man; leadingman.
galante *(gahláhntay)* adj. gallant, cavalier.
galantear *(gahlahntayáR)* tr. to court, to woo, to flirt.
galanteo *(gahlahntáyoh)* m. courtship, wooing.
galantería *(gahlantayrée:ah)* f. politeness.
galardón *(gahláRdón)* m. award, reward, prize.
galardonar *(gahlaRdohnáR)* tr. to reward, to award a prize.
galaxia *(gahlacsseeah)* f. galaxy.
galeón *(gahlayón)* m. *(Naut.)* galeon.
galería *(gahlayréeah)* f. gallery, corridor, lobby; *(Art.)* gallery, exhibition room.
galerna *(gahláyRnah)* f. gale, strong north-west wind.
galés (a) *(gahlayss, ah)* m. f. Welshman (woman); adj. Welsh.
galgo *(gáhlgoh)* m. greyhound.
galicismo *(gahleetheesmoh)* s. gallicism.
galimatías *(gahleemahtée:ahs)* m. gibberish talk, prattle.
gallardear *(gahlyaRdayáR)* intr. to behave gracefully.
gallardete *(gahlyaRdáytay)* m. pennant, streamer.
gallardía *(gahlyaRdée:ah)* f. bravery, elegance, gallantry, gracefulness.
gallardo *(gahlyáRdoh)* adj. graceful, elegant, bold, daring.
gallego *(gahiyéygoh)* m. y adj. Galician.
galleta *(gahlyáytah)* f. cookie (US), biscuit; (coll.) slap.
gallina *(gahlyéenah)* f. hen; (coll.) coward, chicken; ~ **clueca**, brooding hen; ~ **ciega**, blind man's buff.
gallinero *(gahlyenáyroh)* m. henhouse; *(Theat.)* gallery, the «gods».
gallo *(gáhiyoh)* m. cock, rooste; ~ **de pelea**, game-cock.

G

galón *(gahlón)* m. (measure) gallon; (mil.) braid, stripe.
galopada *(gahlohpáhdah)* f. gallop race.
galopar *(gahlohpá**R**)* intr. to gallop.
galope *(gahlóhpay)* m. gallop; **a ~**, in haste.
galopín *(gahlohpéen)* m. rascal, rogue.
galvanizar *(gahbahneethá**R**)* tr. to galvanize, to electroplate.
gama *(gáhmah)* f. *(Zool.)* doe; *(Mus.)* gamut; (fig.) range.
gamba *(gáhmbah)* s. f. prawn shrimp.
gamberro *(gahmbáy**R**oh)* adj. and s. hooligan, rowdy (type).
gamo *(gáhmoh)* m. *(Zool.)* buck.
gamuza *(gahmóothah)* f. chamois, wash-leather.
gana *(gáhnah)* f. desire, appetite; **de buena ~**, willingly; **tener ~ de**, to feel like doing, to fancy.
ganadería *(gahnahdayrée:ah)* f. livestock, cattle-breeding.
ganadero *(gahnahdáyroh)* m. owner of cattle; dealer in cattle, cattle-breeder; adj. cattle.
ganado *(gahnáhdoh)* m. cattle, livestock.
ganador *(gahnahdó**R**)* m. winner.
ganancia *(gahnánthyah)* f. profit, gain; (gamb.) winnings.
ganar *(gahná**R**)* tr. to gain, to profit; *Com., Sport.* (gambling); to win; (salary, etc.) to earn.
gancho *(gáhnchoh)* m. hook; stump, procurar; *(Box.)* crotchet.
gandul *(gahndóol)* m. idler, loafer.
ganga *(gáhngah)* f. bargain; *Min.* gangue.
gangrena *(gahngráynah)* s. gangrene.
gangrenarse *(gahngrayná**R**say)* r. to become gangrenous.
gansada *(gahnsáhdah)* f. stupidity, silly prank; (coll.) a daft thing to do.
ganso *(gáhnsoh)* m. gander; s. f. goose; (coll.) lazybones.
ganzúa *(gahnthóo:ah)* f. picklock, false-key.
garabatear *(gahrahbahtaya**R**)* tr. to hook; intr. to scribble, to scrawl, to doodle.
garabato *(gahrahbáhtoh)* m. scribble, doodle, scrawl.
garaje *(gahráh**H**ay)* m. garage.
garantía *(gahrahntée:ah)* f. warrant(y); guarantee.
garantizar *(gahrahnteethá**R**)* tr. to guarantee, to warrant, to vouch for.
garapiñar *(gahrahpeenyá**R**)* tr. to ice, to candy, to gazle.
garbanzo *(ga**R**bánthoh)* m. chickpea.
garbo *(gá**R**boh)* m. gracefulness; **con ~**, gracefully.
garboso *(ga**R**bóhsoh)* adj. graceful.
garfio *(gá**R**fyoh)* m. hook.
garganta *(ga**R**gánhtah)* f. throat, gullet; *Geog.* ravine, gorge.
gárgara *(gá**R**gahráh)* f. gargle; **hacer ~s**, to gargle.
garita *(gahréetah)* f. sentry-box, hut, lodge.
garito *(gahréetoh)* m. gaming-house, gamblingden.
garlito *(ga**R**léetoh)* m. snare, trap.
garra *(gáh**R**ah)* f. *(Zool.)* claw; *Mech.* clutch; (bird) talon.
garrafa *(gah**R**áhfah)* f. carafe.
garrafón *(gáh**R**ahfon)* s. m. large carafe, demijohn.
garrapata *(gah**R**ahpáhtah)* f. tick.
garrotazo *(gah**R**ohtáhthoh)* m. blow with a cudgel.
garrote *(gah**R**óhtay)* m. club, cudgel; a capital punishment used in Spain.
garza *(gá**R**thah)* f. *Orn.* heron.
gas *(gahs)* m. gas, fumes, vapor; **~ butano**, butane gas; **bebida sin ~**, still drink; **bebida con ~**, fizzy drink.
gasa *(gáhsah)* f. gauze, chiffon.
gaseosa *(gahsayóhsah)* f. soda, pop drinks.
gaseoso *(gahsayóhsoh)* adj. gaseous, fizzy, sparkling.

gasolina *(gahsohléenah)* f. gasoline (US); petrol (UK).
gastado *(gahstáhdoh)* adj. worn out; spent; used up.
gastador *(gastahdó***R***)* s. m. spendthrift; waster, spender.
gastar *(gahstá***R***)* tr. to spend; to wear out; to use up, to consume.
gasto *(gáhstoh)* m. expenditure, expense; pl. expenses; *Leg.* costs.
gástrico *(gáhstreekoh)* adj. gastric.
gastronomía *(gahstrohnohmée:ah)* f. gastronomy.
gata *(gáhtah)* f. female cat, shecat; **a ~s**, to crawl.
gatear *(gahtayá***R***)* intr. to climb; to clamber up, to crawl.
gatillo *(gahtéelyoh)* m. trigger.
gatito *(gahtéetoh)* s. m. (dim.) pussycat; kitten.
gato *(gáhtoh)* m. cat, tom cat; *(Mech.)* jack.
gatuno *(gahtóonoh)* adj. catlike.
gaveta *(gahbáytah)* f. drawer, till.
gavilán *(gahbeehlahn)* m. *(Orn.)* sparrow-hawk.
gavilla *(gahbéelyah)* f. sheaf of corn.
gaviota *(gahbyóhtah)* f. *(Orn.)* seagull.
gazapo *(gahtháhpoh)* s. young rabbit; (fig.) slip, misprint.
gaznate *(gathnáhtay)* m. throat; (coll.) **coger por el ~**, to get by the neck.
gelatinoso *(***H***aylahteenóssoh)* adj. gelatinous, jelly-like.
gema *(***H***áymah)* s. f. gem; **sal ~**, rock salt.
gemelo *(***H***aymáyloh)* m. twin; pl. binoculars, cufflinks.
gemido *(***H***ayméedoh)* m. groan; moan, wail, whine.
gemir *(***H***ayméeR)* intr. to groan, to moan, to wail.
gendarme *(***H***ayndá***R***may)* m. policeman, gendarme.
genealogía *(***H***aynayahloh***H***éeah)* f. genealogy, lineage, pedigree.
generación *(***H***aynayrahthyón)* f. generation.
general *(***H***aynayráhl)* adj. and m. general; *(Theat.)* gallery, the «gods»; **por lo ~**, as a rule, generally.
generalidad *(***H***aynayrahleedáhd)* f. generality, the great majority.
generalizar *(***H***aynayrahleethá***R***)* tr. to generalize; v. r. to generalize; v. r. to spread.
generar *(***H***aynayrá***R***)* tr. to generate, to spawn.
genérico *(***H***aynáyreekoh)* adj. generic.
género *(***H***áynayroh)* m. genus. *(Gram.)* gender; kind, sort; (textile) cloth; pl. (dry) goods, merchandise, wares.
generosidad *(***H***aynayrohseedáhd)* f. generosity.
generoso *(***H***aynayróhsoh)* adj. generous, open-handed.
genial *(***H***ayny:ál)* adj. great; brilliant; fantastic; of genius.
genialidad *(***H***ayny:ahleedáhd)* f. geniality.
genio *(***H***áynyoh)* m. genius.
genital *(***H***ayneetáhl)* adj. genital.
gente *(***H***áyntay)* f. people; folk; **menuda**, youngsters; **~ baja**, rabble; **~ bien**, well-to-do people.
gentil *(***H***ayntéel)* adj. genteel; gentili, nice, kind.
gentileza *(***H***ayteeláythah)* f. gentility, courtesy, kindness.
gentío *(***H***ayntée:oh)* m. crowd, mob.
genuino *(***H***aynoo:éenoh)* adj. genuine, the real thing.
geografía *(***H***ayohgrahfée:ah)* f. geography.
geográfico *(***H***ayohgráhfeekoh)* adj. geographical.
geógrafo *(***H***ayóhgrahfoh)* m. geographer.
geología *(***H***ayohloh***H***ée:ah)* f. geology.
geometría *(***H***ayohmaytrée:ah)* f. geometry.
geranio *(***H***ayráhnyoh)* m. *Bot.* geranium.

G

gerencia *(Hayráynthyah)* f. management.
gerente *(Hayráyntay)* m. manager.
germen *(HáyRmayn)* m. (ent.) germ; *Bot.* bud, sprout.
germinar *(HayRmeenáR)* intr. to germinate, to bud.
gesta *(Háystah)* s. f. feat, action; pl. **cantares de** ~, heroic deeds, sagas, legends.
gestación *(Haystathyón)* s. f. *(Med.)* gestation, pregnancy.
gesticular *(HaysteekooláR)* tr. to gesticulate; to make grimaces.
gestión *(Haystyón)* f. conduct; management; **hacer ~es**, to make enquiries; **tener que hacer unas** ~, to have some bussiness to do.
gesto *(Hayésstoh)* m. gesture; face, expresion.
gestor *(HaysstóR)* m. negotiator.
gestoría *(Haystohréeah)* administrative office.
gigante *(Heegáhntay)* m. giant; adj. gigantic, huge.
gimnasia *(Heemnáhssyah)* f. gymnastics.
gimnasio *(Heemnáhssyoh)* m. gymnasium, gym.
gimnasta *(Heemnáhstah)* s. gymnast, athlete.
gimotear *(HeemohtayáR)* intr. to whimper, to sob; to blubber.
gimoteo *(Heemohtáyoh)* m. whimpering, sobbing.
ginecología *(HeenaykoloHheéah)* f. ginecology.
gira *(Héerah)* f. tour, excursion.
girar *(HeeráR)* intr. to spin, to turn; to revolve, to rotate; *(Com.)* to send a «giro».
giratorio *(Heerahtóhryoh)* adj. revolving, rotating, spinning.
giro *(Héeroh)* m. turn; course; twist, idiom; *(Com.)* draft.
gitanada *(Heetahnáhdah)* f. trick; wheedling, flattery.
gitano *(Heetáhnoh)* m. gipsy; adj. gipsy-like; (coll.) sly.
glacial *(glahtahyáhl)* adj. glacial, icy.
glándula *(gláhndoolah)* f. gland.
glicerina *(glethayréenah)* f. glycerine.
global *(glohbáhl)* adj. global, total, overall.
globo *(glóhboh)* m. balloon *(Aer. & Toy, Geog.)* globe; sphere.
gloria *(glóhryah)* f. Paradise, Heavens; (fig.) glory, honour.
glorieta *(glohryáytah)* f. summerhouse, arbour; small square.
glorificar *(glohreefeekáR)* tr. to glorify.
glorioso *(glohryóhsoh)* adj. great, glorious.
glosa *(glóhsah)* gloss; comment.
glosar *(glohsáR)* tr. to gloss, to comment; *(Com.)* to audit.
glosario *(glohsáhryoh)* m. glossary.
glosopeda *(glossopáydah)* s. f. *Vet.* foot-and-month disease.
glotón *(glohtón)* m. glutton; adj. gluttonous.
glotonería *(glohtohnáyrée:ah)* f. gluttony.
glucosa *(glookóhssah)* f. glucose.
gobernación *(gohbayRnahthy:ón)* f. government.
gobernante *(gohbayRnáhntay)* adj. governing, ruling, m. administrator, ruler.
gobernar *(gohbayRnáR)* tr. to govern, to rule; *(Pol., Naut.)* to steer.
gobierno *(gohbyéRnoh)* m. government, *(Pol., Naut.)* steering.
goce *(góhthay)* m. enjoyment.
golfo *(gólfoh)* m. *(Geog.)* bay, gulf; (of persons), scoundrel, ragamuffin.
golondrina *(gohlondréenah)* f. swallow.
golosina *(gohlohséenah)* f. dainty, delicacy; pl. sweets.
goloso *(gohlóhsoh)* adj. sweet-toothed, fond of sweets; greedy.
golpe *(góhlpay)* m. blow; stroke; ~ **de estado**, coup d'etat.

golpear *(gohlpayá**R**)* tr. to beat, to strike, to hit, to knock.
goma *(góhmah)* f. *Mat.* rubber; ~ **de pegar**, gum, ~ **de borrar**, (UK) rubber, (US) eraser.
góndola *(góndohlah)* f. gondola.
gondolero *(gondohláyroh)* m. gondolier.
gord(in)flón *(go**R**dinflón)* adj. y m. (coll.) fatty, chubby.
gordo *(gó**R**doh)* adj. fat; (hum.) plump, thick.
gordura *(go**R**dóorah)* f. fatness, obessity, plumpness.
gorgoritos *(go**R**gohréetos)* s. m. pl. trill, warble.
gorgoteo *(go**R**gotáyoh)* s. m. gurgle.
gorjear *(go**R**ayá**R**)* intr. to warble, to chirp, to trill, to twitter.
gorjeo *(go**RH**áyoh)* m. warble, chirping, trill, twitter.
gorra *(góh**R**ah)* f. cap; bonnet; (coll.) sponging.
gorrero *(goh**R**áyroh)* m. capmaker; sponger.
gorrión *(goh**R**y:ón)* m. sparrow.
gorro *(góh**R**oh)* m. cap.
gorrón *(goh**R**ón)* m. sponger.
gota *(góhtah)* f. drop; *(Med.)* gout.
gotear *(gohtayá**R**)* intr. to drop, to drip.
gotera *(gohtáyrah)* f. leak(age).
gozar *(gohthá**R**)* tr. to enjoy.
gozne *(góthnay)* m. hinge.
gozo *(góhthoh)* m. joy, pleasure.
gozoso *(gohthóhsoh)* adj. joyful, cheerful, delighted.
grabado *(grahbáhdoh)* m. engraving; illustration, picture, print.
grabador *(grahbahdó**R**)* m. engraver.
grabar *(grahbá**R**)* tr. to engrave; to carve, to record; (fig.) to impress on one's mind.
gracejo *(grahtháy**H**oh)* m. grace, wit.
gracia *(gráhthyah)* f. grace; gracefulness; pl. thanks; **dar ~s**, to thank; **tener ~**, to be funny.
gracioso *(grahthy:óhsoh)* adj. amusing; funny; (sarc.) **¡muy ~!**, very funny!
grada *(gráhdah)* f. (step) of staircase; tier; pl. terraces.
gradación *(grahdahthyón)* f. gradation, climax.
gradería *(grahdayrée:ah)* f. terraces.
grado *(gráhdoh)* m. *(Temp., Maths., Geog.)* degree; *(Com., Mil.)* grade.
graduación *(grahdoo:ahthyón)* f. graduation; *(Mil.)* rank; *(Maths)*, scale of degrees; (wine) alcoholic contents.
graduado *(grahdoo:áhdoh)* adj. graduated; s. m. graduate.
gradual *(gráhdoo:áhl)* adj. gradual.
graduar *(grahdoo:á**R**)* tr. to gauge; *Acad.* to graduate.
gráfico *(gráfeekoh)* adj. graphic, pictorial; m. graph, diagram.
gragea *(graháyah)* f. *(Med.)* pill, tablet.
grajear *(grah**H**ayá**R**)* intr. to caw (crows); to chatter (magpies).
grajo *(gráh**H**oh)* s. m. jay, jackdaw.
gramática *(grahmáhteekah)* f. grammar.
gramo *(gráhmoh)* m. gram(m)e.
gramófono *(grahmóhfohnoh)* m. gramophone, record-player.
gran *(gráhn)* adj. great; grand.
grana *(gráhnah)* f. scarlet.
granada *(grahnáhdah)* f. pomegranate; *(Mil.)* handgrenade.
granadero *(grahnahdáyroh)* *(Mil.)* grenadier.
granar *(grahná**R**)* intr. to seed, to form kernels.
granate *(grahnáhtay)* m. garnet.
grande *(gráhnday)* adj. great, large; m. grandee.
grandeza *(grahndáythah)* f. greatness.
grandilocuencia *(grahndeeloh-kwáynthy:ah)* f. grandiloquence.
grandioso *(grahndy:óhsoh)* adj. grand, superb, great.
granear *(grahnyá**R**)* tr. to sow, to grain.
granel *(grahnáyl)* adv. *(Com.)* in bulk.

G

granero *(grahnáyroh)* m. granary, barn.
graniloso *(grahneelyóhsoh)* adj. granulous, granular.
granito *(grahnétoh)* m. *(Min.)* granite; small pimple, spot; small grain.
granizada *(grahneetháhdah)* f. hailstorm.
granizado *(grahneetháhdoh)* m. iced drink.
granizar *(grahneetháR)* intr. to hail.
granizo *(grahnéethoh)* m. hail.
granja *(gráhnHah)* f. farm (house).
granjero *(grahnHáyroh)* m. farmer.
granjear *(grahnHayáR)* tr. to earn. r. to gain, to win over(friendship, sympathy, etc.).
grano *(gráhnoh)* m. grain, cereal; spot, pimple; **ir al ~**, to get to the point.
granuja *(grahnóoHah)* rogue scoundrel; urchin.
gránulo *(gráhnoolo)* m. granule.
grapa *(gráhpah)* f. staple; *(Mech.)* clamp; grappa (licor).
grasa *(gráhsah)* f. grease, fat.
grasiento *(grahsyéntoh)* adj. greasy; fatty, oily.
grasoso *(grahsóhsoh)* adj. greasy, oily.
gratificación *(grahteefeekahthyón)* f. gratification, reward.
gratificar *(grahteefeekáR)* tr. to gratify; to tip; to reward.
gratis *(gráhteess)* adv. free, for nothing.
gratitud *(grahteetóod)* f. gratitude, gratefulness.
grato *(gráhtoh)* adj. pleasing, pleasant, agreeable.
gratuito *(grahtoo:éetoh)* adj. gratuitous, free (of charge).
grava *(gráhbah)* f. gravel, rubble.
gravamen *(grahbáhmayn)* m. charge; tax, duty.
gravar *(grahbáR)* tr. to charge; to tax.
grave *(gráhbay)* adj. grave, serious, dangerous.
gravedad *(grahbaydáhd)* f. gravity, seriousness; gravedad.
gravitación *(grahbeetahthyón)* f. gravitation.
gravitar *(grahbeetáR)* tr. to gravitate.
gravoso *(grahbósoh)* adj. grievous, offensive; (fin.) onerous.
graznar *(grahtnáR)* intr. to croak, to caw.
graznido *(grathnéedoh)* s. m. croak, caw, quack.
gregario *(graygáryoh)* adj. gregarious, gregarian.
gremial *(graymyáhl)* adj. tradeunionistic.
gremio *(gráymyoh)* m. trade union, guild.
gresca *(gráyskah)* f. uproar, racket; quarrel.
griego *(gryégoh)* adj. Greek, greek language.
grieta *(gryétah)* f. crack; chap (en la piel); rift (desacuerdo).
grietarse *(gryetáRssay)* v. r. to crack; **~ las manos**, to get hands chapped.
grifo *(gréefoh)* m. tap, faucet.
grilletes *(greelyáytayss)* m. pl. shackles.
grillo *(gréelyoh)* m. crisket.
gripe *(gréepay)* f. influenza; (coll.) flu.
gris *(gréess)* adj. (UK) grey, (US) gray, grizzled.
grisáceo *(greesáhtahyoh)* adj. greyish, grizzly.
grisú *(greesóo)* m. fire damp.
gritar *(greetáR)* intr. to cry out, to scream, to yell, to shout.
gritería *(greetayrée:ah)* f. screaming, yelling, shouting.
grito *(gréetoh)* m. cry, scream.
grosería *(grohsayrée:ah)* f. rude comment, rudeness, vulgarity.
grosero *(grohsáyroh)* adj. rude, impudent, coarse.
grosor *(grohsóR)* m. thickness.
grotesco *(grohtáysskoh)* adj. grotesque.
grúa *(gróo:ah)* f. crane, derrick.
grueso *(groo:áysoh)* adj. bulky, thick, fat, plump; m. bulk, thickness.
gruñido *(groonyéedoh)* m. grunt; growl.
gruñir *(groonyéeR)* intr. to grunt.
grupa *(gróopah)* f. croup, rump.
grupo *(gróopoh)* m. group; unit, clump.

gruta *(gróotah)*f. cavern; grotto.
guadaña *(goo:ahdáynyah)* f. scythe.
guante *(gwántay)* m. glove.
guapo *(goo:áhpoh)* adj. handsome, good-looking, dashing; pretty, beautiful.
guarda *(goo:á**R**dah)* m. guard; keeper, (railway) signalman; f. custody.
guardabarros *(gwardahbá**R**oss)* s. m. *(Mot.)* mud-guard.
guardabosques *(gwa**R**dahbóskays)* m. forester (UK), forest ranger (US); gamekeeper.
guardabrisas *(gwardabréessass)* *(Mot.)* windscreen.
guardacostas *(gwa**R**dahkóstahs)* m. coatsguard.
guardado *(gwardáhdoh)* adj. guarded, kept, reserved.
guardador *(gwardahdó**R**)* s. m. careful; keeper.
guardafrenos *(gwardahfráynos)* s. m. (railway) brakeman.
guardapolvo *(goo:a**R**dahpólboh)* m. dust coat; overalls; outdoor coat.
guardar *(goo:a**R**dá**R**)* tr. to keep, to guard, to preserve, to keep an eye; v. r. to guard against, to beware.
guardarropa *(goo:a**R**dah**R**óhpah)* f. wardrobe; cloakroom.
guardería *(goo:a**R**dayrée:ah)* f. nursery.
guardia *(goo:á**R**dyah)* f. guard; *(Naut.)* watch; **estar de ~**, *(Mil.)* to be on duty; m. policeman.
guardián *(goo:a**R**dyáhn)* m. keeper; guardian.
guarecer *(goo:ahraytháy**R**)* tr. to shelter; r. to shelter, to take refuge.
guarida *(goo:ahréedah)* f. den, cave, lair (person) hideout.
guarnecer *(goo:a**R**naythá**R**)* tr. (cook.) to garnish; *(Mil.)* to garrison; (sew) to trim.
guarnición *(goo:a**R**neeththyón)* f. (sew) trimming; *(Mil.)* garrison; pl. harness; (cook.) dressing.
guarro *(gooiáh**R**oh)* m. hog; pig; (coll.) dirty, filtby.
guasa *(goo:áhsah)* f. (coll.) jest, fun.
guasón *(goo:ahsón)* adj. witty, facetiuos; m. wag, joker.
gubernativo *(goobay**R**nahtéeboh)* adj. administrative, governmental.
guerra *(gáy**R**ah)* f. war(fare); **declarar la ~**, to declare war; **hacer ~**, to wage war; (fig.) **dar ~**, to cause trouble.
guerrear *(gay**R**ayá**R**)* intr. to wage war, to fight; (fig.) to argue, to resist,
guerrero *(gay**R**áyroh)* adj. warlike; m. warrior.
guerrilla *(gay**R**éelyah)* f. guerrilla, warfare.
guerrillero *(gay**R**relyáyroh)* m. guerrilla.
guía *(gée:ah)* s. guide, leader; *(Com.)* customs, permit; *(Mech.)* guide-pin, guide-screw; *(Naut.)* guy, leader; s.f. (tour) guidebook.
guiar *(ge:á**R**)* tr. to guide, to lead, to show the way; to advice, to teach; *(Mot.)* to drive.
guijarro *(ge**H**áh**R**oh)* m. pebble.
guillotina *(gelyohtéenah)* f. guillotine.
guillotinar *(geelyohteená**R**)* tr. to guillotine.
guiñapo *(geenyáhpoh)* m. tatter; rag; (fig.) (of persons) tramp, ragged.
guiñar *(geenyá**R**)* tr. to wink; *(Naut.)* to yaw, to lurch.
guion *(geeón)* m. hyphen, dash; script (film, lecture); *(Eccl.)* standard.
guirnalda *(gee**R**náhldah)* f. garland, wreath, festoon.
guisa *(geessah)* f. mode, manner.
guisado *(geesáhdoh)* m. stew.
guisante *(geesáhntay)* m. greenpea.
gruisar *(geesá**R**)* tr. to cook; (fig.) to get ready, to prepare.
guiso *(géesoh)* m. cooked dish, stew.
guitarra *(geetáh**R**ah)* f. guitar.

G

guitarrista *(geetah***R***éesstah)* m. guitarist, guitar player.
gula *(góolah)* f. gluttony.
gusano *(goosáhnoh)* m. worm, caterpillar, grub, maggot; ~ **de seda**, silk worm; **luciérnaga**, glow worn; ~ **de la conciencia**, remorse.
gustar *(goostá***R***)* intr. to like, to love; to enjoy; to please; tr. to taste, to try; tr. to like each other.
gustazo *(goostáhthoh)* m. a great pleasure.
gusto *(góostoh)* m. taste; pleasure, like; **da** ~ **verle**, it's a pleasure to see him; **de buen** ~, in good taste; **de mal** ~, offensive; **tengo mucho** ~, (when greating) it is a pleasure; **el** ~ **es mío**, it's my pleasure.
gustoso *(goostóhsoh)* adj. willing, with pleasure.
gutural *(gootoorahl)* adj. guttural.

H h

haba *(áhbah)* f. broad bean.
habano *(ahbáhnoh)* adj. Havana cigar.
haber *(ahbáy***R***)* tr. to have (as aux. verb.); (objects) to own, o possess, etc.; (impers. verb) there to be; ~ **que**, to have to, must; m. *(Com.)* credit.
habichuela *(ahbeechwáylah)* f. *Bot.* kidney bean.
hábil *(áhbeel)* adj. clever; skilful, dexteroux.
habilidad *(ahbeeleedáhd)* f. ability, skill, dexterity.
habilidoso *(abeeleedossoh)* adj. able, skiful, ingenious, clever.
habilitación *(ahbeeleetahthyón)* f. qualification; wages office, fitting out.
habilitado *(ahbeeleetáhdoh)* adj. qualified; m. paymaster.
habilitar *(ahbeeleetá***R***)* tr. to qualify, to equip, to fit out.
habitable *(ahbeetáhblay)* adj. habitable.
habitación *(ahbeetahthyon)* f. room; dwelling.
habitante *(ahbeetáhntay)* m. inhabitant, dweller.
habitar *(ahbeetá***R***)* tr. to live; to inhabit.
hábito *(áhbeetoh)* s. habit; costum.
habitual *(ahbeetoo:áhl)* adj. usual, habitual, customary.
habituar *(ahbeetoo:áh***R***)* tr. to accustom, to habituate; r. to get used to, to get accustomed to.
habla *(áhblah)* f. language, speech.
hablado *(ablahdoh)* adj. spoken; **bien** ~, well-spoken; **mal** ~, ill-spoken.
hablador *(ahblahdó***R***)* m. talker, chatter-box, prattler; adj. talkative.
habladuría *(ahblahdoorée:ah)* f. gossip, hearsay.
hablar *(ahblá***R***)* tr. to speak, to talk, to chat; intr. to speak (languages, etc.); r. to speak to each other; ~ **por** ~, to talk for talking's sake.
hacendado *(ahthayndáhdoh)* adj. landed, m. landowner.
hacendoso *(ahthayndóhsoh)* adj. diligent, hard-working.
hacer *(ahtháy***R***)* tr. e intr. to make, to do, ~ **calor**, to be hot; ~ **frío**, to be cold; **hay mucho que** ~, there is a lot to do; ~ **caso**, to pay attention; ~ **hablar**, to make speak; *Naut.* ~ **agua**, to leak. ~ **un papel**, to do the role of.; v. r. to become; ~ **con algo**, to get hold of something.
hacha *(áhchah)* axe, hatchet.
hachazo *(ahcháhthoh)* m. stroke with an axe.
hacia *(áhthyah)* adv. toward, about; ~ **delante**, forward; ~ **atrás**, backwards.
hacienda *(ahthyéndah)* f. landed property, estate (Gov. dep.) treasury; **ministro de** ~, chancellor of the Exchequer (GB); Treasury secretary (US).

hacinamiento *(ahtheenahmyéntoh)* m. heaping together.
hacinar *(ahteenáR)* tr. to stack or pile up (sheaves).
hada *(áhdah)* f. fairy.
hado *(áhdoh)* m. fate, destiny.
halagar *(ahlahgáR)* tr. to flatter, to please.
halago *(ahláhgoh)* m. cajolery; flattery.
halagüeño *(ahlahgwaynyoh)* adj. promising.
halcón *(ahlkón)* m. hawk, falcon.
hálito *(áhleetoh)* m. breath.
hallado *(ahlyáhdoh)* adj. found.
hallar *(ahlyáR)* tr. to find, to meet, to come accross, to meet with; to discover, to find out; v. r. to find oneself (in a place); to be, to feel (well, badly).
hallazgo *(ahlyáthgoh)* m. discovery, find.
halo *(áhloh)* m. halo, aureole.
hamaca *(ahmáhkah)* f. hammock.
hambre *(áhmbray)* s. hunger; famine; **morirse de ~**, to starve.
hambriento *(ahmbryéntoh)* adj. hungry, starving.
hamo *(áhmoh)* m. fish-hook.
hampa *(áhmpah)* f. underworld.
hamster *(ahmster)* m. hamster.
hangar *(ahngáR)* m. hangar.
haragán *(ahrahgáhn)* m. y adj. idler, loafer, lazy.
haraganear *(ahrahgahnayáR)* intr. to idle, to loaf, to lounge about.
harapiento *(ahrahpyéntoh)* adj. ragged, in rags, in tatters.
harapo *(ahráhpoh)* s. rag, tatter, shred.
harem *(ahraym)* m. harem.
harina *(ahréenah)* f. flour.
harinoso *(ahleenóhsoh)* adj. floury.
hartar *(aRtáR)* tr. to glut, to cloy, to overeat; r. to hare one's fill.
hartazgo *(aRtáhgoh)* m. satiety, glut.
harto *(áRtoh)* adv. fed up; adj. satieted; **estar ~ de**, to be tired of, to be up to one's neck with.
hartura *(aRtóorah)* f. plenty; satiety, glut; **con ~**, abundantly.
hasta *(áhstah)* adv. till, until (time); as far as (distance); up to, down to (quantity); **~ luego**, see you later; conj. also, even.
hastiar *(ahstyáR)* tr. to weary, to bore; r. to get weary.
hastío *(ahstée:oh)* m. loathing, boredom, weariness.
hatillo *(ahtéelyoh)* m. small bundle.
hato *(áhtoh)* m. heap, cluster (cattle) pack, bundle.
haya *(áhyah)* f. *Bot.* beechtree.
haz *(áth)* m. sheaf, faggot, bundle.
hazaña *(atháhnyah)* f. feat, achievement, exploit.
hazmerreír *(hthmayRayéeR)* m. ridiculous person; laughing-stock.
hebilla *(aybéelyah)* f. buckle, clasp.
hebra *(aybrah)* s. f. thread, fiber.
hebraico *(aybráeekoh)* adj. hebraic.
hebrea *(aybráyah)* s. hebrew.
hebreo *(aybráyoh)* adj. y s. hebrew.
hebroso *(aybrossoh)* adj. fibrous.
hechicera *(aycheetháyrah)* f. witch, sorceress.
hechicería *(aychythayrée:ah)* s. witchcraft, sorcery, witchery, black-magic.
hechicero *(aycheetháyroh)* s. wizard; adj. charming.
hechizar *(aycheetháR)* tr. to bewitch; to charm.
hechizo *(aychéethoh)*m. spell.
hecho *(áychoh)* adj. made; done, m. fact, act, **de ~**, actually; **estar ~ a**, to be accustomed to.
hechura *(aychóorah)* f. making, make; form, build; (tail.) cut.
hectárea *(ayktáhrayah)* f. hectare.
hectolitro *(ayktóhleetroh)* s. hectolitre.
hectómetro *(ayktómaytroh)* s. hectometre.

H

H

heder *(aydáy***R***)* intr. to stink, to stench.
hediondez *(aydyondáyth)* f. stench, stink.
hediondo *(aydyóndoh)* adj. stinking, stenching; fetid.
hedor *(aydó***R***)* m. stench, stink, bad smell.
helada *(ayláhdah)* f. frost.
helado *(ayláhdoh)* adj. icy, frozen; m. icecream.
helar *(aylá***R***)* tr. e intr. to ice, to freeze.
helecho *(aylάychoh)* m. *Bot.* fern.
hélice *(áylleethay)* f. (*Naut., Aer.)* propeller; *(Geom.)* helix, spiral.
helicóptero *(ayleekóptayroh)* m. helicopter; (coll.) chopper (US).
hematoma *(aymahtóhmah)* m. haematoma (UK), hematoma (US), bruise.
hembra *(áymbrah)* f. female; *(Mech.)* nut.
hemiplegia *(aymepláy***H***e:ah)* f. *(Med.)* hemiplegy.
hemorragia *(aymoh***R***áh***H***yah)* f. hemorrhage (US), haemorrhage (UK); blood-loss.
hemorroide *(aymo***R***óyday)* m. *(Med.)* hemorrhoid; pl. piles.
henchir *(aynchée***R***)* tr. to fill up, to stuff, to fill.
hendedura *(ayndaydóorah)* f. fissure, crack, cleft, cut.
hender *(ayndáy***R***)* tr. to cleave.
heno *(áynoh)* m. hay; **fiebre del** ~, hay-fever.
hepático *(aypáhteekoh)* adj. hepatic(al).
heráldica *(ehráhldeekah)* f. heraldry.
heráldico *(ayráhldeekoh)* adj. heraldic, armorial.
heraldo *(ayráhldoh)* m. herald.
herbáceo *(ay***R***báhthyoh)* adj. herbaceous, grassy.
herbaje *(ay***R***báh***H***ay)* m. herbage, pasture, grass.
herbívoro *(ay***R***béebohroh)* adj. herviborous.
herbolario *(ay***R***bohláh***R***yoh)* m. herbalist's; herbarium.
hercúleo *(ay***R***kóolayoh)* adj. herculean, very strong.
heredad *(ayraydáhd)* f. estate, farm, property.
heredar *(ayraydá***R***)* tr. to inherit.
heredera *(ayraydáyrah)* f. heiress.
heredero *(ayraydáyroh)* m. heir.
hereditario *(ayraydeetáhryoh)* adj. hereditary.
hereje *(ayráy***H***ay)* m. heretic.
herejía *(ayray***H***ée:ah)* f. heresy.
herencia *(ayráynthyah)* f. inheritance; legacy; heredity.
herético *(ayráyteekoh)* adj. heretical.
herida *(ayréedah)* f. wound, cut, injury.
herido *(ayréedoh)* adj. wounded, hurt, injured.
herir *(ayrée***R***)* tr. to wound, to hurt, to injure.
hermana *(ay***R***máhnah)* f. sister; ~ **política**, sister-in-law.
hermanar *(ay***R***mahná***R***)* tr. to harmonize, to fraternize; to match, to mate.
hermanastra *(ay***R***mahnáhstrah)* f. step-sister.
hermanastro *(ay***R***mahnáhstroh)* m. setp-brother.
hermandad *(ay***R***mahndáhd)* f. brotherhood; fraternity.
hermano *(ay***R***máhnoh)* adj. matched (of objects); m. brother; ~ **politico**, brother-in-law; ~ **gemelo**, twin brother; **medio** ~, half brother.
hermético *(ay***R***máyteekoh)* adj. airtight, hermetic.
hermosear *(ay***R***mohsayá***R***)* tr. to beautify, to embellish.
hermoso *(ay***R***móhsoh)* adj. beautiful, handsome.
hermosura *(ay***R***mohsóohrah)* f. beauty, handsomeness.
hernia *(áy***R***nyah)* f. hernia; rupture.
héroe *(áyrohay)* m. hero.
heroicidad *(ayroytheedáhd)* f. heroic action, heroism.
heroico *(ayróheekoh)* adj. heroic(al).
heroína *(ayrohéenah)* f. heroine.

heroísmo *(ayrohéesmoh)* m. heroism.
herradura *(ayRahdóorah)* f. horseshoe.
herramienta *(ayRahmyéntah)* f. tool; implement.
herrar *(ayRáR)* tr. to brand cattle; to shoe (horses).
herrería *(ayRayrée:ah)* f. smith's shop, smithy, forge.
herrero *(ayRáyroh)* m. smith, blacksmith.
herrín *(ayRéen)* m. iron rust.
herrumbre *(ayRóombray)* f. rust (iness).
hervir *(ayRbéeR)* intr. to boil; to seethe, to bubble.
hervor *(ayRbóR)* s.m. boiling; (fig.) ardour (UK), ardor (US).
heterodoxia *(aytayrohdóksyah)* f. heterodoxy.
hererodoxo *(aytayrohdóksoh)* adj. heretodox.
hez *(áyth)* f. dregs; (fig.) scum; **la ~ del pueblo**, the scum of the people.
hibernar *(eebernár)* intr. hibernate.
híbrido *(éebreedoh)* adj. hybrid(ous).
hidalgo *(eedáhlgoh)* adj. noble; illustrious; s. hidalgo, nobleman.
hidalguía *(eedahlgée:ah)* f. nobility.
hidratación *(eedrahtahthyón)* f. hydra(ta)tion, moisturizing.
hidratar *(eedrahtáR)* tr. to hydrate.
hidrato *(eedratoh)* m. hydrate; **~s de carbono**, carbohydrate.
hidráulica *(eedrówleekah)* f. hydraulics.
hidráulico *(eedrówleekoh)* adj. hycraulic.
hidroavión *(eedrohabyón)* m. seaplane, hydroplane, flying-boat.
hidrófilo *(eedróhfeeloh)* adj. (bio) hydrophilic; (cotton) absorbent.
hidrofobia *(eedrofóhbyah)* f. hydrophobia, rabies.
hidrógeno *(eedróhHaynoh)* m. hydrogen.
hiedra *(eeáydrah)* f. ivy.
hiél *(yél)* f. gall; bile.
hielo *(eeáyloh)* m. ice, frost; **témpano de ~**, iceberg; **~ picado**, crushed ice.
hiena *(eeáyneh)* f. hyena.
hierba *(eeáyRbah)* f. grass; *Med.* herb; **mala ~**, weed; **y otras ~s**, and so forth; **ver crecer la ~**, to be pretty smart.
hierro *(eeáyRoh)* m. iron; **~ dulce**, wrought iron; **~ colado**, cast iron; **~ laminado**, sheet iron; **chatarra**, scrap-iron.
hígado *(éegahdoh)* m. liver; pl. **tener ~**, to have guts.
higiene *(eeHyónay)* f. hygiene, cleanliness.
higo *(éegoh)* m. fig; **~ chumbo**, prickly pear.
higuera *(eegáyrah)* f. fig-tree.
hija *(éeHah)* f. daughter; **~ política**, daughter-in-law.
hijastra *(eeHáhstrah)* f. stepdaughter.
hijastro *(eeHáhstroh)* m. stepson.
hijo *(éeHoh)* m. son, child; **~ politico**, son-in-law.
hila *(éelah)* f. row, line.
hilado *(eeláhdoh)* m. spinning, thread, yarn.
hiladora *(eelahdóRa)* f. spinner.
hilar *(eeláR)* tr. to spin.
hilera *(eeláyrah)* f. row, line.
hilo *(éeloh)* m. thread, yarm; (fig.) trickle; **un ~ de voz**, a whisper.
himno *(éemnoh)* m. hymn; **~ nacional**, national anthem.
hincapié *(eenkahpyé)* m. **hacer ~**, to insist on, to emphasize, stress.
hincar *(eenkáR)* tr. to thrust in, to dig in; **~ la rodilla**, to go down on one's knees; **~ el diente**, to bite.
hincha *(éenchah)* f. **tener ~**, to hate, to dislike; s. m. fan, supporter.
hinchado *(eencháhdoh)* adj. swollen, pompous; *(Mech.)* inflated.
hinchar *(eencháR)* tr. to inflate, to pump up (tyres, etc.); r. to swell.
hinchazón *(eenchahthón)* f. swelling.

H

H

hinojo *(eenóhHoh)* m. *Bot.* fennel; knee; **de ~s**, on ben-ded kness.
hipar *(eepáR)* intr. to have hiccups.
hípico *(éepeekoh)* adj. equine, horse; **concurso ~**, horse jumping, horse show.
hipnosis *(eepnóhseess)* f. hypnosis.
hipnótico *(eepnóhteekoh)* adj. hypnotic, mesmeric.
hipnotismo *(eepnohteesmoh)* m. hypnotism.
hipnotizar *(eepnohteetháR)* tr. to hypnotize, to mesmerize.
hipo *(éepoh)* m. hiccup; **tener ~**, to have hiccups.
hipocresía *(eepohkraysée:ah)* f. hypocrisy, falseness.
hipócrita *(eepóhkreetah)* adj. hypocritical, deceitful; s. m. hypocrite, deceiver.
hipodérmico *(eepohdermecoh)* adj. hypodermic.
hipódromo *(eepóhdrohmoh)* m. hippodrome, racecourse, the turf.
hipopótamo *(eepohpóhtahmoh)* m. hippopotamus.
hipoteca *(eepohtáykah)* f. mortgage.
hipotecable *(eepohtaykáhblay)* adj. mortgageable.
hipotecar *(eepohtykáR)* tr. to mortgage.
hipotecario *(eepohtaykáhryoh)* adj. hypothecary.
hipótesis *(eepóhtayseess)* f. hypothesis, supposition.
hipotético *(eepohtáyteekoh)* adj. hypothetic.
hirsuto *(eeRsootoh)* adj. hirsute, hairy; bristly.
hirviente *(eeRbyéntay)* adj. bolling, seething.
hispánico *(eesspáhneekoh)* adj. Hispanic.
hispanista *(eesspanéestah)* s. Hispanophile.
hispanizar *(eesspaneetháR)* tr. to hispanicize.
hispano *(eesspáhnoh)* adj. Spanish.
hispanoamericano *(eesspahnohahmayreekáhnoh)* m. Hispanoamerican, latin-American.
hispanófilo *(eesspahnóhfeeloh)* adj. Hispanophile.
histérico *(eesstáyreekoh)* adj. histeric(al).
histerismo *(eesstayreessmoh)* m. hysteria.
historia *(eesstóhryah)* f. history; tale, story.
historiado *(eesstohryáhdoh)* adj. storied; elaborate.
historiador *(eesstohryahdór)* m. historian.
historial *(eestohryal)* m. record(s).
histórico *(eesstóhreekoh)* adj. historic(al).
historieta *(eesstohreeáytah)* f. short story; "comic strip".
histrión *(eesstryón)* m. actor, player.
hita *(éetah)* f. landmark; brad, headless nail.
hito *(éetoh)* adj. fixed; m. landmark, milestone, singpost.
hocico *(ohthéekoh)* m. snout, muzzle.
hogaño *(ohgáhnyoh)* adv. (fam.) this year, nowadays.
hogar *(ohgáR)* m. home, hearth fireplace; **sin ~**, homeless.
hogaza *(ohgáhthah)* f. large loaf.
hoguera *(ohgáyrah)* f. bonfire; blaze; stake.
hoja *(óhHah)* f. *Bot.* leaf, (paper, etc.) sheet; (knife, etc.) blade.
hojalata *(ohHahláhtah)* f. tinplate.
hojaldre *(ohHáhldray)* m. puff pastry.
hojarasca *(ohHahRáhskah)* f. fallen leaves, foliage.
hojear *(ohHayáR)* tr. to turn the leaves of a book, to skim over (a book).
¡hola! *(óhlah)* interj. hello!, hi!
holandés *(ohlahndáyss)* adj. Dutch; m. Dutchman.
holgado *(olgáhdoh)* adj. (clothes) big, loose, wide; (space) roomy, ample; *(Econ.)* well-off.
holganza *(olgáhnthah)* f. leisure; idleness; amusement.
holgar *(olgáR)* intr. to idle, to loaf about, to rest.
holgazán *(olgahtháhn)* m. idler, loafer; adj. idle; lazy.

holgazanear *(olgahthahnayáR)* intr. to lounge about, to loiter about, to idle about.
holgazanería *(olgahthahnayrée:ah)* f. laziness, idleness.
holgura *(olgóorah)* f. width, looseness (in clothes); amplitude; vivir **con ~**, to be well-off.
hollar *(ohlyáR)* tr. to tread upon, to trample down.
holocausto *(ohlohkówstoh)* m. holocaust.
hollín *(ohlléen)* m. soot.
hombrada *(ombráhdah)* f. manly action.
hombre *(ómbray)* m. man; mankind; **~ de negocios**, business man; **~ de estado**, statesman.
hombrera *(ombráyrah)* f. epaulette, shoulder-pad.
hombro *(ómbroh)* m. shoulder; **ancho de ~s**, broad-shouldered; **encogerse de ~**, to shrug one's shoulders.
hombruno *(ombróohnoh)* adj. mannish, butch.
homenaje *(ohmaynáhHay)* m. homage, tribute.
homicida *(ohmeethéedah)* adj. homicidal; m. murderer; f. murderess.
homicidio *(ohmeethéedyoh)* s. murder; homicide.
homogeneidad *(ohmoHaynayeedáhd)* s. homogeneity.
homogéneo *(ohmohHáynayoh)* adj. homogeneus.
homologar *(ohmohlohgáR)* tr. to homologate.
homónimo *(ohmóhneemoh)* adj. homonymous; namesake.
homosexual *(ohmohseeksoo:áhl)* s. homosexual.
homosexualidad *(ohmohsayksoo:ahleedáhd)* s. homosexuality.
honda *(óndah)* s. sling.
hondero *(ondáyroh)* s. slinger.
hondo *(óndoh)* s. depth; adj. deep; profound; adv. deeply.
hondonada *(ondohnáhdah)* f. hollow, dip; ravine.
hondura *(ondóorah)* f. depth; **meterse en ~s**, to get into difficulties.
honestidad *(ohnayssteedáhd)* f. sincerity; decency, honesty.
honesto *(ohnáysstoh)* adj. honest, decent.
hongo *(óngoh)* m. mushroom, fungus; **sombrero ~**, bowler hat.
honor *(ohnóR)* m. honour; fame; chastity (in women); **es un honor**, it is a pleasure.
honorable *(ohnohráhblay)* adj. honourable, honest.
honorario *(ohnohráhryoh)* adj. honorary; m. pl. salary, fees.
honorarios *(ohnohráhryohs)* m. pl. fees, charges.
honorífico *(ohnohréefeekoh)* adj. honorary, honorific.
honra *(ónRah)* f. honour, respect; chastity (in women).
honradez *(onHahdáyth)* f. honesty; integrity; fairness.
honrado *(onRáhdoh)* adj. honest; righteous, just.
honrar *(onRáR)* tr. to honour; to do credit to; r. to be a privilege.
honroso *(onRóhsoh)* adj. honourable, creditable, praise-worthy.
hora *(óhrah)* f. hour; time; **¿qué ~ es?** what's the time? **dentro de una ~**, in an hour's time; **¡ya era ~!**, it's about time! **decir la ~**, to tell the time; **antes de la ~**, before time; **~ extrordinarias**, overtime.
horadar *(ohrahdáR)* tr. to bore, to drill, to perforate.
horario *(ohráhryoh)* m. hours; timetable (UK), schedule (U.S.A.); **~ comercial/ de trabajo**, business hours/ working hours; **~ flexible**, flextime; **franja horaria**, time zone.
horca *(óRkah)* f. gallows, gibbet; *(Agric.)* pitch-fork; string of onions/garlic.
horchata *(óRcháhtah)* f. **~ de chufas**, tiger nut milk.
horizontal *(ohreethontáhl)* adj. horizontal, flat.
horizonte *(ohreethóntay)* m. horizon.
horma *(óRmah)* f. mould; (shoerep), last.

H

hormiga *(oRméegah)* f. ant.
hormigón *(oRmeegón)* m. concrete; ~ **armado**, reinforced concrete, ferro-concrete.
hormiguear *(oRmeegayáR)* intr. to teem; to have pins and needles.
hormigueo *(oRmeegáyoh)* m. itching, pins and needles.
hormona *(oRmóhnah)* f. hormone.
hormiguero *(oRmeegáyroh)* m. anthill; (fig.) teeming with people.
hornacina *(oRnahtéenah)* f. niche.
hornada *(oRnáhdah)* s.f. batch of bread, ovenload.
hornero *(oRnáyroh)* m. baker.
hornillo *(oRnéelyoh)* m. portable stove; one of the cooker rings, red-ring, etc.
horno *(óRnoh)* m. (dom.) oven, (ind.) klin, furnace; **alto** ~, blast-furnace.
horóscopo *(ohróskohpoh)* m. horoscope.
horquilla *(oRkéelyah)* f. hair pin; *(Agric.)* pitch-fork.
horrendo *(ohRáyndoh)* adj. awful, horrid, dreadful.
horrible *(ohRéeblay)* adj. horrible, ghastly, dreadful, hideous.
horror *(ohRóR)* m. horror, fright.
horrorizar *(ohRohreetháR)* tr. to horrify, to terrify.
horroroso *(ohRohróhsoh)* adj. dreadful, awful, horrifying, frightening.
hortaliza *(oRtaléethah)* f. pl. vegetables, greens.
hortelano *(oRtayláhnoh)* m. market-gardener.
horticultor *(oRteekooltóR)* m. horticulturist.
horticultura *(oRteekooltóorah)* f. horticulture, gardening.
hosco *(óskoh)* adj. sullen, grim, gloomy.
hospedage *(ospaydáHay)* m. lodging, lodging house, guest-house; (coll.) digs.
hospedar *(ospaydáR)* tr. to lodge, to board; r. to stay at, to be lodged at.
hospedería *(ospaydayrée:ah)* f. hostelry, inn.
hospedero *(ospaydáyroh)* m. innkeeper, landlord.
hospicio *(ospéethyoh)* m. hospice, orphanage, children's home.
hospital *(ospeetáhl)* m. hospital, infirmary; ~ **de campaña**, field hospital.
hospitalario *(ospeetahláhryoh)* adj. hospitable.
hospitalidad *(ospeetahleedáhd)* f. hospitality.
hospitalizar *(ospeetahleetháR)* tr. to hospitalize.
hostal *(ósstahl)* s. m. hostel; hotel, inn.
hostelería *(osstaylayréeah)* f. hotel trade; catering company.
hostelero *(ostayláyroh)* m. inn-keeper.
hostería *(ostayrée:ah)* f. inn; tavern; hostelry.
hostia *(ósstyah)* f. *(Eccl.)* host.
hostigamiento *(osteegahmyéntoh)* m. harassment.
hostigar *(osteegáR)* tr. to pester, to harass; to annoy.
hostil *(osstéel)* adj. hostile, unfriendly, unfavourable.
hostilidad *(osteeleedáhd)* f. hostility, enmity, unfriendliness.
hostilizar *(ossteeleetháR)* tr. to attack, to skirmish.
hotel *(ohtáyl)* s.m. hotel; ~ **de lujo**, luxury hotel.
hoy *(óy)* adv. today; ~ **(en) día**, nowadays; **de ~ en ocho días**, a week today.
hoya *(óhyah)* f. pit, hole; grave.
hoyo *(óhyoh)* m. hole; excavation, pit, hollow.
hoz *(óth)* f. sickle, gorge.
hucha *(óochah)* f. money box, collecting tin, savings.
hueco *(waykoh)* adj. hollow, empty; (fig.) vain; m. hole; gap, vacuity.
huelga *(waylgah)* f. strike; **hacer** ~, to strike, to go on strike; ~ **de hambre**, hunger strike.

huelguista *(waylgéestah)* s. striker.
huella *(wáyyah)* f. (fig.) track, foot step; foot print; **~s dactilares**, fingerprints.
huérfano *(wáyRfahnoh)* m. y adj. orphan, fatherless, motherless.
huerta *(wáyRtah)* f. vegetable, market or kitchen garden; (fruit) orchard.
huerto *(wáyRtoh)* m. orchard.
hueso *(wáysoh)* m. bone; (fruit) stone; **es todo ~**, it's all bones, **estar en los ~**, to be a rack of bones.
huesoso *(waysóhsoh)* adj. bony.
huésped *(wáyssped)* m. guest; lodger, boarder; inmate.
hueste *(wáystay)* f. host, army.
huesudo *(waysóodoh)* adj. bony.
hueva *(wáybah)* f. spawn of fishes, roe.
huevera *(waybáyrah)* f. egg-basket, egg-shelf; eggcup.
huevo *(wáyboh)* m. egg, **~ estrellado**, fried egg; **~ pasado por agua**, soft boiled egg; **~ revuelto**, scrambled egg; **~ duro**, hard-boiled egg.
huida *(wéedah)* f. flight, escape, get away; evasion.
huir *(wéeR)* intr. to flee, to get away, to escape.
hule *(óolay)* m. oil-cloth.
hulla *(óolyah)* f. pit-coal.
hullera *(oolyérah)* colliery; **cuenca ~**, coalmine.
humanidad *(oomahneedáhd)* f. humanity; mankind; pl. humanities.
humanismo *(oomahnéessmoh)* m. humanism.
humanista *(oomahnésstah)* s. humanistic.
humano *(oomáhnoh)* adj. human; humane, kind, merciful; **un ser ~**, a human being.
humareda *(oomaráydah)* m. cloud of smoke.
humeante *(oomayántay)* adj. smoking, smouldering.
humear *(oomayáR)* intr. to smoke; to emit fumes.
humedad *(oomaydáhd)* f. humidity, dampness, moisture.
humedecer *(oomaydaytháyR)* tr. to moisten.
húmedo *(óomaydoh)* adj. humid, wet, damp, moist.
humildad *(oomeeldáhd)* f. humility, humbleness, meekness.
humilde *(ooméelday)* adj. humble, modest, lowly.
humillación *(oomeeiyahthyón)* f. humiliation, insult.
humillante *(oomeelyántay)* adj. humiliating, degrading.
humillar *(oomeelyáR)* tr. to humble, to humiliate, to shame, to degrade; r. to humble oneself.
humo *(óomoh)* m. smoke; **echar ~**, to smoke, to cast smoke.
humor *(oomóR)* m. humour, temper, mod; **estar de buen ~**, to be in a good mood; **estar de mal ~**, to be in a bad temper.
humorada *(oomohráhdah)* f. joke, witticism.
humorismo *(oomohréessmoh)* m. humorism, humour.
humorista *(oomohréesstah)* s. humorist; (coll.) funny-man.
humorístico *(oomohréessteekoh)* adj. humorous, funny.
hundido *(oondéedoh)* adj. sunken; collapsed, crumbled down.
hundimiento *(oondeemyéntoh)* m. *(Naut.)* sinking, (build) collapse, cave-in.
hundir *(oondéeR)* tr. to sink; to ruin; r. to sink; to collapse, to crumble down.
húngaro *(óongahroh)* adj. y m. Hungarian.
huracán *(oorahkáhn)* m. hurricane.
huraño *(ooráhnyoh)* adj. grumpy, unsociable.
hurgar *(ooRgáR)* tr. to poke.
hurgón *(oorgón)* s. m. poker; (fig.) prier.
hurtar *(ooRtáR)* tr. to steal, to rob; to shop-lift (in shops or stores).
hurto *(óoRtoh)* m. robbery, theft.
husmear *(oosmayáR)* tr. to scent, to sniff; (coll.) to pry, to nose about.

huso *(óosoh)* m. spindle, bobbin. *(Mech.)* windlass drum.

I i

ibérico *(eebáyreekoh)* adj. y m. Iberian.
ictericia *(eektayréethyah)* f. jaundice.
ida *(éedah)* f. departure, going, sally; **billete de ~ y vuelta**, return ticket.
idea *(eedáyah)* f. idea, plan.
ideal *(eedayáhl)* adj. ideal; m. ideal.
idealismo *(eedayahleéssmoh)* m. idealism.
idealizar *(eedayahleetháR)* tr. to idealize.
idear *(éedayáR)* tr. to imagine, to conceive, to devise, to design.
ídem *(éedaym)* pron. idem, the same, id, ditto.
idéntico *(eedáynteekoh)* adj. identic(al), the same.
identidad *(eedaynteedáhd)* f. identity.
identificar *(eedaynteefeekáR)* tr. to identify; v. r. to identify oneself with, to recognize.
idilio *(eedéelyoh)* m. idyil.
idioma *(eedyóhmah)* m. language.
idiosincrasia *(eedyohseenkráhssyah)* f. idiosyncrasy.
idiota *(eedyóhtah)* adj. idiotic(al), silly, daft; m. idiot, silly, daft.
idiotez *(eedyohtáyth)* f. idiocy, silliness, stupidity.
idólatra *(eedóhlahtrah)* adj. idiolatrous; s. idolater.
idolatrar *(eedohlahtráR)* tr. to idolize.
idolatría *(eedohlahtréeah)* f. idolatry, hero worship.
ídolo *(éedohloh)* m. idol.
idóneo *(eedóhnayoh)* adj. fit, able, apt, appropiate, right, suitable.
iglesia *(eegláysyah)* f. church; **llevar a la ~**, to marry (a woman).
ignición *(eegneethyón)* s. f. ignition; lindling.
ignominia *(eegnohméenyah)* f. ignominy, shame, disgrace.
ignorado *(eegnohráhdoh)* adj. ignored, forgotten; unknown, remote.
ignorancia *(eegnohráhnthyah)* f. ignorance.
ignorante *(eegnohráhntay)* adj. ignorant, unaware; m. ignoramus.
ignorar *(eegnohráR)* tr. to be ignorant of, not to know, to be unaware.
ignoto *(eegnóhtoh)* adj. unknown, hidden, remote.
igual *(eegwáhl)* adj. alike, same; equal; even.
igualar *(eegwahláR)* tr. to equalize, to match, to even.
igualdad *(eegwahldáhd)* f. equality; **~ de derechos**, equal rights.
igualmente *(eegwalmáyntay)* adv. equally, likewise.
ilación *(eelahthyón)* f. inference.
ilegal *(eelaygáhl)* adj. illegal, unlawful; adv. **~mente**, unlawfully, illegally.
ilegalidad *(eelaygahleedáhd)* f. ilegality, unlawfulness.
ilegible *(eelayHéeblay)* adj. illegible, unreadable.
ilegitimidad *(eelaHeeteemeedáhd)* f. illegitimacy, bastardy.
ilegítimo *(eelayHéeteemoh)* adj. illegitime, illicit; out of wedlock.
ileso *(eeláysoh)* adj. unharmed, unscathed, unhurt.
ilícito *(eeléetheetoh)* adj. illicit, unlawful, illegal.
ilimitable *(eeleemeetáhblay)* adj. illimitable.
ilimitado *(eeleemeetáhdoh)* adj. limitless, without, bounds.
ilógico *(eelóHeekoh)* adj. illogical.
iluminación *(eeloomeenahthyón)* f. illumination, lighting; (fig.) enlightment.
iluminado *(eeloomeenáhdoh)* adj. illuminate, lit; (fig.) enlightened.
iluminar *(eeloomeenáR)* tr. to illumin(at)e, to light; (fig.) to enlighten.

ilusión *(eeloosyón)* f. illusion, fancy; mirage; (fig.) anticipation, interest.
ilusionismo *(eeloosyoneéssmoh)* m. illusionism, conjuring.
ilusionista *(eeloosyohneésstah)* s. illusionist, conjurer.
iluso *(eelóosoh)* adj. gullible; m. wishful thinking, dreamer.
ilusorio *(eeloosóhryoh)* adj. illusory, unreal.
ilustración *(eeloostrahthyón)* f. illustration; learning, erudition.
ilustrado *(eeloostráhdoh)* adj. illustrated; learned, erudite.
ilustrar *(eeloostrá***R***)* tr. to illustrate; to explain, to enlighten; r. to learn, to get educated.
ilustre *(eelóostray)* adj. illustrious, celebrated, famous.
imagen *(eemáh***H***ayn)* f. image, picture; *Phot,* spectrum.
imaginación *(eemah***H***eenahthyón)* f. imagination; fancy; **el tiene mucha ~**, he's got a great imagination.
imaginar *(eemah***H***eená***R***)* tr. to fancy, to imagine; r. to fancy, to imagine, to suppose, to assume.
imaginativo *(eemah***H***eenahtéeboh)* adj. imaginative, fanciful.
imaginería *(eemah***H***eenayréeah)* f. imagery.
imán *(eemáhn)* m. magnet.
imantar *(eemahntán)* tr. to magnetize.
imbécil *(eembáytheel)* adj. stupid, feebleminded, silly, foolish; m. imbecile, idiot.
imbuir *(eembwée***R***)* tr. to imbue, to infuse, to inspire.
imitación *(eemeetahthyón)* f. imitation, counterfeit, copy; **en ~ de**, in imitation of.
imitar *(eemeetá***R***)* tr. to imitate, to copy, to ape.
impaciencia *(eempahthyénthyah)* f. impatience; restlessness.
impacientar *(eempahthyentá***R***)* tr. to make impatient; r. to lose patience, to become impatient.
impaciente *(eempahthyéntay)* adj. impatient, restless.
impacto *(eempáhktoh)* adj. impact; (fig.) effect.
impar *(eempá***R***)* adj. odd; **números ~es**, odd numbers.
imparcial *(eempa***R***thyáhl)* adj. impartial, unbiased, equitable, fair, detached.
imparcialidad *(eempa***R***thyahleedáhd)* f. impartiality, fairness.
impartir *(eempa***R***tée***R***)* tr. to impart, to grant, to give.
impasable *(eimpahsáhblay)* adj. impassable.
impasibilidad *(eempahseebeeleedáhd)* adj. impassibility, impassivity.
impasible *(eempahséeblay)* adj. impassive, unmoved.
impecable *(eempaykáhblay)* adj. faultless, impeccable, inmaculate, spotless.
impedido *(eempaydéedoh)* adj. invalid, crippled, disabled; m. cripple, disabled person.
impedimento *(eempaydeemáyntoh)* m. impediment, hindrance, obstacle; disability.
impedir *(eempaydée***R***)* tr. to stop, to impede, to hinder, to prevent from, to block.
impeler *(eempayláy***R***)* tr. to impel, to propel, to drive.
impenetrable *(eempaynaytráhblay)* adj. impenetrable, impervious.
impensado *(eempaynsáhdoh)* adj. unexpected, unthought of, unforessen.
imperar *(eempayrá***R***)* intr. to rule, to reign, to prevail.
imperativo *(eempayrahtéeboh)* adj. imperative, essential, necessary.
imperceptible *(eempay***R***kayptéeblay)* adj. imperceptible, unnoticeable.
imperdible *(eempay***R***déeblay)* adj. secure, safe; that cannot be lost; m. safety pin.
imperdonable *(eempay***R***donáblay)* adj. unforgiveable, unpardonable.

imperfección *(eempay**R**faykthyón)* f. imperfection, defect, fault.
imperfecto *(eempay**R**fayktoh)* adj. imperfect, faulty, defectuous.
imperial *(eempayryáhl)* adj. imperial; f. coach top.
impericia *(eempayréethyah)* f. unskilfulness, clumsiness, torpitude.
imperio *(eempáyryoh)* m. empire.
imperioso *(eempayryóhssoh)* adj. commanding, demanding; arrogant, haughty.
impermeabilizar *(eempay**R**mayahbeeleethá**R**)* tr. to make waterproof.
impermeable *(eempay**R**mayáhblay)* adj. impermeable, water-proof; m. (cloth) rain-coat.
impersonal *(eempay**R**sohnáhl)* adj. impersonal.
impertérrito *(eempay**R**táy**R**eetoh)* adj. undaunted, unscared.
impertinencia *(eempay**R**teenaynthyah)* f. impertinence, nonsense, rude intromission.
impertinente *(eempay**R**téenentay)* adj. impertinent, intrusive, meddling.
imperturbable *(eempay**R**too**R**báhblay)* adj. imperturbable, unmoved, unmovable.
impetrar *(eempaytrá**R**)* tr. to entreat, to obtain by entreaty.
ímpetu *(éempaytoo)* m. impetus, violence, reshness.
impetuosidad *(eempaytwohseedáhd)* f. impetuosity, rashness, violence.
impetuoso *(eempaytwóhsoh)* adj. impetuous, rash, violent; (fig.) bling.
impiedad *(eempyedáhd)* f. impiety.
impío *(eempéeoh)* adj. impious.
implacable *(eemplahkáhblay)* adj. implacable, relentless, remorseless, cut-throat.
implicar *(eempleeká**R**)* intr. to imply, to involve; to mean.
implícito *(eempléetheetoh)* adj. implicit, inferred.
implorar *(eernplohrá**R**)* tr. to implore, to beg, to entreat; *Eccl.* to pray.
imponente *(eemponayntay)* adj. imposing, impressive; magnificent; m. (bank.) depositer.
imponer *(eempohnáy**R**)* tr. to impose; to levy (taxes); to deposit (money); v. r. to impose oneself, to rule over.
impopular *(eempohpoolá**R**)* adj. unpopular.
importación *(eempo**R**tahthyón)* f. importation, import.
importancia *(eempo**R**táhnthyah)* f. importance, significance, consequence, relevance.
importante *(eempo**R**tahntay)* adj. important, significant; serious.
importar *(eempo**R**tá**R**)* tr. to matter; *Com.* to import; to come to, to amount to.
importe *(eempó**R**tay)* m. *Com.* cost, amount, **¿cuál es el ~?**, how much does it amount to.
importunar *(eempo**R**tooná**R**)* tr. to importune, to pester.
importunidad *(eempo**R**tooneedáhd)* f. importunity.
importuno *(eempo**R**tóonoh)* adj. importun(at)e, pestering; untimely; s. m. pest.
imposibilidad *(eempohseebeeleedáhd)* f. impossibility, impracticability.
imposibilitado *(eempohseebeetáhdoh)* adj. helpless; disabled.
imposibilitar *(eempohseebeetá**R**)* tr. to disable, to incapacitate (a person); to make impossible, to prevent.
imposible *(eempohséeblay)* adj. impossible, unfeasible.
imposición *(eempohseethyón)* f. imposition; (bank.) deposit; contribution.
impostor *(eempostó**R**)* m. fraud, impostor, fake, suplanten
impostura *(eempostóorah)* f. imposture; fraud, cheat.

impotencia *(eempohtáynthyah)* f. impotence, incapacity; frigidity, powerlessness.
impotente *(eempohtáyntay)* adj. impotent, powerless; frigid.
impracticable *(eemprahkteekáhblay)* adj. impracticable; impassable, unfit.
imprecación *(eempraykahthyón)* f. imprecation, curse, blasphemy, insult.
imprecar *(eempraykáR)* tr. to imprecate, to curse.
impregnar *(eempraygnáR)* tr. to impregnate, to pervade, to saturate; v. r. to get impregnated/saturated.
imprenta *(eempráyntah)* f. printing, printing office, press; **letra de ~**, block letters.
imprescindible *(eempresstheendéeblay)* adj. indispensable, essential, absolutely necessary.
impresión *(eempraysyón)* f. print, printing; impression, feeling.
impresionable *(eemprayssyonáhblay)* adj. sensitive, highly-strung.
impresionar *(eempraysyohnáR)* tr. to impress, to make an impression, to affect; to leave an imprint.
impreso *(eempráysoh)* m. form; printed matter; leaflet, pamphlet
impresor *(eempraysóR)* m. printer; adj. imprinting.
imprevisor *(eempraybeessóR)* m. improvident, happy-go-lucky; thoughtless.
imprevisto *(eempraybéestoh)* adj. unforeseen, unexpected.
imprimir *(eempreeméeR)* tr. to (put in) print, to imprint, to stamp.
improbable *(eemprohbáhblay)* adj. improbable, unlikely.
ímprobo *(éemprohboh)* adj. laborious, painful; dishonest, corrupt.
improcedente *(éemprohthaydayntay)* adj. unrighteous, contrary to law.
improductivo *(eemprohdooktéeboh)* adj. unproductive, unfruitful, unprofitable; *Agric.* barren.
improperio *(eemprohpáryoh)* m. insult, curse, swear word.
impropio *(eemprópyoh)* adj. improper, uncalled for; **es ~ de ti**, it isn't like you.
improvisación *(eemprohbeesahthyón)* f. improvisation; spontaneity.
improvisar *(eemprohbeesáR)* tr. to improvise.
improviso *(eemprohbéesoh)* adj. unexpected; **de ~**, unexpectedly, all of a sudden.
imprudencia *(eemprohdáynthyah)* f. imprudence, thoughtlessness.
imprudente *(eemproodáyntay)* adj. imprudent, thoughtless, rash.
impudicia *(eempoodéethyah)* f. lewness, impudence, shamelessness, lustfulness.
impuesto *(eempwáystoh)* m. tax, duty, rate; adj. imposed, forced.
impugnar *(eempoognáR)* tr. to impugn, to oppose, to challenge.
impulsar *(eempoolsáR)* tr. to impel, to push; *Mech.* to drive (rock.) to thrust.
impulso *(eempóolsoh)* m. impulse, urge; pressure.
impune *(eempóonay)* adj. unpunished.
impunidad *(eempooneedáhd)* f. impunity.
impureza *(eempooráythah)* f. impurity, dirt, pollution.
impuro *(eempóoroh)* adj. impure, dirty, polluted, adulterated.
imputable *(eempoohtáhblay)* adj. imputable, attributable.
imputación *(eempoohtahthyón)* f. imputation, attribution, accusation.
imputar *(eempootáR)* tr. to impute, to attribute, to accuse.
inacabable *(eenahkahbáhblay)* adj. unending, never-ending, endless, interminable.

inaccesible *(eenahkthayséeblay)* adj. inaccesible, unapproachable, unreachable, unattainable.
inaceptable *(eenahthayptáblay)* adj. unacceptable.
inactividad *(eenahkteebeedáhd)* f. inactivity, inaction, stillness, quietness.
inadecuado *(eenahdaykwáhdoh)* adj. inadequate, unsuitable.
inadmisible *(eenahdmeeséeblay)* adj. inadmissible, unbelievable, out of the question.
inadvertencia *(eenahdbay***R***táynthya)* adj. inadvertence, oversight.
inadvertido *(eenahdbáy***R***téedoh)* adj. unnoticed, unobserved, unseen; careless; thoughtless.
inaguantable *(eenahgwahntáblay)* adj. unbearable, insupportable.
inalienable *(eenahlyaynáhblay)* adj. inalienable, stable, fast.
inalterable *(eenahltayráhblay)* adj. inalterable, stable, fast.
inanición *(eenahneethyón)* f. starvation.
inanimado *(eenahneemáhdoh)* adj. inanimate; lifeless.
inapelable *(eenahpayláhblay)* adj. unappealable, without appeal; inevitavle, unavoidable; compulsory, without remision.
inapetencia *(eenahpaytáynthyah)* f. inappetence, lack of appetite/interest.
inaplicable *(eenahpleekáhblay)* adj. inapplicable; unfit for.
inapreciable *(eenahpraytthyáhblay)* adj. invaluable, priceless; insignificant, minute.
inasequible *(eenahsaykéeblay)* adj. unattainable, unreachable, out of reach.
inaudible *(eenoudéeblay)* adj. inaudible.
inaudito *(eenoudéetoh)* adj. unheard-of, extraordinary, unbelievable, outrageous.
inauguración *(eenougoorahthyón)* f. inauguration, opening ceremony.
inaugurar *(eenougoorá***R***)* tr. to inaugurate, to open.
incalculable *(eenkahlkooláhblay)* adj. incalculable, untold, beyond reckoning, inmense.
incansable *(eenkahnsáhblay)* adj. tireless.
incapacidad *(eenkahpahtheedáhd)* f. incapacity; inability.
incapacitar *(eenkahpahteetá***R***)* tr. to incapacite, to disable, to render unfit.
incapaz *(eenkahpáth)* adj. incapable, unable, helpless, powerless, unfit
incautación *(eenkoutahtyón)* f. appropiation, seizure (of prop.).
incautarse *(eenkoutá***R***say)* r. to appropiate, to seize property.
incauto *(eenkóutoh)* adj. naive, simpleton, unwary.
incendiar *(eenthayndyá***R***)* tr. to set on fire.
incendiario *(eenthayndyáryoh)* s. incendiary; firebrand.
incendio *(eentháyndyoh)* m. fire, blaze; ~ **premeditado**, arson.
incensar *(eenthaynsá***R***)* tr. to incense.
incentivo *(eenthayntéeboh)* m. incentive, stimulous; encouragement, incitement.
incertidumbre *(eenthay***R***teedóombray)* f. doubt, uncertainty; suspense, limbo.
incesante *(eethayssántay)* adj. incessant, never-ending, continuous.
incesto *(eentháysstoh)* m. incest.
incidencia *(eentheedáynthyah)* f. incidence, eventuality.
incidente *(eentheedáyntay)* adj. incident, casual; m. incident, event, happening.
incidir *(eentheedée***R***)* intr. to fall into, to meet with.
incienso *(eenthyénsoh)* m. incense.
incierto *(eenthyá***R***toh)* adj. dicey, uncertain, doubtful; untrue, false.
incineración *(eentheenayrahthyón)* f. incineration, cremation.
incinerar *(eentheenayrá***R***)* tr. cremate, to incinerate.

incipiente *(eentheepyentay)* adj. incipient, beginning, embryonic.
incisión *(eentheesyón)* f. incision, cut.
incisivo *(eentheeséeboh)* adj. incisive, sharp, keen; m. **diente** ~, incisor; (coll.) cutting tooth.
inciso *(eenthéesoh)* m. pause, parenthesis.
incitación *(eentheetahthyón)*f. goad, incitement, encouragement, egging-on, cheer-on.
incitar *(eentheetá*R*)* tr. to incite, to rouse, to egg-on, to cheer on.
incivil *(eentheebéel)* adj. uncivil, impolite, rude.
inclemencia *(eenklaymaynthyah)* f. inclemency, rigour, harshness; ~ **del tiempo**, roughness of the weather.
inclemente *(eenklaymayntay)* adj. inclement.
inclinación *(eenkleenahthyón)* f. inclination, bent, preference; *Geom.* inclination; *Mech.* tilt, pitch; ~ **de cabeza**, bow.; *Geom.* gradient, slope.
inclinado *(eenkleenahdoh)* adj. inclined, stanted, tilted.
inclinar *(eenklyná*R*)* tr. to incline, to bend, to tilt; v. r. to bend down, to bow, to lean; *Naut.* to heel.
incluir *(eenklooiée*R*)* tr. to include, to enclose.
inclusión *(eenkloosyón)* f. inclusion, addition; entrance.
inclusive *(eenkloosseebay)* adv. inclusive, as well.
incluso *(eenklóosoh)* adj. included; adv. even, too.
incógnito *(eenkógneetoh)* adj. unknown; **de** ~, incognito.
incoherente *(eenkohayrayntay)* adj. incoherent, broken.
incoloro *(eenkohlóhroh)* adj. colourless.
incólume *(eenkóhloomay)* adj. safe and sound, unharmed.
incombustible *(eenkomboostéeblay)* adj. incombustible, fireproof.
incomodar *(eenkohmohdá*R*)* tr. to vex, to annoy; v. r. to get annoyed, to get angry.
incomodidad *(eenkohmohdeedáhd)* f. inconvenience, unconmfortableness; nuisance, annoyance.
incómodo *(eenkóhmohdoh)* adj. uncomfortable; inconvenient, troublesome, annoying.
incomparable *(eenkompahráhblay)* adj. matchless, incomparable.
incompatible *(eenkompahtéeblay)* adj. incompatible.
incompetencia *(eenkompaytaynthyah)* f. incompetency, inability, inefficiency.
incompetente *(eenkompaytayntay)* adj. incompetent, unqualified, inefficient, unfit.
incompleto *(eenkompláytoh)* adj. incomplete; unfinished.
incondicional *(eenkondeethyohnáhl)* adj. unconditional, unrestricted; **un seguidor** ~, an out-and-out fan.
inconexo *(eenkohnayksoh)* adj. unconnected, incoherent.
incongruente *(eenkongrwayntay)* adj. incongruous, irrelevant.
incongruo *(eenkóngroo:oh)* adj. incongruous.
inconquistable *(eenkonkeesstáhblay)* unconquerable.
inconsciente *(eenkontyéntay)* adj. unconscious, unaware.
inconsecuente *(eenkonsaykwayntay)* adj. inconsistent, irresponsible.
inconsolable *(eenkonsohláhblay)* adj. inconsolable, comfortless.
inconstante *(eenkonstáhntay)* adj. inconstant, unsteady.
inconstitucional *(eenkonsteetoothyohnáhl)* adj. unconstitutional.
incontable *(eenkontáblay)* adj. innumerable; *Gram.* uncountable.
incontinencia *(eenkonteenáynthyah)* f. incontinence; lewdness.
incontinente *(eenkonteenayntay)* adj. incontinent.

incontrovertible *(eenkontrohbay***R***téeblay)* adj. incontrovertible, indisputable.
inconveniencia *(eenkonbaynyénthyah)* f. inconvenience, nuisance, trouble.
inconveniente *(eenkonbaynyéntay)* adj inconvenient; m. difficulty, nuisance.
incorporación *(eenko***R***pohrahthyón)* f. incorporation, addition.
incorporado *(eenko***R***pohráhdoh)* adj. incorporate (from lying position) sitting up.
incorporar *(eenko***R***pohrá***R***)* tr. incorporate; v. r. *Mil.* to join; to sit up(in bed).
incorrección *(eenkoh***R***aykthyon)* f. incorrectness, inaccuracy.
incorrecto *(eenko***R***ayktoh)* adj. incorrect, wrong, inaccurate, erroneous.
incorregible *(eenkoh***R***ry***H***éeblay)* adj. incorregible, irremediable.
incorruptible *(eenko***R***ooptéeblay)* adj. incorruptible; m. man of integrity.
incredulidad *(eenkraydooleedáhd)* f. incredulity, disbelief.
incrédulo *(eenkráydooloh)* adj. incredulous; s. unbeliever.
increíble *(eenkrayéeblay)* adj. incredible, unbelievable.
incrementar *(eenkraymayntá***R***)* tr. to increase, to augment.
incremento *(eenkraymayntoh)* m. increase, increment.
incruento *(eenkrwayntoh)* adj. bloodless.
incrustación *(eenkroostahthyón)* f. incrustation; (jewl.) inlaying; *Geol.* sinter.
incrustar *(eenkroostá***R***)* tr. to incrust; to inlay.
incubación *(eenkoobahthyón)* f. *Med.* incubation; *Chem.* hatching.
incubadora *(eenkoobahdohrah)* s. f. incubator.
incubar *(eenkoobá***R***)* tr. to incubate; to hatch.
incuestionable *(eenkwaystyonahblay)* adj. unquestionable.
inculcar *(eenkoolká***R***)* tr. to inculcate, to imbue, to teach.
incultivable *(eenkoolteebáhblay)* adj. fallow barren (land.)
incultura *(eenkooltóohrah)* f. ignorance, rudeness.
incumbencia *(eenkoombaynthyah)* f. incumbency; duty; **ser de la ~ de uno**, to be one's duty; **no ser de la ~ de uno**, to none of one's business.
incumbir *(eenkoombée***R***)* intr. to concern, to be incumbent.
incurable *(eenkooráhblay)* adj. incurable.
incurrir *(eenkoo***R***ée***R***)* intr. to incur; **~ en el error de**, to make the mistake of.
incursión *(eenko***R***sseón)* s. raid, incursion; inroad.
indagación *(eendahgahthyón)* f. investigation, inquiry, (sci)probe. *Law.* inquest.
indagar *(eendahgár)* tr. to investigate, to inquire; *Scienc.* to probe; *Law.* to inquest; (pub.) to surrey.
indebidamente *(eendaybéedahméntay)* adv. unduely, illegally.
indebido *(eendaybéedoh)* adj. undue, illegal.
indecencia *(eendythaynthyah)* f. indecency, obscenity; shamelessness.
indecente *(eendaythayntay)* adj. indecent, foul, obscene, shameless.
indecible *(eendaytheeble)* adj. unspeakable.
indecisión *(eendaythesyón)* f. irresolution, indecision.
indecoroso *(eendaykohróhsoh)* adj. indecorous, unbecoming, indecent.
indefensible *(eendayfaynseeblay)* adj. indefensible.
indefenso *(eendayfaynsoh)* adj. defenceless.
indefinido *(eendayfeenéedoh)* adj. indefinite, vague; undefined.
indemne *(eendaymnay)* adj. undamaged, unharmed, unhurt.
indemnización *(eendaymneethathyon)* f. indemnification, damages, compensation.

indemnizar *(eendaymneethá**R**)* tr. to indemnify; compensate, make good.
independencia *(eendaypayndaynthyah)* f. independence.
independiente *(eendaypayndyentay)* adj. independent; free.
indescifrable *(eendaystheefrahblay)* adj. indecipherable.
indestructible *(eendesstrooktéeblay)* adj. indestructible.
indeterminado *(eendaytay**R**meenáhdoh)* adj. indeterminate; undefined, uncertain,irresolute.
indiana *(eendyáhnah)* f. printed, calico.
indicación *(eendeekahthyón)* s. indication, hint, sign; directions.
indicar *(eendeeká**R**)* tr. to indicate, to point, to hint.
índice *(eéndeethay)* m. index, sign; forefinger.
indicio *(eendéethyoh)* m. sign, trace, evidence, indication.
índico *(éendeekoh)* adj. East indian.
indiferencia *(eendeefayraynthyah)* f. indifference, unconcern.
indiferente *(eendéefayrayntay)* adj. indifferent, unconcerned, aloof, uninterested.
indígena *(eendée**H**aynah)* adj. indigenous, native; s. native.
indigencia *(eendee**H**áynthyah)* adj. indigence, penury, poverty.
indigente *(eendee**H**ayntay)* adj. indigent, poor, needy.
indigesto *(eendee**H**áystoh)* adj. indigestible, heavy (foat).
indigestión *(eendee**H**áystyon)* f. indigestion.
indignación *(eendeegnahthyón)* f. indignation, anger.
indignado *(eendeegnáhdoh)* adj. angry, cross, vexed.
indignar *(eendeegná**R**)* tr. to irritate, to anger, to make cross, to offend; v. r. to get angry/cross.
indignidad *(eendeegneedáhd)* f. indignity, offense, insult.
indigno *(eendeegnoh)* adj. unworthy, undeserving.
indirecta *(eendeerayktah)* f. hint, innuendo.
indirecto *(eendeeraykt oh)* adj. indirect.
indisciplina *(eendeesstheepléenah)* f. insubordination, indiscipline.
indiscreción *(eendesskraythyón)* f. indiscretion, tactlessness, imprudence.
indiscreto *(eendeesskráytoh)* adj. indiscret, imprudent.
indiscutible *(eendeeskootéeblay)* adj. unquestionable, indisputable.
indispensable *(eendeespaynsáhblay)* adj. indispensable, essential, necessary.
indisponer *(eendeesspohnáy**R**)* tr. to indispose, to make unfit, to make ill; v. r. to get unwell/ill; ~ **con**, to fall out with.
indisposición *(eendeesspohseethyón)* f. indispossition; **tener una** ~, to be unwell/unfit.
indistinto *(eendeessteentoh)* adj. indistinct, vague; adv. indistintamente, indistinctly.
individual *(eendeebeedoo:áhl)* adj. individual; (fig.) peculiar.
individualizar *(eendeebeedoo:ahleethá**R**)* tr. to individualize.
individuo *(eendeebéedoo:oh)* s. m. person, fellow, chap.
indivisible *(eendeebeeséeblay)* adj. indivisible.
indiviso *(eendeebéesoh)* adj. undivided.
indócil *(eendóhtheel)* adj. indocile, unruly, headstrong.
indocto *(eendóktoh)* adj. ignorant, uneducated, unlearned.
índole *(éendohlay)* f. inclination, disposition; type, class.
indolencia *(eendohlaynthyah)* f. indolence, laziness, idleness.
indolente *(eendohlayntay)* adj. indolent, lazy, idle.
indomable *(eendohmáhblay)* adj. indomitable, untamable.
indómito *(eendóhmeetoh)* adj. untamed, wild.
indubitable *(eendoobeetablay)* adj. undoubted, unquestionable; adv. ~**mente**, undoubtedly, unquestionably.

inducción *(eendoothyón)* s. f. inducement, persuasion; *Elect.* induction.
inducir *(eendoothéeR)* tr. to induce, to persuade; *Elect.* to induce, to influence.
inductivo *(eendooktéeboh)* adj. inductive.
indudable *(eendoodáhblay)* adj. certain, without any doubt, doubtless, indubitable, certain.
indulgencia *(eendoolHáyntay)* f. indulgence, leniency, clemency.
indulgente *(eendoolHáyntay)* adj. indulgent, lenient, gentle, kind, forbearing.
indultar *(eendooltáR)* tr. to pardon, to free, to reprieve, to exonerate, to except.
indulto *(eendóoltoh)* m. pardon, amnesty, reprieve, exoneration, indult.
industria *(eendóstryah)* f. industry, trade; ~ **hotelera**, catering trade.
industrial *(eendoostryáhl)* adj. industrial; m. dealer, manufacturer, businessman.
industrialización *(eendoostryaleethathyón)* s. f. industrialization.
inédito *(eenáydeetoh)* adj. unpublished, unknown.
ineficacia *(eenayfeekáhthyah)* f. inefficiency, inefficacy.
ineficaz *(eenayfeekáth)* adj. inefficient, ineffectual, ineffective.
ineludible *(eenayloodéeblay)* adj. unavoidable, inevitable.
ineptitud *(eenaypteetóod)* f. ineptitude, unfitness, incapacity, incompetence.
inepto *(eenáyptoh)* adj. inept, unfit, incompetent, incapable, inefficient.
inequívoco *(eenaykéebohkoh)* adj. inequivocal, unmistakable.
inercia *(eenáyRthyah)* f. inertia.
inerte *(eenáyRtay)* adj. inactive, inert, motionless.
inesperado *(eenaysspayráhdoh)* adj. unexpected, unforeseen; adv. **inesperadamente**, unexpectedly, suddenly.
inestimable *(eenayssteemáhblay)* adj. inestimable, invaluable.
inevitable *(eenaybeetáhblay)* adj. inevitable, unavoidable.
inexactitud *(eenayksateetóod)* f. inaccuracy, inexactitude.
inexacto *(eenayksáahktoh)* adj. inexact, inaccurate, wrong, mistaken.
inexcusable *(eenaykskoosáhblay)* adj. inexcusable, unjustifiable; indispensable, imperdonable.
inexistente *(eenaykseestáyntay)* adj. inexistent, non existent.
inexperiencia *(eenayspayryénthyah)* f. inexperience.
inexperto *(eenaykspáyRtoh)* adj. inexperienced, novice, babe, unskilled, inexpert.
inexplicable *(eenaykspleekáhblay)* adj. inexplicable, unexplainable.
inextinguible *(eenaysteengéeblay)* adj. inextinguishable, quenchless.
infalibilidad *(eenfahleebeeleedáhd)* f. infability, accuracy.
infalible *(eenfahléeblay)* infalible, accurate, exact, perfect.
infamación *(eenfahmahthyón)* f. slander, calumny, defamation, libel.
infamador *(eenfahmahdóR)* m. libelier, slanderer.
infamar *(eenfahmáR)* tr. to defame, to libel, to slander, to dishonor, to discredit.
infame *(eenfáhmay)* adj. infamous, vile, despicable.
infamia *(eenfáhmyah)* f. infamy, baseness, vileness.
infancia *(eenfáhnthyah)* f. infancy, childhood.
infante *(eenfáhntay)* m. infant, baby; *Mil.* infantryman.
infantería *(eenfahntayrréeah)* f. infantry; ~ **de marina**, (US) marines corp.
infanticida *(eenfahnteehéedah)* infanticide, child-murderer.
infanticidio *(eenfahnteethéedyoh)* m. infanticide, child-murder.
infantil *(eenfahntéel)* adj. infantile, childlike.

infatigable *(eenfahteegáblay)* adj. indefatigable, tireless.
infatuar *(eenfahtwa*R*)* tr. to infatuate; v. r. to become infatuated.
infección *(eenfaykthyón)* f. infection, contagion.
infeccioso *(eenfaykthyóhsoh)* adj. infectious, contagious.
infectar *(eenfayktá*R*)* tr. to infect; r. to catch infection.
infecto *(eenfayktoh)* adj. infected.
infecundidad *(eenfaykoondeedáhd)* f. infecundity, barrenness, sterility, infertility.
infecundo *(eenfaykóondoh)* adj. infertile, sterile, barren.
infelicidad *(eenfayleetheedáhd)* f. unhappiness.
infeliz *(eenfayieeth)* adj. unhappy; (coll.) poor devil.
inferior *(eenfayryó*R*)* adj. inferior, lower.
inferioridad *(eenfayryoreedáhd)* f. inferiority.
inferir *(eenfayrée*R*)* tr. to infer, to deduce; to inflict (wounds).
infernal *(eenfay*R*náhl)* adj. infernal, hellish.
infestar *(eenfaysstá*R*)* tr. to infest, to infect; **está infestado de ~**, it is teeming with.
infidelidad *(eenfeedayleedáhd)* f. infidelity, unfaithfulness.
infiel *(eenfyél)* adj. unfaithful; s. infidel, imprecise.
infierno *(eenfyáy*R*noh)* m. hell.
infiltración *(eenfeeltrahtyón)* f. infiltration, leakage, leak.
infiltrarse *(eenfeeltrá*R*say)* r. to infiltrate, to percolate, to leak, to ooze; *Mil.* to infiltrate.
ínfimo *(éenfeemoh)* adj. lowest, the least, the worst.
infinidad *(eenfeeneedáhd)* f. infinity; endless number of.
infinito *(eenfeenéetoh)* adj. infinite, endless, inmense; m. infinite.
inflación *(eenflahthyón)* f. inflation.
inflamable *(eenflahmáhblay)* adj. inflammable, fammable.
inflamación *(eenflahmahthyón)* f. inflamation, blaze; *Med.* swelling.
inflamar *(eenflahmá*R*)* tr. to inflame, to set on fire; *Med.* to swell, to inflame.
inflar *(eenflá*R*)* tr. to inflate, to blow up; r. to swell, to puff.
inflexible *(eenflaykséeblay)* adj. inflexible, unbending; contumacious.
influencia *(eenfloo:énthyah)* f. influence; **tener ~**, to have some bearing; pl. **tener ~s**, to have conexions; **por ~**, through friendship.
influir *(eenfloo:ée*R*)* tr. to influence, to exert an influence, to have some bearing.
influjo *(eenflóo*H*oh)* m. influx.
influyente *(eenflooyéntay)* adj. influential.
información *(eenfo*R*mahtyon)* f. information, account, report.
informal *(eenfo*R*máhl)* adj. informal; unreliable.
informalidad *(eenfo*R*mahleedáhd)* informality.
informar *(eenfo*R*má*R*)* tr. to inform, to report; r. to inquire, to find out.
informativo *(eenfo*R*mahtéeboh)* adj. informative.
informe *(eenfó*R*may)* m. information, report; adj. shapeless.
infortunio *(eenfo*R*tóonyoh)* m. misfortune, ill-luck, fatality.
infracción *(eenfrakthyón)* f. breach, infringement; fine.
infractor *(eenfraktó*R*)* f. m. lawbreaker, trangressor, breacher.
infrascri(p)to *(eenfrashkéeptoh)* adj. underwritten, undersigned.
infringir *(eenfreen*H*ée*R*)* tr. to infringe, to break.
infructuoso *(eenfroktwohsoh)* adj. fruitless, unsuccessful; abortive (plans, etc.).
ínfulas *(éenfoolahs)* f. pl. conceit.
infundado *(eenfoondáhdoh)* adj. groundless, unfounded.
infundir *(eenfoondée*R*)* tr. to instill, to infuse, to imbue.
infusión *(eenfoosyón)* f. infusion.
ingeniar *(een*H*aynya*R*)* tr. to conceive, to devise; v. r. to manage, to contrive.

ingeniería *(eenHaynyeréeah)* f. engineering.
ingeniero *(eenHaynyéroh)* m. engineer.
ingenio *(eenHáynyoh)* m. wit, cleverness, talent.
ingenuidad *(eenHaynweedáhd)* f. ingenuousness, innocence, candour.
ingenuo *(eenHáynwoh)* m. naive, candid, innocent.
ingerir *(eenHayréeR)* tr. to take in, to feed, to ingest.
ingle *(éenglay)* f. groin.
inglés *(eengláyss)* adj. y s. English.
ingratitud *(eengrahteetóod)* f. ingratitude, ungratefulness.
ingrato *(eengráhtoh)* adj. ungrateful.
ingrediente *(eengraydyéntay)* m. ingredient.
ingresar *(eengráysáR)* tr. to enter; to join; *Com.* to deposit; to credit.
ingreso *(eengráysoh)* m. entry, entrance; admission; income, earnings.
inhábil *(eenáhbeel)* adj. clunsy, incapable, awkward.
inhabilidad *(eenahbeeleedáhd)* f. inability, incapability.
inhabilitar *(eenahbeeleetáR)* tr. to disqualify, to disable.
inhabitable *(eenahbeetáhblay)* adj. uninhabitable.
inhalar *(eenahláR)* tr. to inhale, to breathe in.
inherente *(eenayráyntay)* adj. inherent.
inhibición *(eeneebeethyón)* f. inhibition.
inhibir *(eeneebéeR)* tr. to inhibit, to prohibit; to dissuade; to hinder.
inhumanidad *(eenoomahneedáhd)* f. inhumanity.
inhumano *(eenoomáahnoh)* adj. inhuman.
iniciación *(eeneethyahthyón)* f. initiation, beginning, introduction.
inicial *(eeneethyáhl)* adj. initial, first.
iniciar *(eeneethyáR)* tr. to initiate, to commence, to begin, to start, to set out.
inimaginable *(eeneemahHeenáhblay)* adj. unimaginable.
inimitable *(eeneemeetáhblay)* adj. inimitable, matchless.
ininteligible *(eeneetayleeHéeblay)* adj. unintelligible.
iniquidad *(eeneekweedáhd)* f. iniquity.
injertar *(eenHayRtáR)* tr. to (in)graft.
injerto *(eenHáyRtoh)* m. graft(ing), stock.
injuria *(eenHóoryah)* f. insult, offence; slander.
injuriar *(eenHooriáR)* tr. to offend, to insult.
injurioso *(eenHooryóhsoh)* adj. injurious, outrageous, insulting.
injusticia *(eenHoostéethyah)* f. injustice, iniquity.
injusto *(eenHósstoh)* adj. unjust, unfair.
inmaculado *(eenmahkooláhdoh)* adj. inmaculate, pure.
inmaduro *(eenmahdóoroh)* adj. inmature, callow.
inmediación *(eenmaydyahthyón)* f. contiguity, inmediacy; pl. outskirts; **en las ~es**, in the neighbourhood.
inmediato *(eenmaydyáhtoh)* adj. inmediate, next, nearby.
inmejorable *(eenmayHohráhblay)* adj. unsurpassable.
inmemorial *(eenmaymohryáhl)* adj. immemorial.
inmensidad *(eenmaynseedáhd)* f. immensity, vastness
inmenso *(eenmáynsoh)* adj. immense, huge, vast.
inmerecido *(eenmayraythéedoh)* adj. undeserved.
inmersión *(eenmayRsyón)* m. immersion.
inmigración *(eenmeegrahthyón)* f. immigration.
inminente *(eenmeenáyntay)* adj. imminent, impending.
inmiscuir *(eenmeeskwéeR)* tr. to mix; r. to interfere in.
inmodestia *(eenmohdáysstyah)* f. immodesty, indicency.
inmodesto *(eenmohdáysstoh)* adj. immodest, conceited, presumptuous.
inmolar *(eenmohláR)* adj. immolate, to sacrifice.
inmoral *(eenmohráhl)* adj. immoral, corrupt, depraved.
inmortal *(eenmoRtáhl)* adj. immortal,undying, everlasting.

inmortalidad *(eenmoRtahleedhád)* tr. to immortality.
inmóvil *(eenmóhbeel)* adj. immobile, motionless, lifeless.
inmueble *(eenmwayblay)* adj. *Law.* immovable; m. pl. real estate.
inmundicia *(eenmoondéethyah)* f. dirt, filth.
inmundo *(eenmóondoh)* adj. dirty, filthy, obscene.
inmune *(eenmóonay)* adj. free, exempt, immune.
inmunidad *(eenmooneedáhd)* f. immunity, exemption.
inmunizar *(eenmooneetháR)* tr. to immunize; *Med.* to vaccinate; v. r. to get immune.
inmutable *(eenmootáhblay)* adj. immutable.
innato *(eennáhtoh)* adj. innate, inborn, natural.
innavegable *(ennahbaygáhblay)* adj. innavigable, unsea-worthy.
innecesario *(eennaythaysáhryoh)* adj. unnecessary.
innegable *(ennaygáhblay)* adj. undeniable.
innoble *(eennóhblay)* adj. ignoble.
innocuo *(eenóhkowoh)* adj. innocuous, harmless.
innominado *(eenohmeenáhdoh)* adj. nameless, innominate.
innovación *(eennohbahthyón)* f. innovation, novelty.
innovar *(eennohbáR)* tr. to innovate.
innumerable *(eennoomayráblay)* adj. innumerable; numberless, countless.
inocencia *(eenohtháynthyah)* f. innocence, candour, naivety.
inocente *(eenohtháyntay)* adj. innocent, candid; naive.
inocular *(eenohkooláR)* tr. to inoculate, to vaccinate.
inodoro *(eenohdóhroh)* adj. odourless, inodorous; m. deodorizer.
inofensivo *(eenohfaynséeboh)* adj. inoffensive, innocuous, harmless.
inolvidable *(eenolbeedáhblay)* adj. unforgettable.
inoportuno *(eenohpoRtóonoh)* adj. inopportune, untimely.
inorgánico *(eenoRgáhneekoh)* adj. inorganic(al).
inquietante *(eenkyetántay)* adj. disturbing, disquieting.
inquietar *(eenkyétaR)* tr. to disturb, to disquiet; r. to become uneasy, to worry.
inquieto *(eenkyétoh)* adj. restless, ardous, worried.
inquietud *(eenkyetóod)* f. restlessness, uneasiness, worry.
inquilinato *(ennkeeleenáhtoh)* m. lease(hold), tenancy.
inquilino *(eenkeeléenoh)* m. tenant, lodger.
inquirir *(eenkeeréeR)* tr. to inquire, to investigate.
inquisición *(eenkeeseethyon)* f. inquest, inquiry.
insaciable *(eensahthyáblay)* adj. insatiable, unquenchable; greedy.
insalubre *(eensahlóobray)* adj. insalubrious, unhealthy.
insano *(eensáhnoh)* adj. unhealthy; insane, mad.
inscribir *(eenskreebéeR)* tr. to inscribe, to record, to book; v. r. to put one's name down.
inscripción *(eenskreepthyón)* f. inscription; registration.
insecto *(eensáyktoh)* m. insect.
inseguridad *(eensygooreedáhd)* f. insecurity, uncertainty.
inseguro *(eensaygóoroh)* adj. insecure, uncertain, unsafe.
insensatez *(eensaynsahtayth)* f. stupidity, nonsense, folly.
insensato *(eensaynsáhtoh)* adj. stupid, foolish, blind.
insensibilidad *(eenssaynseebeeleedáhd)* insensibility; insensitivity; hard-heartness.
insensible *(eensaynséeblay)* adj. insensible, callous; insensitive.
inseparable *(eensayprráhblay)* adj. inseparable, undetachable.
inserción *(eensayRthyón)* f. insertion.
insertar *(eensayRtáR)* tr. to insert.

inservible *(eensay***R***béeblay)* adj. (coll.) useless, (US).
insigne *(eensseegnay)* adj. renowned, illustrious.
insignificancia *(eenseeneefeekahnthyah)* f. insignificance, triviality; (coll.) child's play.
insignificante *(eenseeneefeekahntay)* adj. insignificant, trivial, trifle.
insinuación *(eenseenwahthyon)* f. insinuation, hint, suggestion.
insinuar *(eenseenwa***R***)* tr. to insinuate, to hint, to suggest.
insipidez *(eenseepeedáyth)* f. insipidity, tastelessness.
insípido *(eenséepeedoh)* adj. insipid, tasteless; (of beer) flat.
insistir *(eenseesstée***R***)* intr. to insist on; to dwell on.
insociable *(eensohthyáhblay)* adj. unsociable, anti-social.
insolación *(eensohlahthyón)* f. sun-stroke.
insolencia *(eensohlaynthyah)* f. insolence, effrontery.
insolentarse *(eensohlayntá***R***say)* r. to become insolent, to be cheeky.
insolente *(eensohlayntay)* adj.brash, insolent, impudent; (coll.)cheecky.
insólito *(eensóhleetoh)* adj. unusual, unwonted.
insoluble *(eensohlóoblay)* adj. indissoluble; unsolvable.
insolvencia *(eensolbaynthyah)* f. insolvency.
insolvente *(eensolbayntay)* adj. insolvent.
insomnio *(eensómnyoh)* f. insomnia, sleeplessness.
insoportable *(insohportáhblay)* adj. unbearable, insupportable.
insostenible *(eensostaynéeblay)* adj. indefensible, untenable.
inspección *(eenspaykthyón)* f. inspection; survey; police station.
inspeccionar *(eenspaykthyohná***R***)* tr. to inspect, to survey, to check, to examine.
inspector *(eenspayktó***R***)* m. inspector, supervisor.
inspiración *(eenspeerahthyón)* f. inspiration; *Med.* inhalation.
inspirar *(eenspeerá***R***)* tr. to inspire; to inhale.
instalación *(eenstahlahthyón)* f. installation; fitting; settling; *Ind.* plant; ~ **eléctrica**, wiring.
instalar *(eenstahlá***R***)* tr. to place, to set (up), to install; r. to settle down.
instancia *(eenstáhnthyah)* f. instance, plea, request, suit, petition; application letter/form; **en primera** ~, in the first place.
instantánea *(ennstahntáhnayah)* adj. instantaneous, instant.
instante *(eenstáhntay)* m. instant, moment; **un** ~, a minute; **al** ~, inmediately.
instar *(eenstá***R***)* tr. to press, to urge.
instigar *(eensteegá***R***)* tr. to instigate, to egg on, to set on, to incite.
instinto *(eenstéentoh)* m. instinct.
institución *(eensteetoohthyon)* f. institution; establishment.
instituir *(eensteetoo:ée***R***)* tr. to institute, to establish, to found.
instituto *(eensteetóotoh)* m. institute; Grammar school.
instrucción *(eenstrookthyón)* f. instruction, teaching; *Mil.* drilling, training.
instructivo *(eenstrooktéeboh)* adj. instructive.
instruido *(eenstroo:éedoh)* adj. learned, educated; skilled.
instruir *(eenstroo:ée***R***)* tr. to instruct, to educate, to teach.
instrumental *(eenstroomayntáhl)* adj. instrumental.
instrumento *(eenstroomayntoh)* m. instrument, tool; *Agric.* implement.
insubordinación *(eensoobo***R***deenahthyón)* f. insubordination, rebellion, revolt.
insubordinar *(eensoobo***R***deená***R***)* tr. to incite to; r. to rebel.
insuficiente *(eensoofeethyéntay)* adj. insufficient, inadequate.

insufrible *(eensoofréeblay)* adj. intolerable, unbearable, insufferable.

ínsula *(eénsoohlah)* f. isle island.

insular *(eensoooláR)* adj. insular, island.

insulsez *(eensoolsáyth)* f. flatness, insipidity.

insulso *(eensóolsoh)* dull, flat.

insultar *(eensooltáR)* tr. to insult.

insulto *(eensóoltoh)* m. insult, afront; (fig.) offence.

insuperable *(eensoopayráblay)* adj. insuperable; insurmountable.

insurgente *(eensooRHéntay)* s. insurgent, rebel.

insurrección *(eensooRaykthyón)* f. insurrection, (uprising, revolt.

intacto *(eentáktoh)* adj. intact, whole, untouched.

intachable *(eentahcháhblay)* adj. blameless, irreproachable.

intangible *(eentahnHéeblay)* adj. intouchable, that cannot be touched.

integral *(eentaygráhl)* adj. integral, whole; (food) whole meal.

integridad *(eentaygreedáhd)* f. integrity, honesty.

íntegro *(éentaygroh)* adj. integral, whole, complete.

intelecto *(eentayláyktoh)* m. intellect, understanding.

intelectual *(eentaylayktwáhl)* adj. intellectual; m. intellectual; (coll.) square.

inteligencia *(eentayleeHáynthyah)* f. intelligence understanding, intellect, cleverness.

inteligente *(eentayleeHáyntay)* adj. intelligent, clever.

inteligible *(eentayleeHéeblay)* adj. intelligible, comprehensible.

intemperie *(eentaynpáyrye)* f. inclemency, rough weather; **a la** ~, in the open-air.

intempestivo *(eentaympaysstéeboh)* adj. ill-timed, inoportune, unseasonable.

intención *(eentaynthyón)* f. intent(ion); **con** ~, intentionally, on purpose; **ser con ~ de**, to be meant to.

intencionado *(eentaynthyohnáhdoh)* adj. intentioned, disposed; **bien** ~, well disposed; **mal** ~, ill disposed; **fue** ~, it was meant to.

intendencia *(eentayndáynthyah)* f. (army, navy, etc.) administration.

intensidad *(eentaynseedáhd)* f. intensity.

intenso *(eentáynsoh)* adj. intense.

intentar *(eentayntáR)* tr. to try, to attempt.

intento *(eentáyntoh)* m. try, trial, go, attempt.

intercalar *(eentayRkahláR)* tr. to intercalate, to insert.

intercambiar *(eentayRkáhmbyáR)* tr. to interchange, to exchange.

intercambio *(eentayRkáhmbyoh)* m. interchange, trade.

interceder *(eenteyRthaydáyR)* intr. to intercede, to plead.

interceptar *(eentayRthayptáR)* tr. to intercept, to cut off.

intercesión *(eentayRthayssyón)* f. intercession; mediation.

intercontinental *(eentayRkonteenayntáhl)* adj. intercontinental.

interés *(eentayráyss)* m. interest; *Com.* interest, premium; pl. interests; ~ **creados**, vested interests.

interesado *(eentayraysáhdoh)* adj. interested, concerned; selfish; m. concerned person.

interesante *(eentayraysáhntay)* adj. interesting.

interesar *(eentayraysáR)* tr. to interest, r. to be interested in.

interino *(eentayréenoh)* adj. provisional. *Sports.* half-time; m. substitute.

interior *(eentayryóR)* adj. interior, inner, inside; m. the inside; the interior.

interjección *(eentayRHaythyón)* f. interjection.

interlocución *(eentayRlohkoothyón)* f. interlocution, dialogue.

interlocutor *(eentayRlohkootóR)* m. interlocutor.

intermediario *(eentay***R***maydyaryoh)* m. intermediary, middleman, arbitrator.

intermedio *(eentay***R***máydyoh)* m. interval; *Sports.* half-time; adj. intermediate.

interminable *(eentay***R***meenáhblay)* adj. interminable, endless.

internacional *(eentay***R***nahthyohnáhl)* adj. international.

internacionalizar *(eentay***R***nahthyohnahleethá***R***)* tr. to internationalize.

intermitente *(eentay***R***meetayntay)* adj. intermittent.

internado *(eentay***R***náhdoh)* m. boarding school.

internar *(eentay***R***ná***R***)* tr. to intern; r. to penetrate inland, to go deeper into.

interno *(eentáy***R***noh)* adj. internal; m. boarding-pupil, boarder.

interponer *(eentay***R***pohnay***R***)* tr. to interpose; v. r. to go or come between.

interposición *(eentay***R***pohseethyón)* f. interposition, interfering, meddling.

interpretación *(eentay***R***praytahthyón)* f. interpretation.

interpretar *(eentay***R***praytá***R***)* tr. to interpret; *Mus.* to render; *Theat.* to act the part, to do the role.

intérprete *(eentáy***R***praytay)* s. interpreter; *Theat.* player, star.

interrogación *(eentay***R***ohgahthyón)* f. interrogation; *Print.* question-mark.

interrogatorio *(eentay***R***ohgahtohryoh)* m. *Leg.* cross-examination.

interrogar *(eentay***R***ohgá***R***)* tr. to interrogate, to question.

interrumpir *(eentay***R***oompée***R***)* tr. to interrupt, to cut short.

interrupción *(eentay***R***oopthyón)* f. interruption.

intersticio *(eentay***R***steethyoh)* m. crack, chink.

intervalo *(eentay***R***báhloh)* m. interval, pause, break.

intervención *(eenta***R***baynthyón)* f. intervention; *Com.* auditing accounts.

intervenir *(eentay***R***baynée***R***)* intr. to intervene, to go between; *Com.* to audit accounts.

intestino *(eentaysstéenoh)* adj. intestine; m. intestine, bowels.

intimar *(eenteemá***R***)* tr. to intimate.

intimidación *(eenteemeedahthyón)* f. intimidation, threat, warning.

intimidad *(eenteemeedáhd)* f. intimacy; **en la ~**, in private.

intimidar *(eenteemeedá***R***)* tr. to intimidate, to daunt, to threat, to warn.

íntimo *(éenteemoh)* adj. intimate; **un amigo ~**, a close friend.

intolerable *(eentohlayráhblay)* adj. intolerable, insufferable, umbearable.

intranquilo *(eentrahnkéeloh)* adj. restless; uneasy.

intransferible *(eentrahnsfayréeblay)* adj. not transferable.

intransigente *(eentrahnsee***H***ayntay)* adj. intransigent, strict, severe.

intransitable *(eentrahnseetáhblay)* adj. impassable.

intratable *(eentrahtáhblay)* adj. intractable, unsociable.

intrepidez *(eentraypeedayth)* f. intrepidity, boldness, daring.

intrépido *(eentráypeedoh)* adj. intrepid, bold, daring, fearless.

intriga *(eentréegah)* f. intrigue; plot (of a play).

intrigar *(eentreegá***R***)* intr. to intrigue, to plot, to scheme.

intrincado *(eentreenkáhdoh)* adj. intricate, knotty, difficult.

introducción *(eentrohdookthyón)* f. introduction, preface.

introducir *(eentrohdoothée***R***)* tr. to introduce, to insert, to put in; v. r. to get into.

introversión *(eentrohbay***R***syón)* f. introversion.

intruso *(eentróosoh)* adj. intrusive; m. intruder, outsider.

intuición *(eentweethyón)* f. intuition, instinct.
intuir *(eentwéeR)* tr. to have the intuition, to envisage.
inundación *(eenoondahthyón)* f. flood, inundation.
inundar *(eenoondáR)* tr. to flood, to inundate.
inusitado *(eenooseetáhdoh)* adj. unusual.
inútil *(eenóotil)* adj. useless; adv. **-mente**, uselessly.
inutilidad *(eenooteeleedáhd)* f. uselesness, inutility.
inutilizar *(eenooteeleetháR)* tr. to render useless, to destroy, to put our of action, to spoil.
invadir *(eenbahdeeR)* tr. to invade.
invalidar *(eenbahleedáR)* tr. to invalidate, to nullify, to make void, to annul.
invalidez *(eenbahleedayth)* f. invalidity, nullity, invalidation.
inválido *(eenbáhleedoh)* adj. y m. invalid, void, useless; *Med.* invalid, cripple.
invariable *(eenbahryáhbiay)* adj. invariable.
invasión *(eenbahsyón)* f. invasion.
invasor *(eenbahsóR)* m. invader.
invencible *(eenbaynthéeblay)* adj. invincible.
invención *(eenbeenthyón)* f. invention; (fig.) a figment of one's imagination; (coll.) a tale; (inst.) contrivance.
inventar *(eenbayntáR)* tr. to invent, to discover, to find out.
inventariar *(eenbayntahryáR)* tr. to inventory, to take stock.
inventario *(eenbayntáhryoh)* m. inventory, stock-taking.
inventiva *(eenbayntéebah)* f. ingenuity, inventiveness.
invento *(eenbayntoh)* m. invention; device; contrivance.
inventor *(eenbayntóR)* m. inventor.
invernadero *(eenbayRnadáyroh)* m. green-house, hot-house.
invernal *(eenbayRnáhl)* adj. wint(e)ry, hibernal.
invernar *(eenbayRnáR)* intr. to winter, to hibernate.
inversión *(eenbayRsyón)* f. inversion; *Com.* investment.
inverso *(eenbáyRsoh)* adj. contrary, inverse, opposite; **a la -a**, on the contrary, the other way round.
invertir *(eenbayRtéeR)* tr. to invert, to turn upside-down; *Com.* to invest.
investigación *(eenbaysstegahtyón)* f. research, investigation, inquiry; inquest.
investigar *(eenbayssteegáR)* tr. to investigate; *Scien.* to research; to find out.
invierno *(eenbyéRnoh)* m. winter.
inviolable *(eenbyohláhblay)* adj. inviolable.
inviolado *(eenbyohláhdoh)* adj. inviolat(ed), unhurt, unharmed.
invisibilidad *(eenbeeseebeelee-dáhd)* f. invisibility.
invisible *(eenbeeséeblay)* adj. invisible.
invitar *(eenbeetáR)* tr. to invite; (coll.) to treat.
invocación *(eenbohkahthyón)* f. invocation.
invocar *(eenbohkáR)* tr. to invoke, to implore; to call.
involucrar *(eembohlookráR)* tr. to involve; to mix.
involuntario *(eenbohloontáhryoh)* adj. involuntary.
inyección *(eenyaykthyón)* f. injecction.
inyectar *(eenyayktáR)* tr. to inject.
ir *(eeR)* intr. to go (cloth.) to suit, to fit; **~ a pie**, to go on foot; **~ en coche**, to ride; **~ por (tren, barco, etc.)**, to go by (train, boat, etc.); **~ a buscar**, to go and fetch.
ira *(éerah)* f. wrath, anger.
iracundo *(eerahkóondoh)* adj. angry, furious, enraged.
irascible *(eerahsthéeblay)* adj. irritable.
iris *(éereess)* m. iris; **arco ~**, rainbow.

I

irisar *(eereesáR)* tr. to be iridescent.
ironía *(eerohnée:ah)* f. irony.
irónico *(eeróhneekoh)* adj. ironic(al).
ironizar *(eerohneetháR)* tr. to ironize.
irracional *(eeRahthyóhnáhl)* adj. irrational, absurd; m. madman; brute.
irradiación *(eeRahdyahthyón)* f. irradiation.
irradiar *(eeRahdyáR)* tr. to irradiate, to emit light; to diffuse.
irreconciliable *(eeRaykontheelyáhblay)* adj. irreconciliable.
irrecuperable *(eeRaykoopayráhblay)* adj. irrecoverable, irretrievable.
irreflexión *(eeRayflayksyon)* f. rashness.
irreflexivo *(eeRayflaybsseeboh)* adj. thoughtless.
irregular *(eeRaygooláR)* adj. irregular, uneven, patchy.
irregularidad *(eeRaygoolahreedáhd)* f. irregularity, unevenness.
irreligión *(eeRayleeHyon)* f. irreligion, atheism.
irreligioso *(eeRayleeHyóssoh)* adj. irreligious, atheist.
irremediable *(eeRaymaydyahblay)* adj. irremediable, hopeless; lost.
irreparable *(eeRaypahráblay)* adj. irreparable, hopeless, lost.
irreprochable *(eeRayprocháhblay)* adj. irreproachable, faultless, unimpeachable.
irresistible *(eeRayseesstéeblay)* adj. irresistible, overpowering.
irresoluto *(eeRaysohlóotoh)* adj. irresolute.
irreverencia *(eeRaybayraynthyah)* f. irreverence.
irreverente *(eeRaybayrayntay)* adj. irreverent.
irrevocable *(eeRaybohkáhblay)* adj. irrevocable, irreversible.
irrigar *(eeReegáR)* tr. to irrigate, to water.
irrisión *(eeReesyón)* f. derision.
irritable *(eeRetáhblay)* adj. irritable, ratty, testy.
irritante *(eeReetantay)* adj. irritating, upsetting, annoying.
irrisorio *(eeReessohryoh)* adj. derisory.
irritar *(eeReetáR)* tr. to irritate, to exasperate, to annoy, to upset.
irrupción *(eeRoopthyón)* f. irruption; raid, foray.
isla *(éesslah)* f. isle; island.
isleño *(eessláynyoh)* adj. insular; m. islander.
islote *(eeslóhtay)* m. islet.
israelita *(eessRa:ayleetah)* s. y adj. israelite.
istmo *(éestmoh)* m. isthmus.
itinerario *(eeteenayráhryoh)* m. itinerary, route; guide.
IVA m. abr. de Impuesto sobre el Valor Añadido VAT.
izquierda *(eethkyáyRdah)* f. left.
izquierdo *(eethkyáyRdoh)* adj. left; (zurdo), left(handed); **lado ~**, left side.

J j

jabalí *(Hahbalée)* m. *(Zool.)* wild, board.
jabalina *(Hahbahléenah)* f. *(Zool.)* wild sow. *Sport,* javelin.
jabón *(Hahbón)* m. soap; **pastilla de ~,** bar of soap; **escamas de ~**, soap suds.
jabonar *(HahbonáR)* tr. to soap.
jabonera *(Hahbonáyrah)* f. soapdish.
jaca *(Háhkah)* f. mare; nag.
jacinto *(Hahthéentoh)* m. *Bot.* hyacinth.
jactancia *(Hahktáhnthyah)* f. boasting, bragging.
jactancioso *(Hahktahnthyósoh)* adj. boastful, boaster.
jactarse *(HahktáRsay)* r. to boast.
jalea *(Hahláyah)* f. jelly.
jalear *(HahlayáR)* tr. to cheer, to urge on, to encourage.
jaleo *(Hahláyoh)* m. commotion; **armar ~**, to kick up a row.

jamás *(Hahmáhs)* adv. never; ever; **nunca** ~, never again.
jamón *(Hahmón)* m. ham; ~ **serrano**, cured ham.
japonés *(Hahpohnéss)* adj. y s. Japanese.
jaque *(Háhkay)* m. check (in chess); ~ **mate**, checkmate.
jaqueca *(Hakáhykah)* f. headache, migraine.
jarabe *(Hahráhbay)* m. syrup; ~ **(para la tos)**, cough mixture.
jarana *(Hahráhnah)* f. spree; **estar de** ~, to go on a spree.
jardín *(HaRdéen)* m. garden.
jardinería *(HaRdeenayrée:ah)* f. gardening.
jardinero *(HaRdeenáyroh)* m. gardener.
jarra *(HáhRah)* f. jug, pitcher; **brazos en ~s**, with arms akimbo.
jarro *(HáhRoh)* m. jug, pitcher.
jarrón *(HahRón)* m. (flowers-vase.
jaula *(Háhoolah)* f. cage.
jauría *(Hauréeah)* f. pack of hounds.
jazmín *(Hathméen)* m. jasmine.
jefatura *(Hayfahtóorah)* f. leadership; ~ **de policía**, police headquarters.
jefe *(Háyfay)* m. chief, leader, master; (coll.) boss.
jerarquía *(HayraRkée:ah)* f. hierarchy.
jerez *(Hayráyth)* m. sherry.
jerga *(HáyHgah)* f. jargon, slang.
jergón *(HayRgón)* m. rough mattress, pallet.
jeringa *(Hayréengah)* f. syringe.
jeringar *(HayreengáR)* tr. to syringe, to squirt; (coll.) to annoy.
jeroglífico *(Hayrohgléefeekoh)* m. hieroglyph.
jersey *(HayRsáy)* m. jersey, sweater.
jesuíta *(Haysoo:éetah)* m. Jesuit, hypocrite.
jinete *(Heenáytay)* m. rider, horseman; pl. cavalry.
jirafa *(Heeráhfah)* f. giraffe.
jirón *(Heerón)* m. rag, shred.
jocosidad *(Hohkohseedáhd)* f. jocularity, waggery.
jocoso *(Hohkóhsoh)* adj. jocose, waggish, facetiuos, funny.
jofaina *(Hohgáeenah)* f. washbasin, wash bowl.
jornada *(HoRnáhdah)* f. the day's work, stage, journey.
jornalero *(HoRnahláyroh)* m. day-labourer, journeyman.
joroba *(HohRóhbah)* f. hunch; hump (de camello).
jorobado *(Hohrohbádoh)* adj. hunchbacked; m. hunchback.
joven *(Hóhbayn)* adj. young; m. young man; f. young-lady.
jovial *(Hohbyáhl)* adj. jovial; cheerful.
jovialidad *(Hohbyaleedáhd)* f. joviality, cheeriness.
joya *(Hóhyah)* f. jewel, gem; pl. jewels.
joyería *(Hohyayrée:ah)* f. jeweller's shop.
joyero *(Hohyáyroh)* m. jeweller (UK); jeweler (US).
jubilación *(Hoobeelahthyón)* f. retirement.
jubilar *(HoobeeláR)* tr. to pension off, to retire.
jubileo *(Hoobeeláyoh)* m. jubilee.
júbilo *(Hóobeeloh)* m. joy.
judaico *(Hoodáeekoh)* adj. Judaical; Jewish.
judaismo *(Hoodaéesmoh)* m. Judaism.
judería *(Hoodayrée:ah)* f. Jewry.
judía *(Hoodée:ah)* f. Jewess; *Bot.* Freeh bean.
judicial *(Hoodeethyáhl)* adj. judicial.
judío *(Hoodée:oh)* adj. Jewish; m. Jew.
judo *(Hóodo)* m. judo.
juego *(Hwáygoh)* m. game play; (of things) set; gambling; (fig.) ~ **de niños**, child's play.
jueves *(Hwáybayss)* m. Thursday.
juez *(Hwayth)* m. judge; expert.
jugada *(Hoogáhdah)* f. move (in a game); mean trick.
jugador *(HoogahdóR)* m. player; gambler.
jugar *(HoogáR)* tr. e intr. to play; to gamble.

J

jugo *(Hóogoh)* m. (fruit) juice; **~s gástricos**, gastric juices.
jugoso *(Hoogóhsoh)* adj. juicy.
juguete *(Hoogáytay)* m. toy.
juguetear *(HoogaytayáR)* intr. to play.
juguetería *(Hoogehtheréeah)* f. toyshop.
juguetón *(Hoogaytón)* adj. playful.
juicio *(Hoo:éethyoh) Law.* trial, judgement; (int.) sense, wisdom; **a mi ~**, in my opinion.
juicioso *(Hoo:eethyóhsoh)* adj. judicious, wise, sensible.
julio *(Hóo:lyoh)* m. July.
junco *(Hóonkoh)* m. reed; *Naut.* junk.
jungla *(Hóonglah)* f. jungle.
junio *(Hóo:nyoh)* m. June.
junta *(Hóntah)* f. *Pol.* junta; *Com.* assembly, board; *Mech.* joint.
juntar *(HoontáR)* tr. to gather, to collect; v. r. to meet, to gather.
junto *(Hóontoh)* adj. together, united; adv. near, close to, next to, beside.
jura *(Hóorah)* f. oath, promise.
jurado *(Hooráhdoh)* m. jury; juror.
juramentar *(HoorahmayntáR)* tr. to swear (in); r. to be sworn (in).
juramento *(Hoorahmáyntoh)* m. oath; swear-word, curse.
jurar *(HooráR)* tr. to swear.
jurídico *(Hooréedeekoh)* adj. legal, juridic(al), lawful.
jurisdicción *(Hooreessdeekthyón)* f. jurisdiction, authority, area of influence.
jurista *(Hooréestah)* s. jurist; lawyer.
justicia *(Hoostéethyah)* f. justice, fairness.
justificación *(Hoosteefeekahthyón)* f. justification.
justificante *(Hoosteefeekáhntay)* m. warrant; adj. justifying.
justificar *(HoosteefeekáR)* tr. to justify, to prove.
justo *(Hóostoh)* adj. just; righteous; (of fitting) tight; m. just and pious man; adv. tightly.
juvenil *(Hoobaynéel)* adj. juvenile; youthful.
juventud *(Hoobayntóod)* f. youth, young people.
juzgado *(Hoothgáhdoh)* m. court.
juzgar *(HoothgáR)* tr. e intr. to judge.

K k

kepis *(káypeess)* m. shako, kepl.
kermese *(kayRmáys)* f. fancy-fair.
kilogramo *(keelohgráhmoh)* s. kilogram (US); kilogramme (UK).
kilométrico *(keelohmáytreekoh)* adj. kilometric(al); m. (riwy.) season ticket, (in Spain).
kilómetro *(keelóhmaytroh)* s. kilometre.
kilovatio *(keelohbáthyoh)* m. kilowatt.
kiosco *(kyóskoh)* s. kiosk.
kiwi *(kéeguee) Bot.* kiwi.

L l

la *(láh)* art. f. the; pron. her.
laberinto *(lahbayréentoh)* m. labyrinth, maze.
labia *(láhbyah)* f. (fam.) glibness, gift of gab.
labio *(láhbyoh)* m. lip; **~ superior**, upper lip; **~ inferior**, lower lip.
labor (US), **labour** (UK) *(lahbóR)* f. labour; work, needle-work.
laborable *(lahbohráhblay)* adj. workable; *Agric.* tillable; m. working day.
laboratorio *(lahbohrahtóhryoh)* m. laboratory.
laboriosidad *(lahbohryohseedáhd)* f. laboriousness, industriousness.
laborista *(lahbohréestah)* adj. labour; s. labourite.
labrador *(lahbradóR)* m. farmhand, plowman; farmer.
labranza *(lahbráhnthah)* f. ploughing; farming; **tierra de ~**, farm land.

labrar *(lahbráR)* tr. to work; (UK) to plough; (US) to plow.
labriego *(lahbryáygoh)* m. farmhand, labourer; farm worker.
laca *(láhkah)* f. shellac, lacquer; ~ **para el cabello**, hair spray; ~ **de uñas**, nail polish.
lacayo *(lahkáhyoh)* m. lackey.
lacio *(láhthyoh)* adj. limp, lank; flaccid; straight (hair).
lacónico *(lahkóhneekoh)* adj. laconic, brief, concise.
lacra *(láhkrah)* f. mark scar; (fig.) something malignant.
lacrar *(lahkráR)* tr. to seal with sealing wax.
lacre *(láhkray)* m. sealing wax.
lacrimoso *(lahkreemóhsoh)* adj. tearful, lachrymose.
lactancia *(lahktáhnthyah)* f. lactation; breast-feeding.
lactante *(lahktáhntay)* s. y adj. breat-fed baby, suckling.
lácteo *(láhktayo)* adj. lacteous; milky, **vía ~a**, milky way.
ladear *(lahdayáR)* tr. to tilt, to tip; r. to lean.
ladeo *(lahdáyoh)* m. inclination, tilting.
ladera *(lahdáyrah)* f. hillside, slope.
ladino *(lahdéenoh)* adj. shrewd, cunning; mestizo.
lado *(láhdoh)* m. side; place; **al ~ de**, next to; **de ~**, sideways.
ladrar *(lahdráR)* intr. to bark.
ladrido *(lahdréedoh)* m. barking.
ladrillo *(lahdréelyoh)* m. brick.
ladrón *(lahdrón)* m. thief, robber.
lagartija *(lahgaRtéeHah)* f. small lizard.
lagarto *(lahgáRtoh)* m. lizard.
lago *(láhgoh)* m. lake.
lágrima *(láhgreemah)* f. tear, drop; **derramar ~s**, to shed tears.
laguna *(lahgóonah)* f. small lake, pond, lagoon; (fig.) gap.
laicismo *(laeethéesmoh)* m. laity.
laico *(láeekoh)* adj. laic(al); m. layman.
lama *(láhmah)* f. slime, ooze.
lamentable *(lahmayntáhblay)* adj. unfortunate; sad.
lamentación *(lahmayntahthyón)* f. lamentation, groaning, moaning.
lamentar *(lahmayntáR)* tr. to regret, to lament, to wail, to deplore; r. to complain, , to grumble.
lamento *(lahmáyntoh)* m. lament, wail, moan; regret.
lamer *(lahmáyR)* tr. to lick; to lap.
lámina *(láhmeenah)* f. plate, sheet (of metal); (books) illustration, picture.
laminado *(lahmaynáhdoh)* adj. laminate(d); m. sheeting.
laminador *(lahmeenadóR)* adj. laminating; f. rolling mill.
laminar *(lahmaynáR)* tr. to laminate, to roll (metal).
lámpara *(láhmpahrah)* f. lamp.
lamparilla *(lahmpahréelyah)* f. small lamp.
lamparón *(lampahróhn)* m. large oil stan; large grease spot.
lana *(láhnah)* f. wool; fleece.
lanar *(lahnáR)* adj. woolly (cattle), ovine.
lance *(láhnthay)* m. cast; affair, quarrel.
lancear *(lahnthayáR)* to lance, to spear.
lancero *(lahntháyroh)* m. lancer.
lanceta *(lahntháytah)* m. (surgery) lancet.
lancha *(láhnchah)* f. *Naut.* speedboat.
langosta *(lahngóstah)* f. *Entomology.* locust; *Ichtch.* lobster.
langostín *(lahngostéen)* m. prawn, crawfish.
languidecer *(lahngeedaytháyR)* intr. to languish.
languidez *(lahngeedéyth)* f. langour, listlessness.
lanza *(láhnthah)* f. spear, lance.
lanzada *(lahntháhdah)* f. lance blow, spear thrust.
lanzadera *(lahnthahdáyrah)* f. shuttle.
lanzamiento *(lahnthahmyéntoh)* m. launching; *Sports.* throwing.
lanzar *(lahntháR)* tr. to throw; to launch; r. to rush or dart upon.

lapa *(láhpah)* f. limpet.
lápida *(láhpeedah)* f. memorial stone, tombstone, gravestone.
lápiz *(láhpeeth)* m. pencil.
lapso *(láhpsoh)* m. lapse or course of time, span, spell.
largar *(la***R***gá***R***)* tr. *Naut.* to pay out; to let go to give (as a slap); v. r. to clear off, to go away.
largo *(lá***R***goh)* adj. long; m. lenght, long; adv. largely; interj. away! **a lo ~ de**, along; **a la ~s**, in the long run; **pasar de ~**, to pass by.
larguero *(la***R***gáyroh)* m. crossbeam; jamb-post; *Sport. crossbar.*
largueza *(la***R***gáythah)* f. generosity, largesse.
largura *(la***R***góorah)* f. length.
laringe *(lahréen***H***ay)* f. larynx.
laringitis *(lahreen***H***éeteess)* f. laryngitis.
larva *(lá***R***bah)* f. grub, larva.
lascivia *(lahsthéebyah)* f. lasciviousness, lewdness, lust.
lascivo *(lahsthéeboh)* adj. lustful, lewd, lascivious.
láser *(láhsay***R***)* m. laser.
lasitud *(lahseetóod)* f. lassitude, weariness.
lástima *(láhsteemah)* f. compassion, pity, grief; **¡qué ~!**, what a pity!; **¡es una ~!**, it's a pity!
lastimar *(lahsteemá***R***)* tr. to hurt; (morally) to offend.
lastimoso *(lahsteemóhsoh)* adj. doleful, sad, pitiful.
lastre *(láhstray)* m. ballast.
lata *(láhtah)* f. tinplate; tin, can; (coll.) annoyance, nuisance, bother.
latente *(lahtáyntay)* adj. latent.
lateral *(lahtayráhl)* adj. lateral, side.
látex *(láhtayks)* m. latex.
latido *(lahtéedoh)* m. palpitation; beat, throb.
latifundio *(lahteefóondyoh)* m. large estate property.
latigazo *(lahteegáhthoh)* m. lash, whip blow; crack (of a whip).
látigo *(láhteegoh)* m. whip.
latín *(lahtéen)* m. Latin.
latinismo *(lahteenéessmoh)* m. Latinism.
latinizar *(lahteeneethá***R***)* tr. to Latinize.
latino *(lahtéenoh)* adj. Latin; Latin American.
latir *(lahtée***R***)* intr. to beat, to throb (the heart), to palpitate.
latitud *(lahteetóod)* f. latitude, width; pl. (fig.) auroundings.
latón *(lahtón)* m. brass.
latoso *(lahtohssoh)* adj. annoying; tedious.
latrocinio *(laht***R***otheenyoh)* s. m. larceny; shop-lifting, stealing.
laudable *(loudáblay)* adj. laudable, praise-worthy.
laudar *(loudá***R***)* tr. to praise.
laudatorio *(loudahtóhryoh)* adj. laudatory.
laureado *(laurayáhdoh)* adj. laureate, honoured.
laurear *(lourayá***R***)* tr. to laureate.
laurel *(louryál)* m. *Bot.* laurel; **hoja de ~**, bay leaf; pl. (fig.)honours.
laureola *(lourayóhlah)* f. laurel (wreath), diadem.
lauro *(lóuroh)* m. (fig.) laurel, honour.
lava *(láhbah)* f. lava.
lavacoches *(lahbakóhchays)* m. car wash.
lavadero *(lahbahdáyroh)* m. sink, washing place, laundry.
lavado *(lahbáhdoh)* m. washing.
lavadora *(lahbahdóhrah)* m. washer, washing machine.
lavandera *(lahbahndáyrah)* f. laundress, washerwoman.
lavandería *(lahbahndayréeah)* f. laundry; (fam.) launderette.
lavar *(lahbá***R***)* tr. to wash; to launder (money).
lavativa *(lahbahtéebah)* f. enema.
lavavajillas *(lahbabah***H***éelyahs)* m. dishwasher.
laxante *(lahksáhntay)* adj. y m. laxative.
laxar *(lahksá***R***)* tr. to loosen, to soften.
laxitud *(lahkseetóod)* f. slackness, laxity.

laxo *(láhksoh)* adj. lax, slack.
lazada *(lahtháhdah)* f. bow, loop.
lazo *(láhthoh)* m. bow, knot; ribbon; *Agric.* lasso; snare, trap.
le *(léh)* pron. him or her; to him.
leal *(layáhl)* adj. faithful, loyal.
lealtad *(layahltáhd)* f. loyalty, faithfulness, allegiance.
lebrel *(laybráyl)* m. greyhound.
lección *(laykthyón)* f. lesson.
lechal *(laycháhl)* adj. sucking (UK), suckling (US); **cordero ~**, suckling lamb.
leche *(láychay)* f. milk; latex; **~ entera**, whole milk; milk; **~ semidesnatada**, semi skimmed milk.
lecho *(láychoh)* m. bed, couch; **~ del río**, riverbed; **~ de muerte,** deatbed.
lechón *(laychón)* m. sucking pig (UK), suckling pig (US).
lechoso *(laychóhsoh)* adj. milky.
lechuga *(laychóogah)* f. lettuce.
lechuza *(laychóothah)* f. (barn) owl.
lectivo *(layktéeboh)* adj. school (day).
lector *(layktó***R***)* m. reader; scanner.
lectura *(layktóorah)* f. reading.
leer *(layáy***R***)* tr. to read.
legación *(laygahthyón)* f. legation.
legado *(laygáhdoh)* m. legate, emissary; *Der.* legacy, bequest.
legajo *(laygáh***H***oh)* s. m. bundle (of papers) file, dossier.
legal *(laygáhl)* adj. legal, lawful, legitimate.
legalidad *(laygahleedáhd)* f. legality, lawfulness.
legalización *(laygahléethathyón)* f. legalization.
legalizar *(laygahleethá***R***)* tr. to legalize; to authenticate.
legaña *(laygáhnyah)* f. sleep, rheum.
legañoso *(laygahnyóhsoh)* adj. bleary.
legar *(leygá***R***)* tr. to bequeath.
legendario *(lay***H***ayndáhryoh)* adj. legendary.
legible *(lay***H***éeblay)* adj. legible, readable.
legión *(lay***H***yón)* f. legion; (fig.) multitude.
legionario *(lay***H***yonáhryoh)* adj. legionary; m. legionnaire, Foreign Legion soldier.
legionela *(lay***H***yonáyla)* f. *Med.* legionaire's disease.
legislación *(lay***H***eeslahthyón)* f. legislation, laws.
legislador *(lay***H***eesslahdó***R***)* m. legislator; adj. legislative.
legislar *(lay***H***eesslá***R***)* tr. to legislate, to make laws.
legislativo *(layheesslahtéeboh)* adj. legislative.
legislatura *(lay***H***eesslahtóorah)* f. legislature.
legitimar *(lay***H***eeteemá***R***)* tr. to legitimate, to authenticate.
legítimo *(lay***H***éeteemoh)* adj. legitimate, genuine, authentic.
lego *(láygoh)* adj. lay; uniformed; m. layman.
legumbre *(laygóombray)* f. pl. vegetables; legume.
leíble *(layéeblay)* adj. readable.
leído *(layéedoh)* adj. well-read.
lejanía *(lay***H***ahnée:ah)* f. distance, remoteness.
lejano *(lay***H***áhnoh)* adj. distant; far away, remote.
lejía *(lay***H***ée:ah)* f. lye, bleach.
lejos *(láy***H***os)* adv. far, far away, far off, distant, remote; **de ~**, by far; **~ de**, far from.
lelo *(láyloh)* adj. stupid, dull, silly.
lema *(láymah)* m. motto; slogan.
lencería *(laynthayrée:ah)* f. linen, lingerie.
lengua *(láyngwah)* f. tongue; language.
lenguado *(layngwáhdoh)* m. *Ichth.* sole, flounder.
lenguaje *(layngwáh***H***ay)* m. language.
lengüeta *(layngwáytah)* f. small tongue; tab; *Mech.* tongue.
lente *(láyntay)* f. lens.
lenteja *(layntáy***H***ah)* f. lentil.
lentejuela *(layntay***H***wáylah)* f. sequin, spangle.
lentilla *(layntéelya)* f. contact lens.
lentitud *(laynteetóod)* s. slowness.

L

L

lento *(láyntoh)* adj. slow; adv. slowly.
leña *(lálnyah)* f. wood, firewood.
leñador *(laynyahdóR)* m. woodcutter, logger.
leñera *(laynyáyrah)* f. woodshed.
leño *(láynyoh)* m. log; **dormir como un** ~, to sleep like a log.
leñoso *(láynyóhsoh)* adj. woody.
león *(layón)* m. lion; ~ **marino**, sea lion.
leona *(layóhnah)* f. lioness.
leonera *(layonháyrah)* f. messy room.
leopardo *(layohpáRdoh)* m. leopard.
lepra *(láyprah)* f. leprosy.
leprosería *(leyprohsayrée:ah)* f. leprosary.
leproso *(laypróhsoh)* s. leper; adj. leprous.
lerdo *(láyRdoh)* adj. dull, obtuse.
lesión *(laysyón)* f. injury, wound.
letal *(laytáhl)* adj. mortal, deadly, lethal.
letanía *(laytahnée:ah)* f. litany.
letárgico *(laytáRHeekoh)* adj. lethargic, sluggish, sleepy.
letargo *(laytáRgoh)* m. lethargy, sleep; *Zool.* hibernation.
letra *(láytrah)* f. letter, (handwriting), text or words or a song; ~ **de cambio**, bill of exchange; pl. letters, learning.
letrado *(laytráhdoh)* s. m. lawyer, attorney (US); adj. learned.
letrero *(laytráyroh)* m. notice, sign, placard.
letrina *(laytráynah)* f. privy, latrine.
leva *(láybah)* f. *Naut.* weighing, anchor; *Mech.* cog; tooth.
levadizo *(laybahdéethoh)* adj. liftable; **puente** ~, drawbridge.
levadura *(laybahdóorah)* f. leaven, yeast.
levantamiento *(laybahntahmyéntoh)* m. raising, lifting; *Pol.* revolt, uprising.
levantar *(laybahntáR)* tr. to raise, to lift; r. to get up, to rise.
levar *(laybáR)* tr. *Naut.* ~ **anclas**, to weigh anchor.
leve *(láybay)* adj. light, mild, slight.
léxico *(láykseekoh)* m. vocabulary, glossary; adj. lexical.
ley *(lay)* f. law, act. statute.
leyenda *(layéndah)* f. legend.
liana *(leeáhna)* f. liana.
liar *(leeáR)* tr. to bundle; (cigarrette). r. to get embroiled, to get mixed up.
libar *(leebaR)* tr. to lick; to sip.
libelista *(leebayléesstah)* s. libeller, lampoonist.
libelo *(leebáyloh)* m. libel, lampoon; petition.
libélula *(leebáyloolah)* f. dragonfly.
liberación *(leebayrahthyón)* f. liberation, release.
liberal *(leebayráhl)* adj. liberal.
liberalidad *(leebayrahleedáhd)* f. liberality.
liberalizar *(leebayrahleetháR)* tr. to liberalize, to free.
liberar *(leebayráR)* tr. to free, to set free.
libertad *(leebayRtáhd)* f. liberty, freedom; ~ **de prensa**, freedom of the press; ~ **condicional**, on probation.
libertador *(leebayRthadóR)* m. liberator.
libertar *(leebayRtáR)* tr. to free; to liberate.
libertinaje *(leebayRtenáhHay)* m. permissiveness, libertinage.
libertino *(leebayRtéenoh)* adj. y m. libertine, licentious, permissive.
libidinoso *(leebeedeenóhsoh)* adj. libidinous.
libra *(léebrah)* f. pound; ~ **esterlina**, pound sterling; **Libra** s. Libra (sign or contellatión).
librador *(leebrahdóR)* m. deliverer; *Com.* drawer, (of bill of exchange).
libramiento *(leebrahmyéntoh)* m. deliverance (payment); liberating.
libranza *(leebráhnthah)* f. draft, bill of exchange.
librar *(leebráR)* tr. to free; *Com.* to draw; r. to get rid of, to discard; to escape, to get away.
libre *(léebray)* adj. free; (of places) vacant, disengaged; ~ **cambio**, free-trade; ~ **de impuestos**, duty-free; ~ **albedrío**, free will.

librería *(leebrayrée:ah)* f. bookshop (UK), bookstore (US).
librero *(leebráyroh)* m. bookseller; bookcase.
libreta *(leebráytah)* f. notebook.
libro *(léebroh)* s. book; ~ **de texto**, textbook; ~ **de consulta**, reference book; ~ **electrónico**, e-book.
licencia *(leetháynthyah)* f. licence (UK), license (US); permit, leave; *Mil.* furlough; discharge.
licenciado *(leethaynthyádoh)* m. licensed; licentiate, university graduate; lawyer; *Mil.* furcharged soldier.
licénciamiento *(leethaynthyahmee:-éntoh)* m. *Mil.* discharge.
licenciar *(leethayntheá*R*)* tr. to license; *Mil.* to discharge; *Acad.* to give a degree; r. to obtain a degree, to graduate.
licenciatura *(leethaynthyahtóorah)* f. (univ.) degree, graduation.
licencioso *(leethyenthyóhsoh)* adj. licentious.
licitar *(leetheetá*R*)* tr. to bid (at auctions).
lícito *(léetheetoh)* adj. licit, lawful, legal; just, fair.
licor *(leekó*R*)* m. liquor; liquer; spirits.
lid *(léed)* f. conflict, contest, fight.
lidia *(léedyah)* f. bullfighting; bullfight.
lidiar *(leedyá*R*)* intr. y tr. to fight (bulls); to battle, to struggle.
liebre *(lyáybray)* f. hare.
lienzo *(lyénthoh)* m. linen cloth; *Art.* canvas, painting, (build) stretch of wall.
liga *(léegah)* f. garter, stocking supporter; *Sport.* y *Polit.* league.
ligadura *(leegahdóoirah)* f. tie, bond; ligature.
ligamento *(leegahmyéntoh)* m. *Anat.* ligament; bond, tie.
ligamiento *(leegahmyéntoh)* m. tying; tie.
ligar *(leegá*R*)* tr. to tie, to bind.
ligazón *(leegahthón)* f. bond, binding, fastening.
ligereza *(lee*H*ayráytah)* f. lightness, nimbleness, swiftness; (fig.) fickleness, inconstancy.
ligero *(lee*H*áyroh)* adj. (weight) light; (mov.) nimble, swift, agile; (intens.) slight.
lija *(lée*H*ah)* f. sand-paper; *Ichth.* dog-fish.
lijar *(lee*H*á*R*)* tr. to sand-paper, to smooth.
lila *(léelah)* f. *Bot.* lilac-tree; lilac flower.
lima *(léemah)* f. *Bot.* lime-tree; lime (fruit); *Mech.* file.
limadura *(leemahdóorah)* f. filing.
limar *(leemá*R*)* tr. to file, to polish.
limitación *(leemeetahthyón)* f. limitation; limit, restriction.
limitado *(leemeetáhdoh)* adj. limited, restricted.
limitar *(leemeetá*R*)* tr. to limit; to border (upon).
límite *(leemeetháyh)* m. limit, end; boundary, border.
limítrofe *(leeméetrohfay)* m. limiting, bordering.
limo *(léemoh)* m. slime, mud.
limón *(leemón)* m. lemon.
limonada *(leemohnáhdah)* f. lemonade.
limonero *(leemohnáyroh)* m. lemon tree.
limosna *(leemósnah)* f. alms; charity.
limoso *(leemóhsoh)* adj. slimy; muddy.
limpiabarros *(leempeeahbáh*R*os)* m. mudscraper, doormat.
limpiabotas *(leempyahbóhtahs)* m. shoeshine; bootblack.
limpiar *(leempyá*R*)* tr. to clean, to wipe, to cleanse; r. to clean oneself, to wipe oneself.
limpieza *(leempyáythah)* f. cleanliness; neatness.
limpio *(léempyoh)* adj. clean; neat, clear; **juego** ~, fair play; **jugar** ~, to play fair; **poner en** ~, to make a clean copy.
linaza *(leenáhthah)* f. linseed; **aceite de** ~, linseed oil.
lince *(léenthay)* m. lynx; (fig.) sharpsighted person; **tiene ojos de** ~, he's got eyes like a hawk.
linchamiento *(leenchamyéntoh)* m. lynching.

L

L

linchar *(leenchá***R***)* intr. to lynch.
lindar *(leendá***R***)* intr. to border on.
linde *(léenday)* m. boundary, limit.
lindero *(leendáyroh)* m. boundary.
lindeza *(leendáythah)* f. prettiness; compliments; (ironic) insults.
lindo *(léendoh)* adj. pretty, nice.
línea *(léenayah)* f. line; lineage; boundary; *Mil.* trench; rank.
lineal *(leenayáhl)* adj. lineal.
lingote *(lingóhtay)* m. ingot; *Metal.* pig; ~ **de oro**, golden ingot.
lingüista *(leengwéesstah)* s. linguist.
lingüística *(leengwéessteekah)* f. linguistic.
linimento *(leeneemáyntoh)* m. liniment.
lino *(léenoh)* m. *Bot.* flax, (textile) linen.
linóleo *(leenóhlayoh)* m. linoleum.
linotipia *(leenohtéepyah)* f. linotype.
linterna *(leentáy***R***nah)* f. *Elect.* torch; lantern.
lío *(lée:oh)* f. mess, confusion; jam, trouble; affaair; muddle; **¡qué ~!**, what a mess.
liquidación *(leekeedahthyón)* f. liquidation; *Com.* clearance sale.
liquidar *(leekeedá***R***)* tr. to eliminate, to kill; to liquefy; *Com.* to clear.
liquidez *(leekeedáhth)* f. liquidity.
líquido *(léekeedoh)* adj. liquid; fluid; m. liquid; *Com.* net profit.
lira *(léerah)* f. *Mus.* lyre. *Econ.* lira.
lírica *(léereekah)* f. lyrics.
lírico *(léereekoh)* adj. lyric(al).
lirio *(léeryoh)* m. *Bot.* lily.
lirón *(leerón)* m. dormouse.
liquidez *(leekeedáhth)* f. liquidity.
lis *(léess)* f. lily, flower-de-luce.
lisiado *(leesyáhdoh)* adj. lame, cripple(d), disabled.
lisiar *(leesyá***R***)* tr. to lance, to cripple, to injure, to disable.
liso *(léesoh)* adj. plain; even, flat.
lisonja *(leesón***H***ah)* f. flattery, compliment.
lisonjear *(leeson***H***ayá***R***)* tr. to flatter.
lisonjero *(leeson***H***áyroh)* m. flatterer; adj. flattering.
lista *(léesstah)* f. list, ; ~ **de la compra**, shopping list; **estar en ~ de espera**, to be on the waiting list; ~ **de boda**, wedding list.
listado *(leesstáhdoh)* adj. striped; m. listing.
listo *(léesstoh)* adj. clever; ready; **estar listo**, to be ready; **ser ~**, to be clever.
listón *(leesstón)* m. ribbon; tape; (carpentry) strip (of wood); lath; (sports) high bar.
lisura *(leesóorah)* f. smoothness, flatness.
litera *(leetáyrah)* f. berth; litter.
literal *(leetayráhl)* adj. literal.
literario *(leetayráhryoh)* adj. literary.
literato *(leetayráhtoh)* adj. literary, lettered; m. literate, writer.
literatura *(leetayrahtóorah)* f. literature.
litigante *(leeteegáhntay)* s. litigant; adj. litigating.
litigar *(leeteegá***R***)* tr. to litigate; to contend.
litigio *(leetée***H***yoh)* m. litigation, lawsuit.
litografía *(leetohgrahfée:ah)* f. lithography.
litoral *(lletohráhl)* adj. littoral, coastal; m. coast shore.
litro *(léetroh)* m. liter; litre.
liturgia *(leetóo***RH***yah)* f. liturgy.
litúrgico *(leetóo***RH***eekoh)* adj. liturgical.
liviandad *(leebyáhndah)* f. lightness; (moral) lewdness.
liviano *(leebyáhnoh)* adj. light; frivolous.
lívido *(léebeedoh)* adj. livid, pale.
llaga *(lyáhgah)* f. ulcer, wound, sore.
llagar *(lyahgá***R***)* tr. to wound, to ulcerate.
llama *(lyáhmah)* f. flame, blaze.
llamada *(lyahmáhdah)* f. call; knock.
llamamiento *(lyahmahmyéntoh)* m. calling, summon.
llamar *(lyahmá***R***)* tr. to call; to summon; to phone.
llamarada *(lyahmahráhdah)* f. sudden blaze, flare-up; flushing (en el rostro).
llamarse *(lyahmá***R***say)* r. to be called.

llamativo *(lyahmahtéeboh)* adj. showy, striking, flashy.
llameante *(lyahmayáhntay)* adj. flaming.
llamear *(lyahmayá***R***)* intr. to blaze, to flame.
llaneza *(lyahnáythah)* f. plainness.
llano *(lyáhnoh)* adj. flat; even, plain; m. plain, flatland.
llanta *(lyáhntah)* f. tire (US), tyre (UK).
llanto *(lyáhntoh)* m. weeping, crying.
llanura *(lyahnóorah)* f. plain(ness), flatness, prairie.
llave *(lyáhbay)* f. key. *Mech.* wrench; *Mus.* clef, key.
llavero *(lyahbáyroh)* key chain; key ring.
llavín *(lyahbéen)* m. latch-key.
llegada *(lyaygáhdah)* f. arrival.
llegar *(lyaygá***R***)* intr. to arrive.
llenar *(lyayná***R***)* tr. to fill; (up or out), to occupy.
lleno *(lyáynoh)* adj. full; filled, m. full(ness), plenty; *Theat.* full house.
llevadero *(lyaybahdáyroh)* adj. bearable.
llevar *(lyaybá***R***)* tr. to carry; to bear; to wear, to drive.
llorar *(lyohrá***R***)* tr. to weep; to cry.
lloriquear *(lyohreekayá***R***)* intr. to whimper.
lloro *(lyóhroh)* m. weeping.
llorón *(lyohrón)* adj. crying; m. cry-baby, whiner.
lloroso *(lyohróhsoh)* adj. tearful.
llover *(lyohbáyr)* intr. to rain.
llovizna *(lyohbéethnah)* f. drizzle.
lloviznar *(lyohbeethná***R***)* intr. to drizzle.
lluvia *(lyóobyah)* f. rain; (fig.) copiousness.
lluvioso *(lyoobyóhsoh)* adj. rainy.
lo *(loh)* art. neut. sing, the; pers. pron. him, it.
loa *(lóah)* f. praise.
loable *(lo:áhblay)* adj. laudable, praiseworthy.
loar *(lo:á***R***)* tr. to praise; to laud.
loba *(lóhbah)* f. she-wolf.
lobo *(lóhboh)* m. *Zool.* wolf; *Anat.* lobe; ~ **de mar**, seal; **; meterse en la boca del** ~, to go into the lion's den.
lóbrego *(lóhbraygoh)* adj. gloomy, murky, lugubrious, dark.
lobreguez *(lohbraygáyth)* f. gloom(iness); murkiness, darkness.
lóbulo *(lóhbooloh)* m. lobe; lobule.
local *(lohkáhl)* adj. local, m. premises, place.
localidad *(lohkahleedáhd)* f. locality, neighbourhood; *Theat.* seat.
loción *(lohthyón)* f. lotion.
loco *(lóhkoh)* adj. mad, insane, crazy; m. madman.
locomoción *(lohkohmohthyón)* f. locomotion, transport; **medios de** ~, means of transport.
locomotora *(lohkohmohtóhrah)* f. (railway) locomotive, engine.
locuaz *(lohkwáhth)* adj. loquacious, talkative, garrulous.
locución *(lohkoothyón)* f. locution, phrase.
locura *(lohkóorah)* f. madness, lunacy, craziness.
locutorio *(lohkootóhryoh)* m. parlour; (telephone) call-box.
lodazal *(lohdahtháhl)* m. quagmire, mire, bog.
lodo *(lóhdoh)* m. mud, mire, bog.
logia *(lóh***H***yah)* f. lodge (of free masons).
lógica *(lóh***H***eekah)* f. logic.
lógico *(lóh***H***eekoh)* adj. logical; m. logician.
logística *(lo***H***éesteeka)* f. logistics.
logopeda *(lohgohpáydah)* s. speech therapist.
logotipo *(lohgohtéepoh)* m. logotype, logo.
logrado, da *(lohgrádoh)* adj. successful, well done.
lograr *(lohgrá***R***)* tr. to get, to achieve, to attain, to succeed.
logro *(lóhgroh)* m. achievement, attainment, success.
loma *(lóhmah)* f. hill, hillock; knoll.
lombriz *(lombréeth)* f. (earthworm, ~ **solitaria**, tapeworm.
lomo *(lóhmoh)* m. loin; back; spine (book).
lona *(lóhnah)* f. canvas; sailcloth.
londinense *(lohndeenáynsay)* s. Londoner.
longevidad *(lon***H***aybéethad)* f. longevity.

L

longevo *(lonHáyboh)* adj. long-lived.
longitud *(lonHeetóod)* f. length. *Geog.* longitude.
lonja *(lónHah)* f. exchange, saleroom; slice (of meat).
L
lontananza *(lontahnáhnthah)* f. distance; **en** ~, far away.
loro *(lóhroh)* m. parrot.
losa *(lóhsah)* f. slab; flag-stone.
lote *(lóhtay)* m. portion, part, share; lot, batch.
lotería *(lohtayrée:ah)* f. lottery; lotto.
loto *(lóhtoh)* m. lotus-(flower).
loza *(lóhthah)* china ware porcelain, crockery.
lozanía *(lohthahnée:ah)* f. healthiness, luxuriance, freshness.
lozano *(lohtháhnoh)* adj. luxuriant, lush.
lubricante *(loobreekáhntay)* m. lubricant; adj. lubricating.
lubricar *(loobreekáR)* tr. to lubricate, to oil.
lúbrico *(lóobreekoh)* adj. lubricous, greasy, slippery, oily.
lubrificante *(loobreefeekáhntay)* m. lubricant.
lucero *(loothároh)* s. m. morning-star; (horses) star.
lucha *(lóochah)* f. struggle, fight; wrestling.
luchador *(loochahdóR)* m. wrestler, fighter.
luchar *(loocháR)* r. to fight, to struggle; to wrestle.
lucidez *(lootheedáyth)* f. sanity; brillancy, clarity.
lucido *(loothéedoh)* adj. brilliant, splendid, magnificent.
lúcido *(lóotheedoh)* adj. lucid; **estar** ~, to be lucid.
luciérnaga *(loothyáyRnahgah)* f. glow-worm.
lucifer *(lootheefáyR)* m. Lucifer; Satan.
lucífugo *(loothéefoogoh)* adj. lucifugous.
lucimiento *(lootheemyéntoh)* m. brightness; success.
lucir *(loothéeR)* intr. to shine, tr. to display, to show.
lucro *(lóokroh)* m. gain; profit.
luctuoso *(looktw:óhsoh)* adj. mournful, tragic.
ludibrio *(loodéebryoh)* s. mockery, derision.
luego *(looáygoh)* adv. then, afterwards, next, later, therewith, conj. therefore.
lugar *(loogáR)* m. place, spot; village; **en** ~ **de**, instead of; **en su** ~, in one's place.
lúgubre *(lóogoobray)* adj. lugubrious, gloomy, dark, murky.
lujo *(lóoHoh)* m. luxury; **de** ~, deluxe.
lujoso *(loohóosoh)* adj. sumptuous, luxurious.
lujuria *(looHóoryah)* f. lust, lechery.
lujurioso *(looHooryóhsoh)* adj. voluptuous, lustful, lewd; lecherous.
lumbago *(loombáhgoh)* m. *Med.* lumbago.
lumbre *(lóombray)* f. fire; light.
lumbrera *(loombráyrah)* f. luminary; (building) skylight; (fig.) sage, know-all.
luminaria *(loomeenáhryah)* f. illumination; altar lamp.
luminoso *(loomynóhsoh)* adj. luminous, shining, bright.
luna *(lóonah)* f. moon; moonlight.
lunar *(loonáR)* adj. lunar; m. mole, beauty spot; polka dot.
lunático *(loonáhteekoh)* adj. lunatic.
lunes *(lóonayss)* m. Monday.
lupanar *(loopahnáR)* m. brothel.
lúpulo *(lóopooloh)* m. *Bot.* hops.
lustrar *(loostráR)* tr. to polish.
lustre *(lóostray)* m. luster, polish.
lustro *(lóostroh)* m. five-year period.
lustroso *(loostróhsoh)* adj. bright.
luteranismo *(loostayrahnéessmoh)* m. Lutheranism.
luterano *(loostayráhnoh)* adj. Lutheran.
luto *(lóotoh)* m. mourning.
luz *(lóoth)* f. light; hint.

M m

macabro *(mahkáhbroh)* adj. macabre.
macarrones *(mahkahRóhness)* m. macaroni.
maceración *(mahthayrahthyón)* f. maceration.
macerar *(mahthayráR)* tr. to soak, to macerate; to marinate.
maceta *(mahtháytah)* f. flowerpot/ pant-pot; mallet.
machaca *(mahcháhkah)* f. pounder, beater.
machacar *(mahchahkáR)* tr. to crush; to pound.
machacón *(mahachahkón)* adj. insistent; tiresome.
machete *(mahcháytay)* m. machete.
machihembrar *(mahchyembráR)* tr. to dovetail; to mortise.
macho *(máhchoh)* adj. male; , virile; tough; m. male.
machucar *(mahchookáR)* tr. to bruise; to crush, to pound.
macilento *(mahtheeléntoh)* adj. pale, wan; gaunt.
macizo *(mahthéethoh)* adj. solid; strong; massive; gorgeous.
mácula *(máhkoolah)* f. stein, flaw.
madeja *(mahdáyHay)* f. skein; hank.
madera *(mahdáyrah)* f. wood; lumber, timber.
maderero *(mahdayráyoh)* m. timber merchant; adj. timber, lumber.
madero *(mahdayroh)* m. beam; log.
madrastra *(mahdráhstrah)* f. stepmother.
madre *(máhdrey)* f. mother; *Eccl.* a nun.
madreselva *(mahdrayesélbah)* f. *Bot.* honeysuckle.
madrigal *(mahdreegáhl)* m. madrigal.
madriguera *(mahdreegáyrah)* f. burrow, den, lair.
madrina *(mahdréenah)* f. godmother; patroness; protectress.
madrugada *(mahdroohgáhdah)* f. dawn, early morning/(day break).
madrugador *(mahdroohgahdóR)* m. early riser.
madrugar *(mahdroohgáR)* intr. to get up early, to anticipate.
maduración *(mahdoorahthyón)* f. ripening.
madurar *(mahdooráR)* tr. e intr. to ripen, to mature.
madurez *(mahdooreyth)* f. maturity; ripeness, adulthood.
maduro *(mahdóoroh)* adj. ripe, mature, mellow.
maestra *(maháystrath)* f. (school) teacher; master: adj. masterly.
maestría *(mahestréeah)* f. mastery; master's degree.
maestro *(maháystroh)* adj. masterly, main; m. (school) master, teacher, crafmaster.
magia *(máhHyah)* f. magic, wizardry.
mágico *(máhHeekoh)* adj. magic (al).
magisterio *(mahHeestáyryoh)* m. mastery; mastership, teachers (as a class) teacher-training.
magistrado *(mahHeestráhdoh)* m. magistrate.
magistral *(mahHeestráhl)* adj. magisterial, masterty, skillfull.
magistratura *(mahHeestrahtóorah)* f. magistracy.
magnánimo *(mahgnáhneemoh)* adj. magnanimous.
magnate *(mahgnáhtay)* m. magnate, tycoon; baron.
magnesio *(mahgnáyseeoh)* m. magnesium.
magnético *(mahgnáyteekoh)* adj. magnetic.
magnetizar *(mahgnáteetháR)* tr. to magnetize.
magnificencia *(mahgneefesthénthyah)* f. magnificence, splendor (US), splendour (UK).
magnífico *(mahgnéefeekoh)* adj. magnificent; splendid; superb.
magnitud *(mahgneetóod)* f. magnitude.
magno *(máhgnoh)* adj. great.
mago *(máhgoh)* m. magician; wizard; pl. magi.
magro *(máhgroh)* adj. lean; meagre.
magrura *(mahgróorah)* f. leanness.
magullamiento *mahgoolyahmyéntoh)* m. bruise.

M

M

magullar *(mahgoolyá**R**)* tr. to bruise.
mahometano *(mah/ohmaytáhnoh)* m. y adj. Mohammedan, Muslim.
maíz *(mah/éeth)* m. *Bot.* maize/corn.
maizal *(mah/eetáhl)* m. maize-field, cornfield.
majadería *(mah**H**ahdayréeah)* f. stupidity, foolishness.
majadero *(mah**H**ahdáyroh)* adj. foolish, silly; m. fool.
majar *(mah**H**á**R**)* tr. to crush.
majestad *(mah**H**estáhd)* f. majesty.
majestuoso *(mah**H**estuóhsoh)* adj. majestic, stately.
majo *(máh**H**oh)* adj. nice, spruce, showy, pretty; m. dandy.
mal *(máhl)* adj. bad, evil, illness; m. evil, harm, illness; adv. badly, wrong.
malabarista *(mahlabahreéstah)* s. juggler.
malacostumbrado *(mahlakohs-toombráhdo)* adj. spoiled.
malaria *(mahláhryah)* f. malaria.
maldad *(mahldáhd)* f. wickedness.
maldecir *(mahldaythée**R**)* tr. to curse, to damn.
maldición *(mahldeethyón)* f. curse, damn, damnetion.
maldito (*mahldéethoh*) adj. wicked; damned, cursed; **¡~ sea!**, damn it all.
maleable *(mahlayáhblay)* adj. malleable.
malear *(mahlayá**R**)* tr. to pervert.
malearse *(mahlayá**R**say)* r. to go wrong.
malecón *(mahlaykón)* m. dike; jetty.
maledicencia *(mahleydeethén-thyah)* f. slander.
maleducado *(mahladookádo)* adj. ill-mannered, rude.
maleficio *(mahlayféethyoh)* m. witchcraft, spell, curse.
maléfico *(mahláyfeekoh)* adj. evil, mischievous; harmful.
malentendido *(mahlantaydéedoh)* m. misunderstanding.
malestar *(mahlaysta**R**)* m. discomfort, uneasiness.
maleta *(mahléytah)* f. suitcase, bag, valise.
maletín *(mahlaytéen)* m. satchel; briefcase, attaché case.
malevolencia *(mahlaybohláyn-thyah)* f. malevolance, ill will.
malévolo *(mahláybohloh)* adj. malevolent, wicked.
maleza *(mahláythah)* f. underbrush, thicket; weeds; shrubbery.
malgastar *(mahlgahstá**R**)* tr. to waste; to squander.
malhablado *(mahlahbláhdoh)* adj. foulmouthed.
malhechor *(mahlaychó**R**)* m. criminal, delinquent.
malherir *(mahlayrée**R**)* tr. to wound badly.
malhumorado *(mahloomohráhdoh)* adj. bad-tempered, cross; peevish.
malicia *(mahléethyah)* f. malice, wickedness, mischief.
maliciar (*mahleethyá**R***) tr. to suspect.
malicioso *(mahleethyóhssoh)* adj. malicious; cunning; mischievous.
malignidad *(mahleegneedáhd)* f. malice; malignacy; evil.
maligno *(mahléegnoh)* adj. evil, malign; *Med.* malignant.
malla *(máhlyah)* f. mesh ; leotard, tights, pantyhose.
mallorquín *(mahlyo**R**kéen)* adj. y m. Majorcan.
malo *(máhloh)* adj. bad; ill, evil, wicked, naughty.
malograr *(mahlohgrá**R**)* tr. to spoil, to ruin; to waste.
malograrse *(mahlohgrá**R**say)* r. to fall, to miscarry.
maloliente *(mahlohlyéntay)* adj. foul-smelling, smelly.
malpensado *(mahlpaynssádoh)* adj. evil-minded.
malsonante *(mahissohnáhntay)* adj. rude, offensive.
malta *(máhltah)* f. malt, **güisqui de ~**, malt whisky.
maltratar *(mahltrahtá**R**)* tr. to mistreat, to abuse, to ill-trat.
maltrato *(mahltráhtoh)* m. ill-treatment, mistreatment.
maltrecho *(mahltráychoh)* adj. batterad, abused, damaged.
malva *(máhlbah)* f. *Bot.* mallow; mauve (color).

malvado *(mahlbáhdoh)* adj. wicked; m. wicked man.
malvender *(mahlbendá**R**)* tr. to sell at a loss.
malversar *(mahlbaysá**R**)* tr. to embezzle.
mama *(máhmah)* f. mamary gland, breast, teat.
mamá *(mahmáh)* f. mom, mama.
mamar *(mahmá**R**)* tr. to suckle.
mamarracho *(máhmah**R**áhchoh)* m. mess, sight; fool; junk.
mamífero *(mahmeéfayroh)* adj. mammalian; m. pl. mammals.
mampara *(mahmpáhra)* f. screen.
mampostería *(mahmpostayréeah)* f. masonry, stonemasonry.
maná *(mahnáh)* m. manna.
manada *(mahnáhdah)* f. flock; herd; (fig.) horde, mob.
manantial *(mahnántyáhl)* m. (water)-spring, fountain; source.
manar *(mahná**R**)* intr. to flow; to abound.
manceba *(mahntháybah)* f. concubine; mistress.
mancebo *(mahntháyboh)* m. youth; clerk; assistant.
mancha *(máhnchah)* f. stain; spot.
manchar *(mahnchá**R**)* tr. to smear, to sully, to tarnish; to spot, to stain.
mancilla *(mahnthéelyah)* f, spot; blemish.
manco *(máhnkoh)* adj. y m. one-armed (sin brazo); armless (sin brazos); one-handed (sin mano).
mancomunar *(mahnkohmooná**R**)* tr. to associate; to combine.
mancomunidad *(mahnkohmoo-needáhd)* f. union, common-wealth; association.
mandado *(mahndáhdoh)* m. mandate; errand.
mandamiento *(mahndahmyéntoh)* m. commandment.
mandar *(mahndá**R**)* tr. to command, to order; to send.
mandarina *(mahndahrýnah)* f. mandarin, tangerine.
mandatario *(mahndahtáhryoh)* m. leader; agent.
mandato *(mahndáhtoh)* m. mandate, rule; term of office.
mandíbula *(mahndéeboolah)* f. jaw (bone); mandible.
mando *(máhndoh)* m. command, authority, rule, power; ~ **de la TV.**, TV handset.
mandón *(mahndóhnah)* adj. bossy; **ella es muy mandona**, she's very bossy.

M

manecilla *(mahnaythéelyah)* f. small-hand, hand of a clock, pointer.
manejable *(mahnay**H**áblay)* adj. manageable; easily led.
manejar *(mahnay**H**á**R**)* tr. to handle, to wield, to manage; to drive.
manejo *(mahnáy**H**oh)* m. handling.
manera *(mahnáy**R**ah)* f. manner; mode; way, **de ninguna** ~, by no means.
manga *(máhngah)* f. sleeve, (water-)hose, net-bag.
mango *(máhngoh)* m. handle, hilt; haft; *Bot.* mango (tree).
manguera *(mahngáyrah)* f. hose, air shaft.
manguito *(mahngéetoh)* m. muff.
maní *(mahnée)* m. peanut.
manía *(mahnéeah)* f. mania, craze.
maniatar *(mahnyahtá**R**)* tr. to tie the hands.
maniático *(mahnyáhteekoh)* adj. maniacal; m. maniac.
manicomio *(mahneekóhmyoh)* m. insane asylum, madhouse.
manicura *(mahneekóohrah)* f. manicure.
manicuro *(mahneekóohroh)* m. manicure.
manifestación *(mahneefestahthyón)* f. manifestation; (public) demonstration.
manifestar *(mahneefestá**R**)* tr. to manifest, to demostrate.
manifiesto *(mahneefyéstoh)* adj. manifest, m. manifesto.
maniobra *(mahnyóhbrah)* f. *Mil.* maneuver; *Naut.* working of a ship.
maniobrar *(mahnyohbrá**R**)* tr. to manipulate; *Naut.* to handle, or work a ship.
manipular *(mahneepoolá**R**)* tr. to handle; to manipulate.

M

maniquí *(mahneekée)* m. puppet, mannequim, dummy.
manivela *(mahneebáylah)* f. crank handle, lever.
manjar *(mahhHáR)* m. food; delicacy.
mano *(máhnoh)* f. hand; side, coat(ing); **a** ~, by hand.
manojo *(mahnóhHoh)* m. bunch, handful.
manosear *(mahnohssayáR)* tr. to handle; to touch.
manoseo *(mahnohssáy/oh)* m. handling, touching.
mansión *(mahnsyón)* f. mansion, manor-house.
manso *(máhnsoh)* adj. tame; meek, gentle.
manta *(máhntah)* f. blanket.
manteca *(mahntáykah)* f. butter; lard, fat.
mantecado *(mahntaykáhdoh)* m. ice cream; shortbread.
mantecoso *(mahntaykóhsoh)* adj. buttery.
mantel *(mahntél)* m. tablecloth.
mantelería *(mahntaylayréeah)* f. table linen.
mantener *(mahntaynáiR)* tr. to maintain, to hold (up), to keep.
mantenerse *(mahntaynáyRsay)* r. to stand firm, to be steady.
mantenimiento *(mahntayneemyéntoh)* m. maintenance.
mantequilla *(mahntaykéelyah)* f. butter.
mantilla *(mahntéelyah)* f. mantilla, head-shawl.
manto *(máhntoh)* m. mantle; cloak; robe.
mantón *(mahntón)* m. shawl.
manual *(mahnwáhl)* adj. manual; m. manual, handbook.
manufactura *(mahnoofaktóorah)* f. manufacture; factory; product.
manufacturar *(mahnoofaktooráR)* tr. to manufacture.
manuscrito *(mahnooskréetoh)* m. y adj. manuscript.
manutención *(mahnootenthyón)* f. maintenance.
manzana *(mahntháhnah)* f. apple, block of houses.
manzano *(mahntháhnoh)* m. apple-tree.
maña *(máhnyah)* s. craft; skill, knack.
mañana *(mahnyáhnah)* f. morning; adv. tomorrow.
mañoso *(mahnyóhsoh)* adj. skilful; crafty, cunning.
mapa *(máhpah)* m. map, chart.
mapamundi *(mahyahmóondee)* m. map of the world.
máquina *(máhkeenah)* f. machine.
maquinación *mahkeenahthyón)* f. machination, plot, scheme.
maquinal *(mahkeenáhl)* adj. mechanical, automatic.
maquinar *(mahkeenáR)* tr. to plot, to conspire, to scheme.
maquinaria *(mahkeenáhryah)* f. machinery, mechanism.
maquinista *(mahkeenéestah)* s. machinist; railroad engineer.
mar *(máR)* m. sea; (fig.) oceans; **alta~**, high sea; **baja~**, low water/tide; ~ **picada**, choppy sea.
maraña *(mahráhnyah)* f. thiket; tangle, mess.
maravilla *(mahráhbéelyah)* f. wonder; marvel.
maravillar *(mahrohbeelyáR)* tr. to amaze; to marvel.
maravillarse *(mahrahbeelyáRsay)* r. to wonder (at); to be amazed.
maravilloso *(mahrahbeelyóhsoh)* adj. wonderful, marvelous.
marca *(máRkah)* f. mark; note; brand, make; trademark; *Dep.* record.
marcador *(maRkahdóR)* m. marker; scoreboard; (de libros) bookmark.
marcar *(maRkáR)* tr. to mark; to score; (telefono) to dial.
marcha *(máRchah)* f. march; progress, pace; walk; (coche) gear.
marchar *(marRcháR)* intr. to go; to march, to leave.
marchitar *(maRcheetáR)* tr. to wither.
marchitarse *(maRcheetáRsay)* r. to wilt; to languish.
marchito *(maRchéetoh)* adj. faded.
marcial *(maRthyáhl)* adj. martial.
marcialidad *(maRthahleedáhd)* f. martialness.
marco *(máRkoh)* m. frame; setting.

marea *(mahráyah)* f. tide.
marear *(mahrayáR)* tr. to make sick.
marearse *(mahrayáRsay)* r. to be seasick; to get sick, to feel dizzy.
marejada *(mahrayHáhdah)* f. swell.
mareo *(mahráyoh)* m. seasickness, dizziness, giddiness.
marfil *(maRféel)* m. ivory.
margarina *(maRgahréenah)* f. margarine.
margarita *(maRgahréetah)* f. daisy.
margen *(máRHen)* m. margin (página); edge (borde); profit margin.
marido *(mahréedoh)* m. husband.
marina *(mahréenah)* f. marine, navy, shore, seascape.
marinero *(mahreenáyroh)* m. mariner, sailor; adj. seaworthy.
marino *mahréenoh)* adj. marine; m. sailor, seaman.
marioneta *(mahryohnáytah)* f. puppet, marionette.
mariposa *(mahreepóhsah)* f. butterfly.
mariquita *(mahreekétah)* f. ladybug; m. sissy, wimp.
marisco *(mahréeskoh)* m. shellfish, mollusk (US), mollusc (UK).
marisma *mahréessmah)* f. marsh; **las ~s**, the marshes.
marital *(mahreetáhl)* adj. marital.
marítimo *(mahréeteemoh)* adj. maritime.
marmita *(maRméetah)* f. kettle, pot, pan.
mármol *(máRmol)* m. marble.
marqués *(maRkéss)* m. marquis.
marquesa *(maRkáyssah)* f. marquise, marchioness.
marquetería *(maRkaytayréeah)* f. marquetry.
marranada *(mahRanáhdah)* f. filthiness.
marrano *(mahRáhnoh)* m. pig; hog; adj. filthy.
marrullero *(mahRoolyáyroh)* adj. crafty, cunning; glib.
martes *(máRtess)* m. Tuesday.
martillar *(maRteelyáR)* tr. to hammer.
martillo *(máRtélyoh)* m. hammer.
mártir *(máRteeR)* m. martyr.
martirio *(máRtéeryoh)* m. martyrdom; torture, torment.
martirizar *(maRteereetháR)* tr. to martyr; to torment.
marxista *(maRkséestah)* m. Marxist.
marxismo *(maRkseésmoh)* m. Marxism.
marzo *(máRthoh)* m. March.
mas *(máhs)* conj. but, yet.
más *(máhss)* adv. more, plus.
masa *(máhssah)* f. dough; mass.
masaje *(mahssáhHay)* m. massage.
masajista *(mahssahHéestah)* m. masseur; f. masseuse.
mascar *(mahskáR)* tr. to chew.
máscara *(máhskahrah)* f. mask; disguise.
mascarilla *(mahskahréelyah)* f. mask (medicina); facial mask (tratamiento).
mascota *(mahskóotah)* f. mascot; pet.
masculino *(mahskooléenoh)* adj. masculine; male; virile.
masón *(mahssón)* m. Freemason.
masónico *(mahssóhneekoh)* adj. Masonic.
masticar *(mahsteekáR)* tr. to masticate, to chew.
mástil *(máhsteel)* m. *Naut.* mast, flgpole.
mastín *(mahstéen)* m. mastiff.
mata *(máhtah)* f. shrub; plant.
matadero *(mahtahdáyroh)* m. slaughterhouse.
matanza *(mahtáhnthah)* f. killing, butchering, slaughter.
matar *(mahtáR)* tr. to kill, to slay, to murder.
matarse *(mahtáRsay)* r. to commit suicide, to get killed.
matemática(s) *[mahtaymáhteekah(s)]* f. mathematics.
matemático *(mahtaymáhteekoh)* adj. mathematical; m. mathematician.
materia *(mahtáyryah)* f. matter; stuff; subject.
materialismo *(mahtayryahléesmoh)* m. materialism.
maternal *(mahtayrnáhl)* adj. maternal, motherly.
materno *(mahtáyrnoh)* adj. motherly; **baja ~**, maternity leave.

matiz *(mahtéeth)* m. shade, hue; nuance.
matón *(mahtón)* m. bully, thug.
matorral *(mahtoh*R*áhl)* m. thicket.
matrícula *(mahrétkoolah)* f. register; list, roll; registration, enrollment; license plate, tag.

M

matricular *(mahtreekoolá*R*)* tr. to matriculate; to register; enroll (US), enrol (UK).
matricularse *(mahtreekoolá*R*say)* r. to enroll, to register, to matriculate.
matrimonial *(mahtreemoniáhl)* adj. marital; **vida ~**, married life.
matrimonio *(mahtreemóhnioh)* m. marriage, matrimony, married couple.
matriz *(mahtréeth)* adj. principal; m. matrix; *Mech.* mold; *Anat.* womb; stub; headquarters.
matrona *(mahtróhnah)* f. matron, midwife.
matute *(mahtóotay)* m. smuggling; amuggled goods.
matutear *(mahtootayá*R*)* tr. e intr. to smuggle.
matutino *(mahtootéenoh)* adj. morning; m. morning paper.
maullar *(mah/oolyá*R*)* intr. to mew, to miaow, to meow.
maullido *(mah/oolyéedoh)* m. mew, miaow, meow.
mausoleo *(mahoossohláyoh)* m. mausoleum.
maxilar *(makseelá*R*)* adj. maxilar (y); m. jaw, jawbone.
máxima *(mákseemah)* f maxim; axiom; maximum.
máximo *(mákseemoh)* adj. chief; maximun; top; **como ~**, at the most.
mayo *(máhyoh)* m. May.
mayor *(mahyó*R*)* adj. greater, major, bigger, older, senior; m. elder.
mayoría *(mahyorýah)* f. majority; **en su ~**, on the whole.
medalla *(maydáhlya)* f. medal, madallion.
medir *(maydéer)* tr. to measure; to consider; adjust.
meditación *(maydeetahthyón)* f. meditation, deep thought.
meditar *(maydeetá*R*)* tr. to meditate; to think over.
mediterráneo *(maydeetay*R*áhneoh)* adj. Mediterranean.
medrar *(maydrá*R*)* intr. to thrive.
médula *(máydoolah)* f. marrow; pith; **~ espinal**, spinal cord.
medusa *(meydóosah)* f. jellyfish.
mejilla *(may*H*éelyah)* f. cheek.
mejor *(may*H*ó*R*)* adj. better, best; adv. better, rather.
mejora *(may*H*óhrah)* f. improvement.
mejorar *(may*H*ohrá*R*)* tr. to improve; to make better; intr. to get better.
mejoría *(mayhohréeah)* f. improvement, betterment; recovery.
melancolía *(maylahnkohléeah)* f. melancholy, gloominess.
melancólico *(maylahnkóhléekoh)* adj. melancholic, sadness.
maleza *(mayláhtha)* f. thicket.
melena *(mayláynah)* f. mane, long hair.
melindroso *(mayleendróhssoh)* adj. affected; finicky.
mella *(máylyah)* f. notch; nick, dent, indentation.
mellar *(maylyá*R*)* tr. to (in) dent.
mellizo *(maylyéethoh)* adj. twin.
melocotón *(maylohkohtón)* m. peach.
melocotonero *(maylohkohtohnáyroh)* m. peach tree.
melodía *(maylohdéeah)* f. melody, tune.
melodioso *(mayiohdyóssoh)* adj. melodious.
melodrama *(maylohdráhmah)* m. melodrama.
melón *(maylón)* m. melon.
membrana *(maymbráhnah)* f. membrane.
membrete *(maymbráytay)* m. letterhead, heading; label.
membrillo *(maymbréelyoh)* m. *Bot.* quince (tress); **carne de ~**, quince jelly.
memo *(máymoh)* adj. stupid.
memorable *(maymohráhblay)* adj. memorable.
memoria *(maymóhryah)* f. memory; report; pl. memoirs.
menaje *(maynáh*H*ay)* m. household goods, furnishings.
mención *(menthyón)* f. mention.

mencionar *(menthyohnáR)* tr. to mention.
mendicidad *(mayndeetheedáhd)* mendicity, begging.
mendigar *(mayndeegáR)* tr. to beg.
mendigo *(mayndéegoh)* m. beggar.
mendrugo *(mayndróogoh)* m. scrap, crust.
menear *(maynayáR)* tr. to move; to stir, to shake, to wag.
menester *(maynaystáyR)* m. necessity; activity, occupation.
mengua *(máyngwah)* f. decay, decline; lack.
menguado *(mayngwáhdoh)* m. coward; adj. diminished.
menguante *(mayngwáhntay)* adj. decreasing; f. ebb tide; waning (of the moon).
menguar *(mengwáR)* intr. to decrease, to diminish.
menisco *(maynéeskoh)* m. meniscus.
menopausia *(maynopáhoosseeah)* f. menopause.
menor *(maynóR)* adj. smaller, less(er), younger; s. minor; **al por~**, retail.
menos *(máynoss)* adv. less; fewer.
menoscabo *(maynoskáhboh)* m. diminishing; discredit; harm.
menospreciar *(maynospraythyáR)* tr. to underestimate, to scorn.
menosprecio *(maynospráythyoh)* m. underestimation; scorn.
mensaje *(maynsáhHay)* m. message; **~ de texto**, text messaging.
mensajero *(maynsahHáyroh)* m. messenger.
menstruación *(maynstrooahthyón)* f. menstruation.
menstruo *(maynstróoh)* m. menses.
menstruar *(maynstrooáR)* tr. to menstruate.
mensual *(maynsóoahl)* adj. monthly.
menta *(máyntah)* f. (pepper)mint.
mental *(mayntáhl)* adj. mental.
mentalidad *(mentahleedád)* f. mentality.
mentar *(mayntáhR)* tr. to mention.
mente *(máyntay)* f. mind.
mentir *(mayntéeR)* intr. to lie.
mentira *(mayntéeRah)* lie; (fam.) fib.
mentiroso *(maynteeróhsonh)* adj. lying; m. liar.
menú *(maynóo)* m. menu.
menudear *(maynooday/áR)* Intr. to occur frequently.
menudencia *(maynoodénthyah)* f. trifle, pl. giblets.
menudillos *(maynoodéelyoss)* m. pl. giblets of fowls.
menudo *(maynóodoh)* adj. minute, tiny, small; **a ~**, often.
meollo *(mayóhlyoh)* m. marrow; brains; heart.
mercadear *(mayRkahdayáhR)* tr. to market; to deal, to trade.
mercader *(mayRkahdáyR)* m. merchant, dealer, trader.
mercadería *(mayRkahdayréeah)* f. merchandise; pl. goods, wares.
mercado *(mayRkáhdoh)* m. market (place).
mercancía *(mayRkahnthéeah)* f. merchandise; pl. goods, (sale) wares.
mercante *(mayRkáhntay)* adj. y s. trader, merchant, dealer.
mercantil *(mayRkantéel)* adj. mercantile; commercial.
mercenario *(mayRthaynáhryoh)* adj. y m. mercenary.
mercería *(mayRthayréeah)* f. haberdashery (UK), notions store (US).
mercurio *(mayRkóoryoh)* m. mercury.
merecer *(mayraytháiR)* intr. to deserve, to merit.
merecido *(mayraythéedoh)* adj. deserved; m. due, punishment.
merecimiento *(mayraythreemyéntoh)* m. merit, worth.
merendar *(mayrayndáhr)* intr. to have an afternoon snack.
meridiano *(mayreedyáhnoh)* m. meridian; adj. midday.
meridional *(mayreedyohnáhl)* adj. meridional, southern.
merienda *(mayryéndah)* f. picnic, afternoon tea / snack
mérito *(máyreetoh)* m. merit, worth.
meritorio *(mayreetóhryoh)* adj. meritorious, deserving, worthy.
merluza *(maiRlóothah)* f. *Ichth.* hake.

M

merma *(máiRmah)* f. waste; decrease.
mermar *(mayRmáhR)* intr. to reduce, to cut down.
mermelada *(mayRmayláhdah)* f. marmalade, jam.
mero *(máyroh)* adj. mere, simple; adv. just; m. grouper.
merodear *(mayrohdayáR)* intr. to maraud, to prowl around.
mes *(méss)* m. month.
mesa *(máyssah)* f. table, plateau; desk; **vino de ~**, table wine.
mesero, ra *(mayssáyroh)* s. waiter, waitress.
meseta *(mayssáytah)* s. plateau.
mesías *(maysséeahss)* m. Messiah.
mesón *(mayssón)* m. inn; rooming house.
mesonero *(mayssohnáyroh)* m. innkeeper.
mestizo *(maystéethoh)* adj. y m. mestizo; hybrid.
mesura *(mayssóorah)* f. moderation.
mesurado *(mayssooráhdoh)* adj. moderate, restrained.
meta *(máytah)* f. goal, aim.
metafísica *(maytahféesseekah)* f. metaphysics.
metafísico *(maytahféesseekoh)* m. metaphysican, adj. metaphysical.
metáfora *(maytáhfohrah)* f. metaphor.
metal *(maytáhl)* m. metal; brass.
metálico *(maytáhleekoh)* adj. metallic, metal.
metalurgia *(maytahlóoRHyah)* f. metallurgy.
metalúrgico *(maytahlóoRHeekoh)* adj. metallurgical.
metamorfosis *(maytahmoRfóhsseess)* f. metamorphosis; transformation.
meteórico *(maytayóhreekoh)* adj. meteoric.
meter *(maytáyR)* tr. to put in, to make (as noise), to introduce.
meteroro *(maytayóhroh)* m. meteor.
meteorología *(maytayohrohlohHéeah)* f. meteorology.
metódico *(maytóhdeekoh)* adj. methodical.
método *(máytohdoh)* m. method, way, system.
metralla *(maytráhlyah)* f. shrapnel.
métrico *(máytreekoh)* adj. metric(al); **cinta métrica**, tape measure.
metro *(máytroh)* m. meter (US), metre (UK); subway (US), underground, tube (UK).
mexicano *(mayxeekáhnoh)* adj. Mexican.
mezcla *(máthklah)* f. mixing; mixture, blend.
mezclar *(methkláR)* tr. to mix.
mezclarse *(methklaRsay)* r. to mix, to blend; to muddle.
mezquindad *(methkeendáhd)* f. meannes, mean action.
mezquino *(methkéenoh)* adj. mean; wart.
mezquita *(methkéetah)* f. mosque.
mi *(mée)* adj. my.
mí *(mée)* pron. me; to me.
mico *(méekoh)* m. monkey.
microbio *(meekróhbyoh)* m. microbe, germ.
micrófono *(meekróhfohnoh)* m. microphone.
microscopio *(meekroskóhpyoh)* m. microscope.
miedo *(myédoh)* m. fear; dread.
miedoso *(myedóhsoh)* adj. fearful.
miel *(myél)* f. honey.
miembro *(myémbroh)* m. member; fellow; part; limb.
mientras *(myéntrahss)* adv. while, as, meanwhile.
miércoles *(myéRkohless)* m. Wednesday.
mies *(myéss)* f. corn, ripe grain.
miga *(méegah)* f. crumb; pl. fried crumbs.
migaja *(meegáhHah)* f. crumb, scrap, bit.
migración *(meegrahthyón)* f. migration.
mil *(méel)* m. one thounsand.
milagro *(meeláhgroh)* m. miracle.
milagroso *(meelahgróhssoh)* adj. miraculous.
milicia *(meeléethyah)* f. militia.
miliciano *(meeleethyáhnoh)* m. militiaman; militian.
militante *(meeleetánhntay)* adj. militant; m. militant, activist.

militar *(meeleetá***R***)* m. soldier; adj. military; intr. to serve.
milla *(méelyah)* f. mile.
millar *(meelyá***R***)* m. thousand.
millón *(meelyón)* m. million.
millonario *(meelyohnáhryoh)* m. millionaire.
mimado *(meemáhdoh)* adj. spoiled, pampered.
mimar *(meemá***R***)* tr. to pet, to spoil, to pamper.
mimbre *(méembray)* m. wicker.
mímica *(méemeekah)* f. mime; mimicry.
mímico *(méemeekoh)* adj. mimic.
mimo *(méemoh)* m. mime.
mina *(méenah)* f. mine; lead.
minar *(meená***R***)* tr. to (under) mine.
mineral *(meenayráhl)* adj. y m. mineral.
minero *(meenáyroh)* adj. mining; m. miner, mine worker.
miniatura *(meenyahtóorah)* f. miniature.
miniaturista *(meenyahtooréestah)* s. miniaturist.
minimizar *(meeneemeethá***R***)* tr. to minimize.
mínimo *(méeneemoh)* adj. the least; smallest; minimum.
ministerio *(meeneestáyryoh)* m. ministry, department (US).
ministro *(meenéestroh)* m. cabinet minister, secretary.
minorar *(meenohrá***R***)* tr. to lessen.
minoría *(meenohréeah)* f. minority.
minucia *(meenóoaylah)* f. trifle.
minucioso *(meenoothyóhssoh)* adj. meticulous, detailed.
minúscula *(meenóoskoolah)* f. lower-case letter; **minúsculo**, adj. tiny.
minuta *(meenóotah)* f. minute, lawyer's bill, bill of fare.
minuto *(meenóotoh)* m. minute.
mío *(méeoh)* pron. mine.
miope *(myóhpay)* adj. short sighted; m. myope.
miopía *(meeohpéeah)* f. myopia, short-sightedness.
mira *(méerah)* f. aim; sight.
mirada *(meeráhdah)* f. look, glance.
mirado *(meeráhdoh)* adj. circumspect considered.
mirador *(meerahdó***R***)* m. balcony, lookout, vantage point.
miramiento *(meerahmyéntoh)* m. consideration.
mirar *(meerá***R***)* tr. to look (at, upon), to watch; to consider.
mirilla *(meerílhah)* f. (en la puerta) peephole.
mirlo *(mée***R***loh)* m. *Orn.* blackbird.
mirón *(meerón)* m. gawker, onlooker; voyeur.
misa *(méessah)* f. mass; ~ **mayor**, high mass/service.
misal *(meessáhl)* m. missal.
misantropía *(meesahntrohpéeah)* f. misanthopy.
misántropo *(meesáhntrohpoh)* m. misanthropist, misanthrope.
miscelánea *(meessthayláhnayah)* f. miscellany, miscellaneous.
miserable *(meessayráhblay)* adj. miserable; miserly; despicable.
miseria *(meessáyryah)* f. misery.
misericordia *(meessayreekó***R***dyah)* f. mercy, compassion.
misericordioso *(meessayreeko***R***-dyóhsoh)* adj. merciful.
mísero *(méessayroh)* adj. miserable/wretched.
misión *(meessyón)* f. mission.
misionero *(meessyohnáyroh)* adj. m. missionary.
mismo *(méessmoh)* adj. same; **lo hizo ella misma**, she made it herself.
misógino *(meessóh***H***eenoh)* m. misogynist.
mitad *(méetad)* f. half; middle.
misterio *(meestáyryoh)* m. mystery.
misterioso *(meestayryóhssoh)* adj. mysterious.
mística *(méesteekah)* f. mystic; adj. mystic(al).
misticismo *(meesteethéssmoh)* m. mysticism.
mitigar *(meeteegá***R***)* tr. to mitigate.
mito *(méetoh)* m. myth; legend.
mitología *(meetohloh***H***éeah)* f. mythology.
mitológico *(meetohlóh***H***eekoh)* adj. mythological.
mixto *(méekstoh)* adj. mixed; (fam.) medley.

M

M

mobiliario *(mohbeelyáhryoh)* m. furniture.
mocedad *(mohthaydáhd)* f. youth, youthful prank.
mochila *(mohchéelah)* f. (US) knapsack, backpak; (UK) rucksack, kitbag.
mocito *(mohthéetoh)* adj. juvenile; s. youngster.
moción *(mohthyón)* f. motion.
moco *(móhkoh)* m. mucus; (vulg.) snot.
mocosidad *(mohkohsseedáhd)* f. mucosity.
mocoso *(mohkóhssoh)* adj. (vulg.) snotty; m. brat, kid.
moda *(móhdah)* f. fashion; mode.
modelar *(mohdayláR)* tr. to model.
modelo *(mohdáyloh)* m. model.
módem *(móhdem)* m. *Comp.* modem.
moderación *(mohdayrahthyón)* f. moderation.
moderar *(mohdayráR)* tr. to moderate, to control.
modernismo *(mohdaRnéessmoh)* m. modernism.
modernizar *(mohdaiRneetháR)* tr. to modernize.
moderno *(mohdáyRnoh)* adj. modern; up-to-date.
modestia *(mohdéstyah)* f. modesty.
modesto *(mohdéstoh)* adj. modest.
módico *(móhdeekoh)* adj. *Com.* moderate; reasonable.
modificación *(mohdeefeekahthyón)* m. modification.
modificar *(mohdeefeekáR)* tr. to modify; to alter.
modismo *(mohdéessmoh)* m. idiom.
modista *(mohdéesstah)* f. dressmaker.
modo *(móhdoh)* m. mode, manner; way, *Gram.* mood.
modulación *(mohdoolahthyón)* f. modulation.
modular *(mohdooláR)* intr. to modulate.
mofa *(móhfah)* f. mockery, ridicule.
mofar *(mohfáR)* tr. to scoff, to make fun of.
mofarse *(mohfáRssay)* r. to scoff at, to make fun of.
mofeta *(mohféta)* f. *Zoo.* slunk.
mohín *(mohéen)* f, grimace.
moho *(móhoh)* m. mold; rust.
mohoso *(móhóhssoh)* adj. rusty, moldy (US), mouldy (UK).
mojar *(mohHáR)* tr. to wet, to moisten; (food) to dunk, to dip.
mojigatería *(moHeegahtayréeah)* f. primess, prudery.
mojigato *(mohHeegáhtoh)* adj. m. prudish, prim.
mojón *(mohHhón)* m. boundary stone.
molar *(mohláR)* adj. grinding, molar; m. jaw-tooth.
molde *(mólday)* m. mold; pattern.
moldear *(moldayáR)* tr. to mold.
mole *(móhláy)* f. huge mass.
molécula *(mohláykoolah)* f. molecule.
moler *(mohléR)* tr. to grind, to crush.
molestar *(mohlaystáhR)* tr. to annoy; to tease; to bother.
molestia *(mohláystya)* f. nuisance; bother, annoyance.
molesto *(mohláystoh)* adj. annoying, bothersome.
molicie *(mohléethye)* f. softness.
molienda *(mohlyéndah)* f. grinding.
molinero *(mohleenáyroh)* miller.
molinillo *(mohleenéelyoh)* s. grinder, mill.
molino *(mohléenoh)* mill; ~ **de viento**, wind-mill.
molusco *(mohlóoskoh)* m. mollusk.
molleja *(mohlyáyHah)* f. gizzard; sweetbread.
momentáneo *(mohmayntáhnayoh)* adj. momentary.
momento *(mohmáyntho)* m. moment.
momia *(móhmyah)* f. mummy.
momificar *(mohmeefeekáR)* tr. to mummify.
mona *(móhnah)* f. female monkey; (vulg.) drunkenness.
monacal *(mohnahkáhl)* adj. monachal, monastic.
monada *(mohnáhdah)* f. cute, lovely; pretty thing.
monaguillo *(mohnagéelyoh)* m. altar boy, choir-boy.
monarca *(mohnáRkah)* m. monarch.
monarquía *(mohnaRkéeah)* f. monarchy.
monárquico *(mohnáRkeekoh)* adj. monarchic(al); m. monarchist.

monasterio *(mohnahstáyryoh)* m. monastery; cloister.
mondadientes *(mondahdyéntess)* m. toothpick.
mondadura *(mondahdóorah)* f. trimming; pl. parings, peelings.
mondar *(mondáR)* tr. to peel.
moneda *(mohnáydah)* f. coin, money.
monedero *(mohnaydáyroh)* m. purse.
monería *(mohnayréeah)* f. mimicry, childish-prank, monkey-trick.
monetario *(mohnaytáhryoh)* adj. monetary.
monigote *(mohneegóhtay)* m. bumpkin, puppet; paper doll.
monitor *(mohneetóR)* m. monitor.
monja *(mónHah)* f. nun.
monje *(mónHay)* m. monk.
mono *(móhnoh)* adj. lovely; pretty; m. ape; monkey.
monogamia *(mohnohgáhmyah)* f. monogamy.
monógamo *(mohnóhgahmoh)* adj. monogamous.
monólogo *(mohnóhlohgoh)* m. monologue.
monopolio *(mohnohpólyoh)* m. monopoly.
monopolizar *(monohhpohleetháR)* tr. to monopolize.
monotonía *(mohnohtohnéeah)* f. monotony.
monótono *(mohnóhtonoh)* adj. monotonous.
monstruo *(mónstrwoh)* m. monster.
monstruoso *(monstrwohósoh)* m. adj. monstruous.
montacargas *(montahkáRgahss)* m. freight elevator; service lift.
montaje *(montáhHay)* m. assembly; montage.
montaña *(montáhnyah)* f. mountain; pl. highlands.
montañoso *(montahnyóhssoh)* adj. mountainous.
montar *(montáR)* Intr. to mount; tr. to ride (a horse).
monte *(montay)* m. mountain; mount, woodland.
monto *(móntah)* f. amount, total.
montón *(montón)* m. heap; pile.
montura *(montóorah)* f. mount (horse); setting (of jewels); frame (glasses).
monumento *(mohnooméntoh)* m. monument.
monzón *(monthóne)* m. monsoon.
moño *(mohnyoh)* m. bun (chignon); knot, bow.
moqueta *(mohkétah)* f. wall-to-wall carpet.
mora *(móhrah)* f. *Bot.* mulberry, black-berry; adj. Moorish.
morada *(mohráhdah)* f. dwelling.
morado *(mohráhdoh)* adj. purple.
moral *(mohráhl)* f. ethics; morality; adj. moral.
moraleja *(mohrahláyHah)* f. moral, maxim, precept.
moralidad *(mohrahleedáhd)* f. morality.
moralizar *(mohrahleetháR)* intr. to moralize.
morar *(mohráR)* Intr. to dwell.
moratón *(mohraytóne)* s. bruise, pl. bruises.
morbo *(móRboh)* m. morbid fascination, morbid curiosity.
morboso *(moRbóhssoh)* adj. morbid.
morcilla *(moRthéelyah)* f. black-pudding, blood sausage.
mordacidad *(moRdahtheedáhd)* f. sharpness, bite.
mordaza *(moRdáhthah)* f. caustic, scathing.
mordedura *(moRdaydóorah)* f. bite, nipping
morder *(moRdáyR)* tr. to bite.
mordiscar *(moRdeeskáR)* tr. to nibble, to gnaw.
mordisco *(moRdéeskoh)* m. bite, nibble.
mordisquear *(moRdeeskeáR)* tr. to nibble.
moreno *(mohráynoh)* adj. brown, swarthy, dark-skinned.
morgue *(móRgay)* f. morgue.
morfina *(moRféenah)* f. morphine.
morfinómano *(moRfeenóhmanhnoh)* adj. morphinomaniac; s. drug addict.
moribundo *(mohreebóondoh)* adj. dying, moribund.
morir *(moréeR)* intr. to die.
morisco *(mohréeskoh)* adj. Moorish.
moro *(móhroh)* adj. Moorish; m. Moor.
morral *(mohRáhl)* m. game-bag.

morriña *(mohRéenyáh)* f. homesickness.
morro *(móhRoh)* m. snout, headland.
mortaja *(moRtáhHah)* f. shroud.
mortal *(moRtáhl)* m. y adj. mortal, deadly, lethal.
M
mortalidad *(moRtahleedáhd)* f. mortality, death rate.
mortandad *(moRtanhdáhd)* f. loss of life, death toll.
mortero *(moRtáyroh)* m. mortar; cement.
mortífero *(moRtéefayroh)* deadly, fatal.
mortuorio *(moRtwóhryoh)* adj. mortuary.
moruno *(mohróonoh)* adj. Moorish.
mosaico *(mohssáh/eekoh)* adj. y m. mosaic; m. mosaic, tessellation.
mosca *(móskah)* f. fly; *Sport.* **peso** ~, fly-weight.
moscardón *(moskaRdón)* m. botfly, blowfly; hornet.
moscatel *(moskahtáyl)* m. muscatel.
mosquete *(moskáhyte)* m. musket.
mosquetón *(moskaytón)* m. musket.
mosquitero *(moskeetáyroh)* m. mosquito net.
mosquito *(moskéetoh)* m. mosquito, gnat.
mostacho *(mostáhchoh)* m. moustache.
mostaza *(mostáhthah)* f. mustard (seed).
mostrador *(mostrahdóR)* m. counter (in a store).
mostrar *(mostráR)* tr. to show; to display, to exhibit.
mostrarse *(mostráRssay)* r. to seem, to appear.
mota *(móhtah)* f. spot, speck.
mote *(móhtay)* m. nickname.
motejar *(mohtayHáR)* tr. to brand, to nickname.
motín *(mohtéen)* m. mutiny, riot.
motivar *(mohteebáR)* tr. to cause; to motivate.
motivo *(mohtéeboh)* m. motive; cause, reason.
moto *(móhtoh)* f. (colt.) motorcycle, motorbike.
motocicleta *(mohtohtheekláytah)* f. motorcycle.
motor *(mohtóR)* m. engine, motor; adj. motor.
motorismo *(mohtohréesmoh)* m. motorcycling.
motorista *(mohtohréestah)* m. motorist.
movedizo *(mohbaydéethoh)* adj. moving, movable.
mover *(mohbáyR)* tr. to move.
movible *(mohbéeblay)* adj. movable.
móvil *(móhbeel)* adj. mobile; m. motive; mobile; cellphone.
movilidad *(mohbeeleedáhd)* f. mobility.
movilización *(mohbeeleethahthyón)* f. mobilization.
movilizar *(mohbeeleetháR)* tr. to mobilize.
movimiento *(mohbeemyéntoh)* m. movement, motion.
moza *(móhtah)* f. girl; youth; waitress.
mozo *(móhthoh)* adj. young; single; m. lad, youth, waiter, porter.
muchacha *(moocháhchah)* f. girl; lass.
muchacho *(moocháchoh)* m. boy; lad.
muchedumbre *(moochaydóombray)* f. crowd; multitude.
mucho *(moóchoh)* adj. much; a lot.
muda *(moódah)* f. change.
mudanza *(moodáhnthah)* f. change; moving, move.
mudar *(moodáR)* tr. to change, to move, to shed.
mudez *(moodéth)* f. dumbness.
mudo *(móodoh)* adj. dumb; mute.
mueble *(mwáyblay)* f. piece of furniture.
mueca *(mwáykah)* f. grimace, face.
muela *(mwáylah)* f. molar tooth.
muelle *(mwáylyay)* *Naut.* pier, wharf; *Mech.* spring.
muerte *(mwáyRtay)* f. death.
muerto *(mwáyRtoh)* adj. y m. dead.
muesca *(mwáyskah)* f. notch, nick; groove.
muestra *(mwáystrah)* f. pattern; sample; indication.
muestrario *(mwaystráhryo)* m. collection of samples.
mujer *(mooHáyR)* f. woman; wife.
mujeriego *(mooHayryégoh)* adj. womanizer.

mujeril *(mooHayréel)* adj. womanly.
mula *(móolah)* f. mule.
mulato *(mooláhtoh)* m. y adj. mulatto.
muleta *(mooláytah)* f. crutch; prop.
mulo *(moóloh)* f. mule.
multa *(móoltah)* f. fine.
multar *(mooltáR)* tr. to fine.
múltiple *(móolteeplay)* adj. multiple.
multiplicar *(moolteepleekáR)* tr. to multiply.
multitud *(moolteetóod)* f. multitude, crowd.
mundano *(moondáhnoh)* adj. worldly, mundane.
mundial *(moondiáhl)* adj. worlwide.
mundo *(móondoh)* m. world.
munición *(mooneethyón)* f. ammunition.
municipal *(mooneetheepáhl)* adj. municipal.
municipio *(mooneethéepyoh)* m. municipality; town hall.
muñeca *(moonyéykah)* f. doll; *Anat.* wrist.
muñeco *(moonyáykoh)* m. puppet.
mural *(mooráhl)* adj. mural.
muralla *(mooráhlyah)* f. wall.
murar *(mooráR)* tr. to wall.
murciélago *(mooRthyélahgoh)* m. *(Orn.)* bat.
murmullo *(mooRmólyoh)* m. murmur.
murmuración *(mooRmoorahthyón)* f. murmuring, gossip.
murmurar *(mooRmooráR)* tr. to murmur, to gossip.
muro *(móoroh)* m. wall; rampart.
murria *(móoRyah)* f. (coll.) fit of "blues", sullenness.
murrio *(móoRyoy)* adj. gloomy, depressed.
musa *(móossah)* f. muse.
muscular *(mooskooláR)* adj. muscular.
músculo *(móoskooloh)* m. muscle.
musculoso *(mooskoolóhssoh)* adj. musculous.
museo *(moossáy/oh)* m. museum.
musgo *(móossgoh)* m. moss.
música *(móosseekah)* f. music.
musical *(moosseekáhl)* adj. musical.
músico *(móosseekoh)* m. musician.
musitar *(moosseetáR)* intr. to mutter, to whisper, to mumble.
muslo *(móosloh)* m. thigh.
mustio *(móostyoh)* adj. withered, wilted.
musulmán *(moosoolmáhn)* adj. y s. Muslim.
mutabilidad *(moohtahbeeleedáhd)* f. mutability.
mutación *(mootahthyón)* f. mutation.
mutilación *(mooteelahthyón)* f. mutilation.
mutilar *(mooteeláR)* tr. to mutilate.
mutualidad *(mootwahleedáhd)* f. mutuality.
mutuo *(móotwoh)* adj. mutual.
muy *(móoee)* adv. very; greatly; (coll.) quite, awfully.

N n

nabo *(náhboh)* m. *Bot.* turnip.
nácar *(nákaR)* m. nacre, mother-of-pearl.
nacer *(nahtháyR)* Intr. to be born.
nacido *(nahthéedoh)* adj. born.
naciente *(nahthyéntay)* adj. rising.
nacimiento *(nahtheemyéntoh)* m. birth; nativity; source; origin.
nación *(nahthyón)* f. nation.
nacional *(nahthyohnáhl)* adj. national.
nacionalidad *(nahthyohnahleedáhd)* f. nationality.
nacionalista *(nahthyohnahléestah)* s. nationalist.
nada *(náhdah)* f. nothing, adv. not at all.
nadador *(nahdahdóR)* m. swimmer.
nadar *(nahdáR)* intr. to swim.
nadie *(náhdye)* pron. nobody, no one.
nafta *(náhftah)* f. naphtha.
naftalina *(nahftahléenah)* f. naphthalene.
naipe *(náh/eepay)* m. playing card.
nalga *(náhlgah)* f. buttock.
naranja *(nahráhnHah)* f. orange; adj. orange.
naranjada *(nahrahnHáhdah)* f. orangeade.

N

naranjo *(nahráhnHoh)* m. orange tree.
narciso *(narthéessoh)* m. *Bot.* narccissus.
narcótico *(naRkóhteekoh)* adj. y m. narcotic.
narcotizar *(naRkohteethá****R****)* tr. to narcotize, to dope, to drug.
narigudo *(nahreegóodoh)* adj. big-nosed.
nariz *(nahreéth)* f. nose.
narración *(nah****R****ahthyón)* f. story, narration, tale.
narrar *(nah****RáR****)* tr. to narrate, to tell.
narrativa *(nah****R****ahtéebah)* adj. narrative; story.
nata *(náhtah)* f. cream.
natal *(nahtáhl)* adj. natal; native.
natalicio *(nahtahléethyoh)* adj. birthday.
natalidad *(nahtahleedáhd)* f. birth-rate.
Natividad *(nahteebeedáhd)* f. Nativity.
nativo *(nahtéeboh)* adj. y s. native.
natural *(nahtoorahl)* adj. natural; normal; m. native.
naturaleza *(nahtoorahláythah)* f. nature.
naturalidad *(nahtoorahleedhád)* f. naturalness, simplicity.
naturalista *(nahtoorahléestah)* s. naturalist; adj. naturalistic.
naturalizar *(nahtoorahleethá****R****)* tr. to naturalize.
naufragar *(nah/oofrahgá****R****)* intr. to be shipwrecked; (fig.) to fail.
naufragio *(nah/oofráhgyoh)* m. shipwreck, failure.
náufrago *(nah/oofrahgoh)* adj. y s. shipwrecked (person), survivor, (of a wreck).
náusea *(náhoossayah)* f. nausea.
nauseabundo *(nah/oossayahbóon-doh)* adj. nauseating, sickening; nauseous; loathsome, nasty.
náutica *(náh/oteekah)* f. nautical.
náutico *(náh/ooteekoh)* adj. nautical.
navaja *(nahbáh****H****ah)* f. razor; clasp knife; penknife; pocketknife.
navajazo *(nahbah****H****áhthoh)* m. gash, knife wound, slash.
naval *(nahbáhl)* adj. naval.
nave *(náhbay)* f. vessel; ship; aisle; ~ **espacial**, spaceship.
navegabilidad *(nahbaygabeelee-dáh)* f. navigability.
navegable *(nahbaygáhblay)* adj. navigable.
navegación *(nahbaygahthyón)* f. navigation; sailing.
navegante *(nahbaygáhntay)* m. navigator.
navegar *(nahbaygá****R****)* intr. to sail; to navigate; *Comp.* to surf; ~ **por internet**, to surf the net.
Navidad *(nahbeedáhd)* f. Nativity; Christmas.
navideño *(nahbeedáynyoh)* adj. Christmas.
navío *(nahbéeoh)* m. ship.
neblina *(naybléenah)* f. mist; light fog; haze.
nebuloso *(nayboolóhssoh)* adj. misty; nebulous; hazy.
necedad *(naythaydáhd)* f. stupidity; foolishness.
necesario *(naythayssáhryoh)* adj. necessary.
neceser *(naythayssáy****R****)* m. toilet kit (US), toilet bag (UK).
necesidad *(naythaysseedáhd)* f. necessity; need.
necesitado *(naythaysseetáhdoh)* adj. needy.
necesitar *(naythaysseetá****R****)* intr. to need; to necessitate, to require.
necio *(náythyoh)* adj. stupid; fool.
necrología *(naykrohloh****H****éeah)* f. obituary.
necrópolis *(naykróhpohleess)* f. necropolis, cemetery.
néctar *(nayktah****R****)* m. nectar.
negación *(naygahthyón)* f. denial; negation; negative.
negado *(naygáhdoh)* adj. inept; useless.
negar *(naygá****R****)* intr. to deny.
negativa *(naygatéebah)* f. denial.
negativo *(naygatéeboh)* adj. y m. negative (photography).
negligencia *(naygleeHénthyah)* f. negligence.
negligente *(naygleeHéntay)* adj. negligent.
negociación *(naygohthyahthyón)* f. negotiation.
negociante *(naygohthyáhnthay)* s. dealer; trader; businessman.

negociar *(naygohthyáR)* intr. to trade; to deal; to negotiate.
negocio *(naygóhthyoh)* m. trade, business; deal; trade.
negrita (letra) *(naygréetah)* f. bold face.
negro *(náygroh)* adj. black, dark.
negrura *(naygróorah)* f. blackness.
negruzco *(naygróothkoh)* adj. blackish.
nena *(náynah)* f. (fam.) female, infant.
nene *(náynay)* m. (fam) baby.
neófito *(nayóhfeetok)* m. neophyte, novice, beginner.
neoyorquino *(nayohyoRkéenoh)* adj. y m. New Yorker.
nepotismo *(naypohtéessmoh)* m. nepotism.
nervio *(náyRbyoh)* m. nerve, sinew.
nervioso *(nayRbyóhssoh)* adj. nervous, nerve.
nerviosismo *(nehRbyoséesmoh)* m. nervousness.
nervudo *(nayRbóodoh)* adj. sinewy.
neto *(náytoh)* adj. net; clear.
neumático *(nehoomáhteekoh)* adj. pneumatic; m. tyre (UK), tire (US).
neumonía *(neh/oomohnéeah)* f. pneumonia.
neuralgia *(neh/hooráhlHyah)* f. neuralgia.
neurasténico *(neh/oorahstáyneekoh)* adj. neurasthenic.
neurólogo *(nehooróhlohgoh)* s. *Med.* neurologist.
neurona *(nehooróhnah)* f. *Anat.* neuron.
neurótico *(neh/ooróhteekoh)* adj. neurotic.
neutral *(neh/ootráhl)* adj. neutral; neuter.
neutralidad *(neh/ootrahleedáhd)* f. neutrality.
neutralizar *(neh/ootrahleetháR)* tr. to neutralize.
neutro *(néh/ootroh)* adj. neuter.
nevada *(naybáhdah)* f. snowfall.
nevar *(naybáR)* intr. to snow.
nevera *(naybáyrah)* refrigerator, fridge (UK), icebox (US).
nexo *(náykson)* m. nexus, bond, tie, link, connection.
ni *(née)* conj. neither, nor.
nicho *(néechoh)* m. niche.
nicotina *(neekohtéenah)* f. nicotine.
nido *(néedoh)* m. nest.
niebla *(nyéblah)* f. fog; mist; haze.
nieta *(nyétah)* f. granddaughter.
nieto *(nyétoh)* m. grandson.
nieve *(nyébay)* f. snow.
nihilismo *(nee/eeléessmoh)* m. nihilism.
ningún *(neengóon)* adj. no; not one; none; neither.
ninguno *(neengóonoh)* adj. none, not one; pron. neither.
niña *(néenyah)* f. girl, child.
niñada *(neenyáhdah)* f. childishness; childishness.
niñera *(neenyáyrah)* f. nanny, baby-sitter.
niñería *(neenyayréeah)* f. childish thing.
niñez *(neenyáyth)* f. infancy, chilhood.
niño *(néenyoh)* adj. childish; m. child, young.
nipón *(neeyón)* adj. y m. Japanese.
níquel *(néekel)* m. nickel.
nitidez *(neeteedáyth)* f. brightness; clarity.
nivel *(neebél)* m. level; standard.
nivelar *(neebayláR)* tr. to level, to even.
no *(noh)* adv. no, not; ~ **obstante**, nevertheless.
nobiliario *(nohbeelyáhryoh)* adj. nobiliary.
noble *(nóhblay)* adj. noble; m. nobleman.
nobleza *(nohbláythah)* f. nobility; nobleness.
noche *(nóhchay)* f. night.
Nochebuena *(nohchaybwáynah)* f. Christmas Eve.
noción *(nohthyón)* f. notion; idea, concepts; pl. elements.
nocivo *(nohthéeboh)* adj. harmful, noxious.
noctámbulo *(noktáhmbooloh)* m. night owl; sleepwalker.
nocturno *(noktóoRnoh)* adj. night, nocturnal; m. nocturne.
nodriza *(nohdréethah)* f. wet nurse; **barco** ~, supply ship.
nómada *(nóhmahdah)* adj. nomadic; m. nomad.
nombradía *(nombrahdée/ah)* f. fame, renown.

N

N

nombramiento *(nombrahmyéntoh)* f. nomination; appointment.
nombrar *(nombráR)* tr. to name, to mention; to appoint.
nombre *(nómbray)* m. name; noun.
nómina *(nóhmeenah)* f. payroll.
nominal *(nohmeenáhl)* adj. nominal.
nominar *(nohmeenáR)* tr. to name, nominate, appoint.
non *(nóhm)* adj. odd; uneven; m. odd number; **pares y ~es**, odds and evens.
noria *(nóhryah)* f. water wheel.
norma *(nóRmah)* f. standard; norm.
normal *(noRmáhl)* adj. normal.
normalizar *(noRmahleetháR)* tr. to normalize.
norse *(nóhrs)* adj. nórdico.
norte *(nóRtay)* m. north.
norteamericano *(noRtayahmay-reekáhnoh)* adj. North American; m. American.
noruego *(nohrwáygoh)* adj. y m. Norwegian.
nos *(nóhss)* pron. we; us.
nosotros *(nohssóhtross)* pron. we; us.
nostalgia *(nosstáhlHya)* f. nostalgia, homesickness.
nota *(nóhtah)* f. note; notice; bill.
notable *(nohtáhblay)* adj. remarkable; noticeable.
notar *(nohtáR)* tr. to note; to (re) mark, to notice.
notario *(nohtáhryoh)* m. notary public; notary; (US) attorney-at-law.
noticia *(nohtéethyah)* f. news.
noticiero *(nohteethyéroh)* m. news, newscast.
notificación *(nohteefeekahthyón)* f. notification.
notificar *(nohteefeekáR)* tr. notify; to inform.
notoriedad *(nohtohryedáhd)* f. notoriety, fame; knowledge.
notorio *(nohtóhryoh)* adj. well-known, obvious.
novato *(nohbáhtoh)* adj. y m. novice, beginner; new.
novedad *(nohbaydáhd)* f. novelty, innovation.
novel *(nohbáyl)* adj. novel; new.
novela *(nohbáylah)* f. novel; fiction.
novia *(nóhbyah)* f. girlfriend, fiancée, bride.
noviazgo *(nohbyáthgoh)* m. courtship, engagement.
noviciado *(nohbeethyádoh)* m. novitiate.
novicio *(nohbéethyoh)* m. novice.
Noviembre *(nohbyémbray)* m. november.
novio *(nóhbyoh)* m. boyfriend, fiancé, bridegroom.
nublado *(noobláhdoh)* adj. cloudy.
nublar *(noobláR)* tr. to claud over.
nubosidad *(noobohseedáh)* f. cloudiness.
nuca *(nóokah)* f. nape of the neck.
núcleo *(nóoklayoh)* m. nucleus, core.
nudillo *(noodéelyoh)* m. knucle.
nudo *(nóodoh)* m. knot, burl, tie, tangle; hub.
nudoso *(noodóhssoh)* adj. knotty.
nuera *(nwáyrah)* f. daughter-in-law.
nuestro *(nwáystroh)* pron. our(s).
nueva *(nwáybah)* f. news, tidings.
nuevo *(nwáyboh)* adj. new.
nuez *(nwáyth)* f. nut; walnut; *Anat.* Adam's apple.
nulidad *(nooleedáhd)* f. nullity; incompetence, incapacity.
nulo *(nóoloh)* adj. void, null.
numeración *(noomayrathyón)* s. numeration.
numeral *(noomayráhl)* adj. numeral.
numerar *(noomayráR)* tr. to number.
numerario *(noomayráhryoh)* adj. tenured; permanent.
numérico *(noomáyreekoh)* adj. numeric(al).
número *(nóomayroh)* m. number.
numeroso *(noomayróhssoh)* adj. numerous; crowded.
nunca *(nóonkah)* adv. never; **~ jamás**, never ever.
nunciatura *(noonthyatóorah)* f. nunciature.
nuncio *(nóonthyoh)* m. nuncio.
nupcial *(noopthyáhl)* adj. nuptial.
nupcias *(nóopthyahss)* f. pl. wedding.
nutrición *(nootreethyón)* f. nutrition.
nutrido *(noohtréedoh)* adj. fed; ample; well-stocked.

nutrir *(nootréeR)* tr. to nourish, to feed; to provide.

nutritivo *(nootreetéeboh)* adj. nourishing, nutritious, nutritive; **valores ~s**, nutritional value.

Ñ ñ

ñoñería *(nyohnyayréeah)* f. inanity; (dengues) silliness.

ñoñez *(nyohnyéth)* f. shyness, drivel, sloppy.

ñoño *(nyóhnyoh)* adj. timid, shy; m. dull.

O o

o *(oh)* conj. or; either.

obcecación *(obthaykahthyón)* f. obduracy.

obcecar *(obthaykáR)* tr. to obfuscate.

obcecarse *(obthaykáRssay)* r. to be obfuscated.

obedecer *(ohbaydaytháyR)* tr. to obey.

obediencia *(ohbaydyénthyah)* f. obedience.

obediente *(ohbaydyéntay)* adj. obedient, dutiful.

obelisco *(ohbayléeskoh)* m. obelisk.

obesidad *(ohbaysseedáhd)* f. obesity.

obeso *(ohbáyssoh)* adj. obese, fat.

obispado *(ohbeespáhdoh)* m. bishopric; episcopate.

obispo *(ohbéespoh)* m. bishop.

óbito *(óhbeetoh)* m. obit, death.

obituario *(ohbeetwáryoh)* m. obituary.

objeción *(obHaythyón)* f. objection.

objetar *(obHaytáR)* tr. to object.

objetivo *(obHaytéeboh)* adj. objective; m. goal; target; (foto) lens.

objeto *(obHáytoh)* m. object, purpose.

oblicuidad *(ohbleekweedáhd)* f. obliquity, slant.

oblicuo *(ohbléekwoh)* adj. oblique, slanted, skew.

obligación *(ohbleegahthyón)* f. obligation, bond; pl. duties.

obligar *(ohbleegáR)* tr. to oblige; to compel.

obligarse *(ohbleegáRssay)* r. to be obliged to.

obligatorio *(ohbleegahtóryoh)* adj. obligatory; binding, compulsory.

óbolo *(óhbohloh)* m. obol(us), mite.

obra *(ohbrah)* f. work, act(ion), book, building.

obrar *(ohbráR)* tr. to work, to act.

obrero *(ohbráyroh)* adj. working; m. worker, workman.

obscenidad *(obssthayneedáhd)* f. obscenity.

obsceno *(obsstháynoh)* adj. obscene.

obsequiar *(obssaykyáR)* tr. to give.

obsequio *(obssáykyoh)* m. gift, present.

obsequioso *(obssaykyohssoh)* adj. obsequious, obliging.

observación *(obssayRbahthyon)* f. observation; note; remark.

observador *(obssayRbahdóR)* m. observer.

observante *(obssayRbáhntay)* adj. observant; observing.

observar *(obssayRbáR)* tr. to observe; to notice.

observatorio *(obssayRbahtóhryoh)* m. observatory.

obsesión *(obssayssyón)* f. obsession.

obsesionar *(obssayssyonáR)* tr. to obsess.

obstáculo *(obstáhkooloh)* m. obstacle.

obstinación *(obsteenahthyón)* f. obstinacy.

obstinarse *(obsteenáRsay)* r. to persist in.

obstrucción *(obstrookthyón)* f. obstruction.

obstruir *(obstrweéR)* tr. to obstruct.

obstruirse *(obstrweéRsay)* r. to get blocked.

obtención *(obstenthyón)* f. obtaining.

obturar *(obtooráR)* tr. to stop up, to block.

O

obtuso *(obtóossoh)* adj. obtuse, blunt.
obús *(ohbóoss)* m. howitzer, shell.
obviar *(obbyá**R**)* tr. to obviate; to prevent.
obvio *(óbbyoh)* adj. obvious.
oca *(óhkah)* f. *Orn.* goose.
ocasión *(ohkahssyón)* f. occasion.
ocasional *(ohkahssyonáhl)* adj. occasional.
ocasionar *(ohkahssyoná**R**)* tr. to cause, to provoke.
ocaso *(ohkáhssoh)* m. sunset, decline.
occidental *(oktheedentáhl)* adj. occidental; western.
occidente *(oktheedéntay)* m. west, Occident.
occipital *(oktheepeetáhl)* adj. occipital.
occipucio *(oktheepóothyoh)* m. occiput.
oceánico *(ohthayáneekoh)* adj. oceanic, Oceanian.
océano *(ohtáyahnoh)* m. ocean; sea.
ocio *(óhthyoh)* m. leisure.
ociosidad *(ohthyohsseedádh)* f. idleness, leisure.
ocioso *(ohthyóhssoh)* adj. idle.
ocre *(óhkray)* m. ochre.
octava *(oktáhvah)* f. *Mus.* octave.
octubre *(októobray)* m. October.
ocular *(ohkoolá**R**)* adj. ocular.
oculista *(ohkooléestah)* s. oculist.
ocultar *(ohkooltá**R**)* tr. to conceal; to hide.
ocultarse *(ohkooltá**R**say)* r. to hide.
ocultismo *(ohkooltéessmoh)* m. occultism.
oculto *(ohkóoltoh)* adj. hidden.
ocupación *(ohkoopahshyón)* f. occupation; profession.
ocupado *(ohkoopáhdoh)* adj. busy, engaged.
ocupante *(ohkoopántay)* s. occupant.
ocupar *(ohkoopá**R**)* tr. to occupy.
ocurrencia *(ohkoo**R**énthyah)* f. ocurrence; witty.
ocurrir *(oMoo**R**ée**R**)* intr. to happen.
oda *(óhdah)* f. ode.
odiar *(ohdyá**R**)* tr. to hate.
odio *(óhdyoh)* m. hatred; hate.
odioso *(odyóhssoh)* adj. hateful; odious.
odontólogo *(ohdontóhlohgoh)* m. odontologist.
oeste *(oháystay)* m. west.
ofender *(ohfendáy**R**)* tr. to offend.
ofenderse *(ohfendáy**R**ssay)* r. to take offense.
ofensa *(ohfénssah)* f. offence (UK), offense (US); insult, injury, affront.
ofensiva *(ohfensséebah)* f. offensive, attack.
ofensivo *(ohfensséeboh)* adj. offensive.
oferta *(ohfáy**R**tah)* f. offer. *Com.* tender; proposal, offer.
oficial *(ohfeethyáhl)* adj. official; m. officer, workmaster.
oficialidad *(ohfeethyahleedáhd)* f. officialdom, officers.
oficiar *(ohfeethyá**R**)* tr. to officiate; to minister.
oficina *(ohfeethéenah)* f. office.
oficinista *(ohfeetheenéestah)* s. clerk; office worker.
oficio *(ohféethyoh)* m. trade.
oficioso *(ohfeethyóhssoh)* adj. officious.
ofrecer *(ohfraytháy**R**)* tr. to offer. *Com.* to bid.
ofrecimiento *(ohfraytheemyéntoh)* m. offer(ing).
ofrenda *(ohfráyndah)* f. offering.
ofuscación *(ohfooskahthyón)* f. obfuscation.
ofuscamiento *(ohfooskahmyéntoh)* m. confusion.
ofuscar *(ohfooská**R**)* tr. to confuse; to blind.
ogro *(óhgroh)* m. ogre.
oído *(oh/éedoh)* m. hearing; ear.
oír *(oh/ée**R**)* tr. to hear; to attend (mass).
ojal *(oh**H**áhl)* m. buttonhole.
ojalá *(oh**H**ahláh)* interj. I wish!
ojeada *(oh**H**ayáhdah)* f. glance; glimpse.
ojear *(oh**H**ayá**R**)* tr. to eye, to glance.
ojera *(oh**H**áyrah)* f. rings, or bags, under one's eyes.
ojeriza *(oh**H**ayréethah)* f. spite, grudge.
ojo *(óh**H**oh)* m. eye; (key)hole, interj. Beware!

ola *(óhlah)* wave; billow.
oleada *(ohlayáhdah)* f. big wave, surge.
óleo *(óhlayoh)* m. oil; holy oil; **pintura al ~**, oil-painting.
oler *(ohléR)* tr. to smell; to scent.
olfatear *(olfahtayáR)* tr. to smell.
olfato *(olfáhtoh)* m. sense of smell.
olimpiada *(ohleempyáhdah)* f. Olimpiad; Olympic games.
olímpico *(ohléempeekoh)* adj. Olympic.
oliva *(ohléebah)* f. olive.
olivo *(ohléeboh)* m. *Bot.* olive tree.
olla *(óhlyah)* f. pot; stewpot.
olor *(ohlóR)* m. smell, odor; scent; **mal ~**, stink, stench, smelly.
oloroso *(ohlorhóssoh)* adj. sweet-smelling.
olvidadizo *(olbeedahdéethoh)* adj. forgetful.
olvidar *(olbeedáR)* tr. to forget.
olvido *(olbéedoh)* m. forgetfulness; oblivion.
ombligo *(ombléegoh)* m. navel.
omisión *(ohmeessyón)* f. omission; negligence.
omiso *(ohméessoh)* adj. neglectful.
omitir *(ohmeetéeR)* tr. to omit.
ómnibus *(ómneebooss)* m. omnibus.
omnipotencia *(omneepohténthyah)* f. omnipotence.
omnipotente *(omneepohténtay)* adj. omnipotent.
onda *(óndah)* f. wave.
ondeado *(ondayáhdoh)* adj. undulate(d), wavy.
ondear *(ondayáR)* tr. e intr. to wave.
ondulación *(ondoolahtyón)* f. kink, waving.
onza *(ónthah)* f. ounce.
opaco *(ohpáhkoh)* adj. opaque, dim.
opción *(opthyón)* m. option.
ópera *(óhpayrah)* f. opera; musical drama; opera-house.
operación *(ohpayrahthyón)* f. operation; working. *Com.* transaction.
operador *(ohpayrahdóR)* m. operator.
operante *(ohpayráhntay)* adj. operating.
operar *(ohpayráR)* intr. to operate, to work; tr. *Med.* to operate.
operario *(ohpayráhryoh)* m. operator; workman.
opinar *(ohpeenáR)* intr. to judge, to give an opinion, to think.
opinión *(ohpeenyón)* f. opinion; view.
opio *(óhpyoh)* m. opium.
oponer *(ohpohnáyR)* tr. to oppose.
oportunidad *(ohpoRtooneedáhd)* f. opportunity.
oportuno *(ohpoRtóonoh)* adj. opportune.
oportunismo *(ohpoRtoonéessmoh)* m. opportunism.
oposición *(ohpohsseethyón)* f. opposition; pl. examination (for professorship, etc.), competitive examination.
opositor *(ohpohsseetóR)* m. opposer; concurrent, candidate for competitive exam.
opresión *(ohprayssyón)* f. oppression.
opresivo *(ohpraysséeboh)* adj. oppressive.
oprimir *(ohpreeméeR)* tr. to oppress.
oprobio *(ohpróhbyoh)* m. opprobium.
optar *(optáR)* tr. to choose.
óptica *(ópteekah)* f. optics.
óptico *(ópteekoh)* adj. optic; m. optician.
optimismo *(opteeméessmoh)* m. optimism.
optimista *(opteeméesstah)* s. y adj. optimist(ic).
óptimo *(ópteemoh)* adj. best; finest, optimun.
opuesto *(ohpwáystoh)* adj. opposite, contrary; opposed.
opulencia *(ohpooléénthyah)* f. opulence.
opulento *(ohpooléntoh)* adj. opulent.
oración *(ohrahthyón)* f. prayer. *Gram.* sentence.
oráculo *(ohráhkooloh)* m. oracle.
orador *(ohrahdóR)* m. orator, speaker.
oral *(ohráhl)* adj. oral, vocal.
orar *(ohráR)* intr. to pray.
oratoria *(ohrahtóhryah)* f. oratory; eloquence.
oratorio *(ohrahtóhryoh)* m. oratory.

orbe *(óRbay)* m. orb; globe.
órbita *(óRbeetah)* f. orbit.
orden *(óRden)* m. order, method; f. order.
ordenación *(oRdaynahthyón)* f. arrangement; ordination.
O
ordenamiento *(oRdaynahmyéntoh)* m. ordaining, ordinance, arrangement.
ordenanza *(oRdaynáhnthah)* f. ordinance; *Mil.* m. orderly.
ordenar *(oRdaynáR)* tr. to arrange; to (put in) order.
ordenarse *(oRdaynáRsay)* r. *Eccl.* to be ordained.
ordeñar *(oRdaynyáR)* tr. to milk.
ordinal *(oRdeenáhl)* adj. y m. ordinal.
ordinario *(oRdeenáhryoh)* adj. ordinary; common; coarse.
oreja *(ohráyHah)* f. ear.
orfebre *(oRfáybray)* m. goldsmith, silversmith.
orfebrería *(oRfaybrayréeah)* f. gold work.
orfelinato *(oRfayleenáhtoh)* m. orphanage.
orfeón *(oRfay/ón)* m. choral society.
orgánico *(oRgáhneekoh)* adj. organic(al).
organillo *(oRgahnéelyo)* m. barrel-organ, hurdy-gurdy.
organización *(oRgahneethathyón)* f. organization.
organizar *(oRgahneetháR)* tr. to organize.
órgano *(óRgahnoh)* m. organ.
orgía *(oRHéeah)* f. orgy.
orgullo *(oRgóolyoh)* m. pride.
orgulloso *(oRgoolyóhssoh)* adj. proud; haughty, conceited.
oriental *(ohryentáhl)* adj. oriental; eastern.
orientar *(ohryentáR)* tr. to orient(ate).
orientarse *(ohryentáRsay)* r. (fig.) to find one's bearings.
oriente *(ohryéntay)* m. east; ~ **Próximo**, Middle East.
orificio *(ohreeféethyoh)* m. orifice; hole.
origen *(ohréeHen)* m. origin.
original *(ohreeHeenáhl)* adj. original; odd.
originalidad *(ohreeHeenahleedáhd)* f. originality.
originar *(ohreeHeenáR)* tr. to originate.
originarse *(ohreeHeenáRsay)* r. to arise.
originario *(ohreeHeenáhryoh)* adj. originary, native.
orilla *(ohréelyah)* f. limit; border; bank, edge, shore.
orillar *(ohreelyáR)* tr. to border.
orín *(ohréen)* m. rust.
orina *(ohréenah)* f. urine; (fig.) water; (fam.) piss.
orinar *(ohreenáR)* intr. to urinate; (fam.) to piss.
oriundo *(ohryóondoh)* adj. native of.
ornamentar *(oRnahmentáR)* tr. to adorn, to ornate.
ornamento *(oRnahméntoh)* m. ornament.
ornitología *(oRneetohlohHéeah)* f. ornithology.
oro *(óhroh)* m. gold; money (fig.).
oropel *(ohrohpél)* m. tinsel; brass.
orquesta *(oRkéstah)* f. orchestra, dance-band.
ortiga *(oRtéegah)* f. *Bot.* nettle.
ortodoxia *(oRtohdóhksyah)* f. orthodoxy.
ortodoxo *(oRtohdóhksoh)* adj. ortodox.
ortografía *(oRtohgrahféeah)* f. orthography, spelling.
ortopedia *(oRtohpáydyah)* f. orthopedy.
oruga *(ohróogah)* f. *Bot.* rocket. *(Zool.)* caterpillar.
os *(oss)* pron. you; to you.
osa *(óhssah)* f. she-bear; ~ **Mayor**, Ursa Major; ~ **Menor**, Ursa Minor.
osadía *(ohsshadéeah)* f. boldness, audacity, daring.
osado *(ohssáhdoh)* adj. daring, bold.
osamenta *(ohssahméntah)* f. skeleton.
osar *(ohssáR)* intr. to dare.
oscilación *(osstheelahthyón)* f. oscillation.
oscilar *(osstheeláR)* intr. to oscillate.
oscurecer *(oskooraytháyR)* intr. to obscure; to darken.
oscuridad *(oskooreedáhd)* f. obscurity, darkeness.
oscuro *(oskóoroh)* adj. obscure; dark.

óseo *(óhssayoh)* adj. osseous; bony.
osezno *(ohssáythnoh)* m. bear cub.
osificarse *(ohsseefeekáRsay)* r. to ossify.
oso *(óhssoh)* m. bear.
ostensivo *(ostensséeboh)* adj. ostensive.
ostentación *(ostentahthyón)* f. ostentation, display.
ostentar *(ostentáR)* tr. to show.
ostentoso *(ostentóhssoh)* adj. showy, ostentatious.
ostra *(óstrah)* f. oyster, pl. oysters.
otear *(ohtayáR)* tr. to observe to scan, to watch.
otero *(ohtáyroh)* m. hill (ock), knoll.
otoñal *(ohtohnyál)* adj. autumnal.
otoño *(ohtóhnyoh)* m. autumn, fall (US).
otorgamiento *(ohtoRgahmyéntoh)* m. grant.
otorgar *(ohtoRgáR)* tr. to grant, to award; to draw up.
otro *(óhtroh)* adj. other, another.
ovación *(ohbahthyón)* f. ovation.
ovacionar *(ohbahthyonáR)* tr. to applaud.
óvalo *(óhbahloh)* m. oval.
ovario *(ohbáhryoh)* m. ovary.
oveja *(ohbáyHah)* f. sheep, ewe (female sheep).
óvulo *(óhboohloh)* m. ovule.
oxidar *(ohkssedáR)* tr. to oxidize, to rust.
óxido *(óhkseedoh)* m. oxide, rust.
oxigenar *(ohkseeHaynáR)* tr. to oxygenate.
oxígeno *(ohkséeHaynoh)* m. oxigen.
oyente *(ohyéntay)* m. listener.
ozono *(ohthónoh)* m. ozone; **capa de ~**, ozone layer.

P p

pabellón *(pahbaylyón)* m. pavilion, lodge, ensign (national flag).
pacer *(pahtáyR)* tr. to pasture, to graze.
pachorra *(pahchóhRah)* f. sluggishness.
paciencia *(pahthyénthyah)* f. patience.
paciente *(pahthyéntay)* m. y adj. patient.
pacificar *(pahtheefeekáR)* tr. to pacify, to calm down.
pacífico *(pahthéefeekoh)* adj. peaceful; m. Pacific (Ocean).
pacifismo *(pahtheeféessmoh)* m. pacifism.
pacifista *(patheeféestah)* adj. pacifist.
pactar *(pahktáR)* tr. to covenant; to pact.
pacto *(páhktoh)* m. pact.
padecer *(pahdaytháyR)* tr. to suffer.
padecimiento *(pahdaytheemyéntoh)* m. suffering.
padrastro *(pahdrástroh)* m. stepfather.
padre *(páhdray)* m. father.
padrenuestro *(pahdraynwéstroh)* Lord's prayer.
padrino *(pahdréenoh)* m. godfather; best-man.
padrón *(pahdrón)* m. census.
paella *(paháylyah)* f. paella.
paga *(páhgah)* f. pay(ment), wages.
pagadero *(pahgahdáyroh)* adj. due; payable.
pagado *(pahgáhdoh)* adj. paid.
pagador *(pahgahdóR)* m. paymaster.
pagano *(pahgáhnoh)* adj. heathen (ish), m. heathen, pagan.
pagar *(pahgáR)* tr. to pay.
pagaré *(pahgahráy)* m. promissory note; IOU.
página *(páhHeenah)* f. page; **~ web**, web site.
pago *(páhgoh)* m. payment.
pais *(pah:ées)* m. country; land.
paisaje *(pah/eessáhHay)* m. landscape, scenery.
paisana *(pah/eessáhnah)* f. countrywoman.
paisano *(pah/eessáhnoh)* m. civilian; countryman; adj. compatriot.

P

P

paja *(páHah)* f. straw.
pajar *(pahHáR)* m. strawloft; barn, hay-stack.
pajarera *(pahHahráyrah)* f. aviary.
pájaro *(pahHahroh)* m. *Orn.* bird; (vulg.), puff.
pajarraco *(pahHahRáhkoh)* m. large bird; sharper.
paje *(páhHay)* m. page, valet.
pala *(páhlah)* f. shovel, spade, (for children); paddle, racket.
palabra *(pahláhbrah)* f. word, promise.
palabrería *(pahlahbrayréeah)* f. small talk.
palaciego *(pahlahthyáygoh)* m. courtier.
palacio *(pahláhthyoh)* m. palace.
palada *(pahláhdah)* f. shovelful; *Naut.* oar stroke.
paladar *(pahlahdáR)* m. palate; taste.
paladear *(pahlahdayáR)* tr. to relish, to taste, to savour.
palanca *(pahláhnkah)* f. lever, handle.
palangana *(pahlahngáhnah)* f. wash-basin.
palco *(pálkoh)* m. *Theat. Box.* stand.
palenque *(pahlénkay)* m. palisade.
palero *(pahláyroh)* m. shoveller shovel-maker.
palestra *(pahléstrah)* f. wrestling court, palestra, ring.
paleta *(pahláytah)* f. fire-shovel, trowel, palette.
paleteada *(pahlaytáhdah)* f. trowelful
paleto *(pahláytoh)* m. rustic, churl; adj. rude, coarse.
palidecer *(pahleedaytháiR)* intr. to (grow) pale.
palidez *(pahleedéth)* f. paleness, pallor.
pálido *(páhleedoh)* adj. pallid, pale.
palillero *(pahleelyáyroh)* m. tooth-pick case.
palillo *(pahléelyoh)* m. toothpick; pl. castanets.
palique *(pahléekay)* m. chitchat.
paliza *(pahléethah)* f. cudgelling; beating, belting, caning.
palma *(páhlmah)* f. *Bot.* palm-tree; palm or flat of the hand.
palmada *(pahlmáhdah)* f. slap, clap.
palmear *(pahlmayaR)* tr. to clap.
palmera *(pahlmáyrah)* f. palm-tree.
palmeta *(pahlmáytah)* f. ferule; cane.
palmo *(páhlmoh)* m. span, measure (8 1/2 inches).
palmotear *(palhmohtayáR)* tr. to clap hands.
palo *(páhloh)* m. stick; cudgel, suit (cards); mast, suit.
paloma *(pahlóhmah)* f. dove, pigeon; (coll) pacifist.
palomar *(pahlohmáR)* m. pigeon-house, pigeon-hole.
palomino *(pahlohméenoh)* m. young pigeon.
palomo *(pahlóhmoh)* m. cock pigeon, dove.
palpable *(pahlpáhblay)* adj. palpable; obvious.
palpar *(pahlpáR)* tr. to grope, to feel.
palpitación *(pahlpeetahtyón)* f. palpitation, throbbing.
palpitar *(pahlpeetáR)* intr. to beat, to palpitate, to pant, to throb.
palúdico *(pahlóodeekoh)* adj. malarial.
palurdo *(pahlóoRdoh)* adj. y m. rustic, clownish daft.
pamplina *(pahmpléenah)* f. *Bot.* chichweed; (coll.) trifle.
pan *(pahn)* m. bread; loaf.
pana *(páhnah)* f. corduroy, breakdown.
panacea *(pahnahtháyah)* f. panacea.
panadería *(pahnahdayréeah)* f. bakery; baker's shop.
panadero *(pahnahdáyroh)* m. baker.
panel *(pahnáhl)* m. honeycomb.
panamericano *(pahnahmayreekáhnoh)* adj. Pan-American.
páncreas *(páhnkrayass)* m. *Anat.* pancreas.
panda *(pahndah)* m. panda.
pandero *(pahndáyroh)* m. tambourine.
pandilla *(pahndéelyah)* f. gang, band, bevy.
panecillo *(pahnaythéelyoh)* m. (French) roll, manchet.
paniagudo *(pahnyahgóodoh)* m. servant, retainer, underling.
pánico *(páhneekoh)* m. panic.
panorama *(pahnohráhmah)* m. panorama.
pantalón *(pahntahlóhn)* m. pant, trouser.

pantalones *(pahntahlóhness)* m. pl. pants, trousers; slacks (for woman).
pantalla *(pahntáhlyah)* f. screen, monitor, lampshade.
pantano *(pahntáhnoh)* m. swamp, reservoir.
pantanoso *(pahntahnóhssoh)* adj. swampy, marshy.
panteísmo *(pahntayéessmoh)* m. pantheism.
panteísta *(pahntay/éestah)* s. pantheist.
panteón *(pahntayón)* m. pantheon.
pantomima *(pahntohméehmah)* f. pantomime.
pantorrilla *(pahntoh***R***éelya)* f. calf (of the leg).
pantufla *(pahntóofla)* f. babouche, slipper.
panza *(páhnthah)* f. belly; paunch.
panzudo *(pahnthóodoh)* adj. big-bellied, pot-bellied.
pañal *(pahnyáhl)* m. (baby) nappin (A) diaper.
paño *(páhnyoh)* m. cloth, kitchen-cloth, **~s menores**, underclothes.
pañuelo *(pahnywáyloh)* m. handkerchief; scarf.
papá *(pahpáh)* m. Dad, daddy.
papa *(páhpah)* f. *Bot.* potato.
Papa *(Páhpah)* m. Pope.
papada *(pahpáhdah)* f. double chin.
Papado *(pahpáhdoh)* m. Popedom; papacy.
papagayo *(pahpahgáhyoh)* m. (poll) parrot.
papal *(pahpáhl)* adj. papal.
papanatas *(pahpahnáhtahss)* m. simpleton; ninny.
paparrucha *(pahpah***R***óochah)* f. humbug.
papel *(pahpáyl)* m. paper; *Theat.* role.
papeleo *(pahpayláyoh)* m. paper (coll.) "red tape".
papelera *(pahpayláyrah)* f. paper-case; (waste) paper-basket.
papelería *(pahpaylayréeah)* f. stationery, bookshop.
papeleta *(pahpayláytah)* f. slip of paper, chit, ticket.
paperas *(pahpáyrahss)* f. pl. mumps.
papilla *(pahpéelyah)* f. pap; (fig) deceit.
papista *(pahpéestah)* s. Papist; popish.
papo *(páhpoh)* m. double chin.
paquebote *(pahkaybóhtay)* m. *Naut.* packet-boat.
paquete *(pahkáytay)* m. pack(et), parcel, package.
par *(pá***R***)* adj. equal, even; m. pair, peer.
para *(páhra)* prep, for; to, in order to; toward.
parabién *(páhrahbyén)* m. congratulations.
parábola *(pahráhbohlah)* f. parable; parabola.
parabrisa *(pahrahbréessah)* m. wind-screen.
paracaídas *(pahrakah/éedahss)* m. parachute.
paracaidista *(pahrahkah/eedées-tah)* s. parachutist.
parada *(pahráhdah)* f. stop, halt, halting-place, stay; *Mil.* parade.
paradero *(pahráhdáyroh)* m. whereabouts, location.
parado *(pahráhdoh)* adj. spiritless, unemployed, stopped closed.
paradoja *(pahrahdóh***H***ah)* f. paradox.
parador *(pahrahdó***R***)* m. inn, hostel.
parafina *(pahrahféenah)* f. parafin(e).
paraguas *(pahráhgwass)* m. umbrella, brolly.
paraíso *(pahrah/éessoh)* m. paradise; *Theat.* "gods".
paralelo *(pahrahláyloh)* adj. y m. parallel.
parálisis *(pahráhleesseess)* f. paralysis.
paraje *(pahráh***H***ay)* m. place, spot.
paralítico *(pahrahléeteekoh)* adj. y m. paralytic(al).
paralizar *(pahrahleethá***R***)* tr. to paralyze, to paisy, to stop.
paramento *(pahrahméntoh)* m. ornament, trapping.
páramo *(páhrahmoh)* m. moor, waste-land.
parangón *(pahrahngón)* m. parangon, comparison.
parangonar *(pahrahngohná***R***)* tr. to compare.
paraninfo *(pahrahnéenfo)* m. paranymph, university hall.

P

parapetar *(pahrahpaytá**R**)* tr. to construct breast-works, to shelter behind a parapet.
parapeto *(pahrahpáytoh)* parapet; breastwork.
parar *(pahrá**R**)* to. to stop, to hold up; intr. to stop, to become, to put up, to halt.
pararrayos *(pahrah**R**áhyohs)* m. lightning-rod, light-conductor.
parásito *(pahráhsseetoh)* m. parasite; adj. parasitical.
parasol *(pahrahsól)* m. parasol; sunshade.
parcial *(po**R**thyáhl)* adj. partial; onesided, biased, partisan.
parcialidad *(pa**R**thyahleedáhd)* f. partiality, bias.
parco *(pá**R**koh)* adj. sparing, sober.
pardal *(pa**R**dáhl)* adj. rustic; m. *Orn.* sparrow.
pardo *(pá**R**doh)* adj. gray, grey, brown, dun.
pardusco *(pa**R**dóoskoh)* adj. grayish, greyish.
parecer *(pahraytháy**R**)* m. opinion; intr. to appear; to look.
parecerse *(pahraytháy**R**say)* r. to look like.
parecido *(pahraythéedoh)* adj. resembling; like; s. likeness.
pared *(pahréd)* f. wall.
paredón *(pahraydón)* m. thick wall.
pareja *(pahráy**H**ah)* f. pair, couple; partner, mate.
parejo *(pahráy**H**oh)* adj. equal.
parentela *(pahrayntáylah)* f. kin (dred); relations.
parentesco *(pahrayntáyskoh)* m. relationship.
paréntesis *(pahráyntaysseess)* f. parenthesis; *Print.* brackets.
paria *(páhryah)* m. pariah, outcast.
pariente *(pahryéntay)* s. relation.
parihuela *(pahreewáylah)* f. litter.
parir *(pahrée**R**)* tr. to bring forth; to bear, to give birth.
parlamentar *(pa**R**lahmentá**R**)* intr. *Mil.* to. parley.
parlamentario *(pa**R**lahmentáhryoh)* adj. parliamentary; m. member of parliament.
parlamento *(pa**R**lahméntoh)* m. parliament; (US) Congress; *Theat.* speech.
parlanchín *(pa**R**lahnchéen)* adj. garrulous, m. chattener, talkative.
parlar *(pa**R**lá**R**)* intr. to chatter.
parloteo *(pa**R**lohtáyoh)* m. prattle; talk, chat.
paro *(páhroh)* m. suspension, hold up, deadlock; ~ **obrero**, unemployment.
parodia *(pahróhdyah)* f. parody.
parpadear *(pa**R**pahdayá**R**)* intr. to wink, to blink.
párpado *(pá**R**pahdoh)* m. eyelid.
parque *(pá**R**kay)* m. park, paddock.
parquedad *(pa**R**kaydáhd)* f. parsimony.
parra *(pá**R**ah)* f. (grape-)vine.
párrafo *(páh**R**ahfoh)* m. paragraph.
parricida *(páh**R**eethéedah)* s. parricide; (father's) murderer.
parricidio *(páh**R**eethéedyoh)* m. parricide (murder).
parrilla *(pah**R**éelyah)* grill, grid (iron), broiled.
párroco *(páh**R**ohkoh)* m. parson.
parroquia *(pah**R**óhkyah)* f. parish; *Com.* patronage.
parroquial *(pah**R**ohkyáhl)* adj. parochial.
parroquiano *(pah**R**ohkyáhnoh)* m. parishioner; m. customer.
parsimonia *(pa**R**sseemóhnyah)* s. parsimony.
parte *(pá**R**tay)* f. part; share, party; pl. (coll.) the genitals; m. *Mil.* report.
partición *(pa**R**teethyón)* f. partition, division.
participación *(pa**R**teetheepahthyón)* f. participation; share.
participante *(pa**R**teetheepáhntay)* m. sharer, participant. *Sport,* competitor.
participar *(pa**R**teetheepá**R**)* intr. to participate; to take part, to share, to notify.
partícipe *(par**R**téetheepay)* adj. participant.
partícula *(pa**R**téekoolah)* f. particle.

particular *(paRteekooláR)* adj. particular, private; m. individual.
particularizar *(paRteekoolahreetháR)* tr. to particularize.
partida *(paRtéedah)* f. departure, entry; lot, game of cards.
partidario *(paRteedáhryoh)* m. partisan, follower.
partido *(paRtéedoh)* adj. divided, split; m. (political) party, side, utility. *Sport,* match.
partir *(paRtéeR)* tr. to divide; intr. to depart; to set out.
parto *(páRtoh)* childbirth, delivery, labor (US), labour (UK).
parturienta *(paRtooryéntah)* adj. y f. parturient.
párvulo *(páRbooloh)* adj. very small; s. child, a tot, preschool child.
pasa *(páhssah)* f. rilsin.
pasada *(pahssáhdah)* f. pass (age), turn.
pasadero *(pahssahdáyroh)* adj. supportable, pasable.
pasadizo *(pahssahdeéthoh)* m. alley, passage.
pasado *(pahssaáhdoh)* adj. past; stale; m. the past.
pasador *(pahssahdóR)* m. doorbolt, latch.
pasaje *(pahssáhHay)* m. passage), voyage; fare.
pasajero *(pahssahHáyroh)* adj. transient; m. passenger.
pasante *(pahssáhntay)* m. assistant of a lawyer; passer by.
pasaporte *(pahssahpóRtay)* m. passport.
pasar *(pahssáR)* tr. e intr. to pass, to transfer.
pasarela *(pahssahráylah),* f. gangway, footbridge.
pasarse *(pahssáRsay)* r. to become putrid; to exceed.
pasatiempo *(pahssahtyémpoh)* m. pastime, hobby.
pascua *(páhskwah)* f. Easter; passover.
pascual *(pahskwáhl)* adj. paschal.
pasear *(pahssayáR)* tr. e intr. to take a walk, to go for a ride.
paseo *(pahssáyoh)* m. walk, stroll; promenade.
pasillo *(pahsséelyoh)* m. hallway, corridor; aisle.
pasión *(pahssyón)* f. passion.
pasionaria *(pahssyohnáhryah)* f. *Bot.* passion-flower.
pasivo *(pahsséeboh)* adj. passive.
pasmar *(pahssmáR)* tr. to stupefy, to stun, to astound.
pasmarse *(pahssmáRsay)* r. to wonder, to be astonished.
pasmado *(pahssmáhdoh)* m. amazed, astounded.
pasmosa *(pahssmóhsah)* adj. amazing.
paso *(páhssoh)* m. pace; stop; gait; passage; transition.
pasquín *(pahskéen)* m. pesquin-(ade), lampoon.
pasta *(páhstah)* f. paste, dough.
pastar *(pahstáR)* intr. to pasture, to graze.
pastel *(pahstáyl)* m. pie; cake, pastry.
pastelería *(pahstaylayréeah)* f. confectionery.
pastelero *(pahstayláyroh)* m. confectioner.
pastilla *(pahstéelyah)* f. pill, tablet.
pasto *(páhstoh)* m. pasture (ground).
pastor *(pahstóR)* m. shepherd; pastor; clergyman.
pastoral *(pahstohráhl)* adj. y f. pastoral.
pastorear *(pahstohrayáR)* tr. to pasture.
pastoril *(pahstohréel)* adj. pastoral.
pastoso *(pahstóhsoh)* adj. doughy.
pata *(páhtah)* f. foot; leg (of animals); *Orn.* duck.
patada *(pahtáhdah)* f. kick.
patalear *(pahtahlayáR)* intr. to kick about.
pataleo *(pahtahláyoh)* m. stamping of feet.
pataleta *(pahtahláytah)* f. tantrum.
patán *(pahtáhn)* m. churl, kern.
patata *(pahtáhtah)* f. *Bot.* potato.
patatús *(pahtahtóoss)* m. fainting fit.
patear *(pahtayáR)* tr. e intr. to kick; to stamp the feet.
patentar *(pahtentáR)* tr. to patent.
patente *(pahtáyntay)* adj patent, f. patent.
patentizar *(pahtenteetháR)* tr. to evidence.
paternal *(pahtayRnáhl)* adj. paternal, fatherly.

P

P

paternidad *(pahtayRneedáhd)* f. fatherhood, paternity.
paterno *(pahtáyRnoh)* adj. paternal, fatherly.
patético *(pahtáyteekoh)* adj. pathetic; moving.
patíbulo *(pahtéebooloh)* m. gallows.
patilla *(pahtéelyah)* f. whiskers.
patín *(pahtéen)* m. skate; ~ **de ruedas**, roller-skate.
patinar *(pahteenáR)* intr. to skate, to roller skate.
patio *(páhtyoh)* m. courtyard.
patizambo *(pahteetháhmboh)* adj. (knock-kneed) bandylegged.
pato *(páhtoh)* s. duck; m. drake, **pagar el** ~, to pay the piper.
patología *(pahtohlohHéeah)* s. pathology.
patraña *(pahtráhnyah)* f. fake, humbug.
patria *(páhtryah)* f. hom(land), father-land.
patriarca *(pahtryáRkah)* m. patriarch.
patricio *(pahtréethyoh)* adj. and m. patrician.
patrimonio *(pahtreemóhnyoh)* m. patrimony.
patriota *(pahtryóhtah)* s. patriot.
patriótico *(pahtryóteekoh)* adj. patriotic.
patriotero *(pahtryohtáyroh)* adj. y m. chauvinist(ic).
patriotismo *(pahtryohtéessmoh)* m. patriotism.
patrocinar *(pahtrohtheenáR)* tr. to sponsor, to patronize.
patrocinio *(pahtrohthéenyoh)* m. patronage, sponsorship.
patrón *(pahtrón)* m. land-lord; *Com.* pattern; *Naut.* master, skipper.
patrona *(pahtróhnah)* f. patroness; hostess, land-lady.
patronato *(pahtrohnátoh)* m. patronage, trust, board.
patrono *(pahtróhnoh)* m. patron, employer.
patronímico *(pahtrohnéemeekoh)* adj. patronymic, (father's name).
patrulla *(pahtróolyah)* f. patrol.
patrullar *(pahtroolyáR)* tr. to patrol.
paulatino *(pah/oolahtéehnoh)* adj. gradual, progressive.
pausa *(páh/oossah)* f. pause, break.
pausado *(pah/oossáhdoh)* adj. slow, calm.
pauta *(páh/ootah)* f. guide, rule.
pava *(páhbah)* f. *Orn.* turkey-hen; **pelar la** ~, to coo, to flirt.
pavimentar *(pahbeementáR)* to pave.
pavimento *(pahbeeméntoh)* m. pavement, tiled floor.
pavo *(páhboh)* m. *Orn.* turkey. ~**real**, peacock.
pavonear *(pahbohnayáR)* intr. to show off.
pavor *(pahbóR)* m. terror; fear.
pavoroso *(pahbohróhsoh)* adj. frightful.
payaso *(pahyáhssoh)* m. clown.
payo *(páhyoh)* m. gawk, churl.
paz *(páhth)* f. peace; ease, rest.
peaje *(payáhHay)* m. toll.
peatón *(pay/atón)* m. pedestrian.
peca *(páykah)* f. freckle; spot.
pecado *(paykáhdoh)* m. sin.
pecador *(paykahdóR)* m. sinner.
pecaminoso *(paykahmeenóhsoh)* adj. sinful, unholy.
pecar *(paykáR)* intr. to sin.
pecera *(paytháyrah)* f. fish-globe, fish-bowl.
pecoso *(paykóhsoh)* adj. freckly.
peculiar *(paykoolyáR)* adj. peculiar.
peculiaridad *(paykoolyareedáhl)* f. peculiarity.
pecuniario *(paykoonyáhryoh)* adj. pecuniary.
pechera *(paycháyrah)* f. shirtfront.
pecho *(páychoh)* m. chest, breast, bosom, teat.
pechuga *(paychóogah)* f. breast (of a fowl).
pedagogía *(paydahgohHéeah)* f. pedagogy.
pedagógico *(paydahgóhHeekoh)* adj. pedagogical.
pedagogo *(paydahgóhgoh)* m. pedagogue.
pedal *(paydáhl)* m. treadle, pedal.
pedante *(paldáhntay)* adj. y s. pedant.
pedantería *(paydahntayréeah)* f. pedantry.

pedazo *(paydáhthoh)* m. piece, bit, chunk.
pedestal *(paydestáhl)* m. pedestal.
pedrestre *(paydéstray)* adj. pedestrian.
pedicuro *(paydeekóoroh)* m. chiropodist.
pedido *(paydéedoh)* m. *Com.* order.
pedir *(paydéeR)* tr. to ask (for). to beg; *Com.* to order.
pedo *(páydoh)* m. flatulence; (vulg.) fart.
pedrada *(paydrádah)* f. blowhit/ with a stone, throw of a stone, stone-trow.
pedregal *(paydraygáhl)* m. stony track, stony ground.
pedregoso *(paydraygóhsoh)* adj. stony.
pedrería *(paydrayréeah)* f. jewelry.
pedrisco *(paydréeskoh)* m. halitorn.
pega *(páygah)* f. joining, gluing, cementing products; (coll.) deceit, catch question, snag; **de ~**, sham.
pegadizo *(paygahdéethoh)* adj. sticky, contagious.
pegajoso *(paygahHóhsoh)* adj. sticky, clammy.
pegar *(paygáR)* tr. to cement; to glue; to beat.
pegarse *(paygáRsay)* r. to adhere; to fight.
pegote *(paygóhtay)* m. coarse patch; F. a. postiche.
peinado *(payeenáhdoh)* m. hair, dressing coiffure; adj. combed, hair-do.
peinar *(payeenáR)* tr. to comb; to dress the hair.
peine *(páynay)* m. comb.
peineta *(payeenáytah)* f. back-comb.
peladilla *(paylahdéelyah)* sugar coated almond.
pelado *(payláhdoh)* adj. hairless, bare(d); (coll.) kid.
peladura *(paylahdóorah)* f. plucking, peelings.
pelagatos *(paylahgáhtoss)* m. vagrant.
pelaje *(payláhHay)* m. fell, outward appearance.
pelambre *(payláhmbray)* f. hair.
pelar *(payláR)* tr. to cut the hair; to peel.
peldaño *(payldáhnyoh)* m. step; stair; ruhg.
pelea *(payláyah)* f. fight; quarrel.
pelear *(paylayáR)* tr. to fight; to quarrel.
pelearse *(paylayáRssay)* r. to acuffle, to quarrel.
pelele *(payláylay)* m. dummy; **~ (de niño)**, romper.
peletería *(paylaytayréeah)* f. furriery; fur-trade.
peletero *(paylaytéyroh)* m. furrier, skin-dealer.
peliagudo *(paylyahgóodoh)* adj. (fam.) arduous, awkward.
pelícano *(payléckahnoh)* m. *Orn.* pelican.
película *(payléekoolah)* f. film.
peligrar *(payleegráR)* intr. to peril.
peligro *(payléegroh)* m. danger; peril, hazard.
peligroso *(payleegróhssoh)* adj. dangerous, unsafe.
pellejo *(paylyáyHoh)* m. skin, rawhide.
pellizcar *(paylyéethkáR)* tr. to pinch, to tweak, to nip.
pellizco *(paylyéethkoh)* m. pinch.
pelma *(pélmah)* m. pest, bore.
pelmazo *(pelmáhthoh)* m. bore(r).
pelo *(páyloh)* m. hair; down, fell.
pelota *(paylóhtah)* f. ball, ball-game; (fig., vulg) **en ~s**, naked.
pelotazo *(paylohtáhthoh)* m. blow with a ball.
pelotilla *(paylohtéelyah)* f. pellet; (coll.) fawning.
pelotón *(paylohtón)* m. *Mil.* platoon; big ball.
peluca *(paylóokah)* f. wig; peruke.
peludo *(paylóodoh)* adj. hairy; shaggy; bushy.
peluquería *(paylookayréeah)* f. hair-dressers's shop.
peluquero *(paylookáyroh)* m. hair-dresser.
pelusa *(paylóossah)* f. down, fuzz.
pena *(páynah)* f. panalty, painfulness), grief, sorrow, woe.

P

P

penal *(paynáhl)* adj. penal; m. penitentiary.
penalidad *(paynahleedáhd)* f. penalty, punishment.
penar *(paynáR)* intr. to grieve; tr. to chastise, to punish.
pendencia *(payndaynthyah)* f. quarrel.
pendenciero *(payndaynthyayroh)* adj. quarrelsome.
pender *(payndayR)* intr. to hang.
pendiente *(payndyentay)* f. slope; declivity m. earring; adj. hanging precipitous.
penetración *(paynaytrahthyón)* f. penetration.
penetrante *(paynaytráhnthay)* adj. piercing.
penetrar *(paynaytráR)* tr. e intr. to penetrate.
península *(paynéenssoolah)* f. peninsula.
penique *(paynéekay)* m. penny.
penitencia *(payneetáynthyah)* f. penitence; penance.
penitenciaría *(payneetenhtyahréeah)* f. penitentiary.
penitente *(payneetáyntay)* adj. y m. penitent.
penoso *(paynóhssoh)* adj. painful.
pensado *(paynssahdoh)* adj. deliberate; **mal** ~, ill thinking, one-track-minded.
pensamiento *(paynssahmyéntoh)* m. thought; mind; *Bot.* pansy.
pensar *(paynssarR)* intr. to think.
pensativo *(paynssateeboh)* adj. pensive, thoughtful.
pensión *(paynssyon)* f. pension; annilty; boarding-house, board; digs.
pensionar *(paynssyohnaR)* tr. to retire.
pensionista *(paynssyoneestah)* s. boarder; lodger; pensioner.
pentágono *(payntáhgohnoh)* m. pentagon.
pentecostés *(payntaykosstayss)* m. pentecost, Whitsuntide.
penúltimo *(paynóolteemoh)* adj. penultimate, last but one.
penumbra *(paynóombrah)* f. half-light, penumbra, semi-darkness.
penuria *(paynóoryah)* f. penury, hardship.
peña *(páynyah)* f. rock; (fam.) group of friends.
peñasco *(paynyáhskoh)* m. big rock, boulder; fell; cliff.
peñascoso *(paynyahskóhssoh)* adj. rocky.
peñón *(páynyón)* m. rock.
peón *(payón)* m. (day) labourer, hand; man (in draughts), pawn (in chess).
peonaje *(payohnáhHay)* m. gang of labourers, peonage.
peonza *(payónthah)* f. (whipping)top.
peor *(payóR)* adj. y adv. worse; **el** ~, the worst.
pepino *(paypéenoh)* m. cucumber.
pepitoria *(paypeetóhryah)* f. giblet fricasseen; hodgepodge.
pequeñez *(paykaynyéth)* f. smallness.
pera *(páyrah)* f. pear.
peral *(payrahl)* m. *Bot.* pear tree.
percance *(payRkáhnthay)* m. mischance, mishap.
percatarse *(paykahtaRssay)* r. to notice.
percepción *(payRthaypthyón)* f. perception.
percibir *(payRtheebéeR)* tr. to perceive, to note, to sense.
percusión *(payRkoossyón)* f. percussion.
percha *(páyRchah)* f. perch; pole.
perder *(payRdáyR)* tr. to lose; to miss.
perderse *(payRdáRssay)* r. to go astray, to get/be lost.
perdición *(payRdeethyón)* f. ruin, loss, undoing, downfall.
pérdida *(páyRdeedah)* f. loss, damage.
perdidamente *(payRdeedahméntay)* adv. vehemently.
perdido *(payRdéedoh)* adj. lost.
perdigón *(payRdeegón)* m. *Orn.* young partridge, hall-shot, small-shot.
perdiguero *(payRdeegáyroh)* adj. y m. setter.
perdiz *(payRdeéth)* f. *Orn.* partridge.
perdón *(payRdón)* m. pardon.
perdonar *(payRdohnáR)* tr. to pardon; to forgive.
perdonavidas *(payRdohnahbéedahss)* m. (vulg.) bully.
perdulario *(payRdooláhryoh)* adj. perpetual.

perdurable *(payRdooráhblay)* adj. perpetual.
perdurar *(payRdooráR)* intr. to last (long), to endure.
parecer *(payraythayR)* intr. to perish, die.
perecerse *(payraytháyRssay)* r. to desire eagerly.
peregrinación *(payraygreen-ahthyón)* f. pilgrimage.
peregrinar *(payraygreenáR)* tr. to go on a pilgrimage.
peregrino *(payraygréenoh)* adj. strange; m. pilgrim.
perejil *(payreyHéel)* m. *Bot.* parsley.
perenne *(payráynnay)* adj. perennial.
perentoriedad *(payrayntohryay-dáhd)* f. peremptoriness.
perentorio *(payrayntóhryoh)* adj. urgent, fixed.
pereza *(peyráythah)* f. laziness; idieness.
perezoso *(payraythóhsoh)* adj. lazy, idie.
perfección *(payRfekthyón)* f. perfection.
perfeccionar *(payRfekthyohnáR)* tr. to perfect, to improve.
perfecto *(payRféktoh)* adj. perfect.
perfidia *(payRféedyah)* f. perfidy, treachery.
pérfido *(páyRfeedoh)* adj. perfidious.
perfil *(payRféel)* m. profile; out line.
perfilar *(payRfeelóR)* tr. to profile.
perforación *(payRfohrahthyón)* f. perforation; boring, drilling.
perfumar *(payRfoomáR)* tr. to perfume; to scent.
perfumería *(payRfoomayréeah)* f. perfmuer's shop.
pergamino *(payRgaméenoh)* m. parchment.
pericia *(payréethyah)* f. dexterity, skill.
perifrasear *(payreefrahsayáR)* tr. to periphrase.
perífrasis *(payréefrahseess)* f. periphrasis.
perilla *(payréelya)* f. knob; **de** ~, a propos.
perímetro *(payréemaytroh)* m. perimeter.
periódico *(payryóhdeekoh)* adj. periodical; m. newspaper, journal.
periodismo *(payryohdéessmoh)* m. journalism.
periodista *(payryohdéesstah)* s. journalist, newspaper-man, reporter.
período *(payréeohdoh)* m. period.
peripecia *(payreepáythyah)* f. incident.
peripuesto *(payreepwáystoh)* adj. (fam.) trig, spruce, elegant.
periscopio *(payreeskóhpyoh)* m. periscope.
perito *(payréetoh)* m. experienced m. expert; surveyor.
perjudicar *(payRHoodeekáR)* tr. to injure; to damage, to harm.
perjudicial *(payRHoodeethyál)* adj. perjudicial.
perjuicio *(payRHwéethyoh)* m. damage, harm, injury.
perjurar *(payRHooráR)* tr. to swear falsely, to perjure.
perjurio *(payRHóoryoh)* m. perjury.
perjuro *(payRHóoroh)* adj. perjured; forsworn; m. forswearer.
perla *(páyRlah)* f. pearl.
permanecer *(payRmahnaytháyR)* intr. to persist, to remain; to stay.
permanencia *(payRmahnáynthyah)* f. permanency.
permanente *(payRmahnéntay)* adj. permanent.
permisible *(payRmeesséeblay)* adj. permissible.
permiso *(payRméessoh)* m. permission, leave, permit.
permitir *(payRmeetéeR)* tr. to permit, to allow.
permuta *(payRmóotah)* f. barter, exchange.
permutar *(payRmootáR)* tr. to barter.
perno *(páyRnoh)* m. pin; bolt; spike.
pernoctar *(payRnoktáR)* intr. to pass the night.
pero *(páyroh)* conj. but; yet; except; m. defect.
perogrullada *(payrohgroolyádah)* f. truism, platitude.
perpendicular *(payRpayndee-kooláR)* adj. perpendicular.
perpetuar *(payRpaytwáR)* tr. to perpetuate.

P

P

perpetuidad *(payRpaytweedáhd)* f. perpetuity.
perpetuo *(payRpáytwoh)* adj. perpetual.
perplejidad *(payRplayHeedáhd)* f. perplexity.
perplejo *(payRpláyHoh)* adj. perplexed.
perra *(páyRah)* f. bitch, siut.
perrera *(payRáyrah)* f. kennel.
perrería *(payRayréeah)* f. pack of dogs; mean trick.
perro *(páyRoh)* m. dog.
perruno *(payRóonoh)* adj. doglike.
persecución *(payRssaykoothyón)* f. persecution.
perseguir *(payRssaygéeR)* tr. to pursue, to persecute.
perseverancia *(parRssaybayráhnthyah)* f. perseverance.
perseverar *(payRssaybayráR)* intr. to persevere, to persist.
persiana *(payRssyáhnah)* f. blinds.
persistencia *(payRssesténthyah)* f. persistence.
persistente *(payRsseestáyntay)* adj. persistent.
persistir *(payRsseestéeR)* intr. to persist.
persona *(payRssóhnah)* f. person.
personaje *(payRssohnáHay)* m. personage, character.
personal *(payRssohnáhl)* adj. personal, private.
personalidad *(payRssohnahleedáhd)* f. personality.
personificarse *(payRssohneefeekáRssay)* r. to report.
personificar *(payRssohneefeekáR)* tr. to personify.
perspectiva *(payRspayktéebah)* f. view, perspective.
perspicacia *(payRspeekáhthyah)* f. perspicacity, acumen.
perspicaz *(payRspeekáth)* adj. quick-sighted, acute.
persuadir *(payRswahdéeR)* tr. to persuade.
persuasión *(payRswahssyón)* f. persuasion.
persuasivo *(payRswahsséeboh)* adj. persuasive.
pertenecer *(payRtaynaytháyR)* intr. to belong.
pertenencia *(payRtaynénthyah)* f. belonging.
pértiga *(páyRteegah)* f. pole, rod, staff.
pertinacia *(payRteenáhthya)* f. obstinacy.
pertinaz *(payRteenáhth)* adj. obstinate.
pertinente *(payRteenéntay)* adj. relevant, appropriate.
pertrechar *(payRtraycháR)* tr. to supply.
pertrechos *(payRtráychoss)* m. pl. supplies; equipment.
perturbación *(payRtooRbahthyón)* f. perturbation.
perturbar *(payRtooRbáR)* tr. to unsettle, to disturb.
perversidad *(payRbayRseedáhd)* f. perversity.
perversión *(payRbayRssyón)* f. perversion.
perverso *(payRbáyRssoh)* adj. perverse.
pervertir *(payRbayRtéeR)* tr. to corrupt.
pesa *(páyssah)* f. weight.
pesadez *(payssahdayth)* f. heaviness.
pesadilla *(payssahdéelyah)* f. nightmare.
pesado *(payssáhdoh)* adj. heavy; weighty.
pesadumbre *(payssahdóombray)* f. grief sorrow.
pésame *(páysshmay)* m. condolence.
pesar *(payssáR)* m. sorrow, repentance; intr. to weigh, to prevail; tr. to weigh.
pesaroso *(payssahróhssoh)* adj. sorrowful, sorry.
pesca *(páysskah)* f. fishing; catch.
pescadera *(peskahdáyrah)* f. fishwoman.
pescadería *(paysskahdayréeah)* f. fish-market, fish-shop.
pescadero *(paysskahdáyroh)* m. fischmnonger.
pescado *(paysskáhdoh)* m. fish.
pescador *(paysskahdóR)* m. fisher (man), angler.
pescar *(payskáR)* to fish, to angle.
pescuezo *(payskwáythoh)* m. neck, scruff.
pesebre *(payssáybray)* m. crib, manger.

peseta *(payssáytah)* f. peseta, Spanish monetary unit.
pesimismo *(paysseméessmoh)* m. pessimism.
pesimista *(paysseeméesstah)* adj. pessimistic; s. pessimist.
pésimo *(páysseemoh)* adj. very bad.
peso *(páyssoh)* m. weight; load.
pesquería *(payskayreeah)* f. fishery.
pesquisa *(payskéessah)* f. inquiry.
pestaña *(paystáhnyah)* eye lash.
pestañear *(paystahnyayá**R**)* tr. to blink.
pestañeo *(paystahnyáyoh)* m. wink, blink.
peste *(paystay)* f. pest; plague.
pestilencia *(paysteelaynthya)* f. pest(ilence).
pestilente *(paysteelayntay)* adj. pestilent.
pestillo *(paystéelyoh)* m. bolt; latch.
petaca *(paytáhkah)* f. (cigarette) case, (drink) hip-flask.
pétalo *(páytahloh)* m. *Bot.* petal.
petardista *(paytaRdéesstah)* s. deceiver, cheat.
petardo *(paytáRdoh)* m. petard, fraud, swindle.
petición *(payteethyón)* f. petition.
petimetre *(payteemáytray)* m. fop; beau.
pétreo *(páytrayoh)* adj. stony; hard.
petrificar *(paytreefeeká**R**)* tr. to petrify.
petróleo *(paytróhlayoh)* n. petroleum.
petrolero *(paytrohláyroh)* m. oil-tanker.
petulancia *(paytoohláhnthyah)* f. petulance.
petulante *(paytoohláhntay)* adj. petulant.
pez *(payth)* m. fish; pitch, tar.
pezón *(paythón)* m. nipple, teat.
piadoso *(pyadóhssoh)* adj. pious.
piano *(pyahnoh)* f. piano-forte; ~ **de cola**, grand piano.
piar *(pya**R**)* intr. to chirp, to whine.
pica *(péekah)* f. bullfighter's goad; pike.
picacho *(peekáhchoh)* m. top, peak.
picada *(peekáhdah)* f. puncture.
picadero *(peekahdáyroh)* m. riding-shool.
picadillo *(peekahdéelyoh)* m. minced meat.
picado *(peekáhdoh)* adj. pricked, cross; m. minced meat; (aviation) (nose)dive.
picador *(peekahdó**R**)* m. (bullfight) picador.
picadura *(peekahdóorah)* f. bite, pricking, cut tobacco.
picante *(peekáhntay)* adj. stinging; hot; m. spice(ry).
picapedrero *(peekahpaydráyoh)* m. stone-cutter.
picaporte *(peekahpó**R**tay)* m. doorknocker.
picar *(peeká**R**)* tr. to prick; to sting; to puncture, to mince, to goad, to incite.
picarse *(peeká**R**ssay)* r. to take offense at.
picardía *(peeka**R**déeah)* f. cunning, knavery; roguery.
picaresco *(peekaréskoh)* adj. roguish, picaresque.
pícaro *(péekaroh)* adj. knavish; roguish; sly; m. rogue.
picatoste *(piikatóstay)* m. buttered toast.
picazón *(peekathon)* f. itch(ing), tingle.
pico *(péekoh)* m. *Orn.* beak; peak.
picota *(peekóhtah)* f. pillory.
picotear *(peekotoyá**R**)* tr. to peck.
pictórico *(peektohreekoh)* adj. pictorial.
pichón *(peechón)* m. young pigeon.
pie *(pyay)* m. foot; base.
piedad *(pyaydáhd)* f. mercy, piety.
piedra *(pyáydrah)* f. stone.
piel *(pyel)* skin, hide; peel.
pienso *(pyénbssoh)* m. feed; fodder.
pierna *(pyé**R**nah)* f. leg; limb.
pieza *(pyéthah)* f. piece; room.
pifia *(péefyah)* f. miscue, mishit; blunder.
pifiar *(peefyá**R**)* tr. to miscue.
pigmeo *(peekmáyoh)* adj. dwarfish; m. pigmy.
pijama *(pee**H**áhmah)* m. pyjamas.
pila *(péelah)* f. trough, pile, heap; *Elect.* pile, battery.
pilar *(peelá**R**)* m. pillar.
pilastra *(peeláhstrah)* f. pilaster.
píldora *(péeldorah)* f. pill.
pilotaje *(peelohtáh**H**ay)* m. *Naut.* pilotage.
piloto *(peelóhtoh)* m. pilot.

P

P

pillaje *(peelyáhHay)* m. pillage, plunder.
pillar *(peelyáR)* tr. to plunder.
pillo *(péelyoh)* adj. knavish; m. knave.
pimentón *(preemayntóhn)* m. ground pepper, paprika.
pimienta *(peemyéntah)* f. *Bot.* pepper.
pimiento *(peemyéntoh)* m. *Bot.* capsicum; red-peppers.
pimpinela *(peempeenáylah)* f. *Bot.* pimpernel.
pimpollo *(peempóhlyoh)* m. *Bot.* sprout.
pinar *(peenáR)* m. pine-forest.
pincel *(peenthayl)* m. paint-brush.
pincelada *(peenthayláhdah)* f. stroke (with a brush).
pinchar *(peencháR)* tr. to prik to puncture.
pinchazo *(peencháhthoh)* m. puncture; Med. prick, jab.
pinche *(péenchay)* m. scullion; kitchen-boy.
pincho *(péenchoh)* m. thorn, prickel.
pingajo *(peengáhHoh)* m. rag; tatter.
pingüe *(péengway)* adj. fat; greasy, plentiful.
pino *(péenoh)* m. *Bot.* pine, pine tree.
pinta *(péentah)* f. pint, spot, appearance; (coll.) looks.
pintado *(peentáhdoh)* adj. painted, just fit; **recién ~**, wet paint.
pintar *(peentáR)* tr. to paint.
pintarse *(peentáRssay)* r. to rouge, to make oneself up.
pintor *(peentóR)* m. painter; **~ de brocha gorda**, house painter.
pintora *(peentóhrah)* f. paintress.
pintoresco *(peentohrayskoh)* adj. picturesque.
pintura *(peentóohrah)* f. paining paint.
pinza *(péenthah)* f. damp, clip, nipper; pl. tongs, pilers.
piña *(péenyah)* f. pine-cone; cluster; **~ (tropical)**, pineapple.
piñón *(peenyón)* m. pinekernel; *Mech.* pinion.
pío *(péeoh)* adj. pious; devout.
piojo *(pyóhHoh)* m. louse.
piojoso *(pyohHoso)* adj. lousymean.
piorrea *(pyohRáyah)* f. pyorrhea.
pipa *(péepah)* f. tobacco-pipe.
piqueta *(peekáytah)* f. mattock.
pira *(péerah)* f. pyre; stake.
piragua *(peerágwah)* f. pirogue dugout, (log)canoe.
pirámide *(peeráhmeeday)* f. pyramid.
pirata *(peeráhtah)* m. y f. pirate; **~ aereo**, hijacker; (inform.) hacker.
piratear *(peerahtayáR)* intr. to pirate.
piratería *(peerahtayréeah)* f. piracy.
pirenaico *(peeraynáh/eekoh)* adj. Pyrenean.
piropear *(peerohpayaR)* tr. to say compliments.
piropo *(peeróhpoh)* m. compliment, flattery.
pirotecnia *(peerotéknyah)* f. pyrotechnics.
pirueta *(peerwáytah)* f. pirouette, summersault.
pisada *(peessáhdah)* f. footstep; footprint.
pisar *(peesáR)* tr. to tread.
piscina *(peesthéenah)* f. swimming pool; baths.
piso *(peessoh)* m. floor; flat.
pisotear *(peessotayáR)* tr. to trample on.
pisoteo *(peessohtáy/oh)* m. trampling, stamping.
pista *(péestah)* r. track; footprint; scent; trail; trace.
pistola *(peestóhlah)* f. pistol, gun.
pistolera *(peestohláyra)* f. holster.
pistolero *(peestohláyroh)* m. gunman, gangster.
pistón *(peestón)* m. piston.
pitar *(peetáR)* intr. to blow a whistle; (coll.) to work.
pitillo *(peetéelyoh)* m. cigarette, fag.
pito *(péetoh)* m. fifé, whistle; cate-call.
pitillera *(peeteelyárah)* f. cigarette-case.
pitonisa *(peetohneessah)* f. fortune-teller.
pizarra *(péetháRah)* f. slate; blackboard.
pizca *(péethkah)* f. mite; crumb; jot.
pizpireta *(peethpeeráytah)* adj. y f. brisk, lively, smart.
placa *(pláhkah)* f. plaque, plate.

pláceme *(pláhthayway)* m. congratulation.
placentero *(plahthayntáyroh)* adj. pleassant.
placer *(plahtháR)* m. pleasure; delight; tr. to please.
placidez *(plahtheedáyth)* f. placidity, calmness.
plácido *(pláhtheedoh)* adj. placid; calm.
plaga *(pláhgah)* f. plague; pest.
plagar *(plahgáR)* tr. to plague, to infest, to pester.
plagiar *(plahHyáR)* tr. to plagiarize.
plagio *(pláhHyoh)* m. plagiariem.
plan *(pláhn)* m. plan, project, scheme.
plana *(pláhnah)* f. page, plain.
plancha *(pláhnchah)* f. plate, sheet, (flat) iron; (coll.) blunder.
planchar *(plahncháR)* tr. to iron, (linen), to press.
planeta *(plahnáytah)* m. planet.
planetario *(plahnaytáhryoh)* m. planetarium.
planicie *(plahnéethyay)* f. plain.
plano *(pláhnoh)* adj. plain; m. plane.
planta *(pláhntah)* f. plan; plantation; sole of the foot; ~ **baja**, ground floor.
plantación *(plahntahthyón)* f. plantation, planting.
plantar *(plahtntáR)* tr. to plant.
plantarse *(plahntáRssay)* r. to stand upright; to put one's foot down, (coll.)
planteamiento *(plahntayahmyáyntoh)* m. planning.
plantear *(plahntayáR)* tr. to plan.
plantel *(plahntél)* f. staff, team.
plantilla *(plahntéelya)* pattern; insole, first sole; *Com.* staff.
plantón *(plahntón)* m. sprout; (coll.) long wait; **dar un** ~, to stand someone up.
plasmar *(plahssmáR)* tr. to mould.
plata *(pláhtah)* f. silver.
plataforma *(plahtahfóRmah)* f. platform.
plátano *(pláhtahnoh)* m. *Bot.* banana; plantain.
platea *(plahtáyah)* f. Theat. orchestra -pit, stall.
plateado *(plahtayáhdoh)* adj. y m. silver-plated.
platear *(plahtayáR)* tr. to plate.
platería *(plahtayréeah)* f. silversmith's shop.
platero *(plahtáyroh)* m. silversmith.
plática *(pláhteekah)* f. talk, chat.
platicar *(plahteekáR)* tr. to talk, to chat.
platillo *(plahtéelyoh)* m. saucer.
plato *(pláhtoh)* m. plate, dish, course (of meal); **~s preparados**, ready-made dishes.
playa *(pláhyah)* f. beach, shore.
plaza *(pláhthah)* f. square, place, market; (post.) town.
plazo *(pláhthoh)* m. period, term, time, respite, instalment.
pleamar *(playahmáR)* f. high water.
plebe *(pláybay)* f. common people, plebs, mob.
plebeyo *(playbáyyoh)* adj. plebeian; m. commoner.
plegable *(playgáhblay)* adj. folding, foldable.
plegadizo *(playgahdéehtoh)* adj. pliable, folding.
plegar *(playgáR)* tr. to fold.
plegaria *(playgráhryah)* f. prayer.
pleitear *(playtayáR)* tr. to plead, to litigate, (legal).
pleito *(pláytoh)* m. (law) suit, case.
plenario *(playháhryoh)* adj. plenary.
plenilunio *(playneelóonyoh)* m. full moon.
plenipotenciario *(playneepohtenthyáhryoh)* adj. y f. plenipotentiary.
plenitud *(playneetóod)* f. plenitude, fullness.
pleno *(pláynoh)* adj. full; m. plenum; **en** ~, whole, entire.
pliego *(plyégoh)* m. sheet of paper, folded paper.
pliegue *(plyégay)* m. fold, plait.
plomada *(plomáhdah)* f. plumb (-line) sounding-lead, sinker lead; dull person.
pluma *(plóomah)* f. feather; plume; pen.
plumaje *(ploomáhHay)* m. plumage.
plumífero *(plooméefayroh)* m. (poet.) feathered; m. (coll.) writer, clerk.
plumoso *(ploomóhssoh)* adj. feathery.

P

plural *(plooráhl)* adj. *Gram.* plural.
pluralidad *(ploorahleedáhd)* f. plurality.
plus *(plóos)* m. extra pay, plus.
población *(pohblahthyón)* f. population; town.
poblar *(pohbláR)* tr. to people, populate.
pobre *(póhbray)* adj. poor.
pobreza *(pohbráythah)* f. poverty, want, need.
pocilga *(pohthéelgah)* f. pigsty.
poco *(póhkoh)* adj. little; (pl.) few. m. a little; adv. little.
poda *(póhdah)* f. pruning; (season).
podadera *(pohdahdáyrah)* f. pruning-knife.
podar*(pohdáR)* tr. to prune, to trim.
poder *(pohdáyR)* m. power; might; tr. to be able.
poderío *(pohdayréeoh)* m. power.
poderoso *(pohdayróhssoh)* adj. powerful; potent, mighty.
podredumbre *(pohdraydóombray)* f. corruption, putrid matter, rot.
poema *(poh/áymah)* m. poem.
poesía *(poh/ayssséeah)* f. poetry, poesy; poem.
poeta *(poh/áytah)* s. poet.
poetastro *(poh/aytáhstroh)* m. poetaster.
poética *(poh/áyteekah)* f. poetry; poetics.
poético *(poh/áyteekoh)* adj.poetic(al).
poetisa *(poh/aytéessah)* f. poetess, poet.
poetizar *(poh/ayteetháR)* tr. to poetize.
polaco*(pohláhkoh)* adj. Polish; m. Pole.
polaina *(pohláh/eena)* f. legging.
polar *(pohláR)* adj. polar.
polea *(pohláyah)* f. pulley.
polémica *(pohláymeekah)* f. polemics, topic, controversy.
polémico *(pohláymeekoh)* adj. polemic(al).
polen *(póhlen)* m. *Bot.* pollen.
policía *(pohleethéeah)* f. police; cleanliness, police woman; m. policeman.
policíaco *(pohleethéeahkoh)* adj. police, detective (story).
polícromo *(pohléekrohmoh)* adj. polichrome.
poligamia *(pohleegahméeah)* f. poligamy.
polígamo *(pohléegahmoh)* m. polygamist.
políglota *(pohléeglohtah)* adj. polyglot.
polígono *(pohléegonoh)* m. polygon.
polilla *(pohléelyah)* f. moth.
politeísmo *(pohleetayéessmoh)* m. polytheism.
politeísta *(pohleetayéesstah)* s. polytheist.
política *(pohléeteekah)* f. politics, policy.
político *(pohléeteekoh)* adj. politic(al) "in law", civil, m. politician, statesman.
póliza *(póhleethah)* f. *Com.* policy check, tax stamp.
polizón *(pohleethón)* m. stowaway.
polla *(póhlyah)* f. pullet, young hen; (coll.) lass.
pollería *(pohlyayréeah)* f. poultry-shop.
pollino *(pohlyéenoh)* m. donkey.
pollo *(póhlyoh)* m. chicken; (coll.).
polluelo *(pohlywáyloh)* m. chick(en).
polo *(póhloh)* m. pole; (fig.) basis, polo (game).
polvareda *(polbahráydah)* f. cloud of dust.
polvo *(pólboh)* m. dust powder; pl. toilet powder.
polvoriento *(polbohryéntoh)* adj. dusty.
polvorín *(polbohréen)* m. powder magazine.
pomada *(pohmáhdah)* f. pomade, ointment.
pomelo*(pohmáyloh)* m. grapefruit.
pomo *(póhmoh)* m. pome, pommel; ~ **de puerta** door knob.
pompa *(pómpah)* s. pomp; vanity; bubble; pageantry.
pomposo *(pompóhssoh)* adj. pompous; (coll.) swelled.
ponche*(pónchay)* m. punch.
ponchera *(poncháyrah)* f. punch bowl.
ponderación *(pondayrahthyón)* f. weighing, pondering.

ponderar *(pondayráR)* tr. to ponder, to weight (in one's head).
ponedero *(pohnaydáyroh)* adj. egg-laying, layer (hen); m. hen's nest.
poner *(pohnáyR)* tr. to lay (eggs); to set to put place.
ponerse *(pohnáyRssay)* r. to apply oneself to, to put on, to get.
poniente *(pohnyéntay)* m. west(wind).
pontificado *(ponteefeekáhdoh)* m. pontificate.
pontifical *(ponteefeekáhl)* adj. pontifical.
pontífice *(pontéefeethay)* m. pontiff.
pontificio *(ponteeféethyoh)* adj. pontifical.
pontón *(pontón)* m. pontoon.
ponzoña *(ponthóhnyah)* f. poison, venom.
ponzoñoso *(ponthohnyóhssoh)* adj. poisonous, venomous.
popa *(póhpah)* f. *Naut.* poop; stern; **a ~**, aft, abaft.
populacho *(pohpooláhchoh)* m. populace: mob.
popular *(pohpooláR)* adj. popular.
popularidad *(pohpooláhreedáhd)* f. popularity.
popularizar *(pohpoolahreetháR)* tr. to popularize.
poquito *(pohkéetoh)* m. a little, bit.
por *(póR)* prep, by, through, for, across, about, at.
porcelana *(poRthayláhnnah)* f. porcelain.
porcentaje *(poRthayntáhHay)* m. percentage.
porción *(poRthyón)* f. part; portion.
porche *(póRchay)* m. porch, arcade.
pordiosero *(poRdyonssáyroh)* m. beggar.
porfía *(poRféeah)* f. stubbornness.
porfiado *(poRfeeáhdoh)* adj. obstinate.
porfiar *(poRfeeáR)* tr. to persist.
pórfido *(póRfeedoh)* m. prophyry; jaspor.
pormenor *(poRmaynóR)* m. detail; item; pl. details.
pornografía *(poRnongranféeah)* f. pornograph(y).
pornográfico *(poRnohgráhfeekoh)* adj. pornographic.
poro *(póhroh)* m. pore.
porosidad *(pohrohsseedáhd)* f. porosity.
poroso *(pohróhssoh)* adj. porous.
porque *(póRkay)* conj. because.
porqué *(poRkáy)* m. (fam.) the why.
porquería *(poRkcayRéeah)* f. filth.
porqueriza *(poRkcayréetnah)* f. hog-sty, pig-sty.
porra *(póhRah)* f. club, truncheon.
porrada *(pohRáhdah)* f. blow; (coll.) a lot.
porraza *(pohRáhthoh)* m. blow, bang.
porro *(póhRoh)* m. leek; dull, stupid.
porrón *(pohRón)* m. wine flask (with a long spout).
portada *(poRtáhdah)* f. portal; title-page, front-page.
portador *(poRfandóR)* m. carrier. *Com.* bearer.
portal *(poRtáhl)* m. porch; front-door, entrance.
portalámparas *(poRtahlámpahrahss)* m. lamp-holder.
portamonedas *(poRtahmohnéydahss)* m. purse.
portar *(poRtáR)* tr. to carry.
portarse *(poRtáRssay)* r. to behave.
portátil *(poRtáhteel)* adj. portable.
portavoz *(poRtahbóth)* m. spokesperson.
portazo *(poRtáhthoh)* m. slam (with a door).
porte *(póRtay)* m. (cost of) carriage; freight deportment.
portento *(poRtáyntoh)* m. portent.
portentoso *(poRtayntóhssoh)* adj. prodigious.
portería *(poRtayréeah)* f. porter's lodge, goal (in football).
portero *(poRtáyroh)* m. door-keeper, gate-keeper.
portezuela *(poRtaythwáylah)* f. little door.
pórtico *(póRteekoh)* m. portico.
portorriqueño *(poRtohReekáynyoh)* adj. Porto Rican.
porvenir *(poRbaynéeR)* m. (fam.) future.

P

P

pos *(poss)* adv. **en** ~, after.
posada *(pohssáhdah)* f. inn, lodging-house, guest-house.
posadera *(pohssahdáyrah)* f. hostess, landlady.
posaderas *(pohssahdáyrahss)* f. pl. buttocks.
posadero *(pohssahdáyroh)* m. innkeeper, landlord.
posar *(pohssá**R**)* tr. to lay down, a burden; intr. to lodge, to rest.
posarse *(pohssá**R**ssay)* r. to alight upon, to perch.
posdata *(possdáhtah)* f. postscript.
poseedor *(pohssaydó**R**)* m. owner.
poseer *(porjssay:áy**R**)* to possess; to own.
poseído *(pohssayéedoh)* adj. possessed.
posesión *(pohssayssyón)* f. possession, ownership.
posesivo *(pohssaysséeboh)* adj. possessive.
posibilidad *(pohsseebeeleedáhd)* f. possibility, likelihood.
posibilitar *(pohseebeeleetá**R**)* tr. to make possible, to facilitate.
posible *(pohsséeblay)* adj. possible, likeable, feasible.
posición *(pohsseethyón)* f. position, situation.
positivo *(pohsseetéeboh)* adj. positive, sure.
poso *(póhssoh)* m. sediment; dregs.
posponer*(pospohnáy**R**)* tr. to postpone, to put off.
postal *(postáhl)* adj. postal; f. postcard.
poste *(póstay)* m. post, pillar.
postergar *(postay**R**gá**R**)* tr. to postpone.
posteridad *(postayreedáhd)* f. posterity.
posterior *(postayró**R**)* adj. posterior.
postigo *(postéegoh)* m. wicket.
postín *(postéen)* m. (coll.) dash; **de** ~, showy, posh.
postizo *(postéethoh)* adj. artificial, sham; m. switch.
postración *(postrahthyón)* f. postration.
postrar *(postrá**R**)* tr. to postrate, to humble.
postre *(póstray)* m. dessert.
postrero(*postráyroh)* adj. hin-dermost.
postulación *(postoolahthyón)* f. postulation, collection.
postulado *(postooláhdoh)* m. postulate.
postular *(postoolá**R**)* tr. to collect, to postulate.
póstumo *(póstoomoh)* adj. posthumous.
postura *(postóorah)* f. position, stake (in betting), laying.
potage *(pohfáh**H**ay)* m. pottage, mixture; pl. vegetables.
potable *(pohtáhblay)* adj. potable, drinkable.
pote *(póhtay)* m. pot, jar.
potencia *(pohtáynthya)* f. power, misht.
potentado *(pohtayntáhdoh)* m. potentate.
potente *(pohtáyntay)* adj. potent; mighty.
potestad *(pohtaystáhd)* f. power; jurisdiction.
potestativo *(pohtaystahtéeboh)* adj. facultive, optional.
potranca *(pohtráhnkah)* f. youngmare, filly.
potro *(pohtroh)* m. colt; foal; rack.
pozo *(póhthoh)* m. well; pit.
práctica *(práhkteekah)* f. practice.
practicante *(prahkteekáhntay)* adj. practising; m. doctor's assistant, distrid-nurse.
practicar *(prahkteeká**R**)* tr. to practise, to drill.
práctico *(práhkteekoh)* adj. practical, skilful; m. *Naut.* pilot.
pradera *(prahdáyrah)* f. prairie.
prado *(práhdoh)* m. meadow.
preámbulo *(prayáhmbooloh)* m. preamble.
prebenda *(praybéndah)* f. prebend.
precario *(praykáhryoh)* adj. precarious.
precaución *(praykah/oothyón)* f. (pre)caution, heedfulness, care.
precaver *(praykahbáy**R**)* tr. to provide for.
precaverse *(praykahbáy**R**ssay)* r. to be on one's guard.

precedencia *(praythaydénthyah)* f. precedence.
precedente *(praythaydéntay)* adj. y m. precedent.
preceder *(praythaydayR)* tr. to precede, to before/in front.
preceptivo *(praytheptéeboh)* adj. preceptive.
precepto *(praythéptoh)* m. precept.
preceptor *(praytheptóR)* s. master; preceptor.
preces *(práythess)* f. pl. prayers.
preciado *(praythyódoh)* adj. valued, esteemed.
preciar *(praythryáR)* tr. to value.
preciarse *(praytháRssay)* r. to boast, to claim to be/have.
precintar *(praytheentáR)* tr. to strap, to seal.
precio *(práythyoh)* m. price; cost.
preciosidad *(praythyohsseedáhd)* f. preciousness.
precioso *(praythyóhssoh)* adj. precious, pretty.
precipicio *(praytheepéethyoh)* m. precipice.
precipitación *(praytheepeetahthyón)* f. precipitation; hurry, haste.
precipitado *(praytheepeetáhdoh)* adj. sudden, hasty.
precipitar *(praytheepeetáR)* tr. to precipitate, to plunge.
precipitarse *(praytheepeetáRssay)* r. to haste, to rush.
precisar *(praytheessáR)* tr. to specify, to need, to require.
precisión *(praytheessyón)* f. necessity, preciseness, accuracy.
preciso *(praytheessoh)* adj. necessary, accurate.
precitado *(praytheetáhdoh)* adj. aforesaid, quoted above.
preclaro *(prayklάhroh)* adj. illustrious.
precocidad *(praykohteedáhd)* f. precocity.
preconizar *(praykohneethaR)* tr. to preconize; to proclaim.
precoz *(praykoth)* adj. precocious.
precursor *(praykooRssóR)* m. harbinger, precursor, pioneer.
predecesor *(praydaythayssóR)* m. predecessor.
predecir *(praydaythéeR)* tr. to foretell, to predict.
predestinación *(praydesteenahthyón)* f. predestination.
predestinado *(praydesteenáhdoh)* m. predestinate.
predestinar *(praydesteenáR)* tr. to predestin(at)e.
predicación *(praydeekahthyón)* f. preaching; sermon.
predicador *(praydeekahdóR)* m. preacher.
predicar *(praydeekáR)* tr. to preach.
predicción *(praydeekthyón)* f. prediction.
predilección *(praydeelekthyon)* f. predilection.
predilecto *(praydeeléktoh)* adj. favourite, preferred.
predisponer *(praydeespohnáyR)* tr. to predispose.
predisposición *(praydesspohseethyón)* f. predisposition.
predominio *(praydohméenyoh)* m. predominance.
preexistir *(prayaykseessteeR)* intr. to preexist.
prefabricar *(prayfahbreekáR)* tr. prefabricate.
prefacio *(prayfáhthyoh)* m. preface.
prefecto *(prayféktoh)* m. prefect.
preferencia *(prayfayrénthyah)* f. preference.
preferible *(prayfayréeblay)* adj. preferable.
preferir *(prayfayréeR)* tr. to prefer, to choose.
prefijo *(prayféeHoh)* m. *Gram.* prefix.
pregón *(praygón)* m. publication.
pregonar *(praygohnáR)* tr. to proclaim.
pregunta *(praygóontah)* f. question; query.
preguntar *(praygroontáR)* tr. to ask, to query.
prehistórico *(prayeessthoreekoh)* adj. prehistoric.
prejuicio *(prayHwéethyoh)* m. prejudgment, bias, prejudice.
prejuzgar *(prayHoothgáR)* tr. to prejudge.
prelado *(prayláhdoh)* m. prelate.
preliminar *(prayleemeenáR)* adj. preliminary.

P

P

preludio *(praylóodyoh)* m. prelude.
prematuro *(praymahtóoroh)* adj. premature; precocious.
premeditación *(praymaydeetah-tyón)* f. premeditation; forethought.
premeditar *(praymaydeetá***R***)* tr. to premeditate.
premiar *(praymyá***R***)* tr. to reward.
premio *(práymyoh)* m. reward, prize; bonus.
premioso *(praymyóhssoh)* adj. tight, close, burdensome, urgent.
premisa *(prayméessoah)* f. premise; mark.
premura *(praymóorah)* f. urgency.
prenda *(préndah)* f. pledge; token, pawn; garment; pl. endowments.
prendar *(prendá***R***)* tr. to pledge, to pawn; to charm.
prendarse *(prendá***R***ssay)* r. to take a fance to.
prender *(prendáy***R***)* tr. to seize, to pin; to arrest.
prendería *(prendayréeah)* f. frippery.
prendimiento *(prendeemyéntoh)* m. seizure, capture.
prensa *(prénssah)* f. press, (dally) press, journalism.
prensar *(prenssá***R***)* to press, to crush.
preñada *(praynyáhdah)* adj. y f. pregnant, enceinte; full; (coll.) in the family way.
preñado *(praynyáhdoh)* adj. full
preocupación *(prayohkoopahthyón)* f. preocupation, worry.
preocupar *(prayohkoopá***R***)* tr. to preoccupy, to worry; to concern.
preparación *(praypahrahthyón)* f. preparation.
preparar *(praypahrá***R***)* tr. to prepare, to arrange; to get something ready.
prepararse *(praypahrá***R***ssay)* r. to get ready.
preparativo *(praypahrahtéeboh)* m. preparation, arrangement.
preparatorio *(praypahrohtóhryoh)* adj. preparatory, introductory.
preponderancia *(praypondayráhn-theeah)* f. preponderance.
preponderar *(praypondayrá***R***)* intr. to prevail.
preposición *(praypossithyón)* f. Gram. preposition.
prerrogativa *(pray***R***ogahtéebah)* f. prerrogative; privilege.
presa *(práyssah)* f. capture; catch, prey; dam.
presagiar *(prayssah***H***yá***R***)* tr. to prophesy, to augur.
presagio *(prayssá***H***yoh)* m. presage, omen, augury.
presbiteriano *(pressbeetayryáh-noh)* adj. y m. Presbyterian.
presbítero *(pressbéetayroh)* m. presbyter; priest.
prescindir *(presstheendée***R***)* tr. to leave aside, to do without.
prescribir *(preskreebée***R***)* tr. to prescribe; intr. to lapse.
prescripción *(preskreepthyón)* f. prescription.
presencia *(prayssénthyah)* f. presence, port.
presenciar *(prayssenthyá***R***)* intr. to witness, to watch.
presentar *(prayssentá***R***)* tr. to present, to submit.
presente *(prayssántay)* m. gift; present; adj. present, instant.
presentimiento *(prayssenteemyén-toh)* m. presentiment, misgiving, feeling.
presentir *(prayssentée***R***)* tr. to have a presentiment of.
preservación *(prayssay***R***bahthyón)* f. preservation.
preservar *(prayssay***R***báh***R***)* tr. to preserve.
preservativo *(prayssa***R***bahtéeboh)* m. y adj. preservative, protective, condom.
presidencia *(prayseedénthyah)* f. presidentship; presidency, chairmanship.
presidente *(praysseedéntay)* m. president, chairman.
presidiario *(praysseedyáhryoh)* m. convict.
presidio *(prayséedyoh)* m. prison, penitentiary, garrison, fortress.
presidir *(praysseedée***R***)* tr. to preside (over).

presión *(prayssyón)* f. pressure.
preso *(práyssoh)* m. prisoner; adj. imprisoned.
prestación *(prestahthyón)* f. loan, lending; contribution.
prestamista *(prestahméestah)* s. (money) lender, pawn-broker.
préstamo *(préstahmoh)* m. loan.
prestar *(prestá**R**)* tr. to lend; to loan, to borrow.
prestarse *(prestá**R**ssay)* r. to offer or lend oneself.
presteza *(prestáythah)* f. quickness.
prestidigitación *(presteedee**H**eetahthyón)* f. juggling.
prestidigitador *(pressteedee**H**eetahdó**R**)* m. juggler.
prestigio *(prestée**H**yoh)* m. prestige, standing.
prestigioso *(prestee**H**yóhssoh)* adj. famous, eminent.
presto *(préstoh)* adj. quick, swift; adv. soon, promptly.
presumido *(prayssooméedoh)* adj. conceited.
presumir *(prayssoomée**R**)* to presume; intr. to show off.
presunción *(prayssoonthyón)* f. presumption, vanity.
presunto *(prayssóontoh)* adj. presumed, apparent.
presuponer *(prayssooponáy**R**)* tr. to presuppose.
presupuesto *(prayssoopwáystoh)* m. motive; budget; estimate.
presuroso *(prayssooróhssoh)* adj. hasty, quick.
pretender *(praytendáy**R**)* tr. to pretend, to claim.
pretendiente *(praytenadyéntay)* m. candidate, suitor.
pretensión *(praytenssyón)* f. pretension; claim.
pretexto *(praytékstoh)* m. pretext.
prevalecer *(praybaylaytháy**R**)* intr. to prevail; to autshine.
prevención *(praybenthyón)* f. prevention, caution.
prevenido *(praybaynédoh)* adj. cautious, careful, provident.
prevenir *(praybaynée**R**)* tr. to (pre)arrange, to (fore)wam, to caution, to prevent.
preventivo *(praybentéeboh)* adj. preventive.
prever *(praybáy**R**)* tr. to foresee.
previo *(práybyoh)* adj. previous
previsión *(praybeessyón)* f. foresight, forethought.
previsor *(praybeessó**R**)* m. foreseer, far-sighted.
prieto *(pryáytoh)* adj. compressed.
prima *(préemah)* f. premium, (rel.) cousin, **materia ~**, raw material.
primacía *(premahtéeah)* f. priority, primacy.
primario *(preemáhryoh)* adj. primary.
primavera *(preemahbáyrah)* s. spring(time).
primaveral *(preemahbayráhl)* adj. spring(like).
primer *(preemáy**R**)* adj. first.
primero *(preemáyroh)* adj. first; adv. at first.
primitivo *(preemeetéeboh)* adj. primitive.
primo *(préemoh)* adj. first; m. cousin; (coll.) simpleton.
primor *(preemó**R**)* m. beauty, dexterity.
primordial *(preemo**R**dyáhl)* adj. primordial.
primoroso *(preemoh**R**óhssoh)* adj. fine, exquisite, delicate; skillful.
princesa *(preentháysaah)* f. princess.
principado *(preentheepáhdoh)* m. princedom; principality.
principal *(preentheepáhl)* adj. principal, main, chief; m. first floor; chief.
príncipe *(préentheepay)* m. prince.
principesco *(preentheepéskoh)* adj. princely.
principiante *(preentheepyáhntay)* m. learner; beginner.
principiar *(preentheepyá**R**)* tr. to commence; to begin, to start.
principio *(preenthéepyoh)* m. beginning, start, commencement; principle.

P

P

pringar *(preengáR)* tr. to baste; to grease.
pringoso *(preengóhssoh)* adj. greasy; (coll.) grimy.
prior *(pryóR)* m. prior.
prioridad *(pryohreedáhd)* f. priority.
prisa *(préessah)* f. haste, hurry, rush.
prisión *(preessyón)* f. prison jail.
prisionero *(preessyohnáyroh)* m. prisoner.
privación *(preebahthyón)* f. privation.
privado *(preebáhdoh)* adj. private; privy; m. favourite.
privar *(preebáR)* tr. to deprive; intr. to rule, to deprive.
privativo *(preebahtéeboh)* adj. privative, exclusive.
privilegiado *(preebeelayHyádoh)* adj. grifted.
privilegiar *(preebeelayHyáR)* tr. to (grant a) privilege.
privilegio *(preebeeláyHyo)* m. privilege.
pro *(proh)* m. profit; benefit; **en** ~, for the benefit of, favour of.
proa *(próh/ah)* f. *Naut.* bow, prow, stem.
probabilidad *(prohbahbeeleedáhd)* f. probability; likelihodd.
probable *(prohbáhblay)* adj. probable; likely, probably.
probadura *(prohbahdóorah)* f. test; trial; fitting.
probar *(prohbáR)* tr. to try, to test; to try on; to prove; to taste.
problema *(prohbláymah)* m. problem, trouble.
problemático *(probhblaymáhteekoh)* adj. problematic(al).
procacidad *(prohkahtheedáhd)* f. impudence, petulance.
procaz *(prohkáhth)* adj. impudent, insolent, saucy.
procedencia *(prohthaydénthyah)* f. origin, source.
proceder *(prohthaydáyR)* m. behaviour; intr. to proceed, to behave.
procedimiento *(prohthaydeemyéntoh)* m. procedure, method.
procesado *(prohthayssáhdoh)* adj. prosecuted.
procesal *(prohthayssáhl)* adj. processal.
procesar *(prohthayssáR)* tr. to process.
procesión *(prohthayssyón)* f. procession.
proceso *(prohtháyssoh)* m. process; progress; (Law) trial, proceedings.
proclama *(prohkláhmah)* f. proclamation.
proclamar *(prohklahmáR)* tr. to proclaim.
procreación *(prohkrayahthyón)* f. procreation; generation.
procrear *(prohkrayáR)* f. procreate.
procura *(prohkóorah)* f. power of attorney.
procurador *(prohkoorahdóR)* m. (law) attorney-at-law, solicitor.
procurar *(prohkooráR)* tr. to solicit; to try.
prodigalidad *(prohdeegahleedáhd)* f. prodigality.
prodigar *(prohdeegáR)* tr. to lavish.
prodigio *(prohdéeHyoh)* m. prodigy; wonder, marvel.
prodigioso *(prohdeeHyóhssoh)* adj. prodigious; marvellous.
pródigo *(próhdeegoh)* adj. prodigal, wasteful; generous.
producción *(prohdookthyón)* f. product(ion), output.
producir *(prohdooktheéR)* tr to produce.
productivo *(prohdooktéeboh)* adj. productive.
producto *(prohdóoktoh)* m. product, output.
proeza *(proh/áythah)* f. prowess.
profanación *(prohfahnahthyón)* f. profanation.
profanar *(prohfahnáR)* tr. to profane.
profano *(prohfáhnoh)* adj. profane; lay.
profecía *(prohfaythéeah)* f. prophecy, prediction.
proferir *(prohfayréeR)* tr. to utter, pronounce.
profesar *(prohfayssáR)* tr. to profess.

profesión *(prohfayssyón)* f. profession; trade.
profeso *(prohfáyssoh)* adj. professed.
profesor*(prohfayssóR)* m. teacher, professor.
profeta *(prohfáytah)* s. prophet.
profético *(prohfáyteekoh)* adj. prophetic(al).
profetizar *(prohfayteetháR)* tr. to prophesy; to foretell.
profiláctico *(prohfeeláhkteekoh)* adj. prophilactic; preventive.
prófugo*(próhfoogoh)* adj. fugitive, deserter; *Mil.* shirker.
profundidad *(prohfoondeedáhd)* f. profundity; depth.
profundizar *(prohfoondeetháR)* tr. to deepen.
profundo *(prohfóondoh)* adj. deep.
profusión *(proh/foossyón)* f. profusion.
progenie *(prohHáynyay)* f. progeny.
progenitor *(prohHayneetóR)* m. progenitor, forefather, ancestor.
programa *(prohgráhmah)* m. program(me), scheme.
progresar *(prohgrayssáR)* intr. to progress, to advance, to get on.
progresión *(prohgrayssyón)* f. progession, progress, advancement.
progresivo *(prohgrayséeboh)* adj. progressive.
progreso *(prohgróyssoh)* m. progress, growth, advance.
prohibición *(proh/eebeethyón)* f. prohibition; veto, ban.
prohibir *(proh/eebéeR)* tr. to prohibit, to forbid, to ban.
prójimo*(prohHeemoh)* m. fellowmen; neighbour.
prole*(próh/lay)* f. issue; offspring.
proletario *(proh/laytáhryoh)* adj. proletarian.
prolífico *(proléefeekoh)* adj. prolific, productive.
prolijo *(prohleeHoh)* adj. prolix, tedious, verbose.
prólogo*(próhlohgoh)* m. prologue, preface, introduction.
prolongación *(prohlongahthyón)* f. prolongation, extension, continuation.
prolongar *(prohlongáR)* tr. to prolong; to extend.
promedio *(prohmaydyoh)* m. middle, midpoint; average; rate.
promesa *(prohmáyssah)* f. promise, pledge, offering.
prometer *(prohmaytayR)* tr. to promise, to get engaged (for marriage).
prometido *(prohmaytéedoh)* m. betrothed; promised, offered.
prominencia *(prohmeenaynthya)* f. prominence, swell, knoll.
prominente*(prohimeenayntay)*adj. prominent, out-standing.
promiscuo *(prohmeeskwoh)* adj. promiscuous.
promoción *(prohmohthyón)* f. promotion, advancement.
promontorio *(prohmontóhryoh)* m. promontory; headland.
promotor *(prohmohtóR)* m. promoter, furtherer, backer.
promover *(prohmohbayR)* tr. to promote; to advance; to forward.
promulgación*(prohmoolgahthyón)* f. promulgation.
promulgar*(prohmoolgáR)* tr. to promulgate; to publish, proclaim.
pronombre *(prohnómbray)* m. *Gram.* pronoun.
pronosticar *(prohnosteekáR)* tr. to prognosticate; to predict, foretell.
pronóstico *(prohnósteekoh)* m. forecast; *Med.* prognosis, ~ **del tiempo**, weather forecast.
prontitud *(pronteetóod)* adj. promptitude, readiness.
pronto *(próntoh)* adj. prompt; quick; adv. soon.
pronunciación *(prohnoonthyahthyón)* f. pronunciation.
pronunciamiento *(prohnoonthyahmyéntoh)* m. insurrection, uprising.
pronunciar *(prohnoonthyáR)* tr. to pronounce, to utter; ~ **un discurso**, to deliver (make) a speech.
propagación *(prohpahgahthyón)* f. propagation, spreading.
propagar *(prohpahgáR)* tr. to propagate; to spread.

propalar *(prohpahláR)* tr. to divulge, to publish.
propasarse *(prohpahssáRssay)* r. to transgress, to go beyond.
propensión *(prohpenssyón)* f. propension, tendency, inclination.
propenso *(prohpénssoh)* adj. prone, towards, inclined to.
propiedad *(prohpyaydáhd)* f. ownership, property, real estate.
propietario *(prohpyaytáhryoh)* s. proprietor; holder; owner.
propina *(prohpeénah)* f. gratuity, tip; **dar** ~, to tip.
propio *(próhpyoh)* adj. one's own; proper; exact; characteristic, convenient.
proponer *(prohpohnáyR)* tr. to propose, to suggest, to offer.
proponerse *(prohpohnáyRssay)* r. to intend, to resolve.
proporción *(prohpoRthyón)* f. proportion.
proporcionar *(prohpoRthyohnáR)* tr. to supply, to provide.
proposición *(prohpohsseethyón)* f. proposition; proposal.
propósito *(prohpóhsseetoh)* m. purpose; aim, end; intention.
propuesta *(prohpwéstah)* f. proposal; offer, tender, proposition.
prorrata *(prohRáhtah)* f. quota; *Com.* in due proportion.
prórroga *(próhRhohgah)* f. prorogation, renewal, respite.
prorrogar *(prohRohgáR)* tr. to prorogue; to extend, to renew; put off, to postpone.
prorrumpir *(prohRoompéeR)* intr. to break forth; to burst (into).
prosa *(próhssah)* f. prose.
prosaico *(prossáh/eekoh)* adj. prosaic.
proscribir *(proskreebéeR)* tr. to proscribe; to outlaw, to ban.
prosecución *(prossaykoothyón)* f. prosecution; pursuit.
proseguir *(prossaygéeR)* tr. to continue, to go on, carry on.
prosélito *(prossáyleetoh)* m. proselyte.
prospecto *(prospéktoh)* m. prospect(us), program(me), leaflet, pamphlet, folder.
prosperar *(prospayráR)* intr. to thrive, to prosper.
prosperidad *(prospayreedáhd)* f. prosperity, success.
próspero *(próspayroh)* adj. prosperous, successful.
prostitución *(prosteetoothyón)* f. prostitution.
prostituir *(prosteetwéeR)* tr. to prostitute, to corrupt, to debase.
prostituta *(prosteetóotah)* f. prostitute, whore, harlot.
protección *(prohteskthyón)* f. protection, support, safeguard.
protector *(prohtektóR)* m. protector, supporter, defender.
proteger *(prohtayHáyR)* tr. to protect; to favour, to defend.
proteína *(prohtayéenah)* f. protein.
protesta *(prohtéstah)* f. test(ation).
proprotestante *(prohtestáhntay)* adj. protesting m. Protestant.
protestantismo *(prohtestahntéesmoh)* m. protestantism.
protestar *(prohtestáR)* tr. to protest; to assure.
protocolo *(prohtohkóloh)* m. protocol, etiquete.
prototipo *(prohtohtéepoh)* m. prototype, model, blue-print.
protuberancia *(prohtoobayráhnthyah)* f. protuberance; sweli(ing), bulge.
provecho *(prohbáycho)* m. profit, utility.
provechoso *(prohbaychóhssoh)* adj. advantageous, profitable, good (for one's health).
proveedor *(prohbayadóR)* m. provider, supplier.
proveer *(prohbayáyR)* tr. to provide; to supply with.
porvenir *(porhbaynéeR)* intr. to proceed from, to arise, to issue, to originate.
proverbio *(prohbáyRbyoh)* m. proverb, saying.
providencia *(prohbeedénthyah)* f. providence; foresight; judgment.

providencial *(prohbeedenthyáhl)* adj. providential.
provincia *(prohbéenthyah)* f. province.
provincial *(prohbeenthyáhl)* adj. provincial.
provinciano *(prohbeenthyáhnoh)* adj. y m. provincial.
provisión *(prohbeessyón)* f. supply, provision; pl. victuals.
provisional *(prohbeessyohnáhl)* adj. provisional; temporary.
provocación *(prohbohkahthyón)* f. provocation, incitement.
provocar *(prohbohkáR)* tr. to provoke, to incite, to rouse.
provocativo *(prohbohkahtéeboh)* adj. provocative, provoking.
proximidad *(proksseemeedáhd)* f. proximity, vicinity.
próximo *(prókseemoh)* adj. near; next, neighbouring.
proyección *(prohyekthyón)* f. projection, (film) show.
proyectar *(prohyektáR)* tr. to project; to design; to plan.
proyectil *(prohyektéel)* m. projectile; missile.
proyectista *(prohyektéestah)* s. designer.
proyecto *(prohyéktoh)* m. project; scheme, plan, design.
prudencia *(prooدénthyah)* f. prudence, moderation, wisdom.
prudente *(proodéntay)* adj. wise, prudent, cautious.
prueba *(prwáybah)* f. proof; sign, sample, trial; (tall.) fitting; *Mat.* check.
psicología *(seekohlohHéeah)* f. psychology.
psicológico *(seekohlóhHeekoh)* adj. psychologic(al).
psicólogo *(seekóhlohgoh)* m. psychologist.
psicosis *(seekóhsseess)* f. psychosis.
psiquiatra *(seekyáhtrah)* s. psychiatrist.
psiquiatría *(seekyahtréeah)* s. psychiatry.
psíquico *(séekeekoh)* adj. psychic.
púa *(póoah)* f. prickle; prong, needle tooth, (of a comb.).
pubertad *(poobayRtáhd)* f. puberty.
publicación *(poobleekahthyón)* f. publication.
publicar *(poobleekáR)* tr. to publish, to announce.
publicidad *(poobleetheedáhd)* f. publicity.
público *(póobleekoh)* adj. public; m public, audience.
puchero *(poocháyroh)* m. cooking-pot; kettle; (fam.) to pout.
púdico *(póodeekoh)* adj. chaste, modest.
pudiente *(poodyéntay)* adj. well-off-do, wealthy, rich.
pudín *(poodéen)* m. pudding.
pudor *(poodóR)* m. modesty, bashfulness.
pudoroso *(poodohróhssoh)* adj. bashful, modest, chaste.
pudrir *(poodréeR)* tr. to rot.
pudrirse *(poodréeRssay)* r. to decay, to descompose.
pueblo *(pwáybloh)* m. town; village; people, population.
puente *(pwéntay)* m. bridge.
puerca *(pwáyRkah)* f. sow, slut.
puerco *(pwáyRkoh)* adj. fithy; m. pig; hog.
puericultura *(pwayreekooltóorah)* f. *Med.* pediatrics.
pueril *(pwayréel)* puerile, childish.
puerilidad *(pwayreeleedáhd)* f. puerility; childishness.
puerro *(pwáyRoh)* m. *Bot.* leek.
puerta *(pwáyRtah)* f. door, gate. *Sport,* goal.
puerto *(pwáyRtoh)* m. port; harbour; mountain-pase.
pues *(pwéss)* conj. then; therefore, as, because, well.
puesta *(pwésstah)* f. set(ting); stake (at cards).
puesto *(pwésstoh)* m. place; spot, stand; stail; post.
púgil *(póoHeel)* m. boxer; pugilist, wrestier.
pugilato *(pooHeeláhtoh)* m. pugilism, boxing, wrestling, prize-fighting.
pugna *(póognah)* f. conflict, combat, struggle, battle, fight.
pugnar *(poognáR)* intr. to fight, to strive for, to struggle.
puja *(póoHah)* f. outbidding, hid.

P

P

pujante *(pooHáhntay)* adj. powerful, strong.
pujanza *(pooHáhnthah)* f. power; strength.
pujar *(pooHáR)* tr. to (out)bid.
pulcritud *(poolkreetood)* f. neatness.
pulcro *(póolkroh)* adj. tidy; neat.
pulga *(póolgah)* f. flea.
pulgada *(poolgáhdah)* f. inch.
pulgar *(poolgáR)* m. thumb.
pulido *(pooleedoh)* adj. neat; bright; nice; polished.
pulimentar *(pooleementáR)* tr. to polish, to rub, to buff.
pulir *(pooléeR)* tr. to polish; *Merch.* to buff.
pulmón *(poolmón)* m. lung.
pulmonía *(poolmohnéeah)* f. pneumonia.
pulpa *(póolpah)* f. pulp, flesh.
pulpito *(póolpeehtoh)* m. pulpit.
pulposo *(poolpóhssoh)* adj. pulpy, pulpous, fleshy.
pulsación *(poolssahthyón)* f. pulsation, beat(ing), pulse.
pulsador *(poolssahdóR)* m. pushbotton, pulsator, vibrator.
pulsar *(poolssáR)* tr. to (feel the) pulse, to sound, to pulsate, to beat.
pulsera *(poolssáyrah)* f. bracelet, **reloj de ~**, wrist watch.
pulso *(póolssoh)* m. pulse; care, steadiness of the hand.
pulverizar *(poolbayreethaR)* tr. to spray, to pulverize.
pulla *(póolyah)* f. quip, dig.
pundonor *(poondohnóR)* m. point of honour.
pundonoroso *(poondohnohróhssoh)* adj. punctilious.
punta *(póontah)* f. point; tip, end; top, extremity.
puntal *(poontáhl)* m. prop, stan chion, stay.
puntapié *(poontahpyáy)* m. kick.
puntear *(poontayáR)* tr. to dot; to stitch.
puntería *(poontayréeah)* tr. to dot; to stitch, marksmanship.
puntilla *(poontéelyah)* f. narrow lace-ed-ging; **de ~s**, on tiptoe.
puntillo *(poontéelyoh)* m. punctilio.
punto *(póontoh)* m. point; dot; stich; *Gram.* fullstop.
puntuación *(poontwahthyón)* f. punctuation.
puntual *(poowtwáhl)* adj. punctual; exact, on time.
puntuar *(poontwáR)* tr. to punctuate, to point.
punzada *(poonthádah)* f. prick, sharp pain.
punzar *(poontháR)* tr. to punch; to sting, to pierce.
punzón *(poonthón)* m. punch; bodkin, puncher.
puñado *(poonyáhdoh)* m. handful, fistful, packetful.
puñal *(poonyáhl)* poniard; dagger.
puñalada *(poonyahláhdah)* f. stab.
puñetazo *(poonyaytáhthoh)* m. blow with the fist, punch, jab.
puño *(póonyoh)* m. fist; handful; cuff, handle.
pupa *(póopah)* f. pimple; pustule; **¡tengo ~!**, it hurts!, **hacer ~**, to hurt.
pupila *(poopéelah)* f. pupil (of the (eye), ward; (fig.) shrewdness.
pupilaje *(peopeeláhHay)* m. pupilage; boarding.
pupilo *(poopéeloh)* m. pupil, ward, (table), boarder, lodger.
pureza *(pooráythah)* f. purity, innocence.
purga *(póoRgah)* f. purge.
purgante *(pooRgáhntay)* adj. purgative; laxative.
purgar *(pooRgáR)* tr. to purge.
purificar *(pooreefeekáR)* tr. to purify; to cleanse.
purista *(pooréestah)* m. purist.
puritano *(pooreetáhnoh)* adj. m. puritan(ical).
puritanismo *(pooreetahnéessmoh)* m. puritanism.
puro *(póoroh)* adj. pure; m. cigar.
púrpura *(póoRpoorah)* f. purple.
purpúreo *(pooRpóorayoh)* adj. purple.
pus *(pooss)* m. pus; matter.
pusilánime *(poosseeláhneemay)* adj. pusilianimous, faint(hearted).
pústula *(póosstoolah)* f. pustule; seal.
putrefacción *(pootrayfakhthyón)* f. putrefaction, rottenness.

Q q

que *(kay)* pron. who, whom, conj. to, than because; which; that which, how; conj.
qué *(kay)* interrog. pron. what?, which?; exclam. howl, what al.
quebrada *(kaybráhda)* f. chasm; ravine, gorge.
quebradizo *(kaybrahdéethoh)* adj. brittle, fragile; (voice) faltering.
quebrado *(kaybráhdoh)* adj. broken; m. *(Arith.)* fraction.
quebradura *(kaybrahdóorah)* f. rupture, fracture; fissure.
quebrantar *(kaybrahntá**R**)* tr. to break; to transgress (laws).
quebrar *(kaybrá**R**)* tr. to break; intr. to become bankrupt.
queda *(káydah)* f. curfew.
quedar *(kaydá**R**)* intr. to stay; to be left, to remain.
quedo *(káydoh)* adj. quiet, still.
quehacer *(kayahtháy**R**)* m. task, job; occupation; choree.
queja *(káy**H**ah)* f. complaint, grudge.
quejarse *(kay**H**á**R**ssay)* r. to complain, to moan, to grumble.
quejido *(kay**H**éedoh)* m. complaint, moan, groan.
quema *(káymah)* f. burning, fire.
quemadura *(kaymahdóorah)* f. burn; sunburn; scald.
quemar *(kaymá**R**)* tr. to burn, to (set) fire; intr. to scald.
querella *(kayráylyah)* f. quarrel; *(Law.)* plaint.
querellante *(kayraylyáhntay)* s. plaintiff.
querellarse *(kayrayá**R**ssay)* r. to complain; to bring an action.
querencia *(kayrénthyah)* f. fondness, haunt, affection.
querer *(kayráy**R**)* tr. to want, to wish, to love, to intend, ~ **decir**, to mean.
querida *(kayréedah)* f. mistress; darling; adj. dear.
querido *(kayréedoh)* adj. dear; beloved; darling; m. lover.
queso *(káyssoh)* m. cheese.
quiebra *(kyáybrah)* f. crash, crack, fracture; bankruptcy.
quien *(kyén)* pron. who, whom; adj. ~ **quiera**, whoever.
quieto *(kyáytoh)* adj. quiet, still.
quietud *(kyaytóod)* f. quietness, stillness.
quijada *(kee**H**áhdah)* f. jaw(bone).
quijotada *(kee**H**ohtáhdah)* f. quixotic act.
quijote *(kee**H**óhtay)* m. dreamer, do-gooder; Quixote; **hacer de ~**, to act quixotically.
quijotesco *(kee**H**ohtéskoh)* adj. Quixotic.
quilate *(keeláhtay)* m. carat.
quilla *(kéelyah)* f. *(Naut.)* keel.
quimera *(keemáyrah)* f. chimera.
quimérico *(keemáyreekoh)* adj. chimerical.
química *(kéemeekah)* f. chemistry.
químico *(kéemeekoh)* m. chemist; adj. chemical.
quimono *(keemóhnoh)* m. kimono.
quina *(kéenah)* f. quinine, Peruvian bark.
quincalla *(keenkáhlyah)* f. hardware, small wares.
quincallería *(keenkahlyayréeah)* f. hardware trade, ironmongery, ironmonger's.
quincena *(keentháynah)* f. fortnight, two weeks.
quincenal *(keenthaynáhl)* adj. fortnightly.
quinina *(keenéenah)* f. quinine.
quinqué *(keenkáy)* m. oil lamp.
quinquenal *(keenkaynáhl)* adj. quinquennial, five years.
quinquenio *(keenkáynyoh)* m. quinquenium.
quinta *(kéentah)* f. villa, country house; *(Mil.)* draft, call-up.
quinto *(kéentoh)* adj. fifth; m. *(Mil.)* draftee, conscript.

quiosco *(keeóhsskoh)* m. kiosk.
quiquiriquí *(keekeereekeé)* m. cock-a doodle-do.
quirófano *(keeróofahnoh)* m. operating room (US).
quirúrgico *(keeróo**H**eekoh)* adj. surgical.

Q

quisquilla *(keeskéelyah)* f. trifle; bickering; *Ichth.* shrimp.
quita *(kéetah)* intrj. don't bother me!
quitanieves *(keetahnyáybess)* m. snow-plow; snow-plugh.
quitar *(keetá**R**)* tr. to take (away, off, out, from), to rob, to steal.
quitarse *(keetá**R**ssay)* r. to get rid of; to retire; to take off.
quitasol *(keetahssól)* m. parasol, sunshade, awning.
quizá(s) *(keetháh)* adv. perhaps, maybe.

R r

rábano *(**R**áhbáhnoh)* m. *Bot.* radish.
rabí *(**R**ahbee)* m. rabbi.
rabia *(**R**áhbyah)* f. hydrophobia; rabies; rage.
rabiar *(**R**ahbyá**R**)* intr. *(Med.)* to be rabid; to rage, to be furious.
rabieta *(**R**ahbyetah)* f. tantrum.
rabino *(**R**ahbéenoh)* m. rabbi.
rabioso *(**R**ahbyóhssoh)* adj. rabid; mad, furious, enrage; raging.
rabo *(**R**áhboh)* m. tail, end.
racial *(**R**ahthyahl)* adj. racial.
racimo *(**R**ahthétmoh)* m. bunch.
raciocinar *(**R**ahthyohtheená**R**)* intr. to reason.
raciocinio *(**R**ahthyohthéenyoh)* m. reasoning.
ración *(**R**ahthyón)* f. ration, share, portion.
racional *(**R**ahthyohnáhl)* adj. rational.
racionalismo *(**R**ahthyohnahléesmoh)* m. rationalism.
racionar *(**R**ahthyoná**R**)* tr. to ration.
racismo *(**R**ahthysmoh)* m. racism.
racista *(**R**ahthystah)* adj. racist.
rada *(**R**áhdah)* f. anchoring ground, roadstead.
radar *(**R**áhdah**R**)* m. radar.
radiación *(**R**ahdyahthyón)* f. radiation.
radiactividad *(**R**ahdyahkteebeedáhd)* f. radioactivity.
radiador *(**R**ahdyahdó**R**)* m. radiator.
radiante *(**R**ahdyáhntay)* adj. radiant.
radiar *(**R**ahdyá**R**)* intr. to (irradiate, to broadcast.
radical *(**R**ahdeekáhl)* adj. radical.
radio *(**R**ahdyoh)* m. radius; radium; radio (set).
radiodifusión *(**R**ahdyohdefoossyón)* f. broadcasting.
radiografía *(**R**ahdyohgrahféeah)* f. radiography, X-ray.
radiotelegrafía *(**R**ahdyohtaylaygrahféeah)* f. radiotelegraphy.
radioterapia *(**R**ahdyohtayráhpyah)* f. radiotherapy.
radioyente *(**R**ahdyohyéntay)* s. listener.
ráfaga *(**R**áhfahgah)* f. gust (of wind); blast; flash (light).
rafia *(**R**ahffea)* f. raffia.
raído *(**R**ah/éedoh)* adj. threadbare, frayed.
raigambre *(**R**ah/eegámbray)* f. roots, tradition.
raíz *(**R**ah/éeth)* f. root; origin, source; *(Maths.)* radix.
raja *(**R**áh**H**ah)* f. slice, wedge; slit, crack.
rajar *(**R**ah**H**á**R**)* tr. to s(p)lit, to crack; to slice.
rajarse *(**R**ah**H**á**R**ssay)* r. to crack, to split open; (coll.) to back out.
ralea *(**R**ahláyah)* f. breed; stock.
ralladuras *(**R**ahlyahdóorahs)* f. pl. gratings.
rallar *(**R**ahlyá**R**)* tr. to grate.
rama *(**R**áhmah)* f. branch, bough; department; **en** ~, raw.
ramaje *(**R**ahmáh**H**ay)* m. (mass of) branches.
ramera *(**R**ahmáyrah)* f. whore, prostitute.
ramificación *(**R**ahmeefeekahthyón)* f. ramification.
ramificarse *(**R**ahmeefeeká**R**say)* r. to ramify, to branch out.

ramillete *(Rahmeelyáytay)* m. bouquet, bunch.
ramo *(Ráhmoh)* m. bouquet, branch (of trade).
rampa *(Ráhmpah)* f. slope, ramp.
rampión *(Rahmpión)* adj. coarse.
rana *(Ráhnah)* f. frog.
ranchero *(Rahncháyroh)* m. farmer; *(U.S)* rancher.
rancho *(Ráhnchoh)* m. mess, farm, ranch.
rancidez *(Rahntheedayth)* f. rancidity.
rancio *(Ráhnthyoh)* adj. rancid; old; mellow (wine).
rango *(Ráhngoh)* m. rank, status.
rapacidad *(Rahpahtheedáhd)* f. rapacity, rapaciousness.
ranura *(Rahnoorah)* f. slot, slit, groove, chink.
rapar *(RahpáR)* tr. to shave off.
rapaz *(Rahpáhth)* adj. rapacious; m. young boy, lad.
rapé *(Rahpáy)* m. snuff.
rapidez *(Rahpeedéth)* f. rapidity, velocity, speed.
rapiña *(Rahpeenyah)* f. robbery; **ave de ~**, bird of prey.
raposa *(Rahpóhssah)* f. vixen.
rapsodia *(Rahpsohdya)* f. rhapsody.
rapto *(Ráptoh)* m. kidnapping; abduction.
raqueta *(Rahkáytah)* f. racket.
raquítico *(Rahkéeteekoh)* adj. weak; measly.
rareza *(Rahráythah)* f. rarity; peculiarity, oddity.
rarificar *(RahreefeekáR)* tr. to rarefy.
raro *(Ráhroh)* adj. rare; strange; odd; **rara vez**, rarely.
ras *(Rahss)* m. level; evenness.
rasante *(Rahssáhntay)* adj. levelling; f. gradient.
rasar *(RahssáR)* tr. to graze, to skim.
rascacielos *(Rahskahthyáylos)* m. skyscraper.
rascar *(RahskáR)* tr. to scrape, scratch.
rasgado *(Rahssgáhdoh)* adj. rent, torn.
rasgar *(RahssgáR)* tr. to tear (to pieces), to rip.
rasgo *(Ráhssgoh)* m. stroke, trait, characteristic; feature; deed, feat.
rasguñar *(RahssgoonyáR)* tr. to scratch.
rasguño *(Rahssgóonyoh)* m. scratch, scar.
raso *(Ráhssoh)* adj. clear, open, level, flat; m. satin.
raspador *(RahspahdóR)* m. scraper.
raspar *(RahspáR)* tr. to scrape; to rub (off).
rastra *(Ráhstrah)* f. track, trail, harrow, rake.
rastrear *(RahstrayáR)* tr. to trace, to search, to track; *(Agric.)* to harrow, to rake.
rastrero *(Rahstráyroh)* adj. creeping, low.
rastrillar *(RahstreelyaR)* tr. to rake.
rastrillo *(Rahstréelyoh)* m. rake.
rastro *(Ráhstroh)* m. track, scent, trace, trail.
rasurar *(RahssooráR)* tr. to shave.
rata *(Ráhtah)* f. rat.
ratear *(RahtayáR)* tr. to pilfer, to steal.
ratería *(Rahtayréeah)* f. pilfering, petty crime.
ratero *(Rahtáyroh)* m. pickpocket, petty thief.
ratificación *(Rahteefeekahthyón)* f. ratification.
ratificar *(RahteefeekáR)* tr. to ratify.
rato *(Ráhtoh)* m. while, time; **~s perdidos**, spare time.
ratón *(Rahtón)* m. mouse.
ratonera *(Rahtohnáyrah)* f. mouse trap.
raudal *(Rah/oodahl)* m. torrent, flood; (fig.) **a ~es**, plentiful.
raya *(Ráhyah)* f. streak, stripe, limit, part(ing); **tener a ~**, to keep at bay; *(Ichth.)* ray, skate.
rayado *(Rahyáhdoh)* adj. striped.
rayar *(RahyáR)* tr. to stripe; to streak; to scratch.
rayo *(Ráhyoh)* m. ray; beam (of light); **~s ultravioleta**, ultraviolet rays.
raza *(Ráhthah)* f. race, breed.

R

razón *(Rahthón)* f. reason, sense, ratio, rate; *Com.* ~ **social**, firm; **tener** ~, to be right.
razonable *(Rahthohnáhblay)* adj. reasonable.
razonamiento *(Rahthohnahmyéntoh)* m. reasoning.
razonar *(RahthahnáR)* tr. to reason, to argue.
reacción *(Rayakthyón)* f. reaction; **avión a** ~, jet.
reaccionar *(RayakthyonáR)* intr. to react, to respond.
reaccionario *(Rayakthyonáryoh)* adj. reactionary.
reacio *(Rayáhthyoh)* adj. reluctant.
reactivo *(Rayahktéeboh)* m. reagent.
reactor *(RayahktóR)* m. *(Phys.)* jet-plane reactor.
real *(Rayáh)* adj. real; actual; royal; ~**mente**, adv. really.
realce *(Rayáhlthy)* m. relief, lustre.
realeza *(Rayahláythah)* f. royalty.
realidad *(Rayahleedáhd)* f. reality.
realista *(Rayahléesstah)* s. y adj. realist(ic), realist.
realizar *(RayahleethárR)* intr. to fulfill, to carry out.
realzar *(RayahlthááR)* tr. to heighten, to enhance.
reanimar *(RayahneemáR)* tr. to cheer up; to reanimate, to comfort.
reanudar *(RayahnoodáR)* tr. to resume, to renew.
reaparecer *(RayahpahraytháyR)* intr. to reappear.
reaparición *(Rayahpahreethyón)* f. reappearance, recurrence.
reasegurar *(RayahssaygooráR)* tr. to reinsure.
reaseguro *(Rayahssaygóoroh)* m. reinsurance.
reata *(Rayátah)* f. packtrain, string (of horses, mules); rope.
rebaja *(RaybáhHah)* f. discount; sale; deduction; rebate.
rebajar *(RaybahHáR)* tr. to discount, to rebate; to reduce.
rebajarse *(RaybahHáRssay)* r. to humble oneself, to stoop, down.
rebanada *(Raybahnáhdah)* f. slice.
rebanar *(RaybahnáR)* tr. to slice.
rebaño *(Raybáhnyoh)* m. flock; herd.
rebasar *(RaybahssáR)* tr. to go beyond, to surpass, to exceed.
rebatir *(RaybahtéeR)* tr. to refute.
rebato *(Raybáhtoh)* m. alarm (bell).
rebelarse *(RaybayláRssay)* r. to revolt, to rebel.
rebelde *(Raybélday)* adj. rebellious; s. rebel, unruly.
rebeldía *(Raybeldéeah)* f. rebelliusness, defiance; *(Law.)* default.
rebelión *(Raybaylyón)* f. rebellion.
rebobinar *(RaybohbináR)* tr. to rewind.
rebosante *(Raybohssáhntay)* adj. brimming, over-flowing.
rebosar *(RaybohssáR)* intr. to overflow.
rebotar *(RaybohtáR)* tr. to bounce, to rebound, to ricochet.
rebote *(Raybóhtay)* m. rebound; bounce; **de** ~, indirectly.
rebozar *(RaybohtháR)* tr. to muffle up, to cover with batter; to baste.
rebozo *(Raybóhthoh)* m. mufftler, shawl.
rebusca *(Raybóoskah)* f. search.
rebuscar *(RaybooskáR)* tr. to search, to glean.
rebuznar *(RayboothnáR)* intr. to bray.
rebuzno *(Raybóothnoh)* m. bray (ing).
recadero *(Raykahdáyroh)* m. messenger, errand-boy.
recado *(Raykáhdoh)* m. message; errand.
recaer *(Raykah/áyR)* intr. to relapse; to fall on.
recaída *(Raykah/éedah)* f. relapse.
recalcar *(RáykahlkáR)* tr. to stress, to emphasize.
recalentar *(RaykahlentáR)* tr. to warm up, to reheat; to overheat.
recámara *(Raykáhmahráh)* f. dressing-room, breech of a gun.
recambio *(Raykáhmbyoh)* m. spare, refill; **piezas de** ~, spare parts.
recapacitar *(RaykahpahtheetáR)* tr. to think over, to reconsider.
recapitular *(RaykahpeetooláR)* tr. to recapitulate.

recargar *(RaykaRgáR)* tr. to recharge; to load again.
recargo *(RaykáRgoh)* m. surcharge; **sin ~**, no extra charge.
recatado *(Raykahtáhdoh)* adj. cautious, shy.
recato *(Raykáhtoh)* m. prudence; bashfulness, shyness, modesty; caution.
recaudación *(Raykah/oodahthyón)* f. collection.
recaudador *(Raykah/oodahdóR)* m. tax-collector.
recaudar *(Raykah/oodáR)* tr. to collect, to gather; to raise.
recelar *(RaythayláR)* tr. to mistrust, to doubt, to suspect.
recelo *(Raytháyloh)* misgiving, suspicion, distrust.
receloso *(Raythaylóhssoh)* adj. mistrustful, fearful.
recepción *(Raythepthyón)* f. reception, front desk.
receptáculo *(Raytheptáhkooloh)* m. container, bowl.
receptor *(RaytheptóR)* m. receiver; **~ de radio**, radio set.
receta *(Raytháytah)* f. *(Med.)* prescription; recipe (cook.).
recetar *(RaythaytáR)* tr. to prescribe.
rechazar *(RaychahtháR)* tr. to repel, to reject, to repulse.
rechazo *(Raycháhthoh)* m. rejection, refusal.
rechinar *(RaycheenáR)* intr. to squeak, to grind one's teeth.
rechoncho *(Raychónchoh)* adj. chubby.
recibimiento *(Raythaybeemyéntoh)* m. reception; welcome.
recibir *(RaytheebéeR)* tr. to receive; to welcome; to get, to have (letters, etc.).
recibo *(Raythéeboh)* m. receipt; bill.
reciclar *(RaytheekláR)* tr. recycle.
reciente *(Raythyéntay)* adj. recent, new, fresh.
recinto *(Raythéentoh)* m. precinct, enclosure, premises.
recio *(Ráythyoh)* adj. stout; strong, robust, vigorous.
recipiente *(Raytheepyéntay)* m. recipient, container.
recíproco *(Raythéepróhkoh)* adj. reciprocal.
recitación *(Raytheetahthyón)* f. recitation.
recitar *(RaytheetáR)* tr. to recite.
reclamación *(Rayklamathyón)* f. claim, complaint.
reclamar *(RayklamáR)* tr. to (re) claim, to demand.
reclamo *(Raykláhmoh)* m. decoy bird, lure, catch word (imp.).
reclinar *(RaykleenáR)* tr. e intr. to recline; to lean back.
reclinatorio *(Raykleenahtóhryoh)* m. praying desk; prie-dieu.
recluir *(RayklwéeR)* tr. to confine; to shut up.
reclusión *(Raykloossyón)* f. imprisonment, confinement.
recluso *(Rayklóossoh)* adj. y m. imprisoned, inmate.
recluta *(Rayklóotah)* f. *(Mil.)* recruitment, levy; m. recruit, conscript.
reclutamiento *(Rayklóotahmyéntoh)* m. *(Mil.)* recruiting.
reclutar *(RayklootáR)* tr. to recruit.
recobrar *(RaykohbráR)* tr. to recover; **~ el sentido**, to come to.
recobrarse *(RaykohbráRssay)* r. to recover (from sickness or loss).
recobro *(Raykóhbroh)* m. recovery.
recodo *(Raykóhdoh)* m. turn; bend.
recoger *(RaykohHáyR)* tr. to collect to gather, to pick (up).
recogerse *(RaykohHáyRssay)* r. to withdraw, to retire.
recolección *(Raykohlekthyón)* f. harvest; gathering; compilation.
recomendable *(Raykohmendáhblay)* adj. recommended, advisable.
recomendación *(Raykohmendahtyón)* f. (re)comendation; **carta de ~**, introduction letter.
recomendar *(RaykohmendáR)* tr. to recommend.
recompensa *(Raykompénsah)* f. recompense, reward.
recompensar *(RaykompenssáR)* tr. to recompense, to reward.
reconcentrarse *(RaykonthentráRssay)* r. to concentrate (one's mind).

reconciliación *(Raykontheelyahthyón)* f. reconciliation.
reconciliar *(RaykontheelyáR)* tr. to reconcile.
reconciliarse *(RaykontheelyáRssay)* r. to be reconciled.
R
reconocer *(RaykonohtháyR)* tr. to identify; to recognize; to acknowledge, to confess; *(Mil.)* to scout.
reconocido *(Raykonohthéedoh)* adj. acknowledged; grateful, accepted, recognized.
reconocimiento *(Raykonohtheemyéntoh)* m. recognition; acknowledgement, gratitude.
reconquista *(Rakonkéestah)* f. reconquest.
reconquistar *(RaykonkeestáR)* tr. to reconquer.
reconstituyente *(Raykonstitooyénte)* m. reconstituent.
reconstrucción *(Raykonstrookthyón)* r. reconstruction, rebuilding, recreation.
reconstruir *(RaykonstrwéeR)* tr. to reconstruct, to rebuild.
recopilación *(Raykonpeelahthyón)* f. summary, compilation, collection.
recopilar *(RaykohpeeláR)* tr. to compile, to collect.
recordar *(RaykoRdáR)* tr. to remind, to remember.
recorrer *(RaykohRáyR)* tr. to travel around, to tour.
recorrido *(RaykohRéedoh)* m. run, tour, route, journey.
recortar *(RaykoRtáR)* tr. to cut away; to outline, to cut out; to trim, to cut down.
recorte *(RaykóRtay)* m. outline; cutting, clip(ping), trimming(s).
recostar *(RaykostáR)* tr. to recline.
recreación *(Raykrayahthyón)* f. recreation; amusement.
recrear *(RaykrayáR)* tr. to recreate; to amuse.
recreo *(Raykráy/oh)* m. recreation, break, play-time, recess.
recriminar *(RaykreemeenáR)* tr. to recriminate.
rectángulo *(Rektáhngooloh)* m. rectangle; adj. oblong.
rectificación *(Rekteefeekahthyón)* f. rectification.
rectificar *(RekteefeekáR)* tr. to rectify.
rectilíneo *(Rekteeléenayoh)* adj. rectilinear.
rectitud *(Rekteetóod)* f. rectitude; straightness.
recto *(Réktoh)* adj. right, straight; m. *(Anat.)* rectum.
rector *(RektóR)* m. rector; principal; governing.
rectorado *(Rektohráhdoh)* m. rectorship.
rectoría *(Rektohréeah)* f. rectory, rectorate, rectorship.
recuento *(Raykwéntoh)* m. count, recount, scrutiny.
recuerdo *(RaykwéRdoh)* m. remembrance; memory, souvenir; pl. regards.
recular *(RaykooláR)* intr. to recoil, to back.
recuperación *(Raykoopayrahthyón)* f. recovery.
recuperar *(RaykoopayráR)* tr. to recover, to regain.
recurrir *(RaykooRéeR)* intr. to resort to, to turn to.
recurso *(RaykóoRssoh)* m. resource; *(Law.)* appeal.
recusar *(RaykoossáR)* tr. to refuse, to decline.
red *(Red)* f. net(ting), snare, network, mesh; ~ **social**, social network.
redacción *(Raydahkthyón)* f. writting, composition; editorial staff/rooms.
redactar *(RaydahktáR)* tr. to draw up; to write.
redada *(Raydáhdah)* f. casting of a net, catch; (coll.) round up.
rededor *(RaydaydóR)* m. surroundings; **al o en** ~, around.
redención *(Raydenthyón)* f. redemption.
redentor *(RaydentóR)* m. redeemer.
rédito *(Ráydeetoh)* m. interest; revenue; rent; pl. profits.
redomado *(Raydohmáhdoh)* adj. artful, crafty, sly.
redonda *(Raydóndah)* **a la** ~, all round.
redondear *(RaydondayáR)* tr. to round (off), to make round.

redondel *(Radondáyl)* m. (fam.) circle; bullring, arena.
redondez *(Raydondáyth)* f. roundness.
redondo *(Raydóndoh)* adj. round; circular.
reducción *(Raydookthyón)* f. reduction, decrease, cutback.
reducir *(RaydoothéeR)* tr. to reduce, to cut down; to decrease, to diminish; to shrink.
reducto *(Raydoóktoh)* m. *(Mil.)* redoubt.
redundancia *(Raydoondáhnthyah)* f. redundance, excess.
redundar *(RaydoondáR)* intr. to resultin, to redound.
reelección *(Ray/aylekhthyón)* f. re-election.
reelegir *(Ray/aylayHéeR)* tr. to re-elect.
reembarcar *(RayaymbarkáR)* tr. to re-embark.
reembolsar *(RayaymbolssáR)* tr. to refund.
reembolso *(Rayaymbólssoh)* m. reimbursement, refund; **pago a ~**, C.O.D. (cash on delivery).
reemplazar *(RayaymplahtháR)* tr. to replace, to substitute.
reemplazo *(Rayaympláhthoh)* m. replacement; call-up (recruitment).
reenganchar *(RayaynganchaR)* tr. *(Mil.)* to re-enlist.
reenganche *(Rayayngánchay)* m. re-enlistment.
referencia *(Rayfayrénthyah)* f. reference.
referéndum *(Rayfayréndoom)* m. referendum.
referente *(Rayfayréntay)* adj. relating to, concerning, regarding.
referir *(RayfayréeR)* tr. e intr. to refer, to relate, to report.
refinado *(Rayfeenáhdoh)* adj. refined.
refinamiento *(Rayfeenahmyéntoh)* m. refinement, refining.
refinar *(RayfeenáR)* tr. to refine, to polish.
refinería *(Rayfeenayréeah)* f. refinery.
reflector *(RayflektóR)* m. reflector, search-light.
reflejar *(RayflayHáR)* intr. to reflect.
reflejo *(RayfláyHoh)* adj. y m. reflex, reflection.
reflexión *(Rayflaykssyón)* f. reflection, though, thinking.
reflexionar *(RayflaykssyohnáR)* intr. to meditate, to think over.
reflexivo *(Rayflayksséeboh)* adj. reflective; m. reflexive.
reflujo *(RayflóoHoh)* m. reflux, ebb, ebb-tide.
reforma *(RayfóRmah)* f. reform.
reformable *(RayfoRmáhblay)* adj. reformable.
reformar *(RayfoRmáR)* tr. to reform.
reformarse *(RayfoRmáRssay)* r. to reform, to (a)mend.
reformatorio *(RayfoRmahtóhryoh)* adj. corrective; correctional; m. reformatory, borstal.
reformista *(RayfoRméestah)* adj. s. reformist.
reforzar *(RayfoRtháR)* tr. to strengthen, to fortify.
refrán *(Rayfráhn)* m. proverb, saying.
refregar *(RafraygáR)* tr. to rub.
refreír *(Rayfray:éeR)* tr. to fry again, to fry once more.
refrenar *(RafraynáR)* tr. to refrain, to restrain, to curb.
refrescar *(RayfreskáR)* tr. to refresh; to cool (off).
refresco *(Rayfréskoh)* m. refreshment, soft drink.
refriega *(Rayfrayáygah)* f. strife, skirmish, scuffle; brawl.
refrigeración *(RayfreeHayrahthyón)* f. refrigeration, cooling.
refrigerador *(RayfreeHayrahdóR)* m. refrigerator, fridge, freezer.
refrigerar *(RayfreehayráR)* tr. to refrigerate, to cool.
refrigerio *(RayfreeHáyryo)* m. refreshment, snack.
refuerzo *(RayfwéRthoh)* m. reinforcement; support; aid.
refugiado *(RayfooHyáhdoh)* m. refugee.
refugiar *(RayfooHyáR)* tr. to shelter, to take refuge.
refugiarse *(RayfooHyáRssay)* r. to take refuge, to shelter.

R

refugio *(RayfóoHyoh)* m. refuge; shelter.
refundir *(RayfoondéeR)* tr. to recast, to remelt.
refunfuñar *(RayfoonfoonyáR)* tr. to grumble, to mutter.
refutación *(Rayfootahtyón)* f. refutation.
refutar *(RayfootáR)* tr. to refute.
regadera *(Raygahdáyrah)* f. watering can; sprinkler; (fam.) **está como una ~**, to be crazy.
regadío *(Ragahdéeoh)* m. irrigated land.
regalar *(RaygahláR)* tr. to present, to give/make a gift.
regaliz *(Raygahléeth)* m. *Bot.* licuorice (UK), licorice (US).
regalado *(Raygahláhdoh)* m. gift; present, confort.
regalo *(Raygahloh)* adj. gift, present.
regañar *(RaygahnyáR)* intr. to grumble; to scold; to quarrel.
regaño *(Raygáhnyoh)* m. snarl; scolding.
regar *(RaygáR)* tr. to water; to irrigate; to sprinkle.
regata *(Raygáhtah)* f. *Dep.* regatta; boar race.
regatear *(RaygahtayáR)* tr. to haggle, to barter.
regateo *(Raygahtayoh)* m. bargaining, haggling; dribbling.
regazo *(Raygáhthoh)* m. lap.
regencia *(RayHénthyah)* f. regency.
regeneración *(RayHaynayrahthyón)* f. regeneration.
regenerar *(RayHaynayráR)* tr. to regenerate.
regentar *(RayHentáR)* tr. to manage.
regente *(RayHayntay)* m. regent; manager.
regicida *(RayHeethéedah)* s. regicide (person).
regicidio *(RayHeethédyoh)* m. regicide.
regidor *(RayHeedóR)* m. *(Hist.)* alderman; (TV) floor manager; *(Pol.)* town councillor.
régimen *(RayHeemen)* m. regime; *(Med.)* diet.
regimiento *(RayHeemyéntoh)* m. *(Mil.)* regiment.
regio *(RáyHyoh)* adj. regal, royal.
región *(RayHyón)* f. region, area.
regional *(RayHyohnáhl)* adj. regional.
regir *(RayHéeR)* tr. to rule; to govern; intr. to be in force.
registrador *(RayHeestrahdóR)* adj. registering; m. registrar; **caja ~a**, cash register.
registro *(RayHéestroh)* m. search, registration, record.
registrar *(RaHyeestráR)* tr. to search, to record.
regla *(Ráyglah)* f. rule; regulation; (coll.) mestruation.
reglamentar *(RayglahmentáR)* intr. to regulate, to set rules for.
reglamento *(Rayglahméntoh)* m. regulation(s), by laws.
regocijar *(RaygohtheeHáR)* tr. to gladden, to rejoice.
regocijarse *(RaygohtheeHáRssay)* r. to rejoice.
regocijo *(RaygohthéeHoh)* m. joy; delight, rejoicing.
regoldar *(RaygoldáR)* intr. to belch.
regordete *(RaygoRdáytay)* adj. chubby, plump.
regresar *(RaygrayssaR)* intr. to return, to go/come back.
regresión *(Raygrayssyón)* f. regression, return, decrease.
regreso *(Raygrayssoh)* m. return.
regüeldo *(Raygwéldoh)* m. belch (ing).
reguera *(Raygáyrah)* f. irrigation ditch.
reguero *(Raygáyroh)* m. trickle, trail.
regulación *(Raygoolahthyón)* f. regulation.
regular *(RaygooláR)* tr. to regulate; adj. regular, fairly good.
regularizar *(RaygoolarithàR)* tr. regularize.
rehabilitar *(RayahbeeleetáR)* tr. to rehabilitate, to reinstate.
rehacer *(RayahthayR)* tr. to redo, to remake, to mend, to reorganize.
rehacerse *(RayahthayRssay)* r. to recuperate.
rehén *(Rayayn)* m. hostage.
rehuir *(RaywéeR)* tr. e intr. to shun, to avoid.
rehusar *(RayoossáR)* tr. to refuse, to decline.

reimprimir *(RaympreeméeR)* tr. to reprint.
reina *(Ray:eenah)* f. queen.
reinado *(Rayeenahdoh)* m. reign.
reinar *(RayeenaR)* intr. to reign.
reincidencia *(Rayeentheedenthya)* f. recidicism, relapse.
reincidir *(RayeentheedeeR)* intr. to backslide, to relapse.
reincorporar *(RaynkoRpohráR)* tr. to reincorporate, to reinstate.
reino *(Ráynoh)* m. kingdom; reign.
reintegrar *(RayntaygráR)* tr. to reintegrate, to refund.
reintegro *(Rayntáygroh)* m. reimbursement, refund.
reír *(RayeeR)* intr. y r. to laugh.
reírse *(RayeeRssay)* intr. to laugh; ~ **de**, to laugh at.
reiterar *(Ray/eetayraR)* tr. to reiterate, to repeat.
reivindicar *(Ray/eebeendeekaR)* tr. to claim, to recover.
reja *(RáyHah)* f. grate, railing, rack, (plow)share.
rejonear *(RayHohnáyáR)* tr. to wound bulls with the lance.
rejuvenecer *(RayHoobaynaythάyR)* tr. e intr. to rejuvenate.
relación *(Raylahthyón)* f. relation; connection.
relacionar *(RaylahthyonáR)* tr. to relate, to connect.
relacionarse *(RaylahthyonáRssay)* r. to get acquainted with.
relajación *(RaylahHahthyón)* f. relaxation, slackening.
relajado *(RaylahHáhdoh)* adj. dissolute, loose, relaxed.
relajar *(RaylahHáR)* tr. to relax, to slacken.
relamer *(RaylahmayR)* tr. to relick.
relamerse *(RaylahmayRsay)* r. to lick one's lips.
relamido *(Raylhméedoh)* adj. affected, prim and proper.
relámpago *(Rayláhmpahgoh)* m. flash of lightning.
relampaguear *(RaylahmpahgayáR)* intr. to lighten, to flash.
relatar *(RaylahtáR)* tr. to narrate, to tell.
relatividad *(Raylahteebeedáhd)* f. relativity.
relativo *(Raylahtéeboh)* adj. relative.
relato *(Rayláhtoh)* m. tale, story; account.
relegar *(RaylaygáR)* tr. to relegate.
relevante *(Raylaybáhntay)* adj. outstanding.
relevar *(RaylaybáR)* tr. to emboss, to exonerate; *(Mil.)* to relieve.
relevo *(Raylayboh)* m. *(Mil.)* relief. (sport) relay.
relicario *(Rayleekáhryoh)* m. reliquary; shrine.
relieve *(Raylyáybay)* m. relief.
religión *(RayleeHyón)* f. religion.
religiosidad *(RayleeHyoseedahd)* f. religiousness.
religioso *(RayleeHyóssoh)* adj. religious; m. monk, religious.
relinchar *(RayleenchάR)* intr. to neigh, to whinny.
relincho *(Rayléenchoh)* m. neigh, neighing.
reliquia *(Rayléekyah)* f. relic; vestige.
rellenar *(RaylyaynáR)* tr. to refill; to stuff; to cram, to pad.
relleno *(Raylyáynoh)* adj. stuffed; m. filling, stuffing, padding.
reloj *(RaylóH)* m. clock, watch; ~ **de pulsera**, wristwatch; ~ **despertador**, alarm-clock.
relojería *(RayloHayréeah)* f. watchmaker's (shop).
relojero *(RayloHáyroh)* m. watchmaker.
reluciente *(Rayloothyentay)* adj. shining, glittering.
relucir *(RayloothеeR)* intr. to shine, to glitter.
remachar *(RamahcháR)* tr. to rivet, to clinch.
remache *(Raymáhchay)* m. rivet.
remanente *(Raymahnéntay)* m. surplus; remainder.
remanso *(Raymáhnssoh)* m. pool, backwater.
remar *(RaymáR)* intr. to row.
rematado *(Raymahtáhdoh)* adj. ended; knocked down (at auction), finished.
rematar *(RaymahtáR)* tr. to end; to knock down at auction, to finish.
remate *(Raymáhtay)* m. end; conclusion; auction.
remedar *(RaymaydáR)* tr. to imitate; to mock; to copy.

R

R

remediar *(RaymaydyáR)* tr. to remedy, to repair.
remedio *(Raymáydyoh)* m. remedy; cure; solution.
remedo *(Raymáydoh)* m. imitation.
rememorar *(RaymaymohráR)* tr. to recall.
remendar *(RaymendáR)* tr. to patch, to mend; to stitch.
remendón *(Raymendón)* m. cobbler.
remero *(Raymáyroh)* m. rower, oarsman.
remesa *(Raymáyssah)* f. remittance, shipment.
remiendo *(Raymyéndoh)* m. patch.
remilgado *(Raymeelgádoh)* adj. prim.
remilgo *(Rayméelgoh)* m. squeamishness.
reminiscencia *(Raymeeneessthénthyah)* f. reminiscense; memory.
remirado *(Raymeeráhdoh)* adj. circumspect, cautious.
remisión *(Raymeessyón)* f. remission, reference; delivery.
remiso *(Rayméessoh)* adj. remiss, indolent, careless.
remitir *(RaymeetéeR)* tr. to send, to remit; to refer to; to let up.
remitirse *(RaymeetéeRssay)* r. to refer.
remo *(Ráymoh)* m. oar.
remojar *(RaymohHáR)* tr. to steep; to dip, to soak.
remojo *(RaymóhHoh)* m. steeping.
remolacha *(Raymohláhchah)* f. bett (US), beetroot (UK).
remolcar *(RaymolkáR)* tr. *(Naut.)* to (take in) tow, to tug.
remolino *(Raymohléenoh)* m. whirlwind; whirlpool; vortex; eddy.
remolón *(Raymohlón)* adj. lazy; slacker.
remolque *(Raymólkay)* m. towing, tow; trailer.
remonta *(Raymóntah)* f. remount (ing) cavarly.
remontar *(RaymontáR)* tr. to go up (a river), to overcome.
rémora *(Raymohrah)* f. hindrance.
remorder *(RaymoRdáyR)* tr. to cause remorse.
remordimiento *(RaymoRdeemyéntoh)* m. remorse.
remoto *(Raymóhtoh)* adj. remote, far-off, distant.
remover *(RaymohbáyR)* tr. to remove, to stir, to dismiss.
remuneración *(Raymoonayrahtheeón)* f. remuneration.
remunerador *(RaymoonayrahdóR)* adj. y m. remunerator.
remunerar *(RaymoonayráR)* tr. to remunerate.
renacer *(RaynahtháyR)* intr. to be born again; to revive.
renacimiento *(Raynahtheemyéntoh)* m. revival, rebirth, Renaissance.
renacuajo *(RaynahkwáHoh)* m. tadpole.
rencilla *(Renthéelyah)* f. quarrel.
rencilloso *(Rentheelyóhssoh)* adj. peevish, touchy.
rencor *(RenkóR)* m. rancor.
rencoroso *(Renkohróhssoh)* adj. rancorous, resentful.
rendición *(Rendeethyón)* f. surrender.
rendido *(Rendéedoh)* adj. devoted, exhausted, submissive, fatigued.
rendija *(RendéeHah)* f. crevice; cleft, crack, fissure, chink.
rendimiento *(Rendeemyéntoh)* m. yield, performance.
rendir *(RendéeR)* tr. to subdue; to surrender; to tire; to yield.
rendirse *(RendéeRssay)* r. to surrender, to yield, give up/away.
renegado *(Raynaygáhdoh)* m. renegade.
renegar *(RaynaygáR)* tr. to deny; intr. to renounce.
renglón *(Renglón)* m. line.
reno *(Rayno)* m. reindeer.
renombrado *(Raynombráhdoh)* adj. renowned, well-known, famous.
renombre *(Raynómbray)* m. renown, fame.
renovación *(Raynohbahthyón)* f. renovation, renewal.
renovar *(RaynohbáR)* tr. to renew.
renquear *(RenkayáR)* intr. to limp.
renta *(Réntah)* r. rent; revenue; income.
rentar *(RentáR)* tr. to produce; to yield, to rent.
rentista *(Rentéesstah)* s. stockholder, financier.
renuncia *(Raynóonthyah)* f. renunciation; resignation.

renunciar *(RaynoonthyáR)* tr. to renounce, to resign.
reñido *(Raynyéedoh)* adj. tough; on bad terms.
reñir *(Raynyeer)* intr. to quarrel.
reo *(Rayoh)* m. offender; criminal, culprit, defendant.
reojo *(RayóhHoh)* **mirar de ~**, to look through the comer of one's eye.
reorganizar *(RayoRgahneetháR)* tr. to reorganize.
reparación *(Rayparahthyón)* f. repair.
reparar *(RayparáR)* tr. to repair; intr. to observe.
repartición *(RaypaRteethyón)* f. distribution.
repartir *(RaypaRtéeR)* tr. to distribute.
reparto *(RaypáRtoh)* m. distribution.
repasar *(RaypahssáR)* tr. to check; to revise, to go over it again.
repaso *(Raypáhssoh)* m. revision.
repatriar *(RaypatreeáR)* tr. to repatriate.
repeler *(RaypayláyR)* tr. to repel, to repulse; to reject.
repelente *(Raypayléntay)* adj. repellent, repulsive.
repente, de *(Raypéntay)* loc. adv. suddenly.
repentino *(Raypentéenoh)* adj. sudden, overnight.
repercusión *(RaypayRkoossyón)* f. repercussion; reverberation.
repercutir *(RaypayRkootéeR)* intr. to rebound, to echo, to reverberate.
repertorio *(RaypayRtóhryoh)* m. repertory; *(Theat.)* repertoire.
repetición *(Raypayteethyón)* f. repetition, reiteration.
repetir *(RaypaytéeR)* tr. to repeat, to reiterate.
repicar *(RaypeekáR)* r. to chop, to mince; to chime.
repique *(Raypéekay)* m. chime; chopping.
repiquetear *(RaypeekaytayáR)* to chime, to peal (bells).
repisa *(Raypéessah)* f. shelf, ledge, mantelpiece.
replantear *(RayplanteáR)* tr. to rethink.
replegar *(RayplaygáR)* tr. to refold; *(Mil.)* to retreat.
replegarse *(RayplaygáRssay)* r. *(Mil.)* to retreat, to withdraw.
repleto *(Raypláytoh)* adj. replete; full up; packed with.
réplica *(Raypléekah)* f. retort.
replicar *(RaypleekáR)* tr. intr. to retort, to reply, to respond.
repliegue *(Rayplyáygay)* m. crease; fold; retreat.
repoblación *(Raypohblahthyon)* f. repopulation; **~ forestal**, afforestation.
repoblar *(RaypohbláR)* tr. to repopulate.
repollo *(Raypóhlyoh)* m. *Bot.* cabbage.
reponer *(RaypohnáyR)* tr. restore.
reportaje *(RaypoRtáhHay)* m. (press) report.
reportar *(RaypoRtáR)* tr. to restrain, to check.
reportarse *(RaypoRtáRssay)* r. to refrain, to control oneself.
reportero *(RaypoRtáyroh)* m. reporter.
reposado *(Raypohssáhdoh)* adj. peaceful, quiet, calm.
reposar *(RaypohssáR)* intr. to repose, to rest, to lie down.
reposición *(Raypohsseethyón)* f. replacement, reinstatement.
repostar *(RaypostáR)* tr. to fill up with.
repostería *(Raypostayréeah)* f. confectionery.
repostero *(Raypostáyroh)* m. confectioner.
reprender *(RayprendáyR)* tr. to rebuke, to scold, to chide, to reprimand.
reprensible *(Rayprensseeblay)* adj. reprehensible.
represalia *(Rayprayssáhlyah)* f. reprisal, retaliation.
representación *(Rayprayssentahthyón)* f. representation; *Theat.* performance.
representante *(Rayprayssentáhntay)* m. representative, agent.
representar *(Raypraysentar)* adj. to represent.
representativo *(Rayprayssentatéeboh)* adj. representative.

R

R

reprimenda *(Raypreeméndah)* f. reprimand.
reprimir *(RaypreméeR)* tr. to repress.
reprobar *(RayprohbáR)* tr. to reprove.
reprobo *(Ráyprohboh)* adj. y m. reprobate, wicked.
reprochar *(RayprohcháR)* tr. to reproach.
reproche *(Raypróhchay)* m. reproach.
reproducción *(Rayprohdookthyón)* f. reproduction, replica.
reproducir *(RayprohdookthéeR)* tr. to reproduce.
reptar *(ReptáR)* intr. to crawl.
reptil *(Reptéel)* adj. y m. reptile.
república *(Raypóobleekah)* f. republic.
republicanismo *(Raypoobleekahnéessmoh)* m. republicanism.
republicano *(Raypoobleekáhnoh)* adj. y m. republican.
repudiación *(Raypoodyahtyón)* f. repudiation.
repudiar *(RaypoodyáR)* tr. to repudiate.
repudio *(Raypóodyoh)* m. repudiation.
repuesto *(Raypwéstoh)* m. stock, supply; **de ~**, spare.
repugnancia *(Raypoognáhnthyah)* f. repugnance.
repugnar *(RaypoognáR)* intr. to be repugnant.
repugnante *(Raypoognáhntay)* adj. repugnant.
repujar *(RaypooHáR)* tr. to emboss.
repulsa *(Raypóolssah)* f. reprimand.
repulsión *(Raypoolssyón)* f. repulsion; repugnance, disgust.
repulsivo *(Raypoolsséboh)* adj. repulsive.
reputación *(Raypootahthyón)* f. reputation.
reputar *(RaypootáR)* tr. to consider.
requemado *(Raykaymáhdoh)* adj. tanned, sunburnt.
requemar *(RaykaymáR)* tr. to scorch, to burn again, to overcook.
requerimiento *(Raykayreemyéntoh)* m. request, summons.
requerir *(RaykayréeR)* tr. to summon; to require.
requesón *(Raykayssón)* m. curd.
requiebro *(Raykyáybroh)* m. compliment, flirtatious remark.
requisa *(Raykéessah)* f. *(Mil.)* requisition.
requisar *(RekisáR)* tr. to confiscate.
requisito *(Raykeesséetoh)* m. requisite, requirement.
res *(Ráyss)* f. head of cattle.
resabio *(Rayssáhbyoh)* m. aftertaste, vicious habit.
resaca *(Rayssáhkah)* f. surf, undertow; (coll.) hangover.
resaltar *(RayssaltáR)* intr. to stand out; to highlight, to bring out.
resalte *(Rayssáltay)* m. prominence.
resarcir *(RayssaRthéeR)* tr. to compensate, to indemnify.
resbaladizo *(Rayssbahlahdéethoh)* adj. slippery.
resbalar *(RayssbahláR)* intr. to slip; to skid.
resbalón *(Rayssbahlón)* m. slip; (fig.) blunder.
rescatar *(ReyskahtáR)* tr. to redeem; to ransom, to rescue.
rescate *(Reskáhtay)* m. rescue; ransom.
rescindir *(RaysstheendéeR)* tr. to rescind, to cancel.
rescisión *(Resstheessyón)* f. rescission, cancellation.
rescoldo *(Reskóldoh)* m. embers, cinders.
resentido *(Rayssayntéedoh)* adj. resentful.
resentimiento *(Rayssaynteemyéntoh)* m. resentment.
resentirse *(RayssayntéeRssay)* r. to resent.
reseña *(Rayssáynyah)* f. review, summary.
reseñar *(RayssaynyáR)* tr. to review.
reserva *(RayssáyRbah)* f. reserve; reservation, booking.
reservado *(RayssayRbáhdoh)* adj. reserved, cautious; private.
reservar *(RayssayRbáR)* tr. to reserve; to book.
resfriado *(Resfryáhdoh)* m. cold, catarrh, chill.
resfriar *(ResfryáR)* tr. to cold.
resfriarse *(ResfryáRssay)* r. to catch (a) cold.

resguardar *(RessgwaRdáR)* tr. to shield, to shelter.
resguardarse *(RessgwaRdáRssay)* r. to (take) shelter.
resguardo *(RessgwáRdoh)* m. shelter, guard, preservation; protection.
residencia *(Raysseedénthyah)* f. residence, mansion.
residencial *(Raysseedenthyáhl)* adj. residential.
residente *(Raysseedéntay)* s. resident.
residir *(RaysseedéeR)* intr. to reside, to dwell.
residuo *(Rayssééedwoh)* m. residue.
resignación *(Raysseegnahthyón)* f. resignation.
resignarse *(RaysseegnáRssay)* r. to resign, to put up with, to yield.
resina *(Raysséenah)* f. resin.
resistencia *(Raysseesstenthyah)* f. resistance, strength, stamina.
resistir *(RaysseesteeR)* intr. to resist, to withstand, to tolerate.
resma *(Résmah)* f. ream.
resolución *(Rayssohloothyon)* f. resolution.
resolver *(RayssolbáyR)* tr. to (re) solve, to decide.
resolverse *(RayssolbáyRssay)* r. to resolve itself.
resonancia *(Rayssohnáhnthyah)* f. resonance, impact.
resonar *(RayssohnáR)* intr. to resound, to ring.
resoplar *(RayssohpláR)* intr. to snort.
resoplido *(Rayssohpléedoh)* m. snort(ing), puff.
resorte *(RayssóRtay)* m. spring; (fig.) means.
respaldar *(RespahldáR)* tr. to endorse, to back.
respaldo *(Respáhldoh)* *(Ra)* m. (seat) back, endorsement.
respectivo *(Respektéeboh)* adj. respective.
respecto *(Respéktoh)* m. relation; respect.
respetable *(Respaytáhblay)* adj. respectable; honourable.
respetar *(RespaytáR)* tr. to respect, to honour.
respeto *(Respáytoh)* m. respect, regard, on this matter.
respetuoso *(Respaytwóhssoh)* adj. respectful, respectable.
respiración *(Respeerahthyón)* f. respiration, breath(ing).
respiradero *(Respeerahdáyroh)* m breathing-hole, vent, ventilator.
respirar *(RespeeráR)* intr. to breathe, to get breath.
respiro *(Respéeroh)* m. respite, break.
resplandecer *(ResplahndaytháyR)* intr. to glitter, to glow.
resplandeciente *(Resplahndaythyéntay)* adj. resplendent, glittering, shining; radiant.
resplandor *(ResplahndóR)* m. brilliance, radiance; flash.
responder *(RespondáyR)* tr. e intr. to answer, to respond, to reply.
respondón *(Respondón)* adj. saucy; cheeky.
responsabilidad *(Responssabeeleedáhd)* f. responsibility, liability.
responsable *(Responssáhblay)* adj. responsible, liable.
responso *(Respónssoh)* m. prayer for the dead.
respuesta *(Respwéstah)* f. answer, response, reply.
resquebrajar *(ReskaybrahHár)* intr. to crack, to split.
resquemo(r) *(ReskaymóR)* m. resentment, bitterness.
resquicio *(Reskéethyoh)* m. crack; chink.
restablecer *(RestahblaythayR)* tr. to restore, reestablish.
restablecerse *(RestahblaythayRssay)* r. to recover.
restablecimiento *(Restahblaytheemyéntoh)* m. recovery; restoration, reestablishment.
restante *(Restáhntay)* r. remainder, remaining.
restar *(RestáR)* tr. to deduct; to minimize; intr. remain.
restauración *(Restah/oorahthyón)* f. restoration.
restaurante *(Restah/ooráhntay)* m. restaurant.
restaurar *(Restah/ooráR)* intr. to restore.
restitución *(Resteetoothyón)* f. restitution.
restituir *(ResteetwéeR)* tr. to restore.

R

R

resto *(Réstoh)* m. remainder; rest; pl. remains.
restregar *(RestraygáR)* tr. to scrub.
restricción *(Restreekthyón)* f. restriction.
restrictivo *(Restreektéeboh)* adj. restrictive.
restriñimiento *(Restreenyeemyéntoh)* m. restrition.
resucitar *(RayssootheetáR)* tr. to resuscitate; to revive.
resuelto *(Raysswéltoh)* adj.resolute, determined.
resulta *(Rayssóoltah)* f. result; effect; consequence.
resultado *(Rayssooltáhdoh)* m. result; outcome.
resultar *(RayssooltáR)* intr. to result; (coll.) work out (well, badly).
resumen *(Rayssóomen)* m summary; extract; **en ~**, in short.
resumido *(Rayssoomeedoh)* adj. abridged.
resumir *(RayssooméeR)* tr. to sum up; to abridge.
resurrección *(RayssooRekthyón)* f. resurrection; revival.
retablo *(Raytáhbloh)* m. altarpiece, tableau.
retaguardia *(RaytahgwáRdyah)* f. rearguard.
retahila *(Raytahéelah)* f. file; string, series.
retal *(Raytáhl)* m. remnant, piece.
retar *(RaytáR)* tr. to challenge.
retardar *(RaytaRdáR)* tr. to retard; to delay.
retardo *(RaytáRdoh)* m. delay.
retazo *(Raytáhthoh)* m. remmant, piece.
retención *(Raytenthyón)* f. retention; deduction.
retener *(RaytaynáyR)* tr. to retain; to hold back.
retentiva *(Raytentéebah)* f. retentiveness.
reticencia *(Rayteethaynthya)* f. reticence.
retina *(Raytéenah)* f. retina.
retirada *(Rayteeráhdah)* f. withdrawal; *(Mil.)* retreat.
retirado *(Rayteeráhdoh)* adj. retired, remote; m. retired officer.
retirar *(RayteeráR)* tr. to withdraw; to retire; to recall.
retiro *(Raytéeroh)* m. retreat; retirement; reclution.
reto *(Ráytoh)* m. challenge.
retocar *(RaytohkáR)* tr. to retouch; to touch up.
retoño *(Raytóhnyoh)* m. sprout; shoot.
retoque *(Raytóhkay)* m. retouching, finishing touch.
retorcer *(RaytoRtháyR)* tr. to twist, to wring.
retorcimiento *(RaytoRtheemyéntoh)* m. twisting, wringing.
retórica *(Raytóhreekah)* f. rhetoric.
retórico *(Raytóhreekoh)* adj. rhetorical.
retornar *(RaytoRnáR)* tr. e intr. to return, come / go back.
retorno *(RaytóRnoh)* m. return; barter, exchange.
retozar *(RaytohtháR)* intr. to frisk, to romp, to frolic.
retozo *(Raytohthoh)* m. frisk(iness), frolic, romp.
retozón *(Raytohthón)* adj. frisky, playful.
retractación *(Raytrahktahthyón)* f. retrac(ta)tion.
retractar *(RaytrahktáR)* tr. to retract, to withdraw.
retraer *(Raytrah/áyR)* tr. dissuade, to bring back.
retraerse *(Raytrah/áyRssay)* r. to withdraw from, to keep aloof from.
retraído *(Raytrah/éedoh)* adj. y m. shy, reserved.
retraimiento *(Raytrah/eemyéntoh)* m. withdrawal, shyness; seclusion.
retrasar *(RaytrahssáR)* tr. to delay, to put off.
retrasarse *(RaytrahssáRssay)* r. to be late.
retraso *(Raytráhssoh)* m. delay.
retratar *(RaytrahtáR)* tr. to portray, to depict; to photograph.
retratarse *(RaytrahtáRssay)* r. to have a photograph taken.
retratista *(Raytrahtéestah)* f. portrait painter, photographer.
retrato *(Raytráhtoh)* m. portrait, picture, photograph.
retreta *(Raytráytah)* f. *(Mil.)* retreat; tattoo.

retrete *(Raytráytay)* m. lavatory, restroom, toilet.
retribución *(Raytreeboothyón)* f. reward; pay, payment.
retribuir *(RaytreebwéeR)* tr. to retribute, to reward.
retroactivo *(Raytrohahktéeboh)* adj. retroactive.
retroceder *(RaytrohthaydáyR)* intr. to move back, to recede, to back down, to back off.
retroceso *(Raytrohtháyssoh)* m. backward movement, setback.
retrógrado *(Raytróhgrahdoh)* adj. reactionary, retrograde.
retrovisor *(RaytrobéessoR)* m. rearview mirror.
reuma *(Réh/oomah)* f. rheum; m. *(Med.)* rheumatism.
reumático *(Reh/oomáhteekoh)* adj. rheumatic.
reumatismo *(Reh/oomáhtéessmoh)* m. rheumatism.
reunificar *(Reh/oonyfikáR)* tr. reunify.
reunión *(Reh/oonyón)* f. reunion, meeting, gathering, assembly.
reunir *(Reh/oonéeR)* tr. to join, to assemble, to gather, to collect.
reunirse *(Reh/oonéeRssay)* r. to join, to meet, to gather.
reválida *(Raybáhleedah)* f. final examination, revalidation.
revalidar *(RaybahleedáR)* tr. to confirm, to ratify.
revalorización *(Raybahloréethahthyón)* f. appreciation.
revancha *(Raybáhnchah)* f. revenge; **tomarse la ~**, to get one's revenge.
revelación *(Raybaylahthyón)* f. revelation, disclosure.
revelado *(Raybayláhdoh)* m. *(Phot.)* development.
revelar *(RaybayláR)* tr. to reveal, to disclose; *(Phot.)* to develop.
revendedor *(RaybendaydóR)* m. retailer; (ticket) scalper; (business) retailer.
revender *(RaybendáyR)* tr. to retail, to resell, to scalp.
reventa *(Raybéntah)*f. resale, retail, touting (UK), sacalping (US).
reventar *(RaybentáR)* intr. to burst, to blow up/out; tr. to vex, to annoy.
reventón *(Raybentón)* adj. y m. burst; blowout.
reverencia *(Raybayrénthyah)* f. reverence; bow.
reverenciar *(RaybayrenthyáR* tr. to revere; venerate.
reversión *(RaybayRssyón)* f. reversion, return.
revés *(Raybéss)* m. reverse; back, wrong side; setback, misfortune; slap; the other way round; back to front, inside out.
revisar *(RaybeessáR)* tr. to review; check, to overhaul.
revisión *(Raybeessyón)* f. revision, overhaul.
revisor *(RaybeesóR)* m. reviser, (ticket) inspector collector.
revista *(Raybéestah)* f. review, magazine, journal; *(Mil.)* inspection; *(Theat.)* revue.
revistar *(RaybeestáR)* tr. to review, to inspect; *(Law.)* revise.
revivificar *(RaybeebeefeekáR)* tr. to revivify.
revivir *(RaybeebéeR)* intr. to revive, to return to life.
revocación *(Raybohkahthyón)* f. revocation, revokement.
revocar *(RaybohkáR)* tr. to revoke; to cancel;(wall) to plaster.
revolotear *(RaybohlohtayáR)* intr. to flutter, to hover.
revoloteo *(Raybohlohtáyoh)* m. fluttering, hovering.
revoltillo *(Rayboltéelyoh)* m. medley, jumble, confusion; mess.
revoltoso *(Rayboltóhssoh)* adj. rebellious, unruly; (child) naughty.
revolución *(Raybohloothyón)* f. revolution; revolt; rebellion.
revolucionar *(RaybohloothyohnáR)* tr. to revolutionize, to revolt.
revolucionarse *(RaybohloothyohnáRssay)* r. to rebel, to rise.
revolucionario *(Raybohloonáhryoh)* adj. revolutionary; s. revolutionist, rebel.

R

revolver *(**R**aybólbay**R**)* tr. to turn up, to stir, to shake.
revólver *(**R**aybólba**R**)* s. revolver, pistol, gun.
revoque *(**R**aybóhkay)* m. plastering, plaster.
revuelco *(**R**aybwélkoh)* m. wallowing, rolling.
revuelo *(**R**aybwéloh)* m. gyration (in flying), stir, commotion.
revuelto *(**R**aybwéltoh)* adj. unsettled, scrambled (eggs).
revulsión *(**R**ayboolssyón)* f. revulsion.
rey *(**R**ay)* m. king; **Reyes Magos**, The Three Wise Men, Magi.
reyezuelo *(**R**ayyetwáyloh)* m. petty king; *(Orn.)* kinglet.
rezagar *(**R**aythahgá**R**)* tr. to leave behind, to lag behind.
rezagarse *(**R**aythahgá**R**ssay)* r. to lag, to fall behind.
rezar *(**R**aythá**R**)* tr. to pray; to say prayers.
rezo *(**R**áythoh)* m. prayer.
ría *(**R**éeah)* f. river mouth, estuary.
riachuelo *(**R**ayachwáyloh)* m. brook, stream.
riada *(**R**yáhdah)* f. flood.
ribera *(**R**eebáyrah)* f. shore (sea) river bank.
ribereño *(**R**eeb/ayráynyoh)* adj. riverside, coastal.
ribete *(**R**eebáytay)* m. addition, adornment, edge, border, trim.
ribetear *(**R**eebaytayá**R**)* tr. to border, to trim, to edge.
ricacho *(**R**eekáhchoh)* adj. y m. (coll.) very rich.
rico *(**R**éekoh)* adj. rich; wealthy; delicious; lovely.
ridiculez *(**R**eedeekooléth)* f. ridiculousness, ridiculous, absurdity.
ridiculizar *(**R**eedeekooleethá**R**)* tr. to ridicule, to laugh at, to deride at, to mock at.
ridículo *(**R**eedéekooloh)* adj. ridiculous, laughable; m. ridicule.
riego *(**R**yégoh)* m. irrigation.
riel *(**R**yél)* m. rail, track; ingot.
rienda *(**R**yéndah)* f. rein; **dar ~ suelta a**, to give free rein to.
riesgo *(**R**yéssgoh)* m. risk; danger, hazard.
rifa *(**R**éefah)* f. raffle, lottery, draw.
rifar *(**R**eefá**R**)* tr. raffle; intr. to quarrel, to fight.
rifle *(**R**éeflay)* m. rifle.
rigidez *(**R**ee**H**eedéth)* f. rigidity, stiffness.
rígido *(**R**ée**H**eedoh)* adj. rigid, stiff.
rigor *(**R**eegó**R**)* m. rigour, strictness, harshness.
riguroso *(**R**eegoohróhssoh)* adj. rigorous, strict, harsh.
rima *(**R**éemah)* f. rhyme, rime.
rimar *(**R**eemá**R**)* intr. to rhyme.
rincón *(**R**eenkón)* m. corner; nook.
rinoceronte *(**R**eenohthayróntay)* m. rhinoceros.
riña *(**R**éenyah)* f. quarrel, dispute, scuflle, fray; brawl.
riñón *(**R**eenyón)* m. kidney.
río *(**R**éeoh)* m. river, stream.
riqueza *(**R**eekáythah)* f. riches, wealth; **~s naturales**, natural resources.
risa *(**R**éessah)* f. laugh, laughter.
risible *(**R**eesséeblay)* adj. laughable.
risotada *(**R**eessotáhdah)* f. guffaw.
risueño *(**R**eeswáynyoh)* adj. smiling, cheerful.
rítmico *(**R**éetmeekoh)* adj. rhythmic(al).
ritmo *(**R**éetmoh)* m. rhythm.
rito *(**R**éetoh)* m. rite; ceremony.
ritual *(**R**eetwáhl)* m. y adj. ritual, ceremonial.
rival *(**R**eebáhl)* s. rival; competitor.
rivalidad *(**R**eebahleedáh)* f. rivalry.
rivalizar *(**R**eebahleethá**R**)* tr. to rival; to vie, to compete.
rizado *(**R**eetháhdoh)* adj. curly; ridged; undulating.
rizar *(**R**eethá**R**)* tr. to curl; to ripple, to ruffle.
rizarse *(**R**eethá**R**ssay)* r. to curl.
robar *(**R**ohbá**R**)* tr. to rob; to burgle, to steal.
roble *(**R**óhblay)* m. *Bot.* oak, oak tree.
robo *(**R**óhboh)* m. robbery; theft.
robot *(**R**hóbot)* m. robot.
robustecer *(**R**ohboostaytháy**R**)* tr. to make strong.
robustez *(**R**ohboostáyth)* f. robustness, sturdiness.

robusto *(Rohbóostoh)* adj. robust, strong, sturdy.
roca *(Róhkah)* f. rock; stone, boulder.
roce *(Róhthay)* m. friction, rubbing.
rociada *(Rohthyáhdah)* f. sprinkling; *(Naut.)* spray.
rociador *(RohthyahdóR)* m. spray, sprinkler, sprayer.
rociar *(RohthyáR)* tr. to sprinkle, to spray.
rocín *(Rohthéen)* m. hack, nag.
rocío *(Rohthéeoh)* m. dew.
rodada *(Rohdáhdah)* f. rut; track.
rodado *(Rohdáhdoh)* adj. dapple; wheeled; **canto ~**, boulder.
rodaja *(RohdáhHah)* f. slice, rasher; small wheel, castor.
rodaje *(RohdáhHay)* m. wheeling set of wheels; **en ~**, running in.
rodar *(RohdáR)* intr. to roll (about), to spin, to wheel, to rotate.
rodear *(RohdayáR)* tr. to surround, to encircle, to girdle.
rodeo *(Rohdáyoh)* m. roundabout, round-up; detour; **está dando ~s**, he's beating about the bush.
rodilla *(Rohdéelyah)* f. knee.
rodillera *(Rohdeelyérah)* f. kneecap; knee guard; knee patch.
rodillo *(Rohdeelyoh)* m. roller, cylinder, rolling-pin; *(Print.)* inking roller.
roedor *(Roh/aydóR)* adj. y m. gnawing; **~es**, *(Zool.)* rodents.
roer *(Roh/ayR)* intr. to gnaw.
rogar *(RohgáR)* tr. to pray, to beg; to plead (UK).
rogativa *(Rohgahtéebah)* f. rogation, prayer.
rojez *(RohHayth)* f. redness.
rojizo *(RohHéethoh)* adj. reddish.
rojo *(RóHoh)* adj. red, **al ~**, red-hot.
rollizo *(Rohlyéetoh)* adj. plump.
rollo *(Róhlyoh)* m. roll, coil, reel, scroll.
romance *(Rohmáhnthay)* adj. y m. romance, Romanic; m. Romance languaje.
romancero *(Rohmahntháyroh)* m. romancer; m. collection of. romances.
romanizar *(RohmahneetháR)* tr. to Romanize.
romano *(Rohmáhnoh)* adj. y m. Roman.
rombo *(Rómboh)* m. rhomb(us), diamond-shaped.
romería *(Rohmayréeah)* f. pilgrimage; procession.
romero *(Rohmáyroh)* m. *Bot.* Rosemary; pilgrim.
rompecabezas *(Rompaykahbáythahss)* m. puzzle, riddle.
rompehielos *(Rompayyeloss)* m. icebreaker.
rompeolas *(Rompayóhlahss)* m. breakwater, jetty.
romper *(Rompá/R)* tr. e intr. to break (off).
romperse *(Rompá/Rssay)* r. to break.
rompiente *(Rompyéntay)* adj. breaking; m. surf; surge, shoal, breakers, reefs.
ron *(Ron)* m. rum.
roncar *(RonkáR)* intr. to snore.
ronco *(Rónkoh)* adj. hoarse.
roncha *(Rónchah)* f. round slice; bruise.
ronda *(Róndah)* f. night-patrol, beat, rounds.
rondar *(RondáR)* tr. to patrol, round, to haunt.
ronquear *(RonkayáR)* intr. to be hoarse.
ronquera *(Ronkáyrah)* f. hoarseness.
ronquido *(Ronkéedoh)* m. snore.
roña *(Róhnyah)* f. dirt, filth.
roñería *(Rohnyayréeah)* f. meanness.
roñoso *(Rohnyóhssoh)* adj. dirty, filthy; nasty.
ropa *(Róhpah)* f. clothes clothing; **~ blanca**, linen; **~ de cama**, bed linen; **~ interior**, underwear.

R

R

ropaje *(RohpáhHay)* m. clothes, robe.
ropero *(Rohpáyroh)* m. wardrobe; closet.
roquedal *(Rohkaydáhhl)* m. rocky place.
roqueño *(Rohkáynyoh)* adj. rocky.
rorro *(RohRóh)* m. (coll.) baby.
rosa *(Róhssah)* f. *Bot.* rose; m. pink, rose-colored.
rosado *(Rohssáhdoh)* adj. pink, rosy.
rosal *(Rohssáhl)* m. *Bot.* rosebush.
rosaleda *(Rohssahláydah)* f. rose-garden.
rosario *(Rohssáhryoh)* m. *(Eccl.)* rosary; (fig.) series.
rosca *(Róskah)* f. screw-thread.
rosquilla *(Roskéelyah)* f. ring-shaped pastry, doughnut.
rostro *(Róstroh)* m. (human) face, countenance.
rotación *(Rohtahthyón)* f. rotation, turn, revolution, whirl.
roto *(Róhtoh)* adj. broken; torn.
rótula *(Róhtoolah)* f. kneecap.
rotular *(RohtooláR)* tr. to label.
rótulo *(Róhtooloh)* m. label, sign, lettering, inscription, title.
rotundo *(Rohtóondoh)* adj. round; categorical, absolute.
rotura *(Rohtóorah)* f. rupture, fracture, breakage, crak.
rozadura *(Rohthahdóorah)* f. friction, chafing, abraison.
rozamiento *(Rohthahmyéntoh)* m. friction, rubbing.
rozar *(RohtháR)* tr. e intr. to rub against.
rubí *(Roobée)* s. ruby.
rubio *(Róbyoh)* adj. blond (m.), blonde (f.), fair haired, ruddy.
rubor *(RoobóR)* m. blush, shame, bashfulness.
ruborizarse *(RoobohreetháRssay)* r. to blush, to redden.
ruboroso *(Roobohróhssoh)* adj. bashful, shameful.
rúbrica *(Róobreekah)* f. red mark, flourish (in signature).
rubricar *(RoobreekáR)* tr. to sign.
ruda *(Róodah)* f. *Bot.* rue.
rudeza *(Roodáythah)* f. rudeness, roughness, coarseness.
rudimento *(Roodeemyéntoh)* m. rudiment; pl. elements.
rudo *(Róodoh)* adj. rude, rough, coarse; hard.
rueda *(Rwáydah)* f. wheel; castor, roller, circle.
ruedo *(Rwáydoh)* m. rotation, turn; arena, bullring.
ruego *(Rwáygoh)* m. request, petition, entreaty.
rufián *(Roofyáhn)* m. ruffian, pimp, villain.
rugido *(RooHéedoh)* m. roar.
rugiente *(RooHyéntay)* adj. roaring, bellowing.
rugir *(RooHéeR)* intr. to roar, to bellow, to howl.
rugosidad *(Roogohsseedah)* f. roughness.
rugoso *(Roogóhssoh)* adj. rough, corrugated.
ruibarbo *(RweebáRboh)* m. *Bot.* rhubarb.
ruido *(Rwéedoh)* m. noise; bustle, sound, din.
ruidoso *(Rweedóhssoh)* m. noisy, loud.
ruin *(Rwéen)* adj. vile; low mean, base; treacherous.
ruina *(Rwéenah)* f. ruin, downfall; pl. ruins.
ruindad *(Rweendahd)* f. meanness, baseness.
ruinoso *(Rweenóhssoh)* adj. ruinous.
ruiseñor *(RweessaynyóR)* m. *(Orn.)* nightingale.
rumbo *(Róomboh)* m. course, direction; ostentation, pomp.
rumboso *(Roombóhssoh)* adj. splendid; pompous.
rumiante *(Roomyáhntay)* adj. ruminant.
rumiar *(RoomyáR)* tr. ruminate; to ponder, to brood over, to muse. *(Zool.)* to chew the cud.
rumor *(RoomóR)* m. rumour, murmur, hearsay.
ruptura *(Rooptóorah)* f. rupture, break, crack, breakage.
ruso *(Róssoh)* adj. y m. Russian.
rusticidad *(Roossteetheedáhd)* s. rusticity.
rústico *(Róossteekoh)* adj. rustic, rural; m. peasant.

ruta *(Róotah)* f. route, itinerary.
rutina *(Rootéenah)* s. routine; habit; custom, rut.
rutinario *(Roooteenáhryoh)* adj. routine; m. routinist.

S s

sábado *(sáhbahdoh)* m. Saturday.
sábana *(sáhbahnah)* f. (bed) sheet; pl. bed-linen.
sabandija *(sahbahndéeHah)* f. vermin, grub, insect.
sabañón *(sahbahnyón)* m. chilblain.
sabedor *(sahbaydóR)* adj. y m. aware.
saber *(sahbáR)* tr. to know, to be aware of, can; ~ **a**, to taste of; m. learning.
sabiamente *(sáhbiahmayntay)* adv. knowingly, wisely, sagely.
sabiendas *(sahbyéndass)* adv. knowingly, consciously.
sabio *(sáhbyoh)* adj. wise; sage, learned, well-read; m. sage.
sablazo *(sahbláhthoh)* m. saber stroke or wound; (coll.) touch; (fig.) sponging.
sabor *(sahbóR)* m. taste, flavor, smack, savor; **sin** ~, flavorless
saborear *(sahbohrayáR)* tr. to savour, to smack, to relish, enjoy.
sabotaje *(sahbohtáhHay)* m. sabotage.
sabroso *(sahbróhssoh)* adj. tasty, delicious, savoury.
sabueso *(sahbwáyssoh)* m. (blood) hound; (fig.) detective; (US) private-eye.
saca *(sáhkah)* f. drawing out, large bag or sack.
sacabotas *(sahkahbóhtass)* m. boot-jack.
sacacorchos *(sahkahkóRchoss)* m. corkscrew.
sacar *(sahkáR)* tr. to draw (out); to take (out), to find out, to get.
sacarina *(sahkahréenah)* f. saccharin.
sacerdocio *(sahthayRdóhthyoh)* m. priesthood.
sacerdotal *(sahthayRdohtáhl)* adj. sacerdotal.
sacerdote *(sahthayRdóhtay)* m. priest; clergyman.
sacerdotisa *(sahthayRdohtéessah)* f. priestess.
saciar *(sahthyáR)* tr. to satiate; to satisfy, to quench.
saciedad *(sahthyedahd)* f. satiety, glut, saturation.
saco *(sáhkoh)* m. sack, bag. sackful, plunder, pillage.
sacramento *(sahkrahméntoh)* m. sacrament.
sacrificar *(sahkreefeekáR)* tr. to sacrifice; to slaughter.
sacrificio *(sahkreeféethyoh)* m. sacrifice.
sacrilegio *(sahkreeláyHyoh)* m. sacrilege.
sacristán *(sahkreestáhn)* m. sacristan, sexton, verger.
sacristía *(sahkreestéeah)* f. sacristy; vestry.
sacro *(sáhkroh)* adj. holy; sacred.
sacudida *(sahkoodéedah)* f. shake; jerk, tremor, jolt.
sacudir *(sahkoodéeR)* tr. to jerk, to shake, to jerk, to jolt, to jog, to agitate.
sacudirse *(sahkoodéeRssay)* tr. shake off.
saeta *(sah/áytah)* f. arrow; dart; Andalusian pious song.
safari *(sahfáhree)* m. safari.
saga *(sahgah)* f. saga.
sagacidad *(sahgahtheedáhd)* f. sagacity, shrewdness.
sagaz *(sahgáth)* adj. sagacious, shrewd, sharp, quick, smart.
sagrado *(shgráhdoh)* adj. sacred, holy; m. sanctuary.
sagrario *(sahgráhryoh)* m. sanctuary; *Eccl.* ciborium.
sainete *(sah/eenáytay)* m. *Theat.* farce.
sal *(sáhl)* f. salt; (fig.) wit.
sala *(sáhlah)* f. hall, drawing-room, (hospital) ward, tribunal; *Theat.* house.
salado *(sahláhdoh)* adj. salted, salty, brackish, briny, witty.

S

saladura *(sahlahdóorah)* f. salting, pickled; saltness.
salamandra *(sáhlahmáhndrah)* f. salamander.
salar *(sahláR)* tr. to salt; to cure.
salario *(sahláhryoh)* m. salary; stipend; wages; pay.
salaz *(sahláth)* adj. lustful; lewd.
salazón *(sahlathón)* f. salting, salt meat, salt fish.
salchicha *(sahlchéechah)* f. sausage, hot-dogs.
salchichón *(sahlcheechón)* m. large sausage.
saldar *(sahldáR)* tr. *Com.* to settle, to liquidate, to pay off.
saldo *(sáhldoh)* m. *Com.* balance, remnant, reject; **venta de ~s**, (clearance)sale.
salero *(sahlayroh)* m. saltcellar; (fig.) gracefulness.
saleroso *(sahlayrohssoh)* adj. graceful; witty.
salida *(sahléedah)* f. departure; outlet, exit; start, rise; *Mil.* sally.
saliente *(sahlyéntay)* adj. salient, profeeling, jutting-out.
salina *(sahléennah)* f. salt-pit; saltmine.
salino *(sahléennoh)* adj. saline.
salir *(sahléeR)* intr. to go out, to depart, to come out, to rise (the sun); to leave.
saliva *(sahléebah)* f. saliva, spit.
salmear *(sahlmayáR)* tr. to sing psalms.
salmista *(sahlméestah)* s. psalmist, psalm-singer.
salmo *(sáhlmoh)* m. psalm.
salmón *(sahlmón)* m. *Ichth.* salmon.
salmonete *(sahlmohnáytay)* m. *Ichth.* red mullet.
salmuera *(sahlmwáyrah)* f. brine; pickle.
salobre *(sahlóhbray)* adj. saltish, brackish, briny.
salón *(sahlón)* m. saloon, hall, drawing-room, assemblyroom
salpicadura *(sahlpeekahdóorah)* f. splash, spattering.
salpicar *(sahlpeekaR)* tr. to splash, to spatter.
salpicón *(sahlpeekón)* m. salmagundi.
salsa *(sáhlssah)* f. sauce; gravy.
salsera *(sahlssáyrah)* f. gravydish.
saltamontes *(sahltahmóntess)* m. grasshopper.
saltar *(sahltáR)* intr. to leap; to spring; to jump; to hop, tr. to leap or jump over.
salteador *(sahltayadóR)* m. highwayman.
saltear *(sahltayáR)* tr. to rob on the highway; to assault, to hold up.
salterio *(sahltáyryoh)* m. psalter.
saltimbanco *(sahlteembáhnkoh)* ~ **banqui**, *(sahlteembáhnkee)* m. mountebank, trifler, acrobat.
salto *(sáhltoh)* m. jump; leap; gap; hop; spring.
saltón *(sahltón)* adj. hopping, bulging; m. grasshopper.
salubre *(sahlóobray)* adj. salubrious, healthy.
salud *(sahlóod)* f. health.
saludable *(sahloodáhblay)* adj. salutary; healthful.
saludar *(sahloodáR)* tr. to greet; to salute; to hail.
saludo *(sahlóodoh)* m. salute, greeting, wave.
salva *(sáhlbah)* f. *Mil.* volley; salvo.
salvación *(sahlbahthyón)* f. salvation.
salvajada *(sahlbahHáhdah)* f. brutal/savage action.
salvaje *(sahlbáhHay)* adj. savage; wild; m. savage; (coll.) ignorant.
salvamento *(sahlbahmáyntoh)* m. salvage.
salvar *(sahlbáR)* tr. to save; to salvage, to overcome.
salvarse *(shalbáRssay)* r. to escape (from danger).
salvavidas *(sahlbahbéedahss)* m. lifelbelt; **bote** ~, life-boat.
salve *(sáhlbay)* interj. hail f. *Eccl.* Salve Regina.
salvedad *(sahlbaydáhd)* f. exception, reservation.
salvo *(sáhlboh)* adj. safe, saved; adv. excepting.

salvoconducto *(salbohkondooktoh)* m. safe-conduct, pass, permit.
sambenito *(sahmbaynéetoh)* m. sanbenito, (penitential garment).
san *(sahn)* adj. saint.
sanar *(sahnáR)* tr. to heal; to cure; intr. to recover.
sanatorio *(sahnahtóhryoh)* m. sanatorium.
sanción *(sahnthyón)* f. sanction, fine, censure, reproof, admonition, reprimand, rebuke.
sancionar *(sahnthyohnáR)* tr. to sanction; to ratify, to fine, to reprimand, to admonish, to rebuke.
sandalia *(sahndáhlyah)* f. sandal.
sandez *(sahndáyth)* f. nonsense, folly, twaddle, tommy-rot, tripe.
sandía *(sahndéeah)* f. watermelon.
saneamiento *(sahnayahmyéntoh)* m. sanitation, sewage, drainage.
sanear *(sahnayáR)* tr. to make sanitary, to drain.
sangradura *(sahngrahdórah)* f. bleeding; draining.
sangrar *(sahngráR)* tr. to bleed; intr. to bleed.
sangrarse *(sahngráRssay)* f. to be bled.
sangre *(sáhngray)* f. blood.
sangría *(sahngréeah)* f. bleeding; a mixture of red wine and fizzy-drink, adding bits of fruit.
sangriento *(sahngryéntoh)* adj. bloody, blood-stained, bleeding.
sanguijuela *(sahngeeHwáylah)* f. leech.
sanguinario *(sahngeenáhryoh)* adj. sanguineous, blood-thirsty, cruel.
sanguíneo *(sahngéenayoh)* adj. sanguineous, bloody.
sanidad *(sahneedáhd)* f. health (iness), sanity; health-office.
sano *(sáhnoh)* adj. sound; healthy; wholesome.
santa *(sáhntah)* f. female saint; adj. y f. saint, holy.
santiamén *(sahntyahmén)* m. (coll.) jiffy.
santidad *(sahnteedáhd)* f. sanctity; holiness; Holiness; title of the Pope.
santificación *(sahnteefeekahthyón)* f. sanctification.
santificar *(sahnteefeekáR)* tr. to sanctify.
santiguar *(sahnteegwáR)* tr. to bless; (coll.) to chastise.
santiguarse *(sahnteegwáRssay)* r. to cross oneself.
santísimo *(sahntéesseemoh)* adj. most holy.
santo *(sáhntoh)* adj. holy, saint(ed), blessed; m. saint, saintsday. *Mil* ~ y seña, watchword.
santón *(sahntón)* m. hypocrite; dervish.
santoral *(sahntohráhl)* m. calendar of saints.
santuario *(sahntwáhryoh)* m. sanctuary.
saña *(sáhnyah)* f passion; anger, rage, fury.
sañudo *(sahnyóodoh)* adj. furious, enraged.
sapiencia *(sahpyénthyah)* f. wisdom.
sapo *(sáhpoh)* m. toad.
saquear *(sahkayáR)* tr. to ransack, to plunder, to pillage.
saqueo *(sahkáyoh)* m. plunder; pillage, spoil.
sarampión *(sahrahmpyón)* m. measles.
sarao *(sahráh/oh)* m. evening party.
sarcasmo *(saRkássmoh)* m. sarcasm.
sarcástico *(saRkasteekoh)* adj. sarcastic.
sardana *(saRdóhnah)* f. a Catalonian ring-dance.
sardina *(saRdéenah)* f. *Ichth.* sardine.
sargento *(saRHéntoh)* m. sergeant.
sarna *(sáRnah)* f. itch, mange, scabies.
sarnoso *(saRnóohssoh)* adj. itchy, mangy, scabby.
sarraceno *(sahRahtháynoh)* m. y adj. Saracen.
sarro *(sáhRoh)* m. crust.
sarta *(sáRtah)* f. string (of beads), line, row, series.
sartén *(saRtén)* f. frying pan.

S

sastre *(sáhstray)* m tailor.
sastrería *(sahstrayréeah)* s. a tailor's trade or shop.
satán *(sahtáhn)* m. Satan, Devil; (coll.) Old Harry, Old Horny.
satánico *(sahtáhneekoh)* adj. satanic; devilish.
satélite *(sahtáyleetay)* m. satellite, follower, companion.
satinado *(sahteenáhdoh)* adj. glossy, glazy; m. glazing.
satinar *(sahteenáR)* tr. to glass, to glaze.
sátira *(sáhteerah)* f. satire.
satírico *(sahtéereekoh)* adj. satiric (al); m. satirist.
satirizar *(sahteereethá**R**)* tr. to satirize.
sátiro *(sáhteeroh)* m. satyr, lewd fellow.
satisfacción *(sahteesfahthyón)* f. satisfaction.
satisfacer *(sahteesfahtháy**R**)* tr. to satisfy, to please, to satiate.
satisfactorio *(sahteesfahktóhryoh)* adj. satisfactory, pleasing, satisfying.
satisfecho *(sahteesfáychoh)* adj. satisfied, contented.
saturar *(sahtoorá**R**)* tr. to saturate, to glut, to fill.
sauce *(sáh/oothay)* m. *Bot.* willow.
sauna *(sah/oonah)* f. sauna.
sazón *(sahthón)* f. maturity; season/ing, ripening; **a la ~**, at that time.
sazonado *(sahthohnáhdoh)* adj. seasoned; mature, mellow, ripe.
sazonar *(sahthohná**R**)* tr. to season; to ripen, to mature.
se *(say)* pron. (reflexive) yourself, himself, herself, itself, oneself, themselves; (dative personal, before lo, la, les, las) (to) you, (to) him, (to) her, (to) it, (to) them; (reciprocal verb) one another, each other; (indefinite subject, passive meaning) **~ dice**, they say, it is said; **~ habla inglés**, English spoken.
sebo *(sáyboh)* m. tallow; fat, suet.
seboso *(saybóhssoh)* adj. tallowy, greasy.
secadero *(saykahdáyroh)* m. drying room.
secano *(saykáhnoh)* m. dry land **cultivo de ~**, dry farming.
secante *(saykáhntay)* m. blotting paper, drier; drying oil.
secar *(saykáR)* tr. to dry; to drain, to wipe.
secarse *(saykáRssay)* r. to (grow) dry oneself.
sección *(sekthyón)* f. section, division; *Mil.* platoon.
secesión *(sekthayssyón)* f. secession, separation.
seco *(sáykoh)* adj. dry; dried up, barren, arid, husky, sharp.
secreción *(saykraythyón)* f. secretion.
secretaria *(saykraytáhryah)* f. (woman) secretary.
secretaría *(saykraytahréeah)* f. secretary's office, secretaryship.
secretario *(saykraytáhryoh)* m. secretary.
secretear *(saykraytayá**R**)* intr. to speak in private, to whisper.
secreto *(saykráytoh)* adj. secret; m. secrecy; secret(ness).
secta *(séktah)* f. sect.
sectario *(sektáhryoh)* adj. y m. sectarian.
sector *(sektó**R**)* m. sector.
secuaz *(saykwáth)* adj. partisan; m. follower.
secuela *(saykwáylah)* f. sequel aftermath.
secuestrar *(saykwestra**R**)* tr. to kidnap, abduct.
secuestro *(saykwéstroh)* m. kidnapping, abduction.
secular *(saykoolá**R**)* adj. secular; lay.
secularizar *(saykoolareethá**R**)* tr. to second; to aid, to favour.
secundario *(saykoondáhryoh)* adj. secondary, second-rate.
sed *(sed)* f. thirst; eagerness, anxiety.

seda *(sáydah)* f. silk, **como una ~**, without difficulty.
sedal *(saydáhl)* m. fishing/ angling line.
sede *(sáyday)* f. headquarters; seat; venue; **Santa Sede**, Holy See.
sedentario *(saydentáhryoh)* adj. sedentary.
sedición *(saydeethyón)* f. sedition; mutiny.
sedicioso *(saydeethyóhssoh)* adj. seditious.
sediento *(saydyéntoh)* adj. thirsty, dry; eager, anxious.
sedimento *(saydeeméntoh)* m. sediment, dreg, settling(s).
seducción *(saydookthyón)* f. seduction, rape, violation; allurement, enticement.
seducir *(saydookthée***R***)* tr. to rape, to seduce; to allure, to entice.
seductor *(saydooktó***R***)* adj. seductive; m. seducer.
segador *(saygahdó***R***)* m. harvester, reaper, mower.
segar *(saygá***R***)* tr. to reap; to mow, to harvest.
seglar *(sayglá***R***)* adj. lay, secular; m. layman.
segmento *(segméntoh)* m. segment.
segregación *(saygraygahthyón)* f. segregation.
segregar *(saygraygá***R***)* tr. to segregate; *Med.* to secrete.
seguida *(saygéedah)* succesion, following, continuation; **en ~**, immediately, at once, pre-presently.
seguido *(saygéedoh)* adj. y adv. continuous, successive; straight.
seguidor *(saygeedó***R***)* m. follower.
seguir *(saygée***R***)* tr. to follow, to continue, to go on.
según *(saygóon)* prep, according to, as; it depends.
segundo *(saygóondoh)* adj. second; m. second (of time), (adv.) secondly.
seguridad *(saygooreedáhd)* f. security; safety; certainty.
seguro *(saygóoroh)* adj. safe; secure; sure; m. assurance, certain; *Mech.* safety-lock, click; *Com.* insurance.
seis *(sáyss)* adj. y m. six.
selección *(saylekthyón)* f. selection; pick; choice.
seleccionar *(saylekthyoná***R***)* tr. to select, to choose, to prek up.
selecto *(sayléktoh)* adj. select, choice.
selva *(sélbah)* f. forest; jungle, the bush.
selvático *(selbáhteekoh)* adj. wild; sylvan.
sellar *(saylyá***R***)* tr. to seal, to stamp.
sello *(sáylyoh)* m. seal, stamp, **~ de correos**, postage stamp.
semáforo *(saymáhfohroh)* m. traffic light, semaphore.
semana *(saymáhnah)* f. week.
semanal *(saymahnáhl)* adj. weekly.
semanario *(saymahnáhroyh)* m. weekly paper.
semblante *(sembláhntay)* m. face; mien; aspect, look.
sembrado *(ssembráhdoh)* m. sown ground, corn-field.
sembrador *(sembrahdó***R***)* m. sower; seedsman.
sembrar *(sembrá***R***)* tr. to sow, to seed, to plant.
semejante *(saymay***H***áhntay)* adj. similar; like, alike, resembling; m. fellow-creature.
semejanza *(saymay***H***áhnthah)* f. resemblance, likeness.
semejar *(saymay***H***á***R***)* intr. to resemble, to be like.
semejarse *(salmay***H***á***R***ssay)* f. to be like.
semen *(sáymen)* m. semen.
semental *(saymentáhl)* adj. seedling, sapling; m. stallion.
semestre *(sayméstray)* m. half year, six-months.
semilla *(sáyméelyah)* f. seed; (fig.) cause.
semillero *(saymeelyáyroh)* m. seed-plot; nursery; (fig.) hotbed.
seminario *(saymeenáhryoh)* m. seminary; seminar.
sémola *(sáymohlah)* f. semolina, groats.
senado *(saynáhdoh)* m. senate, senate-hause/hall.
senador *(saynahdó***R***)* m. senator

S

S

sencillez *(sentheelyéth)* f. simplicity, plainness.
sencillo *(senthéelyoh)* adj. simple, plain; single.
senda *(séndah)* f. (foot-)path.
sendero *(sendáyroh)* m. path, way, pathway, footpath.
sendos *(sendos)* adj. one each, either.
senil *(saynéel)* adj. senile; aged.
seno *(sáynoh)* m. breas; bosom; chest; womb; *Mar.* bay, gulf.
sensación *(senssáhthyón)* f. sensation, feeling.
sansatez *(senssahteth)* f. good sense, sensibleness.
sensato *(sensáhtoh)* adj. sensible, wise, judicious, reasonable.
sensibilidad *(senseebeeleedáhd)* f. sensibility, sensitiveness.
sensible *(senséeblay)* adj. sensitive; regrettable.
sensual *(senswáhl)* adj. sensual, lewd, lustful, sensuous.
sensualidad *(sensswahleedáhd)* f. sensuality, lust, lewdness.
sentado *(sentáhdoh)* adj. seated, settled, sat, sitting(down); steady, firm.
sentar *(sentá**R**)* tr. to sit; to fit, to suit; to seat.
sentarse *(sentá**R**ssay)* r. to sit down, to squat.
sentencia *(senténthyah)* f. sentence, veredict, judgement.
sentenciar *(sententhyá**R**)* tr. to sentence, to judge, to condemn.
sentencioso *(sententhyóhssoh)* adj. sententious; axiomatic.
sentido *(sentéedoh)* adj. sense, sensitive, touchy, susceptible; m. meaning.
sentimental *(senteementáhl)* adj. sentimental, emotional, affecting.
sentimiento *(senteemyéntoh)* m. feeling, sentiment; sorrow; concern, regret.
sentir *(sentée**R**)* tr. to feel; to hear; to be sorry for; to regret.
seña *(sáynyah)* f. sign, signal; token; pl. address.
señal *(saynyáhl)* f. sign, signal, mark; vestige; sympton.
señalado *(saynyahláhdoh)* adj. noted, famous.
señalar *(saynyahlá**R**)* tr. to mark (out), to signal(ize), to show, point out.
señalarse *(saynyahla**R**ssay)* r. to distinguish oneself.
señor *(saynyó**R**)* m. mister, sir, lord, master, gentleman.
señora *(saynyórah)* f. lady, mistress; madam; dame.
señorear *(saynyohrayá**R**)* tr. to master, to rule, to lord.
señoría *(saynyoh/réeah)* f. lordship, honour.
señorial *(saynyohryáhl)* adj. majestic.
señorío *(saynyohréeoh)* m. seigniory; dominion, manor.
señorita *(saynyohréetah)* f. Miss, young lady.
señorito *(saynyohréetoh)* m. young gentleman, lordling.
señuelo *(sáynywáyloh)* m. lure; decoy, bait.
separación *(saypahrahthyón)* f. separation, segregation, parting.
separar *(saypahrá**R**)* tr. to separate; to part, to detach; to segregate.
separarse *(saypahrá**R**ssay)* r. to separate; to part.
separatismo *(saypahrahtéessmoh)* m. separatism; *Pol.* secessionism.
septentrión *(septentryón)* m. North.
septentrional *(septentryohnáhl)* adj. nortern.
sepulcral *(saypoolkráhl)* adj. sepulchral, deathly.
sepultar *(saypooltá**R**)* tr. to bury; to entomb.
sepultura *(saypooltóorah)* f. sepulture, tomb, grave.
sepulturero *(saypooltooráyroh)* m. grave-digger.
sequedad *(saykaydáhd)* f. dryness, aridity, curtness.
sequía *(saykéeah)* f. drought, dryness.
séquito *(sáykeetoh)* m. retinue.
ser *(say**R**)* intr. to be; ~ **de**, to

belong to; m. existence, being, entity.

serenar *(sayraynáR)* tr. to calm, to clear up.

serenata *(sayraynátah)* f. serenade, old tune.

serenidad *(sayrayneedáthd)* f. serenity, calm, calmness.

sereno *(sayráynoh)* adj. serene; clear, quiet; calm; m. night-watchman, night dew.

serie *(sáyryay)* f. series; suite, set; **fabricación en ~**, mass production.

seriedad *(sayryaydáhd)* f. seriousness, gravity, sternness.

serio *(sáyryoh)* adj. serious, grave, dignified, majestic, solemn.

sermón *(sayRmón)* m. sermon; (fig.) censure.

sermonear *(sayRmohnayáR)* tr. to preach; (fig.) to reprove, reprimand, censure.

serpear *(sayRpayáR)* intr. to meander; to crawl, to creep.

serpentear *(sayRpentayáR)* to wind (along), to creep, to wriggle.

serpiente *(saRpyéntay)* f. sanke, serpent.

serrador *(sayRahdóR)* m. saw(y)er.

serrano *(sayRahnoh)* adj. y m. highlander; **jamón ~**, cured ham («serrano»).

serrar *(sayRáR)* tr. to saw.

serrín *(sayRéen)* m. sawdust.

servicial *(sayRbeethyáhl)* adj. obsequious, obliging, helpful.

servicio *(sayRbéethyoh)* m. service; duty; utility; help.

servido *(sayRbéedoh)* adj. served; pleased.

servidor *(sayRbeedóR)* m. servant; **~ de Ud.**, at your service; helper.

servidumbre *(sayRbeedóombray)* f. servitude, servants, helot.

servil *(sayRbéel)* adj. servile, obsequious, fawning, abasement, lattery.

servilleta *(sayRbeelyáytah)* f. tablenapkin, serviette.

servir *(sayRbéeR)* intr. to serve; to be useful; tr. to help on or to, to serve, to wait at table.

servirse *(sayRbéeRssay)* r. **~ de**, to make use of; to help oneself (at table).

sesear *(sayssayáR)* intr. to pronounce *c* as *s*, before *e* and.

sesión *(sayssyón)* f. session, sitting, meeting.

seso *(sáyssoh)* m. brain, brains, talent, wisdom.

sestear *(sestayáR)* intr. to take a nap, to doze off, to slumber, to drowse.

seta *(sáytah)* f. *Bot.* mushroom.

seto *(sáytoh)* m. hedge.

seudónimo *(sayoodóneemoh)* adj. pseudonymous; m. pseudonym, pen-name.

severidad *(saybayreedáhd)* f. severity, strictness, harshness, sternness.

severo *(saybáyroh)* adj. severe; rigorous; strict, rigid, stern, harsh.

sexo *(sékssoh)* m. sex; **bello ~**, fair or gentle sex; **~ débil**, the weaker sex.

sextante *(sekstáhntay)* m. sextant.

sexual *(sekssw áhl)* adj. sexual; **órganos ~es**; genitals.

sexualidad *(seksswahleedahd)* f. sexuality.

si *(see)* conj. if; whether.

sí *(see)* pron. himself, herself, itself, oneself, themselves; **dar de ~**, to yield; adv. yes; yea, yeah, yep; m. assent.

sibarita *(seebahréetah)* s. Sybarite.

sicología *(seekohlohHéeah)* m. psychology.

sidra *(séedrah)* f. cider.

siega *(syáygah)* f. mowing; harvest, crop, reaping-time.

siembra *(syémbrah)* f. sowing, seedtime.

siempre *(syémpray)* adv. always, ever; **~ que**, provided; That.

sien *(syén)* f. *Anat.* temple.

sierra *(syáyRah)* f. saw; ridge of mountains.

siervo *(syerboh)* m. serf, servant, slave.

S

S

siesta *(syéstah)* f. siesta, nap, doze, slumber, snooze.
siete *(syetay)* adj. y m. seven.
sietemesino *(syaytaymaysséenoh)* adj. born in seven months, premature.
sífilis *(séefeeleess)* f. syphilis.
sifilítico *(seefeeléeteekoh)* adj. syphilitic.
sifón *(seefón)* m. syphon.
sigilo *(seeHéeloh)* m. seal; secret, reserve, concealment.
sigiloso *(seeHeelóhssoh)* adj. reserved, silent.
siglo *(séegloh)* m. century.
signar *(seegnáR)* tr. to sign; to make the sign of the cross, to cross oneself.
signatario *(seegnahtáhryoh)* adj. y m. signatory; signing.
signatura *(seegnahtóorah)* f. signature, mark, sign.
significación *(seegneefeekahthyón)* f. meaning; significance.
significar *(seegneefeekáR)* tr. to signify, to mean; to represent, to express.
significativo *(seegneefeekahtéeboh)* adj. significative, expressive.
signo *(séegnoh)* m. sign; signal; mark; fate; gesture.
siguiente *(seegyéntay)* adj. following, next.
sílaba *(séelahbah)* adj. syllable.
silbar *(seelbáR)* intr. to whistle; tr. *Theat.* to hiss, to catcall; to whiz.
silbato *(seelbáhtoh)* m. whistle.
silbido *(seelbéedoh)* m. whistle, hiss; whiz.
silenciar *(seelenthyáR)* tr. to silence, to hush, to muzzle, to gag; to keep silent; to keep quiet, to shut up.
silencio *(seeléenthyoh)* m. silence, quiet, peace, stillness, calm, hush.
silencioso *(seelenthyóhssoh)* adj. silent; still, noiseless, hushed; silent as the grave.
silogismo *(seelohHeessmoh)* m. syllogism.
silueta *(seelwaytah)* f. silhouette.
silvestre *(seelbésstray)* adj. wild; savage, uncultivated.
silla *(séelyah)* m. chair, seat; ~ **de montar**, saddle.
sillar *(seelyáR)* m. ashlar.
sillería *(seelyayréath)* f. saddlery; choirstalls, stone masonry.
sillín *(seelyéen)* m. light (riding) saddle, (bike)saddle.
sillón *(seelyón)* m. arm chair.
sima *(séemah)* f. chasm, abyss.
simbólico *(seembóhleekoh)* adj. simbolic(al).
simbolismo *(seembohléesmoh)* m. symbolism.
simbolizar *(seembohleetháR)* intr. to symbolize.
símbolo *(séembohloh)* m. symbol, mark, sign.
simetría *(seemaytréeah)* f. symmetry.
simétrico *(seemaytreekoh)* adj. symmetric(al).
simiente *(seemyéntay)* f. seed; semen.
símil *(séemeel)* m. simile; comparison.
similar *(seemeeláR)* adj. similar, like, alike, resembling.
similitud *(seemeeleetóod)* f. similitude, likeness, resemblance.
simio *(séemyoh)* m. ape; monkey.
simpatía *(seempahtéeah)* f. charm, sympathy; friendliness.
simpático *(seempahteekoh)* adj. congenial; nice.
simpatizar *(seempahteetháR)* intr. to sympathize; to be congenial.
simple *(séemplay)* adj. single; simple; silly; plain; credulous.
simpleza *(seemplaythah)* f. simpleness, silliness, folly.
simplicidad *(seempleetheedahd)* f. simplicity, plainness, silliness.
simplificar *(seempleefeekáR)* tr. to simplify.
simulación *(seemoolahthyón)* f. simulation, feigning, subterfuge.

simulacro *(seemooláhkroh)* m. simulacrum; *Mil.* sham batle; mock.
simular *(seemooláR)* tr. to simulate, to imitate, to feign.
simultáneo *(seemooltáhnayoh)* adj. simultaneous.
sin *(seen)* prep, without; ~ **embargo**, nevertheless, however.
sinagoga *(seenahgóhgah)* f. synagogue.
sincerar *(seenthayráR)* tr. to exculpate, to excuse, to justify, to vindicate.
sincerarse *(seenthayráRssay)* r. to excuse oneself, to justify oneself, etc.
sinceridad *(seenthayreedáhd)* f. sincerity, frankness.
sincero *(seentháyroh)* adj. sincere; true, frank, honest.
sincopar *(seencopaR)* tr. to syncopate.
sincronizar *(seenkroneetháR)* tr. to synchronize; to time.
sindicalismo *(seendeekahléessmoh)* m. syndicalism.
sindicalista *(seendeekahléestah)* adj. y m. syndicalist, unionist.
sindicar *(seendeekáR)* tr. to syndicate.
sinfonía *(seenfohnéeah)* f. symphony.
sinfónico *(seenfóhneekoh)* adj. symphonic.
singular *(seengoolaR)* f. singular; odd; single, one, unique.
singularidad *(seengoolahreedáhd)* f. singularity; oddity, rarity.
singularizar *(seengoolahreetháR)* tr. to single out.
singularizarse *(seengoolahreetháRssay)* r. to distinguish oneself.
siniestra *(seenyéstrah)* f. left-hand.
siniestro *(seenyéstroh)* sinister, left; m. *Com.* shipwreck, disaster.
sino *(séenoh)* conj. but, save, except; m. fate, doom.
sinónimo *(seenóhneemoh)* adj. synonymous; m. synonnym.
sinopsis *(seenópsseess)* m. synopsis, summary.
sinrazón *(seenRahthón)* f. injustice, wrong.
sinsabor *(seenssahbóR)* m. trouble, displeasure, unplesantness.
sintaxis *(seentáhksseess)* f. syntax.
síntesis *(séentaysseess)* f. synthesis.
sintético *(seentáyteekoh)* adj. synthetrc(al).
sintetizar *(seentayteetháR)* tr. to synthesize.
síntoma *(séentohmah)* m. symptom.
sintomático *(seentohmáhteekoh)* adj. symptomatic(al).
sionismo *(syohnéesmoh)* m. zionism.
sionista *(syoneestah)* s. Zionist.
siquiera *(seekyayrah)* adv. at least, even; conj. although, though.
sirena *(seeráynah)* f. siren; mermaid; *Mech.* siren, foghorn.
sirvienta *(seeRbyéntah)* f. maid.
sirviente *(seeRbyéntay)* m. servant, man-servant.
sisa *(séessah)* f. grab, petty theft, pilfering, (sew) dart.
sisar *(seessáR)* tr. to pilfer, to filch, (sew) to take in.
sísmico *(séessmeekoh)* adj. seismic(al).
sistema *(seesstáymah)* m. system, method.
sistemático *(seesstaymáhteekoh)* adj. systematic, methodic.
sitiar *(seetyáR)* tr. to besiege, to lay siege, to sorround.
sitio *(séetyoh)* m. place, spot, room, stand(ing); *Mil.* siege, site.
sito *(séetoh)* adj. located, situated, lying.
situación *(seetwahthyón)* f. situation; *Naut.* bearing; location; position; condition.
situar *(seetwáR)* tr. to place, to locate, to situate, to put.
situarse *(seetwáRssay)* r. to station oneself; to settle; to place oneself; to establish oneself.
smoking *(smóhkeen)* m. dinner-jacket, tuxedo.
so *(soh)* prep, under, below; interj. whoa! soho!

S

sobaco *(sohbáhkoh)* m. armpit.
sobado *(sohbáhdoh)* adj. worn, shabby; soiled.
sobar *(sohbáR)* tr. to knead, to squeeze; to handle roughly.
soberanía *(sohbayrahnéeah)* f. sovereignty, dominion, rule.
soberano *(sohbayráhnoh)* adj. y m. sovereign, lord, ruler, King/ Queen.
soberbia *(sohbáyRbyah)* f. haughtiness, loftiness, pomposity, arrogance.
soberbio *(sohbáyRbyoh)* adj. haughty, pround, lofty, conceited, puffed up.
sobornar *(sohboRnáR)* tr. to bribe, to corrupt.
sobra *(sóhbrah)* f. overplus; excess; pl. remains, offals, leaving, left over; **de** ~, plenty.
sobrante *(sohbráhntay)* adj. remaining, odd; m. residue; left-over.
sobrar *(sohbráR)* intr. to be in excess, to be left over.
sobrasada *(sohbrahssáhdah)* f. a kind of (Majorcan) sausage.
sobre *(sóhbray)* prep, above; over, (up)on, about; m. envelope.
sobreabundancia *(sohbrayhaboondáhnthyah)* f. superabundance.
sobrecargar *(sohbraykóRgaR)* f. overload, overburden; *Com.* overcharge.
sobrecoger *(sohbraykohHáyR)* tr. to startle, to surprise.
sobreentender *(sohbrayayntayndáyR)* intr. to be understood, to be supposed.
sobrehumano *(sohbrayh/oomáhnoh)* adj. superhuman.
sobrellevar *(sohbraylyaybáR)* tr. to bear, endure, undergo.
sobremanera *(sohbraymahnáyrah)* adj. beyond measure, remarkedly.
sobremesa *(sohbraymáyssah)* f. (fam.) after dinner (chat).
sobrenatural *(sohbraynahtooráhl)* adj. supernatural.
sobrenombre *(sohbraynómbray)* m. nickname.
sobrentender *(sohbrayayntayndáyR)* tr. to be understood.
sobrepelliz *(sohbraypellyéeth)* f. surplice.
sobreponer *(sohbraypohnáyR)* tr. to superimpose; to overlap; to overcome.
sobreponerse *(sohbraypohnáyRssay)* r. to control oneself.
sobreprecio *(sohbraypráythyoh)* m. extra charge, surcharge.
sobrepujar *(sohbraypooHáR)* tr. to surpass; to outbid.
sobresaliente *(sohbrayssahlyéntay)* adj. outstanding; m. (examination) very good; (distinction) excellent.
sobresalir *(sohbrayssahléeR)* tr. to outstand; to excel, to be prominent.
sobresaltar *(sohbrayssahltáR)* tr. to startle, to frighten, to make one jump.
sobresaltarse *(sohbrayssahltáRssay)* r. to be startled, to be frightened.
sobresalto *(sohbrayssáhltoh)* m. startle, shock, jump.
sobrestante *(sohbrayssahltántay)* m. overseer, foreman, gaff.
sobresueldo *(sohbrayswáyldoh)* m. extra wages, pay.
sobretodo *(sohbraytóhdoh)* m. overcoat, greatcoat.
sobrevenir *(sohbraybaynéeR)* v. impers. to take place, to happen.
sobriedad *(sobryaydáhd)* f. sobriety, frugality, simplycity.
sobrina *(sohbréenah)* f. niece.
sobrino *(sohbréenoh)* m. nephew.
sobrio *(sóhbryoh)* adj. sober; frugal, temperate.
socarrar *(sohkahRáR)* tr. to singe; to scorch.
socarrón *(sohkahRón)* adj. cunning, crafty, sly, shrewed; mocker, jeerer.
socarronería *(sohkahRohnayréeah)* f. cunning, slyness, craftiness, shrewdness; mockery.

socavar *(sohkahbáR)* tr. to undermine, excavate.
socavón *(sohkahbón)* m. cave, hole, subsidence, hollow.
sociabilidad *(sohthyabeeleedáhd)* f. sociability, civility.
sociable *(sohthyáhblay)* adj. sociable, friendly.
social *(sohthyál)* adj. social.
socialismo *(sohthyahléessmoh)* m. socialism.
socialista *(sohthyahléestah)* adj. y s. socialist(ic).
socialización *(sohthyahleethahthyón)* f. socialization.
socializar *(sohthyahleetháR)* tr. to socialize.
sociedad *(sohthyaydáhd)* f. society; company, firm.
socio *(sóhthyoh)* m. associate; partner.
sociología *(sohthyohlohHéeah)* f. sociology.
sociológico *(sohthyohlóhHeekoh)* adj. sociologic (al).
socorrer *(sohkohRáy)* tr. to succour; to assist, to help, to aid.
socorrido *(sohkohRéedoh)* adj. handy, trite; assited, aided.
socorro *(sohkóhRoh)* m. adj. succour, help, relief, aid, assistance.
soda *(sóhdah)* f. soda (water).
sodomía *(sohdohméèah)* f. sodomy.
sodomita *(sohdohméetah)* m. sodomite, rude.
soez *(soh/áyth)* adj. mean; vile, coarse.
sofá *(sohfáh)* m. couch; sofá, settee.
sofisma *(sohféessmah)* m. sophism.
sofista *(sohféestah)* s. sophist.
sofistería *(sohfeestayréeah)* f. sophistry.
sofisticar *(sohfeesteekáR)* tr. to sophisticate.
sofocar *(sohfohkáR)* tr. to suffocate; to choke; to smother; put out, quench.
sofoco *(sohfóhkoh)* m. suffocation, vexation.
sofreír *(sohfrayéeR)* tr. to fry slightly.
soga *(sóhgah)* f. rope; cord.
sojuzgar *(sohHoothgáR)* tr. to subjugate, to subdue.
sol *(sól)* m. sun, sunlight, sunshine; **hacer** ~, to be sunny.
solana *(sohláhnah)* f. sunny place, sun-gallery.
solapa *(sohláhpah)* f. lapel; (coll.) pretence.
solapado *(sohlahpáhdoh)* adj. crafty, artful, sneaky.
solar *(sohláR)* adj. solar; sunny; m. (ground-)plot, building-site.
solariego *(sohlahryáygoh)* adj. manorial, ancestral.
solaz *(sohláth)* m. solace; comfort; enjoyment, relaxation.
solazar *(sohlahtháR)* tr. to solace, to cheer, to amuse.
solazarse *(sohlahtháRssay)* r. to be comforted, to enjoy one self.
soldadesca *(soldahdáyskah)* f. soldiery, undisciplined troops.
soldadesco *(soldahdáyskoh)* adj. soldierly, soldier-like.
soldado *(soldáhdoh)* m. soldier, **~raso**, private.
soldadura *(soldahdóorah)* f. solder (ing).
soldar *(soldáR)* tr. to solder, to weld.
soledad *(sohlaydáthd)* f. solitude; loneliness.
solemne *(sohlémnay)* adj. solemn; (coll.) confirmed; impressive.
solemnidad *(sohlemneedáhd)* f. solemnity, pomp, impressiveness.
solemnizar *(sohlemneetháR)* tr. to solemnize, to celebrate.
soler *(sohláyR)* intr. to used to (last tense only) (for Pre. Ten.; ~ usually + verb.
solera *(sohláyrah)* f. crossbeam, string piece.
solfa *(sólfah)* f. sol-fa, musical notation; (coll.) beating.
solfear *(solfayáR)* intr. to sol-fa (coll.) to beat, to flog.
solfeo *(solfáyoh)* m. solfa(ing), flogging, beating.
solicitado *(sohleetheetáhdoh)* adj. *Com.* sought after, in demand.
solicitar *(sohleetheetáR)* tr. to solicit; to apply for.

S

S

solícito, a *(sohléetheetoh)* adj. solicitous, anxious, diligent.
solicitud *(sohleetheetóod)* f. solicitude; application; diligence; request, petition.
solidaridad *(sohleedahreedáhd)* f. solidarity.
solidario *(sohleedáhryoh)* adj. solidary, partisan, in common cause, jointly involved, supportive.
solidez *(sohleedáyth)* f. solidity, soundness, firmness, strength.
solidificar *(sohleedeefeeká**R**)* tr. to solidify.
sólido *(sóhleedoh)* adj. y m. lid; firm, stout, sound, strong.
soliloquio *(sohleelóhkyoh)* m. soliloquy, monologue.
solitaria *(sohleetáhryah)* f. tapeworm.
solitario *(sohleetáhryoh)* adj. solitary; lonely; m. (cards) solitaire.
soliviantar *(sohleebyahntá**R**)* tr. to rouse, to instigate.
solo *(sóhloh)* adj. (a)lone; single, lonely, by myself/yourself, etc., solitary; sole, unique, unaided; m. *Mus.* solo.
sólo *(sóhloh)* adv. only, solely.
solomillo *(sohlohméelyoh)* m. sirloin.
solsticio *(soltéethyoh)* m. solstice.
soltar *(soltá**R**)* tr. to let out, to loose(n), to untie, unfasten, to let go, to set off, to cast off.
soltarse *(soltá**R**ssay)* r. to slip, to get loose, to come off.
soltería *(soltayréeah)* f. celibacy, bachelorhood, singleness.
soltero *(soltáyroh)* adj. single, unmarried; m. bachelor.
solterona *(sooltayróhnah)* f. old maid, spinster, bachelor girl.
soltura *(soltóorah)* f. ease, fluency, freedom, laxity, looseness, relaxation.
soluble *(sohlóoblay)* adj. soluble, solvable.
solución *(sohloothyón)* f. solution.
solvencia *(solbénthyah)* f. solvency, reliability, competence; ~ **financiera**, financial solvency.
solvente *(soibéntay)* adj. *Com.* solvent.
sollozar *(sohlyohthá**R**)* intr. to sob.
sollozo *(sohlyóhthoh)* m. sob.
sombra *(sómbrah)* f. shade; shadow; ~ **de ojos**, cream eye liner.
sombrear *(sombrayá**R**)* tr. to shade, to shadow, to darken.
sombrero *(sombráyroh)* m. hat; ~ **de copa**, top hat; ~ **hongo**, bowler hat.
sombrilla *(sombréelyah)* f. parasol, sunshade, awing.
sombrío *(sombréeoh)* adj. gloomy, shady, shadowy, shaded; sulky, sullon.
somero *(sohmáyroh)* adj. superficial, shallow.
someter *(sohmaytáy**R**)* tr. to subdue, to submit, to acquiesce, to comply, to put down; to sobordinate, to subject; to surrender.
someterse *(sohmaytáy**R**ssay)* r. to yield, to submit.
somnífero *(somnéefayroh)* adj. somniferous, inducing sleep.
somnolencia *(somnohlénthyah)* f. sleepiness; drowsiness.
son *(son)* m. sound; manner, **en ~ de**, in the manner of like, as.
sonado *(sohnáhdoh)* adj. celebrated, famous.
sonajero *(sohnah**H**áyroh)* m. baby's rattle.
sonambulismo *(sohnahmbooléessmoh)* m. somnambulism, sleepwalking.
sonámbulo *(sohnáhmbooloh)* adj. y m. somnambule, sleepwalker.
sonar *(sohná**R**)* tr. e intr. to sound, to ring, to strike, to play, to blow, to be pronounced.
sonarse *(sohná**R**ssay)* r. to blow one's nose.
sonda *(sóndah)* f. sounding, probing, fathoming; *Naut.* sounding lead plummet, probe; (surg.) catheter.
sondear *(sondayá**R**)* tr. to sound; to fathom, to explore, to probe, to examine, to try.
sondeo *(sondáyoh)* m. sounding, exploring; *Min.* boring.

soneto *(sohnáytoh)* m. sonnet.
sonido *(sohnéedoh)* m. sound, noise.
sonoridad *(sohnohreedáhd)* f. sonority; clang.
sonoro *(sohnóhroh)* adj. sonorous; loud; *Phon.* voiced.
sonreír *(son**R**ayée**R**)* to smile.
sonreírse *(son**R**ayée**R**ssay)* r. to smile.
sonrisa *(son**R**éessah)* f. smile.
sonrojar *(son**R**oh**H**á**R**)* tr. to blush, to flush.
sonrojarse *(son**R**oh**H**á**R**ssay)* r. to blush, to flush.
sonrojo *(son**R**óh**H**oh)* m. blush.
sonrosado *(son**R**ohssáhdoh)* adj. rubicund, blushing, rosy.
sonsacar *(sonssahká**R**)* tr. to pilfer, to entice, to allure.
soñar *(sohnyá**R**)* intr. to dream; **ni ~ lo**, by no means, couldn't dream of it.
soñolencia *(sohnyohlénthyah)* f. drowsiness, sleepiness.
soñoliento *(sohnyohlyéntoh)* adj. dozy, sleepy, drowsy; lazy, sluggish.
sopa *(sóhpah)* f. soup; pl. slops; **hecho una ~**, wet through.
sopapo *(sohpáhpoh)* m. (coll.) slap.
sopera *(sohpáyrah)* f. (soup) tureen.
sopesar *(sohpayssá**R**)* tr. to heft, to try the weight.
soplar *(sohplá**R**)* tr. e intr. to blow (out), to inflate; intr. (coll.) to tipple.
soplete *(sohpláytay)* m. blowpipe, soldering-pipe.
soplo *(sóhploh)* m. blowing; blast, puff, gust; (coll.) tip, hint.
soplón *(sohplón)* f. tale taler, informer; (coll.) snick.
soponcio *(sohpónthyoh)* m. faint swoon, fainting-fit.
sopor *(sohpó**R**)* m. drowsiness, doziness, sleepiness.
soporífero *(sohpohréefayroh)* adj. soporific, dozy, dopy, sleepy, drowsy; soporiferous.
soportal *(sohpo**R**táhl)* m. portico.
soportar *(sohpo**R**tá**R**)* tr. to put up with, to suffer, to bear, to support, to endure.
soporte *(sohpó**R**tay)* m. support, stand, rest; bracket.
soprano *(sopráhno)* m. soprano.
sor *(so**R**)* f. sister (nun).
sorber *(so**R**báy**R**)* tr. to sip; to absorb, to soak, to imbibe.
sorbete *(so**R**báytay)* m. sherbet, water-ice; small sip.
sorbo *(só**R**boh)* m. sip.
sordera *(so**R**dáyrah)* f. deafness, hardiness of hearing.
sórdido *(só**R**deedoh)* adj. sordid, nasty, mean, base, low, vile.
sordo *(só**R**doh)* adj. deaf; silent, hard of hearing.
sordomudo *(so**R**dohmóodoh)* adj. y m. deaft and dumb, deafmute, stone deaf.
sorna *(só**R**nah)* f. irony, malice; sluggishness, laziness, slownes.
sorprendente *(so**R**prendéntay)* adj. surprising, astonishing, extraordinary, amazing.
sorprender *(so**R**prendáy**R**)* tr. to surprise, to astonish, to amaze, to astound.
sorprenderse *(so**R**prendáy**R**ssay)* f. wonder at, to be surprised; to gape.
sorpresa *(so**R**práyssah)* f. surprise, astonishment, amazement, awe.
sortear *(so**R**tayá**R**)* intr. to raffle; to dodge; to draw lots, to cast lots.
sorteo *(so**R**táy/oh)* m. raffle, casting lots.
sortija *(so**R**tée**H**ah)* f. ring, finger-ring.
sortilegio *(so**R**teeláy**H**yoh)* m. sorcery, exorcism, spell, charm, incantation.
sosegado *(sohssaygáhdoh)* adj. peaceful, quiet, calm.
sosegar *(sohssaygá**R**)* tr. to appease, to calm, to quiet.
sosegarse *(sohssaygá**R**ssay)* r. to grow calm, to rest, to calm down.
sosería *(sohssayréeah)* f. dullness, insipidity; nonsense.

S

sosiego *(sohssyáhgoh)* m. calm, calmness, quietness.
soso *(sóhssoh)* adj. insipid; tasteless; dull.
sospecha *(sospáychah)* f. suspicion, mistrut.
sospechar *(sospaycháR)* tr. to suspect, to mistrust, to distrust, to be suspicious; to doubt.
sospechoso *(sospaychóhssoh)* adj. suspicious; (coll.) fishy unreliable, suspect.
sospesar *(sospayssáR)* tr. to heft, to try the weight.
sostén *(sostén)* m. support(er), maintenance; (woman) brassiere; pl. brassiere; (coll) "bra".
sostener *(sostaynáyR)* tr. to sustain; to maintain, to keep, to support.
sostenerse *(sostaynáyRssay)* r. to hold, to support oneself, to maintain oneself.
sotana *(sohtáhnah)* f. cassock, soutane.
sótano *(sóhtahnoh)* m. basement (en casa); cellar(almacén).
sotavento *(sohtahbéntoh)* m. lee (ward).
soto *(sóhtoh)* m. grove; thicket.
su *(sóo)* pron. his, her, its, their, your. (Ud., Uds.)
suave *(swáhbay)* adj. smooth, mellow, soft; mild, meek, easy, gentle.
suavidad *(swahbeedáhd)* f. softness, smoothness, gentleness, meekness, easiness.
suavizar *(swahbeetháR)* tr. to soften, to smoth, to soothe; to appease, to lessen.
subalterno *(soobahltáyRnoh)* adj. subaltern; inferior; m. subaltern, subordinate.
subarrendar *(soobahRendáR)* tr. to, sub-let, to sub-lease.
subarrendatario *(soobahRkendahtáhryoh)* m. undertenant, subtenant.
subarriendo *(soobahRyéndoh)* m. subletting.
subasta *(soobáhstah)* f. auction sale, public sale.
subastar *(soobáhstáR)* tr. to auction.
súbdito *(sóobdeetoh)* adj. y s. subject.
subdividir *(soobdeebeedéeR)* tr. to subdivide.
subdivisión *(soodeebeessyón)* f. subdivision, subsection.
subida *(soobéedah)* f. ascent; rise; climb, upgrowth.
subido *(soobéedoh)* adj. raised on, high, loud (colours).
subir *(soobéeR)* intr. to rise, to come, go, get or step up, to climb; *Com.* to amount to; tr. to raise, to lift up, to take/bring up.
súbito *(sóobeetoh)* adj. sudden, unexpected, unforeseen.
sublevación *(sooblaybahthyón)* f. (up)rising, revolt, sedition, insurrection.
sublevar *(sooblaybáR)* tr. torevolt, to insurrect; to rouse to rebellion.
sublevarse *(sooblaybáRssay)* r. to revolt.
sublimar *(soobleemáR)* tr. to exalt, to heighten; *Chem.* sublimate.
sublime *(soobléemay)* adj. lefty, sublime; exalted.
submarino *(soobmahréenoh)* adj. y m. submarine; m. U-boat.
subnormal *(soobnoRmáhl)* adj. subnormal.
subordinado *(sooboRdeenáhdoh)* adj. subordinate(d).
subordinar *(sooboRdeenáR)* tr. to subordinate, to subject.
subrayar *(soobrahyáR)* intr. to underline; to underscore; to emphasize, to stress.
subsanar *(soobssahnáR)* tr. to mend, to amend, to repair, to correct, to make right.
subscribir *(soobskreebéeR)* tr. to subscribe, to under-sign; to agree with.
subscriptor *(soobskreeptóR)* m. subscriber.
subsecretario *(soobssaykraytáhryoh)* m. undersecretary.
subsidio *(soobsséedyoh)* m. subsidy, aid, allowance, grant.
subsistencia *(soobsseesténthyah)* f. subsistence; livelihood.
subsistir *(soobssestéeR)* intr. to subsist; to last, to live, to exist.

substitución *(soobsteetoothyón)* f. substitution, change, replacement.
substituir *(soobsteetwée**R**)* tr. to substitute, to replace, to change for.
substituto *(soobsteetóotoh)* m. substitute, replacement.
substracción *(soobstrahkthyón)* f. substraction, deduction, take-away; *Arith.* theft, robbery, shop-lifting.
substraer *(soobstrháy**R**)* tr. to substract; to deduct; to take away; to steal/rob/pinch.
substraerse *(soobstraháy**R**ssay)* r. to withdraw, to retire, to elude.
subsuelo *(soobswáyloh)* m. sub-soil, underground.
subterfugio *(soobtay**R**fóo**H**yoh)* m. subterfuge, trick, cheat, deception, guile.
subterráneo *(soobtay**R**áhnay/oh)* adj. subterraneous, underground; m. subterranean, vault, cellar.
subtítulo *(soobtéetooloh)* m. subtitle.
suburbano *(sooboo**R**báhnoh)* adj. suburban.
suburbio *(soobóo**R**byoh)* m. suburb; pl. outskirts.
subvención *(soobbenthyón)* f. subvention; subsidy, grant.
subvencionar *(soobbenthyoh-ná**R**)* tr. to subsidize, to grant, to award, subvention.
subversión *(soobbay**R**ssyón)* f. subversion, overthrow.
subversivo *(soobbay**R**sséeboh)* adj. subversive.
subvertir *(soobay**R**tée**R**)* tr. to subvert, to upset; to destroy.
subyugar *(soobyoogá**R**)* tr. to subject, to subjugate.
suceder *(soothaydáy**R**)* intr. to happen, to occur, to take place; tr. to follow, to succeed.
sucedido *(soothaydéedoh)* m. happening, event.
sucesión *(ssoothayssyón)* f. succession; issue, series.
sucesivo *(soothaysséeboh)* adj. successive, consecutive, next.
suceso *(soothásyssoh)* m. event, happening, ocurrence, incident.
suciedad *(soothyaydáhd)* f. dirt, muck, filth, grime; dirtiness, filthiness, muckiness, nastiness.
sucinto *(soothéentoh)* adj. succint, brief, concise.
sucio *(sóothyoh)* adj. dirty, filthy, grimy, mucky, nasty.
suculento *(sookooléntoh)* adj. succulent, juicy, appetising.
sucumbir *(sookoombée**R**)* intr. to succumb, to yield, to surrender; to perish, to die.
sud *(sood)* m. south.
sudamericano *(soodahmayreeká-hnoh)* adj. y m. South American.
sudar *(soodá**R**)* tr. to sweat, to perspire; (fig.) to toil/labour.
sudeste *(soodéstay)* m. south east.
sudoeste *(soodoháystay)* m. south-west.
sudor *(soodó**R**)* m. sweat; (fig.) toil, perspiration; moisture.
sudoroso *(soodohróhssoh)* adj. sweating, perspirig.
sueco *(sswáykoh)* adj. Swedish; m. Swede.
suegra *(swáygrah)* f. mother-in-law.
suegro *(swáygroh)* m. father-in-law.
suela *(swáylah)* f. shoe-sole.
sueldo *(swéldoh)* m. wages; salary.
suelo *(swáyloh)* m. ground, floor, soil, pavement, land, territory.
suelta *(swéltah)* f. loosening, freeing, let off, release.
suelto *(swéltoh)* adj. loose; light; free; m. small change, relaxed, unattached.
sueño *(swáynyoh)* m. sleepiness, dream, vision, fancy; ~ **eterno**, everlasting sleep; ~ **dorado**, cherished dream.
suero *(swáyroh)* m. whey, serum.
suerte *(swáy**R**tay)* f. luck, chance; lot, fortune, manner, fate, destiny.
suficiencia *(soofeethyénthyah)* f. sufficiency; ability, capacity.
suficiente *(soofeethyéntay)* adj. sufficient, enough; fit, able, capable.

S

sufragar *(soofrahgá**R**)* tr. to assist, to aid; to pay for.
sufragio *(soofráh**H**yoh)* m. vote; support, suffrage.
sufragista *(soofrah**H**éestah)* s. suffragist; f. suffragette.

S

sufrido *(soofréedoh)* adj. patient, bearing, enduring, long-suffering.
sufrimiento *(soofreemyéntoh)* m. suffering, endurance, tolerance.
sufrir *(soofrée**R**)* tr. to endure, to undergo; intr. to suffer, to endure, to tolerate.
sugerir *(soo**H**ayrée**R**)* tr. to suggest; to hint.
sugestión *(soo**H**estyón)* f. suggestion, hint.
sugestionar *(soo**H**estyohná**R**)* tr. to influence, to suggest.
suicida *(sweethéedah)* f. suicide.
suicidarse *(sweetheedá**R**ssay)* f. to commit suicide.
suicidio *(sweethéedyoh)* m. suicide.
suizo *(swéethoh)* adj. y m. Swiss.
sujección *(soo**H**aythyón)* f. subjection; coercion; submission.
sujetar *(soo**H**aytá**R**)* tr. to subdue; to fasten, to hold down, to grasp.
sujetarse *(soo**H**ayta**R**ssay)* r. to conform; to constrain oneself.
sujeto *(soo**H**áytoh)* adj. subject; liable; s. subject; individual, fellow.
suma *(sóomah)* f. sum; addition; amount, quantity; **en** ~, in short.
sumar *(soomá**R**)* tr. to add up to sum.
sumario *(soomáhryoh)* adj. y m. summary, abrigment, compendium.
sumergible *(soomay**RH**éeblay)* adj. y m. submergible, sinkale; submarine.
sumergir *(soomay**R**hée**R**)* r. to submerge, to dive, to plunge, to duck.
sumiller *(sumille**R**)* m. wine steward.
suministrar *(soomeeneestrá**R**)* tr. to supply, to furnish, to provide.
suministro *(soomeenéstroh)* m. supply, provision, furnishing.
sumir *(sooméе**R**)* tr. to sink, to depress.
sumirse *(sooméе**R**ssay)* r. to sink, to be sunk.
sumisión *(sooméessyon)* f. submission, obedience, compliance.
sumiso *(sooméessoh)* adj. submissive, docile, compliant, meek.
sumo *(sóomoh)* adj. highest, greatest, utmost, extreme; **a lo** ~, at the most.
suntuario *(soontwáhryoh)* adj. sumptuary.
suntuoso *(soontwóhssoh)* adj. sumptuous; magnificent; expensive, ostentatious.
supeditar *(soopaydeetá**R**)* tr. to subject, to subdue; to trample, to overpower.
superable *(soopayráhblay)* adj. superable, surmountable.
superar *(soopayrá**R**)* tr. e intr. to surpass; to overcome, overpower; to excel.
superávit *(soopayráhbeet)* m. surplus; profit.
supercheria *(soopay**R**chayréah)* f. deceit, trickery, wile, swindle, craft, guile.
superficialidad *(soopay**R**feethyahleedáhd)* f. superficiality.
superficial *(soopay**R**feethyáhl)* adj. superficial, shallow, light, surface, ignorant.
superfluo *(soopay**R**flwoh)* adj. superfluous; unnecessary.
superior *(soopayryó**R**)* adj. superior, upper; m. superior; greater, bigger, better.
superioridad *(soopayryohreedáhd)* f. superiority; majority; supremacy.
supermán *(soopay**R**mán)* m. superman.
supernumerario *(soopay**R**noomayráhryoh)* adj. supernumerary.
superstición *(soopay**R**steethyón)* f. superstition.
supersticioso *(soopay**R**steethyóhssoh)* adj. superstitious.

supervivencia *(soopayRbeebénthyah)* f. survival.
superviviente *(soopayRbeebyéntay)* adj. surviving; m. survivor.
suplantación *(sooplahntahthyón)* f. supplanting, substitution.
suplantar *(sooplahntáR)* tr. to supplant, to substitute, to put in place, to supersede.
suplemento *(sooplayméntoh)* m. supplement.
suplente *(soopléntay)* adj. substituting, substitute; m. substitute; understudy; deputy.
súplica *(sóopleekah)* f. supplication, request, petition.
suplicar *(soopleekáR)* tr. to implore, to entreat, to request, to beg, to implore.
suplicio *(soopléethyoh)* m. torture, torment, punishment.
suplir *(soopléeR)* tr. to substitute; to supply, to furnish, to provide.
suponer *(soopohnáyR)* tr. to suppose; to assume, to take for granted.
suposición *(soopohsseethyón)* f. supposition, assumption, surmise.
supositorio *(soopohsseetóhryoh)* m. *Med.* suppository.
supremacía *(soopraymahthéeah)* f. supremacy.
supremo *(soopráymoh)* adj. supreme, highest; paramount, excessive.
supresión *(sooprayssyón)* f. suppresion, omission.
suprimir *(soopraymée R)* tr. tr. to suppress, to eliminate, to abolish, to omit; to cancel; to delete.
supuesto *(soopwéstoh)* adj. supposed, assumed; m. supposition, assumption; **por ~**, of course; **~ que**, allowing that, granting that.
supurar *(soopooráR)* tr. e intr. to suppurate.
sur *(sóoR)* m. south; south wind.
surcar *(sooRkáR)* tr. to furrow, to plough; *Naut.* to plough the waves.
surco *(sóoRkoh)* m. furrow; groove, rut; wrinkle.
surgir *(sooRHéeR)* intr. to rise, to arise, to emerge, to spurt, to appear, to come up.
surtido *(sooRtéedoh)* m. assortment; supply, stock.
surtidor *(sooRteedóR)* s. purveyor; jet (fountain), waterspout.
surtir *(sooRtéeR)* tr. to supply, to furnish, to provide; to spout, to spurt; **~ efecto**, to have the desired effect.
susceptibilidad *(soostheepteebeeleedáhd)* f. susceptibility.
susceptible *(soostheptéeblay)* adj. susceptible, touchy.
suscitar *(soostheetáR)* tr. to stir up, to rouse, to promote.
suscribir *(sooskreebéeR)* tr. to subscribe; to accede to, to agree with.
suspender *(soospendáyR)* tr. to suspend; to hang up, to reject; (school) to fail.
suspensión *(soospenssyón)* f. suspension, interruption; uncertainty.
suspenso *(soospénssoh)* adj. hung; m. failure (in examination).
suspicacia *(soospeekáhthyah)* f. suspiciousness; mistrust.
suspicaz *(soospeekáhth)* adj. suspicious, mistrustful.
suspirar *(soospeeráR)* intr. to sigh; to crave, to long for.
suspiro *(soospéeroh)* s. sigh.
sustancia *(soostáhnthyah)* f. substance.
sustentáculo *(soostentáhnkooloh)* m. prop, stay, support.
sustentar *(soostentáR)* tr. to sustain, to prop; to nourish, to food.
sustento *(soosténtoh)* m. food; sustenance, support.
susto *(sóostoh)* m. scare, fright, shock.
susurrar *(soossooRáR)* intr. to whisper; to murmur.
susurro *(soossóoRoh)* m. whisper, murmur.
sutil *(sootéel)* adj. subtle; keen; volatile; thin, slender.

sutileza *(sooteeláythah)* f. subtlety; cunning, acumen, witticism; slenderness, thinness.
sutura *(sootóorah)* f. suture; seam.
suyo *(sóoyoh)* pron. his; hers, its.: theirs; one's; yours (Ud., Uds.), **la ~a** his (her, etc.) intention.

S

T t

tabaco *(tahbáhkoh)* m. tobacco.
tabaquera *(tahbahkáyrah)* f. snuffbox; tobacco-pouch.
tabaquero *(tahbahkáyroh)* m. tobacconist.
taberna *(tahbáy**R**nah)* f. tavern; bar.
tabernero *(tahbay**R**náyroh)* m. tavern-keeper; bartender, publican, inn-keeper.
tabicar *(tahbeeká**R**)* tr. to wall up, to brick up.
tabique *(tahbéekay)* m. partition wall, partition.
tabla *(táhblah)* f. board, table, plank; pl. *(Theat.)* stage, (chess) draw.
tablado *(tahbláhdoh)* m. scaffold, stage, plank floor.
tablero *(tahbláyroh)* m. board, panel, chessboard.
tableta *(tahbláytah)* f. tablet, pill, lozenge; writing pad, notepad.
tablón *(tahblón)* m. plank, (thick) board; (coll.) drunkenness; ~ **de anuncios**, pin board.
tabú *(tahbú)* m. taboo.
taburete *(tahbooráytay)* m. stool.
tacañear *(tahkahnyaya**R**)* intr. to be stingy, to be mean.
tacañería *(tahkahnyayréeah)* f. stinginess, meaness.
tacaño *(tahkáhnyoh)* adj. stingy, mean, miser.
tacha *(táhchah)* f. blemish, flaw, fault, stain.
tachar *(tahchá**R**)* tr. to blame, accuse; to cross out, to efface.
tachuela *(tahchwáylah)* f. tack.
tácito *(táhtheetoh)* adj. tacit; (law) unwritten.
taciturno *(tahtheetoó**R**noh)* adj. taciturn, silent; glum.
taco *(táhkoh)* m. plug, peg; stopper, bung, wadding; billiard cue; heel.
tacón *(tahkén)* m. (shoe) heel.
táctica *(táhkteekah)* f. tactic.
táctico *(táhkteekoh)* adj. tactical.
tacto *(táhktoh)* m. touch, tact.
tahúr *(tah/óo**R**)* m. (fam.) gambler, card-sharp, cheat.
taimado *(tah/eemáhdoh)* adj. cunning, sly.
tajada *(tah**H**áhdah)* f. slice.
tajar *(tah**H**á**R**)* tr. to cut; to chop, to cleave, cut off.
tajo *(táh**H**oh)* m. cut, notch; steep cliff.
tal *(tahl)* adj. such; so; similar; as, so great, ~ **cual** such as it is, **¡qué~!**, howdy!, ~ **para cual**, tit for tat.
tala *(táhlah)* f. felling of trees, havoc; devastation, cutting down.
taladradora *(tahlahdrahdóhrah)* f. borer, drilling-machine.
taladrar *(tahlahdrá**R**)* tr. to drill, to bore.
taladro *(tahláhdroh)* m. drill.
talante *(tahláhntay)* m. mood.
talar *(tahlá**R**)* tr. to fell (trees); to cut down; to lay waste.
talco *(táhlkoh)* *(Min.)* talc, tinsel; **polvos de ~**, talcum powder.
talento *(tahléntoh)* m. talent, ability; to be gifted.
talismán *(tahleessmóhn)* m. talisman, amulet, charm.
talla *(táhlyah)* f. (wood)carving, (jewel) cut; size, height.
tallar *(tahlyá**R**)* tr. to carve in wood, to sculpt.
talle *(táhlyay)* m. waist.
taller *(tahlyá**R**)* m. workshop, studio, workroom; factory.
tallo *(táhlyoh)* m. stem, stalk.
talón *(tahlón)* m. heel; *(Com.)* check, cheque, voucher.
talonario *(tahlohnáhryoh)* m. receipt book; checkbook.
talud *(tahlóod)* m. talus, slope.
tamaño *(tahmáhnyoh)* m. size; stature; adj. so big.

tambalear *(tahmbahlayá***R***)* intr. to stagger; to totter, to sway.
tambalearse *(tahmbahlayá***R***ssay)* r. to reel.
tambaleo *(tahmbahláyoh)* m. reeling, swaying, stagger.
también *(tahmbyén)* adv. also, too, as well; likewise.
tambor *(tahmbó***R***)* m. drum.
tamiz *(tahméeth)* m. sifter; sieve.
tampoco *(tahmpóhkoh)* adv. neither; not either, nor.
tan *(tahn)* adv. so (much), as.
tanatorio *(tahnatóhreeo)* m. funeral parlor.
tanda *(táhndah)* f. turn, course, series, shift; batch, set; (sport) heat.
tangente *(tahéntay)* adj. tangent.
tango *(táhngoh)* m. tango dance.
tanque *(táhnkay)* m. tank, pool; tanker.
tantear *(tahnkayá***R***)* tr. to test, to try; to calculate, to reckon.
tanteo *(tahntáyoh)* m. trial, test; (sport) score.
tanto *(táhntoh)* adj. so much, as much; m. quantum; point goal (in games); ~ **por ciento**, porcentage; **treinta** y **~s** thirty odd; adv. so, thus; **al** ~, on the look out.
tapa *(táhpah)* f. lid; cover, (shoe) heelplate; snack.
tapadera *(tahpahdáyrah)* f. (pot) lid, cover.
tapar *(tahpá***R***)* tr. to cover, to obstruct, to plug, to stop up.
taparrabo *(tahpah***R***áhboh)* m. loincloth.
tapete *(tahpáytay)* m. rug; runner; ~ **verde**, card-table mat.
tapia *(táhpyah)* f. wall.
tapiar *(tahpyá***R***)* tr. to wall (up).
tapicería *(tahpeethayréeah)* f. tapestry, upholstery.
tapicero *(tahpeetháyroh)* m. tapestry-maker; upholsterer.
tapioca *(tahpyókah)* f. *Bot.* tapioca.
tapiz *(tahpéeth)* m. tapestry, carpet.
tapizar *(tahpeethá***R***)* tr. to hang, to tapestry, to upholster, to carpet.
tapón *(tahpón)* m. stopper, cork; plug.
taquigrafía *(tahkeegrahféeah)* f. shorthand, stenography.
taquígrafo *(tahkéegrahfoh)* m. stenographer, shorthand writer.
taquilla *(tahkéelyah)* f. box-office, ticket-office, booking-office; (armario) locker.
taquillera *(tahkeelyáyrah)* f. ticket-seller, booking-clerk.
tara *(táhrah)* f. tare; defect.
tararear *(tahrahrayá***R***)* tr. e intr. to hum a tune.
tardanza *(ta***R***dáhnthah)* f. delay, slowness.
tardar *(ta***R***dá***R***)* intr. to take long, to be late; to linger.
tarde *(tá***R***day)* f. afternoon; evening; adv. late; **de** ~ **en** ~, from time to time.
tardío *(ta***R***déeoh)* adj. late, too late.
tarea *(tahráyah)* f. task; job, chore; homework.
tarifa *(tahréefah)* f. tariff; price list, rate, fare, charge.
tarima *(tahréemah)* f. stand, dais, platform.
tarja *(tá***RH***ah)* f. tally; shield.
tarjeta *(ta***RH***áytah)* f. card; ~ **de visita**, visting card; ~ **de débito**, debit card.
tarro *(táh***R***oh)* m. jar, tin, can, pot.
tarta *(tá***R***tah)* f. tart, cake, pie.
tartamudear *(ta***R***tahmoodayá***R***)* intr. to stutter; to stammer.
tartamudeo *(ta***R***tahmoodáyoh)* m. stutter(ing), stammering.
tartamudo *(ta***R***tahmóodoh)* adj. stuttering, stammering; m. stutterer, stammerer.
tartera *(ta***R***táyrah)* f. lunch box; cake tin.
tarugo *(tahróogoh)* m. wooden plug, stopper, wooden peg.
tasa *(táhssah)* f. appraisal, rate; measure; valuation; ~ **de natalidad**, birthrate.
tasación *(tahssahthyón)* f. valuation, appraisement.
tasador *(táhssahdó***R***)* m. appraiser; valuer.

T

T

tasar *(tahssáR)* tr. to appraise, to value, to price; to rate.
tasca *(táhsskah)* f. tavern, pub, bar.
tatarabuela *(tahtahrahbwáyllah)* f. great-great-mother.
tatarabuelo *(tahtahrahbwáylloh)* m. great-great-father.
tataranieto *(tahtahrahnyáytoh)* m. great-great-grandson.
¡tate! *(táhtay)* interj. look out!, beware!
tatuaje *(tahtwáhHay)* m. tatoo(ing).
tatuar *(tahtwáR)* tr. to tattoo.
taumaturgia *(tahoomahtóoRHyah)* f. thaumaturgy.
taumaturgo *(tah/oomahtóoRgoh)* adj. y m. miracle-worker.
taurino *(tah/ooréenoh)* adj. bullfighting; **el arte ~**, the art of bullfighting.
tauromaquia *(tah/oorohmáhkyah)* f. tauromachy, bullfight-(ing).
tautológico *(tah/ootohlóhHeekoh)* adj. tautologic(al).
taxímetro (*tahkseemehtroh*) m. taximeter.
taza *(táhthah)* f. cup; bowl, basin.
tazón *(tahthón)* m. bowl, mug.
té *(téh)* m. *Bot.* tea-plant; tea.
te *(teh)* pron. you; *(Poet.)* thee.
tea *(téhah)* f. torch, (fire-)brand.
teatral *(tayahtráhl)* adj. theatrical.
teatro *(teháhtroh)* m. theatre; stage.
techado *(taychahdoh)* m. roof; covering; ceiling; **bajo ~**, indoors, undercover.
techar *(taychaR)* tr. to roof, to put up a roof.
techo *(táychoh)* m. ceiling, roof.
tecla *(téhklah)* f. key (as of piano).
teclado *(tehkláhdoh)* m. keyboard.
técnico *(téhkneekoh)* adj. technical; m. technician; **~ forestal**, forestry engineer; **~ electricista**, electrical engineer.
tecnología *(tehknohloHéeah)* f. technology.
tedio *(táydyoh)* m. tedium, boredom.
tedioso *(taydyóhssoh)* adj. tedious, bored/boring, tiresome.
teja *(téhHah)* f. tile; roof-tile.
tejado *(tehHáhdoh)* m. roof, tiled roof, roof covering.
tejanos *(tehHánohs)* m. pl. jeans.
tejar *(tayHáR)* tr. to roof; to tile.
tejedor *(tayHaydóR)* m. weaver.
tejemaneje *(tayHaymahnáyHay)* m. (fam.) bustle, knack, skill, intrigue, fuss.
tejer *(tayHáyR)* tr. to weave; to spin; to knit; to sew.
tejido *(tayHéedoh)* m. fabric, cloth; texture, weave; tissue.
tejón *(tehHónh)* m. badger.
tela *(táylah)* f. cloth; fabric; canvas.
telar *(tayláR)* m. loom, frame.
telaraña *(taylahráhnyah)* f. cobweb.
tele *(téhle)* f. TV.
teleférico *(tehleférikoh)* m. cable car.
telefonear *(taylayfohnayáR)* tr. to ring up, to telephone/phone; (US) to call.
telefonista *(tehlefohnístah)* s. telephone operator.
teléfono *(tayláyfohnoh)* m. telephone.
telegrafiar *(taylaygrahfyáR)* tr. to telegraph.
telégrafo *(tayláygrahfoh)* m. telegraph.
telegrama *(taylaygráhmah)* m. telegram; wire.
telescopio *(tayleskóhpyoh)* m. telescope.
telesilla *(tehleséelyah)* f. chair-lift.
telón *(taylón)* m. *(Theat.)* curtain.
tema *(táymah)* m. theme; subject, topic; issue.
temblar *(tambláR)* intr. to tremble; to shake; to shiver; **~ de miedo**, to shake with fear; **~ de frío**, to shiver from cold.
temblor *(tembló R)* m. trembling, shivering; **~ de tierra**, earthquake.
tembl(or)oso *(temblohróhssoh)* adj. trembling, tremulous, shaking, shivering.
temer *(taymáyR)* tr. to fear; to dread; intr. to be afraid.

temeridad *(taymayreedáhd)* f. temerity, rashness, boldness.
temeroso *(taymayróhssoh)* adj. frightened, fearful, afraid, scared.
temible *(tayméeblay)* adj. dreadful, fearsome, awful, frightful, hair-raising, scary.
temor *(taymó***R***)* m. dread; fear, awe, terror, panic, funk, scare.
témpano *(témpahnoh)* m. ice floe, ice-berg; kettledrum.
temperamento *(tempayrahméntoh)* m. temperament, temper, nature.
temperatura *(tempayrahtóorah)* f. temperature.
tempestad *(tempestáhd)* f. tempest; storm.
tempestuoso *(tempestwóhssoh)* adj. tempestuous; stormy, turbulent.
templado *(templáhdoh)* adj. temperate, moderate.
templar *(templá***R***)* tr. to temper, to cool down, to warm up; to calm.
templarse *(templá***R***ssay)* r. to moderate, to cool down, to restrain oneself.
temple *(témplay)* m. temper(ing) of metals.
templo *(témploh)* m. temple, church, shrine.
temporada *(tempohráhdah)* f. season, a period of time (short/long).
temporal *(tempohráhl)* adj. temporary; m. tempest, storm, gale.
temporalidad *(tempohrahleedáhd)* f. temporality; temporariness.
temprano *(tempráhnoh)* adj. early; soon; adv. early, before time.
tenacidad *(taaynahtheedáhd)* f. tenacity, toughness, stubbordness; perseverance, persistence.
tenacillas *(taynahthéelyahss)* f. pl. small tongs, tweezers, pincers.
tenaz *(taynáth)* adj. tenacious, obstinate, stubborn.
tenaza *(taynáthah)* f. claw (as of lobster) pl. pair of tongs pincers.
tendedero *(tendáydayroh)* m. drying place for clothes.
tendencia *(tendénthyah)* f. tendency, trend, bent, propensity.
tendencioso *(tendenthyóhssoh)* adj. tendentious, biased.
tender *(tendáy***R***)* tr. to stretch out, to span, to tend; to lay (pipes, lines, etc.), to spread.
tenderete *(tendayráytay)* stall.
tendero *(tendáyroh)* m. shopkeeper, storekeeper (US).
tenderse *(tendáy***R***ssay)* r. to stretch out, lie down.
tendido *(tendéedoh)* adj. *(Tech.)* laying, layout; m. power line.
tendón *(tendón)* m. tendon, sinew.
tenebrosidad *(taynaybrohsseedáhd)* s. gloom, darkness, murk.
tenebroso *(taynaybróhssoh)* adj. gloomy, dark, murky.
tenedor *(taynaydó***R***)* m. keeper; holder, (table)fork; ~ **de libros** book-keeper.
teneduría *(taynaydooréeah)* f. book-keeping.
tener *(taynáy***R***)* tr. to have, to possess, to own, to hold; ~ **por**, to consider, ~ **hambre** to be hungry. ~ **miedo**, to be afraid; ~ **ganas**, to fancy.
tenerse *(taynáy***R***ssay)* r. to hold fast; ~ **en pie**, to stand.
tenería *(taynayréeah)* f. tannery.
teniente *(taynyéntay)* adj. *(Mil.)* lieutenant.
tenis *(táyneess)* m. tennis.
tenor *(taynó***R***)* tenor; *(Mus.)* tenor(ist); *(Com.)* **a ~ de**, in compliance with.
tenorio *(taynóhryoh)* m. (coll.) lady-killer, Don Juan.
tensión *(tenssyón)* f. tension; strain, stress; *(Elect.)* voltage; tautness.
tenso *(ténssoh)* adj. tense, stiff, tight, taut, strained.
tentación *(tentahthyón)* f. temptation.
tentáculo *(tentáhcoolo)* m. tentacle.

T

T

tentar *(tentá***R***)* tr. to entice; to tempt, to feel, to probe, to try.
tentativa *(tentahtéebah)* f. attempt.
tentempié *(tentempyáy)* m. (coll.) bite, snack.
tenue *(táynway)* adj. thin; tenuous, fine, fine, simple, plain, ligth; *(Art.)* faint.
teñir *(taynyée***R***)* tr. to dye; to tinge, stain.
teocracia *(tayohkráhthyah)* f. theocracy.
teología *(tayohloh***H***éeah)* f. theology.
teólogo *(tayóhlohgoh)* m. theologian.
teorema *(tayohráymah)* m. theorem.
teoría *(tayohréeah)* f. theory.
teórico *(tay/ohréekoh)* adj. theoretic, theoretical; m. theorist.
terapia *(tayráhpea)* f. therapy.
terapéutica *(tayrahpáy/ooteekah)* f. therapeutic.
terapéutico *(tayrahpáy/ooteekoh)* adj. therapeutic(al).
tercero *(tay***R***tháyroh)* adj. third; m. mediator; go-between, middleman.
terceto *(tay***R***tháytoh)* m. tercet, triplet, trio.
terciado *(tay***R***thyádoh)* adj. cutlass, broad sword; slanting, tilted, biased, crosswise.
terciar *(tay***R***thyá***R***)* tr. to place diagonally, to split in three parts; intr. to mediate, to arbitrate.
terciario, a *(tay***R***thyá***R***yoh)* adj. (Geol.) tertiary.
tercio *(táy***R***thyoh)* adj. third; m. third; **dos ~s**, two thirds; regiment; **el Tercio o los Tercios**, Spanish Foreig Legion.
terciopelo *(tay***R***thyohpáyloh)* m. velvet.
terco *(táy***R***koh)* adj. stubborn, obstinate.
tergiversación *(tay***RH***eebay***R***ssahtyón)* f. distortion, tergiversation.
tergiversar *(tay***RH***eebay***R***ssá***R***)* tr. to twist, to change, to distort.
termal *(tay***R***máhl)* adj. thermal.
termas *(táy***R***mahss)* f. pl. thermal baths, hot baths springs.
térmico *(táy***R***meekoh)* adj. thermic.
terminacion *(tay***R***meenahthyón)* f. termination, end, ending, conclusion, close, finish.
terminal *(tay***R***meenáhl)* adj. terminal; final; m. terminal.
terminar *(tay***R***meená***R***)* tr. to finish, to terminate, to close, to end; intr. to end, to result in.
término *(táy***R***meenoh)* m. term; ending, finish, conclusion, end; expiration; condition; **en primer** ~, in the fore ground; **en último** ~, in the background.
termita *(tay***R***méetah)* f. *(Ent.)* termite.
termodinámica *(tay***R***mohdeenáhmeekah)* f. thermodynamics.
termómetro *(tay***R***móhmaytroh)* m. thermometer.
termo(s) *(táy***R***moss)* m. thermosflask, water heater.
terna *(táy***R***nah)* f. three candidates presented for selection, triad.
ternera *(tay***R***náyrah)* f. calf; veal.
ternero *(tay***R***náyroh)* m. (bull) calf.
ternilla *(tay***R***néelya)* f. gristle, cartilage.
terno *(táy***R***noh)* m. three-piece suit, ternary number; curse.
ternura *(tay***R***nóorah)* f. tenderness, affection, fondness.
terquedad *(tay***R***kaydáhd)* f. stubbornness, obstinacy, contumacy.
terracota *(tay***R***ahkóhtah)* f. terracotta.
terrado *(tay***R***áhdoh)* m. (prov.) high terrace; flat roof.
terraplén *(tay***R***ahplén)* m. (rail.) embankment.
terraplenar *(tay***R***hplayná***R***)* tr. to embank; to fill (in).
terrateniente *(tay***R***ahtaynyéntay)* s. land-owner, land-holder.
terraza *(tay***R***áhthah)* f. terrace, flat roof; balcony.

terrazo *(tayRahthoh)* m. terrazo.
terremoto *(tayRaymóhtoh)* m. earthquake.
terrenal *(tayRaynáhl)* adj. worldly, earthly; mundane.
terreno *(tayRaynoh)* adj. earthly; m. land ground, soil, plot.
terrestre *(tayRéstray)* adj. terrestrial; earthly.
terrible *(tayReeblay)* adj. terrible, horrible, anful, dreadful, (coll.) huge.
territorial *(tayReetohryahl)* adj. territorial.
territorio *(tayReetóhryoh)* m. territory, district; land.
terrón *(tayRón)* m. clod, lump; ~ **de azúcar**, lump of sugar.
terror *(tayRóR)* m. terror; dread, awe, fright.
terrorífico *(tayRohreefeekoh)* adj. terrifying, frightening, dreadful, awful, bloodcurdling, hair-raising.
terrorismo *(tayRohreessmoh)* m. terrorism.
terrorista *(tayRohréestah)* s. terrorist; adj. terrorist.
terroso *(tayRóhssoh)* adj. earthy.
terruño *(tayRóonyoh)* m. piece of ground; homeland, homecountry.
tersar *(tayRssahR)* tr. to smooth, to polish.
terso *(táyRssoh)* adj. smooth, polished, glossy; shiny.
tersura *(tayRssóorah)* f. smoothness, polish, shine, glossiness.
tertulia *(tayRtóolyah)* f. social meeting, assembly (evening) party; *(Theat.)* gallery.
tertuliano *(tayRtoolyahnoh)* adj. member of a circle of friends; talk show guest.
tesar *(táyssahR)* tr. *(Naut.)* ~ **un cabo**, to haul (a rope); taut.
tesis *(táysseess)* f. thesis.
tesón *(tayssón)* m. tenacity, persistence, stubbornness.
tesorería *(tayssohrayréeah)* f. treasury.
tesorero *(tayssohráyroh)* m. treasurer.
tesoro *(tayssóhroh)* m. treasure; treasury, exchequer; thesaurus; darling.
testa *(téstah)* f. head.
testador *(testahdóR)* m. testator.
testaferro *(taystahfayRoh)* m. front man; man of straw.
testamentario *(testahmentáhryoh)* m. executor; adj. testamentary.
testamento *(tehsstahméhntoh)* m. will, testament.
testar *(testáR)* to (make a) will, to bequeath.
testarudo *(testahróodoh)* adj. stubborn, hard-headed.
testículo *(taysteekooloh)* m. testicle.
testificación *(testeefeekahthyón)* f. testification.
testificar *(testeefeekáR)* tr. to attest, to witness, to testify.
testigo *(testéego)* s. witness; evidence, proof; ~ **visual**, eyewitness.
testimoniar *(testeemohnyáR)* tr. to testify, to witness, to vouch for.
testimonio *(testeemóhnyoh)* m. testimony, affidavit; **falso** ~, false witness.
teta *(táytah)* f. nipple, teat; breast; **dar la** ~, to suckle, breastfeed.
tetánico *(taytáhneekoh)* adj. tetanic (al).
tétano(s) *(táytahnoh)* m. tetanus.
tetera *(taytáyrah)* f. teapot; teakettle.
tétrico *(táytreekoh)* adj. dark, gloomy, pessimistic, lugubrious.
textil *(taystéel)* adj. textile.
texto *(tékstoh)* m. text.
textual *(tekstwáhl)* adj. textual.
textura *(tekstóorah)* f. texture.
tez *(teth)* f. complexion, skin.
ti *(tee)* pron. (to) you, thee.
tía *(tétah)* f. aunt, auntie.
tiara *(tyáhrah)* f. tiara.
tibia *(teebya)* f. shin-bone.
tibieza *(teebyáythah)* t. tepididy, lukewarmness.

T

T

tibio *(téebyoh)* adj. tepid; lukewarm.
tiburón *(teeboorón)* m. *(Ichth.)* shark; raider (finance).
tiempo *(tyémpoh)* m. time; weather; *(Gram.)* tense.
tienda *(tyéndah)* f. shop; ~ **de campaña**, tent.
tienta *(tyéntah)* f. probe; **andar a ~s**, to grope, to fumble; **a ~**, gropingly.
tiento *(tyéntoh)* m. care; tact; **ir con ~**, to go carefully.
tierno *(tye**R**noh)* adj. tender; soft; fond; affectionate.
tierra *(tye**R**ah)* f. earth; ground; soil; land; country; ~ **adentro**, inland; **tomar ~**, to land.
tieso *(tyéssoh)* adj. stiff, hard; rigid, taut.
tiesto *(tyéstoh)* m. flowerpot, plantpot.
tifus *(téefooss)* m. *(Med.)* typhus.
tifón *(teefón)* m. typhoon.
tigre *(téegray)* m. tiger.
tigresa *(teegráysah)* f. tigress.
tijera *(tee**H**áyrah)* f. scissors.
tila *(téelah)* f. *Bot.* lime tree, lime flower tea.
tildar *(teeldá**R**)* tr. to stigmatize, to brand; to put an accent on.
tilde *(téelday)* m. tilde, accent.
tilo *(téeloh)* m. *Bot.* lindentree.
timador *(teemahdo**R**)* s. swindler, cheater.
timar *(teemá**R**)* tr. to swindle, to cheat.
timba *(teembah)* f. gambling den.
timbal *(teembahl)* m. kettledrum.
timbrar *(teembrá**R**)* tr. to seal, to stamp.
timbre *(téembray)* m. seal, stamp; bell, quality of a voice; stamp duty.
timidez *(teemeedéth)* f. timidity, shyness, bashfulness, coyness.
tímido *(téemeedoh)* adj. timid, shy, bashful, coy.
timo *(téemoh)* m. (coll.) cheat, swindle, fraud; **dar un ~**, to swindle.
timón *(teemón)* m. rudder; *(Aer.)*, *(Naut.)* rudder, helm.
timonel *(teemohnél)* m. helmsman.
timorato *(teemohráhtoh)* adj. timid, prudish; shy; God-fearing.
tímpano *(téempahnoh)* m. tympanum; *(Anat.)* eardrum.
tina *(téenah)* f. large earthen jar; vat, (bath)tub.
tinaja *(teenáh**H**ah)* f. large earthen jar.
tinglado *(teenglahdoh)* m. shed (roof); trick, artifice.
tiniebla *(teenyáyblah)* f. darkness; confusion; **estar en ~s**, to be completely ignorant.
tino *(téenoh)* m. accurate aim, tact, skill, knack.
tinta *(téentah)* f. ink; **de buena ~**, from good source.
tinte *(téentay)* m. dyeing, tint, stain.
tintero *(teentáyroh)* m. inkstand, ink-well, ink-pot.
tinto *(téentoh)* adj. dyed, tinted; **vino ~**, red wine.
tintorería *(teentohrayréeah)* f. dyer's shop, dry-cleaners.
tintorero *(teentohráyroh)* m. dyer, (dry)cleaner.
tintura *(teentóorah)* f. dyeing, tinture, dye, stain; smattering.
tiña *(téenya)* f. ringworm; (coll.) poverty, meanness.
tiñoso *(téenyósso)* adj. mangy penurious, niggardly, mean.
tío *(téeoh)* f. uncle; (fam.); fellow, guy.
tiovivo *(tyohbéeboh)* m. carousel, merry-go-round.
típico *(téepeekoh)* adj. typic(al), characteristic.
tiple *(téeplay)* m. treble; s. soprano singer; *(Naut.)* one piece mast.
tipo *(téepoh)* m. type, sort, kind, standard, rate; guy, fellow, chap; looks.
tipografía *(teepohgrahféeah)* f. typography; printing press.

tipográfico *(teepohgráhfeekoh)* adj. typographic(al).
tipógrafo *(teepóhgrafoh)* m. printer; typographer.
tira *(téerah)* f. strip, band; *(Naut.)* fall.
tirabuzón *(teerahboothón)* m. curl; corkscrew.
tirada *(teeráhdah)* f. throw; cast; stretch; edition; *(Print.)* off-print.
tirado *(teeráhdoh)* adj. very cheap; (coll.) very easy.
tirador *(teerahdó**R**)* m. thrower; pull, knob, handle, shoot(er), marksman.
tiranía *(teerahnéeah)* f. tyranny.
tiranizar *(teerahneethá**R**)* tr. to tyrannize; to oppress.
tirano *(teeráhnoh)* adj. tyrannical; m. tyrant, despot.
tirante *(teeráhntay)* adj. tight, taut, strained (as relations); m. stretcher; pl. *(U.S)* suspenders, braces *(U.K)*
tirantez *(teerahntéth)* f. strain, tension; tautness, tigtness.
tirar *(teerá**R**)* tr. to throw (away); to shoot (off); (firearms) to waste; to print; intr. to draw, to pull, to carry on; to resemble (relat.).
tirarse *(teerá**R**ssay)* to throw, to fling oneself.
tirita *(téeréeta)* f. plaster *(U.K)*, bandaid *(U.S)*.
tiritar *(teereetá**R**)* intr. to shiver.
tiro *(téeroh)* m. cast, throw; shot, fling, target practice, shooting-grounds, team or set of draught horses; **a** ~, in range; ~ **al blanco**, shooting range.
tirón *(teerón)* m. pull, tug; **de un** ~, in one go.
tirotear *(teerohtaya**R**)* intr. to snipe at, to exchange shots.
tiroteo *(teerohtáyoh)* m. shooting, skirmish.
tirria *(téе**R**yah)* f. (fam.) aversion, dislike.
tisana *(teessáhnah)* f. infusion (medicinal), tisane.
tísico *(teésseekoh)* adj. y m. tubercular; consumptive.
tisis *(teésseess)* f. tuberculosis, consumption.
titán *(teetáhn)* m. titan.
titánico *(teetáhneekoh)* adj. titanic, colossal, huge.
títere *(téetayray)* m. puppet, marionette; **~s**, puppet show.
titilar *(teeteela**R**)* intr. to flicker; headline.
titiritero *(teeteereetayroh)* m. puppet-player, puppeteer.
titubear *(teetoobayá**R**)* intr. to totter, to hesitate, to vacillate.
titubeo *(teetoobáyoh)* m. stuttering; vacillation, hesitation.
titulado *(teetooláhdoh)* m. graduate, degree holder; adj. qualified; entitled.
titular *(teetoolá**R**)* adj. titular; m. holder, owner; **~es**, headlines, highlights; tr. to (en) title.
título *(téetooloh)* m. title, headline, heading; *Acad.* diploma, degree; *(Com.)* certificate, bond.
tiza *(téethah)* f. chalk.
tiznar *(teethná**R**)* tr. to stain; to blot, to smub, to blacken.
tizón *(teethón)* m. firebrand; smut.
toalla *(tohahlyah)* f. towel.
tobillo *(tohbeelyoh)* m. ankle.
tobogán *(tohbohgáhn)* m. slide.
toca *(tóhkah)* f. headdress.
tocado *(tohkáhdoh)* adj. touched; m. hairdo, headdress; ~ **de la cabeza**, to be potty.
tocador *(tohkahdó**R**)* m. player; dressing or toilet-table, boudoir, toilet-room.
tocar *(tohká**R**)* tr. to touch; *(Mus.)* to play; to ring (a bell) to hit; intr. to blow, to concern; to touch, to call (at a port); ~ **fondo**, to strike aground; **a toca teja**, ready money.

T

T

tocayo *(tohkáhlyoh)* adj. namesake.
tocinero *(tohtheenáyroh)* m. pork-seller.
tocino *(tohthéenoh)* m. bacon; salt pork.
todavía *(tohdahbéeah)* adj. yet; still; even; ~ **no**, not yet.
todo *(tóhdoh)* adj. all; entire; whole, every, each; m. whole, everything; adv. entirely, totally, quite; **con** ~, nevertheless; **sobre**~, above all.
todopoderoso *(tohdohpohdayróh-ssoh)* adj. almighty; m. the Almighty.
todoterreno *(tohdohteRéhnoh)* m. *(Aut.)* four-wheel drive.
toga *(tóhgah)* t. toga; gown.
toldo *(tóldoh)* m. awning *(U.K)*; tilt; sunshade *(U.S)*.
tolerable *(tohlayháhblay)* adj. tolerable, bearable, allowable, permissible, endurable.
tolerancia *(tohlayráhnthyah)* f. tolerance, allowance.
tolerante *(tohlayráhntay)* adj. tolerant.
tolerar *(tohlayráR)* tr. to tolerate, endure; permit.
toma *(tóhmah)* f. taking, take, catch; *(Med.)* dose; outlet, water/electricity mains.
tomar *(tohmáR)* tr. to take, to catch, to have; ~ **el pelo**, to pull one's leg; to eat/drink; ~ **el sol**, to sunbathe.
tomate *(tohmáhtay)* m. tomato.
tómbola *(tóhmohlah)* f. tombola, charity raffle.
tomillo *(tohméelyoh)* m. *Bot.* thyme.
tomo *(tóhmoh)* m. volume, tome; **de** ~ **y lomo**, of importance.
ton *(ton)* **sin** ~ **ni son**, without rhyme or reason.
tonada *(tohnáhdah)* f. tune, song air.
tonadilla *(tohnahdéelyah)* f. short tune.
tonel *(tohnayl)* m. cask; barrel.
tonelada *(tohnayláhdah)* f. ton.
tonelaje *(tohnayláHay)* m. *(Naut.)* tonnage, capacity; *(Com.)* tonnage.
tonelete *(tohnayláytay)* m. little barrel; short skirt.
tónico *(tónneekoh)* adj. y m. tonic; *(Gram.)* tonic, stressed.
tonificar *(tohneefeekáR)* tr. to invigorate, to tone up.
tongo *(tóhngoh)* m. fixing.
tono *(tóhnoh)* m. tone; *(Mus.)* key, pitch; **darse** ~, to give oneself airs.
tontada *(tontáhdah)* f. silliness, nonsense, foolishness.
tontear *(tontayáR)* intr. to fool, to talk nonsense.
tontería *(tontayréeah)* f. stupidity, nonsense, folly.
tonto *(tóntoh)* adj. silly, foolish, dumb; m. fool.
topar *(tohpáR)* tr. to collide; to meet by chance.
tope *(tóhpay)* m. buffer; top; limit; **hasta los ~s**, overloded.
topetazo *(tohpaytáhthoh)* m. bump, collision.
topetón *(tohpaytón)* m. bump, collision.
tópico *(tohpeekoh)* adj. topical; m. topic, subject.
topo *(tóhpoh)* m. mole.
topografía *(tohpohgrahféeah)* f. topography, surveying.
topógrafo *(tohpóhgrahfoh)* m. topographer, surveyor.
toque *(tóhkay)* m. touch; ringing of bells, stroke, beat.
torbellino *(toRbaylyéenoh)* m. whirlwind.
torcedura *(toRthaydóorah)* f. sprain, twist(ing).
torcer *(toRtháyR)* tr. to twist, to bend; to sprain; to turn; to warp.
torcerse *(toRthayRssay)* r. to warp, to go wrong; to be sprained.
torcido *(toRthéedoh)* adj. twisted, crooked; awry; bent.
tordo *(tóRdoh)* adj. dapple gray (horses); m. thrush.
toreador *(tohrayahdóR)* m. bull-fighter.
torear *(tohrayáR)* intr. to fight bulls, (coll.) to mock, tease.
toreo *(tohráyoh)* m. bullfighting.

torero *(tohráyroh)* m. bullfighter.
toril *(tohréel)* m. bullpen.
tormenta *(to**R**méntah)* f. storm tempest.
tormento *(to**R**méntoh)* m. torment; torture; worry.
tormentoso *(to**R**mentóhssoh)* adj. stormy; turbulent.
torna *(tó**R**nah)* f. restitution; return; (coll.) **se cambiaron las ~s**, there was a turnabout.
tornar *(to**R**ná**R**)* tr. e intr. to repeat, to return; to transform.
tornarse *(to**R**ná**R**ssay)* r. to turn, to return, to become.
tornasol *(to**R**nahssól)* m. *Bot.* sunflower.
torneador *(to**R**nayahdó**R**)* m. turner.
tornear *(to**R**nayá**R**)* tr. to turn up.
torneo *(to**R**náyroh)* m. tournament, contest.
tornero *(to**R**nayroh)* m. turner, lathe-turner.
tornillo *(to**R**néelyoh)* m. screw, bolt, clamp.
torniquete *(to**R**neekáytay)* m. turnstile; *(Med.)* tourniquet.
torno *(tó**R**noh)* m. lathe; winch.
toro *(tóhroh)* m. bull; pl. bullfight.
toronja *(tohrón**H**ah)* f. grapefruit; *(US)* pomelo.
torpe *(tó**R**pay)* adj. clumsy; dim, slow.
torpedear *(to**R**paydayá**R**)* tr. to torpedo.
torpedo *(to**R**páydoh)* m. *(Naut.)* torpedo.
torpeza *(to**R**páythah)* f. dimness, slowness; lewdness, clumsiness.
torre *(tóh**R**ay)* f. tower; (electricity) pylon; castle or rook (in chess).
torrefacción *(toh**R**ayfahkthyón)* f. toasting, roasting.
torrejón *(toh**R**ay**H**ón)* m. little tower.
torrencial *(toh**R**enthyáhl)* adj. torrential.
torrente *(toh**R**éntay)* m. torrent; rush; stream.
torreón *(toh**R**ayón)* m. fortified tower, keep, turret.
torrero *(toh**R**áyroh)* m. lighthouse-keeper.
torrezno *(toh**R**áythnoh)* m. rasher.
torta *(tó**R**tah)* f. round cake, pie, (coll.) slap, punch.
tortilla *(to**R**téelyah)* f. omelet; **hacerse ~**, to smash to bits.
tórtola *(to**R**tohlah)* f. *(Orn.)* turtle-dove.
tórtolo *(tó**R**tohloh)* m. *(Orn.)* male turtledove; (fam.) loverboy; pl. lovebirds.
tortuga *(to**R**tóogah)* f. turtle, tortoise; (coll.) **paso de ~**, snail pace.
tortuoso *(to**R**twóhssoh)* adj. tortuous, winding.
tortura *(to**R**tóorah)* f. torture, torment, rack.
torturar *(to**R**toorá**R**)* tr to torture, to torment.
tos *(tos)* f. cough.
tosferina *(tosfayréenah) whooping-cough.*
tosco *(tóskoh)* adj. coarse; rough; crude.
toser *(tossáy**R**)* intr. to cough.
tostada *(tostáhdah)* f. toast.
tostado *(tostáhdoh)* adj. toasted; tanned; m. toasting.
tostador *(tostahdó**R**)* m. toaster, roaster.
tostar *(tostá**R**)* tr. to toast; to roast.
tostón *(tostón)* m. buttered or oiled toast, roast pig; (coll.) bore, nuisance; tedious.
total *(tohtáhl)* adj. total, whole, entire; m. total, sum.
totalidad *(tohtahleedáhd)* f. totality, entirely, wholeness.
tótem *(tóhtem)* m. totem.
tóxico *(tóksseekoh)* adj. y m. toxic, poisonous.
tozudo *(tohthóodoh)* adj. stubborn, obstinate.
traba *(tráhbah)* f. tie, obstacle, hindrance.
trabado *(trahbáhdoh)* adj. tied, joined, jammed, locked.
trabajado *(trahbah**H**áhdoh)* adj. laboured; worn out.
trabajador *(trahbah**H**ahdó**R**)* m. worker, workman; adj. laborious, hard-working.
trabajar *(trahbah**H**á**R**)* tr. e intr. to work, to toil; *(Agric.)* to till.
trabajo *(trahbáh**H**oh)* m. work, labour; task, job.

T

T

trabajoso *(trahbahHóhssoh)* adj. laborius, painful, hard.
trabalenguas *(trahbahléngwahss)* m. tongue twister.
trabar *(trahbáR)* tr. to fasten; to hold back; to jam, to join; to begin (a friendship).
trabarse *(trahbáRssay)* r. to get tangled up; to jam.
trabazón *(trahbahthón)* m. bracing, union, bond, consistency.
traca *(tráhkah)* f. string of fire-crackers.
tracción *(trahkthyón)* f. traction; drive; ~ **delantera/trasera**, front/rear-wheel; ~ **a las cuatro ruedas**, four-wheel drive.
tractor *(trahktóR)* m. tractor.
tradición *(trahdeethyón)* f. tradition.
tradicional *(trahdeethyohnáhl)* adj. traditional.
traducción *(trahdookthyón)* f. translation.
traducir *(trahdoothéeR)* tr. to translate, to interpret.
traductor *(trahdooktóR)* m. translator.
traer *(trah/áyR)* tr. to bring; to wear; (coll.) ~ **y llevar**, to fetch and carry.
traficante *(trahfeekáhntay)* m. smuggler; dealer; trader.
traficar *(trahfeekáR)* intr. to traffic, to trade, to deal.
tráfico *(tráhfeekoh)* m. traffic; trade.
tragaluz *(trahgahlóoth)* m. skylight; bull's eye (in a chip).
tragar *(trahgáR)* tr. to swallow, to gulp down; (coll.) ~ **el anzuelo**, to fall for it.
tragedia *(trahHéydyah)* f. tragedy.
trágico *(tráhHeekoh)* adj. tragic(al), m. tragedian.
tragicomedia *(trahHeekohmáyd-dyah)* t. tragicomedy.
trago *(tráhgoh)* m. swallow, swig; drink; (coll.) adversity; **echar un** ~, to have/take a drink.
tragón *(trahgón)* adj. gluttonous; greedy; m. globber, glutton.
traición *(trah/eethyón)* f. treason.
traicionar *(trah/eethyohnáR)* tr. to betray, to double-cross.
traicionero *(tra/eethyohnáyroh)* adj. treacherous, traitorous.
traidor *(trah/eedóR)* m. traitor; betrayer; adj. treacherous.
traidora *(trah/eedóhrah)* f. traitress.
traje *(tráhHay)* m. suit; costume; dress; ~ **de luces**, bullfighter's costume; ~ **de baño**, swimsuit.
trajín *(trahHéen)* m. going to and fro, bustle, hustle and bustle.
trajinar *(trahHeenáR)* tr. to carry back and forth; intr. to travel to and fro; to bustle about; to search.
trama *(tráhmah)* f. weft, woof (in a cloth); plot, intrigue.
tramar *(trahmáR)* tr. to weave; to plot.
tramitar *(trahmeetáR)* tr. to carry through, to transact (documents, etc.), to process.
trámite *(tráhmeetay)* m. procedure, step; pl. paperwork; red tape.
tramo *(tráhmoh)* m. stretch, section; tract of land, flight (of stairs).
tramoya *(trahmóhyah)* f. *(Theat.)* trick; artifice; stage machinery/trappings.
tramoyista *(trahmohyéesstah)* s. stagehand; swindler.
trampa *(tráhmpah)* f. trap; snare, trap-door; fraud, deceit, trick.
trampear *(trampayáR)* tr. e intr. to get by, to cheat, to swindle.
trampolín *(trahmpohléen)* m. diving board; (gym)trampoline.
tramposo *(trahmpóhssoh)* adj. tricky; m. cheater; crooked.
tranca *(tráhnkah)* f. crossbar club; **a ~s y barrrancas**, through fire and water.
trancazo *(trahnkáhthoh)* m. blow with a cudgel; (coll.) flu.

trance *(tráhnthay)* m. trance; critical moment, juncture.
tranquilidad *(trahnkeeleedáhd)* f. still(ness), rest, quietness, calmness, tranquillity *(UK)*, tranquility *(US)*, peace.
tranquilizante *(trahnkeeleenthánte)* m. tranquillizer *(UK)*, tranquilizer *(US)*.
tranquilizar *(trahnkeeleetháR)* tr. to calm down, to pacify, to tranquilize *(US)*.
tranquilizarse *(trahnkeeleetháR-ssay)* r. to grow calm, to calm down, to relax.
tranquilo *(trahnkéeloh)* adj. quiet; still, calm, tranquil, peaceful.
transacción *(trahnssahkthyón)* f. transaction, dealing.
transatlántico *(trahnssahláhnteekoh)* adj. transatlantic; m. liner, ocean liner.
transbordar *(trahnssboRdáR)* tr. *(Naut.)* to transship, to transfer.
transbordo *(trahnssbóRdoh)* m. transfer, transshipment.
transcribir *(trahnskreebéeR)* tr. to transcribe, to copy.
transcripción *(trahnskreephyón)* f. transcript(on), copy.
transcurrir *(trahnskooRéeR)* intr. to elapse, to pass.
transcurso *(trahnskóoRssoh)* m. course; passing, lapse.
transeúnte *(trahnssayóontay)* adj. transient; m. passer-by, pedestrian.
transferir *(trahnsfayréeR)* tr. to transfer; to pospone.
transfiguración *(trahnsfeegoorahthyón)* f. transfiguration, transformation.
transfigurar *(trahnsfeegooráR)* tr. to transfigure; to transform.
transformación *(trahnsfooRmahthyón)* f. transformation; change.
transformar *(trahnsfoRmáR)* tr. to transform, to change, to turn; *(Dep.)* to convert.
transfuga *(trahnsfoogah)* s. turncoat; deserter.
transfusión *(trahnsfoossyón)* f. transfusion; ~ **de sangre**, blood-transfusion.
transgredir *(trahnssgraydéeR)* intr. to transgress, to trespass, to infringe.
transición *(trahnsseethyón)* f. transition, change.
transigir *(trahnsseeHéeR)* intr. to agree, to give in/way.
transitar *(trahnsseetáR)* intr. to pass by; to travel, to journey, to walk, to go.
tránsito *(trahnsseetoh)* m. transit, traffic, passage, passing.
transitorio *(trahnsseetóhryoh)* adj. transitory, transient, temporary.
transmigrar *(trahnssmeegráR)* intr. to transmigrate.
transmisión *(trahnssmeessyón)* f. transmission; broadcasting.
transmitir *(trahnssmeetéeR)* tr. to transmit; to transfer; (rad.) to broadcast.; to convey.
transparencia *(trahnspahrénthyah)* f. transparency.
transparente *(trahnspahréntay)* adj. transparent; clear.
transpiración *(tranhnspeerahthyón)* f. transpiration, perspiration.
transpirar *(trahnspeeráR)* intr. to perspire, to transpire.
transportar *(trahnspoRtáR)* tr to carry (over), to transport, to convey, (ship.) to ship.
transporte *(trahnspóRtay)* m. transport(ation); shipment, carriage; freight.
transversal *(trahnsbayRssáhl)* adj. transversal; transverse, crosswise, oblique.
tranvía *(trahnbéeah)* m. streetcar (US); tram; tramway.
trapecio *(trahpáythyoh)* m. trapeze; *Geom.* trapezium.
trapería *(trahpayréeah)* f. rags; second-hand clothes shop.
trapero *(trahpáyroh)* m. ragdealer; rag-and-bone man, ragman.
trapo *(tráhpoh)* m. rag, cloth.
tráquea *(tráhkayah)* s. trachea, windpipe.

T

traquetear *(trahkaytayáR)* tr. e intr. to shake, to jolt, to rattle.
traqueteo *(trahkaytáyoh)* m. rattle, shaking, rattling, crackle.
tras *(tráhss)* prep. after, behind.
trascendencia *(trahssthendénthya)* f. consequence, transcendence.
trascendental *(frahssfhendéntahl)* adj. transcendental; significant.
trascender *(trahssthendáyR)* tr. to transcend; to leak out.
trascocina *(trahscothéenah)* f. back-kitchen; scullery.
trasero *(trahssáyroh)* adj. hind(er), back, rear; m. bottom; rump.
trasfondo *(trahsfóndoh)* m. background.
trashumante *(trahsoomáhntay)* adj. nomadic.
trashumar *(trahssoomáR)* intr. to nomadize, to migrate.
trasiego *(trahssyáygoh)* m. upset, decanting, move.
trasladar *(trahslahdáR)* tr. to move, to transfer; to postpone.
traslado *(trahsláhdoh)* m. transfer; copy; moving, removal.
traslucir *(trahsloothéeR)* tr. to reveal, to show.
traslucirse *(trahsloothéeRssay)* r. to leak out, to shine through.
trasluz *(trahslóoth)* m. transverse light; **al** ~, against the light.
trasnochado *(trahsnohcháhdoh)* adj. hackneyed; worn out, haggard.
trasnochador *(trahsnohchahdóR)* m. nighthawk, night owl.
trasnochar *(trahsnohcháR)* intr. to keep late hours, to stay up late.
traspapelar *(trahspahpayláR)* tr. to mislay.
traspasar *(trahspahssáR)* intr. to pass (over), to cross, to pierce, to transfer, to go through.
traspaso *(trahspáassoh)* m. transfer.
traspié *(trahspyáy)* s. slip, stumble, trip; **dar** ~, to stumbler, to trip.
trasplantar *(trahsplahntáR)* tr. to transplant.
trasplante *(trahspláyhntay)* m. transplantation.
trasquilar *(trahskeeláR)* tr. to shear; to crop, to clip.
trastada *(trahsstáhdah)* f. (coll.) mean trick.
trastazo *(trasstáhthoh)* m. (coll.) bump, blow, thump.
trastero *(trasstáyroh)* m. lumber-room, junk-room.
trastienda *(trahstyéndah)* f. back-shop, back room (of a shop).
trasto *(tráhstoh)* m. piece of furniture; (coll.) trash, lumber, junk, rubbish; worthless person; pl. implements, tools.
trastornado *(trahstotRnádoh)* adj. mad; crazy.
trastornar *(trahstoRnáR)* tr. to upset; to disturb, to trouble.
trastorno *(trahstóRnoh)* m. upset; disturbance, disorder, trouble.
trasvase *(trahsbásse)* m. transfer; diversion.
trata *(tráhtah)* f. slave trade; **se** ~ **de**, it's about.
tratable *(trahtáhblay)* adj. friendly, sociable; *(Med.)* treatable.
tratadista *(trahtahdéesstah)* s. author of treatises.
tratado *(trahtáhdoh)* m. treaty; treatise; pact, agreement.
tratamiento *(trahtahmyéntoh)* m. *(Med.)* treatment; handling, precessing.
tratante *(trahtáhntay)* m. dealer, trader, merchant.
tratar *(trahtáR)* tr. to treat; to discuss (a subject); to trade, to deal, to handle, to deal with.
trato *(tráhtoh)* m. treatment; contact, manner; pact, agreement.
trauma *(tráh/oomah)* m. trauma, injury.
traumatismo *(trah/oomahtéessmoh)* m. trauma(tism).
través *(trahbáyss)* m. bias; slant; **a** ~, across.

travesero *(tráhbayssáyroh)* m. transom; adj. cross.
travesía *(trahbaysséeah)* f. crossing; passage, sea-voyage.
travesura *(trahvaysóorah)* f. trick, prank, lark, mischief.
traviesa *(trahbyéssah)* f. (rail.) sleeper; *Arch.* rafter.
travieso *(trahbyáyssoh)* adj. naughty, mischievous.
trayecto *(trahyéktoh)* m. route; itinerary; trip, journey; distance.
trayectoria *(trahyéhktóreeah)* f. path.
traza *(tráhthah)* f. first sketch; trace, outline; aspect, looks.
trazado *(trahtháhdoh)* m. sketch, layout, outline, direction, designing.
trazar *(trahtháR)* tr. to lay out, to sketch, to outline, to trace, to draw up.
trazo *(tráhthoh)* m. stroke; sketch; design, tracing.
trébol *(tráybol)* m. *Bot.* clover, shamrock.
trecho *(tráychoh)* m. stretch, distance; **de ~ en ~**, from time to time.
tregua *(tráygwah)* f. truce; respite.
tremebundo *(traymayboondoh)* adj. dreadful, frightful, terrible.
tremendo *(trayméndoh)* adj. dreadful, terrible, awful, huge, enormous.
trementina *(traymentéenah)* f. turpentine.
trémulo *(tréymooloh)* adj. trembling, tremulous, shaking, flickering.
tren *(tráyn)* m. train; **~ directo**, through-train; **~ de aterrizaje**, landing gear; undercarriage.
trenza *(tráynthah)* f. braid (US), plait (UK).
trenzar *(trentháR)* tr. to braid, to plait(hair).
trepa *(tráypah)* f. climbing; cunning.
trepador *(traypahdóR)* adj. climbing; m. creeper, climber, socil climber.
trepanación *(traypahnahthyón)* f. trepanation.
trepanar *(traypahnáR)* tr. to trepan.
trepar *(traypáR)* intr. to climb, to creep up (as ivy); to bore, to perforate, to drill.
trepidar *(traypeedáR)* intr. to shake, to vibrate, to hesitate.
tres *(tréss)* adj. three.
tresillo *(traysséelyoh)* m. three-piece suite.
treta *(tráytah)* f. trick; wile.
triángulo *(tryáhngooloh)* m. triangle.
tribu *(tréeboo)* f. tribe.
tribulación *(treeboolahthyón)* f. tribulation.
tribuna *(treebóonah)* f. tribune; rostrum; stand; *(Sport.)* grand stand.
tribunal *(treeboonáhl)* m. tribunal; court of justice.
tributar *(treebootáR)* tr. to pay (taxes); to pay homage.
tributario *(traeebootáhryoh)* adj. tributary; taxpayer.
tributo *(treebóotoh)* m. tribute, tax.
triciclo *(treethéekloh)* m. tricycle.
tricolor *(treekohlóR)* adj. tricolour *(UK)*; tricolor *(US)*.
tricornio *(treekóRnyoh)* m. three-cornered hat.
trienal *(tryanáhl)* adj. triennial.
trienio *(tryáynyoh)* m. triennium, period of three years.
trifásico *(treefáhseekoh)* adj. *(Elect.)* three-phase.
trifulca *(treefóolkah)* f. (coll.) squabble, quarrel, row.
trigal *(treegáhl)* m. wheat field.
trigo *(tréegoh)* m. wheat; pl. crops.
trigueño *(treegáynyoh)* adj. dark blond, corn-colored *(US)*.
trilla *(tréelyah)* f. or threshing; thrahing; track.
trillado *(treelyáhdoh)* adj. threshed; trite, hackeneyed; over-worked.
trilladora *(treelyahdóhrah)* f. threshing-machine.
trillar *(treelyáR)* tr. to thresh; to frequent, to overuse.

trimestral *(treemestráhl)* adj. quarterly, three-monthly.
trimestre *(treeméstray)* m. quarter, trimester.
trinar *(treenáR)* intr. to trill; (coll.) to be very angry.
trinca *(tréenkah)* f. group of three; gang; *(Naut.)* cord.
trinchante *(treencháhntay)* m. carver, carving-knife.
trinchar *(treencháR)* tr. to carve.
trinchera *(treencháyrah)* f. *(Mil.)* trench, trenchcoat.
trineo *(treenáyoh)* m. sleigh, sledge *(UK)*; sled *(US)*.
trinidad *(treeneedahd)* f. trinity.
trino *(tréenoh)* m. trill.
trío *(tréeoh)* m. trio.
tripa *(tréepah)* f. gut; intestine; (coll.) pl. innards, entrails.
triple *(tréeplay)* adj. triple; treble.
triplicado *(treepleekádoh)* adj. triplicate.
triplicar *(treepleekáR)* tr. to triple.
trípode *(tréepohday)* m. tripod.
tríptico *(tréepteekoh)* m. triptych.
tripulación *(treepoolahthyon)* f. crew.
tripular *(treepooláR)* intr. to man; to crew; to drive.
triquiñuela *(treekeenywaylah)* s. trick, cheat, craft.
tris *(treess)* m. crack; trice; instant, nick of time; **en un ~**, within an ace.
triscar *(treeskáR)* intr. to romp, to stamp about; to tease.
triste *(tréestay)* adj. sad; withered; sorrowfull, gloomy.
tristeza *(treestáythah)* f. sadness; sorrow, grief.
tristón *(treestón)* adj. sad.
tritón *(treetone)* m. newt.
trituración *(treetoorahthyón)* f. trituration, crushing, pulverization.
triturar *(treetooráR)* tr. to triturate, to crush, to reduce to powder.
triunfal *(tryoonfáhl)* adj. triumphal.
triunfar *(tryoonfáR)* intr. to triumph; to trump (in cards).
triunfo *(tryóonfoh)* m. triumph, victory, success, conquest.
trivial *(treebyáhl)* adj. trivial; trite, trifling, useless.
trivialidad *(treebyahleedáhd)* f. trivialness, triviality, triteness; (coll.) child's play.
trocar *(troohkáR)* tr. to exchange, to barter, to change.
trofeo *(trohfáyoh)* m. trophy.
trola *(tróhlah)* n. f. (coll.) fib, lie.
trole *(tróhlay)* m. trolley pole.
tromba *(trómbah)* f. waterspout.
trompa *(trómpah)* f. trunk, nozzle, proboscis; *(Mus.)* horn.
trompada *(trompáhdah)* f. (coll.) collision, blow.
trompeta *(trompáytah)* f. trumpet, bugle; bugler; m. trumpeter.
trompicón *(trompeekón)* m. stumble, trip; (coll.) push.
trompo *(trómpoh)* m. spinning top.
tronada *(trohnáhdah)* f. thunderstorm.
tronar *(trohnáR)* intr. to thunder.
tronchar *(troncháR)* tr. to chop off, to cut off, to mutilate.
troncho *(trónchoh)* stem; stalk.
tronco *(trónkoh)* m. log. trunk (of tree), stem; body; stalk; **dormir como un ~**, to sleep like a log.
trono *(tróhnoh)* m. throne.
tropa *(tróhpah)* f. troops, soldiers; crowd; *(Mil.)* ranks.
tropel *(trohpáyl)* m. rush, throng.
tropelía *(trohpayléeah)* f. rush, hurry; outrage.
tropezar *(trohpaytháR)* tr. e intr. to stumble, to trip; to meet by chance, to stumble upon.
tropezón *(trohpaythón)* m. stumble, tripping; **a ~es**, by fits and starts.
trópico *(tróhpeekoh)* m. tropic.
tropiezo *(trohpyáythoh)* m. stumble; trip; difficulty, fault; squabble, quarrel.

troquel *(trohkél)* m. die; stamp.
trotamundo *(trohtamúndoh)* s. globertrotter.
trotar *(trohtá***R***)* intr. to trot; to jog.
trote *(tróhtay)* m. trot.
trovador *(trohbahdó***R***)* m. troubadour, ministrel.
trozo *(tróhthoh)* m. piece; bit, chunk; passage (of a book).
trucha *(tróochah)* f. *(Ichth.)* trout.
truco *(tróokoh)* m. trick; device, ruse, wile, cheat, hoax.
truculento *(trookooláyntoh)* adj. gruesome, horrifying.
trueno *(trwáynoh)* m. thunder (clap).
trueque *(trwáykay)* m. barter, exchange.
trufa *(tróofah)* f. *Bot.* truffle; lie, fib.
truhan *(trwáhn)* adj. y m. cheat, crook, rogue, swindler, rascal, scoundrel; jester.
truncar *(troonká***R***)* tr. to truncate, to maim, to mutilate; to cut short, abridge.
tu *(tóo)* poss. pron. your.
tú *(tóo)* pers. pron. you.
tubérculo *(toobáy***R***kooloh)* m. tuber.
tuberculosis *(toobay***R***koolóhsseess)* f. *(Med.)* tuberculosis.
tuberculoso *(toobay***R***koolóhssoh)* adj. tuberculous, tubercular.
tubería *(toobayréeah)* f. tubing, pipe line, piping.
tubo *(tóoboh)* m. tube; pipe; **~ de ensayo**, test tube.
tubular *(tooboolá***R***)* adj. tubular.
tuerca *(twáy***R***kah)* f. *(Mech.)* nut.
tuerto *(twáy***R***toh)* adj. one-eyed person.
tuétano *(twáytahnoh)* m. marrow; **hasta los ~s**, to the marrow.
tufo *(tóofoh)* m. fumes, stink, nasty smell; fug.
tugurio *(toogóoryoh)* m. hut, cabin; (fam.) hovel; (fam.) low class pub.
tul *(tóol)* m. tulle.
tulipán *(tooleepáhn)* m. *Bot.* tulip.
tullido *(toolyéedoh)* adj. crippled; m. crippie.
tullir *(toolyée***R***)* intr. to cripple; *(Orn.)* to excrete.
tumba *(tóombah)* f. tomb; grave, sepulchre (UK), sepulcher (US).
tumbar *(toombá***R***)* tr. to throw down; to fell; (coll.) to knock down; intr. to tumble, to fall down.
tumbarse *(toombá***R***ssay)* r. to lie down.
tumbo *(tóomboh)* m. tumble; fall, somersault.
tumbona *(toombóhnah)* f. deckchair, (US) beach chair.
tumefacción *(toomayfakthyón)* f. tumefaction; swelling.
tumor *(toomó***R***)* m. tumour (UK), tumor (US).
túmulo *(tóomooloh)* s. tumulus; tomb, grave, funeral pile.
tumulto *(toomóoltoh)* s. tumult(uousness), uproar; crowd.
tumultuoso *(toomooltwóhssoh)* adj. tumultuous.
tuna *(tóonah)* f. student music group; pricly pear.
tunante *(toonáhntay)* m. truant, rascal, rouge, idler, crafty.
tunantería *(toonahntayréeah)* f. rowdyism, truantship.
tunda *(tóondah)* f. (coll.) beating, flogging, leathering.
túnel *(tóonel)* m. tunnel.
túnica *(tóoneeka)* f. tunic, robe, gown.
tuntún (al) *(toontóon)* adv. at random.
tupé *(toopáy)* m. toupee, hairpiece; (coll.) cheek, nerve.
tupido *(toopéedoh)* adj. dense, thick; closewoven.
turba *(tóo***R***bah)* f. crowd, rabble; peat.
turbación *(too***R***bahthyón)* f. confusion, embarrassment.
turbamulta *(too***R***bahmóoltah)* f. mob, rabble.
turbante *(too***R***báhntay)* m. turban.
turbar *(too***R***bá***R***)* tr. to disturb, to upset, to embarass.

T

turbina *(tooRbéenah)* f. turbine, water-wheel.
turbio *(tóoRbyoh)* adj. turbid, muddy; turbulent; **algo** ~, something dishonest.
turbonada *(tooRbohnáhdad)* f. squall, pelting shower, hurricane, tornado.
turbulencia *(tooRbooláynthya)* f. turbulence, disorder.
turbulento *(tooRbooláyntoh)* adj. turbid, muddy, turbulent, tumultuos, troubled.
turgencia *(tooRHénthyanh)* f. swelling.
turgente *(tooRHéntay)* adj. turgid, swollen.
turismo *(tooréessmoh)* m. tourism.
turista *(tooréestah)* s. tourist.
turnar *(tooRnáR)* intr. to alternate, to relay; to work in turns/ shifts.
turno *(tóoRnoh)* turn, round, shift, **a su**~, in one's turn.
turrón *(tooRón)* m. nougat.
tutear *(tootayáR)* tr. to treat as «thou», «thee», etc.
tutela *(tootáylah)* f. guardianship, ward(ship), tutelage.
tutelar *(tootayláR)* adj. tutelar; tutelary.
tutiplén *(tooteepláyn)* adv. abundantly; freely; indiscriminately.
tutor *(tootóR)* m. guardian; tutor.
tutora *(tootóhrah)* f. tutoress.
tutoría *(tootohréeah)* f. tutelage, guardianship.
tuyo *(tóolyoh)* pron. yours, thine.

U u

ubicación *(oobeekhthyón)* f. location, emplacement, position.
ubicuidad *(oobeekweedáhd)* f. ubiquity, ubiquitousness.
ubicuo *(oobéekwoh)* adj. ubiquitous, omnipresent.
ubre *(óobray)* f. udder, dug, teat.
ufanarse *(oofahnáRssay)* r. to boast, to brag.
ufano *(oofáhnoh)* adj. smug; proud, boastful, arrogant.
ujier *(ooHyáiR)* m. usher, door keeper.
úlcera *(óolthayrah)* f. *(Med.)* ulcer.
ulcerar *(oolthayráR)* tr. to ulcerate, to fester.
ulcerarse *(oolthayráRssay)* r. to ulcerate.
ulceroso *(oolthayróhssoh)* adj. ulcerous, festering.
ulterior *(ooltayryóR)* adj. (place) ulterior; subsequent: later, (time).
últimamente *(oolteemahméntay)* adv. lately, recently, finally.
ultimar *(oolteemáR)* tr. to finish, to end, to close; to kill.
ultimátum *(oolteemátoom)* m. ultimatum
último *(óolteemoh)* adj. last, latest, rear(most), late, later; **por** ~, finally, lastly.
ultrajar *(ooltrahHáR)* tr. to offend, to outrage, to insult.
ultraje *(ooltráhHay)* m. outrage, insult.
ultrajoso *(ooltrahHóssoh)* adj. outrageous.
ultramar *(ooltramáR)* adj. y adv. oversea(s).
ultramarino *(ooltrahmahréenoh)* adj. ultramarine, overseas.
ultranza (a) *(ooltráhnthah)* adv. at all costs, to the death.
ultratumba *(ooltrahtóombah)* adv. beyond the grave/tomb.
ulular *(ooloolá R)* intr. to hoot, to howl, to shriek.
umbral *(oombráhl)* m. threshold; (fig.) beginning.
umbría *(oombréah)* f. umbrage.
umbrío *(oombréeoh)* adj. shady.
unánime *(oonáhneemay)* adj. unanimous, with one voice, all at once.
unanimidad *(oonahneemeedáhd)* f. unanimity.
unción *(oonthyón)* f. unction, anointing.

uncir *(oonthéeR)* tr. to yoke.
undulación *(oondoolahthyón)* f. undulation, wave motion.
ungir *(oonHéeR)* tr. to anoint.
ungüento *(onngwéntoh)* m. unguent, ointment, liniment, salve.
únicamente *(ooneekahmayntay)* adv. only, solely.
único *(óoneekoh)* adj. alone, unique, sole, only.
unidad *(ooneedáhd)* f. unity; unit; **~ móvil (radio, TV.)**, outside broadcast unit.
unificar *(ooneefeekáR)* tr. to unify, to unite.
uniformar *(ooneefoRmáR)* tr. to make uniform, to standardize.
uniforme *(ooneefóRmay)* adj. y m. uniform; *(Mil.)* regimentals.
uniformidad *(ooneefoRmeedáhd)* f. uniformity, harmony.
unión *(oonyón)* f. union, alliance, coalision; wedding; *(Mech.)* joint; *(Com.)* fusion.
unir *(oonéeR)* tr. to join; to unite; to attach, to mix.
unirse *(oonéeRssay)* r. to (con) join, to associate, to marry; to associate; *(Com.)* to merge.
universal *(ooneebayRssáhl)* adj. universal, worl-wide.
universalidad *(ooneebayRssahleedáhd)* f. universality.
universidad *(oneebayRsseedáhd)* f. university.
universo *(ooneebáyRssoh)* m. the universe.
uno *(óonoh)* adj. one; a, an; pl. some, pron. (any or some) one; pl. some, few; **~s... otros**, some... others...; **por ~**, one by one.
untar *(oontáR)* tr. to smear, to grease, to anoint.
unto *(óontoh)* m. ointment; grease.
untuoso *(oontwóhssoh)* adj. unctuous,greasy.
untura *(oontóorah)* f. unction.
uña *(óonyah)* f. (finger) nail, hook, claw; *(Naut.)* bill of an anchor; **a ~ de caballo**, at full speed; **mostrar las ~ s**, to show one's teeth; **ser ~ y carne**, to be inseparable.
uñero *(oonyáyroh)* m. ingrowing nail.
uranio *(oor'hnyoh)* m. uranium.
urbanidad *(ooRbahneedáhd)* f. urbanity; civility, politeness.
urbanización *(ooRbahneethahthyón)* f. urbanization.
urbanizar *(ooRbahneetháR)* tr. to urbanize.
urbano *(ooRbáhnoh)* adj. urban; polite; urbane.
urbe *(óoRbay)* s. f. large city, metropolis.
urdimbre *(ooRdéembray)* f. warp.
urdir *(ooRdéeR)* tr. to warp; to contrive, to plot.
urgencia *(ooRHénthyah)* f. urgency, emergency.
urgente *(ooRHéntay)* adj. urgent, pressing. adv. **~mente**, urgently.
urgir *(ooRHéeR)* intr. to be urgent, to press.
urinario *(ooreenáhryoh)* m. urinal; adj. urinary.
urna *(óoRnah)* f. urn; casket, ballot box.
usado *(oossáhdoh)* adj. used, worn out, secondhand.
usanza *(ossáhnthah)* f. usage; custom.
usar *(oossáR)* tr. to use; to wear; to employ, to exercise.
usía *(oosséeah)* f. your lordship.
uso *(óossoh)* m. use; service, usage, employment, wear(ing); custom.
usted *(oosstáyd)* pron. you.
usual *(oosswáhl)* adj. usual; customary; adv. **~mente**, usually, generally.
usuario *(oosswáhryoh)* adj. user.
usufructo *(oossoofróoktoh)* m. usufruct; use.
usufructuar *(oossoofrootwáR)* tr. to usufruct.

U

usura *(oossóorah)* f. usury.
usurero *(oossooráyroh)* m. usurer.
usurpación *(oossooRpáhthyón)* f. usurpation, seizure.
usurpar *(oossRpáR)* tr. to usurp.
utensilio *(ootenseéelyoh)* m. tool, utensil, device, implement.
útil *(óoteel)* adj. useful, helpful; m. pl. utensils, tools; **~mente**, usefully.
utilidad *(ooteeleedáhd)* f. usefulness, utility; pl. benefit.
utilitario *(ooteeleedáhryoh)* adj. utilitarian; m. small car.
utilizar *(ooteeleethaR)* tr. to use, to utilize, to make use of.
utopía *(ootohpéeah)* f. utopia.
utópico *(ootóhpeekoh)* adj. utopian.
uva *(óobah)* f. grape; **un racimo de ~s**, a bunch of grapes.

V v

vaca *(báhkah)* f. cow; beef.
vacación *(bahkahthyón)* f. vacation; pl. holidays.
vacante *(bahkáhntay)* adj. unoccupied, vacant; free void; f. vacancy.
vaciado *(bahthyáhdoh)* m. cast (in a mould).
vaciador *(bahthyadóR)* m. moulder, caster dumper, emptier.
vaciar *(bahthyáR)* tr. to empty; to drain; to evacuate, to pour out; to cast; to discharge.
vaciarse *(bahthyáRssay)* m. to overflow, to empty.
vaciedad *(bahthyaydáhd)* f. emptiness; nonsense, silliness.
vacilación *(bahtheelahthyón)* f. vacillation, hesitation; **sin vacilaciones**, unhesitatingly.
vacilar *(bahtheeláR)* intr. to hesitate, to vacillate; to stagger, to reel.
vacío *(bahtheéoh)* adj. void, empty; unoccupied, vacant, m. vacuum.
vacuidad *(bahkweedáhd)* f. vacuity, emptiness.
vacuna *(bahkóonah)* f. vaccine.
vacunación *(bahkoonahthyón)* f. vaccination.
vacunar *(bahkoonáR)* tr. to vaccinate.
vacuno *(bahkóonoh)* adj. bovine.
vacuo *(báhkwok)* adj. empty, void, unoccupied, vacuous.
vadeable *(bahdayáhblay)* adj. fordable; crossable.
vadear *(bahdayáR)* tr. to ford, to wade.
vado *(báhdoh)* m. (river) ford.
vagabundear *(bahgahboondayáR)* intr. to wander.
vagabundo *(bahgahbóondoh)* adj. wandering, vagabond; m. tramp, vagrant.
vagancia *(bahgáhnthyah)* f. vagrancy, lazziness.
vagar *(bahgáR)* intr. to wander (about), to loiter, to idle, to roam.
vagaroso *(bahgahróhssoh)* adj. vagrant, errant.
vagido *(bahHéedoh)* m. cry (of a newborn child).
vagina *(bahHéenah)* f. vagina.
vago *(báhgoh)* adj. lazy, slach; vague; m. tramp, vagrant.
vagón *(bahgón)* m. wagon (UK); *(Rail.)* coach; **~ cama**, sleeping car, **~ restaurante**, restaurant car.
vagoneta *(bahgohnáytah)* f. van.
vaguear *(bahgayáR)* intr. to laze about, to wander.
vaguedad *(bahgaydáhd)* f. vagueness, ambiguity.
vaharada *(bah/ahráhdah)* f. breath, whiff, puff.
vahído *(bah/éedoh)* m. vertigo, dizziness, giddiness.
vaho *(báh/oh)* m. steam; vapour, mist.

vaina *(báh/eenah)* f. scabbard; sheath; *Bot.* pod, husk.
vainilla *(bah/eenéelyah)* f. *Bot.* vanilla.
vaivén *(bah/eebén)* m. sway, see-swaying, fluctuation, swinging, ups and downs.
vajilla *(bah**H**éelyah)* f. table-service; (dinner) set, dishes.
vale *(báhlay)* m. bond, promissory note, voucher, receipt.
valedero *(bahlaydáyroh)* adj. valid.
valentía *(bahlentéeah)* f. courage, feat, bravery.
valentón *(bahlentón)* adj. y m. boastful; bully.
valentonada *(bahlentohnáhdah)* f. brag, boast.
valer *(bahláy**R**)* intr. to be worth(y), to cost; tr. to earn, to win, to equal, to be valid; to amount to; ~ **la pena**, to be worth while.
valeroso *(bahlayróhssoh)* adj. valiant, brave, courageous.
valerse *(bahláy**R**ssay)* r. ~ **de**, to employ; to manage.
valía *(bahléeah)* f. worth, value, price.
validez *(bahleedáyth)* f. validity.
válido *(báhleedoh)* adj. valid.
valiente *(bahlyéntay)* adj. valiant, brave, gallant, courageous; ~**mente**, valiantly, courageously.
valioso *(bahlyóhssoh)* adj. valuable; precious.
valla *(báhlyah)* f. fence; *(Sport.)* hurdle.
vallar *(bahlyá**R**)* tr. to enclose, to fence.
valle *(báhlyay)* m. valley, vale; dale, basin, glen.
valor *(bahló**R**)* m. value, worth, bravery, validity, courage, gallantry, valour; pl. securities, stock, bonds.
valoración *(bahlohrahthyón)* f. valuation, assessment.
valorar *(bahlohrá**R**)* tr. to estimate, to value, to appraise, to price.
vals *(báhlss)* s. waltz.
valsar *(vahlssá**R**)* intr. to waltz.
valuación *(bahlwahthyón)* f. valuation, estimate.
valuar *(bahlwá**R**)* tr. to value, to appraise, to rate.
válvula *(báhlboolah)* f. valve; ~ **de seguridad**, safety valve.
vampiro *(bahmpéeroh)* m. vampire.
vanagloria *(bahnahglóhryah)* f. vainglory.
vanagloriarse *(bahnahglohryá**R**ssay)* r. to boast, to brag.
vanaglorioso, a *(bahnahglohryóssoh)* adj. conceited, vainglorious; ~**mente**, vaingloriously.
vanamente *(bahnahmáyntay)* adv. vainly, uselessly.
vanguardia *(bahngwá**R**dyah)* f. vanguard.
vanidad *(bahneedáhd)* f. vanity, conceit.
vanidoso *(bahneedóhssoh)* adj. vain, conceited, haughty, showy.
vano *(báhnoh)* adj. vain, useless, futile, frivolous.
vapor *(bahpó**R**)* m. vapour, steam; *(Naut.)* steamboat, steamer.
vaporizar *(bahpohreethá**R**)* tr. to vaporize; intr. to evaporate.
vaporoso *(bahpohróhssoh)* adj. vaporous, steamy.
vapulear *(bahpoolayá**R**)* tr. (coll.) to whip, to flog, to beat.
vapuleo *(bahpooláyoh)* m. whipping, flogging.
vaquería *(bahhkayréeah)* f. dairy; dairy-farm.
vaqueriza *(bahkayréethah)* f. stable, cowshed.
vaquero *(bahkáyroh)* m. cowboy.
vara *(báhrah)* f. rod; (yard) stick, pole, staff; **varita mágica**, magic wand.
varadero *(bahrahdáyroh)* m. shipyard, dry dock.
varar *(bahrá**R**)* tr. e intr. *(Naut.)* to run aground, to be stranded.
varear *(bahrayá**R**)* tr. to beat, to knock down.

V

variable *(bahryáhblay)* adj. variable, changeable.
variación *(bahryahthyón)* f. variation, change.
variado *(bahryáhdoh)* adj. varied, mixed, variegated, assorted (sweets, biscuits).
variar *(bahryá***R***)* tr. to change, shift, to alter; intr. to vary, change, turn; *(Naut.)* to deviate.
várice *(bahréethay)* f. *(Med.)* varix.
varicela *(bahreetháylah)* f. *(Med.)* varicella; (coll.) chicken-pox.
variedad *(bahryaydáhd)* f. range, variety, diversity; *(Com.)* assortment.
varilla *(bahréelyah)* f. small rod, curtain-rod, rib (of umbrella, fan, corset).
vario *(báhryoh)* adj. different, various fickle; pl. some, several, various.
varón *(bahrón)* m. male, man; boy.
varonil *(bahrohnéel)* adj. male, manly, masculine.
vasallaje *(bahssahlyáh***H***ay)* m. vassalage, servitude.
vasallo *(bahssáhlyoh)* adj. y m. vassel, subject.
vasija *(bahsséé***H***ah)* f. vessel, pot, dish.
vaso *(báhssoh)* m. glass, tumbler, beaker; *(Med.)* vessel.
vastago *(báhsstahoh)* m. stem, offspring, shoot; **~ del émbolo**, piston rod.
vasto *(báhsstoh)* adj. vast, immense, huge.
vate *(báhtay)* m. bard; poet.
vaticinar *(bahteetheená***R***)* tr. to foretell, predict, forecast.
vaticinio *(bahteethéenyoh)* m. prediction, forecasting.
vatio *(báhtyoh)* m. watt.
vaya *(báhyah)* f. scoff, sneer, jeer; (int.) **¡~ por Dios!**, Good Heavens!; **¡~ hombre!**, well, man!; **¡~ un lío!**, that's a pretty kettle of fish!
vecinal *(baytheenáhl)* adj. local, neighboring; **camino ~**, country road.
vecindad *(baytheendáhd)* f. neighborhood, vecinity.
vencindario *(baytheendáhryoh)* m. neighborhood, population, inhabitants.
vecino *(baythéenoh)* adj. neighboring; adjoining; m. neighbor; resident, inhabitant.
veda *(báydah)* f. prohibition; close season (for fishing or shooting).
vedar *(baydá***R***)* tr. to prohibit; to forbid, to band.
vega *(báygah)* f. (cultivated) plain, meadow, fertile ground.
vegetación *(bay***H***aytahthyón)* f. vegetation.
vegetal *(bay***H***aytáhl)* adj. y m. vegetable, plant.
vegetariano *(bay***H***aytahryáhnoh)* adj. y m. vegetarian, vegan.
vehemencia *(bayayménthyah)* f. vehemence, impetuosity, force, eagerness.
vehemente *(bayayméntay)* adj. vehement, impetuous, forceful; **~mente**, vehemently, hotly.
vehículo *(bayéekooloh)* m. vehicle.
veinte *(báyntay)* adj. twenty.
vejación *(bay***H***ahthyón)* f. ill-treatment, humiliation.
vejamen *(bay***H***áhmen)* m. humiliation, taunt, ill-treatment.
vejar *(bay***H***á***R***)* tr. to vex, to humiliate, to tease, to annoy.
vejestorio *(bay***H***estóhryoh)* m. old crock.
vejete *(bay***H***áytay)* m. old boy.
vejez *(bay***H***áyth)* f. old age.
vejiga *(bay***H***éegah)* f. bladder, blister.
vela *(báylah)* f. vigil, wakefulness; candle, sail.
velada *(bayláhdah)* f. evening party.
velador *(baylahdó***R***)* m. watchman, lamp table.
velar *(baylá***R***)* intr. to watch, to keep watch/vigil, to be awake; tr. to watch, to keep.

velatorio *(bayyahtohryo)* m. wake, vigil.

veleidad *(baylaydádh)* f. whim, inconstancy, fickleness.

veleidoso *(baylaydóhssoh)* adj. inconstant, fickle.

velero *(bayláyroh)* adj. *(Naut.)* swiftsailing; m. sailing ship.

veleta *(bayláytah)* f. weathercock, vane; s. fickle person.

vello *(báylyoh)* m. fuzz, soft hair, down.

vellosidad *(baylyóhssedahdh)* f. hairiness,downiness.

velloso *(baylyóhssoh)* adj. downy, hairy.

velludo *(baylyóodoh)* adj. downy, hairy.

velo *(báyloh)* m. veil, mask; **correr el** ~, to pull off the mask; **correr el ~ sobre**, to draw a veil over.

velocidad *(baylohtheedáh)* f. velocity, swiftness, speed; **a toda** ~, top speed.

velocímetro *(baylohtheemaytroh)* m. speedometer.

velódromo *(baylóhdrohmoh)* m. velodrome, cycle track.

veloz *(baylóth)* adj. swift, quick, fast nimble.

vena *(báynah)* f. vein; *(Min.)* vein, seam; **estar en** ~, to be in the mood.

venal *(baynáhl)* adj. venal, salable.

venalidad *(baynahleedáhd)* f. venality.

vencedor *(benthaydó**R**)* m. winner, conqueror, victor.

vencejo *(bentháy**H**oh)* m. *(Orn.)* swift.

vencer *(bentháy**R**)* tr. to win, to defeat; to beat, overcome.

vencible *(benthéeblay)* adj. beatable, superable, conquerable.

vencido *(benthéedoh)* adj. defeated, due, payable.

vencimiento *(bentheemyéntoh)* m. *(Com.)* expiration.

venda *(béndah)* f. bandage; band.

vendaje *(bendáh**H**ay)* m. bandage, dressing.

vendar *(bendá**R**)* tr. to bandage; to fillet; to swathe.

vendaval *(bendahbáhl)* m. strong wind storm, gale.

vendedor *(bendaydó**R**)* m. seller, salesman, vendor.

vender *(benday**R**)* tr. to sell; (fig.) to betray; ~ **al por mayor**, to sell wholesale; ~ **al por menor**, to sell retail; ~ **al contado**, to sell on cash; ~ **a plazos**, hire purchase.

vendido *(bendéedoh)* adj. sold; (fig.) betrayed.

vendimia *(bendéemyah)* f. vintage.

vendimiador *(bendeemyahdó**R**)* s. vintager.

vendimiar *(bendeemyá**R**)* tr. to harvest, to pick grapes.

veneno *(baynáynoh)* m. poison, venom.

venenoso *(baynaynóhssoh)* adj. poisonous, venomous.

venerable *(baynayráhblay)* adj. venerable; **~mente**, venerably.

veneración *(baynayrahthyón)* f. veneration, worship.

venerar *(baynayrá**R**)* tr. to venerate, to worship, to honour.

venéreo *(baynáyrayoh)* adj. venereal.

vengador *(bengahdó**R**)* m. avenger, revenger.

venganza *(bengáhnthah)* f. revenge, vengeance, avenge.

vengar *(bengá**R**)* tr. to revenge, to avenge.

vengarse *(bengá**R**ssay)* r. to take revenge, to take avenge.

vengativo *(bengahtéeboh)* adj. revengeful, vindictive.

venia *(báynyah)* f. permission, leave; forgiveness, pardon.

venial *(baynyáhl)* adj. venial, excusable.

V

V

venida *(baynéedah)* f. arrival, coming.
venidero *(bayneedáyroh)* adj. future; (fort) coming, next.
venir *(baynéeR)* intr. to come; ~ **al caso**, to be relevant; ~ **a menos**, to decline; ~ **como anillo al dedo**, to suit perfectly.
venta *(béntah)* f. sale; inn; **de/en** ~, on sale/for sale.
ventaja *(bentáhHah)* f. advantage, benefit; *(Sport.)* handicap.
ventajoso *(bentahHóhsoh)* adj. advantageous, profitable.
ventana *(bentáhnah)* f. window; ~**s de doble cristal**, double glazed windows; **tirar por la** ~, to squande.
ventarrón *(bentahRón)* m. gust of wind; strong wind.
ventero *(bentáyroh)* m. inn keeper.
ventilación *(benteelahthyón)* f. ventilation.
ventilador *(benteelahdóR)* s. ventilator, fan; *(Naut.)* air shaft.
ventilar *(benteeláR)* tr. to ventilate, to fan, to air; (fig.) to discuss, examine.
ventisca *(bentéeskah)* f. blizzard, snowstorm.
ventisquero *(benteeskáyroh)* m. snowdrift, glacier.
ventolera *(bentohláyrah)* f. gust of wind; (coll.) whim.
ventosa *(bentóhssah)* f. vent; *(Med.)* cupping, (glass).
ventosear *(bentohssayáR)* intr. to break wind.
ventosidad *(bentohsseedádh)* f. flatulence.
ventoso *(bentóhssoh)* adj. windy.
ventrílocuo *(bentréelohkwoh)* m. ventriloquist.
ventura *(bentóorah)* f. luck, chance; **por** ~, by chance, risk.
venturoso *(bentooróhssoh)* adj. lucky, fortunate, happy.
venus *(báynooss)* f. venus.
ver *(báyR)* tr. to see, to watch, to examine; **no tiene nada que** ~ **con**, it has nothing to do with.
vera *(báyrah)* f. edge, border.
veracidad *(bayrahtheedádh)* f. veracity, truthfulness.
veraneante *(bayrahnánhte)* s. vacationer.
veranear *(bayrahnayáR)* intr. to spend the summer.
veraneo *(bayrahnáyoh)* m. summer vacation.
veraniego *(bayrahnyáygoh)* adj. summer.
verano *(bayráhnoh)* m. summer (season); **veranillo de San Martin**, indian summer.
veras *(báyrahss)* f. pl. truth; **de** ~, truly, really.
veraz *(bayráth)* adj. truthful.
verbal *(bayRbáhl)* adj. verbal, oral; ~**mente**, verbally, orally.
verbena *(bayRbáynah)* f. evening fair, evening open-air party; *Bot.* verbena.
verbo *(báyRboh)* m. verb; word, expression.
verbosidad *(bayRbohsseedáhd)* f. verbosity.
verboso *(bayRbóhssoh)* adj. verbose; loquatious, talkative; wordy.
verdad *(bayRdáhd)* f. truth; veracity, reality.
verdadero *(bayRdahdáyroh)* adj. true, veritable, real, genuine, sincere, truthful; ~**mente**, truly, indeed.
verde *(báyRday)* adj. green, unripe, obscene; m. green (color); **viejo** ~, dirty old man; **un chiste** ~, a blue joke, dirty joke.
verdor *(bayRdóR)* m. greenness; *Bot.* verdura.
verdoso *(bayRdóhssoh)* adj. greenish.
verdugo *(bayRdóhgoh)* m. hangman, executioner; *Bot.* tiller, scourge, lash.
verdulera *(bayRdooláyrah)* f. marketwoman, fishwife, coarse woman.
verdulero *(bayRdooláyroh)* m. greengrocer.

verdura *(bayRdóorah)* m. verdure, greeness, vegetables; (coll.) grenns.
vereda *(bayráydah)* f. path, footpath, track, sidewalk.
verga *(bayRgah)* f. penis; *(Naut.)* yard, spar.
vergel *(bayrHayl)* n. m. orchard, garden.
vergonzante *(bayRgonthåhntay)* adj. shameful, bashful.
vergonzoso *(bayRgonthóhssoh)* adj. bashful, shameful, shy, disgraceful
vergüenza *(bayRgwénthah)* f. shame, shyness, embarrassment, bashfulness; **perder la ~**, to be shameless.
verídico *(bayréedeekoh)* adj. truthful.
verificación *(bayreefeekahthyón)* f. verification, checkup, testing.
verificar *(bayreefeekáR)* tr. to verify, to check.
verificarse *(bayreefeekáRssay)* r. to take place, to prove true/ right.
verja *(bayRHah)* f. grating, railing.
vermut *(bayRmóot)* m. vermouth.
vernáculo *(bayRnáhkooloh)* adj. vernacular, native.
verosímil *(bayrohsséemeel)* adj. likely, probable, credible.
verosimilitud *(bayrohsseemeeleetóod)* f. verisimilitude, likelihood, probability.
verruga *(bayRóogah)* f. wart; (coll.) nuisance.
verrugoso *(bayRoogóhssoh)* adj. warty.
versado *(bayRssáhdoh)* adj. versed, conversant (with); experienced, learned.
versar *(bayRssáR)* intr. to deal with, be about.
versátil *(bayRssáhteel)*, adj. fikcle, versatile, changeable.
versatilidad *(bayRssahteeleedáhd)* f. versatility, fickleness.
verse *(bayRssay)* r. to find oneself, to be obvious, to meet; **~ en apuros**, to be in difficulties.
versificación *(bayRsseefeekahthyón)* f. versification.
versificar *(bayRsseefeekáR)* tr. to versify; to put into verse.
versión *(bayRssyón)* f. version, translation.
verso *(bayRssoh)* m. verse, line.
vértebra *(báyRtaybrah)* f. vertebra.
vertebrado *(bayRtaybráhdoh)* adj. vertebrate.
vertedero *(bayRtaydáyroh)* m. garbage dump, rubbish tip.
verter *(bayRtáyR)* tr. to spill, to pour, to empty, to dump, to shed.
vertical *(bayRteekáhl)* adj. vertical, upright.
vértice *(báyRteethay)* m. vertex, apex.
vertiente *(bayRtyéntay)* m. y f. slope; side, aspect.
vertiginoso *(bayRteeHeenóhssoh)* adj. vertiginous, giddy.
vértigo *(bayRteegooh)* m. giddiness, dizziness, vertigo.
vespertino *(bespayRtéenoh)* adj evening.
vestíbulo *(bestéebooloh)* m. vestibule, hall, lobby; *Theat.* foyer.
vestido *(bestéedoh)* m. dress, clothes; **~ de etiqueta**, full dress; adj. dressed, clad.
vestigio *(baysteeHyoh)* m. vestige, trace; pl. ruins, remains.
vestimenta *(besteeméntah)* f. clothing; (coll.) stuff gear.
vestir *(bestéeR)* tr. to clothe, to dress, to get dressed.
vestuario *(bestwáhryoh)* m. clothes, wardrobe; *(Theat.)* dressing-room.
veta *(báytah)* f. vein; *(Min.)* seam, grain.
veterano *(baytayrahnoh)* adj. y m. veteran, old hand, old stager.
veterinaria *(baytayreenáhryah)* f. veterinary science.
veterinario *(baytayreenahryoh)* m. veterinary, vet.
veto *(báytoh)* m. veto.
vetusto *(baytóostoh)* adj. ancient, very old.
vez *(bayth)* time, turn; **una ~**, once; **a veces**, sometimes; **érase una ~**, once upon a time; **de una ~ para siempre**, once and for all.
vía *(béah)* f. way, road; **~ férrea**, track, railway, line.

V

V

viaducto *(byahdóoktoh)* m. viaduct.
viajante *(byahHáhntay)* m. (commercial) traveller; adj. travelling.
viajar *(byahHáR)* intr. to travel, to journey.
viaje *(byáhHay)* m. travel, journey, tour; (by sea) voyage, trip.
viajero *(byahHáyroh)* m. traveller, passenger.
viandante *(byahndáhnteh)* s. pedestrian; passer-by.
viático *(byáhteekoh)* m. viaticum, trveling expenses.
víbora *(béebohrah)* f. viper.
vibración *(beebrahthyón)* f. vibration.
vibrar *(beebráR)* tr. e intr. to vibrate, to oscillate, to shake.
vicaría *(beekahréeah)* f. vicarage.
vicario *(beekáhryoh)* m. vicar, curate.
vicealmirante *(beethayahlmeeráhnte)* m. vice-admiral.
vicecónsul *(beethaykónssool)* m. vice-consul.
viceconsulado *(beethaykonssooláhdoh)* m. vice-consulate.
vicepresidente *(beethayprayssee-déntay)* m. vice-president.
viciado *(beethéeahdo)* adj. stuffy.
viciar *(beethyáR)* tr. to corrupt, to pervert, to spoil, to deprave.
viciarse *(beethyáRssay)* r. to become corrupted, to become addicted.
vicio *(béethyoh)* m. bad habit; defect.
vicioso *(beethyóhssoh)* adj. vicious, corrupt, spoiled.
vicisitud *(beetheesseetóod)* adj. vicissitude; difficulty.
víctima *(béekteemah)* f. victim.
victoria *(beektóhryah)* f. victory, triumph.
victorioso *(beektohryóhssoh)* adj. victorious; **~mente**, victoriously.
vid *(béed)* f. *Bot.* vine.
vidente *(beedéntay)* m. seer; adj. seeing.
videojuego *(beedeohHwáygoh)* m. video game.
vidriado *(beedryáhdoh)* adj. glazed; m. glazing.
vidriar *(beedryáR)* tr. to glaze.
vidriera *(beedryáyrah)* f. glass case, shop window.
vidriero *(beedryéroh)* m. glazier.
vidrio *(béedryoh)* m. glass, windowpane.
vidrioso *(beedryóhssoh)* adj. glassy, vitreous.
viejo *(byáyHoh)* adj. old, aged, ancient; m. old man; **cuentos de ~as**, old wives tales.
viento *(byéntoh)* m. wind, air, breeze; **contra ~ y marea**, against wind and tide.
vientre *(byéntray)* m. belly, womb.
viernes *(byáyRness)* m. Friday.
viga *(béegah)* f. beam, girder.
vigente *(beeHéntay)* adj. in force.
vigía *(beeHéeah)* f. watch-tower; m. lookout, watch.
vigilancia *(beeHeelánthyah)* f. watchfulness, vigilance.
vigilante *(beeHeeláhntay)* m. watchman, guard, (exam.) invigilator; adj. watchful, vigilant.
vigilar *(beeHeeláR)* tr. to watch over; intr. to keep guard.
vigilia *(beeHéelyah)* f. vigil, watchfulness, wakefulness.
vigor *(beegór)* m. vigour, strenght, force, energy.
vigoroso *(beegohróhsooh)* adj. vigorous, strong, powerful.
vikingo *(beekéengoh)* m. viking.
vil *(béel)* adj. vile, mean, sordid, abject.
vileza *(beeláythah)* f. vileness, meaness, sordidness.
vilipendiar *(beeleependyáR)* tr. to despise; to revile.
vilipendio *(beeleepéndyoh)* m. contempt, scorn.
villa *(béelyah)* f. town; villa, country-seat.
villancico *(beelyahnthéekoh)* m. Christmas carol.
villano *(beelyáhnoh)* adj. villainous; m. peasant, rustic, rascal.

villorrio *(beelyohRyoh)* m. poor hamlet.
vinagre *(beenáhgray)* m. vinegar.
vinagrera *(beenahgráyrah)* f. vinegar; cruet stand.
vinagreta *(beenahgráta)* f. vinaigrette.
vinajera *(beenahHáyrah)* f. wine vessel for the Mass.
vinatero *(beenahtáyroh)* m. wine merchant.
vincular *(beenkooláR)* tr. to entail, to attach, to link.
vínculo *(béenkooloh)* m. tie, bond.
vindicación *(beendeekahthyón)* f. vindication, revenge.
vindicar *(beendeekáR)* tr. to vindicate, to avenge, to revenge.
vino *(béenoh)* s. wine; ~ **tinto**, red wine; ~ **de Jerez**, sherry; ~ **de Oporto**, Port wine.
viña *(béenyah)* f. vineyard.
viñedo *(beenyáydoh)* m. vineyard.
viñeta *(beenyáytah)* f. vignette.
violáceo *(byohláhthayoh)* adj. violaceous, violet coloured, purple coloured.
violación *(byohlahthyón)* f. violation, rape, infringement.
violador *(byohlahdóR)* m. violator, rapist, offender.
violar *(byohláR)* tr. to violate, to ravish, to rape.
violencia *(byohlénthyah)* f. violence, force.
violentar *(byohléntaR)* tr. to force, to break into, to force open.
violento *(byohléntoh)* adj. violent.
violeta *(byohláytah)* f. violet.
violín *(byohléen)* m. violin, fiddle.
violinista *(byohleenéestah)* m. violinist, fiddler.
violón *(byohlón)* m. double bass.
violoncelo *(byohlontháyloh)* m. cello.
virar *(beeráR)* tr. *Naut.* to tack, to turn; *(Phot.)* to tone.
virgen *(béeRHen)* adj. virgin, pure, blank; f. virgin; **la** ~ **María**, Virgin Mary; **tierras ~es**, new lands.
virginal *(beRHeenahl)* adj. virginal.
virginidad *(beeRHeeneedáhd)* f. virginity, maidenhood.
virgo *(béeRgoh)* m. virginity; *(Astr.)* Virgo.
viril *(beeréel)* adj. virile, manly.
virilidad *(beereeleedáhd)* f. virility, manhood.
virreina *(beeRáynah)* f. viceroy's wife.
virrey *(beeRáy/ee)* m. viceroy.
virtual *(beeRtwáhl)* adj. virtual.
virtud *(beeRtóod)* f. virtue.
virtuoso *(beeRtwóhhssoh)* adj. just, virtuous; **-mente**, virtuously.
viruela *(beerwáylah)* f. smallpox.
virulencia *(beeroolénthyah)* f. virulence.
virulento *(beerooléntoh)* adj. virulent, malignant.
virus *(béerooss)* m. virus.
viruta *(beeróotah)* f. (wood) shaving.
visado *(beessáhdoh)* m. visa.
visaje *(beessáhHay)* m. grimace, grin.
visar *(beessáR)* tr. to visa, to endorse.
visceras *(béessthayrahss)* f. pl. viscera, entrails.
viscosidad *(beesskohsseedáhd)* f. viscosity.
viscoso *(beesskóhssoh)* adj. viscous, glutinous.
visera *(beessáyrah)* f. eye-shade, blinker, visor (of a cap).
visibilidad *(beesseebeeleedáhd)* f. visilibity.
visible *(beesseeblay)* adj. visible, perceptible, evident.
visión *(beessyón)* f. sight, vision, spectre, apparition, phantom; **ver visiones**, to dream, to build castles in the air.
visionario *(beessyohnáhryoh)* adj. y m. visionary, dreamer.
visita *(beesséetah)* f. visit, call, visitor; **hacer una** ~, to pay a call.
visitar *(beesseetáR)* tr. to visit, call (up)on, to pay a visit.

V

V

vislumbrar *(beessloombráR)* tr. to glimpse, to catch a glimpse, begin to see.
viso *(béessoh)* m. sheen, luster; glint; looks like; (woman) slip.
visón *(beessón)* m. mink.
víspera *(béesspayrah)* f. eve, day before.
vista *(béesstah)* f. sight, view.
vistazo *(beesstáhthoh)* m. glance; **dar un ~**, to glance over.
vistoso *(beesstóhssoh)* adj. showy, fine, colorful, attractive.
visual *(beeswáhl)* adj. visual.
vital *(beetáhl)* adj. vital; full of vitality; **órganos vitales**, vital organs.
vitalicio *(beetahléethyoh)* adj. during life; m. life-insurance, lifelong.
vitalidad *(beetahleedáhd)* s. vitality.
vitorear *(beetohrayáR)* tr. to cheer; (up), to acclaim.
vítreo *(béetrayoh)* adj. vitreous, glassy.
vitrificar *(beetreefeekaR)* tr. to vitrify.
vitrina *(beetréenah)* f. showcase, shop window; display cabinet.
vitualla *(beetwáhlyah)* f. victuals, food, provisions.
vituperable *(beetoopayráhblay)* adj. vituperable, blameworthy.
vituperar *(beetoopayráR)* tr. to blame, reproach.
vituperio *(beetoopayyoh)* m. vituperation, blame, reproach, insult, affront.
viuda *(byóodah)* f. widow.
viudedad *(byoodaydahd)* f. widowhood, widow's pension.
viudez *(byoodayth)* f. widowhood.
viudo *(byóodoh)* m. widower.
viva *(beebáh)* f. hurrath, cheer; interj. long live!.
vivac *(beebáhk)* m. bivouac.
vivacidad *(beebahtheedáhd)* f. vivacity, liveliness.
vivamente *(beebahmayntay)* adv. vividly.
vivaque *(beebáhkay)* m. bivouac.
vivaquear *(beebahkayaR)* intr. to bivouac.
vivaracho *(beebahráhchoh)* adj. lively, smart, frisky.
vivaz *(beebáth)* adj. lively, bright, keen; vigorous.
víveres *(béebayress)* m. pl. provisions, victuals; *(Mil.)* stores.
vivero *(beebáyroh)* m. *Bot.* nursery; fish farm; vivarium.
viveza *(beebáythah)* f. liveliness; briskness; sharpness; vividness.
vívido *(béebeedoh)* adj. vivid, bright.
vividor *(beebeedóR)* adj. opportunistic; m. hustler.
vivienda *(beebyéndah)* f. housing, flat, apartments; **sin ~**, homeless.
viviente *(beebyéntay)* adj. living, alive.
vivificar *(beebeefeekáR)* tr. to vivify, animated, to enliven.
vivir *(beebéeR)* intr. to live; m. life, living.
vivo *(béeboh)* adj. alive, living, lively, intense, quick.
vizcaíno *(beethkah/éenoh)* adj. y m. Biscayan.
vocablo *(bahkáhbloh)* m. word, term.
vocabulario *(bohkahbooláhryoh)* m. vocabulary.
vocación *(bohkahthyón)* f. vocation, calling.
vocal *(bohkáhl)* adj. vocal; f. vowell; m. voting member.
vocalizar *(bohkahleetháR)* intr. to vocalize.
vocear *(bohthayáR)* tr. e intr. to cry, to shout, to howl.
vocería *(bohthayréeah)* f. position of spokesperson; shouting.
vociferar *(bohtheefayraR)* intr. to vociferate, to shout, to yell.
voladizo *(bohlahdéethoh)* adj. projecting, jutting-out.
volador *(bohlahdóR)* adj. flying; m. flyingfish, sky-rocket.
voladura *(bohlahdóorah)* f. blasting, explosion, blowing up.

volante *(bohláhntay)* adj. flying, wandering, (motorcar) steering wheel.
volar *(bohláR)* intr. to fly; tr. to fly, to blast, to blow out.
volátil *(bohláhteel)* adj. volatile; (coll.) changeable, fickle.
volcán *(bolkáhn)* m. volcano.
volcánico *(bolkáhneekoh)* adj. volcanic.
volcar *(bolkáR)* tr. to overturn; intr. to upset; *(Naut.)* to capsize.
volcarse *(bolkáRssay)* r. to topple, to spill, to upset; (coll.) to go all out for.
voleo *(bohláyoh)* m. quickly; haphazardly.
volición *(bohleethyón)* f. volition.
volitivo *(bahleetéeboh)* adj. volitive.
volquete *(bolkáytay)* m. dumper, dump truck, dumping device, tipcart.
voltaje *(boltáhHay)* m. *(Elect.)* voltage.
voltear *(boltayáR)* tr. to whirl, to turn over, to knock over.
voltereta *(boltayráytah)* f. tumble, somersault.
volubilidad *(bohloobselee-dáhd)* f. volubility, fickleness.
voluble *(bohlóoblay)* adj. fickle; unstable.
volumen *(bohlóomen)* m. volume, size, corpulence, book.
voluminoso *(bohloomeenóhssoh)* adj. bulky, voluminous.
voluntad *(bohloontáhd)* f. will, intention, wish; **a ~**, optional, at one's will.
voluntariedad *(bohloontahryaydáhd)* f. free will, spontaneity.
voluntario *(bohloontáhryoh)* adj. voluntary, willing; m. *(Mil.)* volunteer.
voluntarioso *(bohloontahryóhssoh)* adj. willing; **~amente**, willfuly.
voluptuosidad *(bohlooptwohsseedáhd)* f. voluptuousness.
voluptuoso *(vohlooptwóhssoh)* f. voluptuous.
volver *(bolbáyR)* tr. to turn (up, over, upside down or inside out); intr. to return, to go back, come back, to come again.
volverse *(bolbáyRssay)* r. to turn around, to turn, to become, to grow.
vomitar *(bohmeetáR)* intr. to vomit, to bring up; *(Tech.)* to spew.
vomitivo *(bohmeetéeboh)* adj. vomitive.
vómito *(bóhmeetoh)* m. vomit(ing).
vomitona *(bohmeetóhnah)* m. (coll.) bad turn.
voracidad *(bohrahtheedáhd)* f. voracity, greediness.
voraz *(bohráhth)* adj. voracious, ravenous, fierce, raging.
vos *(boss)* pron. you (singular).
vosotros *(bohssóhtross)* pron. you (plural).
votación *(bohtahthyón)* f. voting, poll, ballot.
votante *(bohtáhntay)* s. voter, elector, voting.
votar *(bohtáR)* intr. to vote.
votivo *(bohtéeboh)* adj. votive.
voto *(bóhtoh)* m. vote, vow, suffrage, ballot.
voz *(both)* f. voice, word; **a voces**, in a loud voice; **a media ~**, in a whisper; **en ~ alta**, aloud; **dar voces**, to cry out.
vudú *(boodóo)* m. voodoo.
vuelco *(bwélkoh)* m. overturn.
vuelo *(bwáyloh)* m. flight, flying.
vuelta *(bwéltah)* f. turn, return, stroll, walk; **a ~ de correo**, by return post; **a la ~**, on returning, on one's way back; **dar una ~**, go for a walk; **andar a ~s con**, to be working on something.
vuestro *(bwéstroh)* pron. your(s).
vulcanizar *(boolkahneetháR)* tr. to vulcanize.
vulgar *(boolgáR)* adj. vulgar, common, coarse.
vulgaridad *(boolgahreedáhd)* f. vulgarity.
vulgarizar *(boolgahreetháR)* tr. to popularize, to vulgarize.

V

vulgo *(bóolgoh)* m. mob, populace, masses.
vulnerable *(boolnayráhblay)* adj. vulnerable.
vulnerar *(boolnayráR)* tr. to damage.
vulva *(bóolbah)* f. vulva.

X x

xenofobia *(xaynohfóhbyah)* f. xenophobia, hatred of foreigners.
xenófobo *(xaynóhfohboh)* adj. hater of strangers, xenophobe.
xilografía *(xeelohgrahféeah)* f. xylography.
xilográfico *(xeelohgráhfeekoh)* adj. xylographic.
xilófono-xilórgano *(xeelóRgahnoh)* m. xylophone.

Y y

y *(ée)* conj. and.
ya *(yáh)* adv. already, now, presenty, ~ **que**, since; ¡~ **voy!**, I'm coming!
yacente *(yahthéntay)* adj. lying.
yacer *(yahtháyR)* intr. to lie (down), to be situated.
yacimiento *(yahtheemyéntoh)* m. *Min.* bed, deposit, field, layer.
yanqui *(yáhnkee)* adj. y m. Yankee.
yarda *(yáRdah)* f. Englishyard yard-stick.
yate *(yáhtay)* m. *Naut.* yacht.
yedra *(yáydrah)* f. *Bot.* Ivy.
yegua *(yáygwah)* f. mare.
yema *(yáymah)* f. bud, shoot, button yolk of egg; ~ **del dedo**, tip of the finger.
yerba *(yáyRbah)* f. grass, herb, weed; ~ **marina**, sea-weed.
yermo *(yáyRmoh)* adj. waste, desert; m. desert, waste land.
yerno *(yáyRnoh)* m. son-in-law.
yerro *(yáyRoh)* m. error, mistake, fault.
yerto *(yáyRtoh)* adj. stiff, rigid.
yesca *(yésskah)* f. tinder; (fig.) fuel.
yeso *(yáyssoh)* m. gypsum, plaster, chalk, plaster cast.
yo *(yóh)* pron. I; m. (philosophy) I, the self, the ego.
yodo *(yóhdoh)* m. iodine.
yoga *(yóhgah)* f. yoga.
yogur *(yohgóoR)* s. yoghurt, yogurt.
yugo *(yóogoh)* m. yoke; oppression.
yugular *(yoogooláR)* f. *(Anat.)* jugular vein.
yunque *(yóonkeh)* m. anvil.
yunta *(yóontah)* f. yoke, couple, pair, joined, united.
yuxtaponer *(yookstahpohnáyR)* tr. to juxtapose, to place contiguosly.
yuxtaposición *(yookstahpohsseethyón)* f. juxtaposition.

Z z

zafar *(thahfáhR)* tr. *(Naut.)* to free.
zafarse *(thahfáRssay)* r. to escape, to get away.
zafarrancho *(thahfahRáhnchoh)* m. *(Naut.)* clearing for action; clearing of the decks.
zafio *(tháhfyoh)* adj. rough, coarse, rude, ignorant.
zafiro *(thahféeroh)* m. sapphire.
zaga *(tháhgah)* f. rear (part); adv. behind; **ir a la** ~, to go just behind.
zagal *(thahgáhl)* m. lad youth, shepherd.
zaguán *(thahgwáhn)* m. vestibule, porch, front hall.
zaguero *(thahgáyroh)* adj. rear, defender; m. (foot) full-back.
zaherir *(thah/ayréeR)* tr. to reproach, to censure, to reprimand.
zahori *(thah/ohrée)* s. diviner, seer, astute, cute person.

zahúrda *(thah/ooRdah)* f. (pig-)sty.
zaino *(thah/eenoh)* m. chestnut coloured horse.
zalamería *(thahlahmayréeah)* f. flattery; sweet talk.
zalamero *(thahlahmáyroh)* m. flatterer, fawner.
zamarra *(thahmah**R**rah)* f. sheepskin jacket.
zambo *(tháhmboh)* adj. bow-legged, bandy-legged.
zambra *(tháhmbrah)* f. feast, din.
zambullida *(thahmboolyéedah)* f. diving, plunge, ducking, dipping.
zambullidura *(thahmboolyeedóorah)* f. diving, plunge.
zambullir *(thahmboolvée**R**)* tr. to duck, plunge, dive.
zambullirse *(thahmboolyée**R**ssay)* r. to dive, to plunge, to dip; to hide.
zampar *(thahmpá**R**)* tr. to devour eagerly, to scoff (UK), to scarf down (US); r. to rush in.
zanahoria *(thahnah/óryah)* f. *Bot.* carrot.
zanca *(tháhnkah)* f. long shank or leg.
zancada *(thahnkáhdah)* f. stride.
zancadilla *(thahnkahdéelyah)* f. trip (up).
zanco *(tháhnkoh)* m. stilt.
zancudo *(thahnkóodoh)* adj. long-shanked; f. mosquito, waders.
zanganería *(thahngahnayréeah)* f. idleness, laziness.
zángano *(tháhngahnoh)* m. drone; (coll.) idler, sluggard, loafer.
zanja *(tháhn**H**ah)* f. ditch, trench, furrow, drain.
zanjar *(tháhn**H**á**R**)* tr. to excavate, to open ditches; to settle.
zapa *(tháhpah)* f. spade; trenching.
zapador *(thahpadó**R**)* m. *(Mil.)* sapper.
zapapico *(thahpahpéekoh)* m. picx(axe), mattock.
zapar *(thahpá**R**)* intr. to sap, to mine.
zapata *(thahpáhtah)* f. wedge; *(Mech.)* shoe of a brake.
zapatear *(thahpahtayá**R**)* tr. to beat time with the feet, to tapdance, to kick/tread with the shoe.
zapatería *(thahpahtayréeah)* f. shoe (maker's) shop.
zapatero *(thahpahtáyroh)* m. shoemaker shoe dealer; **~ remendón**, cobbler, **¡~ a tus zapatos!**, mind your own businees!
zapateta *(thahpahtáytah)* f. caper, jump, leap.
zapatilla *(thahpahtéelyah)* f. slipper.
zapato *(thapáhtoh)* m. shoe.
zar *(tha**R**)* m. czar.
zarandajas *(thahrahndáh**H**ahss)* f. pl. trifles, odds and ends.
zarandear *(thahrahndaya**R**)* tr. to winnow, to toss, to shake, to jostle.
zarandearse *(thahrahndayá**R**ssay)* r. to move to and for.
zarandeo *(thahrahndáyoh)* m. winnowing, folting.
zarino *(thahréenah)* f. czarine.
zarpa *(thá**R**pah)* f. paw, claw, weighing anchor; **echar la ~**, to claw (animal), to grab (persona).
zarpar *(thá**R**pá**R**)* tr. to weigh anchor, to sail.
zarpazo *(tha**R**páhthoh)* m. clawing, thud.
zarza *(thá**R**thah)* f. bramble, blackberry-bush, briar, brier.
zarzal *(tha**R**tháhl)* m. brame patch.
zarzamora *(tha**R**thahmóhrah)* f. *Bot.* blackberry.
zarzaparrilla *(tha**R**thahpah**R**éelyah)* f. *Bot.* sarsaparrilla.
zarzuela *(tha**R**thwáylah)* f. *Theat.* zarzuela, Spanish musical comedy.
zepelín *(thaypayléen)* s. zeppelin.
zigzag *(thesgtháhg)* m. zigzag.
zigzaguear *(thesgthahgaya**R**)* intr. to zigzag.
zipizape *(thespeetháhpay)* m. set-to.

Z

Z

zócalo *(thóhkahloh)* m. skirting board.
zodíaco *(thohdéeahkoh)* m. zodiac.
zona *(thóhnah)* f. zone, ~ **de culto**, zone of worship; ~ **habilitada**, enabledzone.
zoología *(thoh/ohlohHéeah)* f. zoology.
zoológico *(thoh/ohlóhHeekoh)* adj. zoological, zoo.
zopenco *(thohpénkoh)* adj. dolt, dull; m. blockhead, dunce.
zoquete *(thohkáytay)* m. block, chunk; (coll.) blockhead, dunce, dolt.
zorra *(thóhRah)* f. vixen; (coll.) prostitute.
zorrería *(thohRayréeah)* f. artfulness (of a fox), craft, cunning.
zorro *(thóhRoh)* m. fox, sly, cunning, fellow; pl. duster; adj. cunning, foxy.
zozobra *(thohthóhbrah)* f. worry, anxiety; *Naut.* sinking, foundering, capsizing.
zozobrar *(thohthohbráR)* intr. to founder, to sink, to fret, to worry.
zueco *(thwáykoh)* m. wooden shoe, clog, sa*bot.*
zumbador *(thoombahdoR) Elect.* buzzer; adj. buzzing, homing.
zumbar *(thoombáR)* intr. to buzz; tr. to beat, to box one's ears, to drone, to hum.
zumbido *(thoombéedoh)* m. buzz, hum(ming), blow.
zumo *(thóomoh)* m. juicie, profit; ~ **de frutas/ de naranja/ de uva**, fruit juice/ orange juice/ grape juice.
zumoso *(thoomóhssoh)* adj. juicy.
zurcido *(thooRthéedoh)* m. darning, mend, darn.
zurcir *(thooRthéeR)* tr. to darn.
zurdo *(thóoRdoh)* adj. left-handed.
zurra *(thóoRah)* f. currying, flogging, hiding, scuffle, spanking.
zurrar *(thooRáR)* tr. to curry, to tan, to spank, to drub, to flog, to whip.
zurriago *(thooRyáhgoh)* m. whip, lash.
zurrón *(thooRón)* m. sheperd's pouch.
zutano *(thootáhnoh)* m. **fulano y ~**, Tom, Dick and Harry.

Millas a kilómetros		
Millas	Millas o **kilómetros**	kilómetros
0,6	1	1,6
1,2	2	3,2
1,9	3	4,8
2,5	4	6,4
3,1	5	8,0
3,7	6	9,7
4,4	7	11,3
5,0	8	12,9
5,6	9	14,5
6,2	10	16,1
12,4	20	32,2
18,6	30	48,3
24,9	40	64,4
31,1	50	80,5
37,3	60	96,6
43,5	70	112,7
49,7	80	128,8
55,9	90	144,8
62,1	100	160,9
124,3	200	321,9
186,4	300	482,8
248,6	400	643,8
310,7	500	804,7
621,7	1.000	1.609,4

Pulgadas a centímetros		
Pulg.	Pulg. o **cm**	**cm**
0,394	1	2,540
0,787	2	5,080
1,181	3	7,620
1,575	4	10,160
1,169	5	12,700
2,362	6	15,240
2,756	7	17,780
3,150	8	20,320
3,543	9	22,860
3,937	10	25,400
7,874	20	50,800
9,843	25	63,500
19,685	50	127,000
39,370	100	254,000

Temperatura		
°F	°C	
-22	-30	
-4	-20	
+14	-10	
+23	-5	
+32	0	
+41	+5	
+50	+10	
+68	+20	
+86	+30	
+98,4	+36,9	temperatura del cuerpo humano
+104	+40	
+122	+50	
+140	+60	
+157	+70	
+176	+80	
+194	+90	
+212	+100	

Yardas a metros		
Yardas	Yardas o **metros**	**metros**
1,094	1	0,914
2,187	2	1,829
3,281	3	2,743
4,374	4	3,658
5,468	5	4,572
6,562	6	5,486
7,655	7	6,401
8,749	8	7,315
9,843	9	8,230
10,936	10	9,144
21,872	20	18,288
27,340	25	22,860
54,681	50	45,720
109,361	100	91,439
546,806	500	457,195

Libras a kg

Libras	Libras o **kg**	kg
2,205	1	0,907
4,409	2	1,360
6,614	3	1,814
8,818	4	2,268
11,023	5	2,721
13,228	6	3,175
15,432	7	3,628
17,637	8	4,082
19,841	9	4,435
22,046	10	9,071
44,092	20	11,339
55,116	25	22,680
110,232	50	45,359
22,680		
220,464	100	

Pesas y medidas

1 cm	=	0,394 pulgadas (inches)
1 m	=	3,280 pies (feet)
1m	=	1,094 yardas (yards)
1 km	=	0,621 millas (miles)
1 litro	=	1,760 pintas (pints)
1 litro	=	0,220 galones (gallons)

1 pulgada (inch)	=	2, 54 centímetros
1 pie (foot)	=	0,305 metros
1 yarda (yard)	=	0,914 metros
1 milla (mile)	=	1,609 kilómetros
1 pinta (pint)	=	0,568 litros
1 galón (gallon)	=	4,564 litros

Libras por pulgada² a kg por cm²

Libras/pulgada²	kg/cm²
18	1,266
20	1,406
22	1,547
25	1,758
29	2,039
32	2,250
35	2,461
36	2,531
39	2,742
40	2,812

Equivalencias aproximadas

1 onza (ounce)	=	30 gramos
1/2 libra (pound)	=	100 gramos
1/2 libra	=	200 o 250 gramos
1 libra	=	1/2 kilogramo
2 libras	=	1 kilogramo
4 libras	=	2 kilogramos
1/2 pinta (pint)	=	1/4 litro
1 pinta	=	1/2 litro
2 pintas	=	1 litro
1 cuarto (quart)	=	2 litros
1 galón (gallon)	=	4 o 5 litros

1 metro es aprox. 3 pies 3 pulagadas

Gramática. Verbos Auxiliares. Haber
Grammar. Auxiliary Verbs. To have

VERBOS AUXILIARES

- **To have**
  ~ se usa para la formación de los tiempos compuestos de pasado

- **Shall, will**
  ~ se usan para formar el futuro y sus pasados: **shall**, para las primeras personas de singular y plural; will para las demás en la forma interrogativa equivale a ¿quieres?

- **Should, would**
  ~ se usan para formar los condicionales: **should** para las primeras personas de singular y plural: **would** para las demás

TO HAVE = Tener, Haber

INDICATIVO

Presente	*Pret. perfecto*	*Futuro*	*Futuro perfecto*
I have	I have had	I shall have	I shall have had
you have	you have had	you will have	you will have had
he has	he has had	he will have	he will have had
we have	we have had	we shall have	we shall have had
you have	you have had	you will have	you will have had
they have	they have had	they will have	they will have had

Pasado	*Pret. plusc.*	*Conditional*	*Cond. perfecto*
I had	I had had	I should have	I should have had
you had	you had had	you would have	you would have had
he had	he had had	he would have	he would have had
we had	we had had	we should have	we should have had
you had	you had had	you would have	you would have had
they had	they had had	they would have	they would have had

	INTERROGATIVA	*NEGATIVA*
Presente:	have I?	I have not
Pasado:	had I?	I had not
Pret. perfecto:	have I had?	I have not had
Pret. pusc.:	had I had?	I had not had
Futuro:	shall I have?	I shall not have
Condicional:	should I have?	I should not have
Fut. perfecto:	shall I have had?	I shall not have had
Cond. perfecto:	should I have had?	I should not have had

Gramática. Verbos Auxiliares. Ser
Grammar. Auxiliary Verbs. To be

VERBOS AUXILIARES

- **Let**
  ~ se usa para tercera persona de singular y plural y primera del plural del imperativo

- **To be**
  ~ se usa para la forma progresiva y voz pasiva:
  I am eating apples, estoy comiendo manzanas
  Hamlet was written by Shakespeare,
  Hamlet fue escrito por Shakespeare

- **Do y did**
  ~ son auxiliares para las formas interrogativas y negativas

TO BE = Ser, Estar

INDICATIVO

Presente	*Pret. perfecto*	*Futuro*	*Futuro perfecto*
I am	I have been	I shall be	I shall have been
you are	you have been	you will be	you will have been
he is	he has been	he will be	he will have been
we are	we have been	we shall be	we shall have been
you are	you have been	you will be	you will have been
they are	they have been	they will be	they will have been

Pasado	*Pret. plusc.*	*Conditional*	*Cond. perfecto*
I was	I had been	I should be	I should have been
you were	you had been	you would be	you would have been
he was	he had been	he would be	he would have been
we were	we had been	we should be	we should have been
you were	you had been	you would be	you would have been
they were	they had been	they would be	they would have been

	INTERROGATIVA	*NEGATIVA*
Presente:	Am I?	I am not
Pasado:	was I?	I was not
Pret. perfecto:	have I been?	I have not been
Pret. pusc.:	had I been?	I had not been
Futuro:	shall I be?	I shall not be
Condicional:	should I be?	I should not be
Fut. perfecto:	shall I have been?	I shall not have been
Cond. perfecto:	should I have been?	I should not have been

MODELO DE VERBO REGULAR

TO WORK = Trabajar

INDICATIVO

Presente	*Pasado*
I work	I worked
you work	you worked
he works	he worked
we work	we worked
you work	you worked
they work	they worked

Pret. perfecto	*Pret. plusc.*
I have worked	I had worked
you have worked	you had worked
he has worked	he had worked
we have worked	we had worked
you have worked	you had worked
they have worked	they had worked

Futuro	*Futuro perfecto*
I shall work	I shall have worked
you will work	you will have worked
he will work	he will have worked
we shall work	we shall have worked
you will work	you will have worked
they will work	they will have worked

Conditional	*Cond. perfecto*	*Subjuntivo*
I should work	I should have worked	I work
you would work	you would have worked	you work
he would work	he would have worked	he work
we should work	we should have worked	we work
you would work	you would have worked	you work
they would work	they would have worked	they work

Subjuntivo pasado: if I worked, if you worked, etc. (todo igual)
Imperativo: Let me work, work, let him work, etc.

Gramática. Verbo Irregular
Grammar. Irregular Verb

MODELO DE VERBO IRREGULAR

TO GIVE = Dar

INDICATIVO

Presente	*Pasado*
I give	I gave
you give	you gave
he gives	he gave
we give	we gave
you give	you gave
they give	they gave

Pret. perfecto	*Pret. plusc.*
I have given	I had given
you have given	you had given
he has given	he had given
we have given	we had given
you have given	you had given
they have given	they had given

Futuro	*Futuro perfecto*
I shall give	I shall have given
you will give	you will have given
he will give	he will have given
we shall give	we shall have given
you will give	you will have given
they will give	they will have given

Conditional	*Cond. perfecto*	*Subjuntivo*
I should give	I should have given	I give
you would give	you would have given	you give
he would give	he would have given	he give
we should give	we should have given	we give
you would give	you would have given	you give
they would give	they would have given	they give

Subjuntivo pasado: if I gave, if you gave, etc. (todo igual)
Imperativo: Let mi give, give, let him give, etc.

MODELO DE VERBO. FORMA INTERROGATIVA

TO WORK = Trabajar

INDICATIVO

Presente	*Pret. perfecto*
do I work?	have I worked?
do you work?	have you worked?
do he work?	have he worked?
do we work?	have we worked?
do you work?	have you worked?
do they work?	have they worked?

Pasado	*Pret. plusc.*
did I work?	had I worked?
did you work?	had you worked?
did he work?	had he worked?
did we work?	had we worked?
did you work?	had you worked?
did they work?	had they worked?

Futuro	*Futuro perfecto*
shall I work?	shall I have worked?
shall you work?	shall you have worked?
shall he work?	shall he have worked?
shall we work?	shall we have worked?
shall you work?	shall you have worked?
shall they work?	shall they have worked?

Condicional	*Cond. perfecto*
should I work?	should I have worked?
would you work?	would you have worked?
would he work?	would he have worked?
should we work?	should we have worked?
would you work?	would you have worked?
would they work?	would they have worked?

Gramática. Verbo. Forma Negativa
Grammar. Verb. Negative Form

MODELO DE VERBO. FORMA NEGATIVA

TO GIVE = Dar

INDICATIVO

Presente	*Pret. perfecto*
I do not give	I have not given
you do not give	you have not given
he do not give	he has not given
we do not give	we have not given
you do not give	you have not given
they do not give	they have not given

Padado	*Pret. plusc.*
I did not give	I had not given
you did not give	you had not given
he did not give	he had not given
we did not give	we had not given
you did not give	you had not given
they did not give	they had not given

Futuro	*Futuro perfecto*
I shall not give	I shall not have given
you will not give	you will not have given
he will not give	he will not have given
we shall not give	we shall not have given
you will not give	you will not have given
they will not give	they will not have given

Condicional	*Cond. perfecto*
I should not give	I should not have given
you would not give	you would not have given
he would not give	he would not have given
we should not give	we should not have given
you would not give	you would not have given
they would not give	they would not have given

Imperativo: do not give = no des.

MODELO DE VERBO. FORMA NEGATIVA

TO WORK = Trabajar

INDICATIVO

Presente	*Pret. perfecto*
I do not work	I have not worked
you do not work	you have not worked
he do not work	he has not worked
we do not work	we have not worked
you do not work	you have not worked
they do not work	they have not worked

Pasado	*Pret. plusc.*
I did not work	I had not worked
you did not work	you had not worked
he did not work	he had not worked
we did not work	we had not worked
you did not work	you had not worked
they did not work	they had not worked

Futuro	*Futuro perfecto*
I shall not work	I shall not have worked
you will not work	you will not have worked
he will not work	he will not have worked
we shall not work	we shall not have worked
you will not work	you will not have worked
they will not work	they will not have worked

Condicional	*Cond. perfecto*
I should not work	I should not have worked
you would not work	you would not have worked
he would not work	he would not have worked
we should not work	we should not have worked
you would not work	you would not have worked
they would not work	they would not have worked

Imperativo: do not work = no trabajes.

Gramática. Verbo. Voz Pasive
Grammar. Verb. Pasive Voice

LA VOZ PASIVA

- se forma con el auxiliar *to be* y el participio pasado del verbo que se conjuga
- el complemento de la oración activa pasa a sujeto de la pasiva y el sujeto de la activa se puede conservar como sujeto agente; como en castellano
- cuando un verbo tiene dos complementos se puede hacer dos estructuras de pasiva:
  A book was sent to Tom by Mr. Smith, un libro fue mandado a Tom por Mr. Smith
  Tom was sent a book by Mr. Smith

MODELO DE VERBO. VOZ PASIVA

TO BE SEEN = Ser visto

La voz pasiva

Presente	*Pasado*
I am seen	I was seen
you are seen	you were seen
he is seen	he was seen
we are seen	we were seen
you are seen	you were seen
they are seen	they were seen

Pret. perfecto	*Futuro*
I have been seen	I shall be seen
you have been seen	you will be seen
he has been seen	he will be seen
we have been seen	we shall be seen
you have been seen	you will be seen
they have been seen	they will be seen

Pret. plusc.: I had been seen

Condicional: I should be seen

Futuro perf.: I shall have been seen

Cond. perf.: I should have been seen

VERBOS IRREGULARES

Infinitive	*Past Tense*	*Past Participle*
abide	abode, abided	abode, abided
arise	arose	arisen
awake	awoke	awaked, awoke
be	was	been
bear	bore	borne, born
beat	beat	beaten
become	became	become
befall	befell	befallen
beget	begot	begotten
begin	began	begun
behold	beheld	beheld
bend	bent	bent, bended
beseech	besought	besought
beset	beset	beset
bet	bet, betted	bet, betted
betake	betook	betaken
bethink	bethought	bethought
bid	bade, bid	bidden, bid
bide	bode, bided	bided
bind	bound	bound
bite	bit	bitten, bit
bleed	bled	bled
blend	blended, blent	blended, blent
bless	blessed, blest	blessed, blest
blow	blew	blown
break	broke	broken
breed	bred	bred
bring	brought	brought
broadcast	broadcast	broadcast
build	built	built
burn	burnt / burned	burnt / burned
burst	burst	burst
buy	bought	bought
cast	cast	cast
catch	caught	caught
chide	chid	chidden, chid
choose	chose	chosen
cleave	clove, cleft	cloven, cleft
cling	clung	clung
clothe	clothed	clothed
come	came	come
cost	cost	cost
creep	crept	crept

Gramática. Verbos Irregulares

Grammar. Irregular Verbs

Infinitive	*Past Tense*	*Past Participle*
crow	crowed, crew	crowed
cut	cut	cut
dare	dare, durst	dared
deal	dealt	dealt
dig	dug	dug
do	did	done
draw	drew	drawn
dream	dreamt / dreamed	dreamt / dreamed
drink	drank	drunk
drive	drove	driven
eat	ate	eaten
fall	fell	fallen
feed	fed	fed
feel	felt	felt
fight	fought	fought
find	found	found
flee	fled	fled
fling	flung	flung
fly	flew	flown
forbear	forbore	forbore
forbid	forbade, forbad	forbidden
forecast	forecast, forecasted	forecast, forecasted
foreknow	foreknew	foreknown
foresee	foresaw	foreseen
foretell	foretold	foretold
forget	forgot	forgotten
forgive	forgave	forgiven
fosake	forsook	forsaken
forswear	forswore	forsworn
freeze	froze	frozen
gainsay	gainsaid	gainsaid
get	got	got (US) gotten
gild	gilded, gilt	gilded
gird	girded, girt	girded, girt
give	gave	given
go	went	gone
grave	graved	graven, graved
grind	ground	ground
grow	grew	grown
harmstring	harmstringed, harmstrung	harmstringed, harmstrung
hang	hung, hunged	hung, hunged
have	had	had
hear	heard	heard
heave	heaved, hove	heaved, hove
hew	hewed	hewed, hewn
hide	hid	hidden, hid
hit	hit	hit

Grammar. Irregular Verbs

Infinitive	*Past Tense*	*Past Participle*
hold	held	held
hurt	hurt	hurt
inlay	inlaid	inlaid
keep	kept	kept
kneel	knelt (US) kneeled	knelt (US) kneeled
knit	knitted, knit	knitted, knit
know	knew	known
lade	laded	laden
lay	laid	laid
lead	led	led
lean	leant, leaned	leant, leaned
leap	leapt, leaped	leapt, leaped
learn	learnt / learned	learnt / learned
leave	left	left
lend	lent	lent
let	let	let
lie	lay	lain
light	lighted, lit	lighted, lit
lose	lost	lost
make	made	made
mean	meant	meant
meet	met	met
melt	melted	melted, molten
miscast	miscast	miscast
misdeal	misdealt	misdealt
misgive	misgave	misgiven
mislay	mislaid	mislaid
mislead	misled	misled
misspell	misspelt	misspelt
misspend	misspent	misspent
mistake	mistook	mistaken
misunderstand	misenderstood	misenderstood
mow	mowed	mown, (US) mowed
outbid	outbade, outbid	outbidden, outbid
outdo	outdid	outdone
outgo	outwent	outgone
outgrow	outgrew	outgrown
outride	outrode	outridden
outrun	outran	outrun
outshine	outshone	outshone
overbear	overbore	overborne
overcast	overcast	overcast
overcome	overcame	overcome
overdo	overdid	overdone
overhang	overhung	overhung
overhear	overheard	overheard
overlay	overlaid	overlaid
overleap	overleapt, overleaped	overleapt, overleaped
overlie	overlay	overlay

Gramática. Verbos Irregulares

Grammar. Irregular Verbs

Infinitive	*Past Tense*	*Past Participle*
override	overrode	overridden
overrun	overran	overrun
oversee	oversaw	overseen
overset	overset	overset
overshoot	overshot	overshot
oversleep	overslept	overslept
overtake	overtook	overtaken
overthrow	overthrew	overthrown
overwork	overworked	overworked, overwrought
partake	partook	partaken
pay	paid	paid
prove	proved	proved, proven
put	put	put
read	read	read
rebind	rebound	rebound
rebuild	rebuilt	rebuilt
recast	recast	recast
redo	redid	redone
relay	relaid	relaid
remake	remade	remade
rend	rent	rent
repay	repaid	repaid
rerun	reran	rerun
reset	reset	reset
retell	retold	retold
rewrite	rewrote	rewritten
rid	rid, ridded	rid, ridded
ride	rode	ridden
ring	rang	rung
rise	rose	risen
rive	rived	riven, rived
run	ran	run
saw	sawed	sawed
say	said	said
see	saw	seen
seek	sought	sought
sell	sold	sold
send	sent	sent
set	set	set
sew	sewed	sewed / sewn
shake	shook	shaken
shave	shaved	shaved, shaven
shear	sheared	shorn, sheared
shed	shed	shed
shoe	shod	shod
shoot	shot	shot
show	showed	shown
shred	shred	shred
shrink	shrank	shrunk

Infinitive	*Past Tense*	*Past Participle*
shrive	shrove, shrived	shriven, shrived
shut	shut	shut
sing	sang	sung
sink	sank	sunk
sit	sat	sat
slay	slew	slain
sleep	slept	slept
slide	slid	slid
sling	slung	slung
slink	slunk	slunk
slit	slit	slit
smell	smelt, smelled	smelt, smelled
smite	smote	smitten
sow	sowed	sowed / sown
speak	spoke	spoken
speed	sped	sped
spell	spelt	spelt
spend	spent	spent
spill	spilt / spilled	spilt / spilled
spin	spun	spun
spit	spat	spat
split	split	split
spoil	spoilt / spoiled	spoilt / spoiled
spread	spread	spread
spring	sprang	sprung
stand	stood	stood
stave	staved, stove	staved, stove
steal	stole	stolen
stick	stuck	stuck
sting	stung	stung
stink	stank/stunk	stunk
strew	strewed	strewn, strewed
stride	strode	stridden
strike	struck	struck
string	strung	strung
strive	strove	striven
sunburn	sunburned, sunburnt	sunburned, sunburnt
swear	swore	sworn
sweat	sweat	sweat
sweep	swept	swept
swell	swelled	swollen
swim	swam	swum
swing	swung	swung
take	took	taken
teach	taught	taught
tear	tore	torn
tell	told	told
think	thought	thought
thrive	throve, thrived	throve, thrived
throw	threw	thrown

Gramática. Verbos Irregulares
Grammar. Irregular Verbs

Infinitive	*Past Tense*	*Past Participle*
thrust	thrust	thrust
tread	trod	trodden
unbend	unbent	unbent
unbind	unbound	unbound
underbid	underbid	underbidden, underbid
undergo	underwent	undergone
understand	understood	understood
undertake	undertook	undertaken
undo	undid	undone
upset	upset	upset
wake	woke	woken
waylay	waylaid	waylaid
wear	wore	worn
weave	wove	woven
wed	wedded	wedded, wed
weep	wept	wept
win	won	won
wind	wound	wound
withdraw	withdrew	withdrawn
work	wrought, worked	wrought, worked
wring	wrung	wrung
write	wrote	written